齐东方教授古稀颂寿文集

北京大学考古文博学院　编

文物出版社

图书在版编目（CIP）数据

齐东方教授古稀颂寿文集 / 北京大学考古文博学院编. -- 北京 : 文物出版社, 2025. 3. -- ISBN 978-7-5010-8676-4

Ⅰ. K85-53

中国国家版本馆CIP数据核字第2025G60Z49号

齐东方教授古稀颂寿文集

编　　者：北京大学考古文博学院

责任编辑：王　伟
责任印制：张　丽

出版发行：文物出版社
社　　址：北京市东城区东直门内北小街2号楼
邮　　编：100007
网　　址：http://www.wenwu.com
邮　　箱：wenwu1957@126.com
经　　销：新华书店
印　　刷：北京荣宝艺品印刷有限公司
开　　本：787mm×1092mm　1/16
印　　张：42.75
版　　次：2025年3月第1版
印　　次：2025年3月第1次印刷
书　　号：ISBN 978-7-5010-8676-4
定　　价：480.00元

齐东方教授

1999 年在青海都兰遗址发掘

2005 年在日本大和文华馆

2006 年考察以色列古城

2007 年在日本和歌山古城

2009 年在河北蔚县考察

2009 年考察蒙古草原鹿石

2009 年在英国剑桥大学

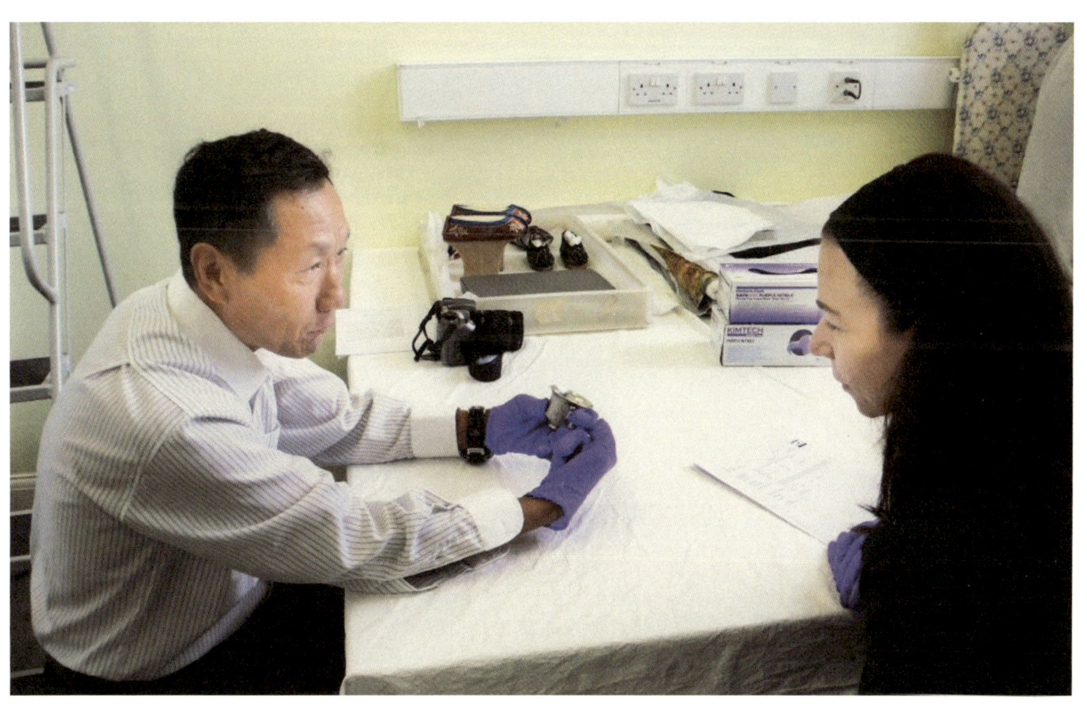

2009 年在英国大英博物馆

2011 年在伊朗德黑兰博物馆

2011 年在伊朗考察波斯波利斯遗址

2011 年在河北邺城考察

2011 年在内蒙古巴丹吉林沙漠考察

2012 在宁夏固原博物馆

2014 年考察四川自贡江中造像

2016 年考察乌兹别克古城址

2016 年新疆昆仑道考察

2017 年新疆天山道考察

2018 年在埃塞俄比亚岩石教堂

2018 年在陕西考察唐陵

2019 年重返新疆和田尼雅遗址

2023 在伊拉克国家博物馆

2024 年考察伊拉克哈特拉古城

目　录

中古中国都城的两个模式

王　静（中国人民大学历史学院）　沈睿文（北京大学考古文博学院）

一、引言

正统，是中国古代历代政权需要面对的首要问题。这方面的理论建设首推“五德终始”学说。“五德终始”学说发轫于战国，勃兴于两汉，魏晋隋唐元明清之士都在谈论它，它渗透到中国古代哲学、史学甚至文学之中，影响深远[1]。

五德终始说本质上是一种历史正统观，其主要目的是为王朝更迭提供合法性依据。战国中期邹衍创立此说，秦始皇借用此说以弥补法家思想缺少政权更迭理论依据的不足。西汉中后期禅代之说再起，刘歆根据五行相生关系重新排列古代帝王系统，创立新五德终始说，成为“禅让”式政权更迭的理论依据，沿用达千年之久[2]。

汉武帝时，董仲舒提出天人感应、天人合一理论。该理论与“五德终始”学说共同成为历代王朝政权合法性的两大理论支撑。这也体现在中古中国历代都城的规划中。

汉代流行的五行论认为，汉属土德，尚黄色。此说源于汉初邹衍的“五德终始”说，他的五德终始是以“相克”为基础的，故而秦以水德王天下，汉以土德取代之。到了王莽时代，这个理论就变成了“相生”说，用以解释王朝的更替。东汉光武帝时期接受了这种说法，并由此类推，汉具火德，上承周朝[3]。

北宋以后，在天命说的基础上，新出现强调道统、帝国继承的道德伦理的学说。除

---

*　本文系教育部学位与研究生教育发展中心 2022 年主题案例项目“中国古代城市布局演变与文明传承”（ZT-221000111）以及“中古中国文明的考古学研究”（2024JZDZ057）成果。

[1]　邓福田:《“五德终始”学说简论》,《中国哲学史》1994 年第 1 期，第 65—69 页。

[2]　蒋重跃:《五德终始说与历史正统观》,《南京大学学报（哲学人文科学社会科学版）》2004 年第 2 期，第 55—64 页。

[3]　按，五德终始说的理论经历了从相胜到相生的变化。详（法）施舟人（KristoferSchipper）《〈老子中经〉初探》，原载陈鼓应主编:《道家文化研究》第 16 辑，生活 · 读书 · 新知三联书店，1999 年，第 208 页，后收入施舟人讲演:《中国文化基因库》，北京大学出版社，2002 年，第 106 页。

了大一统的政治前提之外，特别强调道德认同[1]。

归结起来，中国史上的正统观念[2]至少包含民族正统、政治正统以及文化正统等三方面的内涵。

对此，每个时代都有其探索的过程，其制度、等级制度皆有一个变化、逐渐形成的过程：朝代之间更迭、朝代内部都有之。其中，汉代的制度建设是一个关键节点。中古中国的王朝，特别是唐、宋政府在国家制度建设上都是对汉代制度在不同断面、层面上的截取和不同阐释。这也体现在都城大布局原则的遵循和传承上。

国都是国家的权力中心。在中古中国，它首先是王朝政治文化的中心，亦即是作为权力的象征而存在，其次才是军事防御中心。《左传·庄公二十八年》云：

凡邑，有宗庙先君之主曰都，无曰邑。邑曰筑，都曰城。

孔颖达疏："大者皆名都，都则悉书曰城。小邑有宗庙，则虽小曰都，无乃为邑。邑则曰筑，都则曰城。为尊宗庙，故小邑与大都同名。"[3]这段文献深刻地表达出古代中国在礼制上对国都的认知[4]。在某种程度上，它反映了中古都城所体现的礼制文化传统。该传统又由于中古社会的礼治特性而得以绵延不绝，从而使得政治、礼制意义在古代中国都城的选址、规划、建设中要远远超出其他因素。在王朝建设中，都城承载着国家意志和政治意蕴，不仅成为王朝政权正统的符号，而且因其修建多在立国之初，在某种程度上也成为王朝政治的方向标[5]。

中国古代都城浓缩了所在时代的政治与文化，长安、洛阳、建康、邺城、开封的都城建制，都分别反映了各自所在王朝对政权本身合法性的诉求，以及统治理念的表述。帝国的统治者将统治思想植入都城修建的过程中，他们将都城神圣化，并通过各种建筑、礼仪、思想阐释，将这种神圣化具体而形象[6]。

如果我们从中古都城的选址和建制方面加以考察，不难发现这正是中古中国每个王朝试图借助都城所要营造的。这种营造承载着帝国的统治文化，成为该文化的外在表述。

[1] 刘浦江：《"五德终始"说之终结——兼论宋代以降传统政治文化的嬗变》，《中国社会科学》2006年第2期，第178页。

[2] 饶宗颐：《中国史学上之正统论》，上海远东出版社，1996年。

[3] （周）左丘明传、（晋）杜预注、（唐）孔颖达正义：《春秋左传正义》卷一〇，北京大学出版社，1999年，第291页。

[4] 李孝聪：《中国区域历史地理》，北京大学出版社，2004年，第199页。

[5] 王静：《中古都城建城传说与政治文化》，社会科学文献出版社，2013年，第2页。

[6] 王静：《中古都城建城传说与政治文化》，社会科学文献出版社，2013年，第177页。

它先首要表达的是该都城在天下政治文化秩序中的中心位置。在这个过程中，有他们对传统的追溯、发明，以及王朝运命独一无二的表述。因此，在中古中国传统王都的建设中，既有对一以贯之的普遍原则的继承，也有王朝为了适应时势而做出的与自己政治文化相适应的创新。

前者主要集中表现为对此前某朝代礼制的继承，后者则多体现为礼制内外的新元素。具体言之，在都城形制的建制上，他们既拥有理想的经典蓝本，但又有统治者因种族文化以及现实政治需要而做出的改造。由此而导致在帝都的建制中某些元素需要凸显，某些元素则需要摒弃，从而呈现出连续性与断裂相统一的历史状态。

每个王朝都在历史的序列中寻找自己的合法位置，一系列的努力都是为了昭示自身政权的正当性。不惟礼乐制度的建设如此，作为王朝权力中心所在的都城建设也是系列正当性塑造中的重要一环。通过都城的建设，帝国统治者表达自己奉天承运并处在中国正统的序列之中。因此，迁都、模写此前都城，也就是在历史的传承谱系中确定自己王朝的政治位置。

每个王朝都要在传统中找寻最有力的因素来证明自己所选、所定之都城即是天命所归之处，从而强化政权的正当性与合法性。因此，有一些自古传统而来的因素，一直植根于中古建都的规划思想中。譬如仰观天文、俯察地理的传统，便是在天地秩序中寻找自己王权的位置。毋庸置疑，此举与帝王为“天子”的观念不可或分。

二、周公卜洛与天下之中、中轴线系统

在都城选址上，王朝统治者便要赋予都城以合理与象征意义。周公卜洛所奠定的定都“天下之中”的模式成为中古中国后世王朝争先效仿的榜样，此二者相互激荡，从而益发沉淀成一政治文化传统。将“地中”对应“天中”，这样人间帝王就感应成为“天子”，代表“天”，行使“天”的意志统治天下。

何为“地中”?《周礼》称“以土圭之法测土深，正日景以求地中。……日至(夏至日)之景，尺有五寸，谓之地中，天地之所合也，四时之所交也，风雨之所会也，阴阳之所和也。然则百物阜安，乃建王国焉”[1]，不仅明示求地中的方法、地中的特殊性，同时也明确指出“地中”是建都立国的根本原则。

相传卜洛之外，周公旦还到阳城测日影而确定阳城是大地的中心，即“地中”。因为在阳城“土圭之长尺有五寸，以夏至之日，立八尺之表，其景适与土圭等”，符合《周礼》

[1] (清)孙诒让撰，王文锦、陈玉霞点校:《周礼正义》卷一八《大司徒》，中华书局，1987年，第715—721页。

所载“地中”日景的要求。古阳城，位于洛阳东南约60华里，即今河南省登封市告成镇，其经纬度为北纬34° 23′ 51.48″，东经113° 08′ 44.19″，唐时属于洛州。

“河出图，洛出书”，其中的一个重要意义便是指代洛阳为“天下之中”，并成为后者的代名词。被营造成“天下之中”的洛阳也由此成为历代王朝建立王权政治正统的首选之地。帝国的统治者认为只有定都于洛阳，才能真正做到号令天下。这就是所谓的“问鼎中原”“定鼎中原”的内在意义。曹魏政权便是如此，北魏政权也不例外。

这一切的基础都是建立在洛阳为“天下之中”的历史共谋之中[1]。

三、中古中国都城的两个模式

中古中国都城的选址在天地秩序大布局上，有两个基本模式：其一，天极阁道绝汉抵营室。其二，天下之中，居中建极。前者对应的是多宫制的传统，而与后者相和的则是单一宫制。因洛阳为“天下之中”，前者又被称作“洛水贯都”。

（一）天极阁道绝汉抵营室：多宫制系统

天极，指的是北极星。阁道，指的是阁道星。汉，指的是天汉，即银河。《汉书·天文志》云：“营室为清庙，曰离宫、阁道。”[2]《晋书·天文志》云：“营室二星，天子之宫也。一曰玄宫，一曰清庙。离宫六星，天子之别宫。”[3]又云：“阁道星，天子游别宫之道也。”[4]古人“宫”“庙”界限不甚严格，宗庙也是从生人的宫室转化过来的[5]。如此推论则居民区亦可大体视同营室。在这个模型里面，“汉”，对应的是河道（水道）。“阁道”，对应的是河道（水道）上的桥，即后世所谓“渭河三桥”。“营室”，对应的是居民区、郭城以及宗庙所在。

采用天极阁道绝汉抵营室的天象图式，将地上的宫殿群与之相对应，并“表南山之颠以为阙”。今知肇始于秦都咸阳。

《史记》卷六《秦始皇本纪》载：

> 三十五年……（始皇）乃营作朝宫渭南上林苑中。先作前殿阿房，东西五百步，南北五十丈，上可以坐万人，下可以建五丈旗。周驰为阁道，自殿下直抵南山。表南山之

---

[1] 唐晓峰：《从混沌到秩序：中国上古地理思想史述论》，中华书局，2010年，第192—194页。

[2] 《汉书》卷二六，中华书局，1962年，第1279页。

[3] 《晋书》卷一一，中华书局，1974年，第301页。

[4] 《晋书》卷一一，中华书局，1974年，第297页。

[5] 唐兰：《西周铜器断代中的“康宫”问题》，《考古学报》1962年第1期，第15—48页。

颠以为阙。为复道，自阿房渡渭，属之咸阳，以象天极阁道绝汉抵营室也。[1]

每年的农历十月，天上的星宿与地面的宫室建筑交相辉映，形成天地人合一的壮观景象[2]（图一、二）。在此天地景观之间，居于咸阳宫的秦王自然充满天的力量和意志。

图一 秦咸阳、阿房宫与天象对应示意图

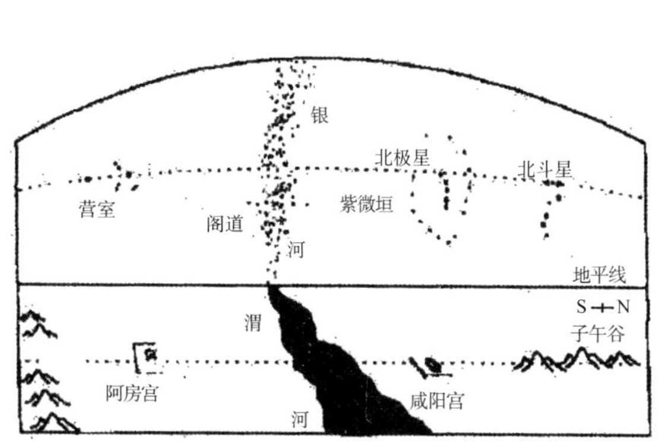

图二 秦咸阳规画模拟宇宙天象示意图

这个天象图示在西汉长安城得以继承[3]。但因汉长安城位于渭水之南，规划者便把这个图示的方向与秦咸阳规画做了对调（图三）。这也是西汉在诸帝陵旁立陵庙、陵邑的一个重要原因，以此对应该模式中的“营室”。经过秦汉二朝的经营，该天象图示也就对应了都城的多宫制系统。

到了东汉洛阳城，便从汉长安的五宫缩减至东汉洛阳的南北二宫、永安宫；“前朝后市”出现了调适，在诸宫之南出现了南市，而金市、马市也没有置于宫城之北（图四）。此与《周礼·考工记·匠人营国》所载“前朝后市”不同。

东晋、南朝偏安东南一隅，但在都城建康的选址上也是根据天极阁道绝汉抵营室的

[1] 《史记》，中华书局，1959年，第256页。

[2] 李小波、陈喜波：《汉长安城“斗城说”的再思考》，《考古与文物》2001年第4期，第63—65页。

[3] 李小波：《从天文到人文——汉唐长安城规划思想的演变》，《北京大学学报（哲社版）》2002年第2期，第63页。按，相关研究可参李小波、陈喜波：《汉长安城“斗城说”的再思考》，《考古与文物》2001年第4期，第63—65页；陈喜波、韩光辉：《汉长安“斗城”规划探析》，《考古与文物》2007年第1期，第69—72页；张同利：《九鼎传说与秦汉都城》，《民族艺术》2008年第4期，第55—57页；等等。

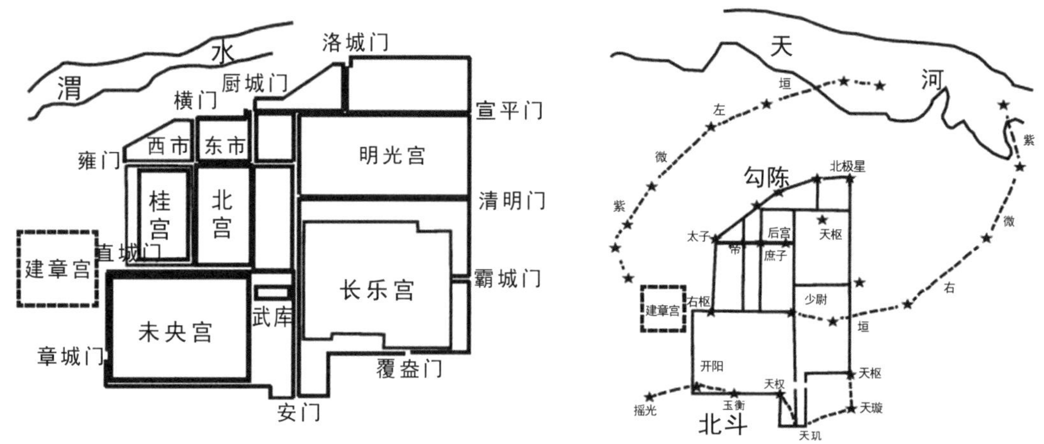

图三　汉长安城与天象对应示意图

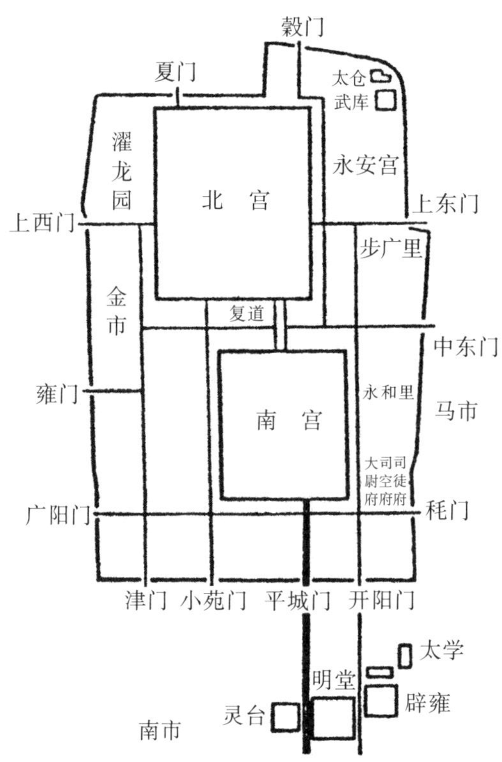

图四　东汉洛阳城平面图

天象图示（图五）。建康城北部的建康宫对应天极，秦淮河（长江故道）及朱雀航分别对应天汉和阁道。营室宿对应的居民区在秦淮河以南。另外，以御道南延长线的牛头山两峰礤为建康城的南门阙，即天阙。

东晋咸和年间（326—334年），由王导主持建康城规画大计，王彬负责营建。其中最

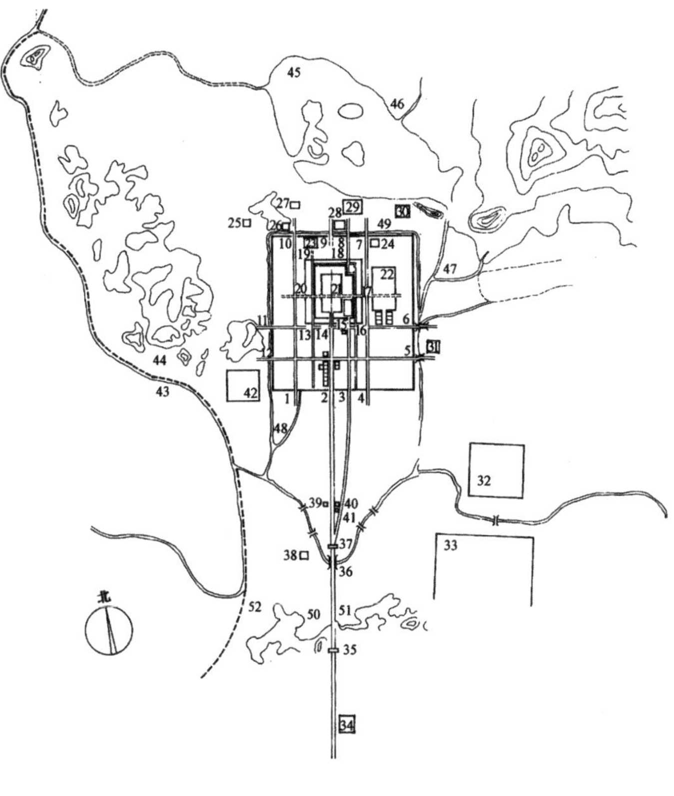

1.陵阳门　2.宣阳门　3.开阳门（宋津阳门）　4.新开阳门（448年增）　5.清明门　6.建春门（建阳门）　7.新广莫门（448年增）　8.平昌门（广莫门，448年改承明门）　9.玄武门　10.大夏门　11.西明门　12.阊阖门　13.西掖门（宋.齐）　14.大司马门　15.南掖门（晋）→阊阖门（宋）→端门（陈）→天门　16.东掖门（宋.齐）　17.东掖门（晋）→万春门（宋）→东华门（梁）　18.平昌门（晋）→广莫门（宋）→承明门（宋）　19.大通门（梁增）　20.西掖门（晋）→千秋门（宋）→西华门（梁）　21.台城，宫城　22.东宫　23.同泰寺　24.苑寺　25.纱市　26.北市　27.归善寺　28.宣武场　29.乐游苑　30.北郊　31.草市　32.东府　33.丹阳郡　34.南郊　35.国门　36.朱爵（雀）航、大航　37.朱雀门　38.盐市　39.太社　40.太庙　41.国学　42.西州　43.长江故道　44.石头城　45.玄武湖　46.上林苑　47.青溪　48.运渎　49.潮沟　50.越城　51.长干里　52.新亭

图五　东晋、南朝建康城平面复原示意图

为重要的措施有如下两方面：

其一，以牛头山两峰礫为建康城的南门阙——即天阙。这个规画使得建康城的规模大大超过前代。

其二，所谓“方之汉魏”。经此营建，建康城不仅与周边形胜的关系更为宏大，而且也加强了其与汉魏都城建制的承袭关系。

“方之汉魏”，意即以汉及曹魏的都城制度为模仿对象。东晋建康借鉴洛阳形制差别就在规模大小。东晋建康仿照汉晋洛阳之制，其中最基本的就是借鉴城市结构形态关系。建康与洛阳形胜相同，著名的“新亭对泣”[1]便是因此而发的。

在建康城的营建中，拟则天象的举动有两次。第一次是东晋太元三年（378年）谢安和毛安之的重新修定，第二次为梁武帝建同泰寺。后者的政治动机同梁武帝长春殿讲义

[1]　徐震堮：《世说新语校笺》，中华书局，1984年，第50页。

以及改革时刻制度一脉相承[1]。这两次规画都是在此前王导规度的基础之上进行，使得建康城益加壮丽。

关于谢安和毛安之在太元三年对建康城的重新修定，《建康实录》载：

（太元）三年春正月，尚书仆射谢安石以宫室朽坏，启作新宫，帝权出居会稽王第。

二月，始工内外，日役六千人。（谢）安与大匠毛安之决意修定，皆仰模玄象，体合辰极，并新制置，省阁堂宇名署时政。

秋七月，新宫成，内外殿宇大小三千五百间。辛巳，帝居新宫。[2]

《晋书》亦称“宫室用成，皆仰模玄象，合体（体合）辰极，而役无劳怨”[3]。

所谓“玄象”，指的是二十八宿所对应的东方青龙、西方白虎、南方朱雀以及北方玄武等四象。所谓“辰极”，即北斗。“体合辰极”指的是皇宫拟则北斗。此刻孝武帝改建，台城大小宫殿三千多间，模仿天上星辰布局，以皇宫象征天宫，营造天帝之子的皇权氛围。其中至少包含两层意思：其一，皇宫为居中建极。其二，所建三千多间大小宫殿应该如众星拱辰般地环绕皇宫。惜其详已不可知。

秦咸阳宫、汉长安城拟则天象的规画图式在建康城的再现，显然是与东晋政权欲树立其法统的合法性和正朔是分不开的。

刘宋文帝元嘉二十三年（446年），“是岁，大有年。筑北堤，立玄武湖”[4]（图六）。“元嘉之治”的经济发展又进一步促进了都城建设，北湖经疏浚修筑被命名为玄武湖。至此，钟山龙盘，石头虎踞，南有朱雀桥，北立玄武湖，形成完整的四神布局，并成为金陵帝王都的四方镇护（图七、八）。由此进一步将宫城置于完整的天宫意象之中。

在建康城街巷的规画上，王导将之设计成纡曲。如果是依照里坊规划的话，则应该是平直规整的。因此，可知“纡曲”并非里坊的形态。

郭湖生便明确指出中国古代有不用里坊制的城市，建康城即是一例[5]。傅熹年则倾向于认为建业城内官署既然是棋盘式布置，如有少量居住区，也极可能仍为里闾制，城外的主要居住区则可能是随地形做较自由的布置的[6]。二者的观点大体不误，因为里闾制正

[1] 详本文“（三）两个小插曲：南朝萧梁建康城和东魏邺南城”。

[2] （唐）许嵩撰，张忱石点校：《建康实录》卷九，中华书局，1986年，第265—266页。

[3] 《晋书》卷七九，中华书局，1974年，第2074页。

[4] 《宋书》卷五，中华书局，1974年，第94页。

[5] 郭湖生：《台城考》，郭湖生：《中华古都：中国古代城市史论文集》，空间出版社，1997年，第183页。

[6] 傅熹年主编：《中国古代建筑史》第二卷《两晋、南北朝、隋唐、五代建筑》，中国建筑工业出版社，2009年，第221页。

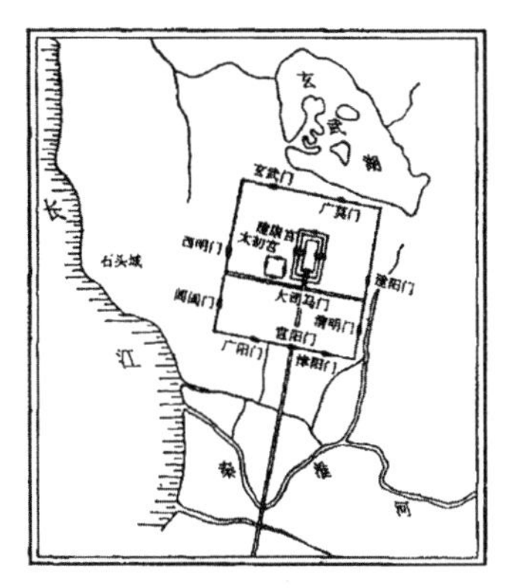

图六 刘宋建康附近形胜

图七 天宫四象图

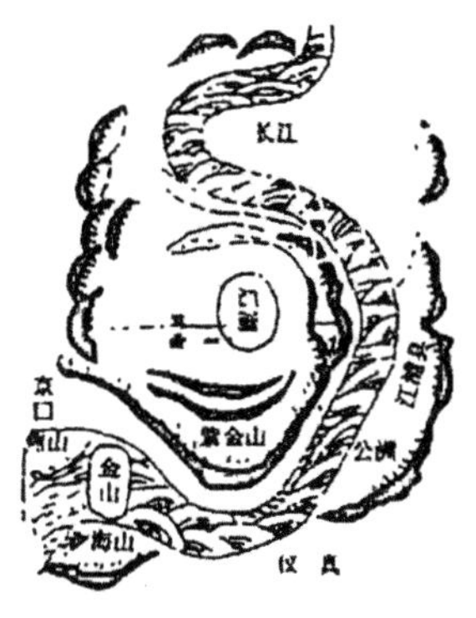

图八 刘宋建康形胜与四象

是汉魏都城规画之法，显然这符合上述“方之汉魏”的原则。不过从常情来看，应是傅氏的观点更接近真实情况。

那里闾制的形态如何?《管子》卷五《八观》所载即为里闾制的写照，其文曰：

大城不可以不完，郭周不可以外通，里域不可以横通，闾闬不可以毋阖，宫垣关闭不可以不修。……里域横通，则攘夺窃盗者不止；闾闬无阖，外内交通，则男女无别；宫垣不备，关闭不固，虽有良货，不能守也。……明君者，闭其门，塞其途，弇其迹，使民毋由接于淫非之地。是以民之道正行善也若性然。故罪罚寡而民以治矣。[1]

可知里闾制有似长巷制的形态。与传统汉文化里闾制不同，里坊制是二者的一种糅合，从而带有新时期拓跋鲜卑（胡族）的种族文化符号[2]。

东晋建康城采取汉文化传统之里闾制，其与北魏里坊制泾渭分明，用意当在彰显政权法统之传承。由此也就不难理解北魏为何派遣将作大匠蒋少游随李彪出使江南“密令观（南齐）京师宫殿楷式”[3]，其原因便在于此，这也是东晋及其以后南朝政权营造为当时天下法统正朔的一大标识。

从史载提供的线索来看，隋炀帝是在事先现场勘查的前提下，确定营建洛阳的具体地理位置的（图九）。《元和郡县图志》卷五载：

[1] 颜昌峣：《管子校释》，岳麓书社，1996年，第122页。

[2] （韩）朴汉济著，尹素英译：《北魏洛阳社会と胡汉体制——都城区画と住民分布を中心に—》，《お茶の水女子大学史学》34，1991年4月；原载《泰东古典研究》（汉城）第6辑，1990年；此据朱亮译《北魏洛阳社会与胡汉体制》，《中原文物》1998年第4期，第94—107页。

[3] 逯耀东：《从平城到洛阳——拓跋魏文化转变的历程》，中华书局，2006年，第171—176页。

初，炀帝尝登邙山，观伊阙，顾曰："此非龙门耶？自古何因不建都于此？"仆射苏威对曰："自古非不知，以俟陛下。"帝大悦，遂议都焉。……四年，改东京为东都。[1]

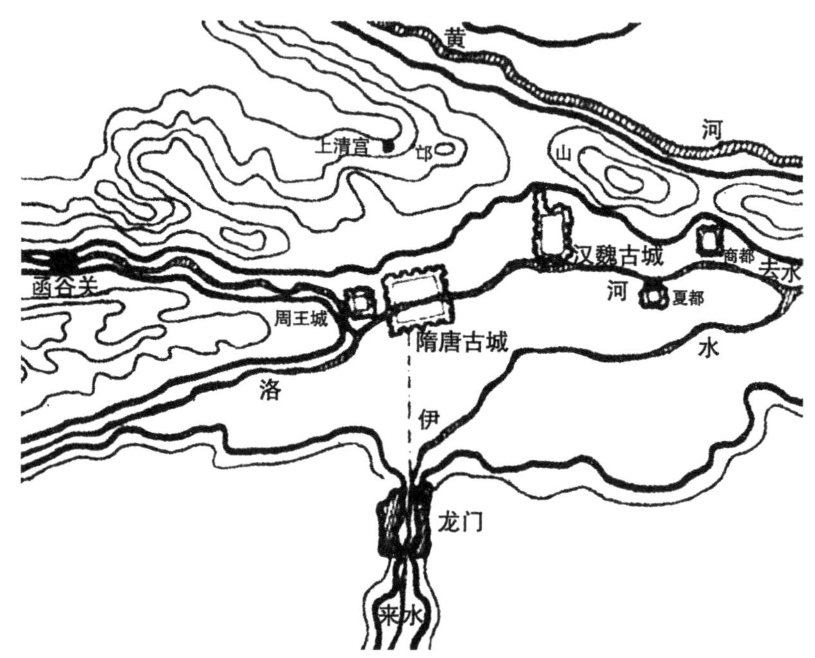

图九　隋洛阳城选址

炀帝现场勘察的具体内容之一应是北登邙山南望龙门伊阙，确定一条经由伊阙的南北轴线，以及"洛水贯都"的总体规划（图一〇）。

《元和郡县图志》卷五载：

仁寿四年，炀帝诏杨素营东京，大业二年，新都成，遂徙居，今洛阳宫是也。其宫北据邙山，南直伊阙之口，洛水贯都，有河汉之象，东去故城一十八里。[2]

又《旧唐书》卷三八《地理志》载：

隋大业元年，自故洛城西移十八里置新都，今都城是也。北据邙山，南对伊阙，洛水贯都，有河汉之象。[3]

[1]（唐）李吉甫撰，贺次君点校：《元和郡县图志》，中华书局，1983 年，第 130 页。

[2]《元和郡县图志》，中华书局，1983 年，第 129—130 页。

[3]《旧唐书》，中华书局，1975 年，第 1420—1421 页。

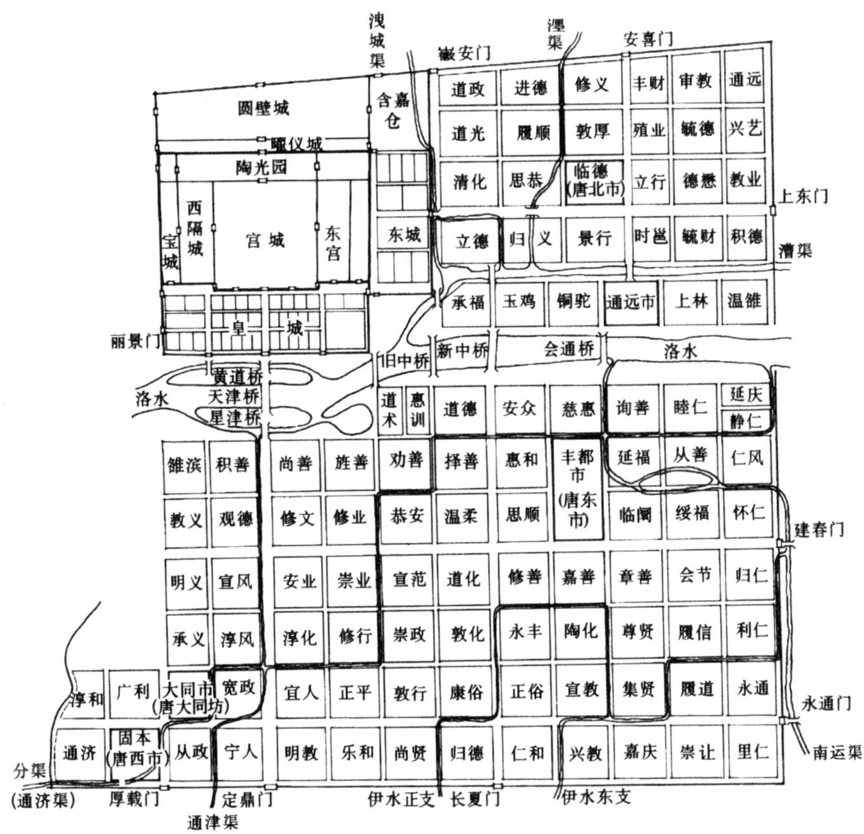

图一〇　隋洛阳城平面复原图

但是，最为详细的描述还是《唐六典》卷七“工部”条东都城注。其文曰：

隋炀帝大业元年诏左仆射杨素、右庶子宇文恺移故都创造也。南直伊阙之口，北倚邙山之塞，东出瀍水之东，西出涧水之西，洛水贯都，有河汉之象焉。东去故都十八里。[1]

洛阳城落成后，隋炀帝陈法驾浩浩荡荡地从伊阙由南而北进入东京。为何炀帝要选择该路线以此种方式进入新落成的都城？这个进入新都的仪式背后究竟蕴含着什么意义？这与隋洛阳宫城形态对应紫微垣的天文意义是紧密相关的。

文献记载便明确指明了隋洛阳多宫制的这种天文意义。隋洛阳“宫城曰紫微城，在

[1]（唐）李林甫等撰，陈仲夫点校：《唐六典》，中华书局，1996年，第219—220页。

都城之西北隅”[1]，“东西五里二百步，南北七里，城南、东、西各两重，北三重”[2]。唐代东都宫城，则“因隋名曰紫微城。周十三里二百四十一步，高四丈八尺。东西四里一百八十八步，南北二里八十五步。城中隔城四重。最北曰圆壁，次曰曜仪，次曰玄武，最南曰洛城。贞观六年，号为洛阳宫。武后光宅元年名太初宫”[3]。

遗憾的是，由于隋代史载混乱不清，目前考古工作尚不能区别隋、唐遗迹。

隋炀帝采取该模式建设新都洛阳，与他以秦皇汉武为政治楷模密切相关。史籍明载：

（炀帝）以天下承平日久，士马全盛，慨然慕秦皇、汉武之事。乃盛治宫室，穷极侈靡，召募行人，分使绝域。诸蕃至者，厚加礼赐，有不恭命，以兵击之。盛兴屯田于玉门、柳城之外。课天下富室，益市武马，匹直十余万，富强坐是冻馁者十家而九。[4]

北宋时，将都城开封南岳阳坊营造成新的天下之中，取代了原来的洛阳城。同时，在都城的布局上也采用天极阁道绝汉抵营室的模式，“洛水贯都”一仍其是（图一一）。

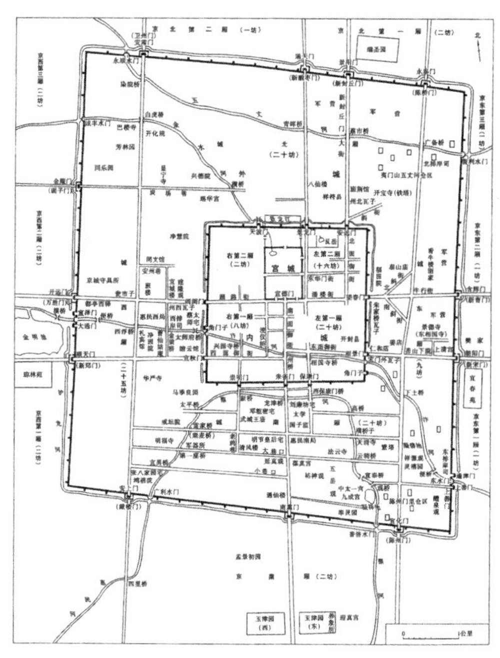

图一一　北宋开封城平面图

[1] （清）徐松辑，高敏点校：《河南志·隋城阙古迹》，中华书局，1994年，第100页。

[2] （唐）韦述、杜宝撰，辛德勇辑校《两京新记辑校·大业杂记辑校》，三秦出版社，2006年，第3页。

[3] 《河南志·唐城阙古迹·宫城》，中华书局，1994年，第117页。

[4] 《隋书》卷四，中华书局，1973年，第94页。

到了南宋临安城（图一二），便采用五音即国姓角音的原则来设计都城了。因北宋、南宋已超出中古时期，所以于此不做进一步展开。

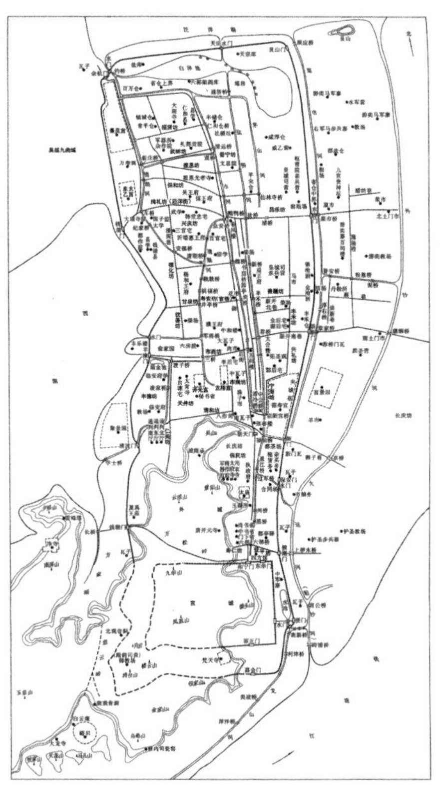

图一二　南宋临安城平面图

（二）居中建极，中轴线：单一宫制系统

单一宫制系统是曹魏邺城开创的一种新的都城布局模式（图一三），它改变了东汉洛阳城宫殿分散、交通不便的缺点，给后世都城布局以重大影响。该模式出现后，其核心中轴线的规划又有机地融入了天极阁道绝汉抵营室的模式之中。

曹魏邺城新出现宫城与都城北垣相重合的规画，此即所谓“邺城体系”。六朝之后，隋唐长安、洛阳，亦循此制[1]。其中央政府尚书台和议事场所听政殿（即常朝），成为中央权力运作的真正所在。于是，宫殿区以日常政务的常朝与礼仪性的大朝文昌殿在宫内并列，是为骈列制[2]。同时，出现了都城中轴线的概念，筑宫殿于中轴大道北端——“帝王居中建极”的思想延续到后代。

[1]　郭湖生：《台城辩》，《文物》1999 年第 5 期，第 71 页。

[2]　郭湖生：《魏晋南北朝至隋唐宫室制度沿革——兼论日本平城京的宫室制度》，《东南文化》1990 年第 1 期，第 14—20 页。

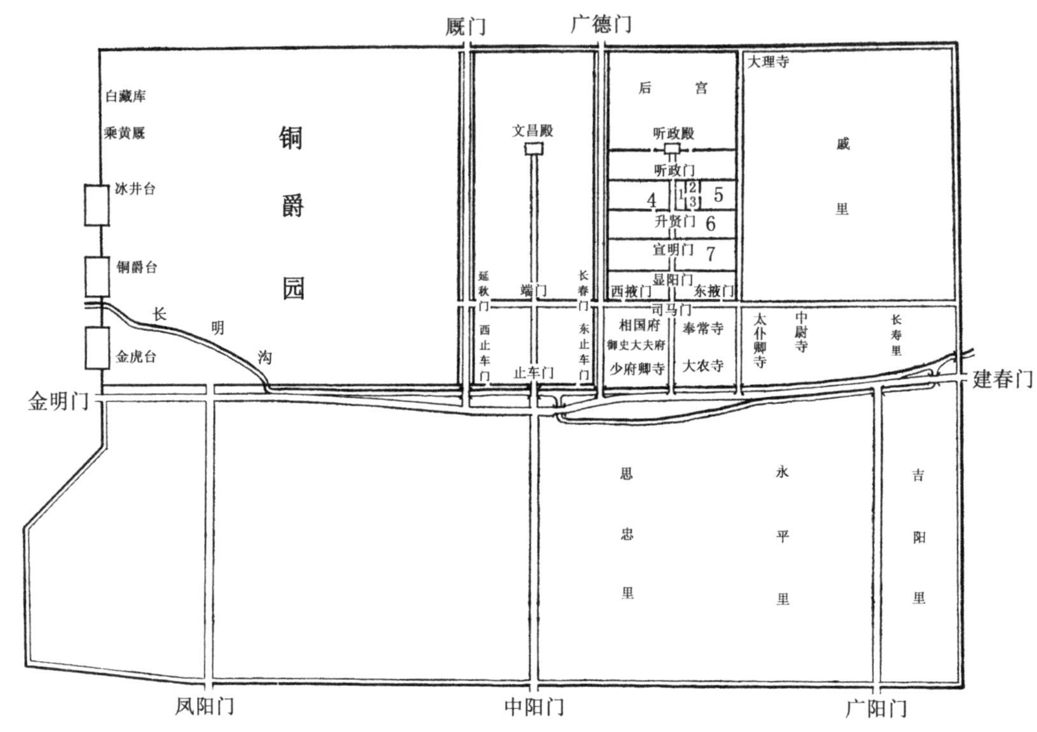

图一三　曹魏邺北城平面复原图

邺北城强调了都城的防卫——三台。此军事制高点，使邺城易守难攻。此外，民坊的面积增加了，衙署出现集中的趋势。

曹魏洛阳城采取单一宫制，出现单一中轴线，于宫城南偏西一侧，两旁列置衙署。洛阳城南部被洛河冲毁，具体不明。但是，如果从后来“模写洛京”的东魏邺南城东南角和西南角的情况来看，有可能也是墙体宽且弧度大。

北魏洛阳城（图一四、一五）城门的名称和位置都继承了魏晋时代的旧制，当然包括对此前中轴线的继承。同时，根据城市的新情况加以改置，如利用东北外侧阳渠将货物运至城南，从永桥上岸、进城，由此彻底改变了“前朝后市”的布局，将市场安排在城南。

北魏洛阳城在沿承汉、魏、晋的所谓“九六城”的同时，又以此为内城，在其四面扩展城区，修建了大于旧城五倍的外城。郭城采取了胡汉体制的里坊制。这是拓跋鲜卑入主中原以后结合汉文化的里闾制和本族群的生活方式而新创的居住形态。里坊实行宵禁。每个里坊约一里见方，四周设围墙，内设十字街，四面开门，里坊内有专门的行政管理官员[1]。

在都城内规画兴建大规模整齐封闭的里坊，是北朝以来都城建设的新发展，它肇始

[1]（日）森鹿三：《北魏洛阳城的规模》，《日本学者研究中国史论著选译》第九卷《民族交通》，中华书局，1993 年，第 665—682 页。

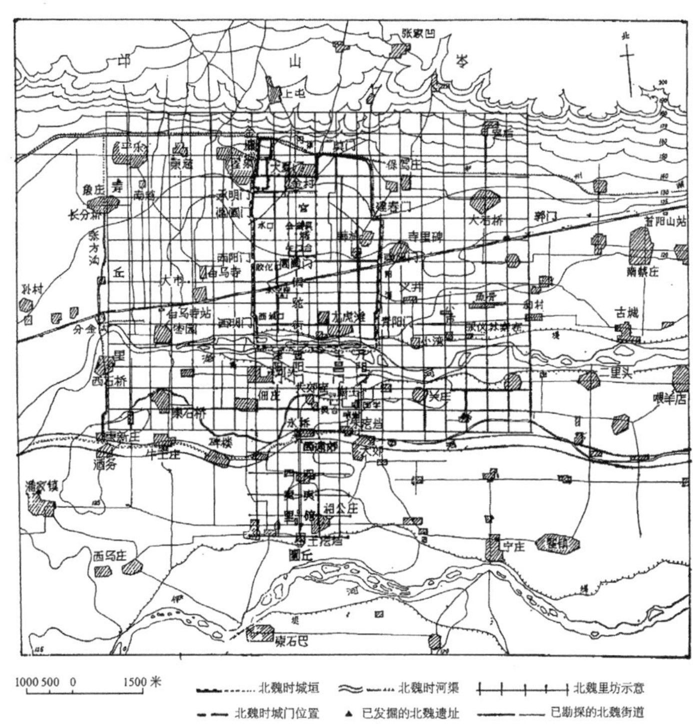

图一四 北魏洛阳城平面示意图

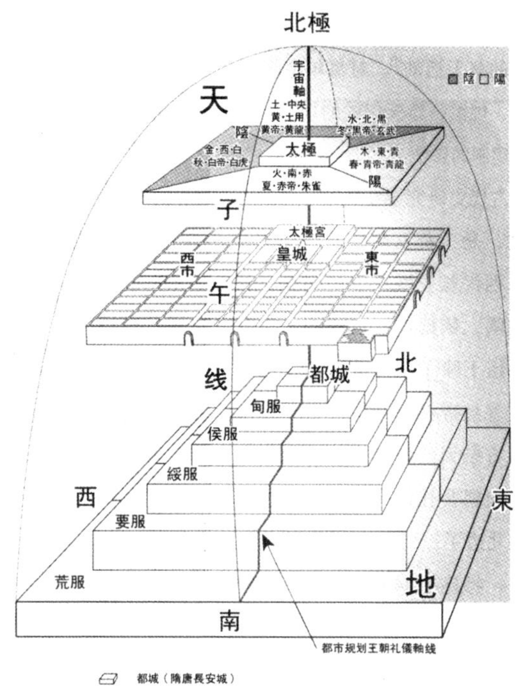

图一五 都城中轴线成因示意图

于北魏平城。

到了隋大兴唐长安，便形成了谨严的里坊制城市（图一六、一七），宫城皇城居中，皇城南中部的中轴线直对终南山子午谷。同样形成一个宏大的形胜布局。大兴城的选址“天文上当朱鸟，地理下据黑龙”，巧妙结合龙首原的掌故，使用了白龙战胜黑龙的谶语。白龙代表杨隋，黑龙代表北周[1]。

唐代城市规划依照城市的行政级别以里坊来区分，呈现出单一化的规划，具体为：

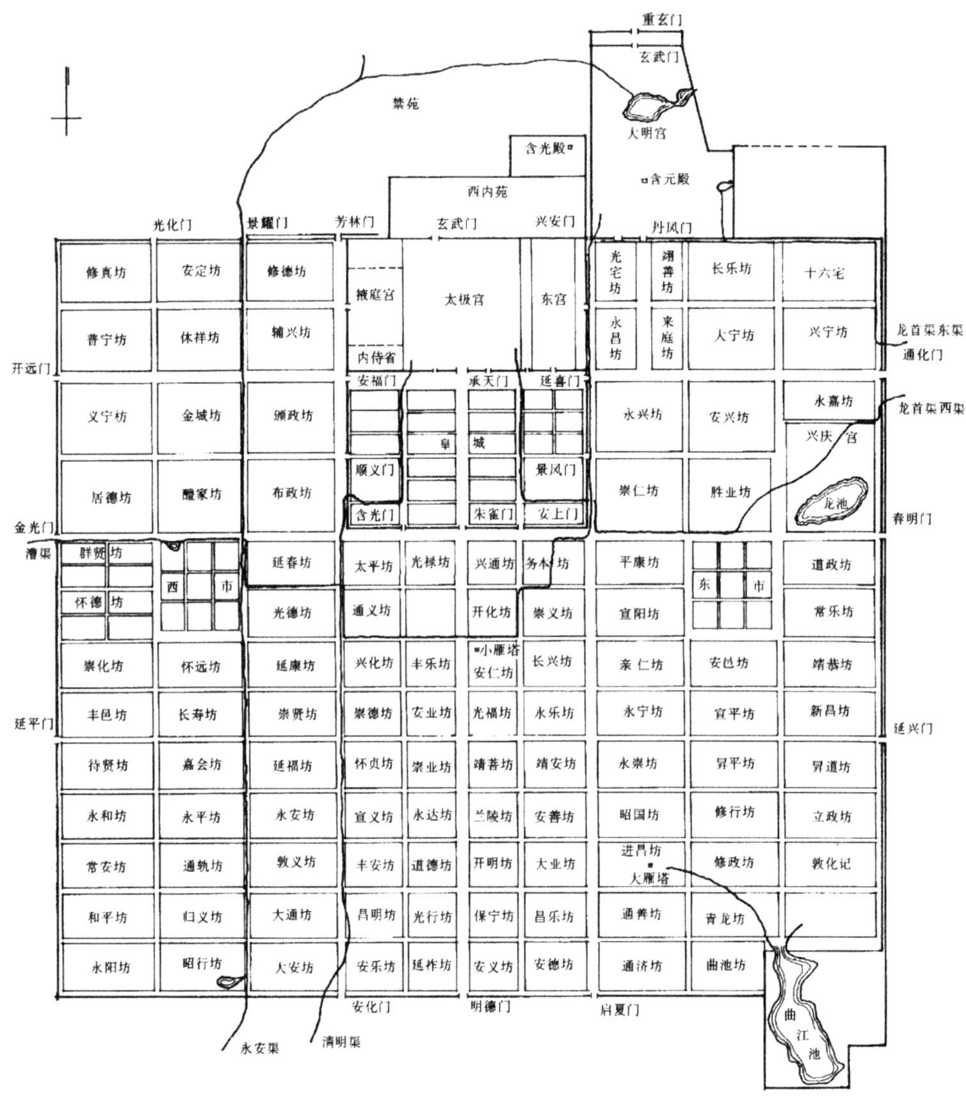

图一六　唐长安城平面示意图

[1] 王静：《中古都城建城传说与政治文化》，社会科学文献出版社，2013 年，第 75—100 页。

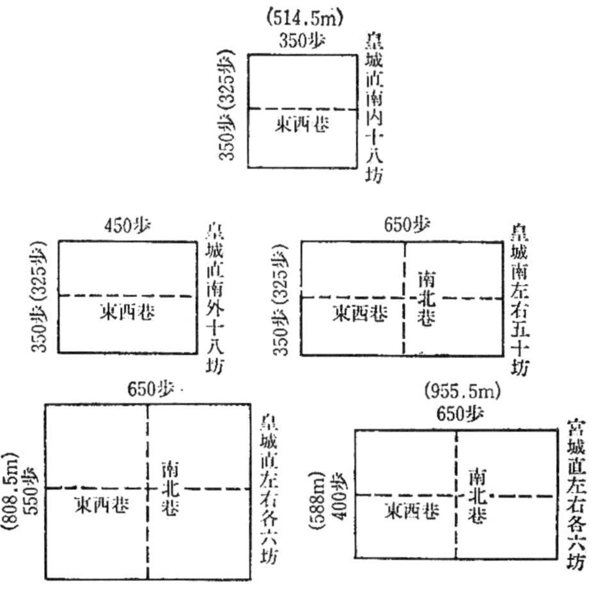

图一七　唐长安城里坊规划

大州/府 16 坊，中州 4 坊，小州（县）1 坊[1]。这是与城市的行政等级相关联的。

这一切的基础都是建立在洛阳为“天下之中”的观念之上。河南洛阳告成周公测景台（唐时属洛州），唐代更是营造出“洛州无影”的故事。

历代统治者都属意建都于“天下之中”。而这正是因为此前洛阳为天下之中的观念根深蒂固与深入人心，所以五代后周政府才想方设法将都城开封构建成新的“天下之中”，以取代原先洛阳的政治文化意义。

（三）两个小插曲：南朝萧梁建康城和东魏邺南城

南北朝时期，南北政权鼎峙，西魏北周定都于关中长安，或直接使用西汉都城，或径取“周”为国号以为政权正统性之理据，而东魏北齐和南朝都离开了“天下之中”的洛阳，在都城的建制上如何体现王朝的正统性，在原有的知识体系中已经得不到支持，只能另辟蹊径，采用旧瓶换新酒的方法，或借用符谶之说，或借用新的天文知识系统来建构都城为“天下之中”的模型。

南朝萧梁武帝采取的策略是利用古代印度宇宙模式进行一系列改革，以树立萧梁政权在天下的正朔地位。

梁武帝在位期间，所谓改革时刻制度（天监六年）、长春殿讲义、建同泰寺（大通元

[1]　宿白：《隋唐城址类型初探（提纲）》，《纪念北京大学考古专业三十周年论文集》，文物出版社，1990 年，第 279—285 页。

年，529年）三事，皆与天学史上之中外文化交流有关[1]。其所本实为古代印度宇宙模式新盖天说之见于佛经中者，该宇宙模式现在仍可见于《周髀算经》[2]。这就是苏迷卢宇宙模型。

该模型的主要内容是：大地是一个平面圆盘，大地中央有一座高山，名叫苏迷卢山（或须弥山），苏迷卢山外围绕着环形陆地，陆地又为环形大海所围绕，共有七圈大陆和七圈海洋。苏迷卢山顶抵着天，正是北极星所在位置，天与大地圆盘相平行，环绕北极星，有一系列同心圆，称为天轮，它们是日月星辰的运行轨道。据说这个模型源于公元前5世纪的耆那教的宇宙学说，后来为印度佛教所吸收。模型中之苏迷卢山，实际上就是喜马拉雅山。梁武帝借用苏迷卢宇宙模型建立自己的盖天模型，将王城置于大地的中心苏迷卢山之处，其上正对北极（图一八、一九）。至此，梁武帝采纳新盖天说的目的便可了然。

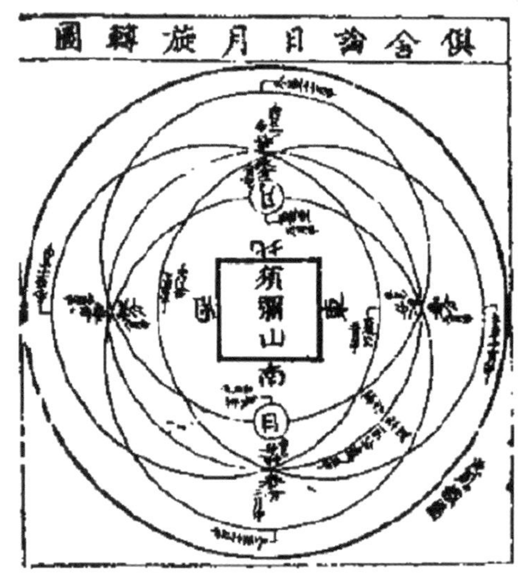

图一八　佛教宇宙模型中的苏迷卢山（须弥山）与铁围山

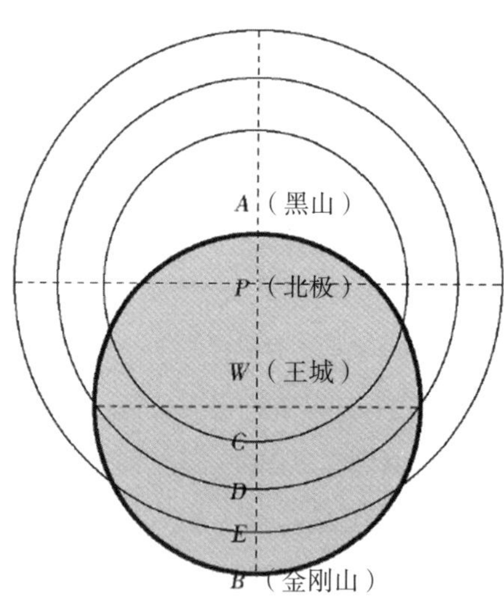

图一九　梁武帝的盖天说模型

中国传统宇宙模式有三，即盖天说、浑天说以及宣夜说。这是以中原为中心的宇宙模式，梁武帝借用新盖天说重塑天下的中心，把建康建构为新的天下之中。

在梁武帝改革的三件大事中，同泰寺的修建与梁武帝对建康的重新规画紧密相关，

[1] 按，对此问题的发覆，可参江晓原《〈周髀算经〉盖天宇宙结构》以及《〈周髀算经〉与古代域外天学》二文，《江晓原自选集》，广西师范大学出版社，2001年，第203—220页；又，江晓原：《周髀算经·导言》，江晓原、谢筠译注：《周髀算经》，辽宁教育出版社，1996年，第1—54页。

[2] 江晓原、钮卫星：《天学史上的梁武帝》，《中国文化》第15、16期合刊，北京、香港、台北，1997年，第135页；袁敏、曲安京：《梁武帝的盖天说模型》，《科学技术与辩证法》2008年第2期，第85—104页。

采用域外全新的新盖天说将建康城宫城与天极紧密地联系起来，正是梁武帝直接把建康宫建构为新的“天下之中”的神来之笔。

同泰寺与建康宫之北门遥遥相对。今鸡鸣寺北到北极阁一段城墙，即为当时都城之北界。建康宫城在今鸡鸣寺南，其北面开有大通门。《建康实录》载，同泰寺“东南有璇玑殿……有盖天仪，激水随滴而转”[1]，应是佛教宇宙演示之模拟器。其实整个同泰寺也正是一个巨大的、充满象征意义的“盖天仪”。同泰寺之建筑内容及形式，与梁武帝在长春殿讲义中所力倡的印度古代宇宙模式之间的关系是显而易见的。

《续高僧传》卷一《梁扬都庄严寺金陵沙门释宝唱传》载：

（梁武帝）又以大通元年，于台城北开大通门，立同泰寺。楼阁台殿，拟则宸宫，九级浮图，回张云表，山树园池，沃荡烦积。[2]

其中“楼阁台殿拟则宸宫”一语，径称同泰寺中的建筑及其布局是模仿天极的。此处“宸宫”恐为佛教新盖天说模型之天心。如此，建康宫也就成为该宇宙模式中须弥山的所在，亦即，建康宫成为大地的中央——“天下之中”。

换言之，梁武帝以佛经所载的古印度宇宙模式新盖天说来构建同泰寺。如此一来，同泰寺所在的都城建康自然也就成为该宇宙模式的中心。

迁都邺城的东魏政权则采用“河出图，洛出书”的符谶将新都附会成洛阳，王权为天命所系。这其中善于符谶之学的河北经学家李业兴起了关键性的作用。

这一时期，长江以北两个东西并峙的新生政权皆以“魏”自称，并与江左萧氏成鼎立之势，正朔名分对各政权而言就益显重要。政权的文化建设成为当务之急，而新都城的选址和建设无疑是一个绝好的契机，统治者自会不失时机地周密筹划。对此，东魏政权也不例外。于是，在建城的过程中出现了邺南城“筑城得龟”的神谶故事[3]。

无名氏《邺中记》载：

（邺南）城东西六里，南北八里六十步。高欢以北城窄隘，故令仆射高隆之更筑此城。掘得神龟，大踰方丈，其堵堞之状，咸以龟象焉。[4]

[1] （唐）许嵩：《建康实录》卷一七“高祖武皇帝”，中华书局，1986年，第681页。

[2] （唐）道宣：《续高僧传》，中华书局，2014年，第10页。

[3] 王静、沈睿文：《一个古史传说的嫁接—东魏邺城形制研究》，《北京大学学报（哲社版）》2006年第3期，第86—91页。

[4] （明）崔铣辑：《嘉靖彰德府志》卷八《邺都宫室志》邺都南城条引，收入《天一阁藏明代方志选刊》，上海古籍书店据宁波天一阁藏明嘉靖刻本景印，1964年，第45册，叶23正面。

筑城如龟，利用的是“河出图、洛出书”。《河图》《洛书》是帝王接受天命的符瑞。“洛书”与乌龟有关，今存《孝经援神契》辑文中尚有 7 处提到此类神龟[1]。

龙马负图出于河、神龟背书出于洛，是谶纬文献中出现得最多的帝王受命神话，此谶纬流传之广已使河图、洛书成为帝王接受天命的符瑞[2]。从表面上来看，“筑城得龟”这个神谶便是巧妙地利用古漳河的泛滥与大禹治水时“河出图，洛出书”神话的相似性，而将后者嫁接在前者之上，并试图实现其象征意义的替代。

在谶纬中，唯有禹两观河洛，分别在受舜禅的前后：治水观河而得金瑞，受禅观洛而得洛书。以此推之，将这个谶纬置于当时天下鼎峙的政治格局之中，它的被嫁接正好说明了东魏始建国者的用心所在，也恰反映出故事的始作俑者以邺城为天下之中的企图，这就是将邺城营造成天下文化、政权的正统所在。

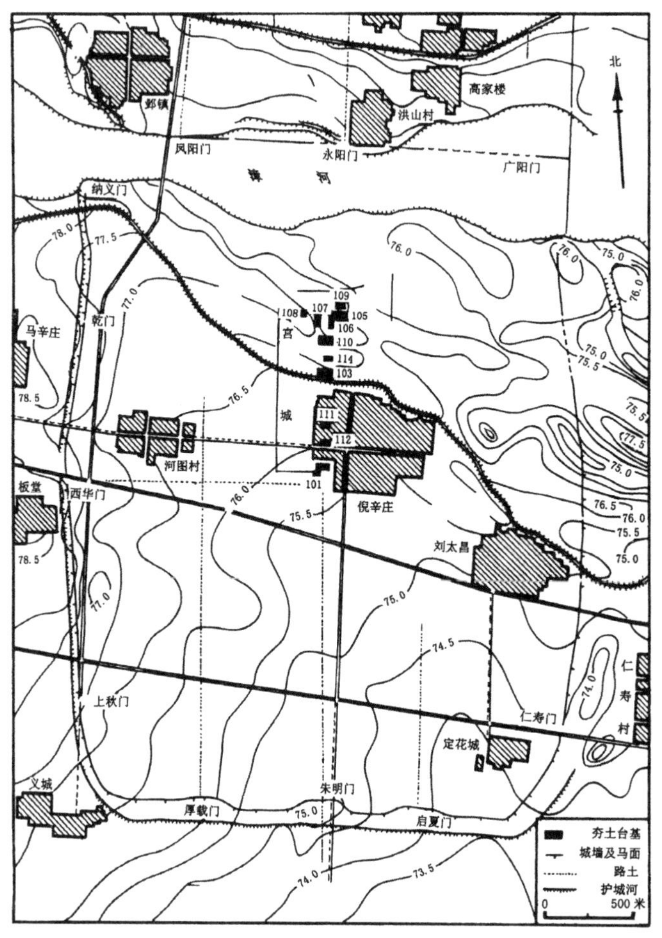

图二〇　东魏邺南城平面实测图

于是，邺南城的城郭就被有意地修筑成乌龟的平面形状（图二〇）。

运用新的知识，南朝萧梁和东魏统治者分别将都城所在营造成新的“天下之中”，恰进一步说明都城成为“地中”在中古中国政治文化中的核心意义。

四、小结

后周王朴撰定新历《钦天历》，在关于“地之中”的天下观上，同样否定了此前的阳城，而肯定了都城开封的岳

[1] 《孝经援神契》，安居香山、中村彰八辑：《纬书集成》，河北人民出版社，1994 年，第 951—994 页。

[2] 徐兴无：《谶纬文献与汉代文化建构》，中华书局，2003 年，第 266—275 页。

台[1]。种种迹象表明，王朴《钦天历》很可能便是以岳台为标准而重新制定的历法[2]。

开元十二年测影所得数据也支持了上述判断。《通典》卷二六《职官志》载：

开元十二年四月，命太史监南宫说及太史官大相元太等，驰传往安南、朗、蔡、蔚等州，测候日影，回日奏闻。数年伺候，及还京，僧一行一时校之。……

河南府告成，北极高三十四度七分。冬至，影在表北丈三尺七寸一分；定春秋分，影在表北五尺四寸五分；夏至，影在表北尺四寸九分。

汴州浚仪太岳台，北极高三十四度八分。冬至，影在表北丈二尺八寸五分；定春秋分，影在表北五尺五寸；夏至，影在表北尺五寸三分。[3]

这集中体现于宋代司马光（1019—1086年）对开元十二年南宫说等人测日影结果的表述："阳城晷长一尺四寸八分弱……浚仪岳台晷长一尺五寸微强"[4]。司马光在《资治通鉴》中对此的记叙颇值得我们品味。南宋时，项安世（1129—1208年）以"日行黄道，每岁有差，地中亦当随之"为浚仪岳台取代阳城为"地中"进一步做学理上的阐释。

同时，他们抛弃了原先的真北坐标系统，采用磁北的坐标系统，即缝针的系统。

具体言之，北宋开封城东西二墙北偏东8°（图二一），大致与地磁子午线，即与缝针7.5°吻合。这表明北宋开封城基本是以"人盘"的"前缝针"来定位，而非以地理子午线来确定方向。显然，可以肯定这是有意为之的行为。由此，宋开封城也成为中古都城建设中唯一可以明确以该技术方法进行营建的事例。杨惟德《茔原总录》称"取丙午壬子之间是天地中，得南北之正也"，据此赵宋以此法来设置东京城恐还有欲把它构建为"天地之中"的政治理想。

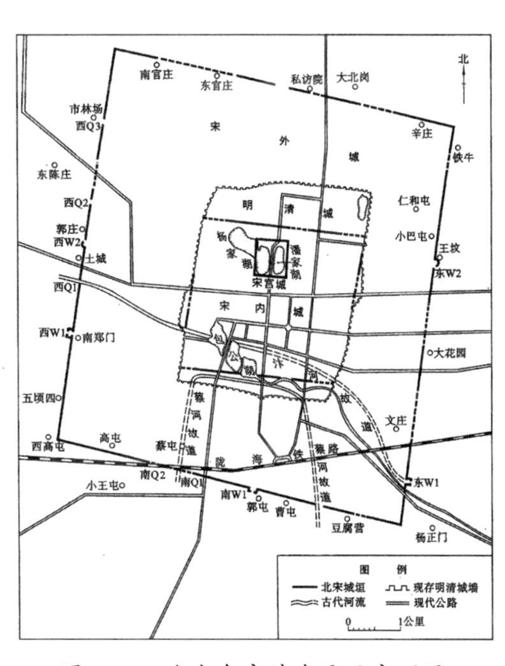

图二一　北宋东京外城平面实测图

相同的情况也出现在巩县北宋皇陵诸

[1]《新五代史》卷五八，中华书局，1974年，第672页。

[2] 王静：《中古都城建城传说与政治文化》，社会科学文献出版社，2013年，第131页。

[3]（唐）杜佑撰，王文锦等点校：《通典》卷二六《职官八》，中华书局，1988年，第739—741页。

[4]《资治通鉴》卷二一二，中华书局，1956年，第6759页。

陵的陵区中。北宋诸帝陵陵区建制统一，平面布局相同，分别由上、下宫，皇后陵和陪葬墓组成，皆坐北朝南，方向 185°—190°。换言之，北宋永安诸陵陵区的方向为北偏东 5°—10°。显然，这也是用与都城同样的定位方法来规画的。同样地，泉州宋城也采用磁北的坐标系统。此上应该是赵宋一代在国家大型建筑中普遍使用指南针的证据。

总之，天极阁道绝汉抵营室和居中建极的模式，在中古中国一直得以传续，其背后是统治者自称"天子"，必须将都城营造为对应"天极"的所在——"居天下之中"，以建构政权的合法性和正统性。这已沉淀为中古中国传统社会的基本原则，成为礼制的基本原则，成为中古中国王朝正朔在都城建制上的基调。其间即便在南朝萧梁和东魏出现了两个小插曲，但是统治者所宗奉的原则并没有改变。同时，在曹魏洛阳居中建极的模式出现后，中轴线的规划又有机地融入了天极阁道绝汉抵营室的模式之中。

由此可见，中古中国都城建制所呈现出的内在礼制的统一性和同一性。

至于都城内部布局的模式，宋元时期学者便已注意到里闾制与里坊制的本质不同。如，北宋吕大防在《隋都城图》题记中云：

> 隋氏设都，虽不能尽循先王之法，然畦分棋布，闾巷皆中绳墨，坊有墉，墉有门，逋亡奸伪无所容足。而朝廷宫寺，门居市区不复相参，亦一代之精制也。唐人蒙之以为治，更数百年不能有改，其功亦岂小哉！[1]

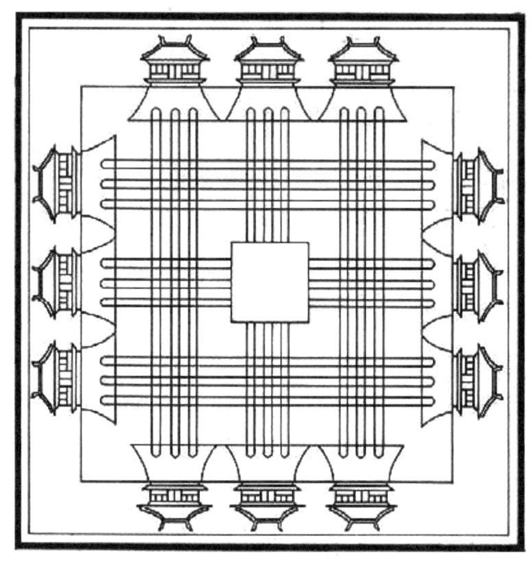

图二二 《三礼图》中的周王城

可见，宋人认为隋大兴的里坊制并非先王之法（图二二），所谓先王之法便是"里闾制"。

元代李好文也认为里坊为隋文帝新创，其所撰《长安志图》卷上云：

> 自两汉以后，都城并有人家在宫阙之间。隋文帝以为不便于事，于是皇城之内惟列府寺，不使杂居，公私有辨，风俗齐整，

[1]（元）李好文：《长安志图》卷上，（宋）宋敏求、（元）李好文编绘：《长安志·长安志图》，中华书局编辑部编：《宋元方志丛刊》第 1 册，中华书局，1990 年，第 208 页下栏。

实隋文之新意也。[1]

由此看来，北宋开封城施行的长巷制，恐可视作里闾制的变形，很可能是对里闾制的回归。这也符合当时礼学家对包括都城礼制建制在内的一种反思和回归。

[1] （元）李好文：《长安志图》卷上，（宋）宋敏求、（元）李好文编绘：《长安志 · 长安志图》，中华书局编辑部编：《宋元方志丛刊》第1册，中华书局，1990年，第208页上栏。

隋唐长安城的墙

李雨生（西北大学文化遗产学院）

作为王朝都城的隋大兴、唐长安城（以下简称隋唐长安城）始自开皇三年（583 年）三月丙辰隋文帝杨坚冒雨“常服入新都”[1]，终结于天祐元年（904 年）正月壬戌朱全忠勒逼唐昭宗李晔迁都洛阳，“毁长安宫室百司及民间庐舍，取其材，浮渭沿河而下”[2]，共存续了 321 年。隋唐长安的城市考古研究多以宫殿、城门、街道、衙署、坊市、园林、寺观等为重心展开，对于构建起城市基本格局的各类墙体虽然有所涉及，但整体关注不够[3]。近年来西安主城区配合基本建设考古工作陆续更新了隋唐长安城中不同种类墙的数据与形制，以此为契机，结合以往散见于各类简报与报告中的发现，本文拟对隋唐长安城中墙的类型、修缮、尺寸、功能、内涵等方面进行系统梳理，以就正于方家[4]。

---

[1] 《隋书》卷一《高祖本纪》，中华书局，1973 年，第 18—19 页。

[2] （宋）司马光编著，（元）胡三省音注：《资治通鉴》卷二六四昭宗天佑元年“壬戌车驾发长安”条，中华书局，1956 年，第 8626 页。

[3] 学术界对于隋唐长安城中的墙的关注多偏重于城墙（即宫城、皇城和外郭城城墙）的始筑、修缮和毁废，傅熹年等对于隋唐长安城的各部分论述中曾扩展至坊墙、宅墙。参见傅熹年主编：《中国古代建筑史》第二卷《三国、两晋、南北朝、隋唐、五代建筑》（第二版），中国建筑工业出版社，2009 年，第 333—347、378—380、462—472、626—629、687—689 页。齐东方曾论及唐代长安城中墙功能与性质演变，参见齐东方：《魏晋隋唐城市里坊制度——考古学的印证》，荣新江主编：《唐研究（第九卷）》，北京大学出版社，2003 年，第 53—84 页；齐东方：《唐代长安城的空地和墙》，北京大学考古文博学院编：《宿白纪念文集》，文物出版社，2022 年，第 280—290 页。此外，以下专著在不同章节均涉及本文关注的各类墙体：杨鸿年：《隋唐两京考》，武汉大学出版社，2005 年；肖爱玲等：《隋唐长安城》，西安出版社，2009 年；张永禄：《唐都长安》（增订本），三秦出版社，2010 年；贾志刚主编：《西安通史》，第三卷，陕西人民出版社，2016 年。

[4] 如不明确界定，下文均以“墙”作为“隋唐长安城中各类墙”的简称。

一、墙的类型、始筑与修缮

开皇二年，隋文帝下诏于龙首山营建新都，以“谋新去故”“定鼎之基永固”[1]。因为是择地建新城，故而有条件充分执行先秦以降“大一统”思想中的都城设计理念：天人合一、崇方居中、中轴对称、官民分置、戒备森严等做法使隋唐长安成为中古时期里坊制都城的典范。隋大兴城在设计之初即表现出明显的封闭性，不同类型的墙正是这种封闭性的集中反映，也是其存续的必要保障。表现在平面布局上，即是各类建筑主体均被设置在由墙围护的封闭空间中。规模稍大的私宅即已分进，坊市、宫内、城区的划分更是以不同尺度的墙体人为区隔，形成了层层嵌套、城中有城的封闭区块式布局体系。

墙是长安城中各类建筑的必要构成元素，很容易根据它们附属的建筑类型予以分类，大致包括宫墙、皇城墙、外郭城墙、苑墙、夹城墙、坊墙、市墙、宅墙、院墙、寺观墙等[2]。因为墙的隶属关系及营缮主体有所不同，又可以分为公、私两种。大致而言，除宅墙之外，上述多数墙都属于某种程度上的“公墙”范畴，各类墙体的属性则与各自的始筑与修缮过程密切相关。

隋大兴城内各部分的营建遵循特定次序。元李好文撰《长安志图》记：“（原注：隋开皇二年）六月，诏规建制度，先筑宫城，次筑皇城，次筑外郭城。”[3]该次序已在规划层面被证实，其核心设计理念是以“子城”长宽为模数划定大的区块，然后在区块中划分里坊，这一规划手法应出自宇文恺。[4]据此，宫城和皇城城墙的修筑在先，外郭城的营建在后。不过，外郭城墙能否与宫城、皇城同时完工，一直聚讼纷纭[5]。支持者依据宋敏求《长安志》中外郭城“隋开皇二年筑”[6]的记载立论，但该记载过于简略且似有不合理之处。同年六月新都刚刚破土动工，九个多月之后便正式迁都，根据设计与营建次序，外郭城显然不是新都建设之初的营造重点。中国古代城墙多夯土版筑，历来极费人工。据当时标准粗略估算，以长安城外郭的规模用功已超千万，完全不考虑其他因素的影响，四万

[1] 《隋书》卷一《高祖纪》，中华书局，1973 年，第 17—18 页。

[2] 单体建筑内部的隔墙不在本文讨论范围之内。

[3] （元）李好文撰，辛德勇、郎洁点校：《长安志图》卷上《宫城》，三秦出版社，2013 年，第 17 页。

[4] 傅熹年：《隋唐长安洛阳城规划手法的探讨》，《文物》1995 年第 3 期，第 48—63 页。

[5] 参见妹尾达彦：《汉长安古城与隋唐长安城》，北京大学中国古代史研究中心编：《舆地、考古与史学新说：李孝聪教授荣休纪念论文集》，中华书局，2012 年，第 273 页注 1。

[6] （宋）宋敏求撰，辛德勇、郎洁点校：《长安志》卷七《唐京城》“外郭城”条，三秦出版社，2013 年，第 254 页。

人同时开工也需要二百五十天左右才能完成筑城任务[1]。另一方面，根据《续高僧传》记载，开皇四年“京城之东西二门，亦可取延名以为延兴、延平也。”[2]揣摩其语境，两门在取名之前似未正式命名，是否与其时刚刚落成有关？这也意味着城门所在的城墙已经完工？总之，这些结论仍属间接推测的范畴，主张外郭城墙与宫城、皇城同时完工仍需直接证据的支持[3]。

考古发现为该问题的解决带来一线曙光。隋唐长安城外郭城有关的考古工作中，南垣正中明德门遗址的发掘辨识出早期遗迹现象。明德门为五门道过梁式门楼建筑，在最东侧门道北半部的解剖表明，唐代路面以下为夯土层，夯土层下有早期路面。路面上有清晰车辙、车辙下的铺砖（近门道口处）以及火烧痕迹，早期路面以下即为生土。发掘者推测该路面为隋代建城之后直至唐初重修城门之前的通行路面。[4]此外，北垣兴安门遗址的发掘揭示出有关该门址由早及晚更加明确的功能与性质变化。根据《唐六典》记载，兴安门为“旧京城入苑之北门，开皇三年开”[5]，是大兴城北郭墙出入禁苑的一处城门，唐初被列为大明宫南墙五门之一（最西侧），位于大明宫西宫墙和西内苑东墙之间，是通往翰林院和后宫的重要通道。考古发掘显示，兴安门早期为一门三道，马道位于城墙南侧，晚期改为一门二道，马道位于城墙北侧（图一[6]）。推测兴安门在早期为外郭城出城入禁苑的通道，其建制与规模与外郭城其他城门基本一致；晚期（大明宫开始营建之后）由城门变为宫门，规格降低，形制也调整成与大明宫南宫墙其他宫门相一致。[7]以上两例反映出早至隋代两座城门即已存在的事实，而城门、城墙和城内直通城门的街道应该有对应和共存关系：很难想象会出现城内棋盘状干道网络业已存在而城门未修或者仅修城门而未将城门之间的城墙连缀起来等情况。

上述推测看似合理，但近年来长安城南垣安化门的发掘成果揭示出更加复杂的历史事实。安化门是郭城南墙最西门，为一门三道过梁式结构。门址前发现一条东西向水渠，城

[1] 参见贾志刚主编：《西安通史》，第三卷，陕西人民出版社，2016年，第50页注2。

[2] （唐）道宣撰，郭绍林点校：《续高僧传》卷八《隋京师延兴寺释昙延传》，中华书局，2014年，第276—277页。

[3] 辛德勇：《隋唐两京丛考》“大兴外郭城筑成时间辨误”条，三秦出版社，2006年，第6—8页。

[4] 中国科学院考古研究所西安工作队：《唐代长安城明德门遗址发掘简报》，《考古》1974年第1期，第33—39页。

[5] （唐）李林甫等撰，陈仲夫点校：《唐六典》卷七《尚书工部》“大明宫”条，中华书局，1992年，第218页。

[6] 中国社会科学院考古研究所西安唐城工作队：《西安市唐长安城大明宫兴安门遗址》，《考古》2014年第11期，第46页图二。

[7] 中国社会科学院考古研究所西安唐城工作队：《西安市唐长安城大明宫兴安门遗址》，《考古》2014年第11期，第44—53页。

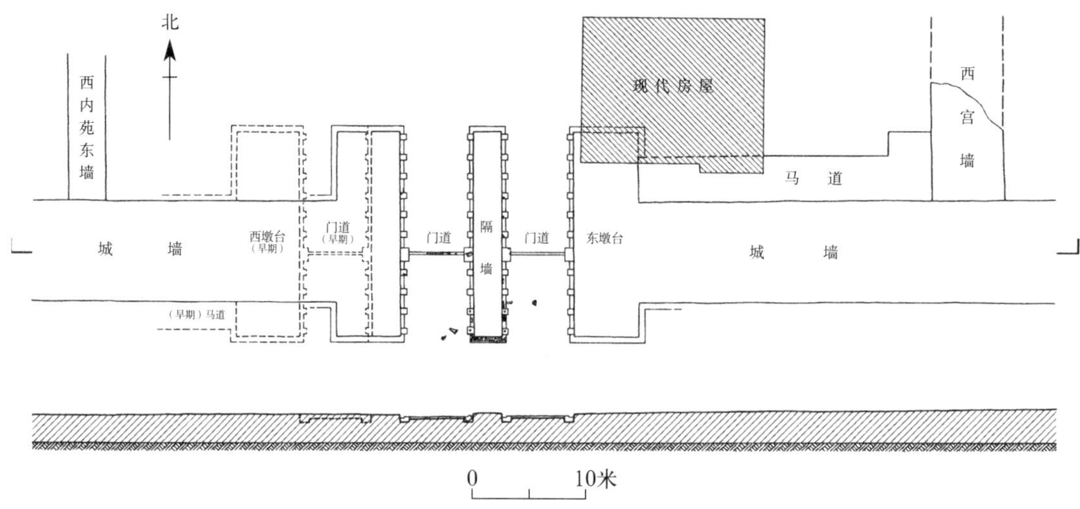

图一　兴安门遗址早、晚期关系平剖面图

门墩台基槽打破水渠，墩台底部出土唐初带印戳的瓦片。水渠中发现桥梁遗存，但桥与门道错位，并不直对。发掘者推断水渠始建时代为隋代。值得注意的是，该时期并未发现大兴城郭城南墙，推测其时此处的外郭城南墙可能还没有建成，只是以东西向水渠为大兴城的南界。地层证据表明安化门当建于水渠废弃之后，结合文献推测始筑时间为唐永徽五年。[1]安化门遗址未见隋代城墙、门址建于唐代等发现提供了有关长安城南垣城墙砌筑过程的细节。同处南垣且在附近的明德门存在隋代路面，明德门为长安城正门，位于中轴线南端，在当时礼制体系中占据重要位置，与宫城、皇城同时营造的可能性较大。另外，20世纪 70 年代明德门遗址发掘时也在门外（南侧）发现一道“壕沟”，如果该“壕沟”能与安化门前揭露的水渠相通，则表明该水渠与明德门在隋代已形成组合关系。

综上所述，开皇初年北垣兴安门、东垣延兴门、西垣延平门、南垣明德门等均已存在，这些城门或者靠北、靠近统治中心，或者具备一定礼制功能，连缀其间的城墙可能也已经修筑完成；但安化门遗址的发现表明，也许某些偏僻的、非关键位置的城墙在开皇初年尚未最终闭合。当然，这里仅是依据最新发现做出的推测，具体情况还有待于更系统的考古成果来检验。

隋代另一次大修城墙在炀帝大业九年：“（三月丁丑）发丁男十万城大兴。”[2]一般认为这次修城墙与杨玄感起兵有关，因为《隋书》李敏传中有记载“杨玄感反后城大兴，敏

[1]　韩建华：《考古 2023 之隋唐考古：昆明池旁漕运船，宫人斜里红妆墓》，澎湃新闻 · 私家历史 2024 年 6 月 23 日。网址：https://www.thepaper.cn/newsDetail_forward_27692857。

[2]　《隋书》卷四《炀帝本纪》，中华书局，1973 年，第 84 页。

之策也”。[1]不过根据《隋书》和《资治通鉴》的相关记载，杨玄感反于黎阳时在当年六月[2]，时间晚于修大兴城。李敏传中所记如果不是后人的褒美附会，只能解释为三月之时杨玄感反象已现，朝廷修葺城垣、早做准备。此外，这次修城距离隋初已近三十年，以夯土为主体的大兴城外郭墙遍历日晒雨淋，可能也亟待修缮。无论如何，此次修城规模浩大，说明迟至隋末，大兴城的外郭城墙已经基本修整齐备。

在这之后及至唐代，至少还有两次大规模修缮外郭城墙。一次是唐高宗永徽年间，《旧唐书·高宗本纪》永徽五年三月和十一月均有记载。三月“以工部尚书阎立德领丁夫四万筑长安罗郭”；十一月“筑京师罗郭，和雇京兆百姓四万一千人，版筑三十日而罢，九门各施观。”[3]同时《长安志》记载“永徽四年率天下口税一钱更筑之。”[4]这些记载各有侧重，似为一事多记，涉及修城主事、经费来源、施工规模、内容、工期等方面。从规模来看，当是在原有基础上的修缮和增筑，重点是“九门各施观”，也间接反映了隋代郭城各方向上的城门可能都未建城楼。当然，前引安化门的最新发现表明实际情况似乎更加复杂，安化门所在位置在隋初建大兴城之时可能没有动土，也许仅在地面上立有相应标识。唐代另一次大修城墙在开元十八年（730年），上距永徽修城七十余年。此次修城各处记载差别不大，仅在工期上有所出入。[5]此后再没见到大规模修筑外郭城墙的记录。不过，距离开元十八年仅仅五年，玄宗又敕令：“（开元二十三年七月）两京城皇城及诸门，并助铺及京城守把捉兵之处，有城墙若门楼舍屋破坏须修理者，皆与所司相知，并量抽当处职掌卫士，以渐修营。”[6]由此可见，以“渐修”为形式的小规模修补可能一直在进行，并且很可能是唐后期修缮长安城墙的主要形式。

---

[1] 《隋书》卷三七《李崇子敏》，中华书局，1973年，第1124页。

[2] 《隋书》卷四《炀帝本纪》、《资治通鉴》卷一八二“礼部尚书杨玄感”条均记为大业九年六月乙巳；《隋书》卷二一《天文志》记为大业九年五月；卷二三《五行志》记为大业八年。后者所记为鬼神事迹，荒诞不经，且同篇之中不乏前后抵牾之处，不确。前两处均晚于三月城大兴。参见《隋书》，中华书局，1973年，第84、613、657页；（宋）司马光编著，（元）胡三省音注：《资治通鉴》，中华书局，1956年，第5672页。

[3] 《旧唐书》卷四《高宗本纪》，中华书局，1975年，第72—73页。

[4] （宋）宋敏求撰，辛德勇、郎洁点校：《长安志》卷七《唐京城》“外郭城”条，三秦出版社，2013年，第254页。

[5] 《旧唐书·玄宗本纪》记为“凡十月而功毕”；《唐会要·城郭》记为“九十日毕”；《资治通鉴》记为“九旬而毕”。参见《旧唐书》卷八，中华书局，1975年，第194页。（宋）王溥撰：《唐会要》卷八六，上海古籍出版社，2006年，第1877页。（宋）司马光编著，（元）胡三省音注：《资治通鉴》卷二一三，中华书局，1956年，第6789页。关于不同时期修城不同记载的分析，可参考杨鸿年：《隋唐两京考》，武汉大学出版社，2005年，第50—54页。

[6] （宋）王溥撰：《唐会要》卷八六《城郭》，上海古籍出版社，2006年，第1877页。

夹城是唐长安城中一类独具特色的墙体，其始筑是为了满足玄宗即位之后在大明宫与兴庆宫之间频繁往来的需求，并保证皇帝出行的私密性和安全性，即文献所记“人主往来两宫，人莫知之。”[1]具体修筑年代不详，可能在开元初年即已存在。[2]最初路线仅是从大明宫出发，循外郭东墙内侧向南，以“磴道潜通”的方式行经通化门抵达兴庆宫。该段夹城已经在十王宅和新昌坊以东被考古发掘（勘探）所证实，尤其是十王宅以东，近年经系统揭露确定夹城与东墙之间宽 23 米，路面上发现 5 组共计 10 条南北向车辙遗迹[3]。玄宗在开元中后期不断营修兴庆宫，同时将夹城沿东墙继续向南延伸至芙蓉园。[4]修筑夹城在唐后期形成风气，根据《唐会要》记载，德宗贞元年间先后命户部在延喜门、望仙楼附近筑夹城；宪宗元和年间先后命左、右神策军在晨晖楼、芳林门附近修夹城[5]。这些位置上修筑夹城，意在为皇帝从大明宫前往兴庆宫、太极宫、禁苑和东内苑等处提供便利[6]。此外，考古钻探和发掘表明，大明宫东、北、西三面均有夹城。不过这些所谓的“夹城”不见于文献记载，仅是开展考古工作时的暂用名[7]。其中，东、西夹城墙与宫城的距离为 55 米左右，北夹城北墙更是距离大明宫北墙 160 米，都远远超过前引十王宅以东段夹城的宽度。西夹城中揭露出成组建筑遗迹并出土大量封泥，此处建筑的属性还有较大

[1] 《旧唐书》卷三八《地理志》，中华书局，1975 年，第 1394 页。

[2] 据（宋）司马光编著，（元）胡三省音注：《资治通鉴》卷二一二“九月甲寅徙宋王宪为宁王”条：“（开元七年九月）上尝从复道中见卫士食毕，弃余食于窦中，怒，欲杖杀之，左右莫敢言。”中华书局，1956 年，第 6737 页。

[3] 西安市文物保护考古研究院：《隋唐长安城东北角夹城及十王宅遗址 2020 年度发掘简报》，《文博》2021 年第 1 期，第 15—20 页。

[4] （唐）李林甫等撰，陈仲夫点校：《唐六典》卷七《尚书工部》：“至（开元）十四年，又取永嘉、胜业坊之半以置朝堂。”中华书局，1992 年，第 219 页；《旧唐书》卷八《玄宗本纪》：“（开元二十年六月）遣范安及于长安广花萼楼，筑夹城至芙蓉园。”中华书局，1975 年，第 198 页。另有“开元二十四年六月”的记载，参见（宋）王溥撰：《唐会要》卷三〇《城郭》，上海古籍出版社，2006 年，第 650 页。

[5] 参见（宋）王溥撰：《唐会要》卷三〇《杂记》：“贞元四年十月二十五日，户部侍郎班宏奉敕修延喜门，筑夹城。贞元十二年八月六日，户部尚书裴延龄奉敕修望仙楼。至十三日，令又筑望仙楼东夹城；元和二年六月，诏左神策军，新筑夹城，置玄化门晨辉楼。元和十二年四月，诏右神策军以众二千筑夹城，自云韶门过芳林门，西至修德里，以通于兴福佛寺。”上海古籍出版社，2006 年，第 654—655 页。

[6] 涉及地名及夹城位置的具体分析参见辛德勇：《隋唐两京丛考》“玄化门与晨晖楼”条，三秦出版社，2006 年，第 122—126 页；贾志刚主编：《西安通史》，第三卷，陕西人民出版社，2016 年，第 51—52 页；（清）徐松撰，李健超增订：《最新增订唐两京城坊考》，三秦出版社，2019 年，第 236 页。

[7] 中国科学院考古研究所：《唐长安大明宫》，科学出版社，1959 年，第 13—15 页。

争论[1]。要之，目前还没有明确证据表明大明宫东、西、北三面的“夹城”是便利皇帝出行的通道，其具体性质还有待于更系统的考古工作来揭示。

隋唐长安城墙的修筑主要由尚书省工部以及将作监相关部门负责，前引文献显示，唐后期夹城的修筑还由户部主持，左右神策军参与。《唐六典·尚书工部》记：“工部郎中、员外郎掌经营兴造之众务，凡城池之修浚，土木之缮葺，工匠之程式，咸经度之。……凡兴建修筑，材木、工匠，则下少府、将作，以供其事。”[2]同书“将作监”条记：“将作大匠之职，掌供邦国修建土木工匠之政令……西京之大内、大明兴庆宫，东都之大内、上阳宫，其内外廓、台、殿、楼、阁并仗舍等……京都诸城门……凡有建造营葺，分功度用，皆以委焉。”[3]将作监下有右校署，其右校令“掌供版筑、涂泥、丹雘之事……凡料物支供皆有由属，审其制度而经度之。”[4]所掌版筑之事与城墙施工直接相关。关于工部与将作监的关系，傅熹年认为工部为行政管理单位，负责工程计划、管理并制定统一的规范，且职掌范围面向全国；将作监具体承担京、都范围中内作与外作的规划设计、材料制备和施工[5]。以隋大兴城的营建为例。其领导班底由时任宰相高颎领衔，“太子左庶子宇文恺创制规谋，将作大匠刘龙、工部尚书贺娄子干、太府少卿高龙义并充检校”[6]。工部尚书与将作大匠共同主持新都建设，由于隋代甄官署属太府寺（唐时并入将作监），故而太府少卿也参与其中。

坊墙是隋唐长安城中另一大类带有公共性质的墙体，坊墙最初如何修筑未见明文记载，零星文献显示有坊内住户共同参与的可能。《长安志》唐京城金城坊条注：“本汉博望苑之地。初移都，百姓分地版筑，土中见金聚，欲取便没。隋文帝曰：此取金城之兆，因以金城为坊名。”[7]此条涉及建城之初里坊修建的细节，“分地”暗示出背后有统一的管理。大致在唐中宗、玄宗时，洛阳县界内坊墙因雨倾倒，坊人诉称皆合当面自筑，卢俌判文认为既资众力，须顺人心，应由坊内众人共修[8]，长安城内里坊在管理方面应该遵循与之相似的原则。另《唐会要·街巷》载德宗贞元四年敕令：“京城内庄宅使界诸街坊墙

---

[1] 辛德勇：《隋唐两京丛考》“大明宫西夹城南部遗址与翰林院和学士院的位置”条，三秦出版社，2006年，第127—139页。

[2] （唐）李林甫等撰，陈仲夫点校：《唐六典》卷七《尚书工部》，中华书局，1992年，第215—216页。

[3] （唐）李林甫等撰，陈仲夫点校：《唐六典》卷二三《将作都水监》，中华书局，1992年，第594页。

[4] （唐）李林甫等撰，陈仲夫点校：《唐六典》卷二三《将作都水监》，中华书局，1992年，第596页。

[5] 傅熹年主编：《中国古代建筑史》第二卷《三国、两晋、南北朝、隋唐、五代建筑》（第二版），中国建筑工业出版社，2009年，第688—689页。

[6] （唐）李林甫等撰，陈仲夫点校：《唐六典》卷七《尚书工部》，中华书局，1992年，第216页。

[7] （宋）宋敏求撰，辛德勇、郎洁点校：《长安志》卷一〇《唐京城》，“金城坊”条，三秦出版社，2013年，第336页。

[8] （清）董诰等编：《全唐文》卷二六七《对筑墙判》，中华书局，1983年，第2713—2714页。

有破坏，宜令取两税钱和雇工匠修筑，不得科敛民户。”[1]重申了庄宅使辖下诸官宅所在里坊的坊墙应由官方出钱负责修缮，这意味着没有官宅里坊的坊墙的应由坊内众人负责。

二、墙的尺寸、形制及复原

文献所见隋唐长安城各类墙体的尺寸记载以长度为大宗，研究者据之探讨考古成果（以勘探为主）与文献记载的对应关系，其他方面因文献不足而较少关注。隋唐长安外郭城“墙高一丈八尺”（约5.5米）[2]，宫城“高三丈五尺”（约10.7米）[3]，皇城高度以及三墙厚度均不清楚。稍晚时期修筑的东都洛阳城外郭城、皇城和宫城城墙高度分别为一丈八尺、三丈七尺和四丈八尺[4]，呈现出自外向内、从南向北次第拔高的态势。以此观之，隋唐长安城皇城的高度应该在外郭城与宫城高度之间。长安城外郭高度与洛阳相仿，宫墙高度还短了一丈三尺，考虑到当时北都晋阳宫高四丈八尺、都城高四丈[5]；长安周边的盩厔县城高二丈二尺[6]，与之相比，作为正都的长安外郭墙、皇城墙和宫墙都算不上雄伟。

其他类型墙体高度更加模糊不清，零星诗文显示城中坊墙和一般民宅院墙均较为低矮。晚唐郑谷《街西晚归》云：御沟春水绕闲坊，信马归来傍短墙。[7]将“街西”“御沟”“闲坊”合并理解，最后所傍之“短墙”可能是某处较为低矮的坊墙或院墙则大致无误。前引卢俌《对筑墙判》提及“垣高不可及肩”[8]，表明东都洛阳的坊墙不及肩高，也可以作为长安坊墙高度的参考。元和年间白居易闲居长安城昭国坊（启夏门街东自南向北第四坊），作《朝归书寄元八》云：“瓶中鄠县酒，墙上终南山。”[9]南山距离长安城不近，无疑只有在能见度较高且院墙、坊墙均较为低矮的情况下才有可能在院中看到。之后白氏迁居新

---

[1]（宋）王溥撰：《唐会要》卷八六《街巷》，上海古籍出版社，2006年，第1867页。

[2]（唐）李林甫等撰，陈仲夫点校：《唐六典》卷七《尚书工部》，中华书局，1992年，第216页。

[3]（唐）韦述撰，辛德勇辑校：《两京新记辑校》卷一“宫城”条，三秦出版社，2006年，第2页。不同学者所依据的唐尺尺度不同，计算结果也不一样，本文所用古今尺度换算依据为1唐尺（大尺、常用尺）=30.6厘米，参见卢嘉锡主编：《中国科学技术史·度量衡卷》，科学出版社，2016年，第319—331页。

[4]《新唐书》卷三八《地理志》，中华书局，1975年，第982页。

[5]《新唐书》卷三九《地理志》，中华书局，1975年，第1003页。

[6]（宋）宋敏求撰，辛德勇、郎洁点校：《长安志》卷一八《盩厔》，“县城”条，三秦出版社，2013年，第552页。

[7]（清）彭定求编：《全唐诗》卷六七五《街西晚归》，中华书局，1960年，第7730页。

[8]（清）董诰等编：《全唐文》卷二六七《对筑墙判》，中华书局，1983年，第2714页。

[9]（唐）白居易撰，顾学颉校点：《白居易集》卷六《朝归书寄元八》，中华书局，1979年，第124页。

昌坊（延兴门西北侧），又有诗曰："巷狭开容驾，墙低垒过肩。"[1]同样反映出院墙仅为过肩高度而已。据《太平广记·寇鄘》所记，元和十二年永平里西南隅有一小宅，有堂屋三间，东西厢共五间，地约三亩，榆楮数百株，这大概是当时长安坊中普通民宅的基本格局。其中"门有崇屏，高八尺，基厚一尺，皆炭灰泥焉"[2]，进门有影壁较为常见，但根据后文记载，这面影壁偏高，因为墙下"生葬"了郭子仪夫人之青衣，事出有因，有逾常规，反衬出当时民宅中的影壁也不会太高。需要注意的是，以上推测仅是闲坊与民宅的情况，至于达官显贵们在坊中大兴土木、营建豪宅，高墙回环、甲第洞开，这类壮观、奢华的宅邸之墙，恐怕要高出所在里坊坊墙很多了[3]。

墙的主体部分立于地上，长期沿用过程中历经自然和人为因素的破坏，并且在后世不时修缮，因此考古发现时的保存状况往往并不理想，而且会留下不同时期补筑乃至重修的信息。其中城墙的规模大、延伸距离长，加之古今叠压型城市开展考古工作所固有的局限，现实中多以大规模钻探与关键位置解剖发掘相结合的方式进行。通过钻探掌握其深度、宽度、土质、土色、走向、长度等基本数据之后，在城门、拐角或两墙相接处等关键位置试掘，以获取更具体的形制结构信息。两种方式所获取的数据仍需注意：钻探数据相对简单且多为区间范围，发掘数据更加精准但受制于保存状况，存在同一地点早年钻探与后续发掘所获取数据相差较大的情况。

近七十年来，在隋唐长安城遗址范围内各处遗迹的勘探与发掘过程中，已经陆续积累了一批各类墙体的基本数据。墙体砌筑方式遵循一定共性，例如均为夯土版筑，夯层厚约8—10厘米，仅在转角或城门处包砖；墙体结构分为地上墙身和地下墙基两部分，地上部分多数没有保存，如果有，简报或报告会公布残留部分的长、宽（厚）、高等数据；更多数据来自于地下的墙基部分，包括夯土距离地表的深度、厚度（总厚度及夯层厚度）和宽度（或残宽、底宽、顶宽等）。需要注意的是，地上墙体近地面处的宽度（墙厚）与地下墙基宽度之间的关系不可一概而论，两类数据更不能交叉对比[4]。不同时期工作方式的差异、不同简报（或报告）中记录的详略程度等都会对墙体数据的深入分析产生影响，

[1]（唐）白居易撰，顾学颉校点：《白居易集》卷一九《新昌新居书事四十韵，因寄元郎中、张博士》，中华书局，1979年，第415页。

[2] 此宅影壁偏高，后文交代是。参见（宋）李昉等编：《太平广记》卷三四四《寇鄘》，中华书局，1961年，第2725页。

[3] 关于长安城中甲第研究，参见荣新江：《高楼对紫陌，甲第连青山——唐长安城的甲第及其象征意义》，《中华文史论丛》2009年第4期，第1—39页。

[4] 一般而言，地下墙基似乎要宽过地面墙体才会稳固，例如大明宫西墙。但实际情况可能更为复杂，例如外郭城东北角北墙墙体则宽于地下墙基、永福坊坊墙（十王宅东北角）墙体与墙基宽度一致。具体数据参见附表一。

基于以上考虑，我们舍弃了部分残损较甚、无法开展横向对比的数据（例如深度、残高等），尽可能搜集了已刊布的墙体厚度信息，按照本文第一部分的墙体分类将其列入表格（见附表），以便观察其中可能存在的规律性。

在各类墙体发掘实测数据的丰富程度方面，隋唐长安远不及洛阳和扬州，这与隋唐长安城考古的历史与现状密切相关。由附表可见，发掘实测数据或者来自早年系统开展发掘工作的遗址，例如大明宫、兴庆宫及各揭露门址所连带的墙体，或者源自近年来最新的考古收获，例如东北城角。整体数据量少，区域相对集中，剩余较广范围内的墙体数据匮乏，以钻探数据为主。考虑到各类墙体的体量规模，其中发掘实测数据最为匮乏的当是外郭城与皇城城墙。长安城外郭城墙的宽度（即墙厚）历来以 20 世纪 60 年代《唐代长安城考古纪略》中提到的“城基的宽度（城厚），在保存较好的地方，一般均是 9—12 米”为准。这一尺寸范围在后续的发掘中基本得到证实，但也有例外，例如明德门西侧的南郭墙实测厚度仅为 4.5 米，近年系统开展工作的东北城角，北墙宽度不到 4 米，两者与唐代洛阳城外郭城墙宽度较为接近[1]。而大明宫南墙及丹凤门西侧所连城墙的墙基与地面墙体都在 9 米以上，则又印证了 20 世纪 60 年代的钻探结论。不过当时即已认识到大明宫南城垣“较其他三面略窄”，推测可能是建于隋代且时间较为仓促所致[2]。隋唐长安城外郭城北墙发掘实测数据差异较大，主要是因为北墙并非单纯的郭墙，而是在不同位置兼具着大明宫南墙、大兴城北墙、太极宫北墙、禁苑（内苑）南墙等多重属性，可能在不同时期改动较大。另外还有一点不容忽视，即大兴城北墙外有禁苑三面环绕，禁苑内有驻军、外有苑墙，这在筑城时可能被纳入考量，导致北郭墙厚度整体逊于另外三面郭墙。东北城角发掘中所揭示的北郭墙尤为薄弱，可能与其北侧原本就戒备森严、防御完备有关。总而言之，隋唐长安城北郭墙的几组城墙厚度数据可能既有初筑时的考量、又有后世的改易，所蕴含的复杂历史信息还有待于更多发掘予以揭示。

皇城墙厚度未见考古实测，但可以根据含光门西过水涵洞长度推测出该处皇城南墙的厚度约为 10.8 米，而且根据涵洞所用子母扣砖与绳纹砖，可以确定时代为大兴城早期。宫墙厚度普遍超过 9 米，太极宫和大明宫都是如此，兴庆宫旧墙墙基厚度多在 5—6 米间，可能与早年是玄宗藩邸有关，玄宗践祚之后升格为南内，部分位置的宫墙被补筑加厚。例如兴庆宫西墙在近西南角处被加厚至 10.5 米宽，而西墙北部墙基厚度仍为 5 米。长安城坊墙墙基厚度多在 2—4 米之间，其中太平坊与安仁坊均属于皇城以南四列仅开东西门的里坊，又都是发掘实测数据，但两处坊墙墙基厚度相差不小，似乎反映出在隋初“分地版筑”之时，各坊并未遵循统一标准。不过，墙基厚度的差异不能完全代表地上情况，

[1] 中国社会科学院考古研究所：《隋唐洛阳城：1959—2001 年考古发掘报告》，文物出版社，2014 年，第 953 页。

[2] 中国科学院考古研究所：《唐长安大明宫》，科学出版社，1959 年，第 10 页。

因此这一推测还有待于更多数据验证。

根据附表所列数据，可以将考古发现的隋唐长安城中各类墙体厚度区间初步分为四组：第一组为 9—14 米之间，包括部分外郭城墙和皇城墙、太极宫和大明宫及部分兴庆宫宫墙；第二组在 4—8 米之间，包括夹城墙、大明宫内隔墙、礼制建筑（圜丘）围墙、东西两市墙等；第三组为 1—4 米之间，包括坊墙、苑墙、甲第之院墙[1]、宗教建筑的围墙、重要建筑中的承重墙等；第四组为 1 米以下，包括普通民居的宅墙、建筑内部的非承重隔墙等。

各类墙体层层区隔、嵌套，构建起隋唐长安的城市框架与人文景观，墙的立体形态复原对于理解长安城市生活至关重要。考古发现为各类墙体尤其是城墙复原提供了基础信息，包括筑城方式、夯层厚度、城墙厚度、城基深度与宽度、包砖规格等；涉及城门还包括门道数量、隔墙尺寸、柱网结构等。较为完整的墙体剖面已经很难在考古工作中发现，即便有也是历代修葺的总成，例如含光门西侧皇城城墙剖面，揭示了该段城墙历经隋唐、五代、宋元、明清和近现代等不同时期的复杂补筑过程。根据唐代兵书及算书，当时的城墙剖面（地上部分）应该是梯形结构。例如《通典 · 兵》附守拒法："凡筑城，下阔与高倍，上阔与下倍，城高五丈，下阔二丈五尺，上阔一丈二尺五寸。高下阔狭，以此为准"[2]。上阔、下阔和城高尺寸显示城墙剖面为梯形，且彼此之间存在倍数关系。又有《张丘建算经》记曰："今有筑城，上广一丈，下广三丈，高四丈。今已筑高一丈五尺，问已筑上广几何？"[3]《夏侯阳算经》记曰："今有筑城，高三丈，上阔一丈五尺，下阔二丈五尺，长一百丈。每方二尺用一功，问功几何？"[4]这两条应该是当时筑城的常用计算，也印证了所筑之城墙为上窄下宽的梯形，不过在尺度上没有遵循《守拒法》中所记载的比例关系。

多数墙体保存不佳，但可以在同时代的图像资料中找到不少参考。神龙二年（706 年）懿德太子墓墓道东西壁青龙白虎身后各有一幅城阙图，图中绘出三重子母阙及观与城墙相连，墙外有青山林木，墙内则为整装待发的仪仗队伍（图二[5]）。傅熹年认为该墓结构

[1] 隋唐长安城考古未见性质明确的城内甲第遗迹，此处参考了东都洛阳正平坊 Ⅰ 号庭院（太平公主宅）的东院墙数据（墙体宽 1.8—2.1 米、基槽宽 2.05 米）。参见国家文物局主编：《考古中国重大项目成果（2021）》，文物出版社，2022 年，第 169 页。

[2] （唐）杜佑撰，王文锦等点校：《通典》卷一五二《兵五》附守拒法，中华书局，1988 年，第 3893、3895 页。

[3] 钱宝琮点校：《算经十书》，中华书局，2021 年，第 359 页。

[4] 钱宝琮点校：《算经十书》，中华书局，2021 年，第 603 页。

[5] 周天游主编：《唐墓壁画珍品 · 懿德太子墓壁画》，文物出版社，2002 年，第 18 页图三、20 页图五、22 页图七。

可以与唐代东宫各部分对应[1]。因此壁画中所描绘的城墙可能为宫城城墙。其中阙、观之墩台外侧包砖，城墙为夯土筑成，墙面没有装饰。城头近城墙外侧有一排等距离分布的城堞（城垛），城堞立面呈“凸”字形，城墙转角的两堞各自去掉一部分之后合为一堞。另外还有一个细节需要注意，城堞立于城顶外侧的矮墙上，该墙并未完全靠边，而是与城顶外缘留出一小段距离，形成一条窄长的台面，这种设计的动机和功能值得深入探讨。

图二　懿德太子墓道东西壁城阙图、仪仗图

敦煌莫高窟在西魏壁画的城垣上已有城堞形象（249 窟西坡），初唐第 323 窟南壁东侧上部描绘一座城，城内外表现的情节与隋文帝和昙延法师有关（图三）。该城墙有多处转折，与汉长安城墙走向相仿，城上亦有等距离分布的城堞，其立面呈对称的两级台阶状，高度更高、结构更复杂。有人认为可能此时隋大兴城外郭城没有完工，故而用汉长安城代替[2]。不过这种解释与史实未必相符，而且画工创作时也有一定自由。城墙不是画面的表现中心，不能过度苛求其客观性与真实性，也可能与画工采用了较早的粉本有关。盛唐 217 窟北壁绘未生怨故事中频婆娑罗王的宫城形象，城中有殿堂，城门及角楼墩台包砖，城垣夯土筑成，墙面上以密集的等距离横线表现夯层，城头未见城堞，但似有通道（图四[3]）。盛唐 172 窟南壁同样表现未生怨，城墙外立面满绘横线表现夯层，城上有廊屋与城楼相连（图五[4]）。这些图像资料从不同角度展示出当时城墙的立面及墙顶形态，也许在隋唐长安城墙上也会存在类似结构。此外，临潼唐华清宫遗址缭墙附近发现大量唐代板瓦、筒瓦及条砖残块，发掘者推测墙顶可能原本为人字坡状，先盖板瓦，再以筒瓦

[1] 傅熹年：《唐代隧道型墓的形制构造和所反映的地上宫室》，文物出版社编辑部：《文物与考古论集：文物出版社成立三十周年纪念》，文物出版社，1986 年，第 322—343 页。

[2] 敦煌研究院主编：《敦煌石窟全集 · 建筑画卷》，商务印书馆，2001 年，第 93 页。

[3] 敦煌研究院主编：《敦煌石窟全集 · 建筑画卷》，商务印书馆，2001 年，第 155 页。

[4] 敦煌研究院主编：《敦煌石窟全集 · 建筑画卷》，商务印书馆，2001 年，第 158 页。

合缝，防止雨水冲刷破坏使墙倾圮[1]，隋唐长安城的部分墙体上可能也有类似做法。莫高窟盛唐23窟南壁法华经变绘出一处大型院落，外有夯土围墙，墙面夯层历历，正面开乌头门，门内院后才是院墙及院门（图六[2]）。据《营缮令》："五品已上堂舍……仍通作乌头大门。"[3]因此这处院落表现的应是中上层官员的宅院形象，而普通居民宅院的院墙可能更为简陋。1964年山西长治大历六年（771年）王休泰墓出土一组三进明器院落[4]。其中宅门左右为山墙，上覆两坡顶，门两侧为围墙，墙顶抹平不覆瓦，门内有影壁，顶部也

图三　敦煌莫高窟323窟南壁城垣图

图四　敦煌莫高窟217窟北壁城垣图

图五　敦煌莫高窟172窟南壁城垣图

图六　敦煌莫高窟23窟南壁院落图

[1] 陕西省文物事业管理局：《唐华清宫》，文物出版社，1998年，第19页。

[2] 敦煌研究院主编：《敦煌石窟全集·建筑画卷》，商务印书馆，2001年，第170页。

[3] （宋）王溥撰：《唐会要》卷三一《舆服上》"杂录"条，上海古籍出版社，2006年，第671页。

[4] 山西省文物管理委员会晋东南文物工作组：《山西长治唐王休泰墓》，《考古》1965年第8期，第389—393页。

光素无瓦（图七[1]）。王休泰生前未任官职，该院落大致反映出当时普通民宅的形制格局，据此可以推测其院墙应为土夯矮墙，墙顶无覆盖。

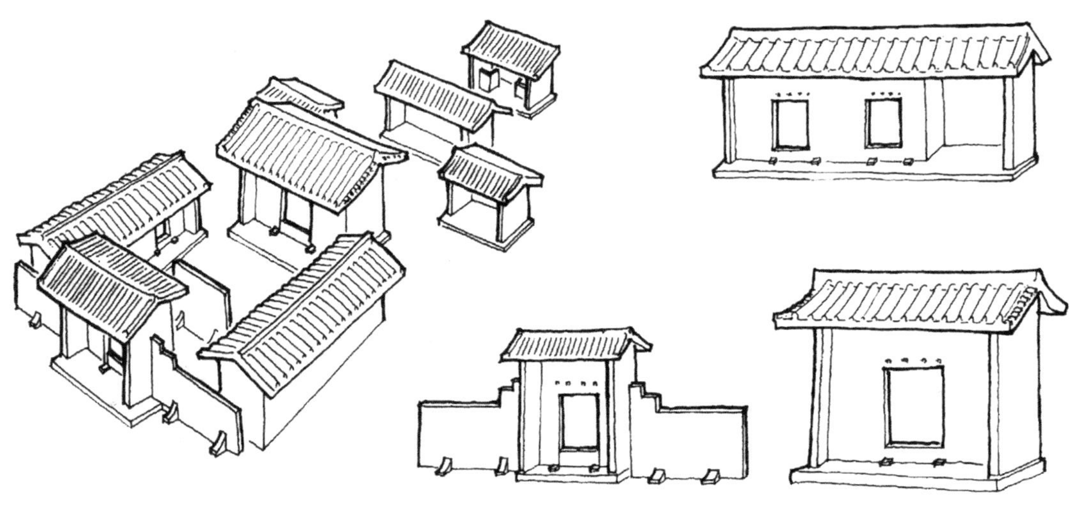

图七　长治王休泰墓出土明器院落

三、墙的功能、管理与内涵

上文陆续论及隋唐长安城中的各类墙体，本节主要聚焦其中最具公共性的城墙与坊墙的功能与管理。防御是城墙出现之初即具备的基本功能，但隋唐长安城的城墙，尤其是外郭墙，在历史紧要关头没有起到防御作用，似乎是研究者的共识。隋末李渊攻长安，进营停于春明门西北，义宁元年（617 年）十月甲午关中群帅各请率骁锐登城，“时帝在春明门外，闻而驰入，舍于罗郭安兴坊以镇之。”安兴坊位于皇城以东，李渊轻而易举进入春明门并住在安兴坊，似表明隋军早已弃守外郭城。后文记唐军逼城，李渊“欲止之而弗及，才至景风门东面，军头雷永吉等已先登而入。”[2]景风门为皇城东门，也印证了唐军所攻之城当为皇城和宫城。安史之乱时崔乾佑克潼关后，日暮平安火不至，玄宗始惧，很快从禁苑西遁；至德二载（757 年）郭子仪收复长安，大战发生在城南香积寺附近，未及城郭；广德元年（763 年）吐蕃入大震关至奉天、武功，京师震骇，度便桥，代宗已奔逃陕州；建中四年（783 年）泾原兵变，叛军由外郭城东北通化门直抵大明宫正门丹凤

[1]　傅熹年主编：《中国古代建筑史》第二卷《三国、两晋、南北朝、隋唐、五代建筑》（第二版），中国建筑工业出版社，2009 年，第 471 页。

[2]　（唐）温大雅、韩昱撰，仇鹿鸣笺证：《大唐创业起居注笺证》卷二“（义宁元年十月）甲午关中群帅等各请率骁锐登城”条，中华书局，2022 年，第 140—141 页。

门前，德宗连夜自苑北经咸阳逃至奉天[1]。以上城市危机各有缘由，具体情势也各不相同，不过在历次长安攻防战中均未见到据城力战的情形，一旦攻方突破了设置在关中外围诸关隘的防御圈，则京师必不能守，皇帝会立即出逃。个中原因较为复杂，但长安城体量过大、外郭城墙低矮无疑是守方放弃全面布防的重要原因。

由此可见，城墙和坊墙的主要功能并非对外防御，而是对内的城市管理。“筑城以卫君，造郭以守民，此城郭之始也。”[2]卫君守民是建造城郭的本义。唐人普遍认为京城为“帝宅”“皇居”[3]，是最高权力中心所在。通过畦分棋布的城墙与坊墙，将城市分隔成大小嵌套的封闭式区块，核心目的在于确保最高统治者的绝对安全。因此所谓“造郭以守民”，至少其首要目标不是保障墙内居民的安全，而是通过管控民众来拱卫最高权力，使“逋亡奸伪，无所容足。”[4]隋唐长安城以多重城墙、封闭式里坊的城市格局为基础，辅以夜禁、门籍和坊里团保连坐等治安管理制度，建立起由左右金吾卫、御史台、京兆尹、京师留守、左右街使、左右巡使、神策军等不同力量参与其中的管控体系，以弭息奸盗、震慑权豪，力保京畿清静无虞。[5]

夜禁是隋唐长安城市生活的一大特征，其核心是街鼓制度，即“日暮，鼓八百声而门闭；乙夜，街使以骑卒循行嚣呼，武官暗探；五更二点，鼓自内发，诸街鼓承振，坊市门皆启，鼓三千挝，辨色而止。”[6]该制度与城墙、坊墙相结合，将坊内居民全天时间中的一半与外界隔绝。违反该制度被称为犯夜，据《唐律疏议·杂律》“犯夜”条记：“诸犯夜者笞二十，有故者不坐。”注：“闭门鼓后、开门鼓前行者，皆为犯夜。故，谓公事急速及吉、凶、疾病之类。”【疏】议曰：“若坊内行者，不拘此律。”[7]由此可见，只有在极特殊情况下才被允许出坊夜行。终唐之世，这套夜禁制度一直被不断重申执行，皇帝稍有懈怠，即被提醒警告。如先天二年（713年）二月，胡僧婆陁请夜开城门，燃灯百千炬，三日三夜。睿宗御延喜门观灯纵乐，左拾遗严挺之随即上疏：“重门驰禁，巨猾多徒。倘

[1] 参见（宋）司马光编著，（元）胡三省音注：《资治通鉴》卷二一八、二二〇、二二三、二二八，中华书局，1956年，第6968—6973、7032—7034、7146—7152、7351—7355页。

[2] （唐）徐坚等撰：《初学记》卷二四《城郭》引《吴越春秋》，中华书局，1962年，第565页。

[3] 例如骆宾王《帝京篇》：“山河千里国，城阙九重门。不睹皇居壮，安知天子尊。”唐玄宗《修整街衢坊市诏》：“京洛两都，是唯帝宅”。参见（清）董诰等编：《全唐文》卷三〇，中华书局，1983年，第339页；（清）彭定求编：《全唐诗》卷七七，中华书局，1960年，第834页。

[4] （元）李好文撰，辛德勇、郎洁点校：《长安志图》卷上《坊市》条引吕大防语，三秦出版社，2013年，第19页。

[5] 杨月君：《唐代京畿地区治安管理研究》，中国社会科学出版社，2014年，第23—81页；梁克敏：《唐代城市管理研究》，陕西师范大学博士学位论文，2018年，第151—184页。

[6] 《新唐书》卷四九上《百官志》，“左右街使”条，中华书局，1975年，第1285—1286页。

[7] 刘俊文：《唐律疏议笺解》卷二六《杂律》“犯夜”条，中华书局，1996年，第1825页。

有躍马奔车，厉声骇叫，一尘清览，有轸宸衷。”[1]直至天佑三年，此时已经是唐王朝覆灭的前夜，皇城使仍有《请禁夜行奏》：“漏鼓声绝后，禁断人行。”[2]

鉴于各类墙体在治安管理中扮演的重要角色，统治者以法律规定的形式使其不可逾越、不能破坏，墙的存在成为统治权力的集中展示。《唐律疏议·卫禁》记：“其越殿垣者，绞；宫垣，流三千里；皇城，减宫垣一等；京城，又减一等。【疏】议曰：越过殿垣者，无问出入，俱至绞刑。宫垣，流三千里。皇城，谓朱雀等门之垣，合徒三年。京城，谓明德等门之垣，又减一等，合徒二年半。”[3]在唐代法律规定中，皇帝之所在（御在所）是秩序的中心，犯罪地点离御在所越近，则刑罚越重[4]。与不能越墙相配合，《营缮令》中还有“士庶公私第宅，皆不得造楼阁，临视人家”[5]的规定，相当于在垂直维度上继续加强控制。此外穿垣也不被允许。《唐律疏议·杂律》规定：“穿垣出秽污者杖六十，但出水者勿论。即穿穴垣墙以出秽污之物于街巷，杖六十。直出水者，无罪。”[6]盛唐以降，统治者还数次下诏整饬，禁断包括坊市街曲侵街打墙、非三品以上及坊内三绝者突破坊墙限制向街开门、官民侵街造屋等不容于律令规定的“乱象”[7]。

与墙有关的禁令深刻影响了长安居民的日常生活。墙是生活秩序的重要一环，墙体完好意味着墙内生活的安全可控，这一认知以虚实观念的形式左右了当时人的宅第选择和营建。敦煌写本《阴阳宅经》（P.3865）提出了与住宅紧密相关的五虚五实原则，认为“五虚令人贫耗，五实令人富贵”，其中第二虚即为“院墙不完”，相应的第二实为“院墙完全”[8]，这应该是当时社会上广为流传和接受的营宅理念。与之相对，当时的文学想象中还塑造了一类活跃于长安坊市之中、能飞檐走壁、负重逾垣、突破各类墙的限制的人物形象，他们或者本人即为故事主人翁，或者是推动故事情节发展关键力量。他们被创造出来，反映了层层监管之下的坊内民众对于现行制度的反叛和对自由生活的向往。《太平广记·柴绍弟》记载柴绍之弟“有材力，轻趫迅捷，踊身而上，挺然若飞，十余步乃止……尝着吉莫靴走上砖城，且至女墙，手无攀引”，这种能力挑战了城市安防体系，对于统治者而言是非常严重的威胁，因此作者借太宗之口说出：“此人不可处京邑，出为外

[1] （宋）王溥撰：《唐会要》卷四九《燃灯》，上海古籍出版社，2006年，第1009页。

[2] （清）董诰等编：《全唐文》卷九六八《请禁夜行奏》，中华书局，1983年，第10058页。

[3] 刘俊文：《唐律疏议笺解》卷七《卫禁》“阑入逾阈为限”条，中华书局，1996年，第557页。

[4] 妹尾达彦著，高兵兵等译：《隋唐长安与东亚比较都城史》，西北大学出版社，2019年，第242—251页。

[5] （宋）王溥撰：《唐会要》卷三一《舆服上》“杂录”条，上海古籍出版社，2006年，第671页。

[6] 刘俊文：《唐律疏议笺解》卷二六《杂律》“侵巷街阡陌”条，中华书局，1996年，第1822页。

[7] 参见（宋）王溥撰：《唐会要》卷八六《街巷》、《城郭》诸条，上海古籍出版社，2006年，第1867—1868、第1877页。

[8] 金身佳编著：《敦煌写本宅经葬书校注》，民族出版社，2007年，第8页。

官。”[1]同书《昆仑奴》篇记载大历中崔生与长安一品家中红绡家伎一见钟情，昆仑奴磨勒身怀绝技助其相见：“是夜三更，与生衣青衣，遂负而逾十重垣，乃入歌伎院内”，又“负生与姬，而飞出峻垣十余重”，助其私奔。事发后，“磨勒遂持匕首，飞出高垣，瞥若翅翎，疾同鹰隼，攒矢如雨，莫能中之，顷刻之间，不知所向。”[2]《潘将军》描述了一位疾若飞鸟、顷刻于慈恩寺塔相轮上取下玉念珠的三鬟女子。[3]《贾人妻》则是一位大仇得报、抛家杀子、“挈囊逾垣而去，身如飞鸟”的美妇人。[4]这些翻墙逾垣、来去如飞的角色应该有坊间流传的人物原型，也折射出长安城那铁桶般密不透风的管控体系下人心叵测、暗流涌动的历史事实。

侵街造墙和沿街开门已经得到考古发现的证实。唐长安城安定坊西北隅小十字街见有一处侵街造墙的实例（图八[5]）。考古发现小十字街的东西向街道南北两侧各有一道与街平行的版筑土墙，将南北向街道阻断，解剖确认路基仍然与东西街相连呈十字形，这一迹象确认了约在盛唐时富豪之家扩建宅院将南北街道隔断，南北向街道随之作废不用[6]。近年来东都洛阳正平坊范围内发现太平公主宅（Ⅰ号庭院遗迹），是一座占据西半坊的中轴对称多进式大型院落，东西面阔约 225、南北进深约 535 米，中轴线上发现五座大型夯土建筑台基。该发现揭示出曾经权倾朝野的太平公主的宅院规模与格局，该院落规模宏大，布局严整，而且北院墙位于北坊墙北侧2.1米，突破了北坊墙的限制[7]。这一例证表明，权贵甲第侵街不局限于唐代后期，很可能贯穿于王朝始终。此外，唐长安城安仁坊发掘中，在距离西北角 13 米的北坊墙上发现一处盛唐时期的角门遗址（图九）[8]。发掘者推测其为荐福寺浮图院北门，与第七横街相通，与街北开化坊荐福寺相对。安仁坊属于皇城前四列坊，本来仅开东、西两门，西北角便门的发现提供了一处向街开门的实例，可能与荐福寺是皇家寺院密切相关。

墙的存在不仅关乎生者的日常，还隔绝出生死两界的距离。隋代《丧葬令》中有一

[1] （宋）李昉等编：《太平广记》卷一九一《柴绍弟》，中华书局，1975 年，第 1432 页。

[2] （宋）李昉等编：《太平广记》卷一九四《昆仑奴》，中华书局，1975 年，第 1452—1454 页。

[3] （宋）李昉等编：《太平广记》卷一九六《潘将军》，中华书局，1975 年，第 1470—1471 页。

[4] （宋）李昉等编：《太平广记》卷一九六《贾人妻》，中华书局，1975 年，第 1471—1472 页。

[5] 中国科学院考古研究所西安唐城工作队：《唐长安城安定坊发掘记》，《考古》1989 年第 4 期，第 321 页图四。

[6] 中国科学院考古研究所西安唐城工作队：《唐长安城安定坊发掘记》，《考古》1989 年第 4 期，第 320—321 页。

[7] 国家文物局主编：《考古中国重大项目成果（2021）》，文物出版社，2022 年，第 167—170 页。

[8] 国家文物局主编：《中国重要考古发现（2022）》，文物出版社，2023 年，第 148—149 页，图九出自第 149 页上图。

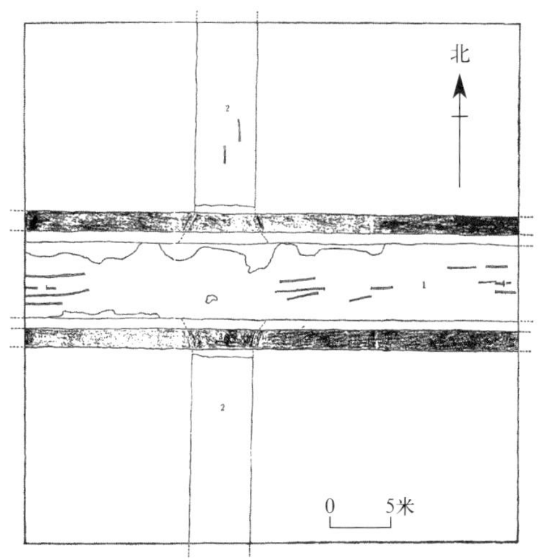

1.东西街 2.南北街 3.墙基址 4.车辙

图八 安定坊西北隅小十字街平面图

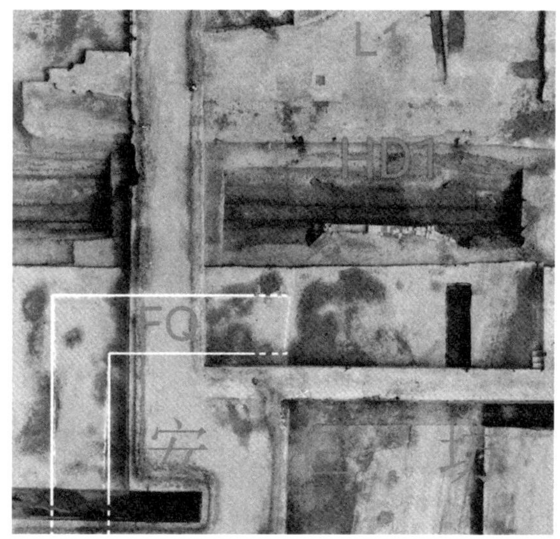

图九 安仁坊坊墙西北角

条与外郭城墙有关的令文："在京师葬者，去城七里外。"[1]该令文在唐代继续沿用，实际隐含了城中禁止埋葬的规定，这也与考古发现相符。目前仅在长安城中发现极少数墓葬特例，例如休祥坊万善尼寺李静训墓和兴宁坊清禅寺主人舍利墓，两者均为塔葬[2]。不仅城中未见其他隋唐时期墓葬，禁苑范围内也没有发现。城外墓葬分布则没有严格执行令文规定，以长安东郊为例，诸如唐安公主、薛莫、康文通、苏思勖、李倕等墓均在距城七里范围之内，而且纪年墓不限于这五例。若将非纪年墓葬考虑在内，则数量更多[3]。

以上讨论林林总总，但都是围绕墙体的"分隔"属性展开，还应注意的是，作为一种表现媒介，墙面还具备明显的展示效应。例如唐代官署内墙上流行书壁题记，形成一种特有文体——厅壁记。《封氏闻见记》记："朝廷百司诸厅皆有壁记，叙官秩创置及迁授始末。原其作意，盖欲著前政履历，而发将来健羡焉。"[4]宋人编《文苑英华》中有三卷专收京师官署厅壁记[5]。再比如京城寺观壁上多有丹青圣手的名作，《历代名画记》和

[1] 《隋书》卷八《礼仪志》，中华书局，1973年，第157页。

[2] 中国社会科学院考古研究所：《唐长安城郊隋唐墓》，文物出版社，1980年，第25—28页；郑洪春：《西安东郊隋舍利墓清理简报》，《考古与文物》1988年第1期，第64—65页。

[3] 参见冯健、赵晶：《西安地区城市考古地理信息系统建设与应用研究》，上海古籍出版社，2024年，第245—248页。

[4] （唐）封演撰，赵贞信校注：《封氏闻见记校注》卷五"壁记"条，中华书局，2005年，第41页。

[5] （宋）李昉等编：《文苑英华》卷七九七至七九九，中华书局，1966年，第4217—4230页。

《寺塔记》均记载了当时宗教绘画流行的盛况[1]，精英阶层多惊叹于绘画技法与生动程度，对于目不识丁的底层民众而言，这些壁画是极为重要的知识获取渠道，无形中也推动了宗教的传播。此外，文献中还记载了一类多见于公卿之家的“复壁”，即夹壁墙，用于避险或藏财，李林甫、郑注、王涯宅中都有复壁；宪宗元和十年六月，武元衡在上朝路上被刺死，“京城大索，公卿节将复壁重轑者皆搜之。”[2]可见此类墙壁在文武百官宅邸中并不罕见。

四、结语

毋庸讳言，当下的隋唐长安城遗址已经错过了系统开展考古工作的最佳时机，保护形势也异常严峻。早年的考古材料中，由于种种条件限制，能够完整展示墙体结构的剖面极为匮乏，导致研究过程中过度依赖钻探数据。近年长安城安仁坊、东北城角以及安化门等地点的发掘提供了各类墙体的更加丰富的实测数据。与其他遗存相比，墙体遗迹分布范围更广、数量更多，在不同地点仍然存在不少可供开展工作的机会，相信随着隋唐长安城市考古工作的持续开展，作为城市基础骨架的墙体研究也会随之走向深入。

墙的出现源自人类对于安全性的天然渴望，墙的诞生也是撕裂人类社会的重大革命。隋唐长安城中高墙耸立，以墙为基础的空间划分宣示了权力的威严，围绕墙的各种律令、诏敕、奏议，实质是权力与人性的复杂博弈。在著名的长安都市传奇《李娃传》中，荥阳生初来乍到，即被长安城迷宫般的格局和令人窒息的城市管理制度所嘲弄。与之相对，虽然坊墙和夜禁的设计初衷在于阻止犯罪，但它们并没有阻止李娃有预谋的消失，对于久居长安的城内居民而言，被墙所分隔的社会空间仍然是可渗透的，也是流动的[3]。筑墙并不意味着封闭落后，雅典人躲在墙后，却成了世界上最自由的人，公元前5世纪中叶，雅典的黄金时代就诞生在城墙之内。不过，痴迷于筑墙无疑昭示了儒家文明中的保守特质，林立的墙垣禁锢了人性，最终必然会因为人性的觉醒而被推倒，消失在历史长河之中。

---

[1]（唐）张彦远撰：《历代名画记》卷三“西京寺观等画壁”条，浙江人民美术出版社，2011年，第48—58页；（唐）段成式撰，许逸民、许桁点校：《酉阳杂俎续集》卷五至六《寺塔记》，中华书局，2018年，第495—537页。

[2]《旧唐书》卷一五《宪宗本纪》，中华书局，1975年，第453页。

[3]（宋）李昉等编：《太平广记》卷四八四《李娃传》，中华书局，1975年，第3985—3987页；Linda Rui Feng, Chang'an and Narratives of Experience in Tang Tales, *Harvard Journal of Asiatic Studies*, Vol. 71, No. 1, pp. 35—68.

附表　隋唐长安城墙体厚度统计表

<table>
<tr><th colspan="2">发掘（钻探）位置</th><th>宽度（墙厚）</th><th>资料出处（注释）</th><th>备注</th></tr>
<tr><td rowspan="11">外郭城墙</td><td>西城墙基、南城墙基</td><td>3 米（有的地方 4—5 米）</td><td rowspan="2">[1]</td><td rowspan="2">钻探数据</td></tr>
<tr><td>东城墙基、北城墙基</td><td>5 米（有的地方 3—4 米）</td></tr>
<tr><td>外郭城墙基宽度（概述）</td><td>9—12 米（残宽 3—5 米）</td><td rowspan="2">[2]</td><td>钻探数据</td></tr>
<tr><td>东城墙（靖恭坊东）</td><td>近 20 米</td><td>钻探数据，推测为重修所致</td></tr>
<tr><td>南城墙（明德门西侧）</td><td>4.5 米</td><td>[3]</td><td>发掘实测数据</td></tr>
<tr><td>东城墙墙基（新昌坊附近）</td><td>11 米</td><td>[4]</td><td>钻探数据</td></tr>
<tr><td>北城墙（十王宅以北、与夹城相接处）</td><td>墙基底部宽 1.6—1.7、墙体宽 3 米</td><td>[5]</td><td>发掘实测数据</td></tr>
<tr><td>北城墙（十王宅以北）</td><td>墙基底部 1.7—3.7、墙体 3—3.7 米</td><td>[6]</td><td>发掘实测数据</td></tr>
<tr><td>北城墙（十王宅以北、与夹城相交处）</td><td>墙基 2.4—2.8、至夹城相接处宽 3.7，墙体残宽 3—3.7 米</td><td>[7]</td><td>发掘实测数据</td></tr>
<tr><td>东城墙基（十王宅以东）</td><td>墙基上宽 6.65、下宽 2.5—2.7 米</td><td>[8]</td><td>墙基截面呈上宽下窄的倒凸字形</td></tr>
<tr><td>夹城墙基（十王宅以东）</td><td>5.45 米</td><td>[9]</td><td>发掘实测数据</td></tr>
</table>

[1] 陕西省文物管理委员会：《唐长安城地基初步探测》，《考古学报》1958 年第 3 期，第 80—84 页。

[2] 中国科学院考古研究所西安唐城发掘队：《唐代长安城考古纪略》，《考古》1963 年第 11 期，第 595—597 页。

[3] 中国科学院考古研究所西安工作队：《唐代长安城明德门遗址发掘简报》，《考古》1974 年第 1 期，第 36 页。

[4] 中国社会科学院考古研究所：《青龙寺与西明寺》，文物出版社，2015 年，第 13 页。

[5] 西安市文物保护考古研究院：《隋唐长安城东北角夹城及十王宅遗址 2021 年度发掘简报》，《文博》2022 年第 1 期，第 4—5 页。

[6] 西北大学文化遗产学院、西安市文物保护考古研究院：《隋唐长安城东北角夹城及十王宅遗址 2022 年度发掘简报》，《文博》2023 年第 1 期，第 5 页。

[7] 西安市文物保护考古研究院：《隋唐长安城东北角夹城及十王宅遗址 2023 年度发掘简报》，《文博》2024 年第 1 期，第 4—5 页。

[8] 西安市文物保护考古研究院：《隋唐长安城东北角夹城及十王宅遗址 2020 年度发掘简报》，《文博》2021 年第 1 期，第 18—19 页。

[9] 西安市文物保护考古研究院：《隋唐长安城东北角夹城及十王宅遗址 2021 年度发掘简报》，《文博》2022 年第 1 期，第 4—5 页。

续表

发掘（钻探）位置		宽度（墙厚）	资料出处（注释）	备注
外郭城墙	夹城墙基（新昌坊附近）	5 米	[1]	钻探数据
皇城城墙	南城墙底部（含光门西侧）	10.8 米	[2]	据含光门西过水涵洞长度推测
宫城城墙	兴庆宫东、南墙（墙基?）	6 米	[3]	钻探数据
	兴庆宫西、北墙（墙基?）	5 米		
	兴庆宫西墙（南端）	10.5 米	[4]	自兴庆宫西南角向北延伸 56.5 米
	兴庆宫西墙（南端以北）	5 米		南接 10.5 米宽段西墙
	兴庆宫西旧墙（兴庆坊西墙）	3 米多		疑似兴庆宫扩建前西墙所在
	兴庆宫南墙	墙基宽 5 米、上部宽 4.4 米		发掘实测数据
	兴庆宫南墙（外重墙）	宽 3.5 米		外重墙在南墙以南 20 米，发掘部分宽 3 米，可能因为剥落所致
	大明宫宫墙墙基	2 米	[5]	钻探数据
	大明宫西墙	墙基宽 13.5、深 1.1 米，城墙底部厚 10.5 米	[6]	发掘实测数据，横截面呈凸字形
	大明宫南墙（大兴城北垣）	墙基宽 9 米		钻探数据
	大明宫丹凤门西侧城墙（大兴城北垣）	地面部分宽 9.8、墙基宽 10.3 米	[7]	登城马道与城墙夯土间未发现分界线，两者系混筑而成

[1] 中国社会科学院考古研究所：《青龙寺与西明寺》，文物出版社，2015 年，第 13 页。

[2] 西安市文物局、陕西省古建设计研究所联合考古调查组：《隋唐皇城含光门西过水涵洞遗址考古调查报告》，《文博》2006 年第 4 期，第 38 页。

[3] 陕西省文物管理委员会：《唐长安城地基初步探测》，《考古学报》1958 年第 3 期，第 85—87 页。

[4] 马得志：《唐长安兴庆宫发掘记》，《考古》1959 年第 10 期，第 550—555 页。

[5] 陕西省文物管理委员会：《唐长安城地基初步探测》，《考古学报》1958 年第 3 期，第 89 页。

[6] 中国科学院考古研究所：《唐长安大明宫》，科学出版社，1959 年，第 4—29 页。

[7] 中国社会科学院考古研究所西安唐城队：《西安市唐长安城大明宫丹凤门遗址的发掘》，《考古》2006 年第 7 期，第 41—44 页。

续表

发掘（钻探）位置		宽度（墙厚）	资料出处（注释）	备注
宫城城墙	大明宫西、北夹城城墙	底部墙基宽 4 米	[1]	发掘数据（报告第 14、42 页）
	大明宫西夹城城墙	宽 3 米多		
	大明宫含元殿东第二道宫墙	墙宽 5.9、墙基宽 8.4 米	[2]	南北两侧均包砖
	大明宫内三道东西向宫墙之间的墙基	宽 2—3 米	[3]	钻探数据
	太极宫宫墙墙基（概述）	18 米	[4]	钻探数据
	太极宫东墙墙基（东宫西墙）	14 米		
	太极宫西墙南部墙基（掖庭宫东墙）	11.5 米		探沟剖面实测数据
	大明宫南宫墙（兴安门两侧）	基础部分厚 2—2.8、宽 11.5—12.5 米，墙体底部宽 8.5—8.8 米	[5]	发掘实测数据
	大明宫西宫墙墙基（兴安门以东）	残宽 6.5 米		仅揭露大明宫西南城角一小部分
苑墙	西内苑东墙基（兴安门以西）	3.5 米		与宫墙、城墙相比，选料杂乱、质地较松、夯层不明显
坊墙	坊墙墙基（概述）	2.5—3 米	[6]	钻探数据
	新昌坊南坊墙墙基	2 米以上	[7]	保存状况不佳

[1] 中国科学院考古研究所：《唐长安大明宫》，科学出版社，1959 年，第 4—29 页。

[2] 中国社会科学院考古研究所西安唐城队：《陕西唐大明宫含耀门遗址发掘记》，《考古》1988 年第 11 期，第 999 页；《唐大明宫含元殿遗址 1995—1996 年发掘报告》，《考古学报》1997 年第 3 期，第 360 页。

[3] 中国科学院考古研究所：《唐长安大明宫》，科学出版社，1959 年，第 4—29 页。

[4] 中国科学院考古研究所西安唐城发掘队：《唐代长安城考古纪略》，《考古》1963 年第 11 期，第 597—598 页。

[5] 中国社会科学院考古研究所西安唐城工作队：《西安市唐长安城大明宫兴安门遗址》，《考古》2014 年第 11 期，第 45—48 页。

[6] 中国科学院考古研究所西安唐城发掘队：《唐代长安城考古纪略》，《考古》1963年第11期，第603页。

[7] 中国社会科学院考古研究所：《青龙寺与西明寺》，文物出版社，2015 年，第 13 页。

续表

<table>
<tr><th colspan="2">发掘（钻探）位置</th><th>宽度（墙厚）</th><th>资料出处（注释）</th><th>备注</th></tr>
<tr><td rowspan="7">坊墙</td><td>太平坊西坊墙墙基</td><td>4.5 米</td><td>[1]</td><td>试掘实测数据</td></tr>
<tr><td>安仁坊西北角坊墙墙基</td><td>2.85 米</td><td>[2]</td><td>发掘实测数据</td></tr>
<tr><td>平康坊南坊墙墙基</td><td>3.5 米</td><td>[3]</td><td>为生土梁</td></tr>
<tr><td>丰乐坊西坊墙墙基</td><td>2 米</td><td rowspan="2">[4]</td><td rowspan="2">钻探数据</td></tr>
<tr><td>崇德坊、怀贞坊之间一段西坊墙墙基</td><td>1.6 米</td></tr>
<tr><td>十王宅（永福坊）东墙北端</td><td>墙基、墙体均约 2.7 米</td><td>[1]</td><td rowspan="2">发掘实测数据</td></tr>
<tr><td>十王宅（永福坊）北墙东段</td><td>墙基、墙体均约 2.7 米</td><td>[6]</td></tr>
<tr><td rowspan="2">市墙</td><td>西市东、北墙墙基</td><td>4 米许</td><td rowspan="2">[7]</td><td rowspan="2">钻探数据</td></tr>
<tr><td>东市墙基</td><td>6—8 米</td></tr>
<tr><td>宅墙</td><td>明德门东南侧房址</td><td>0.8 米</td><td>[8]</td><td>发掘实测数据，推测为门仆值班之门房</td></tr>
</table>

[1] 柏明主编：《唐长安太平坊与实际寺：西北大学校园考古新发现》，西北大学出版社，1994 年，第 22—23 页。

[2] 安仁坊西北角坊墙墙基公布过两组数据：2012 年勘探认为墙基厚 5—6 米，2022 年发掘发现坊北墙墙基宽 2.85 米，此处以后者为准。参见国家文物局主编：《中国重要考古发现（2012）》，文物出版社，2013 年，第 129 页；国家文物局主编：《中国重要考古发现（2022）》，文物出版社，2023 年，第 148—149 页。

[3] 赵强等：《唐长安城发现坊里道路遗迹》，《考古与文物》1995 年第 6 期，第 3 页。

[4] 陕西省博物馆、文管会钻探组：《唐长安城兴化坊遗址钻探简报》，《文物》1972 年第 1 期，第 43—46 页。

[1] 西北大学文化遗产学院、西安市文物保护考古研究院：《隋唐长安城东北角夹城及十王宅遗址 2022 年度发掘简报》，《文博》2023 年第 1 期，第 5 页。

[6] 西安市文物保护考古研究院：《隋唐长安城东北角夹城及十王宅遗址 2023 年度发掘简报》，《文博》2024 年第 1 期，第 4—5 页。

[7] 中国科学院考古研究所西安唐城发掘队：《唐代长安城考古纪略》，《考古》1963 年第 11 期，第 605—608 页。

[8] 中国科学院考古研究所西安工作队：《唐代长安城明德门遗址发掘简报》，《考古》1974 年第 1 期，第 37 页。

续表

发掘（钻探）位置		宽度（墙厚）	资料出处（注释）	备注
宅墙	兴庆宫 2 号房址	0.6 米	[1]	位于勤政务本楼西南两宫墙之间，为砖墙
	安定坊西北隅墙基	1.4—1.5 米	[2]	位于安定坊西北隅小十字街东西向街的南北两侧
	青龙寺 8 号遗址	1—1.2 米	[3]	青龙寺东院殿址围墙，墙根立贴板瓦，地面铺砖防止冲刷
	西明寺东院墙根	2.4—3.05 米	[4]	西壁墙根包砖
	大明宫西夹城内房屋墙	0.6—0.8 米	[5]	发掘者推测可能为“藏库”
其他	大明宫太液池西岸廊房（F4）东侧承重墙	底部宽 2—2.5 米	[6]	发掘实测数据
	圜丘围墙	4.3—5 米	[7]	完全被毁，墙厚据生土被重压的范围推算，平面呈圆形

[1] 马得志：《唐长安兴庆宫发掘记》，《考古》1959 年第 10 期，第 552—553 页。

[2] 中国科学院考古研究所西安唐城工作队：《唐长安城安定坊发掘记》，《考古》1989 年第 4 期，第 320 页。

[3] 中国社会科学院考古研究所：《青龙寺与西明寺》，文物出版社，2015 年，第 34—35 页。

[4] 中国社会科学院考古研究所：《青龙寺与西明寺》，文物出版社，2015 年，第 132—133 页。

[5] 中国科学院考古研究所：《唐长安大明宫》，科学出版社，1959 年，第 41 页。

[6] 中国社会科学院考古研究所、日本独立行政法人文化财研究所奈良文化财研究所联合考古队：《唐长安城大明宫太液池遗址发掘简报》，《考古》2003 年 11 期，第 13 页。

[7] 中国科学院考古研究所西安唐城工作队：《陕西西安唐长安城圜丘遗址的发掘》，《考古》2000 年第 7 期，第 41 页。

唐开国元从功臣及其后裔的长安宅邸

卢亚辉（中国社会科学院考古研究所）

作为“百官之府，四海归向”的京师[1]，都城内人物宅邸的安置、居住里坊的选择，有自然地势的考虑，同时更重要的是出于政治、军事上的安排，这在唐初开国元从功臣及其后裔在隋唐东都洛阳城集中于洛北里坊安置宅邸的布局中有深刻体现[2]。亲王、公主的宅邸已见研究[3]，开国元从功臣及其后裔在长安的宅邸情况，却未见关注。下文拟先对唐开国元从功臣及其后裔在长安宅邸的情况进行初步研究，以期了解元从功臣及其后裔在长安城内的居住生活情况，进而对开国元从功臣及其后裔的两京宅邸情况进行比较。

在进行研究之前，需对开国元从功臣的范围加以界定。因多是依据传世和出土墓志碑刻得知开国元从功臣宅邸分布情况，为尽可能客观反映实际情况，在此将开国元从功臣范围加以扩大，除太原元从、武德功臣外，隋唐之际参与李唐建国者均包含在内。

一、开国元从功臣及其后裔长安宅邸的分布情况

在研究唐开国元从功臣及其后裔宅邸的分布情况时，对长安郭城内的里坊按照自西至东、从北向南的顺序进行材料的梳理，具体如下：

（一）普宁坊

普宁坊有开国元从功臣安万通宅、李勣宅。安万通，于“大唐初建”之时，“受□先□，蒙授五品”，永徽五年（654年）卒于长安县安国乡普宁坊[4]。安万通墓志是朱书砖

[1] 《隋书》卷一《高祖本纪》，中华书局，1973年，第17页。

[2] 卢亚辉：《唐开国元从功臣及其后裔的洛阳宅邸》，《故宫博物院院刊》2023年第3期，第22—33页。

[3] 孙英刚：《唐代前期宫廷革命研究》，荣新江主编：《唐研究（第7卷）》，北京大学出版社，2001年，第263—288页。蒙曼：《唐代长安的公主宅第》，荣新江主编：《唐研究（第9卷）》，北京大学出版社，2003年，第215—234页。

[4] 陕西省古籍整理办公室编，吴钢主编：《全唐文补遗（第2辑）》，三秦出版社，1995年，第129—130页。

志，志文虽多有残缺，但仍保留许多重要信息。荣新江根据安万通父安巡在隋代出使北蕃的经历，家中仆使数百、畜牧填川的情形，认为安巡以牧马为家业[1]。安巡家族虽在开皇十六年（596 年）遭受巨大挫折，但墓志残存的文字仍显示家族仍有一定的财力，故归附李唐时，蒙授五品勋官骑都尉。普宁坊西南隅，有太尉英国公李勣宅[2]，李勣追随太宗李世民讨伐刘黑闼等，后又辅佐太子李治，为凌烟阁功臣[3]。

（二）义宁坊

义宁坊内有开国元从功臣及其后裔氾义协宅。氾义协是氾伏养之子，“皇初起义”，氾伏养得“授通议大夫、仪同三司”；氾义协长安三年（703 年）终于义宁里第[4]。

（三）群贤坊

群贤坊内有开国元从功臣及其后裔胡仵、程玄景宅。胡仵在“有隋失驭，皇祚聿兴”之际因“元勋资士众之谋，霸业籍兵戎之力”，武德元年因功授上仪同，龙朔三年（663 年）终于群贤里[5]。程玄景父程敬逸，“义旗肇建，率土成宾”，得授朝散大夫；程玄景于长寿三年（693 年）遘疾终于群贤里[6]，程玄景宅邸或继承自其父程敬逸。

（四）怀德坊

怀德坊内有开国元从功臣胡演、胡叔良、程知节、邹凤炽等宅。胡演在义宁初以北地郡丞的身份归附李渊，在当时关中地区错综形势中，具有很好的政治表率作用，故得授北地郡太守，后胡演又倾私廪以犒军，参与平定薛举、薛仁杲父子，贞观十五年（641 年）薨于怀德里第[7]。胡叔良，是胡演之子，胡叔良后妻李氏永徽六年（655 年）终于怀德里[8]，李氏所终宅邸极可能是胡叔良继承自胡演。程知节，显庆三年（658 年）终于怀德

[1] 荣新江：《中古中国与粟特文明》，生活 · 读书 · 新知三联书店，2014 年，第 67 页。

[2] （清）徐松撰，李健超增订：《最新增订唐两京城坊考》，三秦出版社，2019 年，第 312—313 页。

[3] 昭陵博物馆：《唐昭陵李勣（徐懋功）墓清理简报》，《考古与文物》2000 年第 3 期，第 3—14 页。周绍良、赵超主编：《唐代墓志汇编续集》，上海古籍出版社，2001 年，第 177—180 页。

[4] 陕西省考古研究院编，李明、刘呆运、李举纲主编：《长安高阳原新出土隋唐墓志》，文物出版社，2016 年，第 140—141 页。

[5] 陕西省考古研究院编，李明、刘呆运、李举纲主编：《长安高阳原新出土隋唐墓志》，文物出版社，2016 年，第 72—73 页。

[6] 周绍良主编：《唐代墓志汇编》，上海古籍出版社，1992 年，第 853 页。

[7] 胡戟、荣新江主编：《大唐西市博物馆藏墓志》，北京大学出版社，2012 年，第 76—79 页。张雨：《新出唐胡演墓志与初唐司法政务》，《中华文史论丛》2013 年第 3 期，第 157—173 页。段真子：《论隋末薛举政权之失败——以〈胡演墓志〉、〈贺拔亮墓志〉为中心》，《文献》2014 年第 3 期，第 81—90 页。

[8] 陕西历史博物馆：《风引薤歌：陕西历史博物馆藏墓志萃编》，陕西师范大学出版社，2017 年，第 33—35 页。

里[1]。邹凤炽，见于《朝野佥载》《两京新记》等记载，因其子《邹鸾昉墓志》的出土而加以确认，邹凤炽，即邹鸾昉之父邹炽，邹炽居住于怀德坊南门之东，邹炽是唐初开国元从功臣[2]。

（五）待贤坊

待贤坊内有开国元从功臣李宽、李才仁等宅邸。李宽与父李粲在大唐“创业垂统”之际，于武德二年“遽归宝历，蒙授仪同”。仪凤元年（676 年）薨于长安县待贤里之私第[3]。隋季崩离，李才仁应接义旗，蒙授正议大夫、戎昭果毅，后不趋荣利，归心内典，永淳元年（682 年）终于乾封县待贤坊私第[4]。

（六）休祥坊

休祥坊内有开国元从功臣及其后裔许孝义宅。——“隋氏分崩，区中丧乱，李唐龙飞，廓清天步”，许孝义以“先觉见机，志诚欵著，义宁之初，乃授上骑都尉”，武德年中授秦府行参军，麟德元年（664 年）寝疾卒于休祥之里第[5]。

（七）金城坊

金城坊内有开国元从功臣许洛仁宅。文皇昔在龙潜，密招英杰，许洛仁随高祖起兵，即授朝散大夫，龙朔二年（662 年）四月十六日薨于□义里私第[6]，夫人宋善主，上元三年（676 年）薨于金城坊里第[7]。

（八）醴泉坊

醴泉坊内有开国元从功臣及其后裔衡智玚宅。太宗“运属应期”，衡智玚便“付为心首”，后拜为左监门将军，又令后门供奉，是太宗信任之将领，贞观十八年（644 年）薨于醴泉里[8]。

（九）怀远坊

怀远坊内有开国元从功臣及其后裔樊兴宅。左监门大将军襄城郡开国公樊兴，“攀鳞

---

[1] 中国文物研究所、陕西省古籍整理办公室编：《新中国出土墓志·陕西（壹）》，文物出版社，2000 年，第 57 页。周绍良、赵超主编：《唐代墓志汇编续集》，上海古籍出版社，2001 年，第 151—152 页。

[2] 卢亚辉：《唐邹鸾昉墓志疏证》，《博物院》2020 年第 6 期，第 25—29 页。

[3] 权敏：《新见〈唐太常卿陇西公李宽碑〉考释》，《文博》2016 年第 6 期，第 81—86 页。

[4] 周绍良主编：《唐代墓志汇编》，上海古籍出版社，1992 年，第 689 页。

[5] 陕西省考古研究院编，李明、刘呆运、李举纲主编：《长安高阳原新出土隋唐墓志》，文物出版社，2016 年，第 74—75 页。

[6] 董卫：《唐代许世绪、许洛仁家族研究》，杜文玉主编：《唐史论丛（第 18 辑）》，陕西师范大学出版社，2014 年，第 214—228 页。

[7] 刘世珩主编：《聚学轩丛书》第 4 集《隋唐石刻拾遗》上，江苏广陵古籍刻印社，1982 年，第 27—29 页。

[8] 西安市长安博物馆：《长安新出墓志》，文物出版社，2011 年，第 50—51 页。

晋野，奉靮汾川”，义旗肇建，授朝请大夫，破西河，授通议大夫，平霍邑，加金紫光禄大夫，跟随李渊、李世民先后平定京城、薛举、刘武周、王世充、窦建德等人，担任左监门大将军等职，永徽元年（650 年）终于怀远坊，陪葬献陵[1]。

（一〇）长寿坊

长寿坊内有开国元从功臣尉迟敬德宅[2]。

（一一）颁政坊

颁政坊内有开国元从功臣及其后裔王俨宅。王俨父王相“唐运初启，即效诚节，攀龙髯之景命，翼草昧之元勋，乃授振威校尉，上护军”；王俨长寿二年（693 年）卒于颁政坊[3]，王俨宅邸或继承其父王相。

（一二）布政坊（隆政坊）

隆政坊，后避玄宗讳，改为布政坊，坊内有开国元从功臣及其后裔牛相仁、邹鸾昉、尉迟敬德、王君愕宅。牛相仁在隋唐变革之际，归附李唐，得授朝散大夫，贞观十八年（644 年）终于隆政坊私第[4]。邹鸾昉是唐初开国元从功臣、朝散大夫邹炽之子，长寿二年（693 年）终于隆政里之私第[5]。尉迟敬德，显庆三年（658 年）年终于隆政里之私第[6]。王君愕贞观十九年（645 年）战殁于辽东驻跸山[7]，其妻张廉穆永徽五年（654 年）卒于隆政第[8]。

（一三）光德坊

光德坊内有开国元从功臣及其后裔樊方、武傅等宅。“隋季分崩，四海交丧，义旗肇建，蒸溺救焚”，樊方屡摧强敌，武德元年（618 年）授开府仪同三司，同年因勋庸累著，

---

[1] 黄永年：《汉〈樊敏碑〉与唐〈樊兴碑〉——评任乃强〈樊敏碑考略〉》，原载《东南日报 · 文史》第九十八期，1948 年 7 月 28 日；后收入黄永年著：《黄永年文史论文集》第 3 册，中华书局，2015 年，第 200—203 页。

[2] （清）徐松撰，李健超增订：《最新增订唐两京城坊考》，三秦出版社，2019 年，第 305 页。

[3] 胡戟、荣新江主编：《大唐西市博物馆藏墓志》，北京大学出版社，2012 年，第 274—275 页。

[4] 陕西省考古研究院编，李明、刘呆运、李举纲主编：《长安高阳原新出土隋唐墓志》，文物出版社，2016 年，第 79 页。

[5] 西安市文物稽查队：《西安新获墓志集萃》，文物出版社，2016 年，第 102—103 页。

[6] 张沛编著：《昭陵碑石》，三秦出版社，1993 年，第 141—143 页。周绍良主编：《唐代墓志汇编》，上海古籍出版社，1992 年，第 190—192 页。

[7] 张沛编著：《昭陵碑石》，三秦出版社，1993 年，第 110—111 页。陕西省古籍整理办公室编，吴钢主编：《全唐文补遗（第 2 辑）》，三秦出版社，1995 年，第 84—85 页。中国文物研究所、陕西省古籍整理办公室编：《新中国出土墓志 · 陕西（壹）》，文物出版社，2000 年，第 31 页。

[8] 中国文物研究所、陕西省古籍整理办公室编：《新中国出土墓志 · 陕西（壹）》，文物出版社，2000 年，第 38 页。

诚效屡彰，又授金紫光禄大夫，武德四年（621年）薨于雍州长安县光德里[1]。上护军振威校尉武傅，是起义元从，徙居长安，乾封元年（666年）卒于光德之第[2]。

（一四）延福坊

延福坊有开国元从功臣李寿宅。皇家拨乱，肇自太原，李寿密运奇策，潜应义师，义宁元年（617年）拜宗正卿，寻迁左领都督，总知皇城宿卫，贞观四年（630年）薨于延福里第[3]。

（一五）善和坊（光禄坊）

善和坊内有开国元从功臣及其后裔陈叔达宅。左光禄大夫江水国公陈叔达，在隋季分崩之时任职绛郡，归附李唐“推诚有奉，经纶帝载”，贞观十年（636年）薨于京师善和坊[4]。

（一六）开化坊

开化坊内有开国元从功臣郭敬善宅。郭敬善于武德年间任司农寺丞、京城已西营田敕使，为唐统一战争提供兵粮等后勤保障，武德七年（624年）薨於开化坊[5]。

（一七）安仁坊（安民坊）

安仁坊内有开国元从功臣及其后裔左武侯将军庞□、唐俭宅。左武候将军庞□，勋高幕府，蒙授朝散大夫，后为秦王李世民心腹，贞观二年（628年）薨于安仁里宅[6]。唐俭，幕府初开，引拜大将军府记室，后从太宗征伐，图形凌烟阁，显庆元年（656年）薨于安仁里第，同年陪葬昭陵[7]。唐俭之子是唐嘉会[8]，唐嘉会夫人元万子，显庆二年（657年）

[1] 曹发展：《唐〈樊方墓志〉〈樊兴墓碑〉与庆善宫考》，樊英峰主编：《乾陵文化研究（四）》，三秦出版社，2008年，第378—392页。

[2] 西安市文物稽查队：《西安新获墓志集萃》，文物出版社，2016年，第58—59页。

[3] 陕西省博物馆、文管会：《唐李寿墓发掘简报》，《文物》1974年第9期，第71—88、61页。壁画研究参见陕西省博物馆、文管会：《唐李寿墓壁画试探》，《文物》1974年第9期，第89—94、39页。录文见周绍良主编：《唐代墓志汇编》，上海古籍出版社，1992年，第24—25页。

[4] 赵力光主编：《西安碑林博物馆新藏墓志续编》，陕西师范大学出版社有限公司，2014年，第50—52页。

[5] 孙秉根：《西安隋唐墓葬的形制》，《中国考古学研究》编委会：《中国考古学研究——夏鼐先生考古五十周年纪念论文集（二集）》，科学出版社，1986年，第151—190页。周绍良、赵超主编：《唐代墓志汇编续集》，上海古籍出版社，2001年，第116页。王素：《西安碑林藏唐〈郭敬善墓志〉考释》，西安碑林博物馆编：《纪念西安碑林九百二十周年华诞国际学术研讨会论文集》，文物出版社，2008年，第212—218页。

[6] （清）董诰等编：《全唐文·唐文拾遗》卷一三，中华书局，1983年，第10508—10510页。

[7] 中国文物研究所、陕西省古籍整理办公室编：《新中国出土墓志·陕西（壹）》，文物出版社，2000年，第41页。周绍良主编：《唐代墓志汇编续集》，上海古籍出版社，2001年，第88—90页。

[8] 赵君平、赵文成编：《秦晋豫新出墓志搜佚》，国家图书馆出版社，2012年，第230—231页。

所终安仁里第[1]，当是唐俭的宅邸。

（一八）务本坊

务本坊有开国元从功臣房玄龄、张士贵宅。房玄龄宅，后来能被改建为翊圣女冠观、景云观、龙兴道士观、光天观等[2]，可见房玄龄宅邸规模不小，加之紧邻皇城，不排除是朝廷所赐宅邸。樊惠姬，是虢国公男故右卫长上校尉上柱国张君之母，龙朔元年（661年）终于务本里[3]，考虑到樊氏终年六十有五，此处的虢国公应是张士贵，樊惠姬所终宅邸当是张士贵宅邸。

（一九）长兴坊

长兴坊内有开国元从功臣阴弘道、房仁裕宅。大唐龙兴，阴弘道亲率义兵，归诚圣化，蒙授正议大夫、临溪县令，并参与制订《大唐新礼》，贞观十四年（640年）卒于长兴里之私第[4]。由永徽三年（652年）房仁裕母清河太夫人李氏碑，可推知房仁裕宅在长兴坊[5]。

（二〇）靖安坊（静安坊）

靖安坊有开国元从功臣李孟常宅。武德元年（618年），李孟常与彭国公王君廓率山东之众，拔迹归朝，诏授开府仪同，后追随太宗文皇帝征讨薛仁杲、刘武周、王世充，参与玄武门之变等，乾封元年（666年）五月薨于静安坊里第[6]。

（二一）来庭坊

来庭坊内有开国元从功臣陈察夫人柳氏宅。陈察，隋代任武都曲水县令，在薛举割据称兵时，武都曲水县人杨洛欲与薛举相应，陈察当即诛夷，先献河西之款，故在义宁二年（618年），李唐割武都郡的长松、曲水、正西三县置阴平郡，以陈察为太守，夫人柳氏仪凤三年（678年）终于雍州来庭里第[7]。

（二二）永兴坊

永兴坊内有开国元从功臣及其后裔李立言宅。李立言为唐太子少卿、上柱国、新昌公李纲之子。义宁中，李立言以平京城勋授大将军，贞观五年（631年）卒于永兴里第[8]。

---

[1] 陕西省古籍整理办公室编，吴钢主编：《全唐文补遗（第2辑）》，三秦出版社，1995年，第150页。

[2] （清）徐松撰，李健超增订：《最新增订唐两京城坊考》，三秦出版社，2019年，第59页。

[3] 西安市长安博物馆：《长安新出墓志》，文物出版社，2011年，第74—75页。

[4] 陕西省考古研究院编，李明、刘呆运、李举纲主编：《长安高阳原新出土隋唐墓志》，文物出版社，2016年，第52—53页。

[5] （清）董诰等编：《全唐文·唐文拾遗》卷六三，山西教育出版社，2002年，第6605页。

[6] 孙迟：《唐李孟常碑——昭陵新发现碑刻介绍之四》，《考古与文物》1985年第5期，第56—61页。

[7] 周绍良主编：《唐代墓志汇编》，上海古籍出版社，1992年，第844—845页。

[8] 周绍良、赵超主编：《唐代墓志汇编续集》，上海古籍出版社，2001年，第9—10页。

（二三）崇仁坊

崇仁坊有开国元从功臣李愍宅。李愍“夙禀知人之鉴，洞历数之有归”，“是以投诚委质，稽颡辕门”，是秦王府幕府勋臣，贞观二十三年（649年）薨于崇仁坊[1]。

（二四）平康坊

平康坊内有开国元从功臣及其后裔张直、王隆、温思暕宅。李渊攻入长安之后，立代王杨侑为帝，自任大丞相，署张直为大丞相府典籤，后张直参与讨伐刘黑闼、徐圆朗的战争，贞观五年（631年）遘疾薨于京师平康里第[2]。王隆与妻赵氏墓志虽残缺不全，但重要信息均得以保留，王隆为太原人，隋唐之际归附李唐，在京邑长安定居，显庆四年（659年）终于平康里[3]。温绰，匡翼义旗，任左一军总管；初平霍邑，预有大勋，授上仪司，兼知内营检校；后从入京城，授大将军、右骁卫滋原府左别将[4]，其子温思暕，证圣元年薨于万年县平康里第[5]。

（二五）宣阳坊

宣阳坊内有开国元从功臣及其后裔贺拔亮、牛进达、李晦等宅。贺拔亮在“隋室土崩,方隅荡覆”之际，率领所属，坚守洮阳城三年，抵抗羌和薛举围攻，后率洮、叠、旭、宕四州，间使诣唐称款，武德四年（621年）入朝，历任武州刺史、岷州总管、渭州刺史、检校兰州都督、和州刺史，贞观二十二年（648年）薨于宣阳里第[6]。牛进达，于李世民攻打王世充时，归附李唐，蒙授开府，后为秦王心腹，永徽二年（651年）薨于宣阳里私第[7]。李晦是河间王李孝恭第二子。孝恭于李唐开国功勋卓著，正如史书所言“自大

---

[1] 陕西省古籍整理办公室编，吴钢主编：《全唐文补遗》第1辑，三秦出版社，1994年，第17—19页。

[2] 胡戟、荣新江主编：《大唐西市博物馆藏墓志》，北京大学出版社，2012年，第140—143页。

[3] 赵力光主编：《西安碑林博物馆新藏墓志续编》，陕西师范大学出版社有限公司，2014年，第118—120页。

[4] 西安市文物保护考古所：《西安东郊唐温绰、温思暕墓发掘简报》，《文物》2002年第12期，第37—49页。陕西省古籍整理办公室、洛阳市第二文物工作队编，吴钢主编：《全唐文补遗（第8辑）》，三秦出版社，2005年，第278—279页。

[5] 西安市文物保护考古所：《西安东郊唐温绰、温思暕墓发掘简报》，《文物》2002年第12期，第37—49页。陕西省古籍整理办公室、洛阳市第二文物工作队编，吴钢主编：《全唐文补遗（第8辑）》，三秦出版社，2005年，第312—313页。

[6] 李鸿宾：《唐贺拔亮家族汉化取径之研究：〈唐贺拔亮墓志〉诸问题》，荣新江主编：《唐研究（第17卷）》，北京大学出版社，2011年，第455—480页。胡戟、荣新江主编：《大唐西市博物馆藏墓志》，北京大学出版社，2012年，第86—87页。段真子：《论隋末薛举政权之失败——以〈胡演墓志〉、〈贺拔亮墓志〉为中心》，《文献》2014年第3期，第81—90页。

[7] 中国文物研究所、陕西省古籍整理办公室编：《新中国出土墓志·陕西（壹）》，文物出版社，2000年，第34页。周绍良、赵超主编：《唐代墓志汇编续集》，上海古籍出版社，2001年，第57—59页。

业末，群雄竞起，皆为太宗所平，谋臣猛将并在麾下，罕有别立勋庸者，唯孝恭著方面之功，声名甚盛”[1]。李晦与唐高宗的关系极为亲密，“一日不见，则满座不欢。卿识朕心，朕知卿意，君臣道合，旷古莫俦”，且李晦先后任职幽、营二州都督，右金吾将军，洛州长史，户部尚书，燕然道大总管，右金吾大将军，秋官尚书等职[2]，是高宗朝中后期至永昌年间实权派的重臣与宗室之一。

（二六）永崇坊

永崇坊有开国元从功臣王湛宅。王绰、王湛父子二人参与李唐建国，王绰任石州刺史，武周攻陷郡城时遇害，王湛从平霍邑，授紫金光禄大夫，入长安，加左光禄大夫，历丞相相国二府典籤参军事。高祖受禅，擢为通事舍人通直散骑侍郎，封金水县侯，食邑七百户等，咸亨三年（672 年）薨于京师永崇里[3]。

（二七）大宁坊

大宁坊内有开国元从功臣及其后裔徐慈政宅。徐慈政纠合宗门，款关先谒，入秦定鼎，“麟德二年（665 年）十月二十六日启□于万年县大宁里第”[4]。

（二八）安兴坊

安兴坊内有开国元从功臣及其后裔仇仕诠、仇孝松、仇大恩宅，郭嗣本妻长孙四娘宅。仇大恩祖仇仕诠，皇初应接义旗，授左领府都督、恒农郡开国公；仇大恩父孝松，皇初任朝散大夫、行左卫亲府校尉、秦王府库真等；仇大恩夫人王氏景云二年（711 年）终于万年县安兴坊私第[5]。郭嗣本，武德四年（621 年），归降秦王，入天策上将府，成为秦王李世民的王府僚佐，受到重用，历任静州刺史、司农卿、灵州刺史、鸿胪卿等，死后“蒙赠绢布二百段，敕使鸿护丞监护，丧事所须并令官给”；郭嗣本妻长孙氏是长孙皇后的族姑，永徽三年（652 年）薨于安兴里第，卒后高宗下敕赐缣布二百五十匹，丧事所资随须官给[6]。

（二九）胜业坊

胜业坊内有开国元从功臣及其后裔王贤、吴广宅。王贤之父王绍宗“从太武神尧皇帝龙兴，因授朝请大夫，遂乃编贯神州，从居赤县”；王贤，贞观八年（634 年）卒于西

[1]　《旧唐书》卷六〇《河间王孝恭传》，中华书局，1975 年，第 2349 页。

[2]　焦南峰、王保平、马永嬴：《唐〈秋官尚书李晦墓志〉考略》，西安碑林博物馆编：《碑林集刊（十）》，陕西人民美术出版社，2004 年，第 36—44 页。

[3]　（唐）杨炯撰，祝尚书笺注：《杨炯集笺注》卷八《神道碑》，中华书局，2016 年，第 1006 页。

[4]　（清）徐松撰，李健超增订：《最新增订唐两京城坊考》，三秦出版社，2019 年，第 140 页。

[5]　赵君平、赵文成编：《秦晋豫新出墓志搜佚》，国家图书馆出版社，2012 年，第 419 页。

[6]　张占民、倪润安：《唐郭嗣本与长孙四娘夫妇墓志考释》，《文博》2013 年第 4 期，第 58—64 页。

京胜业里第[1]，此宅邸或继承自其父王绍宗。吴广，与卢知节、秦叔宝等一道归附李世民，后又在武德九年（626 年）六月与段志玄等参与玄武门之变，总章元年（668 年）卒于万年县胜业里第[2]。

（三〇）兴宁坊

兴宁坊内有开国元从功臣于哲宅。于哲曾祖是魏燕国公于谨，祖于寔，父于顗，于哲在隋唐纷乱之际任汶山郡翼水长，能“心谐政体，保全丧乱”，“蒙授上仪同，为隆州南部县令”，永徽元年（650 年）遘疾终于兴宁私第[3]。

（三一）永嘉坊

永嘉坊内有开国元从功臣宋世则、李纲宅。宋世则在隋朝时就已经向唐高祖“陈符命之谋，款乐运之运”，李唐“革鼎鹑郊”，宋世则献款辕门，驰诚膂野，因功授朝议大夫、仪同三司。后又任长安县城、内史舍人、太仆少卿等，武德五年（622 年）终于长安永嘉里，咸亨元年（670 年）与夫人张氏合葬雍州明堂县义善乡界凤栖原。宋世则永嘉里第一区的宅邸，是唐高祖所赐[4]。太子少师李纲，大业末年居鄠，唐高祖平京师，李纲上谒，得授丞相府司录参军，封新昌县公[5]，其宅邸位于永嘉坊东北隅[6]。

（三二）道政坊

道政坊内有开国元从功臣王贤宅。王贤，贞观八年（634 年）卒于胜业坊，开耀二年（682 年）时王贤夫人郗氏薨于道政坊宅，此处宅邸极大可能是王贤子嗣的宅邸。

以上是开国元从功臣及其后裔宅邸明确分布于唐长安城郭城之内里坊的情况。以下龙首里、胄贵里或是长安城郭城之外的乡里。

（三三）龙首里

龙首里有开国元从功臣岐慈宅。岐慈在义宁二年（618 年），因征讨之功，蒙授朝散大夫，后不仕，崇敬三宝，勤习四禅，妻高氏贞观廿年（646 年）卒于龙首里，岐慈在乾

---

[1] 吴钢主编：《全唐文补遗（第 6 辑）》，三秦出版社，1999 年，第 323 页。陕西省文物保护研究院编著，姜宝莲主编：《二十世纪五十年代陕西考古发掘资料整理研究》，三秦出版社，2015 年，第 319—320 页。

[2] 陕西省古籍整理办公室编，吴钢主编：《全唐文补遗（第 1 辑）》，三秦出版社，1994 年，第 466—468 页。

[3] 赵力光主编：《西安碑林博物馆新藏墓志续编》，陕西师范大学出版社有限公司，2014 年，第 74—78 页。

[4] 赵力光主编：《西安碑林博物馆新藏墓志续编》，陕西师范大学出版社有限公司，2014 年，第 144—147 页。

[5] 《新唐书》卷九九《李纲传》，中华书局，1975 年，第 3908 页。

[6] （清）徐松撰，李健超增订：《最新增订唐两京城坊考》，三秦出版社，2019 年，第 180 页。

封元年（666年）卒于长安县龙首里第[1]。

（三四）胄贵里

胄贵里有元从功臣尹弘表宅。隋宫变沴，君子道消，尹弘表受书黄石，来献朱韬，武皇大悦，亲劳问焉，即令检校上城总管，授上仪同，后任纪王府、曹王府典军，仪凤二年（677年）终于胄贵里第[2]。

二、开国元从功臣及其后裔长安宅邸的分布研究

（一）与长安城宅邸整体分布规律保持一致

《唐两京城坊考》载："自兴善寺以南四坊，东西尽郭，率无第宅。虽时有居者，烟火不接，耕垦种植，阡陌相连"[3]。兴善寺在靖善坊，兴善寺以南四坊，东西尽郭，率无第宅，即靖安坊南侧东西向道路以南诸坊居民极少。

开国元从功臣及其后裔的宅邸，在唐长安城郭城的分布情况同样如此。目前梳理的开国元从功臣及其后裔的宅邸，在长安郭城内里坊者总计51处，其中在兴善寺以南四坊、东西尽郭的范围内均无分布。若以连接郭城延平门、延兴门的东西向道路为界，只有5处宅邸分布在此道路以南，其余46处宅邸分布在此道路以北。若以长寿坊北侧的东西向坊间道路为界，只有6处宅邸分布在此道路以南。开国元从功臣及其后裔的宅邸，在长寿坊北侧的东西向坊间道路以北集中分布。

（二）皇城、宫城与大明宫行政中心的辐射与影响

隋文帝以汉长安城"雕残日久，屡为战场，旧经丧乱。今之宫室，事近权宜，又非谋筮从龟，瞻星揆日，不足建皇王之邑，合大众所聚"，认为"京师百官之府，四海归向"，于川原秀丽、卉物滋阜的龙首原营建大兴城，以期"定鼎之基永固，无穷之业在斯"[4]。又以大兴城"南面阔远，恐竟虚耗，乃使诸子并于南郭立第"[5]，形成皇帝居于正北中央的宫城，诸王立宅南城，成群星托月之势[6]，"九五贵位，不欲常人居之，故置玄都观及兴善寺以镇其地"[7]。隋代大兴城，即后来的唐代长安城，作为隋唐王朝的都城，自营建

[1] 周绍良、赵超主编：《唐代墓志汇编续集》，上海古籍出版社，2001年，第230页。

[2] 西安市长安博物馆：《长安新出墓志》，文物出版社，2011年，第108—109页。

[3] （清）徐松撰，李健超增订：《最新增订唐两京城坊考》，三秦出版社，2019年，第58页。

[4] 《隋书》卷一《高祖本纪》，中华书局，1973年，第17页。

[5] （唐）韦述撰，辛德勇辑校：《两京新记辑校》，三秦出版社，2006年，第54页。

[6] 孙英刚：《隋唐长安的王府与王宅》，荣新江主编：《唐研究（第9卷）》，北京大学出版社，2003年，第185—214页。

[7] （宋）程大昌撰，黄永年点校：《雍录》，中华书局，2002年，第54页。

伊始，就明确了隋大兴城唐长安城作为王朝政治中心的功能。故目前梳理的唐开国元从功臣及其后裔的宅邸，以职事官、散官、勋、爵在五品及以上的人物为主。

郭城内寺观等重要建筑的设置基于政治的考量，公卿王主的宅邸的设置亦不可避免存在类似的考量。如隋末方士云：（永嘉坊）贵气特盛，自武德、贞观之后，公卿王主居之多于众坊[1]。开国元从功臣中的宋世则、李纲二人得居永嘉坊，很有可能源于唐高祖的赐第。墓志记载宋世则为西河介休人，隋朝时因其父宋瓊任太子家令寺丞，迁居京兆万年县。在隋朝时，宋世则就已经向唐高祖“陈符命之谋，款乐运之运”，在隋代宋世则释褐蓝田县主簿，后为下邽县法曹，李唐“革鼎鹑郊”，宋世则献款辕门，驰诚辔野，因功授朝议大夫、仪同三司。后又任长安县丞、内史舍人、太仆少卿等，武德五年（622年）终于长安永嘉里，咸亨元年（670年）与夫人张氏合葬雍州明堂县义善乡界凤栖原。据墓志所言，唐高祖赐宋世则永嘉里第一区，良田20顷，又赏赐王世充寝院内的器物，宋世则临终前，唐高祖频降中使送药，去逝后，唐高祖又辍朝三日，赠物五百段、粟三百石，且诏令内史舍人颜师古吊祭，可见宋世则与唐高祖关系密切[2]。李纲更是先后教导和辅佐太子杨勇、太子李建成、太子李承乾，深受隋文帝、唐高祖、唐太宗之信任。永嘉坊贵气特盛，与其说是方士所说，不如说来自隋唐王朝中央权力对宅邸的规划与安排。

唐开国元从功臣及其后裔的宅邸主要围绕皇城、宫城分布，尤其是围绕皇城西、南、东三面里坊分布，若以距离为准，距离皇城东西墙两坊距离、皇城南墙三坊距离的宅邸分布最为集中，郭内里坊51处宅邸中，有32处宅邸分布于皇城周边，如皇城西侧的休祥、金城、颁政、醴泉、布政等五坊共8处宅邸，皇城南侧的光德、善和（光禄）、开化、安仁、务本、长兴、平康、宣阳等八坊共16处宅邸，皇城东侧的来庭、大宁、永兴、安兴、崇仁、胜业等六坊共8处宅邸，充分体现了皇城、宫城作为行政中心的辐射与影响。

随着龙朔年间（661—663年）唐高宗对大明宫的大规模再次营建，行政中心由太极宫、皇城所在区域向大明宫转移，对这批开国元从功臣的宅邸也产生影响，如开国元从功臣唐俭显庆元年（656年）十月三日薨于安仁里第。到唐俭子唐嘉会上元三年（676年）任职殿中少监后，其日常服务与办公之处就转移到大明宫，若仍居住在安仁坊宅邸，距离大明宫较远，故唐嘉会居住之地就成了在大宁里国家统一管理与支配的官舍，即墓志所言“仪凤三年（678年）正月六日薨于西都大宁里之官舍”[3]（图一）。

（三）东市、西市的波及

隋大兴城长安城在皇城南侧设置东市、西市两大市场，靠近皇城，紧邻朱雀门南侧

[1] （清）徐松撰，李健超增订：《最新增订唐两京城坊考》，三秦出版社，2019年，第180页。

[2] 赵力光主编：《西安碑林博物馆新藏墓志续编》，陕西师范大学出版社有限公司，2014年，第144—147页。

[3] 赵君平、赵文成编：《秦晋豫新出墓志搜佚》，国家图书馆出版社，2012年，第230—231页。

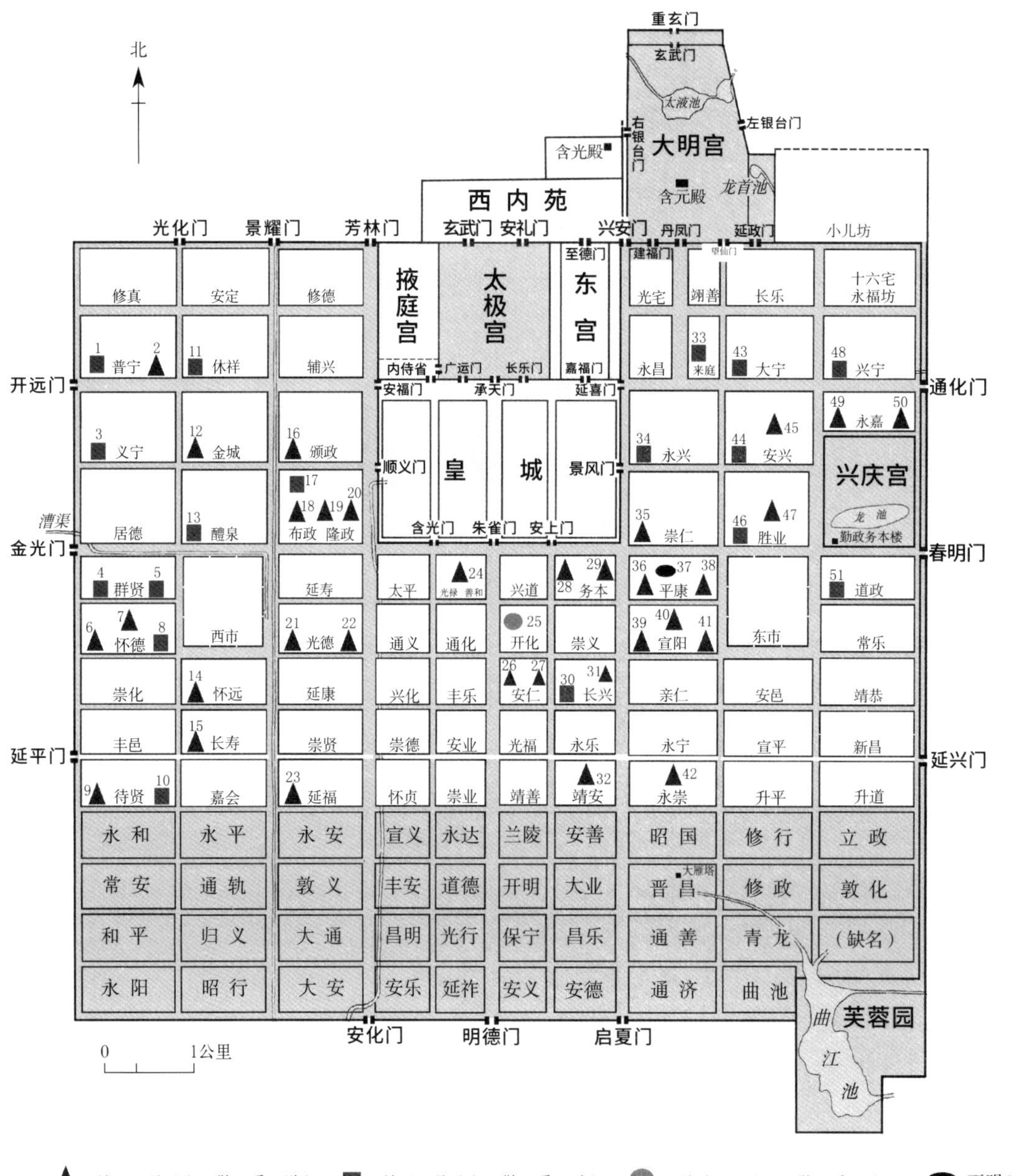

图一 唐开国元从功臣及其后裔宅邸分布图（以职散勋爵为准）

1.安万通宅 2.李勣宅 3.氾义协宅 4.胡仵宅 5.程玄景宅 6.胡演、胡叔良宅 7.程知节宅 8.邹凤炽宅 9.李宽宅 10.李才仁宅 11.许孝义宅 12.许洛仁宅 13.衡智玚宅 14.樊兴宅 15.尉迟敬德宅 16.王偘宅 17.牛相仁宅 18.邹骞昉宅 19.尉迟敬德宅 20.王君愕宅 21.樊方宅 22.武傅宅 23.李寿宅 24.陈叔达宅 25.郭敬善宅 26.左武侯将军庞□宅 27.唐俭宅 28.房玄龄宅 29.张士贵宅 30.阴弘道宅 31.房仁裕宅 32.李孟常宅 33.陈察宅 34.李立言宅 35.李愍宅 36.张直宅 37.王隆宅 38.温思暕宅 39.贺拔亮宅 40.牛进达宅 41.李晦宅 42.王湛宅 43.徐慈政宅 44.仇大恩子仇克义宅 45.郭嗣本宅 46.王贤宅 47.吴广宅 48.于哲宅 9.宋世则宅 50.李纲宅 51.王贤夫人郗氏宅的东西大街，西市向西通向金光门，向北通向光化门、景耀门，东市向东通向春明门，向北通向大明宫，交通便利。开国元从功臣及其后裔的宅邸围绕东市、西市均有较多分布，但具体又有差别，开国元从功臣宅邸在东市主要集中在市场的西侧、北侧分布，东市的东侧、南侧里坊几乎未见。考虑到皇城、宫城的影响，东市西侧、北侧的宅邸可以说受东市影响较小。在西市周边，开国元从功臣宅邸在市场的四周均有分布，尤其是在远离皇城的西侧、南侧里坊内均有分布，如怀远坊、怀德坊、群贤坊等。

邹炽、邹鸾昉父子宅邸的分布、经商的经历说明依靠西市、东市起家的商人在隋唐易代之际以雄厚的经济实力参与李唐建国，最终与唐高祖形成了一定的密切关系。《邹鸾昉墓志》中的邹炽，即《朝野佥载》中的邹骆驼、《两京新记》中的邹凤炽，在历史上确有其人；邹炽早年贫穷时，“尝以小车推蒸饼卖之。每胜业坊角有伏砖，车触之即翻，尘土涴其饼。驼苦之，乃将鑁劚去十余砖，下有瓷瓮，容五斛许。开看，有金数斗，于是巨富”[1]，胜业坊在东市之北，也就是说邹炽的起家至少依靠东市及周边区域。《两京新记》《西京记》记邹炽的宅邸在怀德坊南门之东。从邹鸾昉长寿二年九月廿五日终于隆政里（即布政里）之私第来看，邹炽、邹鸾昉的家族重心是放在了唐代西市周边[2]。

韦述所撰《两京新记》卷三“怀德坊”下记：

> 南门之东，旧有富商邹凤炽宅。凤炽肩高背曲，有似骆驼，时人号为邹骆驼。其家巨富，金玉货贵，不可胜计。常与朝贵游往，因是势倾朝市。邸店田宅，遍满海内，又尝谒见高祖，请市终南山，山中每树估绢一匹，自云：“山树虽尽，而臣绢未竭”。[3]

正是由于邹炽建国元从的身份，才可能出现《两京新记》中邹炽与朝贵交游，谒见唐高祖，请市终南山的故事，这从邹炽家族隆政坊的宅邸亦可看出。

邹鸾昉卒于长安隆政坊私第。盛唐以前，隆政坊内居住有唐建国元从与富商，如赠左卫大将军幽州都督上柱国邢国公王君愕宅[4]，王君愕，武德之始，率众辕门，授大将军，

[1] （宋）李昉等撰：《太平广记》卷四〇〇“邹骆驼”条，中华书局，1961年，第3216页。（唐）张鷟：《朝野佥载》卷五，中华书局，1979年，第119—120页。

[2] 卢亚辉：《唐邹鸾昉墓志疏证》，《博物院》2020年第6期，第25—29页。

[3] （唐）韦述撰，辛德勇辑校：《两京新记辑校》卷三“次南曰怀德坊”条，三秦出版社，2006年，第63页。

[4] 周绍良、赵超主编：《唐代墓志汇编续集》，上海古籍出版社，2001年，第73—74页。

兼领校尉[1]，为唐建国元从；司徒并州都督上柱国鄂国忠武公尉迟敬德宅，刘武周败亡，尉迟敬德率其余众，投诚拜款[2]，亦为唐建国元从；富商则有处士索谦宅等[3]。邹鸾昉在长安隆政坊的私第很可能是从其父邹炽继承而来。邹炽、王君愕、尉迟敬德同作为唐建国元从，居住在同一坊内，体现了政治身份与文化认同的一致，与长安城内的吴儿坊相近。

（四）族群信仰与安万通宅

族群信仰在一定程度上会影响宅邸分布。安万通，于“大唐初建”之时，“受□先□，蒙授五品”，永徽五年（654年）卒于长安县普宁坊，安万通高祖奉使入朝，位至摩诃萨宝[4]。考虑到普宁、布政二坊均有祆祠，安万通置邸普宁坊，应有宗教上的考虑，甚至不能排除安万通高祖实际参与长安城内祆祠建设的可能。

（五）许洛仁宅邸推测

许洛仁夫人宋善主，上元三年（676年）薨于金城坊里第[5]；许洛仁本人薨于何处宅邸，目前尚有疑问，许洛仁碑载：龙朔二年（662年）四月十六日薨于□义里私第[6]。从662年前后的政治形势以及高宗尚未大规模营建大明宫来看，许洛仁当终于长安“□义里”私第。长安郭城内有归义、敦义、通义、宣义、安义、崇义诸坊。归义、敦义、宣义、安义诸坊均在靖安坊南侧东西向道路以南，此区域东西尽郭的里坊未见有开国元从功臣及其后裔宅邸的分布，故许洛仁所终“□义里”私第，当是通义里或崇义里，考虑到许洛仁夫人宋善主薨于金城里，加之朱雀门大街起到一定的阻隔作用，许洛仁终于通义坊的可能性大些。

（六）开国元从功臣及其后裔宅邸在长安、洛阳的异同

开国元从功臣及其后裔在洛阳的宅邸已有研究[7]，与开国元从功臣及其后裔在长安的

---

[1] 张沛：《昭陵碑石》，三秦出版社，1993年，第110—111页。陕西省古籍整理办公室编，吴钢主编：《全唐文补遗（第2辑）》，三秦出版社，1995年，第84—85页。中国文物研究所、陕西省古籍整理办公室：《新中国出土墓志·陕西（壹）》，文物出版社，2000年，第31页。周绍良、赵超主编：《唐代墓志汇编续集》，上海古籍出版社，2001年，第32—33页。

[2] 昭陵文物管理所：《唐尉迟敬德墓发掘简报》，《文物》1978年第5期，第20—25页。周绍良：《唐代墓志汇编》，上海古籍出版社，1992年，第190—192页。张沛：《昭陵碑石》，三秦出版社，1993年，第141—143页。中国文物研究所、陕西省古籍整理办公室编：《新中国出土墓志·陕西（壹）》，文物出版社，2000年，第47页。

[3] 周绍良、赵超主编：《唐代墓志汇编续集》，上海古籍出版社，2001年，第76—77页。

[4] 陕西省古籍整理办公室编，吴钢主编：《全唐文补遗（第2辑）》，三秦出版社，1995年，第129—130页。

[5] （清）徐松撰，李健超增订：《最新增订唐两京城坊考》，三秦出版社，2019年，第290页。

[6] 董卫：《唐代许世绪、许洛仁家族研究》，杜文玉主编：《唐史论丛（第18辑）》，陕西师范大学出版社，2014年，第214—228页。

[7] 卢亚辉：《唐开国元从功臣及其后裔的洛阳宅邸》，《故宫博物院院刊》2023年第3期，第22—33页。

宅邸之间存在明显异同。相同的是长安、洛阳地区元从功臣及其后裔的宅邸都受到行政中心的影响较大，亦受到市场的影响。同时受李唐开国从晋阳起兵至长安线路的影响，王朝稳定之后，关中、河东、河南、河北等外来将领官员置邸长安、洛阳地区。

因长安城是李渊父子近乎兵不血刃地夺得，洛阳及周边地区则是通过激烈的战争后夺得，加上后来李世民与李建成斗争激烈，李世民对洛阳地区极力经营，开国元从功臣及其后裔在长安、洛阳的宅邸分布存在很大差异。河东道、河南道、河北道地区的开国元从功臣以返回原籍或定居洛阳者居多。长安郭外尚见开国元从功臣及其后裔的宅邸，在洛阳他们的宅邸分布在郭城以内，未见位于郭外者。

洛阳地区的元从功臣及其后裔，多是与李世民关系密切者，且其宅邸分布最初应是基于军事的考量，集中分布在洛河以北，尤其是上东门大街以北的里坊，占据的是隋唐洛阳城内除宫、皇城之外的地势高亢之地。长安地区的元从功臣及其后裔，除与李世民关系密切者外，与唐高祖李渊密切者亦不少，其宅邸除了遵循长安城总的分布规律，围绕皇城分布之外，未见集中分布的趋势，而是散布于各里坊，当与长安在隋唐之际未经受大的战乱，整体维持和平稳定的局面相关，也与李渊开国过程中对西魏、北周、隋代以来关陇集团群体的重用相关，即关陇集团群体中的官僚阶层未受到巨大的冲击，甚至此群体中的不少人又再次成为李唐开国中的军功受益阶层，故这批关陇集团群体的官僚阶层在长安的利益与宅邸得以保障。就两京市场而言，对开国元从功臣及其后裔宅邸影响最大的是长安西市，其次是长安东市，最后是洛阳地区的市场。

本文是国家社科基金青年项目“北朝隋唐五代墓葬出土神煞俑的考古学研究”（项目批准号：20CKG025）、国家社科基金中国历史研究院重大历史问题研究专项重大招标项目《隋唐洛阳城遗址考古发掘资料的整理和综合研究》（项目批准号：LSYZD21019）的阶段性成果。

附表　唐开国元从功臣及其后裔的长安宅邸情况简表

宅邸之主	置邸长安之前的主要活动区域	官品	参与李唐开国时的地点	备注
安万通	关中长安	骑都尉（勋官，从五品上）	长安	葬长安城西龙首原
李勣	河南山东	司空（职官正一品）、太子太师（职官从一品）、赠太尉（职官正一品）、扬州大都督（职官从二品）、上柱国（勋正二品）、英国公（爵从一品）。凌烟阁功臣	黎阳	陪葬昭陵
氾义协	不在长安地区	父氾伏养参与开国，授通议大夫（正四品下文散官）、仪同三司。氾义协将仕郎（从九品下）	不明	氾伏养、氾义协葬长安县高阳原

续表

宅邸之主	置邸长安之前的主要活动区域	官品	参与李唐开国时的地点	备注
胡作	不明	上仪同（正五品至从四品之间）	不明	葬长安县高阳原
程玄景	不明。或是泾州?	程玄景处士；父程敬逸参与开国，授朝散大夫（文散官从五品下）；祖程恭，隋朝议郎、行泾州平梁县令	关中泾州?	葬于龙首原
胡演、胡叔良	关中北地郡	胡演义宁初，率郡归国，授左光禄大夫。封归义县公，拜北地郡太守，后为银青光禄大夫（文散官从三品）、汴州刺史（职官从三品）	北地郡	葬雍州长安县同乐乡仁智里之细柳原
程知节	河南山东	册赠骠骑大将军（武散官从一品）、益州大都督（职官从二品）、上柱国、卢国公（爵从一品）。凌烟阁功臣		陪葬昭陵
邹凤炽	关中长安	参与开国，授朝散大夫（文散官从五品下）	长安	葬长安城南高望平原
李粲、李宽	关中长安	李粲，皇朝宗正卿、左监门大将军（职官正三品）、上柱国、应国胡公（爵从一品）；李宽右卫大将军（职官正三品）、太常卿、上柱国（勋正二品）	长安?	窆于雍州乾封县高阳原
李才仁	关中长安	正议大夫（文散官正四品上）、戎昭果毅	长安?	葬于长安高阳原
许孝义	河东	秦府行参军、上骑都尉（勋正五品上）	河东[1]	葬于长安高阳原
许洛仁	河东晋阳，籍贯定州	左监门将军（正四品）、冠军大将军（武散官正三品）、赠使持节都督代忻朔蔚西州诸军事、代州刺史（正四品上）、上柱国	河东晋阳	陪葬昭陵
衡智玚	淄州邹平	左监门将军（正四品）	不明	葬雍州少陵原洪固里

[1] 案，“隋氏分崩，区中丧乱，李唐龙飞，廓清天步”，许孝义以“先觉见机，志诚欵著，义宁之初，乃授上骑都尉”，武德年中，授秦府行参军，从其父许建昇在隋代任隰州隰川县令（后唐代河东道汾州地区）来看，许孝义可能是在河东地区即参加李唐军队。

续表

宅邸之主	置邸长安之前的主要活动区域	官品	参与李唐开国时的地点	备注
樊兴	河东，具体或是晋阳	云麾将军（武散官从三品）、守左监门大将军（职官正三品），封襄城郡开国公（爵正二品）	河东，具体或是晋阳	陪葬献陵
尉迟敬德	河东	鄂国公（爵从一品），开府仪同三司（文散官从一品）。赠司徒（职正一品）、使持节都督并汾箕岚等四州诸军事、并州刺史	河东	陪葬昭陵
王俨	河东祁县	父王相参与建国，授振威校尉（武散官从六品上），上护军（勋官正三品）	河东	葬于长安
牛相仁	河南温县	朝散大夫（文散官从五品下）、前行平州司马[1]	河南温县	葬于长安高阳原
邹鸾昉	关中长安	徵士上柱国（勋正二品），开国元从邹炽之子	长安	葬长安城南高望平原
王君愕	河北邯郸	幽州都督（职官从二品）、邢国公（爵从一品）	河北井陉	陪葬昭陵
樊方	关中武功	开府仪同三司[2]、金紫光禄大夫（文散官正三品）	关中武功	窆于雍州武功县立节乡丰义里
武傅	河东太原	上护军（勋官正三品）、振威校尉（武散官从六品上）	河东太原	窆于长安城西马□之平原焉
李寿	关中长安	宗正卿、右翊卫大将军、河北道行台左仆射、左武卫大将军、玄戈军将、开府仪同三司（文散官从一品）、上柱国（勋正二品）、淮安王、赠司空（职官正一品），谥曰靖	关中长安	葬于雍州三原县之万寿原

[1] 麟德二年（665 年）牛相仁墓志提及牛相仁曾为平州司马。平州，唐武德四年（621 年）置，辖温县一县，旋即省废。平州仅辖一县，应系下州。唐制下州司马为从六品上阶。结衔只述高阶官而省去低阶官，这是唐初的行文习惯，况且平州省废后自然不存在平州司马一职。相仁自平州废后，便"谢职栖园"，不再担任职事官，只保留本阶"朝散大夫"，那么志文首题的完整形态应为"大唐故朝散大夫前行平州司马牛府君墓志铭并序"。牛相仁任平州司马之时，可能是在唐军攻灭王世充前后，在攻灭王世充后不久，就裁掉平州，而朝散大夫可能是变革之际牛相仁投靠李唐所授之散官，故在其墓志上保留本阶"朝散大夫"。

[2] 案，从樊方墓志的表述而言，开府仪同三司或是上仪同三司之误。

续表

宅邸之主	置邸长安之前的主要活动区域	官品	参与李唐开国时的地点	备注
陈叔达	关中长安[1]	左光禄大夫（文散官从二品）、江国公（爵从一品）	河东绛郡	窆于雍州万年县义善乡兴寿里山
郭敬善	关中长安	司农寺丞（职官从六品上）、京城已西营田敕使	关中长安	葬万年县铜人原
庞□	籍贯河北郸县，活动河东晋阳	开府仪同三司（文散官从一品）、安化郡开国公（爵正二品）、左武候将军（职官从三品）	河东晋阳	窆于雍州长安县之厶原
唐俭	河东晋阳	特进户部尚书、上柱国（勋正二品）、莒国公（爵从一品）。赠开府仪同三司（文散官从一品），谥曰襄公	河东晋阳	陪葬昭陵
房玄龄	籍贯齐州临淄，活动关中河东	尚书左仆射（职官从二品）、梁国公（爵从一品）、太子太师、司空（职官正一品）、太子太傅、知门下省事，赠太尉（职官正一品）、并州都督，谥曰文昭	关中渭北	陪葬昭陵
张士贵	河南虢州	右屯卫大将军虢国公（爵从一品）、左领军大将军（职官正三品）、镇军大将军（武散官从二品）、赠辅国大将军（武散官正二品），使持节都督荆、硖、岳、郎等四州诸军事，荆州刺史	河南虢州	陪葬昭陵
阴弘道	剑南邛州	参与开国，蒙授正议大夫（文散官正四品上）、临溪县令。奉义郎，奉敕为大学士，于弘文馆修书	剑南邛州	葬长安高阳原
房仁裕	河南洛阳	左领军卫大将军（职官正三品）、持节郑州诸军事、郑州刺史、赠左骁卫大将军（职官正三品）、赠兵部尚书（职官正三品）	河南洛阳	陪葬昭陵
李孟常	河北河东	上柱国（勋正二品）、汉东郡开国公（爵正二品）、右威卫大将军（职官正三品）	河北井陉	陪葬昭陵

[1] 案，陈叔达，是陈宣帝第十七子，陈朝的义阳王。陈叔达终于京师善和坊，与南侧通化坊（吴儿坊）南北毗邻，或是隋灭陈时，一道迁入长安。

续表

宅邸之主	置邸长安之前的主要活动区域	官品	参与李唐开国时的地点	备注
陈察	陇右武州 剑南文州	武都郡曲水县令，使持节文州诸军事、文州刺史（职官正四品下）	剑南文州	葬洛阳县平阴乡从新里邙山北原
李立言	关中长安	新昌公李纲之子，太子中舍人（职官正五品下）、中散大夫（文散官正五品上）、主客郎中蓨县男	关中长安	葬雍州洪原里
李愍	关中长安	上大将军（勋正三品）、上柱国（勋正二品）、内给事	关中长安	葬于浐川东之平原
张直	籍贯安定；活动于河东、剑南	柱国（勋从二品）、西郡开国公（爵正二品）、太仆寺监（职官从三品）	剑南	改厝于万年县少陵之原
王隆	河东太原	职、散、勋、爵不明	河东太原	葬京兆东郊龙首乡
温思暕	籍贯河东太原，父温绰活动于河北赵州、河东潞州	开国元从温绰之子，太中大夫（文散官从四品上）、司农少卿（职事官从四品上）、上柱国（勋正二品）	温绰自河东潞州参与开国	葬长安东白鹿原
贺拔亮	籍贯河南洛阳，活动于陇右兰州	上开府大将军（勋官正三品）、历旭宕岷武渭和六州刺史、判岷州总管、检校兰州都督（四品）	陇右洮阳	葬于万年县少陵原
牛进达	河南濮阳人，活动于河南洛阳	左武卫大将军（职官正三品）、上柱国（勋正二品）、琅琊郡开国公（爵正二品）。赠左骁卫大将军、使持节都督幽易妫檀平燕六州诸军事、幽州刺史	河南洛阳	陪葬昭陵
李晦	关中长安	右金吾大将军（职官正三品）、秋官尚书（职官正三品）、上柱国（勋正二品）、河间县开国子。赠都督幽檀妫易四州诸军事、幽州刺史	关中长安	葬于高陵县鹿苑原
王湛	河东	从平霍邑，授紫金光禄大夫（文散官正三品），入长安，加左光禄大夫（文散官从二品）。封金水县侯，泸州都督	河东	陪葬献陵
徐慈政	河东高平人	通议大夫（文散官正四品下）、壮武将军（武散官正四品下）	河东	葬于河南龙门之□河原

续表

宅邸之主	置邸长安之前的主要活动区域	官品	参与李唐开国时的地点	备注
仇仕诠仇孝松父子	河东汾州	仇仕诠，坊汾二州别驾，皇初应接义旗，授左领府都督、恒农郡开国公。从墓志言及终于共城县重门乡私第来看，仇氏一族并未移居长安，仇大恩夫人王氏所卒万年县安兴坊私第应是仇大恩之子仇克义所居宅邸	河东汾州	窆于洛阳县清风乡原
郭嗣本	关中河南	怀仁县开国公（爵从二品），授金紫光禄大夫（文散官正三品），行鸿护卿（职官从三品）	河南洛阳	迁厝雍州万年县铜人乡铜人原
王贤父王绍宗	籍贯河东	父王绍宗从太武神尧皇帝龙兴，因授朝请大夫，遂乃编贯神州，从居赤县。王贤处士	河东	葬于京东南姚村之左窆
吴广	籍贯河南濮阳	新乡县开国公（爵从二品）、右武卫将军（职官从三品）、云麾将军上柱国、濮阳郡开国公	河南洛阳	陪葬昭陵
于哲	籍贯冯翊华池	使持节亳州诸军事、亳州刺史。曾祖于谨，祖于寔，父于顗周大宫伯、大司卫，隋上开府扬州总管、燕国公	剑南益州	窆于雍州长安县高阳原修福里
宋世则	河东	太祖昔在隋朝，犹韬启圣，公潜知日角，夙叩天门，载陈符命之谋，屡款乐推之运。太祖深相器纳，独负神衷，公之先鉴，咸若此矣。后诏赐永嘉里第壹区、良田贰拾顷，又赐王充寝院内诸杂器物等	关中下邽	葬于雍州明堂县义善乡界凤栖之原
李纲	关中长安及周边	太子少师（职官从二品）、上柱国新昌公，赠开府仪同三司（文散官从一品）	关中鄠县	葬于长安
岐慈	关中长安	义宁二年，以征讨之功，蒙授朝散大夫（文散官从五品下）	关中长安	葬于长安龙首原
尹弘表	关中杜陵	检校上城总管，授上仪同	关中长安周边	葬于长安

北魏洛阳墓葬文化的“晋制”表达

倪润安（北京大学中国考古学研究中心、北京大学考古文博学院）

北魏太和十七年（493 年），孝文帝以南伐为名，巡幸洛阳，逼迫群臣同意迁都之计。太和十八年（494 年），正式实现迁洛。彼时，除了鲜卑贵族普遍抵触迁都、思想工作难做之外，洛阳也不具备定都的有利条件。洛阳城自晋末被烧毁后，已荒废了 180 多年。孝文帝幸洛阳，“周巡故宫基址”，亦不禁“为之流涕”[1]。重建一座洛阳城，是孝文帝亟需解决的迫切任务，他命司空穆亮与尚书李冲、将作大匠董爵共同负责营建新都[2]。此外，洛阳位居河南，距离南北朝的边界线不远，京畿安全成为大问题，有待保障。因此，迁都后的太和二十一年（497 年）至二十三年（499 年）间，孝文帝为拱卫新都，以攻为守，连续两次主动发起对萧齐的战争，最后以他病逝军中、撤军北归而告终。孝文帝为迁都洛阳殚精竭虑，没有条件也要创造条件，就是要回到“晋制”的起源地洛阳，占据与南朝争夺正统的有利位置，才能名正言顺地推行以“晋制”为特征的汉化制度。从迁洛到永熙三年（534 年）北魏灭亡的 40 年间，北魏洛阳墓葬文化对“晋制”的表达方式可分为三个阶段[3]，分别表现出过度、回调、折中的特点，显示出“晋制”在洛阳进退往复、曲折演变的过程，并非按照同一趋势一帆风顺地推进。

一、过度：孝文帝迁洛至宣武帝时期的洛阳墓葬文化

迁洛后，孝文帝“诏迁洛之民，死葬河南，不得还北。于是代人南迁者，悉为河南洛阳人”[4]。同时，他“自表瀍西以为山园之所”[5]，在洛阳西北方向的北邙山域规划了皇

[1] 《魏书》卷七下《高祖纪下》，中华书局，1974 年，第 173 页。

[2] 《魏书》卷七下《高祖纪下》，中华书局，1974 年，第 173 页。

[3] 倪润安：《光宅中原：拓跋至北魏的墓葬文化与社会演进》，上海古籍出版社，2017 年，第 228—245 页。

[4] 《魏书》卷七下《高祖纪下》，中华书局，1974 年，第 178 页。

[5] 《魏书》卷一三《文成文明皇后冯氏传》，中华书局，1974 年，第 330 页。

陵区。宣武帝“承圣考德业”，“垂拱无为”[1]，墓葬延续了孝文帝迁洛后形成的特点。因此，孝文帝迁洛至宣武帝时期（494—515 年）构成了洛阳墓葬文化演变的第一阶段。这一时期的墓葬不多，纪年墓有洛阳定鼎北路正始二年（505 年）广宗君王昙慈墓[2]、洛阳西车站正始三年（506 年）燕州刺史寇猛墓[3]、偃师杏园村正始五年（508 年）墓YDM4031[4]、孟津朝阳村永平四年（511 年）阳平王元冏墓[5]、延昌四年（515 年）宣武帝景陵[6]等。在墓葬对“晋制”的表达上，呈现出过度实施的现象，有些做法比西晋洛阳墓葬还要强调薄葬。

墓葬形制可分为土洞墓和砖室墓，均为长斜坡墓道。土洞墓为单室墓，如偃师杏园村正始五年（508 年）墓YDM4031，墓室平面为不规则的梯形，是接近方形的一种形制，顶部稍拱，东西长 3、南北宽 2.38、高 1.66 米（图一，1）。砖室墓有单室和前、后双室两种形制。单室砖室墓，墓室平面呈弧方形。如阳平王元冏墓，墓室边长为 5.1—5.4 米，四角攒尖顶（图一，2）。前、后双室砖室墓，前室平面呈横长方形，后室平面呈弧方形。如王昙慈墓，前室东西长 3.64、南北宽 1.26 米，后室南北长 6.18、东西宽 6.36 米，顶部皆塌毁（图一，3）。宣武帝景陵，前室东西长 3.38—3.40、南北宽 2.35—2.40 米，拱券顶，券高 3.78 米；后室东西长 6.92、南北宽 6.73 米，四角攒尖顶，高 9.36 米（图一，4）。砖室墓平面呈近方形或弧方形，无耳室，比起迁洛前的墓葬还可见耳室又进了一步，更加符合“晋制”墓葬的特点。

值得注意的是宣武帝景陵的形制。该墓墓道的北段为砖壁墓道（图一，4），此段底面及东、西两壁皆以青条砖铺砌，长 4.5、宽 2.85 米。东、西二砖壁平整陡直，厚度均为 2 米，壁面与南段的土壁墓道壁面取齐。壁顶超出墓道土壁 0.45 米，总高度达 6.8 米。在砖壁墓道北部并伸入前室内 40 厘米处设有一道砖砌封门墙（图一，4），东西宽 2.8、南北厚 2.44 米，现存高度 2.85—2.90 米，原高应在 4.95 至 5 米之间。这道封门墙紧贴前室，中间没有甬道作为缓冲。而前、后室之间是设有长甬道的，平面呈纵长方形，拱券顶，长 5.12、宽 1.94、高 2.64—2.80 米。因而，发掘简报将尺寸不及后室一半的前室认定为

[1]《魏书》卷八《世宗纪》，中华书局，1974 年，第 215 页。

[2] 洛阳市文物考古研究院：《洛阳定鼎北路北魏王昙慈墓发掘简报》，《华夏考古》2022 年第 1 期，第 28—34 页。

[3] 侯鸿钧：《洛阳西车站发现北魏墓一座》，《文物参考资料》1957 年第 2 期，第 86 页。

[4] 中国社会科学院考古研究所河南二队：《河南偃师县杏园村的四座北魏墓》，《考古》1991 年第 9 期，第 818—831 页。

[5] 310 国道孟津考古队：《洛阳孟津邙山西晋北魏墓发掘报告》，《华夏考古》》1993 年第 1 期，第 42—51 页。

[6] 中国社会科学院考古研究所洛阳汉魏城队、洛阳古墓博物馆：《北魏宣武帝景陵发掘报告》，《考古》1994 年第 9 期，第 801—814 页。

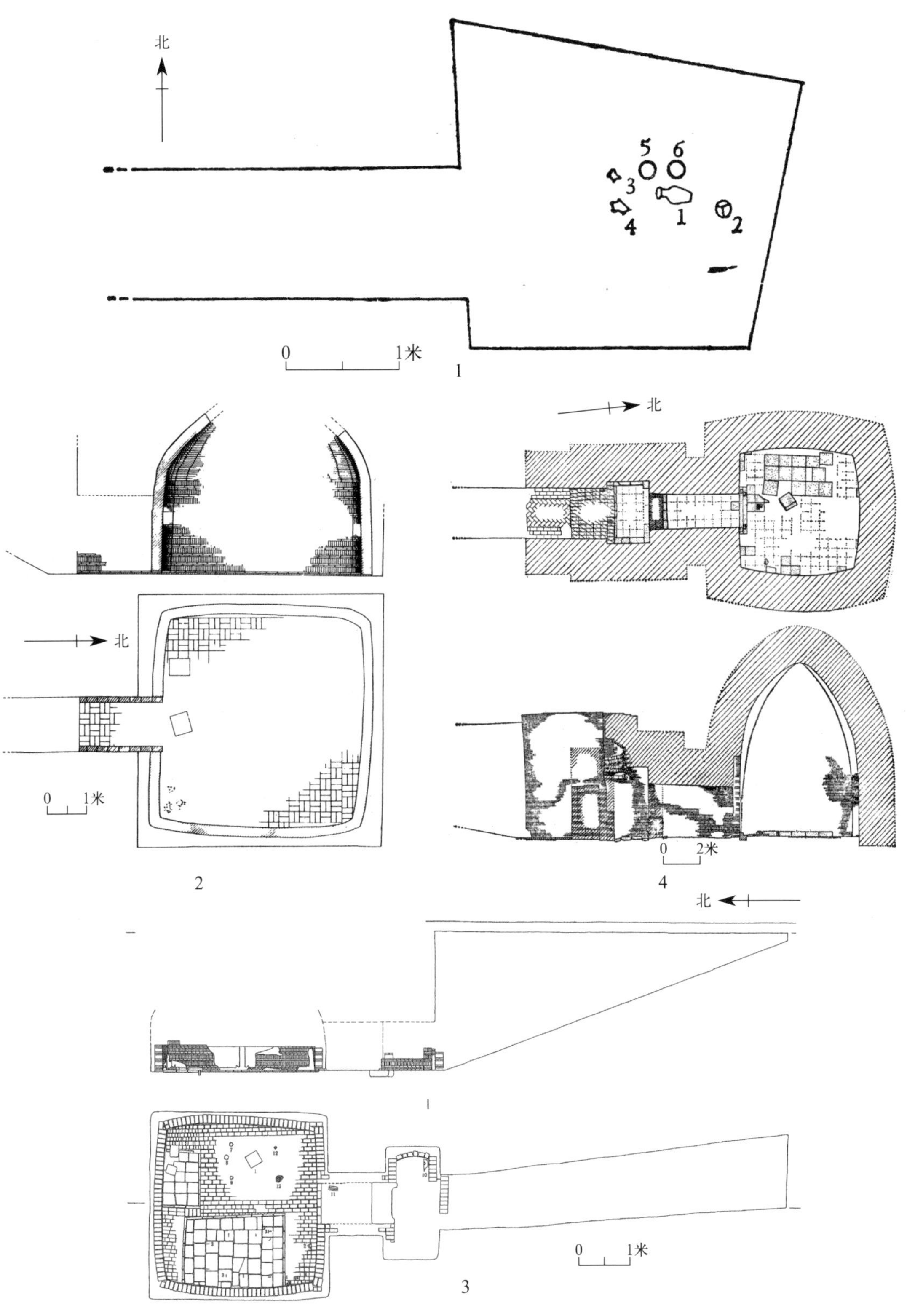

图一　孝文帝迁洛至宣武帝时期的墓葬形制

1.偃师杏园村YDM4031　2.阳平王元冏墓　3.王昙慈墓　4.宣武帝景陵

“前甬道”。这是景陵形制较为特异之处。但结合方山永固陵的形制（图二）看，就可发现景陵形制是渊源有自的。永固陵墓道的北段是石砌墓道，东、西两壁各用石块垒砌护墙，墙有收分，长 5.9 米，高约 5 米，北端宽 5.1 米。石砌墓道和前室之间无甬道，连接处用砖砌出一道封门墙，高 4.15、宽 3.95、厚 2.1 米，二砖厚度的墙体在前室内，三砖厚度的墙体在墓道中。前室平面近方形，南北长 4.2、东西宽 3.85、高 3.8 米；后室平面呈弧方形，南北长 6.4、东西宽 6.83、高 7.3 米；前、后室之间的甬道长 6.98、宽 1.7、高 2.2 米。虽然永固陵前室也比后室小，但在整体墓葬布局中，前室仍很突出，尺寸明显不同于前、后室之间的甬道，并不能忽略为前甬道。很显然，从墓道、封门墙到前室、甬道、后室，景陵的做法与永固陵如出一辙。不过，景陵前室的实际作用在降低，与甬道的尺寸差别大大拉近。因此，我们认为景陵一方面受“晋制”薄葬思想的影响，压缩了前室的尺寸，使其成为一个过渡空间，不承担放置随葬品的主要作用，而类似于甬道的一段；另一方面作为永固陵体现出的帝后墓葬等级，景陵又必须保留前室的设置，于是就有了这样一段宽度比甬道仅多半米左右、高度比甬道仅多一米左右的空间，用作象征性的前室。王昙慈并不是皇族成员，但长期奉侍宫掖，曾为孝文帝第三子京兆王元愉的育母，受到特殊恩遇，封为广宗君，竟允许她使用帝后的前、后双墓葬形制，前室也是和墓道直接相连，后室尺寸超 6 米，比景陵略小，相当于后妃的待遇。

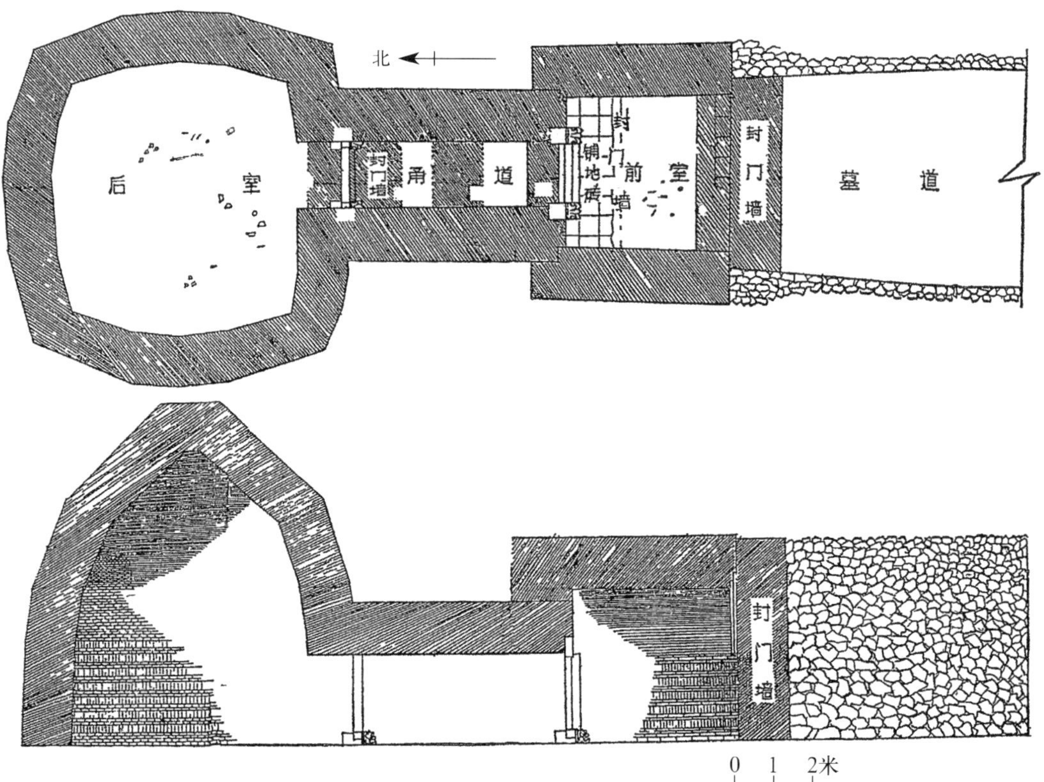

图二　北魏方山永固陵的墓葬形制

这几座墓的随葬品包括陶器、瓷器、铜器、铁器、石器等。其中偃师杏园村YDM4031、宣武帝景陵所出随葬品较具代表性。偃师杏园村YDM4031出土陶碗1件（图三，1）、平沿陶壶1件（图三，2）、平沿陶罐2件（图三，3、5）、残铜镜1面（图三，4）。平沿壶、平沿罐是北魏平城时期的代表性器物，在此墓中得到继承。平沿陶壶形制为束颈，喇叭口，圆肩，鼓腹，颈腹部饰双弦纹夹几何纹带六周，平沿已变得向外倾斜（图三，2），都符合平城时期较晚阶段的特点；变化之处是器身整体变得较为修长，双弦纹所夹的纹饰以几何纹替代了平城流行的忍冬纹或水波纹。平沿罐与平城相比，口沿保持完全水平，尚保留着平城较早阶段的特点。变化之处则更显突出，颈部加长，使器身整体变得修长。其中口部残损的那件器身为素面（图三，3）；完整的那件在上腹部饰双弦纹夹索绹纹带一周（图三，5），也改变了平城夹饰忍冬纹或水波纹的做法。这两件平沿罐都在器表上书写朱书镇墓文，体现了对新因素的吸纳，其渊源是曾流行于洛阳的东汉镇墓瓶的传统[1]。除了平沿壶、平沿罐，平城特点的短颈罐也流传到了洛阳，见于王昙慈墓。该墓出土2件短颈陶罐，其中一件颈、肩各饰两周弦纹，腹部饰一周双弦纹夹水波纹带，另一件颈、肩、腹部共饰四周由弦纹和连续“<”组成的麦穗纹，与平城基本相同。景陵随葬品中，残留青瓷器12件、陶器20件、釉陶器1件、石器2件、铁器10件等。其中青瓷器有龙柄鸡首盘口壶（图四，1、2）、四系盘口壶（图四，3）、钵（图四，4）、唾盂（图四，5、7）等，陶器有盘口罐（图四，8）、盆（图四，9）、钵（图四，6）、碗（图四，10、11、14）、杯（图四，16）、盏托（图四，12）、盒（图四，17、18）、砚台（图四，13）等，釉陶器仅有碗1件（图四，15）。青瓷当时在北朝颇为少见。景陵的这批青瓷器与南朝墓中所出器物近似，应该为南方地区瓷窑所烧[2]。陶器多为常见器形，不多见的有盏托、方形砚台。陶盘口罐（图四，8）延续平城形制而来，颈部变得较高，鼓腹有所收缩，使整体显得修长，与平沿罐、平沿壶的演变趋势一致。从随葬品种类和形制看，这一时期的北魏墓葬缺少陶俑和模型明器，比洛阳西晋墓葬的常规做法[3]更加简朴，是“晋制”过度化实施的主要特征之一。

此外，广宗君王昙慈墓、燕州刺史寇猛墓、阳平王元冏墓各出土墓志。王昙慈墓志，无盖，志石近方形，长52、宽49、厚9厘米。寇猛墓志也只有志石，近方形，长46.4、宽46、厚6.4厘米[4]。元冏墓志为一合，呈长方形，既有盝顶志盖，也有志石，均长57、宽48、厚10厘米。墓志属于“晋制”的范畴，洛阳墓志在继承平城墓志的基础上，发展

---

[1] 贾立宝：《东汉镇墓瓶的考古学研究》，《考古与文物》2017年第1期，第89—97页。

[2] 张勇盛：《北朝纪年墓出土瓷器分期初探》，《华夏考古》2017年第2期，第110—120页。

[3] 倪润安：《北京石景山八角村魏晋墓的年代及墓主问题》，《故宫博物院院刊》2012年第3期，第37—61页。

[4] 阎秋凤：《寇猛墓志初探》，《中原文物》2015年第5期，第95—99页。

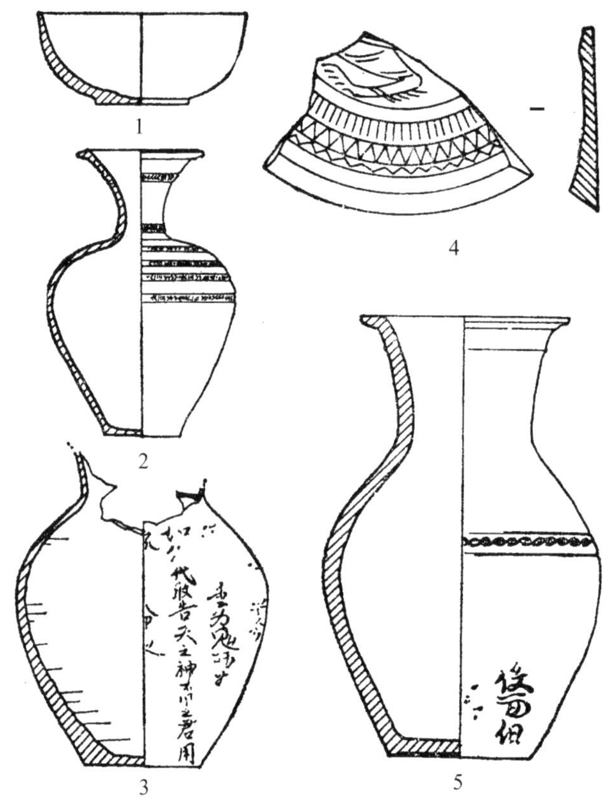

图三　偃师杏园村YDM4031出土器物

1.陶碗　2.陶壶　3、5.陶罐　4.铜镜

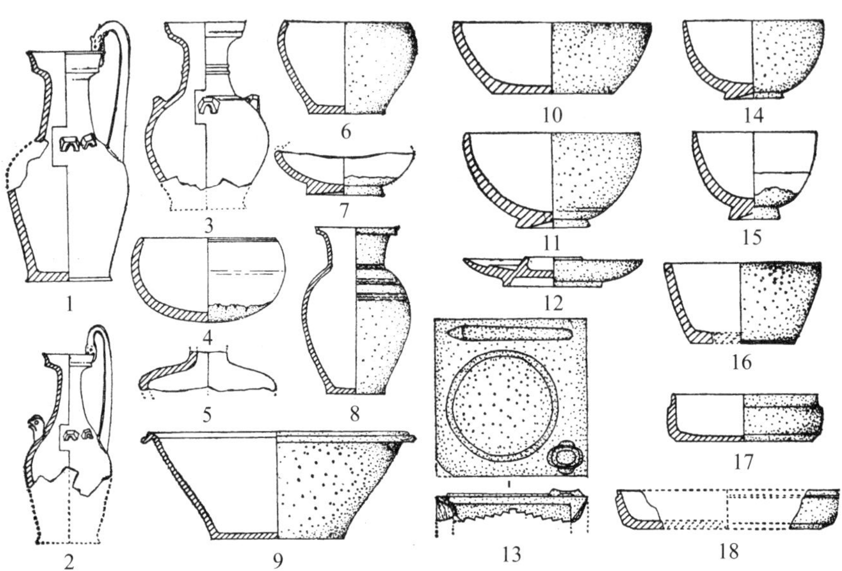

图四　宣武帝景陵出土陶、瓷器

1、2.青瓷龙柄鸡首盘口壶　3.青瓷四系盘口壶　4.青瓷钵　5、7.青瓷唾盂　6.陶钵　8.陶盘口罐　9.陶盆　10、11、14.陶碗　12.陶盏托　13.陶砚台　15.釉陶碗　16.陶杯　17、18.陶盒

出志盖这种新形式，并与志石配套，组成一合。志盖的出现，使墓志完全摆脱以往所受墓碑的影响，从此带志盖的墓志只能平放，而不能再像墓碑一样直立。墓志独立化，切断了与墓碑的关系，更为彻底地实现了魏晋薄葬要强调的禁碑。这是“晋制”过度化实施的又一个主要特征。

墓葬壁画方面，仅在年代最早的王昙慈墓中见到，随后壁画消失。墓室四壁残存壁画，在墓室四角及北、东、西三壁中间有红色柱状装饰，柱子的底部两侧为尖状的凸起（图五，1）。壁画系先在砖壁上涂抹白灰为底，后用红彩绘出柱子；四壁的底边为宽 10 厘米的条带状红色装饰，与柱状装饰相连（图五，2）。用红色条带勾勒出立柱等建筑框架，而墓壁正中完全空白，是继承了孝文帝中晚期平城墓葬的壁画特点。

1

2

图五 北魏王昙慈墓墓室壁画

1.石棺台及墓室西壁壁画 2.墓室东壁壁画

再把景陵作为一个整体来考察，我们意识到宣武帝对“晋制”的贯彻，不仅力求与西晋时一致，甚至做得有所过度。从形制上，景陵虽然继承了永固陵前、后双室墓，却进一步缩小前室的尺寸，使其接近甬道，而失去了作为墓室的实用功能，实际上是单室化了。这在西晋帝陵陪葬墓中早有类似的做法。偃师枕头山墓地是晋文帝崇阳陵所在地，其陪葬墓M4[1]的墓道上口作长方形，南北长 26.3、东西宽 6.3 米，底部作斜坡状，宽 2.1 米；由墓道口向下逐渐内缩，两侧壁各留出生土台五层（图六，1）。这样规模的墓道对西晋墓葬而言，体量是很大的，五层生土台阶还表明墓主人的身份很高。但该墓的墓室却修得比较窄陋，与墓道规模不成比例。其墓室为土洞墓，分为前、后双室，没有甬道，没有壁面装饰。前室平面近方形，拱形顶，南北长 2.6、东西宽 2.5、高 2.8 米。后室平面呈长方形，拱形顶，南北长 4.7、东西宽 1.9、高 1.9 米，宽度和高度都小于前室（图六，2）。由于前、后室的宽度相差仅有 0.6 米，如果没有两墓室顶高的差异和在前室北端设有无纹饰的石门，区分前、后墓室的界限是容易被忽略的。这导致从平面上看，双室的效果不突出，接近单室化。景陵在后甬道北端设有一座石门，全素无纹饰；墓壁、墓顶表层砖的外露面上除有一层光亮的黝黑色外，没有任何壁画。这些做法也都与枕头山墓地M4 相同。景陵墓室西部设有南北纵向的石棺台，呈长方形，南北长 3.86、东西宽 2.2、

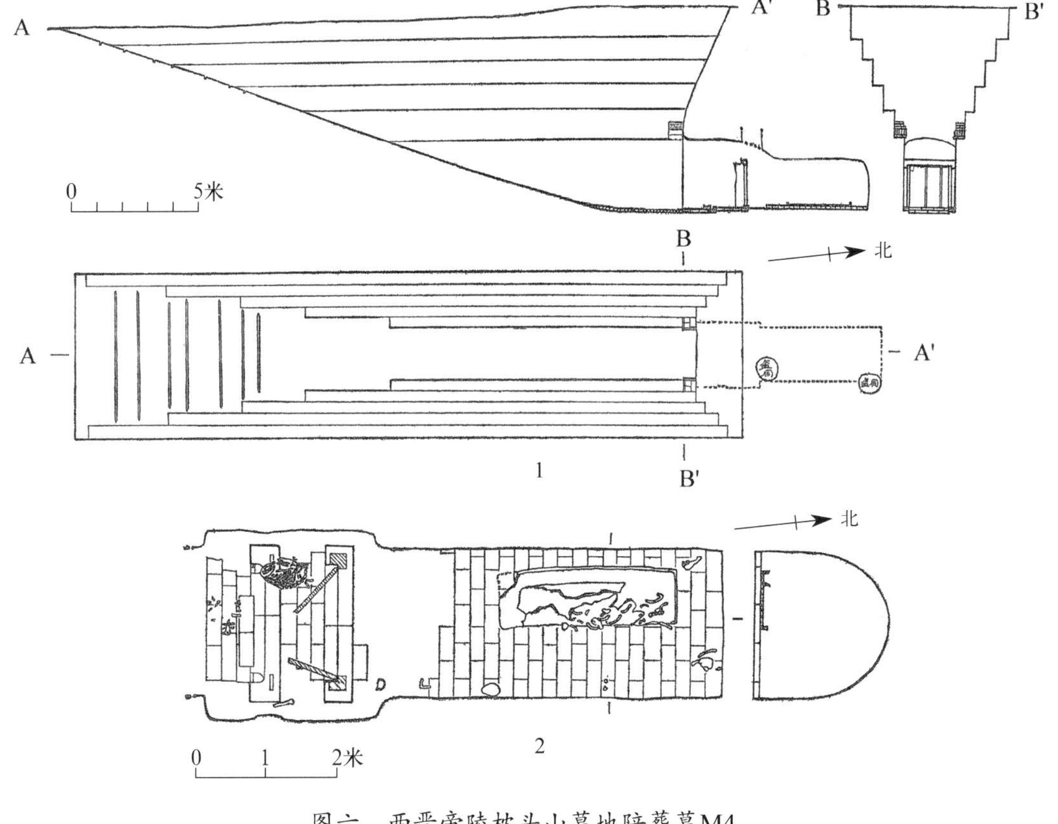

图六　西晋帝陵枕头山墓地陪葬墓M4
1.墓葬平、剖面图　2.墓室平、剖面图

[1]　中国社会科学院考古研究所洛阳汉魏故城工作队：《西晋帝陵勘察记》，《考古》1984 年第 12 期，第 1096—1107 页。

高 0.16 米，用 15 块方形石块拼砌而成，无任何纹饰（图一，4）。景陵的石棺台是用一层石块平铺而成，没有支脚，因而不能被当作石棺床，其作用是作为葬具的垫座。王昙慈墓也有类似的做法。其棺台位于墓室西部，紧贴西壁，用方形青石铺成，横向 8 排，每排铺石 5 至 6 块；棺台整体略呈长方形，北宽 2.56、南宽 2.86、东边长 4.10、西边长 4.18 米（图一，3）。此类做法可追及西晋，在元康九年（299 年）贾皇后乳母徐美人墓有见到。该墓室中部偏西处设有一座南北纵向的砖棺台，素砖铺砌（图七）[1]。1970年，大同市南郊一处北魏建筑遗址中出土一件精美的石雕方砚，正方形，长、宽均为 21.6、高 9.1 厘米，有莲花纹、联珠纹、人物鸟兽等纹饰[2]。大同北魏太和八年（484 年）司马金龙墓也出土一件石砚台，圆形，直径 18.8、厚 0.7 厘米，外沿有联珠纹图案[3]。到了景陵，石砚台变成了陶砚台（图四，13），方形，四足，长、宽约 18、残高 2.7 厘米；砚面中心有一圆形浅墨池，砚面一角做出一耳杯形水池，与之相对的砚面另一侧刻一毛笔状凹槽。这件陶砚可谓返璞归真，设计简单务实。景陵不出土陶俑和模型明器，西晋洛阳的高等级墓葬也不

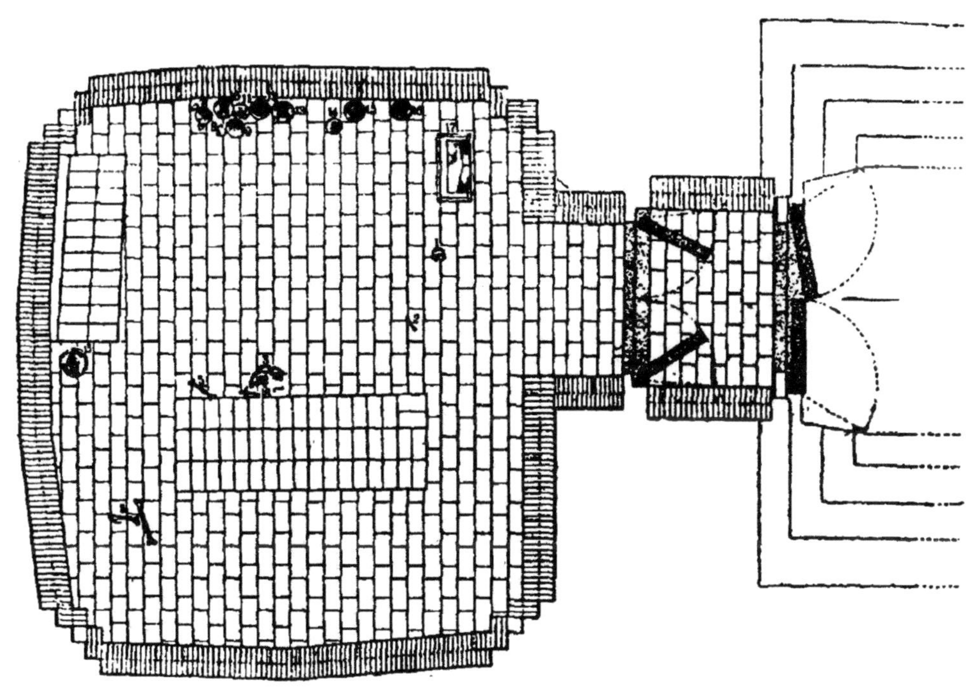

图七　西晋洛阳徐美人墓平面图

[1] 河南省文化局文物工作队第二队：《洛阳晋墓的发掘》，《考古学报》1957 年第 1 期，第 169—185 页。

[2] 解廷琦：《大同市郊出土北魏石雕方砚》，《文物》1979 年第 7 期，第 96 页。

[3] 山西省大同市博物馆、山西省文物工作委员会：《山西大同石家寨北魏司马金龙墓》，《文物》1972 年第 3 期，第 20—33 页。

出，例如作为帝陵陪葬墓的偃师枕头山墓地M4、M5[1]，首阳山四方砖厂M1、M2、六和饲料厂M4[2]，以及作为贾后乳母、丧葬受到特殊恩遇的徐美人墓等。但西晋洛阳其他等级的墓葬中，就常见陶俑和模型明器。反观宣武帝时期的几座墓葬，除了景陵，其他三座等级较低的墓葬也不出，就显得陶俑和模型明器似乎自上而下都遭到禁断。这就比洛阳晋墓在薄葬的执行上更坚决，所涉范围更广泛了。

二、回调：孝明帝熙平至正光年间的洛阳墓葬文化

北魏孝明帝熙平至正光年间（516—524年）是洛阳墓葬文化演变的第二阶段。所出纪年墓葬有偃师杏园村YDIIM914熙平元年（516年）元睿墓[3]、偃师新寨工业园区YS2012JLHGM2正光元年（520年）邴勖墓[4]、洛阳市纱厂西路正光三年（522年）郭定兴墓[5]、孟津县玻璃厂正光五年（524年）侯掌墓[6]、洛阳市吉利区C9M315正光五年（524年）吕达墓[7]等。偃师南蔡庄北魏墓89YNLTM4[8]，洛阳孟津朱仓北魏墓M5、M57[9]，孟津南陈村10LHCM35[10]，偃师新寨工业园区YS2012JLHGM5[11]等无纪年墓葬也属于此时期。其中南蔡庄89YNLTM4是合葬墓，从出土陶俑特征看应建于本时期，后续葬入者可晚到东魏北齐时期。这些墓葬都没有壁画装饰。

墓葬形制也分为土洞墓和砖室墓，都是单室墓。砖室墓的墓室平面呈弧方形，墓道可分长斜坡墓道或竖井墓道。例如元睿墓，平底竖井墓道，墓室长、宽最大径均为4.4

[1] 中国社会科学院考古研究所洛阳汉魏故城工作队：《西晋帝陵勘察记》，《考古》1984年第12期，第1096—1107页。

[2] 洛阳市第二文物工作队、偃师市文物局：《河南偃师市首阳山西晋帝陵陪葬墓》，《考古》2010年第2期，第47—62页。

[3] 中国社会科学院考古研究所河南二队：《河南偃师县杏园村的四座北魏墓》，《考古》1991年第9期，第818—831页。

[4] 偃师市文物旅游局、洛阳市文物考古研究院：《洛阳偃师两座北魏墓发掘简报》，《中原文物》2019年第6期，第45—54页。

[5] 洛阳市第二文物工作队：《洛阳纱厂西路北魏HM555发掘简报》，《文物》2002年第9期，第9—20页。

[6] 洛阳市文物工作队：《洛阳孟津晋墓、北魏墓发掘简报》，《文物》1991年第8期，第48—61页。

[7] 洛阳市文物工作队：《河南洛阳市吉利区两座北魏墓的发掘》，《考古》2011年第9期，第44—57页。

[8] 偃师商城博物馆：《河南偃师南蔡庄北魏墓》，《考古》1991年第9期，第832—834页。

[9] 洛阳市文物考古研究院：《洛阳孟津朱仓北魏墓》，《文物》2012年第12期，第38—51页。

[10] 洛阳市文物考古研究院：《洛阳孟津南陈北魏墓发掘简报》，《洛阳考古》2014年第1期，第60—67页。

[11] 偃师市文物旅游局、洛阳市文物考古研究院：《洛阳偃师两座北魏墓发掘简报》，《中原文物》2019年第6期，第45—54页。

米，四角攒尖顶，残高2.65米（图八，1）。吕达墓，长斜坡墓道，有前、后两个甬道，前甬道为土洞式，后甬道用砖砌成，墓室南北长4.9、东西宽5.3、残高3.8米（图八，2）。土洞墓的墓室平面呈梯形或近方形，墓道可分长斜坡阶梯墓道或竖井墓道。例如郭定兴墓，长斜坡阶梯墓道，墓道底部中间为阶梯、两侧为斜坡，有1个过洞、1个天井，墓室平面呈规则梯形，南北长3.8米，南宽2.92、北宽4.05米，残高2.5米，推测顶部为四角攒尖顶（图八，3）。郦勖墓，竖井墓道，底部稍倾斜，墓室呈规则梯形，南北长约3米，南宽约3.4、北宽约2.5米（图八，4）。侯掌墓，平底竖井墓道，墓室平面近方形，南北长2.95、东西宽3.16米，残高1.2米（图八，5）。与第一阶段相比，缺少前、后双室墓的形制。砖室墓的墓室平面仍然保持弧方形，除了长斜坡墓道，还出现竖井墓道的做法。土洞墓的墓室平面仍多为梯形，方位和形状由不规则变为规则，并进一步向方形演化；除了带有阶梯的长斜坡墓道，也新增竖井墓道。竖井墓道并不是全新的特征，而是再次出现，是对平城早期墓葬特点的继承和恢复。总体来说，墓葬形制在继承“晋制”的基础上，对平城特征有所兼顾。

随葬品从材质上可分为陶器、瓷器、石器、金属器等，金属器以铜器为主，金器、铁器很少见。陶器包括碗、钵、杯、罐、壶、瓶、盂、盆（盘）、盒、案、豆形灯、砚、博山炉、莲花座等。瓷器很少见，出有碗、盂等。罐、壶仍然是具有平城特点的平沿罐、平沿壶、短颈罐。郦勖墓出土的平沿罐M2：7，平沿外斜，颈肩交接处、肩部、上腹部各饰一周双弦纹夹忍冬纹带（图九，1—3）；肩、腹部有朱书文字，字迹多漫漶不清，仅见“正光元年朔廿一日……”（图九，2），书写朱书的做法延续自上一阶段。郭定兴墓出土的平沿壶HM555：25，平沿稍外斜，喇叭口，束颈，肩部饰三周弦纹，基本素面，已无平城的水波纹、忍冬纹等纹饰（图九，4）。郭定兴墓出土的短颈罐HM555：39，横长鼓腹，肩、腹部饰三周水波纹带（图九，5）。

这一阶段还出现了陶、瓷新器形，主要是瓶和盂。瓶为侈口，细长颈，纵椭圆形腹，平底或底部微凹，颈腹之际有一周凹弦纹。如吕达墓陶瓶C9M315：7（图一〇，1）、郭定兴墓陶瓶HM555：28（图一〇，3）、侯掌墓陶瓶M22：15（图一〇，5）等。盂为盘口，束颈，扁腹，圈足，如吕达墓瓷盂C9M315：5，器表施青釉，釉面布满细小冰裂纹，圈足无釉（图一〇，2）；郭定兴墓出1件陶盂HM555：36（图一〇，4）。另外，侯掌墓还出土陶壶M22：32，侈口，方唇，短束颈，纵长鼓腹，假圈足，颈、肩、腹部饰数周弦纹（图一〇，6）；陶博山炉M22：53，下部为一圆盘，中间竖一空心柱，上承钵形炉（图一〇，7）。这两种新器形少见，其中博山炉是对西晋洛阳墓葬出土器形[1]的恢复。铜器有

[1] 倪润安：《北京石景山八角村魏晋墓的年代及墓主问题》，《故宫博物院院刊》2012年第3期，第37—61页。

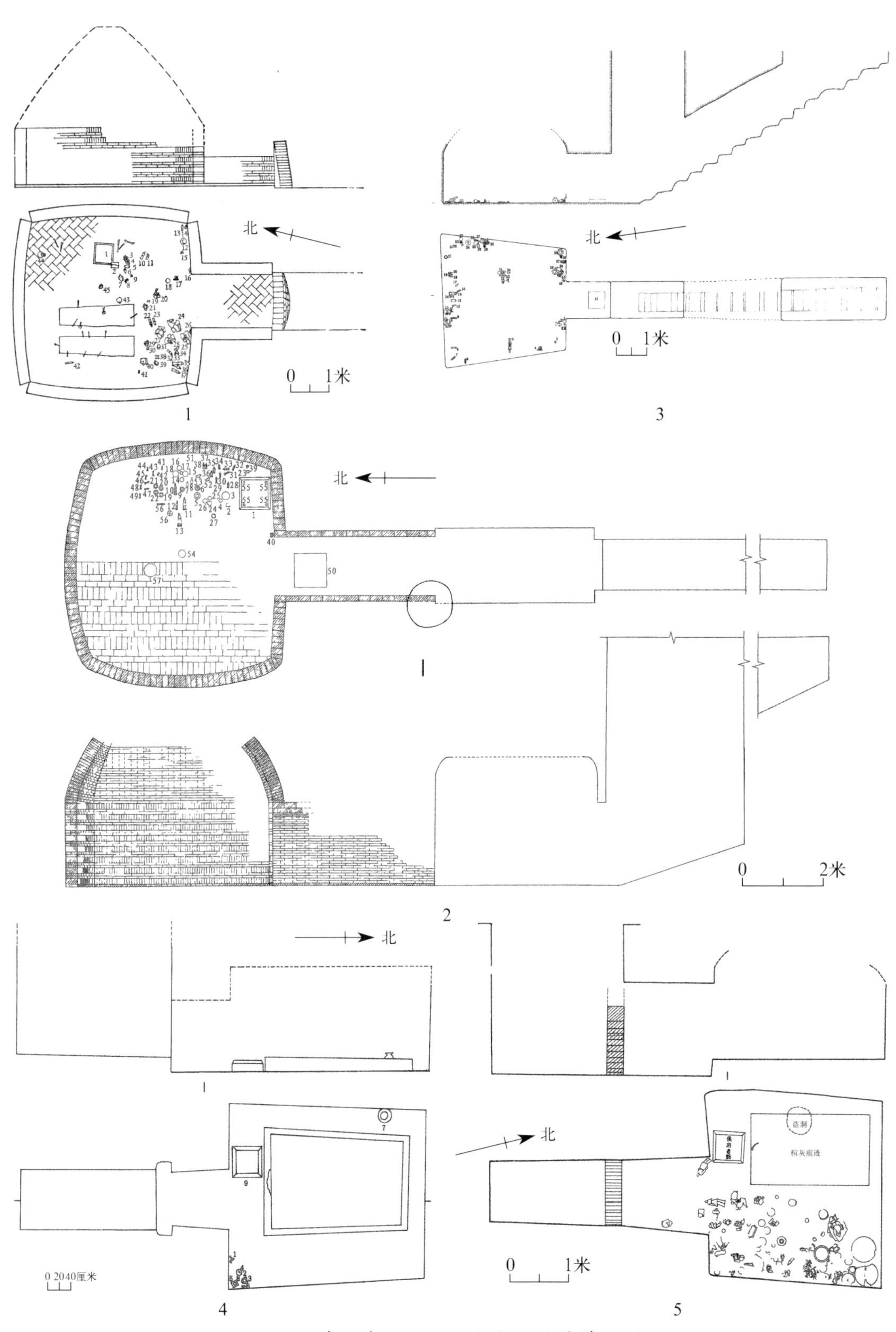

图八　孝明帝熙平至正光年间的墓葬形制
1.元睿墓　2.吕达墓　3.郭定兴墓　4.邴勖墓　5.侯掌墓

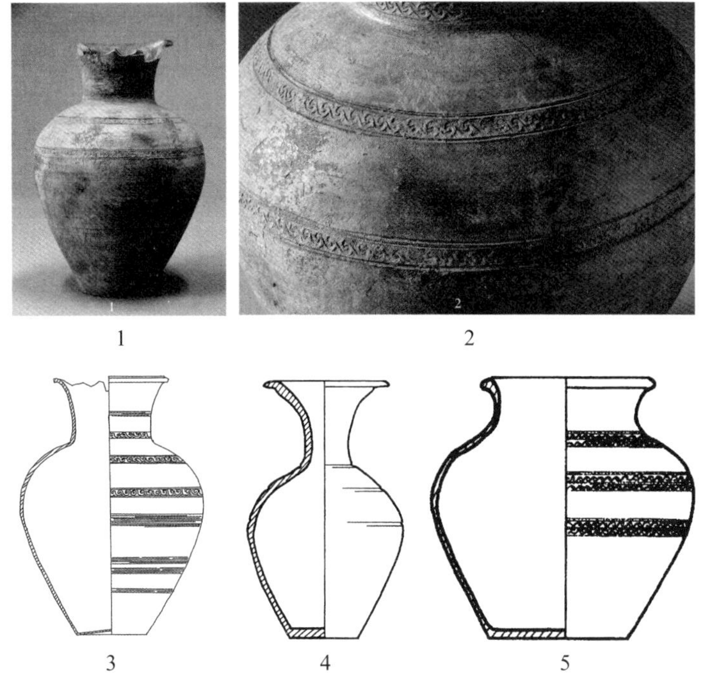

图九　孝明帝熙平至正光年间墓葬出土的平城特点陶器

1—3.郦勖墓平沿罐M2：7　4.郭定兴墓平沿壶HM555：25　5.郭定兴墓短颈罐HM555：39

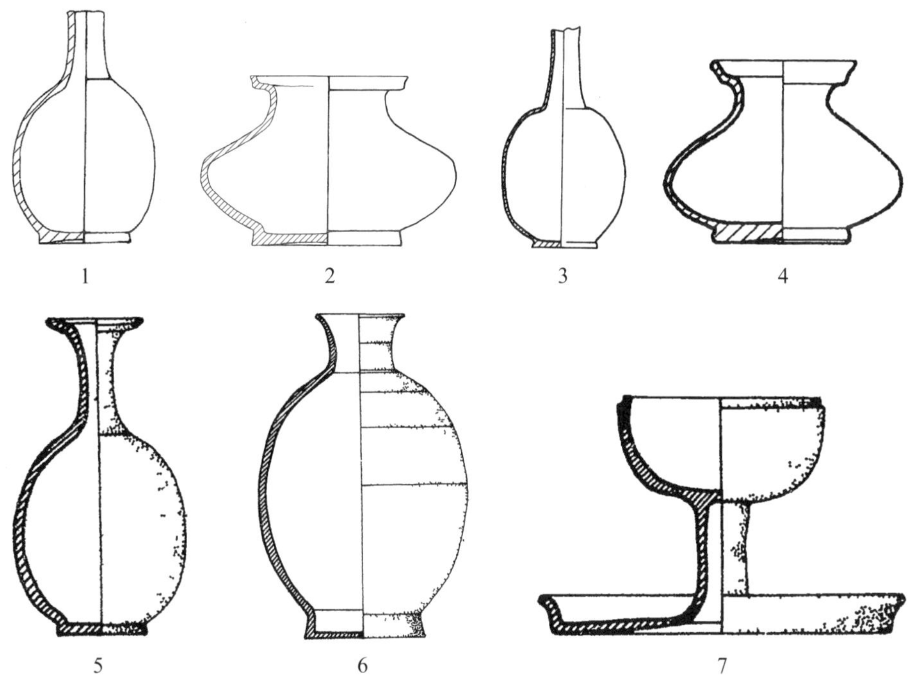

图一〇　孝明帝熙平至正光年间墓葬出土的新型陶、瓷器

1.吕达墓陶瓶C9M315：7　2.吕达墓瓷盂C9M315：5　3.郭定兴墓陶瓶HM555：28　4.郭定兴墓陶盂HM555：36　5.侯掌墓陶瓶M22：15　6.侯掌墓陶壶M22：32　7.侯掌墓陶博山炉M22：53

簪、瓶（图一一，1）、盆（图一一，2）、三足盘（图一一，3）、方座（图一一，4）、盂（图一一，5）、残烛台（图一一，6）、丫形支架（图一一，7）等。除了铜簪出于元睿墓，其他铜器均集中出土于吕达墓。作为新器形的瓶、盂，同样出现在铜器中。新出陶、瓷或铜瓶，当来自佛教所用水瓶。《南海寄归内法传》卷一载："凡水分净触，瓶有二枚。净者咸用瓦瓷，触者任兼铜铁。净拟非时饮用，触乃便利所须。"[1]可知陶瓶、瓷瓶为净瓶，铜瓶则为触瓶。净瓶内的水用于饮用，触瓶内的水用于清洗厕后污手。而盂与瓶常常成组出现，可能也属于佛教徒日常用物。

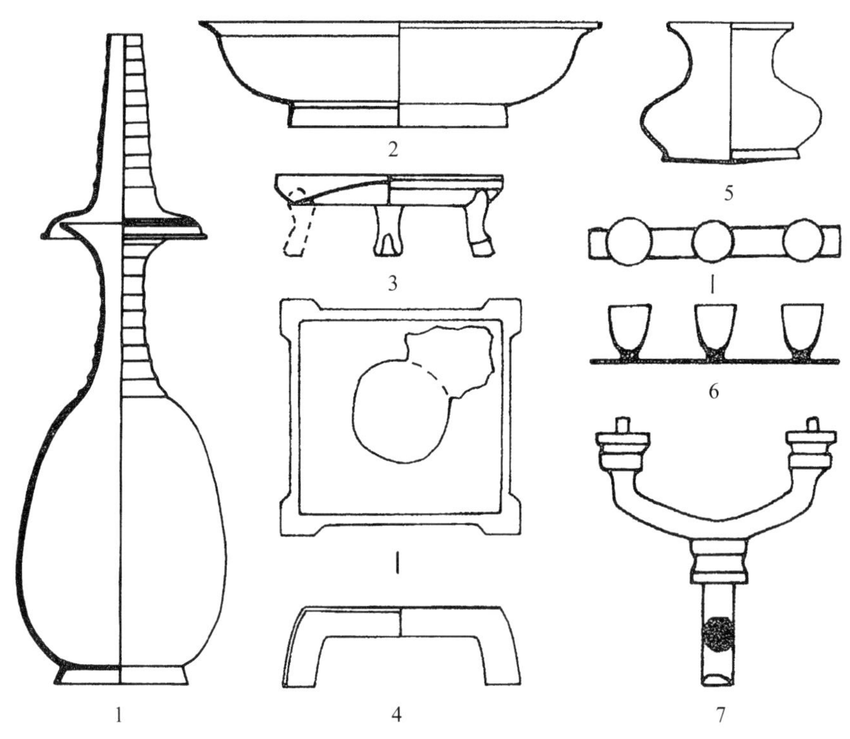

图一一　北魏吕达墓出土的铜器
1.瓶　2.盆　3.三足盘　4.方座　5.盂　6.残烛台　7.丫形支架

石器除了石砚，基本都是正方形或近方形的墓志。元睿墓、郭定兴墓各出土墓志1件，志石无盖。邴勖墓、侯掌墓各出土墓志1合，志石有盖。吕达墓出土墓志包含上述两种情况，既有1件无盖的墓志，也有1合有盖的墓志。带盖的墓志所占比例显著增加。

与上一阶段相比，随葬品中最大的变化是恢复了陶俑和模型明器。这几座墓葬都有出土，按功能不同，可分为镇墓、出行仪仗、家居庖厨三大组合，唯缺少平城的家居宴

[1]（唐）义净著，王邦维校注：《南海寄归内法传校注》，中华书局，2020年，第45页。

乐组合。而这三种组合恰是与西晋洛阳墓葬相一致的，明确显示出回调的动向，以与“晋制”更吻合。

（一）镇墓组合

包括镇墓兽、镇墓武士，1对或2对成组出现。镇墓兽为蹲踞状，背部有脊刺，分人面和兽面两种。镇墓武士为站立状，身着裲裆铠。年代最早的元睿墓没有发现这一组合。郦勖墓出土一件残俑头（图一二，17），浓眉竖起，双目圆睁，张口吐舌，络腮胡须，头顶戴一圆锥形帽，额头皱纹似波涛状，应属于镇墓武士；没有发现镇墓兽。郭定兴墓出土兽面镇墓兽1件（图一二，24）、镇墓武士2件（图一二，25）。侯掌墓出土人面（图一二，45）、兽面（图一二，46）镇墓兽各1件，镇墓武士（图一二，47）有2件。吕达墓出土兽面镇墓兽（图一二，59）、镇墓武士（图一二，60）各1件。

镇墓组合的演变过程主要体现在镇墓武士身上。516年元睿墓中还没有镇墓组合，表明陶俑和模型明器各组合的恢复并不完全同步。520年郦勖墓中，出现了镇墓武士，还没有镇墓兽。到522年郭定兴墓和524年侯掌墓、吕达墓，镇墓组合就完整地出现了。郭定兴墓的镇墓武士身形挺拔直立，而稍晚两年的侯掌墓、吕达墓的镇墓武士身形就变得近S形，尤其下身的扭动感明显。镇墓武士身体扁薄，背部近乎平直，足跟窄短，不易放稳，似需靠墙而立。洛阳镇墓武士顶盔贯甲的形象延续了平城时期的基本特征，但是要到522年以后才稳定下来。此前郦勖墓所出镇墓武士，头戴圆锥形小帽，双眉倒竖，怒目圆睁，则颇类佛教力士之形象。或许镇墓组合恢复得比别的组合稍晚，与镇墓武士的形象面临不同选择、踌躇不定有关。是套用平城世俗武士旧像，还是换成力士新像，存在争议。结果是先选了力士新像，最终又回到平城旧像的路子上。

（二）出行仪仗组合

这阶段恢复了平城仪仗俑群的基本内容。仪仗仍以牛车（图一二，4、26）、鞍马（图一二，5、27、48）为中心，与平城相比，形制变化不大，鞍马头部高昂，显得更有气势了。男侍俑、女侍俑、步兵俑、驼、驴等俑类得以保留。其中三种人物俑相比平城，主要变化是换成汉装，不再戴大圆顶的风帽。男、女侍俑的发型，均有束发包巾、梳成双髻两种，并男、女对应出现。男侍俑束发包巾（图一二，6），女侍俑则梳成双髻（图一二，7、8）；男侍俑梳成双髻（图一二，30、49、61），女侍俑则束发包巾（图一二，50、62）。步兵俑由平城的鱼鳞甲换成明光铠（图一二，1）或裲裆铠（图一二，2），手中执盾（图一二，1）或仗剑（图一二，2）。驼（图一二，10、28、52）、驴（图一二，53）是平城新出现的俑类，在洛阳得以延续。

变化比较大的情况是平城的甲骑具装俑、骑马鼓吹俑等骑马俑尚未恢复，百戏俑也没有恢复。此时洛阳出现的胡俑（图一二，9、31、51、64），头戴毡帽，络腮胡须，属于普通侍从俑。平城的仪仗俑在洛阳分化出文吏俑（图一二，3）、武吏俑（图一二，29、

63），均头戴小冠，文吏俑身穿交领袍服，武吏俑穿裲裆铠，身份职能明晰化了。

（三）家居庖厨组合

这一组合是由仆役俑、模型明器和家禽牲畜三部分组成，较为完整地继承了平城的做法。仆役俑皆为蹲坐状，其中踏碓俑（图一二，34）、执箕俑（图一二，65）的职能比较明确，还有一些俑（图一二，18、32、33、66）具体做什么不能确认，可能为烧火俑、推磨俑等。模型明器有灶（图一二，13、41、72）、井（图一二，14、20、42）、磨（图一二，15、22、43、57、71）、碓（图一二，34）、仓（图一二，16、23、44、58），组合比较固定，但每种明器的形制还未统一标准。新出现的明器是厕（图一二，21）。家禽牲畜有猪（图一二，35、68、69）、狗（图一二，11、39、40、54、70）、羊（图一二，36）、鸡（图一二，12、19、37、38、55、56、67）。猪、羊皆为站立状、板状足，是来自平城时期的特点。狗或蹲或趴，鸡或站或趴，部分带有底板。

图一二　孝明帝熙平至正光年间的陶俑和模型明器组合

墓葬	镇墓组合	出行仪仗组合	家居庖厨组合
元睿墓		 1　2　3　4　5　6　7　8　9　10	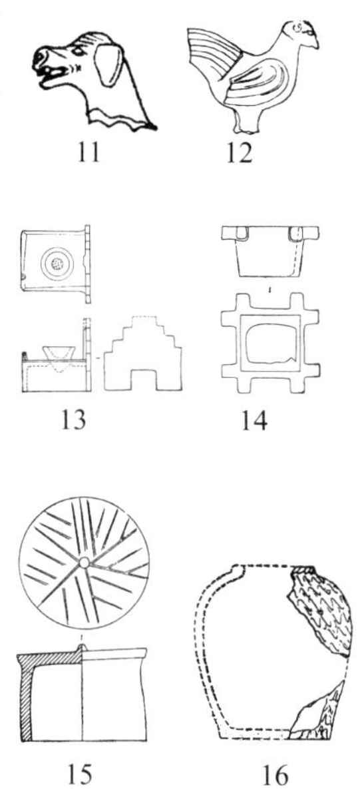 11　12　13　14　15　16

续表

墓葬	镇墓组合	出行仪仗组合	家居庖厨组合
邴勖墓	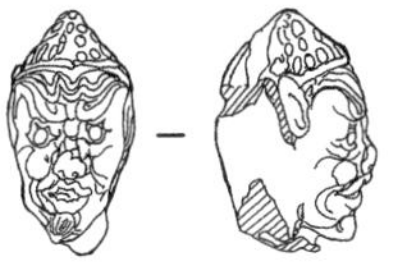 17		 18 19 20  21 22 23
郭定兴墓	 24 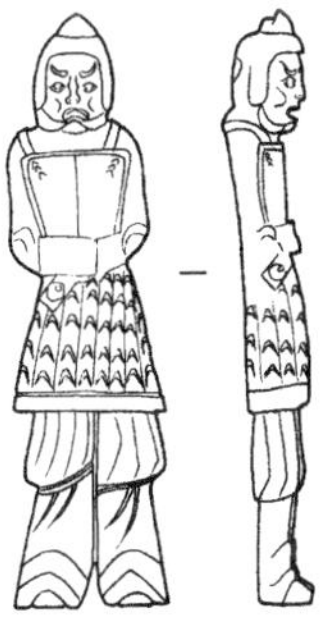 25	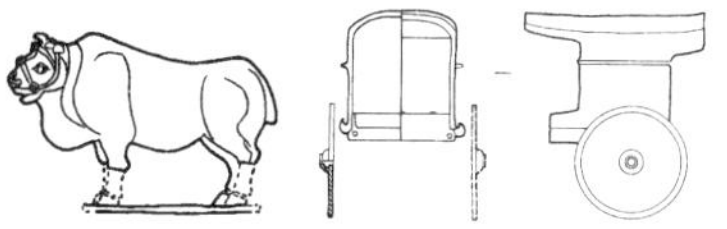 26  27 28  29 30 31	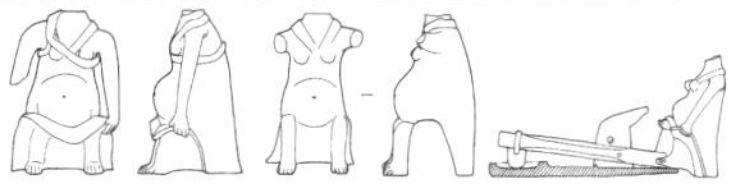 32 33 34  35 36 37 38  39 40 41 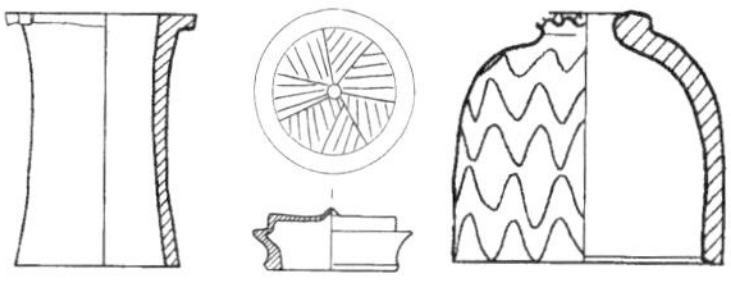 42 43 44
侯掌墓	 45 46  47	 48 49 50 51  52 53	 54 55 56 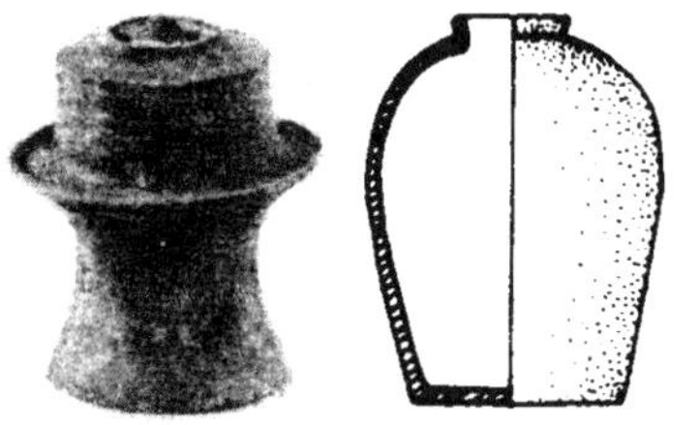 57 58

续表

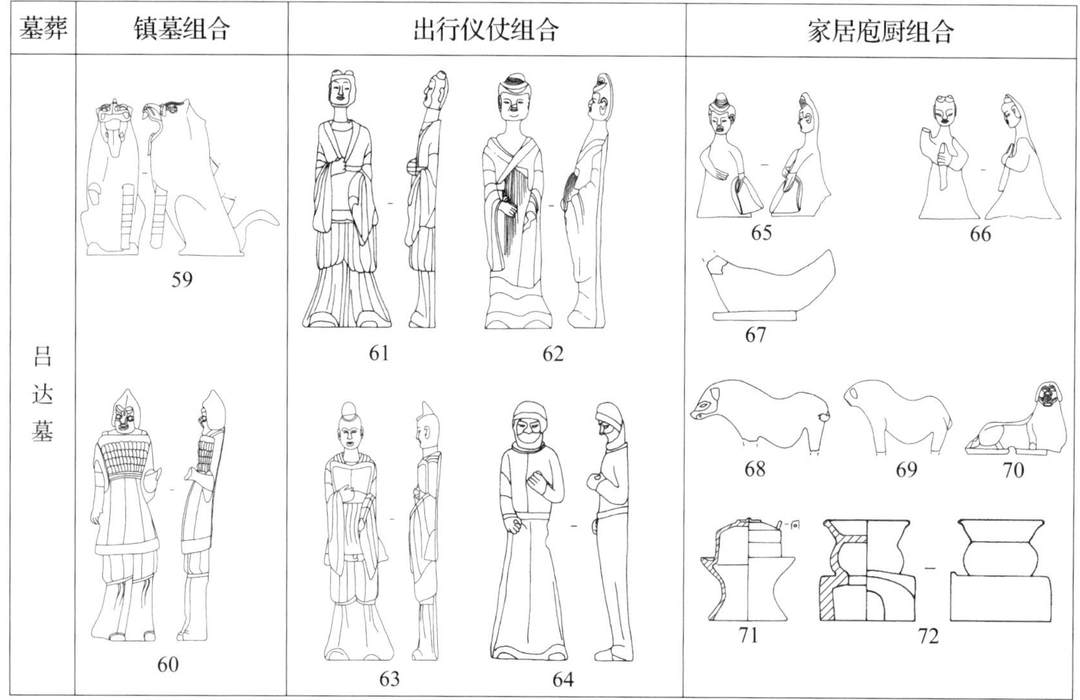

墓葬	镇墓组合	出行仪仗组合	家居庖厨组合
吕达墓	59 60	61　62 63　64	65　66 67 68　69　70 71　72

三、折中：孝明帝孝昌年间至北魏灭亡的洛阳墓葬文化

北魏孝明帝孝昌年间至北魏灭亡（525—534 年）是洛阳墓葬文化演变的第三阶段。所出纪年墓葬有洛阳市老城北正光六年（525 年）元怿墓[1]、洛阳市后李村孝昌元年（525 年）元遵墓[2]、偃师杏元村砖厂孝昌二年（526 年）染华墓[3]、孟津县向阳村孝昌二年（526 年）元乂墓[4]、洛阳市金家沟村武泰元年（528 年）元暐墓[5]、洛阳市盘龙冢建义元年（528 年）元邵墓[6]、洛阳龙盛小学永安元年（528 年）曹连墓[7]、洛阳市苗南村永安三年（530 年）元祉墓[8]、洛阳市吉利区普泰二年（532 年）吕仁墓[9]、宜阳县马窑村普泰二年（532 年）杨

[1] 徐蝉菲：《洛阳北魏元怿墓壁画》，《文物》2002 年第 2 期，第 89—92 页。

[2] 洛阳市文物考古研究院：《北魏淮南王元遵墓发掘简报》，《洛阳考古》2013 年第 2 期，第 33—37 页。

[3] 偃师商城博物馆：《河南偃师两座北魏墓发掘简报》，《考古》1993 年第 5 期，第 414—425 页。

[4] 洛阳博物馆：《河南洛阳北魏元乂墓调查》，《文物》1974 年第 12 期，第 53—55 页。

[5] 黄明兰：《西晋裴祗和北魏元暐两墓拾零》，《文物》1982 年第 1 期，第 70—73 页。

[6] 洛阳博物馆：《洛阳北魏元邵墓》，《考古》1973 年第 4 期，第 218—224 页。

[7] 洛阳市文物考古研究院：《洛阳北魏曹连石棺墓》，科学出版社，2019 年。

[8] 洛阳市文物考古研究院：《洛阳北魏元祉墓发掘简报》，《洛阳考古》2017 年第 3 期，第 3—26 页。洛阳市文物考古研究院：《洛阳北魏元祉墓》，中州古籍出版社，2018 年。

[9] 洛阳市文物工作队：《河南洛阳市吉利区两座北魏墓的发掘》，《考古》2011 年第 9 期，第 44—57 页。

机夫妇合葬墓[1]、孟津北陈村太昌元年（532年）王温墓[2]、洛阳市衡山路北延长线太昌元年（532年）节闵帝元恭陵[3]等。还有一批无纪年墓葬，如洛阳市上窑村砖瓦厂画像石棺墓[4]、偃师南蔡庄联体砖厂90YNLTM2[5]、偃师前杜楼石棺墓2005LYDM1[6]、洛阳市衡山路东下沟村HM621[7]、洛阳市亚啤有限公司改扩建工地C7M9601[8]等。这一时期发现的墓葬较多。虽然接连发生六镇起义、河阴之变、帝位频繁废立等重大事件，洛阳墓葬的繁荣程度反而达到顶峰状态。一些平城时期的因素，进入洛阳时期后曾一度中断，在本阶段又得以重现，但表现出新的形式和内容，尤其体现在俑群和石葬具方面。还在墓葬图像等方面尝试突破“晋制”。

（一）墓葬形制

墓葬形制分为土洞墓和砖室墓，除帝陵为前、后双室外，其他都是单室墓，墓室平面呈方形或弧方形，个别为横长方形，全为长斜坡墓道。前两个阶段的梯形墓基本消失，形制更加符合“晋制”规范。

在武泰元年（528年）四月“河阴之变”以前，既有砖室墓，又有土洞墓，皆为单室。元怿、元遵、元乂三位皇族的墓葬采用了长斜坡墓道单室砖墓。元怿的官职为使持节、侍中、假黄钺、太师、丞相、大将军、都督中外诸军事、录尚书事、太尉公、清河王，位极人臣，地位很高，其墓室平面为弧方形，规模宏大，长、宽各约9米，顶部已塌，为穹隆顶。元乂的官职是使持节、侍中、骠骑大将军、仪同三司、尚书令、冀州刺史、江阳王，比元怿地位稍低，其墓室规模也有所缩小，平面呈方形，南北长7.5、东西宽7米，穹隆顶，高约9.5米。元遵任职使持节、散骑常侍、都督雍州诸军事、雍州刺史、淮南王，与官职相应，弧方形墓室的边长缩到约5米，穹隆顶，高约3米（图一三，1）。任职镇远将军、射声校尉的染华，身份又进一步降低，其墓葬为长斜坡墓道土洞墓，有1个过洞、1个天井，墓室平面呈弧方形，南北长4.84、东西宽4.64米，顶塌（图一三，2）。可见，这时候的砖室墓与土洞墓之间存在等级差别，墓室尺寸以5米见方为界，5米以下为土洞墓，以上为砖室墓。元氏王族都是砖室墓。

[1] 洛阳博物馆：《洛阳北魏杨机墓出土文物》，《文物》2007年第11期，第56—69页。刘航宇：《秀骨清像——北魏杨机墓出土文物赏介》，《收藏家》2006年第11期，第23—28页。

[2] 洛阳市文物工作队：《洛阳孟津北陈村北魏壁画墓》，《文物》1995年第8期，第26—35页。

[3] 洛阳市文物考古研究院：《洛阳涧西衡山路北魏墓发掘简报》，《文物》2016年第7期，第4—14页。

[4] 洛阳博物馆：《洛阳北魏画象石棺》，《考古》1980年第3期，第229—241页。

[5] 偃师商城博物馆：《河南偃师两座北魏墓发掘简报》，《考古》1993年第5期，第414—425页。

[6] 洛阳市第二文物工作队：《偃师前杜楼北魏石棺墓发掘简报》，《文物》2006年第12期，第37—51页。

[7] 洛阳市第二文物工作队：《洛阳衡山路北魏墓发掘简报》，《文物》2009年第3期，第41—46页。

[8] 司马国红：《洛阳市亚啤有限公司改扩建工地发掘报告》，《洛阳考古发现（2007）》，中州古籍出版社，2009年，第30—37页。

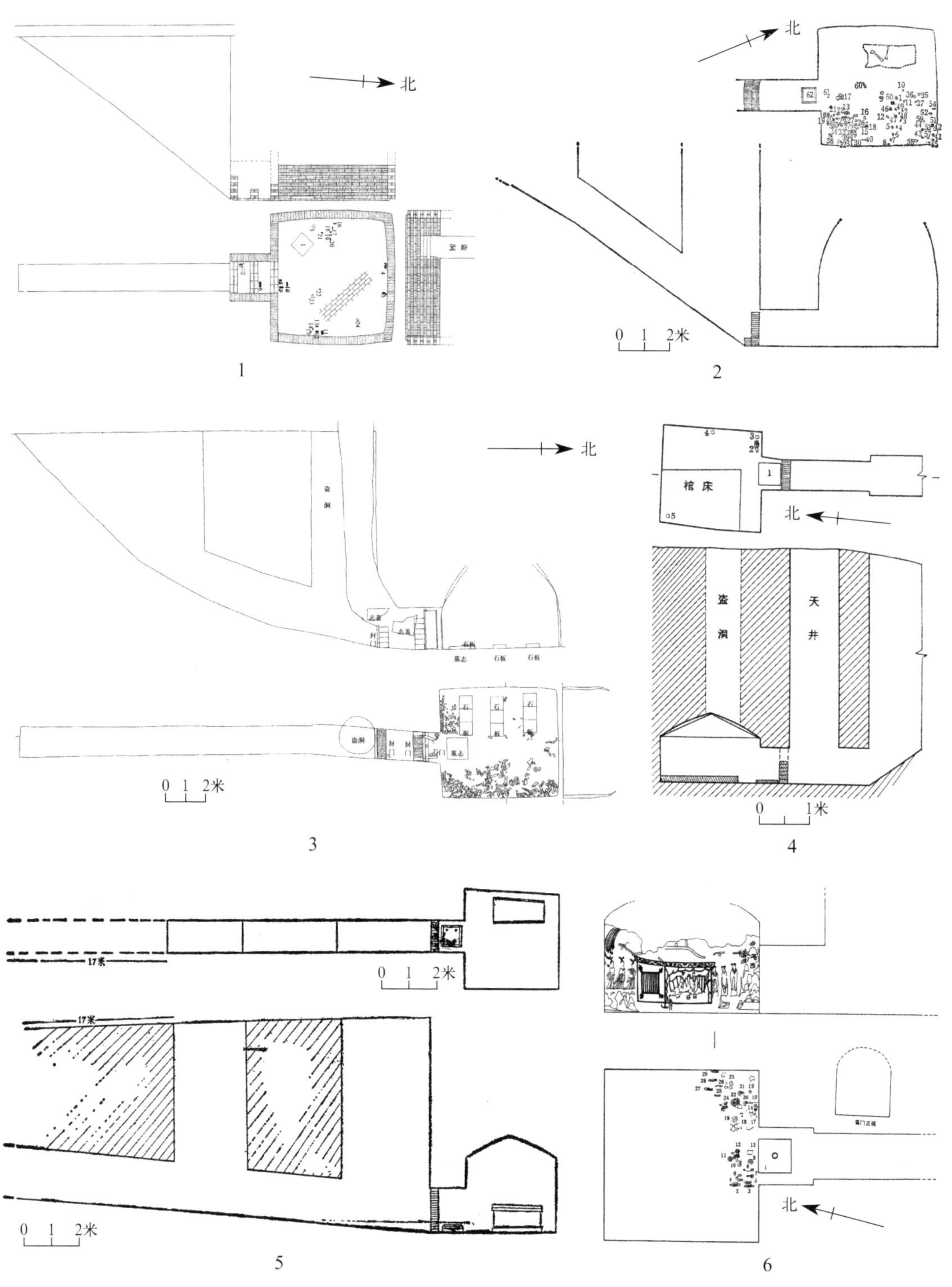

图一三　孝明帝孝昌年间至北魏灭亡期间的方形单室墓

1.元遵墓　2.染华墓　3.元祉墓　4.元邵墓　5.元暐墓　6.王温墓

“河阴之变”以后，非帝陵的墓葬一律转变为长斜坡墓道土洞墓。元氏宗室由原来使用砖室墓改为土洞墓。其中，元祉为使持节、侍中、太保、司徒公、都督冀定沧瀛四州诸军事、骠骑大将军、冀州刺史、平原王，其墓有1个过洞、1个天井，墓室呈方形，南北长4.6、东西宽4.1米，穹隆顶，残高3.2米（图一三，3）。地位其次的元邵，为使持节、侍中、司徒公、骠骑大将军、定州刺史、常山王，其墓有1个过洞、1个天井，墓室平面近方形，长4、宽3.9米，四角攒尖顶（图一三，4）。地位再次的元暐，为使持节、散骑常侍、卫大将军、尚书右仆射、都督雍岐南豳三州诸军事、雍州刺史、南平王，其墓有2个过洞、2个天井，墓室平面近方形，南北长3.3、东西宽3.2—3.5米，墓顶有部分坍塌，残高3. 3米（图一三，5）。非元氏的官员中，曹连为持节、安西将军、凉州刺史，其墓有1个过洞、1个天井，墓室平面近方形，南北长3.2、东西宽3.5米，墓顶坍塌，残高3米。王温为使持节、抚军将军、瀛州刺史，其墓室平面近方形，南北长2.8、东西宽3米，穹隆顶已塌落（图一三，6）。吕仁墓为宁远将军，其墓室呈横长方形，弧顶，东西长4、南北宽3、高2.36米（图一四）。非帝陵的土洞墓的规模仍遵循“河阴之变”前的制度，墓室尺寸不超过5米见方。从墓主身份和墓室尺寸的对应关系看，土洞墓之间也存在等级差别，墓室平面呈方形的等级要高于横长方形的。墓室尺寸以3米见方为界，3米以上普遍带有1或2个过洞、天井，以下则没有。

本阶段的前、后双室目前只有一座，即节闵帝元恭陵，形制特征与宣武帝景陵相比，增加了前甬道。前室为横长方形，东西长2.9、南北宽2.3米，前有甬道与墓道相连；前、后室之间有甬道相通，后室近方形，东西长7.1、南北宽6.8米（图一五，1、2）。从墓室尺寸规模上看，节闵帝陵与景陵相差无几，并未降格。该墓葬遭到严重破坏，原砌筑方式已不甚明确。在墓室后方东侧有一段残存的石墙，推测应为墓室砖墙的墙基。墓砖多为碎砖，发现于墓葬近底部的填土中，未发现有完整的砖墙及倒塌的砖墙遗存。因而，发掘者推断该墓本由砖石修建，遭毁后，墓砖基本被盗取一空。这么看来，“河阴之变”后，可能只有帝陵还保持着修筑砖室墓的级别。

（二）陶器

随葬品从材质上可分为陶器、瓷器、铜器、铁器、金银器、石器、漆器、骨器、玉器等，主要是陶、瓷器。陶器包括碗、杯、罐、壶、瓶、盆（盘）、盒、案、豆形灯、砚、盏、耳杯、托盘等，常见器形延续了上一阶段。瓷器较为多见，比上一阶段普遍，出有碗、碟、壶、龙柄鸡首壶、莲花纹碗、蜡台等。

陶器中罐、壶的平城特点进一步减少，并演化出新的器形。王温墓出土的平沿罐，口沿仍保持完全水平，颈、肩、腹部施有四周弦纹夹忍冬纹带（图一六，1），完全是平城的特征。元遵墓出土陶罐IM2053：24，肩、腹部饰三周弦纹夹雷纹带，夹纹带的做法延续平城，但所夹纹饰已不再是忍冬纹或水波纹，而且口部特征是侈口、圆唇，不再保

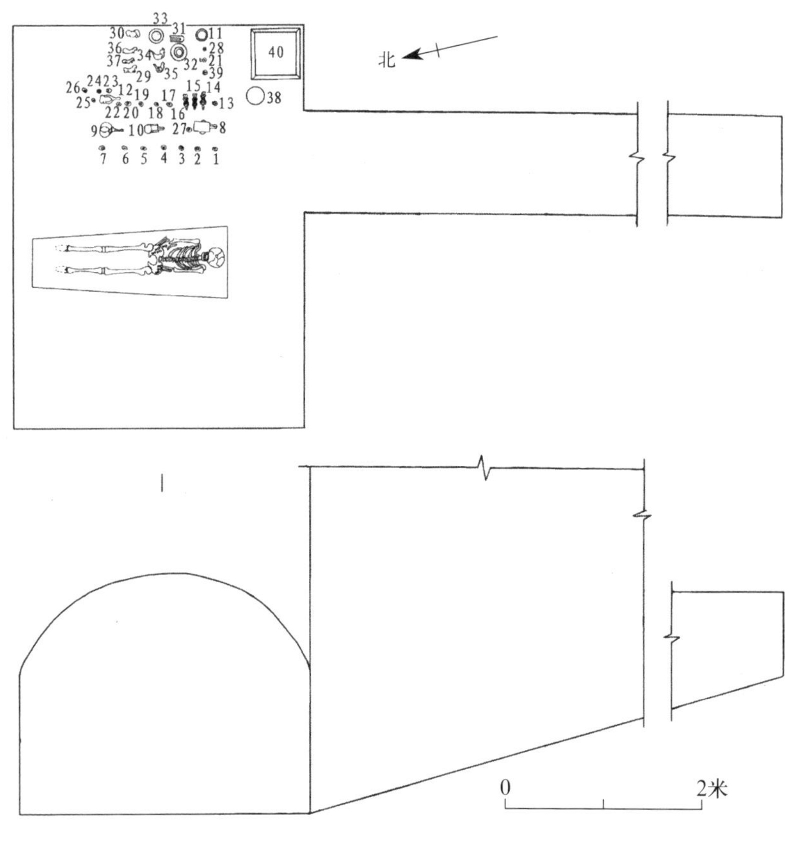

图一四　北魏吕仁墓的墓葬形制

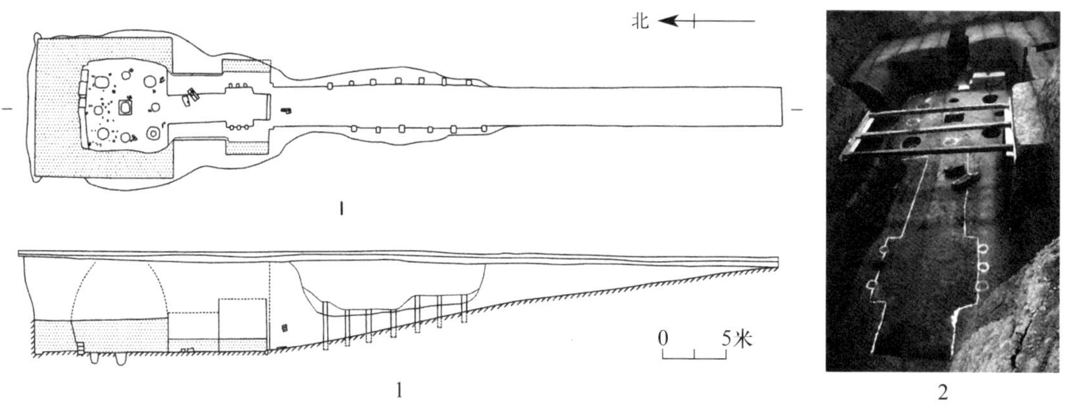

1　　2

图一五　北魏节闵帝陵的墓葬形制

1.平剖面图　2.俯视图

留平沿（图一六，2）。染华墓出土陶罐M7：44（图一六，3）、前杜楼石棺墓出土陶罐2005LYDM1：66（图一六，4）则不仅没有了平沿，也没有了夹纹带，变为素面。衡山路东下沟村出土平沿壶HM621：1，口沿完全水平，颈、肩、腹部施有五周横S形纹（图一六，7），器形保持平城特征，纹饰有所变化。染华墓出土陶壶M7：43（图一六，8），则演变为无平沿、素面，与平沿罐的演变方向一致。还有盘口罐，也是平城器形的延续。染华墓出土盘口罐M7：58（图一六，5），口与肩部设一桥形耳，肩部饰二周戳点纹。这种桥形耳似乎受到青瓷龙柄鸡首壶柄部的影响，而戳点纹的装饰呈现出返祖现象，是拓跋鲜卑早期陶器的常见特征。前杜楼石棺墓出土盘口罐 2005LYDM1：50（图一六，6），素面，无平城时期的纹饰，与上述无平沿的侈口罐（图一六，3、4）、侈口壶（图一六，8）同一风格。上一阶段新出现的陶瓶，本阶段继续有所发现，如王温墓出土的一件（图一六，9），细长颈，纵椭圆形腹，平底，颈腹之际有两周凹弦纹。同时，还出现一种陶瓶的新形制，盘口，细颈，圆鼓腹，假圈足，平底，见于杨机墓，其颈部饰三周凹弦纹，肩部饰一周S形纹（图一六，10），但此形制并未流行。

（三）陶俑和模型明器组合

在第二阶段已经恢复的俑群和模型明器组合，在本阶段由三组合变为四组合，增加了家居宴乐组合。这一变化不仅仅是表明组合数量的增加，而且显示出组合的文化来源发生了重要变化。三组合是在模仿西晋洛阳特征，四组合则在重现平城中晚期的做法。显然，平城时期推进“晋制”的一些做法，在中断后重新得到了重视和施行。

与上一阶段相比，本阶段陶俑的种类日益丰富，数量大大增加。以孝昌二年（526年）

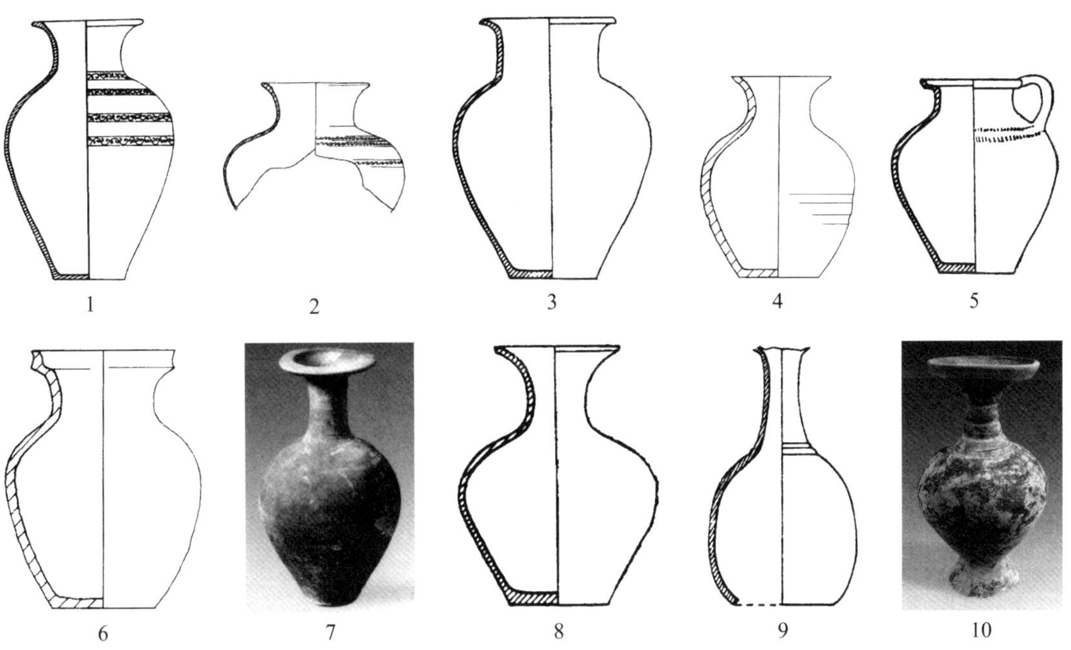

图一六 孝明帝孝昌年间至北魏灭亡期间的墓葬陶器

1.王温墓出土陶罐 2.元遵墓出土陶罐IM2053：24 3.染华墓出土陶罐M7：44 4.前杜楼石棺墓出土陶罐2005LYDM1：66 5.染华墓出土陶罐M7：58 6.前杜楼石棺墓出土陶罐 2005LYDM1：50 7.衡山路东下沟村出土陶壶HM621：1 8.染华墓出土陶壶M7：43 9.王温墓出土陶瓶 10.杨机墓出土陶瓶

染华墓、建义元年（528年）元邵墓、普泰二年（532年）杨机墓为例，可大致了解其特征。在镇墓组合方面，人面、兽面的镇墓兽组合（图一七，2、31、32、63、64）稳定下来，面目不似上一阶段那么凶猛，而变得温顺起来；镇墓武士的外貌特征相比上一阶段，发生了完全的改变，不再扭身而立，而是作直立状，并包括两种外貌特征的武士俑，一种外披风衣、双手仗剑于地（图一七，1、28、29、61），另一种是身着明光铠、单手仗盾于地（图一七，30、62）。染华墓没见到后一种武士俑，或许表明前一种出现的要稍早。

出行仪仗组合中，牛车（图一七，3、33、65）、鞍马（图一七，4、34、66）、骆驼（图一七，9、49、76）、驴（图一七，50、77）的特征保持稳定，基本延续上一阶段特征，染华墓的骆驼一度改为前腿跪屈的蹲踞状（图一七，9），另两个墓又恢复成四足站立状（图一七，49、76）。仪仗人物俑包括男侍俑（图一七，5、35—37、67）、女侍俑（图一七，6、38、68）、文吏俑（图一七，7、39、40、69）、武吏俑（图一七，8、41、42、70）、笼冠俑（图一七，43）、步行鼓吹俑（图一七，44）、执盾步兵俑（图一七，45、71）、箭箙步兵俑（图一七，72）、风衣风帽俑（图一七，73）、持物骑马俑（图一七，46）、骑马鼓吹俑（图一七，47）、甲骑具装俑（图一七，48、74、75）等，种类不仅比上一阶段多，也超过了平城时期。笼冠俑、持物骑马俑是全新的俑种，步行鼓吹俑替换了平城时期的百戏俑，箭箙步兵俑替代了平城时期手持兵器状的步兵俑。

家居宴乐组合比平城时期的分工要进一步细致化。其中奏乐俑、舞蹈俑的职能是明确的，但似乎还增加了歌唱俑。奏乐俑皆跽坐、头戴小冠，或弹、或吹、或击各种乐器，染华墓出土7件（图一七，10），元邵墓出土6件（图一七，51—53），杨机墓出土8件（图一七，78—85），大致可以看出一个乐队所需的人员数量。舞蹈俑既有胡人男俑（图一七，11、54、55），也有汉人女俑（图一七，12、86、87）。元邵墓出土的束发、提裙女俑（图一七，56），杨机墓出土的双人牵手女俑（图一七，88）、老妇俑（图一七，89）皆直身而立，却只有1件，不似常规的女侍俑或仆役俑，应归在本组合中，暂定为歌唱俑。

家居庖厨组合仍由仆役俑、模型明器和家禽牲畜三部分组成，稳定性很强。仆役俑中，捧盆或瓶、持箕的俑，皆为蹲坐状（图一七，13—15、57、58、90、91）；踏碓俑为站立状，一脚抬起，做踏碓的姿势（图一七，17、60）；新出现的抱婴俑为半蹲状，一腿跪一腿屈（图一七，16、59、92）。杨机墓出土一件提裙女立俑（图一七，93），头梳单髻，饰花钿，与同墓所出的仆役俑发饰相同，应归为仆役俑，但其职能尚不明确。模型明器有井（图一七，18）、磨（图一七，19、94）、碓（图一二，20）、灶（图一七，21、95）、仓（图一七，22），上一阶段出现的厕消失了。家禽牲畜有猪（图一七，23、96）、狗（图一七，24、25、97）、羊（图一七，26、98）、鸡（图一七，27、99），新的特点是除了鸡或站或趴、无底板之外，猪、狗、羊全都是趴卧状，且带底板。

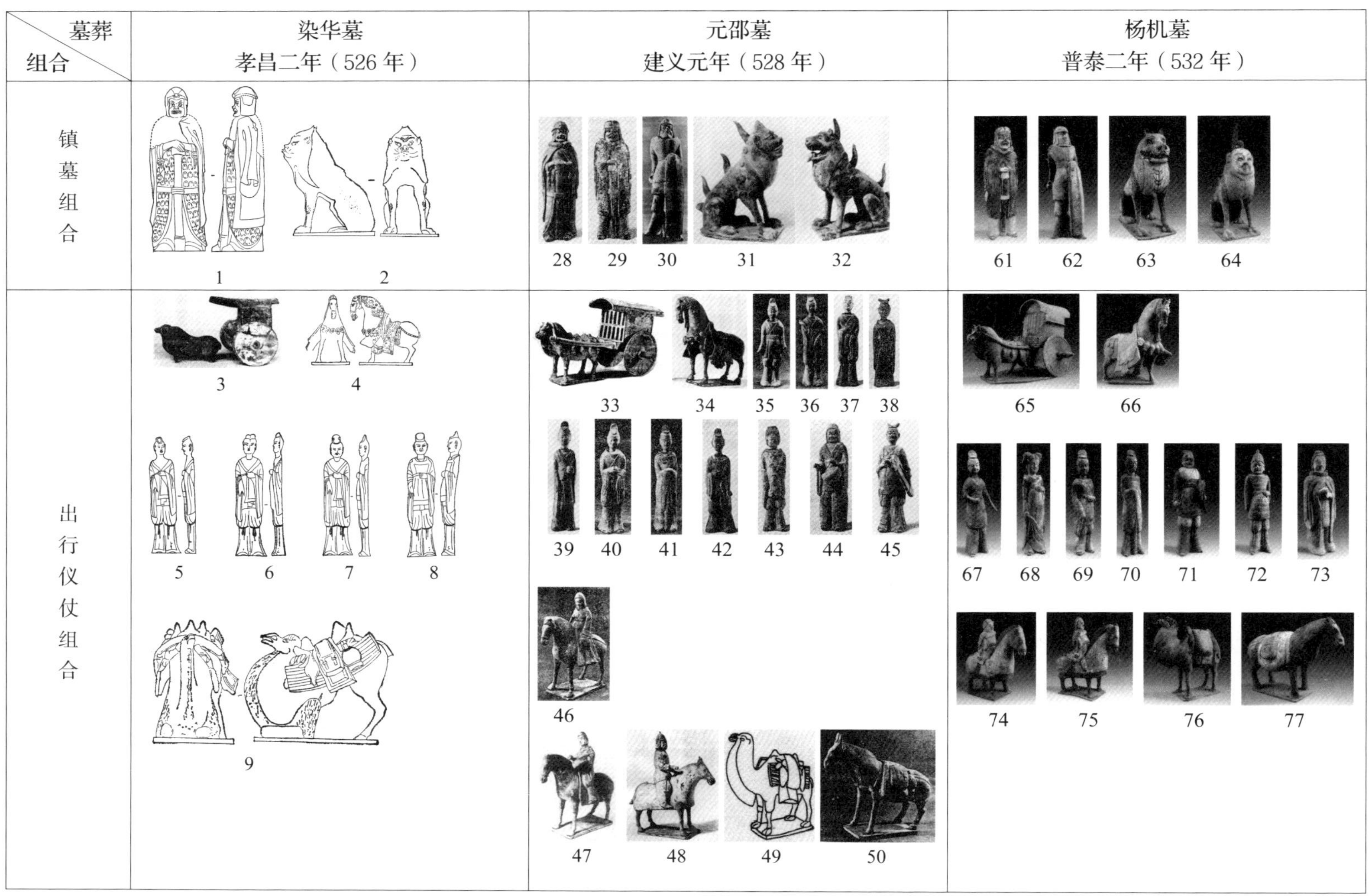

墓葬 / 组合	染华墓 孝昌二年（526年）	元邵墓 建义元年（528年）	杨机墓 普泰二年（532年）
镇墓组合	1 2	28 29 30 31 32	61 62 63 64
出行仪仗组合	3 4 5 6 7 8 9	33 34 35 36 37 38 39 40 41 42 43 44 45 46 47 48 49 50	65 66 67 68 69 70 71 72 73 74 75 76 77

续表

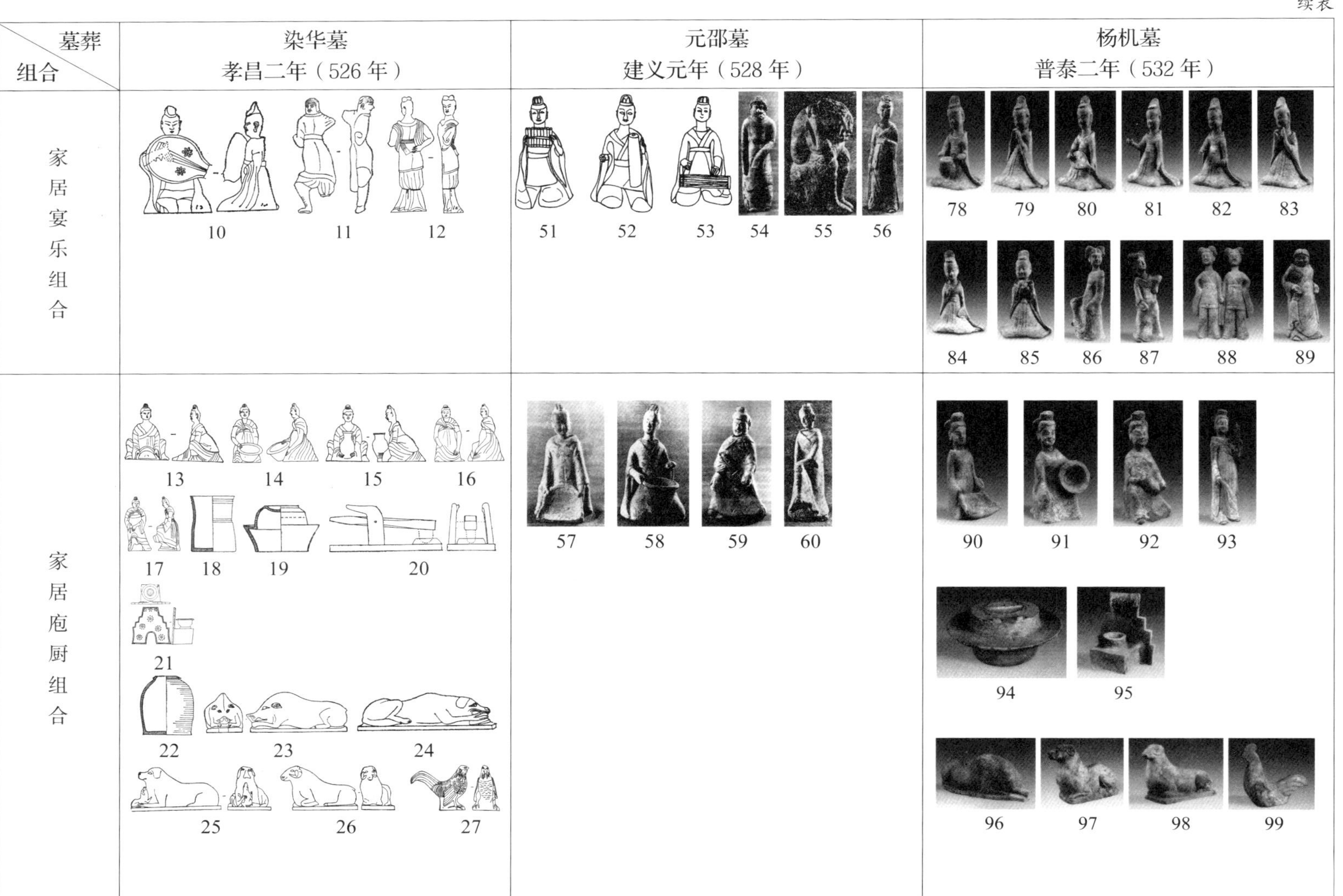

图一七 孝明帝孝昌年间至北魏灭亡的陶俑和模型明器组合

（四）石葬具

这一阶段，洛阳地区重新恢复了平城中期使用石葬具的做法，但具体形制发生了很大改变，原来占主流的石椁很少见，主要是石棺和围屏石床。考古发掘出土的、墓主身份明确的洛阳北魏石葬具只有2件，均为石棺，即武泰元年（528年）元暐石棺和永安元年（528年）曹连石棺。现藏美国波士顿美术馆的宁懋石室，属于石椁，年代为孝昌三年（527年）[1]。美国明尼阿波利斯艺术博物馆藏孝子升仙石棺，原先被推测为出自正光五年（524年）赵郡王元谧墓，近年又被重新判断为章武王元融的石棺[2]。依元融墓志记载，则该石棺的年代亦为孝昌三年（527年）[3]。此外，有研究者认为美国堪萨斯城纳尔逊—阿特金斯艺术博物馆藏孝子石棺[4]出自太昌元年（532年）林虑郡王元文墓，该馆另藏的一件孝子围屏石床出自永熙二年（533年）赠平西将军、秦洛二州刺史王悦夫妇墓，波士顿美术馆藏孝子围屏石床则出自孝昌二年（526年）东莞太守秦洪墓[5]。1977年洛阳市上窑村东砖瓦厂出土的一具北魏画像石棺，具有明确的时代特征。

石葬具上通常都刻有图像，画面丰富饱满。题材可归纳为三类：第一类是天象、升仙、祥瑞类，包括日、月、导引仙人（图一八，1、2）、青龙、白虎、朱雀、墓主人御青龙（图一八，1）、墓主人御白虎（图一八，2）、武士御玄武（图一八，4）、飞廉、畏兽、神兽、仙禽、铺首衔环、摩尼宝珠、熏炉、莲花、流云等；第二类是现实人物和世俗生活类，如墓主人夫妇半身像或坐像、侍从、鞍马牛车出行、庖厨奉食、屋宇、门吏（图一八，3）、孝子故事（图一八，5、6）等；第三类是背景图像和装饰花纹类，如山石树木、忍冬纹、蔓草纹等[6]。这些题材的主要内容可归结为导引升仙图、孝子图、门吏图、车马出行图、庖厨图等，但其核心就是升仙、孝子。其内在逻辑是鼓励墓主人以孝子为榜样在人世间勤勉作为，死后就能在仙人以及四神等神禽异兽的簇拥引导下升仙，墓主人形象多以乘御青龙或白虎的形式出现。这种将墓主人的德行与死后升仙相关联的丧葬观念是“天人感应”的一种表现，流行于汉代，东汉以后在中原地区不常见，此时又作为主流形式回归。从丧葬观念来看，石棺的题材已经突破“晋制”，回归到“汉制”。但是这些题材的载体是葬具，而不是出现在墓葬壁画中，又表明其仍被“晋制”所拘泥。

[1] 郭建邦：《北魏宁懋石室和墓志》，《河南文博通讯》1980年第2期，第33—40页。郭建邦：《北魏宁懋石室线刻画》，人民美术出版社，1987年。曹汛：《北魏宁想石室新考订》，《中国建筑史论汇刊》第4辑，清华大学出版社，2011年，第77—125页。

[2] 徐津、马晓阳：《美国藏洛阳北魏孝子石葬具墓主身份略考》，《书法丛刊》2020年第1期，第18—24页。

[3] 赵超：《汉魏南北朝墓志汇编（修订本）》，中华书局，2021年，第266—268页。

[4] 黄明兰：《北魏孝子棺线刻画》，人民美术出版社，1985年。

[5] 徐津：《孩而至孝：北魏孝子棺墓主身份考证》，《美术大观》2022年第1期，第101—106页。徐津、马晓阳：《美国藏洛阳北魏孝子石葬具墓主身份略考》，《书法丛刊》2020年第1期，第18—24页。

[6] 倪润安：《光宅中原：拓跋至北魏的墓葬文化与社会演进》，上海古籍出版社，2017年，第244页。

图一八　孝明帝孝昌年间至北魏灭亡的石葬具图像

1.上窑村东北魏石棺左棺板　2.上窑村东北魏石棺右棺板　3.曹连石棺前挡　4.曹连石棺后挡　5、6.纳尔逊—阿特金斯艺术博物馆藏孝子石棺孝子图

（五）墓葬壁画

本阶段的墓葬壁画相比上一阶段又有所恢复，其趋势是重新采取平城时期的做法。正光六年（525年）清河王元怿墓的甬道两壁各绘仗剑门吏二人（图一九，1—3），券顶似绘有动物和云气纹，墓室四壁没有发现壁画。孝昌二年（526年）江阳王元乂墓的甬道壁画模糊不清，墓顶为天象图和雷神等（图一九，4），墓室四壁没有发现壁画。在甬道绘门吏，在墓顶绘天象图，但在墓室四壁的中心部分不绘壁画，这是平城时代晚期墓葬的做法。稍晚至北魏末年，太昌元年（532年）赠瀛州刺史王温墓的墓室东壁正中绘一帷屋，侧墙上有一直棂窗，屋内墓主人夫妇并坐，前置二圆盒，背设曲尺屏风，屋外两侧各立三名侍女，屋前立一名侍女（图一九，5）；其他诸壁无法辨识，可能没有壁画。这幅屋内墓主人夫妇并坐图整体表现的是平城早期的特点，但其出现的位置东壁并非正壁，而是侧壁。从细节看，男墓主人正面端坐，女墓主人稍侧坐、面向男墓主人，这一正一侧的并坐方式又不符合平城早期二人皆正坐的做法，而可以追溯到东汉时期。墓葬壁画逐渐恢复，人物图像重新出现在墓室壁面上，预示着“晋制”对这方面的限制即将被突破。

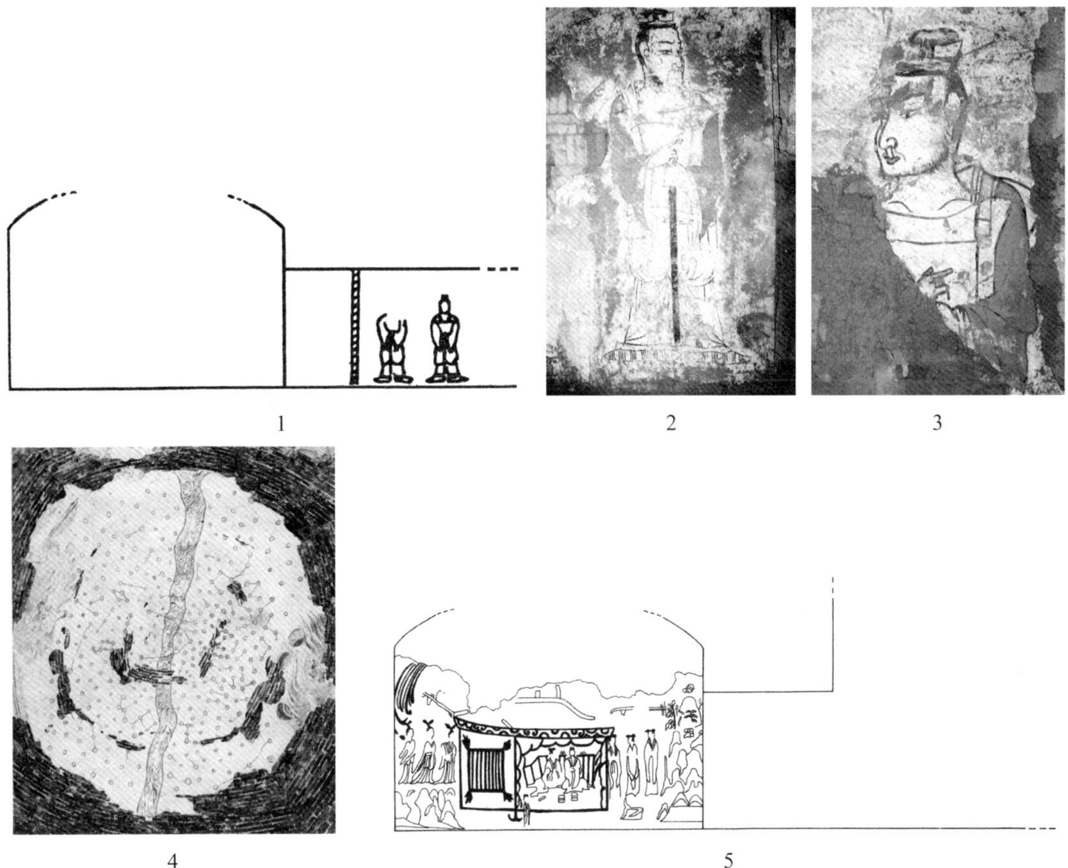

图一九　孝明帝孝昌年间至北魏灭亡的墓葬壁画

1—3.元怿墓甬道两壁壁画　4.元乂墓墓室顶部壁画　5.王温墓墓室东壁壁画

结语

北魏洛阳时期仅40年时间，是全面贯彻和重建“晋制”的关键时期，但其推进过程并非一气呵成，而是经历了反复的调整。这从洛阳地区墓葬文化的表达形式上可以明确地看到。

第一阶段，“晋制”化呈现出过度实施的特点。作为“晋制”主要特征的陶俑和模型明器被减省。同时，墓志增加志盖，改变了形制和摆放方式，进一步脱离与墓碑的关系，实现了独立化，更强调了碑禁。这些变化主要是在宣武帝在位时期出现的。

孝文帝迁洛后没几年就去世了，他领导的改革事业如果没有宣武帝的继承和深化，终将昙花一现。从墓葬文化的角度看，宣武帝不仅继承了“晋制”化的发展道路，而且在一些方面把薄葬的内涵执行得更为决绝、彻底。除了前文所提到的墓葬地下形制和随葬品的情况，宣武帝景陵的地上陵园未发现陵垣及相关建筑遗迹，只见高大的封土，还出土一件拄剑石人。与永固陵相比，景陵又进一步省却了陵前建筑。按照这种趋势，是不应该出现石人的。因此，景陵石人有后期增设的可能性。

第二阶段，“晋制”化进程回调，陶俑和模型明器恢复，恢复到与西晋洛阳“晋制”最为接近的状态。另外，平城末期已经衰退、在洛阳第一阶段未获延续的佛教因素在墓葬中又有所表现，主要表现在瓶、盂新器形组合的出现，镇墓武士一度有塑造成佛教力士的意向。

这些新的变化，显示出两个突出的文化动向。一是“晋制”的回调对标的是西晋洛阳时期的特征，而不是平城中晚期复归晋制时的特征。最明显的标志就是陶俑和模型明器采用的是西晋洛阳的三组合，而不是北魏平城的四组合，少了家居宴乐组合。此时的洛阳在有意削弱平城的影响。二是灵太后胡氏推动了洛阳佛教的兴盛，已在平城末期基本退出墓葬的佛教因素又对墓葬有新的渗透。孝明帝即位后，生母胡氏被尊为皇太后。她“临朝听政，犹称殿下，下令行事。后改令称诏，群臣上书曰陛下，自称曰朕”，还以孝明帝冲幼为由，代行祭礼[1]。灵太后以太后身份临朝，本无问题，但其所作所为皆自居皇帝，就不合礼法了。为了巩固自己的执政权，灵太后开始借助佛教宣扬自己统治的神圣性和合法性[2]。她改变了孝文帝、宣武帝抑佛教、重义理、重讲经的做法，转而推行易于流行的禅道，以便较快地扩大佛教教徒和信众的人数，孝文帝抑制寺院规模的禁令也由此被打破。灵太后率先在洛阳修建永宁寺，皇室诸王、百官、阉宦等也多舍宅立寺，

---

[1] 《魏书》卷一三《宣武灵皇后胡氏传》，中华书局，1974年，第337—338页。

[2] 周胤：《北魏灵太后“转轮王”与“佛”形象的建构》，《南都学坛》（人文社会科学学报）2017年第6期，第21—30页。

以致于“官私寺塔，其数甚众”[1]。在平城，佛教盛行之时，佛教因素表现在墓葬特征的方方面面。洛阳佛教则对墓葬的影响要节制得多，不能与人间佛寺众多的胜景相匹配。北魏洛阳的佛教信仰与丧葬观念似乎形成了一定程度的分途，各司其域。洛阳世俗墓葬的主流仍遵循着晋制墓葬的演变逻辑和表现形式。佛教在现实中影响虽大，但体现其葬仪的塔葬、瘗窟等并不干预世俗墓葬。

第三阶段，“晋制”化进程重振平城的结构模式。尤其是陶俑和模型明器变为四组合、石葬具的再现、部分壁画内容的恢复，尽管具体形式与平城不太相同，但都是照着平城中晚期的做法在恢复。这使得我们发现，一方面洛阳汉化的进程在继续深入，陶俑和壁画人物的汉装化程度更高了，另一方面在汉化的具体措施上，重新采纳了北魏平城“晋制”化早期阶段的做法，试图达到一个折中均衡的状态。

从石棺、壁画墓的年代看，重新接纳平城因素的做法在六镇起义爆发两三年后就开始出现了。这表明北魏朝廷已经意识到起义与六镇政策的不当有关，试图进行调整和挽救。随着“河阴之变”的发生，部落贵族（尔朱荣集团）、六镇豪强（高欢集团）先后把控了北魏朝堂，为了巩固自己的地位，他们更是借助了平城旧制和鲜卑旧俗，从而使一些迁洛前的旧制旧俗纳入到洛阳汉化的体系中。

武泰元年（528 年）二月，孝明帝被灵太后毒死。尔朱荣和元子攸密谋废立，联手推翻了灵太后的统治。四月，尔朱荣从晋阳南下，于河阴奉立元子攸为孝庄帝，自己受封为太原王。随即尔朱荣发动“河阴之变”，屠杀灵太后、幼帝和百官公卿 2000 余人。在此过程中，尔朱荣密集举行了铸金人、西郊祭天等北族传统仪式，以争取法统[2]。《魏书·尔朱荣传》载：“荣抗表之始，遣从子天光、亲信奚毅及仓头王相入洛，与从弟世隆密议废立。天光乃见庄帝，具论荣心，帝许之。天光等还北，荣发晋阳。犹疑所立，乃以铜铸高祖及咸阳王禧等六王子孙像，成者当奉为主，唯庄帝独就。”[3]而“河阴之变”时，尔朱荣将众人诱至屠杀地点的理由就是西郊祭天。《魏书·尔朱荣传》载：“十三日，荣惑武卫将军费穆之说，乃引迎驾百官于行宫西北，云欲祭天。”[4]当日屠杀后，尔朱荣企图自立为帝，又再行铸金人仪式，“遂铸金为己像，数四不成。”[5]铸像不成，尔朱荣才决定重新奉迎庄帝。尔朱荣于孝庄帝继位过程中发动河阴之变，旨在一举剪除北魏原有的统治集团核心，重新洗牌，以谋求主导权。但这场政治屠杀也使元子攸与尔朱荣结盟不久的关系被动摇，反目成仇。

---

[1] 《魏书》卷一一四《释老志》，中华书局，1974 年，第 3043—3044 页。

[2] 禅馨：《北族传统复起与北魏政局的走向》，《唐都学刊》2022 年第 3 期，第 79—87 页。

[3] 《魏书》卷七四《尔朱荣传》，中华书局，1974 年，第 1647 页。

[4] 《魏书》卷七四《尔朱荣传》，中华书局，1974 年，第 1647—1648 页。

[5] 《魏书》卷七四《尔朱荣传》，中华书局，1974 年，第 1648 页。

为与孝庄帝争夺北魏朝廷的控制权，尔朱荣建义元年（528 年）初马上提出“欲修旧事，庶姓封王”[1]。这里的“旧事”是指孝文帝太和十六年降异姓诸王为公之前的北魏爵制。尔朱荣作为孝庄朝第一个受封的异姓王，提出所谓“修旧事”之举，是为自己“太原王”之封寻找合法性。永安二年（529 年）尔朱荣获封独一无二的“天柱大将军”时，仍以所谓的“旧制”为由，从拓跋部早期历史中寻找依据。[2]《魏书 · 尔朱荣传》记载孝庄帝下诏曰：“非常之功，必有非常之赏，可天柱大将军。此官虽访古无闻，今员未有，太祖已前增置此号，式遵典故，用锡殊礼。”[3]尔朱荣借助平城旧制在正统观念上与孝庄帝相抗衡，进而塑造以尔朱荣为核心的政治秩序。尔朱荣虽然最终失败了，但他恢复鲜卑传统的做法为后来者提供了思路。高欢立元修为帝时，“用代都旧制，以黑毡蒙七人，欢居其一”[4]，就是效仿尔朱荣利用平城时期的旧传统。在这样的政治环境下，较多的平城因素进入到洛阳墓葬文化体系中，就是顺理成章的事儿。不过正如尔朱荣的失败一样，平城因素还无法阻止洛阳汉化的大趋势，仍然要整合在“晋制”体系的汉化面貌之下。

附记：本文为国家社科基金重大项目“北朝陵寝制度的考古学研究”（23&ZD271）阶段性成果之一。

[1] 《魏书》卷四〇《陆俟传》，中华书局，1974 年，第 910 页。

[2] 禅馨：《北魏孝庄朝重建政治秩序的尝试》，《国学学刊》2019 年第 3 期，第 70—77 页。

[3] 《魏书》卷七四《尔朱荣传》，中华书局，1974 年，第 1653 页。

[4] 《北史》卷五《孝武帝纪》，中华书局，1974 年，第 170 页。

对“先匈奴文化”的讨论

单月英（北京师范大学历史学院、北京师范大学丝绸之路与边疆考古研究中心）

匈奴崛起于中国北方阴山地区，于公元前209年建立欧亚草原第一个游牧帝国，至公元48年匈奴分裂为南北两部分，南匈奴内附东汉王朝，北匈奴继续统治蒙古草原，直至公元91年西迁。匈奴盛期曾控制着北抵外贝加尔地区、南达长城、东至大兴安岭、西逾葱岭的辽阔疆域，对世界文明和历史产生了重要影响。匈奴问题一直是国际学术界关注的热点，相关研究成果汗牛充栋，但仍有许多问题悬而未决。匈奴考古学文化的渊源问题即是其中之一。自1896年开始，匈奴考古已走过120余年的历程，大量的匈奴墓葬、城址、居址、陶窑、岩画等被发现和发掘[1]，使我们对匈奴帝国时期考古学文化特征与内涵有了清楚的认识和界定。就目前发表的匈奴帝国时期的考古材料看，匈奴帝国时期的墓葬与目前学界常说的“先匈奴文化”[2]的墓葬在面貌特征、文化内涵、丧葬习俗等方面均存在显著的不同，二者之间亦看不出文化上的传承联系。所谓“先匈奴文化”是否是匈奴帝国建立之前的早期匈奴文化，非常有必要进行讨论。因此之故，笔者拟通过对文献记载、考古发掘材料的辨析，以学科交叉视野检讨“先匈奴文化”，希冀厘清匈奴考古学文化与所谓“先匈奴文化”之间的关系。

一、“先匈奴文化”概念的提出

“先匈奴文化”的提出与匈奴族源探讨密不可分，对匈奴族源问题的研究是“先匈奴文化”概念提出的理论前提。我们首先对匈奴族源研究进行梳理。

---

* 本文受“中央高校基本科研业务费”资助，系国家社科基金冷门绝学研究专项学者个人项目“考古学视野下的秦汉北部边疆研究”（21VJXG013）阶段成果。

[1] 单月英：《匈奴遗存的考古发现与研究》，《中国考古学百年史（1921—2021）》，中国社会科学出版社，2021年，第445—508页。

[2] “先匈奴文化”“早期匈奴文化”“前匈奴文化”均是学界对匈奴帝国之前的匈奴文化的称谓，本文以“先匈奴文化”代称。

《史记 · 匈奴列传》载："匈奴，其先祖夏后氏之苗裔也，曰淳维。唐虞以上有山戎、猃狁、荤粥，居于北蛮，随畜牧而转移"[1]，这是司马迁笔下的匈奴族源，长期影响着学界对匈奴的认识。20 世纪 80 年代以前，对匈奴族源的研究主要在中国史学界展开。历史学者对匈奴族源的研究概括起来有以下几种观点：

1.认同《史记 · 匈奴列传》的记载，认为商、周之际的鬼方、混夷、獯鬻，宗周时期的猃狁，春秋时期的戎狄，以及战国时期的胡与匈奴是一脉相承的同种。该说在学界影响最大，最著名的首推王国维的《鬼方昆夷玁狁考》，文中他通过对文献记载和出土青铜器铭文的研究分析，认为"胡与匈奴之名，始见于战国之际，与数百年前之獯鬻、玁狁，先后相应，其为同种，当司马氏作匈奴传时盖已知之矣"[2]。此后很多学者在司马迁搭就的框架内沿着王国维的说法而争鸣。这其中包括梁启超的《史记匈奴传戎狄名义考》[3]、孟世杰的《戎狄蛮夷考》[4]、方壮猷的《匈奴语言考》[5]、胡君泊的《匈奴源流考》[6]、冯家昇的《匈奴民族及其文化》[7]、马长寿的《北狄与匈奴》[8]等。20 世纪 80 年代初，林幹在《试论匈奴的族源族属及其与蒙古族的关系》一文中也坚持该观点[9]。

2.匈奴与义渠、楼烦和林胡同种。该说以蒙文通、黄文弼为代表，反对司马迁关于匈奴与殷周时期荤粥、猃狁是同族的说法。蒙文通认为鬼方、畎夷、荤粥、猃狁并非匈奴，"《本纪》言匈奴，即《秦策》言义渠事，参互稽之，匈奴即义渠也"[10]。黄文弼认为鬼方、荤粥、混夷、猃狁都是羌族，战国时期匈奴在内地者为林胡、楼烦和义渠，匈奴为蒙古种而有东胡人及汉人之血液者也[11]。

3.认为不是夏侯氏的苗裔，不是华夏族，匈奴是蒙古种族。匈奴在发展过程中，与其

---

[1] 《史记》卷一百十《匈奴列传》，中华书局，1959 年，第 2879 页。

[2] 王国维：《鬼方昆夷玁狁考》，王国维：《观堂集林》，中华书局，1959 年，第 583—606 页。

[3] 梁启超：《史记匈奴传戎狄名义考》，梁启超：《饮冰室合集》，《专集》之 41，中华书局，1989 年，第 15—23 页。

[4] 孟世杰：《戎狄蛮夷考》，《史学年报》1929 年第 1 期，第 5—7 页。

[5] 方壮猷：《匈奴语言考》，《国学季刊》第 2 卷第 4 号，1930 年 12 月，第 693—740 页。

[6] 胡君泊：《匈奴源流考》，《西北研究》1933 年第 8 期，第 35—64 页。

[7] 冯家昇：《匈奴民族及其文化》，《禹贡》第 7 卷第 5 期，1937 年 5 月，第 21—34 页。

[8] 马长寿：《北狄与匈奴》，生活 · 读书 · 新知三联书店，1962 年。

[9] 林幹：《试论匈奴的族源族属及其与蒙古族的关系》，林幹编：《匈奴史论文选集（1919—1979）》，中华书局，1983 年，第 75—87 页。

[10] 蒙文通：《犬戎东侵考》，《禹贡》1936 年第 6 卷第 7 期，第 3—18 页；蒙文通：《古代民族迁徙考》，《禹贡》1937 年第 7 卷第 6、7 期合刊，第 15—40 页；蒙文通：《周秦少数民族》，上海龙门联合书局，1958 年。

[11] 黄文弼：《论匈奴族之起源》，《边政公论》第 2 卷，1943 年第 3、4、5 期合刊，第 35—39 页。

他民族混杂。该说以陈序经[1]为代表。

4.认为匈奴是从西方迁过来的。该说以岑仲勉[2]、孙次舟[3]为代表。

上述几种关于匈奴族源的观点以第一种影响最大。受《史记·匈奴列传》记载与当时中国史学界关于匈奴族源的流行观点的影响，中国考古工作者把在中国北方地区发掘的西岔沟墓地[4]、桃红巴拉墓地[5]、玉隆太墓地[6]、西沟畔战国墓地[7]、阿鲁柴登墓地[8]、呼鲁斯太墓地[9]等都定名为匈奴墓地。1979 年发掘的内蒙古凉城县毛庆沟墓地也被认为是匈奴的墓地[10]，陕西神木的出土文物被定为匈奴文物[11]。

随着考古发掘材料的日渐丰富和相关研究的不断深入，学者开始注意到早期被定为匈奴墓地的中国北方地区的东周墓葬与匈奴帝国时期墓葬区别明显，二者之间文化传承线索难觅。田广金、乌恩、林沄等学者开始通过考古材料重新审视匈奴族源和匈奴文化。田广金在《近年来内蒙古地区的匈奴考古》一文中研究分析了从商周到两汉的"匈奴系统的考古学文化"，把其分为三个持续不断的发展阶段，认为匈奴文化是在我国北方地区独自发展起来的游牧民族文化，提出"先匈奴文化"或"早期匈奴文化"概念。他认为早期匈奴文化是指分布于甘肃北部、陕西北部、山西北部、河北北部、内蒙古、辽宁、北京地区的鄂尔多斯青铜文化，时代上指商周至春秋时期；指出鄂尔多斯青铜文化不仅分布地域很广，而且各地发现的文化一致性和时代连续性也很清楚；认为各个时期鄂尔多斯青铜文化的分布地域与历史时期居住在我国北方的鬼方、猃狁和白狄的活动地域大体吻合[12]。由于考古材料明显不支持这一理想化的匈奴文化发展序列，田广金、郭素新在稍后出版的《鄂尔多斯式青铜器》中把"鄂尔多斯青铜文化"改称为"鄂尔多斯式青铜器"，

---

[1] 陈序经：《匈奴史稿》，中国人民大学出版社，2007 年，第 139、148 页。

[2] 岑仲勉：《伊兰之胡与匈奴之胡》，《真理杂志》1944 年第 1 卷第 3 期，第 309—314 页。

[3] 孙次舟：《匈奴出现中国边塞的时代》，《西北通讯》1947 年第 3 期，第 9—11 页。

[4] 孙守道：《"匈奴西岔沟文化"古墓群的发现》，《文物》1960 年第 8、9 期，第 25—32 页。

[5] 田广金：《桃红巴拉匈奴墓》，《考古学报》1976 年第 1 期，第 131—143 页。

[6] 内蒙古博物馆、内蒙古文物工作队：《内蒙古准格尔旗玉隆太的匈奴墓》，《考古》1977 年第 2 期，第 111—114 页。

[7] 伊克昭盟文物工作站、内蒙古文物工作队：《西沟畔匈奴墓》，《文物》1980 年第 7 期，第 1—10 页。

[8] 田广金、郭素新：《内蒙古阿鲁柴登发现的匈奴遗物》，《考古》1980 年第 4 期，第 333—338、364、368 页。

[9] 塔拉、梁京明：《呼鲁斯太匈奴墓》，《文物》1980 年第 7 期，第 11—12 页。

[10] 内蒙古文物工作队：《毛庆沟墓地》，内蒙古自治区文物工作队田广金、郭素新编著：《鄂尔多斯式青铜器》，文物出版社，1986 年，第 227—315 页。

[11] 戴应新、孙嘉祥：《陕西神木县出土匈奴文物》，《文物》1983 年第 12 期，第 23—30 页。

[12] 田广金：《近年来内蒙古地区的匈奴考古》，《考古学报》1983 年第 1 期，第 7—24 页。

包含的地域范围也缩小至山西北部、陕西北部和内蒙古西部地区，认为“鄂尔多斯式青铜器”的年代相当于商周至春秋时期，应为狄人的先期文化和狄人文化，不再把它们看作是“先匈奴文化”，书中把“先匈奴文化”或“早期匈奴文化”的时间范围也缩短至春秋晚期至战国早期[1]。由于“先匈奴文化”墓葬与匈奴帝国时期墓葬区别显著，谨慎起见，作者把桃红巴拉、呼鲁斯太、阿鲁柴登、西沟畔战国墓地、玉隆太等墓地发掘报告汇集于《鄂尔多斯式青铜器》下编时，把之前报告名称中的“匈奴”二字均予以删除。

田广金关于“先匈奴文化”或“早期匈奴文化”的提法得到乌恩的认可。乌恩认为将鄂尔多斯及阴山南麓陆续发现的与春秋战国时期林胡、楼烦等部落相关的遗存称为“前匈奴文化”或“早期匈奴文化”是可取的，秦汉时期匈奴文化的很多典型因素可在上述地区春秋战国时期的墓葬中找到渊源[2]。乌恩还进一步把南匈奴与鄂尔多斯及阴山南麓发现的春秋战国时期的人群联系起来，认为南匈奴的墓葬继承了当地春秋战国时期的墓葬特点，北匈奴墓葬继承了外贝加尔地区和蒙古境内青铜时代至早期铁器时代墓葬结构的传统。他认为匈奴族源构成是复杂的，正是匈奴族源的复杂构成才导致了匈奴最终分裂为南北匈奴。其观点在后来发表的《匈奴族源初探——北方草原民族考古探讨之一》中得到进一步的阐释和强化[3]。

林沄跳出司马迁关于匈奴族源的设定框架，把长城地带已发现的春秋晚期到战国时代的北方民族的遗存划分为A—F六个区域，对各区的文化特征、畜牧业牲畜构成、武器构成、人群体质形态等进行了区别分析，结合文献记载，对各区族属进行了讨论。他敏锐地指出长城地带的人群在文化族源上是各异的，很难产生大范围的民族认同，冒顿的匈奴联盟并不是在北方已经形成一个大族团的背景上建立的，而是在存在许多小族团的背景上成立的，这些族团的体质形态和文化特点互不相同；认为在这样的背景上考虑匈奴的族源，应该考虑冒顿赖以建立联盟的核心力量源自哪里，有必要把匈奴本体的族源从整个汉代匈奴的族源问题中区分出来，专门进行研究[4]。

俄罗斯学者C.C.米尼亚耶夫认为战国时期匈奴故地位于燕、赵两国的北面，这一地区如南山根、周家地、军都山和夏家店上层的一些墓葬有一些共同特征：死者主要采用仰卧姿势；木椁被安放在长方形竖穴土坑中，两块木椁短板嵌入两块长板；棺材上盖有石板，坑穴的围墙也用类似的石板；这些特点与匈奴“普通百姓”的墓葬很相似；满洲里南

---

[1] 内蒙古自治区文物工作队田广金、郭素新编著：《鄂尔多斯式青铜器》，文物出版社，1986 年。

[2] 乌恩：《论匈奴考古研究中的几个问题》，《考古学报》1990 年第 4 期，第 409—436 页。

[3] 乌恩：《匈奴族源初探——北方草原民族考古探讨之一》，《周秦文化研究》编委会编：《周秦文化研究》，陕西人民出版社，1998 年，第 832—841 页。

[4] 林沄：《关于中国的对匈奴族源的考古学研究》，《内蒙古文物考古》1993 年第 1、2 期，第 127—141 页。

部和西南部的墓葬更能确切地展现出“原始匈奴人”的典型特征，通过对它们的考察也有可能勾画出匈奴历史的早期发展阶段并准确地找出相关的地点，而对这些地点的深入分析则是解开匈奴起源之谜的关键所在[1]。

田广金提出的“先匈奴文化”概念被美国学者狄宇宙运用到自己的研究中，他把桃红巴拉、毛庆沟、呼鲁斯太、范家窑子、玉隆太等早期铁器时代的墓地均当作匈奴墓地来考察[2]。

任萌在讨论东天山地区考古遗存的文化属性时依据“先匈奴文化”遗存把黑沟梁墓地和东黑沟遗址确定为匈奴文化遗存[3]。

梁云和苗钊瑞把内蒙古杭锦旗桃红巴拉墓地、阿鲁柴登墓地，伊金霍洛旗公苏壕墓葬M1、石灰沟墓葬、明安木独墓葬，准格尔旗西沟畔墓地、宝亥社青铜器、玉隆太墓葬、瓦尔吐沟墓葬、速机沟窖藏，乌拉特中后联合旗呼鲁斯太墓葬，东胜市碾房渠窖藏及神木县纳林高兔墓葬归为桃红巴拉类型，认为桃红巴拉类型遗存的年代为春秋晚期至战国晚期，属于早期匈奴的文化。[4]

学界对匈奴族源和“先匈奴文化”的相关研究历经了长时间的探索，对匈奴族源和匈奴考古学文化的认知在争论中由模糊混乱的状态逐渐走向明朗。20世纪八九十年代，就有学者对“先匈奴文化”提出质疑。熊存瑞根据文献记载，结合考古发现考证匈奴出现的最早年代比桃红巴拉墓地碳十四测年晚三百多年，认为匈奴人流动迁移性很大，不可能在同一地区停留达几百年，桃红巴拉墓群不是匈奴的，并指出林胡和白羊王原来也都不是匈奴[5]。雷从云、杨阳对把鄂尔多斯地区发现的一批上自春秋下至秦汉的墓葬统一确定为匈奴墓葬的做法提出质疑，认为战国晚期之前，鄂尔多斯一带并未成为匈奴民族的势力范围，分布于这一带的春秋晚期至战国晚期的墓葬，其族属自然也就不属于匈奴

---

[1] Sergey Miniaev, *On the origin of the Xiongnu*, Bulletin of International association for the study of the culture of Central Asia, UNESCO. Moscow, 1985, #9; Sergey Miniaev, *The Xiongnu cultural complex: location and chronology,* Ancient and Medieval History of Eastern Asia. Vladivostok, 2001, pp. 295–305; 米尼亚耶夫著，毕波译：《匈奴考古》，《新疆文物》2003年第2期，第106—118页。

[2] Nicola Di Cosmo, *Ancient China and Its Enemies: The Rise of Nomadic Power in East Asian History,* CAMBRIDGE UNIVERSITY PRESS, 2004.

[3] 任萌：《从黑沟梁墓地、东黑沟遗址看西汉前期东天山地区匈奴文化》，文化遗产研究与保护技术教育部重点实验室、西北大学文化遗产与考古学研究中心编：《西部考古（第五辑）》，陕西出版集团、三秦出版社，2011年，第252—290页。

[4] 梁云、苗钊瑞：《论早期匈奴的地望与文化》，《文博》2024年第3期，第34—46页。

[5] 熊存瑞：《先秦匈奴及其有关的几个问题》，《社会科学战线》1983年第1期，第110—113页。

民族[1]。宋新潮在《匈奴早期活动地域考辩》一文中认为匈奴最早是在战国时期才开始与当时中国北部的赵国和燕国发生接触，匈奴故地不在阴山以南，战国时期匈奴主要活动区域可能在阴山北麓与“大漠”之间的高原地带，即今内蒙古西部乌兰察布和巴彦淖尔两个大草原；春秋战国时期生活在内蒙古南部鄂尔多斯及其以东地区的林胡、楼烦之戎，与战国后期开始兴起的匈奴有明显的区别，他认为把鄂尔多斯地区发现的春秋战国时期的考古学文化视为“前匈奴文化”或“早期匈奴文化”是完全不可取的[2]。遗憾的是，学界仍有不少学者把中国北方地区的东周遗存视作“先匈奴文化”“前匈奴文化”或“早期匈奴文化”，这些遗存与匈奴的关系仍然需要厘清。

如果我们重新检视司马迁《史记·匈奴列传》中“自淳维以至头曼千有余岁，时大时小，别散分离，尚矣，其世传不可得而次云。然至冒顿而匈奴最强大，尽服从北夷，而南与中国为敌国，其世传国官号乃可得而记云”的相关记载[3]，就会发现，司马迁本人已经清楚地说明在冒顿之前，有关匈奴的世传是不可知的，其对匈奴族源的描述多半是基于当时人们对北方草原部族的认识所作的推测。有关先秦时期匈奴活动的文献记载倒是不少，这些记载是否可靠？我们在下文进行辨析。

二、有关匈奴的文献记载辨析

“匈奴”何时出现于人类历史的舞台上是我们确认匈奴考古遗存、对匈奴考古学文化进行考察分析时首先要解决的问题。“匈奴”这一称谓主要来自《史记》等汉文文献的记载，外国学者对匈奴的称呼也是根据《史记》等的记载翻译而成的，如英文Xiongnu，Hsiung-nu；俄文Хунну；新蒙文Хүннү等。目前，学界比较一致地把匈奴帝国的起始年代确定在公元前209年，是年，冒顿弑父自立为单于，建立了草原第一帝国。冒顿之前的匈奴何时开始出现于中国北方尚是一个需要讨论的问题。有关先秦时期匈奴活动的文献记载主要见于《逸周书》《山海经》《战国策》《史记》《说苑》等著作。根据这些记载，匈奴在夏商时期就已出现，他们一直活动在中国北方地区，于秦汉之际建立匈奴帝国。这样的记载影响了学界尤其是中国学者长达一个世纪的时间，许多学者因此把中国北方地区早期铁器时代的考古遗存视作匈奴遗存，甚至到了今天，还有一些学者抱持这样的观点。为了弄清事实，我们必须对相关文献记载进行彻底的分析和辨别，借以推断出比较确定的匈奴出现的年代。

[1] 雷从云、杨阳：《匈奴民族起源于鄂尔多斯地区辨难》，《内蒙古师大学报》，1984年第3期，第122—131页。

[2] 宋新潮：《匈奴早期活动地域考辩》，《民族研究》1993年第6期，第74—80页。

[3] 《史记》卷一百十《匈奴列传》，中华书局，1959年，第2890页。

《逸周书·王会篇》载：“正北空同、大夏、莎车、姑他、旦略、貌胡、戎翟、匈奴、楼烦、月氏、孅犁、其龙、东胡。请令以橐驼、白玉、野马、騊駼、駃、騠、良弓为献。汤曰：善。”[1]这条记载讲的是商汤时的事情，其中却掺入了“莎车”“月氏”等非先秦时期的地名。“月氏”是汉初或汉武帝时才知道的，而“莎车”在《史记》中尚没有记载，在《汉书》中才开始有传，其当是在张骞出使西域以后才知道的[2]。《逸周书·王会篇》的成书年代被考证为战国或汉[3]，或在张骞出使西域之后[4]。很显然，匈奴在夏商时期就已出现的记载是值得怀疑的。

《山海经·海内南经》：“匈奴、开题之国、列人之国并在西北”[5]。《山海经》的成书年代“大抵始于战国时期，而秦汉以后人又有所附益耳”[6]，有学者认为该书《海内经》部分是后人的伪作[7]。因此《山海经》有关匈奴的记载也是无法令人信服的。

《史记·秦本纪》载：惠文王更元后七年（公元前318年）“韩、赵、魏、燕、齐帅匈奴共攻秦”[8]。《史记·张仪列传》记载五国伐秦时，义渠君“乃起兵袭秦，大败秦人李伯之下”[9]。林幹认为：“以韩、赵、魏、楚、燕世家、犀首、乐毅传及战国策秦策考之，其时五国（或说六国）攻秦，匈奴并未参与。通鉴于是年载‘楚、赵、魏、韩、燕同伐秦，攻函谷关，秦人出兵逆之，五国之师皆败’，是亦未叙及匈奴参与。故本条‘帅匈奴’三字颇疑其不实”[10]。其他学者认为公元前318年与韩、赵、魏、燕、齐五国联合攻伐秦国的应是义渠之戎，而不是匈奴[11]。

刘向《说苑》记载：“燕昭王问于郭隗曰：‘寡人地狭人寡，齐人取蓟八城，匈奴驱

[1] 黄怀信、张懋镕、田旭东撰：《逸周书汇校集注》，上海古籍出版社，1995年，第980、982、983页。

[2] 陈序经：《匈奴史稿》，中国人民大学出版社，2007年，第112页。

[3] “《王会篇》尤怪诞不经。陈直斋曰：‘相传以为孔子删《书》所余，本必然；似战国后人仿效为之。’李巽严曰‘战国处士私相辑缀’。恒按：不止此，殆汉后人所为也”。参见黄云眉：《古今伪书考补证》，商务印书馆，2019年，第53页。按：李巽严为李巽岩。

[4] 陈序经：《匈奴史稿》，中国人民大学出版社，2007年，第112页。

[5] 郭璞传：《山海经》，商务印书馆，1959年，第100页。

[6] 黄云眉：《古今伪书考补证》，商务印书馆，2019年，第182页。

[7] 张心澂编著：《伪书通考》，商务印书馆，1957年修订本，第698—699页。

[8] 《史记》卷五《秦本纪》，中华书局，1959年，第207页。

[9] 《史记》卷一百十《匈奴列传》，中华书局，1959年，第2303页。

[10] 林幹编：《匈奴史料汇编》（上、下），中华书局，1988年，第149页。

[11] 宋新潮：《匈奴早期活动地域考辩》，《民族研究》1993年第6期，第74—80页；林沄：《关于中国的对匈奴族源的考古学研究》，《内蒙古文物考古》1993年第1、2期，第127—141页，又见《林沄学术文集》，中国大百科全书出版社，1998年，第368—386页。

驰楼烦之下，以孤之不肖，得承宗庙，恐危社稷，存之有道乎？’”[1]。此事应发生在公元前311年燕昭王即位之时。

《史记·匈奴列传》：“当是之时，冠带战国七，而三国边于匈奴”[2]。这里的三国当指秦、赵、燕，“当是之时”的年代约在公元前307至前245年之间。该条记载在《资治通鉴》中已改为“天下冠带之国七，而三国边于戎狄。……及战国之末而匈奴始大”[3]。这表明司马光对《史记》的记载持反对意见，他认为匈奴于战国末开始强大。战国时期，燕、赵、秦三国在地域上横跨今辽宁、河北、内蒙古、山西、陕西等省（区）的北方长城地带，这一时期的考古发掘资料显示该地带在战国时期存在着不同的部族，文化面貌呈现出多元化和明显的地区差别。因此，该条记载中的“匈奴”应当是对当时北方民族的泛指。陈序经认为可能是司马迁用他当时通用的名称去追记战国时代的一个外族[4]。

《史记·廉颇蔺相如列传传》记载“单于闻之，大率众来入，李牧多为奇陈，张左右翼击之，大破杀匈奴十余万骑。灭襜褴，破东胡，单于奔走。其后十余岁，匈奴不敢近赵边城”[5]。此事发生在赵孝成王年间（公元前265至前246年）。陈序经推断头曼单于与李牧很可能是同时代的人，他认为被李牧击败而北徙的匈奴单于应当就是头曼，李牧为赵边将时所攻败的北方民族主要就是匈奴[6]。此说具有可信度。

《战国策·燕策》曰：“樊将军亡秦之燕，太子容之。太傅鞫武谏曰：‘不可。夫秦王之暴而积怨于燕，足为寒心，又况闻樊将军之在乎！……愿太子急遣樊将军入匈奴以灭口。请西约三晋，南连齐、楚，北讲于单于，然后乃可图也。’太子丹曰：‘……夫樊将军困穷于天下，归身于丹，丹终不迫于强秦，而弃所哀怜之交，置之匈奴，是丹命固卒之时也。愿太傅更虑之！’”[7]。此事发生于秦王嬴政十九年（公元前228年）。这条记载是目前学界比较公认的关于匈奴的可靠记载。

通过对文献中关于先秦时期匈奴活动的记载的辨析，可以发现，比较确定的匈奴出现在中国北方的时间应该是在头曼单于时期。头曼单于的年代大约与秦王嬴政同时，即战国末期，且匈奴人活动范围在燕赵长城以北地区。这一时期，匈奴逐渐发展壮大，与西邻月氏、东邻东胡并列为三大势力集团。秦统一中国后，匈奴成为秦朝在北方的劲敌。

---

[1] 王天海、杨秀岚译注：《说苑》卷一《君道》，中华书局，2019年，第35页。

[2] 《史记》卷一百十《匈奴列传》，中华书局，1959年，第2886页。

[3] （宋）司马光编著，（元）胡三省音注，“标点资治通鉴小组”校点：《资治通鉴·秦纪》，中华书局，1956年，第207—209页。

[4] 陈序经：《匈奴史稿》，中国人民大学出版社，2007年，第112页。

[5] 《史记》卷八十一《廉颇蔺相如列传》，中华书局，1959年，第2450页。

[6] 陈序经：《匈奴史稿》，中国人民大学出版社，2007年，第174—178页。

[7] （汉）刘向集录，范祥雍笺证：《战国策笺证》，上海古籍出版社，2006年，第1787页。

公元前209年秦朝即将覆灭之际，匈奴在冒顿的带领下步入草原帝国发展时期。综上所析可知，中国北方阴山以南地区的东周考古遗存与匈奴有关的说法得不到文献记载的支持，因此，北方地区东周遗存被称作“先匈奴文化”就失去了文献依据。

三、中国北方地区东周墓葬与匈奴的关系

东周时期，中国北方地区存在着南、北两条文化特征和内涵明显不同的文化带[1]。南文化带包括渭河与泾河流域的关中及周边地区，陕北地区和内蒙古鄂尔多斯市准格尔旗地区，滹沱河流域的山西代县、原平县、定襄县与河北石家庄及保定南部地区，桑干河与洋河流域的山西浑源县、河北张家口地区、北京延庆县地区和滦河中游的河北承德市滦平县地区。北文化带主要包括以陇山为中心的今甘肃秦安县、张家川回族自治县、庆阳地区和宁夏固原地区，鄂尔多斯高原和阴山以南的内蒙古中南部地区及陕北北端。前人的研究相对忽视了南文化带的存在，认为北文化带内的诸考古遗存，尤其是内蒙古中南部地区的考古遗存与匈奴有着密切的关系，被称作“先匈奴文化”“前匈奴文化”或“早期匈奴文化”。既然如此称谓，那就意味着中国北方地区的东周遗存与匈奴帝国时期的考古学文化有着直接的文化渊源。事实果真如此吗？中国北方地区的考古遗存与匈奴文化之间究竟是一种什么样的关系呢？我们将在前文分析论述的基础上，结合文献记载和体质人类学的研究结果，通过墓葬所反映的文化特征和内涵的对比，以及中原国家北扩疆土的历史进程，对中国北方地区东周墓葬与匈奴之间的关系进行深入讨论。

中国北方地区的东周遗存主要为墓葬遗迹，在探讨被称作“先匈奴文化”的北方地区东周墓葬与匈奴墓葬之间的关系之前，我们先要弄清楚匈奴帝国时期墓葬的文化面貌、内涵与特点。经过一个多世纪的风雨历程，俄罗斯、中国、蒙古、法国、德国、奥地利、比利时、美国、瑞士、日本、韩国等多个国家的考古工作者和学者积极投身于匈奴遗存的考古发掘与研究，取得了丰硕的成果，数百座匈奴墓葬被发掘，其中包括带长斜坡墓道的甲字形贵族墓葬和无长斜坡墓道的普通墓葬[2]。由于甲字形贵族墓葬与中国北方地区东周墓葬区别显著，且二者之间有近两百年的时间差距，没有文化上的传承，因此本文主要对比分析匈奴帝国普通墓葬与中国北方地区的东周墓葬。

---

[1] 单月英：《东周秦代中国北方地区考古学文化格局——兼论戎、狄、胡与华夏之间的互动》，《考古学报》2015年第3期，第303—344页。

[2] 匈奴帝国普通墓葬均无长斜坡墓道，包括地表为圆形或方形石封丘的墓葬和地表无标志墓葬，带石封丘的墓葬包括长方形竖穴土坑墓和竖井墓道偏洞墓两种，其中地表为圆形石封丘的长方形竖穴土坑墓数量最多，是匈奴墓葬的主流形制，地表为方形石封丘的墓葬和地表无标志的长方形竖穴土坑墓数量较少。

匈奴帝国时期的普通墓葬流行在地表用石块堆垒圆形封丘，墓葬形制以长方形竖穴土坑墓为主，有些墓葬在头端设置头龛以随葬物品和殉牲，少数墓葬为竖井墓道偏洞墓；盛行单人葬，死者仰身直肢，头向以北、北偏东或北偏西为主，葬具为单木棺或一棺一椁；常见在死者头端随葬物品或殉牲，殉牲以牛、羊的头、蹄或肢体为主；随葬物品包括青铜或铁制的鍑、铁刀、铁短剑、长铁剑、铁镞、鸣镝、弓箭、马具、动物纹青铜带饰、透雕青铜环、各种带扣、串珠、骨筷子、骨勺等，随葬陶器包括装饰波浪纹的大口短颈罐和小口细颈鼓腹罐，小口细颈鼓腹罐多装饰研光暗纹，近底部常有直径约 1 厘米的小孔，陶器底部常见方形戳印（图一）。此外，匈奴长斜坡墓道的墓葬还随葬有中原文化特色的漆器、丝绸、铜镜、钱币等，帝国晚期的墓葬还随葬陶灯、陶灶。整体来看，匈奴考古学文化以鍑、两种陶罐、马具、铁兵器和动物纹饰为核心器物群，具有对早期铁器时代欧亚草原文化的传承，且自身特色鲜明。

确定了匈奴帝国时期普通墓葬的内涵与特征之后，我们对中国北方地区东周墓葬与匈奴的关系展开深入分析如下：

首先我们来看南文化带内诸考古遗存与匈奴之间的关系。目前，南文化带的考古遗存主要为墓葬，主要有甘肃天水谷毛家坪B组遗存[1]、平凉灵台景家庄春秋早期墓[2]、宁县宇村墓[3]；陕西宝鸡西高泉村春秋早期墓M1[4]、甘峪大队春秋早期墓[5]、谭家村春秋早期后段至中期墓M24[6]、益门村M2[7]、凤翔南指挥公社南屯春秋早期墓[8]、凤翔八旗屯BM27[9]、西安阎良战国早期墓[10]、清涧李家崖墓地春秋晚期至战国早期墓[11]、黄陵寨头河墓地[12]；内蒙

[1] 甘肃省文物工作队、北京大学考古系：《甘肃甘谷毛家坪遗址发掘报告》，《考古学报》1987 年第 3 期，第 359—395 页。

[2] 刘得祯、朱建堂：《甘肃灵台景家庄春秋墓》，《考古》1981 年第 4 期，第 298—301 页。

[3] 许俊臣、刘得祯：《甘肃宁县宇村出土西周青铜器》，《考古》1985 年第 4 期，第 349—352 页。

[4] 宝鸡市博物馆、宝鸡县图博馆：《宝鸡县西高泉村春秋秦墓发掘记》，《文物》1980 年第 9 期，第 1—9 页。

[5] 高次若、王桂枝：《宝鸡县甘峪发现一座春秋早期墓葬》，《文博》1988 年第 4 期，第 21 页。

[6] 宝鸡市考古工作队：《宝鸡市谭家村春秋及唐代墓》，《考古》1991 年第 5 期，第 392—399 页。

[7] 宝鸡市考古工作队：《宝鸡市益门村二号春秋墓发掘简报》，《文物》1993 年第 10 期，第 1—14 页。

[8] 高次若、王桂枝：《宝鸡县甘峪发现一座春秋早期墓葬》，《文博》1988 年第 4 期，第 21 页。

[9] 吴镇烽、尚志儒：《陕西凤翔八旗屯秦国墓葬发掘简报》，文物编辑委员会编：《文物资料丛刊（3）》，文物出版社，1980 年，第 67—85 页。

[10] 陈平：《试论宝鸡益门二号墓短剑及有关问题》，《考古》1995 年第 4 期，第 361—375 页。

[11] 陕西省考古研究院：《李家崖》，文物出版社，2013 年。

[12] 陕西省考古研究院、延安市文物研究所、黄陵县旅游文物局：《寨头河——陕西黄陵战国戎人墓地考古发掘报告》，上海古籍出版社，2018 年。

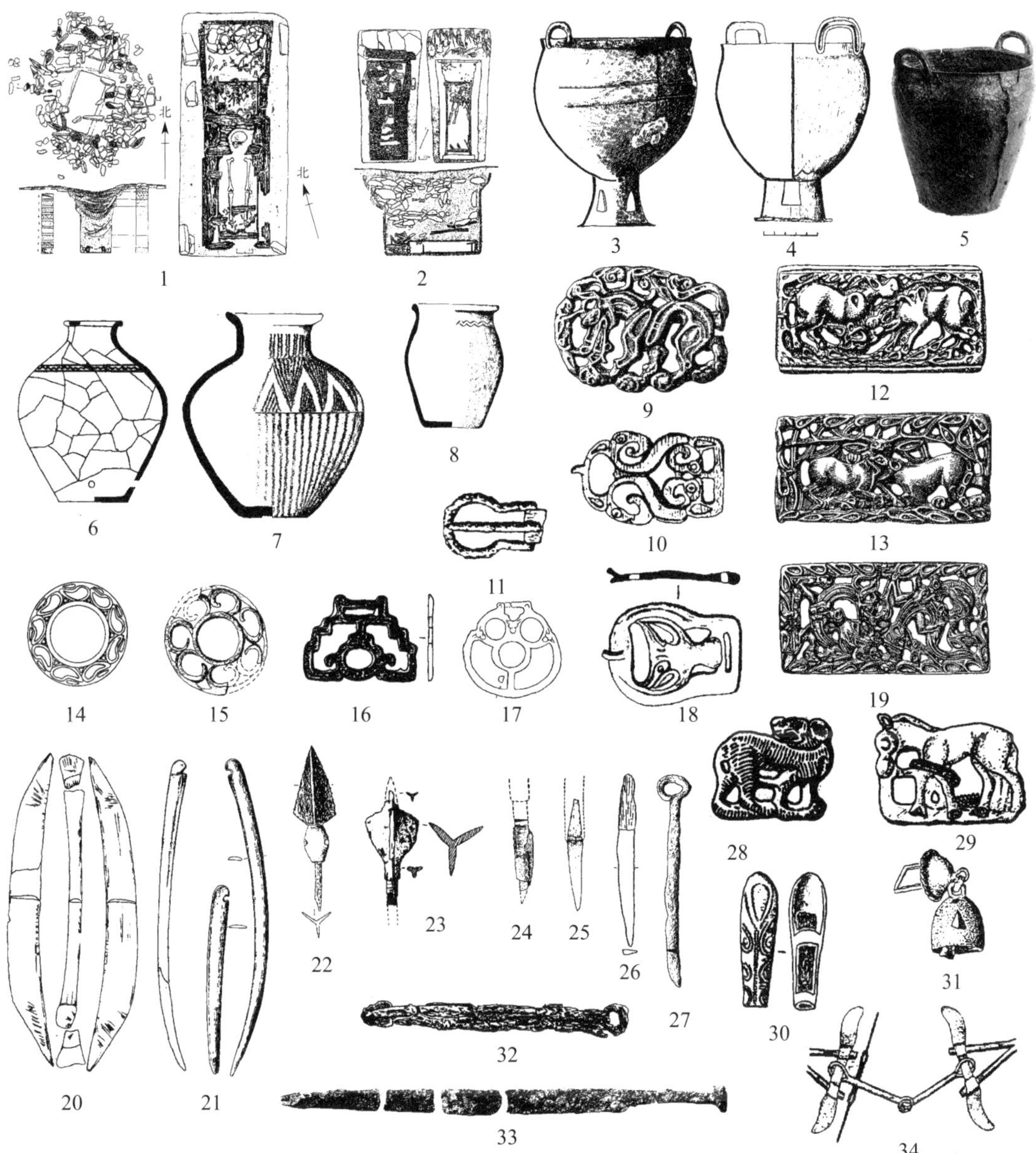

图一 匈奴帝国时期普通墓葬平剖面图及出土遗物

1.切列姆霍夫墓地M40 2.伊里莫瓦墓地M52 3—5.青铜鍑 6—8.陶罐 9—11、18.青铜带扣 12、13、19.青铜腰饰牌 14—17.青铜环 20.骨弓弣 21.骨弓弭 22.鸣镝 23.铁镞 24—27.铁刀 28、29.青铜动物形饰 30.青铜饰 31.青铜铃 32.铁短剑 33.长铁剑 34.铁马镳和马衔（3、17、19、26、32.伊沃尔加墓地，4、7—10、12—16、18、22、27—31、34.德列斯图伊墓地，5、6、20、21.布尔汗陶勒盖墓地，11、23、25.伊里莫瓦墓地，24.切列姆霍夫墓地，33.都勒嘎乌拉墓地）

古鄂尔多斯准格尔旗纳林乡刘家渠村宝亥社[1]；山西代县沙洼村春秋晚期墓葬[2]，原平峙峪村春秋晚期至战国早期墓[3]、刘庄塔岗梁春秋晚期至战国早期墓地[4]、练家岗战国早期墓[5]，定襄中霍村春秋晚期至战国早期墓地[6]、山西浑源李峪村墓地[7]；河北保定唐县北城子春秋晚期至战国初期墓地[8]、钓鱼台墓[9]，石家庄行唐李家庄战国初期墓[10]、庙上村战国早期墓M1和黄龙岗村战国早期墓M2[11]，平山上三汲公社访驾庄北战国前期墓[12]、访驾庄村春秋中晚期墓葬M8002、M8004和战国早期墓M8006与M8221、穆家庄西口战国早期墓M8101和M8102等[13]，新乐中同村战国早期墓[14]，灵寿西岔头村战国前期墓[15]，张家口涿鹿县倒拉嘴春秋晚期墓葬[16]，宣化小白阳墓地[17]，庞家堡区白庙遗址第三类遗存第二、三组和第四、

[1] 伊克昭盟文物工作站：《内蒙古准格尔旗宝亥社发现青铜器》，《文物》1987年第12期，第81—83页。

[2] 贾志强：《无终、楼烦考》，山西省考古学会、山西省考古研究所合编：《山西省考古学会论文集（1）》，山西人民出版社，1992年，第123—132页。

[3] 戴遵德：《原平峙峪出土的东周铜器》，《文物》1972年第4期，第69—71页。

[4] 山西忻州地区文物管理处：《原平县刘庄塔岗梁东周墓》，《文物》1986年第11期，第21—26页；忻州地区文物管理处、原平市博物馆：《山西原平刘庄塔岗梁东周墓》，《文物季刊》1998年第1期，第3—13页。

[5] 李有成：《原平县练家岗战国青铜器》，山西省考古学会、山西省考古研究所合编：《山西省考古学会论文集（1）》，山西人民出版社，1992年，第107—109页。

[6] 李有成：《定襄县中霍村东周墓发掘报告》，《文物》1997年第5期，第4—16页。

[7] 山西省考古研究所：《山西浑源县李峪村东周墓》，《考古》1983年第8期，第695—700页。

[8] 郑绍宗：《唐县南伏城及北城子出土周代青铜器》，《文物春秋》1991年第1期，第14—22页。

[9] 河北省博物馆、文物管理处：《河北省出土文物选集》，文物出版社，1980年。

[10] 郑绍宗：《行唐县李家庄发现战国铜器》，《文物》1963年第4期，第55—56页。

[11] 河北省文物研究所：《行唐县庙上村、黄龙岗出土的战国青铜器》，河北省文物研究所编：《河北省考古文集》，东方出版社，1998年，第199—201页。

[12] 唐云明、王玉文：《河北平山县访驾庄发现战国前期青铜器》，《文物》1978年第2期，第96页。

[13] 河北省文物研究所：《战国中山国灵寿城——1975～1993年考古发掘报告》，文物出版社，2005年。

[14] 石家庄地区文物研究所：《河北新乐县中同村战国墓》，《考古》1984年第11期，第971—973页；河北省文物研究所：《河北新乐中同村发现战国墓》，《文物》1985年第6期，第16—21页。

[15] 文启明：《河北灵寿县西岔头村战国墓》，《文物》1986年第6期，第20—24页。

[16] 陈信：《河北涿鹿县发现春秋晚期墓葬》，《文物春秋》1999年第6期，第31—32页。

[17] 张家口市文物事业管理所、宣化县文化馆：《河北宣化县小白阳墓地发掘报告》，《文物》1987年第5期，第41—51页。

五类遗存[1]，怀来甘子堡墓地[2]、北辛堡墓地[3]，滦平梨树沟门墓地[4]、苘子沟春秋中晚期墓地[5]、虎什哈炮台山墓地[6]；北京延庆军都山葫芦沟墓地、西梁垙墓地和玉皇庙墓地[7]，延庆龙庆峡别墅工程墓地[8]等。

南文化带的考古学文化面貌具有高度的一致性，文化带内诸考古遗存具有以下突出特征：墓葬流行地表无标志的长方形竖穴土坑墓，多东西向，葬具多采用木棺椁，随葬物品中流行高圈足椭方形或圆形青铜鍑、蟠虺纹柄或带简化蟠虺纹格与首的直刃青铜短剑、青铜斧、青铜锛、青铜凿、青铜锥、青铜车軎、青铜车辖、各种青铜车饰、青铜铃、两端带“8”字形环或马镫形环的青铜马衔、金虎形饰、金盘丝螺旋形饰（多为耳饰）、砺石、双耳平底陶罐、三足陶罐等（图二），还有中原特色的大环首青铜削刀和青铜礼器（图三）。这种以高圈足圆角长方形或圆形铜鍑、蟠虺纹柄或带简化蟠虺纹格与首的铜短剑、两端带“8”字形环或马镫形环的铜马衔、虎形饰、盘丝螺旋形饰、铜车器、车载工具和三足陶罐等构成的器物群，与同时期欧亚草原盛行的“兵器、马具和动物纹艺术”三要素文化有很大的不同，表明南文化带并不属于欧亚草原早期铁器时代文化的一部分，而是欧亚草原文化与中原文化之间过渡地带特有的一种文化[9]。这些遗存是当时生活在中原诸国北面的戎狄部族的遗存，它们与中原文化有着较多的交流与融合。这里人们的体质特征主要是以蒙古人种古华北类型为主。南文化带在战国早中期就已基本被中原国家占领，其内部的考古遗存的文化面貌在战国中期开始发生明显变化，至战国中晚期之际，当地文化被中原文化所同化，南文化带消失。

对比南文化带内诸考古遗存和匈奴核心器物群可知，南文化带的上述特征不见于目

---

[1] 张家口市文物事业管理所：《张家口市白庙遗址清理简报》，《文物》1985年第10期，第23—30页。

[2] 贺勇、刘建中：《河北怀来甘子堡发现的春秋墓群》，《文物春秋》1993年第2期，第23—40、75页。

[3] 河北省文化局文物工作队：《河北怀来北辛堡战国墓》，《考古》1966年第5期，第231—242页。

[4] 承德地区文物保护管理所、滦平县文物保护管理所：《河北省滦平县梨树沟门墓群清理发掘简报》，《文物春秋》1994年第2期，第15—30页；滦平县博物馆：《河北省滦平县梨树沟门山戎墓地清理简报》，《考古与文物》1995年第5期，第8—15页。

[5] 郑绍宗：《中国北方青铜短剑的分期及形制研究》，《文物》1984年第2期，第37—49页。

[6] 河北省文物研究所、承德地区文化局、滦平县文物管理所：《滦平县虎什哈炮台山山戎墓地的发现》，文物编辑委员会编：《文物资料丛刊（7）》，文物出版社，1983年，第67—74页。

[7] 北京市文物研究所山戎文化考古队：《北京延庆军都山东周山戎部落墓地发掘纪略》，《文物》1989年，第8期，第17—35、43页；北京市文物研究所：《军都山墓地·玉皇庙》，文物出版社，2007年。

[8] 北京市文物研究所：《龙庆峡别墅工程中发现的春秋时期墓葬》，北京市文物研究所编：《北京文物与考古（第四辑）》，1994年，第32—45页。

[9] 单月英：《东周秦代中国北方地区考古学文化格局——兼论戎、狄、胡与华夏之间的互动》，《考古学报》2015年第3期，第303—344页。

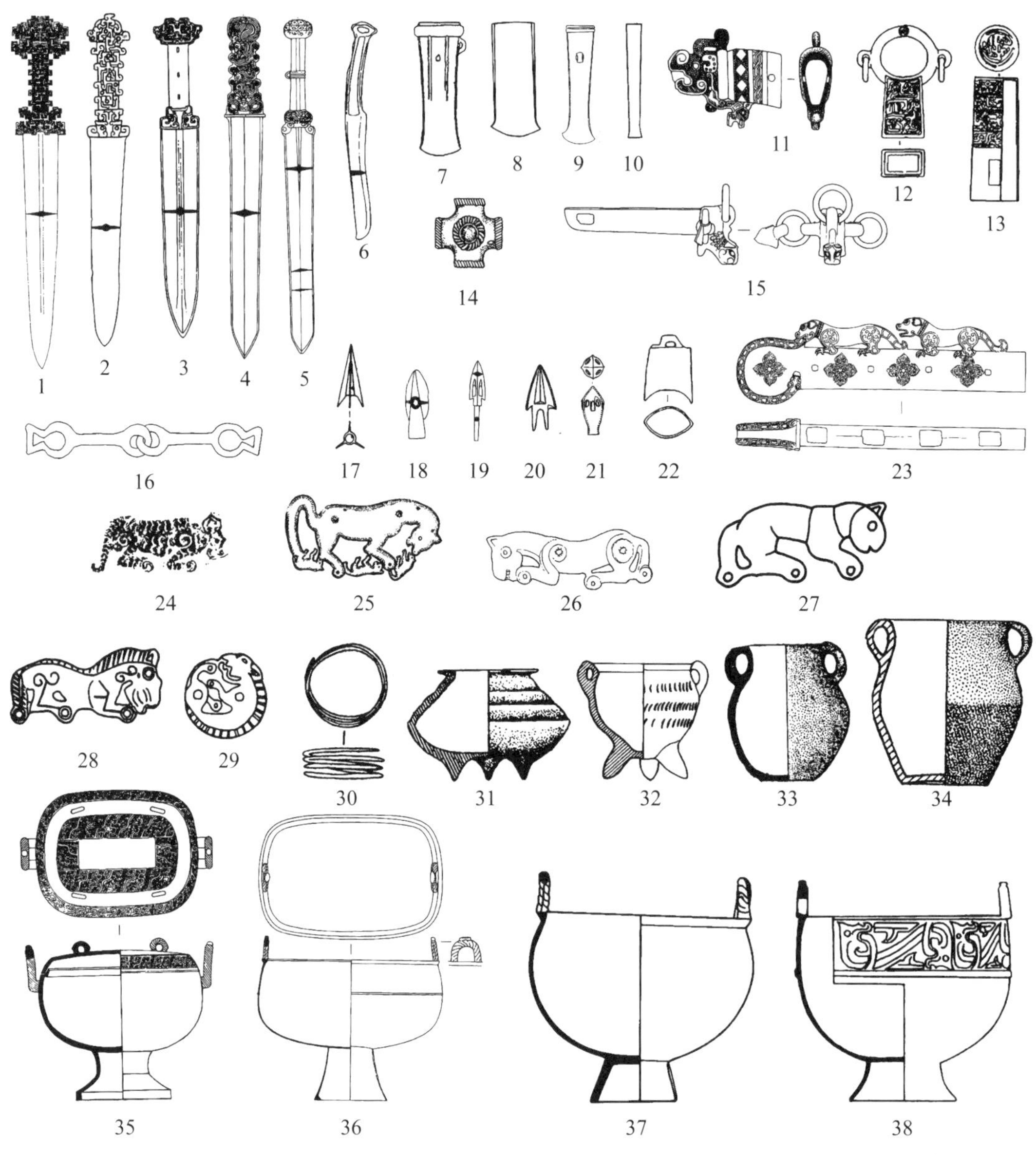

图二　南文化带墓葬出土遗物

1.金柄铁短剑　2—5.青铜短剑　6.青铜刀　7、8.青铜斧　9.青铜锛　10.青铜凿　11.青铜軏　12、23.青铜车饰　13.青铜车軎　14.青铜节约　15.青铜车辖　16.青铜马衔　17—21.青铜镞　22.青铜铃　24.青铜虎形饰　25—27.金虎形饰　28.青铜马形饰　29.青铜虎形扣饰　30.金盘丝螺旋形饰　31—34.陶罐　35—38.青铜鍑（1.益门村M2，2、8.八旗屯BM27，3、9.米脂征集，4.穆家庄M810，5、18、27—29、32、37.玉皇庙墓地，6.神木纳林高兔，7、12、13、22.景家庄墓葬，10、19.访驾庄M8004，11、14、35.塔岗梁墓地，15.延长张家滩乡斗嘴村，16.练家岗M2，17.小白阳墓地，20.榆林征集，21、26、36.绥德征集，23.延川高家屯碾流湾，24.宇村墓葬，25.中同村M2，30.龙庆峡别墅工程墓地，31.西高泉村M1，33.白庙遗址，34.毛家坪B组遗存，38.凤翔东社）

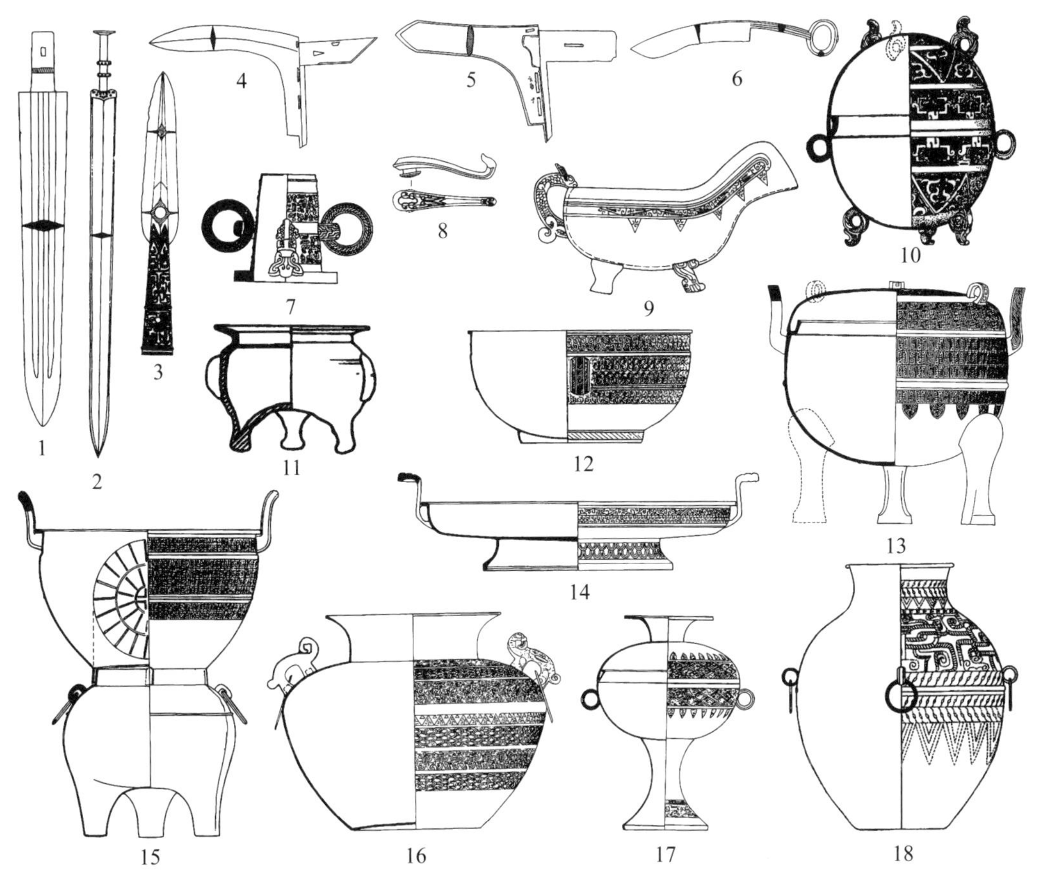

图三　南文化带诸遗存出土的中原文化特色的青铜器

1、2.剑　3.矛　4、5.戈　6.削刀　7.车軎　8.带钩　9.匜　10.敦　11.鬲　12.舟　13.鼎　14.盘　15.甗　16.罍　17.豆　18.缶（1.访驾庄M8221，2、8、12、17.塔岗梁墓地，3.八旗屯BM27，4、7、18.北辛堡墓地，6、9、14、16.玉皇庙墓地，10.炮台山墓地，11.甘子堡墓地，13.穆家庄M8101，15.中霍村墓葬）

前已发现的匈奴考古遗存，二者的核心器物群有明显的区别。南文化带内诸考古遗存的年代比匈奴考古遗存早数百年，而且这里生活的主体人群体质特征属古华北类型[1]，与匈奴人以北亚类型为主的体质特征亦不相同。林沄认为中国北方地区先秦时期的戎狄与胡没有关系，戎狄并非战国时出现的胡的祖先[2]。因此，戎狄更不可能是匈奴的祖先。很显

[1] 潘其风：《从颅骨资料看匈奴的人种》，《中国考古学研究》编委会：《中国考古学研究——夏鼐先生考古五十年纪念论文集（二集）》，科学出版社，1986 年，第 292—301 页；《北京石景山区八角村魏晋壁画墓出土人骨的观察研究》，《文物》2001 年第 4 期，第 92—95 页；张全超：《内蒙古和林格尔县新店子墓地人骨研究》，科学出版社，2010 年。

[2] 林沄：《戎狄非胡论》，吕绍刚编：《金景芳九五诞辰纪念文集》，吉林文史出版社，1996 年，第 101—108 页。

然，南文化带内的诸考古遗存与匈奴没有联系。

我们继续分析北文化带考古遗存与匈奴的关系。笔者把北文化带内的诸考古遗存在时间上划分为三个发展阶段：第一阶段为春秋中晚期至战国中期前段（约公元前 7 世纪末至前 4 世纪中期），第二阶段为战国中期晚段至战国晚期（约公元前 4 世纪晚期至前 3 世纪中期），第三阶段为战国末至秦代（约公元前 3 世纪中晚期）；在地域上把它们划分为四个区：以陇山为中心的甘肃东南部和宁夏南部地区、鄂尔多斯高原地带、阴山以南土默川平原和浑河流域丘陵地带、蛮汗山南北及岱海盆地[1]。下面我们将分阶段对各区的考古遗存与匈奴考古学文化的关系进行分析。

第一阶段（春秋中晚期至战国中期前段）是北文化带最兴盛的时期，整个文化带都发现有这一阶段的考古遗存，主要有甘肃庆阳镇原县庙渠村墓、红岩村墓葬和葬马坑、庆阳李沟村墓[2]、庆阳城北五里坡葬马坑[3]、秦安出土铜器地点王窑公社山王家、城关公社和莲花公社[4]；宁夏固原西郊公社鸦儿沟墓地[5]、彭堡撒门村墓地M2和M3[6]、石喇村墓[7]、彭堡于家庄墓地部分墓葬[8]、杨郎马庄墓地部分墓葬[9]、河川阳洼村墓、杨郎大北山墓[10]、彭阳交岔乡苋麻村墓、白草洼村墓、白岔村墓[11]、王大户墓地部分墓和九龙山墓地部分墓[12]；

[1] 单月英：《东周秦代中国北方地区考古学文化格局——兼论戎、狄、胡与华夏之间的互动》，《考古学报》2015 年第 3 期，第 303—344 页。

[2] 刘得祯、许俊臣：《甘肃庆阳春秋战国墓葬的清理》，《考古》1988 年第 5 期，第 413—424 页。

[3] 庆阳地区博物馆、庆阳县博物馆：《甘肃庆阳城北发现战国时期葬马坑》，《考古》1988 年第 9 期，第 852、860 页。

[4] 秦安县文化馆：《秦安县历年出土的北方系青铜器》，《文物》1986 年第 2 期，第 40—43 页。

[5] 钟侃：《宁夏固原县出土文物》，《文物》1978 年第 12 期，第 86—90 页。

[6] 罗丰、韩孔乐：《宁夏固原近年发现的北方系青铜器》，《考古》1990 年第 5 期，第 403—418 页。

[7] 罗丰：《宁夏固原石喇村发现一座战国墓》，《考古》编辑部编：《考古学集刊（3）》，中国社会科学出版社，1983 年，第 130—142 页。

[8] 宁夏文物考古研究所：《宁夏彭堡于家庄墓地》，《考古学报》1995 年第 1 期，79—107 页。

[9] 宁夏文物考古研究所、宁夏固原博物馆：《宁夏固原杨郎青铜文化墓地》，《考古学报》1993 年第 1 期，第 13—56 页。

[10] 钟侃、韩孔乐：《宁夏南部春秋战国时期的青铜文化》，中国考古学会编辑：《中国考古学会第四次年会论文集》，文物出版社，1985 年，第 203—213 页。

[11] 杨宁国、祁悦章：《宁夏彭阳县近年出土的北方系青铜器》，《考古》1999 年第 12 期，第 28—37 页。

[12] 宁夏文物考古研究所、彭阳县文物管理所：《王大户与九龙山——北方青铜文化墓地》（上、下），文物出版社，2016 年。

内蒙古杭锦旗桃红巴拉墓地和公苏壕M1[1]、伊金霍洛旗明安木独墓葬[2]和准格尔旗西沟畔墓地M3[3]、包头西园墓地[4]、范家窑子墓[5]、水涧沟门墓[6]、清水河县阳畔墓地[7]、清水河西嘴子墓地[8]、和林格尔县新店子墓地[9]、凉城县崞县窑子墓地[10]、忻州窑子墓地[11]、小双古城墓地[12]和毛庆沟墓地东西向墓[13]等。

该阶段的墓葬均地表无标志，甘肃和宁夏地区的墓葬流行竖井墓道偏洞墓，内蒙古地区的墓葬主要为长方形竖穴土坑墓，也有竖井墓道的偏洞墓，除极个别墓葬外，其他的墓葬均无葬具；死者流行单人葬，仰身直肢为主，除鄂尔多斯高原地区的死者头朝北外，其他地区死者头向多朝东方；盛行以羊、牛、马的头和蹄殉葬；随葬物品为实用的兵器、工具、马具、装饰用品等，陶器主要为单耳罐和双耳罐，其中以触角式青铜短剑和环首青铜短剑、柄端带钉孔的弧背凹刃青铜刀、青铜鹤嘴斧、青铜马衔、青铜节约、各种青铜带扣、云纹青铜牌饰、鸟首纹青铜饰、管形青铜饰、兽首形青铜饰、十字形青

---

[1] 田广金：《桃红巴拉匈奴墓》，《考古学报》1976年第1期，131—143页；田广金：《桃红巴拉墓群》，内蒙古自治区文物工作队田广金、郭素新编著：《鄂尔多斯式青铜器》，文物出版社，1986年，第203—219页。

[2] 伊克昭盟文物工作站、伊金霍洛旗文物保护管理所：《内蒙古伊金霍洛旗匈奴墓》，《文物》1992年第5期，第79—81页。

[3] 伊克昭盟文物工作站、内蒙古文物工作队：《西沟畔匈奴墓》，《文物》1980年第7期，第1—10页。

[4] 内蒙古文物考古研究所、包头市文物管理处：《包头西园春秋墓地》，《内蒙古文物考古》1991年第1期，第13—24页。

[5] 李逸友：《内蒙古和林格尔县出土的铜器》，《文物》1959年第6期，封三；李逸友：《和林格尔县范家窑子出土的铜器》，内蒙古自治区文物工作队田广金、郭素新编著：《鄂尔多斯式青铜器》，文物出版社，1986年，第222页。

[6] 郑隆：《大青山下发现一批铜器》，《文物》1965年第2期，50—51页；郑隆：《水涧沟门墓》，内蒙古自治区文物工作队田广金、郭素新编著：《鄂尔多斯式青铜器》，文物出版社，1986年，第220—221页。

[7] 曹建恩：《内蒙古中南部商周考古研究的新进展》，《内蒙古文物考古》2006年第2期，第16—26页。

[8] 张全超：《内蒙古和林格尔县新店子墓地人骨研究》，科学出版社，2010年。

[9] 内蒙古文物考古研究所：《内蒙古和林格尔县新店子墓地发掘简报》，《考古》2009年第3期，第3—13页。

[10] 内蒙古文物考古研究所：《凉城崞县窑子墓地》，《考古学报》1989年第1期，第57—81页。

[11] 内蒙古文物考古研究所：《内蒙古凉城县忻州窑子墓地发掘简报》，《考古》2009年第3期，第28—47页。

[12] 内蒙古文物考古研究所：《内蒙古凉城县小双古城墓地发掘简报》，《考古》2009年第3期，第15—26页。

[13] 内蒙古文物工作队：《毛庆沟墓地》，内蒙古自治区文物工作队田广金、郭素新编著：《鄂尔多斯式青铜器》，文物出版社，1986年，第227—315页。

铜饰、联珠形青铜饰、铃形青铜饰、镜形青铜饰、铜针管等最具特色，也有少量的铁短剑、鹤嘴斧等（图四）。有少数青铜戈，不见中原文化特色的青铜容器。概括来说，第一阶段（春秋中晚期至战国中期前段），北文化带内诸考古遗存以青铜兵器、动物纹饰和马具为核心器物群，文化特征和内涵与欧亚草原早期铁器时代的考古学文化“兵器、马具、动物纹艺术”大体一致，表明北文化带属欧亚草原文化的组成部分。此时，在北文化带内生活的人群体质特征有所不同，其中在以陇山为中心的甘肃东南部和宁夏南部地区、鄂尔多斯高原地带、阴山以南土默川平原和浑河流域丘陵地带生活的人群体质特征以蒙古人种北亚类型为主，在蛮汗山南北及岱海盆地生活的人群体质特征有北亚类型、古华北类型和古中原类型三种类型[1]。

从文化特征和内涵上看，第一阶段北文化带内的诸考古遗存除了用牛、马、羊的头和蹄殉葬习俗以及鄂尔多斯高原地区的墓葬为南北向与匈奴的有相似之处外，其他主要的埋葬习俗、陶器、兵器、装饰用品等均与匈奴帝国时期墓葬不同，尤其二者的核心器物群也存在显著差异，北文化带没有鍑，陶器也与匈奴的完全不同。草原人群以牛、马、羊的头蹄殉葬是早期铁器时代欧亚草原文化流行的埋葬习俗，是因为相同或相似地理环境、生业模式导致人们行为意识和观念的趋同，同为草原人群的北文化带的戎胡与匈奴人自然也不例外。因此，以牛、马、羊的头蹄殉葬并不能把北文化带的考古遗存与匈奴紧密联系在一起。南北向墓葬在中原文化中也很普遍，单纯的墓葬方向亦不能用来说明问题。由是，我们认为把第一阶段北文化带诸考古遗存与匈奴联系起来尚缺乏有力的考古证据。另外，第一阶段在北文化带内部生活的部族林立，该阶段距离匈奴帝国的崛起有数百年的时间差距，而且草原人群在族群认同和文化认同上常存在较大的变易性，把匈奴考古学文化的渊源上溯至过于久远的年代比较危险，笔者认为不宜把北文化带内第一阶段的考古遗存与匈奴考古学文化直接联系在一起。

第二阶段（战国中期晚段至战国晚期）北文化带的阴山以南土默川平原和浑河流域丘陵地带及蛮汗山南北及岱海盆地已被赵国占领，赵国在这两区的北缘修建了长城。考古发掘证实，目前，在阴山以南土默川平原和浑河流域丘陵地带及蛮汗山南北及岱海盆地尚未发现第二阶段的北方文化特色考古遗存，该地区被中原文化的城址、墓葬遗迹等

[1] 潘其风、韩康信：《内蒙古桃红巴拉古墓和青海大通匈奴墓人骨的研究》，《考古》1984 年第 4 期，第 367—375 页；潘其风：《毛庆沟墓葬人骨的研究》，内蒙古自治区文物工作队田广金、郭素新编著：《鄂尔多斯式青铜器》，文物出版社，1986 年，第 316—341 页；朱泓：《内蒙古凉城东周时期墓葬人骨研究》，《考古》编辑部编：《考古学集刊（第 7 集）》，科学出版社，1991 年，第 169—191 页；韩康信：《宁夏彭堡于家庄墓地人骨种系特点之研究》，《考古学报》1995 年第 1 期，第 109—124 页；张全超、朱泓：《内蒙古和林格尔县新店子墓地人骨研究》，《考古》2009 年第 3 期，第 13—14 页；张全超：《内蒙古和林格尔县新店子墓地人骨研究》，科学出版社，2010 年。

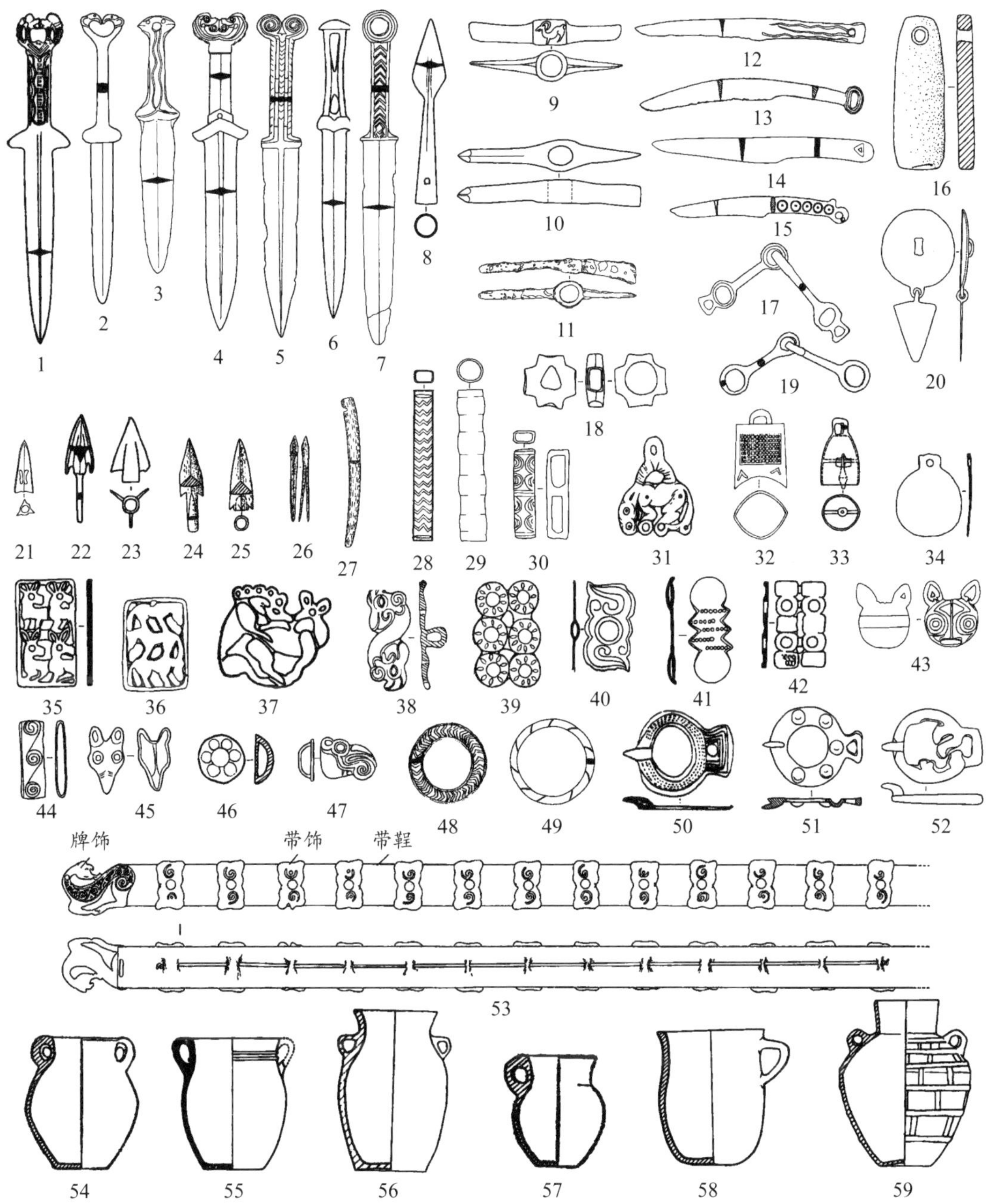

图四 北文化带春秋中晚期至战国中期早段墓葬出土遗物

1—7.青铜短剑 8.青铜矛 9、10.青铜鹤嘴斧 11.铁鹤嘴斧 12—15.青铜刀 16.砺石 17、19.青铜马衔 18.青铜节约 20.青铜马面饰 21—23.青铜镞 24—26.骨镞 27.骨弓弭 28、29.青铜针管 30、31、35—47.青铜饰 32、33.青铜铃 34.青铜镜形饰 48、49.青铜环 50—52.青铜带扣 53.腰带 54—58.陶罐（1、27.撒门村M3，2.公苏壕M1，3、12、21.西沟畔M3，4、5、11、19、46、51.毛庆沟墓地东西向墓葬，6、22.崽麻村M2，7、16、18、24、25、29、41、43、44、49、52.新店子墓地，8.白草洼村M2，9.庙渠村M2，10、20、30、36、45、57.桃红巴拉墓地，13.阳畔墓地，14.水涧沟门墓葬，15.莲花公社，17、23、28、40、54.马庄墓地，26、53、56.崞县窑子墓地，31.西园墓地，32、48、50、55.明安木独墓葬，33—35、42、47、58.忻州窑子墓地，37—39.于家庄墓地，53.王大户墓地）

占据。这些中原文化特色的遗存均分布在赵国长城以南，包括内蒙古包头市二〇八墓地[1]、托克托古城村古城遗址[2]、清水河城嘴子遗址[3]和王桂窑乡后城嘴墓地[4]、和林格尔新店子乡将军沟墓地[5]、土城子村古城外围战国晚期墓[6]、卓资城卜子古城遗址[7]、乌兰察布盟察右前旗呼和乌苏墓地[8]、丰镇黑圪塔洼乡十一窑子村墓地[9]等。在古城村古城遗址出土有饰绳纹的陶釜残口部、带铤铜镞、残铜刀币和瓦当。城卜子古城遗址出土物以陶器为主，生活用器主要有盆、罐、碗、豆、瓮、陶拍、纺轮等，建筑构件有板瓦、筒瓦和瓦当，另外还有少量的铜镞和铜布币。城嘴子遗址包含有房址、灰坑、陶窑和墓葬，出土陶器有罐、盆、釜、碗、豆、高领瓮等，石器有石斧、石杵、石锄、石刀等，还有铜带钩、铁刀、铁铲、蚌刮刀、骨锥等。该地区发现的几处墓地墓葬绝大多数为长方形土坑竖穴墓，以南北向为多，也有东西向的，少数墓葬带有头龛；葬具以木棺为主，也有一棺一椁，少数墓葬使用瓮棺，有的墓葬无葬具；死者以仰身直肢为主，少数死者葬式为仰身屈肢、侧身屈肢等；这些墓地随葬物品比较简单，主要有铜剑、铜戈、铜镞、铜带钩、铜环、玛瑙环、玉璧、陶罐和陶壶等。土城子古城外围战国晚期墓葬中出土仿铜陶礼器鼎、豆、壶、盘、樽外，其他墓地随葬陶器主要有陶罐（图五）。毛庆沟墓地第一阶段具有北方文化特色的东西向墓葬被具有中原文化特色的南北向墓葬所代替，表明在战国中期晚段中原人已开始在这里生活。考古发掘材料证明，在战国中期晚段至战国晚期，北文化带阴山以南土默川平原和浑河流域丘陵地带及蛮汗山南北及岱海盆地地区的主导文化已变成中原文化。

---

[1]　包头市文物管理处：《包头市二〇八墓地》，《内蒙古文物考古》1997 年第 2 期，第 72—74、79 页。

[2]　内蒙古自治区文物考古研究所、托克托县博物馆：《托克托县古城村遗址发掘报告》，内蒙古自治区文物考古研究所编，陈永志主编：《内蒙古文物考古文集（第三辑）》，科学出版社，2004 年，第 218—261 页。

[3]　内蒙古自治区文物考古研究所：《清水河县城嘴子遗址发掘报告》，内蒙古自治区文物考古研究所编，陈永志主编：《内蒙古文物考古文集（第三辑）》，科学出版社，2004 年，第 81—128 页

[4]　张全超：《内蒙古和林格尔县新店子墓地人骨研究》，科学出版社，2010 年，第 65 页。

[5]　张全超：《内蒙古和林格尔县新店子墓地人骨研究》，科学出版社，2010 年，第 58 页。

[6]　内蒙古文物考古研究所：《和林格尔县土城子古城考古发掘主要收获》，《内蒙古文物考古》2006 年第 1 期，第 9—16 页。

[7]　内蒙古自治区文物考古研究所、乌兰察布博物馆：《卓资县城卜子古城遗址调查发掘简报》，内蒙古自治区文物考古研究所编，陈永志主编：《内蒙古文物考古文集（第三辑）》，科学出版社，2004 年，第 129—143 页。

[8]　曹建恩：《察右前旗呼和乌苏战国汉代北魏墓葬》，中国考古学会编：《中国考古学年鉴（1996）》，文物出版社，1998 年，第 110 页。

[9]　乌兰察布博物馆：《内蒙古丰镇市十一窑子战国墓》，《考古》2003 年第 1 期，第 44—48 页。

第二阶段，北文化带剩余的以陇山为中心的甘肃东南部、宁夏南部地区和鄂尔多斯高原地带的大部分地区也被秦国占领，主要遗存有甘肃天水张家川马家塬墓地[1]、庆阳宁县袁家村墓葬和葬马坑、出土铜器地点塌头和冯堡、正宁后庄村墓葬和葬马坑、镇原出土铜器地点吴家沟圈[2]、秦安出土铜器地点千户公社[3]；宁夏固原撒门村墓地和撒门村M1、侯磨村墓[4]、河川乡吕坪村墓[5]、彭堡于家庄墓地NM3、SM4、M5、M16等[6]、杨郎马庄墓地ⅠM1、IM7、ⅠM12、ⅡM14、ⅡM17、ⅢM1、ⅢM3、ⅢM4、ⅢM5等[7]、头营平乐村墓、出土铜器地点沟口村[8]、杨郎蒋河村墓[9]、西吉陈阳川村墓地[10]、隆德温堡乡吴沟村墓、沙塘乡机砖厂北塬头墓[11]、彭阳张街村墓地1987年和1998年发掘的M1—M6[12]、王大户墓地部分墓、中庄墓地和九龙山墓地部分墓[13]、刘塬乡米塬村墓、古城乡店洼村墓、古城村

---

[1] 甘肃省文物考古研究所、张家川回族自治县博物馆：《2006年度甘肃张家川回族自治县马家塬战国墓地发掘简报》，《文物》2008年第9期，第4—28页；早期秦文化联合考古队、张家川回族自治县博物馆：《张家川马家塬战国墓地2007～2008年发掘简报》，《文物》2009年第10期，第25—51页；早期秦文化联合考古队、张家川回族自治县博物馆：《张家川马家塬战国墓地2008～2009年发掘简报》，《文物》2010年第10期，第4—26页；早期秦文化联合考古队、张家川回族自治县博物馆：《张家川马家塬战国墓地2010～2011年发掘简报》，《文物》2012年第8期，第4—26页。

[2] 刘得祯、许俊臣：《甘肃庆阳春秋战国墓葬的清理》，《考古》1988年第5期，第413—424页。

[3] 秦安县文化馆：《秦安县历年出土的北方系青铜器》，《文物》1986年第2期，第40—43页。

[4] 罗丰、韩孔乐：《宁夏固原近年发现的北方系青铜器》，《考古》1990年第5期，第403—418页。

[5] 固原博物馆：《宁夏固原吕坪村发现一座东周墓》，《考古》1992年第5期，第469—470页。

[6] 宁夏文物考古研究所：《宁夏彭堡于家庄墓地》，《考古学报》1995年第1期，第79—107页。

[7] 宁夏文物考古研究所、宁夏固原博物馆：《宁夏固原杨郎青铜文化墓地》，《考古学报》1993年第1期，第13—56页。

[8] 钟侃、韩孔乐：《宁夏南部春秋战国时期的青铜文化》，中国考古学会编：《中国考古学会第四次年会论文集》，文物出版社，1985年，第203—213页。

[9] 钟侃：《宁夏固原县出土文物》，《文物》1978年第12期，第86—90页。

[10] 罗丰、韩孔乐：《宁夏固原近年发现的北方系青铜器》，《考古》1990年第5期，第403—418页；延世忠、李怀仁：《宁夏西吉发现一座青铜时代墓葬》，《考古》1992年第6期，第573—575页；宁夏文物考古所、西吉县文管所：《西吉县陈阳川墓地发掘简报》，《宁夏考古文集》，宁夏人民出版社，1994年，第61—70页。

[11] 隆德县文管所王全甲：《隆德县出土的匈奴文物》，《考古与文物》1990年第2期，第5—7页。

[12] 杨宁国、祁悦章：《宁夏彭阳县近年出土的北方系青铜器》，《考古》1999年第12期，第28—37页；宁夏回族自治区文物考古研究所、彭阳县文物站：《宁夏彭阳县张街村春秋战国墓地》，《考古》2002年第8期，第14—24页。

[13] 宁夏文物考古研究所、彭阳县文物管理所：《王大户与九龙山——北方青铜文化墓地》，文物出版社，2016年。

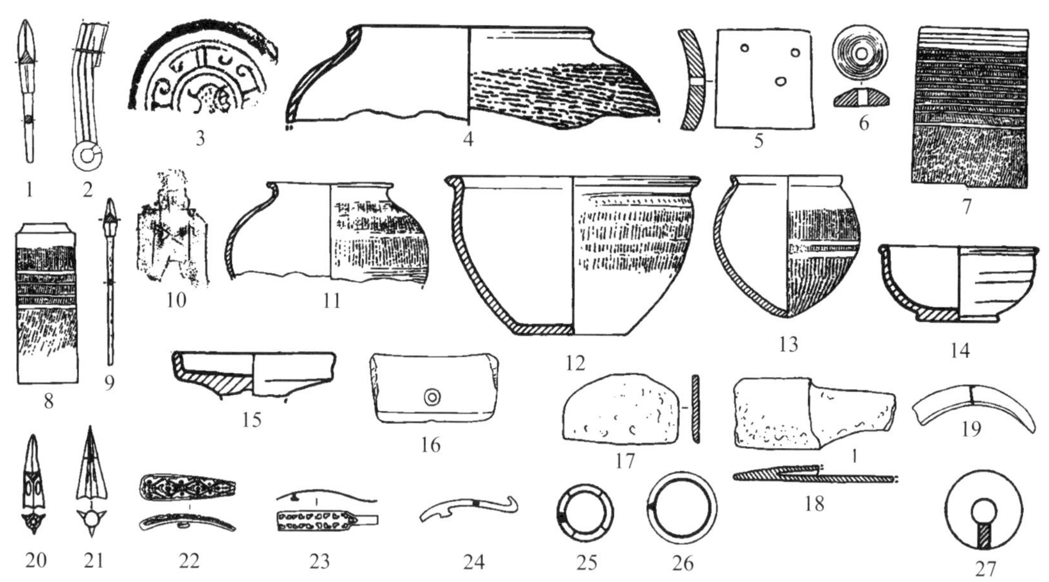

图五　北文化带战国晚期中原文化遗存出土遗物

1、20、21.青铜镞　2.青铜刀币　3.陶瓦当　4.陶瓮　5.陶拍　6.陶纺轮　7.陶板瓦　8.陶筒瓦　10.青铜布币　11.陶罐　12.陶盆　13.陶釜　14.陶碗　15.陶豆　16.石刀　17.铁刀　18.铁铲　19.蚌刮刀　22—24.青铜带钩　25.青铜环　26.玛瑙环　27.玉璧（1—3.古城村古城遗址，4—10.城卜子古城遗址，11—19.城嘴子战国遗存，20、25、27.十一窑子墓地，21—24、26.二〇八墓地）

墓[1]、新集白杨林村墓[2]；内蒙古准格尔旗玉隆太墓[3]、速机沟窖藏[4]、瓦尔吐沟墓[5]；陕西神木李家畔墓和中沟墓[6]、永兴乡店塔村墓[7]等。

虽然以陇山为中心的甘肃东南部、宁夏南部地区和鄂尔多斯高原地带遗存的文化面貌还保持着较明显的草原文化特色，但是其文化特征已经发生了变化，第一阶段最具草原文化特色的兵器锐减，象征财富的殉牲数量增加，标识死者身份与社会地位的华丽车驾和车马器以及非普通牧人所能佩带的不规则形状腰饰牌开始流行，这样的文化内涵已

[1]　杨宁国、祁悦章：《宁夏彭阳县近年出土的北方系青铜器》，《考古》1999年第12期，第28—37页。

[2]　罗丰、韩孔乐：《宁夏固原近年发现的北方系青铜器》，《考古》1990年第5期，第403—418页。

[3]　内蒙古博物馆、内蒙古文物工作队：《内蒙古准格尔旗玉隆太的匈奴墓》，《考古》1977年第2期，第111—114页；内蒙古博物馆、内蒙古文物工作队：《玉隆太战国墓》，内蒙古自治区文物工作队田广金、郭素新编著：《鄂尔多斯式青铜器》，文物出版社，1986年，第366—371页。

[4]　盖山林：《内蒙古自治区准格尔旗速机沟出土一批铜器》，《文物》1965年第2期，第44—46页，又见盖山林：《准格尔旗速机沟出土的铜器》，内蒙古自治区文物工作队田广金、郭素新编著：《鄂尔多斯式青铜器》，文物出版社，1986年，第372—374页。

[5]　内蒙古文物工作队：《内蒙古出土文物选集》，文物出版社，1963年，图80—83。

[6]　戴应新、孙嘉祥：《陕西神木县出土匈奴文物》，《文物》1983年第12期，第23—30页。

[7]　曹玮主编：《陕北出土青铜器》，四川出版集团、巴蜀书社，2009年。

经游离于欧亚草原的“兵器、马具、动物纹艺术”三要素之外，成为一种以车驾和车马器为核心的具有独特特征的地域性文化（图六）。而这一阶段北文化带内以铜礼器和铜兵器为代表的中原文化物品开始增加。北文化带以陇山为中心的甘肃东南部、宁夏南部地区和鄂尔多斯高原地带的文化特征和内涵所发生的变化与秦国对这里的统治和管理有密切关系。

战国中期晚段至战国晚期，北文化带以陇山为中心的甘肃东南部、宁夏南部地区和鄂尔多斯高原地带的考古遗存的文化特征和内涵已经转变成以圆雕动物形车马器为核心，与匈奴帝国时期以鍑、陶罐、铁兵器、马具、动物纹饰为核心的器物群完全不同。这一阶段在以陇山为中心的甘肃东南部、宁夏南部地区生活的人群被学界推定为包括义渠和乌氏在内的戎人，他们不是匈奴本体的前身[1]，当然他们创造的考古学文化也不能被当作是匈奴文化的前身。该阶段在鄂尔多斯高原地带生活的人群是林胡？楼烦？还是胡？《史记·赵世家》记载赵武灵王“二十年，王略中山地，至宁葭；西略胡地，至榆中，林胡王献马”[2]。榆中即是今天的鄂尔多斯市准格尔旗北部[3]，表明榆中及其周围地区应是林胡生活的地域。《史记·匈奴列传》又载：匈奴冒顿单于击灭东胡后，“西击走月氏，南并楼烦、白羊河南王”[4]。由此可推测，战国时期在鄂尔多斯高原地区生活的人群应当主要是林胡和楼烦部族，他们在冒顿时才并入匈奴，表明秦代之前，林胡和楼烦与匈奴没有关系。战国中期晚段至战国晚期，鄂尔多斯高原地区无论从文化特征和内涵还是人群所属部族上看，都与匈奴明显有别，这里的考古遗存如玉隆太墓、速机沟窖藏、瓦尔吐沟墓、李家畔墓和中沟墓等均与匈奴无关，更谈不上是“先匈奴文化”“前匈奴文化”或“早期匈奴文化”的遗存。

第三阶段（战国末至秦代），北文化带内已经不见一般牧人的普通墓葬，中原文化的墓葬和城址在这里有较多的发现。墓葬出土物显示当地草原传统文化消失殆尽，只残留有少量的殉牲习俗。当地普通牧人已经与迁居至此的中原人相融合，二者从埋葬习俗和随葬物品上已经难以区分。目前发现的几处都是以大量贵重金银制品随葬的当地高级贵族或部族首领的墓葬和金银器窖藏，主要有宁夏固原三营红庄墓和头营平乐墓[5]、中河乡

[1] 林沄：《关于中国的对匈奴族源的考古学研究》，《内蒙古文物考古》1993年第1、2期，第127—141页。

[2] 《史记》卷四十三《赵世家》，中华书局，1959年，第1811页。

[3] 田广金、郭素新：《西沟畔匈奴墓反映的诸问题》，《考古》1980年第4期，第13—17、22页。

[4] 《史记》卷一百十《匈奴列传》，中华书局，1959年，第2890页。

[5] 钟侃、韩孔乐：《宁夏南部春秋战国时期的青铜文化》，中国考古学会编：《中国考古学会第四次年会论文集》，文物出版社，1985年，第203—213页。

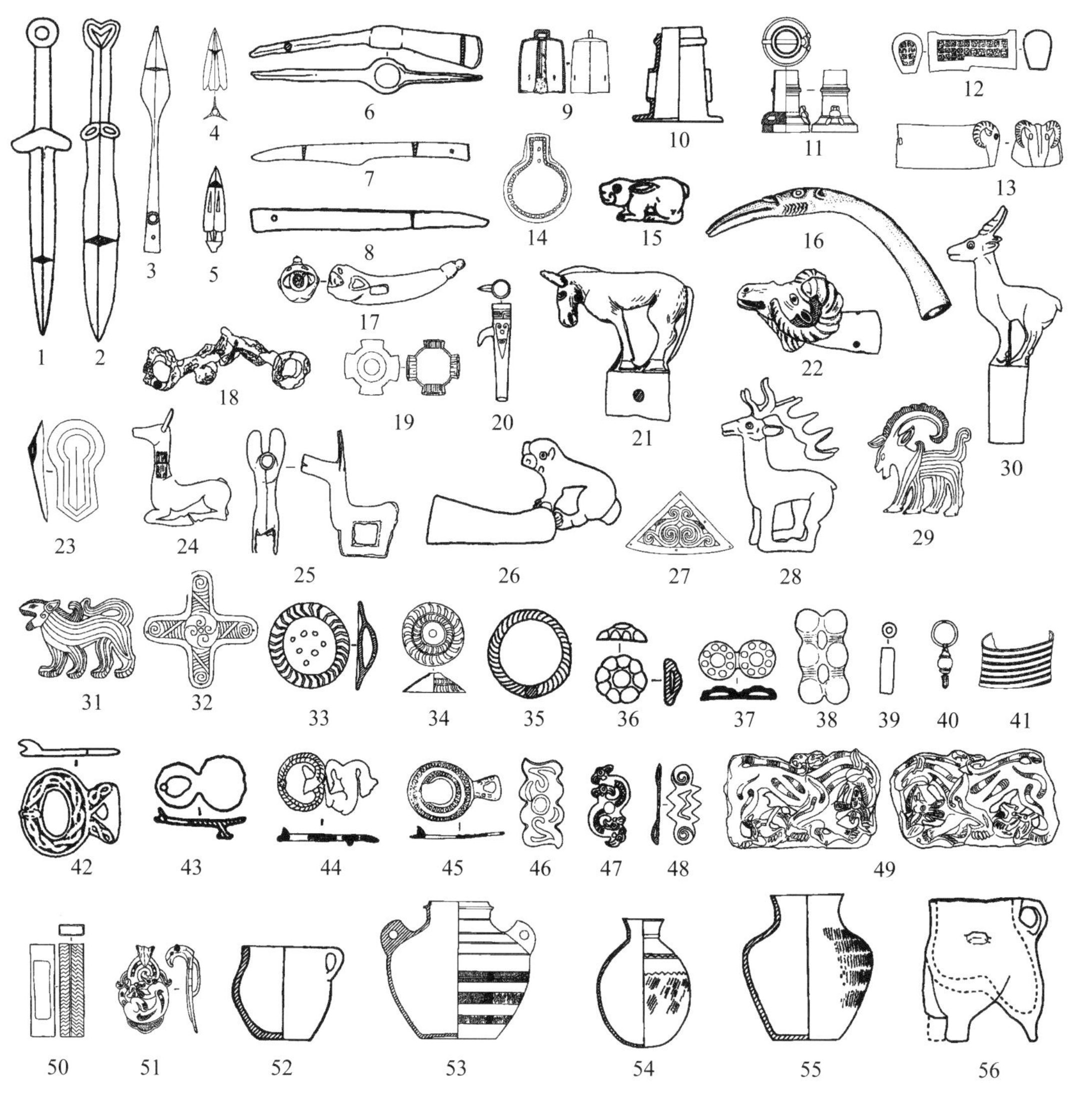

图六　北文化带战国中期晚段至战国晚期遗存出土遗物

1、2.青铜短剑　3.青铜矛　4、5.青铜镞　6.青铜鹤嘴斧　7、8.青铜刀　9.青铜铃　10、11.青铜车軎　12、13、15、16、21、22、24—26、28、30.青铜车饰　14.青铜镜形饰　17.骨马镳　18.铁马衔　19.青铜节约　20.青铜盖弓帽　23.青铜当卢　27.银车轮饰　29.大角羊银车饰　31.金虎形饰　32."十"字形金车饰　33、34.青铜泡　35.青铜环　36.青铜扣饰　37、38、46—48、50.青铜饰　39.料珠饰　40.嵌宝石金耳环　41.青铜臂钏　42—45.青铜带扣　49.金腰饰牌　51.动物纹青铜带钩　52—55.陶罐　56.陶鬲（1、4、14、37、45.米塬村墓葬，2.袁家村墓葬，3、7、38、41、50、52.于家庄墓地，5、6、8、10、21、30、33、35、36、39、43、48.玉隆太墓葬，9、11、19、20、27、29、31、32、49、53、56.马家塬墓地，12、23、34、51.陈阳川村墓葬，13、18、24、40、44.马庄墓地，15、17、25、42.李家畔墓葬，16、26、28.速机沟窖藏，22.中沟墓葬，46、47.张街村墓地，54、55.侯磨村墓葬）

墓和潘家庄农场墓[1]；内蒙古伊金霍洛旗石灰沟墓[2]、东胜碾坊渠窖藏[3]、察右前旗白家湾窖藏[4]、杭锦旗阿鲁柴登墓地[5]、西沟畔墓地M1和M2[6]；陕西神木纳林高兔墓[7]、府谷新民镇石条焉村墓[8]等。

战国末至秦代，北文化带考古遗存出土遗物以金器为主，银器次之，青铜器、陶器和石制品较少，器类以礼仪性兵器、马具、车器、装饰品为主（图七）。与第二阶段相比，车马器开始衰落；实用兵器非常少见，兵器朝着装饰华丽的礼仪用器方向发展；制作精美、装饰神兽或动物纹样的黄金冠饰和没有扣舌的长方形腰饰牌（多成对使用）流行。这些表明当地部族首领尚保持其固有的身份，但已被纳入秦国或秦朝的统治之下。至秦朝末年，北文化带彻底消失；中国北方地区与中原地区融合为一个整体，北方地区被纳入华夏世界，华夏的边缘扩至更北的地区；西汉代秦之后，欧亚草原的东端被西汉王朝与匈奴帝国两大势力所瓜分。自秦朝末年至元朔二年（公元前127年）卫青攻打匈奴夺取河南地，在这长达近百年的时间内，虽然匈奴曾占领河南地，内蒙古中南部地区始终以汉文化遗存为主，罕见草原文化遗存，这恰恰证实了秦、赵、燕中原国家北扩疆土，把北方地区纳入华夏世界并进行了有效管治。

通过前文对文献中关于先秦时期匈奴活动记载的辨析，我们认为比较确定的匈奴出现在中国北方的时间应该是在头曼单于时期，即战国末期。这一时期，匈奴逐渐发展壮大，与西邻月氏、东邻东胡并列为三大势力集团。他们是秦国或秦朝北面的强敌，而不是秦朝统治下的被征服者。鄂尔多斯高原地区战国末至秦代遗存的文化特征与匈奴帝国时期的全然不同。战国末至秦代在鄂尔多斯高原地带生活的人群应当还是林胡和楼烦，

[1] 中河乡出土有金腰饰牌，潘家庄农场出土有鎏金青铜腰饰牌，推测应为墓葬出土物。见宁夏固原博物馆:《固原文物精品图集》，黄河出版传媒集团、宁夏人民出版社，2011年，第100页、102页图版。

[2] 伊克昭盟文物工作站:《伊金霍洛旗石灰沟发现的鄂尔多斯式文物》,《内蒙古文物考古》1992年第1、2期，第91—96页。

[3] 伊克昭盟文物工作站:《内蒙古东胜市碾房渠发现金银器窖藏》,《考古》1991年第5期，第405—408、389页。

[4] 内蒙古自治区文物考古研究所、乌兰察布市博物馆:《察右前旗白家湾金器窖藏发掘简报》,《草原文物》2011年第1期，第34—39页。

[5] 田广金、郭素新:《内蒙古阿鲁柴登发现的匈奴遗物》,《考古》1980年第4期，第333—338、364、368页；田广金、郭素新:《阿鲁柴登发现的金银器》，内蒙古自治区文物工作队田广金、郭素新编著:《鄂尔多斯式青铜器》，文物出版社，1986年，第342—350页。

[6] 伊克昭盟文物工作站、内蒙古文物工作队:《西沟畔匈奴墓》,《文物》1980年第7期，第1—10页；伊克昭盟文物工作站、内蒙古文物工作队:《西沟畔战国墓》，内蒙古自治区文物工作队田广金、郭素新编著:《鄂尔多斯式青铜器》，文物出版社，1986年，351—365页。

[7] 戴应新、孙嘉祥:《陕西神木县出土匈奴文物》,《文物》1983年第12期，第23—30页。

[8] 曹玮主编:《陕北出土青铜器》，四川出版集团、巴蜀书社，2009年。

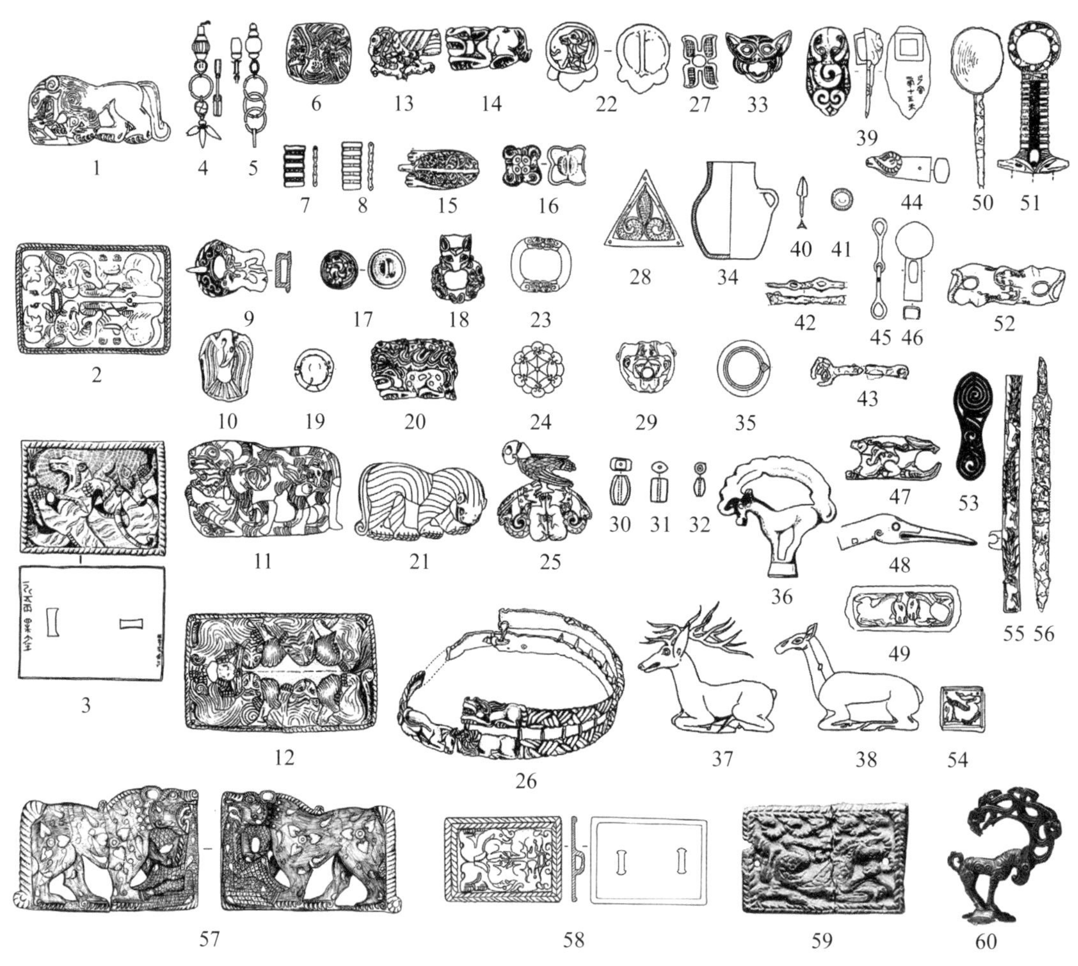

图七　北文化带战国末至秦代遗存出土遗物

1.银腰饰牌　2.青铜腰饰牌　3、12、57—59.金腰饰牌　4、5.金耳饰　6—8、10、13—15、18、20、47、49、54.金饰　9.青铜带扣　11.金腰饰牌　16、17、19.金扣饰　21.金虎形饰　22.银扣饰　23.银镯　24、27—29、33、52.银饰　25、26.金冠　30—32.绿松石珠饰　34.陶罐　35.玛瑙环　36、38、44、46、48.青铜车饰　37.银车饰　39.银节约　40.青铜镞　41.青铜扣饰　42.铁马镳　43.铁马衔　45.青铜马衔　50.铁勺　51.错金银剑柄　53.银鞋底　55.金剑鞘　56.长铁剑　60.神兽形金饰（1、24、29、38、44—46、52、53.石灰沟墓葬，2.石条塬村墓葬，3、9、10、19、34、36、39—43、47—50、54—56.西沟畔墓地M2，4—8、11、30—32、35.碾房渠窖藏，12—18、20、25、26、33.阿鲁柴登墓地，21—23、27、28、37、51、60.纳林高兔墓葬，57、58.白家湾窖藏，59.三营红庄墓葬）

此时他们在秦国或秦朝的统治之下，尚未被匈奴征服。因此该地区发现的阿鲁柴登墓地、西沟畔墓地M1 和M2、石灰沟墓葬、纳林高兔墓葬、碾坊渠窖藏、白家湾窖藏等亦与匈奴无关，均不能称作“先匈奴文化”遗存。

综上所析可知，东周时期中国北方地区逐渐被中原国家占领，其考古遗存的文化特征与内涵随着中原国家对这里的经营管理以及中原文化的北上不断发生变化，最终被中原文化所同化，生活于此的各部族陆续被华夏化。秦朝时期，中国北方地区与中原地区已大致融合为一个整体。东周时期分布在北文化带内的考古遗存与匈奴没有直接的联系，因此称它们为“先匈奴文化”“前匈奴文化”或“早期匈奴文化”是缺乏考古依据的。虽然我们不能否认在秦、赵、燕三国北扩疆土的过程中会有一些原本生活在北文化带的人群加入到匈奴之中，他们会给匈奴文化带来一些新因素，但这些文化因素一定不是匈奴文化的主体。

四、结语

通过前文有关匈奴的文献记载辨析和中国北方地区东周遗存与匈奴关系的论述可知，把中国北方地区东周遗存定为“先匈奴文化”“前匈奴文化”或“早期匈奴文化”既缺乏文献依据，又缺乏考古材料的支撑。因此，所谓“先匈奴文化”的那些东周遗存与匈奴没有关系，不应被称作“先匈奴文化”。

既然南文化带和北文化带内的考古遗存均与匈奴无关，那么早期匈奴的考古遗存分布在哪里呢？比较可信的《史记·廉颇蔺相如列传》中对赵国名将李牧备匈奴的相关记载证明战国末期匈奴人活动的地域应在赵国长城以北的地区。《史记》记载，公元前300年前后，赵武灵王北破林胡、楼烦，“筑长城，自代并阴山下，至高阙为塞。而置云中、雁门、代郡”[1]。赵国修筑的这条长城被称作赵北长城。考古调查发现的战国赵北长城东端起点位于兴和县城关镇脑包窑村东1.8千米处内蒙古与河北交界处，由此向西北方向延伸，绵延于乌兰察布市、呼和浩特市、包头市、巴彦淖尔市的阴山南麓地带，西端止于巴彦淖尔市乌拉特前旗白彦花镇张连喜店村北侧、乌拉山大沟沟口东侧0.4千米处的小红石沟[2]。另外，《史记·匈奴列传》记载“诸左方王将居东方，直上谷以往者，东接秽貉、朝鲜；右方王将居西方，直上郡以西，接月氏、氐、羌；而单于直代、云中：各有分地，逐水草移徙”[3]。“单于直代、云中”可为我们寻找早期匈奴遗存提供线索。代是代郡，郡治代县，即今河北蔚县东北；云中郡的郡治在今内蒙古托克托县东北。最初匈奴单于的辖地应当在代郡和云中郡以北地区。《后汉书·乌桓鲜卑传》载“昭帝时，乌桓渐强，乃发匈奴单于冢墓，以报冒顿之怨”[4]。此记载说明早期的匈奴单于冢很可能位于离乌桓不很遥远的地方。汉武帝时“遣骠骑将军霍去病击破匈奴左地，因徙乌桓于上谷、渔阳、右北

[1] 《史记》卷一百十《匈奴列传》，中华书局，1959年，第2885页。

[2] 内蒙古自治区文物考古研究院、内蒙古博物院编，张文平主编：《阴山山脉秦汉长城调查报告》，文物出版社，2023年，第6页。

[3] 《史记》卷一百十《匈奴列传》，中华书局，1959年，第2891页。

[4] 《后汉书》卷九十《乌桓鲜卑列传》，中华书局，1965年，第2981页。

平、辽西、辽东五郡塞外，为汉侦察匈奴动静”[1]。根据以上文献记载可以推知头曼和冒顿时期的匈奴人活动的主要区域大致在赵国长城和燕国长城西段以北。赵北长城是沿着阴山山脉南麓地带修建的，因此，早期匈奴的考古遗存应该在阴山北麓及以北地区寻找。

[1]《后汉书》卷九十《乌桓鲜卑列传》，中华书局，1965 年，第 2981 页。

洛阳西晋墓葬俑群组合的形成

陈思源（陕西师范大学历史文化学院）

自俞伟超提出“晋制”以来[1]，以都城洛阳地区为中心的西晋墓葬逐渐成为学界关注的一个重点。前人从墓葬形制、随葬品、墓地布局等方面概括了洛阳西晋墓葬的主要特征，并探讨了“晋制”的内容、形成、原因与影响[2]。其中，陶俑群作为洛阳西晋墓葬中的典型随葬品，在研究汉晋墓葬变迁中具有着重要意义。杨泓认为洛阳西晋墓中的随葬俑群在艺术造型和构成上已与东汉时不同，并且在追溯北朝随葬俑群的源流时必须对西晋俑群进行考察[3]。张小舟同样认为西晋中晚期的随葬品发生了变化，东汉以来流行的厨房明器、家畜家禽模型等趋于衰落，而以牛车为中心包括男女侍俑、武士俑、鞍马、镇墓兽在内的俑群成为有典型意义的随葬器物[4]。俞伟超注意到在曹魏时还是以汉式的酒尊、耳杯、魁、案、井、灶等陶器为主体，西晋时则以镇墓兽、武士俑、女侍俑等成套陶俑为主体，为南北朝至隋唐时期的以成套陶俑作墓主身份标志的制度发端[5]。齐东方从用俑传统的角度出发，认为西晋以后墓葬随葬品中俑群逐渐成为必备的大宗器物，即便是对汉以前用俑传统的继承，其形式和内容却是全新的表现方式，明显带有仪仗性质的、一

[1] 俞伟超：《汉代诸侯王与列侯墓葬的形制分析——兼论“周制”、“汉制”与“晋制”的三阶段性》，中国考古学会编：《中国考古学会第一次年会论文集》，文物出版社，1980 年，第 332—337 页。

[2] 代表性研究如下：刘怡：《墓葬从“汉制”到“晋制”的考古学探讨——洛阳地区东汉晚期与曹魏西晋墓葬比较研究》，北京大学硕士学位论文，2009 年；吴桂兵：《晋代墓葬制度与两晋变迁》，《东南文化》2009 年第 3 期，第 58—63 页；刘斌：《洛阳地区西晋墓葬研究——兼谈晋制及其影响》，《考古》2012 年第 4 期，第 70—83 页。

[3] 杨泓：《北朝陶俑的源流、演变及其影响》，《中国考古学研究》编委会编：《中国考古学研究——夏鼐先生考古五十年纪念文集》，文物出版社，1986 年，第 268—276 页；此据所撰《汉唐美术考古和佛教艺术》，科学出版社，2000 年，第 126—139 页。

[4] 张小舟：《北方地区魏晋十六国墓葬的分区与分期》，《考古学报》1987 年第 1 期，第 38 页。

[5] 俞伟超：《中国魏晋墓制并非日本古坟之源》，《古史的考古学探索》，文物出版社，2002 年，第 359—369 页。

种新的文化符号出现于随葬品中[1]。

由此可见，前人均注意到洛阳西晋墓葬中的俑群具有突出特征，并在探讨汉晋墓葬俑群变迁和北朝隋唐俑群源流中具有重要的地位。但是，目前关于俑群组合形成过程的分析相对较少。朱亮、李德方两位学者依据墓葬形制与随葬品的变化对洛阳魏晋墓葬进行了分期，其中涉及陶俑种类和形制的变化[2]。张鸿亮同样在洛阳汉晋墓葬的分期中以墓葬形制、陶器的形制变化及其组合作为划分标准[3]。可以看到，学者更加关注陶俑在各个时期的出现与形制变化在分期中的意义，而较少注意陶俑之间的组合关系是否存在着变化。随着洛阳西晋墓葬资料的积累，尤其是通过一些随葬品未被盗扰、俑群位置信息保存较好的墓例，我们可以对各类俑群组合的形成过程进行更为细致的观察。本文拟从陶俑的位置和组合关系入手，对洛阳西晋墓葬中俑群组合的形成过程加以揭示。

一、俑群组合的构成

杨泓将洛阳西晋墓葬中的俑群分为镇墓、出行仪仗、侍仆、庖厨操作四组[4]。镇墓组合包括多成对出现的镇墓兽和镇墓武士俑。镇墓兽一般状若犀牛，四肢作行走状，低首，背前部鬃毛呈尖角状前伸，脊部多见圆饼饰，尾巴上翘（图一，1）。镇墓武士俑一手外伸作持盾状，另一手握拳高举，多高鼻深目，姿势见有单腿跪地与站立式两类。刘斌对镇墓武士俑进行了细致的类型划分[5]，依据是否着甲，可分为两型：A型不着甲，头多戴盔或扎锥形高髻，身穿圆领或右衽短衣，下穿裤。根据头部造型又分为三亚型：Aa型头扎锥形高髻，见有站立与半跪式两种，前者如洛阳厚载门街CM3033：1[6]（图一，2），后者如洛阳谷水FM4：25[7]（图一，3）。Ab型头戴盔，均为半跪式，如洛阳太原路CM2360：18[8]（图一，4）。Ac型头戴平上帻，目前似仅见于洛阳东郊M178[9]（图一，5）。

[1] 齐东方：《中国古代丧葬中的晋制》，《考古学报》2015年第3期，第359页。

[2] 朱亮、李德方：《洛阳魏晋墓葬分期的初步研究》，洛阳市文物工作队编：《洛阳考古四十年》，科学出版社，1996年，第278—290页。

[3] 张鸿亮：《洛阳地区汉晋墓研究》，郑州大学博士学位论文，2017年，第138—158页。

[4] 杨泓：《北朝陶俑的源流、演变及其影响》，《中国考古学研究》编委会编：《中国考古学研究——夏鼐先生考古五十年纪念文集》，文物出版社，1986年，第268页；此据所撰《汉唐美术考古和佛教艺术》，科学出版社，2000年，第126页。

[5] 刘斌：《魏晋南北朝武士俑的考古学研究》，山西大学博士学位论文，2012年，第26—31页。

[6] 洛阳市文物工作队：《洛阳厚载门街西晋墓发掘简报》，《文物》2009年第11期，第32—36页。

[7] 洛阳市第二文物工作队：《洛阳谷水晋墓》，《文物》1996年第8期，第37—45页。

[8] 洛阳市第二文物工作队：《洛阳太原路西晋墓发掘简报》，《文物》2006年第12期，第32—36页。

[9] 朱亮、李德芳：《洛阳市东郊两座魏晋墓的发掘》，《考古与文物》1993年第1期，第29—37页。

B型着甲，头戴盔，下穿裤，多为站立式，如洛阳吉利区M2490：1[1]（图一，6）。半跪式少见，目前似仅见于洛阳辽宁路南BM123[2]，头残缺。

图一　洛阳西晋墓葬中的镇墓俑

1.镇墓兽（春都路ⅠM1568：2） 2.Aa型站立式武士俑（厚载门街CM3033：1） 3.Aa型半跪式武士俑（谷水FM4：25） 4.Ab型武士俑（太原路CM2360：18） 5.Ac型武士俑（东郊M178：2） 6.B型武士俑（吉利区M2490：1）

出行俑表现为牛车、鞍马。在数量上，一般以牛车、鞍马各一件最为常见，有的墓葬有牛车而无鞍马，抑或有鞍马而无牛车。牛车依据车的种类可分为两型。A型常见，为卷篷顶，车厢前敞，厢后开有一门；驾车之牛四肢短小，作驾辕拉车状。如洛阳吉利区M2492：30[3]（图二，1）。B型为轺车，车厢无顶，中有立柱，上原应有伞盖。目前似仅见于偃师大冢头M20[4]，驾车之牛背饰五个圆凸，位于轺车旁（图二，2）。鞍马可分为两型。A型最为常见，鞍马昂首站立，背负鞍鞯，额部鬃毛前端扎束作矛状，鼻端亦常见一凸起饰物。如洛阳关林皂角树C7M1874：3[5]（图二，3）。B型形制略有差别，其面额有节约，如洛阳市关林路南C7M3737：51[6]（图二，4）。

侍仆俑主要为男侍俑与女侍俑，数量以男、女侍俑分别为1—2件常见。男侍俑一般作拱手站立状，亦有一手略微抬起者。依据帽式的不同，可分为A、B两型，以A型最为多见。A型头戴尖顶或尖平顶小帽，下穿裤。依据衣着不同，可细分为Aa和Ab两亚型。Aa型身着圆口无领窄袖上衣，如洛阳吉利区M2490：29（图二，5）；Ab型身着右衽窄袖衣，如

[1] 洛阳市文物工作队：《洛阳吉利区西晋墓发掘简报》，《文物》2010年第8期，第29—47页。

[2] 洛阳市第二文物工作队：《洛阳新发现的两座西晋墓发掘简报》，《文物》2009年第3期，第19—35页。

[3] 洛阳市文物工作队：《洛阳吉利区西晋墓发掘简报》，《文物》2010年第8期，第29—47页。

[4] 偃师市文物旅游局、洛阳市文物考古研究院：《河南偃师大冢头西晋墓发掘简报》，《文物》2016年第9期，第28—38页。

[5] 洛阳市文物工作队：《洛阳关林皂角树西晋墓》，《文物》2007年第9期，第54—62页。

[6] 洛阳市文物考古研究院：《河南洛阳市关林路南西晋墓》，《考古》2015年第9期，第25—40页。

巩义木材公司GM1：2[1]（图二，6）。B型男侍俑头戴平巾帻，身穿右衽长衣。如偃师市首阳山六和饲料厂M5：24、33[2]（图二，7、8）。女侍俑一般头戴巾，身着右衽曳地长裙，腰束带，双手交于腹前。依据发式不同，可分为A、B两型。A型为偏髻或平髻，如洛阳春都路IM1568：8[3]（图二，9）。B型为高髻，如洛阳吉利区M2490：21（图二，10）。

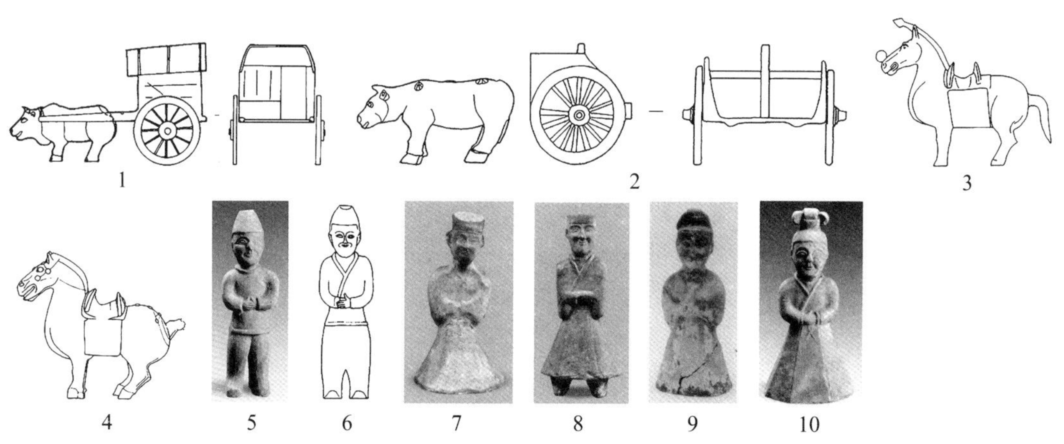

图二　洛阳西晋墓葬中的出行、侍仆类俑

1.A型牛车（洛阳吉利区M2492：30） 2.B型牛车（偃师大冢头M20：25、30） 3.A型鞍马（洛阳关林皂角树C7M1874：3） 4.B型鞍马（洛阳市关林路南C7M3737：51） 5.Aa型男侍俑（洛阳吉利区M2490：29） 6.Ab型男侍俑（巩义木材公司GM1：2） 7.B型男侍俑（偃师首阳山六和饲料厂M5：24） 8.B型男侍俑（偃师首阳山六和饲料厂M5：33） 9.A型女侍俑（洛阳春都路IM1568：8） 10.B型女侍俑（洛阳吉利区M2490：21）

庖厨操作组合包括庖厨明器和与之有关的家禽家畜俑。庖厨明器常见灶、井、磨、碓，部分墓葬还出土有陶仓。灶平面呈长方形，灶体中空，前壁设长方形灶门，其上有挡火墙，后壁设烟囱，灶面模印炊具等，多设有一圆形釜（图三，1），亦见有两釜或三釜者。井，圆形井口，上架设两面坡顶式井栏（图三，2）。磨，分上下两扇，上扇中部隆起且有二漏孔，扇面见有放射状沟槽（图三，3）。碓，平面呈长方形，一侧为支架，另一侧有臼窝，中置杵（图三，4）。仓，长方体形仓楼，两面坡式顶，一面开门，并刻阶梯（图三，5）。

家禽家畜俑以狗、鸡和猪圈厕为主。狗，呈站立状，昂首竖耳，尾上卷（图三，6）。

---

[1] 郑州市文物考古研究所、巩义市文物保护管理所：《河南巩义市晋墓发掘报告》，《华夏考古》2001年第4期，第52—57页。

[2] 洛阳市第二文物工作队、偃师市文物局：《河南偃师市首阳山西晋帝陵陪葬墓》，《考古》2010年第2期，第47—62页。

[3] 洛阳市第二文物工作队：《洛阳春都路西晋墓发掘简报》，《文物》2000年第10期，第26—34页。

另外，洛阳厚载门街CM3033、伊滨区宿家窑村C11M265[1]出土呈蹲踞状的陶狗（图三，7），较为少见。鸡，呈站立状，昂首，身侧模印翅尾毛羽，短尾（图三，8）。猪圈厕，圈、厕一体，猪圈平面呈长方形，有的圈内卧有一猪，一端为两面坡顶的厕房（图三，9）。

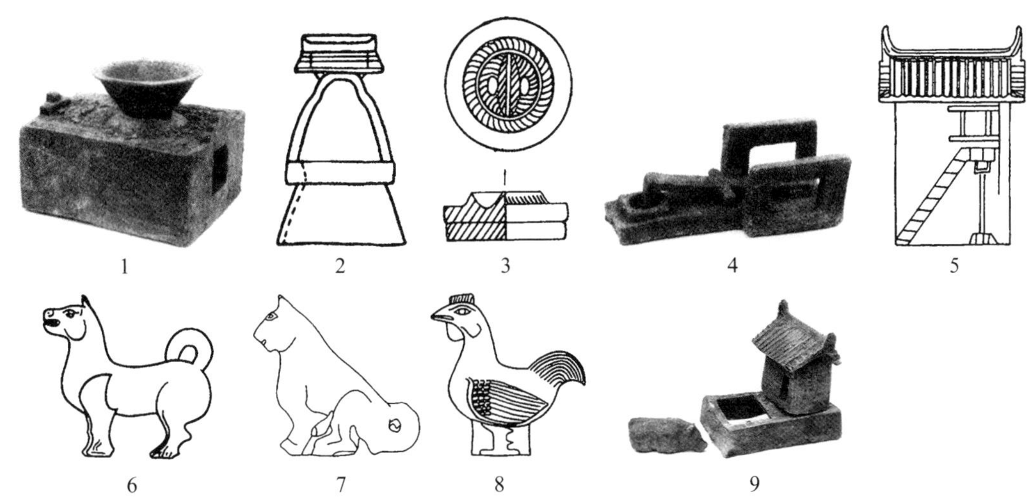

图三 洛阳西晋墓葬中的庖厨明器与家禽家畜俑

1.灶（春都路ⅠM1568：28） 2.井（春都路ⅠM1568：29） 3.磨（春都路ⅠM1568：25） 4.碓（春都路ⅠM1568：26） 5.仓（厚载门街CM3033：19） 6.狗（春都路ⅠM1568：1） 7.狗（厚载门街CM3033：47） 8.鸡（春都路ⅠM1568：10） 9.猪圈厕（春都路ⅠM1568：11、12）

以上为洛阳西晋墓葬中的常见俑类，这些陶俑在西晋墓葬中是如何形成的？不同陶俑之间存在怎样的组合与共存关系？以往学者可能更加关注于陶俑的形制变化，本文将从陶俑的位置入手，动态考察俑群的组合关系与形成过程。

二、俑群组合的形成与演变过程

首先，庖厨明器与家禽家畜俑多被认为是汉式俑群的延续，而镇墓兽、镇墓武士俑、牛车、鞍马与男女侍俑往往被看作是西晋出现的新俑群，是常被用作判断墓葬年代的典型随葬品[2]。庖厨明器与家禽家畜俑在洛阳本地东汉至曹魏墓葬中即已存在[3]，尤其是曹魏时期的器物在形制与组合上都与西晋俑群更为接近。例如发现有正始八年（247年）纪年

[1] 洛阳市考古研究院：《河南洛阳伊滨区宿家窑村西晋墓C11M265发掘简报》，《中国国家博物馆馆刊》2024年第3期，第52—65页。

[2] 如张小舟：《北方地区魏晋十六国墓葬的分区与分期》，《考古学报》1987年第1期，第26页。

[3] 张鸿亮对洛阳汉晋墓进行了分期，关于这一段的内容可参看张鸿亮：《洛阳地区汉晋墓研究》，郑州大学博士学位论文，2017年，第148—157页。

铁帷帐架的洛阳涧西 16 工区M2035 出土的灶、井、磨、碓、猪圈厕、鸡、狗俑[1]（图四，3—9）。此外，东汉时期流行的歌舞乐伎俑在曹魏墓葬中消失，部分曹魏墓葬发现有男、女侍俑，男侍俑头戴平巾帻，女侍俑头束发，均身穿宽袖长衣，作侍立状，双手交于腹前（图四，1、2），与洛阳西晋墓中侍俑的姿势相近，但高度仅为 15 厘米左右，低于西晋墓葬中的同类俑。洛阳涧西 16 工区M2035 的男、女侍俑出土于前室的北耳室内，伴随有陶磨、灶、井、灯、碗、盘、鸡等，这表明男、女侍俑的性质应与劳作侍仆有关。

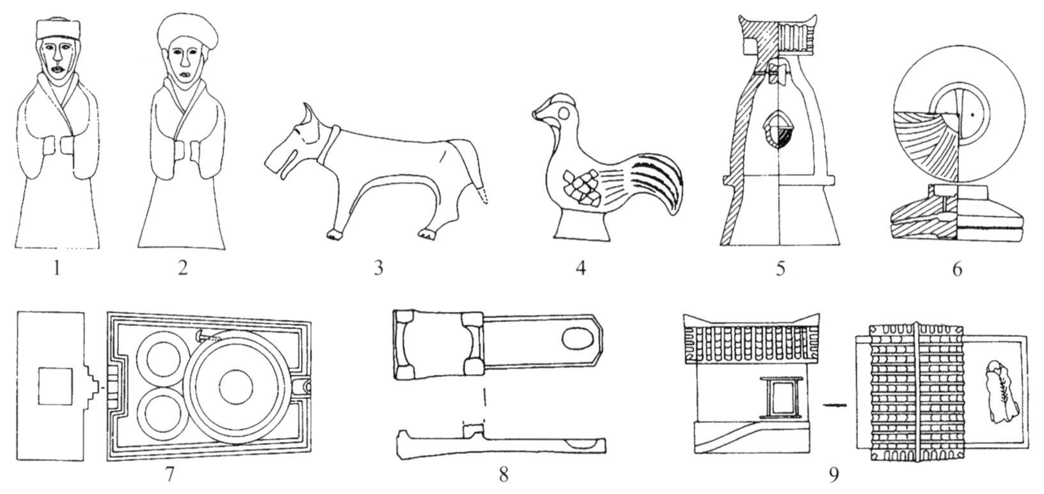

图四　洛阳曹魏墓葬俑群举例

1.男侍俑　2.女侍俑　3.狗　4.鸡　5.井　6.磨　7.灶　8.碓　9.圈厕

（洛阳涧西 16 工区M2035：13、10、2、5、9、4、7、67、3）

由上可知，洛阳西晋墓葬中的庖厨明器和家禽家畜俑大体延续了曹魏时期墓葬中同类组合的特征，男女侍俑则是在曹魏侍俑基础上的形制变化，而镇墓武士俑、镇墓兽和牛车、鞍马应是西晋墓葬中新出现的俑类[2]。这几类俑是否同时出现？同一性质的陶俑又是否作为一个组合在墓葬中集体登场？前人多将镇墓与出行俑作为洛阳西晋墓中的典型组合，并对各类俑的出现与演变阶段进行了大致的划分。如张小舟将武士俑、侍俑和鞍

---

[1]　洛阳市文物工作队：《洛阳曹魏正始八年墓发掘报告》，《考古》1989 年第 4 期，第 313—318 页。

[2]　需要说明的是，邢台曾报道在一座曹魏时期的墓葬中出土牛车、鞍马，但从出土器物看，应当属于西晋时期，发掘简报已将墓葬年代改为西晋。参见李军：《邢台出土曹魏时期彩绘鞍马牛车》，《文物春秋》2001 年第 6 期，第 62—63 页；李军、李恩玮：《河北邢台西晋墓发掘简报》，《文物》2006 年第 1 期，第 23—29 页。另外，洛阳国龙置业C7M5375 的简报推测年代为曹魏正始至西晋泰始年间，该墓出土有西晋典型的镇墓兽、鞍马、男女侍俑，并伴出四系罐、多子槅等典型器物，年代当为西晋中晚期。参见洛阳市文物考古研究院：《洛阳国龙置业C7M5375 魏晋墓》，《中国国家博物馆馆刊》2016 年第 4 期，第 50—64 页。

马的出现归入曹魏后至西晋初期，并认为西晋中晚期新增牛车和镇墓兽，形成了以牛为中心包括武士俑、镇墓兽、男女侍俑、鞍马在内的俑群[1]。朱亮、李德方认为男、女侍俑和武士俑出现于曹魏晚期，并在西晋早期、中晚期发生形制演变。鞍马出现于西晋早期，牛车、镇墓兽则在西晋中晚期出现[2]。这种划分主要依据的是俑在墓葬中的出现与形制上的变化，并未注意到俑的位置及可能与之相关的功能转变。并且由于缺少充分的关键纪年墓例，其所建立的演变序列有可能存在一些问题。因此，我们不妨换一种视角，通过对洛阳西晋墓葬的细致排比，尤其是对俑群的种类变化和在墓葬中位置的关注，从俑的功能的视角加以观察，或许可以找出有关俑群组合形成演变的具体线索。由于庖厨操作组合的来源清楚，并且在洛阳西晋墓葬中基本稳定存在，因此本文重点关注其他几类俑群组合的变化。

目前罕见明确为西晋早期的纪年墓例，洛阳新区翠云路北M150为多室土洞墓，墓内葬有三人，其中侧室入口处有一陶棺，一块棺盖板刻有“泰始十年（274年）”纪年文字[3]。该墓前室出土了镇墓兽、武士俑、牛车、鞍马、男女侍俑等西晋中晚期常见的陶俑，简报判断墓葬形制、典型随葬品均属于晚期阶段，而“泰始十年”陶棺应是该墓埋葬时迁移入葬的，棺内骨架较小，可能为幼童[4]。这一观点可以成立，泰始十年的纪年与葬于侧室的未成年有关，墓葬存在多次葬，前室的随葬品应不属于西晋早期。

在以往被认为属于西晋时期的墓葬当中，一些墓葬没有出土镇墓与出行仪卫俑群。其中部分墓葬从墓形和出土器物来看，其年代被认为可能属于西晋早期。这类墓葬中的随葬俑群又可分为两种情况：一类保留有庖厨明器与家禽家畜俑，如洛阳衡山路DM114、DM115[5]。另一类则未发现模型明器与禽畜俑，如洛阳衡山路DM117、DM118[6]、衡山路西HM719[7]、东花坛C3M1640、C3M1641、C3M1642[8]。庖厨明器与禽畜俑在墓葬中衰落或消

[1] 张小舟：《北方地区魏晋十六国墓葬的分区与分期》，《考古学报》1987年第1期，第26页。

[2] 朱亮、李德方：《洛阳魏晋墓葬分期的初步研究》，洛阳市文物工作队编：《洛阳考古四十年》，科学出版社，1996年，第285—289页。

[3] 洛阳市文物考古研究院：《洛阳新区西晋墓发掘简报》，《理财（收藏）》2022年第9期，第19—25页。

[4] 洛阳市文物考古研究院：《洛阳新区西晋墓发掘简报》，《理财（收藏）》2022年第9期，第25页。

[5] 洛阳市第二文物工作队：《洛阳衡山路西晋墓发掘简报》，《文物》2005年第7期，第38—49、90页。

[6] 洛阳市第二文物工作队：《洛阳衡山路西晋墓发掘简报》，《文物》2005年第7期，第38—49、90页。

[7] 洛阳市第二文物工作队：《洛阳新发现的两座西晋墓发掘简报》，《文物》2009年第3期，第19—35页。

[8] 洛阳市文物考古研究院：《河南洛阳市东花坛西晋墓葬发掘简报》，《考古》2021年第3期，第63—77页。

失的现象在曹魏时期即已存在，如荥阳南楚楼M3[1]、巩县石家庄M11[2]。西晋早期的墓葬延续了两类情况：一种是采用激进的做法，将汉式的庖厨明器与家禽家畜俑一并减省；另一种则保留了庖厨明器与家禽家畜俑。洛阳衡山路的四座墓葬两两位置相近排列，应当代表着下葬时间相近，同时两组墓葬之间可能又存在着早晚关系，可以作为考察的具体案例。洛阳衡山路DM117、DM118，其中后者未被盗扰。两座墓葬均为方形穹隆顶土洞墓，四壁平直，并在一侧或两侧带有长方形拱形顶的土洞耳室。出土器物见有四系罐、多子槅这类西晋墓中的常见器物，但未见空柱盘以及庖厨明器、家禽家畜俑。在两座墓葬东北约 30 米处发现有DM114、DM115。两座墓葬的形制与DM117、DM118 相似，也未见有镇墓或出行仪卫俑。这两座墓葬见有四系罐、空柱盘，庖厨明器灶、井、磨、碓与家禽家畜俑鸡、狗。值得注意的是，两座墓葬中的陶狗均位于靠近墓室口部的位置（图五）。而在西晋中晚期的墓葬当中，这一位置大多被镇墓兽与武士俑所占据，发挥着镇墓、守卫的作用。

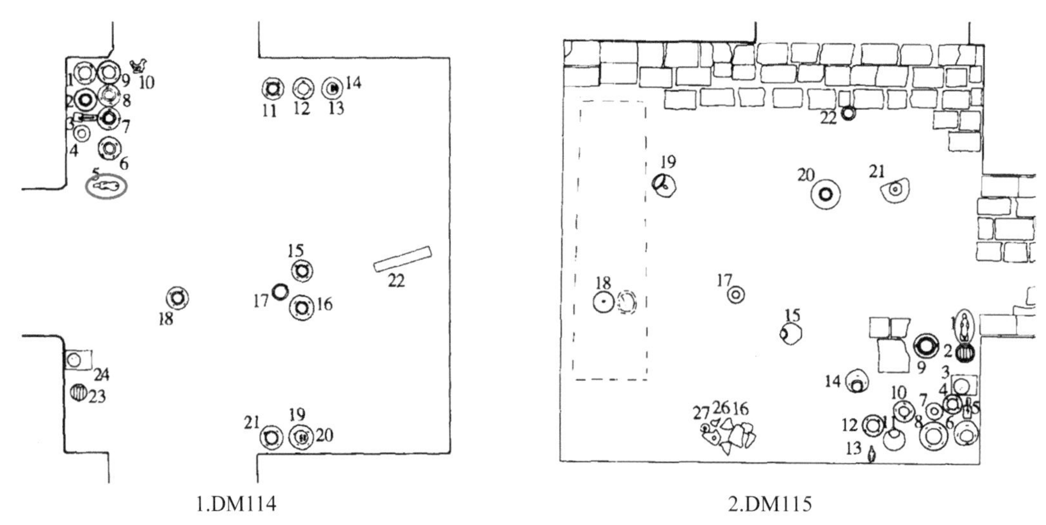

图五　洛阳衡山路两座西晋墓陶狗的位置

陶狗位于墓室口部的现象在东汉、曹魏时期的墓葬中就已经存在。例如西安高陵张

[1] 郑州市文物考古研究院：《河南荥阳晋墓、唐墓发掘简报》，《文物》2009 年第 9 期，第 43—48、87 页。李宏飞判断该墓为曹魏前期，可从。参见李宏飞：《曹魏墓葬时代特征新识——以荥阳南楚楼 M3 为中心》，《考古》2024 年第 6 期，第 109—120 页。

[2] 河南省文化局文物工作队：《河南巩县石家庄古墓葬发掘简报》，《考古》1963 年第 2 期，第 71—79、86 页。李宏飞判断该墓为曹魏前期，可从。参见李宏飞：《曹魏墓葬时代特征新识——以荥阳南楚楼M3 为中心》，《考古》2024 年第 6 期，第 109—120 页。

卜东汉墓ⅢM35中的陶狗位于墓室口部[1]。洛阳涧西16工区M2035的陶狗位于前室墓口北侧东壁下，但其后有陶磨、陶鸡，位置尚不算独立。而在可能为曹魏后期，接近西晋初期的巩义站街墓[2]，陶狗独立位于主（中）室口部西侧（图六）。另外，在辽东地区的一些汉魏壁画墓中的墓门处还绘有狗的形象[3]，河西地区的魏晋十六国壁画墓中同样见有此类形象[4]（图七）。狗在现实生活中存在着守御、护卫的功能，如《礼记·少仪》孔颖达正义曰："犬有三种，一曰守犬，守御田舍者也；二曰田犬，田猎所用也；三曰食犬，充君子庖厨庶羞用也。"[5]墓葬中的陶犬亦应具有守卫的功能，《金楼子·立言篇上》载："夫陶犬无守夜之警，瓦鸡无司晨之益。涂车不能代劳，木马不中驰逐。"[6]这里的陶犬、瓦鸡应当指的就是墓葬中随葬的陶狗、陶鸡，人们原本期望其具有现实中守夜警卫和司晨的功能，才将其埋入墓葬。因此，墓葬中在位于墓门附近以陶俑或壁画形式出现的犬的形象，应该承担着墓葬守卫的功能。那么，有无可能在墓葬中存在陶狗的守卫功能被后来出现的镇墓兽与武士俑构成的镇墓俑组合所取代的演变过程？下面通过归纳、列举不同种类陶俑相互组合的墓例，来寻找它们之间的演变逻辑。需要说明的是，为了排除其他变量的干扰，尽可能地确保结论的准确性，本文尽量选择未被盗扰的墓例，这样既可以排除因盗掘而导致组合出现不完整的可能性，随葬品的位置亦基本没有受到扰动。一些虽然被盗，但是随葬品的位置基本未被扰乱，具有典型性的墓例，也会在相应的地方提及。

首先，除了陶狗单独出现于墓口之外，亦见有陶狗与武士俑共同位于墓口附近的墓例。与此同时，同墓中还发现有男女侍俑，其多位于靠近井、灶等模型明器或家禽家畜

[1] 陕西省考古研究所：《高陵张卜秦汉唐墓》，三秦出版社，2004年，第70页。

[2] 郑州市文物考古研究所、巩义市文物保护管理所：《河南巩义站街晋墓》，《文物》2004年第11期，第39—53页。按，简报将该墓的年代归入西晋早期，从出土侍俑来看，形制与洛阳涧西16工区M2035相同。倪润安将其调整为曹魏后期，接近西晋初期，可从。参见倪润安：《北京石景山八角村魏晋墓的年代及墓主问题》，《故宫博物院院刊》2012年第3期，第40页。

[3] 如棒台子1号墓、三道壕1号墓。参见李文信：《辽阳发现的三座壁画古墓》，《文物参考资料》1955年第5期，第15—21页；东北博物馆：《辽阳三道壕两座壁画墓的清理工作简报》，《文物参考资料》1955年第12期，第49—54页。林泽洋曾对辽阳墓室壁画门吏、门犬形象进行了专门的梳理，参见林泽洋：《辽阳墓室壁画门吏、门犬形象初探》，《西北美术》2017年第1期，第92—95页。

[4] 如嘉峪关新城M5前室北壁西侧、M6前室北壁东侧、酒泉丁家闸M5前室东壁第四层墓门两侧发现有门犬形象。见甘肃省文物队、甘肃省博物馆、嘉峪关文物管理所：《嘉峪关壁画墓发掘报告》，文物出版社，1985年，第53、58页。吴礽骧：《酒泉丁家闸五号墓的发掘》，甘肃省文物考古研究所编：《酒泉十六国墓壁画》，文物出版社，1989年，第7页。

[5] 《礼记正义》卷三十五《少仪》，（清）阮元校刻《十三经注疏》，中华书局，2009年，第3282页。

[6] （南朝梁）萧绎撰，许逸民校笺：《金楼子校笺》卷四《立言篇上》，中华书局，2011年，第850页。

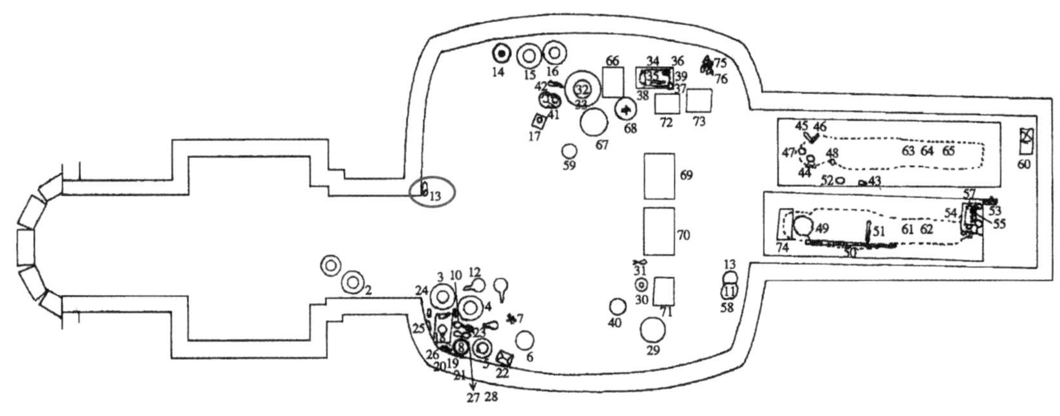

图六 巩义站街墓陶狗的位置

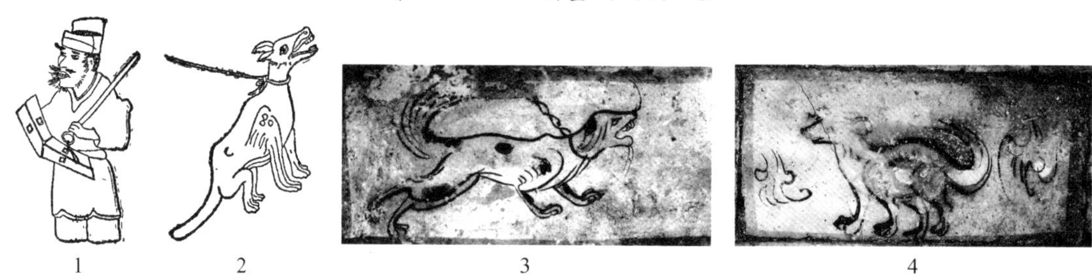

图七 辽东、河西地区墓葬壁画所见门吏、门犬形象

1、2.棒台子1号墓 3.嘉峪关新城M5 4.嘉峪关新城M6

俑的位置，应当属于劳作侍仆。符合上述特征，且未被盗扰的墓例包括洛阳孟津三十里铺M20[1]、卫辉大司马村M19[2]（图八）。

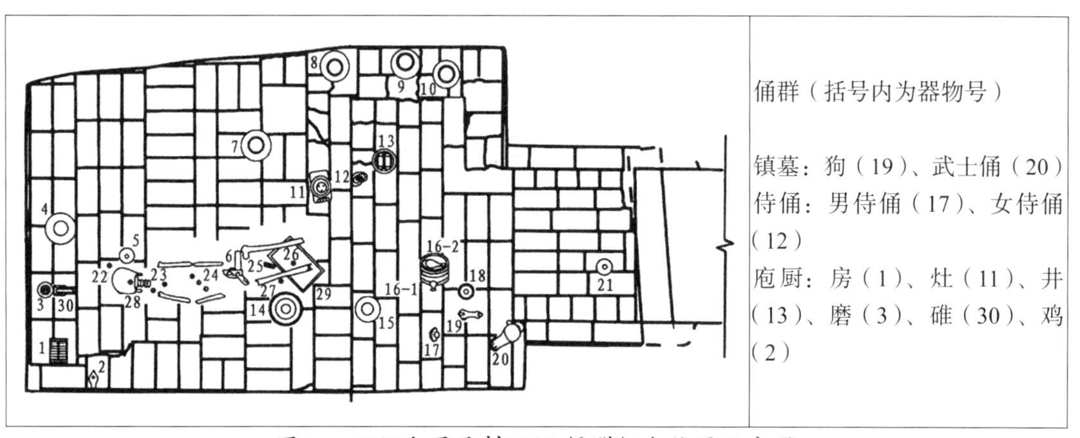

图八 卫辉大司马村M19俑群组合位置示意图

[1] 洛阳市文物工作队：《洛阳孟津晋墓、北魏墓发掘简报》，《文物》1991年第8期，第48—54页。

[2] 大司马村M19由于墓室被水浸泡，随葬品略有移动，但基本符合上述现象。河南省文物管理局南水北调文物保护办公室、四川大学考古系：《河南卫辉市大司马村晋墓发掘简报》，《考古》2010年第10期，第31—51页。

前文所举的墓例中尚未见有牛车或鞍马，以下所举的墓例，除了符合上述特征以外，还发现有牛车或鞍马。洛阳太原路CM2360未被盗扰，为方形单室土洞墓，东南角带有一小耳室。武士俑位于甬道内，陶狗位于墓口内东侧。牛车位于近耳室口部，南侧为男、女侍俑，侍俑周围分布有陶鸡、灶、磨、碓。侍俑位于牛车与庖厨明器之间，仪卫的性质尚不明显（图九）。洛阳厚载门街CM3033未被盗扰，为方形单室砖室墓，坐北朝南。2件武士俑分别位于墓口两侧，陶狗位于墓室东侧武士俑前，牛车、鞍马位于墓室西侧武士俑附近。男侍俑位于墓室东壁下，接近井、灶，女侍俑则位于墓室东南角（图一〇）。

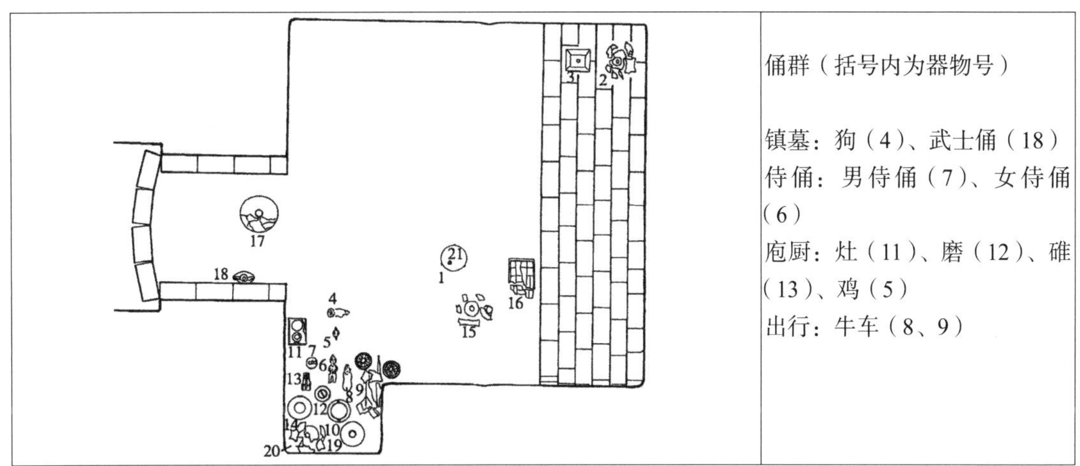

图九 洛阳太原路CM2360俑群组合位置示意图

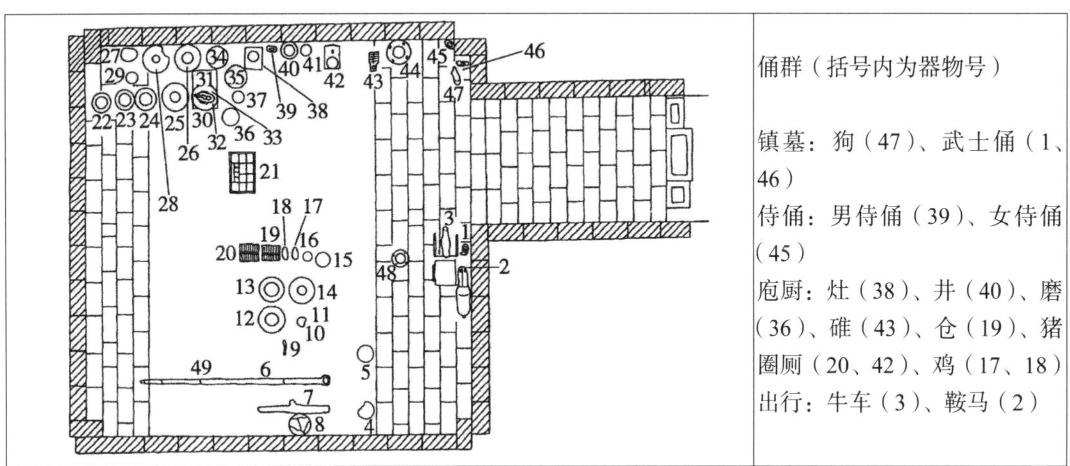

图一〇 洛阳厚载门街CM3033俑群组合位置示意图

此外，还发现有镇墓兽与武士俑、陶狗共同位于墓室门口附近的墓例，墓葬中同时存在有牛车或鞍马及男、女侍俑。符合上述特征，且未被盗扰的墓例包括洛阳关林皂角树C7M1874、伊滨区宿家窑村C11M265、辽宁路南BM123、卫辉市大司马村M20、

M21[1]，洛阳春都路IM1568、巩义龙尾村晋墓M164[2]。在这些墓例中，仍然存在侍俑与模型明器位于一处的现象，但已有侍俑处于出行乘具附近或在墓葬中具有相对独立的位置。如洛阳辽宁路南BM123，男侍俑位于牛车、鞍马之前，女侍俑位于牛车之后，更加靠近陶灶，但已明显和井、碓、鸡等分开（图一一）。洛阳春都路IM1568最为典型，该墓为方形单室砖室墓，陶狗与镇墓兽位于墓室口部西侧，武士俑位于墓室口部东侧；牛车、鞍马与男、女侍俑位于墓室西南角，其中鞍马旁为男侍，牛车旁为女侍（图一二）。

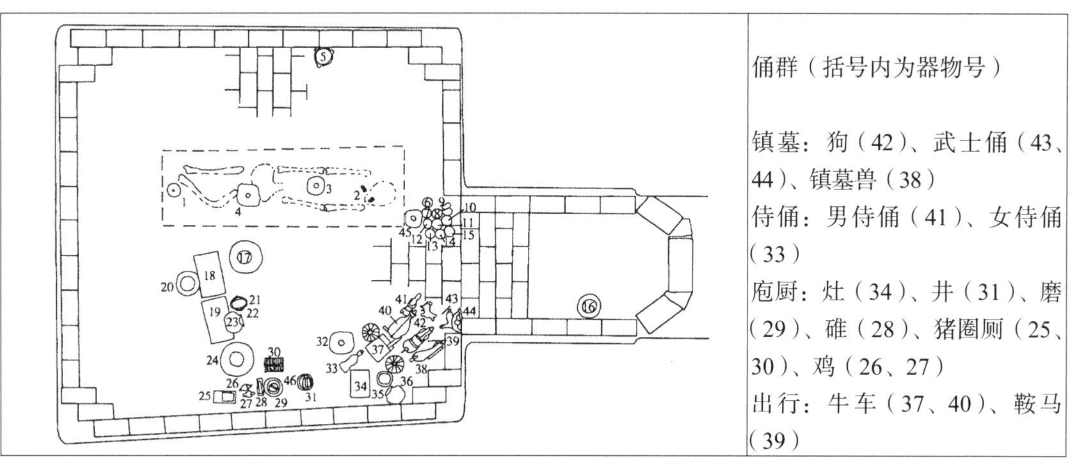

图一一　洛阳辽宁路南BM123俑群组合位置示意图

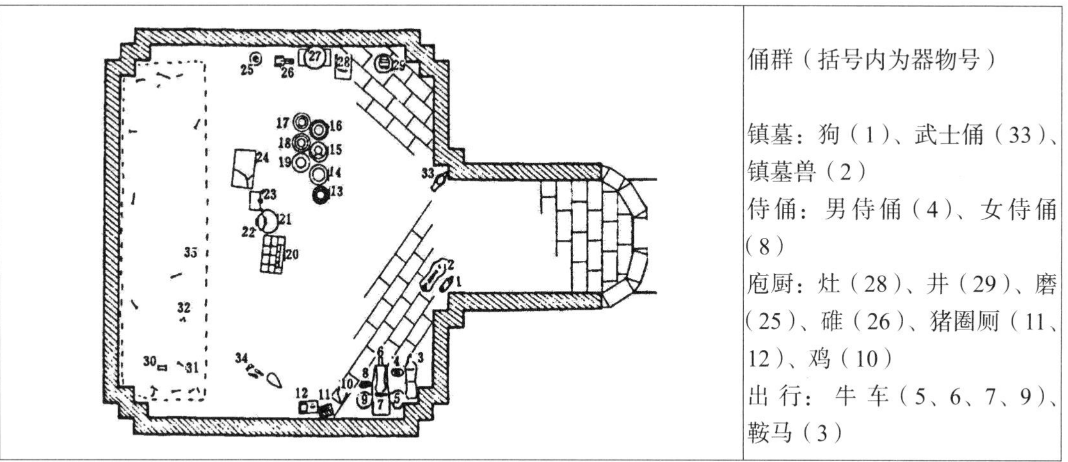

图一二　洛阳春都路IM1568俑群组合位置示意图

[1] 河南省文物管理局南水北调文物保护办公室、四川大学考古学系：《河南卫辉市大司马村晋墓发掘简报》，《考古》2010年第10期，第31—51页。

[2] 巩义市文物考古研究所：《河南巩义龙尾村晋墓M164发掘简报》，《中原文物》2017年第5期，第30—36页。

在洛阳西晋墓中还发现一种现象，即陶狗未与镇墓兽、武士俑在一处，而是位于家禽家畜俑之列。与此同时，墓葬中存在着牛车或鞍马及男、女侍俑。符合上述特征，且未被盗扰的墓例包括洛阳吉利区M2490、M2492，巩义市仓西西晋墓M40[1]、嵩县果酒厂M2[2]、新安县政府招待所M27[3]。以嵩县果酒厂M2为例，该墓为方形单室砖室墓。镇墓兽位于墓口正中，武士俑位于墓口东侧，陶狗则位于墓室北壁下，与碗、盘、灶等位于一处。牛车、鞍马与两男侍俑位于墓室左侧东南角，两女侍俑则与碗、罐、碓、鸡等位于墓室北壁下（图一三）。另外，洛阳北郊西晋墓C8M868[4]、偃师大冢头M20虽被盗扰，但是俑群的位置符合上述特征。

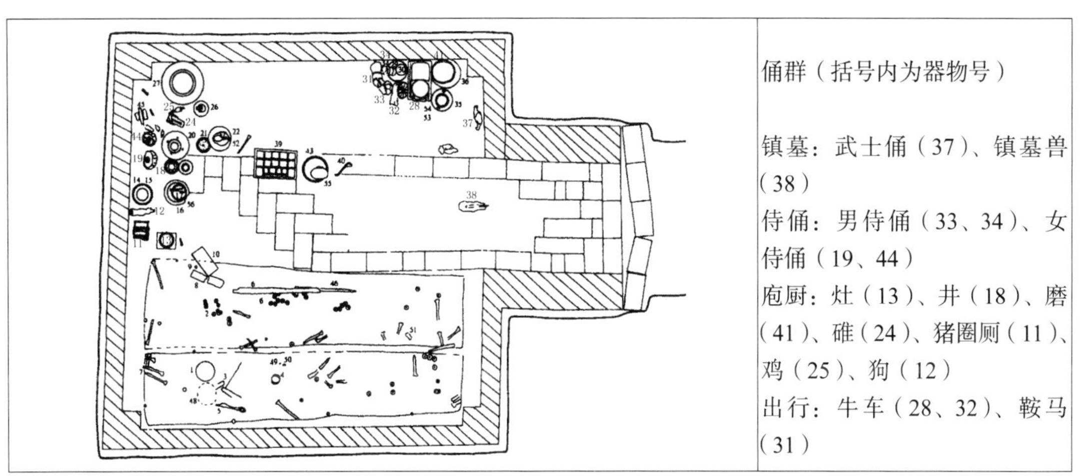

图一三　嵩县果酒厂M2俑群组合位置示意图

根据以上的归纳，可以看出镇墓组合存在陶狗，陶狗和武士俑，陶狗、武士俑和镇墓兽，武士俑和镇墓兽四种组合方式。另外，从侍俑与庖厨操作、出行乘具之间的位置关系来看，存在侍俑作为劳作侍仆，墓中部分侍俑与牛车或鞍马结合构成出行仪卫组合，侍俑与牛车或鞍马完全组成出行仪卫组合三种情况。各组合方式间大致存在着演变的关系，这主要通过陶狗与侍俑在墓葬中的位置与组合关系的变化来体现。首先，陶狗单独起到墓葬守卫的作用，主要见于西晋早期的墓葬当中。这一现象亦见于东汉、曹魏时期的墓葬当中，说明使用陶狗作为墓葬守卫的做法出现较早。其次，武士俑出现，与陶狗构成镇墓组合，类似的组合亦见于一些辽东地区汉魏之际墓葬的墓门壁画上，表现为门吏与门犬的形象。接下来，镇墓兽出现并逐渐取代了陶狗的位置。从后世北朝、隋唐墓

[1] 河南省文物考古研究所：《河南巩义市仓西战国汉晋墓》，《考古学报》1995年第3期，第365—393页。

[2] 洛阳市第二文物工作队：《嵩县果酒厂晋墓发掘简报》，《中原文物》2005年第6期，第13—18页。

[3] 洛阳市文物工作队：《河南新安县晋墓发掘简报》，《华夏考古》1998年第1期，第23—29页。

[4] 洛阳市文物工作队：《洛阳北郊西晋墓》，《文物》1992年第3期，第35—39页。

葬中常见的以镇墓武士俑和镇墓兽构成镇墓组合来看，陶狗、武士俑和镇墓兽的组合应当是早期镇墓组合形成过程中的过渡形态。随着镇墓兽与武士俑组合的稳定，陶狗也回归到家禽家畜组合之中。同样地，男、女侍俑在曹魏墓葬中就已经作为劳作侍仆出现，部分洛阳西晋墓中的侍俑位于家禽家畜或庖厨明器组合之列，应当是延续了曹魏这类侍俑的功能。牛车、鞍马的出现则要更晚，因此部分侍俑的功能伴随着出行乘具的出现而转变为仪卫。同时仍然有部分侍俑保留了劳作侍仆的性质，这应当与庖厨明器、家禽家畜俑的沿用有关。

综合两类组合的共存情况，可以推导出如下的形成过程：起初，陶狗承担墓葬守卫的功能，此时尚未有出行仪卫组合共存，洛阳谷水FM38中还同时发现有男、女侍俑[1]。其次，陶狗与武士俑开始构成镇墓组合，此时按照出行仪卫组合的情况可以分为两类，一类墓葬中还未见有出行乘具，年代应稍早；另一类墓葬中牛车、鞍马出现，但侍俑更多地属于劳作侍仆的性质，可能年代稍晚。再次，镇墓兽与武士俑、陶狗共同组成镇墓组合，侍俑逐渐摆脱劳作侍仆的性质，与牛车、鞍马结合。镇墓兽的出现晚于武士俑，且在出现之始就处于陶狗的从属地位，陶狗和武士俑的位置更为紧密，如洛阳关林皂角树西晋墓C7M1874。最后，陶狗脱离镇墓组合，作为墓葬守卫的功能弱化，与陶鸡等重新组成家禽家畜组合，镇墓的职责完全由镇墓兽与武士俑来承担，侍俑则与牛车、鞍马的结合更为紧密。

放入到整体的洛阳地区西晋墓葬中来看，有牛车或鞍马的墓例基本都存在镇墓组合，而有镇墓组合的墓例中却存在一定数量没有牛车或鞍马的墓例，这说明牛车、鞍马的出现当晚于镇墓组合。有牛车、鞍马而无侍俑出土的墓例很少，但有侍俑而无牛车或鞍马的墓例明显较多。结合前文对曹魏墓的分析，男、女侍俑的出现在牛车、鞍马之前。综上所述，前文所推导出的形成过程基本是可以成立的。由于现有的纪年墓葬材料数量较少且多被盗扰，还不足以卡定各阶段俑群组合出现的具体时间。因此，很难准确区分出俑群组合形成过程节点的绝对年代，我们只能暂且排列出各类组合形成的相对早晚关系（表一）。

表一　洛阳西晋墓葬镇墓、出行仪卫俑群组合的形成过程

时期	镇墓组合	劳作侍俑	出行仪卫组合
早期	陶狗	全部	未出现
早期偏晚	陶狗、镇墓武士	全部	未出现
中期偏早	陶狗、镇墓武士	大部分	牛车、鞍马出现，与侍俑的结合不明显

[1] 洛阳市第二文物工作队：《洛阳谷水晋墓（FM38）发掘简报》，《文物》2002年第9期，第4—8、20页。

续表

时期	镇墓组合	劳作侍俑	出行仪卫组合
中期偏晚	陶狗、镇墓武士、镇墓兽	部分	牛车、鞍马、侍俑的组合较稳定
晚期	镇墓武士、镇墓兽	部分	牛车、鞍马、侍俑的组合稳定

当然，以上只是根据现有墓葬资料所呈现出的现象，对洛阳西晋墓葬俑群组合的形成演变所作出的一种尽可能合乎逻辑的推测。现实的情况肯定更为复杂，并非所有的洛阳西晋墓葬都能够嵌入到这一演变过程中，不能否认一些未发现镇墓、出行仪卫等俑群组合的墓葬，可能是受到了墓主个人喜好、薄葬思想等各方面因素的影响。例如太康八年（287年）王文伯（？）墓中发现有镇墓、出行仪卫俑与庖厨明器[1]，但永宁二年（302年）的命妇秦国士孙松墓中却未见有相关俑群。根据其墓志记载“杉棺五寸，敛以时服，土椁陶器，无藏金玉”，未见俑群组合可能与该墓采取了薄葬有一定的关系[2]。

值得进一步思考的是，俑群种类与位置关系的变化过程，与陶俑形制、墓葬形制之间具有怎样的对应关系？为了探究这一问题，本文将未被盗扰的墓例按照前文所述的俑群组合的形成顺序，整理如表二所示。从表二可以看出，伴随俑群组合的变化，陶俑的形制并不存在明显的线性演变。相比于形制，陶俑的种类、位置和组合归属发生了转变，这一转变背后的动力应当是新组合的出现所带来的俑的功能的变化。另一方面，在墓葬形制上，一些西晋中晚期各类俑群组合完整的墓例仍然会采用前后双室或带侧室的形制。不过，此时的墓室功能的确发生了转变，尽管墓葬形制为双室或多室，但是前室葬人的现象较前代增多，前室并不作为独立的祭祀空间存在。例如洛阳伊滨区宿家窑村C11M265虽然为前后室带一侧室土洞墓，但是三室均放置有葬具。由此可见，洛阳西晋墓葬的形制并不是简单地由汉代的多室墓向单室墓的转变，而是墓室的功能发生了变化。汉代常见的那种专门用作祭祀空间的前堂趋于消失，除了单室墓的墓室作为祭祀和埋葬的双重空间以外，双室或多室墓中的前主室亦承担有这样的双重功能，而侧室或后室则

[1] 原载河南省文化局文物工作队第二队：《洛阳晋墓的发掘》，《考古学报》1957年第1期，第169—185页；后收入谢虎军、张剑编著：《洛阳纪年墓研究》，大象出版社，2013年，第58—61页。后者以墓葬单位公布材料，信息更全，此据《洛阳纪年墓研究》。

[2] 原载河南省文化局文物工作队第二队：《洛阳晋墓的发掘》，《考古学报》1957年第1期，第169—185页；后收入谢虎军、张剑编著：《洛阳纪年墓研究》，大象出版社，2013年，第79—81页。后者以墓葬单位公布材料，信息更全，此据《洛阳纪年墓研究》。

因为多人葬大多作为埋葬空间的棺室存在[1]。

表二 未被盗的洛阳西晋墓墓例墓葬形制、俑群形制统计

墓例	墓葬形制	俑群组合
孟津三十里铺M20	单室土洞墓	狗、Ab型武士俑；灶、井、磨、碓、猪圈厕；B型男侍俑
卫辉市大司马村M19	单室土洞墓	狗、Aa型武士俑；灶、井、磨、碓、房（据伊滨区宿家窑村C11M265出土猪圈厕，可能为圈厕房）、鸡；Aa型男侍俑、B型女侍俑
洛阳太原路CM2360	单室土洞墓带一小耳室	狗、Ab型武士俑；灶、磨、碓、鸡；Aa型男侍俑、A型女侍俑；A型牛车
洛阳厚载门街CM3033	单室砖室墓	狗、Aa型武士俑；灶、井、磨、碓、仓、猪圈厕、鸡；Ab型男侍俑、B型女侍俑；A型牛车、A型鞍马
洛阳关林皂角树C7M1874	单室砖室墓	狗、Aa型武士俑、镇墓兽；灶、井、磨、猪圈厕、鸡；Aa型男侍俑、A型、B型女侍俑；A型牛车、A型鞍马
洛阳伊滨区宿家窑村C11M265	前后室带一侧室土洞墓	狗、B型武士俑、镇墓兽；灶、井、磨、碓、猪圈厕、鸡；Ab型男侍俑、A型女侍俑；A型牛车、A型鞍马
洛阳辽宁路南BM123	单室砖室墓	狗、B型武士俑、镇墓兽；灶、井、磨、碓、猪圈厕、鸡；Aa型男侍俑、A型女侍俑；A型牛车、A型鞍马
卫辉市大司马村M20	前后室土洞墓	狗、Aa型武士俑、镇墓兽；灶、井、磨、碓、房（可能为圈厕房）、鸡；A型牛车、Aa型男侍俑、B型女侍俑
卫辉市大司马村M21	前后室带四耳室土洞墓	狗、Aa型武士俑、镇墓兽；灶、井、磨、碓、仓（可能为圈厕房）、鸡；牛车；Aa型男侍俑、B型女侍俑
洛阳春都路IM1568	单室砖室墓	狗、Aa型武士俑、镇墓兽；灶、井、磨、碓、猪圈厕、鸡；Aa型男侍俑、A型女侍俑；A型牛车、A型鞍马
巩义龙尾村晋墓M164	单室土洞墓	狗、Aa型武士俑、镇墓兽；灶、井、磨、碓、猪圈厕、鸡；Ab型男侍俑；A型牛车、A型鞍马
洛阳吉利区M2490	前砖室后土洞双室墓	B型武士俑、镇墓兽；灶、井、磨、碓、猪圈厕、鸡、狗；Aa型男侍俑、B型女侍俑；A型牛车、A型鞍马
洛阳吉利区M2492	单室土洞墓	B型武士俑、镇墓兽；灶、井、磨、碓、猪圈厕、鸡、狗；A型女侍俑；A型牛车

[1] 西晋以后的许多多室墓都与祔葬有关，其与东汉时期和等级制度密切相关的多室墓意义不同，不能作为判别墓葬等级的标准。参见齐东方：《三国两晋南北朝时期祔的葬墓》，《考古》1991年第10期，第943—949、938页；齐东方：《祔葬墓与古代家庭》，《故宫博物院院刊》2006年第5期，第26—51页。

续表

墓例	墓葬形制	俑群组合
巩义市仓西西晋墓M40	单室砖室墓	Aa型武士俑、镇墓兽；灶、井、磨、碓、猪圈厕、鸡、狗；Ab型男侍俑、A型女侍俑；A型牛车
嵩县果酒厂M2	单室砖室墓	武士俑（形制未知）、镇墓兽；灶、井、磨、碓、猪圈厕、鸡、狗；Ab型男侍俑、A型女侍俑；A型牛车、A型鞍马
新安县政府招待所M27	单室砖室墓	B型武士俑、镇墓兽；灶、井、磨、碓、猪圈厕、鸡、狗；Ab型男侍俑、B型女侍俑；A型牛车

三、结语

综上，与前人更加关注俑群在墓葬中的出现与形制变化不同，本文通过陶俑位置和组合关系的变化，从俑的功能的视角动态考察了洛阳西晋墓葬俑群组合的形成与演变过程。起初，在西晋早期，陶狗作为墓葬守卫出现，此时尚未有出行仪卫俑组合共存，部分墓葬见有作为劳作侍仆的男女侍俑，与家禽家畜俑、庖厨模型共同组成了庖厨操作组合。其次，陶狗与武士俑开始构成镇墓组合，此时按照出行仪卫组合的情况可以分为两类，一类墓葬中还未见有出行乘具，年代应稍早；另一类墓葬中牛车、鞍马出现，但侍俑仍然更多地属于劳作侍仆的性质，可能年代稍晚。再次，镇墓兽与武士俑、陶狗共同组成镇墓组合，侍俑逐渐摆脱劳作侍仆的性质，与牛车、鞍马结合。最后，陶狗脱离镇墓组合，作为墓葬守卫的功能弱化，与陶鸡等重新组成家禽家畜，镇墓的职责完全由镇墓兽与武士俑来承担，侍俑则与牛车、鞍马的结合更为紧密。在这一形成过程中，俑的形制并不存在明显的线性变化，而俑的位置和组合归属发生了转变，这一转变背后的动力则应当是新组合的出现所带来的俑的功能的变化。

洛阳西晋墓葬中的俑群组合经历了曹魏与西晋早期对汉式俑群组合的简化过程，至西晋中晚期又重新构建起了富有自身特点的俑群体系，突出表现在镇墓与出行仪卫两类俑群组合的形成。这两类俑群组合在之后的北朝、隋唐墓葬中绵延不绝，成为墓葬俑群中的一类重要构成。以镇墓与出行仪卫为代表的新俑群组合的出现，很可能反映出时人在两个方面的需求：一是源于现实动乱、墓葬盗扰频繁而增加的危机感，可能导致在墓葬中对于镇墓、守卫的需求增加。起初人们根据现实经验与墓葬传统使用陶狗来作为墓葬守卫，后来逐渐发展出武士俑和镇墓兽这样专门用于镇墓的组合。二是牛车在魏晋时期流行，逐渐成为社会上层喜爱的出行工具。现实中的高门、贵族重视出行仪卫，又在薄葬与节俭的丧葬背景下构拟出简单的随葬俑群组合。作为之后十六国、北朝乃至隋唐墓葬俑群组合的基础，探讨洛阳西晋墓葬俑群组合的形成过程无疑具有重要的意义。

试论唐代前期两京地区的墓葬等级制度

——以职官品位为中心

李嘉妍（北京大学考古文博学院）

唐高宗显庆二年（657 年）正式以洛阳为东都，并设两京。以京师长安、东都洛阳为首的两大京畿地区在现实官阶制度的指导下，率先形成了相对严格、极差分明的墓葬等级体系，是南北朝至隋初相关制度的继承与发展。由于政令本身可能存在传递和推行方面的滞后性，墓葬等级制度也同样在时间与空间上呈现出自京畿向边缘地区控制力下降、时效性减缓的趋势。

唐初重臣贵胄几乎云集于雍、洛两州，葬之两地者也颇多，既包括各类政治集团的高层人士，亦见游离于等级边缘的“底线群体”。整体观之，西安及周边区域墓葬所属的墓主身份品级皆十分可观，尤见封高品爵者，宗室、贵戚众多。相比较而言，洛阳一带主要以官臣为首推，覆盖面极广，囊括了九品官阶体系中的绝大部分人群。两地同作京畿，政治地位不相上下，抛去考古学文化面貌上的地方性因素，存在可供对照、重组的等级序列。下文将从墓葬形制、墓内设施及俑群组合等多个方面来具体考察唐代前期两京地区运行的墓葬等级制度。

一、墓葬形制

西安地区的等级墓葬多以长斜坡墓道、带多天井为基本特征，墓室分土洞和砖筑，单室居多，少数具有双室墓的做法，尤其是双室砖墓的出现，更是极为特殊的葬制，只在唐高宗至睿宗的五十余年间可见，是特殊时期的特殊墓葬，尤其是高宗时期，褒赠功勋的双室砖墓变为显示权力与地位的工具[1]。三室墓则更为罕见，多是特破礼制的僭越行

[1] 齐东方：《略论西安地区发现的唐代双室砖墓》，《考古》1990 年第 9 期，第 789、858—862 页。

为[1]。洛阳及其周边地区也多见斜坡或竖井式墓道，天井数量较少，土洞、砖室墓室的比例几乎持平，并无双室墓的明显传统。

在墓葬形制的层面，西安地区的等级墓葬已经形成了相对完整的阶次序列，宿白[2]、齐东方[3]、孙秉根[4]等学者均给予了极为成熟、详尽的论证。齐东方充分考察墓葬材料，将高宗至玄宗时期（即唐代等级制度的全盛期）的墓葬，分为六个等级（表一），其中第一、二等级墓主身份均高于品官，第三至六等级的对象分别为三品以上、四至五品、六至九品的官吏以及庶民，这一分类标准可与文献记载相互印证[5]。

表一　西安地区高宗至玄宗时期等级墓葬序列统计表[6]

项目 等级	墓葬形制							葬具	随葬品数	俑数	墓志边长（米）
	建筑质料	总长（米）	主室边长（米）	天井（米）	小龛（米）	墓门	棺床				
一	双室砖墓	94.15	5.26	6.5	8	石		石椁 100%	1000	971	1.19
二	双室砖墓	53.7	4.82	4.5	5.5	石	石 34% 砖 16%	石椁 50%	581	333	0.925
三	单室砖墓	46.6	4.29	4.2	4.4	石	石 50% 砖 37%	石椁 12%	267	60	0.82
四	单室方形土洞墓	21.9	3.31	3.6	2.5		石 40% 砖 60%		142	23	0.56

[1] 陇西郡王李博乂采用了三室砖墓的形制，后又被彻底毁弃，明显是逾制的结果。陕西省考古研究院：《长安高阳原新出土隋唐墓志》，文物出版社，2016 年，第 285 页。

[2] 宿白：《西安地区的唐墓形制》，《文物》1995 年第 12 期，第 41—50 页；此据宿白：《魏晋南北朝唐宋考古文稿辑丛》，文物出版社，2011 年，第 148—159 页。

[3] 齐东方：《试论西安地区唐代墓葬的等级制度》，北京大学考古系编：《纪念北京大学考古专业三十周年论文集（1952—1982）》，文物出版社，1990 年，第 286—310 页。

[4] 孙秉根：《西安隋唐墓葬的形制》，《中国考古学研究》编委会编：《中国考古学研究——夏鼐先生考古五十年纪念论文集（二集）》，科学出版社，1986 年，第 151—190 页。

[5] 《唐会要》卷三十八“葬”条载：“旧制。铭旌。三品以上长九尺。五品以上长八尺。六品以下七尺。皆书云某官封姓名之柩……（开元）二十九年正月十五日敕。古之送终。所尚乎俭。其明器墓田等。令于旧数内递减。三品以上明器。先是九十事。请减至七十事。五品以上。先是七十事。请减至四十事。九品以上。先是四十事。请减至二十事。庶人先无文。请限十五事。皆以素瓦为之。不得用木及金银铜锡。”《唐会要》，中华书局，1960 年，第 691、693 页。

[6] 齐东方：《试论西安地区唐代墓葬的等级制度》，北京大学考古系编：《纪念北京大学考古专业三十周年论文集（1952-1982）》，文物出版社，1990 年，第 286—310 页。表中各种数据是各等级墓葬在各项上的平均值和百分比。

续表

项目 等级	墓葬形制							葬具	随葬品数	俑数	墓志边长（米）
	建筑质料	总长（米）	主室边长（米）	天井（米）	小龛（米）	墓门	棺床				
五	单室方形或长方形土洞墓		3.2				砖（多数）		54	4	0.46
六	单室长方形土洞墓	8.55	长 2.75 短 1.75	1.4					10		

此处作为分类标准的官品应主要特指墓主的职事官品。而低于第一等级太子、公主等帝室的第二等级被描述为一、二品的高官，且有特殊的功勋、势力，故采用了高于一般品官的埋藏。但进一步分析墓主品阶可知，这一类群体均是被授予一品以上爵位或偶见二品开国郡（县）公的重臣。也正因如此，他们从被“聘请”的大唐帝国的“管理者”一跃成为了与李唐宗室共享国家权力的“拥有者”，能够将自身墓葬的等级提升于普通品官之外。

洛阳及其周边地区的所葬者，只有几位已授高位爵品的宗室、贵臣在墓葬形制上可作明确区分，如：钜鹿郡太夫人魏氏[1]，安国相王孺人唐氏、崔氏[2]以及睿宗贵妃豆卢氏[3]等，多用砖室墓，墓室边长均在 5 米（16.6 尺）左右。其余墓葬多表现出与墓主职事或散阶官品正向发展的关系，基本能够一并纳入齐文所述的西安地区第三至六等级，但也存在一定的误差，至于部分处士墓葬[4]在形制与规模上都远超流内品官。

二、墓内设施

墓内设施在这里主要指墓门与葬具，唐代沿袭前朝，仍以石、木质墓门以及石质葬

[1] 洛阳市文物考古研究院：《洛阳唐代王雄诞夫人魏氏墓发掘简报》，《华夏考古》2018 年第 3 期，第 15—29 页。洛阳市文物考古研究院：《唐·王雄诞夫人魏氏墓》，中州古籍出版社，2016 年。刘日照：《王雄诞夫人魏氏墓志录文校理浅见》，《重庆科技学院学报（社会科学版）》2020 年第 1 期，第 107—109 页。

[2] 洛阳市第二文物工作队：《唐安国相王孺人壁画墓发掘报告》，河南美术出版社，2008 年。

[3] 方孝廉、谢虎军：《唐睿宗贵妃豆卢氏墓发掘简报》，《文物》1995 年第 8 期，第 1、37—51、99 页。

[4] 阎方、李文寂等处士与其夫人的合葬墓在墓葬规模上均已高于六至九品的职事或散阶官员，甚至比肩少数四、五品墓主。详汪旭、赵海星、王振杰、高中辉：《巩义常庄变电站大周时期墓葬发掘简报》，《中原文物》2005 年第 1 期，第 4—11 页。郝红星、于宏伟：《郑州西郊唐墓发掘简报》，《文物》1999 年第 12 期，第 28—34、101 页。

具来表现墓主的特殊身份品级。首先是石门，从目前可见的墓葬材料来看，在墓内使用石门者，除特赐外，均需按制加有二品以上爵位，不论职事高低，非王、公以上者不得使用。墓道两侧的壁龛内，还会选择用砖封、木门各1道的做法进行砌堵（表二）。

需要说明的是，英国公李勣[1]，爵级从一品，但墓内仅见砖封门墙1道，这或与其墓葬营建时凭借夫人的葬制有关。《旧唐书·李勣传》载，勣长子震先勣卒[2]；李震墓志又云，震麟德二年薨，同年“听随其母陪葬昭陵”旧茔，即祔其母茔陪葬昭陵[3]。李勣墓志和碑铭记，总章三年陪葬昭陵[4]。可见三人中李夫人先亡并陪葬昭陵，时间应该在显庆五年至麟德二年之间[5]。照李勣爵品等级，他可按规使用石质棺床；但从墓室壁画与砖砌棺床的排设位置来看[6]，砖砌棺床当为原设，并无后期“发冢斫棺”的痕迹[7]，再结合甬道未加石门的情况，可推测该墓礼制当依据李勣夫人身份裁夺，而并非李勣本人。这一点从其墓室壁画的内容题材上亦可忖度[8]。

此外，部分昭武九姓的家族或官员也被允许在墓内使用石门，不受到葬制的严格规

---

[1] 陈志谦、张崇信：《唐昭陵李勣（徐懋功）墓清理简报》，《考古与文物》2000年第3期，第3—14页。牛致功：《〈李勣墓志铭〉的有关问题》，《考古与文物》2000年第6期，第67—71、91页。

[2] 《旧唐书》卷六十七《李勣传》，中华书局，1975年，第2490页。

[3] 胡元超：《昭陵墓志通释》，三秦出版社，2010年，第365页。

[4] 胡元超：《昭陵墓志通释》，三秦出版社，2010年，第427页。张沛：《昭陵碑石》，三秦出版社，1993年，第193页。

[5] 贺西林：《道德再现与政治表达——唐燕妃墓、李勣夫妇墓屏风壁画相关问题的讨论》，《故宫博物院院刊》2019年第12期，第70—88、110页。

[6] 贺西林认为，李勣墓中列女屏风壁画绘于棺床左、后、右三壁上方，与棺床边缘基本相齐，类似前代的棺床围屏。若棺床上已有葬者，于其上绘制壁画，既不方便画工，也失敬于死者。故不大可能为李入葬时绘制，最有可能为夫人入葬时所绘，意在表达夫人的道德理想、道德诉求以及家人的敬意。贺西林：《道德再现与政治表达——唐燕妃墓、李勣夫妇墓屏风壁画相关问题的讨论》，《故宫博物院院刊》2019年第12期，第70—88、110页。

[7] 《新唐书·李勣传》附《李（徐）敬业传》载，嗣圣元年（684年），李勣孙敬业等“乘人怨，谋起兵”，后败被诛。是年，武则天“追削李敬业祖考官爵，发冢斫棺，复姓徐氏”。神龙元年（705年），“中宗反正，诏还官封属籍，葺完茔冢焉”。《新唐书》卷九十三《李勣传》，中华书局，1975年，第3822—3824页。《资治通鉴》卷二百三《唐纪十九·则天顺圣皇后上之上》光宅元年“丁酉”条，中华书局，1956年，第6428页。

[8] 李嘉妍：《唐墓甬道、墓室壁画模式等级制度研究》，待刊。

定。例如，安元寿及其夫人翟氏[1]、安菩及其夫人何氏[2]等均在墓内设置了1道石门[3]。玄宗开元天宝年间龙武军、内常侍势力的逐渐兴起[4]，除了深刻影响到当世墓葬的面貌外，亦有功勋特殊或深受皇帝信任者在爵位等级并不符合的情况下，依然获得了使用石门的权利，苏思勖（昴）[1]和李玄德[6]便是其中的代表，两人一为玄宗内侍、一为龙武军心腹。墓志称苏思勖“乃天锡玉帛，敕司太乐，设田横之歌，列当旷（圹）之器”、称李玄德“皇帝伤悼，僚吏增哀。一切丧事，并以恒典”。因此，虽只封常山县和陇西县开国伯，列正四品上，却仍可加石门。

另见包括李晦[7]、王晛[8]、卢照己[9]以及韩休[10]等在内的一批职事官品在三、四品上下、爵位不尚的官员，或得特赐而亦用石门。比如，河间元王李孝恭第二子李晦虽未得其父爵，但与高宗关系紧密。高宗每云“一日不见，则满座不欢。卿识朕心，朕知卿意，君臣道合，旷占莫俦”。

甬道内置装木门是爵位在二品以下，或其他某种官员身份的做法，相对等第较加设石门更低，但高于仅以砖墙封门者。上邽县开国子梁行仪及其夫人薛氏[11]（爵位正五品上，

---

[1] 陈志谦：《唐安元寿夫妇墓发掘简报》，《文物》1988年第12期，第37—49、97、100—102页。

[2] 赵振华、朱亮：《洛阳龙门唐安菩夫妇墓》，《中原文物》1982年第3期，第17、24—29、76—82页。洛阳市文物考古研究院：《洛阳龙门唐安菩夫妇墓》，科学出版社，2017年。

[3] 宁夏固原的粟特裔史氏家族，亦有部分成员在墓内使用石门，可一并归入此类，包括史索岩及其夫人安氏、史诃耽及其夫人康氏等。详罗丰：《固原南郊隋唐墓地》，文物出版社，1996年，第31—77页。

[4] 卢亚辉：《论西安西郊陕棉十厂唐壁画墓M7墓主身份》，《文博学刊》2018年第3期，第32—40页。

[1] 陕西考古所唐墓工作组：《西安东郊唐苏思勗墓清理简报》，《考古》1960年第1期，第6—11、30—36页。

[6] 陕西省文物保护研究院：《二十世纪五十年代陕西考古发掘资料整理研究》（上册），三秦出版社，2015年，第605—609页。

[7] 焦南峰、王保平、马永嬴：《唐〈秋官尚书李晦墓志〉考略》，西安碑林博物馆编：《碑林集刊》（第十辑），陕西人民美术出版社，2004年，第36—44页。陕西省考古研究院：《壁上丹青：陕西出土壁画集》（下册），科学出版社，2008年，第243—251页。

[8] 陕西省文物保护研究院：《二十世纪五十年代陕西考古发掘资料整理研究》（上册），三秦出版社，2015年，第368—371页。

[9] 洛阳市第二文物工作队：《洛阳唐卢照已墓发掘简报》，《文物》2007年第6期，第4—8页。

[10] 陕西省考古研究院、陕西历史博物馆、西安市长安区旅游民族宗教文物局：《西安郭庄唐代韩休墓发掘简报》，《文物》2019年第1期，第1—2、4—43、97页。

[11] 陕西省考古研究院：《陕西西安唐梁行仪夫妇墓发掘简报》，《中原文物》2017年第2期，第2、9—23、129页。

下同）、徐王元礼姬罗观照[1]（正五品或从六品）、新蔡县开国男元师奖[2]（从五品上）和长沙县开国男姚懿及其夫人刘氏[3]（从五品上）等均属此类，部分未见爵位加身者亦有使用。

较为特殊的是戴胄夫人蒍氏[4]（从一品）和吴国妃杨氏[5]（正一品）。戴胄夫人蒍氏祔于贞观十二年（638 年），早于其入茔的戴胄本人墓葬也仅仅只用了封门砖墙 1 道，远不合礼制，但使用的建筑材料或是朝廷赐予，可知此时正值唐初建国，礼制波动不定。而吴国妃杨氏是随李恪赴任安州刺史时薨于今湖北安陆，虽列王爵正一品，但其墓葬早期即被破坏，或受到后来李恪谋逆案株连，降礼而毁葬[6]。

除上述所提及的石、木质墓门的序列外，实际上还存在着一类高于石门的等级群体，即在墓内使用石门与木门的组合。他们脱离于九品官阶体系之外，爵位视正一品或高于正一品，但又不至帝陵一等；从墓主身份推断，或为太子、贵妃，以及受到特殊礼遇的公主、亲王一级。包括有太宗贵妃韦珪[7]（正一品）、临川郡长公主李孟姜[8]（正一品）、永泰公主李仙蕙及其夫武延基[9]（正一品）、懿德太子李重润及其夫人裴氏[10]、章怀太子李贤

[1] 吴春：《西安秦川机械厂唐墓清理简报》，《考古与文物》1994 年第 4 期，第 18—28 页。

[2] 庞怀靖：《读元师奖墓志》，《文博》1993 年第 5 期，第 56—60 页。宝鸡市考古队：《岐山郑家村唐元师奖墓清理简报》，《考古与文物》1994 年第 3 期，第 48—55 页。

[3] 翟继才、侯旭：《陕县唐代姚懿墓发掘报告》，《华夏考古》1987 年第 1 期，第 126—137 页。

[4] 张小丽、朱连华：《唐太宗民部尚书戴胄夫妇墓的新发现》，《文物天地》2015 年第 12 期，第 110—115 页。赵晶、朱连华、张小丽、郭昕：《西安市长安区唐戴胄夫妇墓发掘简报》，《考古》2021 年第 10 期，第 2、38—59 页。

[5] 宋焕文、吴泽鸣、余从新：《安陆王子山唐吴王妃杨氏墓》，《文物》1985 年第 2 期，第 83—93、102—103 页。

[6] 《李恪墓志》记："七年，还授都督齐淄青莒莱密七州诸军事、齐州刺史……改封吴王，徙授潭州都督，不行，转授都督安随温沔复五州诸军事、安州刺史。十一年，又与诸王同诏代袭安州刺史。"后因牵涉诬告谋逆遇害，王妃墓即应在此时被人为损毁。直至永徽四年，李恪才重新"优赐国公之仪葬于高阳之原也"，并于神龙年间，再以亲王礼改葬，复其爵位和封邑。详郑炳林、张全民、穆小军：《唐李恪墓志铭考释与有关问题研究》，《敦煌学辑刊》2007 年第 3 期，第 5—22 页。孟宪实：《论吴王李恪之死——以〈李恪墓志〉为中心》，《文献》2014 年第 3 期，第 91—101 页。

[7] 陕西省考古研究院、昭陵博物馆：《唐昭陵韦贵妃墓发掘报告》，科学出版社，2017 年。

[8] 陕西省文管会、昭陵文管所：《唐临川公主墓出土的墓志和诏书》，《文物》1977 年第 10 期，第 50—59 页。

[9] 陕西省文物管理委员会：《唐永泰公主墓发掘简报》，《文物》1964 年第 1 期，第 7—33、58—63 页。

[10] 陕西省博物馆、乾县文教局唐墓发掘组：《唐懿德太子墓发掘简报》，《文物》1972 年第 7 期，第 26—32、70—71、75—76 页。陕西省博物馆、陕西省文物管理委员会：《唐李重润墓壁画》，文物出版社，1974 年。陕西省考古研究院、乾陵博物馆：《唐懿德太子墓发掘报告》，科学出版社，2016 年。

及其夫人房氏[1]、睿宗贵妃豆卢氏[2]（正一品）、节愍太子李重俊[3]和让皇帝李宪及其皇后元氏[4]等。长乐公主李丽质[5]（正一品）葬于贞观十七年（643 年），甬道加 3 道石门，已是帝陵建制，也可一并列入此类。究其原因，一则得特赐、突破原享阶序，二则由时代较早、礼制悬而未定所致。

更高一级的唐代帝陵，在墓门上的建制目前还不甚清楚，但从唐末五代吴越国帝陵的发掘情况来看，极有可能为前、中、后三室的建制[6]，且每室前甬道或门口均设置木、石质封门。吴越国康陵墓内共使用了 3 道石门，未见木门[7]，唐陵或也大同小异。

再来看石质葬具的使用，石质葬具主要包括三类：石椁、石质棺床以及石棺。其中，

---

[1] 陕西省博物馆、乾县文教局唐墓发掘组：《唐章怀太子墓发掘简报》，《文物》1972 年第 7 期，第 13—25、68—69 页。

[2] 方孝廉、谢虎军：《唐睿宗贵妃豆卢氏墓发掘简报》，《文物》1995 年第 8 期，第 1、37—51、99 页。

[3] 王小蒙、刘呆运：《唐节愍太子墓发掘简报》，《考古与文物》2004 年第 4 期，第 13—25 页。陕西省考古研究所、富平县文物管理委员会：《唐节愍太子墓发掘报告》，科学出版社，2004 年。

[4] 《旧唐书·让皇帝宪传》载：“（隆基曰：）大哥事迹，身殁让存，故册曰让皇帝……又制追赠宪妃元氏为恭皇后，祔葬于桥陵之侧。及将葬，上遣中使敕琎等务令俭约，送终之物，皆令众见。所司请依诸陵旧例，圹内置千味食，监护使、左仆射裴耀卿奏曰：‘尚食所料水陆等味一千余种，每色瓶盛，安于藏内，皆是非时瓜菓及马牛驴犊麞鹿等肉，并诸药酒三十余色。仪注礼料，皆无所凭。臣据礼司所料，奠祭相次，事无不备，典制分明。天恩每申让帝之志，务令俭约，礼外加数，窃恐不安。又非时之物，马犊驴等并野味鱼雁鹅鸭之属，所用铢两，动皆宰杀，盛夏胎养，圣情所禁。又须造作什物，动逾千计，求征市井，实谓烦劳。千味不供，礼无所阙。伏望依礼减省，以取折衷。’制从之。及发引，时属大雨，上令庆王潭已下泥中步送十数里，制号其墓为惠陵。”李宪生前爵至正一品宁王，薨后“敬追谥曰让皇帝”，并“制号其墓为惠陵”，以帝陵礼入葬。但从墓葬规模上看，其陵寝的修筑应当受到了玄宗的特殊考虑，与开元后期敕令丧葬器物缩减的官方取向一致。虽称用帝制，却又较前期彰显新法，不似原本繁冗复杂，但循此时墓葬最高等级帝陵的上限“标杆”或稍有所降。详《旧唐书》卷九十五《让皇帝宪传》，中华书局，1975 年，第 3013—3014 页。陕西省考古研究所：《唐李宪墓发掘报告》，科学出版社，2005 年。

[5] 陈志谦：《唐昭陵长乐公主墓》，《文博》1988 年第 3 期，第 10—30、97—101 页。

[6] 宿白指出成都前蜀王建永陵，南京南唐李昪、李璟两陵都是带有耳室的前中后三室，内蒙古巴林右旗辽庆陵也是同样的建制，北京明十三陵万历朱翊钧定陵地宫、清东西陵地宫也均设三重门直筒式三室。墓葬所仿的地面居室，包括明清宫殿中轴线上的主要建筑、唐大明宫中轴主殿等在内，都为前、中、后三殿；法门寺佛舍利塔地宫也是如此。故而推测唐代帝陵的主体结构也应当为带有耳室的前、中、后三室形制。宿白：《西安地区的唐墓形制》，《文物》1995 年第 12 期，第 41—50 页。

[7] 张玉兰：《浙江临安五代吴越国康陵发掘简报》，《文物》2000 年第 2 期，第 1—2、4—34、97—98 页。

石棺的用料和制作技法相对粗糙，不像是官方授意或主导的产物，且发现数量较少[1]，墓主身份等级差异较大，推测可能为自行仿制的逾礼做法。石椁与石质棺床的使用者基本与石门相互对应，呈组合形式出现。爵位二品以上、加石门者，几乎都以石椁或石质棺床作为葬具，且石椁的等级较之于石质棺床可能会更高一些，若下再加石底座或更高，如同让皇帝李宪。若爵位不上二品而特赐石门者，多数则仍不用石质葬具，可见特赐功勋者虽被恩准可在墓内加以石门，但在葬具方面仍需体现出品阶等级之差，以作区别。例如上文所列举的李晦、王晛、卢照己以及韩休五人中，只有深受高宗倚重的李晦在墓内才得用石椁，其余均只设普通的砖砌棺床。

三、俑群组合

以“出行、仪仗以及伎乐”等为中心的俑群组合是墓葬体系内另一个极其重要的等级标识[2]，自两汉起便可见，直至北魏形成了与官阶直接相关的初步架构，并在隋初得到了正式、明确的制度化实践，唐墓也自然不出其制。根据现有的考古学资料，大致可将俑群组合分为以下四类（表二）：

第一类，以甲骑具装为核心代表，见骑、步行共同组成的音乐卤簿，以及包括行仪卫、骑马仪仗（执旗等）等在内的大型卤簿出行俑群组合。

第二类，主体由步行仪卫、骑马仪仗（执旗等）等构成，包括骑行音乐卤簿在内的卤簿出行俑群组合。

第三类，见骑马俑（非仪仗）、伎乐俑、侍吏俑等在内的出行俑群组合，不加卤簿。

第四类，由伎乐舞蹈俑、劳作仆侍俑为主导，偶见少数骑马俑（非仪仗）的家居俑群组合，不加卤簿。

---

[1] 郭丽及其夫人、殷仲容及其夫人颜颀和独孤祎之夫人张氏等均在墓内使用石棺作为葬具。郭丽为上骑都尉（勋官正五品上）；殷仲容以通议大夫（文散阶正四品下）行麟台丞（职事从五品上），加上柱国（勋官正二品），封建安县开国子（爵位正五品上）；独孤祎之任左骁卫将军兼御林军（职事从三品）。陕西省文物保护研究院：《二十世纪五十年代陕西考古发掘资料整理研究》（上册），三秦出版社，2015 年，第 454—457 页。陕西省考古研究所：《唐殷仲容夫妇墓发掘简报》，《考古与文物》2007 年第 5 期，第 18—30、117—118 页。董国柱：《唐独孤公夫人清河张氏墓清理简报》，《文博》1992 年第 4 期，第 72—75 页。

[2] 另有一类十二生肖俑，在安史之乱前的唐墓中并不十分普遍，似乎亦存在等级分野，部分非置于地下墓葬内，而出土于四周围沟中，可能代表着更高级别的一种丧葬制度。由于唐初墓葬涉及的材料众多、数量巨大，故在此只重点探究与官阶等级制度具有密切联系的俑群组合类型。沈睿文：《中国古代物质文化史 · 隋唐五代》，开明出版社，2015 年，第 120—123 页。

表二　唐安史之乱前不同等级人群使用墓内设施和俑群组合情况[1]

墓主姓名	职事	散阶	勋号	爵位	年代	石门	石质葬具	俑群组合
李寿	正三/正一	从一	正二	从一	631 年	√	√	甲骑具装—卤簿鼓吹
李晦及其夫人豆卢氏	正三		正二	正五上	689 年	√	√	甲骑具装—卤簿鼓吹
李重润及其夫人裴氏					706 年	√	√	甲骑具装—卤簿鼓吹
李重俊					710 年	√	√	甲骑具装—卤簿鼓吹
李贤及其夫人房氏				正一	706 年	√	√	甲骑具装—卤簿鼓吹?
长乐公主李丽质				正一	643 年	√	√	骑行仪仗—卤簿鼓吹
段蕳璧	正三	从一		从一	651 年	√	√	骑行仪仗—卤簿鼓吹
张士贵及其夫人岐氏	从二	正三/正二		从一	657 年	√	√	骑行仪仗—卤簿鼓吹
尉迟敬德及其夫人苏氏	正一	从一	正二	从一	659 年	√	√	骑行仪仗—卤簿鼓吹?
新城长公主李氏				正一	663 年	√	√	骑行仪仗—卤簿鼓吹
太宗贵妃韦珪				正一	666 年	√	√	骑行仪仗—卤簿鼓吹
房陵大长公主李氏				正一	673 年	√	√	骑行仪仗—卤簿鼓吹
李凤及其夫人刘氏	正一		正二	正一	675 年	√	√	骑行仪仗—卤簿鼓吹
契苾明	正三/从三	从二	正二	从一	696 年	√	√	骑行仪仗—卤簿鼓吹
李仙蕙及其夫武延基				正一	706 年	√	√	骑行仪仗—卤簿鼓吹
韦泂	从三/从二			从一	708 年	√	√	骑行仪仗—卤簿鼓吹
韦洵	从二/正三			从一	708 年	√	√	骑行仪仗—卤簿鼓吹
唐从心及其夫人长孙氏	从三/正四下	正三	正二	正二	709 年	√	√	骑行仪仗—卤簿鼓吹
安菩及其夫人何氏	京官五	正五上			709 年	√	√	骑行仪仗—卤簿鼓吹?

[1] “*”表示前朝迁葬或旧臣新葬，“○”表示非礼制性敕造。

续表

墓主姓名	职事	散阶	勋号	爵位	年代	石门	石质葬具	俑群组合
李仁及其夫人慕容氏	正三/从二		正二	正一	710/726 年	√	√	骑行仪仗—卤簿鼓吹
李贞	从一			正一	718 年	√	√	骑行仪仗—卤簿鼓吹?
李㧑					724 年	√	√	骑行仪仗—卤簿鼓吹
薛莫及其夫人史氏	正三	从二	正二	从二	728 年	√	√	骑行仪仗—卤簿鼓吹?
杨思勖	正三	从三/从一	正二	从一	740 年	√	√	骑行仪仗—卤簿鼓吹
李宪及其夫人元氏					741 年	√	√	骑行仪仗—卤簿鼓吹
豆卢氏				正一	740 年	√	√	家居俑群组合?
李邕及其王妃扶余氏	从二	正三	正二	从一	727/738 年	√	√	
阿史那怀道及其夫人安氏	从二	正二	正二	从一	728 年	√	√	
武惠妃				正一	737 年	√	√	
张去奢	从三	从三		正四上/正一	747 年	√	√	
张仲晖	正七下	正六上			753 年	√	√	
高元珪	从三	从四下	正二		756 年	√	√	
郑仁泰	正三	从三/正四上	正二	正二	664 年		√	骑行仪仗—卤簿鼓吹
韦浩	从二			从一	708 年		√	骑行仪仗—卤簿鼓吹?
江都王李绪之女、武攸宜夫人李氏		正二		从一	733 年		√	骑行仪仗—卤簿鼓吹?
郭丽及其夫人			正五上		670 年		√	出行俑群组合（非仪仗）
乐寿郡君宋氏	从四上	正四上	正二	正四	745 年		√	家居俑群组合
安元寿及其夫人翟氏	从三	从三	正二		684/727 年	√		骑行仪仗—卤簿鼓吹
李孟姜				正一	682 年	√		骑行仪仗—卤簿鼓吹
冯君衡及其夫人麦氏	正四下				729 年	√		骑行仪仗—卤簿鼓吹
韩休	从二	从三	正二	正五上	740 年	√		骑行仪仗—卤簿鼓吹
苏思勖	从四上	从三	正二	正四上	745 年	√		骑行仪仗—卤簿鼓吹
张去逸	从三	从三	正二	正一	748 年	√		骑行仪仗—卤簿鼓吹

续表

墓主姓名	职事	散阶	勋号	爵位	年代	石门	石质葬具	俑群组合
李玄德	从三	从三	正二	正四上	755年	√		骑行仪仗—卤簿鼓吹?
董务忠及其夫人赵氏	正六下	从五下			691/698年	√		出行俑群组合（非仪仗）
豆卢建	从三	从三/从五下		正二/正一	744年	√		家居俑群组合?
李无亏	正四上	从四上	正二	从二	696年	√		
卢照己及其夫人王氏	正四下	从三	正二		724年	√		
王晛	从五下	正四下	正二		733年	√		
金乡县主李氏及其夫于隐	从七下			正二	690/724年	木	√	骑行仪仗—卤簿鼓吹
窦及	从五下?	从五下			669年	木	√	出行俑群组合（非仪仗）
郑乾意及其夫人柳氏	正五上?				640年	木		*甲骑具装—卤簿鼓吹
姚懿及其夫人刘氏	从二	从三/正四上		从五上	662/708年	木		骑行仪仗—卤簿鼓吹?
梁行仪及其夫人薛氏	正四上	从四下	正二	正五上	661/697年	木		骑行仪仗—卤簿鼓吹
韦慎名及其夫人刘氏	从三	从三	正二		727/736年	木		骑行仪仗—卤簿鼓吹
戴胄夫人菀氏	正三/从二	正四下		从一	638年	木		骑行仪仗—卤簿鼓吹
元自觉及其夫人崔氏	正四上	从五下			729/733年	木		骑行仪仗—卤簿鼓吹
司马睿	正四上				649年	木		骑行仪仗—卤簿鼓吹
刘智及其夫人尹氏	从六上	从五下	正二		669年	木		骑行仪仗—卤簿鼓吹
元师奖	从三	正四下/从五上	正二	从五上	687年	木		骑行仪仗—卤簿鼓吹
姚无陂	从八下	从五下			697年	木		出行俑群组合（非仪仗）
韦美美	正八下				733年	木		家居俑群组合
裴询尧及其夫人窦氏	从八上				733年	木		家居俑群组合?
李全礼夫人郑氏	正四上/从四下/正五下	从五下			754年	木		家居俑群组合?

续表

墓主姓名	职事	散阶	勋号	爵位	年代	石门	石质葬具	俑群组合
罗观照				正五/从六	680 年	木		
刘濬及其夫人李氏	正五下/从四上	从五上	正二	从五上	730 年	木		
殷仲容及其夫人颜颀	从五上	正四下	正二	正五上	703/681 年		○	骑行仪仗—卤簿鼓吹
杨会	暂不清		正二		736		○	
独孤祎之夫人张氏	从三				749 年		○	
戴胄	正三/从二	正四下		正二	634 年			*甲骑具装—卤簿鼓吹
阿史那忠及其夫人李氏	正三/从二	从二	正二	从一/正二	653/675 年			骑行仪仗—卤簿鼓吹
段文振夫人	从二/正三	从一		从九命/从一/正二	631 年			骑行仪仗—卤簿鼓吹
段元哲	从四上	正四下			639 年			骑行仪仗—卤簿鼓吹
独孤开远及其夫人	从三	从一		从二	642 年			骑行仪仗—卤簿鼓吹
王怜及其夫人	从三	从三	从一		643 年			骑行仪仗—卤簿鼓吹
董僧利及其夫人王氏					652 年			骑行仪仗—卤簿鼓吹
贾敦赜及其夫人房氏	从三	从五下	从三		656 年			骑行仪仗—卤簿鼓吹
韦尼子				正二	656 年			骑行仪仗—卤簿鼓吹
刘静及其夫人张氏	正七		正六上		658 年			骑行仪仗—卤簿鼓吹
高阳郡君许氏	正四上			正四/从五上	661 年			骑行仪仗—卤簿鼓吹?
张楚贤	从六上	从六下	正五上		662 年			骑行仪仗—卤簿鼓吹
柳凯及其夫人裴氏	从六上				664 年			骑行仪仗—卤簿鼓吹
牛相仁及其夫人王氏		从五下			665 年			骑行仪仗—卤簿鼓吹
李爽及其夫人郑氏	正三	从三			668 年			骑行仪仗—卤簿鼓吹
张臣合	从三	正四上			668 年			骑行仪仗—卤簿鼓吹
豆卢弘毅及其夫人卫氏	从六上				673 年			骑行仪仗—卤簿鼓吹

续表

墓主姓名	职事	散阶	勋号	爵位	年代	石门	石质葬具	俑群组合
诸葛芬	从四上/从三			正五	687年			骑行仪仗—卤簿鼓吹
钜鹿郡太夫人魏氏	正三		从二	正二	687年			骑行仪仗—卤簿鼓吹
屈突季札	从三	从三	正二	正二	691年			骑行仪仗—卤簿鼓吹
温思暕	从四上	从四上	正二		696年			骑行仪仗—卤簿鼓吹
独孤思贞	从五上	正五下	正三		698年			骑行仪仗—卤簿鼓吹
华文弘及其夫人萧氏	正四下/正四上				705年			骑行仪仗—卤簿鼓吹?
李思贞	正四下	从四上/从三			705年			骑行仪仗—卤簿鼓吹?
唐氏				正五	706年			骑行仪仗—卤簿鼓吹
崔氏				正五	706年			骑行仪仗—卤簿鼓吹
郭恒及其夫人韦氏	正四下	从四下			708年			骑行仪仗—卤簿鼓吹
薛氏				正二	710年			骑行仪仗—卤簿鼓吹?
于尚范及其夫人韦氏、李氏	正四下			从二	714年			骑行仪仗—卤簿鼓吹
鲜于庭诲	正三	从三	正二	从二	723年			骑行仪仗—卤簿鼓吹
萧[言岁]	正四下				735年			骑行仪仗—卤簿鼓吹?
李承乾及其夫人苏氏	从二			正一	738年			骑行仪仗—卤簿鼓吹
俾失十囊	正三	正二		正二	739年			骑行仪仗—卤簿鼓吹
李元璥及其夫人郑氏	正四上/正四下	正五下	正二		741年			骑行仪仗—卤簿鼓吹
史思礼	正四下	正四下	正二		744年			骑行仪仗—卤簿鼓吹?
王守言	从三	从三	正二	从二	744年			骑行仪仗—卤簿鼓吹?
石伏保	从三	从三	正二		747年			骑行仪仗—卤簿鼓吹?
李全礼	正四上/从四下/正五下	从五下			750年			骑行仪仗—卤簿鼓吹
苏兴及其夫人	正九下	正九下			637/653年			出行俑群组合（非仪仗）

续表

墓主姓名	职事	散阶	勋号	爵位	年代	石门	石质葬具	俑群组合
李绍	正五下/从五上			正二	642 年			出行俑群组合（非仪仗）
崔大义及其夫人李氏	从六上				647 年			出行俑群组合（非仪仗）
亡宫五品	正五				657 年			出行俑群组合（非仪仗）
蒋少卿	从六上		正三		657 年			出行俑群组合（非仪仗）
段伯阳	正七下	从六下	从三		661 年			出行俑群组合（非仪仗）
张难			正五上		663 年			出行俑群组合（非仪仗）
亡尼三品	六上下				665 年			出行俑群组合（非仪仗）
刘宝			正三		665 年			出行俑群组合（非仪仗）
薛元嘏及其夫人若干氏	从五下	从五下		正二	666 年			出行俑群组合（非仪仗）
达奚令婉	正六下		正二		667 年			出行俑群组合（非仪仗）
蒋少卿夫人李宝手	从六上		正三		675 年			出行俑群组合（非仪仗）
姬温及其夫人窦氏	从五下？	从五下	从三		676 年			出行俑群组合（非仪仗）
独孤思敬后夫人杨氏	从五下	从五下			703 年			出行俑群组合（非仪仗）？
独孤思敬及其夫人元氏	从五下	从五下			709/677/703 年			出行俑群组合（非仪仗）
阎识微及其夫人裴氏	正六下/从六下	正五下			706 年			出行俑群组合（非仪仗）
郑仲淹及其夫人卢氏	从五下	从五下	正二		706 年			出行俑群组合（非仪仗）
严府君夫人任氏	正六上				707 年			出行俑群组合（非仪仗）
李嗣本及其夫人卢氏	从七上				709 年			出行俑群组合（非仪仗）
李延祯					709 年			出行俑群组合（非仪仗）

续表

墓主姓名	职事	散阶	勋号	爵位	年代	石门	石质葬具	俑群组合
骞思哲及其夫人卢氏	从六上		正二		710年			出行俑群组合（非仪仗）
热瓌	从三				730年			出行俑群组合（非仪仗）?
吴守忠	正五上/从九下	从五下	正二		748年			出行俑群组合（非仪仗）
裴利物及其夫人窦氏	从六上	正六上			752/759年			出行俑群组合（非仪仗）?
徐深					634年			家居俑群组合
郭敬	从六上	从五下			661年			家居俑群组合?
张楚贤夫人王氏	从六上		正五上		664年			家居俑群组合
张智慧	正七上				668年			家居俑群组合
张文俱	从八下/正九下	从九下			670年			家居俑群组合
陈晖		从五下			670年			家居俑群组合?
向文积及其夫人陈氏			正七上		671年			家居俑群组合
李遇					672年			家居俑群组合
牛弘满		从一			672年			家居俑群组合
赵德明及其夫人张氏	从三	从四下	从四上		674年			家居俑群组合?
李守一及其夫人陈氏	从八上				694年			家居俑群组合
康文通					697年			家居俑群组合
史君夫人颜氏	正五上			正五	697年			家居俑群组合
李则政	从七下	正六上	正二		700年			家居俑群组合
岑平等	从五上			正五上	701年			家居俑群组合?
阎方及其夫人卜氏					702年			家居俑群组合
韩晓及其夫人	从七下				680/703年			家居俑群组合
崔沈		从九上			706年			家居俑群组合
宋祜					706年			家居俑群组合
□氏	从七上		正二		711年			家居俑群组合
杨履庭及其夫人薛氏	正七下/从七上/从七下	从五下	正二		711年			家居俑群组合
张氏				正五	712年			家居俑群组合?

续表

墓主姓名	职事	散阶	勋号	爵位	年代	石门	石质葬具	俑群组合
杨贵及其夫人王氏	从八上/正五				721 年			家居俑群组合
张泰及其夫人萧氏	正七上/正七下	正六上			721 年			家居俑群组合
骞思泰及其夫人司空氏	从七上?				721 年			家居俑群组合?
韦君及其夫人胡氏	正七下/从七上/从七下	正六上	正二/正五上		725/742 年			家居俑群组合
赵府君夫人段氏	正八上				727 年			家居俑群组合
高木卢	暂不清	从九下			730 年			家居俑群组合
骞思玄	从七上				730 年			家居俑群组合
韦旷及其夫人柳氏	正八下				730 年			家居俑群组合
张承嗣	正六下				735 年			家居俑群组合?
李倕	暂不清	正七下			736 年			家居俑群组合
裴瑾	正七下				736 年			家居俑群组合
元不器		从七下			739 年			家居俑群组合
元大谦及其夫人罗婉顺	正六上	正六上	正三		739/747 年			家居俑群组合
崔悦	正六上				745 年			家居俑群组合
墓主□□及其夫人杨氏	从七下				746 年			家居俑群组合
张思九夫人胡氏	从五下/正六上下/从六下	正六上	正二		747 年			家居俑群组合?
郑琇及其夫人卢氏	从六上				750 年			家居俑群组合
渤海郡君高氏	从三?			正四?	751 年			家居俑群组合?
田府君夫人王氏	从六上				754 年			家居俑群组合
辅府君夫人米氏	正五下	正四上		正四	755 年			家居俑群组合?
贺若厥	从三		正三	从一	621 年			
苏永安及其夫人许氏、周氏	从四				625 年			
窦胡娘	正五下				637 年			

续表

墓主姓名	职事	散阶	勋号	爵位	年代	石门	石质葬具	俑群组合
窦曒	正五		从一		646 年			
冯孝约及其夫人姜氏	正六上				663/681 年			
李勣及其夫人	正一	从一	正二	从一	670 年			
温绰及其夫人赵氏	从四下/正五下		正三		670 年			
长孙无傲	从三	从五下			672 年			
西宫二品				正二	682			
武思元	从六上/正四下				687 年			
唐府君夫人阎氏	从四上		正二	正五	690 年			
苏瑜	从五下	从五下		从五上	693 年			
崔万石及其夫人郑氏?	从四上/正四下				693 年?			
宋思真及其夫人崔氏	正六上				695 年			
宋抝	从六上	从五下			701 年			
骞绍业					703 年			
宋祯及其夫人魏氏、薛氏	正四下	正四上			706 年			
李文寂及其夫人张氏					708 年			
张爽及其夫人李氏	正八下/从八下/正九下		从四上		709 年			
上官婉儿				正二/正三	710 年			
魏协及其夫人卢贞	从六上				711 年			
芮国夫人杨氏				从一	715 年			
程最及其夫人薛氏					717 年			
严识玄	从五上	正五下	正二		718 年			
刘府君及其夫人阎氏	正八下/从八下/正九下				720 年			
刘休观及其夫人元氏	从六上				720 年			

续表

墓主姓名	职事	散阶	勋号	爵位	年代	石门	石质葬具	俑群组合
骞如珪					730 年			
郭神鼎		从四下			732 年			
窦讷言	从七下				733 年			
张府君女张氏	正四下	从三			733 年			
李廉及其夫人韩氏			正二		735 年			
王智言及其夫人孟氏	正九下				736 年			
李景由及其夫人卢氏	正六上				738 年			
李道坚	正三	从三	正二	从一	738 年			
韩忠节及其夫人关氏	从九上/从六上				742 年			
严仁	正九下				742 年			
蔺元亮	从六下		正二		747 年			
寇氏及其夫达奚珣	从三	正四上	正二	正五上	747/769 年			
严令元及其夫人成氏	正七上	正七下			748 年			
衡怿及其后夫人李氏?	从六上				750 年			
衡怿前夫人卢氏	从六上				750 年			
王府君妾李二娘	正八下				750 年			
卢廷芳女卢氏	从四下	正五上			750 年			
屈元寿	从三	从三	正二	从五上	750 年			
田仁亮	从七下/正八下				750 年			
刘府君及其夫人薛氏	从六上				754 年			
郑炅及其夫人崔氏	从八上				754 年			
丘府君夫人刘至柔	从五下/正六上/从六下				755 年			
厙伎	官职高低不等，暂不清				656 年			骑行仪仗—卤簿鼓吹
郭暠及其夫人王氏	（流外）无官品、有俸禄				695 年			家居俑群组合

续表

墓主姓名	职事	散阶	勋号	爵位	年代	石门	石质葬具	俑群组合
李珣及其夫人崔氏	官职高低不等，暂不清				718年			家居俑群组合
孙承嗣及其夫人高氏	官职高低不等，暂不清				736/717年			家居俑群组合
王希乔及其夫人	官职高低不等，暂不清				750年			家居俑群组合
赵知俭及其夫人元氏	官职高低不等，暂不清				727年			

其中第一类相对特殊，出现了以甲骑具装俑为标志的出行卤簿组合。隋令二品或北周八命以上者可加甲骑具装并设仪仗，为俑群组合中的最高一等，唐制也相仿。“甲骑具装”在卤簿制度中并非常见，仅在天子大驾卤簿内可列，皇太后、皇后卤簿似乎亦不得使用。

所谓“甲骑具装”，《宋史·仪卫》“卤簿仪服”条载：

甲骑具装，甲，人铠也；具装，马铠也。甲以布为裹，黄絁表之，青绿画为甲文，红锦褖，青絁为下裙，绛韦为络，金铜鈌，长短至膝。前膺为人面二，自背连膺，缠以锦腾蛇。具装，如常马甲，加珂拂于前膺及后秋[1]。

又指“旧清游队有甲骑具装”，但已“亡其制度”[2]。据《通典》《新唐书》所言天子大驾卤簿之建制，“甲骑具装”唯见于前部清游队内的外铁甲佽飞，或天子玉辂前的左右骁卫郎将、各领翊卫内。

次清游队。次左右金吾卫大将军各一人，带弓箭横刀，检校龙旗以前朱雀等队，各二人持穳矟，骑夹。次左右金吾卫果毅都尉各一人，带弓箭横刀，领夹道铁甲佽飞。次虞候佽飞四十八骑，平巾帻、绯裲裆、大口绔，带弓箭、横刀，夹道分左右，以属黄麾仗。次外铁甲佽飞二十四人，带弓箭、横刀，甲骑具装，分左右厢，皆六重，以属步甲队[3]。

次左右厢，诸卫中郎将主之，执班剑、仪刀，领亲、勋、翊卫。次左右卫郎将各一人，皆领散手翊卫三十人，佩横刀，骑，居副仗矟翊卫内。次左右骁卫郎将各一人，各领翊卫二十八人，甲骑具装，执副仗矟，居散手卫外……次玉辂，驾六马，太仆卿驭之，

[1] 《宋史》卷一百四十八《仪卫六》，中华书局，1985年，第3470页。

[2] 《宋史》卷一百四十五《仪卫三》“国初卤簿”条，中华书局，1985年，第3400页。

[3] 《新唐书》卷二十三上《仪卫上》，中华书局，1975年，第490—491页。

驾士三十二人。凡五路，皆有副。驾士皆平巾帻、大口绔，衫从路色[1]。

太皇太后、皇太后、皇后卤簿的先导队列排布如下，较之天子略简，缺铁甲佽飞。

出门，太皇太后升车，从官皆乘马，内命妇、宫人以次从。清游队，旗一，执者一人，佩横刀，引、夹皆二人，佩弓箭、横刀，骑。次金吾卫折冲都尉一人，佩横刀、弓箭；领骑四十，亦佩横刀，夹折冲；执矟二十人，持弩四人，佩弓箭十六人，持䅟矟、刀二人。次虞候佽飞二十八人，骑，佩弓箭、横刀，夹道分左右，以属黄麾仗[2]。

虽无铁甲佽飞，清游队中仍随有虞候佽飞，唐书中并未明确指明其装扮是否为人马皆配甲、抑或常服。但从后代的史料来看，虞候佽飞的装束大致可分为两种，分别用于天子卤簿及太后、皇后之类。

（天子）大驾卤簿，凡用七千人，摄官在内。分八节……虞候佽飞三十人，铁甲、兜牟、横刀、弓矢、黑马甲全。铁甲佽飞一十六人。服、执如上[3]。

皇太后、皇后卤簿。用唐、宋制，共二千八百四十人。清游队三十人，清游旗一，执一人、引二人、夹二人。次金吾卫折冲都尉一人，䅟矟二人，领四十骑：二十人执矟、四人弩、十六人横刀。次虞候佽飞二十八人。并平巾帻、绯裲裆、大口袴、弓矢、横刀，骑夹道，分左右均布至黄麾仗。次内仆令一人、丞一人。依本品服，分左右[4]。

金用唐、宋之制，皇太后、皇后卤簿内的虞候佽飞并非甲骑具装，据此或可推测唐时仅天子卤簿得列甲骑具装，其余皆不可。故而，墓内俑群组合中设置甲骑具装俑也应当是接近于最高等级的做法。

唐初的等级墓葬中，除去部分前朝遗臣[5]、陈年迁葬[6]的墓例，俑群组合中明确加授

[1] 《新唐书》卷二十三上《仪卫上》，中华书局，1975年，第492—493页。“玉辂”者，点校本作“玉路”。据《通典》等，原当为“辂”，即天子之乘，已改。参见《通典》卷一百七《开元礼纂类二序例中》“大驾卤簿”条，中华书局，1988年，第2780页。

[2] 《新唐书》卷二十三下《仪卫下》，中华书局，1975年，第497页。

[3] 《金史》卷四十二《仪卫下》，中华书局，1975年，第950—951页。

[4] 《金史》卷四十二《仪卫下》，中华书局，1975年，第954页。

[5] 道国公戴胄曾仕前朝，墓内出土5件甲骑具装俑，可能是受到了隋制的影响。

[6] 郑乾意及其夫人柳氏于贞观十四年（640年）迁葬至雍州长安县高阳原，郑曾任大隋轘辕府鹰扬郎将，或职事官正五品上（存疑）。西安市文物保护考古研究院：《郑乾意夫妇墓发掘简报》，《文博》2014年第4期，第2—10、18页。杨军凯：《郑乾意墓志考释》，《文博》2014年第4期，第51—54页。

甲骑具装俑、形成队列，甚至彩绘贴金的只有四人，即淮安靖王李寿[1]、河间元王孝恭子李晦、懿德太子李重润及节愍太子李重俊。

再如后三类的俑群组合，其中是否可见音乐卤簿，是否以骑马、伎乐俑为中心，这多由墓主的散阶或职事官品所决定；但存相异，常取散阶为准，若二者品阶较低，则凭职事官品判断。依据目前出土的大量唐墓材料，可基本辨明：四品及以上者，均可加音乐卤簿，正从、上下不分；五品至六品者，俑群组合以骑马、伎乐及侍吏俑为中心；七品以下、流外或常选之人，少数偶见骑马俑，多随葬伎乐舞蹈、劳作仆侍等一类的陶（瓷）俑，正从、上下亦不分。

此外，仅授勋官者多因其勋官品级赐给，但至多不高于五、六品[2]。未任职事官，仅列文、武散官者，或需在原有官品等级的基础上，下移一级[3]；若已至七品以下，则不改[4]。处士、使职等其他特殊群体，大致可归入七品以下之类。同时，若职事与散阶官品之间存在差值，当据墓主生前任职经历、是否殇于任上等另有安置，相关规定现已不清。

以职事官四品为界，限制官员在墓葬内使用音乐卤簿组合的做法，应是承袭现实卤簿礼序而来。《通典·序列中》在叙述群官卤簿条例时，便只定四品以上职事之制，又记曰：

群官卤簿

一品：清道四人，为二重，四品以上并二人。幰弩一骑，青衣十人，车辐十人。三品八人，自下递减二人。戟九十，二品七十，三品六十，四品五十。绛引幡六，二品以下阙

[1] 陕西省博物馆、陕西省文管会：《唐李寿墓发掘简报》，《文物》1974年第9期，第61、71—88、96、99页。

[2] 上骑都尉张难（勋官正五品上）、上护军刘宝（勋官正三品）和上骑都尉郭丽及其夫人等均尚职事官五、六品之等。云骑尉向文积及其夫人陈氏（勋官正七品上）则为七品以下一类。陕西省文物保护研究院：《二十世纪五十年代陕西考古发掘资料整理研究》（上册），三秦出版社，2015年，第432—436、454—457页。中国科学院考古研究所：《西安郊区隋唐墓》，科学出版社，1966年，第34、86页。韩长松、辛中山、赵德才、邢心田：《河南焦作博爱聂村唐墓发掘报告》，《文博》2008年第3期，第3—17页。

[3] 玄都观主牛弘满，加授朝散大夫、开府仪同三司，至文散官从一品，不任实职。墓内并未见卤簿组合，仅使用了相当于职事官五、六品的第三等组合，见骑马俑等。陈晖加朝散大夫，文散阶从五品下。随葬俑群中不见有骑马、伎乐等俑类，或与七品以下实职者同档。西安市文管会：《西安市发现唐玄都观主牛弘满墓》，《文物》编辑委员会编：《文物资料丛刊（1）》，文物出版社，1977年，第199—200页。洛阳市文物考古研究院：《洛阳关林唐代陈晖墓发掘简报》，《中原文物》2012年第6期，第2、4—8、117页。

[4] 前南郊斋郎、吏部常选元不器，阶至宣义郎，文散官从七品下，墓内即使用第四类俑群组合，与职事官品大体一致。陕西省考古研究院：《陕西西安唐元不器墓、元自觉夫妇墓发掘简报》，《文博》2021年第4期，第13—30页。

之。刀楯弓箭矟各八十。二品六十,三品五十,四品四十。㧉鼓金钲各一，大鼓十六,二品十四,三品十,四品八。长鸣十六。二品以下阙之。节一，夹矟二。告止幡二，传教幡二，信幡六。其信幡，二品、三品、四品二。余同一品。鞕马六。二品、三品四疋，四品二疋。仪刀十六。二品十四，自下递减二。其一品，府佐四人夹行。革辂一。四品木辂。并驾四马，驾士十六人。自下品别减二人。伞一，朱漆团扇四,二品至四品各二。曲盖二。二品以下一。僚佐本服陪从。麾幡各一。大角八，角自二品至四品各减二。铙吹一部，铙箫笳各四。二品各三,三品各二,四品各一。横吹一部，横吹六,二品、三品四,四品二。节鼓一,二品以下并阙。笛箫筚篥笳各四。二品以下各一。

右应给卤簿者，职事四品以上，散官二品以上，爵郡王以上及二王后，依品给。国公准三品给。官爵两应给者，从高给。若京官职事五品，身婚葬并尚公主、娶县主及职事官三品以上有公爵者嫡子婚，并准四品给。凡自王公以下在京拜官初上、正冬朝会及婚葬则给之。婚及拜官初上、正冬朝会，去矟、弓箭、刀楯、大小鼓、横吹、大角、长鸣、中鸣也。凡应导驾及都督刺史奉辞至任上日，皆依品给。奉辞去矟、弓箭、刀楯、金钲、㧉鼓、大小鼓、横吹、大角、长鸣、中鸣[1]。

因而，四品以上者虽均可加卤簿，但仍当按其实际阶等裁夺卤簿之规格高低，其中封袭亲王、国公和内外命妇者，依令可另设卤簿排布，也当并入此类。

由于大多数唐墓材料受到盗扰、破坏等影响，多有缺损，故此处选取部分保存情况相对较好的墓葬进行具体说明。职事官品四品以上，主要见司马睿[2]、贾敦赜及其夫人房氏[3]、张臣合[4]、安元寿及其夫人翟氏和韦慎名及其夫人刘氏[5]等。司马睿任太子左内率（职事正四品上，下同），墓内出土身着 7 种颜色衣物的执物风帽俑 70 件，当为步行仪仗；鼓吹骑马俑 21 件，包括击鼓、弹乐和吹奏等。贾敦赜以朝散大夫当使持节、洛州诸军事、洛州刺史（从三品），加上护军，仍见卤簿鼓吹组合。张臣合以正议大夫行使持节兼泉州刺史（从三品），俑群组合中有筚篥、排箫、横篪、螺贝、吹哨和击鼓等骑马乐俑共计 13 件，部分装饰涂金，可能与其封潞城（县）公、爵从二品因而采用了更高一级的出行卤簿有关。安元寿加云麾将军任右威卫将军（从三品），韦慎名除银青光禄大夫拜彭州刺史

[1] 《通典》卷一百七《开元礼纂类二 序例中》“群官卤簿”条，中华书局，1988 年，第 2788—2789 页。

[2] 负安志、王学理:《唐司马睿墓清理简报》,《考古与文物》1985 年第 1 期，第 44—49 页。曾维华:《唐司马睿墓志释文辨证》,《考古与文物》1988 年第 3 期，第 87 页。

[3] 洛阳市文物考古研究院:《洛阳红山唐墓》，中州古籍出版社，2014 年，第 4—63 页。

[4] 刘双智:《陕西长武郭村唐墓》,《文物》2004 年第 2 期，第 1、40—53、97—98 页。

[5] 刘呆运、李明、张全民、王久刚:《唐长安南郊韦慎名墓清理简报》,《考古与文物》2003 年第 6 期，第 26—39、43、98—100 页。

（从三品），均勋列上柱国，在墓内见大量骑马鼓吹俑。

再者，官员所享的卤簿被允许延及家眷，只是在规格上或有所减省。以屈突诠子季札[1]为例，其早夭，父诠以银青光禄大夫行笼州刺史（从三品），加上柱国，封爵燕郡开国公。屈突季札墓室未遭盗扰，共出土 17 件骑马执物俑，推测原可能持乐器等，属鼓吹一类，应按父制给，略显精简。

同样，京官职事五品，亦有“得借四品鼓吹为仪”[2]的资格。比如，独孤思贞授朝议大夫行乾陵令，勋加上护军，文散阶正五品下，职事官从五品上，皆不至四品；但曾任雍州司户，又除乾陵令，当属京官。其墓道东壁龛内放置的俑群组合，从形状和排列成组的形式来看，就是“音声队”与“卤簿”等出行仪仗；西壁龛则专门排列陶骆驼、陶马及家畜等[3]。再据独孤思贞墓志可知，其“爰命入阁，赐绢、帛、缯、彩三百段，衣裳数袭。礼阕。以孝极君亲，量能昭洽，特赐龟，加一阶，除乾陵署令”。既得赐龟符、又加阶一品，由此得见，独孤公士在墓内所用卤簿鼓吹便也不足为奇了。

除上述凭借职事官品而列卤簿鼓吹的官员之外，部分殊荣者还能通过军功等其他方式加阶而在墓内设置成群的卤簿鼓吹组合。刘智以朝散大夫行司宰寺丞，文散阶从五品下，实职正六品上，又因戎途执鸾而“褒殊効也”，勋加上柱国。其墓内出土风帽、幞头执物俑等步行仪仗，吹箛、击鼓、摇鼗骑马俑等鼓吹卤簿；还见“朝服葬”，包括 2 组由 5 件玉佩、若干水晶串珠及 1 对玉坠组成的玉佩，和 1 件“金铜装班剑”[4]，班剑木骨铜皮加以鎏金纹饰，形制如同李勣墓所出，较越王李贞墓[5]、中晚唐时期惠昭太子李宁墓[6]所用

---

[1] 310 国道孟津考古队：《洛阳孟津西山头唐墓发掘报告》，《华夏考古》1993 年第 1 期，第 52—68 页。

[2] 《旧唐书 · 音乐志一》记：“（景龙二年）又准令，五品官婚葬，先无鼓吹，惟京官五品，得借四品鼓吹为仪。令特给五品已上母妻，五品官则不当给限，便是班秩本因夫子，仪饰乃复过之，事非伦次，难为定制，参详义理，不可常行。”《旧唐书》卷二十八《音乐志一》，中华书局，1975 年，第 1051 页。

[3] 中国社会科学院考古研究所：《唐长安城郊隋唐墓》，文物出版社，1980 年，第 29—43 页。

[4] 《新唐书 · 车服志》载：“具服者，五品以上陪祭、朝飨、拜表、大事之服也，亦曰朝服。冠帻，簪导，绛纱单衣，白纱中单，黑领、袖，黑褾、襈、裾，白裙、襦，革带金钩艓，假带，曲领方心，绛纱蔽膝，白韈，乌皮舄，剑，纷，鞶囊，双佩，双绶。六品以下去剑、佩、绶，七品以上以白笔代簪，八品、九品去白笔，白纱中单，以履代舄。”其中“剑”当指班剑，“珮”即为组玉佩，“绶”可能为丝织缀带，参考两汉印绶。《新唐书》卷二十四《舆服志》，中华书局，1975 年，第 522 页。

[5] 言昭文：《唐越王李贞墓发掘简报》，《文物》1977 年第 10 期，第 41—49 页。

[6] 陕西省考古研究所秦陵工作站：《唐惠昭太子墓清理简报》，《考古与文物》1992 年第 4 期，第 46—55 页。陕西省考古研究所、临潼县文物园林局：《唐惠昭太子陵发掘报告》，三秦出版社，1992 年。

的“玉木装班剑”规格更低[1]。

职事（或散阶）五、六品和七品以下的官员，在俑群组合中均不见仪仗，区别主要定于是否出现骑马俑（非仪仗）、拥有成组的伎乐俑，还是见大量劳作、仆侍俑等，整体数量上也显示出一定的差距。分归于这两类的唐初墓葬体量极大，且相比前述第一、二等，它们的从属者多是大唐帝国官僚群体内的中下层，是礼制律法无法全面触碰、企及的角落，极容易产生混淆和紊乱，事实也正是如此。

从现存未遭盗扰、保存环境相对较好的墓葬情况来看，它们之间的等级高低还是十分明显的。譬如，济州司马（正六品下）、上柱国郝君夫人达奚令婉[2]和宣德郎（正七品下）、兼直弘文馆侯莫陈故夫人李倕[3]，前者墓内出土女骑马俑1件，另有笼冠、风帽执物俑等多件，后者则仅见幞头、高髻等立俑，足证差异之隙。

在墓内随葬品中，抛开俑群组合这一关键的等级指标外，还存在着多项具备同等品级意义的象征性元素，其一便是官员随身鱼符，这与两汉所佩印绶有异曲同工之处，唐墓中出土实例较少，司驭少卿（从四品上）崔万石及其夫人郑氏墓内见铜鱼符1枚[4]（图三）。循《唐六典·符宝郎》载：

凡国有大事则出纳符节，辨其左右之异，藏其左而班其右，以合中外之契焉……三曰随身鱼符，所以明贵贱，应征召。亲王及二品已上散官、京官文武职事五品已上、都督、刺史、大都督府长史·司马、诸都护·副都护并给随身鱼符……随身鱼符之制，左二右一，太子以玉，亲王以金，庶官以铜，随身鱼符皆题云“某位姓名”。其官只有一员者，不须著姓名；即官名共曹司同者，虽一员，亦著姓名。随身者，仍著姓名，并以袋盛。其袋三品已上饰以金，五品已上饰以银。六品已下守五品已上者不佩鱼。若在家非时及出使，别敕召检校，并领兵在外，不别给符契。若须回改处分者，勘符同，然后承用。佩以为饰。刻姓名者，去官而纳焉；不刻者，传而佩之。若传佩鱼，皆须递相付，十日

---

[1] 陕西省考古研究院、西北大学考古学系：《陕西西安唐刘智夫妇墓发掘简报》，《考古与文物》2016年第3期，第18—33页。

[2] 西安市文物保护考古研究院：《唐代故济州司马郝君夫人达奚令婉墓发掘简报》，《文博》2013年第4期，第11—17、97页。

[3] 李倕出身嗣舒王李津第二女，为李唐宗室之后。其墓内出土数组制作精良、种类繁多的铜器、银器及漆器，当为平日之用；本人入葬所穿的一套玉制尸陈，配合的华丽金玉冠饰等，或是下嫁时随给的陪妆，同银鄂托共见。墓室还绘制有围绕砖砌棺床展开的6扇屏风壁画，应是按宗室传统而设。但唯独随葬俑群的组合等级，显然是依据其夫官阶而定，未曾僭越，故而得以推知俑群组合在墓葬等级制度中必然具有重要的象征意义。详陕西省考古研究院：《唐李倕墓发掘简报》，《考古与文物》2015年第6期，第2—22、129页。

[4] 屈昆杰、潘泽峰、赵晓军：《洛阳新区香山路唐墓发掘简报》，《洛阳考古》2016年第4期，第19—22页。

之内申报礼部[1]。

《旧唐书·舆服志》载：

高祖武德元年九月，改银菟符为银鱼符。高宗永徽二年五月，开府仪同三司及京官文武职事四品、五品，并给随身鱼。咸亨三年五月，五品已上赐新鱼袋，并饰以银，三品已上各赐金装刀子砺石一具。垂拱二年正月，诸州都督刺史，并准京官带鱼袋。天授元年九月，改内外所佩鱼并作龟。久视元年十月，职事三品已上龟袋，宜用金饰，四品用银饰，五品用铜饰，上守下行，皆从官给。神龙元年二月，内外官五品已上依旧佩鱼袋。六月，郡王、嗣王特许佩金鱼袋。景龙三年八月，令特进佩鱼。散职佩鱼，自此始也。自武德已来，皆正员带阙官始佩鱼袋，员外、判试、检校自则天、中宗后始有之，皆不佩鱼。虽正员官得佩，亦去任及致仕即解去鱼袋。至开元九年，张嘉贞为中书令，奏诸致仕许终身佩鱼，以为荣宠，以理去任，亦听佩鱼袋。自后恩制赐赏绯紫，例兼鱼袋，谓之章服，因之佩鱼袋、服朱紫者众矣[2]。

崔万石职事官从四品上[3]，使用刻名铜鱼符随身入葬，是唐制允许下的做法；同时，其所佩鱼袋原依令或应饰银。由此推知，墓内不同材质的鱼符是墓主官阶品级高低标示的产物[4]，当然与它配套的还离不开“着服”，服色只由文武散阶高低决定[5]。贞观年间旧制曰“三品已上服紫，五品已下服绯，六品、七品服绿，八品、九品服以青，带以鍮石”[6]，后历年又有所更改、细化。官员得赐者，也多以“赐紫金鱼袋”“赐绯银鱼袋”称之，说明两者常共同作用以示等级，葬时若随身朝服可能为组合出现，但由于墓葬的保存条件

[1] 《唐六典》卷八《门下省》，中华书局，1992 年，第 253—254 页。

[2] 《旧唐书》卷四十五《舆服志》，中华书局，1975 年，第 1954 页。

[3] 据《唐刺史考全编》补正，崔万石还因公事出为歙州刺史，职阶正四品下。详吴炯炯：《〈唐刺史考全编〉补正（四）》，《敦煌学辑刊》2013 年第 2 期，第 162—173 页。

[4] 不少学者都曾对隋唐时期的鱼符制度进行过讨论，孟宪实结合考古出土材料对“鱼符”的礼仪来源、使用规定等均作了周详的考察。详孟宪实：《唐碎叶故城出土“石沙陁龟符”初探》，朱玉麒主编：《西域文史》第十辑，科学出版社，2016 年，第 81—91 页。孟宪实：《略论唐朝鱼符之制》，饶宗颐主编：《敦煌吐鲁番研究》第 17 卷，上海古籍出版社，2017 年，第 59—73 页。孟宪实：《唐崔万石的墓志与鱼符》，荣新江主编：《唐研究》第二十三卷，北京大学出版社，2017 年，第 325—337 页。

[5] 唐人最重服色，而服色由散阶高低决定，“虽宰相之尊，而散官未及三品，犹以‘赐紫’系衔”，“非赐不得衣紫”。详钱大昕：《十驾斋养新录》卷十《唐人服色视散官》，钱大昕撰、陈文和整理：《嘉定钱大昕先生全集》第 7 册，凤凰出版社，2016 年，第 281 页。阎步克：《中国古代官阶制度引论》，北京大学出版社，2010 年，第 476 页。

[6] 《旧唐书》卷四十五《舆服志》，中华书局，1975 年，第 1952 页。

受限，大多无法留存至今。

墓志的使用也带有极强的等级意味，在尺寸大小、装饰雕刻等不同的方面均显示出一定的差别，最高一级的帝、后陵，甚至包括以帝礼入葬的太子等，则用谥、哀册（策）及谥宝[1]来代替。齐东方[2]、卢亚辉[3]曾先后针对高宗至玄宗时期墓志的规格和武则天时代墓志的纹饰进行过等级视野下的考释与分层，此不赘述。

四、余论

总体来说，唐代前期两京地区墓葬等级制度的真实面貌和核心特征已可大致勾勒（表三）。在官阶序列上的指向性，首推以血缘关系为主导的爵位体系，它决定了特殊墓葬形制的使用，和墓内墓门、葬具等石、木材质设施的陈列，俑群组合中的最高顺位也由其控制安置。文、武散阶、职事官品在这一时期的墓葬俑群组合中，发挥着中流砥柱的重要作用，替换了隋时负责该功能运作的“散实官+军号”的阶序，承袭了它的本阶功能，用以调节官僚政治群体中、下层的等级分治[4]。

---

[1] 刘毅：《帝王陵墓之册、宝、志探析》，《东南文化》2012 年第 5 期，第 79—87 页。

[2] 齐东方将高宗至玄宗时期墓葬内使用的墓志分为六个等级，分别是边长在 1 米（约 3.3 尺）以上、近 1 米、0.8 米（约 2.6 尺）左右、0.5 米（约 1.6 尺）以上、0.5 米以下及 0.4 米（约 1.3 尺）左右，以对应其墓葬的分等，详见前文。详齐东方：《试论西安地区唐代墓葬的等级制度》，北京大学考古系编：《纪念北京大学考古专业三十周年论文集（1952—1982）》，文物出版社，1990 年，第 286—310 页。

[3] 卢亚辉认为从初唐至盛唐时期，唐代的墓志纹饰有着严格的等级制度，尤其以四神、十二生肖纹饰表现得最为明显。自贞观年间逐渐形成唐代高等级墓志用“四神+十二生肖动物”的构图模式，后沿用至显庆年间出现变化，当与礼制改革有关。“四神+十二异兽”的构图模式，即志盖四杀为四神，异兽位于志文四侧壸门内，是一种借鉴“四神+十二生肖”的构图模式，形成的更高规格的墓志装饰纹样。详卢亚辉：《武则天时代墓葬的考古学研究——基于初盛唐墓葬与政治文化集团的考察》，北京大学博士学位论文，2018 年，第 85—109 页。卢亚辉：《唐代墓志纹饰中的十二生肖》，北京大学中国考古学研究中心、北京大学震旦古代文明研究中心编：《古代文明》第 15 卷，上海古籍出版社，2021 年，第 209—250 页。

[4] 李嘉妍：《职官与墓志：隋代墓葬官爵等级制度研究》，叶炜主编：《唐研究》第二十八卷，北京大学出版社，2023 年，第 393—452 页。

表三　唐代前期两京地区墓葬等级制度示意图

墓主	墓葬形制[1]	墓内设施		俑群组合		补充俑群组合
天子（帝陵）↓	三室砖墓？	天子（帝陵）	石门3道？石椁＋石椁底座	爵位二品以上	以甲骑具装为核心代表，见骑、步行共同组成的音乐卤簿，包括步行仪卫、骑马仪仗（执旗等）等在内的大型卤簿出行俑群组合	
太子、公主等（“号墓为陵”）	双室砖墓，墓葬全长约100米，主室边长超过5米；天井6个以上，壁龛8个左右；墓志边长在1米以上	太子、贵妃或受特殊礼遇的公主、亲王一级	石门1道＋木门1道 石椁或石质棺床			
具有特殊功勋、势力的一、二品高官（高于一般品官，即封二品爵位以上。）	双室砖墓，墓葬全长40—80米，主室边长5米；天井一般4个以上，壁龛4—6个；墓志边长近1米	爵位二品以上	石门1道 石椁或石质棺床			
一品至三品官员（通常指散阶或职事，下同）	单室砖墓，墓葬全长20—70米，一般在40米，墓室边长4米以上，少数不足4米；天井4个左右，壁龛4—6个；墓志边长0.8米左右	爵位三品以下（或五品以上）	木门1道 砖砌棺床等	散阶或职事四品以上（京官职事五品以上）	由步行仪卫、骑马仪仗（执旗等）等构成，包括骑行音乐卤簿在内的卤簿出行俑群组合	特殊政治身份者，包括不限于建国元从、豪族之后等，可加“昆仑奴＋犊车”的实物俑群组合[2]
四、五品官员	单室方形土洞墓，墓葬全长20—30米，墓室边长不超过4米；天井一般不超过4个，壁龛多为2个；墓志边长一般在0.5米以上			散阶或职事五、六品	见骑马俑（非仪仗）、伎乐俑、侍吏俑等在内的出行俑群组合，不加卤簿	

[1] 齐东方：《试论西安地区唐代墓葬的等级制度》，北京大学考古系编：《纪念北京大学考古专业三十周年论文集（1952—1982）》，文物出版社，1990年，第286—310页。

[2] 李嘉妍：《唐墓中的昆仑奴与犊车》，待刊。

续表

墓主	墓葬形制	墓内设施		俑群组合		补充俑群组合
六品至九品官员	单室方形或长方形土洞墓，墓葬全长不详；方形墓边长3米左右；壁龛不多见；墓志边长不到0.5米	无爵位	封门砖墙1道或以上、砖砌棺床等	散阶或职事七品以下、流外或常选之人	由伎乐舞蹈俑、劳作仆侍俑为主导，偶见少数骑马俑（非仪仗）的家居俑群组合，不加卤簿	
无官品庶人	单室长方形土洞墓，墓葬全长一般在10米左右；“刀形墓”较多，墓室尺寸长边一般不超过3米；墓志边长在0.4米左右			无官品庶人	零星陶俑随葬，不成组合	

宋代的石藏葬制续论

刘　未（北京大学中国考古学研究中心、北京大学考古文博学院）

一、石藏葬制新证

学界对宋代石藏葬制的认识始于从文献出发探讨南宋皇陵形制[1]，周必大《思陵录》转抄的高宗永思陵完工文件中详细记录了献殿之下石藏的形制尺寸与工程做法[2]。近年的考古发掘工作证实了石藏在南宋帝后上宫应用的普遍性[3]。南宋攒宫以石藏为地下墓室结构的设计并非采自浙东本地，而是源于北宋晚期皇陵在砖“皇堂”内增设石“地宫”的新制。除帝后陵墓外，神、哲、徽三朝少数宰臣、亲王也曾特诏使用石藏，同样表现为上砖下石的双层墓室特殊结构[4]。石藏见诸考古材料的首例是河南洛阳元丰六年（1083年）富弼墓[5]（图一），稍后发现的河南安阳熙宁八年（1075年）韩琦墓[6]则属臣僚墓葬构筑石藏的始创实践。

陈荐撰《韩公墓志铭》[7]云：

---

* 本文为国家社科基金重大项目《两宋建筑史料编年研究》（19ZDA199）、教育部高校人文社会科学重点研究基地重大项目《10-13世纪政治与社会再探研》（22JJD770005）研究成果。

[1] 陈仲篪：《宋永思陵平面及石藏子之初步研究》，《中国营造学社汇刊》第6卷第3期，1936年，第121—147页。

[2] 周必大：《思陵录》下，《庐陵周益国文忠公集》卷一七三，《宋集珍本丛刊》第52册，影印傅增湘校清欧阳棨刻本，线装书局，2004年，第718页。

[3] 浙江省文物考古研究所、绍兴市文物考古研究所：《浙江绍兴宋六陵陵园遗址2018年考古发掘简报》，《考古与文物》2021年第1期，第85—93页。李晖达：《探寻南宋皇陵》，浙江省文物考古研究所、杭州西湖博物馆总馆：《国音承祚：宋六陵考古成果》，浙江大学出版社，2023年，第8—15页。

[4] 刘未：《宋代的石藏葬制》，《故宫博物院院刊》2009年第6期，第55—63页。

[5] 洛阳市第二文物工作队：《富弼家族墓地》，中州古籍出版社，2009年，第10—15页。

[6] 河南省文物局：《安阳韩琦家族墓地》，科学出版社，2012年，第21—29页。

[7] 河南省文物局：《安阳韩琦家族墓地》，科学出版社，2012年，拓片一〇。

熙宁八年六月二十四日，永兴军节度使、守司徒、兼侍中、行京兆尹、判相州军州事、魏国韩公薨于正寝，享年六十八。上闻震悼甚，罢三日视朝，赠尚书令，诏配享英宗庙庭……命太常丞、集贤校理李清臣祭以中牢，遣入内都知、利州观察使张茂则监护葬事，又遣勾当龙图天章宝文阁、入内供奉官张怀德增修坟兆。斫石以为幽堂，其费皆给于官。有司考行，谥曰忠献。以其年十一月二日葬于相州安阳县丰安村祖茔之西北。

考古发现表明，韩琦墓为长斜坡墓道单室墓。仿木结构砖雕门楼，普拍枋上并列三朵五铺作斗拱。甬道两侧设壁龛，内有石门，由越额、直额、挟、门砧、门砌、门板、榼鏁柱组成[1]。砖砌墓室圆形，直径约21尺[2]。地面以下构筑纵长方形石藏，东西宽约12尺、南北长约14尺、深约6尺。以立柱支撑横梁，间隔为南北二棺室，上铺盖板（图二）。

《忠献韩魏王家传》评论韩琦墓的营造称："臣僚之葬，于法不许以石为室，今特诏用之，自公始也。"[3]这只是比照法令的模糊之辞。实际上，韩琦墓是将此前治平四年（1067年）英宗永厚陵未能完全贯彻的皇堂改造方案付诸实践，甚至还早于元丰三年（1080年）"皇堂创为地宫，非嘉祐、治平故事。安厝梓宫，须别为规度"[4]的慈圣光献皇后陵。对于

[1] 韩琦墓石门形制及构件与皇后陵、亲王墓所见属同一系统，且形成级差。《宋会要辑稿》礼三二所记明道二年（1033年）章献明肃皇后陵石门构件组合及尺寸为："石门一合二段，长一丈二尺五寸、阔六尺、厚二尺；越额一，长一丈八尺，高四尺五寸，厚二尺五寸；直额一，长一丈八尺、阔四尺、厚二尺五寸；挟二，长一丈二尺、阔二尺五寸、厚二尺；门砧二，长五尺、阔二尺五寸、厚二尺；门砌三，阔、厚二尺二寸、长六尺，一长三尺；榼鏁柱一，长一丈三尺五寸、阔二尺、厚一尺。"（徐松辑：《宋会要辑稿》，上海古籍出版社，2014年，第1453页）嗣后元丰三年（1080年）慈圣光献皇后陵、建中靖国元年（1101年）钦圣宪肃皇后陵石门规制与之完全相同（徐松辑：《宋会要辑稿》，上海古籍出版社，2014年，第1491页）。此前咸平三年（1000年）元德皇后陵石门构件形制则略有差异，但石门、挟、门砌、榼鏁柱的长度基本相当。景德三年（1006年）周王赵祐墓和元祐九年（1094年）魏王赵頵墓只提供了部分石门构件尺寸数据，大致而言，石门长9尺左右、挟长8尺左右、门砌长4尺左右，分别相当于后陵的三分之二或四分之三（河南省文物考古研究所：《北宋皇陵》，中州古籍出版社，1997年，第308—318页。赵文军等：《宋陵周王墓》，国家文物局：《2009中国重要考古发现》，文物出版社，2010年，第166—169页。周到：《宋魏王赵頵夫妻合葬墓》，《考古》1964年第7期，第349—354页）。韩琦墓石门构件直额长近9尺，挟长6尺余，则相当于后陵的二分之一。

[2] 1.报告记录墓室直径6.5、高8.1米，若依墓室剖面图所示，即便考虑墓顶残缺因素，复原墓室高度也小于墓室直径，图文之间误差较大，故暂不采用高度数据。2.报告未记录石藏长宽米数，根据各平剖面图计算所得数据互有出入，难以确定实际数值，仅作尺度复原参考。3.宋尺长度以0.31米为准。

[3] 王岩叟：《忠献韩魏王家传》卷一〇，韩琦、郭朴、王岩叟：《安阳集》，北京图书馆古籍出版编辑组：《北京图书馆古籍珍本丛刊》85，影印明正德九年安阳张士隆刻本，书目文献出版社，第595页。

[4] 李焘：《续资治通鉴长编》卷三〇二，中华书局，2004年，第7352页。

臣僚之葬，可见其意义超乎寻常[1]。

文献所见北宋宗室、臣僚应用石藏之例，除了语焉不详的熙宁三年（1070年）相王

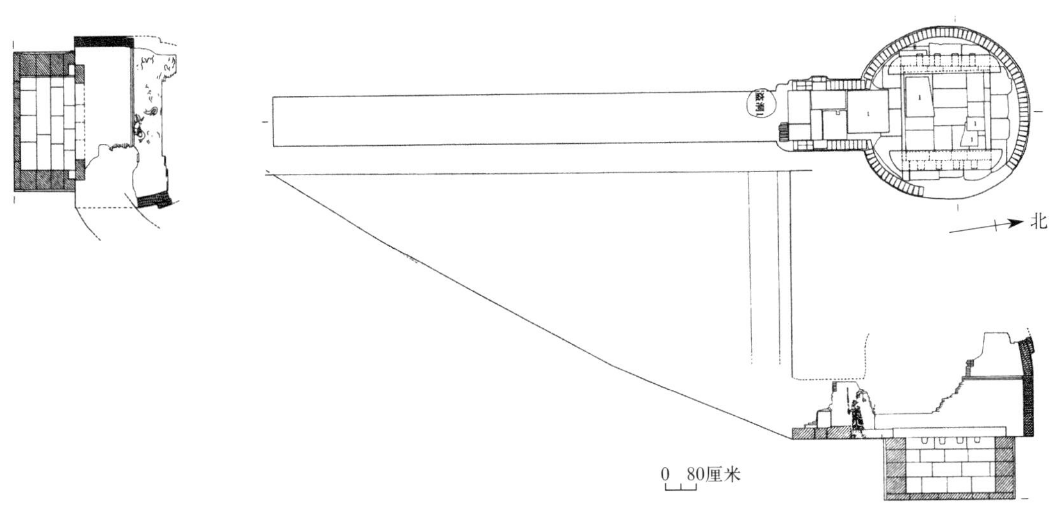

图一 河南洛阳富弼墓

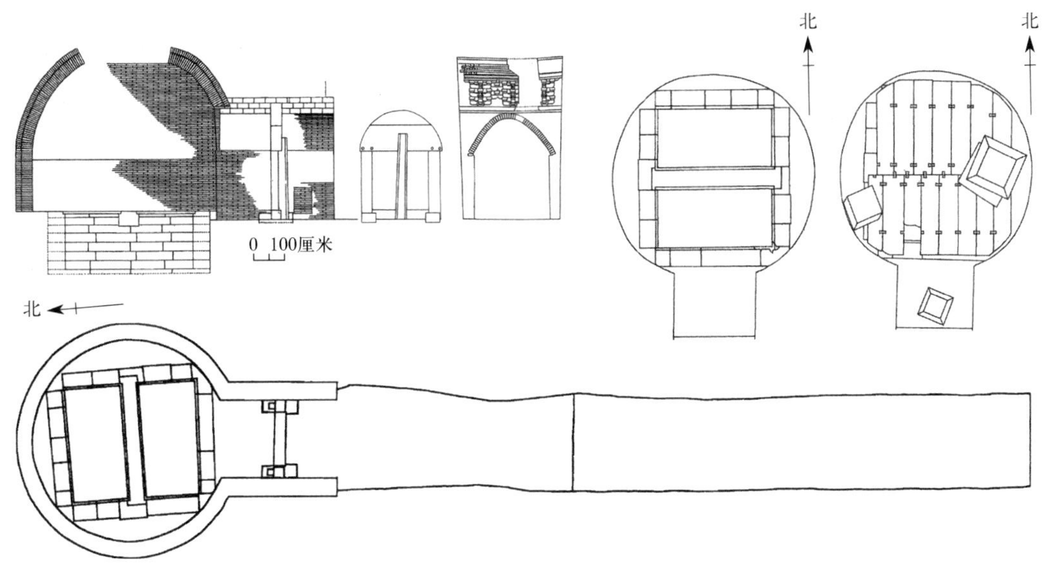

图二 河南安阳韩琦墓

[1] 刘未：《宋代的石藏葬制》，《故宫博物院院刊》2009年第6期，第56—59页。

赵允弼[1]、元丰八年（1085 年）首相王珪[2]、大观三年（1109 年）嗣濮王赵宗汉[3]外，极为重要的材料当属司马富《修故丞相太师温国公坟记》（下称“《修坟记》”）中对叔父司马光墓营造情况的描述。该文常见版本是清代方志收录的节略本[4]，缺省了涉及墓葬形制的关键信息，因而长期以来未能引起研究者的充分重视和恰切认识[5]。全文曾收录于明万历

[1] 熙宁三年（1070 年）东平郡王赵允弼薨，追封相王，“敕使者采石，以锢其方中。十一月癸酉，葬河南之永安，兆在恭懿王（元偓）园之西。”（王珪：《华阳集》卷五七，《景印文渊阁四库全书》第 1093 册，台湾商务印书馆，1986 年，第 419 页）允弼为太宗六子元偓子，仁宗末年即已为太宗诸孙独存、在世宗室最尊者，乃至流传其曾挑战英宗继位合法性的逸闻（强至：《韩忠献公遗事》，上海师范大学古籍整理研究所编：《全宋笔记》第 1 编第 8 册，大象出版社，2003 年，第 16—17 页）。神宗初年以皇叔祖身份薨逝，葬事规格颇高，情况与后来使用石藏葬制的赵宗汉（濮安懿王诸子最晚逝者）、赵颢（英宗诸子最晚逝者）相似。墓志敕使采石锢其方中之语义不够明确，但判断为以石材参与墓室营造的特制安排当无问题。若允弼墓实为上砖下石双层结构，则其又早于韩琦墓，为石藏葬制的首例。

[2] “恩礼视魏国韩忠献公，敕使督将作穿土，斲石治圹，卜开封东明县清陵乡之原。”李清臣：《王文恭公珪神道碑》，（宋）杜大珪编：《新刊名臣碑传琬琰之集》上集卷八，《中华再造善本》影印宋刻元明递修本，国家图书馆出版社，2004 年，叶六。

[3] “诏：故嗣濮王宗汉许于西坟濮王园内为茔地，仍官给石门、石藏。”徐松辑：《宋会要辑稿》帝系二，上海古籍出版社，2014 年，第 61 页。

[4] 蒋起龙修纂：（康熙）《夏县志》卷四《文类》，清康熙四十七年刻本，叶二〇至二一。觉罗石麟修，储大文纂：（雍正）《山西通志》卷二〇二《艺文》二一，叶七至八。言如泗修，李遵唐纂：（乾隆）《解州夏县志》卷一二《艺文》，清乾隆二十九年刻本，叶二二至二三。今人资料编纂收录该文均以清代方志为本，如：杨明珠：《司马光茔祠碑志：图录与校释》，文物出版社，2004 年，第 142—143 页。曾枣庄、刘琳：《全宋文》第 97 册，上海辞书出版社、安徽教育出版社，2006 年，第 60—61 页。李之亮：《司马温公集编年笺注》第 6 册，巴蜀书社，2008 年，第 502—503 页。戎默：《司马光资料汇编》，上海人民出版社，2022 年，第 177—178 页。

[5] 孙丰琛注意到文中有关司马光墓葬形制的部分信息，据以讨论北宋官员诏葬问题。其所引《修故丞相太师温国公坟记》据称出自“《（成化）山西通志》卷十五，民国二十二年景钞明成化十一年刻本”，但不知何故所用文字实为清代方志常见的节略本，缺失地下墓室部分有关“石室”形制的记录，以致于仅据“甓圹为石门，中为仪椁”之语，比照韩琦、富弼等墓，将“仪椁”误解为“石质椁室”。参：孙丰琛：《礼制下移与习俗上行：北宋墓葬形制所见礼俗问题研究》，西南大学博士学位论文，2021 年，第 54—59 页。

十五年（1587年）刻本《涑水司马氏源流集略》卷四[1]。此书是温公后人司马晰所编[2]，其所撰《涑水源流集略引》称："弱冠负笈西游返故里，日往来于先祠丘垄之上，拂拭古碣及殿宇留题，铢收锱贮，日积月累，已复取希迂马氏所修邑志[3]，凡述吾宗家世者，谨书备录，渐以成帙，合之于前所遗。"[4]内容相同但时代更早的版本则见于明成化十一年（1475年）刻本《山西通志》卷一五[5]，现依本文讨论所需[6]，择要征引如下：

元祐元年（1086年）九月丙辰朔，尚书左仆射司马公薨于位。……于是，诏尚书户部侍郎赵瞻、入内内侍省押班冯宗道护公丧归陕州夏县里第。先丧未发，命入内内侍省供奉官李永言、公从侄开封县尉庭，挟太史礼直官，乘驿诣涑川先茔相地卜宅。于是，以十月甲午掘圹，发陕、解、蒲、华四州卒穿土，复选尚方百工为葬具。十一月，复命富提举之。十二月丙戌，墓成。其制：……甓圹，广丈有二尺，纵丈有五尺，上为华盖，周施丹绘。石室，深五尺有五寸，广九尺，纵丈有一尺。凡用一万八千九百三十三工，盖比初计减九千九百三十八工。按旧制，甓圹为石门，中为仪椁。内供奉李君初莅事，则谓康曰：敕葬之制，虽有旧章，其未安者，小损益之可也。窃惟丞相之志，好实用而恶虚饰。彼石门难得，仪椁华靡，为费甚大。是二物者，足以当其余百数十品矣，而实于葬无用也。或能省之，可以减县官之费十五六，而民不病。若何？康对曰：唯。于是，易石门以栢，而撤仪椁不用。不踰时而功就，民无病者。

[1] 司马晰编：《涑水司马氏源流集略》，四库全书存目丛书编纂委员会编：《四库全书存目丛书》史部第84册，影印明万历十五年司马祉刻万历四十六年司马露增修本，第118—119页。

[2] 该书价值之揭橥参：邓广铭：《〈涑水司马氏源流集略〉简介》，《晋阳学刊》1986年第2期，收入《邓广铭全集》第9卷，河北教育出版社，2005年，第446—455页。认为卷四"所收的都是修建或修复司马光的坟墓和碑楼一类的记述文字，可能都是从明修山西夏县的县志中抄录来的。"《山右金石记》则称《修坟记》"旧在夏县温公茔"，是记文曾以石刻形态存于司马氏墓园。见：曾国荃修，王轩纂：（光绪）《山西通志》卷九四《金石记》六，清光绪十八年刻本，叶二八。

[3] 希迂马氏谓温公同里马峦，希迂乃其自号。所纂《夏县志》当为嘉靖间知县钟恕所修者，《万卷堂书目》著录作三卷，《千顷堂书目》著录作二卷，已佚。著述现存《温公年谱》（四库全书存目丛书编纂委员会编：《四库全书存目丛书》史部第85册，影印明万历四十六年司马露刻本），未见修坟记相关信息。

[4] 四库全书存目丛书编纂委员会编：《四库全书存目丛书》史部第84册，影印明万历十五年司马祉刻万历四十六年司马露增修本，第75页。

[5] 李侃修，胡谧纂：（成化）《山西通志》卷一五《集文》陵墓类，明成化十一年刻本，叶三六至三七。

[6] 关于《修坟记》中所载司马光墓园地上建筑的分析，详另文《宋代官员墓园形制研究》。

文中所谓“甓圹”即砖砌墓室，“石室”即其地面之下的石藏，双层结构与韩琦、富弼墓一致。其墓室宽 12 尺、长 15 尺，石藏宽 9 尺、长 11 尺，规模较韩琦墓有明显差距，而与富弼墓大致相近（表一），体现了相同级别葬制之内的尺度“损益”[1]。墓葬原始设计当在甬道中安置石门，后以“为费甚大”之由而改作柏门[2]。

表一　北宋皇室及宰臣墓葬形制举例[3]

等级	墓主	埋葬时间	墓室尺寸	石藏尺寸	石门
帝陵	英宗	治平四年（1067 年）	30 × 30 ＋ 23	石椁	有
后陵	元德皇后	咸平三年（1000 年）	25 × 25 ＋ 40	无	有
	慈圣光献皇后	元丰三年（1080 年）	25 × 25 ＋ 21	−10	
	钦圣宪肃皇后	建中靖国元年（1101 年）	25 × 25 ＋ 21	−10	
	钦慈皇后	建中靖国元年（1101 年）	25 × 25 ＋ 21	−10	
	钦成皇后	崇宁元年（1102 年）		有	
特制亲王	燕王赵颢	绍圣四年（1097 年）	25 × 25 ＋ 20	−10	
	嗣濮王赵宗汉	大观三年（1109 年）		有	有
亲王	周王赵祐	景德三年（1006 年）	18 × 18	无	有
	魏王赵頵	元祐九年（1094 年）	21 × 21 ＋ 21	无	有
特制宰臣	韩琦	熙宁八年（1075 年）	21 × 21	12 × 14−6	有
	富弼	元丰六年（1083 年）	16 × 16	10 × 10−6	无
	司马光	元祐二年（1087 年）	12 × 15	9 × 11−5.5	撤

另外撤而不用的“仪椁”情况不明，文献中相关记载极少。此物一般与漆梓宫并列应用于宋代帝后陵墓。建隆二年（961 年）讨论太祖之母昭宪皇后凶仗[4]，乾德元年（963

[1] 韩琦、富弼、司马光三人同以宰臣身份特制营葬，在墓室、石藏的尺寸及石门的有无方面貌似存在“级差”，但不宜由此进一步区分等级高下，这种情况的出现也与所谓敕葬的等级分化无关，而应视为受个人际遇等因素影响的制度“损益”结果。从《中兴礼书》所载南宋诏葬、敕葬事例来看，可以明确的物质性等级区分主要表现在给赐水银龙脑、银绢的数量方面。

[2] 英宗永厚陵皇堂（墓室），在麓巷（甬道）内设门两道，内柏门外石门。李攸：《宋朝事实》卷一三，《景印文渊阁四库全书》第 608 册，台湾商务印书馆，1986 年，第 158 页。

[3] 以《宋代的石藏葬制》表一为基础修订而成，表中单位为宋尺（取 0.31 米）。

[4] 徐松辑：《宋会要辑稿》礼三一，上海古籍出版社，2014 年，第 1422 页。

年）有司列举改卜宣祖安陵凶仗[1]，治平四年（1067年）英宗葬永厚陵[2]，建中靖国元年（1101年）太常寺因钦圣宪肃皇后崩检讨元丰二年（1079年）慈圣光献皇后故事[3]，列举的山陵凶仗法物名件中均有（漆）梓宫、仪椁（并车）各一。南宋帝后攒宫葬事又见有仪棺之名。绍兴元年（1131年）讨论昭慈圣献皇后发引事项，礼部、太常寺因“今来经由水乡，难以用牛车”，裁定承载仪棺之车改而用舆[4]。此后绍兴十二年（1142年）徽宗、显肃皇后、宪节皇后[5]，绍兴二十九年（1139年）显仁皇后[6]发引名件均依此体例施行。帝陵在仪棺之外实际另行有椁。《中兴礼书续编》载[7]：

（淳熙）十五年（1188年）正月十七日，兵部尚书、兼权礼部尚书宇文价等言：臣等闻在《礼》：天子棺四重，水兕革棺一、杝棺一、梓棺二。又有（棺）〔椁〕[8]，凡五重焉。仰惟大行太上皇帝梓宫，虽曰权窆会稽，以俟异日迁奉，其实与大葬无殊。今山陵以攒为名，视祖宗旧典，已是节省。闻皇堂之内，止作石藏，奉安梓宫，不复杝椁。检绍兴十二年迎护徽宗皇帝梓宫，令礼仪使制造，椁用沙板。将来大行太上皇帝梓宫发引，欲乞依典礼，令应副事务官相度梓宫高阔长短，先期计置，俟皇堂时前，安设于皇堂内，以俟进梓宫。其天盘囊网，俟进梓宫于椁内毕，仍于椁上安设。庶合典礼，有以仰副陛下谨终严奉之意，不胜幸甚。诏令有司修制。

如此，仪椁、仪棺似均为“华靡”葬具的称谓。仪椁不特为帝后陵墓所用，乾德三年（965年）因孟昶薨，太常礼院“检详故事，晋天福十二年（947年）葬故魏王，周广顺元年（951年）葬故枢密使杨邠、侍卫使史弘肇、三司使王章例，并用一品礼。”所列

[1] 徐松辑：《宋会要辑稿》礼三七，上海古籍出版社，2014年，第1555页。

[2] 李攸：《宋朝事实》卷一三，《景印文渊阁四库全书》第608册，台湾商务印书馆，1986年，第158页。

[3] 徐松辑：《宋会要辑稿》礼三三，上海古籍出版社，2014年，第1490页。

[4] 徐松辑：《中兴礼书》卷二五九，《续修四库全书》第823册，影印蒋光煦宝彝堂钞本，上海古籍出版社，2002年，第243页。

[5] 徐松辑：《中兴礼书》卷二四五，《续修四库全书》第823册，影印蒋光煦宝彝堂钞本，上海古籍出版社，2002年，第158页。

[6] 徐松辑：《中兴礼书》卷二七〇，《续修四库全书》第823册，影印蒋光煦宝彝堂钞本，上海古籍出版社，2002年，第298页。

[7] 徐松辑：《中兴礼书续编》卷三七，《续修四库全书》第823册，影印蒋光煦宝彝堂钞本，上海古籍出版社，2002年，第530页。

[8] 案：原文作“棺”，检《礼记·檀弓》：“天子之棺四重：水兕革棺被之，其厚三寸，杝棺一，梓棺二，四者皆周。棺束缩二衡三，衽每束一。柏椁以端长六尺。”结合下文欲于梓宫之外增设椁的建议，推知此处“棺”为“椁”之误。

名件亦有“仪椁车”[1]。则司马光墓以一品敕葬之制原本计划配置仪椁不难理解。

二、石藏葬制与诏葬、敕葬

研究者业已注意到韩琦、司马光墓的特殊之处，认为“石门＋砖室＋石椁”的形制与诏葬有关，韩琦等所使用的“斜坡式墓道砖室石椁墓”即文献所载诏葬墓[2]。经办司马光墓营造的入内内侍省供奉官李永言则称敕葬之制有旧章，石门、仪椁均在其列。那么，何谓诏葬、敕葬？石藏是否属其制度组成部分？

关于宋代的诏葬[3]，论者多引《宋史·礼志》的一段笼统表述[4]：

又按《会要》，勋戚大臣薨卒，多命诏葬，遣中使监护，官给其费，以表一时之恩。凡凶仪皆有买道、方相、引魂车，香、盖、纸钱、鹅毛、影舆，锦绣虚车、大舆，铭旌、仪椁、行幕各一，挽歌十六。其明器、床帐、衣舆、结彩床皆不定数。坟所有石羊、虎、望柱各二，三品以上加石人二人。入坟有当圹、当野、祖思、祖明、地轴、十二时神、志石、券石、铁券各一。殡前一日对灵柩，及至坟所下事时，皆设敕祭，监葬官行礼。熙宁初，又著新式，颁于有司。

宋人或称之为敕葬，重点强调“中使监护”[5]。叶梦得《石林燕语》云：“大臣及近戚有疾，恩礼厚者多宣医。及薨，例遣内侍监护葬事，谓之敕葬。”[6]赵昇《朝野类要》云：

---

[1] 《宋史》卷一二四《礼志》，中华书局，1977年，2910页。

[2] 孙丰琛：《礼制下移与习俗上行：北宋墓葬形制所见礼俗问题研究》，西南大学博士学位论文，2021年11月，第54—64页。

[3] 相关研究参：吴丽娱：《从〈天圣令〉对唐令的修改看唐宋制度之变迁：〈丧葬令〉研读笔记三篇》，《唐研究》第12卷，北京大学出版社，2006年，第161—200页。吴丽娱：《终极之典：中古丧葬制度研究》，中华书局，2012年，第605—705页。肖红兵：《宋代诏葬制度初探》，《社会科学辑刊》2019年第5期，第169—182页。

[4] 《宋史》卷一二四《礼志》，中华书局，1977年，第2909—2910页。案：吴丽娱将此段文字所载均作为诏葬、敕葬待遇看待，因“挽歌十六”在宋令是四品之数，认为宋代敕葬实际已不止于三品（吴丽娱：《终极之典：中古丧葬制度研究》，中华书局，2012年，第693页）。然而，《宋史·礼志》这里显然并非引自《会要》的原文，而是元代史官杂糅史源对“诸臣丧葬等仪”部分“诏葬”小节所作概述，不宜用以界定宋代诏葬、敕葬内涵。

[5] 在宋代诏葬、敕葬事例中，所谓“监护”，实际包含鸿胪监护葬事和中使主管葬事两方面内容。

[6] 叶梦得：《石林燕语》卷五，中华书局，1984年，第67页。

“敕葬，差中贵官监护丧事。宣葬，赐资财令办葬事。”[1]

诏葬、敕葬虽然只是面向“勋戚大臣”（一、二品）的特殊礼遇，但作为丧葬制度，亦有法律依据。北宋曾就此事项多次厘定制度，编修条法。真宗景德三年（1006年），因“群臣诏葬，公私所费无定式”，“命翰林学士晁迥、知制诰朱巽、宫苑使刘承珪及纶，校品秩之差，定为制度施行之。”[2]仁宗庆历四年（1044年），“又定中书、枢密宣徽院、节度使、殿前马步军都副指挥使及曾任中书门下平章事致仕、上将军、皇亲观察使及追封郡王亲王夫人、皇后父母、驸马都尉、公主，并差官摄鸿胪卿护葬。”[3]神宗熙宁七年（1074年），“命大宗正丞张叙、宋靖国与国子博士孙纯，同共编修宗室臣寮敕葬条。”[4]，即《熙宁葬式》五十五卷[5]。元丰元年（1078年）又“诏编修诸司式所重详定宗室外臣葬式以闻。”[6]命龙图直学士宋敏求同御史台、閤门、礼院详定礼制，其中丧葬总百六十三卷[7]，含《宗室外臣葬敕令格式》九十二卷[8]。绍兴元年（1131年）以北宋旧法为本形成《绍兴重修敕令格式》[9]，后经乾道、淳熙、庆元迭修，至庆元四年（1198年）形成《庆元重修敕令格式》[10]。

宋代诸种丧葬法律文献[11]较为完整保存至今的是天圣《丧葬令》和编入《庆元条法事类》的庆元《服制令》[12]，二者对敕葬的规定互有侧重。天圣《丧葬令》包含三则[13]，主要涉及朝廷派员方面：

---

[1] 赵昇：《朝野类要》卷五，中华书局，2007年，第102—103页。

[2] 李焘：《续资治通鉴长编》卷六二，中华书局，2004年，第1393页。

[3] 李焘：《续资治通鉴长编》卷一五二，中华书局，2004年，第3708—3709页。

[4] 徐松辑：《宋会要辑稿》，上海古籍出版社，2014年，第8220页。案：此处所载命张叙等编修事在七年九月，又云十年（1077年）四月上之。同书礼四四则载七年十二月诏颁新式。

[5] 《宋史》卷二〇四《艺文志三》，中华书局，2004年，第5140页。

[6] 李焘：《续资治通鉴长编》卷二八八，中华书局，2004年，第7052页。

[7] 《宋史》卷九八《礼志》，中华书局，1997年，第2422—2423页。

[8] 《宋史》卷二〇四《艺文志三》，中华书局，2004年，第5141页。

[9] 李心传：《建炎以来系年要录》卷四六，中华书局，2013年，第975页。

[10] 佚名《宋史全文》卷二九，中华书局，2016年，第2462页。

[11] 关于宋代丧葬法律文献的初步讨论参：沈宗宪：《宋代丧葬法令初探：以〈天圣丧葬令〉为基础的讨论》，台师大历史系、“中国”法制史学会、唐律研读会主编：《新史料·新观点·新视角：天圣令论集》（下），元照出版，2011年，第155—197页。

[12] 关于北宋《丧葬令》内容至南宋绍兴以后转入《服制令》的分析参：皮庆生：《唐宋时期五服制度入令过程试探：以〈丧葬令〉所附〈丧服年月〉为中心》，荣新江主编：《唐研究（第14卷）》，北京大学出版社，2008年，402—410页。

[13] 天一阁博物馆、中国社会科学院历史研究所天圣令整理课题组：《天一阁藏明钞本天圣令校证（附唐令复原研究）》，中华书局，2006年，第352—353页。

诸内外文武官……其京薨卒应敕葬者，鸿胪卿监护丧事，（卿阙则以它官摄。）司仪令示礼制。（今以太常礼院礼直官摄。）

诸一品二品丧，敕备本品卤薄送殡者，以少牢赠祭于都城外，加璧，束帛深青三、纁二。

诸应宗室、皇亲及臣僚等敕葬者，所须及赐人徒，并从官给。

庆元《服制令》集中出现七则[1]，着重厘定地方相关事务：

诸敕葬无地者，听本家选无妨碍地，申所属差官检定，估价买充。（地内有屋（半）〔宅〕林木不愿卖者，听自拆伐。）仍除其税。即官赐地而标占民田者，准此。

诸敕葬所须之物，主管官具数报所属，即时以所在官物充。阙或不足，给转运司钱买。工匠阙，即和雇。（葬地近官山者，其合用石听采。）应副不足，申转运司计置，其人从并从官给，随行人应给肉者，计价给钱。

诸敕葬程顿幕次，主管诸司官关到亲属及缘葬人数，差官于官地绞缚或寺院店舍（计日给赁钱。）分贴位次，及安灵舆之所，不得拆移门窗墙壁。仍办所须之物，每顿差将校、军曹司主管，前七日其毕备回报。（余官司关到缘葬排办事，并准此。）其灵舆高阔，预行检视，经由处有妨者，即时修整，前三日毕。

诸敕葬，官司关到（舆）〔辇〕下逃亡人，即时给官钱和雇，填讫具人数姓名报。凡雇处据预诸过钱物勒承揽人备偿，不足，责保人均备。

诸敕葬，供顿之物付本家主管人，候离顿交点收管。损失者，申所属，估价关葬司，勒主管人备偿，不得关禁。

诸敕葬，事有著令者，不得用例。若本家别有陈请，听具奏，或申尚书省，亦不许陈乞（石）〔左〕藏[2]。官吏仍不许于式外受本家遗送。（饮食之物非。）

诸敕葬毕，供顿之物，所在差官点检，损坏者，申所属修葺。席荐、瓷瓦器不堪者，除破。

---

[1] 谢深甫：《庆元条法事类》卷七七，黑龙江人民出版社，2002 年，第 835—836 页。

[2] 案："左藏"原作"石藏"，此前所撰《宋代的石藏葬制》一文曾予引用，将该条令文与石藏葬制相联系，实误。吴丽娱疑"石"为"左"之讹，可从。（吴丽娱：《终极之典：中古丧葬制度研究》，中华书局，2012 年，第 698 页。）徐松辑：《中兴礼书》卷二九七："绍兴元年（1131 年）年十一月十日，干办御药院陈永锡奏：准指挥差主管康国福康惠徽夫人萧氏葬事，应有合行事件，比附第四等敕葬，所有左藏库依条合排办供应钱物，欲乞更不取索支供。诏依，止用本家钱物。"（《续修四库全书》第823册，影印蒋光煦宝彝堂钞本，上海古籍出版社，2002年，第451页）"不许陈乞左藏"的令文可与萧氏葬事之类情况比照理解。

从北宋诏葬、敕葬事例来看，常见待遇有鸿胪监护、中使营葬、卤簿送葬、都门赠祭等项，均与朝廷派员有关。天禧元年（1017年），保平军节度使、同中书门下平章事、驸马都尉魏咸信薨，据墓志所载[1]：

诏废朝三日，赠中书令，命内侍省（部）〔都〕知、蛮州刺史窦神宝营葬事，太常博士、秘阁校理李垂摄大鸿胪监护，太常考行定谥，发引之日有司具一品卤簿鼓吹，太常博士、秘阁校理慎镛遣奠于顺天门。以十一月丁酉，葬于河南府洛阳县贤相乡勋德里，从先茔，礼也。

其他待遇则体现于朝廷给赐，如赙赠银绢、东园秘器、貂冠朝服、水银龙脑等项。景德二年（1005年）宣徽北院使雷有终薨，墓志铭云："介士诏葬兮，锡以黄肠。"[2]大中祥符三年（1010年）镇安军节度使、同中书门下平章事、驸马都尉石保吉薨，神道碑云："举曲台之谥典，给温明之秘器。"[3]天禧四年（1020年）行尚书左仆射、兼门下侍郎、同中书门下平章事向敏中薨，神道碑云："容车秘器，衮服密章。送往无还，孝心伤兮。"[4]元丰八年（1085年）尚书左仆射、兼门下侍郎王珪薨，神道碑云："锡符陵（录）〔汞〕、婆律香，俾佐敛具。"[5]

南宋事例大体相似。绍兴二十五年（1155年）尚书左仆射、同中书门下平章事秦桧薨，《中兴礼书》所载恩礼事项较详[6]：

礼部、太常寺言：准尚书省札子，奉圣旨，秦桧身薨，合行恩数，令礼部、太常寺条具，申尚书省取旨。礼部、太常寺今具下项：一、合于临安府取（次）〔赐〕水银、熟

[1] 夏竦：《魏公墓志铭》，夏竦：《文庄集》卷二九，《景印文渊阁四库全书》第1087册，台湾商务印书馆，1986年，第288页。

[2] 王曙：《雷公墓志铭》，中国文物研究所、陕西省古籍整理办公室：《新中国出土墓志·陕西壹》，文物出版社，2000年，第143页。

[3] 李宗谔：《石保吉碑》，王昶：《金石萃编》卷一二九，《石刻史料新编》第1辑第4册，影印清嘉庆十年经训堂刻本，新文丰出版公司，1977年，第2406页。

[4] 祖士衡：《向公神道碑铭》，祖无择：《洛阳九老祖龙学文集》卷一五《家集》，民国十年南城李氏宜秋馆刻宋人集丙编本，叶一四。案："衮服密章"，文渊阁四库本《龙学文集》作"衮服九章"。《景印文渊阁四库全书》第1098册，台湾商务印书馆，1986年，第871—872页。

[5] 李清臣：《王文恭公珪神道碑》，杜大珪编：《新刊名臣碑传琬琰之集》上集卷八，《中华再造善本》影印宋刻元明递修本，国家图书馆出版社，2004年，叶六。

[6] 徐松辑：《中兴礼书》卷二九七，《续修四库全书》第823册，影印蒋光焴宝彝堂钞本，上海古籍出版社，2002年，第458页。

白龙脑以敛；一、合于祇候库取七梁额花冠、貂蝉、笼巾、朝服一幅；一、依例差官主管敕葬；一、出殡日都门合排设赠祭；一、合赙赠银绢；一、合差官护葬；一、出殡日合用本品卤簿鼓吹仪仗。

绍兴二十四年（1154 年）清河郡王张俊薨，“赐棺木，袭以一品礼服，龙脑、水银、赙绢各有差。”[1]二十七年（1157 年）尚书右仆射、同中书门下平章事万俟卨薨，“赐东园秘器、龙脑、水银以殓。”[2]庆元六年（1200 年）左丞相京镗薨，“赐之美槚以为椁，又赐之貂蝉、火龙以为服，又赐之水银、龙脑以为敛，又赐之白金三千两、帛三千匹以为赗。”[3]嘉定十六年（1223 年）守同知枢密院事程卓薨，“赐东园秘器、龙脑、水银以殓，银绢一千匹两，以不愿敕葬加赐五百匹两。”[4]淳祐五年（1245 年）右丞相杜范薨，“锡以上公之服，及饭含、龙脑、水银、郴[5]板以敛。”[6]

以上两宋诏葬、敕葬事例给赐名物：“黄肠”“温明之秘器”“秘器”“东园秘器”，实指棺木[7]。“符陵汞、婆律香”，即“水银、龙脑”。“衮服密章”“火龙”“上公之服”应指祭服（冕服），但文献所记刘光世、韩世忠、张俊、秦桧及魏王赵恺等一品礼葬事所赐均

[1] 徐梦莘：《三朝北盟会编》卷二一九引赵甡之《中兴遗史》，影印清光绪三十四年清苑许涵度刻本，上海古籍出版社，1987 年，第 1574 页。

[2] 孙觌：《万俟公墓志铭》，孙觌：《鸿庆居士集》卷三六，清光绪二十二年武进盛氏刻《常州先哲遗书》本，叶二。

[3] 杨万里：《京公墓志铭》，杨万里：《诚斋集》卷一二三，日本宫内厅书陵部藏宋端平二年刻本，叶三三至三四。

[4] 傅伯成：《程公卓行状》，程敏政：《新安文献志》卷七四，明弘治十年刻本，叶四。

[5] 案：“郴板”，疑为“椰板”之讹。

[6] 黄中德：《重建清献公祠堂记》，杜范：《清献集》卷首，清钞本，叶三七。

[7] 《汉书》卷六八《霍光传》：“光薨……赐金钱、缯絮，绣被百领，衣五十箧，璧珠玑玉衣、梓宫、便房、黄肠题凑各一具，枞木外臧椁十五具，东园温明，皆如乘舆制度。”中华书局，1962 年，第 2948 页。司马彪：《续汉书》志第六《礼仪》下：“东园匠、考工令奏东园秘器，表里洞赤，虡文画日、月、乌、龟、龙、虎、连璧、偃月、牙桧梓宫如故事。”中华书局，1965 年，第 3141—3142 页。案：一般认为，汉代的黄肠题凑乃棺椁外的木墙，温明乃漆面罩，东园秘器乃木棺，这是结合考古发现得出的认识。在宋人语境中已无汉代原始涵义，均指代棺木。

明言为朝服[1]，配以七梁额花冠、貂蝉、笼巾[2]。

关于宋代臣僚丧葬待遇，王柏曾有一段较为全面的概述文字[3]：

臣闻人臣之事君，功在社稷，德在生民。死之日，国有彝典哀恤之。有赙，有吊，有祭，有谥，有辍朝之礼，有护葬之官，有绋披铎翣之行列，有明器范器之名数，有崇甃丰碑之式，有石兽翁仲之卫。又即其梵宇，晨昏香火，以奉其神灵之游息，皆所以旌表其功德也。

这里涉及出席人员、典礼仪式、入墓名物、地面建筑等项，就诏葬、敕葬而论，尽管均可视为薨逝臣僚有资格享受的高规格恩数，但在制度运作中朝廷派员、出资情况其实不一。

绍兴十四年（1144年）同签书枢密院事王伦使金被扣六年后遇害[4]：

十五年（1145年）正月二十七日，同签书枢密院事王伦妻安康郡夫人陈氏状：伏为夫王伦奉使不还，日近窃闻在虏中身故事。本家欲招魂安葬，乞于常州选择坟地，应有合用地段、营葬工匠物料等，乞令本州应办。诏：葬事令常州量行应副。

隆兴二年（1164年）知楚州魏胜战死，其丧葬安排[5]：

[1] 《隋书》卷八《礼仪志三》："开皇初，高祖思定典礼。太常卿牛弘……因奏征学者，撰《仪礼》百卷。……修毕，上之，诏遂班天下，咸使遵用焉。其丧纪，上自王公，下逮庶人，著令皆为定制，无相差越。……官人在职丧，听敛以朝服，有封者，敛以冕服。"中华书局，1973年，第156页。宋代丧葬条法中是否有官员敛葬用朝服、冕服的规定不明。赵恺以亲王之封，韩世忠、张俊、刘光世、赵璩以郡王之封，所赐均为朝服。

[2] 以貂蝉、笼巾、七梁冠为朝服第一等，此系元丰二年（1079年）始定制度，参：徐松辑：《宋会要辑稿》舆服四，上海古籍出版社，2014年，第2238—2240页。郑居中等：《政和五礼新仪》卷一二，《景印文渊阁四库全书》第647册，台湾商务印书馆，1986年，第175页。存世范仲淹、韩琦、司马光、赵鼎等人朝服像，参：颜晓军：《旧金山亚洲艺术博物馆藏〈赵鼎像〉研究》，《新美术》2014年第8期，第26—36页。

[3] 王柏：《跋敕额代明招作》，王柏：《鲁斋王文宪公文集》卷一一，明正统刻本，叶七。

[4] 徐松辑：《中兴礼书》卷二九七，《续修四库全书》第823册，影印蒋光煦宝彝堂钞本，上海古籍出版社，2002年，第457页。

[5] 徐松辑：《中兴礼书》卷二九八，《续修四库全书》第823册，影印蒋光煦宝彝堂钞本，上海古籍出版社，2002年，第460页。

十一月十三日，诏：魏胜忠勇，力战阵亡，可与赠正任承宣使，更令有司如法葬敛，仍赐其家银绢一千匹两，其子厚与恩泽。

闰十一月九日，礼部、太常寺言：勘会魏胜续降指挥，赠节度使，依条从二品。今欲乞令本家于所在州军择地安葬，其葬事合用人物、车轝、挽歌、铭旌、方相、（名）〔明〕器、墓田、石兽、坟域、立碑等，并令所在州军照应丧葬二品条法，并遵依今降指挥，如法应办葬敛。诏依。

如王伦、魏胜死于王事者，根据本人官品，依照丧葬敕令格式中相关规定，营葬工程及人员、物料不必丧家自负，但亦无朝廷专员前往提举，而是转由所在地方州军应副[1]。

至于一般诏葬、敕葬，除赙赠银绢、东园秘器、貂冠朝服、水银龙脑由朝廷给赐外，都门赠祭应排办礼料[2]，卤簿送葬应置备仪仗[3]，即便有司应副[4]，仍需丧家配合并向朝廷派

[1] “诸臣僚身亡或丁忧而得旨令所属量行应副葬事者，所须人物计功直，通不得过一千贯。（丁忧者减半。）曾任执政官以上者，不拘此令。”谢深甫：《庆元条法事类》卷七七，黑龙江人民出版社，2002 年，第 831 页。

[2] “（绍兴三年，1133 年）四月十三日，太常寺言：勘会尚书右仆射朱胜非母鲁国太夫人杨氏，已选定四月十八日出余杭门，前去湖秀州攒殡。检准本寺条诸宗室臣僚内人殡葬，应设卤簿仪仗赠祭，应用人物准格供差，各随事报所属。”“今来鲁国太夫人杨氏系一品，依条合该排设仪仗，都门赠祭。除卤簿仪仗，有司别无见在外，所有赠祭，依例关报所属排办。今具下项：一、合差献官、奉礼郎、太祝、太官令各一员，内献官乞依条差本寺博士，其奉礼郎、太祝、太官令，并乞下临安府差官；一、合用祝文一首，乞依例下秘书省修撰。一、合用赠玉并匣床竿各一，乞下文思院制造供纳；一、合用祭器并祗应人，乞令本寺差办；一、合用牲牢羊豕各一、黝三匹、纁二匹、黄绢单帕二条，并合用湿香四两，礼料、酒齐、币帛，并乞下临安府排办。诏依。”“十五日，朱胜非状：承指挥为母鲁国夫人杨氏出攒，合于都门赠祭。窃见太常寺所申降赐祝文恩礼过厚，非所敢当。及有司排办礼物稍多，差官吏兵级人不少。方时艰难，虑有烦扰，伏乞特赐寝罢，庶使存没俱获安迹。诏依。”徐松辑：《中兴礼书》卷二九七，《续修四库全书》第 823 册，影印蒋光煦宝彝堂钞本，上海古籍出版社，2002 年，第 451、455—456 页。

[3] “（绍兴二十五年十月，1155 年）二十七日，故太师秦桧府状：准尚书省札子，条具到典故内一项，出殡日合用本品卤簿仪仗。窃见太师在日，诸事务从谦损，虽昨来蒙赐到从物并围子、衫带等，亦不敢全用。兼今来出葬日逼，窃虑制造不及，伏乞朝廷敷奏特赐寝免。诏依。”徐松辑：《中兴礼书》卷二九七，《续修四库全书》第 823 册，影印蒋光煦宝彝堂钞本，上海古籍出版社，2002 年，第 458 页。

[4] “诸以营葬乞移替而得旨移替者，限二年葬讫，申所在官司保奏。诸臣僚赠祭礼料祭器及供葬鼓吹仪物，递铺传送，事毕应还纳者，准此。”谢深甫：《庆元条法事类》卷七七，黑龙江人民出版社，2002 年，第 837 页。

员馈赠财物[1]，非有力之家不能办。故在北宋中期即已流传敕葬破家之说，臣僚之家多上书乞免。赵昇称，在敕葬之外另有宣葬，即“赐资财令办葬事。丧家多愿宣葬，盖省费于敕葬也。”[2]实际情况则更为复杂，丧家往往与朝廷博弈，保留部分敕葬待遇的同时尽量减省花费，通常采用辞免朝廷派员及在京仪式但争取地方应副的策略。如乾道元年（1165年）尚书左仆射、同中书门下平章事陈康伯薨，朝廷检照典故，给予水银龙脑、貂冠朝服、都门赠祭、赙赠银绢、差官护葬等项敕葬恩数。经本家陈请，辞免国子博士致祭，又取得亲属临时改任就近照管葬事及信州应副葬事的便宜安排[3]。而陈康伯夫人何氏先卒，绍兴三十一年（1161年）业已下葬铅山，其子伟节状称：“本家今欲就先妣旧坟开故，不欲广兴工役，务从简俭。”考古所见何氏墓为长方形石室平顶墓，棺椁与石室之间填充石灰砂浆[4]，体现的确实只是江西地方葬俗。

---

[1] “京师语曰：宣医丧命，敕葬破家。……敕葬之家，使副洗手帨巾，每人白罗三疋，它物可知也。”“宗室至一品殡葬，朝廷遣礼官輚祭。旧制：知太常礼院官，以次行事，得绢五十疋。陈侗、陈汝羲俱在礼院，因朝会，见一皇亲年老行迟，侗私语曰：可輚矣。汝羲自后排之曰：次未当公，此吾物也。传者以为笑。自元丰官制行，太常博士专领輚祭，所得绢四博士共之，行事十四疋，余十二疋。有数皇亲联骑而出，呵殿甚盛，一博士戏谓同列曰：此皆輚材也。”孔平仲：《谈苑》卷一，上海师范大学古籍整理研究所编：《全宋笔记》第2编第5册，大象出版社，2006年，第300—301页。“（熙宁四年十二月，1071年）辛未，直学士院曾布言：准敕差监护赠荣王从式葬事。窃以朝廷亲睦九族，故于窀穸之具皆给于县官。近世使臣过取馈遗，私家之费或倍于公。祥符中，患其无节，尝诏有司定数。皇祐中，复著之编敕，令使臣所受无过五百，朝臣无过三百。比岁以来，不复循守，取之或十倍于令。臣承命典领，所不敢辞。然遵行诏令，请自臣始。至于吏属趋走给使之人，所得之物亦当有节。乞同张茂则取旧例裁定中数，以为永式。诏宗室敕葬馈遗监护官等，令礼院速详定，一行吏人，令曾布裁定以闻。”李焘：《续资治通鉴长编》二二八，中华书局，2004年，第5558—5559页。

[2] 徐松辑：《宋会要辑稿》礼四四：“（熙宁）七年（1074年）十二月十八日，诏颁新式：……诸两府、使相、宣徽使并前任宰臣，问疾或浇奠已赐，不愿敕葬者，并宗室不经浇奠支赐，虽不系敕葬，并支赙赠。余但经问疾或浇奠支赐或敕葬者，更不支赙赠。前两府如浇奠只支赙赠，仍加绢一百，布一百，羊、酒、米、面各一十。”（上海古籍出版社，2014年，第1707页）吴丽娱据此认为敕葬和赙赠不能两给，仅得赙赠被称为宣葬。（吴丽娱：《终极之典：中古丧葬制度研究》，中华书局，2012年，第699页。）案：据《中兴礼书》所载南宋事例，赙赠银绢属敕葬事项之一，不愿敕葬者可额外加赐，则敕葬与赙赠并非不能两给。熙宁七年新式的表述似应理解为敕葬已经包含赙赠，故与浇奠支赐者均不再重复支与。

[3] 徐松辑：《中兴礼书》卷二九八，《续修四库全书》第823册，影印蒋光焴宝彝堂钞本，上海古籍出版社，2002年，第460页。陈棐：《陈氏谱序》，陈康伯：《陈文正公文集》卷一三，清康熙二十九年刻本，叶二至三。

[4] 江西省文物考古研究所、铅山县博物馆：《江西铅山宋淑国夫人墓》，《江西文物》1989年第2期，第33—37、32页。

是以诏葬、敕葬虽有统一的条法指导制度运作，但一来丧葬敕令格式中对于墓葬物质形态的限定册侧着重于具有展示作用的地上建筑，二来墓葬的营造于当地由州军应副或丧家雇工完成，因而官方葬制因素在地下墓室形制方面表现得颇为薄弱，通常让位于地方葬俗。以致于除聚葬京畿的宗室以外，对于散处各地的宋代臣僚墓葬，很难比照唐代两京地区墓葬研究成例，通过形制排比推敲制度表现与等级差异。故而，臣僚诏葬、敕葬并不能够对应特定的墓葬类型。反观石藏葬制，诸墓例之所以表现出建筑类型的整体同一和建筑尺度的局部损益，便缘于其营造既非本家操办，亦非地方应副，而是通过朝廷派员。韩琦与司马光墓负责督造的均为入内内侍省供奉官（中使监护之外的管勾修坟专员[1]），技术人员则来自中央官署。司马光墓“选尚方百工为葬具”，王珪墓“督将作穿土，斲石治圹”。类似的情况也见于地上墓园中碑楼、献堂等重点建筑的起造。

元祐三年（1088年），即司马光下葬次年，有赐银二千两[2]官修碑楼之举[3]：

> 天子敕翰林学士苏公撰公隧碑之文，论次大节元勋而铭之，上亲为篆字，以表其首，曰忠清粹德之碑。且命内侍李永言、从孙桂督将作百工，调卒募夫，起楼于墓之东南以居焉。永言、桂既受命，即裁省浮华，损约制度，使无侈前人，无废后观，凡七月而毕事。其土木金石、圬墁丹雘之工，总会一万六千有奇，而所损之数称是。楼之大制，基极相距凡四丈有五尺，上为四门，门二牖；下为二门，门一城。复阁周于碑，回廊环于阁，缭垣四起，为之蔽卫，此其大略也。至于连甍旅楹、从广延袤之详，则匠氏存焉。

所谓“连甍旅楹、从广延袤之详，匠氏存焉”，当指“将作百工”的施工档案。熙宁九年（1076年）向经薨，由其族子同判将作监向宗儒就便提举起建献堂、碑楼等事。而经儒却“惟将带八作司监官王昭遣往彼，前后定图样及检计功料，并未关本监”，判将作监谢景温认为“八作司使臣，乃一面兼管，显为侵越，望改正施行。”[4]等差体系下的图样

---

[1]　类似事例还见于：元丰二年（1079年）兖王赵俊之葬，入内内侍省东头供奉官王思聪管勾修坟；元祐九年（1094年）邓国长公主之葬，入内内侍省东头供奉官□保衡管勾修坟；大观元年（1107年）邓国公主之葬，入内内侍省内殿承制梁元弼管勾修坟。河南省文物考古研究所：《北宋皇陵》，中州古籍出版社，1997年，第532—533、539、551页。

[2]　“臣康言：伏蒙圣慈差管勾修建先臣光碑楼入内供奉官李永言赍赐臣银二千两充修碑楼支费者。”范祖禹：《为司马公休谢赐银修碑楼表》，范祖禹：《范太史集》卷七，《景印文渊阁四库全书》第1100册，台湾商务印书馆，1986年，第148页。

[3]　司马桂：《修忠清粹德碑楼记》，李侃修，胡谧纂：（成化）《山西通志》卷一五《集文》陵墓类，明成化十一年刻本，叶四〇至四一。

[4]　李焘：《续资治通鉴长编》卷二七三，中华书局，2004年，第6694页。

设计与功料核算正是将作监官式建筑营造法式的核心内容[1]，也是墓葬建筑实现制度化的中间媒介。

要之，石藏葬制作为宋代墓葬制度的组成部分与特殊形态，原系源自治平四年（1067年）英宗永厚陵墓室结构改造的新型帝后陵墓形式设计，作为“石地宫”与原有“皇堂”相结合，形成墓室双层结构，从元丰三年（1080年）慈圣光献皇后陵起正式实施。至宋室南渡，取消皇堂的独立石藏与龟头献殿相搭配，转而作为南宋帝陵攒宫的权宜之策。北宋晚期，在宗室、臣僚葬制方面，石藏则又成为诸一、二品诏葬、敕葬之墓中个别一品者并非常例的特殊表现形式，属于超出丧葬条法规定范围的特别待遇，由皇帝诏许，指派内臣负责监管、官方提供经费、将作工匠营造。宗室间，可能以熙宁三年（1070年）相王赵允弼墓为最早，后续又有绍圣四年（1097年）燕王赵颢、大观三年（1109年）嗣濮王赵宗汉之例。臣僚间，则始创于熙宁八年（1075年）韩琦墓，以其为故事，继而扩展用于元丰六年（1083年）富弼、八年（1085年）王珪、元祐二年（1087年）司马光等宰臣之墓。始创于北宋晚期的石藏与北宋早期以来皇后、亲王陵墓（图三、图四）中形成定式的圆形砖室、门楼、甬道、壁龛、石门配合营造，进一步凸显出中央官署所主导的官式建筑色彩。其墓室形制不在丧葬条法界定之列，而是反映将作工程技术传统。

三、石藏葬制的变体

北宋特别诏许营造的石藏葬例均表现为上层砖室与下层石藏相结合的砖石混筑双层墓室结构。在韩琦墓、富弼墓之外，也有个别考古所见宋墓形制貌似与石藏葬制相关，一种是单层石室墓，另一种是双层石室或砖石混筑墓[2]。

河南新密元祐九年（1094年）冯京墓[3]（图五），京与其三任夫人合葬，南北纵向并列四长方形石室，冯京葬从南第三室，第四室葬元配王氏，第一室葬次娶富氏，第二室葬三娶富氏之妹。此墓平面图在考古简报中横置，加之四个墓室之间隔墙中部下方均留

[1] 北宋熙宁中已令将作监编修《营造法式》，至元祐六年（1091年）成书，但“只是料状，别无变造用材制度；其间工料太宽，关防无术”，于是绍圣四年（1097年）敕令重修，元符三年（1100年）成书，“系营造制度、工限等，关防工料，最为要切”，即李诫编修崇宁二年（1103年）颁刻的《营造法式》。参：李诫：《营造法式》札子，影印民国十四年陶湘仿宋刻本，商务印书馆，1933年，第17—18页。

[2] 吕瑞东汇集探讨了宋代南北方各类性质“多层墓葬”（吕瑞东：《宋代多层墓葬研究》，《四川文物》2021年第2期，第108—116页），本文仅讨论作为石藏葬制变体的北方墓例。

[3] 河南省文物研究所、密县文物保管所：《密县五虎庙北宋冯京夫妇合葬墓》，《中原文物》1987年第4期，第77—90页。

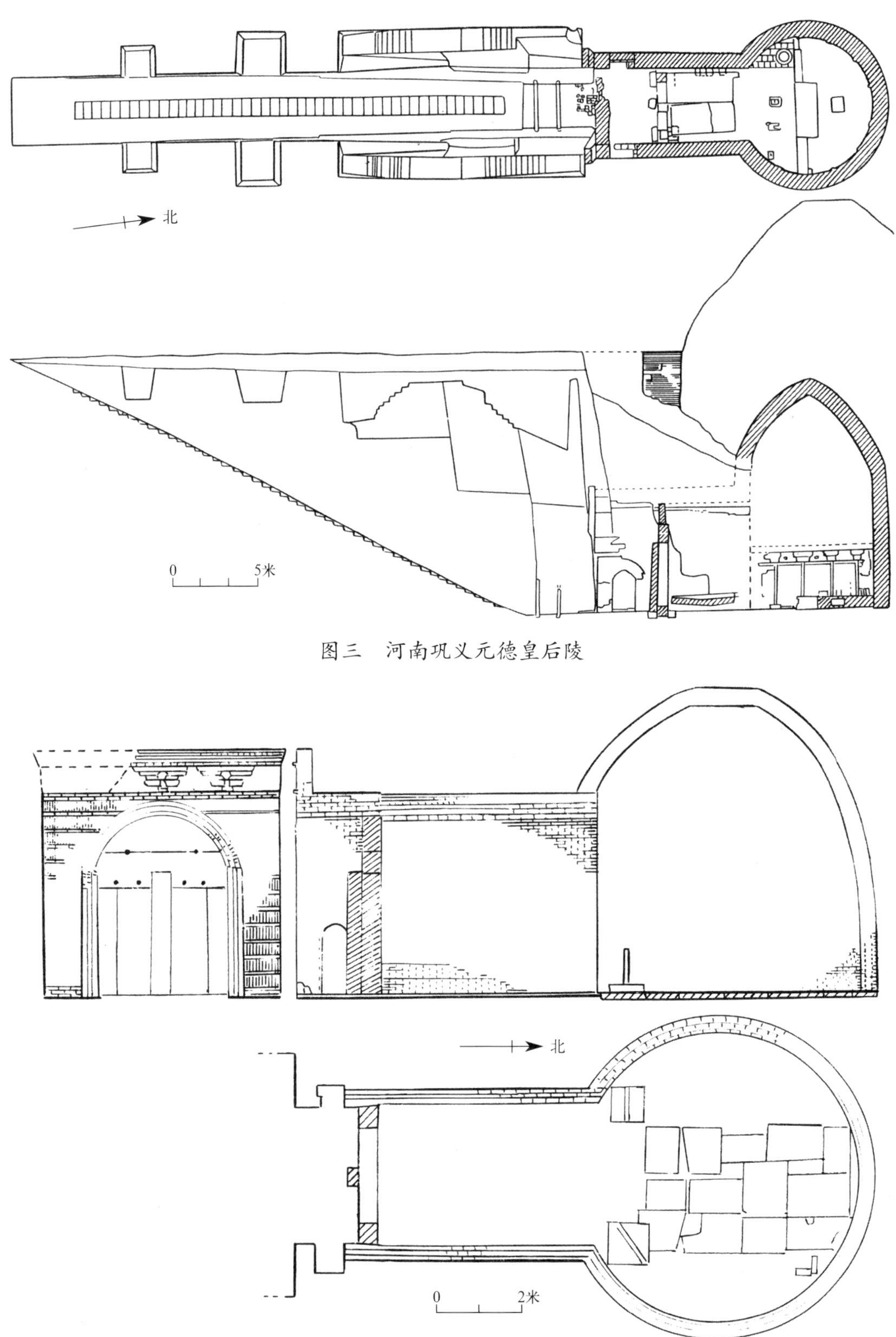

图三　河南巩义元德皇后陵

图四　河南巩义赵頵墓

一通道，粗看颇与长江中下游地区宋墓形制相似。据墓志，冯京之父“寓鄂州，遂为江夏人”。研究者或认为冯京墓这种并穴石室是采用了原籍湖北地区埋葬习俗[1]。实际上，该墓石室建于带斜坡墓道的竖穴之内，各室均作东西向，是为上下纵向并列，与南方宋墓各室左右横向并列的情况完全不同。这里的墓室位次关系乃是比照北方宋墓夫妻棺椋之序而排列[2]。如熙宁十年（1077 年）洛阳李孝基墓[3]便与此类同，孝基为从南第二棺，先娶马氏为从南第三棺，后娶马氏之妹则为从南第一棺。类似之例还有绍圣三年（1096 年）初葬、宣和七年（1125 年）合葬的安阳韩治墓[4]（图六）。韩治两娶文氏姐妹，三人合葬一墓，南北纵向并列三长方形石室，韩治葬中室，元配文氏葬北室，续弦文氏预留南室。该墓也是建于带斜坡墓道的竖穴之内，三个墓室之间隔墙中部下方同样各留一门形通道，营造方式与冯京墓非常相近。同一墓地稍后宣和元年（1119 年）初葬的韩纯彦墓[5]，为斜坡墓道竖穴南北纵向并列二长方形石室。而同时营葬的韩粹彦墓[6]则形式有变，二石室东西横向并列于竖穴之内。不过，夫妇纵向并列埋葬毕竟为北方传统，难以尽改。浙江湖州风车口墓地[7]，两座石室墓均为南北纵向并列双室，墓地选址及墓葬排列均符合中原北方地区流行的商姓昭穆贯鱼葬法，墓主很可能属于南渡旧族[8]，墓葬形制可视为北方营造做法的转移。

新密、安阳所属的河南地区，宋墓以砖室为主流，石室极为少见。冯京曾任参知政事，终宣徽南院使，按其身份可在敕葬之列，但与韩琦、富弼、王珪、司马光等应用石藏葬制的宰臣尚有距离。至于韩纯彦，夫人孙氏初葬时任知开德府；韩粹彦，官至中山府路安抚使；韩治，元配文氏初葬时仅为守尚书吏部郎中，更不具备由朝廷诏建石藏的条件。况且，这几座墓葬同为单层石室，并非像石藏葬例那样在砖室墓内营建地下石室形成双层结构。考虑到冯京乃富弼之婿，韩纯彦、韩粹彦为韩琦四、五子，韩治为韩琦长孙、韩忠彦之子，恰好都是此前得以特制营造石藏的宰臣之近亲。则这些脱离地方砖室墓传统的石室肇建，应该直接仿自韩琦、富弼墓标志性的石藏结构，是丧家出于身份认同的自发行为，用以制造政治身份象征，既非官方葬制适用范围的拓展，也不具有私

[1] 秦大树：《宋元明考古》，文物出版社，2004 年，第 140 页。

[2] 刘未：《妻妾祔葬》，刘未：《鸡冠壶：历史考古札记》，上海古籍出版社，2019 年，第 171—181 页。

[3] 郭茂育、赵水森等：《洛阳出土鸳鸯志辑录》，国家图书馆出版社，2012 年，第 301—304 页。

[4] 河南省文物局：《安阳韩琦家族墓地》，科学出版社，2012 年，第 38—48 页。

[5] 河南省文物局：《安阳韩琦家族墓地》，科学出版社，2012 年，第 52—54 页。

[6] 河南省文物局：《安阳韩琦家族墓地》，科学出版社，2012 年，第 48—52 页。

[7] 浙江省文物考古研究所：《浙江宋墓》，科学出版社，2009 年，第 51—62 页。

[8] 刘未：《风车口》，刘未：《鸡冠壶：历史考古札记》，上海古籍出版社，2019 年，第 204—210 页。

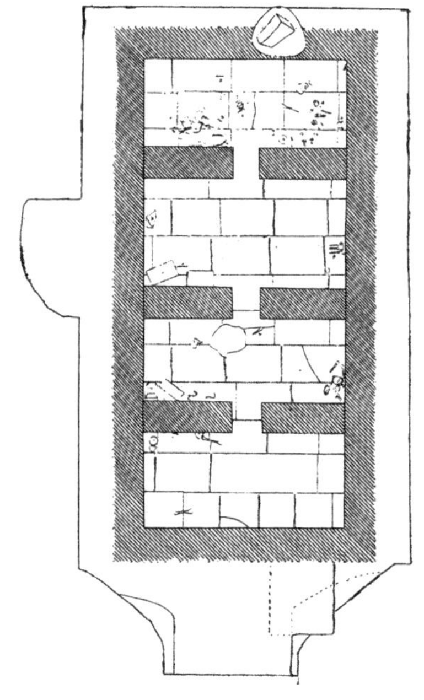

图五　河南新密冯京墓

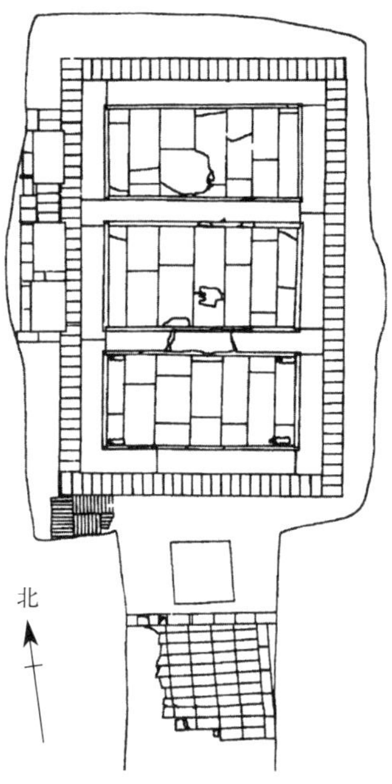

图六　河南安阳韩治墓

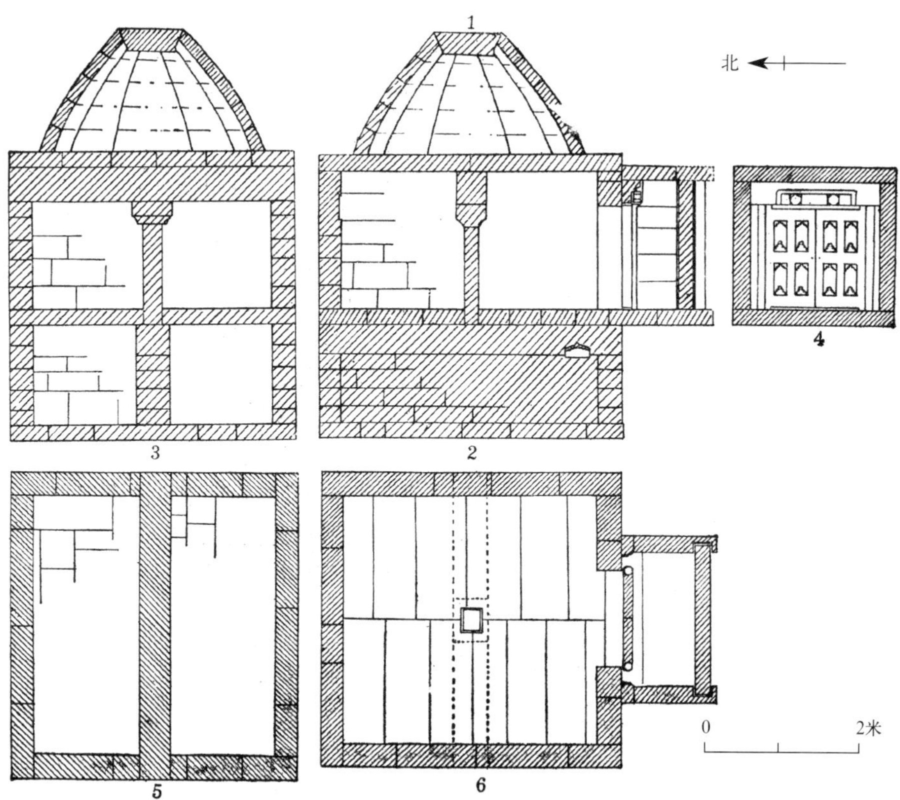

图七　山东嘉祥钓鱼山二号墓

家主动逾制的意义[1]。

石藏葬制以上砖下石墓室为基本形式，尽管结构特殊，在北方宋墓也还是有个别可以比照之例。山东嘉祥钓鱼山二号墓[2]（图七），系一座双层石室墓。上、下墓室等大近方形，上层墓室以石板铺设平顶，其上再示意性起建八角形穹隆顶；下层墓室以隔墙分为东西横向并列双室。墓中出土黑釉瓷盏一件，表明墓葬年代应为北宋晚期。另出十二时神石像，暗示墓主当属官宦之家[3]。附近一号墓出土绍圣二年（1095年）晁端友妻杨氏墓志，可知该处为晁氏家族墓地。昭德晁氏自太宗朝晁迥以进士起家，定居开封并聚族而葬[4]。迥兄迪子名宗简（赠特进、吏部尚书），其五子仲堰以下葬任城鱼山。大观四年（1110年），以开封晁氏大茔地卑多水患，宗简曾孙补之亲卜鱼山新茔，改葬宗简、子仲堰、孙端友[5]。山西左权元祐四年（1089年）赵武墓[6]（图八），系一座双层砖石混筑墓。上层砖室圆形穹隆顶，直径约15尺；下层石室方形平顶，长宽约11尺，以立柱和横梁间隔为南北二棺室。此墓形制确实与韩琦、富弼、司马光墓颇为相似，墓室尺寸也与温公墓大体相仿。墓主赵武，高祖而上为太原阳曲人，太宗平北汉，曾祖从至京师，以下三世均葬开封。历任丹坊州高阳关教押军队、麟府并代沿边城寨主、辽州监押、监华州荆姚镇酒税，累迁至供备库副使。“任辽州日，爱其风俗淳古、土物丰阜，遂居于辽。故公之卒也，诸孤奉公之柩，归葬于辽州辽山之北原。”嘉祥是司马光所谓“疏土之乡”[7]，盛产石材，晁氏墓以石造墓或许可以归结为因地制宜之举。但仅具示意性质的八角形穹隆顶和墓室双层结构都超出地方传统之外。左权赵武墓上圆下方、上砖下石的特殊形制就

[1] 朝廷诏旨营造的墓葬建筑是官方对墓主政治身份认定的标志物，具有典型的制度性意义。当时势转变之际，墓主原来的政治身份被剥夺，作为标志物的墓葬建筑也会遭到人为损毁。绍圣元年（1094年）“诏司马光、吕公著各追所赠官并谥告，及追所赐神道碑额，仍下陕州、郑州各差官计会本县，于逐官坟所拆去官修碑楼，磨毁奉敕所撰碑文讫奏。”杨仲良：《资治通鉴长编纪事本末》卷一〇一，影印清光绪十九年广雅书局刻本，文海出版社，1967年，第3135页。案：时人更请发司马光、吕公著之墓，斲棺鞭尸，哲宗未允。

[2] 山东嘉祥县文管所：《山东嘉祥县钓鱼山发现两座宋墓》，《考古》1986年第9期，第822—826、851页。

[3] 刘未：《入墓神杀》，刘未：《鸡冠壶：历史考古札记》，上海古籍出版社，2019年，第182—186页。

[4] 晁端彦：《晁氏世谱序》，见：张剑：《乾隆版〈晁氏家乘〉及其意义》，《文献》2006年第1期，第157—158页。

[5] 晁补之：《晁公改葬记》，晁补之：《济北晁先生鸡肋集》卷三一，《四部丛刊》初编影印明刻本，叶一一。

[6] 姜杉、冯耀武：《山西左权发现宋代双层墓》，《文物世界》2005年第5期，第44—45页。墓葬平剖面草图见：胡慧鑫、崔晓东主编：《晋中考古文集》，三晋出版社，2020年，第437页。墓志拓片及录文见：王兵主编：《三晋石刻大全·晋中市左权县卷》，三晋出版社，2010年，第8—9页。

[7] 司马光：《司马氏书仪》卷七，中国国家图书馆藏宋刻元修本。

更不能不说是对石藏葬例的忠实模仿了。两座石藏式双层墓葬营造的具体动因已经难以推断，仅知晁、赵两家自太宗朝起均居于开封、葬于祥符，这或许是丧家获悉石藏形制信息并能够付诸丧葬实践的地缘因素。

宋室南渡，帝后陵墓权宜只建攒宫，墓室减省仅作石藏。除湖州风车口墓那样的个例[1]，宗室、臣僚之葬普遍表现为在地化特征，墓室以左右横向并列双室砖室或石室为主。就地面建筑形制与布局而论，绍兴兰若寺墓[2]是南宋墓葬所见规制最高者。虽然其左右并列的石砌平顶墓室或被研究者称之为石藏，但形制及性质与浙江其他同类南宋墓葬实际并无本质差别。倒是元末至正二十五年（1365 年）割据江浙的吴王张士诚于苏州为其父母以王礼所营墓葬[3]，棺椁左右并列安置于方形平顶石室之内，外围由石板、三合土浇浆、青砖、石灰黄土、石灰浇浆护固（图九），与文献所载永思陵石藏结构颇有相似之处，而复杂程度则又过之，可以认为是仿南宋攒宫之制而建[4]。

辽金易代之际，平州时立爱率众纳款，累封钜鹿郡王，皇统三年（1143 年）薨，墓志铭云："制诏有司：故相时立爱薨，在故事有可以隐卒崇终者，其件析以闻。遂以通议大夫、同签书燕京留守司公事臣赵庆袭监护葬事，赙物有差，襄事所须，悉从官给。"其墓在河北高碑店[5]，为一砖砌多室墓，前室长方形，两耳室圆形，后室八角形，后室地面以下另砌长方形砖室。时氏墓葬基本结构源自辽代晚期契丹高级贵族葬制[6]，燕云地区汉官亦有应用者，北京丰台清宁三年（1057 年）刘六符墓[7]便是典型实例，两墓形制极为类似。但辽墓绝无双层结构，时立爱墓实属改创。同在燕赵之地，蒙元时期又有汉人世侯兴起，顺天张柔家族和真定史天泽家族即为代表。张柔家族墓地在河北满城，八子张弘略，官至河南江北等处行中书省参知政事，葬于元贞元年（1295 年）[8]。其墓砖砌多室，前室方形，左右后各有一室，均为方形，三室砖砌地面之下各以石板围砌横向棺室。史天

[1] 已知与湖州风车口M1、M2 相似的纵向并列双室墓还有长兴韩㧑墓，㧑乃韩世忠之孙，亦属南渡北族。韩㧑墓由浙江省文物考古研究所发掘，相关信息见：李松阳：《宋代浙江品官墓园建筑史料研究》，北京大学博士学位论文，2023 年。

[2] 浙江省文物考古研究所等：《他是谁：探秘兰若寺大墓》，浙江人民美术出版社，2022 年。

[3] 苏州市文物保管委员会、苏州博物馆：《苏州吴张士诚墓曹氏墓清理简报》，《考古》1965 年第 6 期，第 289—300 页。案：该墓出土的七梁冠与玉组佩可以作为宋代诏葬、敕葬中一品礼服的对比参考。

[4] 秦大树：《宋元明考古》，文物出版社，2004 年，第 135—137 页。

[5] 河北省文化局文物工作队：《河北新城县北场村金时立爱和时丰墓发掘记》，《考古》1962 年第 12 期，第 646—650 页。

[6] 刘未：《辽代契丹墓葬研究》，《考古学报》2009 年第 4 期，第 497—546 页；刘未：《辽代墓葬的考古学研究》，科学出版社，2016 年。

[7] 周宇：《丰台云岗辽墓 07FHM1 发掘简报》，北京市考古研究院编：《北京考古（第 1 辑）》，北京燕山出版社，2008 年，第 191—197 页。

[8] 河北省文物保护中心等：《元代张弘略及夫人墓清理报告》，《文物春秋》2013 年第 5 期，第 28—41 页。

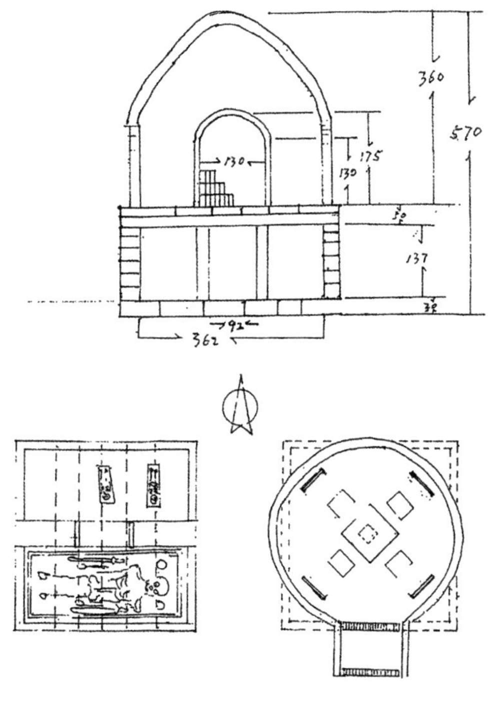

图八 山西左权赵武墓

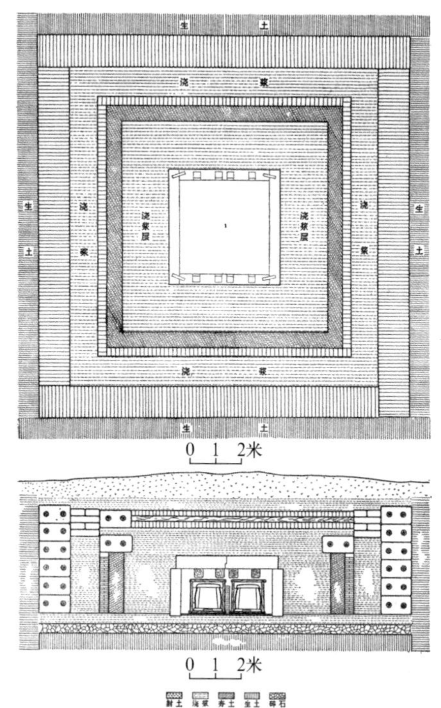

图九 江苏苏州张士诚父母墓

泽家族墓地在河北石家庄，M7为一双层砖室混筑墓[1]，上层砖砌墓室圆形，下层左右横向并列石室，中间隔墙留有通道。这种双层墓室结构在北方地区元墓中另有相似之例，河南安阳延祐七年（1320年）中书省右司都事谢贞卿墓[2]，上层为圆形土坑竖穴，下层为左右横向并列石顶砖室。以上诸例北方地区金元时期双层结构墓葬，时立爱墓与张弘略墓以多室墓彰显身份，下层墓室的特殊设置也应与此意图相关，与宋代石藏葬制虽无直接关联，但旨趣遥相呼应；史氏M7与谢贞卿墓则可视为南方地区类椁室墓传统北渐与北方地区类屋室墓传统的交融，以在葬俗层面予以理解为宜[3]。

2024年12月于盐池张家场

[1] 河北省文物研究所：《石家庄后太保村史氏家族墓发掘报告》，河北省文物研究所编：《河北省考古文集》，东方出版社，1998年，第345页。

[2] 中国社会科学院考古研究所安阳工作队：《河南安阳市大司空村东地魏晋隋唐宋元墓葬发掘报告》，朱岩石主编：《考古学集刊（第24集）》，社会科学文献出版社，2021年，第52—54页。

[3] 元代南北一统促进了丧葬文化的流动，除了朱熹《家礼》所倡导的灰隔墓做法随着儒家葬仪影响扩大而北渐之外（如山东嘉祥至顺元年〔1330年〕曹元用墓、山东邹城至正十年〔1350年〕李裕庵墓），作为南方葬俗，以横向并穴双室或多室（隔墙设过洞）为特征的类椁式墓也开始出现于北方（如北京东城皇庆元年〔1312年〕铁可墓）。

附记：二十年前在齐师指导下研习辽墓，重点问题是葬制的形成过程与适用范围。此后转向宋墓，先查知石藏相关文献，又得见富弼墓考古实例，复承蒙齐师指示新发现的韩琦墓形制信息，于是撰成《宋代的石藏葬制》一文，尝试探寻宋代葬制研究的新路径。近来增补材料，续写前文，敬贺齐师七十寿辰。

试论明代陵卫的演变与意义

金蕙涵（台湾东华大学历史学系）

一、前言

在中国帝陵的发展过程中，明代开创了诸多特点，陵卫即为其中之一。历代帝陵虽皆设兵守卫，唯有陵卫明确与军事正规编制有关，在军队层级中一度是直属皇帝的亲军。陵卫的设置始于洪武为父母修建的皇陵，终明之世，唯祖陵和思宗思陵没有设置陵卫。从永乐长陵卫开始，将旧卫改为先帝的陵卫，与上尊号、定陵名一并成为皇帝丧礼中固定的安排。目前，学界对于陵卫的研究集中在军事防御[1]、行政运作和政治活动方面[2]，或从卫所制的整体角度对陵卫进行定位和概说[3]，对于陵卫的基本情况缺乏整体了

[1] 川越泰博:「明代護陵衛考：とくに長陵衛・献陵衛とその軍事活動を中心に」,『人文研纪要』82，2015 年，第 61—94 页；王秀玲:《明陵边墙山口及其军备》，十三陵特区办事处等编:《首届明代帝王陵寝研讨会论文》，科学出版社，2000 年，第 73—80 页；胡汉生:《明代天寿山的陵军》，十三陵特区办事处编:《首届明代帝王陵寝研讨会、首届居庸关长城文化研讨会论文集》，科学出版社，2000 年，第 81—83 页；王雄:《明昌平陵寝与北边防卫》，中国明史学会等编:《明长陵营建 600 周年学术研讨会论文集》，社会科学文献出版社，2010 年，第 418—430 页；胡汉生:《明十三陵研究》，北京燕山出版社，2012 年，第 365—374 页；范传南:《论北京防卫与天寿山陵军》，中国明史学会等编:《第十七届明史国际学术研讨会暨纪念明定陵发掘六十周年国际学术研讨会论文集》，北京燕山出版社，2018 年，第 289—293 页。

[2] 罗晓翔:《神圣空间与世俗权力——孝陵与明代南京的城市政治》，《江苏社会科学》2018 年第 6 期，第 259 页；邓涛:《大礼议与明显陵——兼论湖广明显陵对明嘉靖朝政治的影响〉，《长江大学学报（社会科学版）》2020 年第 3 期，第 50 页。

[3] 于志嘉:《明代两京建都与卫所军护迁徙之关系》，《"中央研究院"历史语言研究所集刊》第六十四本第一分，1993 年，第 135—174 页；梁志胜:《明代武选档案明细表》，《明代卫所武官世袭制度研究》，中国社会科学出版社，2012 年，第 12—32 页；于志嘉:《从卫选簿看明代武官世袭制度》，《食货月刊》复刊第十五卷第七、八期，1986 年，第 9—26 页；于志嘉:《明武职选簿与卫所武官制的研究——记中研院史语所藏明代武职选簿残本兼评川越泰博的选簿研究》，《"中央研究院"历史语言研究所集刊》第六十九本第一分，1998 年，第 45—74 页；赵中男等:《明代宫廷典制史》，紫禁城出版社，2010 年，第 628—668 页。

解。本文透过梳理陵卫在明代的设置情况以及相关制度的演变，探讨设置陵卫在明代丧葬活动中的意义。

二、明代以前的帝陵护卫

明代以前，历代君主对本朝帝陵亦设兵力防守，但与明代陵卫有两点不同，其一，守兵并非固定的军事编制；其二，守陵兵力的派遣并非丧礼安排的一部分。东汉时，“先帝陵，每陵园令各一人，六百石。本注曰：‘掌守陵园，案行扫除。’丞及校长各一人。本注曰：‘校长，主兵戎盗贼事。’”[1]唐制与汉制接近，“陵令掌山陵营兆之事，率其户而守陵焉，兵仗并皆给之”[2]。汉代设立校长，唐代则是给陵户兵杖以防盗。宋代多置指挥，给兵五百防守帝陵，如至道三年（997 年）“诏于永熙陵下宫置殿，奉安太祖圣容，置卫兵五百人守奉”[3]、皇祐三年（1051 年）“三陵皆置卒五百人，唯定陵以章献太后故，别置一指挥。昭陵使甘昭吉引定陵例，请置守陵奉先两指挥，京西转运司请减定陵卒半以奉昭陵，诏选募一指挥，额五百人。”[4]如遇突发情势，则多增加巡警巡视。如，天禧元年（1017 年），三陵有盗发情事，因为三陵离永安县一十余里，所以请徙永安县廨宇于三陵侧，“及令三陵副使，本县监押，县尉每日夜互相警巡”[5]。

宋代派兵五百人守陵，偶设指挥，比唐代提供武器给陵户守陵的做法更重视专业兵力对陵寝的守卫。然而，明代以前派驻帝陵的守卫与丧葬流程少有直接、固定的关联。其中一例见于宋慈圣光献皇后丧仪，神宗元丰二年（1079 年）“太皇太后崩……三年（1080 年）正月二十二日，灵驾发引”[6]，“二十六日，诏增差禁兵二百人守陵”[7]。据此文献，慈圣光献皇后在发引之后，才增加了禁兵守陵，不但在员额、位阶上有偶然性，也非丧礼准备的一部分。

在中国皇室的葬礼中，先帝的丧礼多由继任之君完成，在盖棺论定后，开启新局。丧礼中上尊号、定陵名等流程同时确立了先帝成为王朝祖先及新君继承政权的正统性。当陵卫的派驻与定名在明代皇帝的丧葬仪式中成为固定的环节，不但在军事层面反映了将帝陵视同与都城对等的重要防守单位，也凸显了陵卫设置和上尊号等安排

[1] 《后汉书》，中华书局，1965 年，第 3574 页。

[2] （唐）李隆基撰，（唐）李林甫注：《大唐六典》第 3 册，文海出版社，1962 年，第 284 页。

[3] （清）徐松辑，刘琳等校点：《宋会要辑稿》，上海古籍出版社，2014 年，第 1572 页。

[4] 《宋史》卷一二三，中华书局，1977 年，第 2884 页。

[5] （清）徐松辑，刘琳等校点：《宋会要辑稿》，上海古籍出版社，2014 年，第 1574 页。

[6] （清）徐松辑，刘琳等校点：《宋会要辑稿》，上海古籍出版社，2014 年，第 1593 页。

[7] （清）徐松辑，刘琳等校点：《宋会要辑稿》，上海古籍出版社，2014 年，第 1594 页。

同样具备礼制的重要性。

三、明代陵卫的设置与演变

陵卫的本质即卫。根据《明史》，“天下既定，度要害地，系一郡者设所，连郡者设卫。大率五千六百人为卫”[1]。洪武二十六年（1393年），定天下都司卫所，当时的内、外卫共三百二十九个。至成祖在位的二十余年，有不少增改[2]。在明代的军事体系中，“凡卫所皆隶都司（都指挥使司），而都司又分隶五军都督府”[3]，除了部分防守京师的卫被指派为亲军，指挥权直达到兵部外，多数的卫均由都指挥使司指挥[4]。

陵卫的发展在明代可以分为三个阶段，第一阶段是洪武建文时期，此时设立的皇陵卫和孝陵卫与明初都城的军事防御密切相关[5]。第二阶段是永乐至隆庆时期，这段时期的陵卫开始由旧卫改编，并成为丧葬仪式中的固定环节。长陵卫改自羽林卫亲军指挥使司，仁宗献陵卫、宣宗景陵卫、英宗裕陵卫、宪宗茂陵卫原为武成卫的前、后、左、右卫；孝宗泰陵卫、武宗康陵卫、世宗永陵卫和穆宗昭陵卫则是由原后军都督府指挥的在京卫调为陵卫。值得注意的是，长陵卫的军事单位曾一度属于亲军，甚至是高于卫的指挥使司[6]，但除了《武职选簿》将长陵卫、献陵卫和泰陵卫归类为亲军外[7]，其他文献都未将献陵卫至康陵卫视为亲军卫。第三阶段是万历以后，此时由于北边防守的需要，天寿山的陵卫编制考虑了调配的便利性，不再被划归亲军、不属于五府[8]，更不再从旧卫改编。陵卫发展的阶段除了反映丧葬安排固定化的过程，也和明代军事建设、都城与陵寝的关系以及边防守卫的变动密切相关。

（一）第一阶段——陵卫与都城防御

陵卫的设置始于洪武。洪武二年（1369年）二月，定仁祖淳皇帝陵为英陵[9]。三个

[1] 《明史》卷九十，中华书局，1974年，第2193页。

[2] 《明史》卷九十，中华书局，1974年，第2196页。

[3] 《明史》卷七六，中华书局，1974年，第1874页。

[4] （清）孙承泽：《天府广记》卷三二，北京古籍出版社，1982年，第407页。

[5] 《历代陵寝备考》中另有一说，即孝陵位于钟山之阳而多鹿，为防止捕猎而设孝陵卫于山下。（清）朱孔阳：《历代陵寝备考》卷四十五，江苏广陵古籍出版社，1990年，第307页。

[6] （明）杨士奇等撰：《明仁宗实录》卷一下，“中央研究院”历史语言研究所，1966年，第33页。

[7] 中国第一历史档案馆、辽宁省档案馆编：《中国明朝档案总汇》第53册，广西师范大学出版社，2001年，第177—285、287—428、429—487、463页。

[8] 《明史》卷九十，中华书局，1974年，第2204页；《明史》卷七十六，中华书局，1974年，第1861页。

[9] （明）李景隆等撰：《明太祖实录》卷三九，“中央研究院”历史语言研究所，1962年，第788页。

月后，“更英陵曰皇陵，立皇陵卫以守之”[1]。皇陵卫的编制属于中军都督府在外的中都留守司[2]，并设有祠祭署，陵户三千三百四十二户[3]。中国第一历史档案馆收藏的《武职选簿》中保存有皇陵卫、长陵卫、献陵卫和泰陵卫的武选及世袭材料[4]。据《皇陵卫选簿》，皇陵卫的官员组成包括了指挥使、指挥同知、指挥佥事、卫镇抚、左所、右所、中所、前所和后所官员等[5]。由于《皇陵卫选簿》所载的官员年代多为洪武中后期以后，因此皇陵卫设置初期的情况并不清楚。李新峰指出，在洪武十三年（1380 年）的五府分统安排中，皇陵卫属中府直隶，是为普通卫[6]。相对于皇陵，祖陵虽然有祠祭署，并有陵户二百九十三户[7]，但未见设立祖陵卫的记录，被J.J.M. de Groot认为是祖陵地位不高的证据之一[8]。

建文继承洪武制度，为孝陵设置了孝陵卫、神宫监、祠祭署[9]。洪武三十一年（1398 年）闰五月，太祖崩，辛卯，建文即皇帝位，是日，葬高皇帝于孝陵[10]。李新峰依据正德己卯年（1519 年）的《江西布政司左参议黄公宏墓志铭》所记“先世为浙之鄞县人，洪武中有讳子良者从戍于京，隶羽林右卫，改隶孝陵卫”[11]，推断孝陵卫可能由羽林右卫改设[12]，但无其他材料可以佐证。至于孝陵卫设立的时间则有不同的记载。在姜清（1483 年—?）《姜氏秘史》中，洪武三十一年六月上大行皇帝谥曰高皇帝，庙号太祖，十六日

[1] （明）李景隆等撰：《明太祖实录》卷四二，“中央研究院”历史语言研究所，1962 年，第 827 页。

[2] 《明史》卷九十，中华书局，1974 年，第 2200、2213 页。

[3] 《明史》卷五八，中华书局，1974 年，第 1445—1446 页。

[4] 单士魁、于志嘉、梁志胜等学者都对这些材料进行研究与说明。单士魁：《内阁大库杂档中之明代武职选簿》，原载《文献论丛》1936 年故宫博物院十一周年纪念刊，后收入单士魁：《清代档案丛谈》，紫禁城出版社，1987 年，第 114—116 页；于志嘉：《从卫选簿看明代武官世袭制度》，《食货月刊》复刊第十五卷第七、八期，1986 年，第 9—26 页；于志嘉：《明武职选簿与卫所武官制的研究——记中研院史语所藏明代武职选簿残本兼评川越泰博的选簿研究》，《“中央研究院”历史语言研究所集刊》第六十九本第一分，1998 年，第 45—74 页；梁志胜：《明代卫所武官世袭制度研究》，中国社会科学出版社，2012 年，第 12—32 页。

[5] 中国第一历史档案馆、辽宁省档案馆编：《中国明朝档案总汇》第 62 册，广西师范大学出版社，2001 年，第 167—305 页。

[6] 李新峰：《明前期军事制度研究》，北京大学出版社，2016 年，第 61 页。

[7] 《明史》卷五八，中华书局，1974 年，第 1445 页。

[8] J.J.M. de Groot, *The Religious System of China* (Leiden: E.J. Brill, 1892), vol.3, p.1273.

[9] 《明史》卷五八，中华书局，1974 年，第 1446 页。

[10] 《明史》卷四，中华书局，1974 年，第 59 页。

[11] 景旸：《赠太常少卿江西布政司左参议黄公宏墓志铭》，收入焦竑辑：《焦太史编辑国朝献征录》，《四库全书存目丛书》史部第 104 册，庄严文化事业有限公司，1996 年，第 651 页。

[12] 李新峰：《明前期军事制度研究》，北京大学出版社，2016 年，第 61 页。

立孝陵卫[1]。晚明《皇明大政记》却记"葬高皇帝于孝陵，改制建文元年，宫中行三年丧，立孝陵卫"[2]。另在《明太祖实录》中，最迟在洪武三十五年（1402年）十一月，出现了孝陵卫的任命记录[3]。姜清记载的日期比较接近永乐以后设立陵卫的时间，不排除该记录加入了《姜氏秘史》成书时人们对于陵卫设立的认识。《皇明大政记》中所记的日期亦无其他文献可以对照，如属实，则孝陵卫可能设于行三年丧后的1401年，与永乐以后设置陵卫的时间不同。在编制隶属方面，成书于景泰年间的《寰宇通志》和天启年间的《南京都察院志》将孝陵卫与南京其他京卫同列为亲军[4]，但《读史方舆纪要》中所列的南京十七个亲军卫中并未包括孝陵卫，且孝陵卫听中府节制。不同文献对孝陵卫层级的记载略有出入，可能在于成书时间和引用材料的差异[5]，或也反映了孝陵卫位阶曾历经转变。不论如何，孝陵卫于何时设立？设立之时是否属于亲军？目前仍缺乏直接证据。

皇陵卫的特点是直接设立，此与明初军事机构仍在建设有关，孝陵卫则不排除已经从旧卫改编。皇陵和孝陵皆临近当时即将确定或已定的都城，这种比邻的空间关系在中国帝陵中十分少见[6]。在建设国都的背景之下，皇陵卫和孝陵卫除了防守陵寝，也作为都城的防御和建设力量。皇陵卫的设置便是凤阳军屯开展的一部分[7]；而在明代将首都改立于南京后，除了在城内设立卫所，另在江北设江淮卫，城外设孝陵和济州二卫，"共四十九卫，环卫京师"[8]。

---

[1] （明）姜清撰：《姜氏秘史》，中华书局，2013年，第345、356页。

[2] （明）朱国祯：《皇明大政记》，《四库全书存目丛书》史部第16册，齐鲁书社，1997年，第101页。

[3] （明）杨士奇等撰：《明太宗实录》卷一四，"中央研究院"历史语言研究所，1966年，第252页。

[4] （明）陈循等撰：《寰宇通志》卷八，广陵书社，2010年，第5195页；（明）施沛撰：《南京都察院志》卷一二，《四库全书存目丛书补编》第73册，齐鲁书社，2001年，第342—343页。又见于志嘉、罗晓翔等学者的讨论，于志嘉：《明代两京建都与卫所军护迁徙之关系》，《"中央研究院"历史语言研究所集刊》第六十四本第一分，1993年，第139页；罗晓翔：《神圣空间与世俗权力——孝陵与明代南京的城市政治》，《江苏社会科学》2018年第6期，第259页。

[5] 《寰宇通志》和《大明一统志》对于陵卫的记录值得参考。在景泰年间成书的《寰宇通志》中，长陵卫、献陵卫、景陵卫皆被记为指挥使司，但并非亲军指挥使司。在《寰宇通志》基础上修纂的《大明一统志》，虽在关于京卫的内容上与《寰宇通志》无太大差别，却仅以长陵卫、献陵卫、景陵卫记，省去了指挥使司。对于其他京卫的记录，也省去了亲军指挥使司或指挥使司，仅记录卫的名称，如金吾右卫。《寰宇通志》和《大明一统志》的情况或可说明文献传抄过程中的省略，不一定完全与位阶的变化有关。（明）陈循等撰：《寰宇通志》卷一，广文书局，1968年，第7—9页；（明）李贤等撰：《大明一统志》卷一，文海出版社，1965年，第68、96—97页。

[6] Hui-Han Jin, "Xiaoling and Nanjing: Mapping the Imperial Mausoleum in a Fourteenth-Century Capital in China," *Journal of Urban History,* September 8, 2022.

[7] 张登璨：《明代凤阳地区卫所军屯研究》，《中国地方志》2019年第6期，第63页。

[8] （清）顾祖禹：《读史方舆纪要》卷二十，中华书局，2005年，第993页。

（二）第二阶段——旧卫改陵卫的确立

从永乐开始，出现了将旧卫改为陵卫的模式，并为大多数皇帝继承。永乐五年（1407年）七月，仁孝皇后崩[1]，两年后在昌平天寿山造陵；永乐十一年（1413年）正月，命名天寿山陵为长陵[2]；同年二月，葬仁孝皇后于长陵[3]。值得注意的是，洪武的孝慈高皇后和永乐的仁孝文皇后都先于皇帝入葬寿陵，陵名也在皇后崩后议定。不过，陵卫的派驻都在皇帝下葬之后，反映了陵卫虽与防守陵寝有关，但与皇帝的关系特别密切。

从长陵卫开始，陵卫的设置成为皇帝丧礼安排的一部分。仪节如下：皇帝崩后，新帝即位，在为先帝上尊号时，决定葬所陵名。陵名定后，便改旧卫为陵卫。在大多数情况下，陵卫的设置在先帝下葬前数月便完成。以永乐葬礼为例，朱棣在永乐二十二年（1424年）七月崩于途，密不发丧[4]。同月，仁宗即位，以明年为洪熙元年。由于长陵陵名在永乐十一年已定，因此，在永乐二十二年八月便改羽林卫亲军指挥使司为长陵卫亲军指挥使司[5]。次月，上先帝尊号；同年十二月葬长陵[6]。

根据《长陵卫选簿》，长陵卫的官员组成与皇陵卫接近，差别在于前者隶属于亲军指挥使司[7]。陵卫的本质为卫，明代于全国设卫所，卫所军官多是世袭，承袭元代，陵卫亦然[8]。《卫选簿》的世袭记录反映了从卫到陵卫的转换：陶润，寿州人，隆庆二年（1568年）时五十三岁，任长陵指挥使。其三辈祖陶英于永乐六年（1408年）时为羽林卫右卫指挥使，改长陵卫后，其家族男丁继承长陵卫指挥使，记载止于万历四十四年（1616年）第十五辈陶金万[9]。除指挥使外，长陵卫其他等级官员的世袭亦呈现类似脉络，如“洪熙元

---

[1] 《明史》卷一一三，中华书局，1974年，第3511页。

[2] （明）杨士奇等撰：《明太宗实录》卷一三六，“中央研究院”历史语言研究所，1966年，第1660页。

[3] （明）杨士奇等撰：《明太宗实录》卷一三七，“中央研究院”历史语言研究所，1966年，第1668页。

[4] 《明史》卷七，中华书局，1974年，第104页。

[5] （明）杨士奇等撰：《明仁宗实录》卷一下，“中央研究院”历史语言研究所，1966年，第33页。

[6] （明）杨士奇等撰：《明太宗实录》卷二七四，“中央研究院”历史语言研究所，1966年，第2475页。

[7] 中国第一历史档案馆、辽宁省档案馆编：《中国明朝档案总汇》第53册，广西师范大学出版社，2001年，第177—285页。

[8] 于志嘉：《从卫选簿看明代武官世袭制度》，《食货月刊》复刊第十五卷第七、八期，1986年，第30页；张金奎：《明代卫所军户研究》，线装书局，2007年，第49页。明代卫所的建置、命名、与宋元时期的关联及相关问题与学术史，见李新峰：《明代卫所政区研究》，北京大学出版社，2016年，第135—201页。

[9] 中国第一历史档案馆、辽宁省档案馆编：《中国明朝档案总汇》第53册，广西师范大学出版社，2001年，第182页。

年（1425年）八月，厉员年十八岁，系羽林右卫，今改长陵卫中右所，故世袭百户”[1]。

长陵卫设置的流程虽然在日后被大多数明代皇帝所宗，但长陵卫在设置之时，位阶高至亲军。学者虽指出建长陵于北京为成祖的微旨阴寓[2]，但在此时将亲军设为陵卫，其中意味值得思考。

永乐之后，仁宗献陵卫和宣宗景陵卫并非在新帝安排先帝葬礼时设置。仁宗在洪熙元年（1425年）五月崩于钦安殿宫[3]，次月宣宗即位[4]。洪熙元年九月六日，葬昭皇帝于献陵[5]。洪熙元年九月十四日，“上命行在户部尚书夏原吉于昌平县选民四十户充献陵户”[6]，没有设陵卫的记录。献陵卫的设置一直到宣德十年（1435年）六月，宣帝葬景陵后，在正统元年（1436年）七月三日，“改武成左卫为献陵卫，武成右卫为景陵卫以守护陵寝”[7]，李新峰认为献陵以后的陵卫大多是靖难时新设的普通卫，地位较低[8]。

献陵卫官员的家族继承同样可见从武成左卫到献陵卫的转换[9]，其中，《卫选簿》中献陵卫的组成另增加了牧马所、蕃牧所、牺牲所和奠靖所官员的记载，从其世袭内容可以判断，牧马所等三所官员的世袭轨迹与陵卫不同，多与武成左卫无关[10]，可为增补。如牺牲所正千户王镗于嘉靖四十五年（1566年）任太常寺牺牲所，其先世首先任职于神策卫，世袭多代后，转任燕山左卫，至王镗时改袭献陵卫牺牲所[11]。在隶属关系上，诸所也与陵卫不同。牧马所、蕃牧所属于五军府的中府管辖、牺牲所属太常寺[12]。

献陵卫和景陵卫同时设置于正统之时，距离先帝下葬时间较久，在明代陵卫的安排中较为特殊。文献中并未记录具体原因，不排除与制度未稳有关。另从国都与帝陵位置

[1] 中国第一历史档案馆、辽宁省档案馆编：《中国明朝档案总汇》第53册，广西师范大学出版社，2001年，第282页。

[2] 朱鸿：《微旨阴寓——明十三陵的历史意涵》，故宫博物院编：《明清宫廷史学术研讨会论文集》第一辑，紫禁城出版社，2011年，第139—149页。

[3] （明）杨士奇等撰：《明仁宗实录》卷一十，“中央研究院”历史语言研究所，1966年，第307页。

[4] 《明史》卷九，中华书局，1974年，第115页。

[5] 《明史》卷九，中华书局，1974年，第116页。

[6] （明）杨士奇等撰：《明宣宗实录》卷九，“中央研究院”历史语言研究所，1966年，第233页。

[7] （明）陈文等撰：《明英宗实录》卷二十，“中央研究院”历史语言研究所，1966年，第388页。

[8] 李新峰：《明前期军事制度研究》，北京大学出版社，2016年，第61页。

[9] 中国第一历史档案馆、辽宁省档案馆编：《中国明朝档案总汇》第53册，广西师范大学出版社，2001年，第287—428页。

[10] 中国第一历史档案馆、辽宁省档案馆编：《中国明朝档案总汇》第53册，广西师范大学出版社，2001年，第366—428页。

[11] 中国第一历史档案馆、辽宁省档案馆编：《中国明朝档案总汇》第53册，广西师范大学出版社，2001年，第426—427页。

[12] 梁志胜：《明代卫所武官世袭制度研究》，中国社会科学出版社，2012年，第19页。

的关系考虑，祖陵并未设卫，而祖陵所在的泗州，不曾属于明代任何时期的国都。皇陵卫、孝陵卫、长陵卫附属的帝陵都位于当时的都城或是有意定都的城市附近，但仁宗、宣宗时对于定都北京仍有疑虑，陵寝之事几乎停摆，直到英宗正统时期才确定了北京作为首都的地位，也在陵寝修建上强化了长陵的正统性[1]。皇帝崩后，需按一定日程下葬，但部分礼制的安排可在日后逐渐增加。文献中并未说明献陵卫和景陵卫延迟设置的原因，但择都的缘由可资参考，也反映了陵卫、陵寝与国都之间相互连动的关系。

宣宗之后，从英宗裕陵到穆宗昭陵，陵卫的设置维持了和长陵卫一样的模式，即为丧礼准备的一部分，只是不再延续永乐时从亲军指挥使司改设的特例[2]。具体流程为，在发引前的两到三个月，上尊谥、号陵名、将一旧卫改为陵卫。例如，天顺八年（1464 年）正月十七日，英宗崩[3]。同月二十二日，宪宗即皇帝位，以明年为成化元年（1465 年）[4]。天顺八年（1464 年）二月三日，荐名裕陵[5]；同月十二日，上尊谥[6]；同月二十九日，改武成前卫为裕陵卫，以奉卫英宗皇帝山陵[7]。天顺八年五月，葬睿皇帝于裕陵[8]。

（三）第三阶段——天寿山守备对陵卫设置的影响

从定陵卫开始至明代最后一个陵卫德陵卫，陵卫的设置再度出现变化。《明史》和《明实录》不再出现改旧卫为陵卫的记录和日程，原因不明。由于神宗、光宗接连在一个月内崩逝，二帝的丧礼均由熹宗操办，在改元前的“泰昌元年（1620 年）冬十月丙午，葬显皇帝，孝端显皇后于定陵”[9]，天启元年（1621 年）九月初四日，葬光宗于庆陵[10]。熹宗则在崇祯（1628 年）三月葬德陵[11]，此后明代不再设陵卫。定陵以后的变化，不排除与神宗、光宗在短期内过世，办事仓促有关，也可能受到天寿山陵卫在管理和编制上的影响。随着北方边防吃紧，陵卫由旧卫改新卫虽有仪式上的意义，但随着天寿山陵卫的防御功能逐日强化，此一礼制目的恐怕不再被重视。

---

[1] 朱鸿：《微旨阴寓——明十三陵的历史意涵》，故宫博物院编：《明清宫廷史学术研讨会论文集》第一辑，紫禁城出版社，2011 年，第 142—144 页。

[2] 除了《武职选簿》外，其他文献材料也不再将长陵卫以后的陵卫记为亲军卫，相关原因可再探讨。

[3] 《明史》卷一二，中华书局，1974 年，第 160 页。

[4] 《明史》卷一三，中华书局，1974 年，第 161—162 页。

[5] （明）刘吉等撰：《明宪宗实录》卷二，“中央研究院”历史语言研究所，1966 年，第 35 页。

[6] 《明史》卷一二，中华书局，1974 年，第 160 页。

[7] （明）陈文等撰：《明宪宗实录》卷二，“中央研究院”历史语言研究所，1966 年，第 59 页。

[8] 《明史》卷一三，中华书局，1974 年，第 161—162 页。

[9] 《明史》卷二二，中华书局，1974 年，第 298 页。

[10] （明）叶向高等撰：《明光宗实录》卷八，“中央研究院”历史语言研究所，1966 年，第 213 页。

[11] 《明史》卷二三，中华书局，1974 年，第 310 页。

永乐元年迁都北京后，昌平县隶属顺天府[1]。长陵以后的明代帝陵皆位于昌平以北的天寿山，此区亦为京畿重要的防御之地。据隆庆《昌平州志》载“天寿山在州城东北一十八里，东山口之内”[2]、“前有凤凰山如朱雀，后有黄花镇如玄武，左蟒山即青龙，右虎峪即白虎，且东、西山口两大水，会流于朝宗河，环抱如玉带”[3]。光绪《昌平府图. 明陵图》清楚绘出了天寿山中、东、西山口的位置（图一）。长陵、献陵、景陵三陵陵卫，最早的驻守地点便在此三口及东西二营[4]。

天寿山陵卫的驻守区域约在景泰初年出现变化，可能的原因与天寿山守备的设置和永安城的建立有关。永安城位于凤凰山与影山之间（图二），凤凰山“在州城南四里至红门十里”[5]、影山“在东山口东南，东山一带全得此山为之障护”[6]。因此，景泰元年（1450年），择县东八里筑永安城，徙三卫（长陵卫、献陵卫、景陵卫）于内。景泰三年（1452年），昌平县治也随陵卫东迁至城之西南为治[7]。日后的裕陵卫、茂陵卫、泰陵卫、康陵卫、永陵卫等五卫也都迁于城南，环以城墙守卫（图三）[8]。此八卫中设一天寿山守备以统之[9]，并在天顺三年（1459年），由天寿山守备廖镛等，奏讨内官监官匠续修永安城以容纳迁于城南的五卫[10]。天寿山各陵卫至此不隶督府，亦不称亲军，统一听令于天寿山守备[11]。正德元年（1506年），尚书林公瀚建议将此根本重地升为州，以领怀柔、密云、顺义等三县[12]。

随着北方守备吃紧，嘉靖二十一年（1542年），天寿山守备太监开始与都指挥共管各卫，在本山守备操练军马，保障地方[13]。嘉靖二十九年（1550年），蒙古鞑靼部南下，直

[1] （清）崔学履等修：（隆庆）《昌平州志》卷一，国家图书馆出版社，2024年，第30页。

[2] （清）崔学履等修：（隆庆）《昌平州志》卷一，国家图书馆出版社，2024年，第39页。

[3] （清）崔学履等修：（隆庆）《昌平州志》卷二，国家图书馆出版社，2024年，第65页。

[4] （清）崔学履等修：（隆庆）《昌平州志》卷一，国家图书馆出版社，2024年，第30页。

[5] （清）崔学履等修：（隆庆）《昌平州志》卷一，国家图书馆出版社，2024年，第40页。

[6] （清）崔学履等修：（隆庆）《昌平州志》卷一，国家图书馆出版社，2024年，第41页。

[7] （清）崔学履等修：（隆庆）《昌平州志》卷一，国家图书馆出版社，2024年，第30页。

[8] （清）崔学履等修：（隆庆）《昌平州志》卷一，国家图书馆出版社，2024年，第31页。

[9] （清）崔学履等修：（隆庆）《昌平州志》卷一，国家图书馆出版社，2024年，第33页。

[10] （清）崔学履等修：（隆庆）《昌平州志》卷三，国家图书馆出版社，2024年，第117页。虽然《四镇三关志》和隆庆《昌平州志》都记载天寿山守备设于天顺三年（1459年），但是景泰四年（1453年），已经有“守备天寿山”的记载，见胡汉生：《明十三陵研究》，北京燕山出版社，2012年，第369页。

[11] 胡汉生：《明十三陵研究》，北京燕山出版社，2012年，第369—370页。

[12] （清）崔学履等修：（隆庆）《昌平州志》卷一，国家图书馆出版社，2024年，第31页。

[13] （明）魏焕、郑晓撰：《皇明九边考、皇明四夷考合订本》，华文书局，1968年，第171页。

下北京，康陵园等皆被劫掠[1]，反映天寿山陵军防守能力的低落，只得“藉京营拨三大枝人马来防守红门、东、西两山口”[2]。事平之后，京畿的防守重心从京师转移到蓟镇，长陵至永陵的八陵军官统一被编入了永安和巩华二营。嘉靖三十九年（1560 年）昌平设镇之后，原本的昌平提督都督改为昌平镇的镇守总兵官。此后，天寿山守备成为昌平总兵的属下，陵卫中的精锐部队被编入昌平镇营路，为昌平镇基本战力[3]，其他未编入的陵军仍然承担守陵之责[4]。继景泰初筑永安城、正德八年（1513 年）改为州治之后，“万历元年（1573 年）又于州城内增筑新城，置裕陵、茂陵、泰陵、宁陵、永陵五卫于城内。今十二陵卫署皆在城中，各领左右中前后五千户所”[5]，以便于军事管理和调度，原本为个别陵寝防守的特色消减。

图一　（光绪）《昌平府图 · 明陵图》[6]

[1]（明）张居正等撰：《明世宗实录》卷三六四，“中央研究院”历史语言研究所，1966 年，第 6503 页。

[2]（清）崔学履等修：（隆庆）《昌平州志》卷三，国家图书馆出版社，2024 年，第 123 页。

[3] 胡汉生：《明十三陵研究》，北京燕山出版社，2012 年，第 370 页。

[4] 范传南：《论北京防卫与天寿山陵军》，中国明史学会等编：《第十七届明史国际学术研讨会暨纪念明定陵发掘六十周年国际学术研讨会论文集》，北京燕山出版社，2018 年，第 292 页。（清）崔学履等修：（隆庆）《昌平州志》卷三，国家图书馆出版社，2024 年，第 123—124 页。

[5]（清）顾祖禹：《读史方舆纪要》卷一一，中华书局，2005 年，第 474 页。

[6]《中国古代府州县舆图集成》编委会主编：（光绪）《昌平府图》，线装书局，2012 年，第 13—14 页。

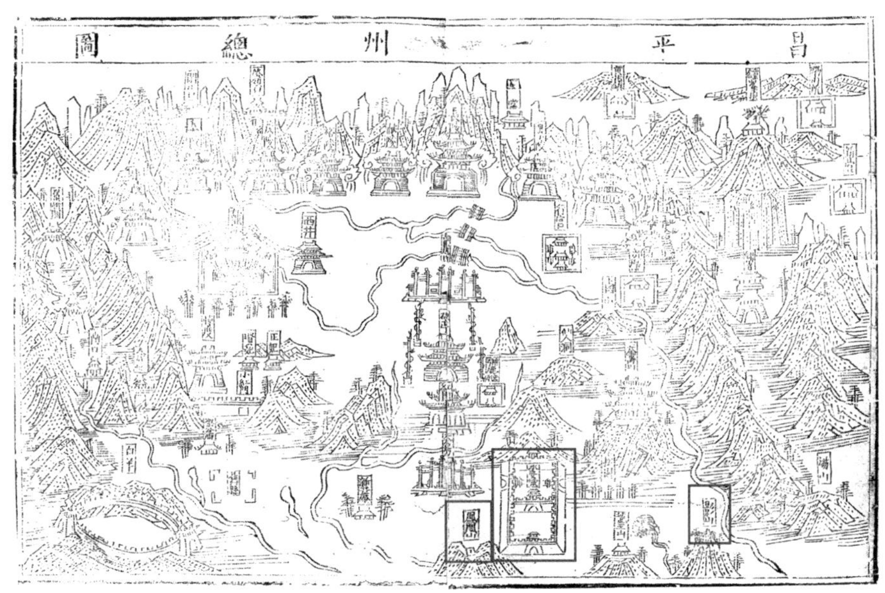

图二 （隆庆）《昌平州志·昌平一州总图》[1]

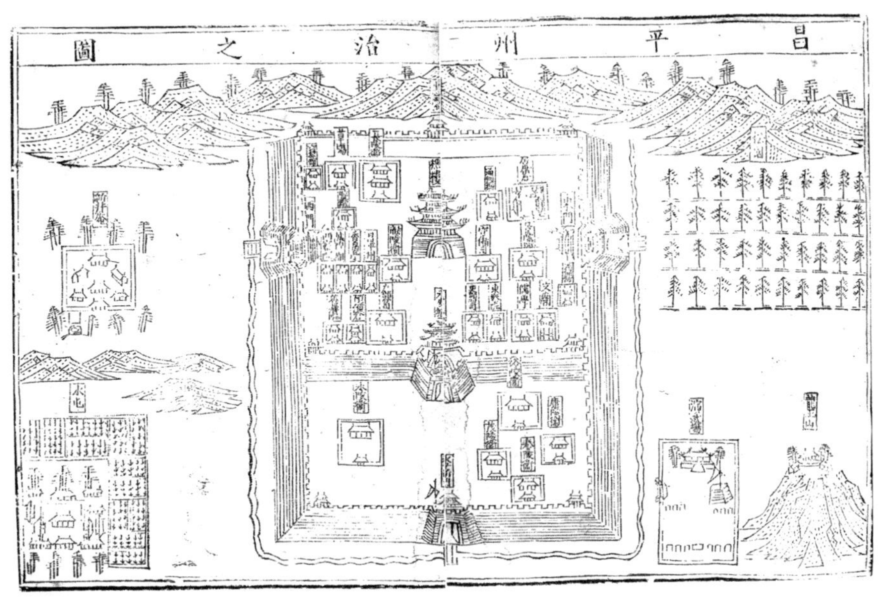

图三 （隆庆）《昌平州志·昌平州治之图》[2]

景泰以后对于天寿山陵卫的安排可能影响了定陵卫以后陵卫设置的方式，也就是强调集体管理的重要性以及提升边疆防守的功能，在此前提下，改旧卫为新卫的过程可能被忽略。即便如此，陵卫的设置仍然是丧礼安排的环节，并未废止，或改以陵户取代陵

[1] （清）崔学履等修：（隆庆）《昌平州志》卷三，国家图书馆出版社，2024 年，第 25—26 页。

[2] （清）崔学履等修：（隆庆）《昌平州志》卷三，国家图书馆出版社，2024 年，第 27—28 页。

卫执行洒扫、守陵的任务。由此可见，陵卫在明代帝陵丧葬制度中的礼制意义在此时是确立而稳定的，只是因应了军事的需要和晚明皇帝丧礼的仓促等因素而有所改变。

天寿山陵卫编制的变化也可说明陵卫位阶在文献中记载不一的问题。据《明史》记载，从长陵卫至德陵卫，皆不属府，亦不属亲军[1]。从《明史》的成书时间考虑，此一说法或属于后代的总结。在明代初年，长陵卫曾经一度是亲军，甚至在成书于天启的《南京都察院志》中，孝陵卫与南京其他京卫，同列为亲军[2]，更有《武职选簿》将长陵卫、献陵卫和泰陵卫归类为亲军之例[3]。因此，是否有其他陵卫曾经也是亲军，但后来改为不属府且不属亲军的情况？本文认为，昌平设镇或许影响了部分后世史家对于陵卫属性的判断。在昌平设镇之前，陵卫一直受到陵监管辖，实为直属皇帝的天寿山陵军，但其隶属在昌平设镇后改变[4]。另一个值得注意的材料是《明史》中对于京卫的记载，京卫中不属于亲军，又不属于府的陵卫包括长陵卫、献陵卫、景陵卫、裕陵卫、茂陵卫、泰陵卫、康陵卫、永陵卫和昭陵卫[5]，定陵以后的三卫同样不包含在内，成书于天顺五年的《大明一统志》或可提供部分解答。在《大明一统志》中，天寿山的地理位置属于京师之下的顺天府。不过，《大明一统志》在描述京师重要建置如京城、皇城等城池，社稷坛、太庙等坛庙，皇城、苑囿、六部等文职公署，五军都督府、金吾左卫等武职公署时，也将长陵、献陵、景陵等山陵包括在内，故长陵卫、献陵卫、景陵卫也包括在京师的武职公署之中，而非顺天府武职公署[6]。由此可见，虽然在地理的区划上，十三陵及陵卫应划归顺天府，但在行政的认识上被视为京师的一部分。因此，天寿山陵卫亦属于京卫。隆庆《昌平州志》亦载“夫有一陵寝之建，必佥京卫一卫官军随之设于州城，所以严防守、重宿卫也”[7]，可见此时仍然将陵卫视为京卫。万历年设新城安置陵卫的同时，更强调陵卫与昌平镇营路的关系。从京卫及其统辖的关系和天寿山编制的变化，不但反映了定陵卫以后陵卫设置的考虑和方式，也解释了在文献中陵卫位阶变化的部分原因，以及后人对于陵卫位阶的理解。

---

[1] 《明史》卷九十，中华书局，1974 年，第 2204 页。

[2] 于志嘉：《明代两京建都与卫所军护迁徙之关系》，《“中央研究院”历史语言研究所集刊》第六十四本第一分，1993 年，第 139 页；罗晓翔：《神圣空间与世俗权力——孝陵与明代南京的城市政治》，《江苏社会科学》2018 年第 6 期，第 259 页。

[3] 中国第一历史档案馆、辽宁省档案馆编：《中国明朝档案总汇》第 53 册，广西师范大学出版社，2001 年，第 177—285、287—428、第 429—487、463 页。

[4] 范传南：《论北京防卫与天寿山陵军》，中国明史学会等编：《第十七届明史国际学术研讨会暨纪念明定陵发掘六十周年国际学术研讨会论文集》，北京燕山出版社，2018 年，第 293 页。

[5] 《明史》卷七六，中华书局，1974 年，第 1861 页。

[6] （明）李贤等撰：《大明一统志》卷一，文海出版社，1965 年，第 68、96—97 页。

[7] （清）崔学履等修：（隆庆）《昌平州志》卷三，国家图书馆出版社，2024 年，第 122 页。

四、结论

陵卫的设置及发展在明代经历了不同阶段的变化，在设立之初，陵卫以一个军事基础单位派驻帝陵，与当时国都的军事整体建设以及皇陵、孝陵布局的逐步变化密切相关。根据现有资料，这种军事安排的考虑至少在长陵卫以后出现变化。除了守护陵寝，陵卫的安排在丧葬流程中占有一席之地，与上尊号、定陵名同时，又在发引之前，成为皇帝丧礼的固定环节。陵寝守备不再只是发给陵户武器，或是按陵寝警情增派兵力，而开始具有与仪式有关的意义。天寿山陵卫随着军事防御的需要，不再是直属皇帝的亲军，但从仪式的角度仍不减其重要性，故并未裁减。长陵卫以后，多将生前属于先帝的卫转变为守护先帝的陵卫，此卫在编制上守护先帝陵寝，却又属于新帝，并为后继之君不断继承。陵卫形同王朝的军事守备，和模仿都城的帝陵布局一样，展现了明代陵寝制度事生之礼的一面。

萨珊银币刍议

孙　莉（科学出版社）迟雁程（北京国文信文物保护有限公司）

波斯萨珊王朝，作为罗马帝国的老对手，其知名度虽远不及后者，但是作为伊朗高原的主人，萨珊最强盛时期的版图达到560万平方千米，西边占领土耳其、埃及，与罗马接壤，东边控制了巴基斯坦的西南部，甚至延伸到印度；被称作波斯第二帝国，也是最后一个前伊斯兰时期的波斯帝国。

萨珊王朝持续了420余年，先后经历了29位王，每位萨珊王在执政后都会发行自己的钱币。令人惊讶的是，这些制造于1500多年前甚至更早的萨珊钱币，在现今亚欧大陆的多个地区都有一定数量的发现，并且在我国境内也有，而且还是发现数量最多的外国钱币之一。

一、特征鲜明的萨珊银币

萨珊钱币的制作工艺与我国传统的钱币铸造工艺不同，采用的是西方传统的模印打压方法[1]，并且选用“银”为钱币的主要材质，这样使得钱币本身因贵金属价值而更容易得到使用、保存和流传，现今所见的萨珊钱币也基本上是银币。当然，除了银币，每位萨珊王也会制作少量的金币和铜币，但流传下来的并不多，因此本文所讲主要为银币。

萨珊银币最主要的特征就是银币正面为戴着王冠的萨珊王头像，背面是祆教的祭火坛和祭师。萨珊王一般是右侧像（但也有少数向左，极少数为正面像）；头戴王冠，冠后有飘带；王的发髻和胡子多呈球形状；图案之外为圆点连成的圈，一般为一圈，后来也有两圈的。银币背面的祭火坛和站立于火坛两边的祭师[2]也被1—3圈不等的圆圈围住。除了图案，银币的正、背面还有用帕拉维文（Pahlavi）写的铭文，记录了王的名字、尊称、制币时间、地点等相关信息。这一枚小小的银币，融合了萨珊的政治、宗教、经济和艺术特色。

首先来看银币上的王冠。萨珊王冠与萨珊王朝所信奉的祆教有着密切的关系。萨珊

[1] 刘志华、安忠义：《简介古代西方钱币制造技术》，《中国钱币》1996年第3期，第66、67、60页。

[2] Robert Gobl, *Sasanian Numismatics*, Braunschweig: Klinkhardt & Biermann, 1971.

建国后，即恢复了被安息人所禁止的波斯祆教（也称琐罗亚斯德教、拜火教），不久又拜之为国教。他们认为祭火坛与王冠永不分离，因而王冠形制多是祆教内容的抽象表现，如“雉堞冠”（merlon，也有的称之为“城壁冠”），王冠上有类似于城墙墙垛的装饰，其来源于祆神“阿胡拉·马兹达”，因其形状就像是一段城墙而得名；“鸟翼冠”，则使用鸟的翅膀来做装饰，源于祆神“末累什拉加那”（Verethraghra），该神是战神，代表战争胜利，其标志就是鸟翼；“复合冠”，是前两者的集合形式，最早见于萨珊中期的巴郎五世（Bahram V，421—439 年在位），这种冠意味着王权的巩固和加强，更具有权威性和不可战胜性，常被后世王冠所采用；“帽形冠”，与前三种冠都不同，算是统称，萨珊初期常用，其表现的宗教含义不那么明显（图一）。

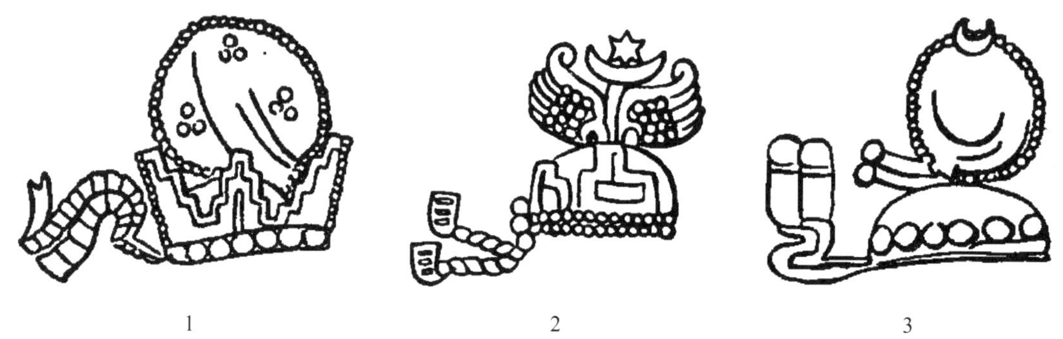

图一　萨珊王冠示意图

1.雉堞冠　2.鸟翼冠或复合冠　3.帽形冠

除了上述这些主要特征外，萨珊王冠上常见的一个球状物，其实是头发卷成的球。其源于Arsacide的传统风俗，当时国王的头发被卷成两个球，一个位于王冠之上，另一个垂于脑后。到萨珊时期，头顶上的发球被假发代替，成为王冠的一部分。王冠上还常见有两对飘带，一对从王冠的下端飘出，松松地悬在王冠上，将王冠和上面的球隔开；另一对则是从垂在国王的后脖颈处的发球下面伸出，飘带有时被误以为是与脖子上的项链相连的[1]。

其次是银币背面的祭火坛和祭师。萨珊银币最初只有祭火坛，这源于祆教以火为崇拜，后来在火坛旁边出现祭师，其中的一位因戴有与王相类似的冠，被认为可能就是国王本人。从巴郎五世起，银币背面的图案固定为现在常见的样式。而祆教主神阿胡拉·马兹达有时会在祭火坛的火焰中出现，或是手持神环赋予王者权力。

最后是银币上的文字。萨珊银币的正面和背面都有用帕拉维文（Pahlavi）写的铭文，

[1]　Robert Gobl, *Sasanian Numismatics,* Braunschweig: Klinkhardt & Biermann, 1971.

最初铭文很长，以后逐渐省略。正面铭文通常从相当于时钟 11 点的位置开始，逆时针旋转，如果一圈放不下就在左手边刻第二行。铭文一般都是对国王的赞美和尊称，最完整的为“马兹达的崇拜者，神圣的，……王，伊朗的王中之王，天神的后代”，但由于经常被省略，常见的有“BGY（或BGI）”（神圣的）、“KDI”（主上）、“MLKAN MLKA”（万王之王）等。此外也有一些在特定历史条件下产生的特殊铭文。背面铭文早期为“AFZU”（昌盛）和“RAST”（公正）。从巴郎五世开始，银币背面右侧的铭文就改为“制币地点”的缩写；而到卑路斯王时，左侧的铭文开始写“制币年代”的缩写，并一直延续到最后。

由于萨珊银币正面的主题图案是萨珊王，人们很容易将其与其同时期的萨珊石刻和金银器上的国王形象联系起来。早期钱币上的萨珊王形象栩栩如生，采用了浮雕的表现手法，与同期的大型崖洞石刻和金银器皿上的形象非常接近，如俾沙普尔（Bishapur）石刻所反映的沙普尔一世抓住罗马皇帝Valerian Ⅰ以及与Philip Ⅱ保持和平的景象，另有俄罗斯埃尔米塔什博物馆藏的巴郎五世狩猎野熊和沙普尔二世狩猎的银盘，美国弗利尔美术馆藏的沙普尔二世狩猎野熊的银盘等，几乎可以看作是这些形象的微缩版。但是到了萨珊晚期，钱币所表现的雕塑风格已被书法和图像风格代替，人物形象扁平，毫无特色；此时期的塔其布斯坦的狩猎石刻、埃尔米塔什博物馆的库思老二世正面像的银盘，及英国国家图书馆所描绘的库思老二世狩猎野猪、麋鹿等野兽的形象，与之前相比也逊色不少，同时还表现出一种试图要将整个空间占满的欲望，这与钱币上增加星月等的因素是一致的。钱币、石刻和银器的图案在一定程度上显示了息息相关的命运[1]。

萨珊钱币从早期高超的艺术表现形式逐渐向示意性表现方式转变有个时间过程，但基本上认为是从沙普尔二世起，钱币制作渐趋模式化，制作粗糙，背面图案尤其简单化，

图二　伊朗国家博物馆藏萨珊银盘（于志勇馆长提供）

[1] William Watson, *The Cambridge History of Iran,* Cambridge University Press, 1985.

时代越晚表现得越明显。究其原因，一方面沙普尔二世为了支付战争中军队费用，制造了大量的货币；另一方面则可能是萨珊王朝在国家政权稳定之后，随着本国经济的增长和对外贸易的扩大，钱币的通货功能加强了。萨珊全国制币地点大增，卡瓦德第一次统治时期造币地点有 37 个，两年后他复位时已达 96 个；库思老二世时全国的造币地点已达 120 个[1]。由于钱币数量骤增，对其技术要求逐渐下降，质量也随之下降。此外，早期的钱币图案较大；到后来，钱币变薄、变大，图案反而缩小，又加上为防止剪边而在图案外框的空白处加以装饰等，这些因素都给图案的制作带来一定难度。到萨珊末期内忧外患不断，国势日趋衰落，制币工艺也走向没落。

二、我国境内的萨珊银币

我国境内发现的萨珊钱币最早见诸报端是在 20 世纪 50 年代，之后就陆续有考古发现及文物征集发现的报道，引起许多中外学者的关注和研究[2]。截止到21世纪初，在新疆、甘肃、宁夏、陕西、山西、河南、河北、内蒙古、湖北、江苏以及广东等 11 省（自治区）出土（部分为征集）的萨珊银币超过 2000 枚。

1.我国发现的萨珊银币辨析

我国发现的萨珊钱币基本上都是银币，分属于 13 位萨珊王，为沙普尔二世、阿尔达希二世、沙普尔三世、伊斯提泽德二世、卑路斯、詹马斯波、卡瓦德一世、库思老一世、荷米斯德四世、库思老二世、阿尔达希尔三世、布伦女王和伊斯提泽德三世。从发现情况看，基本是一位王一种银币形式，只有卑路斯王的银币有两种形式。

这些银币的正面是戴着王冠的萨珊王形象，背面为袄教火坛和祭师。仔细观察，火坛呈现出前后两个阶段特征。第一个阶段，为沙普尔二世、阿尔达希二世、沙普尔三世银币，其银币背面的祭火坛火焰呈上升条状；第二个阶段，则是自第四位王伊斯提泽德二世之后所有银币，其火坛的火焰变成点阵状分布，不再为条状火焰。进一步观察，在

---

[1] William Watson, *The Cambridge History of Iran,* Cambridge University Press, 1985. 书中第二卷“萨珊艺术”，第 825、826 页。

[2] 夏鼐:《综述中国出土的波斯萨珊银币》,《考古学报》1974 年第 1 期，第 91—107、110 页。桑山正進:「東方におけるサーサーン式銀貨の再檢討」,『東方學報（京都）』第 54 册，京都大學人文科學研究所，1982 年 3 月，第 101—172 页。郑学檬:《十六国至麹氏高昌时期高昌使用银钱情况研究》,《敦煌吐鲁番出土经济文书研究》，厦门大学出版社，1985 年。郭媛:《试论隋唐之际吐鲁番地区的银钱》,《中国史研究》1990 年第 4 期，第 19—33 页。卢向前:《高昌西州四百年货币关系演变述略》,《敦煌吐鲁番文书论稿》，江西人民出版社，1992 年。孙莉:《萨珊银币在中国的分布及其功能》,《考古学报》2004 年第 1 期，第 35—54 页。

第一阶段，火坛中上升的条状火焰内，有时会出现祆神的半身像，此时萨珊王的王冠主要是“雉堞冠”和“帽形冠”，银币铭文比较繁琐，图案中人物形象比较生动、易于辨认；而第二阶段，点状火焰内则不再见到祆神胸像，萨珊王冠也主要是“复合冠”形式，银币图案变得简单、潦草，难于辨认，特别是银币背面的祭师形象仅能看出为一个大致的人物轮廓，银币铭文也越来越简洁，最常见的铭文“标配”是制造地点和年代。

特别是在第二阶段，随着时间的推移，银币的正、背面装饰图案还在不断变化。从卡瓦德一世复位统治后，银币正面图案之外的联珠圈外，在相当于时钟3、6、9点位置出现新月抱星的装饰，并形成了此后银币的固定范式。而从库思老二世开始，银币的背面图案也在联珠圈之外的3、6、9、12点位置处加上同样的装饰了。

除了以上特征，我国出土的萨珊银币中还会见到一些特殊现象，究其原因是因为这些“萨珊银币”并不是真正的萨珊银币，而是嚈哒钱币、阿拉伯—萨珊钱币和太伯里斯坦钱币。它们与萨珊银币有着非常相似的图案特征，但只能被称为是萨珊银币的仿造者，更有甚者就是直接将萨珊银币稍加改造后而成。

嚈哒钱币就是这样的代表。它模仿萨珊钱币的样式来制造自己的钱币，但钱币上的王像与萨珊王形象不同，铭文采用嚈哒本国文字，但也使用婆罗钵文字或印度婆罗谜字的。另外它还直接在其他国家的钱币上打印嚈哒的标志，作为自己的钱币使用。我国的河北定县（现定州）北魏塔基和新疆博格达沁古城各出土了一枚打有嚈哒标志的萨珊银币[1]。

阿拉伯—萨珊钱币则是阿拉伯人在灭掉萨珊王朝后一段时间内使用的钱币。阿拉伯人建立了翁米亚王朝，但仍然沿用库思老二世或伊斯提泽德三世的银币样式，钱币上的纪年也延续着伊斯提泽德三世在位的年数，只不过铭文改成阿拉伯文。这种钱币一直发行到回历79年（698年）阿拉伯进行货币改革为止，此后就开始发行伊斯兰钱币了。我国新疆乌恰山中窖藏出土的900多枚萨珊银币，有281枚是模仿库思老二世样式的阿拉伯—萨珊银币[2]。此外，在我国其他地方也有零星出土。

太伯里（Tabaristān）萨珊钱币是由原萨珊王朝的一省太伯里斯坦地区在萨珊灭亡后，仍沿用的一种仿萨珊钱币。其重量要比萨珊币几乎轻一半，但钱币形制完全一样。该币流行到回历178年（794年）阿拉伯占领该地，委派阿拉伯总督为止。这种钱币在我国新疆库车发现一枚[3]。

---

[1] 河北省文化局文物工作队：《河北定县出土北魏石函》，《考古》1966年第5期，第252—259页。夏鼐：《河北定县塔基舍利函中波斯萨珊朝银币》，《考古》1966年第5期，第267—270页。韩翔：《焉耆国都、焉耆都督府治所与焉耆镇城——博格达沁古城调查》，《文物》1982年第4期，第8—12页。

[2] 李遇春：《新疆乌恰县发现金条和大批波斯银币》，《考古》1959年第9期，第482—483页。

[3] 夏鼐：《中国最近发现的波斯萨珊朝银币》，《考古学报》1957年第2期，第57、58页。

1　　2　　3

图三　仿制萨珊钱币

1.嚈哒钱币　2.阿拉伯—萨珊钱币　3.太伯里萨珊钱币

2.萨珊银币与丝绸之路

我国发现的萨珊银币集中在西北和北方地区的新疆、河西和两京及周缘地区。新疆高昌故城发现3个窖藏，共出土沙普尔二世、阿尔达希二世、沙普尔三世银币130多枚[1]；高昌故城附近的阿斯塔那和哈拉和卓墓葬群[2]，出土卑路斯、库思老一世、荷米斯德四世、库思老二世、布伦女王、伊斯提泽德三世银币约40枚；乌恰县深山窖藏出土了900多枚萨珊银币以及金条。从新疆往东的青海、甘肃、宁夏等地的墓葬和窖藏出土了大约105枚萨珊银币，基本为卑路斯银币。进入到长安和洛阳为中心的陕西、河南、河北、山西、内蒙古等地，萨珊银币共计1000枚左右，分属于8位萨珊王，数量最多的为卑路斯和库思老二世银币。

将萨珊银币在我国的分布区域与它被埋藏的时间结合起来，可以看出萨珊银币是沿

[1]　夏鼐：《中国最近发现的波斯萨珊朝银币》，《考古学报》1957年第2期，第49—60页。夏鼐：《新疆吐鲁番最近出土的波斯萨珊朝银币》，《考古》1966年第4期，第211—216页。宋智勇：《波斯银币在新疆的又一次重大发现——缀记89年吐鲁番出土的一批波斯萨珊朝银币》，《新疆钱币》1996年第2期，第36—39页；《吐鲁番地区发现一批早期波斯银币》，《中国钱币》1996年第4期，第74页。

[2]　新疆维吾尔自治区博物馆：《新疆吐鲁番阿斯塔那北区墓葬发掘简报》，《文物》1960年第6期，第13—21页。夏鼐：《新疆吐鲁番最近出土的波斯萨珊朝银币》，《考古》1966年第4期，第211—216页。新疆维吾尔自治区博物馆：《吐鲁番阿斯塔那—哈拉和卓古墓群清理简报》，《文物》1972年第1期，第10—19页。新疆维吾尔自治区博物馆：《吐鲁番阿斯塔那363号墓发掘简报》，《文物》1972年第2期，第7—9页。

着陆上丝绸之路进入我国，随着时间的推移，由西向东推进，基本为新疆地区最早，4 世纪末；5 世纪时开始在河西地区被埋藏；到 6、7 世纪以后，萨珊银币进入两京及其周缘地区。从银币的种类看，同样是地域越往东，发现的银币所属的萨珊王时代越晚。

虽然这些萨珊银币都是沿陆上丝绸之路进入我国，但是具体路线却有区别。河北定州出土了 5 世纪末（北魏太和时期）埋藏的卑路斯银币，装盛银币的石函铭文显示，它们是因萨珊王朝与北魏政府的官方往来而进入中国[1]。山西大同与河南洛阳出土卑路斯银币，埋藏时间也都在 6 世纪左右，结合出土文物和文献资料，推断这批银币与北魏迁都洛阳有密切关系[2]。这条路线大致为呼和浩特—大同—定州—洛阳，与丝绸之路在其他地区的商业性质相比，这条线路的政治特点更为明显。

此外，南方的广东和江苏也发现了萨珊银币。其中，广东的英德、曲江和遂溪一共发现 30 多枚沙普尔二世银币和卑路斯银币[3]，江苏南京发现 1 枚卑路斯银币。这些区域在这一时期还出有其他舶来品，如波斯银盒、罗马和萨珊的玻璃器等，结合文献记载，推测它们应该都是通过海上丝绸之路到来的。

与陆上丝绸之路相比，通过海路进入我国的萨珊银币数量要少得多，这可能与萨珊银币的传播中介主要是中亚粟特商人有关，他们的活动集中在草原和沙漠之路上。而那些由海路进入中国的萨珊银币则很可能是由萨珊波斯人自己带来的。

由此可见，萨珊银币因其具有贵金属价值，且制作规范、工艺精美、年代特征鲜明，被一代一代的萨珊王作为权力象征和经济手段，延续使用了 400 余年。并且随着萨珊王朝的扩张，这些银币进入中亚乃至更东的区域。而丝绸之路上频繁的贸易往来，更是将它们带到了遥远的中国，在发挥货币功能的同时也起到一定的政治作用。

---

[1] 夏鼐：《河北定县塔基舍利函中波斯萨珊朝银币》，《考古》1966 年第 5 期，第 267—270 页。

[2] 赵国壁：《洛阳发现的波斯萨珊王朝银币》，《文物》1960 年第 8、9 合期，第 94 页。黄河水库考古工作队：《一九五六年河南陕县刘家渠汉唐墓葬发掘简报》，《考古通讯》1957 年第 4 期，第 9—19 页。

[3] 遂溪县博物馆：《广东遂溪发现南朝窖藏金银器》，《考古》1986 年第 3 期，第 243—246 页。广东省文物管理委员会、华东师范学院历史系：《广东英德、连阳南齐和隋唐古墓的发掘》，《考古》1961 年第 3 期，第 139—141 页。

质性与意涵：中古时期鹦鹉螺杯与陶瓷鹦鹉杯

王　星（中国社会科学院考古研究所）

鹦鹉杯是我国古代文献尤其是唐诗宋词中颇为常见的文学意象。李白、杜甫等唐代著名诗人均有相关诗篇流传于世。今人在较长一段时间内对文献中鹦鹉杯的具体形制不甚明了。1965年，南京东晋王兴之夫妇墓出土一件大螺壳（图一），发掘者称为“镶铜蚌饰”，认为它可能是冠或盔饰[1]。孙机先生随后发表《鹦鹉杯与力士铛》[2]一文，明确该墓

图一　江苏南京东晋王兴之夫妇墓出土鹦鹉螺杯

[1] 南京市文物保管委员会：《南京人台山东晋兴之夫妇墓发掘报告》，《文物》1965年第6期，第25—33页。

[2] 孙机：《鹦鹉杯与力士铛》，孙机、杨泓：《文物丛谈》，文物出版社，1991年，第194—198页。

出土的此件器物应是李白《襄阳歌》等古代文献所指的“鹦鹉杯”；近年谢明良撰《鹦鹉杯及其他》[1]一文再次论及鹦鹉杯。该文在同意孙机先生所说“鹦鹉螺杯即鹦鹉杯”的基础上，另提出陶瓷质鹦鹉杯的问题，认为“《襄阳歌》中的鹦鹉杯极有可能正是指这类雕琢形塑呈鹦鹉状的酒杯，其质材可以是螺壳，但也可以是金银、玻璃等，当然也包括陶瓷”。本研究尝试关注既往研究所涉两个问题：其一，文献中“鹦鹉杯”的材料质性问题；其二，陶瓷质鹦鹉杯相关问题。

一、考古实物所见“鹦鹉杯”

目前所见考古出土鹦鹉杯数量不多，主要见于中国江苏、江西、河北等地。根据材质和造型分为两类。

第一类，鹦鹉螺杯。螺质，无足。目前所见考古出土例至少3件，即江苏省南京市东晋王兴之夫妇墓出土鹦鹉螺杯1件，江苏省邳州市煎药庙西晋墓地M1出土鹦鹉螺杯2件（图二、三）[2]。3件出土品的造型特征基本一致。均呈耳杯造型，以螺壳作杯体，铜条或铜片饰作双耳。杯体表面有鎏金或彩绘装饰。以煎药庙西晋墓M1：15和M1：16为例，两器杯口及杯体中段均包饰铜片，铜片外有鎏金。另在螺壳上半部镶嵌两只圆形铜泡作为眼睛，杯体外壁间饰黑、红色彩绘。M1：15，长11.78、残宽6.9、高9.2厘米。M1：16，长15.39、宽7.9、高12厘米。此外，东晋王兴之夫妇墓出土器例长13.3、高10.2、宽9.9厘米。三件出土品的长度在11—15厘米之间，尺寸相差不大。总体而言，此类鹦鹉螺杯基本保留了鹦鹉螺的全部外形和结构特点。

第二类，陶瓷鹦鹉杯。目前考古所见陶瓷鹦鹉杯至少3件，包括河北省内丘县西关北邢窑址出土的一件隋代白釉鹦鹉杯（图四）[3]以及江西省赣江新区七星堆六朝墓葬M17出土的两件青釉陶瓷鹦鹉杯（图五）[4]。以邢窑出土品为例，该器胎质细白，通体施白色透明釉，釉面光亮。整体造型颇为别致。杯呈卧姿鹦鹉状，一侧作出鹦鹉头部象生造型，另一侧为敞口杯体，似呈现鹦鹉两翅合拢之特征。杯体内腹还装饰有鹦鹉脚造型。器长14、高10.5厘米。七星堆六朝墓葬M17出土2件鹦鹉杯。从已刊布资料看，两件鹦鹉杯形制略有差别，尺寸信息尚未披露。两件鹦鹉杯均利用陶瓷材质仿第一类鹦鹉螺杯基本造型，呈现回首鹦鹉状，一件有足，一件无足。带足器在杯腹两侧加附双耳，杯足之上

[1] 谢明良：《鹦鹉杯及其他》，《故宫文物月刊》2013年总第358期，第64—77页。

[2] 南京市博物馆、徐州博物馆、邳州博物馆：《江苏邳州煎药庙西晋墓地M1发掘简报》，《东南文化》2018年第2期，第20—32页。

[3] 北京艺术博物馆编：《中国邢窑》，中国华侨出版社，2012年，第47页。

[4] 江西省文物考古研究院：《七星伴月茔域千年》，《中国文物报》2019年12月6日第7版。

图二　江苏邳州煎药庙西晋墓地M1 出土鹦鹉螺杯M1：16

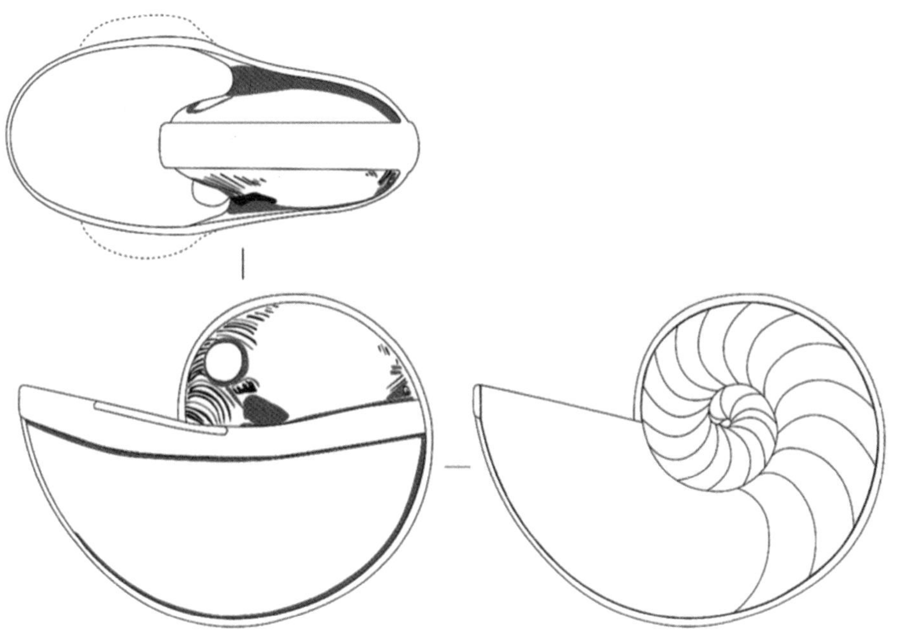

图三　江苏邳州煎药庙西晋墓地M1 出土鹦鹉螺杯M1：16 线图

图四　河北内丘邢窑址出土白釉鹦鹉杯

图五　江西七星堆六朝墓M17 出土青釉鹦鹉杯

有意捏出鹦鹉脚造型。无足器造型更接近鹦鹉螺杯。器表均施青釉。总之，陶瓷鹦鹉杯的出现时间略晚于第一类鹦鹉螺杯，在造型特征上较为明显地呈现出仿造第一类鹦鹉螺杯的倾向。

总体而言，考古所见两类鹦鹉杯的基本特征可归纳如下。其一，材质特征。一为螺质，一为陶瓷质。其二，时空分布特征。前者主要出现和流行于中国的两晋时期。后者紧随前者之后，在六朝唐宋时期出现和流行。其三，造型特征。前者以天然螺壳为造型主体，后者呈现出明显的仿造前者的造型倾向。其四，装饰特征。前者运用鎏金、彩绘、镶嵌铜饰等技巧装饰螺壳。后者更多采用捏塑成型、釉烧彩绘、戳印刻划等陶瓷成型装饰工艺。

二、传世文献所见“鹦鹉杯”

考古出土实物资料以外，既往研究在讨论鹦鹉杯时多引用各类文献。古代文献中关于鹦鹉杯的记述颇丰。相关文献时间范围广，上至三国，下迄明清。类型丰富，既有笔记志书，也有文物鉴赏专著，亦有唐诗宋词等古代文学作品。为便于讨论，将其按时代分列如下。

第一,三国时期吴人万震著《南州异物志》，记海南诸国以及西方大秦等国的地理风俗物产，史料价值较高。书载：“扶南海有大螺，如瓯，从边直旁截破，因成杯形，或合而用之，螺体蜿蛇委曲，酒在内自注，倾覆终不尽，以伺误相罚为乐。”又曰：“鹦鹉螺，状如覆杯，头如鸟头，向其腹，视似鹦鹉，故以为名，肉离壳出食，饱则还壳中，若为鱼所食，壳乃浮出，人所得，质白而紫，文如鸟形，与觞无异，故因其象鸟，为作两目两翼也”[1]。这是目前所见有关鹦鹉螺及鹦鹉螺可作酒杯，并用以劝罚的最早记载。

第二，晚唐时期刘恂著《岭表录异》，以笔记志书形式记录岭南风物。书载：“鹦鹉螺旋尖处屈而朱，如鹦鹉嘴，故以此名。壳上青绿斑文，大者可受三升。壳内光莹如云母，装为酒杯，奇而可玩”[2]。这些记述和《南州异物志》中关于鹦鹉螺之得名及其腹深可作酒杯的相关认识一致。

第三，晚唐时期段成式著《酉阳杂俎》，被评价为一部“百科全书”式的笔记小说集。该书前集卷十二《语资》共记25条，主要记述魏晋南北朝和隋唐时期的名人轶事。其中有梁宴魏使之记载，“俄而酒至鹦鹉杯，徐君房饮不尽，属肇师，肇师曰：‘海蠡蜿蜒，尾翅皆张，非独为玩好，亦所以为罚，卿今日真不得辞责’，（庾）信曰：‘庶子好为

[1]（唐）欧阳询著，汪绍楹校：《艺文类聚》卷九十七《鳞介部下·虫豸部·螺》，上海古籍出版社，1999年，第1674页。

[2]（唐）刘恂著：《岭表录异》卷下，《武英殿聚珍版丛书》乾隆木活字本，第6a叶。

术数'，遂命更满酌"[1]。此处"海蠡蜿蜒"已言及鹦鹉杯材质，"房饮不尽"显示杯深及容量大，"为罚"之用更凸显了"鹦鹉杯"作为劝罚酒具的功用特点。

第四，宋代周去非、范成大分别著有《岭外代答》和《桂海虞衡志》。作为记录岭南地方民俗风情的笔记志书，两书均涉及鹦鹉螺及鹦鹉杯。《桂海虞衡志》载："鹦鹉螺状如蜗牛壳，磨冶出精采，亦雕琢为杯"[2]。《岭外代答》器用门"螺杯"条载："南海出大螺，南人以为酒杯。螺之类不一，有哆口而圆长者，曰螺杯；有阔而浅，形如荷叶者，则曰潋杯；有剖半螺色红润者，曰红螺杯；有形似鹦鹉之睡，朱喙绿首者，曰鹦鹉杯"[3]。这里明确记载螺杯形制不一，称名不同，"鹦鹉杯"是螺杯之一。

第五，宋代周密著《武林旧事》，记录南宋临安城的宫廷都市生活以及风俗民情等。该书卷七载："太上（指赵构）宣索翡翠鹦鹉杯，官里（指赵昚）与皇后亲捧杯进酒。太上曰：'此是宣和间外国进到，可以屑金'。就以为赐"[4]。此条文献所涉"鹦鹉杯"明确为翡翠材质，可以装饰屑金。

第六，明代曹昭著录《格古要论》，是目前所知明代存世最早的文物鉴赏专著。该书总分十三门，每门之下又分子目，"珍奇"下记"鹦鹉杯，即海螺，出广南，土人雕磨类鹦鹉，或用银相足，作酒杯，故谓之'鹦鹉杯'"[5]。寥寥数语言明"鹦鹉杯"的材质、产地、加工装饰特点及得名因由。

第七，明末清初屈大均著《广东新语》。该书卷十六"器语·酒器"载："有鹦鹉杯，本海嬴壳也。出琼州三亚港青栏海中，前屈而朱，如鹦鹉嘴然。尾璇尖处作数层，一穴相贯，甚诘曲，可以藏酒。其色红白青紫相间，生取者鲜明"[6]。此条涉及"鹦鹉杯"的材质、外观、结构及其可以藏酒的特点。

此外，唐诗宋词等古代文学作品中有关鹦鹉杯的记载不胜枚举。隋薛道衡《和许给事善心戏场转韵诗》："共酌琼酥酒，同倾鹦鹉杯"。唐骆宾王《荡子从军赋》："凤凰楼上罢吹箫，鹦鹉杯中休劝酒"。唐方干《陪李郎中夜宴》："琵琶弦促千般调，鹦鹉杯深四散飞"。唐杜甫《鹦鹉杯诗》："雕琢形仪似陇禽，绿杨影里可分斟。坐间恨不能言语，说

[1]（唐）段成式著，许逸民校笺：《酉阳杂俎校笺·前集》卷十二《语资》，中华书局，2015年，第874页。

[2]（宋）范成大著：《桂海虞衡志》"志虫鱼"，明万历新安吴琯刻《古今逸史》本，第19a叶。

[3]（宋）周去非著，杨武泉校注：《岭外代答校注》卷六《器用门·螺杯》，中华书局，1999年，第204页。

[4]（宋）周密：《武林旧事》卷七，清长塘鲍氏刻《知不足斋丛书本》，第5a叶。

[5]（明）曹昭著：《格古要论》卷中《珍奇论》，明万历二十五年金陵荆山书林刻《夷门广牍》本，六卷43b叶。

[6]（清）屈大均著：《广东新语》卷十六《器语·酒器》，中华书局，1985年，第456页。

我平生酒量深”。唐张祜《华清宫和杜舍人》：“几添鹦鹉劝，频赐荔支尝”。唐李适《侍宴安乐公主新宅应制》：“银河半倚凤凰台，玉酒相传鹦鹉杯”。唐刘禹锡《白侍郎大尹自河南寄示池北新葺水斋即事招宾》：“檐外青雀舫，坐中鹦鹉杯”。宋向子諲《减字木兰花·政和癸巳》：“一日相逢，鹦鹉杯深笑靥浓”。宋张元干《满庭芳·寿富枢密》：“香檀缓，杯传鹦鹉，新月正娟娟”。宋方岳《沁园春·寿赵尚书》：“我姑酌彼金罍，便小醉，宁辞鹦鹉杯”。可见，“鹦鹉杯”是唐诗宋词之中屡被提及的文学意象。

将上述文献内容进行梳理，可以得到如下认识：

第一，以《南州异物志》为代表的地理志书明确记载了鹦鹉螺及其可制杯的现象，后世笔记小说和文物鉴赏专著等均未超过早期志书的论述范围。

据载，鹦鹉螺主要产自我国南方，尤其是两广地区，因其外观特征肖似鹦鹉而得名，参见图六[1]。鹦鹉螺内部构造独特，有一个住室和多个气室，气室之间有体管相互联通（图七）[2]。由它制成的“鹦鹉杯”，充分发挥鹦鹉螺的结构特征，杯腹深、容量大，可以藏酒，进而在宴饮娱乐时被用作劝杯。考古出土的第一类鹦鹉杯的实物资料与文献记载相符。以煎药庙西晋墓M1出土鹦鹉杯为例，该杯杯体内部有30多个相互隔离的空腔，彼此之间仅有一个小孔相通，倒酒时可以慢慢注满每一个腔室，饮酒时却不能一饮而尽。此即巧妙利用鹦鹉螺“住室—气室—体管”的构造特点达到“倾覆终不尽”的效果。

第二，不同材质的“鹦鹉杯”意涵不同，在文献记载中的侧重不同。

鹦鹉螺的独特生理结构，促使鹦鹉螺杯形成了杯腹深容量大、可以藏酒用以劝罚、造型功能珍奇的鲜明特点。前引《南州异物志》《岭表录异》《岭外代答》《桂海虞衡志》《广东新语》《酉阳杂俎》《格古要论》等论及“鹦鹉杯”时，即使不考虑其已直言海螺材质，单看其侧重于“杯深”“劝罚”“珍奇”的特征描述，也能明确它们指的是“鹦鹉螺杯”。《武林旧事》在“鹦鹉杯”前加“翡翠”二字点明材质，在具体论述时凸显其“可以屑金”的装饰特点，不涉及“杯深”“劝罚”等鹦鹉螺杯的典型特征。这都显示出两种材质鹦鹉杯的区别，以及古人对此区别的清晰认知。

上引文献明确涉及海螺和翡翠两种不同材质的鹦鹉杯。目前尚未见到翡翠鹦鹉杯出土实物，而有陶瓷质鹦鹉杯。值得注意的是，陶瓷质鹦鹉杯在造型特征上虽有明显的仿造第一类鹦鹉螺杯的倾向，但却没有一例实物对鹦鹉螺杯“住室—气室—体管”的结构特征进行完全仿制。这可能是因为使用翡翠、陶瓷等其他材质仿制鹦鹉螺多个气室、紧密

[1] 图片引自Tajika A, Landman N H, Morimoto N,et al.Patterns of intraspecific variation through ontogeny: a case study of the Cretaceous nautilid Eutrephoceras dekayi and modern Nautilus pompilius. *Palaeontology,* 2020(1), pp.1–14.Fig.1.B.

[2] 黄洽：《再谈鹦鹉螺》，《化石》1990年第2期，第32页。图片引自P.R.Mitchell, P.P.Phakey, Notes on the Microstructure of the Nautilus Shell, *Scanning Microscopy,* Vol.9, No.1, 1995, pp. 215–230. Fig.1b.

图六　鹦鹉螺外观

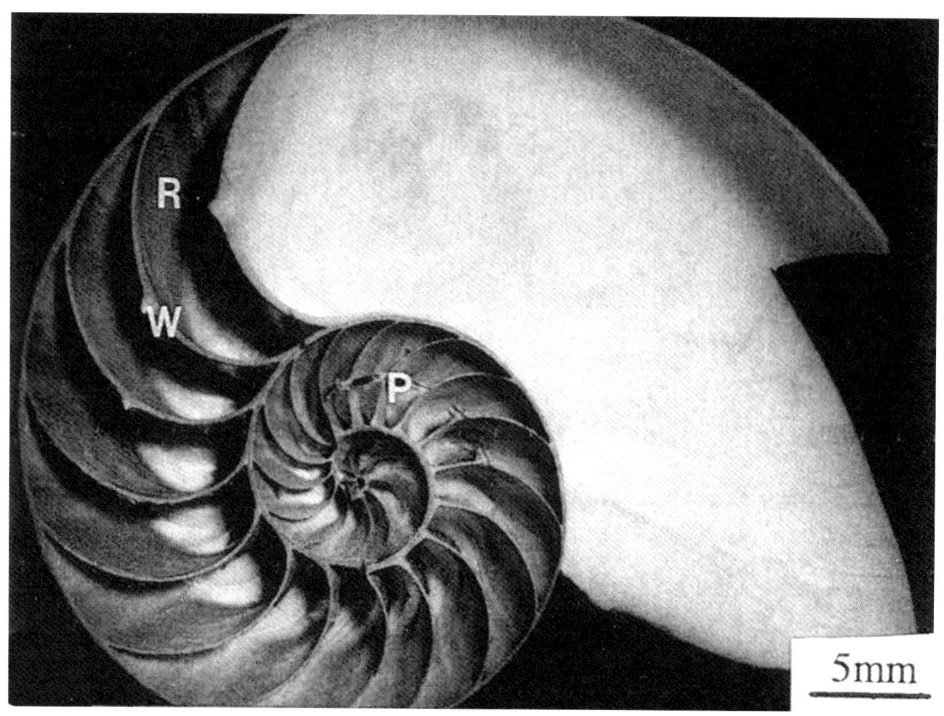

图七　鹦鹉螺结构

排列、小孔互通的特点，极为耗时耗力，工艺难度很大。因此匠人在利用翡翠、陶瓷等材质制作鹦鹉杯时，无法追求实现鹦鹉螺杯“劝罚”的典型特征。古人对此当然是有清晰认知的，这种认知在文献之中有所体现且可以识别。简言之，关注到“劝罚”等典型意涵特征，即可明确辨析出文献中的鹦鹉螺杯。

第三，目前所见唐诗宋词中的“鹦鹉杯”，意象来自鹦鹉螺杯。受体裁字数限制，唐诗宋词之中多见“鹦鹉杯”而未见“鹦鹉螺杯”，无法从字面直接判断材质。然而，作为诗词惯用意象，无论实言还是虚指，在“鹦鹉杯”之上形成了“杯深”“劝罚”“珍奇”的复合意象，内涵相当固定。其中，“劝罚”为核心意象，“杯深”意象为“劝罚”酒文化的泛化，“珍奇”则赋予鹦鹉杯以丰富的文学色彩。诗词中大多数场景，明确用其“杯深”，如“琵琶弦促千般调，鹦鹉杯深四散飞”；部分场景，专指“劝罚”，如“几添鹦鹉劝，频赐荔支尝”；少数场景，借“珍奇”之意象，不明言“杯深”“劝罚”的形象，如“檐外青雀舫，坐中鹦鹉杯”。如此种种，自是陶瓷等其他质地鹦鹉杯所无法承载的。

三、从仿螺到仿鹦鹉：陶瓷鹦鹉杯的模仿、变形与创作

陶瓷鹦鹉杯在仿造鹦鹉螺杯的制作过程中存在“变形”。它并未完全复现鹦鹉螺“住室—气室—体管”的结构特征，不追求实现鹦鹉螺杯最具特色的“劝罚”功用。它反映了中古时期一种常见的陶瓷文化现象，即陶瓷器在借鉴模仿其他材质工艺品的基础上进行改制和再创作，从而承载与原器不同的文化意涵，发挥不同的社会功能。

陶瓷器是完全的人造手工业制品，造型自由度高。在制作过程中，匠人经常会模仿和借鉴其他材质工艺品，比如金银器、铜器、玻璃器以及本文所涉螺贝器等。学界对此已有普遍认识，尤以陶瓷器仿金银器相关研究颇具代表性[1]。与陶瓷原料相比，金银具有良好的延展性。为了弥合原料特性差异，陶瓷匠人在仿制金银器过程中，不仅会借鉴金银器的经典器形，还会开发和运用戳印、细密刻划和露胎贴花等陶瓷装饰工艺，以模仿捶揲、錾刻、鎏金等金银加工工艺所形成的独特装饰效果。这种仿制思路和现象在陶瓷器仿玻璃器和仿螺器中同样存在。要之，仿原器之“形”是陶瓷器运用各种装饰技巧仿其他材质工艺品的重要目的之一。

受到客观条件限制，部分器物在仿制过程中仅靠工艺变形难以弥合原料特性差异，仿制效果不能尽如人意。陶瓷鹦鹉杯在仿制鹦鹉螺杯的过程中就面临这一问题，即鹦鹉螺“住室—气室—体管”的生理结构特征，中古时期陶瓷工匠较难复现。因鹦鹉螺壳“与觞

[1] 袁泉：《唐宋之际陶瓷工艺对金属器的借鉴》，《华夏考古》2008 年第 4 期，第 115—129 页；罗森：《中国银器和瓷器的关系》，《故宫博物院院刊》1986 年第 4 期，第 32—36 页；刘净贤：《元代龙泉青瓷的仿金银器元素及其成因探讨》，《文物》2017 年第 8 期，第 43—58 页。

无异”，前文第一类鹦鹉螺杯多加附耳，呈耳杯造型。七星堆六朝墓出土 2 件陶瓷鹦鹉杯，其中一件为尽可能追求形似鹦鹉螺杯，也在杯体两侧捏附双耳，且这 2 件器物的杯首均以密闭蜗环形仿造鹦鹉螺头部卷曲特征。但它们均无法实现藏酒和劝罚的功能特征。若止步于此，陶瓷鹦鹉杯不过是鹦鹉螺杯的拙劣仿制品，造型陷于“形似”而大失其“意”。

原器之意既已难求，放弃“仿螺”思路，反求原器之本，在杯头仿制鹦鹉，陶瓷鹦鹉杯找到了新方向。例见邢窑窑址出土品。其创造性地以鹦鹉本体形象替代鹦鹉螺似鹦鹉头胸部的“气室”外观。鹦鹉螺似鹦鹉，将鹦鹉本体附于杯头，虽不似螺壳，瓷作鹦鹉却惟妙惟肖，再承以鹦鹉螺杯杯体横卧、杯首向腹的基本造型，可谓柳暗花明。这一“仿鹦鹉”思路，与仿金银器时以戳印或细线划花仿錾刻、以内模模印仿捶揲、以露胎贴花仿鎏金图案，仿玻璃器时以铅彩釉仿彩色玻璃等工艺变形相比，基于陶瓷工艺之长处实现了对器物造型的再创作。

“仿鹦鹉”给陶瓷鹦鹉杯带来吉祥如意的新气象。鹦鹉是生命力很强的长寿鸟，能言、善答。文献中还记载有鹦鹉颂经、鹦鹉护卫伽蓝、鹦鹉孝亲等佛教相关因缘记事[1]。作为装饰母题，鹦鹉图案或造型经常出现在古代壁画、金银器和陶瓷器等各类图像与实物资料之中[2]。前文所引邢窑白釉鹦鹉杯例，以象生鹦鹉作为杯首造型，既解决了工艺仿造难题，又迎合了象生吉祥文化的时代流行趋势，白羽造型更令人对其时的“白鹦鹉”传说产生联想[3]。

此外，“仿鹦鹉”与“仿螺”两种思路可以结合。鹦鹉螺“鸟头向其腹”的造型意趣，可在许多器物上找到踪迹。这些器物，杯身不必是鹦鹉螺形，杯头也不必是鹦鹉。河北唐代白普琎墓出土一件三彩鸳鸯杯（图八）[4]，卧杯形制似鹦鹉杯，杯腹似来通之形，杯首塑造鸳鸯、白菜的象生造型，鸳鸯目视前方，白菜根部卷曲向腹，表意吉祥富贵。尽管向腹的造型不再是鸟头，比起多为兽首造型的来通杯，此鸳鸯杯与鹦鹉杯反倒更为相似。

---

[1]　鹦鹉颂经故事，参见（唐）郑处诲著，田廷柱校点：《明皇杂录》，中华书局，1994 年，第 58 页；鹦鹉护卫伽蓝故事，参见（唐）玄奘、辨机著，季羡林等校注：《大唐西域记校注》，中华书局，2000 年，142 页。

[2]　鹦鹉母题壁画，参见内蒙古文物考古研究所、阿鲁科尔沁旗文物管理所：《内蒙古赤峰宝山辽壁画墓发掘简报》，《文物》1998 年第 1 期，图五〇；手持鹦鹉石俑，参见辽宁省文物考古研究所、朝阳市博物馆：《辽宁朝阳市黄河路唐墓的清理》，《考古》2001 年第 8 期，第 69 页，图一二之 2。

[3]　前引鹦鹉颂经故事中所涉鹦鹉即白鹦鹉。《明皇杂录》载：“开元中，岭南献白鹦鹉养之宫中。”

[4]　吉林大学边疆考古研究中心、磁县文物保管所：《磁县讲武城镇双庙取土场唐墓发掘简报》，教育部人文社会科学重点研究基地吉林大学边疆考古研究中心边疆考古与中国文化认同协同创新中心编：《边疆考古研究（第 18 辑）》，科学出版社，2015 年，第 75—81 页。

图八　河北磁县唐代白普琎墓出土三彩鸳鸯杯

以往学者在讨论鹦鹉杯时还会涉及另外一类器物，即高足镶金银鹦鹉螺杯[1]。它们多出现在15世纪以后，主要流行于西方国家[2]。总体而言，此类鹦鹉杯与前文讨论的两类鹦鹉杯相比，其造型特征、时代特征和流行地域均有区别。它反映的是明清时期东西方文化激烈碰撞融合过程中，东方器物作为异域文化在西方国家的发展、流行与嬗变。与陶瓷鹦鹉杯相比，这类器物更可能是由第一类鹦鹉螺杯发展而来。

[1] 何康：《海交史视野下的鹦鹉螺杯》，《海交史研究》2020年第3期，第62—73页；马坤毅、常雷：《顾盼东西——跨文化视角下东西方“鹦鹉螺杯”形象的视觉演绎》，《中国艺术》2022年第1期，第74—85页。

[2] 前引《格古要论》中“用银相足”的鹦鹉杯可能指的就是这类器物。目前所见实物资料多是欧美各大博物馆、美术馆馆藏品。整体造型精致繁复，由上、下两部分组成；上部为螺质杯体，下部为金、银或其他质材的高足；杯体及足部多镶饰金银。意大利皮蒂宫收藏一件美第奇家族旧藏鹦鹉螺杯，从杯体画面整体来看，表现的应是《西厢记》“长亭送别”的中国故事。杯体底部托架有制作标识，是法国工匠弗朗索瓦·克雷弗克（Francois Crevecueur）制作而成，制作时间可以上溯至1555至1567年。这件鹦鹉杯是明清时期东西方工艺技术交流结合的典范之作。资料见于（意大利）佛朗切斯科·莫瑞纳著，龚之允、钱丹译：《中国风：13世纪—19世纪中国对欧洲艺术的影响》，上海书画出版社，2022年，图8。

五、结语

鹦鹉杯见于古代文献和实物资料之中。本研究关注考古所见中古时期鹦鹉螺杯和陶瓷鹦鹉杯，认为古代文献尤其是唐诗宋词等文学作品中的鹦鹉杯，意象主要采自鹦鹉螺杯，取其杯深、劝罚、珍奇的典型特征。陶瓷鹦鹉杯造型上呈现出仿鹦鹉螺杯的种种倾向，但限于材料质性差异，难以仿造鹦鹉螺的独特生理结构，无法复现其“劝罚”的核心功能，发展过程中出现变形，文化意涵有所改变。要之，不同材质鹦鹉杯，文化意涵不同，不应混为一谈。

运用出土资料解读古代文献，需对文献内容多加辨析。古代文献多载鹦鹉杯珍奇和劝杯的特点，对应器物局限于鹦鹉螺杯，仅有少数情况涉及具有珍奇质性的翡翠鹦鹉杯。考古所见陶瓷鹦鹉杯，既非劝酒器具，也无珍奇质性，可能不为传世文献记载。陶瓷鹦鹉杯与鹦鹉螺杯承载不同的文化意涵。将不同材质鹦鹉杯予以区分，有助于更好地辨识器物反映的古代生活情境，避免对文献的误读。

北朝至隋入华粟特裔石葬具所见夫妇对坐宴饮图

王蕻荃（北京大学考古文博学院）

天水石马坪石棺床[1]、西安北周安伽墓石棺床[2]、太原隋虞弘墓石椁[3]、西安北周史君墓石椁[4]、西安北周康业墓石棺床[5]等粟特裔[6]石葬具的发现与相关资料的刊布，以及学界

[1] 天水市博物馆：《天水市发现隋唐屏风石棺床墓》，《考古》1992年第1期，第46—54页。学界目前普遍认为该墓的年代为北朝晚期至隋代。姜伯勤认为其可断为隋代，参见姜伯勤：《天水隋石屏风墓胡人“酒如绳”祆祭画像石研究》，《敦煌研究》2003年第1期，第13—21页。后题作《隋天水“酒如绳”祆祭画像石图像研究——与敦煌本〈安城祆咏〉对照分析》，收入姜伯勤：《中国祆教艺术史研究》，生活·读书·新知三联书店，2004年，第155—170页；宋莉推定其年代为北周至隋大业年间，参见宋莉：《甘肃天水石棺床年代考》，《西北美术》2006年第1期，第44—47页；沈睿文认为其年代为隋大业年间，其说可从，参见沈睿文：《天水石马坪石棺床墓的若干问题》，荣新江、罗丰主编：《粟特人在中国——考古发现与出土文献的新印证》，科学出版社，2016年，第466—500页。此据沈睿文：《中古中国祆教信仰与丧葬》，上海古籍出版社，2019年，第103—144页。

[2] 陕西省考古研究所：《西安北郊北周安伽墓发掘简报》，《考古与文物》2000年第6期，第28—35页；陕西省考古研究所：《西安发现的北周安伽墓》，《文物》2001年第1期，第4—26页；陕西省考古研究所编著：《西安北周安伽墓》，文物出版社，2003年。

[3] 山西省考古研究所、太原市考古研究所、太原市晋源区文物旅游局：《太原隋代虞弘墓清理简报》，《文物》2001年第1期，第27—52页；山西省考古研究所、太原市考古研究所、太原市晋源区文物旅游局编著：《太原隋虞弘墓》，文物出版社，2005年。

[4] 西安市文物保护考古所：《西安北周史君墓》，《考古》2004年第7期，第38—49页；西安市文物保护考古所：《西安北周凉州萨保史君墓发掘简报》，《文物》2005年第3期，第4—33页；西安市文物保护考古研究院编著，杨军凯著：《北周史君墓》，文物出版社，2014年。

[5] 西安市文物保护考古所：《西安北周康业墓发掘简报》，《文物》2008年第6期，第14—35页。

[6] 蔡鸿生首倡“粟特裔”概念。蔡鸿生：《“粟特人在中国”的再研讨》，陈春声主编：《学理与学法——蔡鸿生教授执教中山大学五十周年纪念文集》，博士苑出版社，2007年，第9—13页。

对安阳北齐石棺床[1]、Miho美术馆藏北齐石棺床[2]等同类非经科学发掘出土者的重新认识，为人们深入了解北朝至隋入华粟特人的物质和精神文化生活提供了生动的材料。其中，这些石葬具上刻画精美、内涵丰富的宴饮图像，尤其是在图像程式中往往处于核心位置的夫妇对坐宴饮图，是研究者们关注的重点之一。

罗丰在系统考察中外宴饮图的基础上，认为安阳石棺床、石马坪墓石棺床等所见宴饮图深受风靡中亚、西亚地区的萨珊贵族宴饮风尚的影响[3]。姜伯勤曾简要梳理了“萨宝体制”[4]下各石葬具中的墓主夫妇对饮图[5]。荣新江根据入华粟特裔石葬具的相关图像，将粟特聚落中的宴饮活动分为居家宴饮、园林宴饮、会客宴饮、野地宴饮等几种，并提出居家宴饮场景大多位于石葬具后壁正中处[6]。张凌揭示了“宴饮”这一概念的广义性，将安伽墓石棺床等处所见宴饮图像的内涵分为表现家居生活或对死后生活的想象，以及表

[1] 较为重要的介绍性资料有：Osvald Sirén, *Chinese Sculpture from the Fifth to the Fourteenth Century,* London: Ernest Benn, Ltd. , 1925, Reprinted by New York: Hacker Art Books, 1970, Vol. I, pp. 120-122, Vol. Ⅳ, Pls. 444-450; Gustina Scaglia, “Central Asians on a Northern Ch'i Gate Shrine”, *Artibus Asiae,* Vol. 21 No. 1, 1958, pp. 9-28 等。

[2] 较为重要的介绍性资料有：Annette L. Juliano, “Northern Dynasties: A Perspective”, *Chinese Archaic Bronzes, Sculpture and Works of Art,* June 2 to June 27, New York: J. J. Lally & Co. , 1992, pp. 1-15; Annette L. Juliano, Judith A. Lerner, “Eleven Panels and Two Gate Tower with Relief Carvings from a Funerary Couch”, *Catalogue of the Miho Museum (The South Wing),* Shiga-ken: Miho Museum, 2007, pp. 247-257. 中译参（美）乐仲迪（Judith A. Lerner）著，赵铁梅译：《日本美穗博物院藏中国十一围屏双塔柱门石榻》，《宁夏社会科学》2003 年第 1 期，第 83—87 页。

[3] 罗丰：「固原漆棺画に見えるペルシャの風格」，『古代文化』第44卷第8号，1992年，第40—52页。中文题作《北魏漆棺画中的波斯风格》，《宁夏文物》1994 年总第 7 期。后收入罗丰：《胡汉之间——丝绸之路与西北历史考古》，文物出版社，2004 年，第 52—78 页。此据罗丰：《胡汉之间——丝绸之路与西北历史考古（修订本）》，文物出版社，2023 年，第 97—123 页。

[4] 姜伯勤：《中国祆教画像石的“语境”》，荣新江、李孝聪主编：《中外关系史——新史料与新问题》，科学出版社，2004 年，第 233—238 页。此据姜伯勤：《中国祆教艺术史研究》，生活·读书·新知三联书店，2004 年，第 25—32 页。

[5] 姜伯勤：《图像证史：入华粟特人祆教艺术与中华礼制艺术的互动——Miho博物馆所藏北朝画像石研究》，中山大学艺术史研究中心编：《艺术史研究》第三辑，中山大学出版社，2001 年，第 241—259 页。后题作《入华粟特祆教艺术与中华礼制文化的互动——Miho博物馆所藏北朝画像石研究》，收入姜伯勤：《中国祆教艺术史研究》，生活·读书·新知三联书店，2004 年，第 77—94 页；姜伯勤：《隋天水“酒如绳”祆祭画像石图像研究——与敦煌本〈安城祆咏〉对照分析》，姜伯勤：《中国祆教艺术史研究》，生活·读书·新知三联书店，2004 年，第 155—170 页。

[6] 荣新江：《北朝隋唐粟特聚落的内部形态》，荣新江：《中古中国与外来文明》，生活·读书·新知三联书店，2001 年，第 111—168 页。此据荣新江：《中古中国与外来文明：修订版》，生活·读书·新知三联书店，2014 年，第 106—159 页。

现会客商谈、民族生活风情、节日庆典、商旅贸易等几类。在归纳中土丧葬礼仪中的墓主肖像，以及粟特本土壁画、中西亚金银器和陶瓷器所见宴饮图像特征的基础上，其提出入华粟特裔石葬具上的夫妇对坐宴饮题材，在人物姿态、构图方式等方面与中西亚相关图像具有相似性，而并非直接源于中国墓葬壁画。至于其他类型的宴饮图像，则是对中西亚同类艺术题材的重组和改造[1]。类似地，杨清越认为，入华粟特裔石葬具中的夫妇宴饮场景虽借用了中土的图像形式，却消解了肖像性，反映出粟特壁画中对宴饮的生动理解。而其他形式的宴饮图，则均未继承汉人壁画的传统。总体而言，它们表现着由中外文化交流促成的墓主宴饮图的"叙事性的复兴"[2]。齐东方表示，安伽墓石棺床、史君墓石椁图像在表现方式的主流上属中国系统，而内容具有浓厚的本民族文化特征。他注意到两座石葬具中的宴饮图像所具有的叙事性特征，推断其是入华粟特人对民族文化的纪念性追忆，而非墓主人一生经历的连环画式表现[3]。孙武军认为北朝至隋入华粟特裔墓葬中的墓主像，与粟特世俗艺术有较多的一致性，而与宗教艺术存在较大差距。其总结了墓主像的表现手法、特征及胡汉差异，实际上涉及了对各式宴饮图像的探讨[4]。刘子瑾、王付银以安伽墓石棺床的宴饮图像为例，构建包括饮食器具、进食方式、佐餐活动等若干方面在内的宴饮文化空间，并讨论其反映的礼仪制度、社会文化等[5]。

"萨宝体制以及纳入中国身份体制的胡臣身份体制，是中国墓葬所出祆教画像石存在的前提。"[6]为宦于中土、被体制化，必定要受制于政府的典章制度，墓葬等级制度便是极其严格的一方面。故而，安伽等入华粟特裔贵族墓葬应源于北朝葬制。然而，出于坚定的祆教信仰，加之民族关系复杂的时代特性，甚至是出于政府的优待，这些墓葬中亦可

---

[1] 张凌：《安伽、虞弘和史君等墓出土石葬具图像中的器物研究》，北京大学硕士学位论文，2006 年，第 19、23—24、26—29 页。

[2] 杨清越：《汉至隋壁画所见宴饮图研究》，北京大学硕士学位论文，2007 年，第 28—32 页。

[3] 齐东方：《现实与理想之间——安伽、史君墓石刻图像的思考》，（美）巫鸿（Wu Hung）、郑岩主编：《古代墓葬美术研究》第一辑，文物出版社，2011 年，第 205—218 页；在此之前，有齐东方：《现实家园还是理想家园？——安伽、史君墓的宴饮图》，赵丰主编：《丝绸之路：艺术与生活》，艺纱堂/服饰出版，2007 年，第 25—30 页。

[4] 孙武军：《北朝隋唐入华粟特人墓葬图像的文化与审美研究》，西北大学博士学位论文，2012 年，第 116—127 页；孙武军：《入华粟特人墓葬图像的丧葬与宗教文化》，中国社会科学出版社，2014 年，第 144—158 页。

[5] 刘子瑾、王付银：《安伽墓石棺床图像中宴饮文化空间探究》，《艺术市场》2023 年第 5 期，第 84—86 页。

[6] 姜伯勤：《中国祆教画像石的"语境"》，姜伯勤：《中国祆教艺术史研究》，生活·读书·新知三联书店，2004 年，第 25—32 页。

见不少“偷梁换柱”而加入的民族特色因素，此系考察墓主种族文化的重要因子[1]。北朝至隋入华粟特裔石葬具所见夫妇对坐宴饮图，便是入华粟特人在中原丧葬礼制和粟特本土故俗之间作权衡与选择的一个集中反映，并非题无剩义。下文将以这些夫妇对坐宴饮图为出发点，考察入华粟特裔贵族在顺应中土化需求的同时，对其本土文化的有机保留，从一个侧面明晰入华粟特裔石葬具图像的多样性与统一性。

一、北朝至隋入华粟特裔石葬具所见夫妇对坐宴饮图的构图

以下梳理北朝至隋入华粟特裔石葬具所见夫妇对坐宴饮图的构图，各石葬具皆用简称指代。

石马坪屏风之6（图一，1），系石床正面第三合，位于中心。亭式建筑[2]内悬帐幔，设倒凹形连榻，下部饰以莲瓣形壸门。榻中间置一低案，上盛放杯盘食品。榻上坐墓主夫妇，画面右侧为男性，右腿搭于左腿之上，作跷脚状。画面左侧为女性，似呈跪坐状[3]。两人捧杯对饮。旁有一侍女。

安伽后侧屏之3（图一，2），与后侧屏之4同为整个石棺床图像所表达的重点内容。画面上半部分为一亭式建筑，内置榻，榻为双壸门座，莲瓣形壸门前各放置一壶。榻正面贴金，上铺绣联珠纹图案的红毯。榻后树屏风。毯上坐墓主夫妇，就观者视角而言，男性居右，屈左腿而坐，左手持高足金杯，右手伸食指，左肘下垫隐囊。女性居左，双手执高足杯，盘腿而坐。二者相视对饮。亭外右侧立一男仆，怀抱黑色酒坛。左侧立二侍女，前者执团扇侍立，后者袖手侍立。

虞弘椁壁浮雕之5（图一，3），正对椁门，是石椁所有图案中面积最大、内容最丰富、人物最多者。浮雕上部为主要画面，以剖面雕绘法展现方形帐篷的外观及内部情况。

[1]　沈睿文：《论墓制与墓主国家和民族认同的关系——以康业、安伽、史君、虞弘诸墓为例》，朱玉麒主编：《西域文史》第六辑，科学出版社，2011年，第205—232页。此据沈睿文：《中古中国祆教信仰与丧葬》，上海古籍出版社，2019年，第17—58页。

[2]　本文所涉夫妇对坐宴饮图中建筑的定名，参王蕻荃：《北朝至隋入华粟特石质葬具所见亭、帐图像研究》，朱玉麒主编：《西域文史》第十七辑，科学出版社，2023年，第135—178页。

[3]　发掘简报描述为“床边垂足坐一女子”，据原石照片与线图，不妥。

帐内檐下垂花边帐幔和长流苏之类的饰物，地面置榻，上坐对饮的一男一女[1]，前者位于画面左侧，头戴王冠，冠顶有日月形饰物，侧身而坐，左腿弯曲平放榻上，右腿悬搭，左手自然放在左腿侧，右手端多曲酒碗，举于胸前。后者位于画面右侧，头戴花冠，双腿隐于裙下，左手放于左膝，右手前伸，举一高足酒杯。二者之间有一大盘，盘内盛满食物。两人两侧各有两名男女侍者，皆带头光。榻前左右对称安排六名男乐者，分别跪坐于两侧，每侧各三人，靠近榻的四人亦有头光。左右乐者中间有一男子正在舞蹈。

史君N2（图一，4），为石椁北壁所有图像中最宽者。画面中有一圆拱顶建筑，内悬帷幔。屋内坐一男一女对饮，男性居画面右侧，头戴宝冠，右臂弯曲上举，手执长杯，左臂搭靠在隐囊上，右腿弯曲，左腿下垂。女性居画面左侧跽坐，头带冠，右手握一杯，左手置于腹前。二者周围有四名乐伎，接近建筑踏步处跪有一名侍者。回廊内立四名女侍。建筑外有三名男子，一人舞蹈，两人伴奏。

Miho石棺床E屏（图一，5），位于整个图像程式的核心位置[2]。圆拱顶建筑内悬挂帷幔，置一带莲瓣形壶门的榻，周似树屏风。榻上坐一男一女，呈对饮状。男性位于画面右侧，体型壮硕，盘腿而坐，左腿屈立，左手持杯。女性位于画面左侧，坐姿较为端正，未露出足部，左手持杯。建筑外侧有一舞者，其两侧为乐伎，均分别由五人组成。另有

---

[1] 对于此二者的身份，一般认为系墓主夫妇。毕波提出不同看法，其发现该宴饮图并未采用习见的、就观者视角而言的“女左男右”式排位原则，而是反之。由于“左右”方位代表双方之间的尊卑关系，可知该宴饮图中女性地位高于男性。通过比定，毕波推断男性应为虞弘，而女性则为妲厄娜（Daēnā）女神，画面整体表现的主题为妲厄娜女神接引“义人”虞弘升入天国。毕波：《虞弘墓所谓“夫妇宴饮图”辨析》，《故宫博物院院刊》2006年第1期，第66—83页；秦若晨则认为，图像中虞弘的坐姿较为随意，且女性的形象不仅未被凸显，刻绘的精细程度也不及虞弘形象，说明该女性不太可能为女神。实际上，女性的身份应为虞弘夫人，整幅图像为墓主夫妇宴饮图。“左右”反映的是高低等级秩序，而非性别对空间的划分。虞弘夫人在虞弘入葬六年后与之合葬，地位高于虞弘，致使宴饮图以就观者视角而言的“男左女右”布局。采用这种布局的墓主夫妇图像，亦并非仅见于虞弘墓。秦若晨：《虞弘墓石质葬具分析》，罗丰主编：《丝绸之路考古》第四辑，科学出版社，2020年，第99—115页；张艺铭赞同图中的对饮人物为虞弘夫妇，但认为不可将坐次与身份的关系绝对化，需综合考量图像所处墓葬的情景。墓志、石椁图像等诸方面均暗示夫人身份不一定比虞弘高贵，可知虞弘夫人具有特殊身份的可能性较低，而大抵仍是以虞弘为贵。至于夫妇二人坐次顺序的特殊性，则或与波斯以右为尊之俗有关。张艺铭：《从石葬具所见“异刻”图像看北朝隋粟特裔的在地化》，北京大学本科毕业论文，2024年，第47—53页。该文修订后收入本书中。本文认为，虞弘椁壁浮雕之5的主题为墓主夫妇宴饮，而非天国宴饮。

[2] 荣新江最早注意到该屏应为Miho石棺床背屏中心图像，荣新江：《Miho美术馆粟特石棺屏风的图像及其组合》，中山大学艺术史研究中心编：《艺术史研究》第四辑，中山大学出版社，2002年，第199—221页。此据荣新江：《中古中国与粟特文明》，生活·读书·新知三联书店，2014年，第333—356页。

两名仆人在一容器旁，似在准备着什么。两主角的形体明显大于周边侍从。

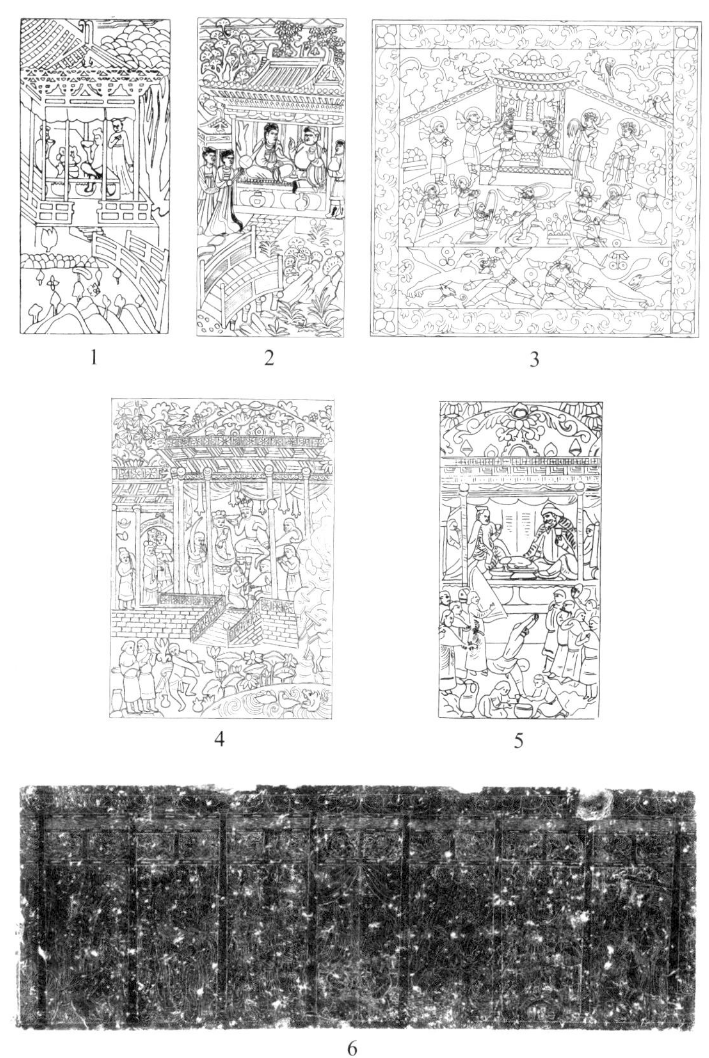

图一　北朝至隋入华粟特裔石葬具所见夫妇对坐宴饮图[1]

1.石马坪屏风之6　2.安伽后侧屏之3　3.虞弘椁壁浮雕之5　4.史君N2　5.Miho石棺床E屏　6.国博石椁后壁

[1] 图一，1 采自天水市博物馆：《天水市发现隋唐屏风石棺床墓》，《考古》1992 年第 1 期，第 46—54 页；图一，2 采自陕西省考古研究所编著：《西安北周安伽墓》，文物出版社，2003 年，第 30 页；图一，3 采自山西省考古研究所、太原市考古研究所、太原市晋源区文物旅游局编著：《太原隋虞弘墓》，文物出版社，2005 年，第 106 页；图一，4 采自西安市文物保护考古研究院编著，杨军凯著：《北周史君墓》，文物出版社，2014 年，第 122 页；图一，5 采自韩伟：《北周安伽墓围屏石榻之相关问题浅见》，《文物》2001 年第 1 期，第 90—101 页。后收入韩伟：《磨砚书稿：韩伟考古文集》，科学出版社，2001 年，第 105—120 页；图一，6 采自吕章申主编：《近藏集粹：中国国家博物馆新入藏文物》，北京时代华文书局，2016 年，第 353—354 页。

中国国家博物馆藏北朝石椁[1]后壁（图一，6）当心开间中，墓主夫妇坐于饰壶门的榻上，上悬帷幔及风铃，后树屏风。男性位于画面右侧，盘腿而坐，右手端杯，左手隐于袖中。女性位于画面左侧，双手合抱于腹前，身后有一侍女。榻前有供案，旁有长棒状物，另跪坐两名胡人。墓主夫妇两侧亦有人物若干，与二者性别相对应。其中，画面右侧次间共有四排十五人跪坐，梢间共有两排八名乐伎，另有一排五人站立，人群前为两名舞者。画面左侧次间共有四排十八人跪坐，梢间共有两排八名乐伎，另有一排三人站立，亦有两名舞者。

二、中土王朝墓主夫妇宴饮图的嬗变

北朝时期，墓葬壁画中“宴乐＋出行”的构图程式逐渐定型，即墓室正壁为墓主或墓主夫妇宴饮图，两侧壁及墓道两侧朝外为出行内容。类似的程式在石马坪墓石棺床、安伽墓石棺床、虞弘墓石椁、康业墓石棺床等处皆得以体现[2]，Miho石棺床、国博石椁亦是如此。亦即，上述北朝至隋入华粟特裔石葬具，在首要层面上采纳了中土王朝墓葬的图像程式。既如此，欲考察北朝至隋入华粟特裔石葬具上的夫妇对坐宴饮图，需先梳理中土王朝同期及此前墓葬中的类似题材图像。

一般认为，宴饮作为一种较为明确的图像主题，始见于西汉末至东汉初的墓葬中。汉代是宴饮图的草成阶段，表现形式具有相当的多样性。西安理工大学西汉壁画墓M1[3]西壁南部的宴饮场面（图二，1）中，女主人和宾客并排跪坐于围屏前的木榻上，观赏面前的乐舞。前方两侧各有一组人物，皆为女性，似席地而坐，亦在欣赏乐舞。舞者位于中部，双手执红飘带。西汉晚期的“东安汉里画象”石[4]第一石背面（图二，3）刻六人乐舞宴饮，皆为妇女形象。中间二人，一人起舞，一人作击拍状。画面左侧的二人右向坐，画面右侧的二人作攀谈状。洛阳偃师辛村新莽壁画墓M1[5]中室东壁北幅亦为宴饮图

[1] 较为重要的介绍性资料有：葛承雍：《北朝粟特人大会中祆教色彩的新图像——中国国家博物馆藏北朝石堂解析》，《文物》2016年第1期，第71—84页；吕章申主编：《近藏集粹：中国国家博物馆新入藏文物》，北京时代华文书局，2016年，第336—354页；孙博：《国博石堂的年代、匠作传统和归属》，巫鸿、朱青生、郑岩主编：《古代墓葬美术研究》第四辑，湖南美术出版社，2017年，第135—154页等。

[2] 沈睿文：《论墓制与墓主国家和民族认同的关系——以康业、安伽、史君、虞弘诸墓为例》，沈睿文：《中古中国祆教信仰与丧葬》，上海古籍出版社，2019年，第17—58页。

[3] 西安市文物保护考古所：《西安理工大学西汉壁画墓发掘简报》，《文物》2006年第5期，第7—44页；西安市文物保护考古研究院编著：《西安西汉壁画墓》，文物出版社，2017年，第14—53页。

[4] 蒋英炬：《略论曲阜“东安汉里画象”石》，《考古》1985年第12期，第1130—1135页。

[5] 洛阳市第二文物工作队：《洛阳偃师县新莽壁画墓清理简报》，《文物》1992年第12期，第1—8页。

（图二，2），画面上部四人分为两组对饮，旁有陶案等用具，右下角绘两个大酒瓮，其上侧绘一女侍向老妪呈耳杯。两瓮左侧为一主二仆三位女子。上述宴饮图可被认为是叙事性的，人物相互关联，姿态具有动势[1]，且墓主形象基本未得到明显突出。东汉时期，这种类型的宴饮图仍可得见，典型的例子为密县打虎亭汉墓M1[2]北耳室西壁宴饮图，及密县打虎亭M2[3]中室东段北壁上部宴饮图（图二，4），二者都展现了宏大的宴饮场景。

图二　汉墓所见宴饮图举要[4]

1.西安理工大学西汉壁画墓M1 西壁南部宴饮图　2.洛阳偃师辛村新莽壁画墓M1 中室东壁北幅宴饮图　3."东安汉里画象"石第一石背面宴饮图　4.密县打虎亭M2 中室东段北壁上部宴饮图

[1] 巫鸿著，柳扬、岑河译：《武梁祠：中国古代画像艺术的思想性》，生活·读书·新知三联书店，2015 年，第 150 页。

[2] 河南省文化局文物工作队：《河南密县打虎亭发现大型汉代壁画墓和画象石墓》，《文物》1960 年第 4 期，第 29—30 页；安金槐、王与刚：《密县打虎亭汉代画象石墓和壁画墓》，《文物》1972 年第 10 期，第 49—62 页；河南省文物研究所：《密县打虎亭汉墓》，文物出版社，1993 年。

[3] 河南省文物研究所：《密县打虎亭汉墓》，文物出版社，1993 年。

[4] 图二，1 采自西安市文物保护考古研究院编著：《西安西汉壁画墓》，文物出版社，2017 年，图版一六八；图二，2 采自徐光冀主编：《中国出土壁画全集·河南》，科学出版社，2012 年，第 41 页；图二，3 采自巴黎大学北京汉学研究所编：《汉代画象全集：初编》，学苑出版社，2013 年，第 49 页；图二，4 采自河南省文物研究所：《密县打虎亭汉墓》，文物出版社，1993 年，彩版四三。

至若夫妇宴饮题材，则在东汉晚期成为墓室装饰的重要内容之一，在画像石墓中尤以徐州地区为显著[1]。江苏睢宁墓山二号画像石墓[2]的第 1 石（前室墓门南端壁石）（图三，1）上，可见夫妇对坐于悬挂帐幔的建筑内，男性位于画面左侧，左手执便面。女性位于画面右侧，右手执耳杯。类似的图像，亦可见于江苏徐州十里铺东汉画像石墓[3]第 22 幅（后室东支柱画像）（图三，2）、江苏徐州白集东汉画像石墓[4]第 17 幅（中室北壁东段）及第 18 幅（中室北壁西段）等处。上述图像的出现位置不定，且仅为墓室石刻的有机组成部分，而非“一家独大”。夫妇呈对坐状，互动性较强，但其周未见宾客及乐伎。

1

2

图三　江苏徐州东汉画像石墓所见夫妇对坐宴饮图举要[5]

1.江苏睢宁墓山二号画像石墓第 1 石　2.江苏徐州十里铺东汉画像石墓第 22 幅

东汉晚期至魏晋十六国的壁画墓、彩绘画像砖墓中，或也描绘夫妇宴饮的场景。此时的墓主宴饮图经历了从发端至消隐的过程，于东汉晚期始见端倪，步入魏晋十六国后则暂时退场，仅在河西、辽东等边远地区集中分布。主角身份可明确为墓主夫妇的宴饮

[1] 杨清越：《汉至隋壁画所见宴饮图研究》，北京大学硕士学位论文，2007 年，第 14 页；陈阳：《汉墓壁画宴饮图研究》，内蒙古大学硕士学位论文，2022 年，第 44 页。

[2] 仝泽荣：《江苏睢宁墓山汉画像石墓》，《文物》1997 年第 9 期，第 36—40 页。

[3] 江苏省文物管理委员会、南京博物院：《江苏徐州十里铺汉画象石墓》，《考古》1966 年第 2 期，第 66—83、91 页。

[4] 南京博物院：《徐州青山泉白集东汉画象石墓》，《考古》1981 年第 2 期，第 137—150 页。

[5] 图三，1 采自仝泽荣：《江苏睢宁墓山汉画像石墓》，《文物》1997 年第 9 期，第 36—40 页；图三，2 采自江苏省文物管理委员会、南京博物院：《江苏徐州十里铺汉画象石墓》，《考古》1966 年第 2 期，第 66—83、91 页。

图作为其子集亦是如此。东汉时期的墓主夫妇宴饮图分布较广，洛阳西工东汉壁画墓[1]东壁（图四，1）中，朱色帷幕下横列一榻，榻上坐夫妇二人。男性位于画面右侧，身体略偏向女性，左手端小盘，盘内置耳杯，右手作扶托状曲于胸前。女性位于画面左侧，朝前端坐，双手拱于胸前。榻周树屏风，榻前有案几，并有侍者。年代或晚至曹魏时期的洛阳朱村壁画墓[2]北壁西部亦有墓主夫妇宴饮图（图四，2）。帐下夫妇二人并坐于榻上，男性在画面右侧，女性在画面左侧，二人目视前方，双手拢于袖中。榻前亦置案几。夫妇旁各有二侍从。崖墓中也有绘夫妇宴饮图的，例如元初四年（117 年）的三台郪江柏林坡 1 号墓[3]中室左侧室西壁板门（图四，3），顶部绘红色帷幔，画面左侧的方席上坐一人，画面右侧的席上并坐夫妇二人，拱手与画面左侧者呈对坐状。三人中央对称置两几。

辽阳地区墓葬壁画中的墓主宴饮图传统，自东汉延续至魏晋。东汉晚期至曹魏前期[4]是墓主宴饮图表现形式的探索阶段，一般以一位侧面表现的人物为主角，旁或有其他次要人物，与主角形成类似对坐的构图。亦见以侧面形式表现的墓主夫妇宴饮图，例如东汉晚期的辽阳棒台子二号壁画墓[5]右小室右壁，绘墓主夫妇帐下对坐宴饮（图四，4）。男性位于画面右侧，已漫漶不清，其旁立男侍二人。女性位于画面左侧，右手执杯，旁有侍从三人，递进饮食。二者分别坐于一榻上，两榻间置案几。逮至曹魏后期至西晋初期，辽阳地区壁画墓的墓主宴饮图整体已定型，以侧面形式表现的墓主夫妇分榻对坐宴饮图占据绝对优势，并延续到西晋中期至两晋之交。其中，既存在人物绘于一壁内的情况，也有若干人物横跨若干壁面绘制的例子。例如东汉晚期至曹魏前期的辽阳三道壕车骑壁画墓（三道壕窑业第四现场壁画墓）[6]左小室左壁的墓主夫妇对坐宴饮图（图四，5），在高悬的帷幔下，画面右侧为男性，坐于带围屏的榻上，前有几，围屏后立二侍者。对面的榻上坐一女性，前置圆案，后设较矮围屏，其后有一女侍。夫妇二人端坐对视，中间

[1] 洛阳市文物工作队：《洛阳西工东汉壁画墓》，《中原文物》1982 年第 3 期，第 15—21 页。

[2] 洛阳市第二文物工作队：《洛阳市朱村东汉壁画墓发掘简报》，《文物》1992 年第 12 期，第 15—20 页。

[3] 四川省文物考古研究院、绵阳市文物管理局、三台县文物管理所：《四川三台郪江崖墓群柏林坡 1 号墓发掘简报》，《文物》2005 年第 9 期，第 14—35 页；四川省文物考古研究院、绵阳市博物馆、三台县文物管理所编著：《三台郪江崖墓》，文物出版社，2007 年，第 154—180 页。

[4] 关于辽阳地区汉魏晋壁画墓的年代序列，参见刘未：《辽阳汉魏晋壁画墓研究》，教育部人文社会科学重点研究基地吉林大学边疆考古研究中心编：《边疆考古研究》第二辑，科学出版社，2004 年，第 232—257 页。

[5] 王增新：《辽阳市棒台子二号壁画墓》，《考古》1960 年第 1 期，第 20—23 页。

[6] 李文信：《辽阳发现的三座壁画古墓》，《文物参考资料》1955 年第 5 期，第 15—42 页。后收入李文信：《李文信考古文集：增订本》，辽宁人民出版社，2009 年，第 255—276 页。此据李文信著，李仲元、辽宁省博物馆整理：《李文信考古与文博辑稿 · 考古报告卷》，万卷出版公司，2019 年，第 218—266 页。

另有一侍女，左手执盘向男主人送杯，扬右手面向女主人。此后，在辽阳南环街壁画墓[1]左耳室右壁、辽阳三道壕窑业第二现场令支令张君墓[2]右小室右壁及后壁、辽阳三道壕三号壁画墓[3]前室右耳室西壁及北壁、辽阳三道壕一号壁画墓[4]右小室前右后三壁、辽阳三道壕二号壁画墓[5]右小室右壁等处，皆可见墓主夫妇分榻对坐宴饮图。值得注意的是，东晋初期的辽阳上王家村壁画墓[6]右小室正壁绘以正面像形式呈现的男性墓主宴饮图，昭示着墓主形象表现方式的转变。朝鲜安岳冬寿墓[7]所见跨壁面的墓主夫妇宴饮图，无疑是辽阳壁画墓宴饮图定型阶段传统的延续。该墓墓主卒于永和十三年（357 年），西耳室南壁绘冬寿夫人像（图四，7），西壁绘冬寿像（图四，6）。此处冬寿为正面像，继承了上王家村壁画墓的样式[8]。河西地区的魏晋彩绘画像砖墓中亦或描绘男女对饮，如嘉峪关新城 M7[9]前室北壁彩绘画像砖（图四，8），但人物身份尚不能明确为墓主夫妇。

[1] 辽宁省文物考古研究所：《辽宁辽阳南环街壁画墓》，《北方文物》1988 年第 3 期，第 22—25 页。

[2] 李文信：《辽阳发现的三座壁画古墓》，李文信著，李仲元、辽宁省博物馆整理：《李文信考古与文博辑稿 · 考古报告卷》，万卷出版公司，2019 年，第 218—266 页。

[3] 辽阳市文物管理所：《辽阳发现三座壁画墓》，《考古》1980 年第 1 期，第 56—58、65 页。

[4] 《辽阳市北郊新发现两座壁画古墓》，《文物参考资料》1955 年第 7 期，第 152—154 页；东北博物馆：《辽阳三道壕两座壁画墓的清理工作简报》，《文物参考资料》1955 年第 12 期，第 49—58 页。后题作《辽阳三道壕两座壁画墓的清理简报》，收入李文信：《李文信考古文集：增订本》，辽宁人民出版社，2009 年，第 233—239 页。此据李文信著，李仲元、辽宁省博物馆整理：《李文信考古与文博辑稿 · 考古报告卷》，万卷出版公司，2019 年，第 172—185 页。

[5] 《辽阳市北郊新发现两座壁画古墓》，《文物参考资料》1955 年第 7 期，第 152—154 页；李文信：《辽阳三道壕两座壁画墓的清理简报》，李文信著，李仲元、辽宁省博物馆整理：《李文信考古与文博辑稿 · 考古报告卷》，万卷出版公司，2019 年，第 172—185 页。

[6] 李庆发：《辽阳上王家村晋代壁画墓清理简报》，《文物》1959 年第 7 期，第 60—62 页。

[7] （朝鲜）都宥浩著，李启烈译：《在朝鲜安岳发现的一些高句丽古坟》，《文物参考资料》1952 年第 1 期，第 91—101 页；宿白：《朝鲜安岳所发现的冬寿墓》，《文物参考资料》1952 年第 1 期，第 101—104 页。此据宿白：《魏晋南北朝唐宋考古文稿辑丛》，生活 · 读书 · 新知三联书店，2020 年，第 521—527 页；洪晴玉：《关于冬寿墓的发现与研究》，《考古》1959 年第 1 期，第 27—35 页。

[8] 关于辽阳汉魏晋壁画墓宴饮图的相关问题，详参王蕻荃：《读辽阳汉魏晋壁画墓宴饮图札记》，待刊。

[9] 甘肃省文物队、甘肃省博物馆、嘉峪关市文物管理所编：《嘉峪关壁画墓发掘报告》，文物出版社，1985 年。

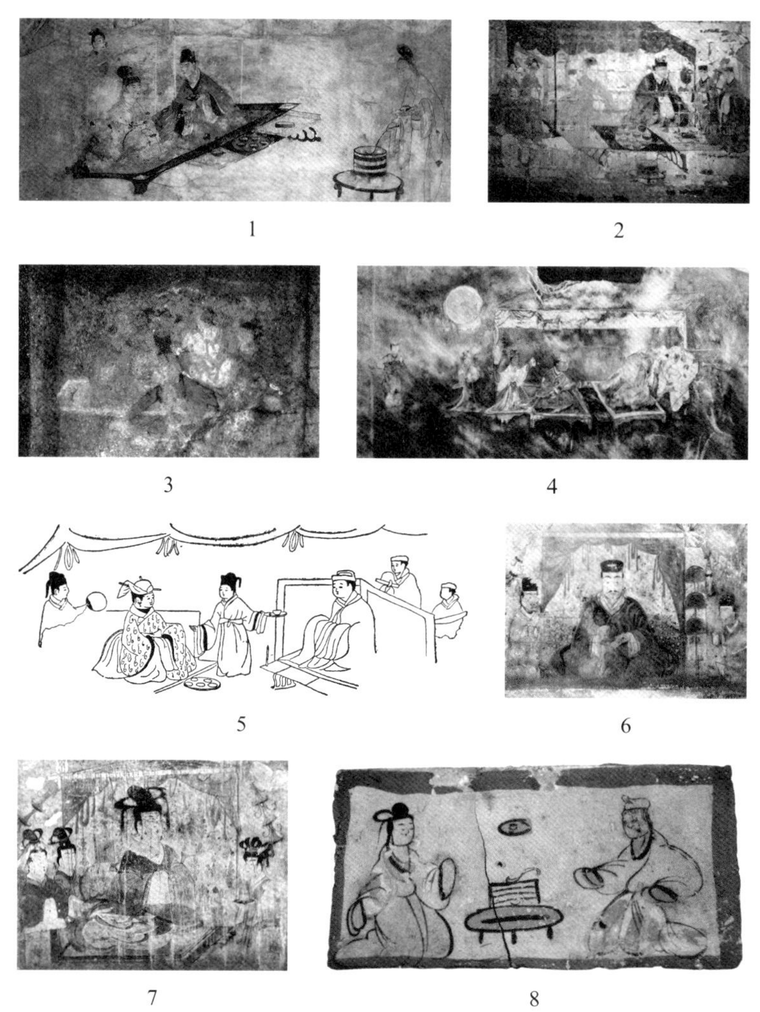

图四 东汉晚期至魏晋十六国壁画墓、彩绘画像砖墓所见宴饮图举要[1]

1.洛阳西工东汉壁画墓东壁墓主夫妇宴饮图 2.洛阳朱村壁画墓北壁西部墓主夫妇宴饮图 3.三台郪江柏林坡1号墓中室左侧室西壁板门夫妇宴饮图 4.辽阳棒台子二号壁画墓右小室右壁墓主夫妇宴饮图 5.辽阳三道壕车骑壁画墓左小室左壁墓主夫妇宴饮图 6.朝鲜安岳冬寿墓西耳室西壁墓主宴饮图 7.朝鲜安岳冬寿墓西耳室南壁墓主夫人宴饮图 8.甘肃嘉峪关新城M7前室北壁彩绘画像砖男女宴饮图

[1] 图四，1采自韦娜：《洛阳汉墓壁画艺术》，河南美术出版社，2004年，第166页；图四，2采自洛阳市第二文物工作队：《洛阳市朱村东汉壁画墓发掘简报》，《文物》1992年第12期，第15—20页；图四，3采自四川省文物考古研究院、绵阳市博物馆、三台县文物管理所编著：《三台郪江崖墓》，文物出版社，2007年，图版一七二；图四，4采自冯永谦：《辽阳壁画墓》，辽海出版社，2020年，第188页；图四，5采自李文信：《辽阳发现的三座壁画古墓》，李文信著，李仲元、辽宁省博物馆整理：《李文信考古与文博辑稿·考古报告卷》，万卷出版公司，2019年，第218—266页；图四，6—7采自朝鲜民主主义人民共和国文物保存指导局画册编辑室编辑：《高句丽壁画》，朝鲜中央历史博物馆，1979年，第10—11页；图四，8采自徐光冀主编：《中国出土壁画全集·甘肃、宁夏、新疆卷》，科学出版社，2011年，第92页。

北朝是墓主宴饮图的成熟期。自北魏平城时代始，墓主宴饮图大多饰于墓室正壁或葬具之上，人物为正面像，若主角为墓主夫妇二人，则呈并坐状，已然逐渐形成定制。具言之，北魏定都平城后，吸收并改造原于河西、辽东地区存续的墓主或墓主夫妇宴饮图，将其转移至墓室正壁，并统一为正面像。太延元年（435 年）大同沙岭北魏壁画墓[1]东壁（正壁）（图五，1）绘一庑殿顶建筑，内悬帷幔，下端坐墓主夫妇。男性位于画面右侧，女性位于画面左侧。周围侍从的形体大小与墓主夫妇形成鲜明对比。和平二年（461 年）梁拔胡墓[2]北壁也绘有类似图式，不过仅有男性墓主一人宴饮。同时，葬具上也可见墓主夫妇宴饮图，如大同沙岭北魏壁画墓漆棺前挡[3]（图五，2），就观者视角而言，男右女左并坐于榻上，侍从人物比例明显小于墓主人[4]。又如太安四年（458 年）解兴石堂[5]后壁（图五，3）所绘。此二者的图式皆与壁画墓所见墓主夫妇宴饮图类同。

北魏中期，墓葬壁画的发展形势出现逆转，壁画衰退，墓主人图像趋向消失。部分壁画向葬具上转移，但墓主人图像最终未得以留存[6]。处于过渡期的大同智家堡北魏墓石椁[7]北壁（图五，4）绘墓主夫妇，就观者视角而言，男右女左，二人形体大于其他人物，并坐于榻上。榻两侧的立杆支起一帐架，上为菱形帐顶，顶部及两侧立杆都悬帷幔。榻后树屏风。随后，墓主夫妇并坐宴饮图一度消失，直到泰昌元年（532 年）洛阳孟津北陈村王温墓[8]，其东壁正中（图五，5）绘帷屋，屋内墓主人夫妇并坐宴饮，其后有屏风。帷屋两侧各有三女子，屋前一童子恭立。可资注意的是，该墓的夫妇宴饮图并未绘于正壁。

---

[1] 大同市考古研究所：《山西大同沙岭北魏壁画墓发掘简报》，《文物》2006 年第 10 期，第 4—24 页；赵瑞民、刘俊喜：《大同沙岭北魏壁画墓出土漆皮文字考》，《文物》2006 年第 10 期，第 78—81 页。

[2] 山西省考古研究所、大同市考古研究所：《山西大同南郊仝家湾北魏墓（M7、M9）发掘简报》，《文物》2015 年第 12 期，第 4—22 页。

[3] 曹丽娟较详细地论证了该墓所出彩绘漆皮或为漆棺的一部分，其中，漆皮一为漆棺前挡。曹丽娟：《大同沙岭北魏壁画墓研究》，中央美术学院硕士学位论文，2009 年，第 7—16 页。

[4] 大同沙岭北魏壁画墓的墓室东壁、漆棺前挡皆有正面形式的墓主夫妇宴饮图。对于这种“双重正面墓主图像”的讨论，参见林圣智：《北魏沙岭壁画墓研究》，《“中央研究院”历史语言研究所集刊》第八十三本第一分，2012 年，第 1—95 页。修订后题作《发现图像：沙岭壁画墓的启示》，收入林圣智：《图像与装饰：北朝墓葬的生死表象》，台湾大学出版中心，2019 年，第 23—74 页。此据林圣智：《图像与装饰：北朝墓葬的生死表象》，浙江古籍出版社，2024 年，第 27—83 页。

[5] 张庆捷：《北魏石堂棺床与附属壁画文字——以新发现解兴石堂为例探讨葬俗文化的变迁》，北京大学中国考古学研究中心编：《两个世界的徘徊：中古时期丧葬观念风俗与礼仪制度学术研讨会论文集》，科学出版社，2016 年，第 233—249 页。

[6] 倪润安：《北朝墓主人图像的显与隐》，北京大学中国考古学研究中心编：《两个世界的徘徊：中古时期丧葬观念风俗与礼仪制度学术研讨会论文集》，科学出版社，2016 年，第 250—281 页。

[7] 王银田、刘俊喜：《大同智家堡北魏墓石椁壁画》，《文物》2001 年第 7 期，第 40—51 页。

[8] 洛阳市文物工作队：《洛阳孟津北陈村北魏壁画墓》，《文物》1995 年第 8 期，第 26—35 页。

1　　2

3

4　　5

图五　北魏墓葬壁画及葬具所见墓主夫妇宴饮图举要[1]

1.大同沙岭北魏壁画墓东壁墓主夫妇宴饮图　2.大同沙岭北魏壁画墓漆棺前挡墓主夫妇宴饮图　3.解兴石堂后壁墓主夫妇宴饮图　4.大同智家堡北魏墓石椁北壁墓主夫妇宴饮图　5.洛阳孟津北陈村王温墓东壁墓主夫妇宴饮图

东魏、北齐时期，于墓室正壁绘制墓主像的传统再度复兴。郑岩曾总结邺城地区墓

[1] 图五，1—2 采自大同市考古研究所：《山西大同沙岭北魏壁画墓发掘简报》，《文物》2006 年第 10 期，第 4—24 页；图五，3 采自张庆捷：《北魏石堂棺床与附属壁画文字——以新发现解兴石堂为例探讨葬俗文化的变迁》，北京大学中国考古学研究中心编：《两个世界的徘徊：中古时期丧葬观念风俗与礼仪制度学术研讨会论文集》，科学出版社，2016 年，第 233—249 页；图五，4 采自王银田、刘俊喜：《大同智家堡北魏墓石椁壁画》，《文物》2001 年第 7 期，第 40—51 页；图五，5 采自洛阳市文物工作队：《洛阳孟津北陈村北魏壁画墓》，《文物》1995 年第 8 期，第 26—35 页。

葬壁画的主题，其中包括在墓室正壁绘制具偶像色彩的正面墓主像，加之以帷帐、屏风、侍从等辅助性图像，使得墓室变得如同宫廷或官署[1]。受“邺城规制”影响的墓葬，或也在正壁绘墓主夫妇并坐宴饮图。武平元年（570 年）太原北齐娄睿墓[2]北壁（图六，1）绘华丽的幔帐，下坐墓主夫妇，男性位于画面右侧，女性位于画面左侧，后树屏风，周有侍从及乐伎，惜画面漫漶，无法详加辨认。武平二年（571 年）太原北齐徐显秀墓[3]北壁（图六，2）绘墓主夫妇手捧漆杯，坐于高悬的帷帐下、榻上宴饮，后有屏风，周有侍女、乐伎。山西朔州水泉梁北齐壁画墓[4]北壁（图六，3）绘墓主夫妇端坐于建筑内的榻上，后有屏风，其两侧及建筑外为男女乐伎、侍从。女性左手持曲口海棠杯，男性手持物状况不明。此时墓主夫妇像的形体大小与周围侍从的差异不大。反观西魏、北周的墓葬，除入华粟特裔石葬具所刻绘者外，暂未见墓主像或墓主夫妇像。

1

2

3

图六　北齐墓葬所见墓主夫妇宴饮图举要[5]

1.太原北齐娄睿墓北壁墓主夫妇宴饮图　2.太原北齐徐显秀墓北壁墓主夫妇宴饮图　3.山西朔州水泉梁北齐壁画墓北壁墓主夫妇宴饮图

[1] 郑岩:《论“邺城规制”——汉唐之间墓葬壁画的一个接点》，中山大学艺术史研究中心编:《艺术史研究》第三辑，中山大学出版社，2001 年，第 295—329 页。后题为《“邺城规制”初论》，收入郑岩:《魏晋南北朝壁画墓研究》，文物出版社，2002 年，第 181—208 页。亦有郑岩:《论“邺城规制”——汉唐之间墓葬壁画的一个接点》，郑岩:《逝者的面具：汉唐墓葬艺术研究》，北京大学出版社，2013 年，第 308—336 页。此据郑岩:《“邺城规制”初论》，郑岩:《魏晋南北朝壁画墓研究（增订本）》，文物出版社，2016 年，第 162—188 页。

[2] 山西省考古研究所、太原市文物考古研究所:《北齐东安王娄睿墓》，文物出版社，2006 年。

[3] 山西省考古研究所、太原市文物考古研究所:《太原北齐徐显秀墓发掘简报》，《文物》2003 年第 10 期，第 4—40 页；太原市文物考古研究所编:《北齐徐显秀墓》，文物出版社，2005 年。

[4] 山西省考古研究所、山西博物院、朔州市文物局、崇福寺文物管理所:《山西朔州水泉梁北齐壁画墓发掘简报》，《文物》2010 年第 12 期，第 26—42 页。

[5] 图六，1 采自山西省考古研究所、太原市文物考古研究所:《北齐东安王娄睿墓》，文物出版社，2006 年，第 15 页；图六，2 采自徐光冀主编:《中国出土壁画全集 · 山西》，科学出版社，2011 年，第 90 页；图六，3 采自山西省考古研究所、山西博物院、朔州市文物局、崇福寺文物管理所:《山西朔州水泉梁北齐壁画墓发掘简报》，《文物》2010 年第 12 期，第 26—42 页。

隋开皇四年（584 年）山东嘉祥徐敏行墓[1]北壁的墓主夫妇宴饮图（图七），本质上仍是东魏、北齐旧制的表达。墓主夫妇并坐于绛帐之下的榻上，左手各执酒杯，男性在画面右侧，女性在画面左侧，后者看向前者。二者背后设屏风，前有舞者一人及侍者、乐伎若干。

图七 山东嘉祥徐敏行墓北壁墓主夫妇宴饮图[2]

三、入华粟特夫妇对坐宴饮图的渊源

概言之，经过从汉代到北朝的演变，墓葬中的宴饮场景逐渐抽象化为符号性的表现。在时代、等级大致相同的情况下，不同墓葬中宴饮图的相似性，可理解为礼仪制度约束下形成的惯例[3]。据前文梳理，北朝至隋入华粟特裔石葬具所见夫妇对坐宴饮图，与中土王朝同期墓葬中的同题材图像有一定差异。较为显著的是，北朝时期中原地区的墓主夫妇宴饮图中，夫妇二人一般为正面像，呈并坐状。而入华粟特裔石葬具所见夫妇对坐宴饮图中，二者皆呈四分之三侧面状对坐。

郑岩曾总结墓主像由侧面向正面转变的规律：墓主像早期呈侧面状，两汉之际特别

[1] 山东省博物馆：《山东嘉祥英山一号隋墓清理简报——隋代墓室壁画的首次发现》，《文物》1981 年第 4 期，第 28—33 页。

[2] 采自《中国墓室壁画全集》编辑委员会编：《中国墓室壁画全集 · 隋唐五代》，河北教育出版社，2011 年，图版五。

[3] 齐东方：《现实与理想之间——安伽、史君墓石刻图像的思考》，巫鸿、郑岩主编：《古代墓葬美术研究》第一辑，文物出版社，2011 年，第 205—218 页。

是东汉晚期，正面像数量愈增，至魏晋北朝，大多数墓主画像演变为正面形式[1]，到北齐时期，到北齐时期，在墓室正壁绘墓主正面像才真正形成定制[2]。无论如何，四分之三侧面的墓主夫妇形象，自北魏始便不多见。且安伽墓石棺床等处所见墓主夫妇对饮的整体场景，与北魏以前的夫妇对饮图亦不尽相同。这提示我们，北朝至隋入华粟特裔石葬具中的夫妇对坐宴饮图所具特殊性，不宜置于中土宴饮图、墓主像的演变序列中考虑，而应在粟特本土寻找其渊源。

战斗和宴饮场景是粟特绘画史诗中最常见的主题，后者包括仪式性和休闲性的场景，展现了粟特富裕公民的美好生活理想[3]。对于粟特本土壁画中宴饮场景的考察，可揆诸片治肯特（Panjikent）古城，其位于今塔吉克斯坦共和国境内，始建于 5 世纪，8 世纪初达到繁荣的顶点[4]。城中的 Ⅰ 号建筑群主楼门廊南壁绘有二人持杯对饮的场景（图八，1），壁画年代被定为 6 世纪[5]。同建筑群 10 号房间的东北角则可见三人持杯宴饮的场景（图八，2）。Ⅵ号建筑群 1 号房间所绘宴饮场景（图八，3）更为宏大，其贯通北壁、西壁，并绘有类似帐的结构。P—86 ⅩⅩⅣ—28 号地点南壁宴饮图（图八，4）分为两排，上部为一尊者宴饮，旁有侍者，下部为四人两两对坐宴饮。此外，在巴拉雷克特佩（Balalyk-tepe）遗址主厅西壁亦绘多人宴饮图（图八，5），宴饮者或为嚈哒贵族，包括男性与女性，其年代为 6—7 世纪。粟特银器上或也可见宴饮图像，例如艾尔米塔什博物馆（The Hermitage Museum）藏 6—7 世纪粟特银碗[6]上的男女对饮图（图八，6）。

[1] 郑岩：《墓主画像研究》，山东大学考古学系编：《刘敦愿先生纪念文集》，山东大学出版社，1998 年，第 450—468 页。后收入朱青生主编：《中国汉画学会第九届年会论文集（上）》，中国社会出版社，2004 年，第 254—279 页。此据郑岩：《逝者的面具：汉唐墓葬艺术研究》，北京大学出版社，2013 年，第 168—194 页。

[2] 郑岩：《墓主画像的传承与转变——以北齐徐显秀墓为中心》，郑岩：《逝者的面具：汉唐墓葬艺术研究》，北京大学出版社，2013 年，第 195—218 页。该文部分内容曾题作《北齐徐显秀墓墓主画像有关问题》，发表于《文物》2003 年第 10 期，第 58—62 页。

[3] 摘编自Guitty Azarpay, A. M. Belenitskii, B. I. Marshak and M. J. Dresden, *Sogdian Painting: The Pictorial Epic in Oriental Art*, Berkeley · Los Angeles · London: University of California Press, 1981, p. 105, p. 64.

[4] （俄）B. A. 李特文斯基（B. A. Litvinsky）主编，马小鹤译：《中亚文明史（第三卷）——文明的交会：公元 250 年至 750 年（修订本）》，中译出版社，2016 年，第 233 页。

[5] 关于片治肯特壁画年代的判断，皆参考Guitty Azarpay, etc. , *Sogdian Painting: The Pictorial Epic in Oriental Art*, Berkeley · Los Angeles · London: University of California Press, 1981.

[6] （苏）Б · Я · 斯塔维斯基著，路远译：《古代中亚艺术》，陕西旅游出版社，1992 年，第 117 页。

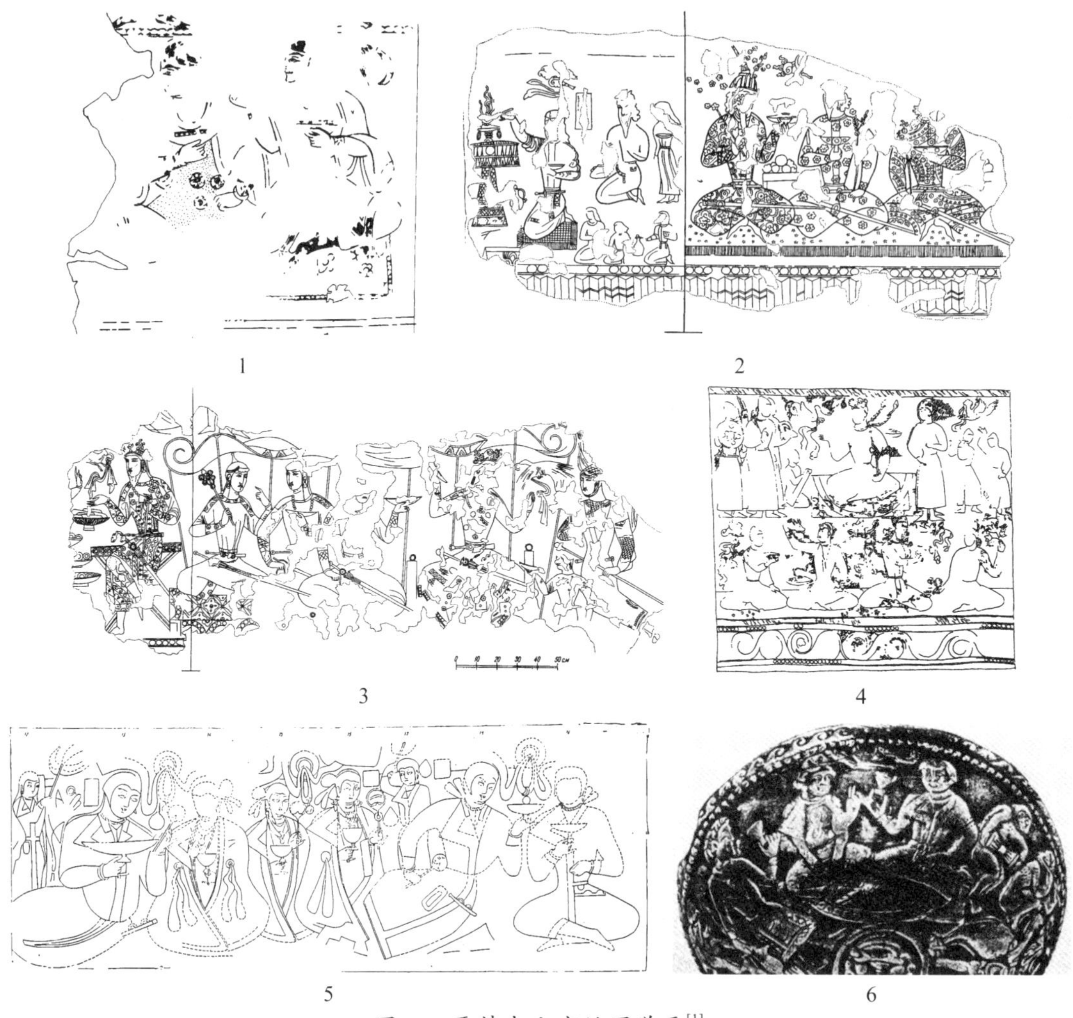

1　2　3　4　5　6

图八　粟特本土宴饮图举要[1]

1.片治肯特Ⅰ号建筑群主楼门廊南壁宴饮图　2.片治肯特Ⅰ号建筑群10号房间东北角宴饮图　3.片治肯特Ⅵ号建筑群1号房间北壁、西壁宴饮图　4.片治肯特P—86 ⅩⅩⅣ—28号地点南壁宴饮图　5.巴拉雷克特佩主厅西壁宴饮图　6.艾尔米塔什博物馆藏6-7世纪粟特银碗上的宴饮图

[1] 图八，1—3、5采自Guitty Azarpay, etc. , *Sogdian Painting: The Pictorial Epic in Oriental Art,* Berkeley · Los Angeles · London: University of California Press, 1981, p. 58, p. 111, p. 121, p. 88；图八，4原刊B. I. Marshak, V. I. Raspopova, "Wall Paintings from a House with a Granary: Panjikent, 1st Quarter of the Eighth Century A. D." , *Silk Road Art and Archaeology(1),* Kamakura, 1990. 采自姜伯勤：《安阳北齐石棺床画像石的图像考察与入华粟特人的祆教美术——兼论北齐画风的巨变及其与粟特画派的关联》，中山大学艺术学研究中心编：《艺术史研究》第一辑，中山大学出版社，1999年，第151—186页。后题作《安阳北齐石棺床画像石与入华粟特人的祆教美术——兼论北齐画风的巨变与粟特画派的关联》，收入姜伯勤：《中国祆教艺术史研究》，生活·读书·新知三联书店，2004年，第33—62页；图八，6采自Б·Я·斯塔维斯基著，路远译：《古代中亚艺术》，陕西旅游出版社，1992年，图版一二二。

如所揭橥，粟特本土壁画宴饮场景中的人物多为四分之三侧面，在粟特银器上也可见其例。亦即，以四分之三侧面描绘宴饮人物，为粟特本土故俗。此外，粟特本土壁画中二人对坐的场景亦不鲜见。前文所述壁画中，在一字排开的人物群内便有若干组呈对坐状者。年代为 7 世纪早期的片治肯特Ⅵ号建筑群 41 号房间壁画中亦有对坐者（图九）。不过此二者带头光，或为某神祇。

图九　片治肯特Ⅵ号建筑群 41 号房间壁画局部[1]

以四分之三侧面表现宴饮人物的形式，亦见于波斯萨珊帝国的相关遗物中，如莫斯科历史博物馆藏波斯萨珊帝国宴饮图银盘（图一〇，1），以及艾尔米塔什博物馆藏波斯萨珊帝国帝王宴饮图银盘（图一〇，2）。此二例中，宴饮的主人公旁皆有乐伎、侍从。类似的宴饮图式也见于美国沃尔特斯艺术博物馆（The Walters Art Museum）藏波斯皇室结婚场景镀金银盘（图一〇，3），其年代为 6—7 世纪。对于新近为国内学界所知的一件私人藏帝王宴饮图银盘（图一〇，4），有必要详细说明。Amy Heller推断其是在中亚吐蕃时期的多元文化背景下制作的。其中，人物服饰及银盘外侧的乐伎，与粟特传统高度相关[2]。该银盘在整体图式方面与萨珊帝国宴饮图银盘相似，揭示着萨珊帝国在艺术风格方面对中亚地区的深度影响。这种图式得以见于中亚吐蕃时期，亦透露出粟特本土艺术的延续性。即，该银盘是深受吐蕃影响下的粟特对萨珊风格的坚守的体现。

---

[1] 采自Guitty Azarpay, etc. , *Sogdian Painting: The Pictorial Epic in Oriental Art*, Berkeley · Los Angeles · London: University of California Press, 1981, pp. 124.

[2] Amy Heller, “Preliminary Remarks on a Silver Dish with Royal Banquet Scene” , 陕西师范大学历史文化学院、陕西历史博物馆、陕西师范大学人文科学高等研究院编：《丝绸之路研究集刊》第九辑，社会科学文献出版社，2023 年，第 477—481 页。

图一〇　银盘上的宴饮图[1]

1.莫斯科历史博物馆藏波斯萨珊帝国宴饮图银盘线描图　2.艾尔米塔什博物馆藏波斯萨珊帝国帝王宴饮图银盘线描图　3.美国沃尔特斯艺术博物馆藏波斯皇室结婚场景镀金银盘　4.私人藏帝王宴饮图银盘

以上关于私人藏帝王宴饮图银盘等的讨论表明，应将对粟特本土所见宴饮场景的考察视角向西延伸。实际上，粟特本土艺术风格整体深受波斯影响，这与萨珊帝国在联手突厥打败进犯粟特地区的嚈哒等的过程中的直接政治参与，及其作为文明大国对粟特地区潜移默化的浸染不无关联[2]。例如，在波斯萨珊王朝石刻、绘画及金银器中，狩猎和宴饮题材得到过特别的表现[3]，这与前文提及的粟特绘画习见母题类同；以侧面或半侧面显示人物特征，

[1]　图一〇，1—2 采自罗丰：《北魏漆棺画中的波斯风格》，罗丰：《胡汉之间——丝绸之路与西北历史考古（修订本）》，文物出版社，2023 年；图一〇，3 采自（日）田辺勝美、（日）松島英子責任編集：『世界美術大全集 · 東洋編 · 第 16 卷 · 西アジア』，小学館，2000 年，第 326 页；图一〇，4 采自Amy Heller, “Preliminary Remarks on a Silver Dish with Royal Banquet Scene”，陕西师范大学历史文化学院、陕西历史博物馆、陕西师范大学人文科学高等研究院编：《丝绸之路研究集刊》第九辑，社会科学文献出版社，2023 年，第 477—481 页。

[2]　荣新江有“粟特文化属于以波斯为中心的伊朗文化范畴”之总结，并认为以安伽墓为代表的入华粟特裔墓葬所见波斯风格的装饰或主题，是波斯文化的粟特变种。荣新江：《四海为家——粟特首领墓葬所见粟特人的多元文化》，《上海文博》2004 年第 4 期，第 85—91 页。修订后收入荣新江：《中古中国与粟特文明》，生活 · 读书 · 新知三联书店，2014 年，第 295—310 页。

[3]　Josef Orbeli, “Sāsānian and Early Islamic Metalwork”, Arthur Upham Pope, Phyllis Ackerman ed., *A Survey of Persian Art: From Prehistoric Times to the Present,* Vol. Ⅱ, Ashiya: SOPA, 1981, pp. 716–770.

亦是波斯的艺术传统，在摩崖浮雕人物、银盘人物等处皆有体现[1]。

进一步地，或认为波斯萨珊帝国的宴饮风尚，对整个北朝时期的上层贵族生活产生过重要影响，其辐射范围涵盖宁夏固原北魏墓漆棺[2]前挡墓主宴饮图（图一一）、安阳石棺床宴饮图、石马坪墓石棺床宴饮图、徐敏行墓宴饮图等[3]。至此可推定，北朝至隋入华粟特裔石葬具及粟特本土壁画中，以四分之三侧面描绘宴饮人物的方式，可共同追溯至波斯萨珊帝国。

图一一　宁夏固原北魏墓漆棺前挡墓主宴饮图[4]

[1] 张庆捷：《虞弘墓石椁图像整理散记》，中山大学艺术史研究中心编：《艺术史研究》第五辑，中山大学出版社，2003 年，第 199—222 页。此据张庆捷：《虞弘墓石堂图像整理散记》，张庆捷：《民族汇聚与文明互动：北朝社会的考古学观察》，商务印书馆，2010 年，第 481—502 页。需要注意的是，波斯艺术中亦见正面人物像，例如艾尔米塔什博物馆藏 9 世纪初帝王宴饮图银盘（图见罗丰：《北魏漆棺画中的波斯风格》，罗丰：《胡汉之间——丝绸之路与西北历史考古（修订本）》，文物出版社，2023 年，图五），以及私人藏波斯萨珊帝国 6 世纪末至 7 世纪初帝王宴饮图银盘（图见 https://weibo.com/1828304892/LsffnAQdG，2024 年 12 月 4 日访问）等。然而，以正面描绘人物的做法，在波斯传统中应不占多数。

[2] 固原县文物工作站：《宁夏固原北魏墓清理简报》，《文物》1984 年第 6 期，第 46—50 页；韩孔乐、罗丰：《固原北魏墓漆棺的发现》，《美术研究》1984 年第 2 期，第 3—11 页；宁夏固原博物馆编：《固原北魏墓漆棺画》，宁夏人民出版社，1988 年。在该墓再次清理的过程中，发现一块铭文砖，据此可明确墓主为冯太后一系的北魏使持节、镇西将军、高平镇督大将冯始公，埋葬时间约为北魏孝文帝太和十三年（489 年）七月中旬，详罗丰：《固原北魏漆棺墓中的佛教因素》，北京大学考古文博学院、北京大学中国考古学研究中心编：《考古学研究》第十七卷第 1 期，科学出版社，2024 年，第 22—39 页。

[3] 罗丰：《北魏漆棺画中的波斯风格》，罗丰：《胡汉之间——丝绸之路与西北历史考古（修订本）》，文物出版社，2023 年，第 97—123 页。

[4] 采自罗丰：《固原北魏漆棺墓中的佛教因素》，北京大学考古文博学院、北京大学中国考古学研究中心编：《考古学研究》第十七卷第 1 期，科学出版社，2024 年，第 22—39 页。

若从更宏观的视角出发，则还需考虑希腊艺术的影响。陈晓露曾系统梳理“倚榻饮酒”构图模式的传播与演变，提出北朝至隋入华粟特裔石葬具所见夫妇对坐宴饮图，应是源自萨珊艺术中的“倚榻饮酒”图。后者原是脱胎于希腊墓葬艺术中的“丧宴”图像，其所具“造墓者对死者的颂扬及对死后享乐生活的向往”的含义，在入华粟特人的丧葬图像中得以继承[1]。

北朝至隋入华粟特裔石葬具所见夫妇对坐宴饮图包含如此复杂的域外文化因素，主要归因于粟特人在古代东西方文明交流与传播中的重要作用。粟特地区处于丝绸之路的中枢，是文明交汇的十字路口，故粟特人不仅是文明交流与传播的见证者，更是承担者[2]。更何况粟特地区的历史较为复杂：波斯阿契美尼德王朝的居鲁士二世（CyrusⅡ）曾将索格底亚那（Sogdiana，即粟特地区）纳入领土并建立行省；随后，亚历山大大帝（Alexander the Great）东征索格底亚那，将希腊化的影响带入该地区；亚历山大大帝死后，粟特地区先后受希腊化的塞琉古帝国、巴克特里亚（大夏）王国、康居行国、月氏、嚈哒、西突厥汗国、唐帝国等的统治或影响[3]。因此，粟特本土艺术乃是各文明艺术之综合，自然不足为奇。普加琴科娃等曾将中亚的民族艺术史分为若干阶段，并概括对应的风格。其中，公元前 1 世纪至公元 3 世纪的第三大风格，包含中亚诸民族早期和希腊罗马化晚期艺术；公元 6 至 8 世纪的第四大风格，渊源于受罗马晚期、拜占庭和印度的影响而形成的希腊化晚期本土遗产，并同伊朗萨珊艺术和突厥草原艺术存在亲缘关系。其亦概括了粟特古代壁画的两个基本渊源，一为本地传统（同古伊朗艺术相近），一为希腊传统（从希腊化的叙利亚、科普特人的埃及和若干希腊罗马文明的东方中心传入中东）[4]。以上便是对这条“希腊—萨珊波斯—粟特—中土”文化传播发展线路的有力说明。

归根结底，北朝至隋入华粟特裔石葬具中的夫妇对坐宴饮图，宴饮人物表现方式的直接来源为粟特本土。不过，这些宴饮图的主角仅为夫妇二人，其坐于建筑内，与侍从、乐伎等其他人物具有鲜明差异。反观粟特本土宴饮图，则多以群像式手法描绘众多人物，构成宏大的、生动的场景，绘制位置也无定制。即，北朝至隋入华粟特裔石葬具所见夫

[1] 陈晓露：《“倚榻饮酒”图像的嬗变》，《西域研究》2013 年第 2 期，第 81—89 页。关于此问题的讨论，另参杨瑾：《慰人或娱魂：青海地区吐蕃属墓葬壁画与棺板画“夫妇宴坐图”再探》，《中原文物》2024 年第 2 期，第 129—137 页。

[2] 陈海涛、刘惠琴：《来自文明十字路口的民族——唐代入华粟特人研究》，商务印书馆，2006 年，第 2 页。

[3] 参B. A. 李特文斯基主编，马小鹤译：《中亚文明史（第三卷）——文明的交会：公元 250 年至 750 年（修订本）》，中译出版社，2016 年，第 224—229 页；陈海涛、刘惠琴：《来自文明十字路口的民族——唐代入华粟特人研究》，商务印书馆，2006 年，第 4—21 页等。

[4] （苏）Г. А. 普加琴科娃、（苏）Л. И. 列穆佩著，陈继周、李琪译：《中亚古代艺术》，新疆美术摄影出版社，2013 年，第 3—4、35 页。

妇对坐宴饮图，在首要层面上遵循了北朝时期中土王朝于墓室正壁绘墓主或墓主夫妇宴饮图的葬制，并整体上遵照了其构图形式。在此基础上，这些图像延续粟特本土故俗，将墓主夫妇绘为四分之三侧面对饮状，让人物形象更加立体，从而与中土宴饮图中的夫妇形象产生区别。

这种区别也体现在图像功能方面。魏晋北朝的夫妇宴饮图中，主角二人大多面向观者端坐，整体上为画面增添了相当程度的严肃性，而北朝至隋入华粟特裔石葬具上的夫妇对坐宴饮图则甚为不同。对坐宴饮本就很大地消解了正面墓主像的“肖像性”，虞弘椁壁浮雕之5、Miho石棺床E屏等中所见生动的乐舞场景，又进一步为画面注入了活力，无怪乎杨清越将其称为“叙事性的复兴”[1]。此外，这些夫妇对坐宴饮图皆刻于石葬具上，而非墓室正壁上。综上可知，它们应无祭祀功能，而是更多地回归到宴饮本身的内涵中。

四、余论

北朝至隋入华粟特裔石葬具中，另有一些宴饮图值得讨论。安阳石棺床围屏目前仅存三片，皆含宴饮场景，选取喜龙仁（Osvald Sirén）定名之Plate. 448（图一二，1）进行介绍。左屏上方刻三人于圆拱顶建筑内宴饮，画面右侧人物体型较大，右腿弯曲，左腿前搭，右手持物，应为主人，画面左侧二者呈跪坐状，从发饰看应为女性。建筑周有侍者、乐伎。右屏上方描绘的场景类似，只不过与主人相对的女性数量增至五人。吉美博物馆藏石棺床[2]背屏之6（图一二，2）中，墓主人侧身斜倚于帐下带围屏的壶门榻上，手执来通（Rhyton）。其前有一舞者、二乐者，画面下方另有二人一犬。康业围屏正面之5（图一二，3）中，墓主人端坐于亭式建筑内的矮榻上，左手端一叵罗，右手似握物。榻

[1] 杨清越：《汉至隋壁画所见宴饮图研究》，北京大学硕士学位论文，2007年，第32页。

[2] 较为重要的介绍性资料有：Catherine Delacour, Pénélope Riboud, “Description du monument” , Musée Guimet éd. , *Lit de pierre, sommeil barbare: Présentation, après restauration et remontage, d’une banquette funéraire ayant appartenu à un aristocrate d’Asie centrale venu s’établir en Chine au VIe siècle,* Paris: Musée Guimet, 2004, pp. 15-32. 中译参德凯琳、黎北岚著，施纯琳译：《巴黎吉美博物馆展围屏石榻上刻绘的宴饮与宗教题材》，张庆捷、李书吉、李钢主编：《4～6世纪的北中国与欧亚大陆》，科学出版社，2006年，第108—125页；万毅：《巴黎吉美博物馆展胡人石棺床图像试探》，中山大学艺术史研究中心编：《艺术史研究》第十二辑，中山大学出版社，2010年，第15—37页等。

周树屏风。门两侧各立两名胡人侍从，建筑外另坐四名胡人。翟门生东魏石棺床[1]“胡客翟门生”屏[2]正面中心图像（图一二，4）中，墓主人坐于单檐庑殿顶建筑内，左手抬起，右手于一高足杯内取食。周树屏风，旁有二侍女。“郭巨与母食”屏正面中心图像（图一二，5）中，翟门生夫人坐于榻上，左手捧杯，右手抬起，大食二指略捻。榻周树屏风，旁亦有二侍女。“郭巨与母食”屏正面与“胡客翟门生”屏正面图像序列相互对称，翟门生与其夫人的画像同位于中部，均取侧势，彼此凝望[3]。安备墓隋代石棺床[4]对饮图（图一二，6），描绘伞盖之下两名胡人于榻上对饮的场景。画面右侧的人物呈半躺状，画面左侧的人物盘腿而坐，二者比例明显较大，榻四周有若干侍者。安备墓隋代石棺床宴舞图（图一二，7）中，画面左侧的建筑下，人物比例明显较大的墓主人坐于榻边饮酒，左手持酒具，左腿盘屈，右腿下垂。其前有一侍从，似与其共饮。建筑前有一人正起舞，旁有男、女侍。画面右上方有一帐，内有三人跪坐于榻上奏乐。

---

[1] 较为重要的介绍性资料有：赵超：《介绍胡客翟门生墓门志铭及石屏风》，荣新江、罗丰主编：《粟特人在中国——考古发现与出土文献的新印证》，科学出版社，2016 年，第 673—684 页。此据赵超：《介绍胡客翟育墓门志铭及石屏风》，赵超：《我思古人：古代铭刻与历史考古研究》，社会科学文献出版社，2018 年，第 219—229 页；王树金：《北朝翟门生石床屏风及石榻》，湖南省博物馆编：《根 · 魂：中华文明物语》，岳麓书社，2019 年，第 66—72 页；吉笃学：《东魏石刻的标形器——翟门生屏风石床研究》，《美术学报》2021 年第 2 期，第 11—17 页；吴强华、赵超编著：《翟门生的世界：丝绸之路上的使者》，文物出版社，2022 年。关于翟门生的族属，赵超认为其系丁零、粟特以外的其他民族的来华使者。赵超：《介绍胡客翟育墓门志铭及石屏风》，赵超：《我思古人：古代铭刻与历史考古研究》，社会科学文献出版社，2018 年，第 219—229 页；在此之前，荣新江提出翟姓人很可能是来自粟特某一地区的人。荣新江：《隋及唐初并州的萨保府与粟特聚落》，《文物》2001 年第 4 期，第 84—89 页。后收入荣新江：《中古中国与外来文明：修订版》，生活 · 读书 · 新知三联书店，2014 年，第 160—170 页；而后，罗丰、荣新江爬梳西胡系统的翟姓资料，认为进入中国的西胡出身的翟姓人为粟特人。罗丰、荣新江：《北周西国胡人翟曹明墓志及墓葬遗物》，荣新江、罗丰主编：《粟特人在中国——考古发现与出土文献的新印证》，科学出版社，2016 年，第 269—299 页；郭杨则将中古入华翟氏分为“丁零——高车系翟氏”与“粟特系翟氏”。郭杨：《中古入华翟氏研究》，兰州大学硕士学位论文，2023 年。本文暂且认为翟门生的族属系粟特。

[2] 由于该石棺床非经科学发掘，屏与屏的拼合顺序还有待确认，故本文将刻有“胡客翟门生造石床屏风吉利铭记”的一屏称为“胡客翟门生”屏；将刻有“孝子郭巨与母食”的一屏称为“郭巨与母食”屏。

[3] 吴强华、赵超编著：《翟门生的世界：丝绸之路上的使者》，文物出版社，2022 年，第 330 页。

[4] 较为重要的介绍性资料有：葛承雍：《袄教圣火艺术的新发现——隋代安备墓文物初探》，《美术研究》2009 年第 3 期，第 14—18 页；葛承雍：《隋安备墓新出石刻图像的粟特艺术》，中山大学艺术史研究中心编：《艺术史研究》第十二辑，中山大学出版社，2010 年，第 1—13 页。

图一二　北朝至隋入华粟特裔石葬具所见宴饮图补充[1]

1.安阳北齐石棺床（喜龙仁定名之Plate. 448） 2.吉美博物馆藏石棺床背屏之6 3.康业围屏正面之5 4.翟门生东魏石棺床"胡客翟门生"屏正面中心图像 5.翟门生东魏石棺床"郭巨与母食"屏正面中心图像 6.安备墓隋代石棺床对饮图 7.安备墓隋代石棺床宴舞图

[1] 图一二，1采自 Gustina Scaglia, "Central Asians on a Northern Ch'i Gate Shrine", *Artibus Asiae*, Vol. 21 No. 1, 1958, pp. 9-28；图一二，2采自Musée Guimet éd. , *Lit de pierre, sommeil barbare: Présentation, après restauration et remontage, d'une banquette funéraire ayant appartenu à un aristocrate d'Asie centrale venu s'établir en Chine au VIe siècle*, Paris: Musée Guimet, 2004, p. 22；图一二，3采自西安市文物保护考古所：《西安北周康业墓发掘简报》，《文物》2008年第6期，第14—35页；图一二，4—5采自吴强华、赵超编著：《翟门生的世界：丝绸之路上的使者》，文物出版社，2022年，第249、235页；图一二，6采自葛承雍：《隋安备墓新出石刻图像的粟特艺术》，中山大学艺术史研究中心编：《艺术史研究》第十二辑，中山大学出版社，2010年，第1—13页；图一二，7采自Orientations Vol. 41 No. 5。

除康业围屏正面之5外，上述宴饮图中的主人公形象皆为四分之三侧面。郑岩曾表示，康业墓画像总体上显露出的是中原文化基调，其墓主像乃依据当时中土人士共同认可的审美标准表现的一种理想形象[1]。对北朝至隋入华粟特裔石葬具汉化程度的综合分析[2]进一步证明，康业墓石棺床的汉化程度整体相当之高，其图像基本是纯汉式的，且采用阴线刻技法[3]。由此，康业围屏正面之5采用正面像描绘墓主人，自然与同期中土类似图式的惯用做法密切相关，而亦带上了一定程度的“偶像性”。亦即，其已基本不见粟特故俗的影响，而基本完全中土化了。至于翟门生石棺床“胡客翟门生”屏、“郭巨与母食”屏正面中心图像，其整体构图形式虽与康业围屏正面之5比较相似，但墓主及墓主夫人依然为四分之三侧面，且二者互相呼应[4]。

除安阳石棺床所见重复出现的宴饮图外，上述宴饮图在石葬具图像程式中亦应处于重要位置。康业围屏正面之5位于石棺床背屏右石正中。吉美博物馆藏石棺床的若干复原方案[5]，都将背屏之6置于背屏中心处。翟门生石棺床“胡客翟门生”屏被作为右后屏展出，“郭巨与母食”屏则被作为左后屏展出[6]。据此可推断，安备墓石棺床对饮图、宴舞图在图像程式中亦应比较重要。

由此，上述北朝至隋入华粟特裔石葬具，在图像程式核心处多刻制宴饮图，有的为墓主或墓主夫人宴饮图，且基本遵循源自粟特本土的以四分之三侧面表现宴饮人物的方式，同样与中土同期墓葬图像中的类似题材有所差异。可以说，这些宴饮图虽与夫妇对

[1] 郑岩:《逝者的“面具”——论北周康业墓石棺床画像》，郑岩:《从考古学到美术史：郑岩自选集》，上海人民出版社，2012年，第111—154页。此据郑岩:《逝者的面具：汉唐墓葬艺术研究》，北京大学出版社，2013年，第219—265页。按：该文系作者将《北周康业墓石榻画像札记》(《文物》2008年第11期，第67—76页)、《逝者的“面具”——再论北周康业墓石棺床画像》(巫鸿、郑岩主编:《古代墓葬美术研究》第一辑，文物出版社，2011年，第219—244页)两文合订而成。

[2] 山西省考古研究所、太原市考古研究所、太原市晋源区文物旅游局编著:《太原隋虞弘墓》，文物出版社，2005年，第163—164页；王蕻荃:《北朝至隋入华粟特石质葬具所见亭、帐图像研究》，朱玉麒主编:《西域文史》第十七辑，科学出版社，2023年，第135—178页。

[3] 北朝至隋中原的石葬具，整幅画面类的图像多以拟绘画的线刻类技法刻制，可知康业墓石棺床符合石葬具雕刻的汉地传统。周振家:《线刻与弧面浅浮雕——中古中国粟特裔石葬具的嬗变》，北京大学硕士学位论文，2019年，第30、39页。

[4] 实际上，翟门生石棺床的这两幅图像，在构图形式、雕刻技法等方面整体继承了北魏传统，表明其在丧葬方面所受之礼遇，对此将另文详述。

[5] 德凯琳、黎北岚著，施纯琳译:《巴黎吉美博物馆展围屏石榻上刻绘的宴饮与宗教题材》，张庆捷、李书吉、李钢主编:《4～6世纪的北中国与欧亚大陆》，科学出版社，2006年，第108—125页；孙武军:《北朝隋唐入华粟特人墓葬图像的文化与审美研究》，西北大学博士学位论文，2012年，第63页等。

[6] 吉笃学:《东魏石刻的标形器——翟门生屏风石床研究》，《美术学报》2021年第2期，第11—17页。

坐宴饮图有别，但多数仍是在遵循中土王朝葬制的前提下，对图像具体细节作“偷梁换柱”，从而保持民族特色的典型例证。

在明确北朝至隋入华粟特裔石葬具所见夫妇对坐宴饮图的特殊性后，便可甄别出与其相似的一些图像，并探讨前者对后者的影响。徐敏行墓墓主夫妇宴饮图（图七）便是一例。罗丰已阐明其在酒具形制、舞者姿态等方面所具中亚风格[1]。郑岩认为该宴饮图与虞弘椁壁浮雕之5构图相近，且两图的屏风、榻上皆见联珠纹。另据发掘简报，徐敏行墓原画像左侧还有奏乐者，人物左右绘树木，树上有鸟，以上在虞弘墓中均可寻得对应的图像[2]。在此之外，女性非呈正面端坐状，诚可目为入华粟特人特有丧葬图式的“余波”，而进一步证明徐敏行墓与中亚因素的联系。鉴于徐敏行出身于南朝以来的医术世家，很可能奉天师道[3]，故徐敏行丧葬图像与粟特裔石葬具图像的雷同，应可排除墓主信仰祆教的情况，而恐怕是受到当时承自东胡旧俗的北齐胡风的影响所致[4]。又如，河南安阳隋代麹庆夫妻合葬墓[5]的石门额（图一三），主体部分刻绘墓主夫妇坐于两坡顶帐下的壸门榻上宴饮的场景。男性盘腿坐于画面右侧，女性跽坐于画面左侧，二者都以四分之三侧面描绘。发掘简报作者已注意到该墓深受汉文化和西域文化等多种因素的浸染，此处所论可证之。

图一三　河南安阳隋代麹庆夫妻合葬墓石门额[6]

[1] 罗丰:《北魏漆棺画中的波斯风格》，罗丰:《胡汉之间——丝绸之路与西北历史考古（修订本）》，文物出版社，2023年，第97—123页。

[2] 郑岩:《崔芬墓壁画初探》，临朐县博物馆编:《北齐崔芬壁画墓》，文物出版社，2002年，第23—32页。此据郑岩:《逝者的面具：汉唐墓葬艺术研究》，北京大学出版社，2013年，第337—351页。

[3] 陈昊:《墓志所见南北朝医术世家的身份认同与宗教信仰》，《文史》2008年第2辑，第77—104页；章红梅:《六朝医家徐氏考辨——以墓志为主要材料》，《史林》2011年第3期，第50—55页。

[4] 沈睿文:《天水石马坪石棺床墓的若干问题》，沈睿文:《中古中国祆教信仰与丧葬》，上海古籍出版社，2019年，第103—144页。

[5] 安阳市文物考古研究所、河南省文物考古研究院:《河南安阳隋代麹庆夫妻合葬墓的发掘》，《考古学报》2023年第3期，第393—434页。

[6] 采自安阳市文物考古研究所、河南省文物考古研究院:《河南安阳隋代麹庆夫妻合葬墓的发掘》，《考古学报》2023年第3期，第393—434页。

综上，北朝至隋入华粟特裔石葬具所见夫妇对坐宴饮图，是中土墓制与粟特故俗相互交织而形成的丧葬图式。一方面，因为宦中土，需遵守当朝墓制，故这些宴饮图在根本上是对“宴乐＋出行”构图程式的主动接受，此系入华粟特裔贵族的“国家认同”；另一方面，以四分之三侧面对坐的形式表现宴饮图中的墓主夫妇，巧妙地融入了对粟特本土艺术风格的传承、对粟特本土宴饮图像及其内涵的理解，同时消解了中土墓制同题材图像的“肖像性”，这是在遵照中土墓制的大前提下所作的能动改造，反映着入华粟特裔贵族的“民族认同”[1]。“国家认同”与“民族认同”在不同程度上的共同作用，使北朝至隋入华粟特裔石葬具图像呈现多元化的面貌。但倘若能准确把握中土墓制与粟特故俗的主次关系，则可明晰这种“百花齐放”中所具有的内在统一性。

[1] 关于入华粟特裔贵族的“国家认同”“民族认同”，详参沈睿文:《论墓制与墓主国家和民族认同的关系——以康业、安伽、史君、虞弘诸墓为例》，沈睿文:《中古中国祆教信仰与丧葬》，上海古籍出版社，2019 年，第 17—58 页。

从石葬具所见“异刻”图像看北朝隋粟特裔的在地化

张艺铭（北京大学考古文博学院）

一、绪论

公元3至8世纪，由于商贸和战争等原因，粟特人沿丝绸之路大批东行，进入中国境内。面对新的社会情境，他们需要处理多种文化因素的差异。在这一复杂过程中，北朝后期至唐初是最为关键的时期。

随着北朝隋唐时期入华粟特人墓葬的持续发现和相关资料的渐次公布，以及与粟特人有关的石葬具的重新辨识，该问题益发凸显。当前，学界关于粟特墓葬中石葬具图像的研究极其丰富，揭示了中古中国粟特人祆教信仰和丧葬习俗的独特面貌[1]。尽管如此，粟特石葬具图像蕴含的重要信息，仍有剩义以待发覆。故而，本文计划以康业墓围屏石

---

[1] 较为系统的研究如：姜伯勤：《中国祆教艺术史研究》，生活·读书·新知三联书店，2004年；荣新江、张志清主编：《从撒马尔干到长安：粟特人在中国的文化遗迹》，北京图书馆出版社，2004年；《法国汉学》丛书编辑委员会编：《粟特人在中国——历史、考古、语言的新探索》（《法国汉学》第十辑），中华书局，2005年；孙武军：《北朝隋唐入华粟特人墓葬图像的文化与审美研究》，西北大学博士学位论文，2012年；孙武军：《入华粟特人墓葬图像的丧葬与宗教文化》，中国社会科学出版社，2014年；马晓玲：《北朝至隋唐时期入华粟特人墓葬研究》，西北大学博士学位论文，2015年；荣新江、罗丰主编，宁夏文物考古研究所、北京大学中国古代史研究中心编：《粟特人在中国：考古发现与出土文献的新印证》，科学出版社，2016年；荣新江：《中古中国与粟特文明》，生活·读书·新知三联书店，2014年，第三编；沈睿文：《中古中国祆教信仰与丧葬》，上海古籍出版社，2019年；林圣智：《图像与装饰：北朝墓葬的生死表象》，台湾大学出版中心，2019年，第四、五、六章。

榻[1]、安伽墓围屏石榻[2]、史君墓石堂[3]、虞弘墓石椁[4]等四座考古发掘且墓主信息明确的墓葬所出石葬具[5]为主要研究对象，辅以同时期相关墓葬材料作为补充和比较，尝试对不同石葬具图像的内容组合和呈现面貌进行论述，以探究其中的“异刻”，深入阐释这一现象背后潜藏的丧主对于中土丧葬礼制的理解和自我墓葬空间的建构。由此，进一步认识入华粟特裔的丧葬实践及其暗藏的“在地化”过程。

所谓“在地化”（Localization）[6]，原本是市场营销领域的术语[7]，后被引入并广泛应用于国内外人文社科领域，不同学科对其内涵各有不同阐发[8]。与本文最直接相关的是文

[1] 西安市文物保护考古所：《西安北周康业墓发掘简报》，《文物》2008 年第 6 期，第 14—35 页。

[2] 陕西省考古研究所：《西安北郊北周安伽墓发掘简报》，《考古与文物》2000 年第 6 期，第 28—35 页；陕西省考古研究所：《西安发现的北周安伽墓》，《文物》2001 年第 1 期，第 4—26 页；陕西省考古研究所编著：《西安北周安伽墓》，文物出版社，2003 年。

[3] 西安市文物保护考古所：《西安市北周史君石椁墓》，《考古》2004 年第 7 期，第 38—49 页；西安市文物保护考古所：《西安北周凉州萨保史君墓发掘简报》，《文物》2005 年第 3 期，第 4—33 页；西安市文物保护考古研究院编著，杨军凯著：《北周史君墓》，文物出版社，2014 年。

[4] 山西省考古研究所、太原市考古研究所、太原市晋源区文物旅游局：《太原隋代虞弘墓清理简报》，《文物》2001 年第 1 期，第 27—52 页；山西省考古研究所、太原市考古研究所、太原市晋源区文物旅游局编著：《太原隋虞弘墓》，文物出版社，2005 年。

[5] 实际上，关于这批石葬具的名称和属性，学者有专门辨析。如沈睿文根据翟门生屏风铭文、史君石堂双语铭文和相关文献史料，指出俗称的“围屏石榻/石棺床”时称“石床屏风/石重床”，“石椁”时称“石堂/石坟”；赵超则认为以往所谓“围屏石榻/石棺床”的称呼并不科学，应改称“石床”，因为石床及与之配套的石屏风、石阙模型、石狮座等石葬具组合才是北朝时期特有的葬具。参沈睿文：《论墓制与墓主国家和民族认同的关系——以康业、安伽、史君、虞弘诸墓为例》，朱玉麒主编：《西域文史》第六辑，科学出版社，2011 年，第 205—232 页；此据沈睿文：《中古中国祆教信仰与丧葬》，上海古籍出版社，2019 年，第 38—44 页；赵超：《北朝石床与石屏风——由深圳博物馆“永远的北朝——北朝石刻艺术展”谈起》，赵超、吴强华主编：《永远的北朝：深圳博物馆北朝石刻艺术展》，文物出版社，2016 年，第 5—7 页；后题作《由深圳博物馆〈“永远的北朝”石刻艺术展〉谈北朝石床与石屏风》，收入赵超：《我思古人——古代铭刻与历史考古研究》，社会科学文献出版社，2018 年，第 188—191 页。此据后者。尽管如此，研究者在论著中使用的名称仍多有不同，因此，为行文之便，本文统一使用发掘报告的称呼。

[6] “Localization”有多种汉译方式，如“在地化”“本地化”“本土化”“地方化”“当地化”等，参陈历明：《Glocalization与一名多译》，《外国语文》2012 年第 6 期，第 108—111 页。尽管有学者指出存在细微差异，但对本文影响不大，故本文取“在地化”作为统一表述。

[7] Robertson R. Glocalization, “ Time-space and homogeneity-heterogeneity,” *Global modernities*, No. 1, 1995, pp. 25-44.

[8] 易雨潇：《重新思考空间——Site-Specific Art与在地艺术》，《上海艺术评论》2018 年第 5 期，第 61—64 页。

化层面的“在地化”，就此话题，李鸿宾在讨论米文辩墓志时，将迁入某地之后的人群，经过长期生活而与所在地区形成密切关系，从而衍化成为坐地户的生活取向称为“地著化”[1]。王柯以晋江陈埭地区丁氏一族为例，讨论了中国东南地区的穆斯林群体如何融合到中国社会中[2]。二者都是关于外来族群进入以汉文化为主的地域内，其生活方式、思维习性、文化选择的转型，“在地化”在此意义上是一种主体跨越文化边界进行文化身份调适的过程[3]。基于此，本文所定义的“在地化”可区分为政治体和文化认同两个层面：前者指从行政管理的角度看，粟特裔著籍成为编户齐民，被纳入王朝统治体系之中[4]；后者涉及习惯风俗、族源重构、心理认同等。具体到丧葬方面，体现为从粟特到中国，粟特人在所处政权的墓葬等级规制的范围内，利用石葬具及其图像进行自我表达，一方面着力展现自己原本的宗教信仰、丧葬习俗和生活状况，另一方面将迁徙交融中所接触的多种文化因素加以转化与缀合，完成对石葬具全新的“文化赋值”[5]。简言之，这是一种文化接触与转化的过程。

所谓“异刻”，借自徐冲在研究北魏后期墓志文化特质时提出的概念，在其一系列研究中，“异刻”指的是在同一方墓志之内所出现的“非正常”刻写，包括留白、挤刻、省刻、空位、补刻、不记赠官而仅记历官等八种类型，从这些现象入手，他对墓志的生产

[1] 李鸿宾：《墓志铭映印下的唐朝河北粟特人“地著化”问题——以米文辩墓志为核心》，《暨南史学》2015 年第 1 期，第 23—42 页；后收入李鸿宾：《墓志所见唐朝的胡汉关系与文化认同问题》，中华书局，2019 年，第 196—228 页。

[2] 王柯：《从“穆斯林”到“中国人”——晋江陈埭丁氏宗族的“本土化”过程》，王柯：《消失的“国民”：近代中国的“民族”话语与少数民族的国家认同》，香港中文大学出版社，2017 年，第 1—37 页。

[3] 如此，这里的“在地化”若采用汉地社会主流的话语，即所谓“汉化”“华化”，而之所以用“在地化”作为替代语，除了避免单一民族国家思维将造成文化交流的复杂性被遮蔽之外，更重要的是因为它不再简单地指一族对另一族的文化同化，而是强调了进入地方所属的国家政治体系的意义。换言之，“在地化”不只是族群间的文化同化，还与时间、区域、政权等要素紧密相连。

[4] 限于主旨，本文对此层面暂不讨论，关于胡人聚落向官府直辖的乡里制的转变，可参荣新江：《从聚落到乡里——敦煌等地胡人集团的社会变迁》，原载高田時雄責任編集：『敦煌寫本研究年報』第三號，京都大學人文科學研究所西陲發現中國中世寫本研究班，2009 年，第 25—36 页；后收入荣新江：《中古中国与粟特文明》，生活 · 读书 · 新知三联书店，2014 年，第 143—159 页。

[5] 此处借用人类学者达比分析英国湖区时所用语“cultural valorization”，见（美）温迪 · J. 达比（Wendy J. Darby）著，张箭飞、赵红英译：《风景与认同：英国民族与阶级地理》，译林出版社，2018 年，第 3 页。

过程以及背后的权力关系与社会功能作了发掘[1]。本文所称“异刻”则特指：虽然粟特裔采用了官方规定的墓葬制度，但与北朝后期已经相对成熟、规范和定型的墓葬图像布局方式，尤其是墓主“宴乐＋出行”的核心模式相比，他们的石葬具图像中发生的变异及混合的种种异质特征。如果将石葬具图像理解为丧葬活动的连带产物，则一组严整精致、逻辑明确的图像就显示出墓主、丧家、皇权、工匠之间达成了完美的交互关系，那么“异刻”现象的存在，可视为这种关系未达融洽时所留下的些许痕迹，使得我们有机会在千年之后窥见彼时人们的所思所想。

以康业诸墓为对象关涉上述两个话题的探讨[2]，大致可分为个案研究和综合研究两类。个案研究中，针对康业围屏石榻，郑岩将整套图像分为三组，讨论图像形式内在的逻辑关系，并经过一系列对比，指出其图像组合搭配凌乱生硬，且有意掩盖康业本来的胡人血统[3]。林圣智详细考察了图像配置原理，指出其综合采纳了三种新旧不同的方式[4]。郜鹏飞针对图像中女性墓主正面像的缺失现象，根据北朝前期石葬具图像以墓主夫妇像为中心的排列规律，重置了康业围屏图像，并基于“生人不立像”的禁忌，判断康业去世时，其夫人还未离世[5]。然此观点与其他屏风出现墓主夫人形象相矛盾。郑岩亦注意到这一现象，主张工匠在创作时随意性较大[6]，因而对此问题还有待进一步的解释。关于虞弘石椁，

[1] 徐冲：《从“异刻”现象看北魏后期墓志的“生产过程”》，《复旦学报（社会科学版）》2011年第2期，第102—113页；修订后收入余欣主编：《中古时代的礼仪、宗教与制度》，上海古籍出版社，2012年，第423—447页；徐冲：《元渊之死与北魏末年政局——以新出元渊墓志为线索》，《历史研究》2015年第1期，第38—53页；徐冲：《北魏后期墓志文化一瞥》，复旦大学历史学系、《中国中古史研究》编委会编：《中国中古史研究》第七卷，中西书局，2019年，第279—291页。

[2] 由于四座墓葬包含的信息极为丰富，相关研究亦涉及墓葬形制、埋葬方式、其他随葬品、墓志考释等多个方面，以下仅梳理与本文相关的石葬具图像中关涉“异刻”“在地化”的研究成果。

[3] 郑岩：《逝者的“面具”——论北周康业墓石棺床画像》，郑岩：《从考古学到美术史——郑岩自选集》，上海人民出版社，2012年，第111—154页；此据郑岩：《逝者的面具：汉唐墓葬艺术研究》，北京大学出版社，2013年，第219—265页。

[4] 林圣智：《北周康业墓围屏石棺床研究》，荣新江、罗丰主编，宁夏文物考古研究所、北京大学中国古代史研究中心编：《粟特人在中国：考古发现与出土文献的新印证》，科学出版社，2016年，上册，第237—263页；后题作《葬具作坊的分化：康业墓与北周政治》，收入林圣智：《图像与装饰：北朝墓葬的生死表象》，台湾大学出版中心，2019年，第六章，第271—307页。

[5] 郜鹏飞：《关于康业墓石棺床围屏图像中女性墓主正面画像缺失问题的探讨》，《黄河 黄土 黄种人》2022年第12期，第43—45页。

[6] 郑岩：《逝者的“面具”——论北周康业墓石棺床画像》，郑岩：《从考古学到美术史——郑岩自选集》，上海人民出版社，2012年，第111—154页；此据郑岩：《逝者的面具：汉唐墓葬艺术研究》，北京大学出版社，2013年，第226—227页。

内壁正中图像（第5幅）中的女性身份和“女左男右”[1]的不寻常排位方式存在争议，对此，毕波[2]、秦若晨[3]等均有关注，详见后文。

综合研究中，邢福来聚焦于安伽等4件围屏石榻，通过对比认为图像的汉化程度高低与墓葬时代成正比[4]。姜伯勤通过分析虞弘、安伽等6组石葬具的图像主题，讨论了于阗、粟特等艺术风格以及中国礼制艺术对祆教艺术的容纳和改造[5]。姜氏提出，中国祆教画像石是汉地陵寝艺术与粟特祆教艺术的融合，萨宝体制和胡臣身份体制是其存在的历史前提[6]。张庆捷整理比较了11件粟特相关石葬具，按图像内容中粟特或汉族因素的比例，分为四类，认为墓主家族入华时间的长短是造成图像差异的关键。粟特人石葬具的产生和盛衰，与其聚落演化有密切关系，只有在入华粟特人汉化到一定阶段才会出现这种葬具画像[7]。其后，乐仲迪综论北朝后期中国的粟特人墓葬，辨析来自中国传统或粟特（伊朗）系统的各种因素，特别是仔细分析了宴饮、狩猎、歌舞、祭祀等图像[8]。曾布川宽继而以安伽、史君、虞弘等石葬具为代表进行图像学解读，强调了图像形成过程中北朝因素的影响，认为粟特人借用北朝石刻画像，并依据自身生死观给予其变化[9]。杨泓亦强调

[1] 这里的左右是以墓主夫妇自身为视角，下文同。

[2] 毕波：《虞弘墓所谓“夫妇宴饮图”辨析》，《故宫博物院院刊》2006年第1期，第66—83页。

[3] 秦若晨：《虞弘墓石质葬具分析》，罗丰主编：《丝绸之路考古》第四辑，科学出版社，2020年，第99—115页。

[4] 邢福来：《北朝至隋初入华粟特贵族墓围屏石榻研究》，《考古与文物》2002年汉唐考古增刊，第227—239页。按，此观点并不适用于康业墓，不过文章发表时康业墓还未被发现。

[5] 姜伯勤：《祆教画像石：中国艺术史上的波斯风》，《文物天地》2002年第1期，第34—37页；姜伯勤：《中国祆教画像石在艺术史上的意义》，《中山大学学报（社会科学版）》2004年第1期，第70—78页；后题作《中国祆教艺术在艺术史上的意义》，收入姜伯勤：《中国祆教艺术史研究》，生活·读书·新知三联书店，2004年，第315—328页。

[6] 姜伯勤：《中国祆教画像石的“语境”》，荣新江、李孝聪主编：《中外关系史：新史料与新问题》，科学出版社，2004年，第233—238页；后收入姜伯勤：《中国祆教艺术史研究》，生活·读书·新知三联书店，2004年，第25—32页。

[7] 张庆捷：《入乡随俗与难忘故土——入华粟特人石葬具概观》，荣新江、张志清主编：《从撒马尔干到长安：粟特人在中国的文化遗迹》，北京图书馆出版社，2004年，第9—16页；后题作《入华粟特人石葬具图像初探》，收入张庆捷：《民族汇聚与文明互动——北朝社会的考古学观察》，商务印书馆，2010年，第429—454页。

[8] Judith A. Lerner, “ Aspects of Assimilation: The funerary practices and furnishings of Central Asians in China,” *Sino-Platonic Papers,* No. 168, 2005, pp. 1-51.

[9] （日）曾布川寛：「中国出土のソグド石刻画像試論」，曾布川寛編：『中国美術の図像学』，京都大学人文科学研究所，2006年，第97—182頁；中译本见（日）曾布川宽著，林保尧译：《中国出土的粟特石刻画像试论》，《艺术学》第27期，2011年，第339—422页。此据后者。

西域来华人士在墓葬形制、葬具规制、墓志设置等主要方面都与中华文明保持一致，只是在中国式葬具上依据一些外来粉本制作了装饰图像[1]。沈睿文认为，研究中古中国粟特裔石葬具及其图像，基点是回归到墓葬建制上，他循此思路构建出国家认同和种族/民族认同的理论框架，将康业诸墓视为整体，考察其葬制、葬俗与所属王朝的关系，指出尽管围屏石榻和石堂的图像分别侧重表现现实纪功内容和神性内容，却无一例外遵守了政权的“宴乐（夜宴）＋出行”的图式组合[2]。这一观点极具启发性，揭示了胡裔墓葬在多元化之外的内在统一性。此后，孙武军[3]、马晓玲[4]的博士论文亦将这批石葬具图像作为研究重心。姚崇新从墓葬形制、葬具、葬式、随葬品、图像五个方面全面考察了康业、安伽、史君、虞弘等墓葬所包含的葬俗信息，判断除康业外，其余墓主对粟特固有祆教葬俗的坚持大过对中土葬俗的迁就[5]。近年，贺西林就李诞、康业、安伽、史君四座北周墓出土石葬具的画像内容与艺术风格、视觉传统与匠作体系、历史变迁与文化记忆三个问题进行了探讨，认为政局变迁是四件画像葬具前后出现两种不同面貌的主导因素[6]。

诚如沈睿文所言，粟特裔贵族被纳入异族政权的官僚等秩系统之中，体制化是国家认同的必然结果和当然现象，这决定了这批石葬具图像乃是依照所属王朝“宴乐（夜宴）＋出行”的丧葬图式进行配置[7]。同时，若细致观察图像内容的具体形态，能发现其间不乏一些与规制不相切合的“异刻”，这一现象关乎大时代下个体生命的状态、心理与抉择，

[1] 杨泓：《北朝至隋唐从西域来华民族人士墓葬概说》，饶宗颐主编：《华学》第八辑，紫禁城出版社，2006年，第218—232页；后题作《北朝至隋唐从西域来华人士墓葬概说》，收入杨泓：《中国古兵与美术考古论集》，文物出版社，2007年，第297—314页。

[2] 沈睿文：《论墓制与墓主国家和民族认同的关系——以康业、安伽、史君、虞弘诸墓为例》，朱玉麒主编：《西域文史》第六辑，科学出版社，2011年，第205—232页；此据沈睿文：《中古中国祆教信仰与丧葬》，上海古籍出版社，2019年，第17—58页；沈睿文：《中古中国粟特裔石葬具综论》，吕章申主编：《近藏集粹——中国国家博物馆新入藏文物》，北京时代华文书局，2016年，第32—46页；后作为“导论”收入沈睿文：《中古中国祆教信仰与丧葬》，上海古籍出版社，2019年，第1—16页。此据后者。

[3] 孙武军：《北朝隋唐入华粟特人墓葬图像的文化与审美研究》，西北大学博士学位论文，2012年。

[4] 马晓玲：《北朝至隋唐时期入华粟特人墓葬研究》，西北大学博士学位论文，2015年。

[5] 姚崇新：《北朝晚期至隋入华粟特人葬俗再考察——以新发现的入华粟特人墓葬为中心》，荣新江、罗丰主编，宁夏文物考古研究所、北京大学中国古代史研究中心编：《粟特人在中国：考古发现与出土文献的新印证》，科学出版社，2016年，下册，第594—620页。

[6] 贺西林：《胡风与汉尚——北周入华中亚人画像石葬具的视觉传统与文化记忆》，《美术大观》2020年第11期，第34—41页。

[7] 沈睿文：《论墓制与墓主国家和民族认同的关系——以康业、安伽、史君、虞弘诸墓为例》，朱玉麒主编：《西域文史》第六辑，科学出版社，2011年，第205—232页；此据沈睿文：《中古中国祆教信仰与丧葬》，上海古籍出版社，2019年，第56—58页。

为我们细化研究粟特裔的在地化过程提供了更多的线索，既往尚未有措意者。因此，本文尝试厘清四组石葬具所见“异刻”图像的种种样态和产生过程，并将之放置在北朝隋墓葬制度发展的脉络中去分析抵牾之处的成因，庶几可以借此对于认识粟特裔在中古中国社会中的真正位置与面貌有所补益。

二、北朝隋墓葬所见“宴乐＋出行”图像组合的基本特征

作为后文讨论的前提，本节将首先对北朝隋墓葬所见“墓主宴乐＋鞍马、牛车出行”图像组合的基本特征进行介绍，以所谓“不异”的正常情况来更好地比较和考察粟特图像的“异刻”。

根据诸多学者的研究，中国古代墓葬壁面图像装饰经过长期发展，于南北朝时期被纳入以帝陵为代表的最高等级墓葬范畴，成为丧葬制度的重要组成部分。其中尤以东魏北齐墓葬壁画最为典型，自帝陵至勋贵及中高级官吏墓葬，出现相当一致的题材内容和布局形式。杨泓[1]、李星明[2]等对邺城、太原地区的墓葬壁画特征皆有总结，在渊源方面，郑岩进一步提出“邺城规制”，强调北齐邺城的独特性[3]，韦正则认为“洛阳规制”早已存在，突出北魏洛阳的重要性[4]。无论如何，壁画面貌的统一性当与制度约束相关，此为学者共识。简言之，在墓室内，最稳定的构图是以正壁墓主像为核心的宴乐场面，配以两侧壁鞍马、牛车及侍从仪卫的出行场面。一般情况下，男墓主与鞍马、女墓主与牛车的搭配乃是定则，以示性别差异（表一、表二）。

[1] 杨泓：《南北朝墓的壁画和拼镶砖画》，中国社会科学院考古研究所编著：《中国考古学论丛》，科学出版社，1993 年，第 429—437 页；后收入杨泓：《汉唐美术考古和佛教艺术》，科学出版社，2000 年，第 84—102 页。

[2] 李星明：《唐代墓室壁画研究》，陕西人民美术出版社，2004 年，第 21—26 页。

[3] 郑岩：《论“邺城规制”——汉唐之间墓葬壁画的一个接点》，中山大学艺术史研究中心编：《艺术史研究》第三辑，中山大学出版社，2001 年，第 295—329 页；后题作《“邺城规制”初论》，收入郑岩：《魏晋南北朝壁画墓研究》，文物出版社，2002 年，第 181—208 页；亦见郑岩：《论“邺城规制”——汉唐之间墓葬壁画的一个接点》，郑岩：《逝者的面具：汉唐墓葬艺术研究》，北京大学出版社，2013 年，第 308—336 页；此据郑岩：《“邺城规制”初论》，郑岩：《魏晋南北朝壁画墓研究（增订版）》，文物出版社，2016 年，第 162—188 页。

[4] 韦正：《北朝晚期墓葬壁画布局的形成》，中山大学艺术史研究中心编：《艺术史研究》第十六辑，中山大学出版社，2014 年，第 145—188 页。

表一　北朝隋石葬具所见“墓主＋鞍马、牛车”图像组合统计

<table>
<tr><th colspan="2">年代</th><th rowspan="2">名称</th><th rowspan="2">墓主</th><th rowspan="2">图像载体</th><th rowspan="2">墓主图像布局</th><th colspan="3">鞍马、牛车图像</th><th rowspan="2">资料来源[1]</th></tr>
<tr><th>朝代</th><th>纪年</th><th>方位</th><th>朝向</th><th>骑乘者</th></tr>
<tr><td rowspan="5">北魏</td><td>太安四年（458 年）</td><td>解兴石堂</td><td>解兴夫妇</td><td>石椁</td><td>男左女右</td><td>马左牛右</td><td>墓主</td><td>无</td><td>[2]</td></tr>
<tr><td>和平元年（460 年）</td><td>张智朗石椁</td><td>张智朗</td><td>石椁</td><td>?</td><td>马左牛右</td><td>椁室门</td><td>无</td><td>[3]</td></tr>
<tr><td>平城时期[4]</td><td>大同智家堡石椁</td><td>不详</td><td>石椁</td><td>男左女右</td><td>马左牛右</td><td>椁室门</td><td>无</td><td>[5]</td></tr>
<tr><td>神龟年间（518—520 年）</td><td>孙龙石椁[6]</td><td>推测为孙龙夫妇</td><td>石棺</td><td>前挡为男左女右，右侧板为女左男右</td><td>均在右侧板，上下排列</td><td>前挡墓主</td><td>马上有骑者</td><td>[7]</td></tr>
<tr><td>孝昌三年（527 年）</td><td>宁懋石室</td><td>宁懋夫妇</td><td>石椁</td><td>无</td><td>马左牛右</td><td>后壁</td><td>无</td><td>[8]</td></tr>
</table>

[1] 下文在论证中凡涉及关于图像内容的信息，一般均来源于此栏所引论著，这种情况不再另行出注。

[2] 张庆捷：《北魏石堂棺床与附属壁画文字——以新发现解兴石堂为例探讨葬俗文化的变迁》，北京大学中国考古学研究中心编：《两个世界的徘徊：中古时期丧葬观念风俗与礼仪制度学术研讨会论文集》，科学出版社，2016 年，第 233—249 页；白月：《北魏解兴石堂考》，《大众考古》2023 年第 8 期，第 61—66 页。

[3] 尹刚：《北魏平城墓葬壁画研究》，山西人民出版社，2022 年，第 87—94 页。

[4] 简报推定为太和八年至十三年（484—489 年），倪润安根据图像特点及与宋绍祖墓（477 年）的比较，认为可能在献文帝至孝文帝初期（466—476 年），参倪润安：《北魏平城时代平城墓葬的文化转型》，《考古学报》2014 年第 1 期，第 58 页。

[5] 大同市博物馆、大同市考古所：《大同智家堡北魏墓石椁壁画》，《文物》2001 年第 7 期，第 40—51 页。

[6] 从形制上看，此石葬具应属于石棺，但其自题为“石椁”，故称。

[7] 王太明、贾文亮：《山西榆社县发现北魏画像石棺》，《考古》1993 年第 8 期，第 767 页；王太明：《榆社县发现一批石棺》，山西省考古学会、山西省考古研究所编：《山西省考古学会论文集》（三），山西古籍出版社，2000 年，第 119—122 页。

[8] 关于宁懋石室的研究较多，典型者如：郭建邦：《北魏宁懋石室和墓志》，《中原文物》1980 年第 2 期，第 33—40 页；林圣智：《北魏宁懋石室的图像与功能》，《美术史研究集刊》2005 年第 18 期，第 1—74 页；邹清泉：《图像重组与主题再造——“宁懋”石室再研究》，《故宫博物院院刊》2014 年第 2 期，第 97—113 页；李梅田：《北魏宁懋石室再检讨》，《故宫博物院院刊》2021 年第 9 期，第 68—77 页。

续表

年代		名称	墓主	图像载体	墓主图像布局	鞍马、牛车图像			资料来源[1]
朝代	纪年					方位	朝向	骑乘者	
北魏	后期	“A组围屏”	不详	围屏石棺床	男左女右	均在墓主像左侧，左右相接	墓主	无	[1]
	后期[2]	“B组围屏”[3]	不详	围屏石棺床	男左女右	马左牛右	墓主	无	[4]
	后期	首都博物馆藏石棺床	不详	围屏石棺床	男左女右	马左牛右	墓主	无	[5]
	后期	纽约展出石棺床	不详	围屏石棺床	男左女右	马左牛右	墓主	无	[6]
	后期[7]	深圳博物馆展陈石棺床	不详	围屏石棺床	男左女右	马左牛右	墓主	无	[8]

[1] 林圣智:《北魏洛阳时期葬具的风格、作坊与图像：以一套新复原石棺床围屏为主的考察》,《美术史研究集刊》2015 年第 39 期，第 49—126 页；后题作《围屏制作与生死表象：北魏洛阳时期葬具的风格、作坊与图像》，收入林圣智:《图像与装饰：北朝墓葬的生死表象》，台湾大学出版中心，2019 年，第四章，第 159—220 页。

[2] 林圣智推测“A组围屏”和“B组围屏”的年代在孝明帝正光元年（520年）至孝庄帝永安三年（530年）之间，见林圣智:《图像与装饰：北朝墓葬的生死表象》，台湾大学出版中心，2019 年，第 218 页。

[3] 此即日本天理参考馆与美国旧金山亚洲美术馆分藏围屏石棺床，林圣智称为“B组围屏”。

[4] 林圣智:《图像与装饰：北朝墓葬的生死表象》，台湾大学出版中心，2019 年，第 159—220 页。

[5] 滕磊:《一件海外回流石棺床之我见》,《故宫博物院院刊》2009 年第 4 期，第 22—32 页。

[6] 邹清泉:《北魏画像石榻考辨》,《考古与文物》2014 年第 5 期，第 75—83 页。

[7] 关于年代，黑田彰认为在北魏晚期，赵超认为在北魏晚期到东魏晚期之间，吉笃学认为是东魏时期，参黑田彰:《关于深圳博物馆展陈北魏石床的孝子传图——阳明本孝子传的引用》，赵超、吴强华主编:《永远的北朝：深圳博物馆北朝石刻艺术展》，文物出版社，2016 年，第 86—102 页；赵超:《由深圳博物馆〈“永远的北朝”石刻艺术展〉谈北朝石床与石屏风》，第 187—218 页；吉笃学:《东魏石刻的标形器——翟门生屏风石床研究》，第 15—16 页。本文暂且将其置于北魏晚期。

[8] 赵超、吴强华主编:《永远的北朝：深圳博物馆北朝石刻艺术展》，文物出版社，2016 年，图版，第 114、140—165 页。

续表

年代		名称	墓主	图像载体	墓主图像布局	鞍马、牛车图像			资料来源[1]
朝代	纪年					方位	朝向	骑乘者	
东魏	武定元年（543 年）	翟门生石棺床	推测为翟门生夫妇	围屏石棺床	男左女右	马左牛右	墓主	无	[1]
	武定六年（548 年）	安阳固岸 M57 石棺床	谢氏冯僧晖夫妇	围屏石棺床	男左女右	牛左马右	外部	无	[2]
北齐	中后期（560—570 年）[3]	沁阳西向石棺床	不详	围屏石棺床	男左女右	马左牛右	墓主	无	[4]
北周	不详[5]	中国国家博物馆藏石堂	不详	石堂	男左女右	马左牛右	墓主	无[6]	[7]
隋	开皇十八年（598 年）	麹庆夫妻合葬墓	麹庆夫妇	石门额	男左女右	马左牛右	墓主	无	[8]

[1] 王树金：《北朝翟门生石床屏风及石阙》，湖南省博物馆编：《根 · 魂：中华文明物语》，岳麓书社，2019 年，第 66—72 页；吴强华、赵超编著：《翟门生的世界：丝绸之路上的使者》，文物出版社，2022 年。

[2] 河南省文物考古研究所：《河南安阳固岸墓地考古发掘收获》，《华夏考古》2009 年第 3 期，第 19—23 页；河南省文物局编著：《安阳北朝墓葬》，科学出版社，2013 年，第 8—9 页；冯雨：《床榻之辨：东魏谢氏冯僧晖墓双阙围屏石床研究》，《装饰》2018 年第 11 期，第 84—87 页。

[3] 关于年代，李梅田认为在北齐中后期（560—570 年），韦正认为在北魏后期，参李梅田：《魏晋北朝墓葬的考古学研究》，商务印书馆，2009 年，第 65—78 页；韦正：《将毋同：魏晋南北朝图像与历史》，上海古籍出版社，2019 年，第 189 页。本文从李说。

[4] 邓宏里、蔡全法：《沁阳县西向发现北朝墓及画像石棺床》，《中原文物》1983 年第 1 期，第 4—13 页；施安昌：《河南沁阳北朝墓石床考——兼谈石床床座纹饰类比》，载施安昌：《火坛与祭司鸟神：中国古代祆教美术考古手记》，紫禁城出版社，2004 年，第 100—118 页；白炳权：《与佛取花和尚祥山水——北朝沁阳围屏石床研究》，朱岩石主编：《考古学集刊》第 25 集，社会科学文献出版社，2022 年，第 166—192 页。

[5] 孙博推定石堂年代在北周的可能性最大，可备一说。参孙博：《国博石堂的年代、匠作传统和归属》，《古代墓葬美术研究》2017 年第 1 期，第 135—154 页。

[6] 此处指后壁墓主夫妇对坐图两侧的鞍马、牛车无骑者，而左右两壁的鞍马、牛车则有骑乘者。

[7] 葛承雍：《北朝粟特人大会中祆教色彩的新图像——中国国家博物馆藏北朝石堂解析》，《文物》2016 年第 1 期，第 71—84 页。

[8] 安阳市文物考古研究所、河南省文物考古研究院：《河南安阳隋代麹庆夫妻合葬墓的发掘》，《考古学报》2023 年第 3 期，第 393—434 页。

表二 北朝隋墓葬壁画所见“墓主＋鞍马、牛车”图像组合统计

年代		名称	墓主	墓主图像布局	鞍马、牛车图像			资料来源
朝代	纪年				方位	朝向	骑乘者	
高句丽	好太王永乐十八年（408年）	朝鲜德兴里壁画墓	镇	左空白，男右[1]	牛左马右	墓主	无	[2]
北魏	太延元年（435年）	大同沙岭M7壁画墓	破多罗太夫人夫妇	男左女右	均在右侧，上下排列	墓主	无	[3]
	和平二年（461年）	大同仝家湾M9	梁拔胡夫妇	仅男性	仅鞍马，在右侧	墓主	无	[4]
	平城时期[5]	大同云波里华宇二期壁画墓	梁拔胡夫妇	男左女右	均在左侧，上下排列	墓主	无	[6]
北齐	天统四年（568年）	太原韩祖念墓	韩祖念夫妇	男左女右	马左牛右	马朝墓主，牛朝外部，二者同向	无	[7]
	武平元年（570年）	太原娄睿墓	推测为娄睿夫妇	男左女右	马左牛右	外部	无	[8]

[1] 前室北壁甬道门的西侧亦有帷帐下手持麈尾的男墓主像，这里仅讨论后室北壁的墓主像。

[2] （韩）金勇南：《关于新发现的德兴里高句丽壁画墓》，《历史科学》1979年第3期；贾晓贝、宁强：《往生净土与魂归故乡：德兴里壁画墓的死后理想世界》，《中国美术研究》2020年第4期，第22—27页。

[3] 大同市考古研究所：《山西大同沙岭北魏壁画墓发掘简报》，《文物》2006年第10期，第4—24页。

[4] 山西省考古研究所、大同市考古研究所：《山西大同南郊仝家湾北魏墓（M7、M9）发掘简报》，《文物》2015年第12期，第4—22页。

[5] 侯晓刚推定年代在文成帝太安至和平年间（455—465年），参侯晓刚：《大同市云波里华宇二期壁画墓的年代》，《文物世界》2020年第1期，第12—15页。

[6] 尹刚：《大同云波路华宇二期北魏墓葬壁画的价值》，安徽博物院、安徽博物馆协会编：《安徽文博》第十五辑，安徽美术出版社，2020年，第70—83页。

[7] 太原市文物考古研究所编著：《太原北齐韩祖念墓》，科学出版社，2020年。

[8] 山西省考古研究所、太原市文物考古研究所：《北齐东安王娄睿墓》，文物出版社，2006年。

续表

<table>
<tr><th colspan="2">年代</th><th rowspan="2">名称</th><th rowspan="2">墓主</th><th rowspan="2">墓主图像布局</th><th colspan="3">鞍马、牛车图像</th><th rowspan="2">资料来源</th></tr>
<tr><th>朝代</th><th>纪年</th><th>方位</th><th>朝向</th><th>骑乘者</th></tr>
<tr><td rowspan="3">北齐</td><td>武平二年（571 年）二月</td><td>济南□道贵墓</td><td>推测为□道贵夫妇[1]</td><td>仅男性</td><td>马左牛右</td><td>马朝墓主，牛朝外部，二者同向</td><td>无</td><td>[2]</td></tr>
<tr><td>武平二年（571 年）十一月</td><td>太原徐显秀墓</td><td>推测为徐显秀夫妇</td><td>男左女右</td><td>牛左马右</td><td>外部</td><td>无</td><td>[3]</td></tr>
<tr><td>后期</td><td>朔州水泉梁壁画墓</td><td>不详</td><td>男左女右</td><td>马左牛右</td><td>马朝墓主，牛朝外部，二者同向</td><td>无</td><td>[4]</td></tr>
<tr><td>隋</td><td>开皇四年（584 年）</td><td>嘉祥徐敏行墓</td><td>徐敏行夫妇</td><td>男左女右</td><td>牛左马右</td><td>外部</td><td>无</td><td>[5]</td></tr>
</table>

“宴乐＋出行”图式中，出行图是重要部分，关于其内涵，学者多结合居中的墓主像进行探讨，倾向于将“墓主宴乐＋鞍马、牛车出行”组合甚至整套墓葬图像视为来世场景[6]，尤其是在鞍马、牛车同时朝外的情况下，认为墓主即将骑乘离开墓室、开启来世之旅的解释似乎理所当然。然而，墓葬图像与古人的丧葬礼俗和灵魂观念息息相关，在理

[1] 简报提到，墓室北壁虽仅有男墓主，但西壁车后的三位女性中，居中者似为墓主夫人，可知此时夫人或已去世，参济南市博物馆：《济南市马家庄北齐墓》，《文物》1985 年第 10 期，第 47 页。结合所出墓志记载，□道贵“以大齐皇建二年（561 年）诏授祝阿县令”，此时已 68 岁，应属版授制度下国家对高年老者的尊重和优待，而非实际任职。此墓壁画整体较为简单，绘制山峦流云屏风画的风格也不同于娄睿、徐显秀等北齐高官显贵墓葬壁画的豪华排场，推测壁画的设计可能较少受到官方规制的约束，因而表现形式更反映丧家的自主性和地方文化色彩，这或许是将夫人绘制在西壁而非北壁的原因之一。

[2] 济南市博物馆：《济南市马家庄北齐墓》，《文物》1985 年第 10 期，第 42—48 页。

[3] 山西省考古研究所、太原市文物考古研究所：《太原北齐徐显秀墓发掘简报》，《文物》2003 年第 10 期，第 4—40 页；太原市文物考古研究所编：《北齐徐显秀墓》，文物出版社，2005 年。

[4] 山西省考古研究所、山西博物院、朔州市文物局、崇福寺文物管理所：《山西朔州水泉梁北齐壁画墓发掘简报》，《文物》2010 年第 12 期，第 26—42 页；山西省博物院、山西省考古研究所：《山西朔州水泉梁北齐壁画墓发掘报告》，科学出版社，2020 年。

[5] 山东省博物馆：《山东嘉祥英山一号隋墓清理简报——隋代墓室壁画的首次发现》，《文物》1981 年第 4 期，第 28—33 页。

[6] 关于北朝隋墓葬出行图功能与含义的研究，可参陈思源：《西晋至隋代墓葬出行仪卫俑群与图像研究》，北京大学博士学位论文，2024 年，第九章第二节，第 266—272 页。

解其含义时不可脱离时代背景而求之过深。孙机质疑了把汉墓画像石题材解读为死后灵魂升天堂的观点，指出在佛法未盛之前的汉代，神仙思想追求的是肉体长生不死，而墓葬装饰多是写实的墓主生前起居出行等情况的反映[1]。高崇文也结合文献记载反对了东周秦汉相关遗物的“引魂升天”说[2]。同样，即使在佛教所宣扬的往生净土、六道轮回等概念以及善人死后升天堂享福、恶人死后下地狱受罪等观念广泛传播的南北朝时期，亦不能以此审视所有的图像，还需要考虑中国固有的“事死如生”等儒家丧葬理念。此外，联系墓葬兼具藏形与安魂的功能，既然墓室内盛放尸身的棺床代表死者实际形魄，那么画像就象征灵魂所在，其中墓主宴乐图表示灵魂接受生者供奉与祭祀，而出行图等图像则应看作生前世界的描绘，以示生前死后灵魂的连续性和灵魂居于墓内的观念。不过，因鞍马、牛车在方位、朝向及有无骑乘者等细节上有所不同，不能一概而论其出行含义，以下详细探析。

综合表一、表二所见出行图的呈现样貌，在有无骑乘者方面，北朝隋石葬具图像和墓葬壁画原本当以空马和空车为通例[3]。相较于此，方位和朝向的情况更为复杂，以下分别分析石葬具和壁画的不同。由表一可知，石葬具中的鞍马、牛车绝大多数各自靠近男、女墓主并朝向二人，至少从北魏太安四年（458 年）解兴石堂到隋开皇十八年（598 年）麹庆夫妻合葬墓，存在了 140 年的时间，所表现的应是墓主夫妇灵魂分别骑鞍马、乘牛

[1] 孙机：《仙凡幽明之间——汉画像石与“大象其生”》，《中国国家博物馆馆刊》2013 年第 9 期，第 81—117 页。

[2] 高崇文：《楚汉“引魂升天”说辨析》，北京大学国学研究院：《国学研究》第四十八卷，中华书局，2022 年，第 79—99 页。

[3] 孙龙石椁是例外，较为特殊，是目力所及墓主夫妇像以石棺为载体的孤例，且图像在前挡和右侧板两次出现（见图八），前挡者从位置和画面安排看，可视作其他石葬具正中的墓主图。右侧板者夫妇处于后端，中端为一人驾驭青龙，前端为出行图，上下排列，有两人骑马和一人坐牛车，均朝前挡方向，这种布局和表现形式颇似同时期的道教造像，很可能出自同类画样。孙龙石椁的出土地今榆社、武乡二县一带分布有大量北朝石窟、摩崖造像、造像碑与单体石像，参安瑞军、段彬：《北魏孙龙石椁题铭研究》，《大众考古》2023 年第 1 期，第 38—41 页。因此，葬具和宗教造像的画稿存在相互流通和借用关系的可能性不可排除。总之，孙龙石椁鞍马、牛车图像布局与一般丧葬图像的形式和蕴意有所差别。

车朝向正面屏风，下马/车后坐到中央接受祭祀的情景，灵魂最终停驻于墓内[1]。

壁画的情形较石葬具更多变，表二显示，在北魏平城时代中期壁画未完全衰退之前[2]，鞍马、牛车图像布局尚未定型，沙岭M7、仝家湾M9、云波里华宇二期壁画墓呈现三种不同配置方式，但共同点是朝向墓主，涵义应与同时期石葬具图像相同。此后，壁画出现约百年的空白期[3]，直到北齐后期，才发现保存较完整的“墓主＋鞍马、牛车”图像组合[4]，但形式也未统一，大致可分为三种。第一种以娄睿墓为代表，墓室图像严格对称，鞍马、牛车分别靠近男、女墓主，皆朝向外部。若联系墓道的三栏壁画，情况会变得复杂。由内容看，下层两壁能向内延伸与内部画面相接，总体表示的仿佛是祭拜者进入墓葬等待与在出行仪仗的护送和注视下的墓主夫妇灵魂相会（图一）。至若上层和中层两壁的出行和回归行列，杂有狩猎、货运等内容，与下层和墓室壁画的相关性不大，此

---

[1] 例外者有智家堡石椁、张智朗石椁的朝向，以及孙龙石椁、“A组围屏”的方位。智家堡石椁图像绘制在内部，鞍马、牛车位于南壁，相向而对，形成闭环，墓主夫妇灵魂安住在椁室内，表达的内涵与其余朝向墓主者无异。张智朗石椁内外壁皆有绘画，但多漫漶不清，结合椁壁铭文及史书记载可知，张智朗及其夫毛德祖均已去世（持志、刘俊喜：《北魏毛德祖妻张智朗石椁铭刻》，《中国书法》2014 年第 7 期，第 120—123 页），推测石椁内面后壁绘夫妇像，而前壁之女性非女墓主（尹刚认为石椁内面前壁中间女性可能是张智朗，载尹刚：《北魏平城墓葬壁画研究》，山西人民出版社，2022 年，第 91 页），如此，石椁内壁之布局恰如智家堡石椁，两者年代相近，可为辅证。孙龙石椁的特殊性前注已述，至于“A组围屏”，林圣智在复原时已注意到鞍马图与牛车图相接在目前所知北魏围屏石棺床中仅此一例（林圣智：《图像与装饰：北朝墓葬的生死表象》，台湾大学出版中心，2019 年，第 161—170 页），鉴于这种独特性，可暂且不论。此外，安阳固岸M57 石棺床在方位和朝向两方面大异于其他图像，首先是鞍马靠近女性一侧、牛车靠近男性一侧，其次是二者均位于左右围屏最外侧，又都朝向外部。这样安排与以往的最明显区别是方向由朝内转而朝外，这在石葬具中仅见，而若将左右围屏互相调换位置，则又还原到通行的布局。那么，这是否可能是工匠的失误？如若不是，此种配置应有特别缘由。相较而言，朝外的方向性转变与后文所论北齐壁画确立并固定外向性特征的意旨相通，但暂无线索可将两者归因为同一思想观念。

[2] 倪润安：《北魏平城时代平城墓葬的文化转型》，《考古学报》2014 年第 1 期，第 33—66 页。

[3] 壁画衰退与北魏平城时代和洛阳时代墓葬文化的转型有关，详参倪润安：《北朝至隋代墓葬文化的演变》，《社会科学战线》2022 年第 2 期，第 85—91 页。

[4] 这期间并非没有壁画，只是没有出现或保存完整的“墓主＋鞍马、牛车”图像组合，如北魏太昌元年（532 年）王温墓，墓室东壁绘墓主夫妇像，其他诸壁亦有彩绘痕迹，但脱落严重，内容已无法辨识，故不列入本文讨论范围，见洛阳市文物工作队：《洛阳孟津北陈村北魏壁画墓》，《文物》1995 年第 8 期，第 26—35 页。

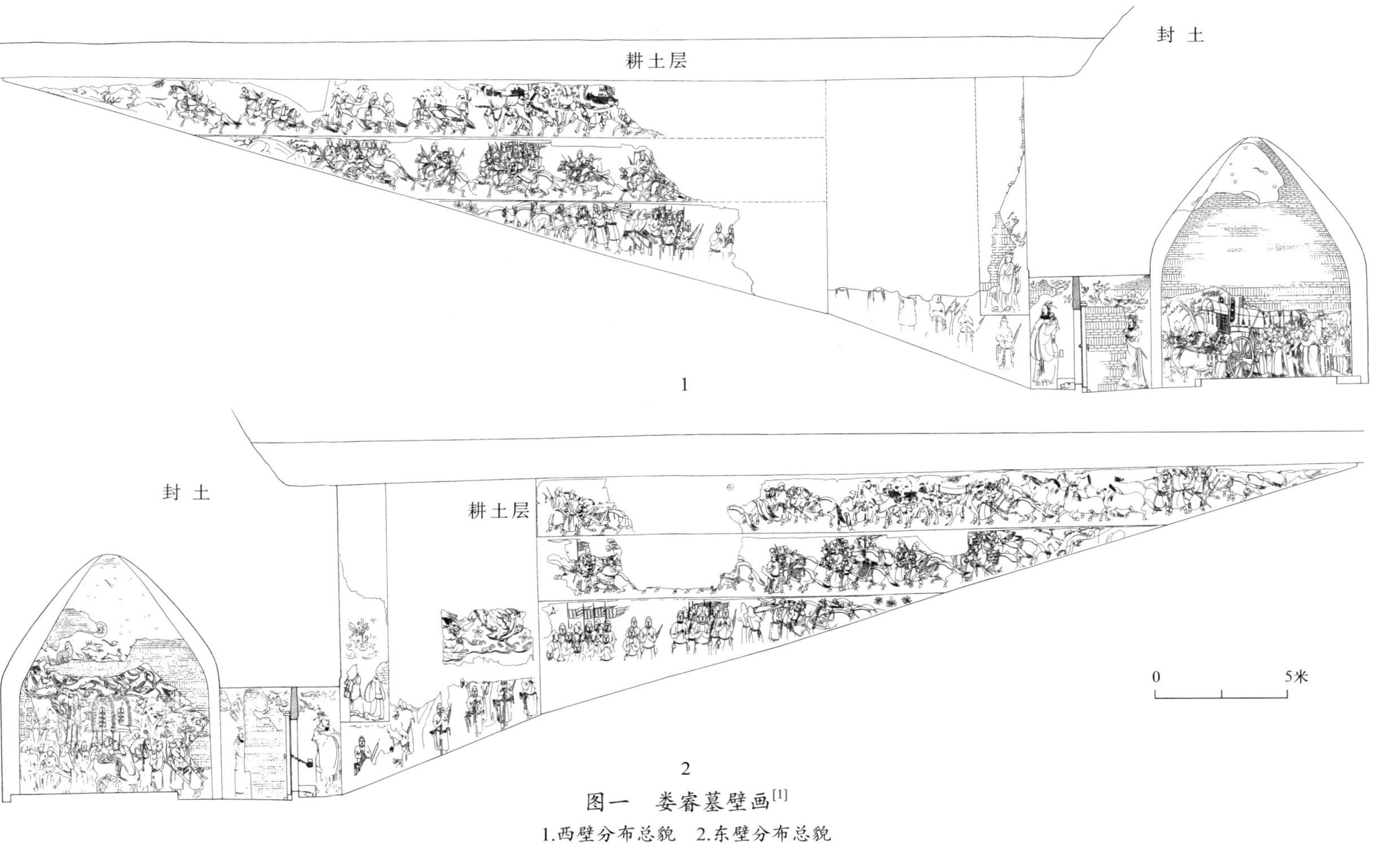

图一 娄睿墓壁画[1]

1.西壁分布总貌 2.东壁分布总貌

[1] 采自山西省考古研究所、太原市文物考古研究所：《北齐东安王娄睿墓》，文物出版社，2006年。

种表现应与游牧民族墓葬壁画的特点相关[1]。整体上看，这套图像的割裂感较强，内外朝向兼有，不过主体呈现的是外向性特征，与之类似的或许还有忻州九原岗壁画墓[2]。

第二种以徐显秀墓为代表，鞍马在女性侧，牛车在男性侧，俱朝向外。结合墓道壁画，东西壁内容相对，都绘由神兽作前导的步骑混合仪仗队列，朝外行进，是墓室、甬道壁画的延展（图二）。此种不分栏的表现形式应源自稍早的邺城地区墓道壁画，如东魏茹茹公主墓[3]、北齐湾漳大墓[4]、修城王高孝绪墓[5]等，均在墓道两壁绘基本对称的步行仪仗行列，方向朝墓外。若不考虑鞍马、牛车的方位颠倒，整套图像有极强的对称性和外向性，构成完整连续的系统。这是在墓道壁画兴起和发展的背景下[6]，为配合整体空间塑造而对墓室壁画作出的调节，映射出当时墓葬图像重视外向性的普遍倾向。后来的徐敏行墓同于徐显秀墓，大概来自粉本流传，只是墓道不绘壁画。

第三种以水泉梁壁画墓为代表，鞍马、牛车分别靠近男、女墓主，鞍马朝墓主，牛

[1] 宿白：《太原北齐娄叡墓参观记》，《文物》1983 年第 10 期，第 26 页；后收入宿白：《魏晋南北朝唐宋考古文稿辑丛》，生活 · 读书 · 新知三联书店，2020 年，第 169 页。从题材看，出行与归来同时出现的做法常见于辽代墓葬而不见于隋唐墓葬中，关于辽墓壁画中的出行图与归来图，可参张春旭、马德龙：《辽墓壁画出行归来图探索》，《美苑》2009 年第 4 期，第 86—89 页；唐玉婷：《东北地区辽墓壁画中的车马出行图研究》，东北师范大学硕士学位论文，2017 年，第 18—26 页。

[2] 九原岗墓的墓道壁画也是水平分栏绘制，四层画像分别表现不同主题，内外朝向兼具，可惜墓室壁画遭盗掘破坏大多无存，难以深入讨论，据称第三层为牛车鞍马出行图，其中东壁为牛车，西壁为鞍马图，可参考，见山西省考古研究所、忻州市文物管理处：《山西忻州市九原岗北朝壁画墓》，《考古》2015 年第 7 期，第 51—74 页；白曙璋：《山西忻州九原岗北朝壁画墓的发掘》，《大众考古》2016 年第 5 期，第 28—34 页。

[3] 磁县文化馆：《河北磁县东魏茹茹公主墓发掘简报》，《文物》1984 年第 4 期，第 1—9 页。

[4] 中国社会科学院考古研究所、河北省文物研究所邺城考古工作队：《河北磁县湾漳北朝墓》，《考古》1990 年第 7 期，第 601—607 页；中国社会科学院考古研究所、河北省文物研究所编著：《磁县湾漳北朝壁画墓》，科学出版社，2003 年。

[5] 张晓峥：《河北磁县北齐高孝绪墓》，国家文物局主编：《2009 中国重要考古发现》，文物出版社，2010 年，第 100—105 页。墓室内只发现了墓志盖，上书“大齐故修城王墓志铭”，搜检《秦晋豫新出墓志搜佚》所著录墓志拓片，有一方题为《北齐高允墓志》，志文开头云“王讳允，字孝绪”，后文所记父永乐、后册封脩城郡王等内容，与《北齐书 · 阳州公永乐传》所载“（高永乐）无子，从兄思宗以第二子孝绪为后，袭爵。天保初，改封脩城郡王”相符，可知此志石应出自高孝绪墓，根据志文，高孝绪卒葬于天统三年（567 年）。参《北齐书》卷一四《阳州公永乐传》，中华书局，1972 年，第 182 页；赵君平、赵文成编：《秦晋豫新出墓志搜佚》，国家图书馆出版社，2012 年，第一册，第 66 页。

[6] 从东魏开始，邺城墓葬壁画突破北魏中、晚期墓葬所遵循的“晋制”的束缚，适应墓葬由墓道、甬道至墓室的建筑结构而形成新的布局。详参倪润安：《北齐墓葬文化格局论》，《故宫博物院院刊》2015 年第 2 期，第 49—72 页。

车朝外部，二者同向（图三）。整体看来，该图式可能意在表现一种动态性叙事，从东侧连接到西侧均为墓主夫妇生前庞大的出行威仪，而他们仍端坐于北壁，意味着灵魂居于墓内。此处，墓室鞍马、牛车图的朝向更大程度上是为连结甬道和墓道两壁的车马行列而服务，虽不对称，但便于构成单向而连贯的情节。由此视之，这种一入一出通贯整座墓葬，强调了出行队伍的大规模，而最终的结果是“出”，仍突显了外向特性。

1

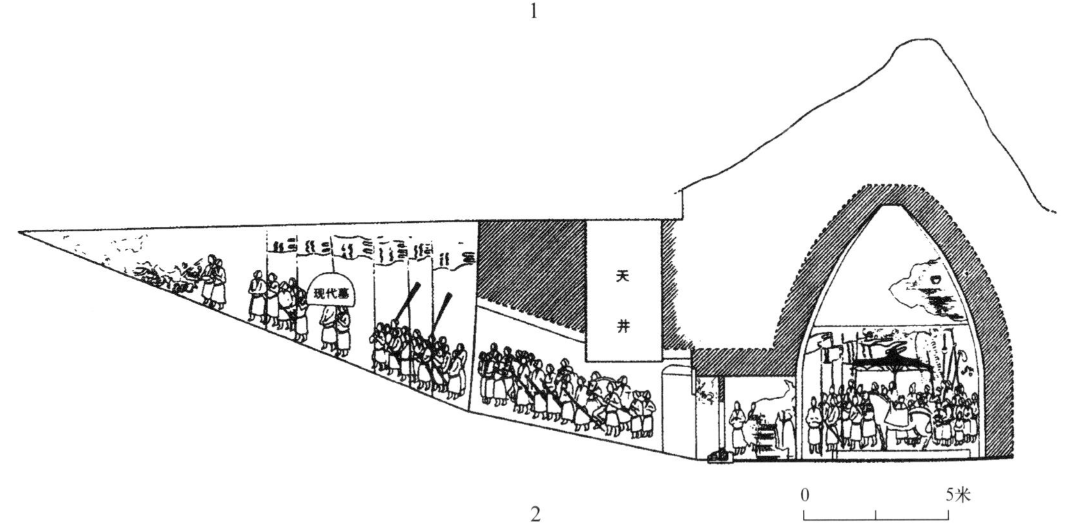

2

图二　徐显秀墓壁画[1]

1.墓室西、北、东壁展开图　2.西壁分布总貌

[1]　采自太原市文物考古研究所编：《北齐徐显秀墓》，文物出版社，2005年。

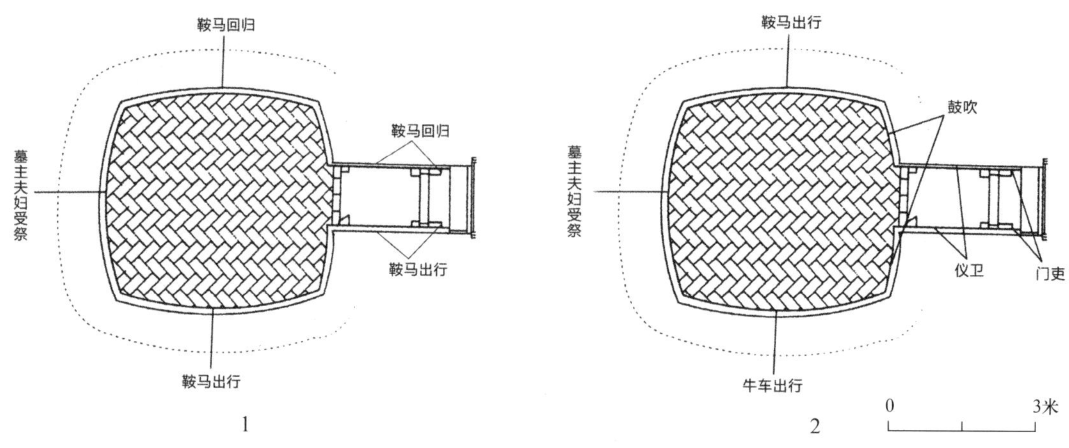

图三　水泉梁壁画墓两次绘制内容示意[1]
1.首次绘画内容　2.二次改绘内容

总结上述考察可得，北朝隋时期墓葬的鞍马、牛车图像通常以备骑待乘状态表现，两者各有朝向墓主和朝向外部两套粉本，不同的排列组合用于不同形式的墓葬空间营造。石葬具以车马均朝内为主流，象征死者骑乘进入，中间位置是目的地，强调灵魂居于墓内地下世界。壁画的落脚点则是朝外，这与此时期墓道的地位在墓葬制度中被突出有关[2]。具体言之，北齐在继承北魏恢复的墓葬壁画传统的同时，正确立一套新范式，即在墓室外建构“展览空间”的心理驱动下，以墓道中绘卤簿与出行仪卫来突显墓主身份地位。由此，墓室出行图的表现形式也相应发生转变，以娄睿、徐显秀、水泉梁三座墓为代表的三种方式基本同时并存，可供丧家选择。最终，整体壁画形成外向性特征，拓宽了墓葬的丧葬空间，而灵魂仍旧归依墓葬之内，又与石葬具图像的含义无异。归根结底，北朝墓葬继承了中国古代灵魂住在墓内的传统生死观，只是基于图像符合墓葬等级制度建设的实际需要，对形式作了调整。

出行图之外，宴乐图予以配合，完整组合的内涵方能得到充分表达，因此图像组合的对应问题十分重要。在中古社会的现实生活中，骑马和乘牛车都是盛行的出行方式，乘牛车者并不限于女性，骑马亦非男性专属，这已得到文献记载、墓葬随葬品及壁画装饰的多方面印证[3]。尽管如此，在图像中，男女墓主分别与鞍马、牛车相对应当视作当时

[1] 采自李梅田、郭东珺：《中古墓室壁画的改绘现象》，《故宫博物院院刊》2022 年第 3 期，第 9 页，本文有改绘。

[2] 金弘翔、王煜：《墓道的“延伸”：魏晋南北朝墓葬制度演变的一个关键点》，《南方文物》2020 年第 1 期，第 89—109 页。

[3] 刘增贵：《汉隋之间的车驾制度》，《“中央研究院”历史语言研究所集刊》第六十三本第二分，1993 年，第 410—420 页。

的有意设计和固定搭配，目的大抵在于追求图像布置的均整和建构夫妇间和谐的人伦秩序[1]，这在前文所涉的丧葬和宗教图像诸例中几无例外。换言之，宴乐与出行组合的一大关键是性别对应。

在剖析了宴乐与出行图像组合本身后，还需拓宽视野，将其与墓葬中的其他相关因素一并观察，方能对图像生成过程做出更恰当的还原。在墓葬空间中，与该图像组合联系最密切的是葬者数量。由表一、表二中墓主信息明确的墓葬看，凡是出现完整的“墓主夫妇＋鞍马、牛车”图像组合的一般都是夫妇合葬墓，如解兴石堂、宁懋石室、固岸M57石棺床等石葬具图像，麹庆墓石门额图像，沙岭M7、韩祖念墓、徐敏行墓壁画等，均有此组合的表现，从所出骨骸或墓志数量中，正可印证墓主为夫妇二人。亦即，图像组合与埋葬人数存在对应关系。仝家湾M9的反常很好地说明了这种关系，按发掘简报，墓中出土的木棺和尸骨均为两具，系夫妇合葬墓，但壁画只表现了男墓主像和鞍马等相关内容，显然不合常规。据墨书的“和平二年”小字叠压于朱书题记“大代和平二年……梁拔胡之墓”之上，推知男墓主先入葬，壁画是初次埋葬时专为他设计，故没有把当时在世的夫人画入，且也未预留将来合葬的画面空间，之后夫人去世葬入时仅添加了题记，对壁画未作改动或重新绘制[2]。德兴里壁画墓反映的是另一种情形，后室北壁西侧绘男墓主端坐像和鞍马、男侍，东侧留有一片空白，通过该侧的牛车和女侍可知空白处是为夫人预设的空间，画像最终缺位的原因，有当时夫人还在世的生人绘像禁忌[3]和以无形体现夫人的佛教信仰与修行层次更高[4]两种观点，无论如何，从最后结果看，出土墓志未提夫人的情况暗示她大概率没有埋入，而留白映射出壁画在最初规划时设想的是夫妇合葬。这两个墓例的“异刻”性质进一步证明，宴乐与出行图像组合有明确的设计意识来区分和对应埋葬对象。

[1] 林圣智：《北魏宁懋石室的图像与功能》，《美术史研究集刊》2005 年第 18 期，第 21—25 页。

[2] 山西省考古研究所、大同市考古研究所：《山西大同南郊仝家湾北魏墓（M7、M9）发掘简报》，《文物》2015 年第 12 期，第 21 页；李梅田、郭东珺：《中古墓室壁画的改绘现象》，《故宫博物院院刊》2022 年第 3 期，第 4—5 页。

[3] 郑岩：《墓主画像研究》，山东大学考古学系编：《刘敦愿先生纪念文集》，山东大学出版社，1998 年，第 450—468 页；此据郑岩：《逝者的面具：汉唐墓葬艺术研究》，北京大学出版社，2013 年，第 177—178 页。

[4] 贾晓贝、宁强：《往生净土与魂归故乡：德兴里壁画墓的死后理想世界》，《中国美术研究》2020 年第 4 期，第 24 页。

三、粟特墓葬“异刻”图像分述

以上文所述“宴乐＋出行”图像组合的基本特征为标准[1]，本节将对四组石葬具中出现的异刻图像进行整理概括，以为之后展开讨论奠定基础，因各墓图像在布局、内容等方面有不同的变异表现，以下按墓葬年代顺序分述之。

（一）康业墓围屏石榻

康业围屏石榻屏风由 4 块长方形石板构成，共 10 幅线刻图像，正面 2 块、每块 3 幅，左、右侧分别为 1 块、每块 2 幅[2]。其中，正 5 为墓主正面宴坐图，其东侧为鞍马（正 6），西侧则既有牛车（正 4）、又有墓主骑鞍马出行（正 2），正 5 与正 4、正 6 的搭配正是“宴乐＋出行”组合的体现。

然而，此图有三个问题：一是正中只有男性墓主即康业一人，却出现为女性出行所准备的牛车。从其他画面看，女墓主多次出现，正 3 为其徒步出行，左 2、正 1、右 1、右 2 都表现她坐于榻上会见女宾，说明此套图像并非独为康业所备。又鉴于中国古代存在生人

[1] 严格意义上说，“宴乐＋出行”/“墓主＋鞍马、牛车”这种图式是不见于迄今所见的西魏北周墓葬的，本文是从北朝东、西政权的丧葬图像同源于北魏的角度，提出北周也存在这一图式的假说。而目前所知年代较早的与粟特人有关的葬具，如武定元年（543 年）翟门生石棺床、约为 6 世纪中叶的北齐安阳石棺床等例子，皆出自东魏北齐地区，这提示我们思考：北周粟特裔图像是否经由北齐粟特裔图像的影响而间接使用了北齐壁画的“宴乐＋出行”图式？可资一提的是，安伽墓的石墓门是至今西魏北周墓葬发现的石门中唯一拥有门额这一构件者（尹夏清：《北朝隋唐石墓门及其相关问题研究》，四川大学博士学位论文，2007 年，第 45—53、148—157 页），从门额形制看，也与东魏北齐晋阳地区、邺城地区的特征相符合，表明其主体文化因素来自北齐（倪润安：《隋徐之范父子的墓志生平与葬俗取向》，裴建平主编，西安碑林博物馆编：《纪念西安碑林 930 周年华诞学术研讨会论文集》，三秦出版社，2018 年，第 77—85 页）；并且，安伽卒葬于建德六年（577 年）北周灭北齐以后，在北方疆域统一的背景下，北齐故地文化对于北周社会的传播和影响力度增加。因此，安伽援引北齐丧葬因素的事实本身就提醒我们进一步留意北周与北齐粟特裔图像的关系。

[2] 为便于叙述，后文在描述康业、安伽石葬具时，按照从左至右的顺序，以“左/正/右＋数字”的方式称呼三面屏风的图像，如“左 1”“正 1”“右 1”。描述史君、虞弘石葬具，则按照报告的编号顺序。

的形象不能随意刻画在丧葬建筑之中的禁忌[1]，有理由认为该图像刻制时，康业夫人已然去世。但同样令人不解的是，石榻上仅有一具骨架，没有发现夫人尸骸的痕迹，出土的康业墓志文中也未言及夫人[2]，似乎意味着这是单人葬。这样，不仅图像内部间产生矛盾，而且图像所属与葬者数量亦不相匹配。二是图像中出现了两次鞍马形象，分处于康业两侧，一无骑者，一有康业，这就导致其上有墓主的鞍马和牛车位于同一侧，不符合普遍的排列原则。三是正 4 的车和正 6 中央的马皆作背面，这种表现方式区别于目前所见的鞍马牛车组合几乎均作侧面，并且图中牛已卸下辕轭卧于地面吃草，更显一派闲适氛围[3]。

（二）安伽墓围屏石榻

安伽围屏石榻的 3 块屏风共刻 12 幅图案，左、右各 3 幅，正面 6 幅。正 3 为墓主夫妇对坐宴饮图，位于两边最外侧的左 1、右 3 均刻有鞍马、牛车出行，三幅画可视为“宴乐＋出行”组合。

此图疑点在于：首先，不同于常见的鞍马、牛车分别在两侧出现一次，此图出现两次，每次共处于同一画面。结合其他画面的刻绘注重对称性，这种情况可能与为了构成对称相关。其次，右 3 中，从下部描述各有两位侍者的安伽夫妇在钦瓦特桥（Činwad）前接受右手上举的妲厄娜（Daēnā）之审判[4]，可知上部为在这之前安伽骑鞍马、夫人乘牛车前往桥的路上。该图相较常规出行增加了审判场面，不过依祆教教义，经过审判后，

[1] 郑岩：《墓主画像研究》，山东大学考古学系编：《刘敦愿先生纪念文集》，山东大学出版社，1998 年，第 450—468 页；此据郑岩：《逝者的面具：汉唐墓葬艺术研究》，北京大学出版社，2013 年，第 174—181 页。按，作者在附记中提到，姜伯勤、雷闻等学者的研究分别列举了唐人生前画像的实例、隋唐时期寺观中供奉当朝皇帝的材料，可见，为生者画像的风俗与生者不能画像的禁忌并行不悖，参郑岩：《中国表情：文物所见古代中国人的风貌》，四川出版集团、四川人民出版社，2003 年，第 146—155 页。此外，金代墓葬有将生者绘入的例子，如大定大年（1168 年）山西沁源正中村金墓、明昌四年（1193 年）陕西甘泉袁庄村金墓，参郝军军：《沁源正中村金墓札记》，《中国国家博物馆馆刊》2021 年第 7 期，第 82—97 页；杨爱国：《活在墓里侍奉先人——山西沁源县正中村金代墓室壁画的启示》，《美术大观》2023 年第 7 期，第 64—69 页。不过，从目前所见材料看，中古时期生前画像的实例绝大多数限于帝王、僧人，且多在现实建筑中，而少见于墓葬类丧葬建筑，故本文倾向于认为当时至少在墓葬中存在生者画像禁忌。

[2] 程林泉、张翔宇、山下将司：《北周康业墓志考略》，《文物》2008 年第 6 期，第 82—84 页。

[3] 郑岩：《逝者的“面具”——论北周康业墓石棺床画像》，郑岩：《从考古学到美术史——郑岩自选集》，上海人民出版社，2012 年，第 111—154 页；此据郑岩：《逝者的面具：汉唐墓葬艺术研究》，北京大学出版社，2013 年，第 227—228 页。

[4] 沈睿文：《北周史君石堂W1、N5 的图像内容》，陕西历史博物馆编：《陕西历史博物馆馆刊》第二十二辑，三秦出版社，2015 年，第 5—31 页；此据沈睿文：《中古中国祆教信仰与丧葬》，上海古籍出版社，2019 年，第 203—204 页。

墓主灵魂或可进入天堂，或将坠入地狱[1]，因而此审判场景实际上含有出行意蕴，总体而言合乎出行图之意，只是糅合了自身的宗教信仰。再看左 1，上部的牛车内乘者性别未知，按常理应是女性，但下部两个骑马者却是女性，其中之一当为安伽夫人。如以右 3 下部安伽夫妇俱在为据，则牛车内很可能是安伽，若此，该出行图的性别对应有误。即使车内无人，女性骑马亦违背了规范。由此看来，图像左右两侧一是一非，形成内在的矛盾。再次，若如报告所言，墓葬未遭盗掘[2]，甬道中的人骨属于安伽一人，且墓志未提到夫人，说明安伽为单人葬。进而，与康业类似，安伽墓的图像刻画两人形貌与墓葬埋葬一人尸骨形成反差。

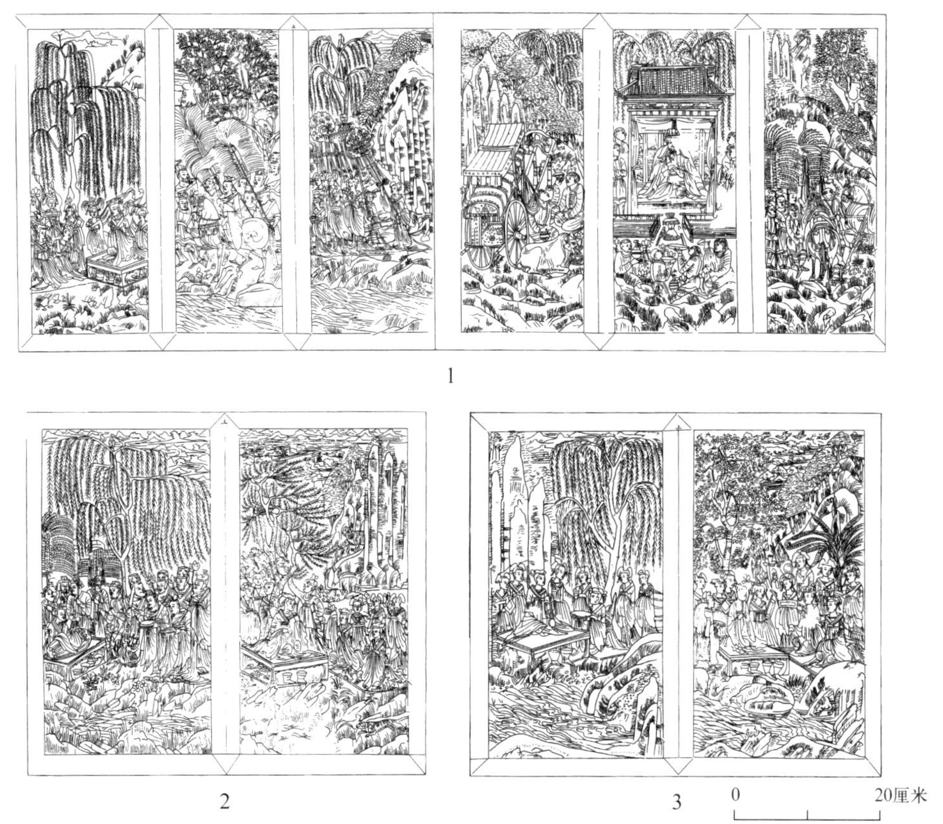

图四　康业围屏石榻[3]

1.正面屏风　2.左侧屏风　3.右侧屏风

[1] *The Zend-Avesta,* Part III, in *Sacred Books of the East,* Vol. XXXI, Translated by James Darmesteter, Oxford: Oxford University Press, 1887, pp. 140–141.

[2] 林悟殊认为安伽葬式完全违反了萨珊波斯琐罗亚斯德教的葬俗，并怀疑报告中未被盗掘的说法，认为安伽墓存在被盗的可能，见林悟殊：《西安北周安伽墓葬式的再思考》，《考古与文物》2005 年第 5 期，第 60—71 页。不过，大多数学者还是信从报告之说，本文亦从报告。

[3] 采自西安市文物保护考古所：《西安北周康业墓发掘简报》，《文物》2008 年第 6 期。

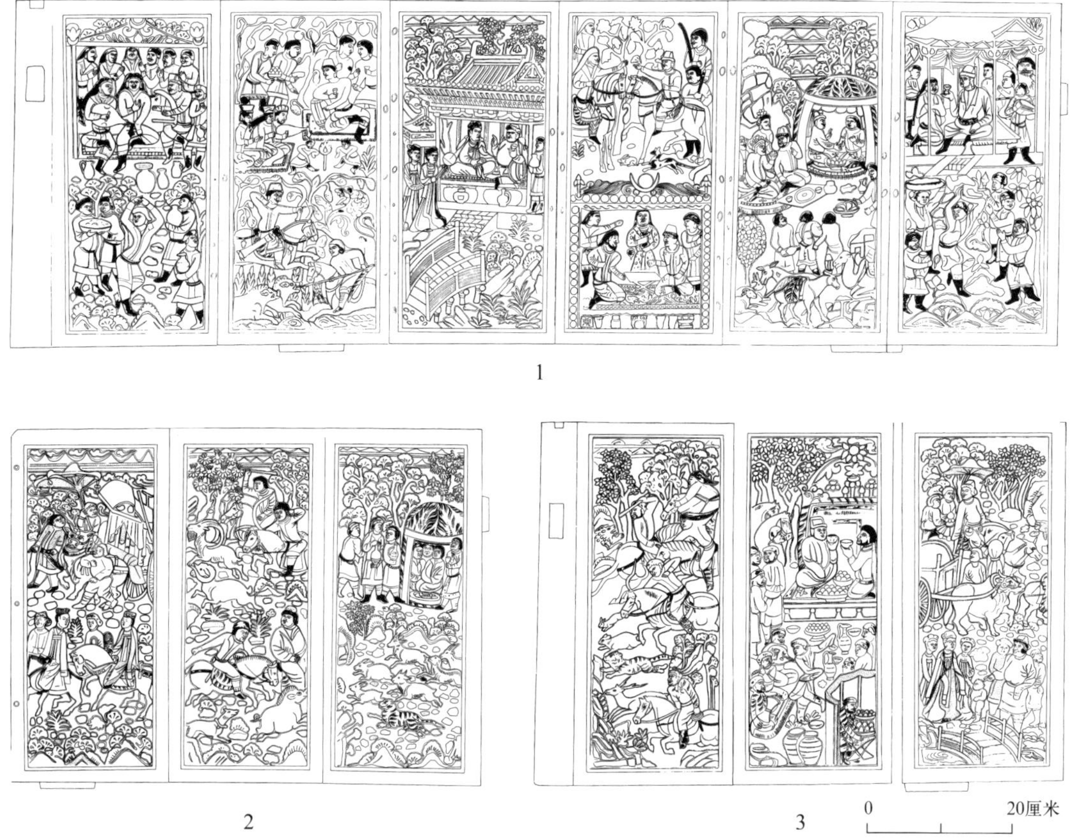

图五　安伽围屏石榻[1]

1.正面屏风　2.左侧屏风　3.右侧屏风

（三）史君墓石堂

史君石堂面阔五间，进深三间，外壁四周共有16幅浮雕彩绘图像。关于其图像结构，沈睿文已指出N2相当于墓主夫妇对坐夜宴，以之为中心，两侧图像分别代表出行仪仗。具体而言，从N3到E3为出行图东翼，从N1到W1为西翼，两者相汇于表示墓主亡魂升至天堂场景的南壁，整体表达的都是从世俗到天堂的过程[2]。

此组图像多处赋有出行意味，但错乱也颇多：东翼中，N3为史君夫妇与侍者在夜间出行，图中人物无论男女皆骑马，明显不当。前端的N5为身穿圣衫塞德拉（Sedra）的暮年史君在圣山朝圣，没有其夫人，但如所周知，琐罗亚斯德教的女信徒同样可以入圣屋

[1]　采自陕西省考古研究所编著：《西安北周安伽墓》，文物出版社，2003年。

[2]　沈睿文：《北周史君石堂W1、N5的图像内容》，陕西历史博物馆编：《陕西历史博物馆馆刊》第二十二辑，三秦出版社，2015年，第5—31页；此据沈睿文：《中古中国祆教信仰与丧葬》，上海古籍出版社，2019年，第200—201页。

祷告和到圣山朝圣，可见此处夫人的缺失并非教义所限，当另有缘由。再往前的E1、E2、E3 三幅，夫人又骑一翼马重新出现，与史君及羊、骆驼等动物一起顺利进入天堂。西翼中，N1 为驼马出行，W3 为狩猎与驼马出行，按照游牧民族男女骑乘习惯的不同，两幅图都应代表史君出行，而与夫人无关。可是，接续的W2 却出现了夫妇二人，其中史君怀中抱有一左手上举做比划状的婴儿，表明他正接受妲厄娜的审判，下方的一匹殡马理应为载他入天堂所备。但若联系N3 骑马出行图，史君头顶为方弧形的直柄伞盖，夫人头顶为圆形的曲柄伞盖，与W2 中伞盖的造型及装饰风格相同，或许表明后者的使用或拥有者应为夫人[1]，若然，W2 的鞍马似乎也当为夫人准备，那图中的一只狗又是为谁行犬视（Sagdīd）之仪呢？相接的W1 中，夫妇二人再次同时出现在天堂礼奉阿胡拉 · 马兹达等神祇，与E3 的场景呼应。总之，从最终结果看，史君夫妇亡魂均成功到达天堂，但东、西两翼以不同的方式对待夫人能否接受审判、通过钦瓦特桥，致使整套图像看似工整，实则漏洞甚多。夫人形象的时显时隐，体现出石葬具图像的内在张力，更透露出其产生过程中丧葬行为的复杂性。

（四）虞弘墓石椁

虞弘石椁各部位图案丰富，椁身由椁门和 9 块汉白玉石板构成，主体图像的装饰技法为浮雕加彩绘，位于前壁外部椁门两边和椁内左、后、右三壁。后壁正中面积最大的图像（第 5 幅）呈现墓主夫妇对坐和宴乐歌舞的盛大场面，左右侧多幅图象征出行制度。其中，第 3、4、6 幅分别为粟特人、突厥人和虞弘骑骆驼或大象射杀狮子，既表现善战胜恶[2]，又蕴含狩猎出行之意；第 7、8 幅表示对经过钦瓦特桥前的虞弘灵魂的供奉。紧接着的第 9 幅也刻骑乘出行，应为用石榴或万寿果对植物祭品豪摩的人格化神祇豪摩神进行献祭，寓有灵魂永生不朽之愿[3]。与之对称的第 1 幅共同位于出行队列的最前端，是丧葬仪式中殡马出行的写照，为墓主灵魂进入天堂所备[4]。相比之下，这组图像虽然单幅画面内容简单，整体神性色彩较浓，但却仍然保留了“宴乐＋出行”的核心格局。

[1] 这一点孙武军已注意到，参孙武军：《死者的象征——入华粟特人墓葬鞍马图像含义的历史考察》，陕西师范大学历史文化学院、陕西历史博物馆、陕西师范大学人文科学高等研究院编：《丝绸之路研究集刊》第九辑，社会科学文献出版社，2023 年，第 374—375 页。

[2] 姜伯勤：《隋检校萨宝虞弘墓祆教画像石图像的再探讨》，《艺术史研究》第四辑，中山大学出版社，2002 年，第 183—198 页；后题作《隋检校萨宝虞弘墓祆教画像的再探讨》，收入姜伯勤：《中国祆教艺术史研究》，生活 · 读书 · 新知三联书店，2004 年，第 150—151 页。

[3] 沈睿文：《吉美博物馆所藏石重床的几点思考》，沈睿文：《中古中国祆教信仰与丧葬》，上海古籍出版社，2019 年，第 93—94 页。

[4] 沈睿文：《内亚游牧社会丧葬中的马》，魏坚主编，中国人民大学北方民族考古研究所、中国人民大学历史学院考古文博系编：《北方民族考古》第二辑，科学出版社，2015 年，第 251—265 页；此据沈睿文：《中古中国祆教信仰与丧葬》，上海古籍出版社，2019 年，第 381—385 页。

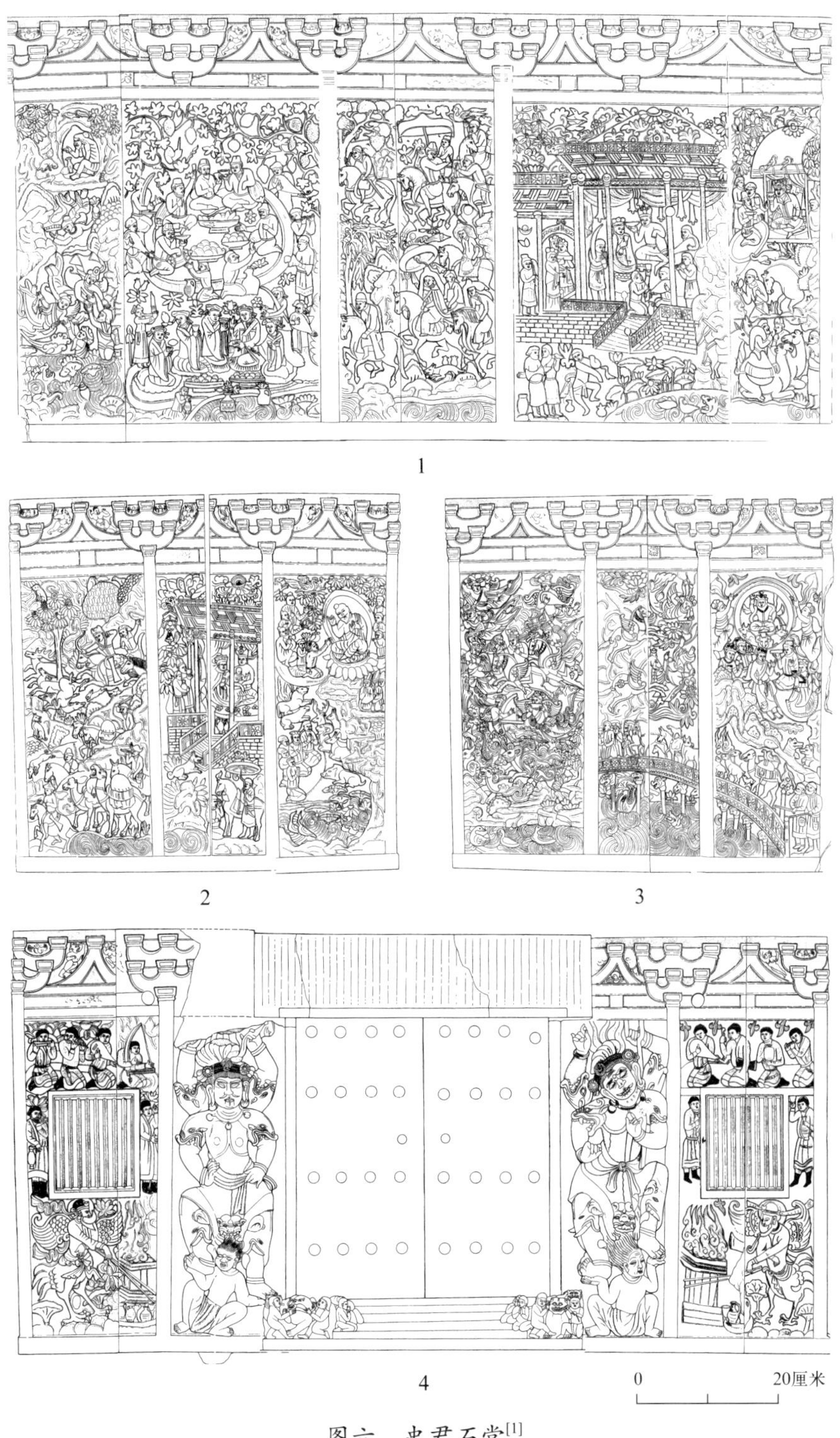

图六 史君石堂[1]

1.北壁 2.西壁 3.东壁 4.南壁

[1] 采自西安市文物保护考古研究院编著，杨军凯著：《北周史君墓》，文物出版社，2014年。

图七　虞弘石椁[1]

1.外壁第1幅　2.外壁第9幅　3.内壁第2、3幅　4.内壁第7、8幅　5.内壁第4、5、6幅

[1] 采自山西省考古研究所、太原市考古研究所、太原市晋源区文物旅游局编著：《太原隋虞弘墓》，文物出版社，2005年。

其异刻特征体现在：第一，夫妇宴乐图不同于北朝晚期普遍的男左女右布局，这里是女左男右。第二，表现出行的图像没有与宴乐图形成严格的组合关系，亦即，与居中图像夫妇二人形象都在场相矛盾的是，图中所有的出行场景都只刻画了代表虞弘的马匹、大象等，而没有指示夫人的牛车元素，第 1 幅仅一匹佩戴鞍鞯的空乘之马更是昭显了这套图像归属于虞弘一人。更有意思的是，此马之下竟然出现了两只狗。依照《阿维斯陀》的规定，人去世后举行犬视仪式需严格遵守狗的数量与死者保持一致[1]，即，若死者一人，则狗一只；若是两人，则狗应有两只[2]。如此看，两只狗仿佛对应了夫妇俩，这又与其他画幅只刻绘一只狗冲突。第三，由墓中散见人骨的鉴定结果知，埋葬者为一男一女两个个体，加之同出的两合墓志，表明此墓确为虞弘夫妇合葬墓，这样一来，与前述康业、安伽类似的图像归属者与入葬者数目不相应的情况再次出现。

四、宴乐与出行图像组合的在地化表现

以上主要以列举的方式，对四组石葬具图像中的异刻现象进行了梳理。虽然它们各具特色，但综合看，可归纳为图像组合本身、图像组合与实际埋葬数量的关系这两个共性问题，其中前者包括出行图本身、宴乐图与出行图的对应两个层次。以下将结合上述材料与其他相关信息，依次考察粟特裔在这些方面的作为，通过拆解并重构“宴乐＋出行”图像组合的产生过程，藉此窥见介入其中的复杂关系，从而观察北朝隋粟特裔的在地化过程。本节首先聚焦图像本身。

（一）出行图布局与内涵的转化

如前文所揭，这四组石葬具中具有出行意涵的图像颇多，除北朝隋时期习见的以鞍马、牛车为中心的出行图之外，出行元素还被运用在狩猎、渡钦瓦特桥等多种场景中，后者加入了较为明显的异于中土的文化因素，属于粟特裔结合自身需求对所在政权出行制度的显性改造。与此同时，前者虽然在一定丧葬礼制的约束下具备同类构图形式的共性，但若将其与北朝隋墓葬所见鞍马、牛车出行图像作对比，能发现一些在共性之下透露出的差异性，这可视作粟特裔之于传统出行图式的隐性改造（表三）。

[1] *The Zend-Avesta*, Part I, in *Sacred Books of the East,* Vol. IV, Translated by James Darmesteter, Oxford: Oxford University Press, 1895, pp. 99–102.

[2] 如果死者为孕妇，且怀胎已满五个月，则腹中胎儿被视为已有生命，因此死者算是两人，犬视的狗也应有两只。参林悟殊：《波斯拜火教与古代中国》，新文丰出版公司，1995 年，第 98—104 页。

表三　北朝隋粟特裔石葬具所见“墓主＋鞍马、牛车”图像组合统计

年代		名称	墓主	图像载体	墓主图像布局	鞍马、牛车图像			资料来源
朝代	纪年					方位	朝向	骑乘者	
北周	天和六年（571 年）	康业围屏石榻	康业	围屏石棺床	仅男性	马左牛右	有骑者之鞍马朝向外部，无骑者之鞍马和牛车背面朝向画面前方		[1]
	大象元年（579 年）	安伽围屏石榻	推测为安伽夫妇	围屏石棺床	男左女右	两侧分别出现一次	外部	有	[2]
	大象二年（580 年）	史君石堂	史君夫妇	石堂	男左女右	未出现牛车	外部	多数有骑者，仅W2 为无骑者	[3]
隋	开皇十八年（598 年）	虞弘石椁	虞弘夫妇	石椁	女左男右	未出现牛车	外部/椁门	多数有骑者，仅第 1 幅为无骑者	[4]

据表三，首先，骑乘者或有或无，从鞍马看[5]，以有骑者为主。其次，朝向皆为外部，与其余石葬具不合，却与壁画相像。针对粟特裔墓葬中的鞍马、牛车题材，以往学者在解读时既集中于前者，又多只关注无骑者的情况，如荣新江[6]、黎北岚[7]等认为Miho屏风B空鞍马为粟特水神/雨神Tishtrya即汉文史料中得悉神的化身。葛乐耐提出，空鞍马在中国象

[1] 西安市文物保护考古所：《西安北周康业墓发掘简报》，《文物》2008 年第 6 期，第 14—35 页。

[2] 陕西省考古研究所编著：《西安北周安伽墓》，文物出版社，2003 年。

[3] 西安市文物保护考古研究院编著，杨军凯著：《北周史君墓》，文物出版社，2014 年。

[4] 山西省考古研究所、太原市考古研究所、太原市晋源区文物旅游局编著：《太原隋虞弘墓》，文物出版社，2005 年。

[5] 牛车通常情况下处于封闭状态，内部是否有乘坐者可能存在疑问，从图像组合的角度考虑，本文暂且认为牛车与鞍马的情况同步。

[6] 荣新江：《Miho美术馆粟特石棺屏风的图像及其组合》，中山大学艺术史研究中心编：《艺术史研究》第四辑，中山大学出版社，2002 年，第 199—221 页；此据荣新江：《中古中国与粟特文明》，生活 · 读书 · 新知三联书店，2014 年，第 347—349 页。文中提到，葛乐耐、马尔沙克、姜伯勤等也持这种观点。

[7] Pénélope Riboud, “ Le cheval sans cavalier dans l’art funéraire sogdien en Chine: À la recherche des sources d’un theme composite,” *Arts Asiatiques,* tome 58, 2003, pp. 148–161.

征亡灵的崇高社会地位，在中亚粟特是作为动物祭献[1]。沈睿文认为空鞍马即常见于内亚游牧民族丧葬中的殡马，是为墓主进入中界而备，实则琐罗亚斯德教内亚化后出现的新内容[2]。孙武军将粟特裔墓葬空鞍马图像分为四类，认为其均是墓主亡灵的象征[3]。陈思源认为粟特裔葬具上空乘的鞍马、牛车图像象征墓主灵魂出行[4]。事实上，是否有骑乘者代表着出行图的不同功能，应分别探考。康业、史君、虞弘墓两种情况兼有，康业正 2 刻他骑马朝外，后面的正 3 为夫人徒步，同样朝外，可视作连续画面，此处的鞍马应是单纯的出行乘具，夫人未坐牛车的原因可能与围屏石榻的整体设计旨向相关，详后。正 4、正 6 的牛车、鞍马上无人的状态与同期石葬具和壁画图像相同，体现出对中原丧葬礼制的遵守，只不过形式改为背面。史君N3、E3 刻墓主夫妇骑马朝外，E3 中马带翼，暗示两图分别指代审判前后的情景，合观即灵魂出行前往钦瓦特桥，到达后接受审判，顺利通过后正上升天堂的过程。W2 的空鞍马属于西翼出行行列，是为墓主进入天堂所备的殡马，此图勾勒的是死者灵魂已到达钦瓦特桥[5]，准备骑上这匹备好的马升入天堂，后续W1所绘天堂情景可为证。可见在史君石堂中，鞍马用于死者去世后第四天黎明的一系列行动，作为祆教丧葬环节的重要组成，在不同时间阶段以不同状态出现。虞弘第 7 幅为其骑马朝外，乃亡灵出行到钦瓦特桥的途中，第 9 幅供奉豪摩神，说明已到达桥前，对应第 1 幅预示灵魂即将骑升天堂，仍是葬仪的反映，只是比史君更简略。安伽墓的鞍马、牛车图像全部有骑乘者，位在左右围屏最外侧且俱朝外，联系右 3 下部的审判仪式，知车马的功能为载运墓主灵魂前往钦瓦特桥，这里刻绘的是路途中的场景，没有表现之后的有关天国画面。

[1] Frantz Grenet, “Zoroastrian Funerary Practices in Sogdiana and Chorasmia and among Expatriate Sogdian Communities in China,” in Sarah Stewart (ed.), *The Everlasting Flame: Zoroastrianism in History and Imagination,* I. B. Tauris, 2013, p. 23. 中译本见（法）葛乐耐著，毛铭译：《驶向撒马尔罕的金色旅程》，漓江出版社，2016 年，第 173 页。

[2] 沈睿文：《内亚游牧社会丧葬中的马》，魏坚主编，中国人民大学北方民族考古研究所、中国人民大学历史学院考古文博系编：《北方民族考古》第二辑，科学出版社，2015 年，第 251—265 页；此据沈睿文：《中古中国祆教信仰与丧葬》，上海古籍出版社，2019 年，第 381—385 页。

[3] 孙武军注意到马背是否有骑者可能跟功能相关，但文中所讨论的四类都是无骑者的鞍马图像，见孙武军：《死者的象征——入华粟特人墓葬鞍马图像含义的历史考察》，陕西师范大学历史文化学院、陕西历史博物馆、陕西师范大学人文科学高等研究院编：《丝绸之路研究集刊》第九辑，社会科学文献出版社，2023 年，第 371—392 页。

[4] 陈思源：《西晋至隋代墓葬出行仪卫俑群与图像研究》，北京大学博士学位论文，2024 年，第六章第四节，第 202—211 页。

[5] 沈睿文比照同类构图，认为W2 上部亭榭前的坡道可视作钦瓦特桥，其说可从，见沈睿文：《北周史君石堂W1、N5 的图像内容》，陕西历史博物馆编：《陕西历史博物馆馆刊》第二十二辑，三秦出版社，2015 年，第 5—31 页；此据沈睿文：《中古中国祆教信仰与丧葬》，上海古籍出版社，2019 年，第 203—204 页。

总括而言，粟特裔在整体上遵照了中土王朝葬制，将彼时墓葬流行的鞍马、牛车题材运用于石葬具图像中，同时，一方面将其他石葬具图像的朝向由内转变为外，确定外向性基调，另一方面部分增加了骑乘者的形象[1]，以此形成有骑乘者和无骑乘者两类分野，分别指代前往钦瓦特桥接受审判和审判后上升天堂，各自以描绘躯体消亡和灵魂新生为重心，共同依序呈现了祆教教义所规定的丧葬礼仪的重要一环——灵魂审判[2]。最终的结果，是传统的出行图被赋予了祆教信仰色彩和粟特本土习俗，内涵大为丰富。除较特殊的康业外[3]，本文所涉及的其他三组图像都可作此理解。

至于粟特裔作此两方面改易的原因，也许与他们的灵魂观有关。曾布川宽指出[4]，粟特人对死后灵魂的思考方式迥异于中国，他们认为生前世界与死后世界不同，亡灵最终不是安于墓葬，而是凭在世之德行决定进入天国、地狱或阴阳界[5]，总之是住在与墓葬不同的世界。故而，从第一阶段到第二阶段，鞍马、牛车上从有人到无人，可能是为直观标志人间现实世界和地下鬼魂世界的分界，这种转化本质上承载着粟特人升入天国的美好愿景。同样，他们舍弃传统石葬具图像的内向性，也是为更好表达灵魂离开地下去追求彼岸世界幸福生活的观念。巧合的是，如上述，同时期墓葬壁画恰好处于外向性特征的定型阶段，在这种情境下，粟特图像的外向型出行亦符合中土礼制，只是形式相同、内涵有异，可谓一种"偷梁换柱"。换言之，粟特裔的调整成为一股潜流，既悄然隐匿于大潮流中，又与之同频共振，推进着自身"在地化"实践的深入。

[1] 值得说明的是，有骑乘者的鞍马、牛车图像并非仅见于粟特裔石葬具中，南方地区南朝墓葬的模印画像砖也有这种表现。此外，佛教、道教图像中亦常见鞍马、牛车题材。相关研究较少，可参：王霄凡：《南北朝出行仪仗图像研究——以墓葬材料为中心》，南京大学硕士学位论文，2017 年，第 34—35 页；王贞贞：《考古资料所见南北朝牛车鞍马的对比研究》，南京师范大学硕士学位论文，2021 年，第 47—50 页；张涵烁：《略论北朝墓室壁画中牛车鞍马题材》，中国人民大学北方民族考古研究所、中国人民大学历史学院考古文博系编：《北方民族考古》第二辑，科学出版社，2015 年，第 241—243 页。因这两个问题与本文主旨关涉不多，拟另文探讨。

[2] 关于琐罗亚斯德教的来世信仰及丧葬礼仪，可参Almut Hintze, "Zoroastrian Afterlife Beliefs and Funerary Practices," in Christopher M. Moreman, ed., *The Routledge Companion to Death and Dying*, London: Routledge, 2018, pp. 90-92.

[3] 康业因身份原因，墓葬中汉文化因素相较其他三座墓更突出，相应的，祆教因素不明显，详见后文。

[4] 曾布川宽已注意到粟特裔鞍马、牛车图像的朝向与北朝石葬具图像及壁画有所不同，认为这是粟特人依据自身灵魂观给予的变化，这一看法极具启发性，但他未细致区分石葬具图像和壁画的不同及前后变化，一些具体观点如空鞍马/车的含义也与本文有所差异，参（日）曾布川宽著，林保尧译：《中国出土的粟特石刻画像试论》，《艺术学》第 27 期，2011 年，第 374—379 页。

[5] （伊朗）贾利尔·杜斯特哈赫选编，元文琪译：《阿维斯塔——琐罗亚斯德教圣书》，商务印书馆，2017 年，第 90 页。

（二）宴乐与出行组合的改造

针对图像组合的性别对应问题，粟特裔在调适中也加以考量，这方面，个性因素显现更多，有益于剖析图像的产生过程。

在安伽、史君图像中，均出现了女性骑马。安伽者在左 1[1]；史君N3 绘墓主夫妇骑马出行，身后各随三骑马侍从，主侍性别对应，但女性乘具不符规制。其实，总体视之，相比鞍马图像大量存在，粟特裔石葬具中的牛车图像本就出现频率较低，这或许与粟特本地牛车较少或不流行有关，《新唐书》记载昭武九姓诸国时，特别在火寻国条下提及“诸胡惟其国有车牛，商贾乘以行诸国”[2]，也提示粟特各国没有使用牛车的习俗，因此，安伽、史君以故土习见的马代替汉制规定的牛车，是完全有可能的。

前文已述，史君图像最突出的异刻特征，是在性别对应方面多有自相矛盾之处，其核心问题在于对如何处理夫人灵魂的归宿态度含混，而石堂石刻题铭提供了理解这一问题的线索[3]。结合粟特文与汉文双语记述可知，史君及夫人康氏先后去世于大象元年（579年）五月和六月，次年正月合葬，然两种文本在所载信息的详略侧重上有所不同，汉文明显以史君为主，重点叙述了其族出和生平，对夫人一笔带过；粟特文主次分别不大，强调夫妇两人生前身后都携手相伴。尤为直白的是，汉文提到史君三个儿子“为父造石堂一区”[4]，粟特文相应处则称作“此石制坟墓（即神之居所）是……为了他们的父母的安全而在合适的地方建造的”[5]。两种文本内容的差异可能与先后顺序有关[6]，揭示了史君墓葬蕴

[1] 曾布川宽释此屏中的二骑马女性为侍奉女主人的侍女，女主人则坐于车内，见（日）曾布川宽著，林保尧译：《中国出土的粟特石刻画像试论》，《艺术学》第27期，2011年，第349页。但问题是，他既然认为下方的四人皆是侍从，却未解释为何二人骑马、二人步行。相较之下，报告所言骑马者之一为安伽夫人似乎更合理，另一人的身份暂难确认。

[2] 《新唐书》卷二二一下《西域传下》，中华书局，1975年，第6247页。

[3] 关于题铭的独特性，可参荣新江：《中古入华胡人墓志的书写》，《文献》2020年第3期，第122—129页。

[4] 孙福喜：《西安史君墓粟特文汉文双语题铭汉文考释》，《法国汉学》丛书编辑委员会编：《粟特人在中国——历史、考古、语言的新探索》（《法国汉学》第十辑），中华书局，2005年，第18—25页；后收入西安市文物保护考古研究院编著，杨军凯著：《北周史君墓》，文物出版社，2014年，第294页。

[5] （日）吉田丰：《西安新出史君墓志的粟特文部分考释》，《法国汉学》丛书编辑委员会编：《粟特人在中国——历史、考古、语言的新探索》（《法国汉学》第十辑），中华书局，2005年，第26—42页；后收入西安市文物保护考古研究院编著，杨军凯著：《北周史君墓》，文物出版社，2014年，第301页。

[6] 达吾力江·叶尔哈力克推测汉文初稿是在史君去世后不久撰成，粟特文部分则是在夫妇合葬后完成或专为石堂设计，见达吾力江·叶尔哈力克：《中古入华胡人双语墓志书写与祆教丧葬文化》，《历史研究》2022年第6期，第96—98页。此说或可商，需要辨析文本的撰写时间和刻制时间：从最终呈现的文本看，汉文虽简略，但已述及夫人去世和两人合葬时间，可知文本最终刻于石堂时，下葬时间已经确定。双语题铭从石板中间向两侧分别篆刻，需要合理规划字数与列数，因此两种文本的最终定稿时间和刻制时间可能不会相差太多，应均在史君夫人去世后。

含的复杂时间层次，可在此情景下推演石堂图像的产生过程：史君逝世后，家人着手筹办丧事，在图像设计时考虑的是史君一人，他们有可能参考当时流行的多种粉本，如N1构图和内容与安伽正 5 极似、W3 表现狩猎和商旅常出现于其他石葬具图像中。而另一方面，凉州萨保的身份决定了葬事须上报朝廷并等待旨意[1]，此时段各项准备应进行较缓慢。其后不到一个月夫人也离世，问题很快变成同时处理两人后事。在确定夫妇实行合葬后，石堂图像也相应变成为双人规划。尽管受制于中央礼仪规范，但在图像方面，设计者发挥了较强的自主性，仅使用夫妇宴乐图式，而将两侧男性鞍马、女性牛车分别出行改换为夫妇俩一同出行，由人世入天堂，这与粟特文题铭强调两人相呼应，都流露了祈愿逝者安息、魂归天堂的宗教情感。即使这样，图像和铭文仍有区别，粟特铭文用“将在天堂里携手共度这段岁月”的宗教祝福语直接表达了墓主祆教信仰与文化背景，内容及体例与伊朗、中亚等地丧葬铭文颇一致[2]。相比之下，丧葬图像却不如丧葬语言容易转化。按照传统琐罗亚斯德教经典，妇女、牧者、儿童等卑微者之灵无法通过钦瓦特桥，而将坠入地下冥世[3]，但从史君夫人最终出现在天堂看，丧家显然并未忠实依据文本刻画图像。当然，在教义和亲情面前抉择，他们不可避免有所犹豫，这便造成了图像内在的多重样貌，保留了如N5、W3 等只表现史君的画面。W2 将这种挣扎展露无遗，接受审判者是史君，预备之殡马却似为夫人，狗的指向模糊不定，突显了丧家兼顾文化表达和丧葬选择的艰难努力。这样看来，史君图像将夫人画成汉装打扮和面貌不甚地道的胡人形象，除适应

[1] 许多学者已提到李诞、康业、安伽、史君墓墓地相近的现象，说明当时长安城东郊可能是北周政权特别给聚居于都城的胡人首领赐予的葬地，可见朝廷对丧事的介入。参荣新江：《有关北周同州萨保安伽墓的几个问题》，张庆捷、李书吉、李钢主编：《4～6 世纪的北中国与欧亚大陆》，科学出版社，2006 年，第 133—139 页；后收入荣新江：《中古中国与粟特文明》，生活 · 读书 · 新知三联书店，2014 年，第 320 页，注释 3；（日）福島惠：「罽賓李氏一族攷——シルクロードのバクトリア商人——」，『史学雜誌』第 119 編第 2 號，2010 年，第 35—58 页；后收入福島惠：『東部ユーラシアのソグド人——ソグド人漢文墓誌の研究』，汲古書院，2017 年，第 225—259 页；杨军凯：《北周史君墓双语铭文及相关问题》，《文物》2013 年第 8 期，第 54—55 页。

[2] 达吾力江 · 叶尔哈力克：《中古入华胡人双语墓志书写与祆教丧葬文化》，《历史研究》2022 年第 6 期，第 99—107 页。

[3] 魏庆征编：《古代伊朗神话》，北岳文艺出版社，1999 年，第 329 页。

汉地社会观念外[1]，也许还有试图将其“变”为汉人以减缓与教义冲突的斟酌。如此，史君石堂生产过程中面临的问题和对图像的选取及处理方式基本得以廓清，最后的状态是，在墓葬空间中，达到了夫妇两人在画像、文字、肉身上的三位一体，可谓圆满。

五、图像组合与埋葬人数之间的在地化实践

从图像组合与葬者数量的关系这一视角观察本文所论四组粟特裔墓葬，只有史君石堂图像、石刻题铭和尸骨数量三者互相对应，属于正常现象。剩余的三座墓在图像设计与埋葬人数上都产生了矛盾，情况各有差异，需针对各墓作细化检视。

（一）“未完成的合葬”：安伽、康业墓的丧葬特质

为便于讨论，兹将表一、表二、表三中墓主信息明确的夫妇合葬墓相关情况列表于下（表四）。由表可得，图像性别指向两人者，的确表明夫妇都已去世，但根据人骨数量或文字信息能明确判断的夫妇合葬墓有一共性，即男性早于女性去世。例如，史君夫妇在一月间相继去世，顺理成章作为整体共同安葬，两人合用一石刻题铭一定程度上证明此种合葬同时考虑的是两位墓主，所以史君图像设计与埋葬人数完全契合于双人合葬之义。相似者有徐敏行夫妇，也是两者短期内先后逝世。虞弘夫妇的情况略有不同，夫人魏氏晚于虞弘去世五年，合葬应为渐次形成，两人分别拥有一方墓志对应了先后两次相对独立的正式下葬过程。从第5幅图夫妇像存在先后刻绘迹象看（详见后文），坟茔初建时虽以先亡者虞弘为中心，但已对合葬有远虑与规划。与此类似的是韩祖念夫妇、麹庆夫妇，前后入葬使用独立墓志都是因卒期相隔较长所致。

[1] 以往学者多把胡人女性大多以汉人服饰和面貌出现在图像中的原因归为汉人社会对胡女的偏见和轻视，以及胡人在汉文化认同下的或主动或被动选择，参（法）葛乐耐著，毛民译：《粟特人的自画像》，《法国汉学》丛书编辑委员会编：《粟特人在中国——历史、考古、语言的新探索》（《法国汉学》第十辑），中华书局，2005年，第313—314页；沙武田：《吐蕃统治下敦煌的一个粟特人家族——以莫高窟第359窟供养人画像为中心》，荣新江、罗丰主编，宁夏文物考古研究所、北京大学中国古代史研究中心编：《粟特人在中国：考古发现与出土文献的新印证》，科学出版社，2016年，下册，第436—465页。

表四　墓主信息明确的夫妇合葬墓

名称	墓主去世时间		最后埋葬时间	图像组合情况		人骨数量	文字信息
	男性	女性		宴乐图人数	出行图情况		
大同沙岭M7	早于夫人[1]	太延元年（435年）四月	太延元年八月	2	完整	不清	漆皮题记，只记女性
大同仝家湾M9	早于和平二年（461）三月	晚于和平二年三月	和平二年夫人去世后	1，仅男性	仅鞍马	2	朱书、墨书题记分别记载男性、女性
宁懋石室	景明二年（501年）	孝昌三年（527年）正月	孝昌三年十二月	无	完整	不清	1方墓志，记载2人
太原韩祖念夫妇墓	天统四年（568年）	开皇三年（583年）[2]	开皇三年	2	完整	不清	2方墓志
嘉祥徐敏行夫妇墓	开皇四年（584年）五月	开皇四年十月	夫人去世后	2	完整	不清	1方墓志，记载2人
安阳麹庆夫妇墓	开皇十年（590年）五月	开皇十八年（598年）九月	开皇十八年十一月	2	完整	不清	2方墓志
史君石堂	大象元年（579年）五月	大象元年六月	大象二年（580年）正月	2	男、女性均为鞍马	2	双语题铭均记载2人
虞弘石椁	早于开皇十二年（592年）十一月	开皇十七年（597年）	开皇十八年（598年）	2	仅鞍马	2	2方墓志

本质而论，夫妇合葬的题中之义是夫妇二人的尸骨同埋一穴[3]，但在具体实践中，合葬最终能否完成，会受到死亡顺序、去世地点、骸骨情况、占卜吉凶、政治形势、经济

[1] 从题记所言破多罗太夫人“殡于第宅，迄于仲秋八月将祔葬□□□□于殡宫”，推测男性先去世，女性后去世并祔葬，参赵瑞民、刘俊喜：《大同沙岭北魏壁画墓出土漆皮文字考》，《文物》2006年第10期，第78—81页。

[2] 报告指出，墓室东南角放置2方墓志，均由盖和志组成，但韩祖念夫人墓志在一场突发大火中被烧毁，拓片也未存留，据发掘者回忆，夫人下葬时间为大隋三年，参太原市文物考古研究所编著：《太原北齐韩祖念墓》，科学出版社，2020年，第5页。

[3] 当然，广义上的夫妇合葬也可包括同茔异穴而葬，尤其在一夫多妻的情形下较易产生，这可视作夫妇同穴合葬的便宜形式。

能力等各种现实因素的限制。如此看来，安伽、康业两墓中无夫人尸骨的原因很可能是夫人早先去世。中古时期其他粟特人中女性早于男性去世的合葬情况基本都是在组织男性丧葬时完成夫妇二人合葬，此时制作一方墓志两人共用，叙述内容以男性生平为主，附带记载女性去世时间与合葬事宜，甚或只笼统提及女性去世，仅留程式化的合葬固定文本格式，这种模糊性提示了以男性为主的丧葬观念，那么在合葬之前，对于女性采用临时的权殡方式，可以想见是相当一部分丧家的选择（表五）。唐仪凤二年（677年）《康君夫人曹氏墓志》载其“权殡于邙山”[1]，正可印证在丈夫仍在世的情况下，对女性遗体的保存更可能是一种权宜[2]。

表五 墓志所见粟特人中女性去世早于男性的合葬情况

女性去世时间	男性去世时间	合葬时间与表述	资料来源
前妻康氏：贞观四年（630年）九月 后妻张氏：乾封二年（667年）正月	史诃耽：总章二年（669年）九月	咸亨元年（670年）十一月“合葬于……”	[3]
支氏：咸亨年中（670—674年）	康智：长寿二年（693年）二月	长寿三年（694年）四月“合葬于……”	[4]
赵氏：垂拱三年（687年）三月	康固：开元八年（720年）十月	开元九年（721年）十月“合葬……”	[5]
何氏：元和二年（807年）四月	石忠政：长庆二年（822年）七月	合葬后，后又迁葬	[6]
费氏：“先于公一十七年抱疾而终”	安珍：大中四年（850年）五月	大中四年十月“合祔于……”	[7]
高氏：“早岁而亡”	安崇礼：开宝四年（971年）正月	开宝四年十月“祔……”	[8]

由此，通过结合审视康业、安伽二人的墓志、墓葬图像和人骨情况，或可做此判断：

[1] 周绍良主编：《唐代墓志汇编》，上海古籍出版社，1992年，第633页。

[2] 实际上，女性先权殡后合葬的情况，是一种汉地常见的丧葬现象，在非粟特人中也并不罕见，如李挺与两夫人、封柔与两夫人、匹娄欢夫妇等，相关墓志分别参王连龙编撰：《南北朝墓志集成》，上海人民出版社，2021年，第534—537、527、566、915—917页。说明这种现象是一种共性。

[3] 宁夏回族自治区固原博物馆、罗丰编著：《固原南郊隋唐墓地》，文物出版社，1996年，第67—72页。

[4] 周绍良主编：《唐代墓志汇编》，上海古籍出版社，1992年，第855—856页。

[5] 荣新江、张志清主编：《从撒马尔干到长安：粟特人在中国的文化遗迹》，北京图书馆出版社，2004年，第141页。

[6] 周绍良主编：《唐代墓志汇编》，上海古籍出版社，1992年，第2086页。

[7] 周绍良主编：《唐代墓志汇编》，上海古籍出版社，1992年，第2281页。

[8] 荣新江、张志清主编：《从撒马尔干到长安：粟特人在中国的文化遗迹》，北京图书馆出版社，2004年，第164页。

女性先逝后首先权葬，男性去世时以其为中心安排丧葬，并且将女性纳入了考虑，墓葬与礼仪安排以合葬为定位，图像按两人设计，但由于某些现实困境，最终未能实现合祔。具体观之，两墓又有细微差别。

安伽宴饮图绘夫妇二人，出行图重复出现，虽在配置上右对左错，但总的组合使用的是合葬图式，即，双人图像与单人埋葬构成反差，对此，需回归到具体的历史语境中。安伽墓志有一些可资标举之处，其一是下葬日期不全，在“其年岁次己亥十月己未朔”与“厝于长安之东”间空五格未刻。其二是有若干失误，如“镌勒”和“无亏”之间有格而无字，荣新江据原石称此处刻字时误将石凿破，故未再刻。又如，铭文中“佳城郁郁”漏刻一“郁”字；“缣缃易”后缺一字，荣新江称原石此处突兀坚硬，故未刻成[1]。墓志刻石过程中出现某些差错固难避免，但是若丧家在有机会补救甚而重刻的条件下仍保留瑕疵，则多少映射出墓志制作的随意与草率。当然，也有可能是因为几处失误都在无实际意义的格式语处，对于整体文字叙述影响微小，故丧家认为无关紧要。但这无法解释重要时间的缺失，细读墓志，安伽卒地或是解答问题的关键，志文记安伽“大象元年五月遘疾终于家”，未明载其家具体所在，荣新江据萨保一职推断可能在同州[2]。按安伽历官，他先任同州萨保，成为当地兼管政教事务的胡人聚落首领，不久后又被授予秩居八命的大都督戎秩。学者指出，安伽以府兵将领身份所率领的军队，很有可能就是以同州粟特聚落民众为基础编成的乡团武装[3]。由是而论，安伽确有极大可能卒于同州的宅第，那么，长安的安伽墓实为迁葬墓。虽然目前学界对于安伽墓内焚烧迹象和葬式葬俗仍有不同看法，但对人骨为二次葬基本无异议[4]。即，安伽遗体在进入墓葬前已处理为骨骸，这恰能与卒葬地不一致相互验证。以此角度观察安伽墓，他没有就近葬于同州这一大量粟特人的活

[1]　荣新江：《有关北周同州萨保安伽墓的几个问题》，张庆捷、李书吉、李钢主编：《4～6世纪的北中国与欧亚大陆》，科学出版社，2006年，第133—139页；后收入荣新江：《中古中国与粟特文明》，生活·读书·新知三联书店，2014年，第317页，注释2、3、4。

[2]　荣新江：《有关北周同州萨保安伽墓的几个问题》，张庆捷、李书吉、李钢主编：《4～6世纪的北中国与欧亚大陆》，科学出版社，2006年，第133—139页；后收入荣新江：《中古中国与粟特文明》，生活·读书·新知三联书店，2014年，第320—321页。

[3]　苏航：《北朝末期至隋末唐初粟特聚落乡团武装述论》，《文史》2005年第4辑，第173—185页。

[4]　相关研究，参沈睿文：《夷俗并从——安伽墓和北朝烧物葬》，《中国历史文物》2006年第4期，第4—17页；后收入沈睿文：《中古中国祆教信仰与丧葬》，上海古籍出版社，2019年，第206—222页；姚崇新：《北朝晚期至隋入华粟特人葬俗再考察——以新发现的入华粟特人墓葬为中心》，荣新江、罗丰主编，宁夏文物考古研究所、北京大学中国古代史研究中心编：《粟特人在中国：考古发现与出土文献的新印证》，科学出版社，2016年，下册，第603—612页。不过，翟战胜反对二次葬的说法，见翟战胜：《安伽墓的火烧痕迹试探》，陕西历史博物馆编：《陕西历史博物馆馆刊》第二十四辑，三秦出版社，2017年，第67—72页。

跃地[1]，而是迁葬到长安东郊，应当是北周政权对其功绩加以表彰的结果。

明乎此，安伽墓葬的一系列疑难可得释解。从中原王朝的角度讲，既然夫人已逝，此次迁葬安伽，并将夫人纳入考虑，反映了安伽的葬礼在汉地高级官员墓葬的框架中展开，故按照相关礼制，为夫妇二人安排了双人图像。然而，即使再周全的规划也是充满不确定性的，从墓葬最终面貌看，自同州迁往长安的很可能只有安伽本人尸骨，而安伽夫人或由于早先离世已葬、骸骨无存等缘故未能成功迁葬。故此，安伽图像按两人配置、墓内却实际埋葬一人的情形，实是一种“未完成的合葬”，也可视作现实困境之下对合葬的变通方式。至于墓志毫不言及夫人，应是顺应最终未合葬的事实。随葬墓志不是自发于粟特的民族习俗，而是来自中原文化的要求，安伽在迁葬时制作墓志，无疑也反映了汉地文化因素对此次葬礼的影响。不过，或许由于安伽及其家族并不熟悉汉地墓志由行状到墓志的制作流程[2]，又或许由于墓志本身制作的粗陋，致使一系列疏漏产生，如志文对其生平只是概略的简单勾勒，有许多地方意思无法连贯，卒日信息亦不详。而葬日留空，大概缘于墓志付刻和尸骨迁葬同时进行，具体抵达和下葬时间未定，后来又没另行补刻。至于围屏石榻图像，从目前的考古资料基本可以判定，在北朝隋的丧葬礼制中，“宴乐＋出行”组合一般为高级官员使用[3]，但在实际设计中丧家有自主性。于是，安伽后人在采纳这套核心图式的前提下，自行选择和搭配了整组图像。一言以蔽之，安伽墓背后的丧葬举措，彰显了王朝礼制规范与丧家实际情况的互动，也反映出入华粟特裔在地化的某些侧面。

康业墓的情形更显复杂，存在图像与葬者，以及图像内部指向性的双重矛盾，对此需结合墓主生平寻绎解释。沈睿文认为，康业图像使用“四神＋出行卤簿”的王朝丧葬图像模式和北魏以来的传统阴线刻技法，与墓志所言“其先康居国王之苗裔”密不可分，反映出他高于其他粟特裔的政治身份，其获诏葬的可能性很大[4]。林圣智注意到康业图像中

---

[1] 同州在魏晋南北朝时期是包括粟特人在内的胡人活跃区域，参荣新江：《北朝隋唐粟特人之迁徙及其聚落补考》，余太山、李锦绣主编：《欧亚学刊》第六辑，中华书局，2007年，第165—178页；修订后收入荣新江：《中古中国与粟特文明》，生活·读书·新知三联书店，2014年，第32—33页。此据后者。

[2] 关于北朝墓志文书写素材来源，可参林登顺：《北朝墓志文研究》，丽文文化事业股份有限公司，2009年，第103—111页。

[3] 据研究，东魏北齐墓葬中出行图像的使用等级较高，一般在封王级别以上，参陈思源：《西晋至隋代墓葬出行仪卫俑群与图像研究》，北京大学博士学位论文，2024年，第六章第一节，第170—173页。

[4] 沈睿文：《论墓制与墓主国家和民族认同的关系——以康业、安伽、史君、虞弘诸墓为例》，朱玉麒主编：《西域文史》第六辑，科学出版社，2011年，第205—232页；此据沈睿文：《中古中国祆教信仰与丧葬》，上海古籍出版社，2019年，第49—51页。

他的形象出现三次，即正 5 正面像、正 2 骑马出行、左 1 会见宾客[1]，分别传达出康业的三种层面、三类场合的身份。他认为，康业夫人的正面像被排除是为了将康业作为表现中心，而两人会见宾客的构图方式和仪仗陈设有异，也有彰显康业地位特殊的用意[2]。郑岩亦提出，康业骑马、夫人步行的不一致现象反映了男尊女卑观念[3]。要之，以往学者已认识到康业图像与其身份等级的关联，这确是理解康业墓葬的关键，可在此基础上作进一步阐发。饶可注意的是，不只图像，康业墓志也存在“异刻”现象，志文在“诏增（赠）”后留四个空格，才刻写“甘州刺史”的赠官，山下将司认为这是表示尊敬，但他也提到通常墓志文在赠官的官职名称前并不会空格[4]，并且，墓志其余需平阙处仅空一字格，故此当另寻缘由。徐冲提出，异刻现象多出现于志题、志尾等刻写赠官、谥号的位置，主要原因是这类来自朝廷的政治资源难以为丧家完全把握[5]。由此推论，康业墓志付刻之际，朝廷赠官诏令尚未下达，故丧家预留空间以待填写，只是错误估计了所得赠官字数，后面未能补齐空位。另外，葬日单独起一行刻于铭文最末的做法较少见，细察拓片，此行似乎字体略大而笔画较深，很有可能与赠官同时补刻。换言之，整方墓志初刻时，赠官和葬期还未确定，从结果看，康业葬期与卒日相隔超过五个月，除可能受突厥“待时而葬”的葬俗影响外[6]，也许还与丧家期待得到更多哀荣因而迁延不决有关。墓志志盖无文字，或也是等待更高赠官但最终未及补刻所致。康业墓志的以上细节透露出丧家力图为康业争取殊荣并最大程度彰表于众的努力，如此，有理由推测，墓志只字不提夫人乃是刻意为之，因为夫人尸体并未真正葬入，亦即，仅从墓志和人骨看，康业墓属于单人葬。

[1] 林文称为“树下人物”，本文称呼从简报。

[2] 林圣智：《图像与装饰：北朝墓葬的生死表象》，台湾大学出版中心，2019 年，第 289—299 页。

[3] 郑岩：《逝者的“面具”——论北周康业墓石棺床画像》，郑岩：《从考古学到美术史——郑岩自选集》，上海人民出版社，2012 年，第 111—154 页；此据郑岩：《逝者的面具：汉唐墓葬艺术研究》，北京大学出版社，2013 年，第 229—231 页。

[4] （日）山下将司：「北朝時代後期における長安政権とソグド人——西安出土〈北周・康業墓誌〉の考察」，（日）森安孝夫编：『ソグドからウイグルへ——シルクロード東部の民族と文化の交流』，汲古書院，2011 年，第 118 页。

[5] 徐冲：《从“异刻”现象看北魏后期墓志的“生产过程”》，《复旦学报（社会科学版）》2011 年第 2 期，第 102—113 页；修订后收入余欣主编：《中古时代的礼仪、宗教与制度》，上海古籍出版社，2012 年，第 436—447 页。

[6] 《周书·突厥传》载：“择日，取亡者所乘马及经服用之物，并尸俱焚之，收其余灰，待时而葬。春夏死者，候草木黄落，秋冬死者，候华叶荣茂，然始坎而瘗之。”见《周书》卷五〇《突厥传》，中华书局，2022 年，第 988 页。沈睿文认为康业卒于六月，葬于十一月，或许与此相关，见沈睿文：《论墓制与墓主国家和民族认同的关系——以康业、安伽、史君、虞弘诸墓为例》，朱玉麒主编：《西域文史》第六辑，科学出版社，2011 年，第 205—232 页；此据沈睿文：《中古中国祆教信仰与丧葬》，上海古籍出版社，2019 年，第 51—52 页。

关于康业夫人未能合葬的原因，同样可从袄教教义与中原礼制的互动中得到解释。康业身为大天主，乃是袄祠神职人员，他对于袄教仪俗应是相当熟谙的。由是，夫人亡殁后，康业可能按照民族文化和袄教惯习为她举行了天葬葬仪[1]。对于夫人而言，可以说丧事已经结束。然而，康业的尊贵身份决定了其本人及家庭无法置身于体制之外。由康业父子就任大天主的事例所见，在西魏北周时期，即使出任本族自身职务和管理内部政教事务，也必须得到皇帝的诏许，可见当时政权对胡人聚落的重视和干涉[2]。身后之事亦然，葬地和赠官就昭显出官方已介入康业的墓葬营造，前揭墓志的讯息则表明丧家也具有主动联系朝廷的政治意识。由此看来，康业死后，朝廷以王族不必天葬为由，直接采用汉地土葬方式处理其尸体，还将先亡之妻考虑进丧葬活动中，安排合葬图式，作为官方授予的诸种礼遇之一。但是，这与康业的民族习俗发生冲突，因为在天葬的语境中，合葬概念本就模糊，况且暴弃夫人遗体后，若不采取有效措施，很难保证骨殖剩存，在这种情形下，合袝两人难以真正实现。缘此，康业图像在粟特故俗与中土制度间做了不同程度的取舍，一方面，图像风格突出中国化色彩、弱化袄教因素，图像组合遵从丧葬礼制所要求的完整范式，同时使用了鞍马和牛车，并分别表现了夫妇会见宾客的场景。另一方面，尊重埋葬一人的实情，正中不画夫人像，牛车也一改通常的整装备乘为卸轭停驻，颇像墓主日常出行场面的描绘，消解了其在图式组合中的固定指向和象征含义，可谓留其形而变其意。总之，结合墓葬整体建置，康业图像表露了实际上独葬与观念上合葬的挣扎，其产生过程既包含政治权力和中原丧葬礼制对丧事的介入和规范，又突显了墓主和丧家的自主意识，从中可窥知粟特裔的在地化历程与中土丧葬文化的互动关系。

（二）尊卑与异俗：虞弘图像的夫妇位次

虞弘石椁的问题集中在夫妇位次和墓葬性质两个方面，两者又互有关联。毕波最早措意于第 5 幅图中男女位置安排的反常，从夫妇对坐或并坐时“男左女右”的普遍原则出发，认为此幅图“女左男右”的位次排列不合常规，从而否认女性为虞弘夫人[3]。然其

---

[1] 沈睿文已提到，采取围屏石榻的粟特裔墓葬，其墓主夫人可能早于丈夫去世并另择他处天葬的可能，因而后来即使意图合葬恐怕也骨殖无存，参沈睿文：《天水石马坪石棺床墓的若干问题》，荣新江、罗丰主编，宁夏文物考古研究所、北京大学中国古代史研究中心编：《粟特人在中国：考古发现与出土文献的新印证》，科学出版社，2016 年，下册，第 466—500 页；后收入沈睿文：《中古中国袄教信仰与丧葬》，上海古籍出版社，2019 年，第 128—135 页。

[2] （日）山下将司：「北朝時代後期における長安政権とソグド人——西安出土〈北周·康業墓誌〉の考察」，（日）森安孝夫編：『ソグドからウイグルへ——シルクロード東部の民族と文化の交流』，汲古書院，2011 年，第 129—135 页。

[3] 毕波：《虞弘墓所谓“夫妇宴饮图”辨析》，《故宫博物院院刊》2006 年第 1 期，第 66—83 页。

主要判断依据是所谓有头光者为神祇的“通识”，这并不适用于虞弘。如马尔沙克[1]、孙武军[2]等学者已提出的，虞弘石椁头光的刻绘没有规律，可见头光只是装饰性的，并无重要含义，不能简单与人物的身份和宗教地位对应。因此，该图为墓主夫妇图无误。秦若晨亦注意到位次问题，在承认对饮者是虞弘夫妇的前提下，通过精细比对和分析，指出了石椁若干图像刻绘的瑕疵、画面逻辑的缺陷和设计思路的混杂，并结合男女墓主先后下葬的事实，推测石椁经过了二次改造，出于夫人的更高身份对葬具形制进行了升级[3]。秦氏对石椁诸多细节的观察和制作流程的复原富有启发性，但其中亦有值得商榷之处。质言之，其立论前提是基于“女左男右”得出的夫人身份地位高于虞弘，因为在中国古代男尊女卑的性别秩序之中，左位更为尊贵。然而，这一逻辑存在诸多问题。首先，确如所言，由大量考古资料所见，当夫妇被安排在一起时，一般会将左位分配给男性，但仍有“女左男右”之例，如东汉陕西定边郝滩壁画墓M1[4]、北魏神龟年间孙龙石椁、吐蕃时期的青海郭里木彩绘木棺板画[5]、北宋末河南安阳小南海壁画墓[6]、金代前期山西稷山马村M4[7]、元代内蒙古赤峰元宝山壁画墓[8]、榆林窟第6窟蒙古族男女供养人[9]等，时代范围超过千年。其中，孙龙石椁的男女对坐像出现两次，排位方式却相反，前挡中部为男左女右，右侧板为女左男右，两人身旁所刻题记证明两处皆是孙龙夫妇（图八）。可见，至少在此例中，人物的左右相对位置并不反映性别差异和尊卑区隔，故不可将坐次与身份的

[1] B. I. Marshak, “ La thèmatique sogdienne dans l’art de la Chine de la seconde moité du VI’siècle,” *Académie des Inscriptions & Belles-Lettres, Comptes rendus des séances de l’année 2001, janvier-mars,* Paris, 2001, pp. 244-252. 中译本见（俄）马尔沙克著，马健译：《公元6世纪下半叶中国艺术所见粟特主题》，《考古与文物》2007年汉唐考古增刊，第337页。

[2] 孙武军：《北朝隋唐入华粟特人墓葬图像的文化与审美研究》，西北大学博士学位论文，2012年，第223—224页。

[3] 秦若晨：《虞弘墓石质葬具分析》，罗丰主编：《丝绸之路考古》第四辑，科学出版社，2020年，第99—115页。

[4] 陕西省考古研究所、榆林市文物管理委员会：《陕西定边县郝滩发现东汉壁画墓》，《考古与文物》2004年第5期，第20—21页；国家文物局主编：《2003中国重要考古发现》，文物出版社，2004年，第104—108页。

[5] 许新国：《青海吐蕃墓葬发现木板彩绘》，《中国西藏》2002年第6期，第32—33页；后收入中国社会科学院考古研究所、青海省文物考古研究所编：《青海海西棺板画研究文集》，文物出版社，2023年，第7—9页。图见该书图版一至九。

[6] 李明德、郭艺田：《安阳小南海宋代壁画墓》，《中原文物》1993年第2期，第76—81页。

[7] 山西省考古研究所侯马工作站：《山西稷山马村4号金墓》，《文物季刊》1997年第4期，第41—46页。

[8] 项春松：《内蒙古赤峰市元宝山元代壁画墓》，《文物》1983年第4期，第40—46页。

[9] 董晓荣、齐玉华：《榆林窟第6窟蒙古族供养人坐具》，《敦煌研究》2007年第3期，第32—37页。

关系绝对化，还应综合考量图像所处墓葬的情境[1]。

图八 孙龙石椁[2]

1.前挡原石 2.前挡拓片 3.右侧板全貌 4.右侧板孙龙夫妇对坐图

具体到虞弘夫妇墓，诸多方面暗示夫人身份并不比虞弘高贵。首先，从墓志看，虞弘志盖装饰精致，志石边长 73 厘米，夫人志盖无纹饰和文字，志石 61 厘米见方，前者规格尺寸和精美程度明显更高，却只字不提夫人及子嗣情况，这与夫人出身贵重的假设难合。尽管夫人墓志缺损甚多，但由残留文字可大略推知“□人魏氏”之前多为抒情式的

[1] 目前所见采取“女左男右”安排夫妇二人的图像，年代、族属等因素不尽相同，所承载的含义、观念等亦非一致，很难用简单的女性尊于男性之说法来解释这个表面形式上近似、时间跨度却超过千年的现象。然此问题关涉较多，溢出本文主旨，拟另文探讨。

[2] 图八之 1、2 自摄于山西博物院，经处理；图八之 3、4 分别采自安瑞军：《山西榆社北魏孙龙石椁研究》，《文物季刊》2024 年第 1 期，第 99、102 页。

铺陈辞，倘若她家世显宦，当有关于父祖信息的夸耀，但所余书写容量并不充足。并且，从保存较全的铭文看，第一部分大致讲身世和出嫁，第二部分述及“其妻后逝，其夫先亡”，大抵是表彰其孀居等德行，第三部分则叙去世，格套与常见的女性墓志相当。由此反推序文部分应不出这些内容，如“仪同先逝……三徙西河”等句当与铭文第二部分意思对应，整体看来似无特意标榜夫人之处。其次，从石椁看，整套图像上的主角都是虞弘本人，夫人形象并不被突显，若两人等级高低有别，难以想象更显贵的夫人会甘于此等图像设计，且逝世后在维持石椁原状的情况下与丈夫完成合葬[1]。金乡县主与于隐合葬墓便是一证，于隐以朝散大夫（从五品下）、蜀州司法参军（从七品下）的官职在天授元年（690年）修墓下葬，而金乡县主在开元十二年（724年）与之合葬，由于县主（视正二品）的等级更高，于是增配石椁、改换随葬品[2]，使得该墓呈现出外在较低墓葬形制与内部高级别建置的矛盾，但却符合“以尊祔卑”之常理与礼制规定。对照之下，虞弘夫人有特殊身份的可能性更是降低。

综上，如果将“女左男右”的位次看作虞弘夫人比虞弘地位尊显的产物，那么很难理解其墓志和图像为何会如此隐晦她的形象，这提醒我们应转换思路。毋庸置疑的是，虞弘石椁图像中的波斯艺术风格在诸种文化因素中最为醒目，此已为学者从头冠、服饰、飘带、帔帛、圣火祭坛、人兽搏斗图像等多方面予以确认[3]，其原因与虞弘年少曾出使波斯，以及北周末年出任领并、代、介三州乡团并检校萨保府的官职等个人经历关系密切。缘此，虞弘对波斯习俗了解并接受的可能性是较大的。《旧唐书·波斯传》记载：“俗右尊而左卑。”[4]可见，当时的波斯有以右为尊之俗，则虞弘受此影响将自己置于右位，应是合乎情理的。考索波斯本土的图像材料，的确可见“女左男右”的表现，

[1] 这里，本文倾向于认为虞弘夫妇先后下葬并没有改变石椁形制，因为秦若晨的二次改造说也存在疑点，如她认为石椁与围屏石榻相比，需要更多的石料和设计、刻绘工作，较之围屏石榻更为珍贵，因此虞弘后人对葬具的改造也是为了配合虞弘夫人较之虞弘更高的身份而作出的权宜性调整，若果真如此，大可选择重新制作葬具，而不必颇费周折进行旧物改造。至于石椁形制的特殊尤其是底座的高度问题，或可参考陈凌之说，认为其反映了从北朝围屏石榻向唐代仿木结构殿堂式建筑石椁转化的一种过渡形态，参陈凌：《中国境内中古祆教徒葬俗考论之二》，余太山、李锦绣主编：《欧亚学刊》新八辑（总第十八辑），商务印书馆，2018年，第42页。

[2] 西安市文物管理委员会：《西安唐金乡县主墓清理简报》，《文物》1997年第1期，第4—19页；西安市文物保护考古所王自力、孙福喜编著：《唐金乡县主墓》，文物出版社，2002年。

[3] 张庆捷：《虞弘墓石椁图像中的波斯文化因素》，叶奕良编：《伊朗学在中国论文集》第3集，北京大学出版社，2003年，第237—255页；后题作《太原隋代虞弘墓图像中的波斯文化因素》，收入张庆捷：《民族汇聚与文明互动——北朝社会的考古学观察》，商务印书馆，2010年，第455—480页；齐东方：《虞弘墓人兽搏斗图像及其文化属性》，《文物》2006年第8期，第78—84页。

[4] 《旧唐书》卷一九八《西戎传》，中华书局，1975年，第5312页。

如创作于16世纪萨非王朝国王塔赫玛斯普（Tahmasp）时期的《列王纪》（Shahnama）插图，表现男女会面（图九，1）、婚礼（图九，2）等场合[1]，均是这种布局。这些画作绘制时代虽晚，但乃为配合文本情节而作，至少能代表波斯历史上存在此类图像形式。另外，位于今塔吉克斯坦泽拉夫善河流域的片治肯特古城保存了丰富的5至8世纪的壁画，其中25号宫殿带谷仓的28号厅南墙上有战神夫妇端坐像，二者正是以女左男右排列（图一〇），马尔夏克提到，这类神祇夫妇图像在中亚粟特地区不止一次出现[2]，但限于图像难寻，只得暂置不论[3]。

1

2

图九 《列王纪》插图中所见“女左男右”布局[4]

1.Folio 78V 2.Folio 183V

[1] Sheila R. Canby, *The Shahnama of Shah Tahmasp: The Persian Book of Kings*, New York: Metropolitan Museum of Art, 2014, pp. 126(Folio 78V: Rudaba before Mihrab); pp. 180(Folio 183V: Siyavush and Jarira Wedded).

[2] （俄）马尔夏克：《片治肯特古城带谷仓的娜娜女神壁画（700—725年）》，（俄）马尔夏克著，毛铭译：《突厥人、粟特人与娜娜女神》，漓江出版社，2016年，第21—36页。

[3] 不过，毕波文中列举的四例年代约在6—7世纪的中亚、西亚图像，男女对坐时均是“男左女右”，一定程度上可说明男女的相对位置并无固定形式，有时只是图像的不同选择而已，参毕波：《虞弘墓所谓“夫妇宴饮图”辨析》，《故宫博物院院刊》2006年第1期，第69—73页。

[4] 采自Sheila R. Canby, *The Shahnama of Shah Tahmasp: The Persian Book of Kings*, New York: Metropolitan Museum of Art, 2014, pp. 126、180.

总之，目前所知信息尚难将女左男右解读为虞弘比夫人卑下，相反，如文献记载和前文推理，这似乎显示的是虞弘更高贵显要。退一步讲，鉴于在很多情况下墓主可能并未参与图像的规划，与死者相关的各种丧葬行为包括墓葬营建、墓内陈设、葬具设计等往往由家属来执行，故丧家选择以波斯风俗习惯和艺术特色来安排这幅夫妇宴乐图，亦更贴合其他图像的文化来源。概括而言，虞弘石椁图像的产生过程为：开皇十二年虞弘初葬时，该石椁就是作为未来夫妇合葬的设施而规划绘制，但当时仅据丧葬活动的主体对象来选择图像的主要指向，因此除了居中的宴乐图为尚健在的夫人预留空间外[1]，其余图像都基于虞弘而布置，不过第 1 幅当中的狗似有一只未刻。开皇十七年夫人离世，家人于次年重开墓穴将其葬入，并补刻夫人形象和象征性的犬视之狗，完成对合葬墓的定义[2]。循此路径，虞弘图像及相关现象或可获得较为通透的诠释。然则，其背后的复杂面相揭示出合葬问题、性别秩序、等级结构与墓葬图像的空间排布彼此交互关联，这仍需深入研究。

图一〇　片治肯特古城 25 号宫殿的战神夫妇端坐像[3]

---

[1] 秦若晨点出了此幅图在女性形象及其周围帷帐、侍女方面存在若干图像逻辑和线条处理的问题，认为这与最初图像刻绘过程中对女性形象的规避有关，即虞弘下葬时完成的夫妇宴乐图并不包括女性形象。此说合理，本文从之。见秦若晨：《虞弘墓石质葬具分析》，罗丰主编：《丝绸之路考古》第四辑，科学出版社，2020 年，第 99—115 页。

[2] 另外，虞弘夫妇墓残存随葬石俑中，存在砂石俑和汉白玉石俑两种，报告分析认为两种俑虽然造型风格、石质和制作方法均不相同，但为一次同时随葬的可能性较大，可从，参山西省考古研究所、太原市考古研究所、太原市晋源区文物旅游局编著：《太原隋虞弘墓》，文物出版社，2005 年，第 158—159 页。通过上述考察，本文进一步推测，两种俑均为虞弘初葬时随葬。

[3] 采自（俄）马尔夏克：《片治肯特古城带谷仓的娜娜女神壁画（700-725 年）》，（俄）马尔夏克著，毛铭译：《突厥人、粟特人与娜娜女神》，漓江出版社，2016 年，第 28 页。

六、结语

总括以上论述，进入北朝隋管辖区内的粟特裔，交织在以汉文化为主的多种迥异文化网络内，不可能独立于主流社会之外。本文措意于粟特裔在丧葬层面的文化调适，以康业、安伽、史君、虞弘四组石葬具图像中的“宴乐+出行”组合为着眼点，从其中的各种“异刻”现象切入，既整体性考察了粟特裔图像在布局、内容等方面较之于同时期墓葬的变异表现和异质特征，又针对墓主个人实际，具体分析了他们在图像框架下对模式的不同程度调整与改易，并完成对石葬具意义的建构，以契合自身丧葬实践的需求。由此，粟特裔面对和因应文化差异的路径和在此过程中保留本土文化与族属认同的细致情况得到揭示，有助于我们衡量其在地化程度。

一方面，粟特裔在首要层面上遵照了中土王朝葬制，将墓主或墓主夫妇宴乐图与以鞍马、牛车为核心的出行图运用于石葬具中，在此基础上，不仅将石葬具的内向性通例变为外向性，而且部分增加了骑乘者的形象，以便更好地展现以灵魂审判为重要环节的祆教丧葬礼仪，从而表达追求灵魂升入天国的粟特式生死观念。这是四组石葬具透露的共同文化选择。另一方面，由于不同的生活时代、活动地域、身份地位、生平经历，粟特裔的石葬具图像又映印出许多个性。位于王朝都城长安的三座墓中，康业围屏石榻虽然年代最早，但因其身份最为尊贵，丧葬活动总体上也受到了政治权力和丧葬礼制的更大约束，表现为图像风格强烈中国化，并遵从完整的“墓主+鞍马、牛车”图式，但依然根据独葬之现实进行变通，有意识地消解组合的固定性别指向。安伽与史君同年同月去世，葬期仅差三月，但其石葬具在多方面区别明显。安伽墓应是在北周政权干预下的迁葬产物，图像使用的是合葬图式，然而夫人没有葬入，体现了理想与现实难以全然切合。史君墓是标准的夫妇合葬墓，图像归属与埋葬数量完全相符，石堂的浓厚神性色彩，蕴示着丧家较多的自主性，不过，面临宗教教义和血缘亲情的冲突，图像最终以模糊形式展露了丧家在为双人规划时的颉颃性挣扎。从根本上说，两墓的差异与墓主所处政治位置有直接关系，安伽任职同州萨保、大都督，自身及其聚落成员被纳入府兵系统，与国家官僚体系联系密切。同州作为宇文泰时期设置的霸府，战略重要性不亚于首都长安，武帝、宣帝等君主多次行幸[1]。史君担任凉州萨保，仕宦重心在于管理聚落自身政教事务，凉州的地理区位也决定了其与朝廷主流政治核心的接触不如安伽。二者图像内容呈现出明显的现实性世俗生活和宗教性信仰生活的分野，亦当在此情境下理解。虞弘墓年代在

[1] （日）谷川道雄著，李济沧译：《隋唐帝国形成史论》，上海古籍出版社，2004年，第304页；毕波：《中古中国的粟特胡人——以长安为中心》，中国人民大学出版社，2011年，第53页。

已完成统一的隋代，但图像并没有表现如政治般的整齐划一。该墓位在太原，这里自北齐以来就有大量胡人聚居，结合虞弘丰富的出使和仕任经历，可知他受多种文化因素的熏染。而石葬具整体突出的是波斯风格，应是特意选择的结果，也许出使波斯的这段政治经历之于虞弘有某种特殊性，夫妇宴乐图中的男女排位方式可置于这种意义下获得重新认识。

综上，民族与时间、区域、政权三项要素的连锁关系和共同作用，在上述四组石葬具图像的产生过程中发挥得淋漓尽致，形塑着入华粟特裔在中国社会的自然生态和社会生态中的在地化历程。从中可见，北朝晚期至隋，粟特裔的丧葬实践还具有相当的自主性，墓主、丧家在政治权力或多或少的介入之下，主动接受并自觉改造图像范式。不同的变易程度，使得各自墓葬出现多元样貌，既反映出粟特裔不同的在地化程度，又说明文化认同层面的在地化还没有全面实现，这与当时粟特聚落未被完全吸纳入国家乡里体系，即政治体层面的在地化不彻底休戚相关。就目前实例看，这类石葬具及图像到初唐已不复见于粟特裔的墓葬中，墓内其他建置中的民族文化因子也渐趋消隐，意味着由于中央政府控制程度的强化、粟特聚落到乡里的历史演变持续进行、王朝丧葬制度的趋于严密等原因，粟特裔的丧葬实践逐步融会于汉地墓葬文化中，大部分已经“有同华俗”“与诸华不别”[1]，借助墓葬元素识别墓主民族文化变得困难，可以说，在地化过程基本完成。而那些曾经的祆教信仰、故土传统，已经作为一种文化符号，保留在粟特裔的集体历史记忆中。

最后还需一提的是，本文所涉四座墓葬的墓主身份地位都相对较高，属于入华粟特人中的上层贵族，可能具有一定的特殊性，所以不宜将他们的在地化水平无限地推论到所有粟特人当中。那些处于核心之外的社会中下层及普通平民，事实上是沉默的大多数，只是受限于考古材料，更多的细节很难进行深入描画。不过，一般说来，聚落领袖的丧葬实践具有示范性，也会虑及治下民众的情感接受问题，那么，有理由推测整个粟特群体行为的相似性，将其作为代表也就合于情理。在这个意义上，以这四座墓为触点，虽是材料不足征的无奈之举，却也是观察彼时粟特人入华后衍变嬗替的应然路径。

---

[1] 《周书》卷三五《薛慎传》，中华书局，2022 年，第 684 页；《隋书》卷三一《地理志下》，中华书局，2020 年，第 1010 页。

钦瓦特桥的图像分析

王　东（故宫博物院副研究馆员、北京大学考古文博学院博士研究生）

钦瓦特桥是琐罗亚斯德教末世论神话中的“分别之桥”“裁判之桥”“筛选之桥”，由该教主神阿胡拉·玛兹达创立，位于圣山哈拉之巅，南端向上通往中界，北端向下通往地狱。作为琐罗亚斯德教的典型意象，钦瓦特桥在中亚发现的纳骨器和北朝粟特裔贵族石葬具中都有描绘。本文结合钦瓦特桥相关的宗教文献，对钦瓦特桥的图像进行分析，解读图像细节，对已有的观点进行重新检讨。

一、文献中的钦瓦特桥

文献对钦瓦特桥的记载，可参见伊朗学者艾哈迈德·塔法佐利（Ahmad Tafazzoli）1991 年为《伊朗百科全书》（Encyclopaedia Iranica）撰写的词条。

钦瓦特桥（Činwad Puhl），阿维斯陀语作“činuuatō pərətu-”，传统上认为是“分别之桥”，让·卡伦斯（Jean Kellens）根据更早的翻译认为是“堆聚之桥”。根据马兹达教或琐罗亚斯德教末世论神话，该桥连接现世与来世。逝者的灵魂须经过此桥。该桥在《伽萨》（Gathas）中已经提到。该桥位于哈尔巴茨（Harburz）山之巅，南端向上通往中界，另一端在北，向下通往地狱。

该桥在《阿维斯陀》中的修饰词有“马兹达创造的”“远方知名的”“强大的”“防卫森严的”“由正义保护的”，在帕拉维文献中被描述为“高的”“恐怖的”“众人保护的”“奥尔马兹达（Ohrmazd）创造的”“好的”。据《闻迪达德》记载，有两只犬守卫着这座桥，但《班达西申》说只有一只。印度文献中也有这种说法，因此它很有可能追溯到印度—伊朗时期。尽管据记载该桥形似一把利剑、刀片或多面刀片，但也有文献说该桥长和宽各有 9 支长矛（lance）连起来的长度。

去世三天后，也就是第四天黎明，逝者的灵魂会经过该桥。灵魂会在斯劳沙（Srōš）、善神伐由（the good Wāy）和瓦赫拉姆（Wahrām）等众神的陪伴下，在诸多恶魔的威胁下朝该桥走去。有的文献记载，灵魂主要由斯劳沙引导到达该桥。桥头有一处裁判所，密特拉在斯劳沙和拉什奴（Rašn）的陪伴下主持裁判仪式。根据另外的、可能是晚期的传统，裁判员是拉什奴、阿什塔特（Aštād）和赞姆亚兹德（Zamyazd）。拉什奴用他的灵魂天平衡量灵魂的善行和恶行。如果逝者是正直的，他的丁（dēn）将显示为一位漂亮的少女，这位少女是他一生善行的人格化，会和其他神祇一起，帮助他通过钦瓦特桥，这些神祇可能是斯劳沙和阿杜尔（Ādur），也可能只是斯劳沙，阿杜尔有时被认为是“阿杜尔法尔巴格（Ādurfarnbag）”或是“圣火的一种形式”；如果灵魂是邪恶的，他的丁（dēn）则会显示为一位丑陋的少女，灵魂无法通过钦瓦特桥，而将坠入地狱，当正直的灵魂希望通过钦瓦特桥时，桥会变为 37 支长杆（pole）连起来那样宽，也就是 9 支长矛连起来的长度或 1 弗拉桑（frasang）的长度。正直的灵魂，过桥会非常愉快，如同走在珍贵的貂皮上一样，他会在祝福中毫无悲伤地走过钦瓦特桥，仿佛感受到绿意盎然、芳香四溢的美丽的春天。另一方面，对于邪恶的灵魂，桥就会变窄，像刀刃一样。邪恶的灵魂一旦踏上桥，就会因为桥的粗糙和尖锐而坠入地狱。过桥时，他会非常难受，好似穿过一座臭气熏天的停尸房[1]。

玛丽 · 博伊斯（Mary Boyce）根据印度早期文献的记载，将钦瓦特桥的年代追溯到印度—伊朗时期[2]。至少在《伽萨》时期（约公元前 1200 年），琐罗亚斯德教已经有了钦瓦特桥的观念，后世的文献对此有更加详细的记载。艾哈迈德 · 塔法佐利撰写的词条，对文献中的钦瓦特桥进行了综述，为我们分析中亚纳骨器和北朝粟特裔石葬具上的图像提供了重要的依据。

二、史君石堂东壁图像中的钦瓦特桥

2003 年西安发现了北周史君墓。史君，粟特语名为尉各伽（Wirkak），不知其汉语名，大象二年（580 年）与妻子康氏合葬。该墓石堂东壁完整呈现了钦瓦特桥的意象（图一）。下面分四个部分对石堂东壁的图像进行分析，分别是钦瓦特桥、桥下水域、桥上的人和动物以及桥上诸神。

[1] Ahmad Tafazzoli, “ČINWAD PUHL” , *Encyclopaedia Iranica,* Ehsan Yarshate ed., Vol. V, Fasc. 6, Mazda Publisher, 1992, pp.594–595.

[2] （英）玛丽 · 博伊斯著，张小贵、殷小平译：《伊朗琐罗亚斯德教村落》，中华书局，2005 年，第 157 页。

图一 北周史君墓石堂东壁图像（从左往右分别是E3、E2和E1）

（一）钦瓦特桥

钦瓦特桥在此处被描绘成带护板的梁桥。护板上有十几个叶子状的纹饰[1]，叶子的数量从4个到6个不等，叶子纹饰带的下方是一排锯齿状纹饰。以往学者没有关注钦瓦特桥护板上的纹饰细节。这样的纹饰常见于粟特地区和新疆地区发现的纳骨器和木器上（见图二）[2]。由此可见，这样的叶子纹饰在亚欧大陆中部比较常见。锯齿状纹饰，疑是中亚粟特地区常见的类似于城垛的所谓“雉堞纹”的变形[3]。从这一细节来看，史君石堂图像的设计者是很熟悉这些纹饰的。丁爱博（Albert E. Dien）将此桥与Miho美术馆藏石棺床F屏上描绘的桥相比，认为此处的桥可能受到了中国文化因素的影响[4]。实际上，史君石堂图像描绘的撑架桥，是一种很常见的桥梁形式，并非中国文化特有的因素。况且从图像细

[1] 考古报告称为“花瓣纹”，并进行了统计。西安市文物保护考古研究院编著，杨军凯著：《北周史君墓》，文物出版社，2014年，第189页。

[2] 陈凌：《中国境内中古祆教葬俗考论（之一）》，《古代文明（第12卷）》，上海古籍出版社，2018年，第339—340页。胡兴军：《新疆洛浦县比孜里墓地M36出土彩绘木棺考释》，《考古与文物》2024年第4期，第89—100页。

[3] 龚伊林：《古代中亚雉堞纹样的艺术探究》，《荆楚理工学院学报》2020年第2期，第29—35页。

[4] 丁爱博（Albert E. Dien）著，陈昊雯译校：《粟特人史君漫谈》，中国人民大学北方民族考古研究所、中国人民大学历史学院考古文博系编：《北方民族考古（第3辑）》，科学出版社，2016年，第221页。

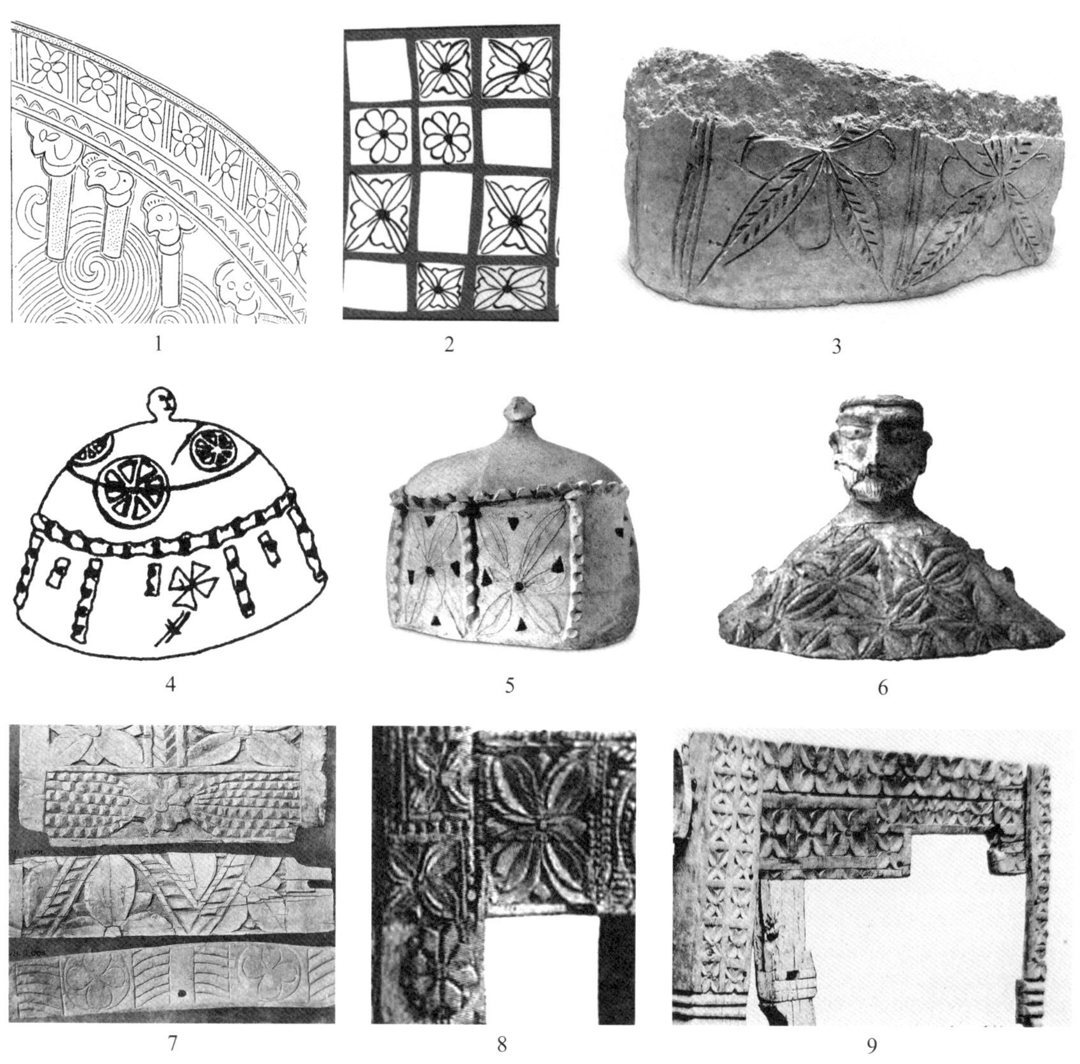

图二　图像和器物上的叶子纹饰

1.北周史君墓石堂东壁图像　2.新疆洛浦县比里孜墓地M36 木棺侧板　3.焉耆七个星出土纳骨器　4.新疆吉木萨尔出土纳骨器　5.撒马尔干萨里—捷佩（Sary-tepe）出土纳骨器　6.撒马尔干出土纳骨器盖　7.斯坦因在尼雅发现的木质家具残件　8.斯坦因在尼雅发现的木质家具残件二　9.斯坦因在楼兰发现的木质家具残件

节来看，该桥应该是琐罗亚斯德教和欧亚中部地域文化的体现，和北朝隋唐时期的中国文化并无太大关系，Miho美术馆藏石棺床F屏上的桥，可能是钦瓦特桥的一种简化形式，后文会详细讨论。史君石堂图像描绘的钦瓦特桥由北向南逐步向上，是想表达墓主灵魂通过此桥升入中界。向上的弧形，可能让丁爱博误将此桥看作“拱形桥”。

（二）桥下水域

桥下水波纹象征水面，水面上有莲花和荷叶，两只怪兽的头浮出水面，怪兽朝上张着大嘴，可与文献中“（逝者的灵魂）在诸多恶魔的威胁下朝该桥走去”的记载相互印证。

水面上有九根红色立柱，柱头为鸟首或兽首。从图像上看，这些柱子应该是桥桩，支撑桥体。柱头的动物都面朝南，与桥上人和动物的行进方向一致。柱头的动物或许是在护卫钦瓦特桥和桥上行进的队伍。这些鸟首很像鸡首，可能是斯劳沙的圣禽，引导桥上的人和动物通过钦瓦特桥[1]。

（三）桥上的人和动物

桥上有一列从北向南行进的队伍，队伍最前面有四个人，紧跟着的有两匹马，还有骡子、牛和骆驼，以及一些难以识别的小型动物。图像似乎在表达，墓主夫妇连同奴仆、家畜、家禽一起通过钦瓦特桥的场景。这样的情况，不见于相关文献，甚至与琐罗亚斯德教部分文献的内容也相矛盾。这可能是琐罗亚斯德教传入中亚之后，与中亚习俗杂糅的产物[2]。奴仆和动物似乎都是成对的，圣火也是两个，桥头有两位祭司。这可能与墓主史君夫妇二人有关，同时也符合琐罗亚斯德教丧葬中以双数为吉的传统[3]。葛乐耐（Frantz Grenet）等学者依据《班达西申》等文献的记载，认为两处圣火是帮助灵魂在黑暗中穿过钦瓦特桥的[4]。骆驼上方飞行的两只鸟，可能是斯劳沙的圣禽[5]，程雅娟认为是《闻迪达德》记载的吃掉灵魂的鸟[6]。但从它们的位置和数量来看，我倾向于认为它们是斯劳沙的圣禽，或者和前方牛马一样的家畜家禽。

两位祭司，面朝钦瓦特桥方向，戴着拍汪（paiwand），手持巴萨姆枝（barsom），互相同情和帮助。葛乐耐等认为两位祭司正在举行宗教仪式[7]。仔细观察图像可以发现，与Miho美术馆藏石棺床F屏相比，史君石堂E1 的两位祭司旁没有火坛和祭祀用品，所以这并不是现实仪式的表达。这两位祭司可能是在护卫人和动物通过钦瓦特桥，也可能是在共同念诵祷文，将墓主灵魂移交给钦瓦特桥上方主持审判的诸神。

（四）桥上诸神

据《班达西申》记载，钦瓦特桥位于哈尔巴茨山之巅，南端向上通往中界，北端向下通往地狱[8]。从史君石堂东壁图像的方位看，中界位于钦瓦特桥的南端（E3）和上方（E1

[1] 沈睿文：《中古中国祆教信仰与丧葬》，上海古籍出版社，2019 年，第 96 页。

[2] 沈睿文：《中古中国祆教信仰与丧葬》，上海古籍出版社，2019 年，第 205 页。

[3] 林悟殊：《波斯拜火教与古代中国》，新文丰出版公司，1995 年，第 101 页。

[4] Frantz Grenet, Pénélope Riboud, Junkai Yang, “Zoroastrian Scenes on a newly discovered Sogdian Tomb in Xi’an, Northern China”, *Studia Iranica,* 33, 2004, p.279.

[5] 沈睿文：《中古中国祆教信仰与丧葬》，上海古籍出版社，2019 年，第 8 页。

[6] 程雅娟：《吉美博物馆藏入华粟特人围屏石塌图像新考》，《艺术设计研究》2024 年第 2 期，第 25 页。

[7] Frantz Grenet, Pénélope Riboud, Junkai Yang, “ Zoroastrian Scenes on a newly discovered Sogdian Tomb in Xi’an, Northern China”, *Studia Iranica,* 33, 2004, p. 281.

[8] Domenico Agostini and Samuel Thrope, *The Bundahišn: The Zoroastrian Book of Creation,* Oxford University Press, 2020, p.159.

和E2）。E1 桥上动物的上方有山石，应该表现的是哈尔巴茨山。2004 年，葛乐耐等学者认为E1最上部居中的手持三叉戟的神祇是风神维施帕卡（Wešparkar），也就是《阿维斯陀》中的风神伐由（Vayu），中古波斯文是Wāy[1]。片治肯特发现的带有粟特文榜题“wšpr(kr)”的神祇，三头六臂，手持三叉戟（图三）[2]。三头六臂的特征，并没有出现在E1 的维施帕卡上，而表现在维施帕卡骑乘的牛身上。如同安伽墓门额上骆驼托起的火坛一样[3]，此处神祇骑乘的动物并不是三头牛，而是一头三面多腿的牛。玛丽·博伊斯提到，琐罗亚斯德教徒去世的第三天凌晨一两点，家里要举行夜晚之仪，仪式分四部分。首先祭祀斯劳沙，他负责看护死后三天停留在大地上的灵魂，其次祭祀拉什奴，他在审判时同象征正义的阿什塔特一起负责掌握公正的尺度，然后是祭祀逝去义人的神圣同伴弗拉瓦西，最后是祭祀风和天空的主神伐由，因为次日凌晨，灵魂必须经过其辖地而升入中界[4]。从祭祀的顺序可以看出，伐由（维施帕卡）在宗教中的地位较高。这一点也可从图像中看出。换言之，伐由（维施帕卡）是逝者灵魂通过钦瓦特桥审判时的主要神祇。

E1 维施帕卡正下方肩生双翼的神祇是妲厄娜（Daēnā），妲厄娜身后是负责看管杯子和花的侍从。妲厄娜面前跪坐在椭圆形毯子上的两人可能是墓主史君和其妻康氏。有两只相向的圣犬，在桥头守卫，这与《闻迪达德》的记载相一致。这两只圣犬在灵魂审判之前，保护灵魂免受恶魔的危害[5]。申卡尔（M. Shenkar）将此与犍陀罗地区发现的一枚印章上的图像相比较（图四），认为妲厄娜身边的两只圣犬都是相对蹲坐的[6]。我认为，这可能是在表现两只圣犬保护灵魂时相互配合的一种警觉的状态。

E2 上部有两匹翼马，朝北奔驰，像是在接引墓主夫妇升往中界，E3 表达的则是墓主夫妇骑着翼马到达了充满歌声的中界。E2 中有一位带翼天使，与之对应的还有一位似乎正在下坠的人，此人没有翅膀，显然并不是考古报告认为的飞天，乐仲迪（Judith Lerner）

---

[1] Frantz Grenet, Pénélope Riboud, Junkai Yang, “ Zoroastrian Scenes on a newly discovered Sogdian Tomb in Xi’an, Northern China” , *Studia Iranica,* 33, 2004, p. 281.

[2] G. Azarpay. *Sogdian Painting. The Pictorial Epic in Oriental Art*. University of California Press, 1981, p.29.

[3] 王东：《人首鸟身祭司的形象来源与图像组合》，《考古学研究（第 11 卷）》，科学出版社，2020 年，第 323 页。

[4] （英）玛丽·博伊斯著，张小贵、殷小平译：《伊朗琐罗亚斯德教村落》，中华书局，2005 年，第 165 页。

[5] （英）玛丽·博伊斯著，张小贵、殷小平译：《伊朗琐罗亚斯德教村落》，中华书局，2005 年，第 157 页。

[6] Michael Shenkar, “ Images of Daēnā and Mithra on Two Seals from the Indo-Iranian Borderlands” , *Studia Iranica* 44, 2015, p. 108.

1　　2

图三　风和天空的主神伐由（维施帕卡）

1.史君石堂E1 中的伐由（维施帕卡）　2.片治肯特发现的伐由（维施帕卡）

1　　2

图四　妲厄娜身边的圣犬

1.史君石堂E1 妲厄娜身边的圣犬　2.犍陀罗地区印章上的妲厄娜和圣犬

认为是在表现一位佛教徒或者道教徒[1]。史君石堂W1左上也描绘有异教徒，对异教徒的说教和劝挽是史君石堂图像特有的内容（图五）[2]。

概言之，史君石堂东壁图像以钦瓦特桥为界，表现了桥下恐怖的地狱、桥上行进的人和动物，以及妲厄娜和伐由（维施帕卡）等神祇，还表现了对异教徒的劝挽。正是在这

[1] Frantz Grenet, Pénélope Riboud, Junkai Yang, “Zoroastrian Scenes on a newly discovered Sogdian Tomb in Xi’an, Northern China”, *Studia Iranica,* 33, 2004, p. 283.

[2] 沈睿文：《中古中国祆教信仰与丧葬》，上海古籍出版社，2019 年，第 183 页。

图五 史君石堂图像中的异教徒
1.史君石堂E2 中的异教徒 2.史君石堂W1 中的异教徒

些神祇的帮助下，在祭司和圣犬的祷告或护卫之下，史君夫妇连同奴仆和家畜家禽一起通过了审判，由钦瓦特桥升入了充满歌声和欢乐的中界。史君石堂东壁的图像完整呈现了琐罗亚斯德教宗教文献中的钦瓦特桥审判的场景[1]，为我们阐释中亚发现的纳骨器和其他北朝粟特裔贵族石葬具的图像内涵提供了一把钥匙。

三、中亚纳骨器和其它北朝粟特裔贵族石葬具图像中的钦瓦特桥

下面根据宗教文献，参考史君石堂东壁图像，对中亚纳骨器和其它北朝粟特裔贵族

[1] 2005 年，魏义天（Étienne de la Vaissière）曾从摩尼教的角度解释史君石堂E1 和E2 上部的神祇（Étienne de la Vaissièr, “Mani en Chine au VIe siècle”, *Journal Asiatique,* 293-1, 2005, pp. 357-378）。2009 年 2011 年，吉田丰和阿扎佩（Guitty Azarpay）分别撰文赞同魏义天的观点（吉田豐「寧波のマニ教画 いわゆる「六道図」の解釈をめぐって」,『大和文華』119，2009 年，第 3—15 页；Guitty Azarpay. “Imagery of the Sogdian Dēn”, *Maître pour l'éternité : Florilège offert à Philippe Gignoux pour son 80e anniversaire*. Eds. Rika Gyselen; Christelle Jullien. *Studia Iranica,* Cahier 43. Paris: Association pour l'avancement desétudes iraniennes, 2011, pp.53-96.）。2016 年和 2017 年，古乐慈（Zsuzsanna Gulácsi）、贝杜恩（Jason BeDuhn）和葛乐耐重新对图像进行研究，认为还是应该在琐罗亚斯德教的语境下阐释（Zsuzsanna Gulácsi, Jason BeDuhn. “The Religion of Wirkak and Wiyusi: Their Zoroastrian Iconographical Program on a Sogdian Sarcophagus from Sixth-Century Xi'an”, *Bulletin of Asia Institute,* 26, 2016, pp.1-32. Frantz Grenet, “More Zoroastrian Scenes on the Wirkak (Shi Jun) Sarcophagus”, *Bulletin of Asia Institute,* 27, 2017, pp.1-12.）。

石葬具图像中的钦瓦特桥相关场景进行分析。

（一）中亚纳骨器上的钦瓦特桥

对中亚纳骨器上的钦瓦特桥相关图像的研究，可参看葛乐耐和乌兹别克斯坦学者根纳季·波戈莫洛夫（Bogomolov Gennadiy Igorevich）的研究[1]。其中明确描绘钦瓦特桥的是乌兹别克斯坦国家历史博物馆藏的撒马尔罕出土纳骨器残件（图六）。这件纳骨器的图像比较简单，只有桥下的水域、钦瓦特桥和桥上的两位神祇，左侧神祇手持天平，在称量逝者的灵魂，应该是文献中所说的拉什奴。关于右侧神祇，葛乐耐认为他右手持的是香炉，很可能是斯劳沙[2]。根纳季·波戈莫洛夫认为他右手持的是火坛，左手下垂放在背后或者拉着别人的手，也可能拿着带子，并将他的身份确定为斯劳沙，正在将逝者的灵魂交给拉什奴[3]。由于图像的残缺，我们不太好判断。但参考粟特壁画的相关材料，右侧神祇右手持的应该是火坛，左手持的似乎是巴萨姆枝。如果图像辨认不错的话，他也有可能是一位祆教祭司，如同史君石堂E1 钦瓦特桥头的两位祭司一样，可能是在护卫灵魂，也可能是在念诵祷文，将灵魂移交给负责审判的拉什奴。

沙赫里萨布兹附近的尤玛拉克特帕（Yumalaktepa）出土纳骨器（图七）上虽然没有钦瓦特桥，但出现了灵魂审判的场景。祭司的上方，拉什奴用他的灵魂天平正在衡量灵魂的善行和恶行。灵魂被描绘成一个裸体的小人。锡瓦兹（Sivaz）遗址出土的纳骨器（图八）上也有一个裸体的小人，应该也是在表达灵魂。很显然，尤玛拉克特帕出土纳骨器和锡瓦兹遗址出土的纳骨器上都表达了灵魂审判的场景，但省略了钦瓦特桥。

（二）其它北朝粟特裔贵族石葬具图像中的钦瓦特桥

类似这样的省略，还见于吉美博物馆展石棺床背屏第 2 石（图九）。如图所示，该屏分为上下两部分，下部描绘的充满恶魔的水域，应该与史君石堂E1 和E2 钦瓦特桥下方的水域一样，都表示琐罗亚斯德教的地狱。上部的神祇应该不是德凯琳（Catherine Delacour）和黎北岚（Pénélope Riboud）所谓的苏利耶神（Sūrya），而是与史君石堂E1 上

---

[1] Frantz Grenet, " Zoroastrian Themes on Early Medieval Sogdian Ossuaries" , in Pheroza J. Godrej & Firoza P. Mistree eds., *A Zoroastrian Tapestry: Art, Religion and Culture,* Mapin Publishers, 2002, pp.90−97.Bogomolov Gennadiy Igorevich, "Zoroastrian Plots on the Ossuaries of Sogd: Chinwat and the Posthumous Trial" , 陕西师范大学历史文化学院等编：《丝绸之路研究集刊（第九辑）》，社会科学文献出版社，2023 年，第 410—424 页。

[2] Frantz Grenet, " Zoroastrian Themes on Early Medieval Sogdian Ossuaries" , in Pheroza J. Godrej & Firoza P. Mistree eds., *A Zoroastrian Tapestry: Art, Religion and Culture,* Mapin Publishers, 2002, p.94.

[3] Gennadiy Igorevich, "Zoroastrian Plots on the Ossuaries of Sogd: Chinwat and the Posthumous Trial" , 陕西师范大学历史文化学院等编：《丝绸之路研究集刊（第九辑）》，社会科学文献出版社，2023 年，第 413—414 页。

图六 乌兹别克斯坦国家历史博物馆藏的撒马尔罕出土纳骨器残件

图七 沙赫里萨布兹附近的尤玛拉克特帕出土纳骨器

图八 锡瓦兹出土纳骨器

部的骑牛的神祇对应，表现的是伐由（维施帕卡）[1]。如上所述，伐由（维施帕卡）是主宰风和天空的神祇，是灵魂通过钦瓦特桥前最后一个祭祀的神祇，等级比较高。此处也是用了一个类似三头六臂的形象来表达。左右持弓箭的形象，也见于和田出土木板D.X.3 中的第三位神祇。吉美博物馆展石棺床背屏第 2 石的伐由（维施帕卡）的左右弓箭，似乎是在护卫逝者的灵魂免受地狱恶魔的侵扰，双手上举所持的杯子和花又似乎代表妲厄娜的到来。由上可知，吉美博物馆展石棺床背屏第 2 石表现的是一个省略了钦瓦特桥的灵魂审判的场景。

[1] 沈睿文:《中古中国祆教信仰与丧葬》，上海古籍出版社，2019 年，第 80 页。

图九　吉美博物馆展石棺床背屏第 2 石　　　图一〇　Miho美术馆藏石棺床F屏

Miho美术馆藏石棺床F屏右上角似乎也是在表现钦瓦特桥（图一〇）。从图中可以观察到，该屏上部似乎是一个送行的场景。祭司携带着圣犬，地上摆放着火坛和祭祀用品，祭司身后有四人在“剺面截耳”，有五人垂手交叉。祭司的前方有三匹骆驼（或者是马）的后腿，有一个围栏将三匹骆驼（马）圈起来。杨军凯认为此处的围栏应该是一处简易的钦瓦特桥[1]。这样的类比分析不无道理，但从整个图像风格来看，该屏是在表现一种现实的宗教仪式，并没有出现神祇，也没有史君石堂东壁浓厚的宗教色彩。因此，将此处的围栏看作钦瓦特桥，可姑且作为一种解释，但无法确证。

可以确证为钦瓦特桥的是北周安伽墓石棺床右侧第 3 屏“车马出行图”的下方的一座桥。据图十一，墓主夫妇及其仆人在桥头接受右手上举的妲厄娜的审判。此处的妲厄娜以一个小孩的形象出现。妲厄娜前面的桥应该就是钦瓦特桥，该桥由北向南，符合文献中南边通往中界的记载。安伽墓石棺床并没有将钦瓦特桥审判的场景独立为一个画面，而是与车马出行图结合在一起，这种巧妙的结合体现了为宦于北朝的粟特贵族将北朝政府“夫妇宴饮和车马出行”的丧葬体制和自身祆教信仰融合在一起的政治智慧。

类似的融合还见于史君石堂W2 的图像（图一二）。按照考古报告的描述，一对夫妇怀抱婴儿坐在一座砖砌的仿木结构的亭子内，地上摆放着胡瓶和食物，侧面还有侍者抱着胡瓶。2007 年，丁爱博发表文章，认为史君石堂W2 图像描绘的是史君出生的场景，图

[1]　杨军凯：《西安北周史君墓石椁图像初探》，《法国汉学》丛书编辑委员会编：《粟特人在中国——历史、考古、语言的新探索》，中华书局，2005 年，第 12 页。

图一一　北周安伽墓
石棺床右侧第 3 屏

图一二　北周史君墓
石堂西壁W2

像中的婴儿是史君，据头冠和墓志关于萨保的记载，认为坐着的夫妇是史君的祖父母[1]。而葛乐耐和黎北岚认为坐着的夫妇是史君的父母[2]。由此，许多西方学者得出了史君石堂图像描绘了史君从出生到去世后升入天国的一生[3]。沈睿文依据北朝隋唐入华粟特人的国家认同，认为在北周担任萨宝的官职，必然遵循北周政府规定的“墓主夫妇宴乐（夜宴）＋犊车/驼马出行”的丧葬图式，由此得出如下结论：史君石堂W2 图像中的夫妇并不是史君的祖父母或父母。怀抱的小孩也不是史君，而是和安伽墓石棺床右侧第 3 屏下部图像一样，是妲厄娜的化身，意义可能是表达新生[4]。

史君石堂W2 图像下部有一匹无人骑乘的鞍马，有一位手持曲柄圆形伞盖的侍者立

[1] Albert E. Dien, “Observations Concerning the Tomb of Master Shi” , *Bulletin of the Asia Institute,* 2003 (2007), Vol.17, p.107.

[2] Frantz Grenet and Pénélope Riboud, “A Reflection of the Hephtalite Empire: The Biographical Narrative in the Reliefs of the Tomb of Sabao Wirkak (494–549)” , *Bulletin of the Asia Institute,* 2003 (2007), p. 134.

[3] 具体参见杨军凯、荣新江《北周凉州萨保史君墓研究综述》(荣新江、罗丰主编:《粟特人在中国：考古发现与出土文献的新印证》，科学出版社，2016 年，第 572—583 页)。此后的论文见上文提到的古乐慈、贝杜恩和葛乐耐分别于 2016 和 2017 年发表的论文，还有Jin Xu, “A Journey across Many Realms: The Shi Jun Sarcophagus and the Visual Representation of Migration on the Silk Roas” , *The Journal of Asian Studies,* Vol. 80, No.1, 202. p. 145–165.中译见黄文仪译:《三世之旅：北周史君石堂与丝路迁徙的视觉表现》,《中国文哲研究通讯》第 33 卷第 1 期，第 27—50 页。

[4] 沈睿文:《中古中国祆教信仰与丧葬》，上海古籍出版社，2019 年，第 394 页。

在马旁，另有一人跪在马前。由此观之，W2 图像的内容并不只是夫妇宴饮，还有鞍马出行。根据孙武军对史君石堂图像的仔细观察，出行图中男性的伞盖是方形或弧形，女性的伞盖是圆形[1]。也就是说，W2 下部的鞍马是供史君夫人康氏出行骑乘的。结合妲厄娜可知，此处的出行是指康氏通过钦瓦特桥后，骑着鞍马升入中界。这样来看，从亭子通向地面的礓䃰可能是钦瓦特桥的一种变形。礓䃰下护卫的圣犬和礓䃰护板上的叶子纹饰可作为辅证。如前所述，《闻迪达德》记载两只犬守卫着钦瓦特桥，《班达西申》说只有一只。礓䃰护板上的叶子纹饰与E1 和E2 钦瓦特桥护板上的纹饰相同（图十三）。构图和细节都告诉我们，W2 图像包含了祆教中钦瓦特桥的内容。概言之，W2 图像将祆教的钦瓦特桥与北周丧葬体制中的夫妇宴饮和鞍马出行融合在一起，表达了北周粟特裔贵族文化认同和政治认同的统一。

图一三　北周史君石堂图像中的叶子纹饰

1.北周史君墓石堂E1 钦瓦特为桥上护板上的叶子纹饰　2.北周史君墓石堂W2 礓䃰护板上的叶子纹饰

琐罗亚斯德教认为，妲厄娜是死者善行的化身。以小孩形象出现的妲厄娜，是否与尤玛拉克特帕和锡瓦兹出土纳骨器上裸体的灵魂有关，抑或是祆教传播到中古中国后的变化，仍应以图像和文献为基础进一步探究。

中亚纳骨器和其他北朝粟特裔贵族石葬具图像中的钦瓦特桥，除了塔什干历史博物馆藏撒马尔罕出土纳骨器残件可以确定外，其他图像或省略，或存疑，或变异，均难以确认，很多图像细节的解读只是推测。

[1]　孙武军：《死者的象征——入华粟特人墓葬鞍马图像含义的历史考察》，陕西师范大学历史文化学院等编：《丝绸之路研究集刊（第九辑）》，社会科学文献出版社，2023 年，第 374—375 页。

四、结语

钦瓦特桥作为琐罗亚斯德教末世论神话的典型意象，成为北朝粟特裔贵族墓葬中表现自身种族文化和宗教信仰的重要标志。北周史君墓石堂东壁的图像完整呈现了钦瓦特桥审判的场景，可与文献互相印证之处甚多，为我们辨别和阐释中亚纳骨器和其他北朝粟特裔贵族石葬具图像提供了依据。中亚纳骨器图像多出现拉什奴称量灵魂的场景。北朝粟特裔贵族把钦瓦特桥与主题相近的北朝丧葬规制中的犊车出行或驼马出行结合起来，既符合北朝政府的丧葬制度，又为表达自身种族文化和宗教信仰找到了一个巧妙的结合点，实现了国家认同和自身民族文化认同的平衡。

14世纪东亚海域的“物”与“人”
——新安沉船出发港及目的港再思

范佳楠（四川大学考古文博学院）

一、引言

20世纪70年代发现于韩国全罗南道新安郡附近海域的新安沉船[1]，是一艘水密舱结构的福船[2]。共计出水22040件遗物，包括20691件陶瓷器、729件金属器等，并装载了1017根紫檀木及大量铜钱[3]。因船上发现的木制货签上有“至治三年”的墨书，说明新安

* 本文系国家社科基金后期资助重点项目“新安沉船与东亚海上贸易及文化交流研究”（22FKGA002）的阶段性成果。

[1] 1976年至1987年，韩国新安海底遗物调查团共对新安沉船进行了11次发掘（10次发掘及1次确认调查）。有关方面出版了4本考古报告，后续又有多卷系列图录及丛书出版。参考：韩国文化公报部、文化财管理局：《新安海底遗物（资料篇 Ⅰ）》，首尔同和出版，1981年；韩国文化公报部、文化财管理局：《新安海底遗物（资料篇 Ⅱ）》，韩国文化公报部、文化财管理局，1984年；韩国文化公报部、文化财管理局：《新安海底遗物（资料篇 Ⅲ）》，韩国文化公报部文化财管理局，1985年；韩国文化公报部、文化财管理局：《新安海底遗物（综合篇）》，韩国文化公报部文化财管理局，1988年；韩国文化财厅、韩国国立海洋遗物展示馆：《新安船》，韩国国立海洋遗物展示馆，2006年；韩国文化财厅、韩国国立海洋遗物展示馆：《新安船内的金属工艺》，韩国国立海洋遗物展示馆，2007年；韩国国立中央博物馆：《新安海底文化财调查报告丛书（无施釉陶器）》，韩国国立中央博物馆，2016年；韩国国立中央博物馆：《新安海底文化财调查报告丛书（金属工艺）》，韩国国立中央博物馆，2016年；韩国国立中央博物馆：《新安海底文化财调查报告丛书（黑釉瓷）》，韩国国立中央博物馆，2017年。韩国国立光州博物馆：《新安海底文化财调查报告丛书（白瓷）》，韩国国立光州博物馆，2023年。

[2] 席龙飞：《对韩国新安海底沉船的研究》，《海交史研究》1994年第2期，第55—75页；袁晓春：《韩国新安沉船与中国古代沉船之比较研究》，《当代韩国》2004年冬季号，第25—29页。

[3] 韩国文化公报部、文化财管理局：《新安海底遗物（综合篇）》，韩国文化公报部文化财管理局，1988年，第144页。

沉船行驶并沉没的年代为元英宗至治三年（1323 年）。

时年，元廷刚刚恢复此前被暂时撤停的市舶司，海上贸易迎来了开放的环境。日本镰仓幕府与元廷的关系也从紧张戒备转为松弛缓和，博多海商、僧侣顺应时势，在开阔、通畅的东亚海域频繁进出。新安沉船是 14 世纪东亚海上贸易的一个极其重要的历史片段，其出发港和目的港的所在以及背后关联的“物”与“人”的来龙去脉，是所处时代东亚海域动向的投射。本文以对 14 世纪东亚海域以陶瓷器为代表的贸易商品生产及流通的全盘考量为视角，基于东亚海域的季风及洋流环境，结合相关史料的勾连，对新安沉船的出发港及目的港进行再审视，以期加深我们对 14 世纪东亚海域运转的理解。

二、新安沉船出发港及目的港的既有争论

本文语境中的东亚海域是狭义上的东亚海域[1]，由中国、朝鲜半岛及日本这一东亚儒家传统文明圈及当中交织的海洋所构成。地理位置上，东亚海域的东侧是由库页岛、日本列岛等群岛组成的岛链，西侧为辽东半岛、山东半岛、长江三角洲这些中国沿海地带，两侧之间的海域即为东亚海域。该海域与唐宋时期以来海洋地理观念中“北洋”[2]的范畴最为接近。新安沉船为东亚海域中最重要的 14 世纪沉船史迹之一。

新安沉船的出发港和目的港是一个经典话题。其出发港的所在，曾有“杭州说”“福州说”“泉州说”及“庆元（今浙江宁波）说”四种观点。贡昌提出新安沉船自杭州出发，他同时指出不能排除庆元出发的可能性[3]。1989 年，陈擎光据新安沉船上发现不少福建北部瓷器以及浙江西南与闽北之间的交通便利性，推测该船自福州出海[4]。金炳堇认为新安沉船可能自泉州出发，到达过东南亚，装上紫檀木后回到泉州，只留下必需的一部分，

[1] 为了不割裂东海、南海在海域世界的联系，近来许多学者提出东亚海域还应包括中国南海及周边，如羽田正，参考复旦大学文史研究院：《世界史中的东亚海域》，中华书局，2011 年。也有的学者用“东部亚洲海域”的词义统括整个环东海南海地区，如葛兆光：《作为一个历史世界——蒙古时代之后的东部亚洲海域》，《文史哲》2022 年第 4 期，第 5—29 页。此为广义上的东亚海域，因本文讨论的贸易往来和文化交流集中于传统的中、日及朝鲜半岛之间的海域，故取狭义的东亚海域概念。

[2] 唐宋时期以来，以东南沿海为中心产生的海洋文化概念中，“北洋”是指东南闽粤沿海以北的东海、黄海、渤海区域。参考陈佳荣：《宋元明清之东西南北洋》，《海交史研究》1992 年第 1 期，第 9—15 页；吴春明：《“北洋”海域中朝航路及其沉船史迹》，上海中国航海博物馆主办：《国家航海（第一辑）》，上海古籍出版社，2011 年，第 135—152 页。

[3] 贡昌：《略论南朝鲜新安沉船出土钧窑系瓷器的窑口》，《考古》1988 年第 6 期，第 567—570 页。

[4] 陈擎光：《元代福建北部及其邻近地区所输出的陶瓷器——试论新安沉船以福州为出口港》，《故宫学术季刊》1989 年第 6 期，第 1—38 页。

然后沿航路北上，途经福州、温州、庆元，进行中介式航海[1]。自韩国方面公布出水遗物中包括“庆元路”铭铜权以来，绝大多数学者据此“本能地”认为新安沉船出发自庆元，并未加以考证。实际对该问题进行考证的学者，以各沿海港口出土陶瓷器与新安沉船出水器物的对比研究进行立论。森达也将宁波及杭州出土的陶瓷器与新安沉船出水瓷器进行了比对，发现两者面貌一致，为“庆元说”提供了诸多证据[2]。笔者也曾撰文细致探讨，在窑口组合及具体器例两个方面将宁波、杭州、福州出土的元代瓷器与新安沉船的船货进行了系统比对，基于实物证据考证新安沉船出发自庆元港[3]。

由于船内发现的木制货签上有“东福寺”等京都寺院名称，显示船货的消费地在日本，为新安沉船的目的地为九州博多提供了证据。但与目的港关联的有趣讨论仍旧存在：新安沉船如未沉没，到达博多之后，是否计划继续南下去往东南亚？三上次男据出水遗物中存在一些在日本从未发现、在菲律宾却出土不少的器物，如青白釉铁斑孩童骑牛水滴、龙柄葫芦形水注等，认为新安沉船若到达日本博多，还将继续航向东南亚，到达冲绳和菲律宾等地，最后驶回中国，进行“巡回贸易”[4]。郑良谟也支持此观点[5]。

综上，已有诸多讨论使新安沉船自庆元出发基本成为共识，其中也包括以港口出土器物相串联的实证研究。然而，对于新安沉船上发现的来自南北不同产地的瓷器如何汇集至庆元港仍有探讨空间，对“物”的流通轨迹进行细致观察可成为新安沉船自庆元出发的生动注脚。关于新安沉船的目的港，尚未形成有力定说，值得进行一番思考。

三、“物”之动向：新安沉船出发港研究的后续

宋元时期交通运输业达到了一个空前发达的程度[6]。元代南北水陆通道的空前改善和全线贯通，使海外贸易的地位进一步强化[7]。上文已阐述，目前关于新安沉船出发港的认知已聚焦于庆元港。接下来，不可回避的核心问题是，这些船货如何通过交通网络运抵

---

[1] 金炳堇：《新安船装载的紫檀木和国际贸易》，《海交史研究》2009 年第 2 期，第 68—74 页。

[2] 森达也：《从出土陶瓷来看宋元时期福建和日本的贸易路线》，栗建安主编：《考古学视野中的闽商》，中华书局，2010 年，第 173—187 页。

[3] Jianan Fan, Haichao Li, A study on the departure port of the Sinan shipwreck—A perspective based on the Chinese ceramic cargo, *Archaeological Research* in Asia, 23(2020), pp.1–14.

[4] 三上次男：「新安文物調査の意義」，東京国立博物館、中日新聞社編：『新安海底引揚げ文物』，中日新聞社，1983 年，第 23 页。

[5] 鄭良謨：「新安発見の陶磁器の種類と諸問題」，東京国立博物館、中日新聞社編：『新安海底引揚げ文物』，中日新聞社，1983 年，第 20 页。

[6] 斯波義信：『宋代商業史研究》，风間書房，1979 年，第 49—131 页。

[7] 高荣盛：《元代海外贸易研究》，四川人民出版社，1998 年，第 6 页。

庆元，可否通过考古证据来观察“物”之流动？

新安沉船船货中的陶瓷器，窑口来源十分多元，包括：龙泉窑、景德镇窑、铁店窑、吉州窑、赣州七里镇窑、杭州老虎洞窑、磁州窑、福建茶洋窑、福建磁灶窑、定窑、广东石湾窑、朝鲜半岛康津窑等产地，船上还发现了银器、香料等。新安沉船出水船货即是庆元港腹地广阔、港内物资丰富的证明。目前新安沉船上瓷器各来源窑址的发掘资料丰富，各关联城市考古工作也有一定积累，使我们有可能以瓷器的流动为线索，考察庆元港的辐射能力。系统爬梳资料可知，产自不同窑口的新安沉船出水瓷器，主要经由运河运输线、长江运输线及沿海运输线三条路径运抵庆元，陆路和地方水系也发挥了一定作用。

（一）运河运输线

元朝定都大都，沟通都城和东南富庶地区的南北向运河，代替之前东西向的运河成为了最重要的交通干线[1]。元初至元十八年（1281 年）始，开凿济州河、会通河、通惠河并疏浚江南河，把隋唐时绕道河南呈弓形走向的大运河改造为相对直线，于至元二十九年（1292 年）形成了由大都至杭州的贯通南北的大运河。大运河这条南北运输干线，承担了沟通、交换南北物资的作用。踞于大运河南端的杭州是庆元港腹地内的重要物资供应中心，北方物资南下将首先到达杭州。

北方窑场生产的陶瓷器在大运河沿岸的遗址中时有出土。安徽淮北柳孜运河遗址的元代地层（第八期）中出土了大量陶瓷器，其中不乏定窑、磁州窑系统窑场等北方窑场烧造的陶瓷器，代表性器物就包括了也见于新安沉船的定窑印花盘、磁州窑系统窑场生产的白地黑花罐和黑釉盖罐等[2]。大运河与淮河联结处的安徽淮安，曾发掘宋元时期的民居遗址，出土了北方窑场的陶瓷器，如淮安楚州区白马湖农场二站第 3 层堆积属南宋后期至元代，所出遗物以磁州窑系白地黑花碗为主，碗心书“王”，符合元代磁州窑系的产品特征[3]。地处淮安以南大运河沿岸的城市扬州，也有较多磁州窑产品发现。宋大城西门遗址元代层合计出土 5225 件陶瓷，其中磁州窑 703 件，占 13.4%[4]。是北方窑场的产品沿运河南下的实例。

---

[1] 史念海：《中国运河》，陕西人民出版社，1988 年，第 267—268 页。

[2] 安徽省文物考古研究所、濉溪县文物事业管理局、淮北市博物馆：《柳孜运河遗址第二次考古发掘报告》，科学出版社，2017 年，第 659—843 页。

[3] 南京博物院、楚州区博物馆：《淮安楚州区白马湖农场二站遗址发掘简报》，南京博物院编：《大运河两岸的历史印记——楚州高邮考古报告集》，科学出版社，2010 年，第 32—40 页。

[4] 据徐仁雨《扬州出土宋元吉州窑标本探析》表 3 中公布的数量统计而成。参见徐仁雨：《扬州出土宋元吉州窑标本探析》，北京艺术博物馆编：《中国古瓷窑大系：中国吉州窑》，中国华侨出版社，2013 年，第 285 页。

朝鲜半岛生产高丽青瓷窑址在朝鲜半岛西部及东南沿海均有分布[1]，其最核心的产地在朝鲜半岛西南部的全罗南道康津大口面一带，最著名的是沙堂里和龙云里窑址[2]。近年朝鲜半岛西部沿海发掘的泰安马岛 1 号船等沉船中均批量装载了高丽青瓷，泰安郡大岛海域还与高丽青瓷一并发现了记载王室贵族从“耽津”（康津古名）向高丽首都开京（今朝鲜黄海北道开城市）订购高丽青瓷的木制货签[3]。高丽青瓷可以借助朝鲜半岛西海岸的沿岸流从产地康津输往开京。高丽青瓷在成书于南宋的《袖中锦》中被列为“天下第一”，在两宋士人社会获得了较高的评价。蒙元帝后对高丽文化始终兴趣浓厚，不断索求高丽工艺品[4]。在此背景下，高丽青瓷得以流入蒙元域内。国内高丽青瓷发现于元代辽阳行省境内的东北地区和内蒙古东部、元大都所在的北京及附近地区、山东蓬莱、南京、扬州、安徽滁州、杭州、宁波等地，又以北京及杭州的发现最为突出[5]。从朝鲜半岛的西京（今朝鲜平壤）到辽阳行省再到元大都有驿道相通[6]，北京、南京、扬州、滁州和杭州都是紧邻大运河的城市。成书于 14 世纪下半叶的《老乞大》里记载了高丽商人入元的路径，他们搭乘从高丽王都开京至天津直沽的海船入元大都[7]。据此可以推断，高丽青瓷通过一番水陆运输中转进入元大都，在此集散后可借道运河输往杭州及庆元。

综上，联系大运河河道及沿岸出土北方窑口陶瓷器的实况可知，定窑、磁州窑系等新安沉船上北方窑场的产品主要是通过运河运输线进入杭州，再从杭州沿浙东运河或杭州湾的海运输入庆元港，最终被装载入新安沉船。并且，高丽青瓷的南输也与运河关系密切，可能经由辽阳行省及元大都等地，借助贯通南北的运河运输线由产地所在的朝鲜半岛输入杭州和宁波。

（二）长江运输线

长江自古以来便为沿江各地物资运输的重要管道，中上游的产品可因地制宜地利用

[1] 沈琼华：《翡色出高丽——韩国康津高丽青瓷特展》，文物出版社，2012 年，第 11 页。

[2] 韩盛旭著，高美京、范佳楠译：《韩国康津龙云里 63 号、沙堂里 43 号高丽青瓷窑址发掘调查简介》，《陶瓷考古通讯》第 3 期，2014 年，第 73—80 页。

[3] 韩国国立海洋文化财研究所：《高丽青瓷宝物船——泰安大岛水中发掘调查报告书》，韩国国立海洋遗物展示馆，2009 年。

[4] 尚刚：《大汗时代——元朝工艺美术的特质与风貌》，《新美术》2013 年第 4 期，第 66 页。

[5] 小林仁著，陈馨译：《中国出土高丽青瓷考》，中国古陶瓷学会编：《中国古陶瓷研究（第 14 辑）》，紫禁城出版社，2008 年，第 563—588 页；小林仁，「中国出土高丽青瓷-新安船에서 发现된 高丽青瓷의 자리매김-」，『미술자료』90, 2016, pp.38-47.

[6] 党宝海：《蒙元时期驿站交通研究》，昆仑出版社，2006 年，第 288—291 页。

[7] 《老乞大》卷上云：“我从年时正月里，将马和布子到京都卖了，五月里到高唐，收起绵绢，到直沽里上船过海，十月里到王京。”参见汪维辉点校：《朝鲜时代汉语教科书丛刊（一）·老乞大谚解》卷上，中华书局，2005 年，第 61 页。

地形高差顺流而下。新安沉船出水瓷器中来自长江中游的产品，即吉州窑、赣州七里镇窑及景德镇窑的产品很可能通过长江运输线到达庆元港。

吉州窑窑址毗邻赣江支流。吉州窑的产品沿赣江支流及长江下游分布，多出土于水陆交通便利的大城市[1]。吉州窑窑场附近有多处沿赣江分布的码头和渡口[2]，它们与宋元吉州永和镇的市场“三街六市”相连，反映出吉州窑产品具备便利的运销条件。在贴近吉州窑窑址范围的外沿清理出了明清时期的遗迹及晚唐至清代的瓷器[3]。其中或属于元代的制品有吉州窑白地彩绘瓷、龙泉窑青釉高足杯，类“哥窑”碗等。这次发掘虽没有发现与瓷器运销直接相关的仓储遗迹，但发掘地点紧邻窑址范围，出土遗物可能与瓷器运销有一定关联。此地发现的元代瓷器，既有本地的吉州窑产品，又有长江下游龙泉及杭州一带的产品，证实了吉州窑窑场所在的赣江流域与瓯江、钱塘江流域的商贸联系。赣州七里镇窑与吉州窑具备相似的区位优势，同样可依托赣江水道向外运销。赣州东、西部的其他县市尚无七里镇窑产品的报道，而地处赣江中下游的江西清江则有七里镇窑产品出土。清江作为赣江沿岸的重要商业市镇，该地出土宋元陶瓷较为多元，包括吉州窑、七里镇窑、景德镇窑、龙泉窑等多个窑场的产品[4]（表一）。据此可以推测吉州窑和赣州七里镇窑场的产品主要是通过赣江进而连接长江向外运销。

景德镇窑等江西窑口产品的外运存在从昌江入长江、过武夷到福建、过大庾岭到广州等多条路径[5]，其中通过昌江、鄱阳湖进入长江可能是一条景德镇陶瓷运销的传统路径。那么上述三个窑场的产品进入长江之后，又将如何运输呢？是否有考古学证据能反映上述窑场产品沿长江运输线的流动呢？

九江之东从皖南到苏南的长江沿线，需依次经由安庆—繁昌—南京—镇江这几个内

[1] 喻珊：《试论宋元时代吉州窑瓷器的流布》，北京艺术博物馆编：《中国古瓷窑大系 · 中国吉州窑》，中国华侨出版社，2013 年，第 269 页。

[2] 张文江、李育远、袁胜文：《吉州窑遗址近几年考古调查发掘的主要收获》，《中国国家博物馆馆刊》2014 年第 6 期，第 39 页。

[3] 江西省文物考古研究所、江西省吉安县博物馆：《江西省吉安县永和堤除险加固工程发掘简报》，《南方文物》2011 年第 2 期，第 106—113 页。

[4] 黄冬梅：《浅谈清江出土的宋元瓷器》，《江西历史文物》1985 年第 2 期，第 80—83 页；黄冬梅：《江西清江出土的几件吉州窑瓷器》，《文物》1987 年第 5 期，第 95—96 页。

[5] 刘禄山：《古代江西外销瓷出运沿海各港口路线探讨》，中国古陶瓷学会编：《中国古陶瓷研究（第 14 辑）》，紫禁城出版社，2008 年，第 388—398 页。

河运输港。上述几个地点发现了诸多元代中晚期窖藏资料[1]（表一）。安庆、繁昌、南京三地出土陶瓷产地组合以龙泉窑、景德镇窑和类“哥窑”最为多见。根据学术界目前的认识，类“哥窑”瓷器应产自杭州老虎洞窑[2]。而镇江作为长江与京杭大运河交汇点，其出土陶瓷的产地来源明显较上述三地更为多元。

表一 长江及浙西运河沿线主要城市元代中晚期瓷器的产地来源

地点	遗址	龙泉	景德镇	吉州	七里镇	磁州	钧窑	类哥窑	闽北
清江	市内墓葬	●	●	●	●				●
安庆	反修路窖藏		●					●	
繁昌	新港镇窖藏	●	●					●	
歙县	医药公司窖藏		●						
	人民银行窖藏		●						
南京	溧水中大街窖藏	●	●					●	
	高淳下坝窖藏	●							
镇江	京口闸	●	●						
	西津渡	●	●						
	双井路窖藏	●		●					
	丹徒大路公社窖藏	●	●			●	●		
	金坛窖藏		●						
	市内其他	●	●	●	●	●			
常州	火葬墓			●					
嘉兴	天官牌楼窖藏	●	●						
杭州	储运公司窖藏	●	●			●			

[1] 胡悦谦：《安庆市出土的几件瓷器》，《文物》1986 年第 6 期，第 81—82 页；檀艳萍：《浅谈安庆出土元代窖藏瓷器》，《中国文物报》2015 年 10 月 20 日第 7 版；王承旭：《繁昌元代窖藏瓷器》，江苏美术出版社，2012 年；叶涵鋆、夏跃南、胡承恩：《歙县出土两批元瓷珍品》，《文物》1988 年第 5 期，第 85—88 页；刘兴：《江苏丹徒元代窖藏瓷器》，《文物》1982 年第 2 期，第 25—27 页；高茂松：《江苏溧水永阳镇元代窖藏出土的瓷器与初步认识》，《东南文化》2011 年第 2 期，第 50—54 页；葛鹏云：《南京高淳下坝元代窖藏及相关问题》，《中国国家博物馆馆刊》2015 年第 12 期，第 119—127 页。

[2] 陈克伦：《关于哥窑产地的综合研究》，故宫博物院陶瓷研究所：《故宫博物院九十二华诞哥窑学术研讨会论文集》，故宫出版社，2020 年，第 53—68 页；秦大树：《杭州老虎洞窑址考古发现专家论证会纪要》，《文物》2001 年第 8 期，第 95—98 页；张浦生、邓禾颖：《浅析苏沪皖地区墓葬、窖藏出土的“官哥窑”器之产地》，潘家杰等主编：《张浦生文集：践行中国古陶瓷之梦》，广陵书社，2014 年，第 210—214 页。

镇江京口闸遗址，是大运河上的闸口遗址，出土的元代陶瓷产自龙泉窑和景德镇窑等[1]。镇江境内长江的渡口西津渡遗址出土元代陶瓷的窑口来源同样是龙泉窑和景德镇窑[2]。镇江双井路宋元粮仓遗址出土宋代陶瓷的窑口包括景德镇窑、吉州窑、赣州七里镇窑、龙泉窑、建窑、定窑及临汝窑等，元代瓷器发现较少，主要是龙泉窑的产品，米黄釉碗似为吉州窑所产[3]。镇江丹徒大路公社窖藏出土瓷器包括龙泉窑、景德镇窑、磁州窑、钧窑等地[4]的产品。镇江市内其他地点也曾采集过吉州窑及赣州七里镇窑的产品[5]。可见，镇江出土陶瓷，特别是吉州窑、赣州七里镇窑和景德镇窑三处长江中游窑场产品的存在，是上述窑场产品沿长江运销的证据。

经长江运至镇江的瓷器，可自此入浙西运河，经“镇江路—常州路—平江路—嘉兴路”的航程，最终运抵杭州。长江中游窑址的产品也因此流入上述城市。常州 2 座元代火葬墓中出土吉州窑白地黑花长颈瓶 4 件[6]。嘉兴天官牌楼窖藏出土 1 件龙泉窑青瓷荷叶盖罐，罐内盛放 10 件景德镇窑青白釉芒口印花碗[7]。杭州市商业储运公司窖藏[8]是一处元代中晚期的窖藏，年代略晚于新安沉船，该窖藏出土陶瓷器的窑口来源主要是龙泉窑和景德镇窑，还发现少量安徽霍县窑白瓷和磁州窑孔雀蓝釉器。从上述材料可以初步总结出的规律是，景德镇窑的产品遍布长江及浙西运河沿线各城，同时镇江、常州等地发现吉州和七里镇窑产品的现象说明上述两窑口的产品也沿长江向下游输送。

（三）沿海运输线

除运河和长江线之外，易被忽视但却非常重要的运输路径是沿海运输线。元代的沿海运输在前代基础上有了显著发展，海运成为元代漕运的主要路线。元初运河尚未联通之时，曾采取水和陆联运的漕运方式，将南方的物资运往大都。后来运河贯通之后，由于运河的管理方式是通闸放行，过闸的船只载重量需在一定范围内，若运河内通行船只一多，易造成运输的拥塞，南北物资的传送很难全依赖运河。因此，将漕运的压力分担至沿海运输是一种必然的结果。新的漕运路线建立之后，南方粮食聚集于浙西太仓（今江

[1] 镇江博物馆：《镇江京口闸遗址》，江苏大学出版社，2015 年，第 54—62 页；南京市博物馆、镇江博物馆：《江苏镇江京口闸遗址发掘简报》，《东南文化》2014 年第 1 期，第 23—42 页。

[2] 镇江博物馆、镇江古城考古所：《 江苏镇江西津渡遗址发掘简报》，《东南文化》2011 年第 1 期，第 32—42 页。

[3] 南京博物院、镇江博物馆：《江苏镇江双井路宋元粮仓遗址考古发掘简报》，《东南文化》2011 年第 5 期，第 57—71 页。

[4] 刘兴：《江苏丹徒元代窖藏瓷器》，《文物》1982 年第 2 期，第 25—27 页。

[5] 杨正宏、肖梦龙、刘丽文：《镇江出土陶瓷器》，文物出版社，2010 年，第 177—181 页。

[6] 徐伯元、赵多福：《江苏常州出土元代吉州窑釉下彩绘瓷器》，《考古》1990 年第 2 期，第 187 页。

[7] 陈行一：《浙江嘉兴天官牌楼元瓷窖藏》，《南方文物》2002 年第 2 期，第 12—13 页。

[8] 桑坚信：《杭州市发现的元代瓷器窖藏》，《文物》1989 年第 11 期，第 22—27 页。

苏太仓刘河镇），粮船自太仓出发，沿海北上过山东半岛，进入莱州湾，抵达天津直沽，再走运河到达元大都。太仓也在朱清、张瑄的经营下，发展成为一处重要港口[1]。漕粮甚至还通过海运到达过朝鲜半岛[2]。通过海运运输的粮数逐年增加，从至元二十年（1283 年）的 4 万余石增加到了天历二年（1329 年）的 334 万余石[3]，约增加了 82 倍。沿海漕运路线的发展无疑促使了整个东南沿海运输线的成熟，使沿海运输成为元代交通网络中不可或缺的一环。

采用沿海运输的方式，汇集至庆元港从而成为新安沉船船货的元代陶瓷，主要是龙泉窑以及闽江流域的产品。以下分别进行分析：

众所周知，瓯江两岸窑场生产的龙泉窑瓷器，可以经由瓯江，经龙泉、云和、丽水、青田和永嘉，到达温州，从温州湾出海。2021 年温州市鹿城区望江东路发现了朔门古港遗址，发现了水陆城门、码头等遗迹，发现数以十吨计的古代瓷器残片，九成以上为龙泉窑产品[4]。这些龙泉窑瓷器不少带有“直”“纲”等商人墨书，是运销过程中留下的。龙泉青瓷自温州出海可以北上进入庆元。宁波城市考古中龙泉青瓷发现很多，宁波沿海水下调查中也可见清一色的龙泉窑产品堆积的文物点[5]。可见龙泉窑产品在庆元港出入的线索。同时，在庆元北部的上海及太仓，龙泉青瓷的发现也很突出。上海吴淞江故道沿岸的普陀区志丹苑元代水闸遗址出土了折沿双鱼洗等典型龙泉窑元代产品[6]。位于上海西北

---

[1] 关于朱清、张瑄在太仓经营海运的史事，参见植松正：「元代江南の豪民朱清・张瑄についてその诛杀と財産官没をめぐって」，植松正：『元代江南政治社会史研究』，汲古書院，1997 年，第 297—335 页；关于太仓在元代的发展，参见高荣盛：《元代刘家港历史地位的确立》，郑和研究会：《“郑和与海洋”学术研讨会论文集》，中国农业出版社，1998 年，第 321—333 页；王秀丽：《元代海运与太仓城市发展》，《庆贺邱树森教授七十华诞史学论文集》，华夏文化艺术出版社，2007 年，第 183—209 页。

[2] 陈高华：《元朝与高丽海上交通》，陈高华：《元史研究新论》，上海社会科学出版社，2006 年，第 363—366 页。

[3] 《元史》，中华书局，1976 年，第 2369 页。

[4] 温州市文物考古研究所、浙江省文物考古研究所：《温州朔门古港遗址——海丝港口考古重要发现》，《中国文物报》2022 年 12 月 2 日第 5 版。

[5] 如宁波象山县石浦港三门口水下文物点出水瓷器以南宋至元代的龙泉青瓷为主。参见朱成彪：《三门湾考古新发现》，《东南文化》1990 年第 6 期，第 315 页；中国国家博物馆水下考古研究中心、浙江宁波市文物考古研究所：《2006～2010 年度浙江沿海水下考古调查简报》，《南方文物》2012 年第 3 期，第 52—55 页。

[6] 上海博物馆考古研究部：《上海市普陀区志丹苑元代水闸遗址发掘简报》，《文物》2007 年第 4 期，第 42—59 页。还出土了茶洋窑黑釉盏及韩瓶等陶瓷器。

方向长江沿岸的江苏太仓樊村泾遗址则有多达150余吨的龙泉青瓷出土[1]。另一方面，从舶务管辖的角度而言，沿海运输的货物和土产，也要受到市舶司的管理和抽解。至元十八年（1281年）之后抽解的比率低于进口的货物[2]。元代中晚期温州的舶务已收归庆元管辖，龙泉窑产品先通过温州入海，如若外销，应北上到庆元办理出港手续后再出海放行。新安沉船出水陶瓷中的龙泉窑产品以及宁波发现的元代龙泉窑青瓷，应有不少是借助温州港北上的沿海运输线抵达庆元的。

闽江流域的瓷器可以由福州入海，进而借助沿海运输线运抵庆元和杭州。庆元竹口等临近闽江上游的龙泉窑产品也可溯闽江而下，从福州出海。福州沿海的海上通道畅通，我们可以从福州至宁波的近海水下考古发现中，找到一些闽江流域陶瓷外运的证据。连江定海白礁一号沉船的沉没地点处在闽江口向北的沿海航线上，最主要的船货是闽江流域窑场生产的黑釉盏和青白釉碗[3]。尚不能断言定海白礁一号沉船一定是一艘预计直接驶向日本的贸易船，也有可能是闽江流域窑场产品利用沿海运输线出闽江口外运的证明。此外，定海湾还曾打捞出水一批褐釉长体瓶、四系瓶等，其中包含与新安沉船出水陶瓷包装容器形制一致的四系瓶以及磁灶窑生产的褐釉露胎长体瓶[4]。定海湾海底既埋藏了可能由苏南浙北的宜兴窑等窑场在元代生产的褐釉四系瓶，又可见南宋时期由晋江流域的磁灶窑烧造的包装容器，足以说明南宋至元代沿海运输线之兴盛。

而且，福建等地的商人借助沿海运输线行舟入江浙一带进行贸易的记载在史籍中屡屡可见。《宋会要辑稿》云："自来闽、广客船并海南蕃船，转海至镇江府买卖至多。"[5]福建商人将香药运至江南一带商贩，《夷坚志》记泉州商人杨氏将各种海外香料运至杭州，"举所赍沉香、龙脑、珠琲珍异纳于土库中。他香布、苏木，不减十余万缗，皆委之库外"[6]。《梦粱录》记载杭州城内的果品"四时果子，福柑……福李……金橘、橄榄"[7]，其中

[1] 樊村泾遗址应是一处与陶瓷运销直接相关的遗址。除龙泉窑之外，该遗址出土陶瓷的产地还包括景德镇窑、磁州窑、铁店窑、定窑以及闽北的福清东张窑、闽南的莆田庄边窑及磁灶窑等。参见苏州市考古研究所、太仓博物馆：《大元·仓：太仓樊村泾元代遗址出土瓷器精粹》，上海古籍出版社，2017年。

[2] 陈高华等点校：《元典章》，中华书局、天津古籍出版社，2011年，第883页。

[3] 赵嘉斌、吴春明：《福建连江定海湾沉船考古》，科学出版社，2011年。

[4] 陈恩、骆明勇、陈天武：《定海湾——古甘棠港遗址之所在》，《福建文博》2003年第1期，第103—105页。

[5] （清）徐松辑，刘琳等点校：《宋会要辑稿》，上海古籍出版社，2014年，第7126页。

[6] （宋）洪迈：《夷坚志》，中华书局，1981年，第588页。

[7] （宋）吴自牧：《梦粱录》，王云五（主编）：《丛书集成初编》，商务印书馆，1939年，第143页。

不少是福建的土产。2003 年发现于宁波和义路的宋船[1]以及 2014 年发现于慈溪潮塘江的元代晚期木船[2]即被推测为适用于港内和近海行驶的小型运输船。商人不需要更换船只便可穿梭于沿海各港和入海口附近进行贸易。在庆元被购买上新安沉船的闽北及闽江流域的产品，很可能采取沿海运输的方式北运。

除了上述三大动脉之外，我们还应意识到陆路及地方水系对陶瓷器的运销也起到过至关重要的作用。在本文所讨论的背景中，江浙行省的陆路及地方水系保障了一些窑场产品外运至重要的消费型城市及港口。

金华铁店窑地处白沙溪东岸一水路处，白沙溪至金华与婺江汇合，婺江在兰溪与衢江汇合成兰江，兰江即是钱塘江的上游[3]。金华铁店窑的产品可以利用钱塘江的水运抵达杭州。而从金华到宁波有驿道相通，铁店窑的产品也可走陆路至庆元港。同样地，瓯江两岸窑场生产的龙泉窑产品顺瓯江到达丽水和青田之后，若不继续舟行至温州，也可采用陆路运至宁杭。镇江和南京之间不仅水路发达，也有经金坛的驿道相连，水陆皆通的交通条件，自然为上述地区之间的商品流动创造了条件。

还应略做补充的是，元代水陆交通业已形成了网络式的格局，陶瓷器从窑址输往各贸易港口的路径绝不会是定式化及单一化的，上面阐述的各路线在实际通行时当有所交叉或有所配合。磁州窑和定窑等北方窑场的产品也可走水运或陆运至大都和直沽，除利用大运河南下之外，还可沿渤海湾绕山东半岛南下至沿海各港，绥中三道岗沉船[4]可能就是在此航线上的遗存。一些窑场的区位优势也客观上促使其可以利用的交通路径多元化。比如景德镇窑的产品，既可通过长江运输线东运，又可经过一段陆路转闽江入海，再借助沿海运线北入庆元。预计从庆元出海的商船和商人，也可运用便利的沿海运输条件，在庆元周边的温州朔门古港、太仓樊村泾一带采购陶瓷器等货品。

北方窑场以及朝鲜半岛的产品通过运河运输线南下，景德镇窑、吉州窑和七里镇窑等长江中游窑场的产品借助长江运输线东运，龙泉窑及闽江流域窑场等东南沿海窑场的产品则沿海北上，从而分别从北、西、南三个方向汇集至庆元。

至此，关于新安沉船出发港的讨论最终完满。正是上述交通网络的共同作用，使各窑的产品可顺利汇集至庆元，进而登上新安沉船，成为 14 世纪东亚海域史上令人瞩目的商品。

---

[1] 龚昌奇等：《浙江宁波和义路出土古船复原研究》，宁波市文物考古研究所等编：《宁波文物考古研究文集》，科学出版社，2008 年，第 183—188 页。

[2] 李政：《慈溪发现元代沉船 填补宁波市古船缺环》，《中国文物报》2014 年 7 月第 1 版，该船形态上属“浙船”，船上发现有龙泉窑青瓷碗、高足杯，酱釉瓶等。

[3] 贡昌：《略论南朝鲜新安沉船出土钧窑系瓷器的窑口》，《考古》1988 年第 6 期，第 569 页。

[4] 张威：《绥中三道岗元代沉船》，科学出版社，2001 年。

四、“人”之选择：季风、洋流及新安沉船目的港

在新安沉船目的港的讨论中，到达日本之后还将南下东南亚进行“巡回贸易”的观点曾产生过重要影响。笔者认为，新安沉船的最终目的地即为日本博多港，此后并不计划继续行驶至东南亚。以下将从新安沉船上显示的贸易及商人的关键信息以及季风、洋流走向，论证新安沉船目的港为博多。

除了通常最容易被考古学者们留意到的瓷器等贸易商品，新安沉船上还保留有一些可以透视其背后“人”之贸易行为的重要信息。新安沉船的货物装载及包装的细节显示，船上出水的茶具组合等器物为直接反映日本消费方需求的商品，显示出新安沉船贸易与日本武家及大寺社的关联[1]。与新安沉船贸易有关的人群包括三个群体：日本寺院僧侣、博多纲首以及有力的武士家族。日本中世时期，在博多活跃的宋商群体被称为博多纲首，他们在博多港留下了许多史迹[2]。上述寺社、纲首及武士家族三个群体，在开展海上贸易时利益互相捆绑，寺社和武士家族均委托博多纲首开展贸易。从日本前往中国的僧侣，在14世纪达到最高峰[3]。新安沉船的贸易品，有部分当直接输入到日本的寺院，如与铜钱伴出的货签有“劝进钱”“劝进圣”的墨书字样。“劝进圣”为日本僧职，专为寺院建设集资。而“劝进钱”则明确表示了新安沉船中的一些铜钱是日本寺社所置办。当时，位于日本京都的公家及位于镰仓的幕府，为了筹措寺院神社建设的经费，时常赞助商船赴中国开展贸易，一方面采购寺社所需木材、物资，一方面海上贸易的获利可以用于寺社的建设，这样的贸易船被称为“寺社造营料唐船”。 新安沉船的贸易形式，与“寺社造营料唐船”最为接近。川添昭二曾有具体考证，认为新安沉船是以公家名门九条家和一条家为后盾的京都东福寺位于博多的末寺承天寺派遣至中国的贸易船[4]。笔者根据船体及紫檀木上刻划的北条氏等武士家纹进一步推断，新安沉船的实际运营者为博多纲首，北条氏所领的镰仓幕府很可能直接参与了新安沉船的贸易，为其货主之一[5]。

虽然船货的货主有多个来源，但博多纲首是新安沉船贸易的实际操作者。商人的选

---

[1] Jianan Fan, Haichao Li, On-demand Maritime Trade: A Case Study on the Loading of Cargo and the Packaged Goods of the Sinan Shipwreck, *Journal of Maritime Archaeology,* 2021, 16, pp.163-186.

[2] 大庭康時：「博多綱首の時代--考古資料から見た住蕃貿易と博多」，歴史学研究会编：『歴史学研究』756，青木書店，2001年，第2—11页。

[3] 羽田正编：《从海洋看历史：东亚海域交流300年》，民主与建设出版社，2023年，第49页。

[4] 川添昭二：「鎌倉末期の対外関係と博多-新安沈没船木簡・東福寺・承天寺」，川添昭二：『鎌倉時代文化伝播の研究』，吉川弘文館，1993年。

[5] 范佳楠：《新安沉船与14世纪的中日海上贸易》，《自然与文化遗产研究》2019年第10期，21—27页。

择在海上贸易过程中起关键性作用，博多纲首所建立的贸易网络直接影响了新安沉船的目的港。入宋以来，一些经营海上贸易的海商选择迁居日本，以博多港作为经营东亚海域贸易的据点。他们将宋朝的丝绸、瓷器、铜钱等商品输入日本，交换日本的木材、硫磺等资源。海上贸易使博多的城市规模不断壮大，出现了专门的博多纲首聚居区。日本文献中将这些宋商居住区称为“唐房”。博多纲首即以博多为基地进行海上贸易的海商头领。海舶以纲首为船长，船舶内部有严密的人员分工，其余有直库、杂事、部领、火长、舵工、梢工、碇手等职[1]。《萍洲可谈》卷二云：“甲令，海舶大者数百人、小者百余人，以巨商为纲首、副纲首、杂事……船舶深阔各数十丈，商人分占贮货，人得数尺许，下以贮物，夜卧其上。”[2]记载了纲首对海船的掌控。为了更加便利地经营中日之间的海上贸易，有胆识的博多纲首很快入乡随俗，娶日本女性为妻；他们掌握两国语言，既起汉名，又拥有日本名，在生活习惯和文化认同上兼立于两国之间。宋代以来，这些商人就积极与地方权贵、大寺社及僧侣建立联系，迅速提升在日本社会中的地位。出身于临安府的博多纲首谢国明，是博多承天寺的兴建人，促进了宋文化在日本的传播[3]。13 世纪上半叶生活在博多的谢国明与日本僧人圆尔交情颇深。圆尔由于入华求法的经费不足，曾在博多滞留了一年之久。在此期间，谢国明允许圆尔在自己家中居住，对其施予保护，并资助他前往中国求法。由谢国明建于日本仁治三年（1242 年）的博多承天寺，为临济宗京都东福寺的末寺。新安沉船中发现的多枚木制货签上有“东福寺”的字样，承天寺自创建起便与博多纲首关系密切，东福寺通过博多承天寺及与其紧密结合的纲首成为新安沉船的货主之一，不属偶然。

在新安沉船所处的时代，元朝重设市舶司，镰仓幕府与元朝关系缓和，博多海商和僧侣成为东亚海域活跃的角色。另一方面，与没有正式与元建交的日本相比，高丽已臣服于元朝，元朝几度控制耽罗，在元丽两国之间进行贸易往来的主要是高丽商人。他们往返于开城和大都、杭州等大城市。《老乞大》和《朴通事》中留下了较多关于从事高丽和元之间贸易的高丽商人的记录。两书所记高丽商人运来中国的货物多种多样，而以马匹最为重要，此外是毛施布（以苎麻织成的布）、新罗参以及高丽纸等文具；高丽商人在中国购买贩回的货物是丝织品、棉布、秤、剪刀等日常生活用具以及书籍[4]。元廷曾要求高丽进贡“瓮、盘、瓶”等高丽青瓷[5]。《至正四明续志》中将高丽青瓷和高丽铜器列入市

[1] 陈高华：《元代的海外贸易》，《历史研究》1978 年第 3 期，第 65—66 页。

[2] （宋）朱彧撰，李伟国点校：《萍洲可谈》，中华书局，2007 年，第 133 页。

[3] 李广志：《南宋海商谢国明与中国文化在日本的传播》，《宁波大学学报》2018 年第 6 期，第 69—75 页。

[4] 陈高华：《从〈老乞大〉〈朴通事〉看元与高丽的经济文化交流》，刁书仁主编：《中朝关系史研究论文集》，吉林文史出版社，1995 年，第 129—149 页。

[5] （高丽）郑麟趾撰，孙晓等点校：《高丽史》，西南师范大学出版社、人民出版社，2013 年，第 967 页。

舶物货的品类之中[1]。经营高丽和元之间贸易的高丽商人，与经营元日贸易的博多海商分属完全不同的贸易管道。南宋文献出现有“日本商人”及“高丽商人”，已有学者指出其分别指从日本和高丽渡航入华的商人，这些人实际上是定居于日本、高丽的中国海商[2]。可见，盘踞于博多进行贸易的海商，专营元朝和日本岛之间的贸易，与经营元丽贸易的商人尚属不同群体，目前也没有证据说明经营元日贸易的纲首团体涉足东南亚。

除了商人的网络，我们还不能忽视季风及洋流对新安沉船目的港的影响。从东亚海域季风运行规律来看，一艘船在东亚和东南亚之间进行巡回航行的可能性不大。《马可波罗行纪》第 165 章《偶像之形式》中记载：

> 应知此类岛屿所处之海，名称秦海，犹言接触蛮子地方之海也。……剌桐、行在船舶之赴诸岛者皆获大利。来往行程须时一年，盖其以冬季往，以夏季归。缘在此海之中，年有信风二次，一送其往，一送其归。此二信风，前者亘延全东，后者亘延全夏。……此海虽名秦海，广大不下西方大海。其在此处具此名，犹之在英吉利名海曰英吉利海，他处名海曰印度海，然此种种海，皆不失为西海之一部也。[3]

威尼斯商人马可·波罗于 1275 年经陆路长途跋涉来到中国，此后在元朝度过了 17 年的时光，1291 年，他随阔阔真公主出嫁伊利汗国的船队从刺桐（泉州）出发回国，通过南海至印度洋，再从波斯湾前往地中海。马可·波罗的这段记述介绍了南中国海诸岛，并专门注意到了季风对海运的影响。

东亚海域的航行同样需要利用信风，适时而发。船只由博多经五岛驶往庆元等地需要在刮西北、北、东北风的 1 月至 3 月、4 月以及 9 至 11 月出发；而从江浙地区渡海前往日本需要在刮西南风的 5 月至 8 月间起航[4]。

新安沉船出水的木制货签上记载了货物采购的日期，这些日期集中于至治三年四月底至六月初[5]。按照季风推测，其装船并返航的时间是 1323 年 5 月底、6 月初，可以相应地推测其从博多到庆元的上半段航程应该是在同年 3、4 月完成的，之后的 1 个多月的时

[1] （元）王元恭修，王厚孙、徐亮纂：《至正四明续志》，中华书局，1990 年，第 6503 页。

[2] 榎本涉：「宋代の「日本商人」の再検討」，榎本涉：『東アジア海域と日中交流：9—14 世纪』，吉川弘文馆，2007 年，第 62-104 页。

[3] 沙海昂（A.J.H.Charignon）注，冯承钧译，党宝海新注：《马可波罗行纪》，河北人民出版社，1999 年，第 580—581 页。

[4] 吉尾宽：《东亚海域世界史中的海洋环境》，复旦大学文史研究院编：《世界史中的东亚海域》，中华书局，2011 年，第 44 页。

[5] 范佳楠：《新安沉船与东亚海上贸易》，北京大学博士学位论文，2018 年，第 142—143 页。

间，商人在庆元附近进行贸易等活动，并于 5 月底、6 月初装船启程返日。顺风行驶至博多港只需要 4—10 日左右的时间。接下来再看船只驶向东南亚的最佳时节，从宁波、杭州等港航向吕宋、安南需要借助 12 月—3 月的东北风[1]。为了克服东亚海域最强劲的西南—东北向的海流——黑潮[2]的阻力，从博多向南驶向东南亚同样也要借助季风，最好的航行时节大约是北风、东北风盛行的 9—12 月。因此，假设新安沉船没有沉没，而是在 6 月中旬以前顺利到达博多的话，离适宜驶向东南亚的季风时节至少还需等待 3 个月之久。从季风和洋流的运行规律来看，同一艘船不间断地完成这样的行程并不合理。

此外，即使新安沉船上的部分船货并不面向日本市场。也不能否定新安沉船目的地为博多的事实。因为进入博多港的货物，并不一定全为面向日本中世社会的货物，部分面向琉球或东南亚的货物随船搭运，抵达博多港之后，完全有可能再由其他商人群体及商船转销至菲律宾等地。

综上，我们可以对新安沉船从庆元出发之后的计划做一推想。那些纲首和散商集团购入的装入或未装入木箱内的船货，很可能预计在博多统一下船。由纲首及博多寺社（如钓寂庵等）购入的那部分船货留在博多继续买卖，一部分京都及镰仓寺社下单的货物，换适合在日本近海航行的船只，穿濑户内海，或沿日本本岛南岸的航线可达京都及镰仓。14 世纪的日本，联结京都、镰仓这两座城市的交通发达，港埠之间有定期的往来船只穿梭[3]。新安沉船在庆元装船时就适当以木箱包装来对一些货物进行区分，并大量使用木制货签。这样的做法，恐怕也有部分因素是出于进入博多港后可高效分配货物、快速更换船只的考虑。

总之，基于新安沉船上反映的与贸易人群相关的信息，结合东亚海域季风、洋流的运行特征，我们可以推断新安沉船的最终目的港为日本博多，从事（行）庆元—博多的直航。其到达博多之后并无直接南下东南亚的计划。

五、结语

13 世纪元军多次征伐高丽及日本的军事行为，并未阻碍此后东亚海域交流的顺畅进行。东亚海域的交流反而在新安沉船所在的 14 世纪上半叶到达了一个高峰时期，经由诸

[1] 吉尾宽：《东亚海域世界史中的海洋环境》，复旦大学文史研究院编：《世界史中的东亚海域》，中华书局，2011 年，第 47 页。

[2] 黑潮的主流沿台湾东岸—琉球—奄美大岛—日本九州岛南端的流向自西南向东北推进至太平洋，支流在奄美大岛以西向北形成对马暖流。参考孙湘平：《中国的海洋》，商务印书馆，1990 年，第 104—107 页。

[3] 羽田正编：《从海洋看历史：东亚海域交流 300 年》，民主与建设出版社，2023 年，第 52 页。

多港埠、僧侣、商人之间的交流，使 14 世纪的东亚海域成为文化交融之海。我们从传统史料中已经可以追踪到宗教、书籍、理学、医学、印刷术、饮食等自江南地区影响日本及高丽的事例。而在东亚海域诸国之间的交往和交融进程中，新安沉船的出发港及计划中的目的港的所在，及其体现的贸易往来，则生动地展示了“物”的动向如何与“人”的作用共同影响 14 世纪东亚海域内部的互动机制。新安沉船虽是偶然留下的沉船史迹，其背后所反映的“物”与“人”之间的重重联系则属当时东亚海域的一种历史必然。

“古图”与“旧物”

——唐代工艺美术对旧物的利用及其原因探析

范淑英（西安美术学院美术史论系）

一、引言

唐代古物的收藏、记录、鉴评及仿制，既是前金石学的一个重要阶段，也是中国考古学史一个不可分割的组成部分，长期为金石学、考古学和艺术史等研究领域的学者所关注。相关研究大体可分为两个阶段。

第一阶段，大致从民国至20世纪末，主要是从考古学史的视角，以古代典籍的记载来认识唐代金石学、考古学的水平。首开此项研究的卫聚贤在1931、1936年先后出版了《中国考古小史》[1]和《中国考古学史》[2]，奠定了将周至唐典籍所载的古物蒐集与古迹踏查视为中国“考古”发生源头的学术传统。其后阎文儒在1949年前后完成的《中国考古学史》注意到唐代城市经济的发展，商品生产的盛行，古器物和书画有了价格，官府和私人都注意收藏，因而对古器物有了鉴赏和辨伪。这样势必过渡到宋代的古器物学和金石文字学的考古学了[3]。这一阶段还出现了对唐代金石学的断代研究，张勋燎1991年发表的《唐五代时期的金石学》长文[4]大大扩展了前人对唐五代时期文献资料中古代碑刻、古器物

[1] 卫聚贤：《中国考古小史》，商务印书馆，1933年，自序第1—6页。

[2] 卫聚贤：《中国考古学史》，中国文史出版社，2015年，第19—53页。

[3] 阎文儒：《中国考古学史》，广西师范大学出版社，2004年，第2页。该书为1952年后北京大学考古学专业的讲义，2004年由其子阎万石、阎万钧整理。但也有学者对唐代是宋代金石学的过渡持反对意见，易漫白认为隋唐五代金石学悄然枯萎（易漫白：《考古学概论》，湖南教育出版社，1985年，第41—42页）；刘式今也认为隋唐五代是金石学暂息的阶段（刘式今：《中国考古学小史（公元前6世纪至公元1949年）》，《河北大学学报》1993年第4期，第114页）。

[4] 张勋燎：《唐五代时期的金石学》，载罗开玉、罗伟先主编：《华西考古研究（一）》，成都出版社，1991年，第288—323页；后收入张勋燎：《中国历史考古学论文集（下）》，科学出版社，2013年，第1224—1247页。

的搜集，通过整理分析认为，唐代统一开放，礼乐制度上不再泥古，虽然古器物的著录、研究不发达，但在古代石刻、钱币等方面的研究取得了长足的发展，唐五代时期甚至出现了少数金石学专门著作，出现了像封演这样近乎金石专家的学者，整体而言比前朝有了明显的进步。

第二阶段，20世纪末以来的近三十年。随着隋唐墓葬考古发现的增多，以实物资料揭示唐代藏古、仿古的研究渐趋增多，提出了卓有创见的问题。

首先，是考古发现实证了唐代宫廷依《三礼图》制作礼器的史实。1998年，被盗的唐恭陵哀皇后墓出土一批陶器。2006年谢明良发文识别出这批陶器中的爵、簋、牺尊、山尊等是与北宋聂崇义《三礼图》同一系统的，而时代可以上溯至初唐时期的重要礼器[1]。除陶礼器外，唐代的祭玉也有依据《三礼图》而制作的，如许雅惠揭示，唐景龙元年（707年）节愍太子李重俊墓出土的尖首玉圭和半圭形玉璋、唐大明宫遗址发现的玉圭璧，都见于聂崇义的《三礼图》[2]。这些发现证实聂崇义《三礼图》并不是于古无据、望文生义的臆造。唐墓出土的陶、玉礼器很可能早在汉代郑玄、阮谌所著的《三礼图》中既已出现。

其次，是发现了唐代铜镜中有模仿汉代铜镜的复古现象。2010年以后，笔者将唐仿汉镜的现象纳入考古学的研究，发表了《隋唐墓出土的“古镜”——兼论隋唐铜镜图文的复古问题》一文[3]，根据墓葬考古中发现的一定数量的汉镜和仿汉镜认为，隋唐时期复古风格的铜镜绝大多数是针对汉镜的仿制和创新，并且这一过程从隋至初唐起至晚唐从未中断。但是，唐人对“古镜”的年代、铭文及花纹认识皆不明确，这也造成了唐代工匠及道教术士假托古镜创造新镜的可能性。2012年发表了《〈古镜记〉与中晚唐道教的古镜再造》[4]进一步提出了中晚唐道教利用古镜再造新镜，并借助传奇等宣传以夸大道镜神力的问题。笔者提出的这两个问题，引发了李彦平、陈灿平等学者的后续讨论。李彦平对复古风格的铜镜进行类型学分析，认为此风格的铜镜多出自唐代两京地区的中小型墓葬，满足唐代身处汉代旧都故地的人们的怀古意识，是唐代铜镜生产中的一种多样化、差异化策略[5]。陈灿平将隋唐墓葬出土的70余面隋代以前风格的铜镜分为年代不同、特征鲜明

[1] 谢明良：《记唐恭陵哀皇后墓出土的陶器》，《故宫文物月刊》2006年第279期，第68—83页。

[2] 许雅惠：《宋、元〈三礼图〉的版面形式与使用——兼论新旧礼器变革》，《台大历史学报》2017年第60期，第63—68页。

[3] 范淑英：《隋唐墓出土的“古镜”——兼论隋唐铜镜图文的复古问题》，《故宫博物院院刊》2010年第6期，第104—125页；后收入中国美术研究年度报告编委会编：《中国美术研究年度报告2010》，人民美术出版社，2011年，第166—189页，巫鸿、朱青生、郑岩主编：《古代墓葬美术研究（第二辑）》，湖南美术出版社，2013年，第271—302页。

[4] 范淑英：《〈古镜记〉与中晚唐道教的古镜再造》，荣新江主编：《唐研究（第十八卷）》，北京大学出版社，2012年，第173—200页。

[5] 李彦平：《唐代复古风格铜镜》，《中原文物》2015年第1期，第92—99页。

的两组，第一组"旧式镜"，主要见于隋代及初唐墓，以东汉中晚期以来流行的镜类居多，是南北朝用镜传统的延续。第二组"仿古镜"，主要见于8世纪后半叶及以后的中晚唐墓，以两汉时期流行的镜类居多，体现了唐镜在特定背景下的创新与发展[1]。陈灿平还讨论了唐代道教镜的年代问题，认为目前的考古材料还不足以否定王度《古镜记》及其"古镜"的年代为初唐或盛唐早期的可能性。更倾向于《古镜记》所载的镜式为7世纪后半叶已经出现的道教镜的观点[2]。并从这类镜式包含有一定数量的铁镜入手，对隋唐墓出土的铁镜进行了研究，认为隋唐人视铁镜为"古镜"，还是道家铸镜的一种，与道教有很大的关联[3]。此外，沈睿文还在甄辨铜镜制作中的赝作问题的基础上，从官、私作坊两个制作源头讨论了唐代的伪器制作。认为唐代对此前某朝某类器物的有计划仿制，属于国家行为的"器物新样"，同国家层面的制度建设相契，多由官府所为。而仿制"新样"，甚或于"新样"又臆加不同时代之元素，则不管成品与"新样"同时期与否，皆可视作赝作，不宜以"样式"的不同型、式视之，多由私人所为[4]。

2023年笔者出版了《古意——隋唐铜镜艺术渊源的美术考古学研究》一书[5]，意识到上述第二阶段在唐代仿古问题上虽已取得了一些突破性进展，但还存在可探讨的余地，如将考古学史的成果以及金石学和工艺制作的关系纳入到唐代仿古问题的思考之中。

早在民国时期，刘师培就阐述了金石学与工艺美术的联系："金石之学，目录家多附于艺文之末。不知金石之用，非惟有益于学术也，考其工作，稽其度制，可以觇古代之工艺。盖刻镂之学，固美术学之一端也。"[6]在历史上，就有将古器物与工艺美术制作联系起来的实践者。卫聚贤曾注意到隋代的何稠，认为他是文献记述中最早开始制作仿古器的[7]，这应是古器物在工艺美术上发挥功能的最早记录。

何稠的事迹记载于初唐官修的《隋书·何稠传》及《北史·艺术传》中。隋代能工巧匠何稠多次主持宫廷工艺美术制作，他运用的一些创作方法，有"博览古图，多识旧

[1] 陈灿平：《隋唐墓葬出土"古镜"考辨》，《东南文化》2021年第6期，第88—104页。

[2] 陈灿平：《关于唐代道教镜的年代问题》，《中原文物》2022年第5期，第114—120页。

[3] 陈灿平：《试论隋唐墓葬出土的铁镜》，《中原文物》2021年第3期，第112—119页。

[4] 贺逸云、沈睿文：《"黑石号"江心镜为唐伪作镜考》，北京大学考古文博学院、北京大学中国考古学研究中心编：《考古学研究（十三）》，科学出版社，2022年，第489—502页；沈睿文：《唐代赝作刍议》，《装饰》2022年第12期，第23—26页。

[5] 范淑英：《古意——隋唐铜镜艺术风格渊源的美术考古学研究》，上海古籍出版社，2023年。

[6] 刘师培：《编辑乡土志序例》文学志附金石志，原载《国粹学报》1906年12月5日第23期，收入邬国义、吴修艺编校：《刘师培史学论著选集》，上海古籍出版社，2006年，第265—266页。

[7] 卫聚贤：《中国考古学史》，中国文史出版社，2015年，第92页。

物”“讨阅图籍”“参会今古，多所改创”等[1]，从这一记录可以发现唐人已充分认识到“古图”与“旧物”的重要性。目前，唐代考古发现参照“古图”制作的多是陶、玉礼器，应是官府作坊所制作，数量较少；数量较多的是唐代遗留的前代“旧物”以及带有这些“旧物”风格的仿古器物，这就为了解这一时期工艺美术制作对古代样本的利用提供了珍贵的实物资料，也为探讨唐代金石学与工艺美术发展之间的关系提供了可能。

而从考古史的视角来看，利用“古图”与“旧物”从事工艺美术制作绝非何稠之首创，应是工匠在长期的工艺美术制作中总结出的常用方法。本文拟将唐代考古发现的前代“旧物”以及带有这些“旧物”风格的仿古器物置于藏古与仿古的历史脉络中，思考这一时期的收藏与仿制的特点，并探讨其形成的原因。

二、唐代“旧物”与工艺美术中的“旧物”利用

（一）唐代考古发现的“旧物”

唐代寺院、墓葬、窖藏、沉船等遗址曾出土过三国两晋以前制作的工艺美术品，主要有铜器、钱币和玉器，尤以汉代的器物为多。

1.铜器

1971 年陕西礼泉县泔河坝工地唐代寺院遗址出土 5 件商代中晚期的铜器，2 件鼎、3 件簋，发掘者认为，这些器物和唐代的遗物埋在同一土层内，可能是先为唐人所发现收藏而后又散失的[2]。

除以上铜器外，唐代考古发现的前代铜器数量较多的是铜镜，约有20余面[3]，有一面出自沉船，余皆出自墓葬，绝大多数是汉代镜，种类有昭明镜、博局镜、连弧纹镜、神兽镜、画像镜、龙虎镜、乳丁禽兽镜等。

昭明镜，如西安市东郊郭家滩国棉四厂工地唐墓M29 出土一面铭文镜（图一），直径 10.2 厘米，圆钮，圆钮座，座外饰内向连弧纹，其外二周栉齿纹，间饰一周铭文带，铭文：“内而清而以昭明光而象夫而日月之光□”，宽素平缘[4]。此镜当为西汉或新莽时的昭明镜。

---

[1] 《隋书》卷六八，中华书局，1973 年，第 1596—1597 页；《北史》卷九〇，中华书局，1974 年，第 2985—2988 页。

[2] 秋维道、孙东位：《陕西礼泉县发现两批商代铜器》，文物编辑委员会编：《文物资料丛刊（3）》，文物出版社，1980 年，第 28—32 页。

[3] 范淑英：《古意——隋唐铜镜艺术风格渊源的美术考古学研究》，上海古籍出版社，2023 年，第 421—425 页。

[4] 陕西省文物保护研究院编著，姜宝莲主编：《二十世纪五十年代陕西考古发掘资料整理研究》，三秦出版社，2015 年，上册，第 586 页。

图一 西安市东郊郭家滩国棉四厂工地唐墓M29出土昭明镜
（采自《二十世纪五十年代陕西考古发掘资料整理研究》上册，第586页）

博局镜，如西安东郊高楼村14号中唐墓发现一面直径10厘米的云纹博局镜（图二）[1]。此镜圆钮，圆钮座，座外双线方格，主纹区位于方格与弦纹之间，饰有“TVL”纹，其间填饰8个乳钉和卷云，边缘饰有双线波折纹和锯齿纹各一周。此镜主要流行于新莽至东汉早期；西安市西郊贺家村新西北印染厂唐墓M1出土一面直径20.3厘米的四神鸟兽博局纹镜（图三），圆钮，变形柿蒂纹钮座，座外单弦方格与双线方格间饰十二个乳丁纹、十二干支铭。主纹区位于方格与弦纹之间，饰有“TVL”纹，其间填饰8个乳钉和四神鸟兽纹，其外二道弦纹之间有铭文带，铭文：“杜氏作竟四夷服，多贺新家人民息，胡虏殄灭天下复，风雨时节五谷熟，长保子孙受大福，传告后世子孙力，官位高”，外饰一周栉齿纹。缘部锯齿纹、弦纹、双线云纹各一周[2]。此类镜流行于新莽至东汉时期。

连弧纹镜，如河南偃师长庆三年（823年）薛丹夫妇墓出土一面直径11厘米的四叶连弧纹镜（图四），圆形，圆钮座，座外围以四叶纹。再外为变形四叶纹，内向十六连弧纹，素缘。该镜应为东汉镜。薛丹官至中散大夫（正五品上）守太子宾客（正三品）、上柱国（正二品）[3]；辽宁朝阳“凌河古墓群”区域内发现的武德二年（619年）蔡泽墓

[1] 陕西省文物保护研究院编著，姜宝莲主编：《二十世纪五十年代陕西考古发掘资料整理研究》，三秦出版社，2015年，上册，第674页；杭德州等：《西安高楼村唐代墓葬清理简报》，《文物参考资料》1955年第7期，第103、105页。

[2] 陕西省文物保护研究院编著，姜宝莲主编：《二十世纪五十年代陕西考古发掘资料整理研究》，三秦出版社，2015年，下册，第146页。

[3] 赵会军、郭宏涛：《河南偃师三座唐墓发掘简报》，《中原文物》2009年第5期，第13页。

图二　西安东郊高楼村14号中唐墓出土博局镜
（采自《二十世纪五十年代陕西考古发掘资料整理研究》上册，第674页）

图三　西安市西郊贺家村新西北印染厂唐墓M1出土四神鸟兽博局镜拓片
（采自《二十世纪五十年代陕西考古发掘资料整理研究》下册，第146页）

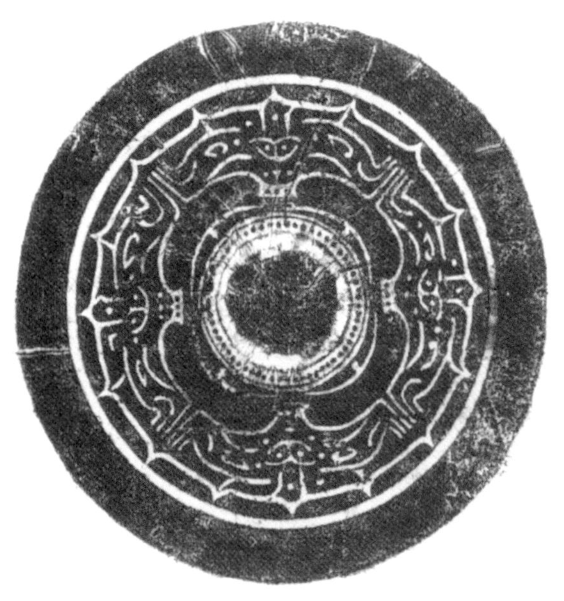

图四　薛丹夫妇合葬墓出土四叶连弧纹镜拓片
（采自《中原文物》2009 年第 5 期，第 13 页）

图五　蔡泽墓出土"长宜子孙"连弧纹镜拓片
（采自《文物》1998 年第 3 期，第 25 页）

（91CGJM2）出土一面直径12.8厘米的“长宜子孙”连弧纹镜（图五），圆钮、四蝠形叶钮座，蝠形叶间填“长宜子孙”四字铭文，其外为八个内向连弧纹组成的圈带，八连弧间有“□□三公”铭文和菱形纹，素宽缘[1]。此种镜流行于东汉时期。墓主人蔡泽为王府行参军（从八品上）。

神兽镜，如太宗贞观四年（630年）淮安靖王李寿墓墓室中出土过一面重列神兽镜，发掘者称此种铜镜过去在西安东郊坝桥457号汉墓和乾县六区汉墓中发现过，当是东汉镜[2]。

画像镜，如辽宁朝阳蔡泽墓（91CGJM2）出土的直径16.6厘米的神人龙虎画像镜（图六），圆钮，弦纹连珠纹钮座。内区双线方框，四角饰云纹。框外四角有四乳，将中区四等分，对置神人和龙虎画像。外有铭文带和一道栉齿纹，边缘上饰锯齿纹及神兽、禽鸟等各一周[3]。此种镜流行的年代应在东汉至三国时期。

龙虎镜，如巩义芝田属于唐高宗时期的88HGZM13墓室西部棺内随葬有一面直径14.4厘米的铭文镜（图七）[4]，圆钮，圆钮座，座外装饰二大一小三条龙。其外为铭文带和一道栉齿纹，铭文：“龙氏作竟四夷服多贺君家人民息胡羌除灭天下复风雨时节五官位尊显象禄食长保二亲乐世巳。”边缘上饰锯齿纹、双线波折纹、锯齿纹各一周。此镜应为东汉至三国时期流行的龙虎镜。

乳丁禽兽镜，如印度尼西亚爪哇岛晚唐时期的沉船“黑石号”出土的一面汉四乳禽兽镜（图八）[5]。

2.钱币

唐以前古钱币出土数量较多的是西安何家村窖藏和法门寺地宫。

西安何家村窖藏按春秋战国直至北周的历史顺序搜集了一套唐以前的铜币，基本上是每个时期收藏一枚，少数货币为两枚。其中属于汉代的钱币有西汉时吕后的“八株半两”和文帝时的“四株半两”，新莽时的“一刀”（无刀刃“平五千”三字）、“大布黄千”、“大泉五十”、“小泉直一”、“货布”、“货泉”饼钱、“无字货泉”、“货泉”、剪边“货泉”，

[1] 辽宁省文物考古研究所、朝阳市博物馆：《辽宁朝阳北朝及唐代墓葬》，《文物》1998年第3期，第18、25页。

[2] 陕西省博物馆、文管会：《唐李寿墓发掘简报》，《文物》1974年第9期，第77页。西安东郊坝桥457号汉墓和乾县六区汉墓出土的重列神兽镜见陕西省文物管理委员会：《陕西省出土铜镜》，文物出版社，1959，第86—87页。

[3] 辽宁省文物考古研究所、朝阳市博物馆：《辽宁朝阳北朝及唐代墓葬》，《文物》1998年第3期，第18、25页。

[4] 郑州市文物考古研究所：《巩义芝田晋唐墓葬》，科学出版社，2003年，第178页、彩版一八之图1。报告著录铭文从“官位尊显”始，应从“龙氏作竟”始。

[5] 齐东方：《“黑石号”沉船出水器物杂考》，《故宫博物院院刊》2017年第3期，第10页。

图六　蔡泽墓出土神人龙虎画像镜拓片
（采自《文物》1998 年第 3 期，第 25 页）

图七　巩义芝田 88HGZM13 墓出土铭文镜
（采自《巩义芝田晋唐墓葬》彩版一八图 1）

图八　“黑石号”沉船出土汉四乳禽兽镜
（采自《故宫博物院院刊》2017 年第 3 期，第 10 页）

东汉时的“五铢”、剪边“五铢”、四出“五株”[1]。

法门寺地宫出土有王莽时期铸造的货泉、大泉五十（图九）和东汉“五铢”钱[2]。

1　　2

图九　法门寺地宫出土货泉和大泉五十
（采自《法门寺文物图饰》，第 342 页）

3.玉器

唐神龙二年（706 年）永泰公主墓随葬有三件旧玉。通长 14、宽 3 厘米的浮雕谷纹玉璜（图一〇）为战国晚期至汉代早期，外径 7.5 厘米的镂空透雕双螭纹出廓玉璧（图

[1]　陈尊祥：《西安何家村唐代窖藏钱币的研究》，《中国钱币》1984 年第 3 期，第 30 页。

[2]　韩生：《法门寺文物图饰》，文物出版社，2009 年，第 342 页。

一一）应属东汉早期，通长 11 厘米的走兽游鱼玉佩（图一二）也是一件东汉玉器[1]，这三件玉器很可能是宫廷的收藏品。

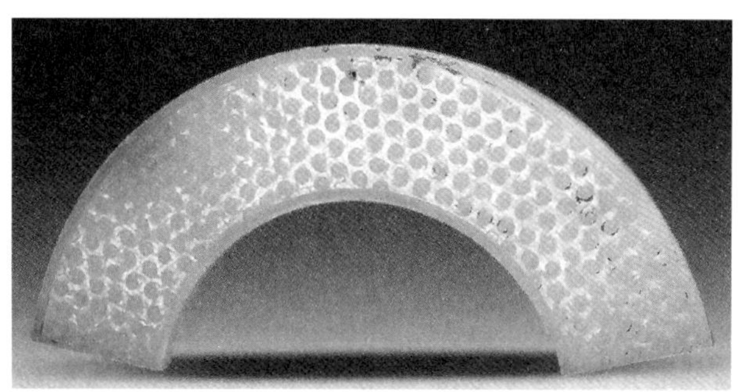

图一〇　永泰公主墓出土谷纹玉璜
（采自《收藏》2007 年第 11 期，第 92 页）

图一一　永泰公主墓出土双螭纹玉璧
（采自《收藏》2007 年第 11 期，第 92 页）

（二）唐代工艺美术制作中的“旧物”利用

唐代墓葬中还发现了一定数量的仿古器，揭示了唐代工艺美术制作对旧物的利用，应是将旧物作为样本，采取复制、仿制、改创等方法制作出新的器物，这些仿古器复仿的对象基本是汉代器物，尤以仿古镜数量为多，已发现 60 余件[2]。

---

[1] 刘云辉、韩建武：《中国玉器通史 · 隋唐五代卷》，海天出版社，2014 年，第 60 页；刘云辉：《永泰公主墓的传世玉器》，《收藏》2007 年第 11 期，第 92 页。

[2] 范淑英：《古意——隋唐铜镜艺术风格渊源的美术考古学研究》，上海古籍出版社，2023 年，第 408—418 页。

图一二　永泰公主墓出土走兽游鱼玉佩
（采自《中国玉器通史·隋唐五代卷》，第60页）

1.复制

复制即是照旧物原样制作。虽然唐代并未采取原物翻模的复制办法，但有的亦可达到与原物逼真的效果。

对旧物的复制，目前仅见于铜镜工艺。如西安贞观十四年（640年）郑乹意夫妇墓出土一面三段式神兽镜（图一三）。直径15.7厘米，圆形，镜面稍凸，半圆钮，圆钮座，钮座外横向两道凸棱将镜面分为上、中、下三区。上区为高浮雕端坐的东王公与西王母，有两瑞兽分列两边；中区钮座两边分别列坐东王公及西王母，身边各有一侍者；下区中间部位为手执杖的东王公与一羽人，两旁分别环列瑞兽。其外为一圈隶书铭文带，铭文："惟汉始兴，世有九长，东夫西母，九子显章幽，冻铜锡耳，金精，保守福禄，位父

图一三　郑乹意夫妇合葬墓出土三段式神兽镜
（采自《收藏界》2012年第7期，第124页）

宜兄，男尊女贵，□（死）内璜璜”。再外一周短竖线纹、双线三角纹、卷云纹及小连珠纹[1]。此镜缘平直，且镜面呈白质厚铜的特点，铭文中“金精”也不见于汉镜，很可能是唐仿汉镜。这面镜应从类似李寿墓所出的汉代重列式神兽镜复制而来。

西安市东郊001工地秦川机械厂唐墓M265出土一面禽兽博局镜（图一四），直径12.5厘米，圆形，圆钮，柿蒂纹钮座，外围双线方格纹，方格外“TVL”纹将内区纹饰分为四区，分别填饰鸟和圆形物（似太阳，圆圈中有金乌）、二瑞兽、瑞兽和圆形物（圆内物象模糊）、瑞兽和羽人，其外为一周栉齿纹、二周锯齿纹[2]。此镜柿蒂纹、鸟兽纹皆为线条形，但不似汉代博局镜精细，线条较粗，鸟兽、羽人的形象也不似汉镜的灵动，应为唐仿汉镜。唐墓出土的古镜中，博局镜数量较多，提供了唐代此类镜的复制样本。

图一四　西安秦川机械厂唐墓M265出土禽兽博局镜拓片
（采自《二十世纪五十年代陕西考古发掘资料整理研究》上册，第210页）

2.仿制

仿制则是在原物的基础上，融入隋唐时代艺术的因素，但仍具有浓厚的古代风格。对旧物的仿制仍以铜镜最为显著。

唐玄宗时期的宰相张说有一首《咏镜》诗提到“出自秦宫样”的一种铜镜，云：

宝镜如明月，出自秦宫样。
隐起双蟠龙，衔珠俨相向[3]。

[1] 关林：《西安发现唐郑乹意及夫人柳氏墓》，《收藏界》2012年第7期，第124页。

[2] 陕西省文物保护研究院编著，姜宝莲主编：《二十世纪五十年代陕西考古发掘资料整理研究》，三秦出版社，2015年，上册，第210页。

[3] 中华书局编辑部点校：《全唐诗》（增订本），中华书局，1999年，第2册，第932页。

"隐起"是古代对浮雕工艺的称呼。张说诗中所吟咏的铜镜，有浮雕的对龙图案，龙体呈盘屈状，龙口衔珠。这种图纹张说明确地说"出自秦宫样"。《西京杂记》曾记述秦咸阳宫的神异宝物，云"有方镜，广四尺，高五尺九寸，表里洞明，人直来照之，影则倒见。以手掩心而来，即见肠胃五脏，历历无碍。人有疾病在内者，则掩心而照之，必知病之所在。"[1]诗中"秦宫样"很可能是指这一典故。

唐墓发掘中出土有三面葵花形四夔龙纹镜与上述张说所吟咏的铜镜颇为相合，分别是西安东郊韩森寨东南第59号唐墓出土一面，直径9.6厘米[2]；西安东郊黄河机械厂中晚唐墓出土一面，直径9.8厘米（图一五）[3]；偃师杏园中唐墓M2503出土一面，直径10.2厘米[4]。这三面镜基本相同，皆圆钮，圆钮座，座外生出十字形变形四叶，将镜背分为相等的四瓣，每瓣内各有一含珠曲背的夔龙，两组头部相对，其间饰以变形云纹。近缘部双环线内饰连珠纹一圈，宽素缘。此种镜式的图案布局和风格与《中国铜镜史》所述汉代箭形四叶四龙镜（图一六）极为相似，夔龙的尾部与简化四叶四龙镜的龙的尾部形式相类（图一七）[5]，葵花形是盛唐以后流行的唐镜镜形，但四夔龙纹仿自汉镜纹样，很显然这

图一五　西安东郊黄河机械厂中晚唐墓出土葵花形四夔龙纹镜拓片
（采自《考古与文物》1992年第1期，第26页）

[1]（宋）李昉等：《太平广记》卷四〇三《秦宝》条，中华书局，1961年，第9册，第3247页。

[2] 陕西省文物管理委员会：《陕西省出土铜镜》，文物出版社，1959年，第174页。

[3] 徐进：《西安东郊黄河机械厂唐墓清理简报》，《考古与文物》1992年第1期，第26页。

[4] 中国社会科学院考古研究所：《偃师杏园唐墓》，科学出版社，2001年，第141、143页。

[5] 管维良：《中国铜镜史》，重庆出版社，2006年，第114—115页。

图一六　汉箭形四叶四龙镜
（采自《中国铜镜史》，第 114 页图 191）

图一七　汉简化四叶四龙镜
（采自《中国铜镜史》，第 115 页图 193）

一镜式与汉镜样关系密切。

类似四夔龙纹镜这样加入新镜形的仿制，还可举出两例。如宁夏固原市南塬唐墓出土葵花形博局纹镜（图一八），直径 10.9 厘米，八瓣葵花形，圆钮，四叶纹钮座，座外双线方栏，栏内钮侧有两小乳钉，栏外为八乳博局纹间列鸟纹。外围两组双弦间以横齿纹，宽缘上饰一周锯齿纹和一周双线波折纹，间以一道弦纹相隔[1]。此镜镜纹与汉代禽鸟博局纹镜基本相同，但葵花形却是盛唐、中唐时期较多出现的镜形，此镜应是盛唐、中唐时仿汉博局纹镜而制；黄石市新下陆一号中唐墓出土亚字形龙虎镜，边长 12.6 厘米，亚字形镜，镜背饰有凸起的龙、虎等纹饰，其外有隶书铭文一圈："青嚣作竟大母伤，巧工刻之成文章。左龙右雨辟不羊，朱□隍阳子孙用其□中央兮"[2]。龙虎纹饰，尤其是铭文文辞和隶书写法皆应仿自东汉三国镜，但是亚字形的镜形却是唐镜的创造。

图一八　宁夏固原南塬唐墓出土葵花形博局纹镜

（采自《固原南塬汉唐墓地》，第 44 页）

旧物仿制，还可融入新工艺。如洛阳孟津出土的圆形银背画像镜（图一九），直径 22 厘米，圆形，镜背用一整块银板锤打成纤细的画像纹饰，嵌入镜缘内加以固定。半球形纽，双弦纹和连珠纹纽座。主纹饰分为四区，纹饰与东汉神人车马画像镜极为相像。外区有铭文带，首尾以五小乳相间，铭文为："永元五年四夷服，多贺国家人民息。胡虏殄

[1] 宁夏文物考古研究所、固原市原州区文管所：《宁夏固原市南塬唐墓发掘简报》，《考古与文物》2007 年第 5 期，第 37 页；后收入宁夏文物考古研究所：《固原南塬汉唐墓地》，文物出版社，2009 年，第 44 页。

[2] 黄石市博物馆：《黄石市新下陆一号唐墓》，《江汉考古》1984 年第 1 期，第 47 页。

灭天下复，风雨时节五谷孰，长保二亲得天力。吴，胡[惕]里。”其外饰栉齿纹、锯齿纹和折线水波纹各一周[1]。该镜虽有东汉纪年，但是由于人像的冠式和羽翼、羽人的特征和组合与汉镜不同，银背镜的做法、铜镜形制及镜中莲花形状皆与唐镜的特征相合，因而被认为是唐朝参考汉代画像镜制造的仿制品，不可能是汉镜[2]。

图一九　洛阳孟津出土银背画像镜
（采自《洛阳出土铜镜》，彩版 4）

类似的做法还见于唐代钱币的仿制，如偃师杏园唐墓地开元二十六年（738 年）李景由墓和西安何家村窖藏出土的鎏金货布。李景由墓的鎏金货布一面有货布二字并刻划莲花纹，另一面刻划莲花和枝叶纹（图二〇）[3]，目前尚未发现王莽时期的货布有鎏金的，这种鎏金货布，应是唐代加入新工艺的仿制。

此外，玉器也有仿制的现象，如广东韶关张九龄墓出土的青玉猪（图二一）[4]，玉猪作伏卧形，周身无装饰，以勾撤技法琢出宽阴线，简洁地表现出猪的双耳、四肢等各部位

[1] 苏健：《洛阳发现银壳画像铜镜》，《文物》1987 年第 12 期，第 84—85 页；洛阳博物馆：《洛阳出土铜镜》，文物出版社，1988 年，彩版 4。

[2] 孙机：《孟津所出银壳画像镜小议》，《中国文物报》1990 年 9 月 20 日第 3 版；何志国：《试论河南孟津出土“老子浮屠镜”的年代以及相关问题》，《敦煌研究》2006 年第 1 期，第 33—37 页；何志国：《“仙佛模式”和“西王母+佛教图像模式”说商榷——再论佛教初传中国南方之路》，《民族艺术》2005 年第 4 期，第 96—105 页。

[3] 中国社会科学院考古研究所：《偃师杏园唐墓》，科学出版社，2001 年，第 139—141 页。

[4] 中国玉器全集编辑委员会：《中国玉器全集 5 · 隋唐—明》，河北美术出版社，1997 年，图四二。

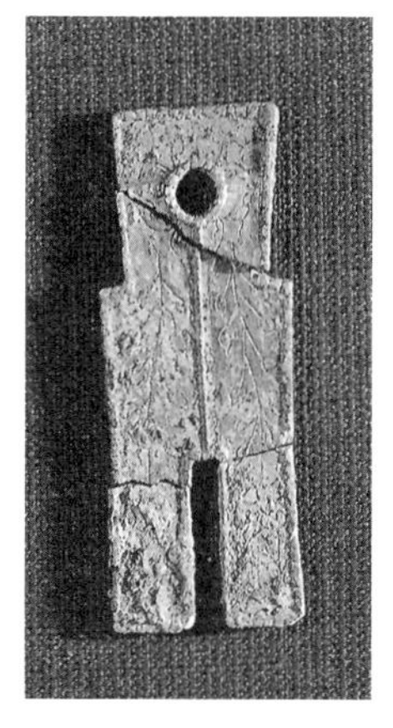

图二〇 李景由墓出土鎏金货布
（采自《偃师杏园唐墓》彩版11·2）

图二一 张九龄墓出土青玉猪
（采自《中国玉器全集5·隋唐—明》图四二）

的轮廓，这些特征皆符合汉代玉猪的特点。

3.改创

改创只是借鉴了古物的某些元素，但重新进行了设计，具有了隋唐时代的艺术特征。

学界曾对隋至初唐铜镜的艺术风格进行过比较充分的研究，认为隋至初唐（隋文帝至唐高宗时期）镜中带有汉镜的某些形式特点，“如流行圆形镜形，布局拘束谨严，分区配置花纹，‘规矩配置’和钮外大方格，柿蒂纹或连珠纹钮座，主题纹饰以灵异瑞兽为主，铭文带及善颂善祷的铭文内容等等”[1]，这些特点在隋至初唐的四神十二生肖镜、瑞兽镜类中表现得最为显著，但这两类镜式已然形成了隋唐铜镜的艺术特征，而与汉代铜镜有了明显的风格差异。

与复制、仿制相比，改创因与旧物有比较大的变化，所以要在制作前设计图样。据记载，隋代何稠在营造宫廷舆服羽仪时，即先令黄亘、黄衮兄弟二人“立样”，他们二人所制之“样”，“当时工人皆称其善，莫能有所损益”，因而心悦诚服地按照黄氏兄弟制作的“样”进行大规模地生产，所用工达十万余人[2]。武则天在洛阳铸九鼎，“备九州山川物产，诏命（曹）元廓画样，锺绍京书，时称绝妙”[3]。“画样”应是设计图，“立样”很可能是照图纸制作的实物样品，作为后续制作的样本。从“画样”到“立样”应是工艺美术制作遵循的一般流程。在此过程中，“画样”是关键环节，关系到工艺美术品从无到有的创造，因而更有必要参考古图、图籍、旧物等作为设计的根据。

[1] 孔祥星：《隋唐铜镜的类型与分期》，《中国考古学会第一次年会论文集》，文物出版社，1980年，第394页；孔祥星、刘一曼：《中国古代铜镜》，文物出版社，1984年，第173页。

[2] 《隋书》卷六八《何稠传》，中华书局，1973年，第1599页。

[3] （唐）张彦远撰，周晓薇校点：《历代名画记》，辽宁教育出版社，2001年，第84页。

现存《道藏》文献中有唐玄宗时期道士司马承祯为玄宗设计的道镜的画样《上清含象剑鉴图》，从中也能看出主动借鉴古镜进行改创的作法。《上清含象剑鉴图》之第一品镜图（图二二），四山字钮，钮外方格内以四字铭文和四山字纹间隔分布，其外八卦卦象又组成一个大方格[1]。大方格的布局与汉代博局镜、隋至初唐四神镜之方格一脉相承，“山”字形纹见于战国“山”字纹镜，加以重新组合，“天地含象，日月贞明，写规万物，洞鉴百灵”16字铭文，四个一组组成汉镜方枚的形式。《上清含象剑鉴图》之第三品镜图（图二三）有篆书铭文带：“青盖作镜大吉昌，巧工刊之成文章，左龙右虎辟不祥，朱鸟玄武顺于旁，子孙富贵居中央”，此铭文为东汉镜中常见的文辞，青盖亦是东汉时期私人制镜的工匠名。

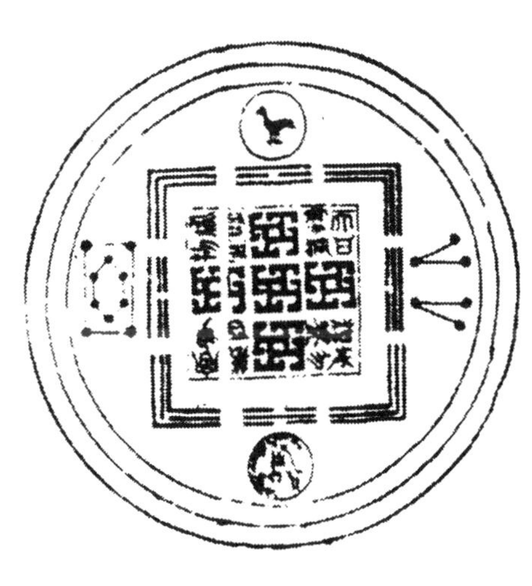

图二二 《上清含象剑鉴图》第一品镜图

（采自《道藏》第6册，第684页）

这两品镜图，一方面说明唐代工艺美术在生产前应有设计图，另一方面也说明道教法器的制作也在借鉴旧物元素，“参会今古，多所改创”。

三、唐代“旧物”收藏与仿古实践的变化

将唐代考古发现的古器物收藏和利用的情况，与唐以前的考古发现和文献记录相比

[1] （唐）司马承祯：《上清含象剑鉴图》，《道藏》，文物出版社、上海书店、天津古籍出版社，1996年，第6册，第684页。

图二三 《上清含象剑鉴图》第三品镜图
（采自《道藏》第6册，第684页）

较，可以看出这一时期古器物收藏和利用的一些变化。

（一）收藏群体和品类的扩大

从文献来看，古物的发现和收藏始于三代。夏商已有古物的传说，周代将古物视为宝贵之物，贵族有古器物的收藏，被记录的古器物有玉璜、玉磬、玉椟、铜鼓、铜钟、铜镈、铜鼎等玉器和铜器[1]。文献中的记载也为考古发现证实。商至东周时期的墓葬中已发现不少前代玉器，如殷商武丁王妃妇好墓就发现有200多件包含兴隆洼文化、红山文化、齐家文化、龙山文化、陶寺文化等古文化的遗玉[2]。西周以后，在陕西韩城梁带村芮国墓地、河南三门峡虢国墓地、北京琉璃河燕国墓地、山西侯马晋侯墓地等多处遗址出土了典型的红山文化遗玉[3]。西周窖藏常包含不同时代铸造的铜器，如陕西扶风庄白窖藏出土微氏家族数代铸造的铜器，时代跨越约三百年[4]。

汉承商周，诸侯皇室特别重视铜礼器的收藏，有罍、尊、齐桓公器、樽、鼎等铜器，尤其是崇尚鼎，将古鼎的发现视为祥瑞，看作是重要的政治事件，屡有皇帝得鼎的记载[5]。两汉考古也发现了商周铜器，如江西南昌西汉海昏侯墓随葬有1件西周早期的铜卣、

[1] 卫聚贤：《中国考古学史》，中国文史出版社，2015年，第22—25页。

[2] 王青：《妇好墓出土玉器中的遗玉略论》，《博物院》2018年第5期，第58—72页。

[3] 袁永明：《商代西周墓葬中出土前代玉器初识》，《中原文物》2000年第3期，第43—47页；廖泱修：《试析大甸子玉器与红山及其它文化的关系》，《赤峰学院学报（汉文哲学社会科学版）》2007年第3期，第1—3页；丁哲等：《后代遗存出土的红山玉器》，《东方收藏》2012年第8期，第83—85页。

[4] 苏芳淑：《古人拟古——春秋战国时代的复古风》，《中国文化研究所学报》2008年第48期，第373—406页。

[5] 卫聚贤：《中国考古学史》，中国文史出版社，2015年，第27—29页。

2件春秋晚期至战国早中期的铜缶、1件战国中期的铜壶[1]，西安东郊三店村西汉墓随葬有6件古器，其中4件是西周晚期的录盨，1件为春秋晚期至战国时期的蟠螭纹铜钟，1件为殷周时期的贝币[2]。魏晋南北朝时期，承袭汉代古物为祥瑞的思想，并且围绕乐律制度的建设问题，收集研究古代的乐器和与之有关的度量衡实物[3]。

唐代皇室仍沿袭前代重视收藏古器的风气，各地时有古器物发现进献朝廷，充实收藏。如唐高宗时楚州献白玉谷璧、西王母白环、玉印、雷公石斧等古物十余件[4]；玄宗时，宋州因筑城发现古器物，进献古铜鼎十九，及钟、磬、甑、釜、樽、杓、盘、瓶各数器[5]；万年人王庆筑垣掘地，获宝鼎五，进献，其中四鼎有铭文[6]。上行下效，唐朝时已出现了一些收藏大家，如唐初笃爱、多藏古器物的颜师古[7]、中宗朝常披玩古器的僧人履空[8]、玄宗朝收藏古碑、古器、钱谱、玺谱无不毕备的韦述[9]、唐末"室唯搜古器"的皮日休[10]等。被发现的古器物见诸文献记载的除了上述集中进献的铜器、玉器外，还有铁鼎、铜樽、铜钟、铜阮咸、铜剑、铜斗、玉玺、砖、钱币等[11]，对于发现的这些古器物的观察、记录、考订等，比起前代有了明显的进步。因为一些记载比较详实，大致可以判定

[1] 江西省文物考古研究所、首都博物馆：《五色炫曜——南昌汉代海昏侯国考古成果》，江西人民出版社，2016年，第62—63页；江西省文物考古研究院、中国人民大学历史学院考古文博系：《江西南昌西汉海昏侯刘贺墓出土铜器》，《文物》2018年第11期，第4—26页。对于这4件两周铜器的相关研究有周艳明：《江西南昌西汉海昏侯墓出土的凤鸟纹提梁卣及相关问题》，《文博》2016年第5期，第30—36页；王泽文：《浅析海昏侯墓出土的两件先秦青铜礼器》，《南方文物》2016年第3期，第234—236页；后晓荣：《海昏侯墓出土文物研究三则》，《地方文化研究》2016年第4期，第6—7页；曹斌：《西汉海昏侯刘贺墓铜器定名和器用问题初论》，《文物》2018年第11期，第73—80页。

[2] 朱捷元、李域铮：《西安东郊三店村西汉墓》，《考古与文物》1983年第2期，第22—25页。

[3] 张勋燎：《唐五代时期的金石学》，罗开玉、罗伟先主编：《华西考古研究（一）》，成都出版社，1991年，第313页。

[4] 《新唐书》卷三五《五行志》，中华书局，1975年，第914页。

[5] （宋）李昉等：《太平御览》卷八一三《珍宝部》十二，铜类引《唐书》，中华书局，1960年，第3612页。

[6] （宋）王应麟：《玉海》卷八八《器用》，文物出版社，1992年，第5函第43册，第19页。

[7] 《新唐书》卷一九八《颜师古传》，中华书局，1975年，第5642页。

[8] （唐）阎邱均：《为僧履空进图书古器物等表》，（清）董诰等：《全唐文》卷二九七，中华书局，1983年，第3008页。

[9] 《旧唐书》卷一〇二《韦述传》，中华书局，1975年，第3184页。

[10] （清）彭定求等：《全唐诗》卷六一二《江南书情二十韵寄秘阁韦校书贻之商洛宋先辈垂文二同年》，中华书局编辑部点校：《全唐诗》（增订本），中华书局，1999年，第7113页。

[11] 张勋燎：《唐五代时期的金石学》，罗开玉、罗伟先主编：《华西考古研究（一）》，成都出版社，1991年，第299—308页。

古物的年代，其中，可以明确为汉代的文物，有在洛阳发现的双鱼纹“长宜子孙”铭铜洗、在山西汾阴后土祠发现的篆书“千秋万岁”“长乐未央”的铭文砖。

从考古发现也可以看到，唐代收集“旧物”的人群比较广泛，既有何家村、法门寺的皇家收藏，李寿、永泰公主这样的皇室贵胄和薛丹等高官，也有蔡泽这样的低级小官，一些小型墓主人也可能是平民。收藏的古物有铜器、古玉、古钱等，类别较多，尤以一定数量的汉代铜镜的收藏为前代未有之新现象。

此外，古钱币的收藏与研究也已经比较成熟。根据张勋燎的研究，梁朝顾烜撰有《钱谱》一卷，洪遵《泉志》征引其文，应属金石学专书，而梁代虞荔的《鼎录》和陶弘景的《古今刀剑录》几乎全为有关古文献记载及传说材料之辑录，且可信者少，不属于金石学著作[1]。《钱谱》虽只有一卷，篇幅小，但已开钱币收藏与著录之风气，唐代人在钱币的研究上又推进一步，《新唐书·艺文志·子部·小说家类》著录唐人封演《续钱谱》六卷，《宋史·艺文志·子部·农家类》著录“张台《钱录》一卷”，都有洪遵《泉志》的征引，对古钱的观察记录用的术语等为后世沿用[2]。而从何家村窖藏出土的古钱来看，唐人已了解了历代钱币的沿革，并将历代钱币标本作了收集。

（二）仿古以汉代古物为主要对象

从唐代考古发现对古代样本的利用情况可知，复制、仿制、改创等针对的基本是汉代旧物。同时，参会今古的改创，也创造了新的风格。

唐代对“旧物”的利用并非工艺美术演进过程中的常规现象。中国工艺美术的发展有着前后相继的特点，一般说来，“任何一个朝代的早期阶段，都存在着既反映前朝文化特点又反映当代文化特点的器物。随着时代的演进，前朝的文化残余逐渐消失，其中部分融和于当代文化之中，文化的差异缩小乃至趋同，器物上只见当代文化的特征了。”[3]唐代对古代样本的利用，为何越过魏晋南北朝，反而心摹手追汉代器物，尤其是到玄宗时期，已至唐王朝鼎盛阶段，还在参照汉代器物进行改创的设计实践呢？

从考古史的视角看，对旧物进行复制、仿制与改创绝非是唐代的发明。自商周开始收藏古器物，就有了仿制古玉器、铜器的实践。如妇好墓出土有模仿红山文化玉器制作的玉勾云形器、厚玦形玉龙，基本采用复制手法，而片状的玦形玉龙则是对厚玦形玉龙的仿制，改创则是在对圆形的遗玉玉璧及有领玉璧的分解改制过程中，对晚商流行弧形

[1] 张勋燎：《唐五代时期的金石学》，罗开玉、罗伟先主编：《华西考古研究（一）》，成都出版社，1991 年，第 314 页。

[2] 关于唐代古钱的著录与研究参见张勋燎：《唐五代时期的金石学》，罗开玉、罗伟先主编：《华西考古研究（一）》，成都出版社，1991 年，第 308—312 页。

[3] 张懋镕：《西周青铜器断代两系说刍议》，《考古学报》2005 年第 1 期，第 5 页。

玉器这一传统的形成产生了重要影响[1]。西周以后，模仿良渚文化的玉琮出现的复制、仿制和改创成为玉器制作的一个现象，如四川成都金沙遗址商代晚期至西周早期的祭祀址出土的四节玉琮，仿制良渚的多节玉琮[2]，陕西长安张家坡M 170 西周墓出土的阴线刻鸟纹玉琮，山西太原金胜村战国赵卿墓（M 251）的浅浮雕谷纹玉琮[3]，则附加了当时的流行纹样，可视为一种改创。同样被视为地位与权力标志的三代铜器，也是复制、仿制和改创等工艺美术制作利用的对象。商代贵族的礼器通常留传一代便随主人埋葬。但考古发现的西周窖藏常包含不同时代铸造的器物，显示西周器物可能传承数代，展陈于庙堂，晚期的工匠由此可以接触到早期器物[4]。春秋战国时期铜器制作中出现了明显的复古风，有学者统计了中原地区东周的铜器墓，发现 280 座墓中有 52 座共出土的仿古器物 231 件[5]。其仿古方法，也为复制、仿制和改创。使用复制方法制作的铜器，如春秋初期的韩城梁带村墓地M27 中出土的一组与西周早期器物相似的尊、卣和角[6]，当时的工匠应严格地参照了西周早期器物作样本，整体形态与西周早期同类器基本接近，但在纹饰细节和工艺上略有差异；山西侯马铸铜遗址出土的一组属于春秋晚期带有细密云雷纹衬地的夔纹范、模和一块牛角纹范，完全照搬了晚商至西周早期的纹饰[7]。仿制手法的铜器，如梁带村墓地M27 中的簋，应是工匠模仿西周中期的簋，但有较大差异，仿制时多为根据印象来加工生产[8]；河南辉县琉璃阁M60 春秋晚期墓出土一组六件方座簋，与陕西沣西马王村西周中期窖藏出土的一组四件卫簋[9]相似，工匠有可能参照了这一早期样本，但在簋

[1] 具体制作的方法参考王青：《妇好墓出土玉器中的遗玉略论》，《博物院》2018 年第 5 期，第 58—72 页。

[2] 朱章义、刘骏：《成都金沙遗址出土良渚式玉琮的初步研究》，《人类文化遗产保护》2003 年刊，第 59—64 页。

[3] 苏芳淑：《古人存古——玉琮在古代墓葬中的诸意义》，巫鸿、朱青生、郑岩主编：《古代墓葬美术研究》（第 2 辑），湖南美术出版社，2013 年，第 2—17 页。该文揭示了从陕西延安芦山峁齐家文化遗址出土的良渚玉琮遗玉和仿制的玉琮，直至清代，良渚玉琮在后世的收藏和仿制延续了将近五千年。

[4] 苏芳淑：《古人拟古——春秋战国时代的复古风》，《中国文化研究所学报》2008 年第 48 期，第 373—406 页。

[5] 张亮、滕铭予：《中原地区东周铜器墓中的仿古器物》，《文物》2017 年第 7 期，第 65—75 页。

[6] 陈小三：《再谈韩城梁带村M27 出土一组铜器的年代及相关问题》，《中国国家博物馆馆刊》2020 年第 5 期，第 45—56 页。

[7] 陈小三：《山西侯马铸铜遗址所见仿古纹饰试析》，《文物》2022 年第 5 期，第 56—70 页。

[8] 陈小三：《再谈韩城梁带村M27 出土一组铜器的年代及相关问题》，《中国国家博物馆馆刊》2020 年第 5 期，第 45—56 页。

[9] 苏芳淑：《古人拟古——春秋战国时代的复古风》，《中国文化研究所学报》2008 年第 48 期，第 373—406 页；相关内容又见苏芳淑：《古人拟古——近年西方学者看东周青铜器》，故宫博物院编：《故宫学术讲谈录（第一辑）》，紫禁城出版社，2010 年，第 351—359 页。

的器形上不太相同，尤其是双耳，换成了回首龙的流行样式。而利用古铜器的改创，尤以晋系铜器为典型，春秋晚期晋系青铜器出现了富有地域特色的夔龙夔凤兽面纹，就是侯马铸铜作坊的工匠重拾商周兽面纹装饰传统，又别开生面地将春秋时期流行的夔龙纹、夔凤纹与兽面纹缠绕在一起[1]，改创出的晋国独有的纹饰。

商至春秋战国时代的复古，其动力和目的是近年来艺术史研究关注的问题。玉器的仿古还不明确，春秋战国时期青铜礼器的复古则有着政治原因。平王东迁，王室衰微，诸侯霸主仿制商西周以来被视为王权和礼仪标志的青铜重器，既凸显自身维护周王室地位的政治立场，又利用传统礼制，强调自身具有远古世系和旧贵族身份，从而与新兴诸侯区别出来[2]，因而形成了这一时期浓厚的复古风气。

但从汉代起，尽管铜器仍时有发现，工艺美术制作中的仿古却不再以三代铜器为模仿对象。然而，即使没有仿制铜器的实践，但王莽的托古改制、南北朝时期围绕乐律制度的复古，仍是两汉以降以宫廷为主导的仿古，延续着三代以复古、仿古为政治表达的传统，因而仿古主要体现在礼仪制度层面。唐代仿古则有很大的不同：其一，从目前的考古发现来看，虽有陶、玉礼器的仿制，但唐代复制、仿制的古物已明显转变为以铜镜为主的生活日用品。其二，唐代仿古主要仿制的是汉代风格，不再以临仿三代器物标榜周代传统继承者的身份。这一明显的转型，其原因值得探讨。

四、唐代工艺美术制作复仿汉代旧物的原因

张勋燎从文献的角度对唐代古器物的著录研究不及古代石刻发达的原因作了探讨，认为主要原因有三。其一，唐人比较务实、视古物为祥瑞的传统祥瑞观念比起前代比较淡薄；其二，唐代是强盛统一的王朝，没有南北朝时代以中华传统文化的真正继承者和代表相标榜的政治需求，在礼乐制度上不再泥古；其三，唐王朝有关民间出土古物一般应交官府、禁铜令等管理制度对唐代古器物的研究发展有一定影响[3]。以下结合唐代工艺美术制作复制、仿制、改创旧物的考古发现再对唐仿汉风气形成的原因作以讨论。

（一）收藏古铜器受到律令制约

在唐代初年颁行的唐朝律法及其疏注的合编《唐律疏议》里既有关于《得宿藏物》的法律规定："诸于他人地内得宿藏物，隐而不送者，计合还主之分，坐赃论减三等。"注

[1]　陈小三：《山西侯马铸铜遗址所见仿古纹饰试析》，《文物》2022 年第 5 期，第 56—70 页。

[2]　苏芳淑：《古人拟古——春秋战国时代的复古风》，《中国文化研究所学报》2008 年第 48 期，第 373—406 页。

[3]　张勋燎：《唐五代时期的金石学》，罗开玉、罗伟先主编：《华西考古研究（一）》，成都出版社，1991 年，第 300、319—321 页。

云：“若得古器，形制异而不送官者，罪亦如之。”疏议曰：“‘坐赃论减三等’，罪止徒一年半。注云，若得古器，形制异而不送官者，谓得古器钟、鼎之类，形制异于常者，依令送官酬直。隐而不送者，即准所得之器，坐赃论减三等，故云罪亦如之。”[1]

此条唐律明文规定民间出土钟、鼎之类的古器要交官府，如果隐匿不报，将获罪。从考古发现的情况看，此条唐律得到了很好的贯彻，唐墓中尚未见出土古钟、鼎之类的青铜器，考古发现的唐代窖藏也多是金银器窖藏，法门寺等地宫瘗埋的宝物也未见钟、鼎之类的古器，说明唐初至唐末，禁止私藏古器的禁令发挥着重要的作用。不能收藏，也就失去了仿制的动因。有唐一代，除了武则天为了彰显大周的合法性而仿制周代的九鼎外，罕见其他仿制三代铜器的记载。

对于私藏出土古镜的判罚不像钟、鼎之类明确。《文苑英华》收录有三道对凿井获古镜的不同判文，判题同为“凿井得古镜，不送官司，邻告违法。”阙名《对凿井获镜判》裁定：“虽则私获，合送官司。爰而欲留，法将焉许。自招其责，谁复哀矜。邻人告之，雅符公正。”[2]此判持古物法定交官，不限大型器物，小件的铜镜也包含在内的判断。朱萃的判文有所不同，“既曰奇观，理合归官。虽隐则有愆，刑故无舍。然物非古迹，事或可矜。请更详审，方可裁断。”[3]认为应详审古镜是否为形制异常的古器，再做裁定。吕务博的判文言古镜为盘龙之镜，得镜者之亲眷看出此镜之珍贵异常，已有送官的意愿，但未及上交，就被邻居告发，其行为可以宽恕[4]。从吕务博的判文所描述的古镜纹饰来看，此镜是否属于古镜存疑。《文苑英华》载一阙名《对获古镜判》中的古镜也是盘龙镜，该判所述事件为“甲游嵩山获古镜，文彩极异，陈于县，县宰因窥挐忽破，甲诉阙进，令科诬罔。”[5]从判文来看，此镜亦为盘龙镜，并带有鸾鹊、菱花等花纹样式，更难说是面古镜。对于唐人来说，古镜很可能不如钟、鼎之类易于判断，且器形较小，便于隐藏，这也许是出土古器中古镜较多的原因。

除禁止私藏古器外，唐自开元以后，屡下禁铜之令。如玄宗开元十一年（723年），诏所在加铸，禁卖铜锡及造铜器者。代宗大历七年（772年），禁天下铸铜器。十年（775年），诏天下铸铜器，每器一斤，其直不得过百六十，销钱者以盗铸论。宪宗以钱少复禁用铜器。文宗大和三年（829年），诏佛像以铅、锡、土、木为之，饰带以金银、鍮石、乌油、蓝铁，唯鉴、磬、钉、镮、钮得用铜，余皆禁之，盗铸者死[6]。但禁铸铜器时，日

[1]（唐）长孙无忌撰，岳纯之点校：《唐律疏议》卷二七《杂律》，上海古籍出版社，2013年，第444页。

[2]（宋）李昉等：《文苑英华》卷五四四《判》，中华书局，1966年，第2778页。

[3]（宋）李昉等：《文苑英华》卷五四四《判》，中华书局，1966年，第2778—2779页。

[4]（宋）李昉等：《文苑英华》卷五四四《判》，中华书局，1966年，第2778页。

[5]（宋）李昉等：《文苑英华》卷五四〇《判》，中华书局，1966年，第2756页。

[6]《新唐书》卷五一四《食货志》，中华书局，1975年，第1384—1390页。

常所需的铜镜应是允许铸造的，如“（大历）七年十二月，禁天下新铸造铜器，唯镜得铸，其器，旧者听用之，不得货鬻。将广钱货，资国用也。”[1]德宗贞元九年（793年）春正月，“禁卖剑铜器。天下有铜山，任人采取，其铜官买，除铸镜外，不得铸造。”[2]虽然禁令未能完全阻止铜器的生产，但从考古发现来看，唐代仿古器物主要为允许铸造的铜镜，说明禁令仍起到了重要的作用。

（二）道教对仿古的推动

除了古镜收藏需求外，道教的推动是唐代仿古镜的生产最重要的动因。

李唐王朝封老子为始祖，以道教为国教。高祖、太宗时期对道教大张旗鼓地尊崇，高宗至武则天大周朝建立之前，通过给老子加帝号，在科举考试中加试《道德经》等政治措施，树立老子和道教至高无上的地位，道教进入初盛期；武则天大周朝，虽对道教有所抑制，但至玄宗时期，为重新复兴李唐基业，大力推崇道教，道教发展至鼎盛时期。

唐代的道教承袭汉代谶纬、阴阳思想及神仙观念，讲符谶，追求长生与成仙，崇尚访名山、觅仙药、服食炼气等做法。汉唐思想观念及信仰的一致性为借鉴汉代艺术中的图像提供了可能。汉镜中充斥着大量求仙的文辞和谶纬的图纹，这些文辞与图纹在唐代复制、仿制及改创的铜镜制作中自然而然地被吸纳。利用汉镜元素进行唐镜的设计在高祖至高宗和玄宗这两个道教兴盛阶段改创的铜镜上表现得最为鲜明。

除了崇道之外，玄宗还有复古思想，史称玄宗“希古慕道”[3]，其在开元年间，前修《六典》模拟儒家经典《周礼》，后修《开元礼》取法《礼记》，又修《续春秋》仿《春秋》体例，复古心态昭然若揭[4]。名道司马承祯进献给玄宗能招致神仙、趋吉避害的道鉴设计图时，着意参照古镜进行改创，应是迎合了玄宗复古的需求。

（三）“唐承汉统”的文化心态

中国工艺美术史上，继唐之后的宋代是复古的高潮阶段。受到宋代超越汉唐、直追三代的文化政策[5]的影响，加之《宣和博古图》《考古图》《续考古图》等著录三代、汉唐古器物的图谱以及当时发现的古器物提供了仿古制作的“样本”，宋代铜器、瓷器等领域出现了大量的仿古之作，仿古器进入贵族、士人和民众的生活。虽然，除了《隋书·经籍志》记载的《钱谱》《钱图》外，还未见《旧唐书》《新唐书》著录有像宋代《宣和博古图》《考古图》那样的金石学图谱流传，但考古发现已证明，唐代工艺美术中亦曾兴起过仿古

---

[1] （宋）王钦若等：《册府元龟》卷五〇一《邦计部·钱币三》，中华书局，1960年，第6000页上。

[2] 《旧唐书》卷一三《德宗本纪下》，中华书局，1975年，第376页。

[3] （宋）王钦若等：《册府元龟》卷四《帝王部·运历》，中华书局，1960年，第46页。

[4] 参吴丽娱：《营造盛世：〈大唐开元礼〉的撰作缘起》，《中国史研究》2005年第3期，第73—94页。

[5] 范淑英：《宋代铸造的唐代年号镜——仿古和逐利影响下的宋代工艺美术个案》，《故宫博物院院刊》2021年第3期，第41页。

的风气。同样，此风气的流行仍然离不开文化政策的作用。

文化、艺术乃政治的外化形式。唐王朝由隋衍生而来，王朝建立伊始，唐高祖就确立了“唐承隋统”的政权构建方略，并成为唐王朝沿用时间最长的正统理论。但在“唐承隋统”之外，还有一种正统理论，即“唐承汉统”。

“唐承汉统”由初唐时期的王勃提出，认为“唐德灵长千年，不合承周、隋短祚”[1]，“国家土运，当承汉氏火德”[2]。“唐承汉统”是唐人对既往历史的概括总结，得出唐朝当跨越魏、晋、周、隋，直接承继汉朝的统系。这一正统理论虽然只在武则天、玄宗朝得到皇权的认可，并短暂地实行过[3]，但却对唐代文艺影响卓著。

汪文学认为唐代社会普遍存在着追慕汉人、鄙弃六朝的观念，认为“魏晋眇小，齐、隋龌龊”[4]，“魏晋已降，事不师古”[5]，“后汉曹魏，气象萎尔。司马氏已来，规范荡悉”[6]，确立了“国家革魏、晋、梁、隋之弊，承夏、殷、周、汉之业”[7]的价值取向，并认为唐人不仅慕学汉人，也学上古三代之人。因为汉代“去圣未远”，上古三代的圣人之制被“去圣未远”的汉人继承下来了，学习汉人就是学习上古三代的圣人之制。又因为西汉近古，近于上古三代；东汉则开启魏、晋、周、隋之颓风。故唐人慕学汉人，主要侧重于慕学西汉人[8]。

“魏晋已降”，“气象萎尔”，也显现于工艺美术中。从唐代考古发现的对古代样本的利用来看，以铜镜艺术表现得最为充分。这一现象产生的一个重要原因是南北朝铜镜铸造业的凋敝。汉晋时期，铜镜发展蓬勃，墓葬出土数量极为丰富。到了两晋以后、隋代以前，墓葬较少出土铜镜，一般称此期间为铜镜之衰微期[9]。南北朝铸镜业的凋敝造成了隋唐时期铜镜的发展不再可能延续前朝的特点，转而需要借鉴其他时代的传统。汉代是中国铜镜史上的兴盛期，加之唐代发现的汉镜数量较多，这就促成了唐镜制作参照汉镜的现实。但从上述复制、仿制、改创的实例来看，并未发现对西汉、东汉样本的区分，

[1] 《旧唐书》卷一九〇《王勃传》，中华书局，1975年，第5006页。

[2] （唐）封演撰，赵贞信校注：《封氏闻见记校注》卷四《运次》，中华书局，2005年，第27页。

[3] 孙正军、吕博对“唐承汉统”在唐王朝实行的政治原因有过深入的研究，见孙正军：《二王三恪所见周唐革命》，《中国史研究》2012年第4期，第97—113页；吕博：《唐代德运之争与正统问题——以“二王三恪”为线索》，《中国史研究》2012年第4期，第115—141页。

[4] （清）董诰等：《全唐文》卷二一九，中华书局，1983年，第2213页。

[5] 《旧唐书》卷六五《长孙无忌传》，中华书局，1975年，第2449页。

[6] 李汉：《昌黎先生集序》，（唐）韩愈撰，马其昶校注，马茂元整理：《韩昌黎文集校注》，上海古籍出版社，1986年，前言第1页。

[7] 《旧唐书》卷一一九《杨绾传》，中华书局，1975年，第3433页。

[8] 汪文学：《“唐承汉统”说的理论意义和实践意义》，《西南民族大学学报》2004年第2期，第145页。

[9] 徐苹芳：《三国两晋南北朝的铜镜》，《考古》1984年第6期，第561—562页。

可能年代较远，唐人尚不能判断两汉铜镜的区别。

从唐代考古发现的旧物中亦有三代铜器，说明时人对三代器物也很珍视。颜真卿《颜氏家庙碑》记载，颜昭甫“明诂训，工篆籀草隶书……尝得古鼎二十余字，举朝莫识，尽能读之。”[1]对小学深厚的颜昭甫由衷地赞誉。但是三代毕竟遥远，唐人对三代古器识之甚少，即便喜好收藏的贵族亦不辨真伪。如裴休珍藏一件铸有“齐桓公会于葵丘岁铸”铭文的铜盎，并非春秋古器，而是赝品[2]。由此可以推断，唐代工匠利用三代古器作为样本相当困难，且由于律令的禁止以及唐代礼仪制度没有使用仿古器物的政治需要等原因，尚未发现仿三代的铜器。

（四）市场交易的形成

前辈学者阎文儒在研究唐代考古学史时，关注到经济和市场因素对古物收藏和研究的作用，认为唐代古器物有了价格，因而对古器物有了鉴赏和辨伪的需要，由此过渡到宋代金石学的古器物研究[3]。但并未举出证据阐发此观点。

从考古发现看，唐代对古物的收藏中以古镜数量为多，唐代的仿古器物生产主要是铜镜，且在从 8 世纪初期至 10 世纪初，即玄宗开元元年（713 年）始至唐末（907 年）的中晚唐时期，数量大大增加。这一现象的形成，应与市场交易有密切的关系。中晚唐时期，由于政令不禁止铸造铜镜，镜的流通也很自由。民众得到铜镜的渠道主要通过市场买卖和交换，交易的场所当是市中的镜行。敦煌写卷斯 610 号开元十一年（723 年）抄写的《启颜录》有一则“市中买镜”的故事：“有老父遣子将钱向市买奴。……其子至市，于镜行中度行。人列镜于市，顾见其影，少而且壮，谓言市人欲卖好奴而藏在镜中。……便付钱买镜，怀之而去。”[4]《唐令拾遗》载：“诸市，每肆立标，题行名。”[5]市场中一般是按行设肆进行商业活动的，镜行当是专卖镜之商肆。镜为人们日常生活用品，因而镜行的销售量当不是小数。中晚唐诗人施肩吾有一首记述镜行铜镜销售的诗歌《途中逢少女》，云：“身倚西门笑向东，牡丹初折一枝红。市头日卖千般镜，知落谁家新匣中。”[6]诗中所写的少女应是在商肆中买卖铜镜的商人，从“市头日卖千般镜”来看，每天

---

[1] 据《颜氏家庙碑》拓片。

[2] （宋）李昉等：《太平广记》卷一七二《裴休》条，中华书局，1961 年，第 4 册，第 1265—1266 页。

[3] 阎文儒：《中国考古学史》，广西师范大学出版社，2004 年，第 2 页。

[4] 黄永武主编：《敦煌宝藏》，新文丰出版公司，1986 年，第 5 册，第 123 页。朱瑶认为《启颜录》的作者应为唐人，而非隋代侯白。见朱瑶：《〈启颜录〉成书考》，《四川大学学报（哲学社会科学版）》2011 年第 2 期，第 139—142 页。

[5] （日）仁井田陞著，栗劲、王占通译：《唐令拾遗》关市令第二十六，长春出版社，1989 年，第 644 页。

[6] 《全唐诗》卷四九四，中华书局编辑部点校：《全唐诗》（增订本），中华书局，1999 年，第 8 册，第 5645 页。

的销售量是很大的。唐代铸造的仿古镜甚至一部分古镜应是通过市场完成了交易。在中晚唐，道教还利用人们普遍崇信古镜具有神异作用的心理，创作了诸如《古镜记》《敬元颖》等小说，加大了对仿古道教镜神异功能的宣传，使之成为“古镜”在社会流通[1]。唐诗中还曾透露有古镜的价格，薛逢《灵台家兄古镜歌》：“一尺圆潭深黑色，篆文如丝人不识。耕夫云住赫连城，赫连城下亲耕得。……十千卖与灵台兄，百丈灵湫坐中至。”[2]薛逢为会昌初进士，诗中主要赞叹了古镜的神异和珍贵，顺带提及古镜的价格。从作者的语气透露十千钱应是一笔不小的数目，而这笔买卖是私下交易。

市场的形成，扩大了唐代古镜的收藏和仿古镜的受众，一些仿古镜很可能被作为古镜收藏和交易，这就为宋代金石学古镜著录研究奠定了基础。可以说，唐代开创了工艺美术史上仿古镜制作的先河，此后的宋、金至明清各朝，仿古镜的生产得到持续的发展。

五、结语

唐代文献中即有利用“古图”与“旧物”进行工艺美术制作的记载。考古发现唐代时遗留有一定数量的前代铜器、钱币、玉器等，这些旧物既为唐代仿古器物的制作提供了复制、仿制的样本，又为借鉴旧物元素，改创出具有唐代风格的艺术品提供了必要的参考。从《道藏》文献中保存的唐代道镜的设计图来看，这种有意识的“参会古今”的改创，贯穿于从设计到制作的全过程。

唐代古物的收藏和仿古器的制作有了新的变化。这一时期，收藏的品类除了传统的玉器、铜器外，铜镜、钱币等小件器物成为新的收藏领域。铜镜的收藏对唐代工艺制作有着重要的影响，工艺美术中的仿古器生产转向以日常器物为主，临仿的对象变为汉代铜镜。

唐代古器收藏和仿古器生产主要受到律令制度的制约。唐代严禁私藏钟、鼎之类的古器，并且禁铸铜器。但并不禁止铸造人们日常所需的铜镜，铜镜的生产流通相对自由，加之道教介入仿古镜的设计，并加强了古镜神异功能的宣传，古镜的收藏和仿古镜的受众群体扩大，古镜交易有了一定的市场。而仿古主要以汉代风格为对象，一方面迎合了唐人“唐承汉统”的文化心理，另一方面则是魏晋南北朝铜镜生产凋敝的现实使然，并非唐人对古镜时代，尤其是两汉铜镜时代研究辨析后的有意识地选择。

---

[1] 范淑英：《〈古镜记〉与中晚唐道教的“古镜”再造》，荣新江主编：《唐研究（第十八卷）》，北京大学出版社，2012年，第173—200页。

[2] 《全唐诗》卷五四八，中华书局编辑部点校：《全唐诗》（增订本），中华书局，1999年，第8册，第6375页。

衡水武邑出土玻璃细颈瓶初探

赵　永（中国国家博物馆）

衡水博物馆藏有一绿玻璃细颈瓶，据介绍1986年出土于衡水市武邑县南关农贸市场工地[1]。该玻璃瓶呈墨绿色，平口，细短颈，鼓腹，圜底。底内凹，有疤痕。高10厘米，口径3厘米，孔径1厘米，腹径14厘米（图一）。由于未发表详细的考古资料，也未进行成分分析，故尚未进行更深入的研究。但国内外出土或藏有类似的器物可资对比，可对该玻璃瓶进行初步的分析和探讨。

图一　衡水出土绿玻璃瓶

一

衡水出土玻璃细颈瓶器形少见，目前国内发掘出土的玻璃器中仅有一件与之相似。这件玻璃细颈瓶现藏于洛阳博物馆，出土于河南洛阳关林118号唐墓，平口圆唇，细短

[1]　王春法主编：《文华衡水：河北衡水文化展》，北京时代华文书局，2019年，第34页。

颈，球形腹，圜底略内凹，高10.8厘米，最大腹径11.5厘米[1]。器表覆有一层黄色风化层，但从剥落处可以看出，玻璃呈深绿色透明状（图二）。化学分析显示，关林唐墓出土玻璃瓶的钙含量为6.57%，钠含量18.11%，属于钠钙玻璃[2]。但镁含量4.48%，钾含量2.6%，与萨珊玻璃的成分更为接近，因此推测这件玻璃瓶属于萨珊玻璃。[3]

1949年前，洛阳附近的墓葬中也出土过相同器形的玻璃瓶，后流失国外，现藏于加拿大安大略皇家博物馆[4]。该玻璃瓶平口短颈，球形腹，圜底内凹。高10.5厘米，最大腹径12.2厘米。表面同样有一层黄褐色风化层，从剥蚀层可看到深绿色的瓶体（图三）。经检测这件细颈瓶也是钠钙玻璃，可能与关林唐墓的细颈玻璃瓶一样，属于来自伊朗高原的萨珊玻璃[5]。

图二 洛阳关林唐墓出土玻璃瓶

图三 加拿大安大略皇家博物馆藏玻璃瓶

康宁博物馆藏有一件同样的玻璃细颈瓶。绿色半透明，在凹陷处有褐色风化痕迹。器身扁椭圆形，平口圆唇，窄直颈，平底，底部有环形疤。高9.4厘米，口径3.3—3.5厘米，最大腹径13.5厘米（图四）。年代定为3—7世纪。[6]

大英博物馆藏有一件玻璃细颈瓶，平口，斜直颈，玻璃呈墨绿色，外表有一层金黄

[1] The Metropolitan Museum of Art, *CHINA Dawn of a Golden Age, 200-750 AD*, Yale University Press, New Haven and London, p324.

[2] 建筑材料研究院等：《中国早期玻璃器检验报告》，《考古学报》1984年第4期。

[3] 安家瑶：《玻璃器史话》，社会科学文献出版社，2011年，第125页。

[4] https://collections.rom.on.ca/objects/365296/bottle?ctx=6809ea5b-2470-4404-86d1-970d83b8c780&idx=0。

[5] 安家瑶：《中国的早期玻璃器皿》，《考古学报》1984年第4期。

[6] David Whitehouse, *Sasanian and Post-Sasanian Glass in the Corning Museum of Glass*, Hudson Hills Press, 2005, p17.

色风化层。高 12.1 厘米，腹径 15.2 厘米（图五）。年代为 6—8 世纪，推测出土于伊朗[1]。

平山郁夫丝绸之路美术馆藏有一件玻璃细颈瓶，侈口，细颈，鼓腹，呈墨绿色，高 10.5 厘米，腹径 14 厘米（图六）。年代定为 6—7 世纪，产地为伊朗[2]。

一些机构和个人也藏有类似的玻璃细颈瓶[3]。深井晋司就在其《波斯玻璃》一书中选载了一件玻璃细颈瓶，与前举各例极为相似，据传出自伊朗西北部里海沿岸的吉兰州[4]。

敦煌莫高窟壁画中也有许多玻璃器的形象，主要有杯、盘、钵、碗、瓶，许多能够与现今出土的玻璃器皿相比较，表现的多是进口玻璃[5]。在中唐时期的一五四窟北壁报恩

图四　康宁博物馆藏玻璃细颈瓶

图五　大英博物馆藏玻璃细颈瓶

图六　平山郁夫藏玻璃细颈瓶

图七　深井晋司著述载玻璃细颈瓶

[1] https://www.britishmuseum.org/collection/object/W_1961-1114-1。

[2] 王春法主编：《平民情怀——平山郁夫藏丝路文物》，安徽美术出版社，2019 年，第 101 页。

[3] David Whitehouse, *Sasanian and Post-Sasanian Glass in the Corning Museum of Glass*, Hudson Hills Press, 2005, p17-18.

[4] 深井晋司、高橋敏：『ペルシアのガラス』，淡交社，1973 年，图 34。

[5] 安家瑶：《莫高窟壁画上的玻璃器皿》，北京大学中国中古史研究中心编：《敦煌吐鲁番文献研究论集》（第二辑），北京大学出版社，1983 年，第 425—464 页。

经变中，两供养菩萨手捧莲花，莲花中央各有一细颈瓶[1]，呈翠绿色，侈口，细长颈，鼓腹（图八）。与衡水武邑和洛阳关林出土玻璃瓶，在器型和颜色上都十分相似，可能表现的是玻璃细颈瓶的形象。

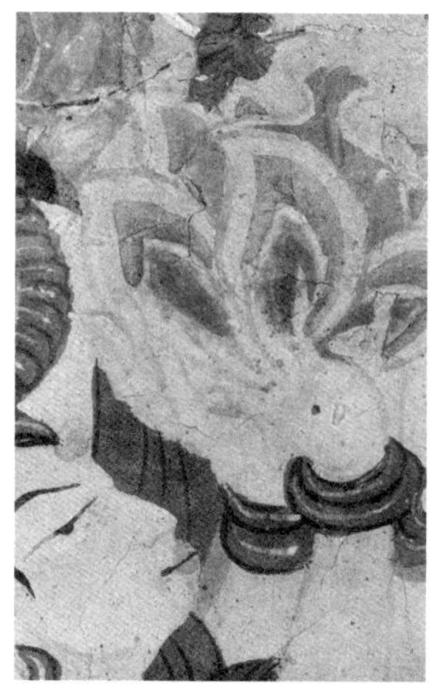

图八　敦煌莫高窟一五四窟《报恩经变图》

据研究，这种玻璃细颈瓶是叙利亚海岸罗马后期和伊斯兰初期的普通香水瓶，伊朗高原吉兰州3—7世纪的萨珊玻璃器中也多有发现[2]。而从上举实物及壁画年代来看，多集中于5—8世纪，说明从魏晋至隋唐时期这种玻璃瓶持续传入中国。

二

河北地区位于丝绸之路向东延长线上，发现了许多古代中西文化交流的见证。在河北景县封氏墓地、磁县东魏茹茹公主墓和赞皇李希宗墓，都曾出土北朝时期的外国遗物。

1948年，河北景县北魏封氏墓群出土4件玻璃碗，现存2件[3]。一件出土于封魔奴墓（521年），无模自由吹制，绿色透明，直口圆唇，底部有疤痕，腹部有一道热玻璃条缠绕的阳弦纹（图九），为罗马玻璃。另一件即祖氏墓出土的淡绿色波纹碗，口沿内翻成圆唇，底部缠玻璃条成矮圈足，平底，底部有疤痕。腹部缠贴3条波纹互相衔接形成的网目纹（图一〇）。祖氏墓玻璃碗经X射线荧光光谱分析，属钾、钠玻璃制品，与罗马玻璃的一般

[1] 敦煌研究院：《敦煌石窟艺术：莫高窟第一五四窟附第二三一窟（中唐）》，江苏美术出版社，1994年，第98页。

[2] 齐东方、李雨生：《中国古代物质文化史·玻璃器》，开明出版社，2018年，第15页。

[3] 张季：《河北景县封氏墓群调查记》，《考古通讯》1953年第3期。

成分相符[1]，可能来源于罗马时期的黑海北岸[2]。景县封氏族系，是北魏、北齐间的上层贵族，封魔奴曾作为北魏的使臣出使过张掖，推测封氏墓地出土的玻璃器是从陆路丝绸之路传入的。

图九　河北景县封魔奴出土玻璃碗

图一〇　河北景县祖氏墓出土波纹碗

1978 年河北磁县东魏茹茹公主墓出土 2 枚拜占庭金币，一为阿纳斯塔修斯一世所铸，另一枚为查士丁一世执政时所铸[3]。查士丁一世518—529年在位，茹茹公主葬于东魏武定八年（550 年），距查士丁一世铸金币二三十年，可见其流通之快。

1976 年发掘的河北赞皇东魏李希宗及其妻崔氏墓出土有波纹银碗、银戒指和拜占庭金币 3 枚[4]。李希宗葬于武定三年（544 年），其家族是北朝的“高门望族”之一，出土的波纹银碗形制特殊（图一一），与萨珊关系密切[5]。嵌宝石联珠纹金戒指一枚，戒面上镶嵌青金石，凹刻一鹿纹，带有浓郁的外来文化特色（图一二）[6]。金币包括迪奥多西斯二世（408—450 年）1 枚，查士丁一世舅甥共治时期（527 年）2 枚[7]。

衡水地域与古冀州渊源深厚，陆路畅通，水路通达。而景县今属于衡水市，与武邑相邻。磁县今属邯郸市，赞皇县今属石家庄市。景县封氏墓地、磁县茹茹公主墓、赞皇李希宗墓相距并不遥远。徐苹芳先生在《考古学上所见中国境内丝绸之路》一文中通过中国各地发现的外国文物，大致勾勒了外国器物传入中国的路线。并推断，景县封氏墓地、

[1] 范世民、周宝中：《网纹玻璃杯考略》，《文物》1982 年第 8 期。

[2] 安家瑶：《中国的早期玻璃器皿》，《考古学报》1984 年第 4 期，第 418 页。

[3] 磁县文化馆：《河北磁县东魏茹茹公主墓发掘简报》，《文物》1984 年第 4 期，第 1 页。

[4] 石家庄地区革委会文化局文物发掘组：《河北赞皇东魏李希宗墓》，1977 年第 6 期，第 382 页。

[5] 齐东方：《中国古代的金银器与波斯萨珊王朝》，叶奕良主编：《伊朗学在中国论文集》，北京大学出版社，1993 年，第 51 页。

[6] 石家庄地区革委会文化局文物发掘组：《河北赞皇东魏李希宗墓》，《考古》1977 年第6期，第382页。

[7] 夏鼐：《赞皇李希宗墓出土的拜占庭金币》，《夏鼐文集》，社会科学文献出版社，2000 年。

图一一 赞皇李希宗墓出土的波纹银碗　　图一二 赞皇李希宗墓出土的嵌宝石金戒指

磁县茹茹公主墓和赞皇李希宗墓出土的外国遗物可能是从河西走廊至长安或洛阳，然后再输至河北的；也可能是从中国北部草原丝绸之路传入的，以前者的可能性为大[1]。此外，荣新江先生根据各种史料勾勒了粟特人迁徙路线图，认为其进入河北地区的路线，除了从北边南下外，也可以走从灵州经并、代、蔚州进入河北之路，还可以走从洛阳经卫、相、魏、邢、恒、定州而达幽州甚至远至营州的一条路[2]。衡水武邑与洛阳关林118号墓、洛阳金村墓出土了极为相似的玻璃瓶，从另一方面证实了这条线路的存在。

北朝时期，玻璃珍贵而不易得，通常作为珍宝视之，从而推动了西方玻璃器及其制造工艺的传入，并产生了很大的影响。《魏书》中就有关于大月氏人制作琉璃的记载，"(魏)世祖时，其国人商贩京师，自云能铸石为五色琉璃，于是采矿山中，于京师铸之。既成，光泽乃美于西方来者。乃诏为行殿，容百余人，光色映彻，观者见之，莫不惊骇，以为神明所作。自此中国琉璃遂贱，人不复珍之"[3]。

考古发现的最早的有纪年的舍利塔基是河北定县的北魏塔基，也是最早出土玻璃器的舍利塔基，为北魏孝文帝在太和五年(481年)发愿修建[4]。塔基石函内有许多金银器、铜器、玻璃器和珠玉珍宝等，其中包括玻璃钵、玻璃瓶等器物。它们是采用了罗马萨珊的传统技术的国产玻璃器，可能是北魏皇室建塔时施舍而埋入地宫。

这种情况一直延续到隋代，"(何)稠博览古图，多识旧物。波斯尝献金绵锦袍，组织殊丽，上命稠为之。稠锦成，逾所献者，上甚悦。时中国久绝琉璃作，匠人无敢措意，

[1] 徐苹芳:《考古学上所见中国境内丝绸之路》，燕京研究院:《燕京学报》新一期，北京大学出版社，1995年，第291—334页。

[2] 荣新江:《中古中国与粟特文明》，生活·读书·新知三联书店，2014年，第100页。

[3] 《魏书》卷一〇二《西域传》，中华书局，1974年，第2275页。

[4] 河北省文化局文物工作队:《河北定县北魏石函》，《考古》1966年第5期，第252页。

稠以绿瓷为之，与真不异”[1]。何稠乃西域粟特人，其带入中原的仍是西亚的技术，这是与东西文化交流的环境分不开的。

但玻璃器主要还是从西方输入的，如《洛阳伽蓝记》所载，河间王琛为秦州刺史时，“常会宗室，陈诸宝器。金瓶银瓮百余口，欧檠盘盒称是。自余酒器，有水晶钵、玛瑙杯、琉璃碗、赤玉卮数十枚。作工奇妙，中土皆无，皆从西域而来”[2]。这一点从众多的考古发现中也可以证明。同时可以看出，这些玻璃器、金器、金币等是一般士族所不能获得的，其墓主均为上层贵族或与皇室有密切关系。

从中国境内发现的外国遗物来看，某种器物在西方出现不久，就传到了东方国度。这种器物的同时性也体现在玻璃器上。西安隋清禅寺出土的萨珊玻璃瓶和李贤墓出土的萨珊玻璃碗，制作年代下限都在6世纪后半。这种突起的凹球面磨饰玻璃器是当时波斯萨珊王朝最新出现的玻璃种类，应是6世纪前半的作品，产地为伊朗高原的西北，两件玻璃制品均是制造后不久便输入到中国的。从伊朗高原到宁夏固原、陕西西安、日本冲之岛都发现同样的玻璃器皿，且年代相近[3]。朝代的更迭，路途的险阻，都不能阻止它热切地踏入东方的国度。玻璃器在丝路上商人、使节的来往中发生了位移，缩短了两地之间时空的差异。可以想见当时丝绸之路的畅通，中西文化交流的兴盛[4]。

北朝时期河北地区由于丝绸之路的贯通，东西方文化经济交流连绵不断。综上推测，衡水武邑出土的绿玻璃瓶可能产于5至7世纪的伊朗高原，通过丝绸之路传入河北地区，并作为一种贵重物品随葬在墓中。

---

[1] 《北史》卷九〇《何稠传》，中华书局，1974年，2895页。

[2] （北魏）杨炫之撰，周祖谟校释：《洛阳伽蓝记校释》，上海书店出版社，2000年，第163页。

[3] 齐东方、张静：《中国出土地波斯萨珊凸出圆纹切子装饰玻璃碗》，『創大アジア研究』第十六号，創価大学アジア研究所，1995年，第56页。谷一尚：《西方凸雕玻璃容器的系统和传播》，宁夏固原博物馆、中日原州联合考古队编：《原州古墓集成》，文物出版社，1999年，第41—49页。

[4] 赵永：《早期玻璃器与古代社会》，北京大学硕士学位论文，2005年。

长沙桃花岭“唐墓”出土铜镜二题

——再论其年代和墓主问题

陈灿平（河北师范大学历史文化学院考古学系）

1987年，长沙市文物工作队在配合岳麓山桃花岭中南工业大学基建工程中发掘一座大型砖构墓（以下简称“桃花岭墓”），当年发表了简讯[1]。1989年出版的《中国考古学年鉴1988》中，张一兵对该墓作了进一步的报道[2]。之后陆续有关于该墓出土器物的零星介绍和研究[3]。2014年，长沙市博物馆公布了发掘简报，首次对该墓进行了较为全面、详细的报道[4]。随后，赵今[5]、曹昭[6]等对其年代和墓主问题展开了讨论。桃花岭墓出土了圆形素面镜三面，葵形折枝花镜、方形八卦符箓星象镜、圆形双凤镜和亚字形“许由巢父”铭镜各一面，共七面铜镜，非常引人关注。学者们在讨论该墓年代时，也都分析并参照了铜镜

[1] 黄正纲：《长沙发掘晚唐大墓》，《中国文物报》1987年4月3日。

[2] 张一兵：《长沙岳麓山五代石椁墓》，中国考古学会编：《中国考古学年鉴1988》，文物出版社，1989年，第218、219页。笔者按：张一兵对该墓的介绍，在一些方面要详于墓葬简报，比如出土器物并不限于简报所报道的种类和数量。学界对此多有忽略。

[3] 长沙市博物馆编著：《楚风汉韵——长沙市博物馆藏镜》，文物出版社，2010年，第166、175、190—193页；喻燕姣：《湖南出土金银器》，湖南美术出版社，2009年，第34—36页；潘钰：《中南工大唐墓出土金银器再析议》，湖南省博物馆编：《湖南省博物馆馆刊（第十二辑）》，岳麓书社，2016年，第392—401页；王文彬：《试谈长沙中南工大墓出土瓷器》，《文物天地》2018年第3期，第51—54页。

[4] 长沙市博物馆：《长沙市中南工业大学桃花岭唐墓发掘简报》，陈建明主编：《湖南省博物馆馆刊（第十一辑）》，岳麓书社，2015年，第200—208页。

[5] 赵今：《浅谈对长沙市中南工业大学桃花岭唐墓的几点认识》，湖南省博物馆编：《湖南省博物馆馆刊（第十二辑）》，岳麓书社，2016年，第402—406页。

[6] 曹昭：《论长沙中南工业大学桃花岭古墓的年代与墓主身份》，《江汉考古》2021年第1期，第107—111页。

的年代；杨玉彬[1]、潘钰[2]更有对铜镜的专门讨论。但目前对该墓出土铜镜的观察、分析和认识仍不够充分，特别是忽略了一些重要的材料和信息，以致影响研究的深入。本文拟对其中的圆形双凤镜和“许由巢父”镜作专门讨论，并由此再论该墓的年代和墓主问题。

一、圆形双凤镜

该镜圆形，小钮，窄素缘，主纹为双凤绕钮而飞，呈凹凸明显的浮雕状，镜背表面不甚光洁，纹饰轮廓及细部不太精细，径 25 厘米，重 1108 克（图一，3）。这种首尾相接式的双鸟镜，在中晚唐、五代、宋等时期都较常见。目前所见较早的纪年材料是陕西西安东郊路家湾天宝四年（745 年）7 号墓出土的葵形双鹦鹉衔绶镜[3]。但与桃花岭墓出土镜相似风格的双鸟镜多见于晚唐五代，河南偃师杏园会昌三年（843 年）李郃墓[4]、会昌五年（845 年）徐府君季女墓[5]和洛阳洛龙区龙盛小学五代壁画墓[6]等都有出土（图一，1；图一，2；图一，5）。宋代双凤镜的典型样式则可如湖南当地出土的一面（图一，6）[7]。这种样式多见于北宋中晚期及以后。对比可见，桃花岭墓出土的双凤镜更接近五代样式。

最需提出注意的是，这面铜镜在长沙地区并非孤例。这一点相关研究多有忽略。1955 年，长沙东郊陈家大山编号“长.陈.科M1”出土一面与该镜几乎完全相同的铜镜，出土时残不足半，钮已失，伴出有银质祥符元宝钱，镜钮附近残一“杨”字上半部，近缘处有“初冬”二字，复原直径 23.6 厘米（图一，4；图五，2）；经湖南省轻工业厅工业试验所化验，该镜含铜量 66.86%，锡 26.04%，铅 2.5%，锌 2.52%[8]。对比可见，这两面铜镜的尺寸、纹饰几乎全同，只是桃花岭墓出土镜不见铭文。长.陈.科M1 为一小型竖穴土坑墓，墓室长 2.8、宽 0.98、深 0.2 米，除铜镜、银钱外，还出土有开元通宝钱、瓷碗、陶坛和陶钵等。该墓为不早于宋真宗大中祥符年间（1008—1016 年）的北宋墓无疑，但这面双凤镜未必是当时所铸。如前所述，该镜与宋代典型的双凤镜样式实有差异（图

[1] 杨玉彬：《长沙桃花岭唐墓出土许由巢父镜》，《东方收藏》2012 年第 5 期，第 54 页。

[2] 潘钰：《从中南工大唐墓出土铜镜看晚唐以后铜镜纹饰的发展》，湖南省博物馆编：《湖南省博物馆馆刊（第十四辑）》，岳麓书社，2018 年，第 448—453 页。

[3] 陕西省文物管理委员会编：《陕西省出土铜镜》，文物出版社，1959 年，第 141 页。

[4] 中国社会科学院考古研究所编著：《偃师杏园唐墓》，科学出版社，2001 年，第 212 页。

[5] 偃师商城博物馆：《河南偃师唐墓发掘报告》，《华夏考古》1995 年第 1 期，第 27 页；霍宏伟、史家珍主编：《洛镜铜华——洛阳铜镜发现与研究》，科学出版社，2013 年，第 255 页。

[6] 洛阳市文物考古研究院：《洛阳龙盛小学五代壁画墓发掘简报》，《洛阳考古》2013 年第 1 期；霍宏伟、史家珍主编：《洛镜铜华——洛阳铜镜发现与研究》，科学出版社，2013 年，第 310 页。

[7] 周世荣编：《铜镜图案——湖南出土历代铜镜》，湖南美术出版社，1987 年，第 176 页。

[8] 湖南省文物考古研究所编，周世荣编著：《湖南古墓与古窑址》，岳麓书社，2004 年，第 195 页。

一，6），以高锡为特征的合金成分也与宋镜明显不同，故应是出自北宋墓的早期铜镜。但长.陈.科M1镜的重要价值在于，除了提供年代参考之外，其镜钮附近的"杨"字残铭，有助于我们对下文"许由巢父"镜残铭的释读。

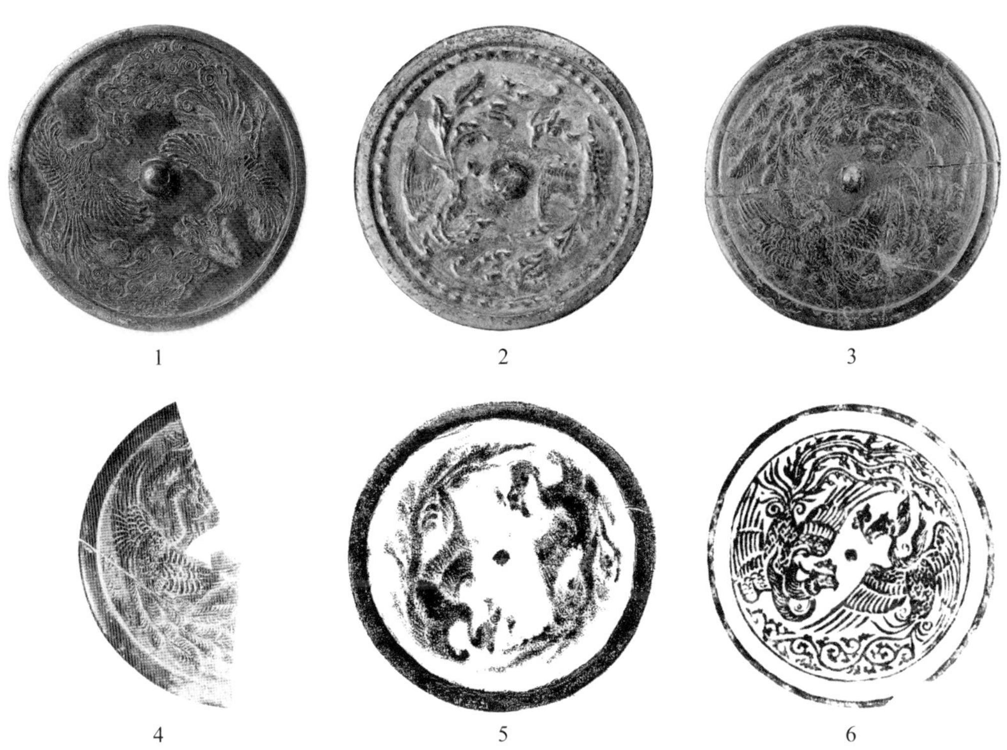

图一　桃花岭墓出土圆形双凤镜与相关铜镜对比图

1.河南偃师杏园会昌三年（843年）李郃墓出土　2.河南偃师杏园会昌五年（845年）徐府君季女墓出土　3.桃花岭墓出土　4.湖南长沙长.陈.科M1出土　5.河南洛阳洛龙区龙盛小学五代壁画墓出土　6.湖南出土

二、"许由巢父"镜

这面铜镜的外形、纹饰、铭文甚至工艺都很有特色，并且可能还包含了一些跟墓主有关的重要信息，需着重讨论。

（一）外形

镜呈亚字形，边长18.6厘米，重679克（图二；图三，8）。亚字形镜由委方形镜演变而来，后者又脱胎于葵形镜。8世纪后半叶的倭角似葵形的多曲分瓣，四边弧突明显，整体更似四分葵形，如湖南益阳赫山庙宝应二年（763年）邓俊某墓[1]、河南偃师杏园贞

[1]　益阳县文化馆：《湖南益阳县赫山庙唐墓》，《考古》1981年第4期，第315、316页；周世荣编：《铜镜图案——湖南出土历代铜镜》，湖南美术出版社，1987年，第143页。

1

2

图二　桃花岭墓出土“许由巢父”铭镜及镜钮上方铭文

元十年（794 年）李荣初墓出土的卐字镜（图三，1；图三，2）[1]。到了 9 世纪前半叶，倭角渐明显，四边弧突趋缓，比如河南偃师杏园大和三年（829 年）韦河墓出土的特种工艺镜（图三，3）[2]。9 世纪后半叶以后，四边渐趋直，整体更像方形，比如福建厦门大中十年（856 年）至咸通三年（862 年）陈元通墓[3]和河北沧县咸通九年（868 年）刘公墓[4]出土的素面镜（图三，4、5）。10 世纪上半叶，这种外形仍能见到，比如江苏扬州杨吴顺义四年（924 年）康周墓出土的双狮纹镜（图三，6）[5]。但同时又有新的变化，原来已近平直的四边，此时外凸更趋明显，已具亚字形，比如内蒙古吐尔基山辽代早期墓出土的双鹦鹉纹“李家”“供奉”铭镜（图三，7；图五，1、3）[6]、宁夏固原博物馆收藏的“咸平三年（1000 年）”双鸟纹镜（图三，9）[7]。相较而言，桃花岭墓出土镜的外形特征以属 10 世纪中叶的可能性最大。

---

[1]　中国社会科学院考古研究所编著：《偃师杏园唐墓》，科学出版社，2001 年，第 142 页。

[2]　中国社会科学院考古研究所编著：《偃师杏园唐墓》，科学出版社，2001 年，第 216 页。

[3]　靳维柏等主编，厦门文化遗产保护中心编著：《唐陈元通夫妇墓》，文物出版社，2016 年，第 39 页。

[4]　沧州市文物保护管理所等：《河北沧县前营村唐墓》，《考古》1991 年第 5 期，第 430 页。

[5]　南京大学历史学院文物考古系等：《江苏扬州市秋实路五代至宋代墓葬的发掘》，《考古》2017 年第 4 期，第 60 页。

[6]　内蒙古文物考古研究所：《内蒙古通辽市吐尔基山辽代墓葬》，《考古》2004 年第 7 期，第 50—53 页；内蒙古自治区文物考古研究所编：《文物华章——内蒙古自治区文物考古研究所 60 年重要出土文物》，文物出版社，2014 年，第 114 页。

[7]　韩彬主编，冯国富、程云霞编著：《固原铜镜》，宁夏人民出版社，2008 年，第 230 页。

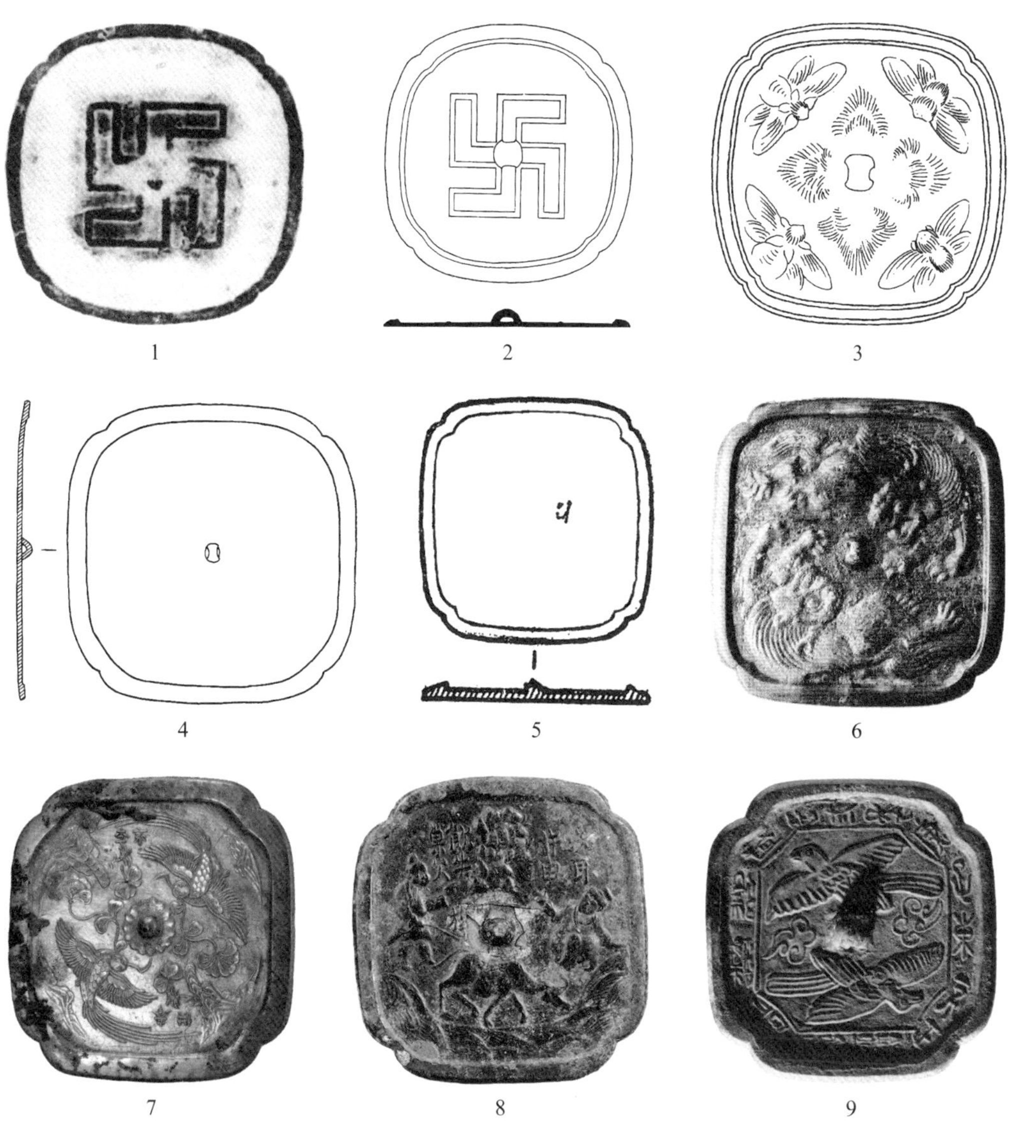

图三　中晚唐至五代委方形（或亚字形）镜举例

1.湖南益阳宝应二年（763年）邓俊某墓出土　2.河南偃师杏园贞元十年（794年）李荣初墓出土　3.河南偃师杏园大和三年（829年）韦河墓出土　4.福建厦门大中十年（856年）至咸通三年（862年）陈元通墓出土　5.河北沧县咸通九年（868年）刘公墓出土　6.江苏扬州杨吴顺义四年（924年）康周墓出土　7.吐尔基山辽代早期墓出土　8.桃花岭墓出土　9.宁夏固原博物馆收藏

（二）纹饰

“许由巢父”题材脱胎于中晚唐时期的人物故事镜。上海博物馆收藏一面圆形人物故事镜，其镜钮的左、右和下方分别是帝王问道、许由巢父和高士弈棋三组人物故事，径16.7厘米（图四，1）[1]。虽然目前无年代十分明确的此类镜材料，但这种剪影、平雕式的

[1]　陈佩芬编：《上海博物馆藏青铜镜》，上海书画出版社，1987年，图95。

纹饰设计流行于 9 世纪，比如前述偃师杏园会昌三年（843 年）李郃墓出土的双凤镜（图一，1）。学界熟知的“许由巢父”镜样式可如（图四，3）所示，主要流行于北宋晚期及以后的宋金时期[1]。桃花岭墓出土镜的纹饰具有明显的唐、宋镜过渡特征。

1　　2　　3

图四　唐五代宋“许由巢父”镜演变示意图

1.上海博物馆藏镜局部　2.桃花岭墓出土镜　3.四川三台出土镜[2]

（三）铭文

迄今为止与该墓相关的简讯、发掘简报、铜镜图录和研究论述中，除“巢父饮牛”“许由洗耳”铭外，鲜有人注意到镜钮上方的残铭，只有杨玉彬提到“牵牛者与镜钮间还铸有一字，因残缺未能释出。”[3]实际上，这个字不仅可以释出，而且此处实有四字，而非仅一字，发掘简报中的图片最为清楚。经笔者辨认，推测为“杨家奉造”四字，其中“杨”和“造”字最为明确，第二字的“宀”明显，似为“家”字；“造”字的“辶”旁明确，应可定论；“奉”字最难确定，但可辨处具“丰”或“王”字形状，其下有褐色锈斑，下部笔划可能已被锈蚀（图二，2）。除了字形辨认之外，以上推测的依据主要有二：其一是前述长.陈.科M1 出土双凤镜上就有“杨”字（图五，2）。这说明唐宋之际，长沙当地确实有“杨家”镜流通；其二是前述吐尔基山辽代早期贵族墓出土的亚字形双鹦鹉纹镜上的“李家”“供奉”铭（图五，1；图五，3）。这表明当时私家铸镜确有用于“供奉”的现象。“奉造”可解释为应奉造作，或为供奉而造作。标注私营商号的铜镜约出现于 9 世纪，应该是 10 世纪较流行的铜镜类型之一。宋人陶穀《清异录》卷下“碧金仙”条云：“有刁萧者，携一镜，色碧体莹，背有字曰‘碧金仙，大中元年（847 年）十二月，铜坊长老白九峰造。’”[4]这里的“铜坊”应该是一处私营作坊，“碧金仙”或为商号。铜镜实物方面，除前述“李家”镜之外，长沙当地还出土过五代十国时期的方形花卉纹“熊禹造”

[1] 杨玉彬：《宋、金许由巢父故事镜的初步研究》，《文物鉴定与鉴赏》2012 年第 9 期，第 52—59 页。

[2] 三台县文化馆：《四川三台县发现一批宋镜》，《考古》1984 年第 7 期，第 669、668 页。

[3] 杨玉彬：《长沙桃花岭唐墓出土许由巢父镜》，《东方收藏》2012 年第 5 期，第 54 页。

[4] （清）永瑢等编纂：《四库全书》第 1047 册，上海古籍出版社，1991 年，第 904 页。

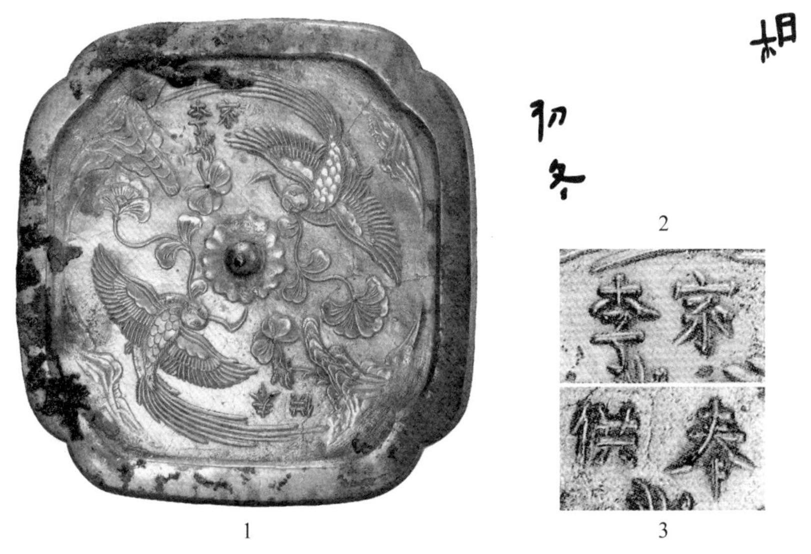

图五

1、3.吐尔基山辽代早期贵族墓出土“李家供奉”铭镜及其局部 2.湖南长沙长.陈.科M1出土双凤纹镜铭文

镜[1]、江苏连云港海州区张庄五代墓出土过方形藻井龟背纹“张马家造”镜[2]。因此，“杨家”铭的确定也能为该墓的断代提供重要参考。总之，该镜钮上方的确有四字铭文，实有重新鉴别和确认之必要。

（四）工艺

周世荣将湖南地区出土的五代十国时期新型铜镜的特征总结为“铸造趋向轻薄，工艺趋向粗放，模铸后往往用刀凿加工，镜钮变小，而铜质仍具有唐式质坚光亮的特点，这是与宋镜不同之处。”[3]长沙市博物馆收藏一面出自长沙德雅路M3的方形双龙纹镜，其上可见明显的“龟裂纹”和“刀凿加工痕迹”等，编者也认为这是五代长沙铜镜的典型特征[4]。实际上，这些特征在桃花岭双凤镜、“许由巢父”镜以及长.陈.科M1双凤镜上多少都有体现。此类镜的整体风格是主体纹饰呈凹凸起伏明显的浮雕状，显得圆滑、浑厚，但又显粗犷。这与北宋以后渐流行的细线浅雕式纹样差别明显，应该是五代时期长沙一带铜镜工艺上的一些特征，也具有断代的意义。

[1] 周世荣编：《铜镜图案——湖南出土历代铜镜》，湖南美术出版社，1987年，第158页。

[2] 连云港市博物馆：《江苏连云港海州区张庄五代至宋墓葬发掘简报》，《东南文化》2021年第2期，第69页。

[3] 周世荣编：《铜镜图案——湖南出土历代铜镜》，湖南美术出版社，1987年，第157页。

[4] 长沙市博物馆编著：《楚风汉韵——长沙市博物馆藏镜》，文物出版社，2010年，第194页。

三、关于墓葬年代和墓主问题

学界对桃花岭墓的年代和墓主问题已有较多讨论，主要有晚唐潭州府高等贵族、五代楚国马氏家族成员和五代三品以上官吏等主要观点。关于年代，可以补充的有二：其一、该墓出土有陶罍坛，1989 年张氏的报道中就特别指出“从出土文物看，绝大部分具有晚唐风格。两件陶罍坛却具有长沙地区与五代铁钱共出的五代陶罍坛的典型风格。”其二、不少器形和纹饰风格见于印尼爪哇海域发现的井里汶沉船。该沉船出水一件越窑刻花莲瓣纹青瓷碗，底足刻有“戊辰徐记造”，“戊辰”当为北宋开宝元年（968 年）[1]。出水器物中的瓷执壶、瓷盏托、亚字形镜，以及双鹦鹉纹、双凤纹等都与桃花岭墓出土的同类器物或纹饰很相似（图六）。综合来看，桃花岭墓属五代当无疑，最有可能下葬于 10 世纪中叶。

关于墓主，据“许由巢父”镜钮上方的“杨家奉造”铭，参照吐尔基山辽代早期贵族墓[2]所出“李家供奉”镜，桃花岭墓至少应该是五代马楚宗室级别的墓葬。该墓规模、形制与随葬品的指向性也很明显。对此，曹昭、赵今等虽都有涉及，但相关讨论中对该墓早年的报道资料却有所忽视。这里也作出补充和讨论。

（一）规模与形制

迄今所见三份相关报道中，以 1989 年张一兵的介绍最为完整和重要（图七）。该报道以“长沙岳麓山五代石椁墓”为题，指出：

墓葬方向 182°，全长 11.5、宽 7.9，残深 4.6 米，分甬道、前、中、后三室共四大部分。墓室底铺方砖，砖火候较高，大小一致，每块方 0.33、厚 0.045 米，表面有浮雕的冬青或莲花纹。中室和后室各由一道水沟分为两等分，中室的两部分铺地砖下都发现了椁室。据出土文物看，应为夫妻合葬墓。东边为男性，西面为女性，两椁室均长 3.16、宽 1.74 米。椁为白色大石构成，两长边各垒五块，两短边各一块，盖板三块。椁均长 3.05、

---

[1] 秦大树：《拾遗南海 补阙中土——谈井里汶沉船的出水瓷器》，《故宫博物院院刊》2007 年第 6 期，第 91—101 页；Horst Hubertus Liebner., *The Siren of Cirebon: A Tenth-Century Trading Vessel Lost in the Java Sea*. *PhD* thesis, University of Leeds, 2014, pp.130.

[2] 冯恩学认为该墓的墓主是来自皇室的大萨满，见冯恩学：《吐尔基山辽墓墓主身份解读》，《民族研究》2006 年第 3 期，第 67—71、109 页；都兴智认为墓主是太祖妹余庐睹姑公主，见都兴智：《吐尔基山辽墓墓主人及其相关问题再探讨》，《东北史地》2010 年第 2 期，第 3—7、99 页；王大方也认为墓主是太祖妹余庐睹姑公主：《关于内蒙古吐尔基山辽墓墓主人身份的推测》，《东北史地》2010 年第 2 期，第 8、9、100—102 页。

图六 桃花岭墓与印尼井里汶沉船相关器物或纹饰的比较

1—3.桃花岭墓出土 4—6.井里汶沉船出水

1.金花鹦鹉纹银香盂 2.鎏金银注壶 3.鎏金莲花纹银茶托 4.青瓷碗 5.青瓷注壶 6.青瓷盏托

图七 桃花岭墓发掘现场及椁室局部

1.整体（由北向南） 2.椁室局部（由北向南）

宽 1.23、高 1.1 米。棺为木制，仅见残片。墓室四周设水沟，有十六个排列有序的石柱础，础面有圆窝，内尚存有残木。发掘清理时发现墓葬填土中夹有大量金粉痕迹。据此推测当时有木构建筑。甬道与各室之间有门相通，木构件上髹金粉，整个墓葬为金碧辉煌的地下陵寝。该墓早年被盗，因椁室位置特殊，室内文物幸得完整保存。整个墓共出土各类文物五十多件。

以张氏的介绍为主，再结合其他两份材料，桃花岭墓的形制与结构可总结如下：

1.该墓的初始形态是带南向墓道（或甬道，大部分被压于建筑物下，长度不明）的长方形土坑，底部铺有浮雕冬青或莲花纹的中空方砖。坑内清理的填土中夹有大量金粉痕迹。因墓坑内发现的木构件上髹有金粉，柱础面的圆窝内尚存有残木，所以报道中所说，墓坑内原有髹金粉的大型木构建筑的说法应可信。

2.墓道（或甬道）与墓坑连接处发现有锈蚀的铁门构件，应有门的设置，加上坑底形状、铺地砖和十六个柱础石的分布规律，坑内原先建构有前、中、后三室也应可信。

3.主室位于中部，“中室”东、西各有一个用大白石垒成的椁室，上有石盖板，板上再覆铺地砖，椁内各有一用棺钉钉合的木棺。发表的器物中确实有男、女用品。该墓为夫妇合葬墓当无疑。另从结构判断，该墓很可能是一次修成，夫妇同时埋葬，也即墓主或同时迁葬，或有一方迁葬，或夫妇同时死亡。

从早期的详细描述可知，墓坑内带金粉的木柱→柱础石→铺地砖→石椁及带排水沟的土坑之间已构成较完整的叠压关系，该墓是一座大型砖木结构的石椁墓当无疑。

就规模而言，桃花岭墓无疑是迄今为止长沙地区最大的五代墓。20 世纪五六十年代在长沙地区发掘的 310 座十国楚墓，绝大多数都是小型土坑竖穴墓，且不见砖石结构，墓室最大者长 4.6 米，最小者长 1.5 米[1]。1989 年，湖南安仁县平背乡发现一批小型竖穴砖墓，其中一座出土有龙德元年（921 年）墓砖，为双室砖墓，总长 2.6 米，宽 2 米[2]。从现有的材料看，桃花岭墓与基本同时期的杨吴、南唐大墓有一定的可比性，其规模明显大于杨吴宣懿皇后墓[3]和南唐昭惠周后懿陵[4]（表一）。在墓室结构方面，从柱础石的分布看，整

---

[1]　湖南省文物考古研究所编，周世荣编著：《湖南古墓与古窑址》，岳麓书社，2004 年，第 156、178 页。

[2]　柴焕波：《湖南安仁发现一座五代墓》，《考古》1992 年第 10 期，第 957、958 页。

[3]　邵磊、贺云翱：《南京铁心桥杨吴宣懿皇后墓的考古发掘与初步认识》，《东南文化》2012 年第 6 期，第 66—78 页。

[4]　王志高、夏仁琴、许志强：《南京祖堂山南唐 3 号墓考古发掘的主要收获及认识》，《东南文化》2012 年第 1 期，第 41—51、127—130 页。

套木构应该是三室结构，中室设置“椁室”[1]。木构在十国大墓中有作为主体建构一部分的例子。扬州蔡庄杨吴寻阳公主墓即是砖、石、木结构，有木门、木地板和木天花板的设置，前室“室底铺一层4厘米厚的木板，下垫木楞，近西南角木楞间，有砖砌方形小坑”；（后室墓顶原先可能）先铺一层木梁，梁上铺石板，石板之间用铁巴加固。其上再铺一层大方砖。木梁之下有一层薄木天花板。”[2]另外，桃花岭墓的“三室”结构和在“中室”设置石椁室的做法，不禁让人想起十国王陵流行的将“中室”设为“主室”的三室建构。比如，吴越国的王室一般都采用三室墓或双室石椁墓[3]。十国墓葬各有特点，即使同在长江下游的杨吴—南唐和吴越国的墓葬也差别明显[4]。马楚国的高等级墓葬完全可能也有自身的特点，从而有自己独特的三室建制。马氏是木匠出身，史载马殷“少为木工”“应募从军”[5]，不知道以木构为墓室主体结构的做法是否与此有关。

表一　杨吴—南唐相似墓葬统计简表

墓葬	墓室结构、规模	简图
江苏扬州邗江县蔡庄杨吴寻阳公主墓	前室、后室（各带一对耳室）砖木结构墓 全长14.2米，宽10.68米	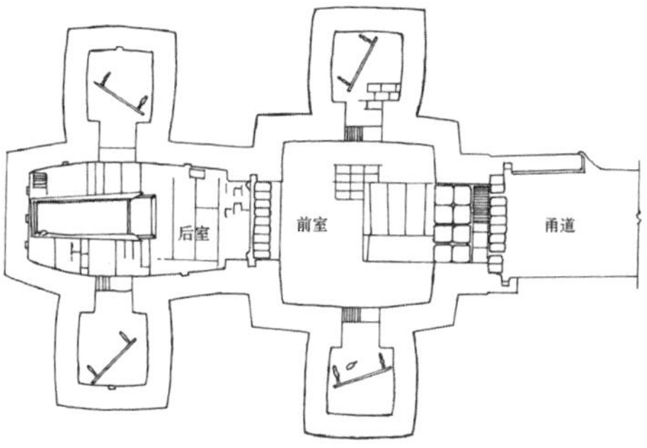

[1] 赵今对该墓的形制、结构有很大的质疑，他推测：“该墓葬当为横穴式的双室砖墓，而非报告所言的‘竖穴土坑墓’，而其上的各种‘柱础’‘长条铁构件’等似为原墓室外部的附属物，抑或是原为其他建筑所打破，再加之后世破坏，导致其混入填土之中。总之，所谓木构墓室当不存在，由此处无随葬品这一现象也便于理解，同时将棺椁安置于铺地砖下的做法也不成立。”赵今：《浅谈对长沙市中南工业大学桃花岭唐墓的几点认识》，湖南省博物馆编：《湖南省博物馆馆刊（第十二辑）》，岳麓书社，2016年，第402—406页。

[2] 扬州市博物馆：《江苏邗江蔡庄五代墓清理简报》，《文物》1980年第8期，第41—42页；吴炜、徐心然、汤杰：《新发现之杨吴寻阳长公主墓考辨》，《东南文化》1989年第4—5期，第127—129页。

[3] 陈元甫：《五代吴越王室贵族墓葬形制等级制度探析》，《东南文化》2013年第4期，第87—95页。

[4] 崔世平：《唐宋之际——五代十国墓葬研究》，上海古籍出版社，2022年。

[5] 《旧五代史》卷一三三《马殷列传》，中华书局，1976年，第1756页。

续表

墓葬	墓室结构、规模	简图
江苏南京铁心桥杨吴宣懿皇后墓	单室砖室墓（主室带一对耳室） 内长 4.52 米，内宽 1.52 米	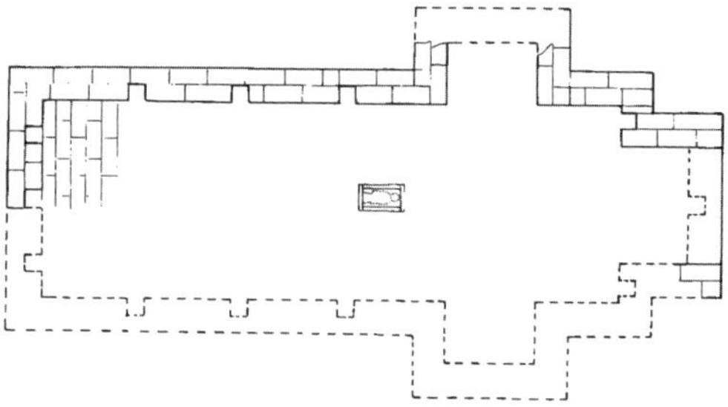
江苏南京祖堂山M3（昭惠周后懿陵）	单室砖室墓（主室带一对耳室） 全长 6.84 米，宽 5.51 米	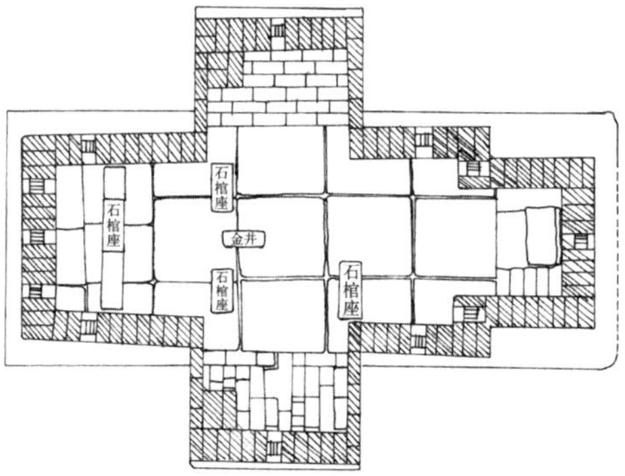 石棺座 石棺座 金井 石棺座 石棺座
江苏南京尧化路南唐墓[1]	前、后室砖室墓（后室带一对耳室） 全长 7.4 米，宽 5.63 米	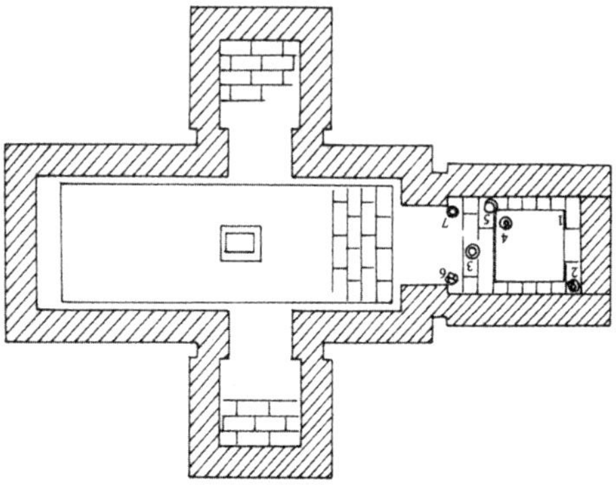

（二）出土器物

首先需指出的是，墓葬简报（2014 年）对出土器物的报道并不完整。报道称两个椁室内出土器物 50 余件，包括金银器 17 件（其中首饰 5、器皿 9、用具 2 和“开元通宝”银币 1），玉石器 14 件（其中抄手石砚 1、滑石带板 11、滑石饰件 1 和玛瑙杯 1），瓷器

[1]　南京市博物馆：《南京尧化门五代墓清理简报》，南京市博物馆编：《南京文物考古新发现：南京历史文化新探（贰）》，江苏人民出版社，2006 年，第 112—114 页。

13件（其中秘色器6、白瓷7）和铜镜7面。但据1987年黄氏的报道，该墓出土器物还有铁兵器、陶罍坛和100余枚开元通宝，其中一部分为银质。1989年张氏的报道也指出，该墓还出土有银质和铜的“开元通宝”、铁箱、剑、匕以及铜环和陶罍坛。

整体而言，桃花岭墓的随葬品数量、组合与未被盗掘的吴越国水邱氏墓有较大的相似性。水邱氏墓出土器物100余件，其中瓷器42件（白瓷17件、青瓷25件），金器11件（均为金钗），银器38件（实用器25件、明器13件），珠玉器2件，铜器主要有铜镜1、灯具1、箱奁1副、铜钱3串），鎏金银开元通宝7枚（其他铜、铁器主要是墓室建筑上的装饰）[1]。除椁室内幸存的器物，桃花岭墓的“木室”内或许还有已被盗毁的其他随葬品。还可注意的是，这两座墓葬都出土了开元通宝银钱。开元通宝金银钱本是专为皇室奢华及赏赐臣僚部属的特铸钱，具有一定的等级象征意义[2]。南京祖堂山南唐墓M3也出土了一枚[3]。浙江杭州雷峰塔地宫砖墙内出土鎏银“开元通宝”1枚，地宫内出土鎏金开元通宝10枚[4]。

唐昭宗乾宁三年（896年），马殷任潭州刺史，五年（898年）进为武安军节度使。天成二年（927年），“始开国，以潭州为长沙府，立宫殿，置百官，皆如天子制。”[5]马楚经马殷、马希声、马希范、马希广、马希萼和马希崇六王，于南唐保大九年（951年）亡，共45年。是年十一月辛酉，“尽迁文肃以下诸族及将佐千余人于唐，……庚辰，王与部下万余人自潭州东下。”[6]此后，长沙地区恐难再出现超乎常规的大墓。长沙当地有楚王及宗室墓也是史有明文。历代楚王中，武穆王马殷“葬衡阳之上潢”[7]；衡阳王马希声、文昭王马希范的葬地不详[8]；废王马希广于乾祐三年（950年）被赐死，“彭师暠葬之浏阳门外”[9]；恭孝王马希萼保大十年（952年）薨于金陵。另外，马殷嫡长子马希振“清泰中（934—936年）卒，葬长沙之陶浦”[10]。据此，确定葬在潭州城附近的有马希广和马希振。

浏阳门是潭州城（即今长沙）的重要城门之一，《通鉴》注云：“浏阳门，潭州城东

[1] 浙江省文物考古研究所等编：《晚唐钱宽夫妇墓》，文物出版社，2012年，第35—93页。

[2] 霍宏伟、董留根：《洛阳出土唐代开元通宝金银钱之考察》，《中国钱币》2001年第1期，第25—29页。

[3] 王志高、夏仁琴、许志强：《南京祖堂山南唐3号墓考古发掘的主要收获及认识》，《东南文化》2012年第1期，第41—51、127—130页。

[4] 浙江省文物考古研究所：《雷峰塔遗址》，文物出版社，2005年，第116、163页。

[5] （清）吴任臣撰，徐敏霞等点校：《十国春秋》卷六七《武穆王世家》，中华书局，2010年，第944页。

[6] （清）吴任臣撰，徐敏霞等点校：《十国春秋》卷六九《恭孝王世家》，中华书局，2010年，第971页。

[7] （清）吴任臣撰，徐敏霞等点校：《十国春秋》卷六七《武穆王世家》，中华书局，2010年，第946页。

[8] （清）吴任臣撰，徐敏霞等点校：《十国春秋》卷六八《衡阳王世家》，中华书局，2010年，第958页。

[9] （清）吴任臣撰，徐敏霞等点校：《十国春秋》卷六九《恭孝王世家》，中华书局，2010年，第967页。

[10] （清）吴任臣撰，徐敏霞等点校：《十国春秋》卷七一《武穆王子希振列传》，中华书局，2010年，第987页。

门”[1]，因通东部的浏阳县而得名，具体位置应在今浏正街与都正街（东兴街）相交处往北经落星田至小吴门之间[2]。如果马希广所葬的“浏阳门外”必在潭州城东侧，而不是泛指潭州城外的话，桃花岭墓自然跟马希广无关。马希振所葬的“长沙之陶浦”倒是更靠近桃花岭墓所在位置。据乾隆《长沙府志》记载，善化县南有“陶浦港”，县南十五里有“陶埠迹”[3]。清人陈运溶《湘城访古录》卷十六《冢墓类 · 楚武信军节度使马希振墓》引府志云：“盖是一地二名，岂即古之陶浦耶。”[4]善化县大体相当于古潭州城南半部，与北半部的长沙县同为潭州治所。如果清代善化县南的“陶浦港”“陶埠迹”就是古陶浦的话，马希振墓约在“陶公庙”的位置，大致与桃花岭墓隔江而望。虽然据现有材料，该墓的确切主人仍难遽定，但马氏人丁颇为兴旺，史云：“马氏富强，雄列于列国，诸院公子长幼凡八百余人，咸以侈靡为务，时称酒囊饭橐，多非刺之。”[5]《长沙府志》称，相传潭州城东南北城外的五代楚王马氏疑冢有三千三百六十七冢之多[6]。虽然只是传闻，但也可见长沙附近的马楚宗室墓当有一定的数量。另外，桃花岭墓曾被盗扰，墓坑内原先的木构建筑几乎荡然无存。这不太可能是纯粹的盗墓所致，应该是被人为有意破坏的结果。南唐灭楚时似乎最有可能对马楚国一些高等级墓葬进行政治性的破坏。总之，桃花岭墓既最可能是五代大墓，我们至少应该考虑，并求证它与马楚宗室有关的可能性。至于其真正的主人是谁，还有待更多其他考古发现的证实。

结语

桃花岭墓发掘于30多年前，由于种种原因，目前公布的资料不甚完整、清楚。本文对该墓出土的两面铜镜进行了再“发掘”，确定“许由巢父”镜钮上方有四字铭文，该铭实有重新鉴别和确认之必要。如果笔者“杨家奉造”识读不误，再结合墓葬规模、形制和出土器物进行推断，该墓的主人很有可能是马楚宗室及以上人员，桃花岭墓应该被纳入到十国大型墓葬的讨论当中，同时或可作为马楚王陵的参照。

[1] 《资治通鉴》卷二八九，中华书局，1976年，第9446页。

[2] 黄纲正、周英、周翰陶：《湘城沧桑之变》，湖南文艺出版社，1997年，第68页。

[3] （清）吕肃高等编：《长沙府志》卷九《城池 · 善化》，乾隆十七年（1747年）刻本。

[4] （清）陈运溶编纂，陈先枢点校：《湘城访古录》卷十六《冢墓类 · 楚武信军节度使马希振墓》，岳麓书社，2009年，第361页。

[5] （清）吴任臣撰，徐敏霞等点校：《十国春秋》卷六九《恭孝王世家》，中华书局，2010年，第971页。

[6] （清）吕肃高等编：《长沙府志》卷十六《陵墓 · 善化》，乾隆十七年（1747年）刻本。

隋唐时期笼形香炉的演变及其东传

（韩）崔菊姬（韩国德成女子大学）

笼形香炉是隋唐时期流行的香炉之一，通体呈罐形，少数有盖，通过炉口部放香料，器内置火，流通空气，香烟和热气从炉口和炉身上腹部的镂孔散发出来。其材质多为瓷、石质，兼有陶质。此种香炉在考古发掘报告中也被称为“仓”“盒”或“熏炉”等，但在长安隋丰宁公主和韦圆照合葬墓中发现的此种香炉腹内积存着约十厘米厚的白色香木灰，并微有香气，说明这种器物的确是用来焚烧香料的熏香用具[1]。这种香炉主要出土于隋唐时期中原地区的墓葬内，以陕西、河南的考古发现为主[2]。另在以韩国忠清南道扶余郡为中心的百济时期遗址中亦有发现。本文以隋唐时期笼形香炉为主，探讨其起源、形制演变及其对韩国的影响。

一、笼形香炉的出现与演变

笼形香炉的出现，可追溯至东晋时期。江苏镇江丁卯东晋墓M2出土灰陶香炉1件（图一），顶部低平，口较大，鼓腹，平底，上腹部饰两周凹弦纹，弦纹之间有连续一周的长椭圆形镂孔，下腹部内收，通高12.4、口径6.3、底径12厘米，年代为东晋中晚期[3]。

表一　隋唐时期的笼形香炉

名称	年代	型式	质地	数量	尺寸（厘米）
河南安阳桥村隋墓标本36	隋代早期	AⅠ式	青瓷	1	高9.8、腹径8

[1] 戴应新：《隋丰宁公主和韦圆照合葬墓》，《故宫文物月刊》第186期，1998年，第76—93页。齐东方：《读丰宁公主和韦圆照合葬墓札记》，《故宫文物月刊》第195期，1999年，第43页。

[2] 杨洁、杜文、张彦：《隋唐笼形镂雕熏炉考略——兼为一件西安碑林馆藏石刻正名》，《文博》2010年第5期，第35—40页。

[3] 镇江博物馆、镇江市文管办：《镇江丁卯“江南世家”工地六朝墓》，《东南文化》2008年第4期，第17—27页。

续表

名称	年代	型式	质地	数量	尺寸（厘米）
陕西咸阳尉迟运和贺拔氏合葬墓标本 13	隋仁寿元年（601 年）	AⅡ式	白瓷	1	高 6.2、口径 2.7、底径 6.2
陕西西安李静训墓标本 160	隋大业四年（608 年）	AⅡ式	青瓷	1	高 7.6、口径：2.7、底径 6.7
陕西西安庆华厂李椿夫妇墓M1：70	隋大业六年（610 年）	AⅡ式	绿釉陶	1	高 7.4、口径 2.9、腹径 7.3、底径 6.4
陕西长安县南里王村唐墓出土品	唐代早期	AⅡ式	白瓷	1	高 6.5、底径 6.5
陕西长安丰宁公主和韦圆照合葬墓出土品	唐贞观八年（634 年）	AⅢ式	绿釉陶	1	高 21.5、底径 19.6
河南巩义铝厂唐墓 95HGLM2：11	唐高宗时期	AⅢ式	白瓷	1	高 15、口径 14.7
陕西乾县唐懿德太子墓 QYD1-3-17-1	唐神龙二年（706 年）	AⅣ式	褐黄釉陶	1	高 7.1、口径 2.1、足径 6
陕西西安碑林博物馆藏品	唐代早中期	AⅣ式	石	1	缺数据
河南洛阳隋唐东都皇城遗址 97LTH临T8 ②：1	唐代晚期	AⅤ式	红陶	1	高 16、口径 22.2
湖北郧县唐李徽墓M5：35	唐嗣圣元年（684 年）	BⅠ式	石	1	高 7.2、底径 9
河南偃师杏园唐陈郡袁氏M1435：42	唐开元七年（719 年）	BⅡ式	石	1	高 9.7、口径 5.1、底径 11.1
河南偃师杏园李存墓 M2954：11	唐会昌五年（845 年）	BⅢ式	石	1	高 12.7、口径 13.3、底径 14.7
印尼黑石号沉船出土品	唐代晚期	BⅢ式	青瓷	3	缺数据
浙东越窑青瓷博物馆藏品	唐代晚期	BⅢ式	青瓷	1	通高 8.8、器盖口径 12.5、器身口径 10.6、足径 14.5
浙江三门县博物馆藏出土品	唐代晚期	BⅢ式	青瓷	1	高 9.8、口径 9.4、底径 13

图一　江苏镇江丁卯M2 出土灰陶香炉

到了隋唐时期，笼形香炉的数量有所增加，器形更加多样（表一）。根据顶部特点及镂孔位置的不同，可分为两型。

A型，顶部较低，在器身上腹部施以相间的多组长条形镂孔。大多为平底或微内凹。陶、釉陶或瓷质为主，偶见石质。根据顶部、腹部和镂孔特点的不同，可分为五式。

AⅠ式，顶部低平，口较大，鼓腹，上腹部有相间的多组长条形镂孔，其上下无弦纹相夹。

例如河南安阳桥村隋墓出土的1件青瓷香炉，带盖，盖顶有桃形钮，上腹部有三组长条形镂孔，镂孔之间和下腹部饰有花草图案，假圈足、平底，年代为隋代早期（图二，1、2）[1]。

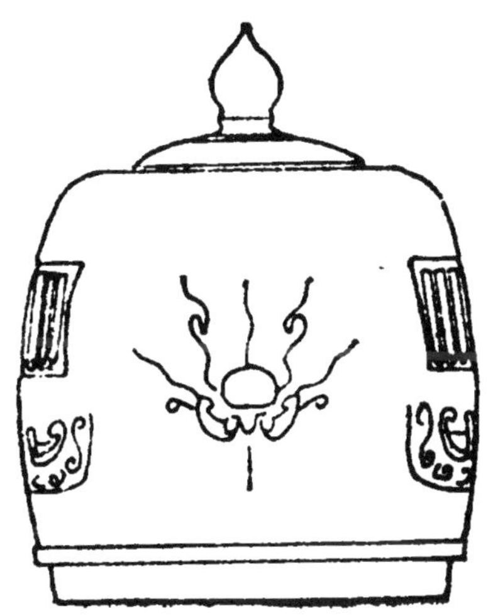

图二 AⅠ式隋唐笼形香炉（安阳桥村隋墓出土青瓷香炉）

AⅡ式 顶部稍隆，中心较平，小口，筒腹，上腹部稍内弧，下腹部较直，上腹部有凹弦纹两周，弦纹之间夹有相间的多组长条形镂孔。

例如陕西咸阳尉迟运和贺拔氏合葬墓出土1件白瓷香炉，上腹部有三组长条形镂孔，底边有凸棱二周，矮圈足、平底（图三，1）[2]；尉迟运死于北周大成元年（579年），贺拔氏死于隋开皇九年（589年），仁寿元年（601年）与尉迟运合葬，该香炉埋葬于601年的可能性大。陕西西安隋大业四年（608年）李静训墓出土1件青瓷香炉，上腹部有四组长条形镂孔，平底（图三，2）[3]。陕西西安庆华厂隋大业六年（610年）李椿夫妇墓出土1件

[1] 安阳市文物工作队：《河南安阳市两座隋墓发掘报告》，《考古》1992年第1期，第32—45、79页。

[2] 负安志：《中国北周珍贵文物》，陕西人民美术出版社，1993年，第93—109页。

[3] 中国社会科学院考古研究所：《唐长安城郊隋唐墓》，文物出版社，1980年，第15页、图版一六之2。

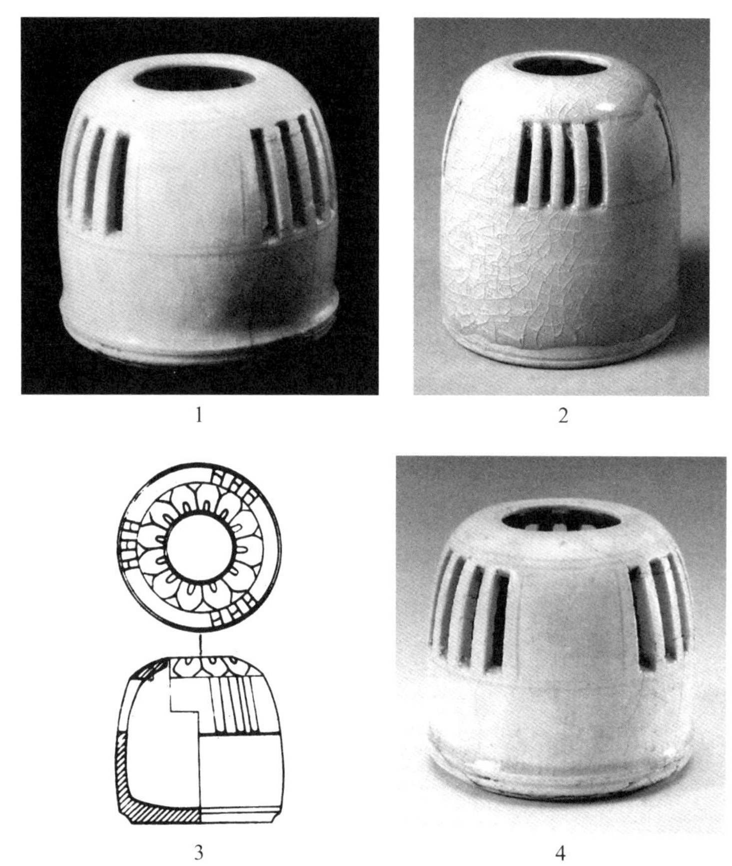

图三　AⅡ式隋唐笼形香炉

1.尉迟运和贺拔氏合葬墓出土白瓷香炉　2.隋李静训墓出土青瓷香炉　3.隋李椿夫妇墓出土釉陶香炉　4.南里王村唐墓出土白瓷香炉

绿釉陶香炉，上腹部有三组长条形镂孔，顶部坡面饰有莲瓣纹一周，平底（图三，3）[1]。陕西长安县南里王村唐墓出土1件白瓷香炉，上腹部有三组长条形镂孔，平底（图三，4）[2]。

AⅢ式，器形特征与AⅡ式基本相同，变化之处是在上腹部的各组长条形镂孔之间增加了涡轮形或圆形等特色镂孔。

例如陕西长安县丰宁公主和韦圆照合葬墓出土1件绿釉陶香炉，上腹部有两组长条形镂孔和两组涡轮形镂孔两两相对，两两相间，平底微内凹（图四，1）[3]；丰宁公主死于隋大业六年（610年），韦圆照死于唐武德六年（623年），唐贞观八年（634年）二人合葬，该香炉埋葬于634年的可能性大。河南巩义铝厂唐墓95HGLM2出土1件白瓷香炉，上腹

[1]　桑绍华：《西安东郊李椿夫妇墓清理简报》，《考古与文物》1986年第3期，第22—31页。

[2]　陕西省考古研究所：《陕西新出土文物选粹》，重庆出版社，1998年，第131页。

[3]　戴应新：《隋丰宁公主和韦圆照合葬墓》，《故宫文物月刊》第186期，1998年，第76—93页。

1

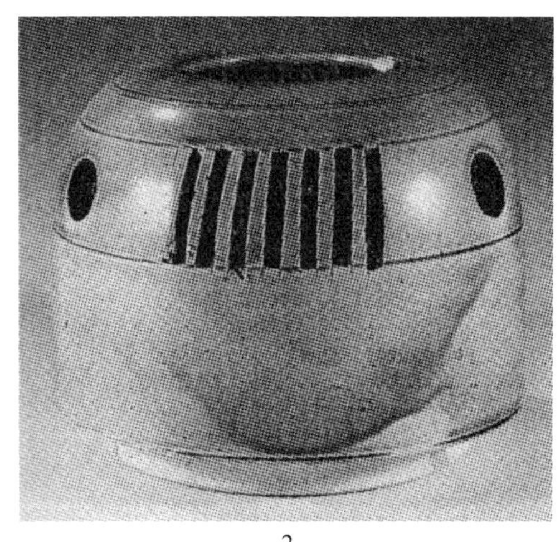

2

图四 AⅢ式隋唐笼形香炉

1.丰宁公主和韦圆照合葬墓出土釉陶香炉 2.河南巩义铝厂唐墓 95HGLM2 出土白瓷香炉

部有三组长条形镂孔，各组间各有一圆形镂孔，假圈足、平底，年代为唐高宗时期（图四，2）[1]。

AⅣ式，顶部稍隆，中心较平，小口，下腹部由较直转向内倾，腹部整体内倾较大。镂孔从近顶部分布到腹部中部，增为两层，由多组长条形镂孔与特色镂孔或纹饰相间构成，有的上下弦纹相夹的长条形镂孔消失。

例如唐神龙二年（706 年）懿德太子李重润墓出土 1 件褐黄釉陶香炉，镂孔分为两层，由三周弦纹相夹，上层镂孔为等距的三枚三瓣花朵，下层镂孔为三组长条形镂孔与三组相背的月牙镂孔相间排列，圈足、平底（图五，1）[2]。陕西西安碑林博物馆收藏 1 件石香炉，小口缺盖，共有四组镂孔，其中两组为每 6 个小圆孔组成两个三角形，分上下两层叠置，另两组为每 3 个小圆孔组成 1 个三角形，只有单层。双层三角形镂孔的两侧刻有相背的月牙形装饰各一，没有长条形镂孔（图五，2）。该器年代推定为唐代早中期[3]。

AⅤ式，与AⅣ式相比，下腹部恢复为较直状态，镂孔减回一层；上下相夹的弦纹消失，与AⅠ式相同；多组长条形镂孔与特色镂孔相间的做法继续保留。

例如河南洛阳隋唐东都皇城遗址出土一件红陶香炉，上腹部有两组长条形镂孔和两

[1] 郑州市文物考古研究所、巩义市文物保护管理所：《巩义铝厂唐墓发掘简报》，《中原文物》2004 年第 4 期，第 15—17 页。

[2] 陕西省考古研究院、乾陵博物馆：《唐懿德太子墓发掘报告》，科学出版社，2016 年，第 241—243 页，图版四四之 5、6。

[3] 杨洁、杜文、张彦：《隋唐笼形镂雕熏炉考略——兼为一件西安碑林馆藏石刻正名》，《文博》2010 年第 5 期，第 35—40 页。

1

2

图五 AⅣ式隋唐笼形香炉

1.懿德太子墓出土釉陶香炉 2.西安碑林博物馆收藏石香炉

组藕菱形镂孔两两相对，两两相间，平底微内凹（图六），年代为唐代晚期[1]。

B型 顶部较A型抬高，在顶部坡面上施以镂孔，长条形镂孔逐渐由其他特色镂孔取代。小口，有盖，器身圆筒状，壁较直，底边外撇，底部内凹。石质或瓷质。根据顶部特点不同，可分为三式。

图六 AⅤ式隋唐笼形香炉（隋唐东都皇城遗址出土红陶香炉）

[1] 中国社会科学院考古研究所洛阳唐城队：《河南洛阳隋唐东都皇城遗址出土的红陶器》，《考古》2005年第10期，第37—46页。

BⅠ式，顶部器盖与顶部坡面分离，顶部坡面向中心趋平，中心部位的盖面较平。

例如湖北郧县唐嗣圣元年（684年）李徽墓出土1件石香炉，顶部坡面有三组长条形镂孔，器身只饰有弦纹，底部内凹（图七，1、2）[1]。

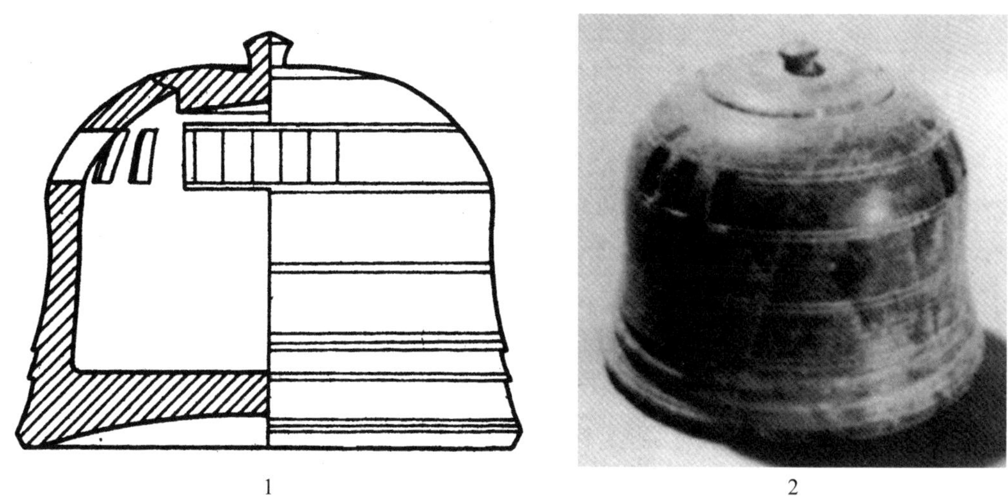
1 2

图七 BⅠ式隋唐笼形香炉（李徽墓出土石香炉）

BⅡ式，顶部器盖与顶部坡面分离，顶部坡面向中心持续上升，中心部位的盖面倾斜。

例如河南偃师杏园唐开元十七年（729年）陈郡袁氏墓出土石香炉1件，顶部坡面共穿16个圆形小镂孔，每3个圆形小镂孔组成一个三角形，共5组，余一圆孔独成一组；器身只饰有弦纹，底部内凹（图八）[2]。

BⅢ式，顶部器盖与顶部坡面连成一体，整体成为半球形的器盖。

例如河南偃师杏园唐会昌五年（845年）李存墓出土1件石香炉，半球形器盖正中无盖钮，镂出10个穿孔，中心是一个十字形孔，其周围坡面环绕着3个菱花形大孔，最外圈有6个弯盘形小孔，每个菱花形大孔和两个弯盘形小孔之间都有一条细刻线相连。盖与器身之间有子母口，器身表面打磨光滑，有浅刻弦线，圈足外撇（图九，1—3）[3]。

在印尼黑石号沉船中，发现3件浙江越窑生产的绿黄釉瓷笼形香炉，半球形器盖的中心部位较平，有盖钮，坡面上有三组扇形的花叶状镂孔；盖以子母口与筒形器身相合，

[1] 湖北省博物馆、郧县博物馆：《湖北郧县唐李徽、阎婉墓发掘简报》，《文物》1987年第8期，第30—42、51页。

[2] 中国社会科学院考古研究所：《偃师杏园唐墓》，科学出版社，2001年，第79、80页，图版43-4。

[3] 中国社会科学院考古研究所：《偃师杏园唐墓》，科学出版社，2001年，第223、227页，图版43之5、6。

图八　BⅡ式隋唐笼形香炉（陈郡袁氏墓出土石香炉）

圈足外撇（图九，4）；其年代被认为是825—850年。[1]印尼黑石号沉船是1998年在印尼勿里洞岛（Belitung）海域附近发现的一艘唐代沉船。此船装载着从中国扬州出发经由东南亚运往西亚、北非的中国货物，包括长沙窑、越窑、邢窑、巩县窑的瓷器以及金银器、铜镜、钱币等，共70000多件。根据其中发现的器物上刻有的唐宝历二年（826年）的铭文，该艘沉船的年代被确认为9世纪[2]。另外，在浙东越窑青瓷博物馆[3]和浙江三门县博物馆[4]也收藏有类似的香炉，前者盖上无钮，后者盖上有钮。后者的年代初定为五代，但其形制与黑石号沉船所出香炉高度相似，应也是唐代晚期之物。因此，BⅢ式香炉当流行于唐代晚期。

总之，A型香炉以顶部较低平、镂孔装饰在器身上腹部为最显著特征，普遍流行多组相间的长条形镂孔。隋代早期流行的AⅠ式明显是从东晋香炉发展而来，保留着东晋香炉的鼓腹特征。隋代晚期开始流行AⅡ式，延续到唐代早期；唐代早期的太宗、高宗时期，流行AⅢ式；唐代早期的中宗时期至唐代中期，约在8世纪，出现了AⅣ式；从9世纪中期往后的唐代晚期，出现AⅤ式。AⅡ式、AⅢ式流行的隋代晚期至唐代早期是A型香炉最为兴盛的阶段（表一）。唐高宗、武则天交替时期，B型香炉开始兴起，表现为BⅠ式，此后的BⅡ式出现于唐玄宗开元时期，均属于唐代早期；BⅢ式则流行于唐代晚期（表一）。

---

[1] Regina Krahl, et al.(eds.), *Shipwrecked: Tang Treasures and Monsoon Winds*, Washington, D.C. : Arthur M. sackler Gallery, Smithsonian Institution, 2010, pp. 193-194.

[2] Regina Krahl et al.(eds.), *Shipwrecked: Tang Treasures and Monsoon Winds*, Washington, D.C. : Arthur M. Sackler Gallery, Smithsonian Institution, 2010, pp. 35-37, pp. 101-119.

[3] 北京大学中国考古学研究中心、浙东越窑青瓷博物馆：《叠翠——浙东越窑青瓷博物馆藏青瓷精品（Ⅱ）》，文物出版社，第398—401页。

[4] 李辉炳主编：《中国陶瓷全集第6卷唐、五代》，上海人民美术出版社，1999年，第166、260页。

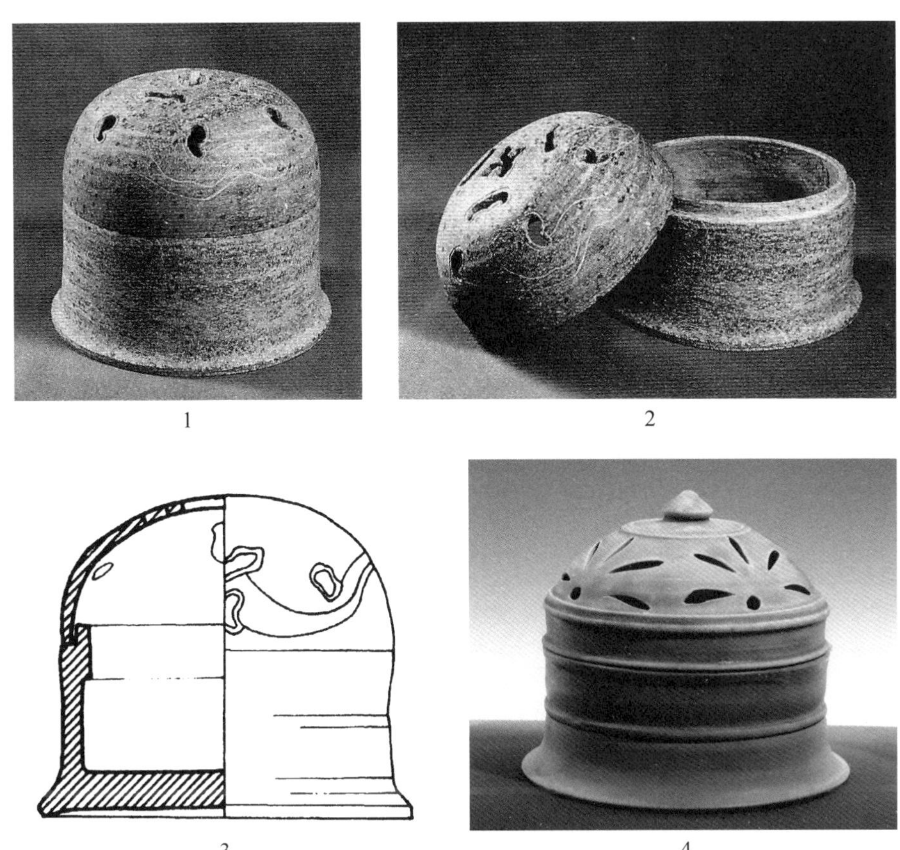

图九 BⅢ式隋唐笼形香炉

1—3.李存墓出土石香炉 4.印尼黑石号沉船出土青瓷香炉

B型香炉最显著特征是顶部抬升，增加了顶部的面积，以便于镂孔设置在顶部坡面，有的在顶部中心也镂孔。BⅠ式尚流行长条形镂孔，BⅡ式、BⅢ式则以圆形或花叶形镂孔替代了长条形镂孔。镂孔形制的这种变化，既延缓了香料的燃烧时间，使香气更为均匀缓慢地徐徐送出，也使器表显得更加美观。B型香炉脱胎于A型香炉，但独具特色、自成一系。

二、笼形香炉的用途

扬之水曾经认为此种香炉是熏笼中的一种，其功能兼同于竹火笼，为取暖熏衣之器用，应称之为“熏笼”[1]。其用途可参考河南安阳隋开皇十五年（595年）张盛夫妇墓[2]和安

[1] 扬之水：《熏笼与手炉》，陕西历史博物馆编，成建正主编：《陕西历史博物馆馆刊（第13辑）》，三秦出版社，2006年，第222—227页。

[2] 考古研究所安阳发掘队：《安阳隋张盛墓发掘记》，《考古》1959年第10期，第541—545页。

阳置度村隋代晚期M8[1]所出土的捧物侍女俑。张盛墓的侍女俑手中捧着瓶、盘、盆、碗、镜、洗、唾壶、勺、果盒、衣巾、香炉等日用器物。该香炉平顶微隆，中央有一较大炉口，鼓腹，上腹部有凹弦纹两周，其间有长条形镂孔和十字花叶形镂孔各两组，两两相对，两两相间（图一〇，1）。其形制特征介于前述AⅠ式和AⅢ式香炉之间。安阳置度村M8的侍女俑手中捧着瓶、唾壶、盆、碗、香炉、衣服、砚、洗、笔架等日常物品。该香炉平顶微隆，中央有一较大炉口，鼓腹，上腹部有相间的长条形镂孔，上下没有凹弦纹相夹（图一〇，2），属于典型的AⅠ式香炉。发掘简报将其具体年代范围定在仁寿年间到隋末。这两座墓捧着香炉与衣物的侍女俑一起出土，说明该器物可能用于熏衣。

另外，隋唐文学中有不少吟咏香炉的诗句，其中"熏笼"可能就是指笼形香炉。孟浩然《寒夜》云："夜久灯花落，薰笼香气微。"白居易《后宫词》云："红颜未老恩先断，斜倚薰笼坐到明"；《石榴树》云："伞盖低垂金翡翠，薰笼乱搭绣衣裳"；《秋雨夜眠》云："灰宿温瓶火，香添暖被笼"。王建《宫词》云："每夜停灯熨御衣，银熏笼底火霏霏。"薛昭蕴《醉公子》云："慢绾青丝发，光砑吴绫袜。床上小熏笼，韶州新退红。"可见，这种器物主要是布置在室内的起居用品，尤其小型笼形香炉是放在寝室床上使用的。李静训墓的笼形香炉出于石棺内的墓主足部，亦有供墓主同床使用的意味。

三、笼形香炉东传百济

笼形香炉在韩国百济时期遗址中亦有发现，例如忠清南道扶余郡东南里、宫南池、双北里、官北里遗址等[2]。这些遗址是百济泗沘时期（538—660年）的核心地域。538年，第26代百济王圣王（523—554年在位）将国都从偏僻的熊津（今公州市）移往地处平原地区的泗沘（今扶余郡），至660年新罗、唐朝联军灭百济为止。

百济的笼形香炉在扶余东南里寺址出土的最多。东南里寺址早在20世纪30年代日本占领时期就已被发掘调查。之后，忠南大学博物馆分别在1993年、1994年又进行了两次考古调查发掘，共发现20多件陶质香炉片，无完整香炉。大部分的陶质香炉片出土于该寺址东南部的废弃场中。因废弃场中出土了大量中国青瓷片和陶瓦片等而被认为是

[1] 安阳市文物考古研究所：《河南安阳市置度村八号隋墓发掘简报》，《考古》2010年第4期，第48—57页。

[2] 山本孝文,「百濟 泗沘期 土器樣式의 성립과 展開」,『百濟 泗沘時期 文化의 再照明』, 춘추각, 2006, 154쪽（山本孝文：《百济泗沘时期土器样式的成立和展开》，《百济泗沘时期文化的再照明》，春秋阁，2006年，第154页）。서현주,「백제 사비기 투공토기의 용도와 출토 의미」,『백제학보』제36호, 2021, 87-94쪽（徐贤珠：《百济泗沘时期镂孔土器的用途与意义》，《百济学报》第36号，2021年，第87—94页）。

1

2

图一〇　隋墓出土的捧香炉侍女俑
1.张盛墓出土　2.安阳置度村M8 出土

图一一　百济扶余东南里寺址出土陶笼形香炉

与佛教或国家礼仪有关的场所，建成时期被推定为约 6 世纪后半[1]。在东南里寺址出土且复原的 1 件陶质笼形香炉，通体呈罐状，小口，无盖，大圆肩，从上向下腹内收，平底；器身上腹部饰凹弦纹两周，弦纹之间有多组长条形镂孔（图一一）；残高 16.6、口径 8.8、最大径 20.2 厘米。此香炉与隋唐时期流行的AⅡ式笼形香炉的镂孔位置和制作特点非常相似，可以推测年代为 7 世纪前半叶。

除了东南里寺址以外，宫南里、双北里、官北里等宫城、居住区一带也发现陶质香炉片，可推测此种笼形香炉不仅应用于佛教、外交、国家仪式，且多用于百济上流阶层的日常焚香活动或家居装饰等[2]。此香炉只在百济泗沘时期的遗址中出土，百济从 6 世纪中叶开始向隋唐派遣使臣，与中国积极交流，吸收先进文化，加强王权，提高国家地位。此种笼形香炉就是在此背景下受其影响开始制作而流行的。目前，很难判定此种香炉的具体用途、使用阶层、制作背景等，但其将为了解至今鲜为人知的百济时期香文化提供重要线索。

[1] 충남대학교박물관, 부여군,『扶餘 東南里 遺蹟』, 충남대학교 박물관총서 제 33 집, 2013, 110-111 쪽（忠南大学博物馆、扶余郡:《扶余东南里遗迹》, 忠南大学博物馆丛书第 33 辑, 2013 年, 第 110—111 页）。

[2] 山本孝文,「百濟 泗沘期 土器樣式의 성립과 展開」,『百濟 泗沘時期 文化의 再照明』, 춘추각, 2006, 154 쪽（山本孝文:《百济泗沘时期土器样式的成立和展开》,《百济泗沘时期文化的再照明》, 春秋阁, 2006 年, 第 154 页）。서현주,「백제 사비기 투공토기의 용도와 출토 의미」,『백제학보』제 36 호, 2021, 107 쪽（徐贤珠:《百济泗沘时期镂孔土器的用途与意义》,《百济学报》第 36 号, 2021 年, 第 107 页）。

四、结语

从出土实物的形制及隋唐文学作品的内容来看，笼形香炉的确是用来焚烧香料的熏香用具之一。此种香炉大多数出土于隋唐时期的王室或贵族墓葬中，可知该器物是当时上层社会广泛使用的生活器物之一。韩国的百济泗沘时期遗址中亦有发现，这是因为百济与隋唐王朝之间有着频繁的外交往来而受到后者的影响。于是百济学习制作笼形香炉，并将其使用于宗教、国家仪式以及日常生活之中。

两京地区唐墓出土剑研究

赵一帆（北京师范大学历史学院）

杨泓在《中国古兵器论丛》中指出，“南北朝以后，钢刀一直是主要的步兵和骑兵兵器，唐代军队的标准装备中，能看到大量的佩刀和陌刀，根本没有剑的踪迹。”[1]根据兵器史的研究，从汉到唐，剑退出了军事舞台，军事意义减少乃至消失。可与之同时，唐代剑的礼仪、宗教、文艺含义依然丰富。如周纬所说，“唐人长兵重枪、重长刀；短兵重刀，剑渐沦为贵族及将官饰品，又降为道家镇邪之器。”[2]剑仍在被使用，具有文化意涵。将目光聚焦卒后，事实上，唐人墓葬中偶有以剑随葬的现象。但目前学界对此缺乏关注，仅个别研究有所涉及，[3]尚未有对唐墓出土剑的专门研究。

出于地区性埋葬习惯及风俗的差异，本文以墓葬形制相对统一的唐代政治文化中心两京地区为研究范畴，选择唐墓中出土的剑作为研究对象，关注剑的出土概况、墓主身份与随葬剑的关系、墓葬内剑的文化内涵三个主要问题。需要注意的是，材料使用时需厘清刀和剑的概念。刀为单面开刃，剑为双面开刃，简报中可能存在剑和刀定名混淆的情况。如《三门峡印染厂墓地》报告中的铁剑，从截面来看明显为单刃，是一把铁刀。[4]

---

[1] 杨泓：《中国古兵器论丛》，中国社会科学出版社，2007 年，第 177 页。

[2] 周纬：《中国兵器史稿》，百花文艺出版社，2006 年，第 144 页。

[3] 卢亚辉《唐代木明器初步研究》（齐东方、沈睿文主编：《两个世界的徘徊：中古时期丧葬观念风俗与礼仪制度会议论文集》，科学出版社，2016 年，第 97—135 页）中木剑一类，提及尉迟敬德墓及李勣墓内班剑，将其归为专制的随葬用品。李明《隋唐组玉佩刍议》（《考古与文物》2016 年第 3 期）关注到梁行仪墓、刘智墓和越王李贞墓内班剑，认为班剑的出现说明了朝服葬在唐代中高级墓葬中的特殊地位。何月馨《略论唐代官服入殓的制度与实践》（《考古》2020 年第 1 期）涉及唐墓内与玉佩共同出土的铜装木剑和玉具剑，从隋唐间随葬铜装木剑墓主等级的变化，讨论隋唐时期朝服入殓的等级变迁。龚剑《中国刀剑史》（中华书局，2021 年）提及考古中的唐剑，列举墓葬出土、城址出土、私人所藏三类。但只关注到了墓葬内的部分班剑。总之，目前学者仅关注到班剑，缺乏对墓葬内其他类型剑的研究，且班剑的概念尚有可讨论之处。

[4] 河南省文物考古研究院编：《三门峡印染厂墓地》，中州古籍出版社，2017 年，第 225—238 页。

窦皦墓简报中提及的铁剑，实际上也是刀。[1]应结合定义及图片判断是否为剑，难以确定的暂不纳入讨论范围。[2]墓葬中仅存剑的配件，也一并讨论。

一、剑的出土概况

根据目前已发表的唐代两京地区墓葬资料，共有 18 座墓葬出土 19 例剑。详见附表。

长安地区共有 12 唐墓出土 12 例剑，分述如下：

3 例出土于昭陵陪葬墓。显庆四年（659 年）尉迟敬德夫妇合葬墓为 4 天井双室砖墓，其中随葬铜剑鞘，残长 1 米，鞘面刻有精致花纹，推测剑身应为木质。墓葬曾被盗扰，剑的出土位置不详。随葬品还有带銙、带饰、玉环、玉佩饰、料珠等。[3]总章三年（670 年）李勣夫妇合葬墓为 4 天井单室砖墓，出土剑全长 1 米，剑柄及鞘外均裹鎏金铜叶，铜叶上錾刻怪兽、瑞草纹饰，剑体全是木质，放置于棺床之上。墓葬随葬品还有三梁进德冠和革带饰件，配饰件铜璜、铜瑗、铜珠等。[4]开元六年（718 年）越王李贞墓为 5 天井单室砖墓，随葬玉剑首玉质色暗，残形如斧。柄高 7.3、最宽处 7.5、中心厚 0.9 厘米，出土位置不明。墓葬内还有其他玉佩，有璜、珩等。[5]

1 例出自骊山北原惠昭太子墓。元和七年（812 年）惠昭太子墓为单室砖墓，墓葬出土玉剑首和玉剑摽各一件。一件高 3.6、底宽 3.2 厘米。另一件顶作弧面形，高 3.6、底宽 3.3 厘米，出土位置不明。随葬品还有玉器，如圭、璧、瑗、璜等。[6]

1 例出自少陵原梁行仪与夫人薛氏合葬墓。龙朔元年（661 年）梁行仪与夫人薛氏神功二年（697 年）合葬墓为 3 天井土洞墓，其中出土铜剑首一件，高 6.4、宽 7.9、厚 2.4 厘米。残存一段木芯包铜皮的剑柄。墓葬中还有铜带銙及一组玉器，包括珩、璜、冲牙、水晶串珠、玻璃串珠等，从出土位置看，剑在墓主身侧，组玉佩位于墓主另一侧。[7]

3 例出自凤栖原。神功元年（697 年）姚无陂夫妇合葬墓，为 3 天井土洞墓。其中随葬铁剑残断，剑身仍留有剑鞘朽木痕迹。剑鞘末端有银饰物，残长 84.1 厘米，位于东

[1] 负安志：《陕西长安县南里王村与咸阳飞机场出土大量隋唐珍贵文物》，《考古与文物》1993 年第 6 期。

[2] 如张楚贤墓（见桑绍华：《西安南郊三爻村发现四座唐墓》，《考古与文物》1983 年第 3 期）被破坏，墓葬形制及器物出土位置不详，简报中提及墓室内有铁剑，但已残碎，且没有相关图片。难以据此确定该墓确有剑出土。

[3] 昭陵文物管理所：《唐尉迟敬德墓发掘简报》，《文物》1978 年第 5 期。

[4] 昭陵博物馆：《唐昭陵李勣（徐懋功）墓清理简报》，《考古与文物》2000 年第 3 期。

[5] 昭陵文物管理所：《唐越王李贞墓发掘简报》，《文物》1977 年第 10 期。

[6] 陕西省考古研究所、临潼县文物园林局：《唐惠昭太子陵发掘报告》，三秦出版社，1992 年。

[7] 陕西省考古研究院：《陕西西安梁行仪夫妇墓发掘简报》，《中原文物》2017 年第 2 期。

侧棺男性墓主身体左侧。墓葬内还随葬有铜带具和其他铁器。[1]会昌二年（842年）唐仲文墓为竖穴墓道券顶单室砖墓，墓内玉剑格为青白玉，器表锈蚀，椭圆环状，面凸背平，中间镂长方形孔。长2.5、厚1.2厘米，位于棺床中部，墓主腰部。墓葬被盗掘。[2]贞元十四年（798年）解县县尉妻杜华墓为竖穴土洞墓，墓葬中铁短剑中锋双刃，方锷，柄仅余铁芯。长26.4、宽2.6厘米，位于棺床之上。墓葬内还有其他铁器随葬。[3]

2例出自高阳原。总章二年（669年）刘智夫妇合葬墓为3天井土洞墓，随葬包铜皮木芯剑，剑长约1.15米，以木为芯，外包铜皮，无剑锋。剑身宽2.2、厚1.5厘米。还随葬有铜带具和两组大型组玉佩，包括珩、璜、冲牙、坠、水晶串珠等。组玉佩位于男性墓主腰部，剑在左侧身下。[4]开元二十四年（736年）孙承嗣夫妇合葬墓为2天井单室砖墓，出土铁剑缺乏详细介绍，从图片比例尺推测应为铁短剑，位于棺床之上。[5]

1例出自长乐原薛突利施匐阿施夫人墓。唐隆元年（710年）薛突利施匐阿施夫人墓为3天井土洞墓，墓葬内铁剑从图片比例尺推测为约80厘米的长剑，柄折断，剑鞘残，提存，位于墓室内，墓主身体附近。[6]

1例出自新城区高楼村西侧的唐墓。从随葬品类型推测这座墓葬应为8世纪中叶前后庶民墓，为斜坡墓道土洞墓。其中铁短剑通体红褐色铁锈，锈蚀严重，有纺织物朽痕。剑柄残缺不见，仅余近长方形的剑身，长29.5、宽2.3—3.3厘米，出土于墓室西南部。墓葬内还有铁券等其他铁器随葬。[7]

洛阳地区共有6唐墓出土7例剑，分述如下：

2例出自荥阳城广武原郑仲淹夫妇合葬墓。神龙二年（706年）郑仲淹夫妇合葬墓为土洞墓，墓内有铁剑2柄。长铁剑有握柄，保存完整，长82.4、宽7.2厘米，位于东棺墓

[1] 西安市文物保护考古所：《唐姚无陂墓发掘简报》，《文物》2002年第12期。

[2] 陕西省考古研究院、西安市文物保护考古研究院：《西安凤栖原唐郭仲文墓发掘简报》，《文物》2012年第10期。

[3] 陕西省考古研究院：《陕西西安月登阁村唐杜华墓发掘简报》，《考古与文物》2021年第6期。

[4] 陕西省考古研究院、西北大学考古学系：《陕西西安唐刘智夫妇墓发掘简报》，《考古与文物》2016年第3期。

[5] 陕西省考古研究所、西安市文物保护考古所：《唐孙承嗣夫妇墓发掘简报》，《考古与文物》2005年第2期。

[6] 陕西省文物保护研究院：《二十世纪五十年代陕西考古发掘资料整理研究 上册》，三秦出版社，2015年，第250—255页。

[7] 西北大学文化遗产学院、西安市文物保护考古研究院：《西安市东郊高楼村三座唐墓发掘简报》，《洛阳考古》2019年第1期。

主右臂，左臂则外置玉璧。铁短剑尖部缺失，残长23.2、宽3厘米，位于西棺南部。[1]

1例出自新安县十里村唐墓。该墓为盛唐时期砖室墓，墓葬内铁剑长度不明，位于墓主人左手。[2]

4例出自偃师杏园唐墓。这4座墓均为竖穴土洞墓，随葬的剑均为铜剑，位于墓室西壁。墓葬内还随葬有朱砂石块、铁牛、铁猪、道教镜等。李郃墓、李存墓、李廿五女墓内铜剑为直柄剑，刃部呈窄长条形，有尖锋，柄呈薄片状，长90、宽3、厚0.5厘米。李棁墓内铜剑柄呈薄片状，柄端一环形首，长刃有锋，双面刃，柄部残留麻绳缠绕痕迹，长62厘米。[3]

二、剑的类型学分析

两京地区唐墓内随葬的剑，按剑身材质可分为木剑、铁剑、青铜剑三类。

木剑即为剑身以木为芯的剑，共7件，应均为长剑。可按配件、装饰材质分为两型。

A型：铜装木剑，共4件。剑体为木质，外包铜皮，其上錾刻纹饰。剑鞘同样为铜质。长约1米。以刘智夫妇合葬墓、李勣夫妇合葬墓、梁行仪夫妇合葬墓内铜装木剑为代表（图一，1—3）。

B型：玉饰木剑，共3件。仅有玉具发现，剑身不存。从出土玉具的墓葬内均仍有其他铜铁器留存推测，剑身应当为木质，木因难以保存全部腐烂，因此不见。玉饰木剑仅存玉饰，有玉剑首、玉剑摽、玉剑格等，宽在8厘米以下。以惠昭太子墓内玉剑具为代表（图一，4）。

出土位置上，木剑均出土于男性墓主腰部附近，往往和由珩、璜、冲牙、水晶串珠组成的组玉佩、冠、带具共同出土（图二）。由位置推测，唐墓中的木剑应当为墓主佩剑。

这些木剑通常在简报中被称为班剑，研究人员也多延续了这一称呼。不过，从汉到唐，文献中班剑的定义发生变化。唐代墓葬中的礼仪佩剑似乎不应称之为班剑。“班剑，本汉朝服带剑。晋以木代之，亦曰‘象剑’，取装饰斑斓之义。”[4]文献中汉代的班剑的确是朝服带剑。而在唐代，“今仪刀盖古班剑之类，晋、宋已来谓之御刀，后魏曰长刀，皆

[1] 郑州市文物考古研究院、上海城建职业学院：《河南郑州唐郑仲淹夫妇合葬墓发掘简报》，《文物》2021年第8期。

[2] 简报仅说明为铁剑，但缺乏进一步介绍。王典章：《河南新安县十里村唐墓发现三彩鸳鸯壶》，《文物》1976年第10期。

[3] 李郃墓、李存墓、李廿五女墓、李棁墓见于河南省文物考古研究所：《偃师杏园唐墓》，科学出版社，2001年。

[4] 《宋史》卷一百四十八《礼仪六》，中华书局，1985年，第3468页。

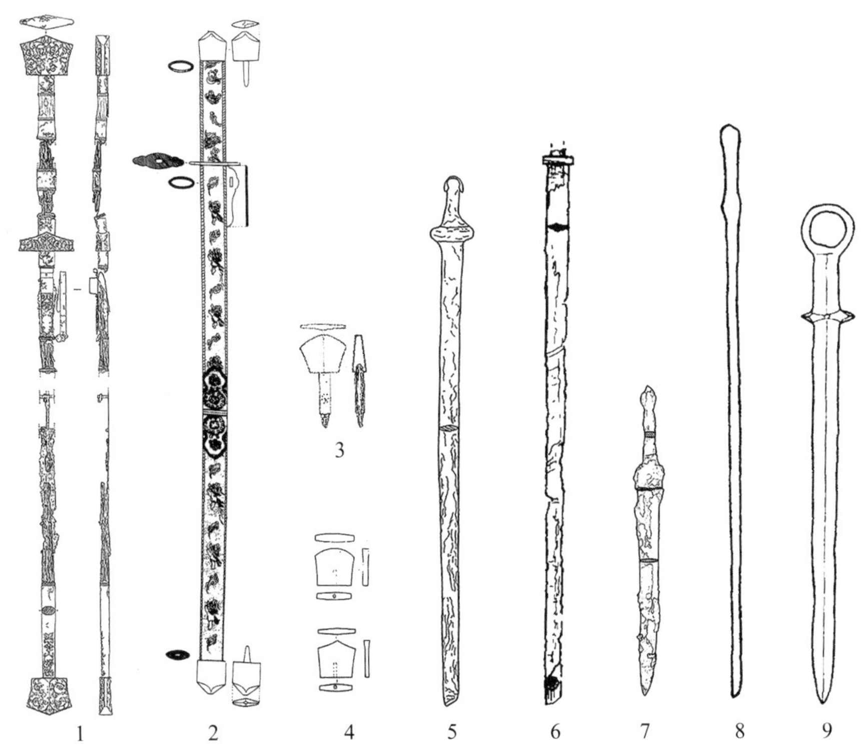

图一　两京地区唐墓出土的剑

1—4.木　5—7.铁　8、9.青铜

1.刘智夫妇合葬墓　2.李勣夫妇合葬墓　3.梁行仪夫妇合葬墓　4.惠昭太子墓　5.郑仲淹夫妇合葬墓　6.姚无陂夫妇合葬墓　7.杜华墓　8.李存墓　9.李棁墓

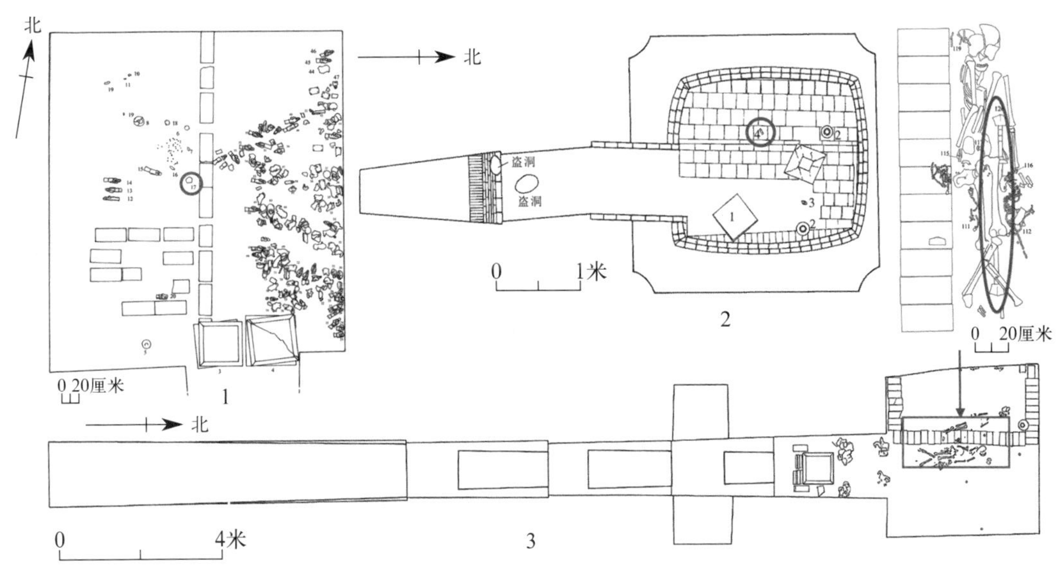

图二　木剑、木剑配件出土位置图

1.铜剑首　2.玉剑格　3.铜皮木芯剑

1.龙朔元年（661年）梁行仪与神功二年（697年）夫人薛氏夫妇合葬墓　2.会昌二年（842年）唐仲文墓　3.总章二年（669年）刘智夫妇合葬墓

施龙凤环；至隋，谓之仪刀，装以金银，羽仪所执。”[1]班剑的概念似乎已和仪刀近似，具有相似的功能。《新唐书》中的礼制记载也能佐证这一点，“第四左右卫勋卫各五十九人，各执金铜装班剑，纁朱绶纷；第五左右卫翊卫各六十一人，第六左右卫翊卫各六十三人，第七左右卫翊卫各六十五人，第八左右骁卫各六十七人，各执金铜装仪刀，绿綟绶纷。”[2]金铜装班剑和金铜装仪刀共同作为仪卫装备出现。唐代文献里的“班剑”多指班剑仪卫，如“次左右翊府郎将二人，主班剑。次左右翊卫二十四人，执班剑，分左右”[3]、“给班剑、羽葆、鼓吹”[4]、“给羽葆、鼓吹、班剑四十人，陪葬昭陵”[5]、“给班剑、西园秘器”[6]的记载，这里的班剑同样为班剑仪卫，由皇帝下诏赐予，在丧葬时可用它的数量标识身份等级。本文讨论的随葬于墓葬中，位于高等级官员及皇室成员身上，和组玉佩、带具同时出现的木剑和这时的班剑概念存在差异，应该进一步厘清。《南史》中记录，“及仓卒之际，又命左右取剑，左右不悟，乃取朝服所佩木剑以进，叔陵怒。”[7]其中以“朝服所佩木剑”称呼佩剑，并未冠以班剑之名。《宋书》中提及此时佩剑，“然则自人君至士人，又带剑也。自晋代以来，始以木剑代刃剑。”[8]同样以木剑称之。可见晋以来，朝服带剑不再称班剑，班剑一词渐与仪刀近似，指代仪卫及仪卫礼仪装备。因此本文中出现的唐墓里随葬的木剑不称为班剑，仅称为朝服所佩木剑。

铁剑，共 8 件。除河南新安县十里村唐墓内铁剑长度不明外，其余可按长度分为两型。

A型：长剑，长约 80 厘米，共 3 件。带有剑柄，剑身较细有脊，截面为菱形。以郑仲淹夫妇合葬墓及姚无陂夫妇合葬墓内长铁剑为代表（图一，5、6）。出土位置与木剑类似，位于男性墓主身侧或身体附近（图三）。从其所在位置看，推测应为墓主的佩剑。

B型：短剑，宽约 3 厘米，长不超过 30 厘米，共 4 件。短剑双刃，带有剑柄，以杜华墓出土铁短剑为代表（图一，7）。出土位置和长铁剑不同，位于棺的一侧或棺床之上，与墓主身体有一定距离（图四）。

青铜剑有 4 件，均为 60 厘米以上长剑，可按剑柄造型分为两型。

A型：细柄无首，共 3 件。均为直柄剑，刃部呈窄长条形，有尖锋，柄呈薄片状。以李存墓内铜剑为代表（图一，8）。

---

[1] 《唐六典》卷十六《两京武库》，中华书局，1992 年，第 461 页。

[2] 《新唐书》卷二十三上《仪卫上》，中华书局，1975 年，第 492 页。

[3] 《新唐书》卷二十三下《仪卫下》，中华书局，1975 年，第 501 页。

[4] 《新唐书》卷八十九《尉迟敬德》，中华书局，1975 年，第 3755 页。

[5] 《新唐书》卷九十七《魏徵》，中华书局，1975 年，第 3880 页。

[6] 《旧唐书》卷一百六十《李林甫》，中华书局，1975 年，第 3240 页。

[7] 《南史》卷六十五《始兴王叔陵》，中华书局，1975 年，第 1584 页。

[8] 《宋书》卷十八《礼五》，中华书局，1974 年，第 506 页。

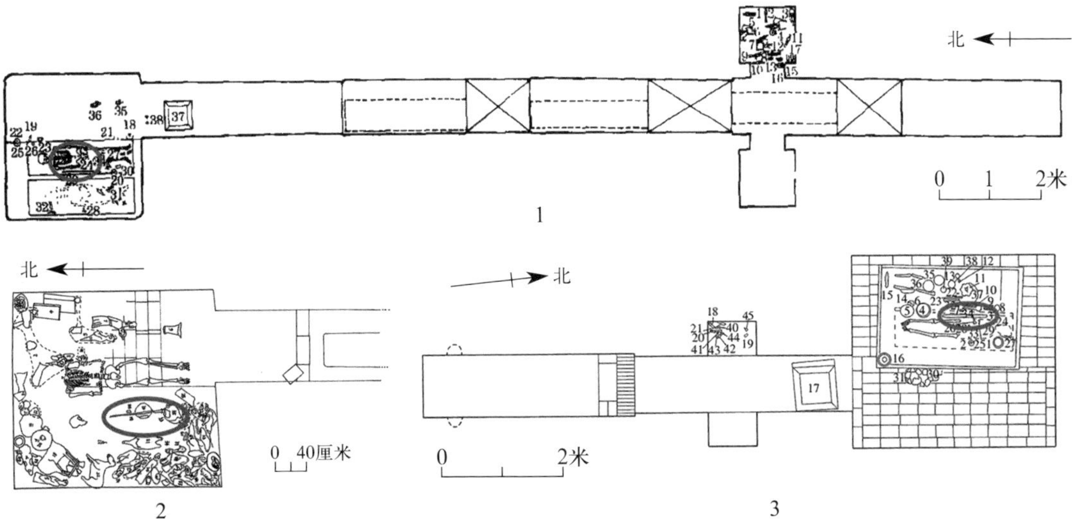

图三 长铁剑出土位置图

1.神功元年（697 年）姚无陂夫妇合葬墓 2.唐隆元年（710 年）薛突利施匐阿施夫人墓 3.神龙二年（706 年）郑仲淹夫妇合葬墓

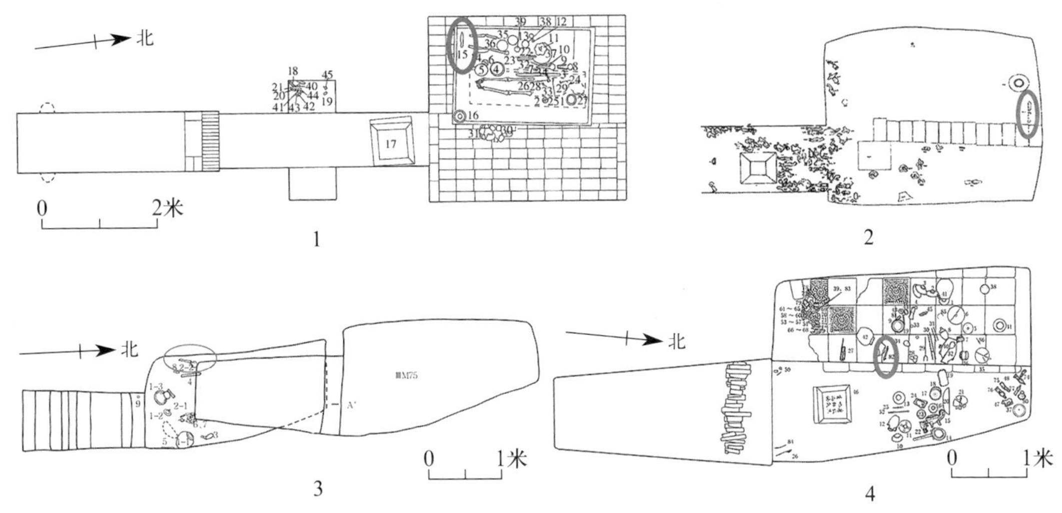

图四 铁短剑出土位置图

1.神龙二年（706 年）郑仲淹夫妇合葬墓 2.开元二十四年（736 年）孙承嗣夫妇合葬墓 3.8 世纪中叶前后庶民墓 4.贞元十四年（798 年）杜华墓

B型：宽柄环首，共 1 件。柄呈薄片状，柄端一环形首，长刃有锋，双面刃。以李棁墓内铜剑为代表（图一，9）。

青铜剑出土位置一致，均位于墓室西壁，从图来看为紧贴墓室西壁放置（图五）。

时间上，初唐到晚唐均有以剑随葬的现象。随葬木剑及长铁剑见于初唐和晚唐，以初唐时期较为盛行。铁短剑在初唐及中唐有所发现。青铜剑仅发现于晚唐偃师杏园墓葬。

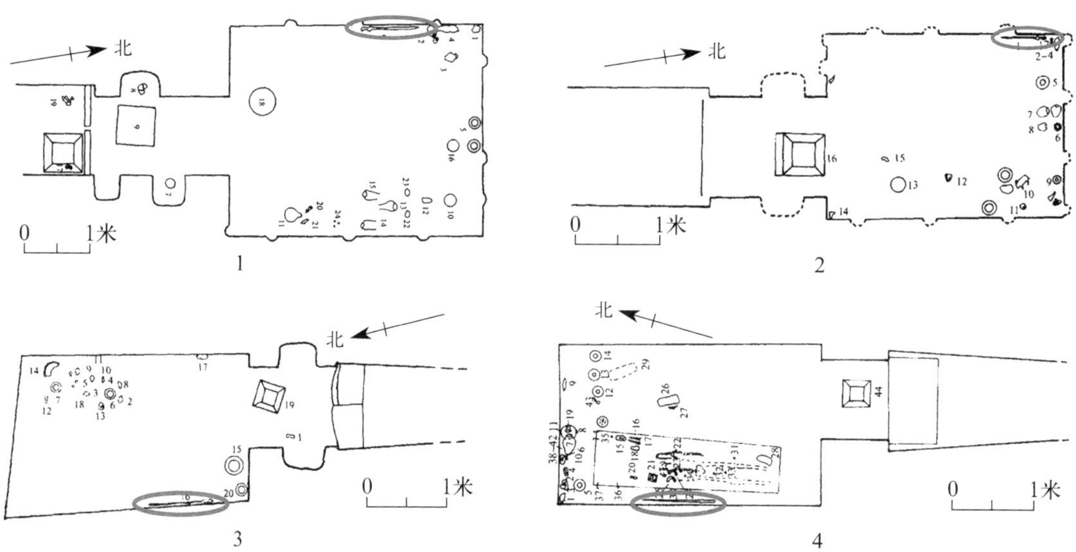

图五 青铜剑出土位置图

1.会昌三年（843年）李郃墓 2.咸通十年（869年）李棁墓 3.会昌五年（845年）李廿五女墓 4.会昌五年（845年）李存墓

三、两京地区随葬剑的人群分析

根据墓葬中剑的类型、出土位置、墓志反映的墓主身份信息，可进一步探究随葬剑的人群问题。

（一）木剑

有木剑随葬的墓葬多为夫妇合葬墓，墓主均为皇室成员或高等级官员，职事官品在四品以上，勋爵在三品以上（见表一）。

表一 随葬木剑的墓主信息表

墓主	木剑类型	葬年	墓主身份	品级
尉迟敬德夫妇	铜	显庆四年（659年）	司徒并州都督鄂国忠武公	官、爵从一品，赠正一品
梁行仪夫妇	铜	应为龙朔元年（661年）	中书舍人赠吏部侍郎上柱国、上邽县开国子	勋正二品，官正四品
刘智夫妇	铜	总章二年（669年）	朝散大夫行司宰寺上柱国	勋正二品，官从三品
李勣夫妇	铜	总章三年（670年）	司空公太子太师赠太尉扬州大都督上柱国英国公	官正一品，爵从一品，赠正一品
越王李贞	玉	开元六年（718年）	越王	正一品

续表

墓主	木剑类型	葬年	墓主身份	品级
惠昭太子	玉	元和七年（812 年）	太子	太子
唐仲文	玉	会昌二年（842 年）	郭子仪后代、金吾将军、知街事	从三品

分析考古材料能够发现，木剑与墓主身份存在关联。李勣墓曾因其孙李敬业造反被毁，中宗即位后“令所司速为起坟”[1]，重修墓葬。从发掘情况看，三梁进德冠扣放于棺床，未接触过尸体，说明李勣夫妇的棺柩在毁墓中被毁，墓室内的随葬器物都是中宗复修李勣墓并再葬时重新置办安放的。[2]冠、革带、剑在这里作为墓主的衣冠出现。越王李贞亡于起兵反武时，而于开元六年（718 年）诏葬昭陵，属于改葬，墓葬中也专门随葬了剑、佩。由此推测，木剑、组玉佩和带具为固定组合，下葬时以配绶带剑的方式彰显墓主身份，在正常入葬、招魂葬、改葬中均有出现。

同时，有木剑随葬的墓主多和皇帝存在密切关系，相关记载中提及皇帝参与其丧葬。尉迟敬德、李勣墓志中详细阐释皇帝对其丧葬的重视，梁行仪墓志中提及，“有诏嗟伤，特加褒赐，赠中大夫，守吏部侍郎。”文献中记录了皇帝对越王李贞及惠昭太子丧葬的关注。随葬于墓内的木剑或是中央所赐礼仪用具的一部分，不排除其为专门为丧葬打造的明器的可能。据卢亚辉研究，以木明器随葬的墓主人品级多在三品及以上，[3]木质随葬品本身就是身份的体现。

据《新唐书》，天子之服中有玉具剑，群臣之服中不同等级官员的佩剑有金宝玉饰剑镖首、金饰之别，[4]推测玉饰木剑和铜装木剑应当存在等级差异。唐墓中，随葬玉饰木剑的墓主除唐仲文外均为皇室成员，任金吾将军的唐仲文应为其中特例。但因为唐仲文墓内玉剑格缺乏详细记录且唐墓内没有完整的玉具剑留存，难以做进一步判断。

（二）铁剑

随葬长铁剑和铁短剑的人群存在差异。随葬长铁剑的多为中层官员夫妇合葬墓。铁短剑不仅见于男性墓或合葬墓中，女性墓内也有发现。随葬铁短剑的墓主身份等级比随葬长剑的墓主更低，多为下层官员和庶人（见表二）。

---

[1] 《旧唐书》卷六十七《李敬业》，中华书局，1975 年，第 2492 页。

[2] 李明：《论唐代的“毁墓”——以唐昭容上官氏墓为例》，《考古与文物》2015 年第 3 期。

[3] 卢亚辉：《唐代木明器初步研究》，齐东方、沈睿文主编：《两个世界的徘徊：中古时期丧葬观念风俗与礼仪制度会议论文集》，科学出版社，2016 年，第 97—135 页。

[4] 《新唐书》卷二十四《车服》，中华书局，1975 年，第 522 页。

表二　随葬铁剑的墓主信息表

	墓主	葬年	墓主身份	品级
长铁剑	姚无陂夫妇	神功元年（697年）	平州司仓，以功特敕加朝散大夫	从五品下
	郑仲淹夫妇	神龙二年（706年）	滁州司马上柱国	勋正二品，官六品
	薛突利施匐阿施夫人及一男性	唐隆元年（710年）	上下左金吾卫大将军妻	正三品官员之妻
铁短剑	郑仲淹夫妇	神龙二年（706年）	滁州司马上柱国	勋正二品，官六品
	孙承嗣夫妇	开元二十四年（736年）	官宦世家，兵部常选	庶人
	不详	推测应为8世纪中叶前后	应为庶人	应为庶人
	杜华	贞元十四年（798年）	解县县尉妻	从九品官员之妻

长铁剑和木剑虽然均是佩剑，但随葬人群存在差别。长铁剑不见于皇室成员墓葬及高等级官员墓，流行于中下层官员墓中。唐代制度中有官服入敛的记载。“凡百官以理去职而薨、卒者，听敛以本官之服。”[1]根据官服规定，五品以上朝服中有剑、佩等物，而“六品以下去剑、佩、绶”[2]。剑、佩仅为五品以上官员所有。考古发现中，木剑仅见于五品以上官员墓葬，符合朝服葬的规制。而长铁剑不见于高等级墓葬和文献记载，应当不是官方所赐的礼仪用具，并非官服的一部分，推测为墓主个人佩剑。与随葬木剑的墓主丧葬多有皇帝参与不同，有铁剑随葬的墓主，丧葬完全是家庭操办，随葬铁剑是自发自觉的行为。

铁短剑长度不超过30厘米，与墓主身体有一定距离，功能与长铁剑存在明显差异。聚焦铁短剑的功能，《封氏闻见记》有关于鱼龙畏铁的记录。[3]《长安志》里“贞观中，役九州夫匠，沉铁牛、铁剑以御魑魅，始就其功”[4]的表述，明确说明铁剑具有“御魑魅”之用。清代李星沅《审拟教匪折子》中也提到了铁剑具有“镇邪驱瘟”功能。[5]由此推测，出现在墓葬中的铁短剑可能有镇墓驱邪之用。不过，唐代高等级贵族墓葬中未有铁短剑出土。以铁短剑随葬未被纳入唐代官方的丧葬体系，仅是民间行为，集中于中下层官员

[1]（唐）李林甫：《唐六典》卷十八《司仪署》，中华书局，1992年，第507页。

[2]《新唐书》卷二十四《车服》，中华书局，1975年，第522页。

[3]（唐）封演：《封氏闻见记校注》卷八《鱼龙畏铁》，中华书局，2005年，第80页。

[4]（元）骆天骧：《类编长安志》卷六《渠》，中华书局，1990年，第193页。

[5]“制造金冠、云履、仙衣、寿带、黄旗、佛冠及画兰、龙虎字轴，并买铁剑谓能镇邪驱瘟。”（清）李星沅：《李星沅集》卷八《审拟教匪折子》，岳麓书社，2013年，第179—180页。

和平民之中。

（三）青铜剑

青铜剑仅见于河南偃师李氏家族墓。李郃为正四品官员，后辞官还乡。李存任庐州录事参军事，官品为从七品上。李廿五女为从七品官员之女，李棁任监察侍御史，为正八品下。总之，随葬青铜剑的墓主为中下层官员或中下层官员之女。

西汉时期，钢铁剑已经盛行，青铜剑已然衰落。后者虽在汉初仍有所使用，但中期以后益趋衰亡，至东汉时期，完全被铁剑所淘汰。[1]到唐时，青铜剑应当已被铁剑取代，因此少见。同时，唐代对铜器使用有严格限制。《旧唐书》中记载，"禁卖剑铜器。天下有铜山，任人采取，其铜官买，除铸镜外，不得铸造。"[2]《新唐书》中有"唯鉴、磬、钉、鐶、钮得用铜，余皆禁之，盗铸者死"[3]的记录。唐代禁止随意铸造铜器，这可能是唐墓内少有青铜剑随葬的另一重原因。

聚焦墓葬内青铜剑的功能，李氏家族墓内，铁牛、铁猪承担了镇墓功用，[4]铜剑应当并非用于镇墓。在男性墓和女性墓中均有出土，因此亦非性别标识之物。四座墓中的青铜剑都在墓壁的同一个位置，墓室西壁随葬青铜剑的现象仅见于李氏家族墓，推测为家族内某种同一观念影响下的结果。朱砂石块、道教镜、青铜剑在墓葬中集中出现，可能同道教存在一定关联。不过，冯渝杰指出，唐中后期的道教法剑"由实在物化的器具之剑演绎为道教神学意义上的虚拟之剑"[5]，以桃木剑或内丹修行的虚指概念出现，[6]并不以青铜剑形式存在。同时，四人墓志中均未提及墓主有道教信仰，且缺乏其他墓例佐证，因此这里出现的青铜剑只能作为特例看待。

四、两京地区唐墓出土剑的文化内涵

前代墓葬中多有剑出土，佛道文献和造像中存在剑、唐小说中不乏剑的相关叙事、唐墓壁画中有剑的图像、墓志和神道碑里剑也时常被提及。唐墓出土的剑，究竟和前代墓葬、佛道文献、造像、唐小说、唐墓壁画、墓志、神道碑及祭文中的剑有何不同、具

[1] 钟少异：《汉式铁剑综论》，《考古学报》1998 年第 1 期。

[2] 《旧唐书》卷十三《德宗下》，中华书局，1975 年，第 376 页。

[3] 《新唐书》卷五十四《食货四》，中华书局，1975 年，第 1390 页。

[4] 《大唐新语》中，有"墓欲深而狭，深者能取其幽，狭者取其固。平地之下一丈二尺为土界，又一丈二尺为水界，各有龙守之。……铸铁为牛豕之状像，可以御二龙"的表述。见于（唐）刘肃：《大唐新语》卷十三《记异》，中华书局，1984 年，第 195 页。

[5] 冯渝杰：《铸剑、剑解与道教身体观——"人剑合一"的知识考古》，《人文杂志》2019 年第 2 期。

[6] 冯渝杰：《道教法剑信仰衰落原因考》，《宗教学研究》2014 年第 1 期。

有何种文化内涵，是需要关注的问题。

与唐墓少有剑出土不同，唐以前，剑是常见的随葬品。据郭妍利研究，汉代，剑在从皇帝、诸侯王至官吏、平民墓葬内均有出土，时常与刀、弩机、镞、戟、矛、铩、钩镶等共同出现，具有等级化、明器化、性别化的特征。[1]魏晋时期，剑仍偶与刀、戟、弩机等共同出现，但墓葬中的剑逐渐减少。[2]而唐代墓葬中的随葬剑，正式不再与其他兵器组成器物组合，出土剑的墓葬内没有其他实用兵器随葬，这也是唐代剑兵器属性消失的另一例证。

将唐墓内出土的剑与佛道文献、造像中的剑对比，唐墓内出土的剑和佛道剑存在差异。剑是道教中的重要法器，道教文献中多有对剑的详细描述。如《上清含象剑鉴图》中景震剑"面合阴阳，刻象法天地"，由图来看，剑上充满道教符文，剑首分别有"景"和"震"的字样（图六，1）。[3]《道教灵验记》中载天师剑"铸状若生铜五节，连环之柄，上有隐起符文星辰日月之象，重八十一两"[4]，剑柄处有符文星辰日月之象。道教中的法剑带有独特的道教装饰，与唐墓内剑的外观不同。剑同样存在于佛教中，西方金刚利菩萨摩诃萨即文殊菩萨，手中持金刚剑，据良贲注解，"手持金刚剑者，示其所作能断自他俱生障故。"[5]阿毗楼勒叉王即南方增长天王"色赤，左手执杵，右手把剑"[6]，亦以持剑为造型。对照佛教中剑和唐墓内剑的造型，法门寺地宫出土鎏金四天王盝顶银宝函中天王图像，所持的长剑为环首，带有丝带状剑穗（图六，2）。汉白玉天王像上，还有一种较为粗短的剑，剑柄很大，呈卷云状，上有宝珠（图六，3）。[7]敦煌壁画中也有剑存在，"绝大部分在净土图式经变中即佛说法图中天王等手中，仅有极少部分出现佛教故事画与供养人像中"[8]，造型与日常用剑差别不大，但无法从外观上与唐墓内剑关联。唐墓内出土的剑和佛道剑从外观上无法建立联系。剑是佛道，特别是道教的重要符号，但佛教、道教的剑并未真正出现在墓葬中，难以判定墓葬中剑和宗教存在关联。

道教"尸解"的死亡语境中有剑的意象，墓葬内的随葬剑是否与之相关是需要关注的问题。作为道教法器的剑，在尸解过程中需随道士一同入葬。"道士欲尸解者，黑书木

[1] 郭妍利：《汉代两京地区兵器随葬制度初论》，《考古与文物》2019年第5期。

[2] 闫琪鹏：《洛阳地区汉晋随葬兵器研究》，陕西师范大学硕士学位论文，2019年。

[3] 司马承祯：《上清含象剑鉴图》，见（唐）薛幽栖等撰：《南岳佛道著作选 道教编》，岳麓书社，2012年，第133页。

[4] （唐）杜光庭：《道教灵验记》卷十三《天师剑验》，中华书局，2013年，第285页。

[5] （唐）良贲：《仁王护国般若波罗蜜多经疏》卷下三《奉持品第七》，中华书局，2019年，第736页。

[6] （唐）善无畏：《千手观音造次第法仪轨》，中华书局，2018年，第185页。

[7] 陕西省文物考古研究所：《法门寺考古发掘报告》，文物出版社，2007年，第150—152、248页。

[8] 伏奕冰：《敦煌壁画兵器研究》，兰州大学博士学位论文，2016年，第101页。

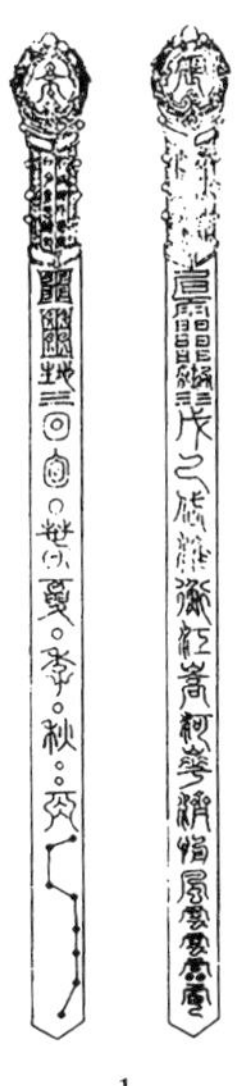

1　　2　　3

图六　道教、佛教用剑

1.《上清含象剑鉴图》中景震剑（采自《南岳佛道著作选 道教编》第133页） 2.鎏金四天王盝顶银宝函中南方天王图像（采自《法门寺考古发掘报告》第152页） 3.汉白玉东方持国天王（采自《法门寺考古发掘报告》第248页）

刀剑，把之而卧，即为代人形而死也。行此宜精，他念秽浊于口，符即出，身即死。”[1]剑是尸解的道具，唐代刘方瀛天师在临终前“戒其门人，使与剑俱葬”[2]。目前所见唐代道士墓中并未有剑出土。从文献来看，与道士共同入葬的剑，并非作为随葬品出现，而是以剑代人形。“剑成死尸，与真不异，又有臭气，又乃生虫。既剑入棺，即复剑形，不复为尸形也。”[3]类似的故事在唐小说中亦多有出现。如《王子乔》中，“王子乔墓在京陵战国时，有人盗发之，都无见。惟有一剑悬在圹中。欲取而剑作龙虎之声，遂不敢近，俄而径飞上天。《神仙经》云：真人去世，多以剑代。五百年后，剑亦能灵化，此其验也。”[4]这类故事具有相似的内核，剑成为人的替身，以剑代替人入土，而人则飞升天界，应是道教影响下的结果。剑是人的指代，目前所见墓葬内随葬剑与道教的尸解应并无关联。

唐代墓室壁画有外观似剑的武器图像，[5]多出现在仪卫图中，以班剑（仪刀）这一仪卫礼仪装备的形式出现。这些武器首部多为环形或云头形，外观与唐墓中的木剑和长铁

[1]　周作明点校：《无上秘要》卷二十六《灵宝符效品》，中华书局，2016年，第348—349页。

[2]　（唐）杜光庭：《道教灵验记》卷八《刘方瀛天师灵验》，中华书局，2013年，第235页。

[3]　（宋）张君房：《云笈七签》卷八十四《尸解次第事迹法度》，中华书局，2013年，第1896页。

[4]　（宋）李昉等编：《太平广记》卷二百二十九《王子乔》，中华书局，1961年，第1755页。

[5]　王雪苗：《唐代墓室壁画中的兵器图像研究》（东南大学硕士学位论文，2021年）涉及这一问题，以考古报告原文表述为依据，列表统计唐墓壁画中的剑图像。

剑存在差异，意义也与在墓室内作为佩剑的木剑及长铁剑不同。剑不见于唐代兵制，武卫图像中佩带的应当均为唐刀。另外，多见于魏晋墓葬的门卫图像、门卫石刻及门卫陶俑（直閤与仪刀）[1]在唐代偶有出现，形态较魏晋没有明显变化。门卫双手按剑以彰显武士身份、保障墓主安全，意义和出土于墓葬中的墓主佩剑、镇墓用剑有明显差别。

此外，唐小说中还有一类发唐墓得剑的故事。如《杨元英》中，杨元英为武则天时太常卿，开元时期，“其子因至冶成坊削家，识其父圹中剑，心异之。问削师何得此剑。云有贵人形状衣服，将令修理，期明日午时来取。子意是父授，复疑父冢为人所开。至日，与弟同往削师家室中伺之，至时取剑乃其父也。”[2]说明唐人认同墓葬中有剑随葬，知晓有这样的事存在。杨元英儿子能够识别其父之剑，剑可以视作墓主身份的标识，一定程度上也是墓主本人的象征。

墓志、神道碑、祭文中也有剑出现。如“玉棺永闭，宝剑空悬。”[3]“宝剑才分，终合双龙之气。”[4]“宝剑埋没，黄泉几重。”[5]“雄剑先飞，孤桐半死。”[6]“夫人石氏，恨一剑先沉，孤鸾独舞。”[7]其中的剑，通常是文人用典下的结果，具有指代墓主本人、夫妻深情的多重作用。文学、丧葬文本中的剑，共同构成墓葬中出土剑的文化内涵。

五、结语

综上所论可知，唐代剑的兵器属性逐渐消失，但以剑随葬的现象依然存在。唐代两京地区墓葬出土的剑包括木剑、铁剑和青铜剑三类。其中铁剑有短剑及长剑，其余两种则均为长剑。不同材质的剑出土位置存在差别。木剑和长铁剑主要发现于夫妇合葬墓，位于男性墓主腰部或身侧。铁短剑则多位于棺床上的一侧。青铜剑仅见于偃师杏园李氏家族墓，均位于墓室西壁，当属特例。

两京地区唐墓出土的剑在功能上存在区别，与墓主身份相关。木剑和长铁剑均为佩

[1] 蒋子谦：《北朝墓葬中的“直閤”与“仪刀”》，《故宫博物院院刊》2024年第6期。

[2] （宋）李昉等编：《太平广记》卷三百三十《杨元英》，中华书局，1961年，第2625页。

[3] （清）董诰等编：《全唐文》卷一百四十五《太子少师中书令开府仪同三司并州都督上柱国固安昭公崔敦礼碑》，中华书局，1983年，第1471页。

[4] （清）董诰等编：《全唐文》卷一百九十三《唐恒州刺史建昌公王公神道碑》，中华书局，1983年，第1951页。

[5] （清）董诰等编：《全唐文》卷三百四十九《祭董兵马使文》，中华书局，1983年，第3517—3518页。

[6] 《大唐故司勋郎中杨府君夫人韦氏（净光严）扶阳郡君墓志铭》，吴钢主编：《全唐文补遗（第二辑）》，三秦出版社，1995年，第17页。

[7] 《唐故右神策军弘农郡杨公（旻）墓志铭》，吴钢主编：《全唐文补遗（第二辑）》，三秦出版社，1995年，第50页。

剑，是墓主性别和身份的标识物。木质随葬品本身就是身份的体现，木剑仅在高等级贵族墓中出土，在正常入葬、招魂葬、改葬中均有出现。长铁剑流行于中下层官员墓中，不见于高等级墓葬和文献记载，应当不是官方所赐的礼仪用具，并非官服的一部分，推测为墓主个人佩剑。铁短剑主要见于中下层官员墓及庶民墓中，墓主性别男女均有，推测有镇墓驱邪功能，应当未被纳入唐代官方的丧葬体系，仅是民间行为。

与前代墓葬中的剑对比，唐墓中的剑脱离了作为兵器的语境，仅作为佩剑和专门随葬品出现。唐墓出土的剑和宗教中的法器存在差异，并不作为尸解的一部分存在。随葬剑不同于墓道中仪卫图像手中的班剑，具有展现墓主身份的作用。前代典故也影响着唐代剑的文化内涵，使之成为丧葬环境中具有独特象征意义的意象。

附表　两京地区出土剑的唐墓统计表

墓主	葬地	时间	数量	材质	墓葬形制	其他随葬品
尉迟敬德及夫人苏氏	唐昭陵陪葬墓	显庆四年（659年）	1	铜剑鞘	长斜坡墓道4天井双室砖墓，前室长2.6、宽2.5米，后室长5.1、宽5.1米	带銙，带饰，残破玉环，玉佩饰，料珠
梁行仪与夫人薛氏	西安市长安区韦曲街道新寨村西北少陵原	龙朔元年（661年）	1	木芯包铜皮，带铜饰	长斜坡墓道3天井土洞墓，长3.6、宽3.4米，带壁画，壁画脱落	一组玉器，包括珩、璜、冲牙、水晶串珠、玻璃串珠等，有铜带銙
刘智与夫人尹氏	西北大学长安校区高阳原	总章二年（669年）	1	木芯包铜皮，金铜装	长斜坡墓道3天井土洞墓，长3.6、宽3.96米	有两组大型组玉佩，包括珩、璜、冲牙、坠、水晶串珠等，有铜带具
李勣及夫人	唐昭陵陪葬墓	总章三年（670年）	1	鎏金铜叶，木芯	长斜坡墓道4天井单室砖墓，长4—4.6、宽4.07—4.67米	有三梁进德冠和革带饰件，配饰件有铜璜、铜瑗、铜珠
姚无陂与夫人	西安市南郊雁塔区曲江乡羊头镇村西	神功元年（697年）	1	铁，木剑鞘	长斜坡墓道3天井土洞墓，长2.6、宽2.6米	有铜带具及其他铁器，如铁削
郑仲淹及夫人	河南省郑州市惠济区古荥镇北	神龙二年（706年）	2	铁	长斜坡墓道土洞墓，长3.4、宽3.1米	有其他铁器，还有一些玉器
唐薛突利施匐阿施夫人及一男性	西安东郊浐河西王家坟西南	唐隆元年（710年）	1	铁	长斜坡墓道3天井土洞墓，长2.49—2.61、宽2.13—2.38米	有铁小件，铜带扣等

续表

墓主	葬地	时间	数量	材质	墓葬形制	其他随葬品
李贞	唐昭陵陪葬墓	开元六年（718 年）	1	玉剑首	长斜坡墓道 5 天井单室砖墓，长 4.5、宽 4.5 米	还有其他玉佩，有璜、珩等
孙承嗣和夫人高氏	陕西师范大学长安校区高阳原	开元二十四年（736 年）	1	铁	长斜坡墓道 2 天井单室砖墓，长 2.48、宽 2.64 米	还有其他铁器、铜钱等
不详	河南新安县城东南六公里李村公社十里村	推测为盛唐	1	铁	长斜坡墓道单室砖墓，长 3.4、宽 3 米	无其他铁器
不详	西安市新城区高楼村西侧	推测应为 8 世纪中叶前后	1	铁	长斜坡墓道土洞墓，墓室长 2.46、宽 0.91—1.22 米	还有铁券等其他铁器
杜华	西安市雁塔区月登阁村	贞元十四年（798 年）	1	铁	竖井墓道土洞墓，长 3.4、宽 1.9—2.2 米	还有其他铁器，如铁剪刀、铁削
惠昭太子	临潼县西泉乡椿树村	元和七年（812 年）	1	玉剑饰	长斜坡墓道单室砖墓，长 4.8、宽 4.6 米	还有其他玉器，如圭、璧、瑗、璜
唐仲文	西安市长安区韦曲街道办事处高望堆村	会昌二年（842 年）	1	玉剑格	竖井墓道单室砖墓，边长 4 米	被盗掘，还有塔式罐等
李郃	河南偃师杏园	会昌三年（843 年）	1	铜	竖井墓道土洞墓，长 4、宽 3.25 米	还有朱砂石块等
李存	河南偃师杏园	会昌五年（845 年）	1	铜	长斜坡墓道土洞墓，长 3.3、宽 2 米	还有铁牛、铁铧、铁片等
李廿五女	河南偃师杏园	会昌五年（845 年）	1	铜	竖井墓道土洞墓，墓室长 2.85、宽 1.9—2.1 米	还有铁牛、铁剪、道教镜等
李棁	河南偃师杏园	咸通十年（869 年）	1	铜	竖井墓道土洞墓，墓室长 2.84、宽 2.25 米	还有朱砂石块、铁猪、铁牛等

初唐黄釉俑的样式与流通

陈斯雅（金泽大学古代文明·文化资源学研究所）

初唐前期，在洛阳和长安地区的墓葬中出现了一种施淡黄色铅釉的俑类，其釉色与6世纪后期邺城地区流行的淡色铅釉陶极为相似。这类俑是唐三彩出现之前唐代釉陶俑的主要样式，其中部分还施有彩绘纹样，与唐三彩的装饰风格颇为相近。两者间应存在密切的关联。黄釉俑的流行时间较短，主要集中出土于洛阳地区的中小型墓葬以及等级较高的昭陵陪葬墓。对黄釉俑的研究有助于探讨唐代釉陶俑的出现背景及其初期阶段的生产与流通情况，在陶瓷史研究中具有重要意义。

一、研究史与研究课题

目前，学者们对黄釉俑的研究主要集中在其分布区域、制作工艺、出土背景等方面。小林仁和徐斐宏的研究详细梳理了黄釉俑的出土与分布情况[1]。他们认为，这些黄釉俑很可能由洛阳周边的窑场生产。徐斐宏还从墓葬文化的关联性入手，指出初唐黄釉俑在造型方面与安阳隋俑存在明显的继承关系。

此外，日本学者大平理纱利用三维扫描技术，对日本京都大学博物馆收藏的初唐时期的两件黄釉女俑进行了“同型品”分析。她指出，这两件黄釉女俑头部立体影像高度相似，其中的细微差异可以视为在原型范的模版基础上进行的微调。这种高度的相似性表明两者之间存在密切联系，很可能出自关系紧密的作坊，甚至是同一作坊。由于这两件器物通过照片被判定为同型品，与三维扫描获得的立体形态的比对结果基本一致，她于是进一步利

* 本文系日本学术振兴会科研费（课题号：23K18703）成果。

[1] 小林仁著，刘晶晶译：《初唐黄釉加彩俑的特质与意义》，北京艺术博物馆编：《中国巩义窑》，中国华侨出版社，2011年，第347—360页；小林仁：『中国南北朝隋唐陶俑の研究』，思文閣，2015年。徐斐宏：《洛阳唐初黄釉俑试探——兼论洛阳唐初墓葬文化之渊源》，《中原文物》2019年第2期，第101—108页；徐斐宏：《由洛阳而河北：朝阳唐墓演变试释》，《故宫博物院院刊》2022年第9期，第15—27页。

用照片对洛阳地区出土的部分黄釉俑进行了“同型品”的讨论，并探讨了出土“同型品”的非纪年墓葬的年代以及洛阳地区黄釉俑的生产体制。[1]

目前的研究梳理了初唐黄釉俑的出土情况，但是并未从形制和装饰方面进行详细分类。此外，目前的研究虽然也探讨了初唐黄釉俑的流通和来源问题，但需要更为详细的论证。大平理纱的研究提供了重要的视角。本文将使用“同型品”的分析方法对长安和洛阳地区出土的黄釉俑进行详细的分析，并且结合其胎土和装饰特征进一步探讨其生产与流通问题。

二、黄釉俑的样式分类

（一）黄釉俑形制

据出土黄釉俑纪年墓年代判断，这类陶俑出土于约630年至670年的墓葬[2]。本文将对其中的主要俑类——镇墓兽、武士俑、文官俑、女侍俑、男立俑、风帽俑进行型式分析。对于造型复杂且形制变化规律难以把握的的骑马俑、牵马俑和牵驼俑、动物及模型明器类暂不讨论。笔者在博士论文中梳理了各类俑与年代变化相关的要素，并结合纪年墓的年代，明确了各部位的早晚关系。在此基础上，综合考虑俑各部位的早晚顺序进行了型式分析。不同于直接参考纪年墓年代确定陶俑早晚关系，该方法能够更加准确把握形制变化中的细节。本文的型式分析参考了该研究。[3]

镇墓兽的共同特征是呈蹲踞状，通常成对出现。根据面部特征，可以分为人面镇墓兽和兽面镇墓兽两大类。与年代相关的主要形态要素包括头部、双翼和台座的特征。年代越晚，头部的角和耳愈加复杂，双翼变大，台座变高。基于这些规律，黄釉人面镇墓兽可以分为两个阶段。第一阶段，A类，无双翼，无台座或低台座。第二阶段，B类，有双翼，台座变高。依据形制差别，A类可分为三小类。A1，锥角，面部似婴儿，无背脊，低台座；A2，锥角前倾，面部似成年男性，有三片鱼鳞状背脊，无双翼，无台座；A3，有台座，其它特征与A2一致，数量极少。B类，锥角前倾，面部似成年男性，出现了较

[1] 大平理纱、村上由美子：「3Dデータを用いた陶俑の同型品抽出—京都大学総合博物館所蔵初唐俑の分析による—」，『横浜ユーラシア文化館紀要』第12号，2024年，第33—46页。

[2] 小林仁和徐斐宏的论文中详细列举了出土墓葬的信息。可参上揭小林仁著，刘晶晶译：《初唐黄釉加彩俑的特质与意义》，北京艺术博物馆编：《中国巩义窑》，中国华侨出版社，2011年，第347—360页；徐斐宏：《洛阳唐初黄釉俑试探——兼论洛阳唐初墓葬文化之渊源》，《中原文物》2019年第2期，第101—108页。

[3] Chen Siya. Production, Circulation and Consumption of Lead-glazed Pottery, From Latter Northern Dynasties to Tang Dynasty. Doctoral Dissertation of Kanazawa University, 2023. pp. 51-90.

小的双翼，背部出现了冲天戟。可以看出，年代较晚的B类与A2类有较多的相似点，很可能存在A2→B的变化趋势。其中A2的出土数量最多。兽面镇墓兽的型式分类与人面镇墓兽基本一致，但未发现A3类（图一）。

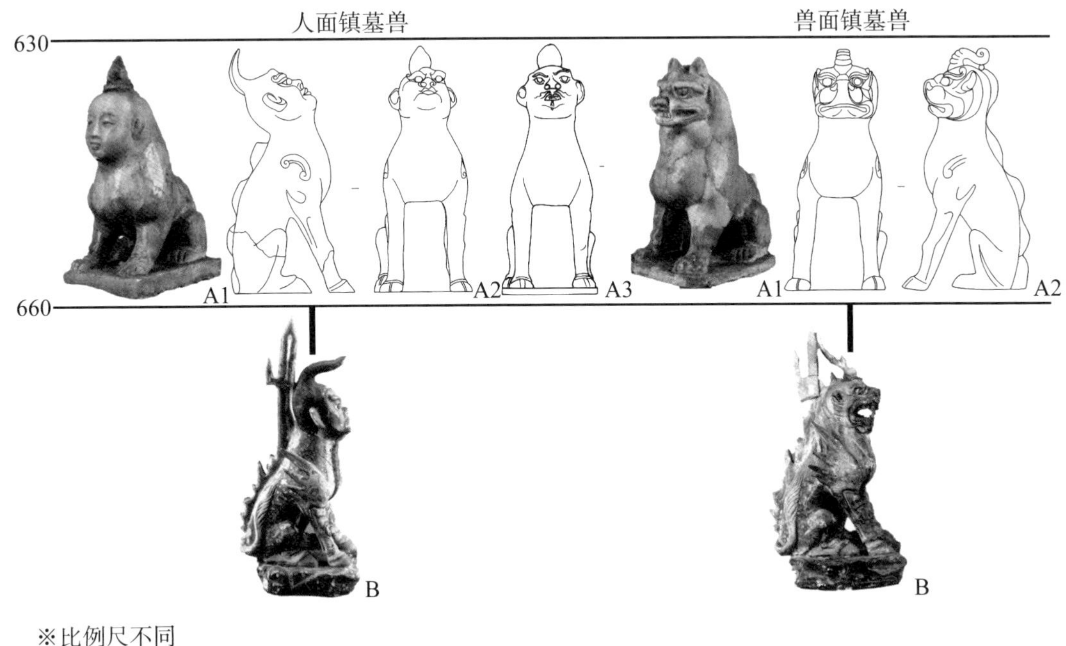

图一　镇墓兽形制分类

与镇墓武士俑年代变化相关的形态要素主要是头盔（或头部装饰）、铠甲样式、姿势和台座。年代越晚，明光甲的长度变短，下着从大口袴变为长靴；站立姿势从标准的静态变为动态十足的姿势，台座从低台座变为须弥座。基于这些规律，可将黄釉镇墓武士俑分为两个阶段。A类：头戴兜鍪，上着明光甲，明光甲的长度至膝盖，下着大口袴，呈标准站立姿势，一手叉腰，一手紧贴胸前[1]，低台座。B类：头戴圆顶兜鍪，台座变高，其他特征与A类相似。依据头盔样式的差别，可以将A类分为三小类。A1，兜鍪顶部较尖，手的位置也与其他的A类略有不同；A2，头戴圆顶兜鍪；A3，头戴虎头装饰的兜鍪。其中，A2出土数量最多。年代较晚的B类与A2类有较多相似点，很可能存在A2→B的变化趋势（图二）。

文官俑的基本特征包括头戴进贤冠，上着宽袖长袍，下着裳。双手合十置于胸前呈托物状，表现出朝参模样。而文官俑与武官俑的首饰、服饰开始出现分化是7世纪后期。

[1] 放置于胸前的手部通常有孔，推测用于持物。所持物品可能为木质，因年代久远已腐朽。

与文官俑年代变化相关的形制要素主要是首饰和台座。进贤冠由仅有介帻变为介帻与展筩并存的样式，台座则由低台座变为须弥座。基于以上的形态变化，可将黄釉类文官俑分为两个阶段。第一阶段，A类，头戴仅有介帻的进贤冠，低台座。第二阶段，B类，台座变高，其他方面与A类相似。依据文官俑服饰的差别可将A类分为2小类。A1，上着对襟大袖衫，至膝；A2，上着对襟大袖衫，至膝，外着裲裆。A1出土数量较多。年代较晚的B类与A2类有较多的相似点，很可能存在A2→B的变化趋势（图二）。

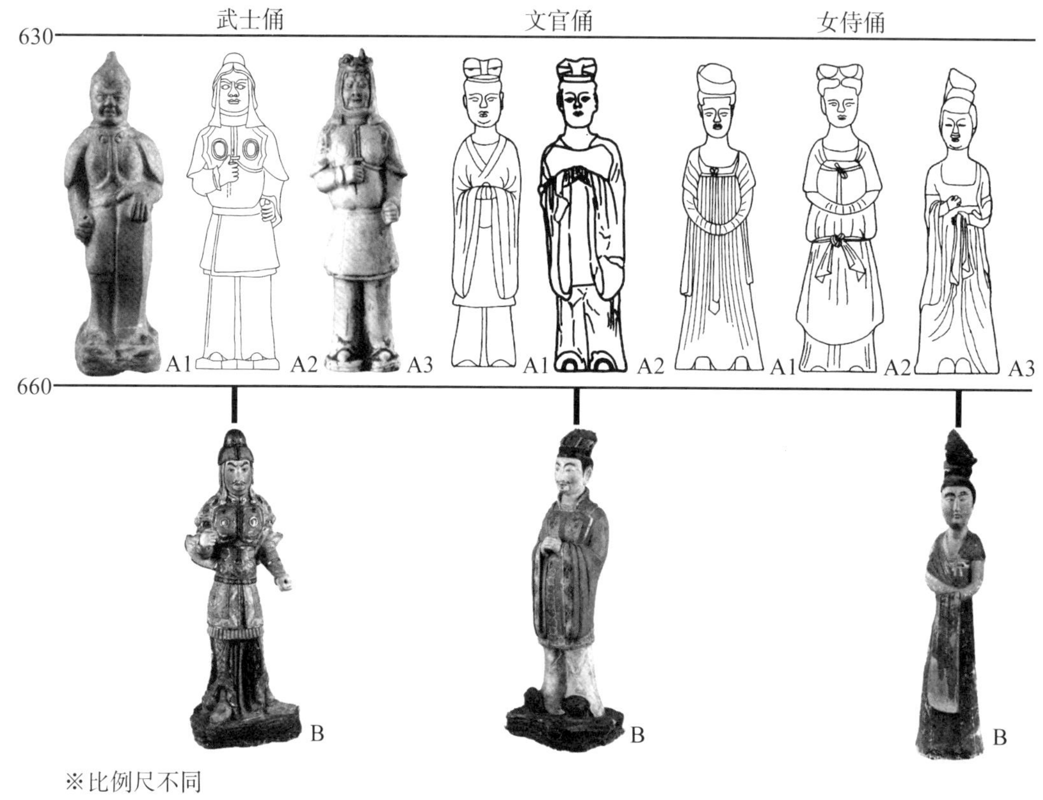

图二　武士俑、文官俑和女侍俑形制分类

女侍俑上着长袖或半臂，下着长裙，披帛结绶，呈现恭敬的站立状态，双手多置于胸前。女侍俑的发饰不缀珠钗，普遍比较朴素。服饰也以窄袖为主，方便劳作。与女侍俑年代相关的形制要素主要包括发髻和服饰。初唐前期的女侍俑均无台座，其中扇形团髻的出现时间略早于元宝髻和半翻髻，但它们均是初唐时期常见的发髻类型。披帛结绶的形式晚于其他。依据服饰的差别，可将黄釉女侍俑分为两个阶段，A类，上着窄袖上衣，外着半袖，下着束胸长裙。依据发饰的区别可细分为以下三类：A1类，扇形团髻，上着窄袖上衣，外着半袖，下着束胸长裙，束带较长，披帛分置于两臂后侧；A2类，元宝髻，服饰与A1类相似，但是披帛绑在腰部下侧；A3类，半翻髻，上着紧身上衣，下着长裙，披帛宽大且飘逸。B类，半翻髻，着窄袖长裙，外披帛，披帛结绶，垂至腿部。A1类的出土数量最多，其它两类少见。A1 的出现时间略早于A2 和A3。B类的出现时间晚于A类（图二）。

幞头俑，一般头戴幞头帽，身着小翻领的紧身长袍，腰间系腰带。一只手放置在胸前，另一只手垂至腰侧。放置于胸前的手通常有孔，推测曾用于放置手持物品。幞头俑的形制变化不如以上的俑类明显，根据服饰差异可以分为三小类。A1，下着大口袴，无台座；A2，下着靴，有台座。A3，下着靴，无台座。此外，男侍俑也头戴幞头帽，身着圆领紧身长袍，腰间系腰带。但在表情和姿势上与幞头俑有明显区别。男侍俑通常双手笼袖内拱于胸前，双目下视，表现出俯首听命的神态（图三）。

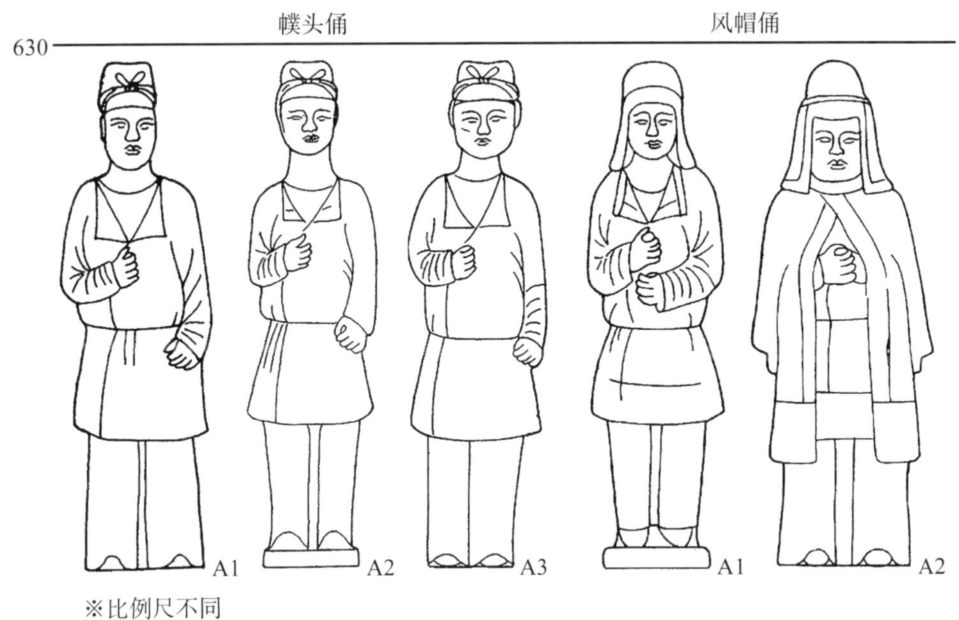

图三　幞头俑、风帽俑形制分类

风帽俑的主要特征是头戴风帽，身披长款披风，双手合一或置于胸前，呈站立姿势。风帽俑自北朝后期开始流行，在初唐前期亦有一定的数量，但是初唐后期仅在少量墓葬发现。依据黄釉风帽俑的形态差异，可以分为两小类。A1，上着翻领紧袖短袍，下着大口袴，有台座；A2，内着长袍，外披披风，无台座（图三）。

（二）黄釉俑的装饰

初唐黄釉俑通常在俑体全身施釉，这与初唐晚期俑面部不施釉的方式不同，可能继承了北朝后期陶俑装饰传统[1]。在施釉后，部分黄釉俑会用颜料对局部或全体进行装饰，

[1]　北朝后期陶俑的面部多有彩绘装饰。尤其是张盛墓出土的瓷俑也在面部施釉。

形成了初唐时期独特的“黄釉加彩”装饰方法。从出土材料来看，洛阳地区常见的黄釉加彩方式是在俑的面部或者服饰绘制红色或黑色的块状及线条，仅在黄釉基础上进行局部的简单装饰。而长安地区则多在头部及服饰的大面积或全体绘制多种颜色的复杂图案，其装饰方式与当时的彩绘俑并无明显差别。

依据黄釉俑装饰特点，本文将其分为四类（图四）。①类，俑全体部位仅施黄釉，为主流装饰方式，主要见于洛阳和朝阳地区。②类，俑全体施黄釉后，用黑色或红色颜料对局部进行简单勾勒。常见的做法包括利用黑彩绘制五官，利用红彩或者黑彩勾勒服饰局部，以及利用黑彩勾勒马和骆驼的缰绳等。③类，俑全体施黄釉后，利用绿、蓝、红、黑等颜色大面积绘制简单色块，部分位置露出黄釉，外观与彩绘俑相似。④类，俑全体施黄釉后，在帽饰和服饰局部绘制绿、蓝、红、黑彩等复杂纹样，常用来表现织物的花纹。③和④类装饰形式经常以组合方式出现，表现俑不同部位的装饰特征，外观与装饰复杂的彩绘俑相似。

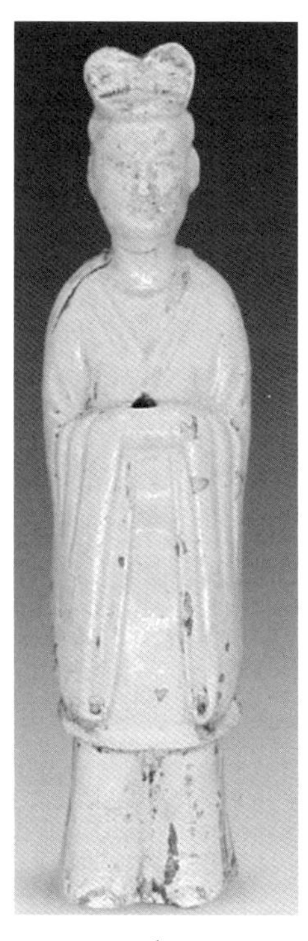
1

2

3

4

图四　黄釉俑装饰分类

③和④类的组合形式主要见于长安地区昭陵陪葬墓。此类陶俑不仅装饰华丽的色彩图案，还在部分位置贴金箔或银箔，是当时陶俑中的精品。长安地区黄釉骑马俑的装饰也极具特色，通常用黑色颜料绘制缰绳，马体施黄釉，骑马的人则在黄釉基础上进行全

体彩绘（图五）。小林仁指出，长安地区黄釉加彩的做法赋予黄釉类似化妆土的功能，使俑体获得光泽质感，增强了视觉表现力。[1]从装饰理念来看，长安地区这类俑的装饰（③、④及其组合）与洛阳地区的装饰方式存在显著差异。突出彩绘的复杂性，弱化了黄釉本身在装饰中的视觉作用。

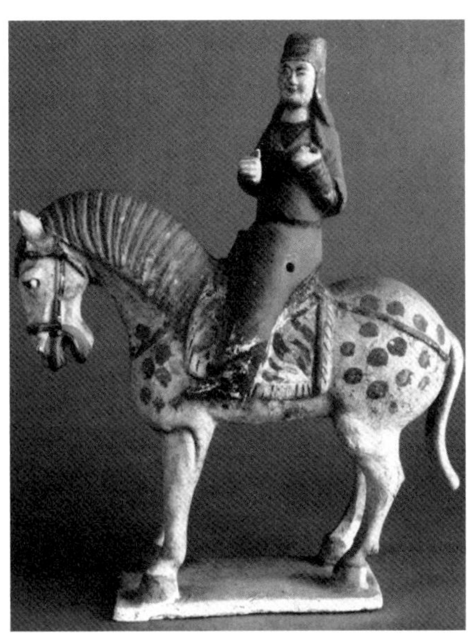

图五　昭陵陪葬墓骑马俑

（三）黄釉俑样式的地域特征

通过釉陶俑形制和装饰的分类，可以总结出初唐黄釉俑的区域特征。洛阳地区主要俑类的样式包括人面镇墓兽A2、A3，兽面镇墓兽A2，武士俑A2、A3，文官俑A1、A2、B，女俑A1、A2、A3，幞头俑A1、A2、A3，男侍俑、女官俑、风帽俑A1、A2。长安地区主要俑类的样式包括人面镇墓兽A1、B，兽面镇墓兽A1、B，武士俑A1、B，文官俑A1、A2、B，女俑A1、B，幞头俑A2，风帽俑A2。朝阳地区常见人面镇墓兽A3，兽面镇墓兽A3，武士俑A2，文官俑A1，女俑A1、A3，幞头俑A1、A3，男侍俑、女官俑、风帽俑A1、A2。

洛阳地区初唐黄釉俑的装饰以①类为主，②类也较为常见，而③、④类极为少见。④类装饰仅见于偃师尸乡沟口[2]和三门峡印染厂130号唐墓[3]出土的武士俑A1。长安地区

[1] 小林仁著，刘晶晶译：《初唐黄釉加彩俑的特质与意义》，北京艺术博物馆编：《中国巩义窑》，中国华侨出版社，2011年，第358页。

[2] 偃师商城博物馆：《偃师县沟口头砖厂唐墓发掘简报》，《考古与文物》1999年第5期，第7—14页。

[3] 河南省文物考古研究院：《河南三门峡市印染厂130号唐墓清理简报》，《华夏考古》2016年第2期，第23—30页。

的黄釉俑装饰以③类、④类及其组合为主，②类装饰也较常见，而①类装饰则较为罕见。朝阳地区的黄釉俑装饰以①类为主，②类较少，③类和④类几乎未见。此外，南京雨花台后头山墓群[1]出土的黄釉俑在形制和装饰上具有洛阳地区的典型特征，表明其可能与洛阳地区存在密切联系。

三、黄釉俑制作分类

（一）制作方法

唐代的陶俑使用模具制作而成。一般采用合模，但姿势较为复杂的陶俑可能需要多块模具组合制作[2]。陶俑上多存在合模的痕迹，例如动物类多采用左右合模的方式，在其背部或胸部存在线痕或裂纹（图六，1）。而人物类通常使用前后合模的方式，在躯体侧面可能存在线痕或裂纹（图六，2—4）。大部分黄釉俑在头部与身体的连接处也有裂缝，可能是后期破损所致。然而，头部的样式通常比服饰更为多样，推测头部与身体可能分开制作。关于台座的制作方式，日本学者和田一之辅在研究朝阳韩相墓（679 年）出土陶俑的制作痕迹时发现，“文官俑的脚部与台座交界处剥离，黏土接合的痕迹明显。可见，台座应是从模具的底部塞入黏土制作而成。推测模具的底部是敞开的形制。”[3]此外，当时也应存在单独制作台座后再接合的做法。

（二）同型品分类

日本学者在同样使用范制作的铜铎、铜镜以及瓦的研究中，提出“同范”“同型”等概念，用于讨论器物分类及其年代、生产及流通等问题[4]。这一方法也被应用于唐代陶俑研究中。和田一之辅对朝阳韩相墓出土陶俑的“范伤痕迹”和“整形方法”进行分类，发现其中的 10 件武士俑应该是来自同一作坊。其中，具有相同“范伤痕迹”的器物可以被判定为同范制作。而“整形方法”则体现了工匠对器物的修整方式。不同工匠因修整习惯或使用工具的差异而导致器物出现不同的整形痕迹。“整形方法”的不同可反映窑址生产组织的细节，甚至反映窑工个体活动情况[5]。此类研究的前提是需要对俑的实物进行详细地观察。

---

[1] 南京市考古研究院：《南京雨花台区后头山唐墓发掘简报》，《文物》2022 年第 2 期，第 26—51 页。

[2] 和田一之辅：《陶俑研究视点之一——以辽宁省韩相墓出土武官俑为中心》，辽宁省文物考古研究所、日本奈良文化财研究所编著：《朝阳隋唐墓葬发现与研究》，科学出版社，2012 年，第 259 页。

[3] 和田一之辅：《陶俑研究视点之一——以辽宁省韩相墓出土武官俑为中心》，辽宁省文物考古研究所、日本奈良文化财研究所编著：《朝阳隋唐墓葬发现与研究》，科学出版社，2012 年，第 259 页。

[4] 目前对于“同范”和“同型”的用语虽然有一定争议，但是主流观点认为，“同范”指使用同一模具或制作的器物，从器物残留的“范伤”痕迹可以判定。确定为“同型”的器物不一定由同一模具制作。

[5] 和田一之辅：《陶俑研究视点之一——以辽宁省韩相墓出土武官俑为中心》，辽宁省文物考古研究所、日本奈良文化财研究所编著：《朝阳隋唐墓葬发现与研究》，科学出版社，2012 年，第 261—263 页。

1

2

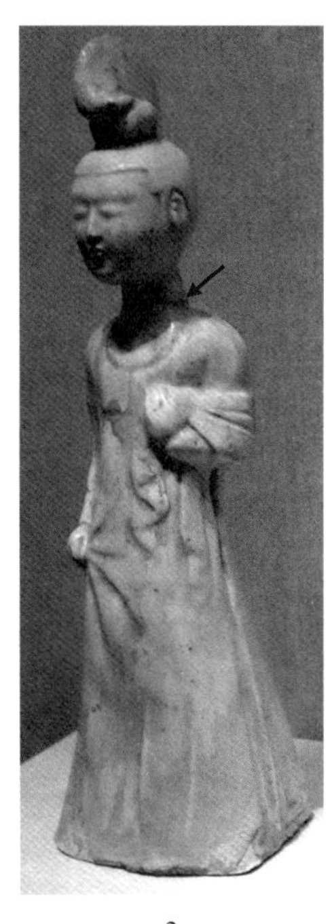
3

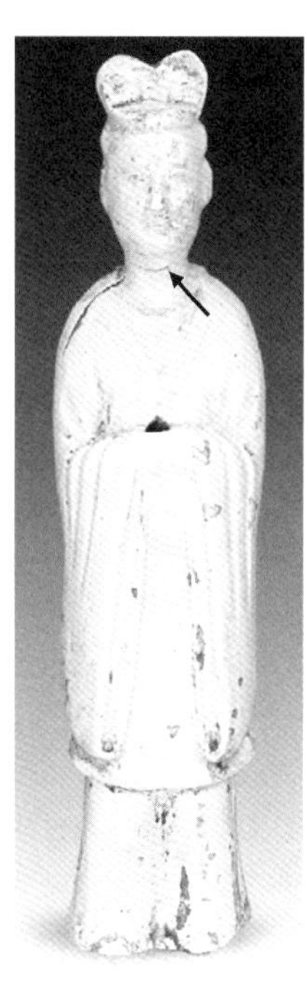
4

图六 黄釉俑合模痕迹

1.马俑左右合模痕迹 2.武士俑前后合模痕迹 3、4.俑的头部与身体连接处的裂缝痕迹（1.郑仁泰墓骑马俑；2.长乐公主墓武士俑；3.洛阳博物馆馆藏黄釉女侍俑；4.南京雨花台后头山M12 文官俑）

“同型品”虽无法像“同范品”那样揭示生产组织的细节信息，但在探讨器物的生产年代和产地方面具有重要的意义。目前，在窑址发现规模性生产釉陶俑的证据极少，使得通过窑址资料分析陶俑来源变得困难。因此，利用墓葬出土资料，从“同型品”的视角探讨初唐陶俑的生产与流通是一种可行的方法。

本文以型式分析中的主要俑类为研究对象，选取发掘报告中带有正面清晰照片或者笔者实地调查的器物，列出可认定为“同型品”的器物。尽管未使用更为精确的三维扫描，但清晰的照片仍然足够说明问题[1]。同型品的分析需结合陶俑的制作方法选取合适的分析部位。由于唐代陶俑的头部和部分台座可能为独立制作，且俑面部造型变化频繁不易观察，本文选取躯干部位进行分析，并列举可能属于同型品的器物（图七）。

如图七所示，武士俑分为三类，其中Ⅱ类的明光甲比Ⅰ类稍长，其余特征与Ⅰ类几乎一

[1] 对于“同型品”的分析，以前多利用器物的拓片或者照片进行判断。近年随着三维扫描的普及，立体的数据能够更加客观地进行判定。大平理纱的研究指出，肉眼观察这两件女俑头部的形态可判断其属于“同型品”，与三维扫描的结果较一致。前揭大平理纱、村上由美子:「3D データを用いた陶俑の同型品抽出—京都大学総合博物館所蔵初唐俑の分析による—」,『横浜ユーラシア文化館紀要』第 12 号，2024 年，第 41 页。

致，而Ⅲ类与I、Ⅱ类具有明显差别。文官俑分为三类，各类之间的差别明显。结合武士俑和文官俑的型式分析可知，Ⅲ类的出现时间晚于其余两类。头戴幞头、外着披风的男吏俑，在洛阳和长安地区发现有躯体几乎一致的器物。幞头俑分为三类，Ⅱ类的长袍比I类稍长，其余特征与I类几乎一致。而Ⅲ类下着大口袴，与I类和Ⅱ类差别明显。女侍俑分为三类。其中I类可细分为I-a类和I-b类。两者有细微的差别，I-a类胸前束带刻划得更加立体，两边披帛的长度不等；而I-b的披帛长度几乎一致。结合它们的制作方式，两者间的差异可能是使用类似的模具成型后，经工匠整形方式不同所致。风帽俑也分为三类，其中I类可细分为I-a类和I-b类。两者在披风领口部以及披风长度上有细微区别。

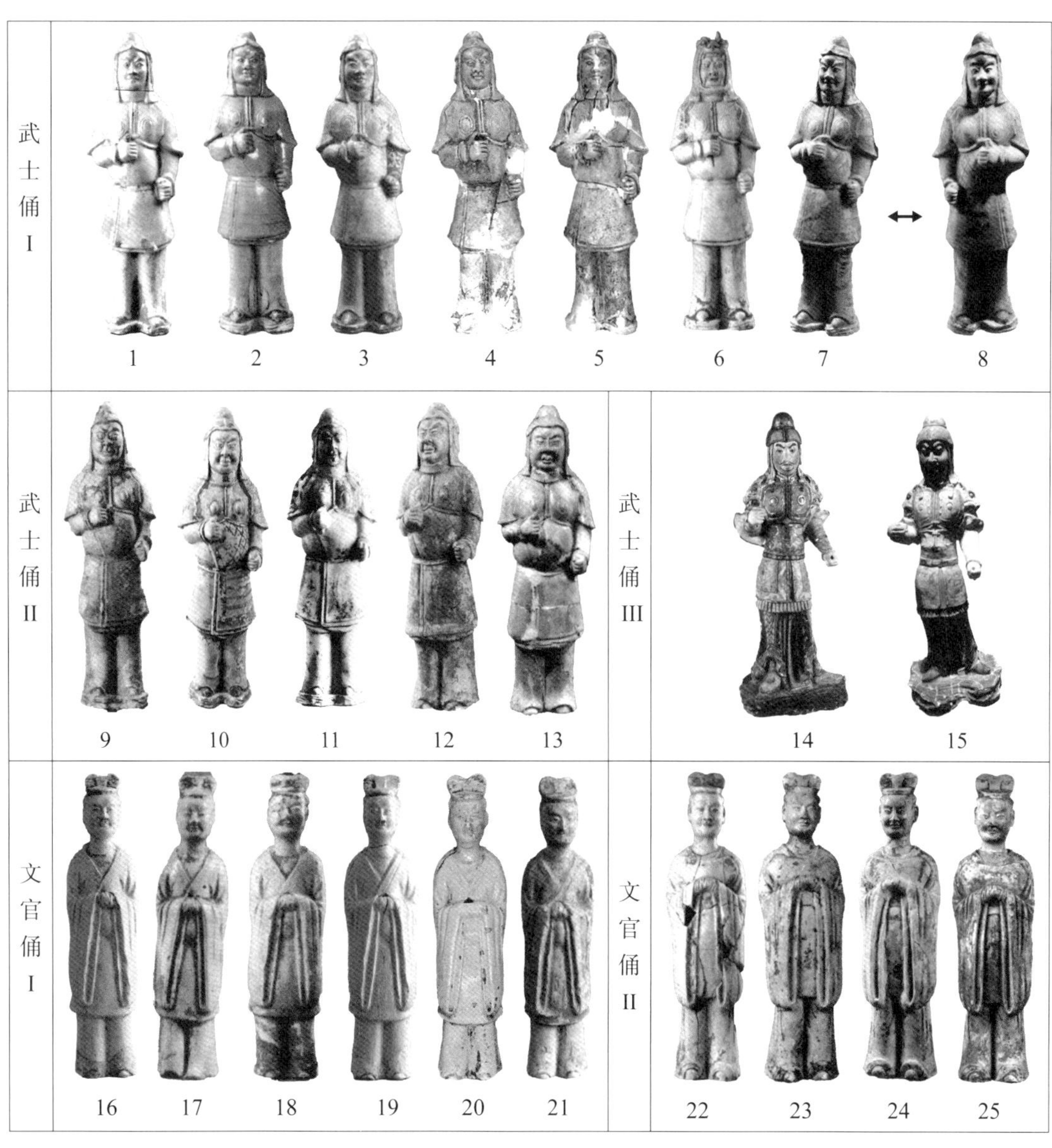

续表

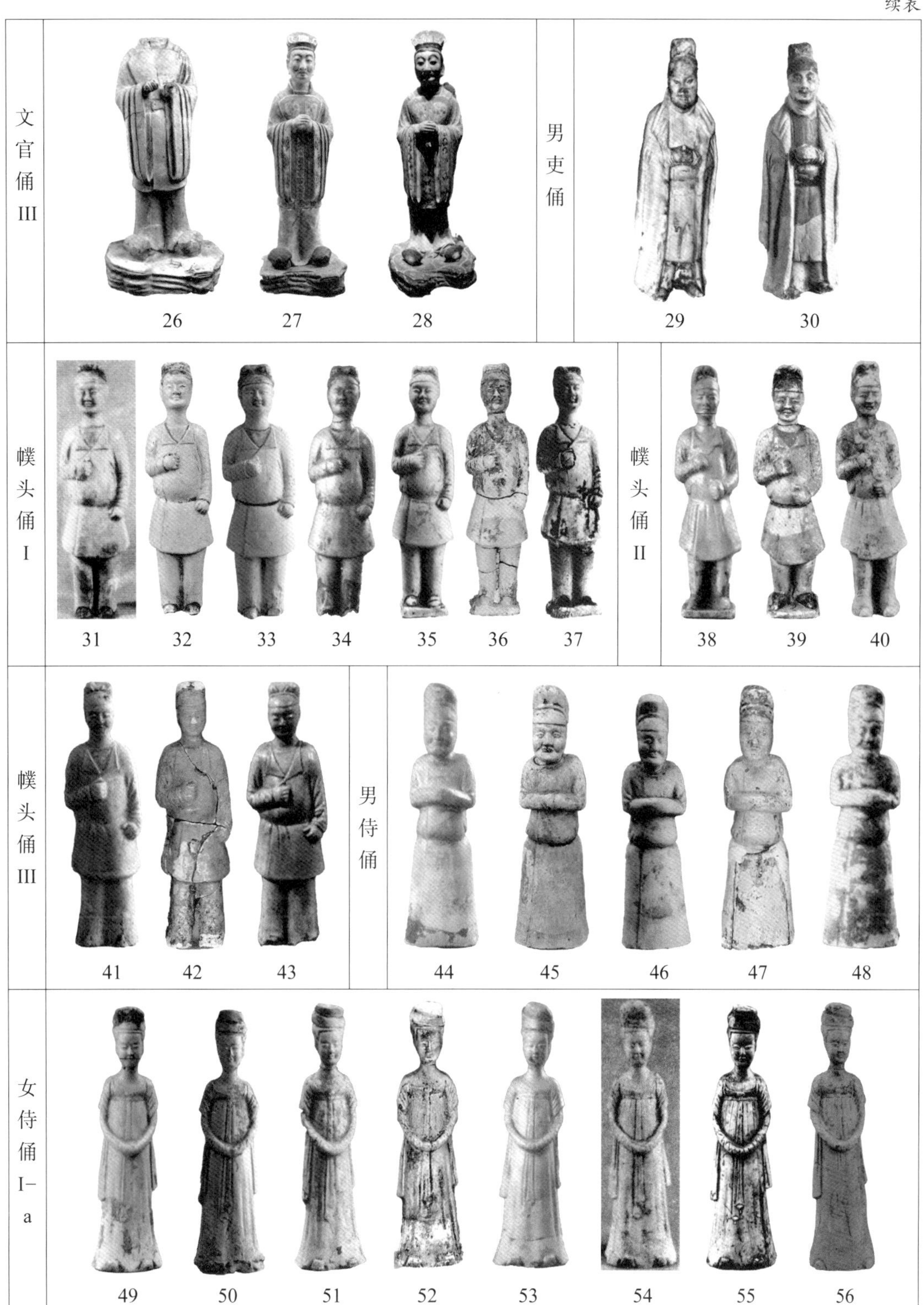
文官俑III
26
27
28
男吏俑
29
30
幞头俑I
31
32
33
34
35
36
37
幞头俑II
38
39
40
幞头俑III
41
42
43
男侍俑
44
45
46
47
48
女侍俑I－a
49
50
51
52
53
54
55
56

续表

女侍俑I–b
57
58
女侍俑II
59
60
61
女侍俑III
62
63
64
女官俑
65
66
67
68
69
70
71
风帽俑I–a
72
73
74
75
风帽俑I–b
76
77
78
风帽俑II
79
80
风帽俑III
81
82
83
84

图七　同型品分类

徐深墓（13、43）；李夫人墓（1、38、48、49、62、65）；崔大义墓（6、18、22、34、44、53、59、69、72）；贾敦颐墓（26、60）；张文俱墓（23）；三门峡商务中学9号唐墓（11、16、19、33、41、50、57、75、76、82）；三门峡印染厂130号唐墓（10、32、45、63、66、74）；偃师尸乡沟口唐墓（7、8）；送庄唐墓（3、35、46、51、67）；洛阳红山HM1939（12、24、40、56、71、77）；偃师杏园M911（29）；杨温墓（25、55）；张士贵墓（14、21、27、39、61、80、84）；郑仁泰墓（15、28、30、78）；蔡须达墓（2、9、17、31、49、54、58、70、73、81）；杨和墓（37）；南京雨花台后头山M10（36、68、79）；南京雨花台后头山M11（4、47、52）；南京雨花台后头山M12（5、20、42、64、83）

以上分类中，同一类的俑可能使用了相似甚至相同的模具制作，说明它们的制作年代和生产地域可能相近。而不同类的器物可能反映了年代或产地的差异，需要结合上一部分黄釉俑的形制分析进一步讨论。此外，本文对出土数量较多的武士俑、文官俑、幞头俑、女侍俑的同型品的高度进行了统计（表一）。除了文官俑Ⅲ类，[1] 其余同型品的尺寸虽略有差异，但均在人工测量误差范围内。这一高度分析进一步支持了这些器物由类似模具制作的推测。

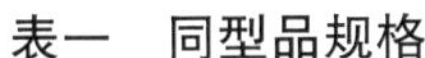
表一　同型品规格

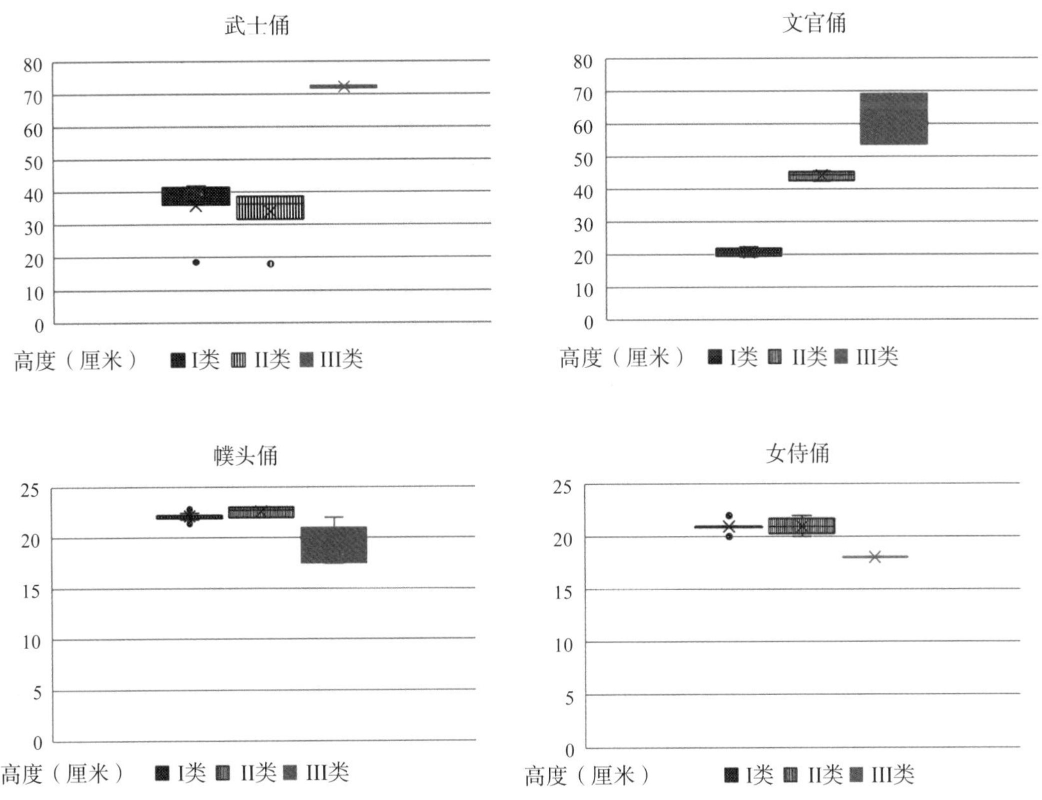

[1] 贾敦颐墓出土的Ⅲ类文官俑因头部残缺，与长安地区同型品的尺寸存在一定差异。

表二　同型品共存关系

区域	墓葬名称	墓葬年代	武士俑			文官俑			男吏俑	幞头俑			男侍俑	女侍俑				女官俑	风帽俑			
			Ⅰ类	Ⅱ类	Ⅲ类	Ⅰ类	Ⅱ类	Ⅲ类		Ⅰ类	Ⅱ类	Ⅲ类		Ⅰ-a类	Ⅰ-b类	Ⅱ类	Ⅲ类		Ⅰ-a类	Ⅰ-b类	Ⅱ类	Ⅲ类
			A2、A3	A2	B	A1	A2	B		A2、A3	A2、A3	A1		A1	A1	A1	A2		A2	A2	A2	A1
洛阳地区	徐深墓	634年		●								●										
	李夫人墓	647年	●			●					●		●	●			●	●	●			
	崔大义墓	647年？	●			●	●						●	●		●		●				
	贾敦颐墓	656年				●		●								●				●		
	张文俱墓	670年					●															
	三门峡商务中学9号唐墓	初唐		●		●				●		●		●	●				●	●		
	三门峡印染厂130号唐墓	初唐		●						●			●	●			●	●	●			●
	偃师尸乡沟口唐墓	初唐	●																			
	送庄唐墓	初唐	●							●			●	●				●				
	洛阳红山HM1939	初唐		●			●				●			●				●		●		
	偃师杏园M911	初唐							●													
长安地区	杨温墓	640年					●							●								
	张士贵墓	657年			●	●		●			●					●					●	●
	郑仁泰墓	664年			●			●	●											●		
朝阳地区	蔡须达墓	638年		●		●				●			●	●	●			●	●			●
	杨和墓	652年								●												
南京地区	南京雨花台后头山M10	初唐								●								●			●	●
	南京雨花台后头山M11	初唐	●										●	●								
	南京雨花台后头山M12	初唐	●			●						●					●					

最后，结合各类同型品的出土背景，讨论初唐黄釉俑的流通情况。表二列出了洛阳和长安地区以及朝阳、南京等地墓葬中同型品的出土情况。从整体来看，洛阳、朝阳和南京的同型品数量较多，表明这三个区域的黄釉俑可能来源于关系密切的窑场。长安地区的情况比较特殊，既包括与洛阳地区集中出土的同型品类似的器物，亦有一些形制与洛阳地区差异较大的同型品。如武士俑Ⅲ类、文官俑Ⅲ类。

洛阳地区的李夫人墓和崔大义墓[1]以及三门峡商务中学9号唐墓[2]、三门峡印染厂130号唐墓和蔡须达墓[3]出土了较多的同型品，它们之间可能存在极为密切的联系。李夫人和崔大义为夫妻，以同茔异穴的方式合葬，两者墓葬的俑可能为同一批次购买，因而具有高度的相似性。其余三座墓葬的年代应该相对接近，已知蔡须达葬于643年，另外两座非纪年墓的年代可能也较早。并且，这些黄釉俑很可能在同一区域制作。

出土文官俑I类、女侍俑I类（I-a和I-b）、风帽俑I类（I-a和I-b）的墓葬较多。根据其中纪年墓的年代，可知文官俑I类和风帽俑I类的流行时间较长，出土文官俑I类墓葬的时间跨度可至20年，出土风帽俑I类的墓葬的时间跨度可达30年。而女侍俑I类的流行时间可能较短，集中出现在约640年—650年的墓葬。

四、讨论

（一）黄釉俑的出现与流行

洛阳地区的墓葬在约630至660年间集中出土黄釉俑，这一现象可能与当地发达的陶瓷生产直接相关。从6世纪末开始，以河南北部和河北南部为中心，形成了北方陶瓷器的重要制造中心，代表性的窑址包括相州窑、邢窑以及白河窑。位于河南巩义的白河窑亦是唐代最重要的生产三彩窑场之一。徐斐宏提出，洛阳地区的黄釉俑与安阳瓷俑存在一定渊源[4]。笔者同意这一观点。相比瓷俑，釉陶俑的技术门槛较低，其淡黄色的釉色在视觉上也接近青白瓷俑。因此，釉陶俑迅速兴起，不仅供给周边区域，甚至流通至更远的长安和朝阳。

尽管北齐末年已具备多彩釉陶的生产技术[5]，但成熟的唐三彩器皿最早仅出现在7世

[1] 赵会军、郭宏涛：《河南偃师三座唐墓发掘简报》，《中原文物》2009年第5期，第4—16页。

[2] 三门峡虢国博物馆、三门峡市文物考古研究所：《河南三门峡商务区中学9号唐墓发掘简报》，《中原文物》2018年第4期，第26—35，46页。

[3] 辽宁省文物考古研究所、朝阳市博物馆：《辽宁朝阳北朝及唐代墓葬》，《文物》1998年第3期，第4—26页。

[4] 徐斐宏：《洛阳唐初黄釉俑试探—兼论洛阳唐初墓葬文化之渊源》，《中原文物》2019年第2期，第105页。

[5] 邺城曹村窑址以及部分北齐末年的墓葬出土了多彩装饰的器皿，但是此类装饰与成熟三彩的装饰纹样的配置不同。

纪中叶的墓葬中[1]。而三彩俑的出现时间更晚，大约出现在670年前后的洛阳地区的墓葬[2]。值得注意的是，长安地区黄釉加彩俑在装饰上极力模仿彩绘陶俑的做法。根据现有资料，约640年前后的昭陵陪葬墓中，已出现以彩色颜料绘制复杂花纹的彩绘俑。这与北朝时期彩绘陶俑的风格不同。北朝彩绘俑主要采用大面积的涂彩，而初唐长安地区则开始绘制复杂图案。这一装饰风格对长安地区黄釉俑的装饰产生了重要影响。

对比三彩俑初创阶段（670年前后），可以发现其装饰风格借鉴了长安地区黄釉俑③和④类组合形式[3]。例如在文官俑长袍袖口和武士俑的明光甲等部位，唐三彩利用铅釉的特性配置了不同釉色组成的图案，而其他部位则施以大面积单色釉（图八）。杰西卡·罗森指出，像唐三彩这样利用多种釉色组成不同装饰图案的做法，在陶瓷器上并不常见，是常见于丝织品的装饰[4]。黄釉俑在洛阳和长安地区的流行背景有所差异。长安贵族将黄

1

2

图八 初期唐三彩俑的装饰

1.巩义老城砖厂M2文官俑 2.巩义西城变电站唐墓M17武士俑

[1] 陳斯雅：「唐時代鉛釉陶器の装飾とその地域性」,『中国考古学』第23号，2024年，第125-138页。

[2] 陳斯雅：「唐時代釉陶俑の装飾とその地域性—鎮墓獣と鎮墓俑を中心に」,『金沢大学考古学紀要』第46号，2025年，待刊。

[3] 陳斯雅：「唐時代釉陶俑の装飾とその地域性—鎮墓獣と鎮墓俑を中心に」,『金沢大学考古学紀要』第46号，2025年，待刊。

[4] Rawson Jessica, 2012. Inside out: Creating the exotic within early Tang dynasty China in the seventh and eighth centuries. *WORLD ART* 2（1）, pp.25-45.

釉加彩装饰改良得更加复杂，可能对唐三彩俑的创立产生了重要影响。

（二）黄釉俑的生产与流通

依据同型品的讨论结果，可以推测洛阳地区集中出土的黄釉俑不仅流通至长安地区，还远及朝阳和南京。这些外形和尺寸极其相近的黄釉俑，可能来自同一地区甚至同一作坊。它们表面呈淡黄色，与6世纪中叶在邺城及其周边地区流行的釉陶器皿釉色类似。这类黄釉俑的胎体多呈黄白色，推测由瓷土制成。虽然产地的确定需要科技考古方法检测胎土，但从釉色和胎土特征来看，这些黄釉俑可能与洛阳周边的窑场有密切关联。它们的尺寸比较小，一般不超过40厘米，多在20厘米左右，能够远距离运输。如果这类与洛阳地区黄釉俑形制一致的俑确实来自洛阳地区，它们在运回长安后可能经历了“二次加工”。张士贵墓（657年）[1]和郑仁泰墓（664年）[2]出土的洛阳地区的同型品，其装饰风格与洛阳地区不同（图七），而与长安地区彩绘俑的装饰类似。

同时，即使长安地区出土的胎体精致的黄釉俑被认定为洛阳地区的同型品，也不能完全排除仅模具流通至长安、系在长安附近窑址制造的情况。距离长安较近的铜川黄堡窑，其釉陶的胎质十分精良，胎土多呈黄白色。

长安地区也发现了一批形制和胎质与洛阳不同的黄釉俑。例如，长乐公主墓出土的武士俑等（图九，1—3）。根据笔者观察，这些黄釉俑胎体呈红色或砖红色，表面涂较厚的化妆土。这种红色陶土应该是长安本地的原料。位于唐长安城的礼泉坊窑多以当地的红色陶土作为原料，其产品多在胎体表面涂较厚的化妆土[3]。从造型和胎质来看，这类俑很可能由长安本地窑场制作。

此外，张士贵墓和郑仁泰墓出土的B类镇墓兽、B类武士俑、B类文官俑的造型和装饰几乎未见于洛阳地区。这批黄釉俑的年代晚于洛阳地区流行的黄釉俑，与洛阳同期流行的俑在造型上也有差异[4]，加之它们的高度近70厘米，运输较为困难，故而更可能是长安本地的工坊制作。

目前发现的长安地区的黄釉俑主要集中在昭陵陪葬墓。这些高等级墓葬的随葬明器由甄官署负责准备[5]，通常通过征召工匠组织生产，或直接从各地采购[6]。杰西卡·罗森指

[1] 陕西省文管会、昭陵文管所：《陕西礼泉唐张士贵墓》，《考古》1978年第3期，第168—178页。

[2] 陕西省博物馆、礼泉县文教局唐墓发掘组：《唐郑仁泰墓发掘简报》，《文物》1972年第7期，第33—44页。

[3] 陕西省考古研究院：《唐长安醴泉坊三彩窑址》，文物出版社，2008年，第139页。

[4] 前揭Chen Siya. Production, Circulation and Consumption of Leadglazed Pottery, From Latter Northern Dynasties to Tang Dynasty. Doctoral Dissertation of Kanazawa University, 2023. pp. 51−90.

[5] （唐）李林甫：《唐六典》卷二三《将作监》，中华书局，1992年，第597页。

[6] 唐长孺：《魏、晋至唐官府作场及官府工程的工匠》，唐长孺：《魏晋南北朝史论集续编》，中华书局，2011年，第70—71页。

出，初唐时期的高等级贵族为了扩大在西亚和中亚的影响力，倾向于制作带有中亚和西亚流行装饰元素的器物。这些色彩鲜艳的器物在盛唐时期受到贵族阶层的追捧[1]。相比之下，洛阳地区出土黄釉俑的墓主身份遍布各个阶层[2]，其装饰风格相对简朴，与长安地区高等级贵族墓的黄釉俑存在显著差异。

图九　长安地区出土黄釉俑的胎土特征

1—3.砖红色陶土胎　4、5.黄白色瓷土胎（1.长乐公主墓武士俑，2.张士贵墓女侍俑，3.郑仁泰贵墓骑马俑，4.昭陵陪葬墓黄釉骆驼，5.郑仁泰墓骑马俑。均选取俑破损处观察胎土）

[1] 前揭Rawson Jessica. Inside out: Creating the exotic within early Tang dynasty China in the seventh and eighth centuries. *WORLD ART* 2（1）, pp.25-45.

[2] 前揭徐斐宏：《洛阳唐初黄釉俑试探—兼论洛阳唐初墓葬文化之渊源》，《中原文物》2019 年第 2 期，第 103 页。

洛阳北魏墓志所见宗室的殡期与葬日

洪宇涵（北京大学考古文博学院）

一、引言

考诸魏晋南北朝史料，对丧礼的直接记载不多，因此今人多有赖于考古材料来归纳一般规律，进而复原古代社会的丧葬礼仪。墓志作为埋设在墓内、采用某一专门文体标志墓主，并书写墓主生平死葬信息的器物，保存了有关丧葬活动的丰富信息，对研究古代丧礼具有特殊的史料价值。本文所关注的殡期与葬日，正是墓志志文所记录的重要内容。

周代贵族死后行沐浴、饭含、袭尸，经次日小敛、第三日大敛后入殡[1]。《说文》谓“殡”云：“死在棺，将迁葬柩，宾遇之。”[2]以尸入棺后，还需经过一定期限的停柩待葬才最后入葬，此段时间谓之殡期。由于史籍往往只记载卒、葬时间而不载入殡时间，且入殡前仪式不过数日，停殡时日却以月计，因而既往研究通常将死亡至下葬的时间间隔视作殡期。本文所述殡期是指从死亡之日至下葬之日所跨的月份，而非具体的实际天数，葬日是指下葬的具体日期，不使用丧月、葬月等容易理解分歧的词语。

《礼记·王制》记载了周代殡期的制度性规定，“天子七日而殡，七月而葬。诸侯五日而殡，五月而葬。卿大夫、士、庶人三日而殡，三月而葬。”[3]春秋诸侯殡期的实际执行情况较经典记载如何，学界已依据《春秋》《左传》中对各国诸侯卒葬日期的记载进行研究，可将各家之说归纳为三种观点。其一，认为诸侯殡期并不存在经典记载的礼制规定，持此说者有李玉洁[4]、胡新生[5]；其二，认为春秋诸侯实行五月和三月两种殡期，三月而葬

[1] 陈戍国：《中国礼制史（先秦卷）》，湖南教育出版社，1991 年，第 289—292 页。

[2] （汉）许慎撰，陶生魁点校：《说文解字》第四下，中华书局，2020 年，第 130 页。

[3] （清）孙希旦撰，沈啸寰、王星贤点校：《礼记集解》卷十三《王制》，中华书局，1989 年，第 340 页。

[4] 李玉洁：《先秦丧葬制度研究》，中州古籍出版社，1991 年，第 117—119 页。

[5] 胡新生：《周代殡礼考》，《中国史研究》1992 年第 3 期，第 64—73 页。

则有其变通的理由，持此观点者有刘绪[1]、张怀通[2]；其三，邵蓓[3]、吴柱[4]提出春秋时期诸侯三月而葬实际上已具有秩序性和制度性。其中，刘绪还通过比较春秋诸侯卒葬时间总结了诸侯择定葬日的规律。而对于春秋以降殡期与葬日的礼制，囿于文献较少，相关讨论远不如周代充分。杨树达整理了《汉书》《后汉书》以及汉代碑刻中人物的葬期[5]。徐雁宇认为战国到秦汉葬日的选择有严辰和建除两大流派，但流行的区域、时间以及后世影响有所不同[6]。至于南北朝时期，仅运用传世文献是无法很好地分析殡期与葬日的，需要深入利用这时期日趋流行的墓志对亡者死葬日期的详细记录，通过整理归纳来分析这一时期的殡期与葬日礼俗。

本文将研究对象选择为一组南北朝时期的特定人群，即北魏分裂前葬于洛阳的拓跋宗室，不包括女性。这一身份群体的墓志出土数量较大，具备统计归纳的意义，且作为身处京都的北魏高层统治集团，其葬仪也更具有反映中央礼制特点的典型性。本文收集到的洛阳地区北魏男性宗室墓志共计 136 方[7]，绝大多数非经考古发掘出土。最早的一方墓志为葬于太和二十年（496 年）十一月二十六日的元桢墓志，最晚的两方为同葬于永熙二年（533 年）十一月二十五日的元爽墓志和元钻远墓志。据陈垣《二十史朔闰表》[8]，在这期间出现 14 次闰月，分别是太和二十年（496 年）闰十一月、太和二十三年（499 年）闰八月、景明三年（502 年）闰四月、正始元年（504 年）闰十二月、正始四年（507 年）闰九月、永平三年（510 年）闰六月、延昌二年（513 年）闰二月、延昌四年（515 年）闰十二月、神龟元年（518 年）闰七月、正光二年（521 年）闰五月、正光五年（524 年）闰二月、孝昌二年（526 年）闰十一月、永安二年（529 年）闰七月、普泰（中兴）二年（532 年）闰三月。现将这 136 方墓志记载的死亡、下葬时间和计算所得殡期罗列成表（表一），其中 20 方墓志未记载死亡或下葬时间，可有效计算殡期的墓志为 116 方。

[1] 刘绪：《春秋时期丧葬制度中的葬月与葬日》，《考古学研究（二）》，北京大学出版社，1994 年，第 189—200 页。

[2] 张怀通：《春秋诸侯“殡期”考论》，《周秦社会与文化研究论文集》，陕西师范大学出版社，2003 年，第 396—415 页。

[3] 邵蓓：《春秋诸侯的殡期》，《中国史研究》2005 年第 4 期，第 9—15 页。

[4] 吴柱：《春秋诸侯丧礼殡期问题新探》，《文史》2016 年第 4 期，第 5—26 页。

[5] 杨树达：《汉代婚丧礼俗考》，上海古籍出版社，2013 年，第 108—120 页。

[6] 徐雁宇：《商周秦汉葬日制度研究》，南京大学硕士学位论文，2011 年，第 80 页。

[7] 王连龙：《南北朝墓志集成》，上海人民出版社，2021 年。吴业恒：《北魏元祉墓志考释》，《洛阳考古》2017 年第 4 期，第 67—70 页。杨振威：《洛阳新出北魏元泰墓志考释》，《中原文物》2019 年第 5 期，第 118—122 页。

[8] 陈垣：《二十史朔闰表》，中华书局，1962 年，第 71—75 页。

表一 洛阳北魏墓志所见宗室的死葬时间与殡期

编号	宗室	死亡时间	下葬时间	殡期	出处
1	元桢	太和二十年（496年）八月二日	太和二十年（496年）十一月二十六日乙酉	4个月	《集成》第57页
2	元倪	太和二十一年（497年）二月	正光四年（523年）二月二十七日甲申	26年10个月（含9个闰月）	《集成》第210页
3	元偃	不详	太和二十二年（498年）十二月二日己酉	/	《集成》第58页
4	元简	太和二十三年（499年）正月廿六日	太和二十三年（499年）三月十八日甲午	3个月	《集成》第58页
5	元彬	太和二十三年（499年）五月二日	太和二十三年（499年）十一月二十日辛酉	8个月（含1个闰月）	《集成》第59—60页
6	元弼（扶皇）	太和二十三年（499年）九月二十九日	不详	/	《集成》第986—987页
7	元引	太和二十四年（500年）	正光四年（523年）二月二十七日甲申	跨24年	《集成》第211—212页
8	元定	景明元年（500年）	景明元年（500年）十一月十九日乙卯	/	《集成》第61—62页
9	元荣宗	不详	景明元年（500年）十一月十九日乙卯	/	《集成》第62页
10	元羽	景明二年（501年）五月十八日	景明二年（501年）七月二十九日辛酉	3个月	《集成》第62—63页
11	元详	正始元年（504年）六月十三日	永平元年（508年）十一月六日乙酉	4年8个月（含2个闰月）	《集成》第84页
12	元龙	正始元年（504年）十月十六日	不详	/	《集成》第987—988页
13	元鸾	正始二年（505年）三月二十五日	正始二年（505年）十一月十七日甲申	9个月	《集成》第72—73页
14	元始和	正始二年（505年）七月十二日	正始二年（505年）十一月十八日乙酉	5个月	《集成》第73页
15	元思	正始三年（506年）五月十二日	正始四年（507年）三月二十五日甲申	11个月	《集成》第79—80页
16	元鉴	正始三年（506年）五月二十六日	正始四年（507年）三月二十六日乙酉	11个月	《集成》第80页
17	元绪	正始四年（507年）二月八日	正始四年（507年）十月三十日乙酉	10个月（含1个闰月）	《集成》第81—82页
18	元嵩	正始四年（507年）三月三日	正始四年（507年）七月十六日癸酉	5个月	《集成》第80—81页

续表

编号	宗室	死亡时间	下葬时间	殡期	出处
19	元腾	正始四年（507年）四月十一日	不详	/	《集成》第170—171页
20	元勰	永平元年（508年）九月十九日	永平元年（508年）十一月六日乙酉	3个月	《集成》第84—85页
21	元德	不详	永平二年（509年）十一月十一日乙酉	/	《集成》第89页
22	元冏	永平二年（509年）十二月二十四日	永平四年（511年）二月十八日甲申	1年4个月（含1个闰月）	《集成》第93—94页
23	元英	不详	永平四年（511年）二月六日壬申	/	《集成》第91—92页
24	元保洛	不详	永平四年（511年）二月二十六日壬辰	/	《集成》第94页
25	元悦	永平四年（511年）五月十一日	永平四年（511年）十一月十七日己酉	7个月	《集成》第99页
26	元侔	永平四年（511年）五月十五日	永平四年（511年）十一月五日丁酉	7个月	《集成》第95—96页
27	元诠	永平五年（512年）三月二十八日	延昌元年（512年）八月二十六日甲申	6个月	《集成》第101—102页
28	元显儁	延昌二年（513年）正月十四日	延昌二年（513年）二月二十九日甲申	2个月	《集成》第105—106页
29	元演	延昌二年（513年）二月六日	延昌二年（513年）三月七日辛酉	3个月（含1个闰月）	《集成》第106页
30	元睿	延昌三年（514年）三月四日	熙平元年（516年）三月十七日甲申	2年2个月（含1个闰月）	《集成》第128—129页
31	元珍	延昌三年（514年）五月二十二日	延昌三年（514年）十一月四日己酉	7个月	《集成》第118—119页
32	元飏	延昌三年（514年）八月二十七日	延昌三年（514年）十一月四日己巳	4个月	《集成》第116—117页
33	元广	熙平元年（516年）八月廿二日	熙平元年（516年）十一月廿二日乙酉	4个月	《集成》第142页
34	元彦	熙平元年（516年）九月二十四日	熙平元年（516年）十一月十日癸酉	3个月	《集成》第136页
35	元瓒	熙平元年（516年）十一月六日	神龟二年（519年）十一月十日乙酉	3年2个月（含1个闰月）	《集成》第171页
36	元进	熙平元年（516年）	熙平元年（516年）十一月廿二日乙酉	/	《集成》第140页
37	元延生	不详	熙平元年（516年）十一月廿一日甲申	/	《集成》第139页

续表

编号	宗室	死亡时间	下葬时间	殡期	出处
38	元怀	熙平二年（517年）三月二十六日	熙平二年（517年）八月二十日己酉	6个月	《集成》第147—148页
39	元遥	熙平二年（517年）九月二日	神龟二年（519年）八月	2年1个月（含1个闰月）	《集成》第148—149页
40	元祐	神龟二年（519年）正月六日	神龟二年（519年）二月二十三日癸酉	2个月	《集成》第163—164页
41	元琛	神龟二年（519年）正月八日	神龟二年（519年）三月十八日丁酉	3个月	《集成》第164—165页
42	元晖	神龟二年（519年）九月庚午	神龟三年（520年）三月十日甲申	7个月	《集成》第174—175页
43	元譿	神龟三年（520年）三月十四日	神龟三年（520年）十一月十四日甲申	9个月	《集成》第183页
44	元孟辉	神龟三年（520年）三月二十二日	正光元年（520年）十一月十五日乙酉	9个月	《集成》第184页
45	元賄	神龟三年（520年）四月二十六日	正光元年（520年）十一月十四日甲申	8个月	《集成》第183—184页
46	元怿	神龟三年（520年）七月三日	孝昌元年（525年）十一月二十日辛酉	5年7个月（含2个闰月）	《集成》第272页
47	元诱	正光元年（520年）九月三日	孝昌元年（525年）十一月二十日辛酉	5年5个月（含2个闰月）	《集成》第271—272页
48	元熙	正光元年（520年）	孝昌元年（525年）十一月二十日辛酉	跨6年	《集成》第270—271页
49	元纂	正光元年（520年）	孝昌元年（525年）十一月二十日辛酉	跨6年	《集成》第274页
50	元暐	正光元年（520年）	孝昌元年（525年）十一月二十日辛酉	跨6年	《集成》第274—275页
51	元仙	正光二年（521年）八月二十二日	正光四年（523年）二月二十七日甲申	1年7个月	《集成》第209页
52	元敷	正光三年（522年）二月二十日	正光四年（523年）二月二十七日甲申	1年1个月	《集成》第211页
53	元昭	正光三年（522年）二月二十日	正光五年（524年）三月十一日辛酉	2年3个月（含1个闰月）	《集成》第228—230页
54	元秀	正光三年（522年）秋八月庚午	正光四年（523年）二月二十七日甲申	7个月	《集成》第207—208页
55	元灵曜	正光三年（522年）十一月十日	正光四年（523年）三月二十三日己酉	5个月	《集成》第213页
56	元斌	正光四年（523年）九月二十一日	正光四年（523年）十一月二十七日己酉	3个月	《集成》第221页

续表

编号	宗室	死亡时间	下葬时间	殡期	出处
57	元谧	正光四年（523年）十一月丙申	正光五年（524年）闰二月三日甲申	5个月（含1个闰月）	《集成》第226—227页
58	元尚之	不详	正光四年（523年）十一月二十七日己酉	/	《集成》第221—222页
59	元平	不详	正光五年（524年）三月十日庚申	/	《集成》第227页
60	元隐	不详	正光五年（524年）三月十一日辛酉	/	《集成》第227—228页
61	元崇业	正光五年（524年）三月二十七日	正光五年（524年）十一月十四日庚申	9个月	《集成》第247页
62	元子直	正光五年（524年）四月十二日	正光五年（524年）八月六日甲申	5个月	《集成》第238—239页
63	元璨	正光五年（524年）四月二十九日	正光五年（524年）十一月三日己酉	8个月	《集成》第245—246页
64	元懿	正光五年（524年）五月	孝昌元年（525年）十二月二日壬申	1年8个月	《集成》第281—282页
65	元宝月	正光五年（524年）五月二十五日	孝昌元年（525年）十二月三日癸酉	1年8个月	《集成》第282—283页
66	元宁	正光五年（524年）	正光五年（524年）十一月十五日辛酉	/	《集成》第248—249页
67	元茂	正光六年（525年）正月八日	正光六年（525年）三月十七日辛酉	3个月	《集成》第259页
68	元显魏	正光六年（525年）二月七日	孝昌元年（525年）十月二十六日丁酉	9个月	《集成》第264—265页
69	元焕	孝昌元年（525年）七月四日	孝昌元年（525年）十一月八日己酉	5个月	《集成》第265—266页
70	元遵	孝昌元年（525年）八月十四日	孝昌元年（525年）十一月二十日辛酉	4个月	《集成》第275—276页
71	元则	孝昌元年（525年）十一月二十九日	孝昌二年（526年）闰月（闰十一月）七日壬寅	1年2个月（含1个闰月）	《集成》第308—309页
72	元寿安	孝昌二年（526年）	孝昌二年（526年）十月十九日乙酉	/	《集成》第297—298页
73	元乂	孝昌二年（526年）三月二十日	孝昌二年（526年）七月二十四日辛酉	5个月	《集成》第288—289页
74	元过仁	孝昌二年（526年）三月二十二日	孝昌二年（526年）三月二十七日丙寅	1个月	《集成》第287页
75	元晔	孝昌二年（526年）六月十八日	孝昌三年（527年）二月二十七日庚申	10个月（含1个闰月）	《集成》第316—317页

续表

编号	宗室	死亡时间	下葬时间	殡期	出处
76	元斑	孝昌二年（526年）七月二十八日	孝昌二年（526年）十月十九日乙酉	4个月	《集成》第296—297页
77	元朗	孝昌二年（526年）九月戊申	孝昌二年（526年）闰十一月十九日甲申	4个月（含1个闰月）	《集成》第310—311页
78	元融	孝昌二年（526年）季秋之末（九月底）	孝昌三年（527年）二月二十七日庚申	7个月（含1个闰月）	《集成》第317—318页
79	元渊	孝昌二年（526年）十月二日	孝昌三年（527年）十一月二十五日甲申	1年3个月（含1个闰月）	《集成》第332—334页
80	元子豫	孝昌二年（526年）闰十一月廿二日	孝昌三年（527年）三月十日癸酉	5个月（含1个闰月）	《集成》第320页
81	元举（景昇）	孝昌三年（527年）三月二十七日	武泰元年（528年）二月廿一日己酉	1年	《集成》第339—340页
82	元固	孝昌三年（527年）九月二日	孝昌三年（527年）十一月二日辛酉	3个月	《集成》第329页
83	元暐	孝昌三年（527年）十月二十日	武泰元年（528年）三月十六日癸酉	6个月	《集成》第341—342页
84	元举（长融）	孝昌三年（527年）十一月二十九日	武泰元年（528年）三月十六日癸酉	5个月	《集成》第320页
85	元延明	梁大通二年（528年）三月十日	太昌元年（532年）七月二十八日庚申	4年7个月（含2个闰月）	《集成》第422—424页
86	元悌	武泰元年（528年）四月十三日	建义元年（528年）六月十六日壬寅	3个月	《集成》第344—345页
87	元邵	武泰元年（528年）四月十三日	建义元年（528年）七月五日庚申	4个月	《集成》第346页
88	元彝	武泰元年（528年）四月十三日	建义元年（528年）七月六日辛酉	4个月	《集成》第349—350页
89	元均之	武泰元年（528年）四月十三日	建义元年（528年）七月六日辛酉	4个月	《集成》第348—349页
90	元宥	武泰元年（528年）四月十三日	建义元年（528年）七月十八日癸酉	4个月	《集成》第358—359页
91	元端	武泰元年（528年）四月十三日	建义元年（528年）七月十七日壬申	4个月	《集成》第354—355页
92	元诞	武泰元年（528年）四月十三日	建义元年（528年）七月十七日壬申	4个月	《集成》第357—358页
93	元子永	武泰元年（528年）四月十三日	永安元年（528年）十一月二十日癸酉	8个月	《集成》第384—385页

续表

编号	宗室	死亡时间	下葬时间	殡期	出处
94	元顺	建义元年（528年）四月十三日	建义元年（528年）七月五日庚申	4个月	《集成》第347—348页
95	元瞻	建义元年（528年）四月十三日	建义元年（528年）七月六日辛酉	4个月	《集成》第350页
96	元谭	建义元年（528年）四月十三日	建义元年（528年）七月六日辛酉	4个月	《集成》第351—352页
97	元信	建义元年（528年）四月十三日	建义元年（528年）七月十二日丁卯	4个月	《集成》第352—353页
98	元悛	建义元年（528年）四月十三日	建义元年（528年）七月十二日丁卯	4个月	《集成》第353页
99	元愔	建义元年（528年）四月十三日	建义元年（528年）七月十二日丁卯	4个月	《集成》第353—354页
100	元瓛	建义元年（528年）四月十三日	建义元年（528年）七月十七日壬申	4个月	《集成》第355—356页
101	元湛	建义元年（528年）四月十三日	建义元年（528年）七月十八日癸酉	4个月	《集成》第360—361页
102	元略	建义元年（528年）四月十三日	建义元年（528年）七月十八日癸酉	4个月	《集成》第359—360页
103	元廞	建义元年（528年）四月十三日	建义元年（528年）七月十八日癸酉	4个月	《集成》第360—361页
104	元昉	建义元年（528年）四月十三日	建义元年（528年）七月三十日丙戌	4个月	《集成》第364页
105	元毓	建义元年（528年）四月十三日	建义元年（528年）七月三十日丙戌	4个月	《集成》第364—365页
106	元子正	建义元年（528年）四月十三日	建义元年（528年）八月二十四日己酉	5个月	《集成》第367页
107	元显	建义元年（528年）四月十三日	建义元年（528年）八月二十四日己酉	5个月	《集成》第367页
108	元周安	建义元年（528年）四月十三日	建义元年（528年）九月七日辛酉	6个月	《集成》第369—370页
109	元钦	建义元年（528年）四月十三日	永安元年（528年）十一月八日癸酉	8个月	《集成》第376—377页
110	元诞业	建义元年（528年）四月十三日	永安元年（528年）十一月八日癸酉	8个月	《集成》第376页
111	元昂	建义元年（528年）四月十三日	永安元年（528年）十一月八日癸酉	8个月	《集成》第375页
112	元道隆	建义元年（528年）四月十三日	永安元年（528年）十一月十八日癸未	8个月	《集成》第382页

续表

编号	宗室	死亡时间	下葬时间	殡期	出处
113	元礼之	建义元年（528年）四月十三日	永安元年（528年）十一月二十日癸酉	8个月	《集成》第383—384页
114	元维	建义元年（528年）四月十三日	永安二年（529年）三月九日庚申	1年	《集成》第388—389页
115	元馗（道明）	建义元年（528年）四月十三日	永安二年（529年）三月九日庚申	1年	《集成》第387—388页
116	元泰	建义元年（528年）四月十三日	永安三年（530年）二月十四日庚申	2年（含1个闰月）	《元泰墓志考释》
117	元汎略	建义元年（528年）四月十三日	孝昌三年（527年）六月十三日（墓志所写年份有误）	/	《集成》第324—325页
118	元液	建义元年（528年）四月十四日	永安三年（530年）二月十三日己未	2年（含1个闰月）	《集成》第402—403页
119	元继	永安元年（528年）十月壬子	永安二年（529年）八月十二日辛酉	1年（含1个闰月）	《集成》第390—391页
120	元袭	永安二年（529年）六月二十一日	太昌元年（532年）十一月十九日己酉	3年8个月（含2个闰月）	《集成》第435—436页
121	元恩	永安二年（529年）七月三日	永安二年（529年）十一月十九日丙申	6个月（含1个闰月）	《集成》第397—398页
122	元弼（思辅）	永安二年（529年）七月二十一日	普泰元年（531年）八月十一日戊申	2年3个月（含1个闰月）	《集成》第413页
123	元祉	永安二年（529年）十一月二十一日	永安三年（530年）二月十四日庚申	4个月	《元祉墓志考释》
124	元颢	永安三年（530年）七月二十一日	太昌元年（532年）八月二十三日甲申	2年3个月（含1个闰月）	《集成》第425—426页
125	元顼	永安三年（530年）七月二十七日	太昌元年（532年）八月二十三日甲申	2年3个月（含1个闰月）	《集成》第424—425页
126	元天穆	永安三年（530年）九月二十五日	普泰元年（531年）八月十一日戊申	1年	《集成》第411—412页
127	元诲	永安三年（530年）十二月三日	普泰元年（531年）三月廿七日丁酉	4个月	《集成》第409—410页
128	元彧	永安三年（530年）十二月三日甲辰	不详	/	《集成》第994—996页
129	元徽	永安三年（530年）十二月五日	太昌元年（532年）十一月十九日己酉	2年1个月（含1个闰月）	《集成》第438—440页
130	元恭	永安三年（530年）十二月	太昌元年（532年）十一月十九日己酉	2年1个月（含1个闰月）	《集成》第437—438页
131	元馗（孝道）	普泰元年（531年）六月二十九日	太昌元年（532年）十一月十九日己酉	1年7个月（含1个闰月）	《集成》第440页

续表

编号	宗室	死亡时间	下葬时间	殡期	出处
132	元禹	普泰元年（531年）四月二十日	太昌元年（532年）十一月十九日己酉	1年9个月（含1个闰月）	《集成》第429—430页
133	元文	不详	太昌元年（532年）十一月十九日己酉	/	《集成》第436—437页
134	元肃	不详	永熙二年（533年）二月二十六日甲申	/	《集成》第451页
135	元爽	永熙二年（533年）二月二十五日	永熙二年（533年）十一月二十五日己酉	10个月	《集成》第458页
136	元钻远	永熙二年（533年）二月二十七日	永熙二年（533年）十一月二十五日己酉	10个月	《集成》第459页

表格中著录的论著名缩写对应如下：《集成》=王连龙：《南北朝墓志集成》，上海人民出版社，2021年；《元祉墓志考释》=吴业恒：《北魏元祉墓志考释》，《洛阳考古》2017年第4期；《元泰墓志考释》=杨振威：《洛阳新出北魏元泰墓志考释》，《中原文物》2019年第5期。

二、孝文帝的丧礼改革

从《魏书》《资治通鉴》记载的北魏帝王死葬日期（表二）看，大致以孝文帝为界限，可观察到前后发生的一些变化。孝文帝以前诸位帝王的殡期长短并不一致。孝文帝之后，除河阴之变后被先后拥立的孝庄帝元子攸、节闵帝元恭、孝武帝元脩等傀儡皇帝外，孝文、宣武、孝明三帝下葬都在死亡月份后的第二个月，似受一定礼制制约。

这一转变或许并不是偶然现象。太和年间孝文帝即着手推动丧礼改革，采纳鼓吹助丧、虎贲班剑、挽歌送丧等汉晋旧制[1]。冯太后死后孝文帝意欲恢复上古三年之丧，与当时北魏诸多要臣辩论服丧事宜。史载当时上书请奏的大臣包括北魏重要宗室如安定王元休、齐郡王元简、咸阳王元禧、河南王元羽、颍川王元雍、始平王元勰、北海王元详、东海王元丕以及司徒尉元、司空穆亮、尚书左仆射陆睿等，试图劝阻孝文帝放弃实行三年之丧。元休等引汉魏故事：

是以君薨而即位，不暇改年；逾月而即葬，岂待同轨；葬而即吉，不必终丧。此乃二汉所以经论治道，魏晋所以纲理政术。[2]

是以二汉已降，逮于魏晋，葬不过逾月，服不淹三旬。[3]

[1] 高二旺：《丧礼改革视野下的北魏孝文帝汉化政策》，《中南民族大学学报（人文社会科学版）》2009年第3期，第62—65页。

[2] 《魏书》卷一〇八《礼志四》，中华书局，1974年，第2778页。

[3] 《魏书》卷一〇八《礼志四》，中华书局，1974年，第2779页。

其中就包括援引“逾月而即葬”这一汉魏君王殡期的规定。西汉历代帝王除却文帝遗诏当月而葬，昭帝、元帝、哀帝三月而葬外，其余高帝、惠帝、景帝、武帝、宣帝、成帝皆“逾月而葬”，即殡期为两个月。无论其时北魏诸臣对汉魏故事的认知与历史上西汉、曹魏帝王实际的死葬时间是否相符，从北魏诸臣奏文中可见在汉化趋势下官僚集团观念已以“二汉已降，逮于魏晋，葬不过逾月，服不淹三旬”为丧礼施行之准绳。

以汉魏制度作为皇帝丧礼方式的基本原则在北朝已经奠定[1]。况且孝文帝死后丧礼更是由汉人大儒刘芳一手撰定，“高祖自袭敛暨于启祖、山陵、练除，始末丧事，皆芳撰定”[2]，表明皇帝本人的丧礼亦吸收不少汉人传统礼仪，无疑具有垂范后世的重要意义。那么我们有理由认为孝文帝之后北魏帝王的殡期趋同，皆为逾月而葬并非偶然，殡期的确定作为丧礼的一部分亦应来源于汉晋旧制，是孝文一朝丧礼改革的成果。

表二 北魏帝王的死葬时间与殡期

帝王	死亡时间	下葬时间	殡期
道武帝拓跋珪	天赐六年（409年）十月戊辰	永兴二年（410年）九月甲寅	1年1个月（含1个闰月）
明元帝拓跋嗣	泰常八年（423年）十一月己巳	泰常八年十二月庚子	2个月
太武帝拓跋焘	正平二年（452年）三月甲寅	正平二年三月辛卯	1个月
景穆帝拓跋晃	正平元年（451年）六月戊辰	正平元年六月壬申	1个月
文成帝拓跋濬	和平六年（465年）五月癸卯	和平六年八月	4个月
献文帝拓跋弘	承明元年（476年）六月辛未	承明元年六月壬申	1个月
孝文帝元宏	太和二十三年（499年）四月丙午朔	太和二十三年五月丙申	2个月
宣武帝拓元恪	延昌四年（515年）正月丁巳	延昌四年二月甲午	2个月
孝明帝元诩	武泰元年（528年）二月癸丑	武泰元年三月乙酉	2个月

然而除却北朝文献对帝王凶礼仪注的片语，王公大臣的凶礼丧纪则近乎不可知。太和十九年（495年）的一条诏书透露出有关元姓宗室丧礼的些许信息：

朕宗室多故，从弟谐丧逝，悲痛摧割，不能已已。古者大臣之丧，有三临之礼，此盖三公已上。至于卿司已下，故应。自汉已降,多无此礼。朕欲遵古典，哀感从情，虽以

[1] 吴丽娱：《终极之典：中古丧葬制度研究》，中华书局，2012年，第9页。

[2] 《魏书》卷五五《刘芳传》，中华书局，1974年，第1221页。

尊降伏，私痛宁爽。欲令诸王有期亲者为之三临，大功之亲者为之再临，小功、缌麻为之一临。[1]

这一条诏书至少包含了两点重要信息。其一，孝文帝将宗室诸王分为有期亲者、大功亲者、小功、缌麻等，是华夏丧礼中基于血缘亲疏远近对亲属内部进行分割的五服制的内容。其二，皇帝为宗室临丧吊祭的次数，取决于宗室与帝系血缘关系的远近，各有不同的丧礼待遇。孝文帝之所以以五服制为尺度分配宗室死后荣誉，与太和十六年（492年）“改降五等”有密切关系。《魏书》载其诏令内容曰：“制诸远属非太祖子孙及异姓为王皆降为公，公为侯，侯为伯，子男仍旧，皆除将军之号。”[2]这一改革消灭了拓跋鲜卑酋邦时代直勤制度下拓跋氏族成员的平等关系[3]，北魏宗室一分为二形成远属和亲属之别。在此基础上，孝文帝又进一步设定等级，太和十七年（493年）“宴四庙子孙于宣文堂，帝亲与之齿，行家人之礼”[4]，对五服子孙特别优待。

因此，固然《魏书》以神元帝力微全体后裔作为宗室范畴，但我们并不能忽视孝文以来对宗室结构的调整和重塑，由此看似整体一块的北魏宗室内部形成了结构分化，宗室各支系成员在政治上占据了等级不等的爵位和官职，得到的礼制待遇也因此不等。除却上文所提皇帝亲临的死后哀荣不同外，北魏宗室的北邙葬地规划亦与血缘亲疏远近相关。太和二十三年（499年），孝文帝择瀍西而葬，以为长陵。然其对北邙陵区的规划早在埋葬文昭皇后时就已产生[5]。宿白认为长陵左前方海拔250至300米等高线之间的高地是瀍东最为重要的墓区，埋葬道武至孝文七脉的子孙，而道武以上子孙则远离这块高地，分散到下方或边缘地带[6]。宿白还在注中指出这或与孝文朝“诸王非道武子孙者，例降爵为公”相关，后付龙腾亦支持这一观点[7]。当我们循此思路对孝文帝时期以来下葬的北魏宗室的殡期进行考察，便可发现背后的规律和线索。

三、洛阳北魏宗室殡期的分类

据前所述，孝文帝时期，宗室大体上已划分为非道武子孙和道武子孙两大阵营，又

[1] 《魏书》卷二〇《广川王略传》，中华书局，1974年，第526—527页。

[2] 《魏书》卷七《高祖纪》，中华书局，1974年，第169页。

[3] 罗新：《北魏直勤考》，《历史研究》2004年第5期，第24—38、189页。

[4] 《魏书》卷七《高祖纪》，中华书局，1974年，第171—172页。

[5] 刘连香：《北魏冯熙冯诞墓志与迁洛之初陵墓区规划》，《中原文物》2016年第3期，第82—89页。

[6] 宿白：《北魏洛阳城和北邙陵墓——鲜卑遗迹辑录之三》，《文物》1978年第7期，第42—52、100页。

[7] 付龙腾：《略论北朝陵寝制度的发展阶段》，《考古与文物》2021年第1期，第113—121页。

以五服制确立宗室的范畴。据五服理论，随世代的发展，至宣武帝即位时宗室范畴断至景穆帝，孝明帝即位则要断至文成帝。景穆子孙在理论上至孝明一朝时，便要被排斥在服纪之外成为远属，但景穆后裔在各系中人数众多，且迁洛之后景穆各支成员颇得重用，成为北魏政治的重要构成。若孝明帝将景穆后裔全部除服，无疑会动摇北魏统治的根基，因此有研究者认为孝文帝死后大规模的宗室辨族逐渐趋于停止[1]，故至孝明朝景穆后裔实际应还在宗室范围内，依然享受宗室的政治待遇。但不可否认孝文以后，道武、明元、太武后裔已随世代推移与当世皇帝血缘关系疏而又疏，更遑论在孝文朝就已成远属的非道武子孙。

在目前洛阳出土的北魏宗室墓志中，可依世系的不同分为平文、昭成、道武、明元、太武、景穆、文成、献文、孝文九系。再根据宗室亲疏与各脉系实际政治发展情况的不同，我们可将现有墓志所见宗室划分为两类（表三）。

（一）第一类：宗室远属

包括平文、昭成、道武、明元、太武子孙，可称之为宗室远属。按照死亡方式和殡期的不同，可以划分为三型。

A型 正常死亡，即墓志与文献中皆未见因政治斗争因素身亡者。根据死亡地点和殡期的不同，可以划分为三亚型。

Aa型 非异地死亡，即死于都城洛阳，殡期多在七至九个月之间，亦有以上者。例如元侔、元悦、元珍、元晖、元秀殡期皆为 7 个月，元晭殡期为 8 个月，元孟辉殡期为 9 个月。此外，元爽殡期为 10 个月，元鉴殡期为 11 个月，元继殡期为 1 年，元弼（思辅）、元昭殡期为 2 年 3 个月，较为特殊。

Ab型 非异地死亡，即死于都城洛阳，殡期少于七月。例如元广、元朗殡期为 4 个月。

Ac型 异地死亡，即死亡地点与埋葬地点洛阳不一致。例如“薨于中山”的元遵死葬间隔为 4 个月，“薨于长安公馆”的元暐死葬间隔为 6 个月，“薨于州（上洛）之中堂”的元绪死葬间隔为 9 个月，“死于汝南郡治所”的元敷、“卒于官（齐州平东府中兵参军）”的元则死葬间隔为 1 年，死于北征之战中的元懿殡期为 1 年 8 个月。

B型 因政治因素如河阴之变等政治事件非正常死亡。例如元诞、元悌殡期为 3 个月，元悛、元愔、元信、元均之、元宥、元祉、元显殡期皆为 4 个月，元乂、元恩殡期为 5 个月，元维、元馗（道明）、元天穆殡期为 1 年，元禹殡期跨 2 年。

C型 因迁葬、合葬、二次葬、无官无爵等因素导致殡期不具备礼制意义。如死时先葬于旧茔，若干年后迁葬至新茔，而墓志为迁葬时新立，致使志文所录死葬时间往往间隔很长，例如元倪死葬间隔为 26 年 10 个月，元引死葬间隔跨 24 年，元睿死葬间隔为 2

[1] 刘军：《论鲜卑拓跋氏族群结构的演变》，《内蒙古社会科学》2011 年第 1 期，第 43—47 页。

年 2 个月。此外，元渊殡期为 1 年 3 个月，据考，元渊虽为葛荣所杀，然胡太后朝廷却将其认定为降贼，未赐哀荣且褫夺爵位，后赖故吏宋游道奔走上诉其家人方才得释，才将元渊遗体迎回洛阳完成安葬，此时距元渊死亡已过去一年有余[1]。元仙殡期为 1 年 7 个月，元仙为明元乐安简王元良一系，墓志载“（正光）四年二月廿七日甲申，葬于景陵之东阿”，其兄元斆于正光三年二月二十日死于汝南郡治所，亦于同日下葬，墓志均出土于今洛阳城北后李村，可推测元仙死后未及时下葬以待其兄徙柩于洛阳后同时下葬，因此殡期长至 1 年 7 个月。元过仁殡期为 1 个月，其墓志载“魏故处士元君墓志”，可见元过仁并未出仕。元过仁速葬或许与其无官无爵有关。

（二）第二类：宗室近属

包括景穆、文成、献文、孝文子孙，可称之为宗室近属。按照死亡方式和殡期的不同，可以划分为三型。

A型　正常死亡，即未因政治斗争因素身亡者。根据死亡地点和殡期的不同，可以划分为四亚型。

Aa型　非异地死亡，殡期在三至四个月。例如元简、元羽、元彦、元琛、元斌、元茂殡期皆为 3 个月，元演、元飏、元珽殡期皆为 4 个月，元祐殡期为 2 个月，较为特殊。

Ab型　非异地死亡，殡期在五至六个月。例如元始和、元灵曜、元谧、元子直、元焕、元举、元子豫殡期皆为 5 个月，元诠、元怀殡期为 6 个月。

Ac型　非异地死亡，殡期在六个月以上。例如元璨殡期为 8 个月，元譿、元崇业、元显魏殡期为 9 个月，元晔殡期为 10 个月，元思殡期为 11 个月，元举（景昇）殡期为 1 年，元宝月殡期为 1 年 8 个月，元瓒殡期为 3 年 2 个月。

Ad型　异地死亡。例如“薨于邺”的元桢死葬间隔为 4 个月，“薨于位（定州刺史）”的元固死葬间隔为3个月，“薨于（扬州）州治”的元嵩死葬间隔为5个月，“薨于军所（秦州治所汧城）”的元寿安殡期为 6 个月，死于定州战役的元融死葬间隔为 7 个月，“薨于州（夏州刺史）”的元彬死葬间隔8个月，“薨于官（定州刺史）”的元鸾死葬间隔为9个月，“终于位（东魏郡太守）”的元钻远死葬间隔为 10 个月，“薨于（汲郡）郡庭”的元冏死葬间隔为 1 年 4 个月。

B型　因政治事件如河阴之变等非正常死亡。例如元勰殡期为 3 个月，元瞻、元顺、元谭、元谳、元昉、元毓、元端、元湛、元邵、元彝、元略、元廞、元诲殡期皆为 4 个月，元子正殡期为 5 个月，元礼之、元子永、元钦、元诞业、元昂、元道隆殡期皆为 8 个月，元馗（孝道）殡期为 1 年 7 个月，元液、元泰殡期为 2 年，元袭殡期为 3 年 8 个月，

---

[1]　徐冲：《元渊之死与北魏末年政局——以新出元渊墓志为线索》，《历史研究》2015 年第 1 期，第 38—53、189—190 页。

元恭、元徽殡期为2年1个月，元项、元颢殡期为2年3个月。

C型 因迁葬、合葬、二次葬、无官无爵等因素导致殡期不具备礼制意义。例如“处士”元显儁殡期为2个月，在正始初年因高肇谗言而暴死，至永平元年昭雪埋葬的元详殡期为4年8个月，待妻梁氏死后徙殡与之合葬的元遥殡期为2年1个月，投降南朝梁的元延明死后间隔4年7个月归葬洛阳，元怿殡期为5年7个月，元诱殡期为5年5个月，元熙、元纂、元晫殡期跨6年，元熙及其子元晫、女元义华，元诱、元纂皆正光年遇害，孝昌元年与元怿一同平反，于同一天重新安葬。

通过以上分类，我们可以建立起一些基本认识。

第一，我们注意到部分宗室存在殡期过长或过短的现象。这一现象至少有以下两点成因：其一，在一、二类C型中，因迁葬、合葬、二次葬等因素导致无法按期依礼埋葬者，其卒、葬时间往往相隔很长，那么通过卒葬时间间隔所计算出的“殡期”则不具备太强的礼制意义，因此在后续对北魏宗室殡期礼制的分析中可将此类别略去。其二，死于王事或外任的异地死亡者的殡期并不能从死亡时间开始计算，异地死亡者通常要将棺柩迁回京师洛阳后，即丧主所在地，丧葬的环节与流程才得以真正开始举办和执行。

元绪墓志详细地记载了宗室异地死亡迁柩还京至下葬的过程：

春秋五十九，以正始四年正月寝患，二月辛卯朔八日戊戌薨于州之中堂。臣僚惨噎，百姓若丧其亲。夏四月廿七日迁柩于东都。吏民感恋，扶榇执绋，号咷如送于京师者二千人。诸王遣候，宾友奉迎者，轩盖相属于路。五月廿七日达京，殡于第之朝堂。朝廷愍惜，主上悼怀。诏遂赠本官，其赗襚之礼厚加焉。粤十月丙辰朔卅日乙酉葬于洛阳城之西北，祔茔于高祖孝文陵之东。[1]

五月二十七日棺柩到达洛阳，殡于宅第朝堂后，朝廷才开展死后赠官、赗襚等礼仪。

北齐文宣帝高洋丧葬时，《北齐书》本纪载：

（天保十年）冬十月甲午，帝暴崩于晋阳宫德阳堂，时年三十一。……癸卯发丧，敛于宣德殿。十一月辛未，梓宫还京师。十二月乙酉，殡于太极前殿。乾明元年二月丙申，葬于武宁陵，谥曰文宣皇帝，庙号威宗。[2]

从上引史料看，异地卒亡者殡礼的举办并非在死亡之初，而是棺柩还达丧主所在京

[1] 王连龙：《南北朝墓志集成》，上海人民出版社，2021年，第81—82页。

[2] 《北齐书》卷四《文宣纪》，中华书局，1972年，第67页。

师之后。

那么从棺柩达京开始计算，又正始四年十月丙辰为闰月，元绪的实际殡期应为7个月。

又如元寿安墓志“军次汧城，弥留寝疾，薨于军所……五月十一日薨还京师，二宫轸悼于上，百辟奔走于下……越孝昌二年岁次丙午十月丁卯朔十九日乙酉，迁窆于瀍水之东”，那么从五月十一日开始计算，元寿安殡期为6个月。

又如元悫墓志“其年十月迁柩洛阳……以孝昌元年十二月辛未朔二日壬申，迁窆西芒长陵之东”，则殡期为1年8个月。

以此类推，我们可以结合墓志志文所载徙柩于洛阳的时间，将非因政治斗争异地死亡者的殡期重新进行计算，但由于绝大多数墓志因志文未书徙柩于洛阳的具体时间，如元敷、元则、元渊、元彬、元鸾、元融、元固等墓志，因此该部分墓志所示卒葬时间间隔可能长于实际殡期，在后续分析中需要考虑到这一点而不能直接使用这部分墓志资料。

第二，河阴之变尔朱荣大肆屠杀北魏宗室，出土的北魏宗室墓志所见罹于此难者共计有33人，这些宗室成员的殡期呈现出集中化、同质化的特点，许多宗室成员甚至在同日埋葬，与以往宗室的埋藏行为大相径庭，因此应分别对河阴之变前后北魏宗室埋葬行为进行分析。以河阴之变为界，北魏宗室殡期礼制的执行方式呈现出明显的区隔。

四、洛阳北魏宗室殡期礼制的分期

根据以上对北魏宗室殡期的分类以及纪年，可以河阴之变为界限，将洛阳北魏宗室殡期礼制划分为早、晚两期，又各可细分为早、晚两段。早期是洛阳北魏宗室殡期礼制执行得较好的时期，晚期的殡期礼制则逐渐变形而走向崩坏。宗室与当世皇帝的血缘远近、身份等级先后成为殡期礼制执行的基础，在尔朱氏、高欢控制北魏政权期间，血缘亲疏、身份等级皆不能够成为宗室殡期执行的标准，许多出身、官品不同的宗室的殡期与葬日混同，北魏宗室殡期礼制由此崩坏。

（一）早期早段

此段时间为太和二十年（496年）至正光四年（523年），即孝文帝宗室改制至六镇叛乱以前。孝文帝借鉴汉礼“五服制”的内容，根据与当世皇帝服纪远近将宗室分为远属和近属。宗室近属的殡期短于7个月，又多数在3—4个月之间，而宗室远属的殡期则长于7个月，较多地落在7—9个月之间（表三）。

表三 早期早段宗室爵位、职品、殡期及墓志尺寸一览表

<table>
<tr><th rowspan="2"></th><th rowspan="2">宗室</th><th rowspan="2">爵位</th><th rowspan="2">官职</th><th rowspan="2">官品</th><th colspan="3">殡期</th><th rowspan="2">墓志尺寸（高 × 宽，单位：厘米）</th></tr>
<tr><th>3—4 月</th><th>5—6 月</th><th>7 月及以上</th></tr>
<tr><td rowspan="15">宗室近属</td><td>元桢[1]</td><td>南安王</td><td>侍中、征西大将军、开府、长安镇都大将、雍州刺史</td><td>从一品</td><td>4</td><td></td><td></td><td>71×71</td></tr>
<tr><td>元简</td><td>齐郡王</td><td>太保</td><td>一品</td><td>3</td><td></td><td></td><td>73×33（残）</td></tr>
<tr><td>元羽</td><td>广陵王</td><td>太子太保、特进、卫将军</td><td>二品</td><td>3</td><td></td><td></td><td>55×51.2</td></tr>
<tr><td>元勰</td><td>彭城王</td><td>侍中、征西大将军、太师</td><td>一品</td><td>3</td><td></td><td></td><td>62.5×59.5</td></tr>
<tr><td>元彦</td><td>乐陵王</td><td>都督幽州诸军事、冠军将军、幽州刺史</td><td>三品</td><td>3</td><td></td><td></td><td>56.5×56.5</td></tr>
<tr><td>元琛</td><td>开国县伯</td><td>右卫将军、散骑常侍、金紫光禄大夫</td><td>从二品</td><td>3</td><td></td><td></td><td>80.5×46.5</td></tr>
<tr><td>元祐</td><td>齐郡王</td><td>都督泾州诸军事、征虏将军、泾州刺史</td><td>从三品</td><td>2</td><td></td><td></td><td>59.2×62.8</td></tr>
<tr><td>元斌</td><td></td><td>襄威将军、大宗正丞</td><td>从六品</td><td>3</td><td></td><td></td><td>66×66</td></tr>
<tr><td>元演</td><td></td><td>卫尉少卿</td><td>四品</td><td>3</td><td></td><td></td><td>65×59</td></tr>
<tr><td>元飏</td><td></td><td>左中郎将、显武将军</td><td>四品</td><td>4</td><td></td><td></td><td>54×50</td></tr>
<tr><td>元始和</td><td>早卒，未封爵</td><td>/</td><td>/</td><td></td><td>5</td><td></td><td>43×41</td></tr>
<tr><td>元诠</td><td>安乐王</td><td>尚书左仆射</td><td>从二品</td><td></td><td>6</td><td></td><td>78.5×77.5</td></tr>
<tr><td>元譓</td><td></td><td>羽林监、直阁将军</td><td>六品</td><td></td><td></td><td>9</td><td>61×63</td></tr>
<tr><td>元灵曜</td><td></td><td>射声校尉、镇远将军、右军将军、骁骑将军、尚书殿中侍郎</td><td>四品</td><td></td><td>5</td><td></td><td>76×76</td></tr>
<tr><td>元谧</td><td>贞景王</td><td>大司农、都官尚书、安南将军</td><td>三品</td><td></td><td>5</td><td></td><td>99×101.6</td></tr>
</table>

[1] 元桢异地死亡，实际殡期短于 4 个月。

续表

	宗室	爵位	官职	官品	殡期			墓志尺寸（高 × 宽，单位：厘米）
					3—4月	5—6月	7月及以上	
宗室远属	元鉴	武昌王	都督齐徐二州诸军事、征虏将军、齐徐二州刺史	三品			11	43 × 45.8
	元绪[1]	乐安王	都督洛州诸军事、龙骧将军、洛州刺史	三品			7	66 × 68
	元淑[2]		平北将军、肆朔燕三州刺史、都督二道诸军事、平城镇将	三品			9	53 × 27
	元侔		太尉府参军事	从四品			7	48 × 30
	元悦	乐安王	尚书郎中、太尉掾属	从五品			7	71 × 76
	元珍		车骑将军、尚书左仆射	二品			7	71.4 × 66.6
	元晖		侍中、卫大将军、尚书左仆射	二品			7	67 × 67.8
	元賄		陈郡太守	四品—六品			8	68.5 × 67.5
	元孟辉	晋阳男	给事中	从六品			9	52 × 53.8
	元秀		赠都督洛州诸军事、龙骧将军、洛州刺史	三品以下			7	66.5 × 66.5

可以看出，宗室近属的殡期短于 7 个月，较多地落在 3—4 个月之间，宗室远属的殡期则集中于 7—9 个月之间。此时段埋葬的宗室近属共有 16 位，殡期最短者为元祐，殡期为 2 个月，最长者为元譿，殡期为 9 个月，有 10 位宗室殡期皆在 3—4 个月，占比达 62.5%。此时段埋葬的宗室远属共有 10 位，殡期在 7—9 个月共 9 位，占比高达 90%，仅有元鉴殡期为 11 个月，未落在此范围之内。由此我们推测，宗室近属倾向于使用 3—4 个月较短的殡期，而宗室远属只能使用 7—9 个月的长殡期。

如前所述，孝文帝分氏定族与改降五等后，宗室远属的政治发展普遍落后于近属，那么远属与近属殡期长短的分野是否还受到其本身身份等级的影响？

[1] 元绪异地死亡，实际殡期为 7 个月。

[2] 元淑葬于平城。

在使用3—4个月短殡期的10位近属中，有6位授爵为王，官品皆在三品及以上。然而也有3位无爵且官品在四品及以下者。另有3位封王、官品在三品及以上者殡期在5—6个月。元譿为献文皇帝之后，虽为宗室近属，然仅为六品官职，且墓志、史传中皆不载其事迹，或是无事迹可载，可见其身份并不高，或许是其殡期长于一般宗室近属的缘故。在使用7—9个月长殡期的10位远属中，有2位封王、官品三品，还有2位从二品官员，这些宗室远属爵位、官职居于显要之位，而殡期却与未封爵、官品较低的宗室远属无明显区别。

因此，可以认为宗室殡期首先受到血缘亲疏的影响，其次，在宗室近属中，封王、官品在三品及以上的宗室倾向于使用3—4个月的短殡期。但在实际操作中这一礼制也会出现弹性，一是封王宗室出于某种未知原因延长殡期，二是会出现一些身份等级并不高的宗室近属缩短殡期埋葬的行为，虽然宗室的殡期受到一定礼制约束，但并非是严苛的制度规定。

（二）早期晚段

此段时间为正光五年（524年）至孝昌三年（527年）。宣武、孝明在位时期，有意提拔出服宗室以对抗近宗亲王，远属势力重新抬头。经过宣武帝相对稳定的统治时期后，孝明帝在位的正光、孝昌年间国家变乱，死于这一时期的宗室颇多，宗室远属与近属的殡期产生了较大的变动，远属开始使用之前近属才能使用的短殡期，无论近宗还是远宗，以三品为界限，三品及以上者倾向于使用短于7个月的殡期，三品以下则使用长于7个月的殡期（表四）。

表四 早期晚段宗室爵位、职品、殡期及墓志尺寸一览表

	宗室	爵位	官职	官品	殡期			墓志尺寸（高×宽，单位：厘米）
					3—4月	5—6月	7月及以上	
宗室近属	元茂		平南将军府功曹参军	七品	3			52.8×52.1
宗室近属	元珽		左军将军、司州治中	从四品	4			48×48
宗室近属	元固[1]		金紫光禄大夫、太常卿、镇北将军、常侍	从二品	3			59.5×59.5

[1] 元固异地死亡，实际殡期短于3个月。

续表

	宗室	爵位	官职	官品	殡期			墓志尺寸（高 × 宽，单位：厘米）
					3—4 月	5—6 月	7 月及以上	
宗室近属	元子直	真定县开国公	都督梁州诸军事、冠军将军、梁州刺史	从三品		5		78 × 77.6
	元焕	广川王	宁朔将军、谏议大夫	从四品		5		82.4 × 85
	元寿安[1]		卫大将军、散骑常侍、都督雍州诸军事、开府仪同三司、雍州刺史、秦州都督、尚书左仆射	从一品		6		86.8 × 86.8
	元举（长融）		员外散骑侍郎	七品		5		47.4 × 50
	元子豫		给事中	从六品		5		/
	元融[2]	章武王	卫将军、车骑将军、左将军	二品			7	84 × 84.5
	元崇业		宁朔将军、员外散骑常侍	从四品			9	52 × 52
	元璨		辅国将军、太常少卿	从三品			8	72 × 72
	元宝月	临洮王	赠都督秦州诸军事、平西将军、秦州刺史	三品以下			1 年 8 个月	70 × 66
	元显魏		宁远将军、司徒掾属	五品			9	59 × 58.5
	元晔		骠骑大将军府从事中郎	五品			10	57 × 61
	元举（景昇）		员外散骑侍郎	七品			1 年	42 × 44

[1] 元寿安异地死亡，实际殡期为 6 个月。

[2] 元融异地死亡，实际殡期短于 7 个月。

续表

	宗室	爵位	官职	官品	殡期			墓志尺寸（高 × 宽，单位：厘米）
					3—4 月	5—6 月	7 月及以上	
宗室远属	元遵[1]	淮南王	散骑常侍、平北将军、都督定州诸军事、定州刺史	三品	4			73 × 73
	元朗[2]		安西将军、都督迴镇卫关	三品	4			52.5 × 52.5
	元乂	江阳王	骠骑大将军、仪同三司、尚书令，侍中	从一品		5		82 × 81.3
	元暐[3]	南平王	都督秦州诸军事、安西将军、秦州刺史、镇西将军	从二品		6		83.4 × 84
	元悫[4]		襄威将军	从六品			1 年 2 个月	50 × 50

相较于孝文、宣武帝在位时期，远属开始使用之前近属才能使用的短殡期。如元遵，道武皇帝五世孙，殡期短于 4 个月；元朗，明元皇帝曾孙，殡期为 4 个月；元暐，道武皇帝六世孙，殡期为 6 个月；元乂，道武皇帝五世孙，殡期为 5 个月。

这些宗室远属皆为三品及以上高官，其中元遵、元朗、元暐都为出镇北魏重要州镇的刺史或将领。元遵出任都督定州诸军事、定州刺史，死于孝昌元年定州等地起义之乱中。元朗任安西将军、都督迴镇卫关，据赵万里《汉魏南北朝墓志集释》，迴镇疑怀荒镇别称，元朗或在镇压关陇羌人起义中战殁[5]。元暐，《册府元龟》载："纂弟之子武贞王仲冏，孝文时出为辅国将军、光州刺史。遭母忧还。孝昌末，除秦州刺史。"[6]仲冏即暐之字，《魏书·萧宝夤传》云："（萧宝夤）又杀都督南平王仲冏。是月（孝昌三年十月）遂反，僭举大号，赦其部内，称隆绪元年，立百官。"[7]元遵、元朗、元暐皆在北魏末年六镇

[1] 元遵异地死亡，实际殡期短于 4 个月。

[2] 元朗异地死亡，实际殡期短于 4 个月。

[3] 元暐异地死亡，实际殡期短于 6 个月。

[4] 元悫异地死亡，实际殡期为 1 年 2 个月。

[5] 赵万里：《汉魏南北朝墓志集释》，科学出版社，1956 年，第 92 页。

[6] （宋）王钦若等编撰，周勋初等校订：《册府元龟》卷二百八十，凤凰出版社，2006 年，第 3170 页。

[7] 《魏书》卷五九，中华书局，1974 年，第 1323 页。

之乱中因平定地方而死于国事，于国有功。

而元义在灵太后时期左右朝政，权倾一时，后虽因人密告谋反被孝明帝赐死于家中，但元义被赐死后丧事规格并未受到影响，墓志言“皇太后亲临哭弔，哀动百寮。自薨及葬，赗赠有加。遣中使监护丧事。赐朝服一袭，蜡三百斤，赠布绢一千三百匹。钱卌万，祠以太牢，给东园轀车，挽歌十部。赐以明器，发卒卫从，自都及墓”。经考古调查，元义墓为斜坡墓道砖室墓，规模甚大，墓道长 30 米，墓室南北长 7.5 米，东西宽 7 米，且墓室东西各开一耳室，形制颇特殊[1]。

这些宗室远属在这一时期受到重用和提携，或执掌州镇藩卫王室，或专政一时，实际上都与孝文帝以来对元魏宗室宗族制改造所形成的新的利益结构相关，宣武、孝明皇帝在不同程度上都有意拉拢、重用宗室疏族以对抗近支辅政宗王。

在早期晚段中，血缘亲疏远近对殡期长短的影响没有身份等级来得显著。殡期短于 7 个月的宗室共有 13 位，其中包括异地死亡的元融，其实际殡期很可能短于 7 个月，三品及以上官员共有 7 位，此外，元子直、元焕虽官不及三品，但分别封授有从一品开国县公、一品王爵，或是其使用短殡期的原因。殡期在 7 个月及以上的宗室共有 7 位，此外元宝月生前官职不明，而死后赠官为三品，根据北魏赠官通常在二级以下范围内升级的规定[2]，则其生前官职可能为四品至五品。那么除元融外，这些殡期长于 7 个月的宗室皆为三品以下官员。由此我们可以推测，这一时期三品为殡期礼制的分界线，但在实际执行中仍然会出现僭越逾矩者，如元茂，生前官职为七品，却使用了时长 3 个月的短殡期。

此外，这一时期墓志尺寸所反映的等级制度亦能为以上认识提供旁证。三品及以上官员的墓志尺寸在 70 厘米见方以上，而三品以下则在 55 厘米左右见方以下。由于孝文帝官制改革后爵官一体化，按后《职员令》王爵为一品，封王者墓志尺寸较同官品者加大。如元焕官为从四品，但袭爵广川王，墓志尺寸超过 80 厘米见方。

（三）晚期早段

此段时间为武泰元年（528 年）至永安三年（530 年）。武泰元年（528 年）四月发生河阴之变。在本文所录 33 方罹难河阴的宗室墓志中，除元汎略下葬时间记录错误、无法确知外，大多数宗室于建义元年（528 年）下葬，其余人员则在永安年间（528—530 年）下葬。另外，还有一些宗室卒葬于永安年间。河阴之变尔朱荣屠戮元氏宗室，以始蕃王为起点发展出来的家族支系特别是家庭主导了河阴死者殡期、葬日的择定甚至墓志的制作，同一家族支系或家庭的宗室成员同日在家族墓地中安葬，宗室殡期已与血缘远近、

[1] 洛阳博物馆：《河南洛阳北魏元乂墓调查》，《文物》1974 年第 12 期，第 53—55、95 页。按，元乂墓未经正式考古发掘，早年考古调查所获相关数据可能与实际有所出入。

[2] （日）窪添慶文：《关于北魏的赠官》，《文史哲》1993 年第 3 期，第 81—83、74 页。后收入氏著《魏晋南北朝官僚制研究》，复旦大学出版社，2017 年，第 162—177 页。

身份等级关系不大。

目前学界对河阴之变遇难的北魏宗室关注较多，墓志尤其补充了正史不载罹难于河阴的宗室成员及其生平，相关研究开展较早，成果颇丰，主要集中于历史学研究方面[1]，关注北魏宗室在河阴之变中具体的政治遭遇，或关注墓志出土地以推及宗室各支系的家族墓地，但尚未从下葬时间视角分析这一时期北魏宗室的埋葬情况。可据下葬时间先后大致将这些河阴罹难宗室分为两批（表五）：第一批下葬时间为建义元年（528年）六月至九月，七月下葬者最多；第二批下葬时间为永安年间，建义元年（528年）九月改年号为永安，永安元年（528年）十一月下葬者最多。在此基础上，我们把卒葬时间均在永安年间的宗室列为第三批。同一支系或同一家庭的宗室成员葬日往往相同或相邻。此外需要说明的是，由于房支概念在北朝时人的家族观念中还未产生，要至更晚的唐代初期才建立起来，故文中不以房支称某一帝系始蕃王后裔，而以世系、支系等较为客观的词指称。

[1]（日）窪添慶文：「河陰の変小考」，『東洋史論叢：榎博士頌寿記念』，汲古書院，1988年，第123—139页。中文版收入氏著《魏晋南北朝官僚制研究》，复旦大学出版社，2017年，第393—409页。陈爽：《河阴之变考论》，《中国社会科学院历史研究所学刊（第四集）》，商务印书馆，2007年，第309—344页。刘连香：《民族史视野下的北魏墓志研究》，文物出版社，2017年。罗新：《中国国家博物馆藏北魏元则、元宥墓志疏解》，《中国历史文物》2007年第2期，第22—28页。郭妍：《北魏末年的政局演变与元魏宗室的分化——基于北朝墓志的历史考察》，中国社会科学院硕士学位论文，2016年。张俏：《元魏宗室墓志研究：以安葬地、墓志叙事中的河阴之变事件为中心》，湘潭大学硕士学位论文，2020年。恕不一一列举。

表五　晚期早段宗室爵位、职品、殡期、葬地及墓志尺寸一览表

批次	支系	宗室	爵位	官职	官品	卒日	葬日	殡期	葬地（墓志出土地）	墓志尺寸（单位：厘米）
第一批	孝文广平王元怀	元悌	广平王	中军将军、大鸿胪卿、护军将军	从二品	武泰元年四月十三日	建义元年六月十六日壬寅	3个月	张羊村北	60×59.3
	孝文清河王元怿	元邵	常山王	卫将军、河南尹	二品	武泰元年四月十三日	建义元年七月五日庚申	4个月	盘龙冢村	97×97
	景穆任城王元云	元顺	东阿县开国公	征南将军、右光禄大夫、尚书左仆射	二品	武泰元年四月十三日	建义元年七月五日庚申	4个月	柿园村西北	58.4×57
		元彝	任城王	骁骑将军、通直散骑常侍	四品	武泰元年四月十三日	建义元年七月六日辛酉	4个月	柿园村	49×52
		元瞻		金紫光禄大夫、散骑常侍、抚军将军	从二品	武泰元年四月十三日	建义元年七月六日辛酉	4个月	柿园村西	84×83.5
	明元乐安王元良	元均之		赵郡太守	四品—六品	武泰元年四月十三日	建义元年七月六日辛酉	4个月	徐家沟村与安驾沟村之间	48.4×11.2
		元宥		前将军、武卫将军	三品	武泰元年四月十三日	建义元年七月七月十八日癸酉	4个月	安驾沟村	50.3×50
	昭成常山王元遵	元信		司空府参军事	从四品	武泰元年四月十三日	建义元年七月十二日丁卯	4个月	陈凹村西	52×51.2

续表

批次	支系	宗室	爵位	官职	官品	卒日	葬日	殡期	葬地（墓志出土地）	墓志尺寸（单位：厘米）
第一批	昭成常山王元遵	元悛		国子学生	/	武泰元年四月十三日	建义元年七月十二日丁卯	4个月	陈凹村	56.5×57
		元愔		司空府参军事、员外郎	从四品	武泰元年四月十三日	建义元年七月十二日丁卯	4个月	不详	59.3×57.8
		元诞		处士	/	武泰元年四月十三日	建义元年七月十七日壬申	4个月	护驾沟南	51×53
	献文赵郡王元干	元谭	城安县开国侯	安西将军、秦州刺史	三品	武泰元年四月十三日	建义元年七月六日辛酉	4个月	不详	82.5×83
		元瓛	平乡县开国男	左将军、太中大夫、常侍	三品	武泰元年四月十三日	建义元年七月十七日壬申	4个月	不详	81.5×80
		元昉		给事中	从六品	武泰元年四月十三日	建义元年七月三十日丙戌	4个月	安家沟村	53.3×54.5
		元毓	赵郡王	通直散骑常侍	四品	武泰元年四月十三日	建义元年七月三十日丙戌	4个月	徐家沟村北	55×55
	景穆中山郡王元英	元略	东平王	尚书令	二品	武泰元年四月十三日	建义元年七月十八日癸酉	4个月	安驾沟村北	65.2×67.4
		元廞		辅国将军、通直散骑常侍	从三品	武泰元年四月十三日	建义元年七月十八日癸酉	4个月	安驾沟村北	65.9×65

续表

批次	支系	宗室	爵位	官职	官品	卒日	葬日	殡期	葬地（墓志出土地）	墓志尺寸（单位：厘米）
第一批	景穆南安王元桢	元湛		廷尉卿	三品	武泰元年四月十三日	建义元年七月十八日癸酉	4个月	安驾沟村北	58.5×58.5
	献文高阳王元雍	元端	安德郡开国公	散骑常侍、镇军将军、金紫光禄大夫	从二品	武泰元年四月十三日	建义元年七月十七日壬申	4个月	后沟村东	70×69
	献文彭城王元勰	元子正	始平郡王	侍中、骠骑大将军、司徒、尚书令	一品	武泰元年四月十三日	建义元年八月二十四日己酉	5个月	东陡沟村大平冢	81×80
	平文	元显		武卫将军、北道大使	从三品	武泰元年四月十三日	建义元年八月二十四日己酉	5个月	不详	55×56
	景穆汝阴王元天赐	元周安	浚仪县开国男	通直散骑常侍、龙骧将军	从三品	武泰元年四月十三日	建义元年九月七日辛酉	6个月	南陈庄村	58.5×58.5
第二批	景穆阳平王元新成	元钦	钜平县开国侯	侍中、司空	一品	武泰元年四月十三日	永安元年十一月八日癸酉	8个月	张羊村北	82×85
		元诞业		襄威将军、员外散骑侍郎	从六品	武泰元年四月十三日	永安元年十一月八日癸酉	8个月	不详	58×56
		元昂		宁朔将军、步兵校尉、直阁将军	从四品	武泰元年四月十三日	永安元年十一月八日癸酉	8个月	不详	48×47.5
		元道隆		伏波将军、司空府参军事	从四品	武泰元年四月十三日	永安元年十一月十八日癸未	8个月	朝阳村	46.8×47.5

续表

批次	支系	宗室	爵位	官职	官品	卒日	葬日	殡期	葬地（墓志出土地）	墓志尺寸（单位：厘米）
第二批	文成齐郡王元简	元礼之		军主	七品？	武泰元年四月十三日	永安元年十一月二十日癸酉	8个月	陈庄村西南陵	44.4×43.8
		元子永		员外散骑常侍	五品	武泰元年四月十三日	永安元年十一月二十日癸酉	8个月	陈庄村西南陵	44×44
	道武京兆王元黎？	元维		大宗正丞	七品	武泰元年四月十三日	永安二年三月九日庚申	1年	后海资村东	51×51
	道武河南王元曜	元馗（道明）		安西将军、东秦州刺史、北华州刺史、当州都督	三品	武泰元年四月十三日	永安二年三月九日庚申	1年	前海资村东南	48×51
	景穆京兆王元子推	元液		征虏将军、平北将军别将	从三品	武泰元年四月十三日	永安三年二月十三日己未	2年	瓦店村西	62×73
	献文高阳王元雍	元泰		散骑常侍、镇东将军、太常卿	三品	武泰元年四月十三日	永安三年二月十四日庚申	2年	不详	62×62
第三批	道武京兆王元黎	元继	江阳王	太尉、太师	一品	永安元年十月壬子	永安二年八月十二日辛酉	1年	大杨树村	63×69
	明元乐安王元范	元恩		员外散骑侍郎	七品	永安二年七月三日	永安二年十一月十九日丙申	6个月	安家沟村	45×45
	昭成	元祉	平原王	骠骑大将军、仪同三司	从一品	永安二年十一月二十一日	永安三年二月十四日庚申	4个月	苗南村	82×82

第一批下葬者有 22 人，下文以皇帝世系为顺序展开说明其情况。

孝文一脉，元悌、元邵为目前所见罹难河阴的宗室中安葬最早的两位。尔朱荣入洛后对孝文子孙及孝文兄弟子孙格外重视，在杀害元钊后，“乃以铜铸高祖及咸阳王禧等六王子孙像，成者当奉为主，惟庄帝独就”[1]，元悌又是孝文帝的嫡系子孙。此外，元悌死亡时兄弟在世者有元诲、元脩，元邵死亡时兄弟在世者有元亶。元悌、元邵的出身及家庭在朝中的政治地位，当是最早得以安葬的原因。

景穆一脉元顺、元彝兄弟皆为任城王元澄子，分别在建义元年七月五日庚申、六日辛酉下葬，兄弟分两日下葬的原因可能系五日、六日都为利葬吉日[2]，葬地都在洛阳市城西柿园村，这一葬地以任城王元云长子即元顺、元彝之父元澄入葬最早。元瞻与元顺、元彝为叔侄关系，葬地都在一处，也于六日下葬。

元略、元廞兄弟为中山王元英子，都在建义元年七月十八日癸酉下葬，葬地都在洛阳市城北安驾沟村北。

昭成一脉，元诞、元信、元悛、元愔皆为常山王元遵之后。元悛、元愔为亲兄弟，元信与元悛、元愔为叔侄，三人皆于建义元年七月十二日丁卯下葬。元信葬地在洛阳市城北陈凹村西，与元悛葬地西陈凹村似还有一定距离，但应属于同一家族茔域内。而元诞与元信、元悛、元愔在血缘关系上已然较远，与元悛、元愔祖父为堂兄弟关系，故元诞未与其他昭成一脉常山王元遵之后同日埋葬，而单独葬于建义元年七月十七日。

献文一脉，元谭、元谳兄弟皆为赵郡王元干之子，元谭在建义元年七月六日下葬，元谳在建义元年七月十八日下葬。元毓、元昉兄弟父元谧袭爵赵郡王，兄弟二人皆在建义元年七月三十日下葬。元毓袭爵赵郡王，起家即为四品官通直散骑常侍，元昉起家仅为从六品给事中，但兄弟二人墓志尺寸却相差无几。相似的情况还有昭成一脉的元悛、元愔兄弟，元悛仅为国子学生，而元愔时任司空府参军事，为从四品官，两人墓志不仅尺寸相差无几，在写作格式、语言习惯以及书法上亦十分相类，应是同一人所为。此外，明元皇帝一脉中，元均之墓志与其堂兄弟元尚之墓志一样皆为柱形，在本时期墓志中罕见。

第二批下葬者有 10 人。永安元年十一月集中安葬一批河阴死者。元钦、元诞业、元昂、元道隆皆为阳平王元新成之后。元诞业为元钦子，元钦任“抚军将军”，元诞业为“抚军府主簿”。元钦与元道隆为叔侄关系，元道隆又与元昂为叔侄，元钦任“司空”，元道隆即在元钦府上任“司空府录事参军”。元钦、元诞业、元昂皆在十一月八日同天下葬，元道隆于同月十八日下葬，似未埋葬在阳平王元新成家族茔地范围内。

永安年间埋葬者除元钦、元馗（道明）、元泰官在三品及以上外，其余皆在三品以下，

---

[1] 《魏书》卷七十四《尔朱荣传》，中华书局，1974 年，第 1647 页。

[2] 详本文“五、洛阳北魏宗室葬日的择定”。

或表明永安年间第二批下葬的宗室普遍官职不高。此外，景穆一脉京兆王元子推后裔元液墓志出土于瓦店村西，埋葬地点较为特殊。据研究，京兆王一支家族茔地集中于后海资村[1]，元液未归葬家族茔地，且埋葬时间在河阴死者中较晚，原因不明。

从罹难河阴的北魏宗室的埋葬行为观察，中央对河阴死者殡期礼制、墓志等级制度的控制力度有所松动，而以始蕃王为起点发展出来的家族支系特别是家庭主导了殡期、葬日的择定甚至墓志的制作，进一步地说，家庭在丧礼中作用上升。宗室殡期已与血缘远近、身份等级关系不大，各宗室多以家庭为单位择定同一时日在家族墓地中集体埋葬，在制作墓志时，甚至还会出现家庭单元内部官职高低不同但墓志尺寸相类的现象，这或许由于河阴之变后朝廷的控制力下降，追求丧礼经济快捷所致。与之相对应的是墓葬等级制度的破坏，528 年河阴之变发生以后，在宣武一朝业已形成的土洞墓与砖室墓的等级区别遭到摧毁，帝陵以下的纪年墓中就未发现砖室墓，而本适用于砖室墓的宗室、高等级官吏，在仓皇之中改用相对简易的土洞墓[2]。

在河阴死者外，卒葬均在永安年间的第三批下葬者有元继、元恩、元祉 3 人。经过河阴之变破坏的宗室殡期礼制并未得以恢复。元继封江阳王，生前官至一品，且死亡时其子元罗居尚书右仆射之位，殡期却长达一年，于永安二年八月才下葬，当是因为永安二年五月元颢入洛导致洛中大乱所致，七月元颢兵败，此后元继才得以葬于洛阳之西山。元恩死葬时其父新兴王元弼尚在，元弼为其题墓志铭，墓志载“父母恋仁子之永穸，故刊石表功，以彰厥德”，亦很有可能主持了元恩的葬礼，至亲尚在且为朝中权贵或许是元恩得以及时安葬的原因。据刘军考，元祉的种种事迹表明其与尔朱兆交好[3]，那么元祉能够仅在停殡 4 个月后下葬，除了自身的身份等级外，或许亦离不开身为尔朱兆亲党的缘故。

（四）晚期晚段

此段时间为建明元年（530 年）至永熙三年（534 年）。河阴之变后，尔朱荣控制朝政，尔朱氏政治集团失败后，高欢又控制了北魏政权。北魏末年国家实际的政治军事权力先后掌握在尔朱氏、高欢手中，绝大多数宗室成员死于非命。在孝文、宣武、孝明三朝，除却特殊情况宗室的殡期一般不会超过一年，而这一时期元氏宗室殡期最显著的特点是普遍甚长，在一年以上，仅有很少的宗室成员得以在一年内及时安葬。此外，同日集体安葬也是一值得注意的现象（表六）。

[1] 王玥：《北魏邙山陵区墓葬葬地研究》，吉林大学硕士学位论文，2022 年，第 27 页。

[2] 倪润安：《光宅中原：拓跋至北魏的墓葬文化与社会演进》，上海古籍出版社，2022 年，第 242 页。

[3] 刘军：《新出北魏元祉墓志再探讨》，《洛阳考古》2018 年第 3 期，第 60—65 页。

表六 晚期晚段宗室爵位、职品、殡期及墓志尺寸一览表

	宗室	爵位	官职	官品	卒日	葬日	殡期	墓志尺寸（单位：厘米）
明元裔	元弼（思辅）	新兴王	侍中、征北大将军、尚书右仆射、司州牧	二品	永安二年七月二十一日	太昌元年十一月十九日	2年3个月	47×46
景穆裔	元馗（孝道）		司空府参军事	从四品	普泰元年六月二十九日	太昌元年十一月十九日	1年7个月	44×44
道武裔	元禹		骠骑将军、左光禄大夫	二品	普泰元年四月二十日	太昌元年十一月十九日	1年9个月	52×52
景穆裔	元袭		平东将军、颍川太守	三品	永安二年六月二十一日	太昌元年十一月十九日	3年8个月	50×52
景穆裔	元恭	平阳县开国子	尚书左仆射	从二品	永安三年十二月	太昌元年十一月十九日	2年1个月	72.3×72.3
景穆裔	元徽	城阳王	侍中、大司马、太尉	一品	永安三年十二月五日	太昌元年十一月十九日	2年1个月	56×58
献文裔	元顼	东海郡王	车骑将军、侍中、尚书左仆射	二品	永安三年七月二十七日	太昌元年八月二十三日	2年3个月	67×73
献文裔	元颢	北海王	散骑常侍、抚军将军、徐州刺史	从二品	永安三年七月二十一日	太昌元年八月二十三日	2年3个月	64×69
孝文裔	元诲	范阳王	车骑将军、尚书左仆射	二品	永安三年十二月三日	普泰元年三月二十七日	4个月	71.5×71.5
平文裔	元天穆	上党王	骠骑大将军、开府仪同三司	从一品	永安三年九月二十五日	普泰元年八月十一日	1年	82.2×82.2
景穆裔	元钻远		东太原太守、齐州东魏郡太守	四品—六品	永熙二年二月二十九日	永熙二年十一月二十五日	10个月	61.5×62
道武裔	元爽		散骑常侍、征东将军、金紫光禄大夫、卫将军	二品	永熙二年二月二十五日	永熙二年十一月二十五日	10个月	82.5×82.5

太昌元年（532 年）十一月十九日集中安葬有元弼、元馗（孝道）、元禹、元袭、元恭、元徽。其中仅有元弼（思辅）可能系正常死亡，元馗（孝道）遇害于尔朱天光，元禹遇害于叛民王恶毡，元袭因助元颢叛乱为尔朱氏所杀，元恭遇害于晋阳，元徽亦因尔朱兆遇害。在这一批集中安葬的宗室中，大多数因为尔朱氏所不容而见杀，532 年 4 月，高欢清除尔朱氏残党，改立孝武帝元脩，同年十一月，葬孝庄帝元子攸于静陵，但史未载其葬日，十一月辛卯朔，十九日为己酉日，同月利葬吉日还有六日丙申、七日丁酉、十八日戊申，前二者在上旬，因此我们推测孝庄帝葬日大概率在十八日或亦在十九日，依据将在后文葬日部分进行说明。无独有偶，罹难于河阴以及普泰元年（531 年）"诸杨之难"的弘农杨氏亦于太昌元年十一月十九日得以集体归葬祖茔，史载："顷之，表请解职还葬。一门之内，赠太师、太傅、丞相、大将军者二人，太尉、录尚书及中书令者三人，仆射、尚者五人，刺史、太守者二十余人。追荣之盛，古今未之有也。及丧柩进发，吉凶仪卫亘二十余里，会葬者将万人。"[1]这一时期高欢政权对孝庄帝、元氏宗室、弘农杨氏归葬的许可甚至支持，可能系高欢取代尔朱氏掌控朝政后安抚宗室与大族、笼络人心的举措。

在晚期晚段中，殡期短于一年者仅有元诲、元钻远、元爽。元诲为孝文系武穆王元怀子，为尔朱兆所害，普泰元年二月尔朱兆立元恭为帝，元恭为孝文弟广陵王元羽子，北魏末年帝位易换的政治意涵与尊崇孝文帝法统有关[2]，格外注重孝文血统，元恭与元诲为叔侄关系，元诲得以于普泰元年三月及时安葬或与其孝文子孙的出身有关系。元钻远墓志志文表明，季弟昭业为其撰墓志铭，其兄弟晖业、昭业两人主持了元钻远的葬礼，元晖业入东魏后，天平二年（535 年）即迁司空，得到高欢的重用，或许此前便与高欢结好，那么在高欢掌权时元晖业便得以及时为其弟举办葬礼。元爽为道武江阳王元继后裔，元爽死亡时，兄弟在世者有元罗、元蛮，其时元罗从尚书令出为梁州刺史，主持葬礼者当为其弟元蛮，元蛮武定末位至光禄卿，其家族在北魏末至东魏仍有一定政治地位，当是元爽得以及时安葬的重要原因。

这一时期北魏政权先后掌握在尔朱氏、高欢两大军事集团手中，元氏宗室多遭迫害，多数宗室不能得到及时安葬，部分得以及时安葬者或与其政治背景有关。高欢执政时期，对见杀于尔朱氏的宗室进行同日集体埋葬，可能系稳定政局、笼络人心的举措。

---

[1] 《北齐书》卷三四《杨愔传》，中华书局，1972 年，第 455 页。

[2] 何德章：《北魏末帝位异动与东西魏的政治走向》，《魏晋南北朝隋唐史资料》第 18 辑，武汉大学出版社，2001 年，第 51—62 页。

五、洛阳北魏宗室葬日的择定

洛阳北魏宗室墓志中对下葬日期的干支纪日记录颇详，部分未见干支纪日者也可据陈垣《二十史朔闰表》[1]补充。我们对洛阳北魏宗室墓志中葬日所在的旬、干支纪日出现次数及占比分别进行统计，并分别归纳为表七、表八、表九，除去未记下葬日期及志文书写有误者共 7 例，有效数据共 129 例。此外，为更好地说明情况，我们额外地对宗室以外人群的葬日进行统计，以随机抽样的方式择取 50 方北魏洛阳墓志（表一〇）[2]，同样分别统计葬日所在的旬、干支纪日出现次数及占比，结果如下（表一一、表一二、表一三）。

表七　洛阳北魏宗室葬日在各旬出现次数及占比

	上旬	中旬	下旬	合计
葬日出现次数	33	58	38	129
占比	26%	45%	29%	100%
葬日出现次数（去除河阴死者）	20	45	32	97
占比（去除河阴死者）	21%	46%	33%	100%

表八　洛阳北魏宗室葬日支日出现次数及占比

支日	酉日	申日	卯日	寅日	戌日	未日	午日	辰日	巳日	子日	丑日	亥日	合计
出现次数	73	41	5	3	2	2	1	1	1	0	0	0	129
占比	56%	32%	4%	2%	1.5%	1.5%	1%	1%	1%	0%	0%	0%	100%

表九　洛阳北魏宗室葬日在各旬出现次数及占比

刚日	甲	丙	戊	庚	壬	合计
出现次数	23	5	2	11	8	49

[1]　陈垣：《二十史朔闰表》，中华书局，1962 年。

[2]　据王连龙《南北朝墓志集成》，收录 2018 年前国内外刊行出版金石著书、学术文集及著作论文中公开发表的南北朝墓志，其中北魏墓志共 605 方，编号为 1—605，本文随机抽样即在编号 1—605 中进行，如抽取到元氏宗室、志文未书葬日者或墓志非洛阳及附近地区出土者，则依次顺延编号以至获取有效样本。

续表

占比	18%	4%	1.5%	8.5%	6%	38%
柔日	乙	丁	己	辛	癸	合计
出现次数	15	7	21	21	16	80
占比	12%	5.5%	16%	16%	12.5%	62%

表一〇　随机抽样的50方洛阳北魏墓志

序号	《集成》编号	墓志志主	卒日	葬日
1	36	冯诞	太和十九年二月廿二日	太和十九年五月四日壬申
2	37	冯熙	太和十九年正月廿四日	太和十九年十二月月二十六日庚申
3	50	韩显宗	太和廿三年四月一日	太和廿三年十二月廿六日丁酉
4	52	元禧妾申屠氏	不详	景明元年二月廿八日戊戌
5	57	赵谧	不详	景明二年十月廿四日乙酉
6	58	元澄妃李氏	景明二年九月三日	景明二年十一月十九日己酉
7	67	张整	景明四年十月廿一日	景明四年十一月廿五日癸酉
8	81	寇臻	正始二年二月十七日	正始三年三月廿六日辛卯
9	86	冯聿	正始三年三月廿日	正始三年十一月廿九日庚申
10	88	奚智	不详	正始四年三月十三日壬申
11	101	王理奴	永平元年六月八日	永平元年十一月六日乙酉
12	102	元继妃石婉	不详	永平元年十一月廿三日壬寅
13	121	斛斯谦	永平四年五月廿七日	永平四年十月廿三日乙酉
14	123	王琚妻郭氏	永平四年八月廿一日	永平四年十一月十七日己酉
15	130	封昕	永平五年三月廿四日	永平五年四月十三日癸酉
16	132	冠军将军夫人刘氏	延昌元年三月廿五日	延昌元年四月三日癸亥
17	135	鄯乾	永平五年正月四日	延昌元年八月廿六日甲申

续表

序号	《集成》编号	墓志志主	卒日	葬日
18	142	元恪贵华夫人王普贤	延昌二年四月廿二日	延昌二年六月二日乙酉
19	166	山晖	不详	延昌四年三月十八日辛酉
20	167	王祯	延昌三年四月十日	延昌四年三月廿九日壬申
21	177	元谧妃冯会	不详	熙平元年八月二日庚申
22	179	吴光	熙平元年七月十六日	熙平元年八月廿六日庚申
23	189	吐谷浑玑	熙平元年六月廿日	熙平元年十一月廿一日甲申
24	193	兰幼标	熙平元年八月十四日	熙平元年十一月廿二日乙酉
25	198	赵盛及妻索始姜	不详	熙平二年二月廿三日甲寅
26	220	邓羡妻李璩兰	太和廿一廿十一月廿日	神龟元年十二月九日庚申
27	225	寇演	神龟元年七月廿七日	神龟二年二月廿三日癸酉
28	233	元遥妻梁氏	不详	正始元年八月十日甲申
29	246	穆亮妻尉氏	神龟二年十一月十日	神龟三年六月卅日壬申
30	252	元氏妻赵光	正光元年七月廿日	正光元年十月廿一日辛酉
31	256	刘滋	永平三年六月	正光元年十一月三日癸酉
32	288	冯邕妻元氏	正光三年四月	正光三年十月廿五日甲申
33	312	王基	正光三年二月廿四日	正光四年十月廿日癸酉
34	324	刘道斌	正光四年正月时日	正光五年二月廿一日壬申
35	335	韩玫	正光五年四月廿七日	正光五年七月廿四日壬申
36	349	元悦妃冯季华	正光五年三月卅日	正光五年十一月十四日甲子
37	358	甄凯	正始四年二月二十七日	正光六年正月二十七日壬申
38	374	剧市	不详	孝昌元年十一月廿日辛酉

续表

序号	《集成》编号	墓志志主	卒日	葬日
39	380	元诱妻薛伯徽	正光二年四月廿四日	孝昌元年十一月廿日辛酉
40	391	贾祥	孝昌二年二月十日	孝昌二年二月廿七日丙申
41	396	伏君妻昝双仁	孝昌二年五月廿六日	孝昌二年五月廿九日丁卯
42	403	秦洪	不详	孝昌二年十月十八日甲申
43	404	侯刚	孝昌二年三月十一日	孝昌二年十月十月十八日甲申
44	475	陆绍	武泰元年四月十三日	建义元年七月十七日壬申
45	501	源模	孝昌二年七月十三日	永安元年十一月八日辛酉
46	508	王翊	永安元年十二月廿日	永安二年二月廿七日己酉
47	536	赫连悦	普泰元年五月十八日	普泰元年七月十四日壬午
48	553	于祚妻和丑仁	太昌元年九月廿一日	太昌元年十月廿四日甲申
49	575	张太和	太昌元年六月九日	太昌元年十一月十九日己酉
50	591	石育及戴夫人	永熙二年三月七日	永熙二年十一月廿五日己酉

表一一　随机抽样洛阳北魏墓志葬日在各旬出现次数及占比

	上旬	中旬	下旬	合计
葬日出现次数	9	14	27	50
占比	18%	28%	54%	100%

表一二　随机抽样洛阳北魏墓志葬日在支日出现次数及占比

支日	酉日	申日	卯日	寅日	戌日	午日	子日	亥日	巳日	未日	丑日	辰日	合计
出现次数	21	21	2	2	1	1	1	1	0	0	0	0	50
占比	42%	42%	4%	4%	2%	2%	2%	2%	0%	0%	0%	0%	100%

表一三　随机抽样洛阳北魏墓志葬日在干日出现次数及占比

刚日	甲	丙	戊	庚	壬	合计
出现次数	9	1	1	5	10	26
占比	18%	2%	2%	10%	20%	52%
柔日	乙	丁	己	辛	癸	合计
出现次数	5	2	5	6	6	24
占比	10%	4%	10%	12%	12%	48%

据以上诸表可以观察到两点规律，不仅适用于元氏宗室，亦符合宗室以外包括异姓高级官吏、一般官吏、女性在内的其他群体：

葬日在各旬出现的次数集中在中旬和下旬。在北魏宗室的葬日中，上旬出现次数最少但与下旬的次数接近。但值得注意的是，宗室葬日在上旬者有 13 人死于河阴之变。如前所述，河阴死者的埋葬与宗室通常的埋葬习惯不同，若在统计中去除河阴死者的异常值，葬日上旬者共有 20 人，占比 21%，葬日主要集中于中旬，次而下旬。

葬日在酉日、申日出现次数为绝对多数，其他支日虽有出现，但次数为绝对少数，具有偶然性。在宗室葬日中，酉日、申日分别出现 73 次和 41 次，占比分别为 56%和 32%，在宗室以外人群葬日中，酉日、申日皆出现 21 次，合计占比高达 84%。

以上两项规律在统计结果上表现得十分突出，并非巧合，若没有一定的观念制约，很难出现此规律。

首先来看葬日集中在中旬、下旬。

《魏书》载熙平二年十二月丁未（二十日）灵太后与元澄、崔亮商议禘祭事宜，在择定禘祭日期时称：

> 《礼》云“吉事先近日”，脱不吉，容改筮三旬。寻摄太史令赵翼等列称，正月二十六日祭亦吉。请移禘祀在中旬十四日，时祭移二十六日，犹曰春禘，又非退义。[1]

可知，其时择定祭祀等礼仪举行的日期是通过占卜进行的。《礼记 · 曲礼上》云：“凡卜、筮日，旬之外曰远某日，旬之内曰近某日。丧事先远日，吉事先近日。”[2]首先占卜到的正月中旬十四日是吉日，而更远一点的下旬二十六日也是吉日。结合《魏书》中卜定

[1] 《魏书》卷一〇八《礼志四》，中华书局，1974 年，第 2766 页。

[2] （清）孙希旦撰，沈啸寰、王星贤点校：《礼记集解》卷四，中华书局，1989 年，第 92 页。

禘祭吉事的实际情况，如果要坚持吉事先近日，而近日又要在旬之内的原则，那么十二月丁未卜定禘祭日期则先卜本月下旬，由此才可获至“不吉”的占卜结果，从而改筮下月三旬。那么结合葬日在不同旬中出现次数的统计数据，我们有理由推测北魏时期卜定丧事亦依《礼记》中“丧事先远日”的记载。“旬之外曰远某日”，孔颖达疏曰：“丧事……今月下旬先卜来月下旬，不吉，卜中旬，又不吉，卜上旬……以来月之下旬与上旬分远近也。”[1]北魏洛阳墓志所见多以申、酉两支日进行埋葬活动。若在某一月卜定葬日，则首先会占卜到来月的下旬，由于十天干与十二地支循环搭配，则一旬之中不一定会出现申、酉两支，若来月的下旬没有酉、申两日，则葬日一定会落到中旬的酉、申两日，所以葬日一定会在下旬或中旬之间，以上旬某日为葬日者，或未据“丧事先远日”择定葬日。

在《仪礼》《礼记》中，还有关于择定葬日天干的标准。《仪礼·士虞礼》云：“始虞，用柔日。”[2]关于“虞”，《礼记·檀弓下》云：“葬日虞，弗忍一日离也。”[3]又《礼记·曲礼上》云：“外事以刚日，内事以柔日。”[4]葬属内事用柔。孔颖达疏曰：“甲、丙、戊、庚、壬五奇，刚也。……乙、丁、己、辛、癸五偶为柔也。”[5]则属于柔日的干日包括乙、丁、己、辛、癸，属于刚日的干日包括甲、丙、戊、庚、壬。刘绪统计《春秋》《左传》中葬日所用干日情况，认为“春秋时期葬日用柔日是确凿无疑的”[6]，葬用柔日似可上溯到商代[7]。

洛阳北魏宗室的葬日中，柔日出现共80次，占比62%，而刚日出现49次，占比38%，虽以柔日为多，但在择日时并非严格地避开刚日。而在随机抽样的50方洛阳北魏墓志中，刚日和柔日出现次数和占比几乎一致，亦没有发现明显的葬日刚日不用的倾向。结合两项统计数据，我们可以认为北魏时期葬日的择定并不采用《仪礼》《礼记》中用柔日而不用刚日的原则。

再看葬日支日的统计数据，申、酉两日绝对多数的出现次数表明，在北魏时人的观念中，申、酉两支应是适宜埋葬的吉日。那么，为什么在十二地支中唯有申、酉两支被视为吉日？

近几十年考古出土秦汉《日书》文献中发现有关择日的资料，其中一种为“建除”，

---

[1] （清）孙希旦撰，沈啸寰、王星贤点校：《礼记集解》卷四，中华书局，1989年，第92—93页。

[2] （清）阮元校刻：《十三经注疏·仪礼注疏》卷四三，中华书局，2009年，第2543页。

[3] （清）孙希旦撰，沈啸寰、王星贤点校：《礼记集解》卷十，中华书局，1989年，第260页。

[4] （清）孙希旦撰，沈啸寰、王星贤点校：《礼记集解》卷四，中华书局，1989年，第92页。

[5] （清）孙希旦撰，沈啸寰、王星贤点校：《礼记集解》卷四，中华书局，1989年，第92页。

[6] 刘绪：《春秋时期丧葬制度中的葬月与葬日》，《考古学研究（二）》，北京大学出版社，1994年，第189—200页。

[7] 徐雁宇：《商周秦汉葬日制度研究》，南京大学硕士学位论文，2011年，第10页。

这种择日法自秦汉至唐代文书中仍有沿袭[1]。“建除”包含两点基本内容，其一即建除十二值建、除、盈、平、定、执、破、危、成、收、开、闭与每年各月地支纪日相配，正月以寅日为建，除卯，盈辰，平巳，定午，执未，破申，危酉，成戌，收亥，开子，闭丑，二月以卯日为建，三月则以辰日为建。建为十二值之首，建日确定以后其后十一值就可依次推出，十二日周而复始。其二，各建除日各对应不同事务的吉凶宜忌。

徐雁宇统计汉代至唐代出土文献中建除日及其对应的埋葬吉凶判词，发现申日和酉日出现葬吉频率最多，而丑日、辰日未出现葬吉判词，以地支对应至十二值则是建日和收日不葬，盈日、开日、危日、破日宜葬，随后徐雁宇还据《战国秦汉人物葬日表》对汉代人物葬日所用建除进行统计，认为汉代人物实际葬例与文献中建除择日理论相符[2]。但徐文并未对汉以降人物葬日建除进行逐一检验。既然敦煌出土北魏太平真君年间文书、唐代文书中即带有建除，表明建除至少在南北朝至唐代流行于西域地区，那么北魏洛阳是否也沿袭汉代建除理论进行葬日择定呢?

从对北魏宗室与随机抽样墓志中葬日地支的统计结果来看，申日和酉日出现频率最高似乎暗示该二支利葬与建除理论相符，但成因是否因建除所致仍需对应至十二值进行进一步验证。我们将北魏宗室、随机抽样墓志葬日地支、所在月份与对应的十二值分别列表，并统计十二值出现的频率（表一四、表一五）。

表一四　洛阳北魏宗室葬日十二值出现次数及占比

十二值名	建	除	盈	平	定	执	破	危	成	收	开	闭	合计
出现次数	10	12	4	3	7	26	2	6	10	37	5	7	129
占比	8%	9%	3%	2%	5.5%	20%	1.5%	4.5%	8%	29%	4%	5.5%	100%

表一五　随机抽样洛阳北魏墓志葬日十二值出现次数及占比

十二值名	建	除	盈	平	定	执	破	危	成	收	开	闭	合计
出现次数	3	1	3	0	3	3	4	3	3	16	5	6	50
占比	6%	2%	6%	0%	6%	6%	8%	6%	6%	32%	1%	12%	100%

[1] 包括湖北云梦睡虎地秦简《日书》中的《秦除》和《除》；甘肃天水放马滩秦简《日书》中的“建除”；湖北随州孔家坡汉简《日书》中的《建除》；湖北荆州胡家草场西汉墓《日书》；敦煌北魏太平真君十一年（450年）、十二年（451年）文书；新疆吐鲁番阿斯塔那墓地出土麴氏高昌国文书86TAM387：38-4《高昌延寿七年（630年）历日残卷》等。

[2] 徐雁宇：《商周秦汉葬日制度研究》，南京大学硕士学位论文，2011年，第77—80页。

可知，收日、执日出现频率最高，违反了收日不葬的建除规定。此外，宜葬的盈日、开日、危日、破日反而出现频率很低。因此，北魏洛阳墓志中葬日地支在申、酉日居多并非基于建除择日。而同时期敦煌文书中建除或许只能说明西域仍延续传自汉代的建除观念，但在同时期的中原地区却不予采用。

关于北魏洛阳墓志中葬日择定以申日、酉日远远居多的成因，恐怕还需回到对十二支本身的理解中去。

十二地支在古代历法中除用以纪日外，亦作十二辰、十二时辰使用，辰本义指天空中方位[1]，其中酉、申二支皆属西方。而西的方位在北魏洛阳时代丧葬中具有重要意义。北魏洛阳及其附近地区墓葬，棺位在墓室西部的墓葬有16座[2]，占比53%；棺位在墓室北部的有3座[3]，占比10%；棺位在墓室中部的有1座[4]，占比3%；还有10座墓葬因盗扰严

[1] 陈侃理:《十二时辰的产生与制度化》,《中华文史论丛》2020年第3期，第19—56、384—385页。

[2] 包括宣武帝景陵、节闵帝陵、元冏墓、元睿墓、YDIIM1101、YDIIM926、元暐墓、元邵墓、元祉墓、染华墓、邴勖墓、侯掌墓、吕仁墓、王昙慈墓、朱仓M3、偃师前杜楼北魏墓。相关墓葬的出处分别是，中国社会科学院考古研究所洛阳汉魏城队、洛阳古墓博物馆:《北魏宣武帝景陵发掘报告》,《考古》1994年第9期，第801—814页；洛阳市文物考古研究院:《洛阳涧西衡山路北魏墓发掘简报》,《文物》2016年第7期，第4—14页；310国道孟津考古队:《洛阳孟津邙山西晋北魏墓发掘报告》,《华夏考古》1993年第1期，第42—51页；中国社会科学院考古研究所河南二队:《河南偃师县杏园村的四座北魏墓》,《考古》1991年第9期，第818—831、872页；黄明兰:《西晋裴祇和北魏元暐两墓拾零》,《文物》1982年第1期，第70—73页；洛阳博物馆:《洛阳北魏元邵墓》,《考古》1973年第4期，第218—224、243、272—276页；洛阳市文物考古研究院:《洛阳北魏元祉墓发掘简报》,《洛阳考古》2017年第3期，第3—26页；偃师商城博物馆:《河南偃师两座北魏墓发掘简报》,《考古》1993年第5期，第414—425、481—485页；偃师市文物旅游局、洛阳市文物考古研究院:《洛阳偃师两座北魏墓发掘简报》,《中原文物》2019年第6期，第45—54、129页；洛阳市文物工作队:《洛阳孟津晋墓、北魏墓发掘简报》,《文物》1991年第8期，第48—61页；洛阳市文物工作队:《河南洛阳市吉利区两座北魏墓的发掘》,《考古》2011年第9期，第44—57、113、106—112页；洛阳市文物考古研究院:《洛阳定鼎北路北魏王昙慈墓发掘简报》,《华夏考古》2022年第1期，第28—34页；洛阳市文物考古研究院:《洛阳孟津朱仓北魏墓》,《文物》2012年第12期，第38—51页；洛阳市第二文物工作队:《偃师前杜楼北魏石棺墓发掘简报》,《文物》2006年第12期，第37—51页。

[3] 包括司马悦墓、朱仓M11、沁阳县北朝墓。相关墓葬的出处分别是，尚振明:《河南省孟县出土北魏司马悦墓志》,《考古》1983年第3期，第279—281页；洛阳市文物考古研究院:《洛阳孟津朱仓北魏墓》,《文物》2012年第12期，第38—51页；邓宏里、蔡全法:《沁阳县西向发现北朝墓及画像石棺床》,《中原文物》1983年第1期，第4—13、79页。

[4] 包括南蔡庄北魏墓。偃师商城博物馆:《河南偃师南蔡庄北魏墓》,《考古》1991年第9期，第832—834页。

重导致棺位不可知，但其中有 7 座墓葬随葬品、墓志出于墓室东部[1]，据此可推测这些墓葬的棺位很可能原本位于西部，若将这些墓葬按棺位在西进行统计，则棺位在西的墓葬占比高达 77%（表一六）。且棺位在西的墓葬既上至帝陵、宗室墓，又包括三品以上高级官吏墓如王温墓，中低级官吏墓如染华墓、郦勔墓、郭定兴墓、吕达墓、吕仁墓等。可以说北魏洛阳及其附近地区的墓葬以棺位摆放在墓室西部为绝对的主流。而在北魏平城时代，墓葬棺位主要在北，洛阳时代最早一例棺位在西的纪年墓为正始二年（505 年）王昙慈墓，似乎暗示孝文帝迁洛不久西方即成为洛阳墓葬棺位所在的主流。

表一六 洛阳及其附近地区北魏墓葬不同棺位的墓葬数量及占比

棺位	西	北	中	不详	合计
墓葬数量	16	3	1	10	30
占比	53%	10%	3%	33%	100%

关于棺位在西的成因，王音引《周礼》中关于西方在建筑空间和礼制活动中重要性和意义的认定，提出北魏统治者将棺位确认在西应该源于这些理想化的汉人礼制规定[2]。但北魏迁洛后孝文帝着手的汉化改革，依托的并非是周制而是汉晋之制，墓葬文化最终也向着西晋晚期洛阳地区高等级墓葬转型[3]。将棺位在西的理论依据追溯到周制，与北魏洛阳时代墓葬文化建设的方向不符。此外，棺位在西布局方式的墓葬的使用人群几乎涵盖自帝王、宗室、各级官吏至一般平民的整个北魏社会结构，这并非是身份等级的彰显，而更可能出于某一特定历史环境浸润中全社会的共同熟稔且认同的某种观念。因此，支

[1] 包括王温墓、郭定兴墓、吕达墓、90YNLTM2、孟津南陈M35、洛阳偃师M5、衡山路北魏墓。相关墓葬的出处分别是，洛阳市文物工作队：《洛阳孟津北陈村北魏壁画墓》，《文物》1995 年第 8 期，第 26—35 页；洛阳市第二文物工作队：《洛阳纱厂西路北魏HM555 发掘简报》，《文物》2002 年第 9 期，第 9—20 页；洛阳市文物工作队：《河南洛阳市吉利区两座北魏墓的发掘》，《考古》2011 年第 9 期，第 44—57、113、106—112 页；偃师商城博物馆：《河南偃师两座北魏墓发掘简报》，《考古》1993 年第 5 期，第 414—425、481—485 页；洛阳市文物考古研究院：《洛阳孟津南陈北魏墓发掘简报》，《洛阳考古》2014 年第 1 期，第 60—67 页；偃师市文物旅游局、洛阳市文物考古研究院：《洛阳偃师两座北魏墓发掘简报》，《中原文物》2019 年第 6 期，第 45—54、129 页；洛阳市第二文物工作队：《洛阳衡山路北魏墓发掘简报》，《文物》2009 年第 3 期，第 41—46 页。

[2] 王音：《北朝晚期墓室空间布局研究——以北魏洛阳时代至北齐都城地区的墓葬为例》，《古代文明》第 12 卷，上海古籍出版社，2018 年，第 306—323 页。

[3] 倪润安：《光宅中原：拓跋至北魏的墓葬文化与社会演进》，上海古籍出版社，2022 年，第 306—307 页。

撑并维系起北魏社会凝聚起共同丧葬行为与观念的很可能并不是遥远而深奥的《周礼》，而是北朝社会更为世俗化、更为发达的佛教。

葬日为西、棺位为西并不是孤立现象，西方在一时期的丧葬观念中据有相当重要的地位。侯旭东在对北朝时期民众造像记的研究中对发愿文进行考察，其中祈生西方净土的造像多达 103 件，自 5 世纪 70 年代出现至北朝末一直很流行，祈愿生西方净土造像在平城时代虽有出现，但数量零星，大量出现的年代确要到迁洛之后，且不同背景的佛教信徒皆信奉之[1]。如永平三年（510 年）龙门石窟古阳洞尼法庆造像云：

愿使来世托生西方妙乐国土，下生人间，公王长者，远离烦恼。又愿己身□□□与弥勒俱生莲华树下，三会说法，一切众生，永离三途。[2]

当时传入中土的净土说有西方极乐世界阿弥陀佛国和东方莲华藏世界阿閦佛国，但后者影响甚微。侯旭东认为："西方净土信仰能畅行于世亦与该净土处于西方有关。西方在本土观念中意义特殊。……此外，西方又与升天关系密切。"[3]可见对西方的择取与运用，虽厚植于本土性知识，在佛教传入后，所谓"在传统丧葬思想和佛教两个方面中，佛教方面是主动方，为了寻求合理性，佛教要为自己的行为主动做出说明，寻求与传统丧葬思想的调和"[4]，又在北朝社会发达的佛教推波助澜下，西方与死后世界的想象更为深刻而紧密地联系在了一起，从而进入到丧葬活动之中。申、酉二支作为葬日在北魏社会可能被赋予了新的内涵。北魏洛阳时代的人们将下葬时日选定在表示西方的申、酉两支，将象征墓主神位的葬具安置在墓室西部，或许是以此举措表达人死后归宿的方向。

六、结语

通过对洛阳北魏宗室墓志的考察，辅以洛阳北魏其他人群的墓志，我们可以形成对宗室殡期礼制与葬日择取的相关认识。

自太和二十年至北魏结束，宗室殡期礼制可以划分为两期四段。在孝文、宣武帝在位时期，血缘远近成为当时宗室使用长短不同殡期以至享受其他哀荣的凭据，孝明帝在

[1] 侯旭东：《五六世纪北方民众佛教信仰：以造像记为中心的考察》，中国社会科学出版社，1998 年，第 179—181 页。

[2] 韩理洲等辑校编年：《全北魏东魏西魏文补遗》，三秦出版社，2010 年，第 464 页。

[3] 侯旭东：《五六世纪北方民众佛教信仰：以造像记为中心的考察》，中国社会科学出版社，1998 年，第 187—189 页。

[4] 韦正：《南北朝墓葬礼制研究》，上海古籍出版社，2022 年，第 220 页。

位的正光、孝昌之际，国家动乱，这一时期死于王事者颇多，由于宣武、孝明以来采取重用远属以对抗近宗辅政亲王的政策，使得死于这一时期的宗室的殡期长短不再以血缘远近为参照，而以三品为界的身份等级高低成为新的执行标准。魏晋南北朝时期，家族中能否有人取得官品三品以上，是一流高门和一般高门的分水岭[1]。孝文至孝明时期宗室殡期礼遇不同由血缘、官品决定，近宗、高官殡期通常较短的原因可能系丧礼官办，北魏官员丧事由专门机构监护，如史载元熙死后“诏有司监护丧事”，元澄死后“大鸿胪监护丧事”，元祯死后“遣黄门郎监护丧事”。而皇帝诏赐基本的“赗襚”乃至“东园秘器”“朝服”“羽葆鼓吹”等物资人力皆由官家操办，自然与当世皇帝血缘亲近、身份等级高者能够在相关机构工作运作中享有相应的优先权，官家将丧事所需备毕后便不需过长的停殡时间即可及时下葬。但在河阴之变后，尔朱荣、高欢等权臣一度先后控制北魏朝政，在皇帝频繁更换中血缘远近、官品高低不同的宗室所用殡期逐渐混同，至此北魏宗室的殡期礼制走向崩坏。

而关于北魏洛阳葬日的择取，无论宗室还是北魏社会其他人群，多依从《礼记》中“卜葬先远日”的原则，葬日集中于各月中旬和下旬。但在葬日天干的选定上，却又不采用《仪礼》《礼记》中“葬用柔日”的做法。北魏洛阳时人重视葬日支日的择取，择取申、酉两支作为葬日是北魏洛阳社会丧葬活动的绝对主流。较之于汉代以建除理论择定葬日并亦以申、酉日为多，北魏洛阳社会的葬日具有新的背景和意义，这一群体性现象表明，申、酉两支作为空间中的西方，与这一时期墓葬中棺位在西，佛教信徒造像记中为自身、家人发愿文中祈愿死后托生的西方净土相关联，显示出西方在北魏洛阳社会丧葬观念中的重要地位。

附记：本文为国家社科基金重大项目“北朝陵寝制度的考古学研究”（23&ZD271）阶段性成果之一。

[1] 祝总斌：《门阀制度》，白寿彝主编、何兹全分册主编：《中国通史》第5卷上册，上海人民出版社，1995年，第556—647页。后收入祝总斌：《门阀时代：魏晋南北朝的政治与制度》，北京大学出版社，2023年，第113—187页。

东晋南朝墓志的形制演变研究

刘文转（北京大学考古文博学院）

墓志一直是中国古代史研究的重要对象。但在考古学研究中，墓志的价值往往被局限在其文字内容上，被视为墓葬埋葬时间、墓主身份等级等信息的提供者，而对其物质属性发掘不足。其实，墓志作为一种独立的随葬品具有自身的演变逻辑，其形制的变化可以反映出一定历史时期中丧葬观念、习俗、礼仪及制度的转变[1]。而绝大部分墓志纪年明确，使得确定墓志形制发生变化的关键时间节点、对墓志形制演变过程进行细致分期成为可能。因此，关注墓志的物质属性，以材质、形状、尺寸等形制特征为标准对墓志进行类型学分析，明确其形制演变过程，并从丧葬习俗、丧葬礼制视角解释其形制发生关键变化的原因，以期反映一定历史时期的社会心态及丧葬制度，这一思路是具有可行性及研究价值的。

而在已有的墓志研究中，东晋南朝墓志受到的关注尤少。这一方面是因为与其他时期相比，目前已知东晋南朝墓志数量较少且保存情况不佳[2]；一方面则是因为东晋南朝墓志形制与延续北朝墓志风格形成的隋唐成熟墓志形制存在相当差距，东晋南朝墓志形制未发展为后世墓志的主流形制。但东晋南朝实际上是中国古代墓志发展、定型的重要时期。首先，西晋已出现相当数量具有墓志性质的墓内铭刻，而东晋正是西晋丧葬文化的直接继承者，与十六国北朝相比，西晋墓志文化必然先为东晋南朝继承、发展。其次，

[1] 齐东方：《中国古代丧葬中的晋制》，《考古学报》2015 年第 3 期，第 345—366 页。

[2] 目前已知西晋墓志（265 年—317 年）的数量为 51 件，北朝墓志（386 年—581 年）的数量为 1363 件。而东晋南朝（317 年—589 年）延续近三百年，据本文统计有拓片或实物可征，可进行类型学分析的墓志却仅有 69 件。此外，东晋南朝石质墓志多以青石（即石灰石）制作，而广泛分布于宁镇地区的下蜀纪黄土对这种石材质腐蚀性极强，故东晋南朝石质墓志志文大多模糊不清，很难辨识埋葬时间、志主身份；部分甚至漫灭无存，以致与南朝墓葬中常见的石祭台、石榻、石门扇、石棺座等石质设施混淆。邵磊：《对东晋南朝墓志研究的回顾与反思》，南京市博物总馆编著：《贞珉流徽：南京出土东晋南朝墓志》，凤凰出版社，2024 年，第 14 页。西晋墓志数量据刘文转：《试论西晋墓志的演变线索》，待刊。北朝墓志数量据王连龙：《南北朝墓志集成》，上海人民出版社，2020 年，第 1 页。

自名“墓志”的墓内铭刻首先在东晋南朝出现。目前已知最早自名“墓志”的实物资料为刘宋永初二年（421年）谢珫墓志[1]，最早的民间及官方制作使用墓志的文献记载也出自刘宋元嘉、大明年间[2]。第三，东晋南朝墓志在继承西晋墓志文化的基础上发展出许多全新的型式，如以王兴之及妻宋和之墓志为代表的石质横长方形墓志、以温峤墓志为代表的砖质正方形墓志、以南京晓庄M1出土者为代表的石质碑形龟趺墓志，均不见于西晋时期。因此，东晋南朝绝非墓志发展史上无足轻重的低潮期，该时期墓志形制的演变是颇具研究价值的。

目前考古学界已有部分研究关注到东晋南朝墓志的物质属性，并尝试对其进行分区、分期研究[3]。但以上研究均未严格使用类型学方法，对东晋南朝墓志的分类较为粗略，因此对东晋南朝墓志形制演变的分期较为宽泛，对其形制演变过程的叙述也较为简单。因此，本文拟在充分收集实物资料的基础上运用类型学方法，对东晋南朝墓志形制进行更细致的分期，以全面展现其形制演变过程，并以丧葬习俗、丧葬礼制的视角对各期形制的关键变化试作解释。

---

[1] 邵磊曾提到南京出土有“东晋时期一式多份的鞠武平墓志”，观察附图，其志文似为“鞠武平墓志”五字。若此，目前已知最早自名“墓志”者应是东晋鞠武平墓志。但该墓志非发掘所得，相关信息也未全面发表，故暂记于此。邵磊：《对东晋南朝墓志研究的回顾与反思》，南京市博物总馆编著：《贞珉流徽：南京出土东晋南朝墓志》，凤凰出版社，2024年，第13页。

[2] 详见本文“二、（四）（五）”两节引用。

[3] 兹列举所见涉及东晋南朝墓志物质属性、各期形制特征及期间形制变化的论著如下：罗宗真：《南京新出土梁代墓志评述》，《文物》1981年第12期，第24—29页。罗宗真：《略论江苏地区出土六朝墓志》，原载《南京博物院集刊》第七集，1984年，后收入南京博物院编：《罗宗真文集·历史文化卷》，文物出版社，2013年，第90—106页。刘凤君：《南北朝石刻墓志形制探源》，《中原文物》1988年第2期，第76—84页。赵超：《古代墓志通论》，紫禁城出版社，2003年，第53—124页。华国荣：《六朝墓葬中的墓志》，《第五届中国书法史论国际研讨会论文集》，文物出版社，2002年，第111—114页。袁道俊：《六朝墓志的若干特点》，《第五届中国书法史论国际研讨会论文集》，文物出版社，2002年，第137—145页。邵磊：《六朝墓志摭谭》，《第五届中国书法史论国际研讨会论文集》，文物出版社，2002年，第150—165页。王佳月：《试论两晋墓志的演变和等级性》，《东南文化》2012年第5期，第88—96页。朱智武：《东晋南朝墓志研究》，花木兰文化出版社，2014年，第155—178页。毕云：《刻砖为识——东晋南朝的砖志及其反思》，《南京晓庄学院学报》2015年第2期，第6—13页。张今：《读东晋刘媚子、张镇墓志札记》，《中国国家博物馆馆刊》2020年第3期，第77—84页。

一、东晋南朝墓志形制的类型与分期

（一）东晋南朝墓志形制的类型学分析

本文共统计有 69 件（组）材质、形状、尺寸明确，可进行类型学分析的东晋南朝墓志[1]，根据材质的不同可分为两类。

---

[1] 东晋极少见到自名“墓志”的墓内铭刻，因此需要对何种东晋墓内铭刻可以被视作“墓志”进行定义。本文参考朱智武对墓志（包括成熟期以前的墓志）所作定义，将东晋墓志的特征概括为以下三点：1.设置目的为标志墓主身份；2.埋藏地点为地下，包括墓室内部及墓道填土内；3.形制为独立随葬物，材质一般为砖或石。朱智武：《中国古代墓志起源新论——兼评诸种旧说》，《安徽史学》2008 年第 3 期，第 33—38 页。据此，南京出土的太和元年（366 年）“卞氏王夫人”砖刻，太元十一年（386 年）荀籍砖刻，隆安元年（397 年）王洵砖刻，“陈留周叔宣母黄天墓”砖刻，济阳圉县蔡冰、蔡旴、蔡旴妻王邵子、蔡台砖刻，征集的济阳圉县蔡豹、蔡裔及其妻砖刻，鞠武平砖刻，镇江出土的太元年间刁叔真砖刻，慈溪征集的隆安三年（399 年）魏诱砖刻，或砌于封门墙中，非独立的随葬物，或出土位置不明确，不能判断是否独立使用，均不纳入讨论范围。马鞍山出土的太元廿一年（396 年）虞道育石刻，以柔软的滑石制成，长 10.5、宽 8、厚 1.6 厘米，材质、尺寸与东晋石质墓志差别明显；江西九江八里湖新区兴联村南朝墓出土的残石刻，以青石制成，残长 14.8、宽 12.5、厚 1.4 厘米，其尺寸、厚度与虞道育石刻相仿而远小于南朝石质墓志，《贞珉流徽》提出该石刻“究竟是墓志抑或‘规范化’程度更低的买地券乃至其他物件，也还值得斟酌”，故暂不将这两件石刻纳入讨论范围。晋恭帝玄宫石碣高 1.25、宽 0.3、厚 0.3 米，出土时竖立在距今地面深约 1 米的富贵山山麓，其下铺砖两层，砖上垫石灰，位于被认为是东晋晚期帝陵的富贵山大墓东南约 400 米处。该石刻高度、厚度均远大于东晋石质墓志，且邻近位置尚未有发现东晋墓葬的报告，该石碣未必埋藏在晋恭帝陵的地下部分，也有可能是陵园、神道的墓上标志，故暂不纳入讨论范围。以上提到的东晋墓葬铭刻的具体信息，均可见于南京市博物总馆编著：《贞珉流徽：南京出土东晋南朝墓志》，凤凰出版社，2024 年。

文字清晰的南朝墓内铭刻，以其是否具有“墓志”自名作为标准。文字漫灭无存，但观察其出土位置、尺寸似为墓志的南朝墓内石制品，则主要以发掘报告所作判断为准，部分据已有研究纠正。如南京白龙山南朝墓（梁萧宏墓）简报主张该墓出有 1 件长方形石志、1 件碑形石志，该判断已先后为邵磊、周庭熙纠正，前者提出所谓“碑形墓志”应为石榻围屏，后者进一步提出“长方形墓志”应为石榻榻面，故本文暂不将以上两件石制品纳入讨论。南京市博物馆、栖霞区文管会：《江苏南京市白龙山南朝墓》，《考古》1998 年第 8 期，第 46—52 页。邵磊：《南京灵山梁代萧子恪墓的发现与研究》，《南京晓庄学院学报》2012 年第 5 期，第 12—22 页。周庭熙：《论南京地区东晋南朝墓出土的明器榻》，《东南文化》2017 年第 1 期，第 102—108 页。再如南京前新塘南朝墓简报主张棺床前并列放置的两块石板为拼接而成的祭台，但邵磊提出其应为两件墓志。因石板具体尺寸未见发表，故本文暂不将以上两件制品纳入讨论范围。南京市博物馆：《南京前新塘南朝墓葬发掘简报》，《文物》1989 年第 4 期，第 79—83 页。邵磊：《对东晋南朝墓志研究的回顾与反思》，南京市博物总馆编著：《贞珉流徽：南京出土东晋南朝墓志》，凤凰出版社，2024 年，第 23 页。

第一类为石质墓志，35件（组）。根据平面形状可分为三型。

A型　纵长方形。1件。如谢鲲墓志（323年），纵长60、横长16.5厘米（图一，16）[1]。

B型　近方形或横长方形。25件（组）。根据纵长可分为三式。

BⅠ式　纵长小于46厘米。6件。近方形，如南京隐龙山M1出土墓志（刘宋中晚期），横长36、纵长35厘米[2]。横长方形，如王兴之及妻宋和之墓志（348年），横长37.3、纵长28.5厘米（图一，1）[3]。王建之妻刘媚子石志（371年），横长45、纵长35厘米（图一，2）。王建之墓志（372年），横长47、纵长28厘米（图一，3）。象山M10出土墓志（东晋中期），横长48、纵长40厘米[4]。吕超墓志（493年），横长49、纵长37.5厘米（图一，4）[5]。

除以上难以判断是否属于墓志的东晋南朝墓内铭刻，尚存一些可以明确其性质为墓志，但具体形状、尺寸不明，无法纳入本文类型学分析的例子，列举如下：1.南京白龙山北麓的萧宏家族成员墓出土一件横长约70、纵长约60厘米的墓志。邵磊：《对东晋南朝墓志研究的回顾与反思》，南京市博物总馆编著：《贞珉流徽：南京出土东晋南朝墓志》，凤凰出版社，2024年，第24页。2.南京灵山大浦塘南朝墓出土一件残石志，根据残文可知墓主为与齐明帝萧鸾同辈的南齐宗室。邵磊：《对东晋南朝墓志研究的回顾与反思》，南京市博物总馆编著：《贞珉流徽：南京出土东晋南朝墓志》，凤凰出版社，2024年，第24页。3.湖南衡阳征集到一件题额为"晋故曹夫人碑"的石质碑形墓志，碑座丢失形制不明。梁厚能：《东晋曹夫人碑》，《书法丛刊》2016年第4期，第32—33页。4.南京南郊石子岗西岗砂石山南朝墓出土一件"龟座石碑"，应为石质碑形龟趺墓志。王德庆：《南京砂石山发现南朝墓》，《考古通讯》1956年第4期。5.南京南郊景家村M13出土一件石质碑形龟趺墓志。南京市博物馆、江宁区博物馆：《南京南郊景家村六朝墓葬》，南京市博物总馆、南京市考古研究所编著：《南京文物考古新发现》，江苏人民出版社，2006年，第43—54页。6.南京江宁东山天印大道919号南京造币厂附近发掘的一座南朝中晚期墓中出土石龟趺一件，石碑已风化残损。邵磊：《对东晋南朝墓志研究的回顾与反思》，南京市博物总馆编著：《贞珉流徽：南京出土东晋南朝墓志》，凤凰出版社，2024年，第26页。

此外，东晋王献之保姆李意如墓志，南朝程虔墓志、卫和墓志，很可能为赝品，不纳入讨论范围。邵磊：《对东晋南朝墓志研究的回顾与反思》，南京市博物总馆编著：《贞珉流徽：南京出土东晋南朝墓志》，凤凰出版社，2024年，第89—93页。

[1] 南京市文物保管委员会：《南京戚家山东晋谢鲲墓简报》，《文物》1965年第6期，第34—36页。

[2] 南京市博物馆、江宁区博物馆：《南京隐龙山南朝墓》，《文物》2002年第7期，第41—58页。

[3] 南京市文物保管委员会：《南京人台山东晋兴之夫妇墓发掘报告》，《文物》1965年第6期，第26—33页。

[4] 简报未判断象山M10年代，仅根据M8、9、10的相对位置，推测M10墓主应是M8墓主的晚辈，M9墓主的同辈。象山M8墓主王仚之墓志纪年为泰和二年（367年），M9墓主王建之墓志纪年为咸安二年（372年），据此本文将M10年代暂定为东晋中期。南京市博物馆：《南京象山8号、9号、10号墓发掘简报》，《文物》2000年第7期，第4—20页。

[5] 赵万里：《汉魏南北朝墓志集释》，科学出版社，1956年，后收入《石刻史料新编》第三辑第三册，新文丰出版公司，1982年，第43页。

BⅡ式 纵长为46—60厘米。12件。近方形，如刘怀民墓志（464年），横长52.5、纵长49厘米（图一，5）[1]。王宝玉墓志（488年），横长47、纵长46厘米（图一，6）[2]。萧子光墓志（501年），横长47.5、纵长46厘米（图一，7）[3]。萧融墓志（502年），边长60厘米（图一，8）[4]。永阳敬太妃王氏墓志（520年），边长50厘米。萧敷墓志（520年），横长58、纵长60厘米[5]。横长方形，如明昙憘墓志（474年），横长65、纵长48厘米（图一，9）[6]。南京隐龙山M3出土墓志（刘宋中晚期），横长60、纵长50厘米[7]。刘岱墓志（487年），横长65、纵长55厘米（图一，10）[8]。萧融妻王慕韶墓志（514年），横长65、纵长50厘米（图一，11）[9]。普通二年辅国将军墓志（521年），横长64.5、纵长49厘米（图一，12）[10]。南京铁心桥马家店南朝墓出土（南朝中晚期），横长70、纵长54厘米[11]。

BⅢ式 纵长大于60厘米。7件（组）。横长方形，如普通二年广州刺史墓志（521年），横长100、纵长80厘米（图一，13）[12]。萧景及妻王氏墓志4件，1号横长106、纵长83厘米（523年），2号横长107、纵长84厘米（516—523年），3号横长108、纵长75厘米（550年后），4号横长116、纵长86厘米（550年后）[13]。萧子恪墓志（529年），

[1] 赵万里：《汉魏南北朝墓志集释》，科学出版社，1956年，后收入《石刻史料新编》第三辑第三册，新文丰出版公司，1982年，第42页。

[2] 邵磊：《南齐王宝玉墓志考释——兼论南朝墓志的体例》，《文献》2003年第4期，第85—91页。

[3] 邵磊：《新见南齐〈萧子光墓志〉考释》，《书法丛刊》2023年第2期，第22—28页。

[4] 南京市博物馆、阮国林：《南京梁桂阳王肖融夫妇合葬墓》，《文物》1981年第12期，第8—13页。

[5] 《梁萧敷、王氏墓志铭》，《书法丛刊》第5辑，文物出版社，1982年，第8—30页。

[6] 南京市文物管理委员会：《南京太平门外刘宋明昙憘墓》，《考古》1976年第1期，第49—52页。

[7] 南京市博物馆、江宁区博物馆：《南京隐龙山南朝墓》，《文物》2002年第7期，第41—58页。

[8] 镇江市博物馆：《刘岱墓志简述》，《文物》1977年第6期，第55—56页。

[9] 南京市博物馆、阮国林：《南京梁桂阳王肖融夫妇合葬墓》，《文物》1981年第12期，第8—13页。

[10] 南京博物院：《南京西善桥南朝墓》，《东南文化》1997年第1期，第61—65页。朱国平、王奇志：《南京西善桥"辅国将军"墓志考》，《东南文化》1996年第2期，第44—48页。以往研究指出该墓志存在与买地券结合的现象，但尚以墓志为主体，故纳入讨论。章湾、力子：《南京西善桥南朝墓志质疑——兼述六朝买地券》，《东南文化》1997年第1期，第66—67页。淡雅：《试论南朝墓志与买地券的结合现象》，《故宫博物院院刊》2022年第9期，第43—50页。

[11] 南京市博物馆、雨花台区文化局：《南京铁心桥镇马家店村南朝墓清理简报》，南京市博物总馆、南京市考古研究所编著：《南京文物考古新发现》，江苏人民出版社，2006年，第105—111页。

[12] 南京市文物保管委员会：《南京郊区两座南朝墓清理简报》，《文物》1980年第2期，第24—30页。

[13] 南京博物院：《南京尧化门南朝梁墓发掘简报》，《文物》1981年第12期，第14—23页。简报推定该墓墓主为萧伟，该说流传广泛，但近年王志高据神道石刻、墓志残余铭文指出该墓墓主应为萧景。王志高：《南京尧化门外北家边南朝陵墓神道石刻墓主身份新证》，《南京晓庄学院学报》2016年第3期，第20—26页。

横长 90.3、纵长 70.5 厘米（图一，14）[1]。萧象墓志（536 年），横长 75、纵长 63 厘米[2]。黄法氍墓志（576年），横长75、纵长65厘米（图一，15）[3]。南京南郊景家山M11出土（南朝中晚期），横长 100、纵长 88 厘米[4]。南京板桥九四二四工地墓出土（南朝中晚期），横长 90、纵长 80 厘米[5]。

C型　碑形，由碑身、碑座两部分组成。9 件。根据碑座形制可分为两亚型。

Ca型　碑座为盝顶座。1 件。如张镇墓志（325 年），通高 68.1 厘米，碑高 45.6、宽 29.5 厘米，座高 12.5 厘米（图一，17）[6]。

Cb型　碑座为龟趺座。8 件。根据碑高及座高可分为二式。

CbⅠ式　通高小于 75 厘米，座高小于 20 厘米。7 件。南京晓庄M1 出土墓志（刘宋早期），通高 73.6 厘米，碑高 53.5、宽 38 厘米，龟长 56、宽 38、高 20 厘米（图一，18）[7]。南京司家山谢氏家族墓M1 出土墓志（刘宋早期），通高 58 厘米，据照片比例推算龟高约 14.5 厘米[8]。南京栖霞区东杨坊M1（刘宋晚期至萧齐早期），碑不存，龟

---

[1] 南京市博物馆：《南京市灵山南朝墓发掘简报》，《考古》2012 年第 11 期，第 52—61 页。

[2] 南京博物院：《梁朝桂阳王萧象墓》，《文物》1990 年第 8 期，第 33—40 页。

[3] 南京市博物馆：《南京西善桥南朝墓》，《文物》1993 年第 11 期，第 19—23 页。

[4] 南京市博物馆、江宁区博物馆：《南京南郊景家村六朝墓葬》，南京市博物总馆、南京市考古研究所编著：《南京文物考古新发现》，江苏人民出版社，2006 年，第 43—54 页。

[5] 简报主张该墓棺床上放置的石板为石祭台，但邵磊提出其应为文字漫灭无存的墓志，可从。南京市博物馆：《南京郊区两座南朝墓》，《考古》1983 年第 4 期，第 328—333 页。邵磊：《对东晋南朝墓志研究的回顾与反思》，南京市博物总馆编著：《贞珉流徽：南京出土东晋南朝墓志》，凤凰出版社，2024 年，第 36 页。

[6] 简报数据似有误，通高与碑高、座高数据不吻合。南京博物院：《江苏吴县张陵山张氏墓群发掘简报》，《南方文物》2005 年第 4 期，第 14—18 页。

[7] 简报将晓庄M1 的年代定为南朝早期，实际上可以进一步细化。该墓为墓壁平直的凸字形砖室墓，砌墓砖均为素面，甬道中设一道木门。甬道设木门是东晋及刘宋早期墓葬的常见现象，目前已知南京地区设有木门的年代最晚的纪年墓为元嘉三年（426 年）、元嘉十一年（434 年）钟济之墓，元嘉二十二年（445 年）罗健墓、推定年代为 430 年后的隐龙山M1、M2、M3 所设均为石门。而墓志对应棺的位置可见长 6.9 厘米、形体瘦长、四肢刻画不突出的滑石猪，其形制与永初二年（421 年）谢珫墓所出类似，而与钟济之墓所出长 5.5 厘米、形体粗短、四肢刻画突出的滑石猪不同。可知，晓庄M1 的年代应为刘宋早期。王海：《南京市栖霞区晓庄村南朝墓发掘简报》，《文物鉴定与鉴赏》2018 年第 15 期，第 150—153 页。

[8] 简报将其年代定为南朝。但该墓同样为侧壁平直、后壁微外弧的凸字形砖室墓，砌墓砖均为素面，甬道中设一道木门。可知，司家山M1 的年代应为刘宋早期。南京市博物馆、雨花区文化局：《南京司家山东晋、南朝谢氏家族墓》，《文物》2000 年第 7 期，第 36—49 页。

长38、宽24、高13厘米[1]。南京仙鹤门外红旗农牧场南朝墓出土（南朝中晚期），碑高50、宽30厘米，龟长38、宽24、高14.4厘米[2]。南京雨花台区花神庙条子山M1出土（南朝中晚期），碑不存，龟头部残损，残长41、宽30、高19.8厘米[3]。南京迈皋桥红星砖瓦厂墓出土（陈），通高61厘米，碑高43、宽26厘米，龟高约18厘米（图一，19）[4]。南京中央门外小红山附近南汽黑墨营墓出土（南朝），碑高49、宽27.5厘米，龟长48、高19.5厘米[5]。

CbⅡ式　通高约90厘米，座高约25厘米。1件。南京雨花台西善桥刘家村M41（南朝中晚期），通高88厘米，碑高64、宽36厘米，龟长72、宽36、高24厘米（图一，20）[6]。

第二类为砖质墓志，34件（组）。根据平面形状可分为四型。

A型　纵长方形。31件（组）。根据纵长可分为四亚型。

Aa型　纵长约为30厘米。20件（组）。根据长宽比可分为两式。

AaⅠ式　长宽比约为2。19件（组）。颜谦妻刘氏墓志（345年），长32、宽14.5厘米（图二，1）[7]。李缉墓志（357年），长31.4、宽14.5—14.9厘米（图二，2）。李纂妻武氏墓志（357年），长30.7、宽15.1厘米。李摹墓志（357年），长31.2、宽15.1厘米[8]。刘剋墓志2件（357年），各为长27、宽15.5厘米，长28、宽15.5厘米（图二，3）[9]。袁庆墓志（365年），长32、宽16厘米（图二，4）[10]。李纂墓志（375年），长29.7、宽14.5厘米[11]。孟府君墓志5件（376年），据拓片测量长约32、宽约16厘米（图二，5）[12]。

---

[1] 南京市博物馆：《南京市栖霞区东杨坊南朝墓》，《考古》2008年第6期，第36—42页。

[2] 南京市博物馆：《南京郊区两座南朝墓》，《考古》1983年第4期，第328—333页。

[3] 南京市博物馆、南京市雨花台区文管会：《江苏南京市花神庙南朝墓发掘简报》，《考古》1998年第8期，第53—59页。

[4] 阮国林：《南京发现一座陈墓》，《文物资料丛刊（8）》，文物出版社，1983年，第130—131页。

[5] 邵磊：《对东晋南朝墓志研究的回顾与反思》，南京市博物总馆编著：《贞珉流徽：南京出土东晋南朝墓志》，凤凰出版社，2024年，第26页。

[6] 南京市考古研究院：《南京市雨花台区西善桥刘家村六朝墓葬发掘简报》，《东南文化》2022年第2期，第94—102页。

[7] 南京市文物保管委员会：《南京老虎山晋墓》，《考古》1959年第6期，第288—295页。

[8] 南京市博物馆：《南京吕家山东晋李氏家族墓》，《文物》2000年第7期，第21—35页。

[9] 镇江市博物馆：《镇江市东晋刘剋墓的清理》，《考古》1964年第5期，第257—259页。

[10] 袁庆墓志为1949年后出土，具体出土时间、地点不详，南京市文物研究所征集所得。因其两面刻文，应作为独立的随葬物使用，因此纳入分析。南京市博物总馆编著：《贞珉流徽：南京出土东晋南朝墓志》，凤凰出版社，2024年，第248页。

[11] 南京市博物馆：《南京吕家山东晋李氏家族墓》，《文物》2000年第7期，第21—35页。

[12] 安徽省文物工作队：《安徽马鞍山东晋墓清理》，《考古》1980年第6期，第569—570页。

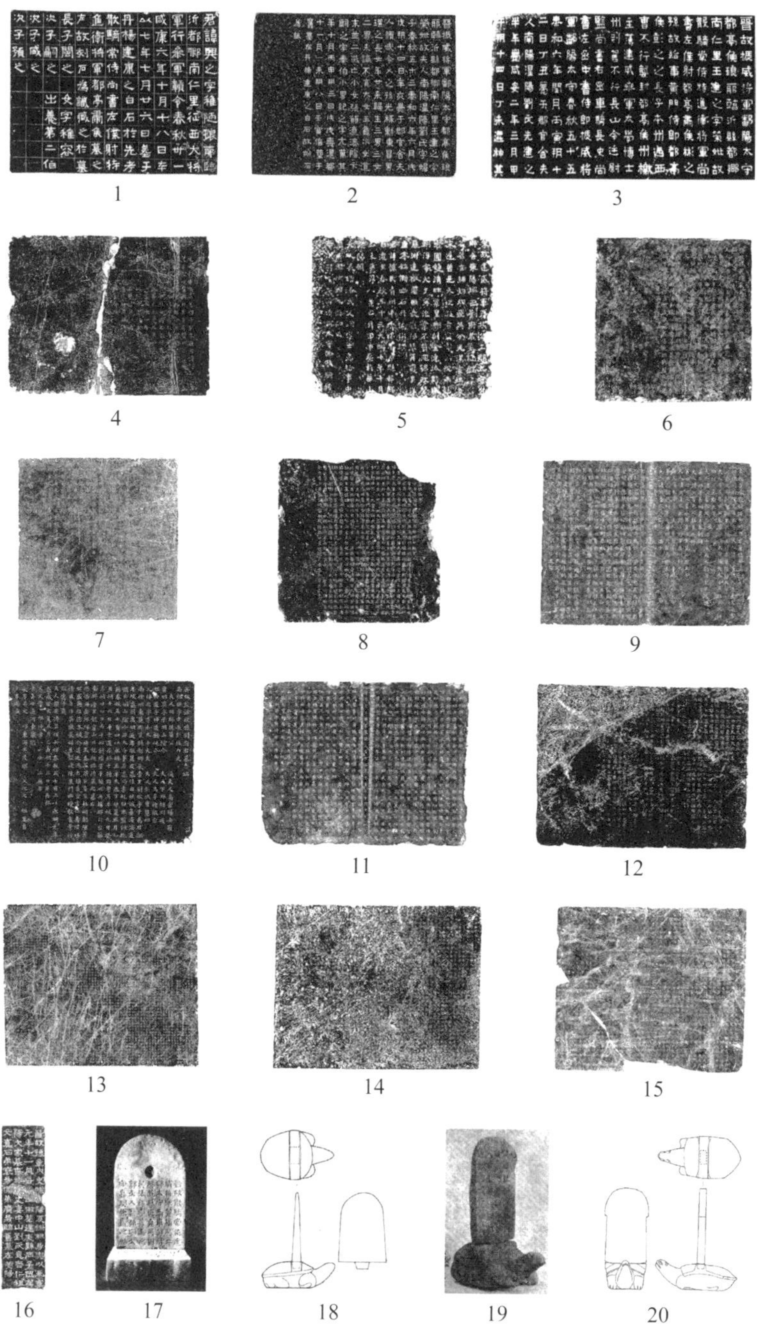

图一 东晋南朝石质墓志

1.王兴之墓志 2.王建之妻刘媚子墓志 3.王建之墓志 4.吕超墓志 5.刘怀民墓志(《东晋南朝墓志研究》) 6.王宝玉墓志 7.萧子光墓志 8.萧融墓志 9.明昙憘墓志 10.刘岱墓志 11.萧融妻王慕韶墓志 12.普通二年辅国将军墓志 13.普通二年广州刺史墓志 14.萧子恪墓志 15.黄法氍墓志 16.谢鲲墓志 17.张镇墓志(《东晋南朝墓志研究》) 18.晓庄M1墓志(《南京市栖霞区晓庄村南朝墓发掘简报》) 19.迈皋桥红星砖瓦厂墓墓志(《南京发现一座陈墓》) 20.刘家村M41墓志(《南京市雨花台区西善桥刘家村六朝墓葬发掘简报》)(未注明出处图片均采自《贞珉流徽:南京出土东晋南朝墓志》)

纪德家墓志（379年），长28、宽14厘米（图二，7）[1]。李纂妻何氏墓志（东晋中期），长29.4、宽14.5厘米[2]。临淮谢氏墓志（东晋中期），长28、宽14.5厘米（图二，8）[3]。刘庚之墓志3件（东晋中晚期），长32.5、宽15.5厘米（图二，6）。刘硕妻徐氏墓志（东晋中晚期）2件，长32.5、宽15.5厘米[4]。甄寿母解夫人墓志（东晋中晚期），长35、宽16厘米（图二，9）[5]。谢球妻王德光墓志（416年），长30、宽15厘米（图二，10）[6]。谢珫墓志6件（421年），长33、宽17厘米（图二，11）[7]。宋乞墓志3件（425年），分别长34、宽16.6厘米，长33.7、宽16.4厘米，长33、宽16.4厘米[8]。钟济之妻孙氏墓志2件（426年），其中完整者1件，长33.2—33.6、宽16.5厘米。钟济之墓志4件（434年），其中完整者3件分别长33.8、宽16.7厘米，长33.9、宽16.7厘米，长33.9、宽16.7厘米（图二，12）[9]。

AaⅡ式　长宽比不为2。1件。如谢琰墓志（396年），长31、宽24.5厘米（图二，13）[10]。

Ab型　纵长约为40厘米，长宽比约为2。1件。如王闽之墓志（358年），长42.3、宽19.8厘米（图二，14）[11]。

Ac型　纵长约为45厘米，长宽比约为2。3件。如谢温墓志（406年），长46.4、宽23厘米[12]。谢球墓志（407年），长45、宽23厘米（图二，15）[13]。王珪之墓志（488年）2件，

[1] 南京市博物馆、南京市雨花台区文化局：《南京雨花台东晋纪年墓发掘简报》，《文物》2008年第12期，第35—39页。

[2] 李纂妻武氏墓志、李纂墓志、李纂妻何氏墓志同出于吕家山M2，其中李纂妻何氏墓志无纪年。但考虑到该志尺寸与李纂墓志相仿，两志设置时间应该接近，其年代应为东晋中期。南京市博物馆：《南京吕家山东晋李氏家族墓》，第21—35页。

[3] 镇江博物馆、刘建国：《镇江东晋墓》，《文物资料丛刊（8）》，文物出版社，1983年，第16—40页。

[4] 镇江博物馆：《江苏镇江谏壁砖瓦厂东晋墓》，《考古》1988年第7期，第621—635页。

[5] 广州市文物管理委员会：《广州市下塘狮带岗晋墓发掘简报》，《考古》1996年第1期，第36—45页。

[6] 南京市博物馆、雨花区文化局：《南京司家山东晋、南朝谢氏家族墓》，《文物》2000年第7期，第36—49页。

[7] 南京市博物馆、雨花区文化局：《南京南郊六朝谢珫墓》，《文物》1998年第5期，第4—14页。

[8] 斯仁：《江苏南京市中华门外铁心桥出土南朝刘宋墓志》，《考古》1998年第8期，第94—96页。

[9] 南京市博物馆、雨花台区文化广播电视局：《南京市雨花台区西善桥南朝刘宋墓》，《考古》2013年第4期，第33—42页。

[10] 南京博物院：《江苏溧阳果园东晋墓》，《考古》1973年第4期，第227—231页。

[11] 南京市博物馆：《南京象山5号、6号、7号墓清理简报》，《文物》1972年第11期，第23—41页。

[12] 南京市博物馆、雨花区文化局：《南京南郊六朝谢温墓》，《文物》1998年第5期，第15—18页。

[13] 南京市博物馆、雨花区文化局：《南京司家山东晋、南朝谢氏家族墓》，《文物》2000年第7期，第36—49页。

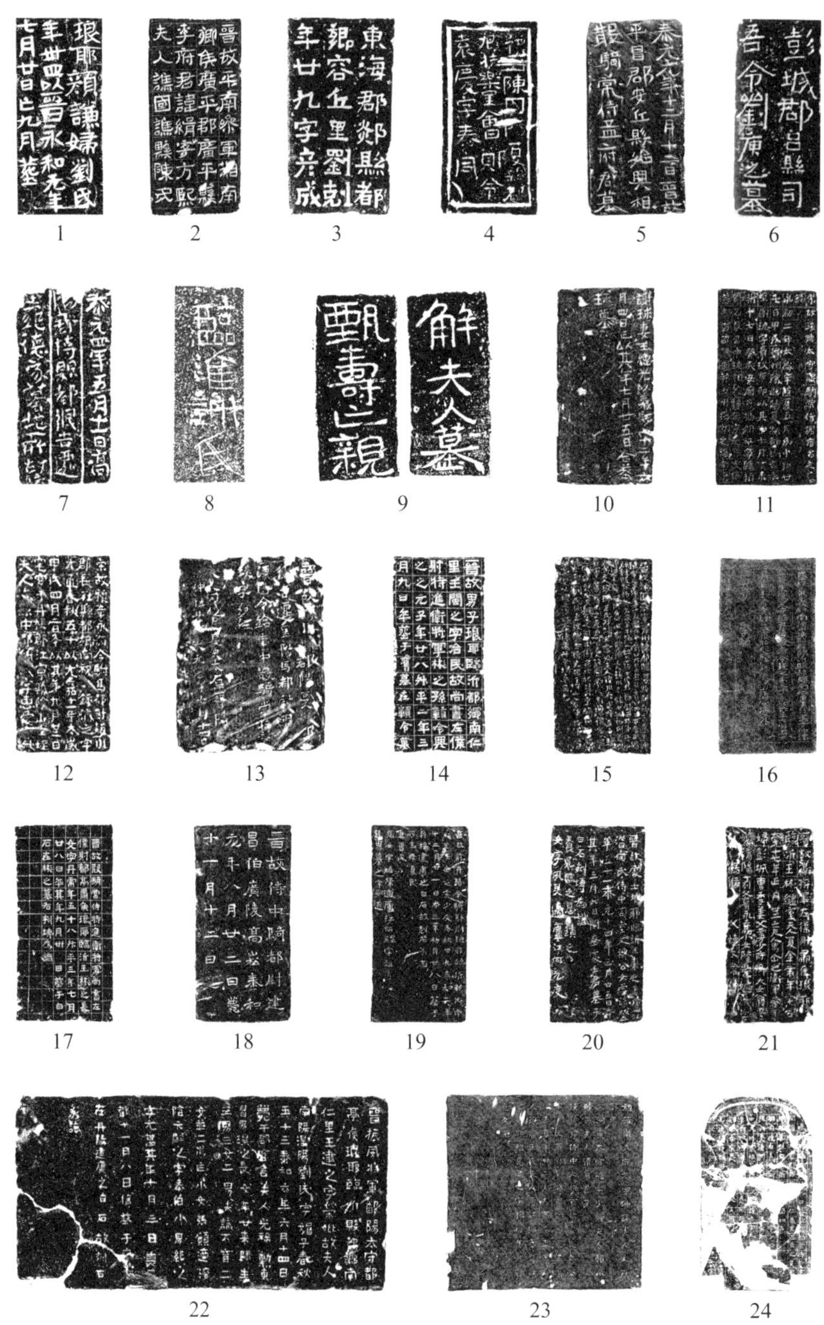

图二　东晋南朝砖质墓志

1.颜谦妻刘氏墓志　2.李缉墓志　3.刘剋墓志（《东晋南朝墓志研究》）　4.袁庆墓志　5.孟府君墓志　6.刘庚之墓志（《东晋南朝墓志研究》）　7.纪德家墓志　8.临淮谢氏墓志（《镇江东晋墓》）　9.甄寿母解夫人墓志（《广州市下塘狮带岗晋墓发掘简报》）　10.谢球妻王德光墓志　11.谢珫墓志　12.钟济之墓志　13.谢琰墓志　14.王闽之墓志　15.谢球墓志　16.王珪之墓志　17.王丹虎墓志　18.高崧墓志　19.王企之墓志　20.王康之妻何法登墓志　21.夏金虎墓志　22.王建之妻刘媚子砖志　23.温峤墓志　24.温式之墓志（未注明图片均采自《贞珉流徽：南京出土东晋南朝墓志》）

长 45、宽 22.5 厘米（图二，16）[1]。

Ad型　纵长约为 50 厘米，长宽比约为 2。7 件。如高崧妻谢氏墓志（355 年），长 50.5、宽 25.2 厘米[2]。王康之墓志（356 年），长 50、宽 25 厘米[3]。王丹虎墓志（359 年），长 49.5、宽 25 厘米（图二，17）[4]。高崧墓志（366 年），长 48.1、宽 24.8 厘米（图二，18）[5]。王企之墓志（367 年），长 51、宽 26 厘米（图二，19）[6]。王康之妻何法登墓志（389 年），长 49、宽 23.5 厘米（图二，20）[7]。王彬妻夏金虎墓志（392 年），长 50.8、宽 23.7 厘米（图二，21）[8]。

B型　横长方形。1 件。王建之妻刘媚子砖志（371 年），横长 51、纵长 26 厘米（图二，22）[9]。

C型　近方形。1 件。如温峤墓志（东晋早期），长 45、宽 44.6 厘米（图二，23）[10]。

D型　碑形。1 件。如温式之墓志（371 年），通高 55.2、宽 30.4 厘米（图二，24）[11]。

（二）东晋南朝墓志形制的分期

以上墓志均具有纪年或明确的出土背景，可推断其大致年代。据此，可对东晋南朝墓志形制进行期别划分（表一）。

[1] 骆鹏：《南京出土南齐王珪之墓志考释》，《东南文化》2015 年第 3 期，第 77—80 页。该文仅报道了 1 件王珪之墓志。根据《贞珉流徽：南京出土东晋南朝墓志》，王珪之墓志实有 2 件，其志文有轻微差别。南京市博物总馆编著：《贞珉流徽：南京出土东晋南朝墓志》，凤凰出版社，2024 年，第 270—272 页。

[2] 南京市博物馆：《江苏南京仙鹤观东晋墓》，《文物》2001 年第 3 期，第 4—40 页。

[3] 南京市博物馆：《南京象山 11 号墓清理简报》，《文物》2002 年第 7 期，第 34—40 页。

[4] 南京市文物保管委员会：《南京象山东晋王丹虎墓和二、四号墓发掘简报》，《文物》1965 年第 10 期，第 29—45 页。

[5] 南京市博物馆：《江苏南京仙鹤观东晋墓》，《文物》2001 年第 3 期，第 4—40 页。

[6] 南京市博物馆：《南京象山 8 号、9 号、10 号墓发掘简报》，《文物》2000 年第 7 期，第 4—20 页。

[7] 南京市博物馆：《南京象山 11 号墓清理简报》，《文物》2002 年第 7 期，第 34—40 页。

[8] 南京市博物馆：《南京象山 5 号、6 号、7 号墓清理简报》，《文物》1972 年第 11 期，第 23—41 页。

[9] 南京市博物馆：《南京象山 8 号、9 号、10 号墓发掘简报》，《文物》2000 年第 7 期，第 4—20 页。

[10] 温峤墓为前后甬道的正方形穹隆顶单室砖墓，简报称“此类墓葬存在于特定的时间段，阶段性较强；这种形制的墓葬出现的最后时间为东晋早期，大致在公元 350 年前后”，实际可以进一步细化。与温峤墓结构相似，为前后甬道、平面近方形的穹隆顶单室砖墓的还有墓主推测为王廙的象山M7，根据文献记载的王廙卒年可知此墓建造于永昌元年（322 年），而永和元年（345 年）老虎山M1 虽仍保持着前后甬道、穹隆顶的特征，但墓葬平面已转化为长方形，永和四年（348 年）象山M1 王兴之墓更是已转变为短甬道的长方形券顶单室砖墓。可知温峤墓的年代应更接近于象山M7，为东晋早期。南京市博物馆：《南京北郊东晋温峤墓》，《文物》2002 年第 7 期，第 19—33 页。

[11] 南京市博物馆：《南京市郭家山东晋温氏家族墓》，《考古》2008 年第 6 期，第 3—25 页。

第一期：东晋早期，即 317—344 年，元、明、成、康四帝时期。该时期可见石质A型、Ca型，砖质C型。

第二期：东晋中期，即 345—396 年，穆、哀、废、简文、孝武五帝时期。该时期可见石质BⅠ式，砖质AaⅠ式、AaⅡ式[1]，Ab型，Ad型，B型，D型。

第三期：东晋晚期，即 397—420 年，安、恭二帝时期。该时期可见砖质AaⅠ式、Ac型。

第四期：刘宋早期，即 420—453 年，武、文二帝时期。该时期可见石质CbⅠ式，砖质AaⅠ式。

第五期：刘宋中晚期至萧梁早期，即 454—519 年，宋孝武帝即位至梁武帝天监十八年。该时期可见石质BⅠ式、BⅡ式，CbⅠ式，砖质Ac型。

第六期：萧梁中晚期至陈，即 520—589 年，梁武帝普通元年至隋灭陈。该时期可见石质BⅡ式、BⅢ式，CbⅠ式、CbⅡ式[2]。

表一 东晋南朝墓志形制分期表

<table>
<tr><th rowspan="3">型式
分期</th><th colspan="4">石质</th><th colspan="7">砖质</th></tr>
<tr><th rowspan="2">A型</th><th rowspan="2">B型</th><th colspan="2">C型</th><th colspan="4">A型</th><th rowspan="2">B型</th><th rowspan="2">C型</th><th rowspan="2">D型</th></tr>
<tr><th>Ca型</th><th>Cb型</th><th>Aa型</th><th>Ab型</th><th>Ac型</th><th>Ad型</th></tr>
<tr><td>东晋早期（317—344 年）</td><td>√</td><td></td><td>√</td><td></td><td></td><td></td><td></td><td></td><td></td><td>√</td><td></td></tr>
<tr><td>东晋中期（345—396 年）</td><td></td><td>Ⅰ</td><td></td><td></td><td>Ⅰ、Ⅱ</td><td>√</td><td></td><td>√</td><td>√</td><td></td><td>√</td></tr>
<tr><td>东晋晚期（397—420 年）</td><td></td><td></td><td></td><td></td><td>Ⅰ</td><td></td><td>√</td><td></td><td></td><td></td><td></td></tr>
<tr><td>刘宋早期（420—453 年）</td><td></td><td></td><td></td><td>Ⅰ</td><td>Ⅰ</td><td></td><td></td><td></td><td></td><td></td><td></td></tr>
<tr><td>刘宋中晚期至萧梁早期（454—519 年）</td><td></td><td>Ⅰ、Ⅱ</td><td></td><td>Ⅰ</td><td></td><td></td><td>√</td><td></td><td></td><td></td><td></td></tr>
<tr><td>萧梁中晚期至陈（520—589 年）</td><td></td><td>Ⅱ、Ⅲ</td><td></td><td>Ⅰ、Ⅱ</td><td></td><td></td><td></td><td></td><td></td><td></td><td></td></tr>
</table>

[1] 砖质AaⅠ、AaⅡ式同属东晋中期，似乎两式间没有时间差异，不应分成式别。但砖质AaⅡ式的代表墓志为太元廿一年（396 年）谢球墓志，接近于东晋晚期，实际上已晚于砖质AaⅠ式中年代最早的永和元年（345 年）颜谦妻刘氏墓志五十余年，两者存在明显的时间差异，故本文将其分为二式。

[2] 石质CbⅡ式的代表墓志南京雨花台西善桥刘家村M41 出土墓志的年代被推断为南朝中晚期，严格说来尚不能判断属于第五期还是第六期。但考虑到石质CbⅡ式较Ⅰ式的主要变化为尺寸增大，与五、六期间石质B型墓志尺寸增大，由Ⅱ式发展为Ⅲ式的情况类似，本文暂将石质CbⅡ式墓志系于第六期。

二、东晋南朝墓志形制的演变过程

在对东晋南朝墓志进行期别划分、确认各期墓志存在情况的基础上，可对各期墓志形制的基本面貌进行概括，并对各期间形制特征的转变原因进行解释，梳理出东晋南朝墓志形制的演变过程。

（一）第一期（东晋早期）

东晋早期墓志主要分布在江苏地区，包括南京、苏州两地。其使用人群包括南渡士族及南方本地大族，考虑到目前南方地区基本没有吴晋时期墓志出土[1]，墓志这一丧葬习俗应是来源于南渡士族，并为南方本地大族所吸收。而目前所见该时期墓志使用者均有一定爵位[2]（表二），可见东晋早期仅社会地位较高的人群使用墓志，这与南渡士族的身份等级和交往阶层也是符合的。

该时期墓志数量少但形制多样，在一定程度上继承了西晋墓志的文化传统，同时有所创新。如谢鲲墓志（石质A型）为长宽比近 4∶1 的石质纵长方形墓志，其尺寸及长宽比与西晋刘韬墓志非常接近，但刘韬墓志志首为圭首、志末为竖置预留了一定的空白，谢鲲墓志并不与其完全相似（图三，1）[3]。张镇墓志（石质Ca型）为圆首盝座石质碑形墓志，其志首志座的形制与永康二年（301 年）刘宝墓志一致（图三，2）[4]，但刘宝墓志有“晋故”题额且无穿，目前已知的西晋碑形墓志中仅太康八年（287 年）王文伯墓志有与张镇墓志类似的碑穿（图三，3）[5]。此外，张镇墓志自题为“……张镇字义远之郭”，这一自名也不见于西晋墓志[6]。可知，东晋早期墓志并不完全是西晋墓志的模仿和复制。同时，东晋早期也出现了完全不见于西晋的墓志形制，即以温峤墓志为代表的砖质正方形墓志（砖质C型）。温峤墓志斜靠在墓壁与祭台的夹缝中，竖置的置放方式似乎暗示其仍坚持着西

[1] 目前出土于南方地区的吴晋墓志仅见安徽淮南元康元年（291 年）蒋之神柩一例，且形制与东晋早期墓志不同。吴兴汉：《寿县东门外发现西汉水井及西晋墓》，《文物》1963 年第 7 期，第 54 页。

[2] 谢鲲墓志未记载其爵位，但据《晋书》卷四十九谢鲲传载，其“以讨杜弢功封咸亭侯”，应有爵位。《晋书》，中华书局，1974 年，第 1377 页。

[3] 刘韬墓志高 58.4、宽 16.4 厘米。赵万里：《汉魏南北朝墓志集释》，后收入《石刻史料新编》第三辑第三册，新文丰出版公司，1982 年，第 41 页。

[4] 山东邹城市文物局：《山东邹城西晋刘宝墓》，《文物》2005 年第 1 期，第 4—26 页。

[5] 河南省文化局文物工作队第二队：《洛阳晋墓的发掘》，《考古学报》1957 年第 1 期，第 184 页。

[6] 目前已知的西晋墓志志题自名有六种：1.某之（神）柩，如“蒋之神柩”。2.某之墓，如“晋故使持节都督青徐诸军事征东将军军司关中侯刘府君之墓”（刘韬）。3.某之（墓）碑，如“晋待诏中郎将徐君夫人管氏之墓碑”（管洛）。4.某之铭，如“晋贾皇后乳母美人徐氏之铭”（徐义）。5.某墓中之表，如“晋故宣威将军赵君墓中之表”（赵氾）。6.某之铭表，如“晋故侍中使持节安北大将军领护乌丸校尉都督幽并州诸军事关内侯高平刘公之铭表”（刘宝）。目前未见志题为“某之郭”者。刘文转：《试论西晋墓志的演变线索》，待刊。

晋以来碑形墓志的使用方式，但其形状已变为近方形，与常见的纵长方形碑形墓志差异显著。可知，东晋早期尚不存在对墓志形制的统一认识或规定，使用墓志仅是一种丧葬习俗，不同丧家依据对西晋墓志文化的记忆自发制作墓志，其形制特征在反复的丧葬实践中不断发生改变。

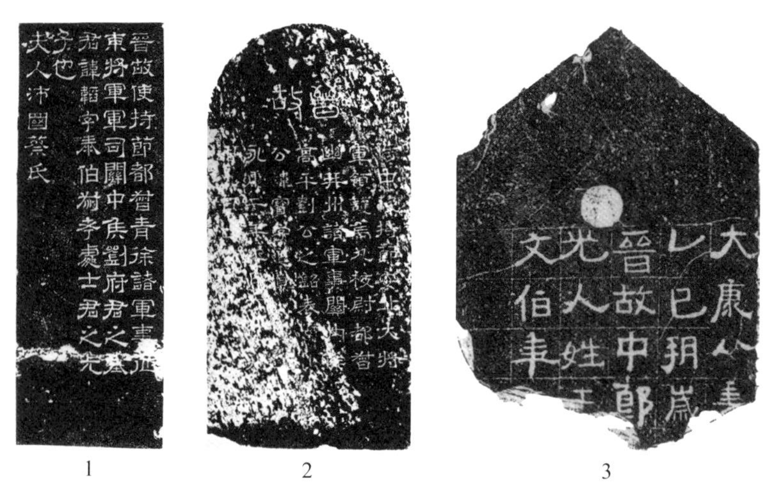

图三　与第一期（东晋早期）墓志形制相似的西晋墓志

1.刘韬墓志（《北京图书馆藏中国历代石刻汇编》） 2.刘宝墓志（《山东邹城西晋刘宝墓》） 3.王文伯墓志（《洛阳晋墓的发掘》）

（二）第二期（东晋中期）

与上一期相比，东晋中期墓志的分布更为集中，主要见于南京，仅有少量墓志见于安徽马鞍山、江苏镇江等南京邻近地区。其使用人群以南渡北人为主，其中部分为有一定权势地位的高级士族，如琅琊王氏、琅琊颜氏、广陵高氏[1]、太原温氏，其中琅琊王氏更是有“王与马，共天下”之称的一流士族；部分为普通士族，如东海刘氏、徐州刘氏、平昌孟氏、临淮谢氏（表二）[2]。

与上一期墓志形制多样的情况不同，该时期墓志形制较为统一，砖材质占主流（石质墓志 4 件，砖质墓志 22 件），而更以砖质A型墓志为主（砖质A型 20 件，B、D型共 2 件）。砖质A型墓志继承了西晋左兴妻张氏墓志、苏华芝墓志等砖形墓志的发展线索（图

[1] 小尾孝夫指出永嘉之乱后广陵成为南渡北人的落脚点，原籍广陵者再次向南迁徙到晋陵郡以内，广陵高崧也可视为广义的南渡侨民。小尾孝夫著、杨洪俊译：《广陵高崧及其周边——六朝南人的一个侧面》，《南京晓庄学院学报》2015 年第 1 期，第 16—24 页。

[2] 出土于广东广州、年代被定为东晋中晚期的“甄寿亡亲解夫人墓”墓志是一个例外。其不出土于南京邻近地区，也未记载甄寿籍贯，因此不能确定其及其母是否是南渡北人。但该墓志仅是孤例，不影响东晋中期墓志出土地点、使用人群总体规律的归纳，故附记于此，不特别讨论。

四），但值得注意的是，西晋时期该类型墓志的使用人群大多等级较低，如张氏的丈夫左兴不过是“右尚方匠”[1]；苏华芝墓规模小、形制简单、随葬品少，志文未提及丈夫、父亲的官职，应出身于平民家庭[2]。而东晋时期该类型墓志的使用者包括琅琊王氏、琅琊颜氏等高级士族，以及官侍中、骑都尉，爵建昌伯的高崧及其夫人，在家族身份、个人官职、个人爵位上都远高于西晋使用者。此外，目前可见到年代最晚的西晋砖形墓志为永嘉三年（309 年）赵令芝墓志[3]，尚未发现东晋早期的砖质A型墓志。砖质A型墓志沉寂三十余年后在东晋中期的高等级人群中突然复苏，并立刻成为该时期墓志的主流形制，这一现象似乎不能以丧葬习俗的自然演化[4]或流徙士族的个人选择[5]解释，而只能归因于外在力量的倡导乃至规制，而这一力量的发起者最有可能是东晋政府。耿朔提出东晋帝王陵墓和世家大族墓葬的俭省是江南墓葬仅为假葬权厝、收复故园后将迁葬北方祖茔这一特定丧葬观念的反映，是东晋统治阶层持续一个世纪始终坚持的政治正确[6]。而政府倡导南渡士族使用原用于低等级人群、形制简素的砖质墓志，有意压制墓葬的建造规格，无疑能反复提醒丧家南土绝非最终归宿，其死亡的父母亲友尚待有朝一日荣归故里，是极好的政治动员手段。

此外，砖质A型墓志根据纵长可基本分为Aa、Ad两亚型，两亚型的使用人群也略有不同。大多数士族仅使用纵长为 30 厘米的Aa型墓志，仅琅琊王氏、广陵高氏这两家高级士族使用了纵长为 50 厘米的Ad型墓志。这一区别似乎并非仅由各家族的自发选择

[1] 左兴妻张氏墓志志文为：“太康七年（286 年）十二月廿八日右尚方匠左兴妻张年卅五颍川人”。洛阳市文物考古研究院：《洛阳孟津朱仓西晋墓》，《文物》2012 年第 12 期，第 32 页。

[2] 苏华芝墓为竖穴墓道长方形土洞墓，墓室长 2.2、宽 1.3 米，仅可容棺而已；葬具为一棺；随葬器物仅 2 件陶女俑、3 件陶四系罐、4 件银环。苏华芝墓志志文为：“太康八年（287 年）九月四日清河苏华芝”。洛阳市文物工作队：《西晋苏华芝墓》，《文物》2005 年第 1 期。

[3] 王木铎：《洛阳新获砖志说略》，《中国书法》2001 年第 4 期，第 47—49 页。

[4] 赵超曾将东晋时期砖质墓志的流行归因于吸收东汉吴晋时期南方墓葬普遍使用铭文砖的丧葬习俗。但考察东汉吴晋南方铭文砖，其砖文大多以模制阳文的形式分布在墓砖的侧面或端面，且均砌筑在墓壁中，没有作为一类随葬品独立使用的情况，这与东晋砖质A型墓志志文为刻划阴文、分布在墓砖正面、独立使用的特征不同，因此本文认为东晋砖质A型墓志的直接来源应是西晋砖形墓志。赵超：《古代墓志通论》，紫禁城出版社，2003 年，第 83 页。

[5] 以往研究常将东晋中期砖质墓志的流行归因于流徙士族视江南为“假葬”之地，企望光复中原、回归旧墓，故出于墓主的个人意愿，自发选择了较为简素的墓志形制。安然：《魂返故土还是寄托异乡——从墓葬和墓志看东晋的流徙士族》，《东南文化》2002 年第 9 期，第 45—49 页。罗宗真、王志高：《六朝文物》，南京出版社，2004 年，第 223 页。朱智武：《东晋南朝墓志研究》，花木兰文化出版社，2014 年，第 171 页。

[6] 耿朔：《宋孝武帝礼仪改革与南朝陵墓新制的形成》，贺西林主编：《汉唐陵墓视觉文化研究》，高等教育出版社，2021 年，第 499—521 页。

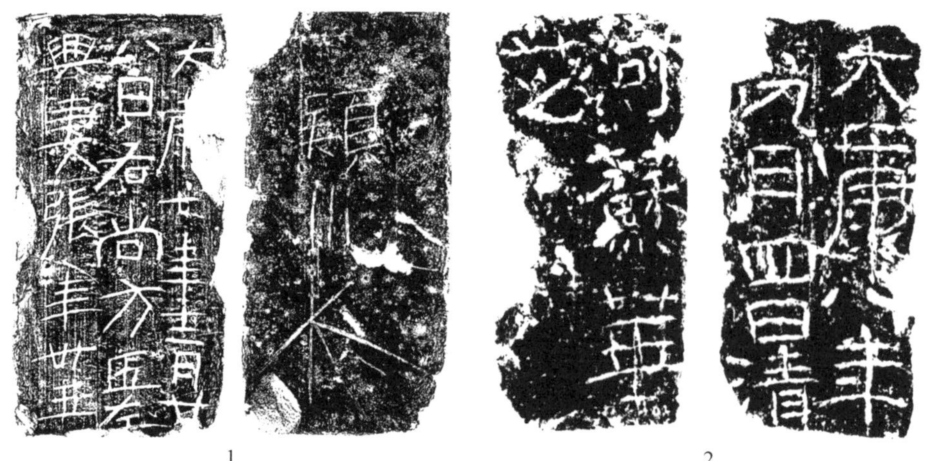

1　　　　　　2

图四　与第二期（东晋中期）砖质A型墓志形制相似的西晋墓志

1.左兴妻张氏墓志（《洛阳孟津朱仓西晋墓》）2.苏华芝墓志（《西晋苏华芝墓》）

导致，而是由一定的制约形成，反映出不同家族微妙的等级差别。首先，纵长50厘米的Ad型墓志并非采用常见的砌墓用砖制成，应为特别选择或特别制作。琅琊王氏、广陵高氏特选或特制的墓志恰为同一尺寸，暗示两者墓志具有相同的获得来源。据《贞珉流徽：南京出土东晋南朝墓志》介绍，此种尺寸的大砖偶见于东晋南朝建康宫殿官署遗址[1]，可知这种大砖的制作和使用具有一定的官方色彩。其次，只有可称在东晋中期门阀士族中居于首位的琅琊王氏成员普遍使用Ad型墓志，此外只有个人官爵甚高的高崧及其夫人使用了该型墓志。而对比象山王氏家族墓地的墓葬与同时期其他家族的墓葬，可知琅琊王氏在丧葬上门风简素，其墓葬的规模、随葬品数量均不及同时期其他家族[2]。在这种情况下琅琊王氏家族却普遍使用需要特选或特制的大规格砖志，暗示该型墓志的使用并非王氏家族的自发选择，而是受到某种外在力量的影响。砖质墓志的尺寸选择在整体上与家族地位呈对应关系，但也存在如广陵高氏这样门第不及一流士族，但暂时存在官职、爵位较高的家族成员的士族使用大规格砖志的情况；大规格砖志的出现和使用存在政府力量介入的可能。

除延续西晋砖形墓志传统、突然复苏的砖质A型墓志，东晋中期还出现了不见于西晋的全新墓志形制，即石质BⅠ式墓志。该式墓志为横长方形，置放方式为平置，完全脱离

[1] 邵磊：《对东晋南朝墓志研究的回顾与反思》，《贞珉流徽：南京出土东晋南朝墓志》，凤凰出版社，2024年，第16页。

[2] 以象山M1（王兴之及妻宋和之墓，348年）及M9（王建之及妻刘媚子墓，371年）为例，M1全长仅5.33米，M9墓室内长仅4.42米，M9保存完整，也只出土了29件随葬物。而时代相仿的老虎山颜氏家族墓地M1—M4全长普遍在6米左右，仙鹤山M2（高崧墓，366年）全长达到7.44米，共出土遗物160余件。

了西晋碑形墓志的传统。纵观整个东晋时期，目前该式墓志仅出现在琅琊王氏家族墓地中，因此该式墓志是琅琊王氏家族创造、独属于本家族的特别随葬物，还是由政府创造、分配的特殊墓志形制，尚不能完全判断。不过在琅琊王氏内部，仅有王兴之夫妇、王建之夫妇、身份不明的象山M10墓主使用了该式墓志。其中王兴之之妻宋和之父亲为东晋开国功臣、使持节、散骑常侍、都督秦凉二州诸军事、梁州刺史、野王公宋哲，宋和之本人是象山王氏墓地出土墓志中唯一被称为“命妇”的女性；王建之则继承了其祖王彬的都亭侯爵位，二者是象山王氏墓地所葬墓主中仅有的有爵命者。可知石质BⅠ式墓志在等级上高于砖质Ad型墓志，一流士族琅琊王氏的成员也不能随意使用，只有有爵命者才能使用。爵位的授予本质上由东晋政府掌握，而以爵位为使用标准的石质BⅠ式墓志，可能与东晋政府有较强的联系。

值得注意的是，石质BⅠ式墓志的使用并非严格与个人爵位相对应，同时受到志主家族地位的干扰，其授予与否以由世论主导的门第高低、由政府主导的爵位有无两方面共同决定。如温式之为开国县侯，高崧为嗣县伯，李缉为乡侯，爵位上均高于身为嗣都亭侯的王建之，却都未使用石质BⅠ式墓志。而以家族地位的视角观察，或许可以解释太原温氏为何在墓志使用上另辟蹊径，创造出目前仅此一见的砖质D型墓志。太原温氏在东晋被视为“边缘家族”[1]，温峤被世论称为“过江第二流人物”[2]，若接受既定的墓志使用秩序，便相当于承认太原温氏的门第不入一流士族。因此，温式之的后人可能模仿了东晋早期尚存的西晋碑形墓志传统，制作出砖质D型墓志。其没有使用碑形墓志最常见的石材质而代以陶质，反映出东晋中期石质墓志的使用受到较严格的限制；而其未遵循砖质A型墓志的使用秩序，也说明东晋中期政府的强制力似乎还只停留在材质控制的层面，虽然也存在政府根据家族地位、家族成员官爵分配大规格砖志的情况，但就砖质墓志的形状、尺寸而言尚未形成严格的制度规定，在具体的丧葬实践中存在弹性。

《南齐书》卷九《礼志上》载：“江左仆射刁协（？—322年）、太常荀崧（262—328年），补缉旧文，光禄大夫蔡谟（281—356年）又踵修辑朝故。”[3]东晋早中期持续进行礼制的修复与建设，或许就在这一过程中，东晋政府对墓志的材质进行了严格的规定，将墓志这一新型随葬品纳入了丧葬礼制。

（三）第三期（东晋晚期）

目前已知东晋晚期的墓志志主以陈郡谢氏家族成员为主，集中出土于南京司家山谢

[1] 邓玮光、吴琼：《试析墓志中的边缘家族——以太原温氏、陈郡谢氏为例》，《古典文献研究》2022年第1期，第167—173页。

[2] 《世说新语校笺》卷中《品藻》第九：“世论温太真是过江第二流之高者。时名辈共说人物第一将尽之间，温常失色。”（宋）刘义庆著，徐震堮校笺：《世说新语校笺》，中华书局，1984年，第282页。

[3] 《南齐书》，中华书局，1972年，第117页。

氏家族墓地，偶见于江苏常州（表二）。

该时期墓志的使用情况总体上是中期的延续，但在砖质墓志的长宽比、尺寸，以及同一墓葬中男女性墓主的用志情况上产生了变化。首先，长宽比不为 2 的砖质AaⅡ式墓志出现，以谢琰墓志为代表的该式墓志为容纳较长的志文特意延长了横长。专门制作横长更长的墓志而不采用砖质Ad型墓志，说明砖质Ad型墓志的获得和使用应受到一定控制。第二，纵长 45 厘米的砖质Ac型墓志出现。陈郡谢氏在东晋早期被视为“边缘家族”，但随着谢安前拒桓温（373 年）、后战淝水（383 年），权势甚盛，东晋晚期陈郡谢氏已崛起为“王谢并称”的一流家族[1]。与之相应，东晋晚期陈郡谢氏成员的砖质墓志尺寸也明显大于Aa型墓志，接近于东晋中期几乎由琅琊王氏成员独享的Ad型墓志。值得注意的是，家族地位的变动在墓志型式上的反映具有明显的滞后性，如太元廿一年（396 年）的谢琰墓志尚且使用Aa型墓志，而此时已是淝水战后十三年，陈郡谢氏的社会地位本应已经大幅提升；就目前的考古资料来看，直至义熙二年（406 年）谢温墓志，陈郡谢氏墓志尺寸的提升才最终实现。第三，家庭中的性别地位开始影响同一墓葬中男女墓主的用志。东晋中期同一家族、同一家庭中男女性墓志的形制没有显著差别，如象山王氏墓地出土的王彬女王丹虎墓志、王彬妻夏金虎墓志、王康之妻何法登墓志等均为砖质Ad型墓志；甚至存在同一家庭中妻子墓志尺寸大于丈夫的情况，如王建之妻刘媚子的石志纵长大于王建之志。而东晋晚期同出于司家山M4 的谢球、谢球妻王德光墓志，则分别为砖质Ac型、Aa型墓志，王德光墓志的纵长明显小于谢球。

（四）第四期（刘宋早期）

刘宋早期墓志的分布仍集中在南京地区。就志主身份可以辨识的墓志而言，其使用人群仍以南渡士族为主（表二）。

该时期东晋中期以来占据主流的砖质A型墓志仍持续存在，同时出现了石质Cb型墓志这一与西晋、东晋早期碑形墓志传统有相似性，但实际上未见于前代的新型式。该型墓志圆首龟趺，其碑首、碑座形制与目前尚可见到的萧梁宗室神道碑（如萧秀碑、萧憺碑、萧宏碑）极为相似，其或许即来源于对南朝墓葬神道碑的模仿（图五）[2]。《南齐书》

[1] 邓玮光、吴琼：《试析墓志中的边缘家族——以太原温氏、陈郡谢氏为例》，第 167—173 页。

[2] 目前可见实物的南朝帝王宗室墓葬神道碑仅有梁朝萧秀碑、萧憺碑、萧宏碑三处。但据《南齐书》卷二十二《豫章文献王传》记载：“宋长宁陵隧道出第前路……乃徙其表阙骐驎于东岗上。骐驎及阙，形势甚巧，宋孝武于襄阳致之，后诸帝王陵皆模范而莫及也。”可知宋文帝长宁陵前即设置有“表阙骐驎”，耿朔提出其所指为南朝神道石刻的标配组合，即石碑、石柱、石兽。虽然目前南朝最早完整设置神道石刻的陵墓只能上溯至宋文帝长宁陵，宋武帝初宁陵前仅能确认存在石柱，南朝墓上神道碑的出现似乎略晚于石质Cb型墓志，但耿文也指出早在魏晋时期碑、柱、兽已被筛选成为中原地区具有代表性的墓前设施，东晋以来这种风气在襄阳等地得到保存。因此，刘宋早期时人应该可以接触到许多墓前神道碑的实物。《南齐书》，中华书局，1972 年，第 414 页。耿朔：《“于襄阳致之”：中古陵墓石刻传播路线之一瞥》，《丝绸之路艺术研究》2019 年第 1 期，第 75—82 页。

卷十《礼志下》载建元二年（480 年）南齐有司议太子穆妃葬事："参议墓铭不出礼典。近宋元嘉中，颜延作王球石志。素族无碑策，故以纪德。自尔以来，王公以下，咸共遵用。"[1]可一窥南齐时期礼官对墓志的认识。由此可知，南齐礼官认为墓志在宋齐时的风行始于元嘉年间；材质为石质；使用人群为"素族"，即非帝王宗室的士族；设置石志的目的是"纪德"，直接原因是素族不能使用具有等级属性的碑、策，故以同样具有纪德功能的石志替代碑、策。而考察实物资料，的确存在一种出现时间约在刘宋早期、材质为石质、形制与神道碑相似、目前仅见于士族墓葬而未见于皇族墓葬的墓志型式，即石质Cb型墓志。元嘉年间颜延之为王球制作的"石志"，或许正是石质Cb型墓志。

1

2

3

图五　南朝帝王宗室墓上神道碑

1.萧秀碑　2.萧憺碑　3.萧宏碑（均采自张璜《梁代陵墓考》）

东晋王朝灭亡后，其所主导的石质墓志使用制度一并消失，刘宋早期墓志的使用又回到丧葬习俗的层面。部分士族延续着东晋时期使用砖质墓志的传统，部分士族则为刘宋皇室特有的哀策、墓碑所具有的"纪德"功能吸引，创造出模仿地上神道碑的石质Cb型墓志。而该型墓志起源于素族成员间出于私人情谊的自发制作，这决定了至少在刘宋早期它的使用还不受政府管理。

（五）第五期（刘宋中晚期至萧梁早期）

该时期墓志的分布仍以江苏南京及镇江较多，但不再局限于南京邻近地区，也出土于山东潍坊、浙江绍兴等地，墓志的使用在地域范围上有所扩展。与东晋中期至刘宋早期相比，其使用人群也发生了明显的转变，不再以南渡士族为主，而是以具有一定的官

[1]《南齐书》，中华书局，1972 年，第 158—159 页。《封氏闻见记》中同样载有此事，具体字句略有差异，可以互参："齐太子穆妃将葬，立石志。王俭曰：'石志不出礼经，起元嘉中颜延之为王球石志，素族无名策，故以纪行迹耳。遂相祖习。储妃之重，礼绝常例，既有哀策，不烦石铭。'"（唐）封演撰，赵贞信校注：《封氏闻见记》，中华书局，2005 年，第 56 页。

职或爵位，与政府或皇族相关的人士为主。如刘怀民为平原郡平原县人，死后归葬今山东潍坊，应非南渡北人；隐龙山M1、M3 位于刘宋岩山陵区，简报推测“极有可能就是葬于岩山陵区的刘宋皇族墓或陪陵的重要功臣贵族墓，而以前者可能性更大”，其墓主很可能为刘宋皇族成员；萧敷、萧融为梁武帝萧衍兄弟，均为萧梁皇族（表二）。

该时期部分墓志显示出政府参与制作的可能。如宋刘怀民墓志载其历官为“本州别驾，渤海、清河太守，除散骑侍郎，建威将军，盱眙太守”，与志题所书“建威将军，齐、北海二郡太守，笠乡侯，东阳城主”有一定区别，存在死后追赠的可能[1]。而据宋明昙憘志文，其“位颁郎戟……值巨猾滔祲，锋流紫闼。君义裂见危，身介妖镝。概深结嫪，痛嗟朝野”，应曾宿卫宫殿并因王事而死[2]，其丧葬很有可能得到政府的监护。而明昙憘为平原鬲县人，死后却“窆于临沂贰壁山”，即今南京东北，不无赐地诏葬的可能[3]。齐王宝玉墓志写明“铭文大司马参军事东海鲍行卿造”，考永明六年（488 年）大司马所指为萧嶷[4]。王宝玉为齐冠军将军、东阳太守萧崇之的侧室夫人，萧崇之为梁文帝萧顺之的三弟，梁武帝萧衍的三叔，与为齐武帝萧赜二弟的萧嶷已为疏属，此墓志的写作恐怕并非出于私人关系，而是政府程序的结果。齐萧子光墓志也明确记载了墓志的撰者为“大司马记事参军□□□□□令”，书者为“秘书令史潘门荣”，可见该墓志的制作也是由政府参与、主持的，并且或可推测萧齐时期由政府主持制作的墓志，均由大司马参军负责撰写。而梁萧融墓志的铭文为“长兼尚书吏部郎中任昉奉敕撰”，其妻王慕韶墓志铭由“吏部尚书领国子祭酒王暕造”；梁萧敷墓志铭为“尚书右仆射太子詹事徐勉奉敕撰”，其妻王氏墓志铭为“尚书右仆射太子詹事臣勉奉敕撰”，说明以上墓志均由萧梁政府主持制作，并受到皇帝旨意的直接影响。

《宋书》卷七二《文九王传》载大明二年（458 年）宋孝武帝悼建平宣简王刘宏事：“上痛悼甚至，每朔望辄出临灵，自为墓志铭并序。”[5]可知，在刘宋早期民间墓志制作蔚然成风后，至迟在大明年间，这一本来用以替代皇室碑策的随葬品，最终完成了自下而上的传播，为刘宋皇室丧葬活动吸收。但文献中并未记载刘宋皇室使用墓志的具体形制。如

---

[1] 耿朔：《宋孝武帝礼仪改革与南朝陵墓新制的形成》，贺西林主编：《汉唐陵墓视觉文化研究》，第 513 页。

[2] 据考证明昙憘应死于桂阳王刘休范造反之事。张敏：《刘宋〈明曇憘墓志铭〉考略》，《东南文化》1993 年第 2 期，第 191—194 页。

[3] 据梁桂阳王萧融、萧融妻王慕韶墓志记载，二人埋葬于“戎辟山”，即今南京东北甘家巷北张家库一带，“贰壁山”“戎辟山”或即为一地。由此可知，明昙憘应埋葬于南朝的高等级墓葬区。

[4] 《南齐书》卷二十二《豫章文献王传》载：“（永明）五年（487 年），进位大司马。”至永明十年（492 年）萧嶷去世，其应一直担任大司马之职。《南齐书》，中华书局，1972 年，第 414 页。

[5] 《宋书》，中华书局，1974 年，第 1860 页。

果隐龙山M1、M3 确为刘宋皇族墓葬，那么可以确认刘宋中晚期的皇家墓志型式为正方形或横长方形的石质墓志，即东晋中期创制、仅有爵位的一流士族成员才能使用的石质B型墓志，而非石质Cb型墓志。这或许是因为刘宋皇室认为在已有墓上神道碑的情况下在墓内设置相似的碑形墓志过于啰嗦，故而索求东晋墓志文化资源，选择了可能在礼制文献中留有痕迹、具有等级属性的石质B型墓志作为南朝墓志的主流形制。而刘宋中期以来北伐渐成虚言，简素的砖质墓志失去了使用背景，逐渐作为墓志发展的支流被南朝遗忘，不被纳入墓志制度之中。

除隐龙山M1 出土墓志纵长 35 厘米，刘宋中晚期的刘怀民、明昙憘、隐龙山M3 墓志纵长均在 50 厘米左右。而刘怀民为“建威将军，齐、北海二郡太守，笠乡侯，东阳城主”，明昙憘仅为“员外散骑侍郎”，无爵位，刘怀民在官品、爵级上均高于明昙憘，可知刘宋中晚期官方参与制作的墓志很可能具有一致的尺寸，尚未以官品或爵级为标准形成纵长上的级差，发展出墓志等级制度。而萧齐时期由官方主持制作的墓志同样尺寸一致，如王宝玉墓志、萧子光墓志纵长均为 46 厘米。王宝玉的丈夫萧崇之官仅至冠军将军、郡守一级，为萧齐宗室疏属，未有爵位，王宝玉本人也非正室夫人；萧子光则为备受齐武帝友爱的齐豫章文献王萧嶷之子，年仅十五岁已获封宜阳县侯，只是因为死时年龄较小尚未任官，二人身份等级有一定差距，但由政府主持制作的墓志尺寸相同。而南齐时期政府未参与制作的墓志尺寸则似乎不受限制，如死时仅为白衣监余杭县、无爵位的刘岱官职较低，墓志制作似未受政府监控，其墓志的纵长就达到了 55 厘米。以王宝玉、萧子光墓志为代表的萧齐官方墓志纵长均为 46 厘米，而以刘怀民、明昙憘、隐龙山M3 为代表的刘宋官方墓志纵长约为 50 厘米，两者似乎不同。但考虑到魏晋南北朝尺度存在多次变化，及南方石质墓志的保存环境，可推测两者在制作时很可能都是以“纵长二尺”为标准的[1]。

目前已知的四件萧梁早期墓志志主为萧融、萧敷及其妻子。萧融、萧敷的最高官班为将军号二十三班或官班十八班[2]，爵位均为郡王，且均为梁武帝萧衍的兄弟，二者身份一致，因此尚不能确认萧梁早期墓志是否已产生与志主官班爵级更严密的对应关系，发展出墓志等级制度。不过，萧融、萧敷墓志纵长均大于其妻子，似乎暗示着萧梁早期墓

[1] 吴慧根据《隋书》十五等尺的记载对各代尺长进行了换算，指出东晋“晋后尺”长 24.532 厘米（此处原文计算似有误，已据晋前尺数据纠正），刘宋“宋氏尺”长24.58厘米，萧梁制验乐律所用的“梁法尺”长 23.261 厘米，铜圭影表测影所用的“梁表尺”长 23.61 厘米，民间使用的“梁俗间尺”长 24.74 厘米。可知东晋南朝一尺的长度约在 23—25 厘米之间。吴慧：《魏晋南北朝隋唐的度量衡》，《中国社会经济史研究》1992 年第 3 期，第 7—18 页。

[2] 据《通典》卷三十四《职官十九》记载，萧融“抚军将军”一职位列梁将军号二十三班；萧敷“司空”一职位列梁官班十八班。（唐）杜佑撰、王文锦等点校：《通典》，中华书局，1988 年，第 1009—1022 页。下一节对萧景、萧子恪、萧象、黄法氍官品的判断亦均据此。

志形制与身份等级的对应性进一步增强，以志主身份为标准、具有严密等级序列的墓志使用制度正在酝酿之中。

（六）第六期（萧梁中晚期至陈）

该时期墓志集中出土于江苏南京地区，其使用人群与上一期相似，仍以具有一定的官职或爵位，与政府或皇族相关的人士为主（表二）。

与上一期相比，该时期墓志尺寸显著增大，可见多件纵长达到 80 厘米以上的墓志；就志主身份明确的墓志而言，志主身份与墓志纵长形成对应关系，以志主官职为标准，总的来说志主官班越高，墓志纵长越长。如萧景赠官中官班最高的官职为将军开府仪同三司，为十七班，其 4 件墓志的最大纵长为 86 厘米；萧子恪赠官中官班最高的官职为中书令，为十三班，其墓志纵长为 70.5 厘米；萧象赠官中官班最高的官职为侍中，为十二班，其墓志纵长为 63 厘米。但遗憾的是，目前该时期志主身份及尺寸明确的墓志数量很少，因此还不能梳理出官班与墓志尺寸的严格对应关系。完全复原萧梁中晚期的墓志使用制度，有待于材料的进一步积累。

据《梁书》卷二五《徐勉传》，普通六年（525 年）徐勉上《修五礼表》，称《五礼仪注》在天监六年（507 年）至天监十一年（512 年）间依次写定，普通五年（524 年）完成副本制作和缮写校订，并于今日拜表以闻。梁武帝诏曰："经礼大备，政典载弘，今诏有司，案以行事也。"又诏曰："……主者其按以遵行，勿有失坠。"[1]可知约在普通六年前后，徐勉主持修成的梁《五礼仪注》得到正式颁行。《五礼仪注》的颁行虽稍晚于萧梁中晚期墓志尺寸增大的时间，但可以反映出天监、普通年间萧梁王朝礼制建设相当活跃，墓志尺寸的系统性扩大及墓志等级制度的形成，或许正是该时期礼制建设的成果。

《通典》卷四一《礼序》载："陈武帝受禅，多准梁旧式，因行事随时笔削。"[2]考虑到梁、陈制度的延续性，且目前陈朝志主身份明确的墓志仅有黄法氍一例，本文暂且将其附于第六期而不另分一期。但值得注意的是，黄法氍赠官为侍中、中权大将军、司空，其官品达到一品，但其墓志纵长仅为 65 厘米，远小于萧梁中晚期官班为十七班的萧景墓志。这似乎暗示梁、陈间墓志制度并非全无变化，陈朝墓志的整体尺寸又有所缩小。研究陈朝墓志使用制度的具体情况，亦有待于更多墓志实物资料的发现。

表二　东晋南朝墓志统计表

序号	纪年	志主	型式	出土地点	籍贯	官职	爵位
1	太宁元年（323 年）	谢鲲	石质A型	江苏南京	陈国阳夏	豫章内史	

[1] 《梁书》，中华书局，1973 年，第 380—381 页。

[2] （唐）杜佑撰、王文锦等点校：《通典》，中华书局，1988 年，1121 页。

续表

序号	纪年	志主	型式	出土地点	籍贯	官职	爵位
2	太宁三年（325年）	张镇	石质Ca型	江苏苏州	吴国吴县	散骑常侍，建威将军，苍梧、吴二郡太守，奉车都尉	兴道县德侯
3	东晋早期	温峤	砖质C型	江苏南京	太原祁县	使持节、侍中、大将军	始安忠武公
4	永和元年（345年）	颜谦妻刘氏	砖质AaⅠ式	江苏南京	颜谦琅琊		
5	永和四年（348年）	王兴之及妻宋和之	石质BⅠ式	江苏南京	王兴之琅琊临沂，宋和之西河界休	征西大将军行参军、赣令	王兴之无爵，宋和之父宋哲为野王公
6	永和十一年（355年）	高崧妻谢氏	砖质Ad型	江苏南京	谢氏会稽，夫高崧广陵	夫高崧镇西长史、骑都尉	夫高崧建昌伯
7	永和十二年（356年）	王康之	砖质Ad型	江苏南京	琅琊临沂		
8	升平元年（357年）	李缉	砖质AaⅠ式	江苏南京	广平广平	平南参军	湘南乡侯
9	升平元年（357年）	李纂妻武氏	砖质AaⅠ式	江苏南京	武氏颍川长社，夫李纂广平广平	夫李纂抚军参军	
10	升平元年（357年）	李纂	砖质AaⅠ式	江苏南京	广平广平	中军参军	
11	升平元年（357年）	刘剋	砖质AaⅠ式	江苏镇江	东海郯县		
12	升平二年（358年）	王闽之	砖质Ab型	江苏南京	琅琊临沂		
13	升平三年（359年）	王丹虎	砖质Ad型	江苏南京	琅琊临沂	父王彬散骑常侍、特进、卫将军、尚书左仆射	父王彬都亭肃侯
14	兴宁三年（365年）	袁庆	砖质AaⅠ式	江苏南京	陈国阳夏	会鄮令	
15	太和元年（366年）	高崧	砖质Ad型	江苏南京	广陵	侍中、骑都尉	建昌伯
16	太和二年（367年）	王企之	砖质Ad型	江苏南京	琅琊临沂	前丹阳令、骑都尉	
17	太和六年（371年）	温式之	砖质D型	江苏南京	太原祁县	散骑常侍	新建开国侯

续表

序号	纪年	志主	型式	出土地点	籍贯	官职	爵位
18	太和六年（371 年）	王建之妻刘媚子石志	石质 BⅠ式	江苏南京	刘媚子南阳涅阳，夫王建之琅琊临沂	夫王建之振威将军、鄱阳太守；祖刘乂修武令；父刘璞光禄勋	夫都亭侯；父东昌男
19	太和六年（371 年）	王建之妻刘媚子砖志	砖质B型	江苏南京	刘媚子南阳涅阳，夫王建之琅琊临沂	夫王建之振威将军、鄱阳太守；祖刘乂修武令；父刘璞光禄勋	夫都亭侯；父东昌男
20	咸安二年（372 年）	王建之	石质 BⅠ式	江苏南京	琅琊临沂	振威将军、鄱阳太守	都亭侯
21	宁康三年（375 年）	李纂	砖质 AaⅠ式	江苏南京	魏郡肥县	宜都太守	
22	太元元年（376 年）	孟府君	砖质 AaⅠ式	安徽马鞍山	平昌安丘	始兴相、散骑常侍	
23	太元四年（379 年）	纪德家	砖质 AaⅠ式	江苏南京	高阳博县		
24	太元十四年（389 年）	王康之妻何法登	砖质 Ad型	江苏南京	何法登庐江潜县，夫王康之琅琊临沂	父何充侍中、司空	父文穆公
25	太元十七年（392 年）	王彬妻夏金虎	砖质 Ad型	江苏南京	夫王彬琅琊临沂	夫王彬卫将军、左仆射，夏金虎为继室夫人	夫王彬都亭肃侯
26	太元廿一年（396 年）	谢琰	砖质 AaⅡ式	江苏常州	陈国阳夏	驸马都尉、朝请、溧阳令、给事中、散骑常侍	
27	东晋中期	李纂妻何氏	砖质 AaⅠ式	江苏南京	何氏东海郯县，夫李纂魏郡肥县	夫李纂宜都太守	
28	东晋中期	临淮谢氏	砖质 AaⅠ式	江苏镇江	临淮		
29	东晋中期	象山M10	石质 BⅠ式	江苏南京	漫漶不清		
30	义熙二年（406 年）	谢温	砖质 Ac型	江苏南京	陈国阳夏	漫漶不清	
31	义熙三年（407 年）	谢球	砖质 Ac型	江苏南京	陈国阳夏	辅国参军	
32	义熙十二年（416 年）	谢球妻王德光	砖质 AaⅠ式	江苏南京	夫谢球陈国阳夏	夫谢球辅国参军	

续表

序号	纪年	志主	型式	出土地点	籍贯	官职	爵位
33	东晋中晚期	刘庚之	砖质 AaⅠ式	江苏镇江	彭城吕县	司吾令	
34	东晋中晚期	刘硕妻徐氏	砖质 AaⅠ式	江苏镇江	夫刘硕彭城吕县		
35	东晋中晚期	甄寿亡亲解夫人	砖质 AaⅠ式	广东广州			
36	永初二年（421年）	谢珫	砖质 AaⅠ式	江苏南京	陈国阳夏	海陵太守、散骑常侍	为东晋豫宁县开国伯，刘宋时国除
37	元嘉二年（425年）	宋乞	砖质 AaⅠ式	江苏南京	丹阳建康，领陈郡阳夏		
38	元嘉三年（426年）	钟济之妻孙氏	砖质 AaⅠ式	江苏南京	孙氏太原中都，夫钟济之颍川长社	夫钟济之永修令、驸马都尉	
39	元嘉十一年（434年）	钟济之	砖质 AaⅠ式	江苏南京	颍川长社	永修令、驸马都尉	
40	刘宋早期	南京晓庄M1	石质 CbⅠ式	江苏南京	漫漶不清		
41	刘宋早期	南京司家山谢氏家族墓M1	石质 CbⅠ式	江苏南京	漫漶不清		
42	大明八年（464年）	刘怀民	石质 BⅡ式	山东潍坊	平原平原	建威将军，齐、北海二郡太守，东阳城主	笠乡侯
43	元徽二年（474年）	明昙憘	石质 BⅡ式	江苏南京	平原鬲县	员外散骑侍郎	
44	刘宋中晚期	南京隐龙山M1	石质 BⅠ式	江苏南京	漫漶不清		
45	刘宋中晚期	南京隐龙山M3	石质 BⅡ式	江苏南京	漫漶不清		
46	刘宋晚期至萧齐早期	南京栖霞区东杨坊M1	石质 CbⅠ式	江苏南京	漫漶不清		
47	永明五年（487年）	刘岱	石质 BⅡ式	江苏镇江	东莞莒县	原山阴令，后淬太守事白衣监余杭县	

续表

序号	纪年	志主	型式	出土地点	籍贯	官职	爵位
48	永明六年（488 年）	王宝玉	石质 BⅡ式	江苏南京	王宝玉吴郡嘉兴，夫萧崇之兰陵兰陵	夫萧崇之冠军将军、东阳太守	
49	永明六年（488 年）	王珪之	砖质 Ac型	江苏南京	琅琊临沂	长水校尉	
50	永明十一年（493 年）	吕超	石质 BⅠ式	浙江绍兴	（漫漶）东平	……将军、隋郡王国中军（其余漫漶）	漫漶
51	中兴元年（501 年）	萧子光	石质 BⅡ式	江苏南京	兰陵兰陵		宜阳县侯
52	天监元年（502 年）	萧融	石质 BⅡ式	江苏南京	兰陵兰陵	散骑常侍、抚军将军	桂阳郡王
53	天监十三年（514 年）	萧融妻王慕韶	石质 BⅡ式	江苏南京	王慕韶琅琊临沂，夫萧融兰陵兰陵	夫萧融散骑常侍、抚军将军，父王僧聪黄门郎	夫桂阳郡王，本人为桂阳国太妃
54	普通元年（520 年）	永阳昭王萧敷	石质 BⅡ式	江苏南京	兰陵兰陵	侍中、司空	永阳昭王
55	普通元年（520 年）	永阳敬太妃王氏	石质 BⅡ式	江苏南京	王氏琅琊临沂，夫萧敷兰陵兰陵	夫萧敷侍中、司空，父王俨左将军司马寿阳内史	夫永阳昭王，本人为永阳国太妃
56	普通二年（521 年）	普通二年辅国将军	石质 BⅡ式	江苏南京	漫漶	……辅国将军济晋二郡……（其余漫漶）	漫漶
57	普通二年（521 年）	普通二年广州刺史墓志	石质 BⅢ式	江苏南京	漫漶	广州刺史（其余漫漶）	漫漶
58	萧景死于普通四年（523 年）	萧景、萧景妻王氏	石质 BⅢ式	江苏南京	兰陵兰陵	2 号志可辨识“梁侍中□□将军吴平侯萧使君夫人王”等字；侍中、中抚军、开府仪同三司（梁书卷二十四）	吴平侯
59	大通三年（529 年）	萧子恪	石质 BⅢ式	江苏南京	兰陵兰陵	侍中、中书令、宁远将军、吴郡太守（后文漫漶）	南康县子（梁书卷三十五）
60	大同二年（536 年）	萧象	石质 BⅢ式	江苏南京	兰陵兰陵	侍中、秘书监、领步兵校尉	嗣桂阳敦王（梁书卷二十三）

续表

序号	纪年	志主	型式	出土地点	籍贯	官职	爵位
61	太建八年（576年）	黄法氍	石质BⅢ式	江苏南京	巴山新建	司空	义阳公
62	陈朝	南京迈皋桥红星砖瓦厂墓出土	石质CbⅠ式	江苏南京	漫漶不清		
63	南朝中晚期	南京铁心桥马家店南朝墓出土	石质BⅡ式	江苏南京	漫漶不清		
64	南朝中晚期	南京板桥九四二四工地墓出土	石质BⅢ式	江苏南京	漫漶不清		
65	南朝中晚期	南京南郊景家山M11	石质BⅢ式	江苏南京	漫漶不清		
66	南朝中晚期	南京仙鹤门外红旗农牧场南朝墓	石质CbⅠ式	江苏南京	漫漶不清		
67	南朝中晚期	南京雨花台区花神庙条子山M1出土	石质CbⅠ式	江苏南京	漫漶不清		
68	南朝中晚期	南京雨花台西善桥刘家村M41	石质CbⅡ式	江苏南京	漫漶不清		
69	南朝	南京中央门外小红山附近南汽黑墨营墓出土	石质CbⅠ式	江苏南京	漫漶不清		

表注：官职、爵位以墓志记载尤其是志题记载的终官或赠官为准，历官不尽录。志文清晰可读，但未提及官职、爵位者空白；志文漫漶不清，不能判断官职、爵位有无者注明；志文漫漶或未全文公布，但志主身份确定可查明者，官职、爵位参照了相应文献。

三、小结

综上，东晋南朝墓志的形制演变可分为六期。墓志这一类随葬物从志墓习俗中脱胎而来，至迟于西晋完成独立，其形制与功能在不同丧家的丧葬实践中几经演变，作为一种日渐风行的丧葬习俗走入官方视线并为其利用，又因政权灭亡重回民间；而南朝时期，纪德留名已成为社会的普遍心理需求，文的自觉与人的自觉不分彼此，墓志的流行或许正是这种社会风气在丧葬活动中的直接反映，贵为帝王宗室亦不可免。但一旦墓志进入官方丧葬活动，其制作和使用便很快被纳入以官品为标准编织而成的严密等级制度中。墓志不再是丧家抒发个人情感的载体，而成为丧葬活动中反映墓主等级的重要礼制设施，并在隋唐以来逐渐走上格套化、模式化的道路。

每一件随葬物都是特定时间、空间下某一丧葬行为的物质遗存，无论是东晋中期政府对简素丧葬风气的倡导，还是门阀社会中丧家与政府、世论的博弈，抑或是南朝皇室、政府控制力的增强及墓志等级制度的建立，最终都凝结于东晋南朝墓志以材质、形状、尺寸为代表的形制特征之中。当然，东晋南朝墓志形制研究中尚存在许多本文未能涉及的难题，如一志多方现象、羡道列志现象、墓志与买地券的结合现象等等，尚待于未来进一步的探索。

关中地区出土隋代墓志的等级序列研究

田兆鲲（北京大学考古文博学院）

在考古学研究中，墓志是确定墓主身份、判断墓葬年代，进而讨论墓葬等级与丧葬习俗的直接依据。经历魏晋南北朝数百年的发展演变后，墓志在隋代完成文化整合，无论是行文内容抑或外在形制，都形成了特有的风格与传统，进一步影响了唐及之后王朝的墓志构成方式。然而遗憾的是，当前对隋代墓志的研究大多集中于对其所载史料的真伪辨别与考证，而忽视其作为墓室内随葬品的意涵与属性，因而使一部分附着在墓志本体上的史学现象未能完全揭示，其中墓志本身的等级性研究尤其值得进一步思考。

既往研究以赵超先生的探索为代表，他在统计数方隋代墓志的尺寸后开展对比讨论，提出隋代墓志中存在一定的等级制度：三品以上的高级官员使用边长2尺4寸以上的墓志，三公等级的官员可以用到3尺以上的墓志，而2尺2寸以下的墓志，官方礼制上限制并不严格[1]。这一研究的等级划分思路基本上是正确的，但将长安地区和洛阳地区不同时间段内安置的墓志放置于同一背景下讨论，忽视了丧葬礼制在国家广泛范围内推行的迟滞性，同时也未能将墓志官衔与隋代复杂的官爵体系相对应，因而得出的结论相对模糊。

关中地区是隋帝国的核心统治区域，大量达官勋贵死后归葬于此，故而该地区成为隋代墓志最主要的发现地之一。本文拟收集整理关中地区的出土墓志，结合相当数量的传世材料，更为细致地开展隋代墓志的等级性讨论。

一、关中地区隋代墓志的发现情况

关中地区明确为考古发掘出土的隋代墓志，本文共整理得51方（表一）。其中绝大多数为方形石质墓志。仅开皇十年（590年）梁毻墓志、开皇十七年（597年）牛谯州墓志及大业元年（605年）李文都墓志三例为砖质墓志，尺寸远小于石质墓志，志主身份均为庶人，故而不纳入本文讨论范围。石质墓志多数采用青石加工，并未见到有因较高的

[1] 赵超：《古代墓志通论》，紫禁城出版社，2003年，第147—149页。

身份等级而使用特殊石材刻写墓志的现象，因此以墓志石材作为区分墓志等级的标准恐难以成立。此外，开皇九年（589 年）王昌暨妻薛氏墓志、开皇十五年（595 年）段威暨妻刘妙容墓志、鹿善暨妻刘氏墓志等志盖及志文标题均刻写北周官职。这些入隋后制作的北周官员墓志，本文拟对其进行专门考察。

除考古出土材料外，还有大量墓志因被盗掘而散佚民间，幸得研究者多方搜集整理并将其公布，为开展相关研究工作提供便利。据不完全统计，目前关中地区所见到的隋代墓志有一百八十余方，绝大多数可于王其祎、周晓薇编著《隋代墓志铭汇考》一书中寻找到详细的资料，此外亦有部分新发现的材料散落于《陕西新见隋朝墓志》《贞石可凭：新见隋代墓志铭疏证》等图录、报告中[1]。本研究亦参考其中若干墓志材料，扩大研究对象样本量以提高研究可信度。

表一　关中地区考古发掘出土隋代墓志

志主	下葬时间	出土地点	材质	志盖标题	志文标题
李和	开皇二年（582 年）	陕西咸阳	石质	大隋上柱国德广肃公李史君之墓志铭	大隋使持节上柱国德广郡开国公李史君之墓志铭
裴政	开皇二年（582 年）	陕西西安	石质	大隋上仪同太子左庶子裴府君之墓志	大隋使持节上仪同大将军太子左庶子新义县开国侯故裴府君墓志序
阿史那氏	开皇二年（582 年）	陕西咸阳	石灰岩	周武德皇后志铭	无
王士良	开皇三年（583 年）	陕西咸阳	石质	大隋上大将军广昌肃公墓志	大隋使持节上大将军本州并州曹沧许郑五州刺史行台三总管广昌肃公王使君墓志
折娄罴	开皇三年（583 年）	陕西铜川	青石质	无	大隋使持节骠骑大将军上开府招义县开国公故折娄氏墓志
皇甫光	开皇三年（583 年）	陕西西安	青石质	大隋大都督皇甫光铭	大隋雍州从事京尹主簿颖州赞治新阳章武二郡太守骠骑将军平恩县开国子皇甫光墓铭

[1] 本文主要利用的图录、报告包括：王其祎、周晓薇编著：《隋代墓志铭汇考》，线装书局，2007 年；刘文编著：《陕西新见隋朝墓志》，三秦出版社，2018 年；王其祎、周晓薇：《贞石可凭：新见隋代墓志铭疏证》，科学出版社，2019 年；李明、刘呆连、李举纲主编、陕西省考古研究院编：《长安高阳原新出土隋唐墓志》，文物出版社，2016 年。

续表

志主	下葬时间	出土地点	材质	志盖标题	志文标题
宋虎	开皇五年（585年）	陕西西安	青石质	大隋仪同新太县开国伯宋虎之墓志记	大隋开皇五年岁次乙巳八月乙酉朔十二日丙申葬于城南高阳源使持节仪同三司内常侍故宋虎墓志
皇甫谦	开皇五年（585年）	陕西西安	青石质	大隋上仪同皇甫公志	大隋上仪同永州刺史皇甫公墓志铭
皇甫九会	开皇五年（585年）	陕西西安	青石质	大隋皇甫九会之墓志	大隋乐昌镇司马都督皇甫公世子墓志铭
施睿	开皇五年（585年）	陕西西安	石质	大隋仪同勃海公墓志	大隋使持节仪同三司大将军国子博士勃海郡开国公施公之墓志
侯明暨妻郭氏邓氏	开皇六年（586年）	陕西西安	石质	东平公侯君之墓志铭	无
田悦暨妻赵氏	开皇六年（586年）	陕西西安	青石质	田君墓志	无
刘侠	开皇六年（586年）	陕西西安	青石质	襄州别驾平舒公墓志	大隋骠骑将军右光录襄州别驾治长史平舒子刘公墓志
乙弗虬夫人席氏	开皇六年（586年）	陕西西安	青石质	大隋故长乐郡君之铭	魏故车骑大将军仪同三司秘书监散骑常侍兖州刺史美阳孝公柳君夫人席氏墓志铭
张綝	开皇九年（589年）	陕西西安	青石质	大隋使持节仪同三司汝南公张君墓志	大隋使持节仪同三司集州刺史汝南公张使君墓志
宇文则	开皇九年（589年）	陕西西安	青石质	大隋大都督东平郡公宇文府君 之墓志	大隋大都督千牛备身东平郡公宇文府君墓志
王昌暨妻薛氏	开皇九年（589年）	陕西西安	青石质	大周仪同王使君墓志	周故使持节仪同三司王府君墓志铭
王瑱	开皇九年（589年）	陕西西安	青石质	仪同丰阳公世子墓志	仪同三司丰阳县开国公王君世子之铭
宋忻暨妻韦胡磨	开皇九年（589年）	陕西西安	石质	大隋使持节上开府潞州刺史宜迁公铭	大隋使持节上开府幽州总管潞州诸军事潞州刺史宜迁县开国公宋史君之墓志铭
梁鸧	开皇十年（590年）	陕西西安	砖质	无	无
元威	开皇十一年（591年）	陕西咸阳	青石质	大隋元使君之墓志铭	大隋使持节仪同三司潞县公元使君之墓志

续表

志主	下葬时间	出土地点	材质	志盖标题	志文标题
刘玄	开皇十一年（591 年）	陕西西安	青石质	大隋开府刘君墓志铭	无
郁久闾可婆头	开皇十二年（592 年）	陕西西安	青石质	隋大将军郁久闾公铭	隋故大将军九陇公郁久闾公墓志铭
吕武暨妻宇文氏	开皇十二年（592 年）	陕西西安	石质	大隋大都督左亲卫车骑将军吕君墓志	大隋大都督左亲卫车骑将军吕使君之墓志
吕思礼暨妻辛氏	开皇十二年（592 年）	陕西西安	石质	无	魏故七兵尚书汶阳吕侯墓志
李椿	开皇十三年（593 年）	陕西西安	青石质	大隋开府河东公墓志	大隋骠骑将军开府仪同三司河东郡开国公故李公墓志铭
卢诠	开皇十三年（593 年）	陕西西安	青石质	大隋仪同瘿陶公卢君墓志铭	故仪同大将军瘿陶县开国伯卢君墓志铭
宇文昡	开皇十四年（594 年）	陕西西安	青石质	大隋乐平公主女墓铭	无
段威暨妻刘妙容	开皇十五年（595 年）	陕西西安	石质	周故使持节骠骑大将军开府仪同三司甘河洮三州诸军事三州刺史新阳公段君之墓志	周故开府仪同三司洮甘二州刺史新阳段公墓志铭
鹿善暨妻刘氏	开皇十五年（595 年）	陕西咸阳	青石质	周故上大将军河内国鹿壮公之墓志铭	周故上大将军河内鹿壮公墓志铭
罗达	开皇十六年（596 年）	陕西西安	石质	大隋巴渠公之墓志铭	大隋使持节行军总管齐州刺史巴渠伯罗府君墓志铭
牛谯州	开皇十七年（597 年）	陕西西安	砖质	无	无
韦协	开皇十八年（598 年）	陕西西安	青石质	大隋使持节柱国泰州刺史韦定公墓志	隋故使持节柱国泰州诸军事泰州刺史韦公墓志
独孤罗	开皇二十年（600 年）	陕西咸阳	石质	隋使持节大将军赵国德公独孤君墓志	大隋故使持节大将军凉州总管诸军事凉州刺史赵国独孤德公墓志铭
元威妻于宜容	仁寿元年（601 年）	陕西咸阳	砖盖石志	字迹模糊	大隋潞县公夫人于氏墓志铭
尉迟运妻贺拔毗沙	仁寿元年（601 年）	陕西咸阳	石质	盖题不辨	隋故上柱国卢国公夫人贺拔氏墓志
萧绍	仁寿三年（603 年）	陕西西安	青石质	隋汉王司法萧君墓志	隋故司法萧府君墓志
李裕	大业元年（605 年）	陕西西安	青石质	大业猗氏公李君墓志	大业猗氏公李君之墓志

续表

志主	下葬时间	出土地点	材质	志盖标题	志文标题
李文都	大业元年（605年）	陕西西安	砖质	无	无
张綝妻薛氏	大业三年（607年）	陕西西安	青石质	隋故汝南公薛夫人铭	集州刺史汝南公故张綝夫人薛氏墓志铭
李静训	大业四年（608年）	陕西西安	石质	隋左光禄大夫女墓志	隋左光禄大夫岐州刺史李公第四女石志铭
苏统师	大业四年（608年）	陕西西安	青石质	无	无
李公绩	大业五年（609年）	陕西西安	石质	无	大隋宣惠尉汉川郡难江县令李府君墓志铭
姬威	大业六年（610年）	陕西西安	青石质	隋金紫光禄大夫备身将军司农卿炖煌太守汾源良公姬君铭	隋故使持节金紫光禄大夫太子右卫率右备身将军司农卿龙泉炖煌二郡太守汾源良公姬府君之墓志铭
韦圆照妻杨静徽	大业六年（610年）	陕西西安	石质	大隋丰宁公主墓志铭	大隋丰宁公主墓志铭
李椿妻刘婉华	大业六年（610年）	陕西西安	青石质	大隋故开府仪同三司骠骑将军河东公李府君夫人刘氏墓志	隋故开府仪同三司骠骑将军河东公李府君妻刘氏墓志
田德元	大业七年（611年）	陕西西安	石质	大隋故豫章郡西曹掾田府君之墓志铭	隋故豫章郡掾田府君墓志
豆卢贤	大业九年（613年）	陕西西安	青石质	大隋故通议大夫大理卿楚公豆卢公志	大隋故通议大夫大理卿楚国公墓志铭
刘世恭	大业十一年（615年）	陕西西安	石灰岩	无	无
冯淹	大业十一年（615年）	陕西西安	石质	隋宣慧尉冯君之墓志	隋故宣惠尉冯君之墓志
田行达	大业十二年（616年）	陕西西安	石质	隋故正议大夫田公铭	隋故正议大夫虎贲郎将光禄卿田公墓志

二、关中地区出土隋代墓志的等级序列

研究墓志等级序列，首先须对墓志标题中志主的若干官衔及其反映的隋代官爵体系有充分的了解。将前人研究总结而言，北周及隋代官爵体系大致可分为职官、戎秩—散实官、文散官、将军号、流内视品和爵位六个部分。其中将军号流行于魏晋南北朝时期，设立之初多用于维系文武官僚位望权益，至后期则向散号化、阶官化方向发展。西魏北

周时实行将军号、文散官双授制度，二者共同形成一套复杂的本阶体系[1]。隋初废止了文散官，通过扩展散实官、压缩军阶的办法构成一套新的本阶序列，至炀帝时又再次将散实官与文散官合二为一，以“九大夫加八尉”的序列全盘取代散实官与将军号[2]。流内视品不见于北周官制，隋代视品官是综合北齐和梁陈制度发展而来的[3]，其在官员品级序列中起到的作用相对较小，但为方便统计研究，本文亦将其纳入官爵体系中。

基于上述认识，并对隋代墓志志主的官衔等级进行梳理细化，可将隋代墓志按尺寸划分为如下几个等级：

（一）志石边长 85 厘米以上

目前发现此等级墓志六方，年代跨度从开皇二年（582 年）至大业九年（613 年）（表二）。

此六方墓志志主身份均为隋代最高级别官员，其中杨雄、杨素及李和三人均以生前授予或死后追赠的方式获封三公，职官品级属于隋代正一品级别，同时散实官、散官及爵位皆位列一品。

尺寸达 107 厘米的独孤罗墓志，是目前能够见到的隋代墓志中规模最大的。独孤罗本人虽未担任过正一品职位的官吏，但其作为当朝皇后独孤伽罗长兄的身份使他得以在丧葬过程中对礼制有所逾越。从志文内容来看，独孤罗本人在周齐对立时期一直被扣留在北齐，直至北齐灭亡后才得以重返关中，故而独孤皇后对其长兄给予了较多的照顾。大业九年安置的杨文思墓志和杨约墓志，志主身份虽未及一品，但二人均为弘农杨氏集团的重要成员。杨约更是杨素之弟，是隋炀帝政治集团中的关键人物，直接参与了故太子杨勇的废杀，文献记载：“太子遣约入长安，易留守者，矫称高祖之诏，赐故太子勇死，缢杀之”[4]。

由此看来，此等级序列墓志的使用者应当是隋代一品级别官吏，并下延至部分帝国核心官吏。

表二　关中地区 85 厘米以上墓志（加“*”者为考古发掘出土墓志，单位：厘米）

志主	下葬时间	志石尺寸	志盖厚度	志石厚度	官阶					
					职官	戎秩—散实官	文散官	流内视品	将军号	爵位
独孤罗 *	开皇二十年（600 年）	107 × 106	/	/	正四品上至正三品	正三品		视从三品至视从二品		从一品

[1] 阎步克：《品位与职位：秦汉魏晋南北朝官阶制度研究》，中华书局，2019 年，第 496—523 页。

[2] 李嘉妍：《职官与墓志：隋代墓葬官爵等级制度研究》，《唐研究》第 28 卷，北京大学出版社，2023 年，第 394—395 页。

[3] 李锦绣：《唐代视品官制初探》，《中国史研究》1998 年第 3 期，第 68—81 页。

[4] 《资治通鉴》卷一百八十，中华书局，1956 年，第 5604 页。

续表

志主	下葬时间	志石尺寸	志盖厚度	志石厚度	官阶					
					职官	戎秩—散实官	文散官	流内视品	将军号	爵位
杨雄	大业九年（613年）	102×102	/	12	正一品		从一品			正一品
杨素	大业三年（607年）	93×93	/	21	正一品	从一品	从一品（赠官）			从一品
李和*	开皇二年（582年）	86×86	/	/	正一品（赠官）	从一品				从一品
杨文思	大业九年（613年）	86.5×87	/	/	正三品		正二品			从一品
杨约	大业九年（613年）	87×88	/	/	正三品		正三品			从一品

（二）志石边长为60—85厘米

目前发现此等级墓志共十二方，年代跨度从开皇三年（583年）至大业九年（613年）。尺寸方面，最大为仁寿三年（603年）苏慈墓志，志石尺寸为83.2×83.2厘米，最小为开皇九年（589年）宋忻暨妻韦胡磨墓志，志石尺寸为60.5×61.5厘米（表三）。

我们认为，本等级序列内墓志志主，通常满足职官或散实官在三品及以上，爵位为从一品及以上两个条件。目前来看仅开皇十三年（593年）李椿墓志和大业九年（613年）豆卢贤墓志存在偏差。前者志石所刻职官为正四品上骠骑将军，然而李椿早在开皇二年（582年）即“敕领东土相州十二州兵”，实际职掌权力之大远超地方刺史，故罗新认为李椿是杨坚建隋过程中比较重要的人物[1]，其墓志有所逾礼的原因正在于此。而豆卢贤则在开皇十七年（597年）担任显州刺史一职，在资历上完全可以跻身三品官员之列，故而尽管其之后实际任职为大理少卿，但在志石标题上却刻写为大理卿，职级由正四品官员提升为从三品官员，满足了使用60厘米大规格墓志的条件。其余诸墓志尽管在尺寸上存在一定的差异，但志主官阶却并未显示出层级的存在。

表三　关中地区60—85厘米墓志（加“*”者为考古发掘出土墓志，单位：厘米）

志主	下葬时间	志石尺寸	志盖厚度	志石厚度	官阶					
					职官	戎秩—散实官	文散官	流内视品	将军号	爵位
苏慈	仁寿三年（603年）	83.2×83.2	/	/	正三品	正三品		视从三品至视从二品		从一品

[1] 罗新、叶炜：《新出魏晋南北朝墓志疏证（修订本）》，中华书局，2016年，第403—407页。

续表

志主	下葬时间	志石尺寸	志盖厚度	志石厚度	官阶					
					职官	戎秩—散实官	文散官	流内视品	将军号	爵位
姬威*	大业六年（610 年）	81 × 81	12	12	正三品		从三品			从一品
阴云	开皇三年（583 年）	70.5	10	9.5	正一品（赠官）	正二品		视从三品至视从二品		从一品
耿雄	开皇十年（590 年）	73	11	12	正四品上至正三品	从二品				从一品
李椿*	开皇十三年（593 年）	70 × 71	/	/	正四品上	正四品				从一品
郭均	开皇十五年（595 年）	74	13.5	16	正三品	从一品				从一品
韦协*	开皇十八年（598 年）	73	13.5	12.6	正四品上至正三品	正二品				
杨钦	开皇二十年（600 年）	69	/	/	正四品上至正三品	正三品				从一品
豆卢贤*	大业九年（613 年）	73	8.7	10	从三品		从四品			从一品
王士良*	开皇三年（583 年）	65 × 68	/	/	正四品上至正三品	从二品		视从三品至视从二品		从一品
宋忻暨妻韦胡磨*	开皇九年（589 年）	60.5 × 61.5	/	11	正四品上至正三品	九命（北周）		视正三品		从一品
长孙懿	开皇十二年（592 年）	65 × 64	/	/	正四品上至正三品		九命下（北周）			从一品

（三）志石边长为 50—60 厘米

目前发现此等级墓志共二十七方，年代跨度从开皇二年（582 年）至大业十二年（616 年）（表四）。

从表四统计结果来看，本序列内志主官爵身份在开皇、仁寿年间相对保持稳定，除裴政墓志、明克让墓志和刘大臻墓志外，其余志主的官爵等级同样满足职官或散实官在三品及以上，爵位为从一品及以上的条件，同 60 厘米以上墓志志主身份较为相近。因此，同等级官员能使用到60厘米以上墓志者，恐怕有除官职级别外的额外殊遇。至大业末年，伴随着隋王朝都城的东迁和洛阳地区统治中心的确立，关中地区旧有的等级秩序遭到挑战，一些县令级别的官员使用到这一等级墓志，如大业九年（613年）元诚墓志。而后该等级墓志似乎多为四五品职官所使用，但由于数量不多，很难认为此时形成了一套新的墓志使用制度。

开皇年间裴政、明克让和刘大臻三人墓志的逾礼现象颇值得玩味。从官爵品级来看，三人均为四五品左右职官或散实官，爵位为正二品或正三品，略低于上文提及的本墓志序列所需的官爵等级。其中裴政于开皇二年去世最早，其子裴南金操办丧事时，"告父友沛国刘臻为之志序，平原明让与君姻家……乃为铭曰"。此处沛国刘臻和平原明让即指刘大臻与明克让，二人分别撰写了裴政墓志的序和铭，可见三人之间交游之紧密。通过横向比较生平履历后可知，此三人拥有多重政治身份：均为关东地区士人集团，起家于南方萧梁政权，入隋后仕宦于东宫，其中裴政担任太子左庶子，明克让为太子内舍人，刘大臻为东宫学士，均属东宫家臣之职。那么，他们在墓志的使用中出现逾越等级的做法，恐怕并非只是一种巧合，只是目前尚难以说明这一现象背后反映出的是东宫势力的膨胀，或是关东士人群体对关陇本位制度的不满，或者是两种情况兼而有之下的结果。

表四　关中地区部分50—60厘米墓志（加"*"者为考古发掘出土墓志，单位：厘米）

志主	下葬时间	志石尺寸	志盖厚度	志石厚度	官阶					
					职官	戎秩—散实官	文散官	流内视品	将军号	爵位
裴政*	开皇二年（582年）	58.5	7	8	正四品	九命（北周）				正二品
折娄罴*	开皇三年（583年）	50.5	8.2	11.7	正四品上至正三品（赠官）	九命（北周）			九命上（北周）	从一品
陆融	开皇八年（588年）	55.5	/	/	正四品上至正三品	正三品				从一品
张綝*	开皇九年（589年）	55.5	8.5	6	正六命至正八命（北周）		九命下（北周）		九命下（北周）	从一品
郁久闾可婆头*	开皇十二年（592年）	52	/	7	正四品上至正三品					从一品
梁修芝	开皇十三年（593年）	57×60	/	/	正四品上至正三品	正九命（北周）				从一品
扈志	开皇十四年（594年）	58	/	/	正四品上至正三品	九命（北周）				从一品

续表

志主	下葬时间	志石尺寸	志盖厚度	志石厚度	官阶					
					职官	戎秩—散实官	文散官	流内视品	将军号	爵位
明克让	开皇十四年（594 年）	56 × 56.5	/	/	正五品上	九命（北周）				正二品
刘大臻	开皇十七年（597 年）	56 × 60	/	/		正五品				正三品
柳机	仁寿元年（601 年）	49.5 × 49	/	/	正四品上至正三品	正三品（赠官）				从一品
杨异暨妻穆氏	仁寿元年（601 年）	56.5	/	/	正三品	从三品				从一品
杨纪暨妻韦氏	仁寿四年（604 年）	57 × 56.6	/	/	正三品	从三品		视从三品至视从二品		从一品
杨休	大业三年（607 年）	57	/	/	正四品上至正三品	正三品				从一品
元诚	大业九年（613 年）	54	/	9	正八品上至从六品上					
窦彦	大业十二年（616 年）	59 × 58.5	/	/	正四品		从四品			从一品
长孙汪暨妻杜氏	大业十二年（616 年）	53 × 54.5			正五品		正四品			
宋永贵	大业十二年（616 年）	55 × 56.2	/	/	从五品		从四品			正四品

（四）志石边长为 40—50 厘米

目前发现此等级墓志共三十七方。年代跨度从开皇二年（582 年）至大业十二年（616 年）（表五）。

从表五统计结果来看，该等级序列内志主职官或散实官品级多为六品至四品，有爵位者多为正二品或正三品爵。相较于之前的两个等级序列，本序列内官员爵位对墓志尺寸的影响明显减小，墓志使用者包含了大量没有爵位的中低级官吏。需要说明的是，部分墓志尺寸略微超过 50 厘米，恰好处于两序列的过渡区域内。考虑到这些墓志志主多为三品以下级别官员，故本文也统计在本序列范围内。

本序列在开皇及仁寿年间等级约束较为严格，仅开皇九年（589 年）成昚墓志和仁寿三年（603 年）史崇基墓志存在逾礼情况。此二人虽仅为七品官员，但却均有国公世子的尊崇身份，父成备、史祥为隋代三品以上重要官员，因而享有一定的优待。尤其是成昚先其父一年去世，后又于开皇九年与其父祖同时下葬，故而在随葬品安置时很容易即出现逾越的状况。从大业三年（607 年）常丑奴暨妻宗氏墓志起，该序列内的等级秩序遭到彻底破坏，大量正八品上至从六品上（即县令级别）的官员开始使用该等级墓志。除表中所列外，还包括大业五年（609 年）李世洛墓志、大业九年（613 年）杜佑墓志和大业十一年（615 年）吴弘暨妻高氏墓志。

表五 关中地区部分 40—50 厘米墓志（加“*”者为考古发掘出土墓志，单位：厘米）

志主	下葬时间	志石尺寸	志盖厚度	志石厚度	官阶					
					职官	戎秩—散实官	文散官	流内视品	将军号	爵位
尹升	开皇二年（582 年）	44	/	/	正四品上至正三品	从二品				从一品
宋虎*	开皇五年（585 年）	47	10	7.5	正五品上	九命（北周）				正三品
皇甫谦*	开皇五年（585 年）	42	6	6.5	正四品上至正三品	从四品				正二品
施睿*	开皇五年（585 年）	49	/	/	正五品上	九命（北周）				从一品
宇文则*	开皇九年（589 年）	51.5	4.7	8.8	正六品下	正六品上				从一品
成昬	开皇九年（589 年）	42	/	/	从七品上					
元威*	开皇十一年（591 年）	50	7	9	正六品下至从四品下	九命（北周）				正三品
吕武暨妻宇文氏*	开皇十二年（592 年）	45	9	10	正五品上					
卢诠*	开皇十三年（593 年）	47.5	9	9.5	从四品上	九命（北周）				正三品
罗达*	开皇十六年（596 年）	51 × 50	8	10	正五品上	从四品				正三品
张寂	仁寿元年（601 年）	40 × 41	/	/	从四品上	正五品上				
史崇基	仁寿三年（603 年）	50.5 × 51	/	10		正七品				
杨文愻	仁寿四年（604 年）	48 × 48.5	/	/	从六品上	正六品上				正五品上
李裕*	大业元年（605 年）	40.5	8	10	担任过京兆尹（正三品），后辞官					从一品

续表

志主	下葬时间	志石尺寸	志盖厚度	志石厚度	官阶					
					职官	戎秩—散实官	文散官	流内视品	将军号	爵位
常丑奴暨妻宗氏	大业三年（607 年）	42.7	/	/	正八品上至从六品上	正七品				
李公绩*	大业五年（609 年）	46	8	6	正八品上至从六品上		正七品			
田德元*	大业七年（611 年）	44 × 43	/	/	正八品上至从六品上					
田行达*	大业十二年（616 年）	49	/	/	正四品		正四品			

（五）志石边长为 40 厘米以下

目前在关中地区发现的志石边长在 40 厘米以下的墓志共十八方，其中尺寸最小为大业四年（608 年）苏统师墓志，边长仅 27 厘米。序列内墓志年代跨度从开皇五年（585 年）至大业十一年（615 年）。该序列志主身份为七品以下低级官吏，自开皇十七年（597 年）孙观暨妻王氏墓志后，亦有部分庶人使用该等级墓志（表六）。

表六　关中地区部分 40 厘米以下墓志（加“*”者为考古发掘出土墓志，单位：厘米）

志主	下葬时间	志石尺寸	志盖厚度	志石厚度	官阶					
					职官	戎秩—散实官	文散官	流内视品	将军号	爵位
皇甫九会*	开皇五年（585 年）	33	6	6.6				视从八品		
郁久闾伏仁	开皇六年（586 年）	32.8 × 32.5	/	/	正七品上					
皇甫忍	开皇九年（589 年）	38.2	/	/	正六品上至正五品上					
贺若嵩	开皇十七年（597 年）	28	/	/	正五品上	九命（北周）				从一品
孙观暨妻王氏	开皇十七年（597 年）	33 × 34	/	/	庶人					
萧绍*	仁寿三年（603 年）	30.5 × 28.5	6.3	7.5	正七品上					
李景亮	大业元年（605 年）	36.5 × 36	/	4.5	庶人					

续表

志主	下葬时间	志石尺寸	志盖厚度	志石厚度	官阶					
					职官	戎秩—散实官	文散官	流内视品	将军号	爵位
苏统师*	大业四年（608 年）	27	4.5	8	庶人					
元世斌	大业五年（609 年）	32 × 31.5	/	/	正七品上					
田世昣	大业五年（609 年）	38 × 37	/	/	从七品上					
刘世恭*	大业十一年（615 年）	28	/	/	庶人（骁果）					
冯淹*	大业十一年（615 年）	29	/	/			正七品			

（六）小结

尽管目前尚未在文献中找寻到关于隋代墓志等级制度的详细描述[1]，但并不影响制度在实际操作中存在的可能性，这一点从隋代高等级墓葬中石墓门和石质葬具的使用可以获得佐证。因此，本文通过上述讨论后认为，隋代墓葬中存在一套等级鲜明的墓志尺寸序列。若根据丘光明考证隋代开皇官尺一尺长合 29.494 厘米[2]，可将隋代墓志序列表绘制如下（表七）。

表七　隋代关中地区墓志尺寸等级序列

职官 / 散实官	爵位	墓志尺寸	隋尺
一品	一品	85 厘米以上	二尺九寸
三品及以上	一品	60—85 厘米	二尺至二尺九寸
		50—60 厘米	一尺七寸至二尺
六品至四品	二品、三品	40—50 厘米	一尺三寸至一尺七寸

[1] 《隋书 · 礼仪志》中记载了开皇初年“丧纪令”对墓地地表立碑的规格和形制进行的限定：“三品已上立碑，螭首龟趺。趺上高不得过九尺。七品已上立碣，高四尺。圭首方趺。若隐沦道素，孝义著闻者，虽无爵，奏，听立碣。”但仅以此并不能直接说明墓志同样存在等级制度。

[2] 丘光明：《中国历代度量衡考》，科学出版社，1992 年，第 87 页。

续表

职官 / 散实官	爵位	墓志尺寸	隋尺
七品及以下	/	40 厘米以下	一尺至一尺三寸
庶人	/		

在隋代墓志等级建立的过程中，开皇二年（582 年）安置的李和墓志起到了重要的参照作用。从现有研究来看，李和墓葬中的石质随葬品，如石棺和石墓门，其形制特征应直接来源于北周制度[1]，墓志安置亦是如此。

在北周现已发现的墓志志主中，身份等级同李和相近的唯有贺兰祥和韦孝宽。二人在死后分别被追赠为太师和太傅，属于北周正九命三公级别的官员；爵位方面则略高于李和，为国公级别。前者去世于北周保定二年（562 年），墓志边长为 86 厘米[2]；后者去世于大象二年（580 年），墓志边长为 69 厘米[3]。相较之下，韦孝宽墓志的 69 厘米很明显未能成为隋代正一品官员安置墓志时的选择。而在尺寸上同贺兰祥相近的北周墓志，目前还发现有建德七年（578 年）志石边长为 85 厘米的北周武帝宇文邕墓志[4]和建德三年（574 年）志石边长为 88 厘米的步六孤逞墓志[5]。步六孤逞死后获赠“大将军、大都督、太子太保”等官职，虽未及三公，但太子三师的身份已然是北周最高等级官员之列。因此，我们目前得出的隋代墓志序列中，最高等级正是对北周最高等级尺寸的延续。这套墓志等级序列应该是在开皇初年即已确立，李和即是现今可见最早使用这套墓志制度的一品官员，在他之后，开皇三年（583 年）安置的数方墓志，如阴云墓志[6]、折娄罴墓志、皇甫光墓志，基本均使用了符合自身身份等级的尺寸。

同样可以观察到的是，尽管其中因多重原因存在着若干等级僭越的现象，但关中地

[1]　杨效俊：《潼关税村隋墓石棺与隋代的正统建设》，《唐史论丛》2016 年第 2 期，第 189—203 页；倪润安：《隋徐之范父子的墓志生平与葬俗取向》，西安碑林博物馆编：《纪念西安碑林 930 周年华诞学术研讨会论文集》，三秦出版社，2018 年，第 72—91 页。

[2]　中国文物研究所、陕西省古籍整理办公室：《新中国出土墓志 · 陕西（壹）》，文物出版社，2000 年，第 21 页。

[3]　戴应新：《韦孝宽墓志》，《文博》1991 年第 5 期，第 54—59、78 页。

[4]　陕西省考古研究所、咸阳市考古研究所：《北周武帝孝陵发掘简报》，《考古与文物》1997 年第 2 期，第 8—28 页。

[5]　西安市文物保护考古研究院、洛阳市考古研究院：《陕西西安北周步六孤逞墓发掘简报》，《考古与文物》2024 年第 11 期，第 35—48 页。

[6]　阴云以追赠方式获封三公（正一品），其墓志边长为 70.5 厘米，即使已经达到高等级规模，但仍未达到 85 厘米，或许与其散实官品级未达一品有关。

区隋代墓志等级序列在开皇仁寿年间仍被较为严格地执行下去，直至大业年间伴随着统治重心的转移而逐渐崩溃。这一崩溃过程自下而上层层渗透，如大业三年起即有七品以下县令使用40厘米以上的墓志，至大业末这些官员开始见有使用50厘米以上墓志。而60厘米以上的墓志使用者相对稳定，并未受到来自低等级官员的冲击。

三、入隋后北周旧臣的墓志安置

隋承周业，隋代墓志中亦发现有一批入隋后安置的北周旧臣墓志，在志盖或志文标题处刻写北周职衔，本文共统计得22方（表八）。这些墓志依据安置缘由可分为以下三类：

1.志主在北周时即已去世，入隋后方下葬。或者是志主之妻入隋后方去世，将二人合葬时安置墓志。前者如开皇二年（582年）茹洪墓志，志主于北周大象二年（580年）去世；后者如开皇十五年（595年）段威暨妻刘妙容墓志、鹿善暨妻刘氏墓志，皆是男性志主在北周即去世并已下葬，妻子则在隋代去世。

2.志主于北周即下葬，因隋代迁葬而重刻墓志。迁葬的原因则具有多样性，如开皇八年（588年）朱干墓志，志主朱干旧坟恰位于隋代新建大兴城禁苑之中，故而将其移坟。此外，还见有归葬祖坟、子孙重新安葬等迁葬现象。

3.志主在入隋后并未授予官衔，因而刻写前朝官职，如开皇十年（590年）于仪墓志，志主于仪于前一年去世，但依据志文内容来看从北周末年起于仪便已疾病缠身，故而并未有任隋官之经历，志文首题所列官职实为北周所封。

此外仍有两方墓志难以完全归入上述三类：开皇十四年（594年）辛瑾墓志，所刻职衔“仪同”“大将军”均为北周官职，但志主入隋后应当仍是高级官员，曾跟随卫王杨爽征讨突厥，并最终于平定林邑之乱时战殁。志文中并未提及其入隋后官职，在刻写志盖时也使用北周官衔，较为特殊。开皇三年（583年）皇甫光墓志，志主卒年不详，尚不知其使用北周官职是出于何种原因。

依表八可知，60厘米以上北周官员墓志共5方，除开皇十一年（591年）刘玄墓志外，其余诸志主均在北周时担任刺史级别官员，文散官和将军号位列九品上，属于北周高级官员。刘玄之所以能够位列其中，很可能与他在北齐时担任“右卫大将军、高邑县开国公、广陵王”的经历有关。但他在隋代并未任官，如何能凭借北齐王爵身份使用大尺寸墓志，个中缘由仅依据志文内容已难以推知。

60厘米以下墓志的使用情况则较为混乱，目前看来并未能证明存在一定的等级制度。例如，开皇二年（582年）安置了三方志主等级身份较高的墓志，尺寸均在50厘米以下，既不符合隋代同等级墓志尺寸，又不同于北周时期同等级墓志尺寸[1]。另一个值得注意的

[1] 从现有发现来看，北周时期安置的刺史级别以上官员墓志，墓志尺寸亦多在50厘米以上。

现象是，通常来讲这些北周官员在隋代的合葬或改葬由子女等直系亲属操持，这些直系亲属的官阶品级也有可能影响墓志的尺寸。如段威、鹿善二人之子段文振、鹿愿分别担任太仆卿和上大将军、信州总管，均属三品以上高级官员。杨君则是在大业三年（607 年）随其兄大将军泸州刺史杨休同时安葬，迁回华阴族茔，此三人能使用 60 厘米以上墓志的原因或许正在于此。

四、结语

通过上述讨论，本文最终建立起一套以官爵等级为核心的隋代墓志尺寸序列。该序列至少在开皇三年时即已完善成型，持续影响至大业初年，伴随着隋代统治中心的转移而逐渐崩溃。不过，尽管目前我们在关中地区发现的绝大多数隋代墓志均受该等级序列的约束，但正如前文陆续分析的若干逾越等级的现象所表明，志主特殊的政治身份背景及其直系亲属的官衔亦可能影响到墓志尺寸。此外仍需考量的因素还包括志主本人的生平经历尤其是其家庭经济实力对丧事置办的影响。如在洛阳地区发现的大业十二年（616 年）段济墓志，志主段济为北齐名将段韶之子，在大业年间官居银青光禄大夫，位列从三品，但志文中却提及其“家无担石之储，室有屡空之厄”，最终在邻里的帮助和朝廷的赙赠下完成丧事。我们在关中见到的一些高等级官员使用低等级墓志的现象，或许也与此相关。

遗憾的是，关中地区的这套墓志尺寸序列，目前看来并未能跨越地域限制，成为隋帝国范围内通用的制度。近三百年的分裂割据局面造成的各地区文化间的非同步发展和地方大族在构建墓志体系、决定墓志等级上发挥着的主导作用都是形成这一局面的重要原因。即使是在迁都后的洛阳地区，除部分高等级墓志尚在使用旧有的关中序列外，已然看不出存在着墓志等级序列的迹象。

表八　入隋后所见北周旧臣墓志（加“*”者为考古发掘出土墓志，单位：厘米）

志主	死亡时间	下葬时间	志石尺寸	志盖厚度	志石厚度	官阶				
						职官	戎秩—散实官	文散官	将军号	爵位
于仪	开皇九年（589年）	开皇十年（590年）	82	/	/	正六命至正八命（刺史）	正九命	九命上	九命上	正九命
刘玄*	开皇十年（590年）	开皇十一年（591年）	66	15	16	正四命	九命		正八命	正六命
段威暨妻刘妙容*	北周建德四年（575年）	开皇十五年（595年）	69	/	/	正六命至正八命		九命上	九命上	正九命
鹿善暨妻刘氏*	北周建德五年（576年）	开皇十五年（595年）	66×69	8.5	8.5	正六命至正八命（刺史，赠官）	正九命（赠官）	九命上	九命上	正九命（赠官）
杨君	北周大象二年（580年）	大业三年（607年）	67	/	/	正六命至正八命（刺史）		九命上	九命下	正八命
朱干	北周天和五年（570年）	开皇八年（588年）	55.8	/	/	正六命至正八命（刺史，赠官）				
杨景暨妻梁氏	北周保定五年（565年）	开皇九年（589年）	56.5	/	/	五命至七命（郡守）			七命上	
杨鑤	北周建德六年（577年）	开皇十一年（591年）	52×51.2	/	/	正五命		九命上	九命上	正九命
辛瑾	开皇十一年（591年）	开皇十四年（594年）	57	/	/		正九命	九命上		正九命
巩宾	北周天和四年（569年）	开皇十五年（595年）	52.3×51.7	/	/	正四命至六命（州长史）		正八命上	正八命上	正五命
阿史那氏*	开皇二年（582年）	开皇二年（582年）	48	/	9	皇后				
茹洪	北周大象二年（580年）	开皇二年（582年）	43×42	/	/	正六命至正八命（刺史，赠官）	九命			九命

续表

志主	死亡时间	下葬时间	志石尺寸	志盖厚度	志石厚度	官阶				
						职官	戎秩—散实官	文散官	将军号	爵位
辛韶暨妻赵氏	北周建德四年（575年）	开皇二年（582年）	49.5×51.5	/	/	正六命至正八命（刺史）		九命下	九命下	
皇甫光*	不详	开皇三年（583年）	42.5×41	6	6	五命至七命（郡守）	八命（大都督？）	正八命上	正八命上	正六命
侯明暨妻郭氏邓氏*	开皇四年（584年）	开皇六年（586年）	48.5×47.5	/	/	正六命至正八命（刺史）	九命			正九命
田悦暨妻赵氏*	北周建德五年（576年）	开皇六年（586年）	41	7	7.5	庶人				
王昌暨妻薛氏*	北周建德二年（573年）	开皇九年（589年）	41	/	8	同轨镇将		九命下	正八命下	正六命
王瑱*	北周天和五年（570年）	开皇九年（589年）	41.5	/	8	庶人				
王景和	开皇二年（582年）	开皇三年（583年）	32	/	/			正八命下	正八命上	
刘侠*	开皇元年（581年）	开皇六年（586年）	38	8	7.5	正四命至六命（州长史）		正八命上	正八命上	正六命
席渊	北周建德四年（575年）	开皇二十年（600年）	32	/	/	正六命		九命下		
王仕恭	北周大象元年（579年）	开皇九年（589年）	27	/	/					正五命

新见唐贺寿墓志考释

柏进波（中国国家博物馆）

2020年至2024年，西安市文物保护考古研究院联合山东大学在西安市雁塔区等驾坡街道月登阁村西发掘出一批隋唐时期的中小型墓葬，墓地位于唐长安城以东的浐河西岸，地处唐都城近郊。其中，M4141双天井斜坡墓道单室土洞墓为唐初太子洗马贺寿的墓。墓中出土陶器、铜器、铜钱和石墓志等器物。墓志为青石质，有志盖和志石两部分（图一）。志盖作盝顶，边长42.5厘米，厚10.8厘米，盝顶边长32.6厘米，顶面中部阳刻篆书三行9字（图二）。志石方形，边长41.5厘米，厚8.2厘米，阴刻楷书31行，满行30字，共927字（图三）。[1]

贺寿墓志的出土，填补了魏晋至唐初会稽贺氏墓葬资料发现的空白，是对历史文献的实物补充。通过对贺寿墓志的解读，为厘清魏晋南北朝、隋唐时期江南会稽地区贺氏家族的世系传承提供了重要的线索，也让我们得以窥见贺氏家族在魏晋南北朝及隋唐时期的政治地位、文化贡献以及家族变迁。

图一　贺寿石墓志

图二　志盖拓片

[1] 山东大学考古学院等：《西安市雁塔区月登阁村唐贺寿墓发掘简报》，《考古》2024年第6期，第62—74页。

图三　志石拓片

一、墓志释文

贺寿墓的发掘简报中附有志盖（图二）和志石（图三）的拓片，其中部分文字漫漶不清，笔者对照拓片并结合文献资料记载对志文进行了释读，个别字系据文意补出。释文如下：

【志盖】唐故洗马贺君之墓志

【志文】君讳寿，字德仁，会稽山阴人也。岩岩峻兵，肇开姜姓；泱泱□□，□□□

族；武著/《六韬》，儒传《三礼》，蝉连江左。自吴晋以讫陈，奕叶衣缨，可得而□。

祖父盛，中散大/夫、本州别驾。

父朗，中书侍郎、尚书右丞、太子中庶子，属陈文□□命，将宣太伯/之风。朗誓死立般，以申季友之节。及卒，诏赠金紫光禄大夫，谥曰贞子。

寿幼而/聪慧，早窥流略，年十有二，召为国子生。太建二年，释褐始兴王府法曹参军事，/迁太子舍人。寻丁贞子艰，毁几灭性。服阕，除本郡勾章县长。时宜都王作镇铜/牛，特加赏异，擢为郡五官掾，委以民俗。俄遭内忧，顿伏苫草，哀恸之至，足感行/人。属司马消难临州，表陈孝德，由是擢为永嘉王主簿兼记室参军事。及鄱阳/王拥旄禹穴，又转君为州治中。再奉英王，频参善政，乃征入为尚书祠部侍郎，/寻掌东宫管记。祯明元年，储后降居蕃国，以君在宫礼节，复屈君为王友。

及陈/祚告终，搢绅北迈。君顾恋松槚，独守南枝。开皇十年，五原公元契为吴州总管，/召君为州都。十有一年，大江已南皆反。越公剋定吴会，乃携君入关，面奏宸扆。/君亦陈皇德而献颂。帝甚嘉之，锡以骏骥，用褒洪笔，仍敕为豫章王侍读兼掌/书记。豫章改封营丘，君又迁为文学。时元德上宾，震维旷位。王既地居嫡长，朝/野宅心，颇有羊诡之谋，非无刘产之客。及伍被诣汉，田叔按梁，近幸莫不参□，/采僚皆其五宅。君但以王式无书，出为河东郡司法参军事。

时隋德衰微，梁□/扇烈。息王先宅蒲阴，数欢文酒。及晋阳义举，君以知谋见收。三上既关，五刑将/备。俄而还军霸上，箕子释囚，即授开府仪同三司，仍为陇西公友。及陇西守器，/以君为中舍人。武德二年，转为洗马，加通直散骑侍郎。两宫通籍，既而执戈先/马。杨雄之齿已疲，曳杖悬车。踈寿之金将锡，越吟虽切，汉绶犹纡。武德九年，复/□为赵王友。贞观元年三月，遘疾云亡，时年七十一。呜呼哀哉！即以其年十月/葬于万年县　乡。

维君志性恬静，闺门雍穆，□学无倦，下笔不休。清文掞于/官坊，典礼光于台阁。父子纯孝，世载忠贞。不以夷险易，不以存亡改操。愍怀放/黜，江统励冒难之辞；齐王就蕃，曹志抗犯颜之表。斯二物之贯四时，信一心之/□事百。既而长城路远，孀妻绝其营送；太原异壤，幼子未其弃官。人琴两亡，土/□之操永矣。□营五世，□丘之反无期。刘即埋于行次，□隐坎于临淄。骨何地/而非亡，魂何从而不之。

呜呼哀哉！乃为铭曰：祐岳□海，□齐适吴。渭滨武毅，/□左文儒。中散忠信，贞子贞谟。积德累行，君其嗣诸。惇经阅史，谈名析理。菟薨/辞高，龙楼颂美。超畅琴樽，萧条禄仕。迹有牵系，累无尘滓。仁心必勇，儒行有刚。/□已易感，意气难忘。疾风劲草，贞柏严霜。终始若一，百夫之防。渺渺□阴，悠悠/□□。自可游魂，无因归骨。温□寂辽，扬坟芜没。空飞陇上之尘，讵喘关山之月。

二、贺寿生平及其仕宦考

《旧唐书·文苑传》及《新唐书·文艺传》中均有关于贺寿生平的记载，但未录其生年，卒年也只知在贞观初。据墓志，贺寿卒于“贞观元年（627年）”，彼时其“时年七十一”，由此推算贺寿生于南朝梁敬帝绍泰二年（556年），籍贯为“会稽山阴（今浙江绍兴）”。

贺寿降生于动荡不安的乱世，先后经历南梁、南陈、隋及唐四个朝代，历仕三朝，亲历南陈太子陈胤被废、隋初五教之乱、隋末齐王杨暕被废、唐初玄武门之变等多次政治动乱。史书虽有其仕宦履历的载录，但出土墓志对其为官生涯的记述更加详细，可补史之阙。笔者依据墓志内容并结合文献记载，相互补正，梳理了志主贺寿一生的仕宦履历，考订如下（表一）。

表一 墓志所见南陈至唐初贺寿仕宦履历表

朝代	时间	所任官职	品级	主要史事
南陈	太建二年（570年）	始兴王府法曹参军事	七品	
		太子舍人	七品	
		勾章县长	八品	
		郡五官掾	八品	
		永嘉王主簿兼记室参军	七品	
	至德四年（586年）	州治中	六品	
		尚书祠部侍郎	六品	
	祯明二年（588年）	吴兴王（废太子）友	六品	南陈太子胤被废
隋	开皇十年（590年）	吴州都	从八品	
		豫章王侍读兼掌书记（记室参军）	从六品	
	大业二年（606年）	亲王文学	从六品	
		河东郡司法参军事		齐王杨暕获罪被废
唐		太子中舍人	正五品下	
	武德二年（619年）	太子洗马加通直散骑侍郎	从五品下	
	武德九年（626年）	赵王友	从五品下	玄武门之变
	贞观元年（627年）			三月遘疾云亡

（一）贺寿仕陈

南陈废帝陈伯宗光大元年（567年），贺寿因才学出众，“年十有二，召为国子生”，

《旧唐书》载其“与从兄基俱事国子祭酒周弘正，咸以词学见称”。[1]国子祭酒由晋武帝初立，掌教国子诸生，号为国师。周弘正是南朝梁陈时期的重臣，特擅魏晋玄学，著述颇丰，去世时，“诏曰：‘追远褒德，抑有恒规。故尚书右仆射、领国子祭酒、豫州大中正周弘正，识宇凝深，艺业通备，辞林义府，国老民宗，道映庠门，望高礼阁，卒然殂殒，朕用恻然。可赠侍中、中书监，丧事所须，量加资给。’”[2]可见，贺寿其师德望素重，在南陈的学界和官场都有一定的影响力。因此，江南地区的会稽贺氏一族虽在南北朝时衰落，但贺寿师承名门，凭借其在儒学方面的卓越天赋得以声名早播，为其日后的官宦生涯奠立了基石。

太建二年（570年），贺寿初登官场，任“始兴王府法曹参军事”。南陈有三任“始兴王”，分别为世祖陈文帝次子陈伯茂、高宗陈宣帝次子陈叔陵及十四子陈叔重。据《陈书》记载，陈伯茂于永定三年（559年）封始兴王，光大二年（568年）卒；陈叔陵于太建元年（569年）封始兴郡王；陈叔重封始兴王则在高宗崩，始兴王叔陵谋逆被诛之年，也就是太建十四年（582年）。因此贺寿所侍始兴王即宣帝次子陈叔陵。法曹机构在魏晋南北朝时期作为司法机构开始设置专门的参军事，七品。之后，贺寿又迁任“太子舍人”，即太子陈叔宝的属官，履辅佐和劝谏之责，并掌管东宫文书，亦为七品。

为官未久，贺寿父亡，遂离职为父丁忧。守孝期满后，贺寿被授“本郡勾章县长”。“勾章”即句章，在今浙江宁波一带。《十三州志》云：“越王勾践之地，南至句余，其后并吴，因大城句余，章伯功以示子孙，故曰句章。”《隋书·地理志》载：“会稽郡统县四，户二万二百七十一……句章（平陈，并余姚、鄞、鄮三县入。有太白山、方山。）”[3]“县长”掌一县政令，陈时八品。待“宜都王作镇铜牛”之时，又将贺寿“擢为郡五官掾，委以民俗。”“宜都王”即南陈宣帝第六子陈叔明，太建五年（573年）封宜都郡王。“五官掾”主要负责春秋祭祀，陈时八品。

不久，贺寿又“遭内忧，顿伏苫草，哀恸之至，足感行人。”贺寿初入官场，根基尚未稳固之时，父母接连亡故，可谓官运多舛。直至“司马消难临州”时，才又通过“表陈孝德”重新步入官场，“擢为永嘉王主簿兼记室参军事”。“司马消难”是北齐太尉司马子如之子，在北齐因受猜忌逃降北周避祸，北周大象二年（580年）起兵反抗杨坚专权，失败后逃至陈。“永嘉王”即后主陈叔宝第三子陈彦，至德元年（583年）立为永嘉王。“主簿”掌文书簿籍，常参机要，总领府事，皇子府中为七品。“记室参军”掌文疏表奏，南北朝时诸皇弟皇子府、嗣王蕃王府、庶姓公府、庶姓持节府皆置。正是司马消难的提携让贺寿的仕途又步入正轨。

[1]（后晋）刘昫：《旧唐书》卷一九〇，中华书局，1975年，第4987页。

[2]（唐）姚思廉：《陈书》卷二四，中华书局，1972年，第309、310页。

[3]（唐）魏徵等：《隋书》卷三一，中华书局，1973年，第878页。

“及鄱阳王拥旄禹穴”，贺寿又转任“州治中”。“鄱阳王”为陈世祖陈蒨第三子陈伯山，深受世祖器重，天嘉元年（560 年）封鄱阳王，历经多任官职，握有实权。“禹穴”即会稽。陈伯山在“至德四年（586 年），出为持节、都督东扬、丰二州诸军事、东扬州刺史，加侍中，余并如故”[1]。贺寿应是在陈伯山任东扬州刺史时擢为“州治中”，协助处理州内事务，官居六品。值得一提的是，两《唐书》中记述贺寿生平时皆谓陈伯山曾任会稽太守，然而《陈书》关于鄱阳王伯山的仕宦记载中并无此职，志文也只提及陈伯山在会稽一带为官，且贺寿所任为州官，而会稽在当时又属东扬州，故而笔者认为史书记载陈伯山任会稽太守一事可能有误，实为东扬州刺史。

继而，贺寿因在政务处理上显其才华，被征为“尚书祠部侍郎”，为礼部祠部司的长官，六品。之后又“掌东宫管记”，负责东宫文书的撰写、管理以及太子学业的教导。

“祯明元年（587 年），储后降居蕃国”。事实上，太子陈胤是在祯明二年（588 年）被陈后主废为吴兴王，此处志文所载时间有误。太子被废后，贺寿因恪守礼节，并无过失，遂转为“王友”，掌侍从规劝等，六品。

（二）贺寿仕隋

南陈祯明三年（589 年），隋文帝杨坚遣诸军平陈入建康（今江苏南京），陈朝自此覆灭。隋文帝灭陈后，对旧臣的态度较为复杂，既有拉拢任用，“濯陈之文武重才而用之”，重用如姚察、许善心之流的饱学之士；也有冷落打压，诛杀和惩处一批陈朝的权幸之臣，彰显隋朝“伐罪吊人”的正义之举。在“搢绅北迈”的局势下，贺寿并未北迁，而是选择“独守南枝”。因为贺寿虽然仕陈多年，但一直以学入仕，且未身居要职，没有过多参与反隋的斗争，所以并未遭到隋文帝的防范和打压，得以在隋朝继续任职。

隋文帝“开皇十年（590 年），五原公元契为吴州总管，召君为州都”。“五原”位于河套地区平原腹地，十六国夏的开国皇帝赫连勃勃曾任五原公镇守朔方。史书关于元契的记载不多，《隋书·高祖纪》《隋书·宇文述传》《北史·杨敷传》及《北史·蛮传》有零星记载。此处“吴州”即为会稽郡[2]。《隋书·地理志》曰：“会稽郡（梁置东扬州。陈初省，寻复。平陈，改曰吴州，置总管府。大业初府废，置越州。）”[3]贺寿所任“州都”是州大中正的别称，掌管地方选拔官吏事宜，隋文帝初为了避讳，改大中正为州都，雍州所属视正八品，诸州所属视从八品。在隋朝，除了中央任命的州中正之外，还有地方

[1]（唐）姚思廉：《陈书》卷二八，中华书局，1972 年，第 360 页。

[2] 隋代吴郡（今江苏苏州）也曾称吴州，《隋书·地理志》载“吴郡陈置吴州。平陈，改曰苏州，大业初复曰吴州。”此外，北周大象元年（579 年），周梁士彦拔广陵（今浙江扬州），将广陵改名吴州，置吴州总管府。隋开皇九年（589 年），改吴州为扬州。可见，隋代吴州一名涉及多地，但志文所载时间为开皇十年（590 年），且贺寿祖籍会稽山阴，因此，墓志中的吴州当为会稽郡无疑。

[3]（唐）魏徵等：《隋书》卷三一，中华书局，1973 年，第 878 页。

官员自行征召的州中正，贺寿即为此类。

志文曰："十有一年（591 年），大江已南皆反。越公剋定吴会，乃携君入关，面奏宸扆。"此处记载与史书略有出入。《隋书·高祖纪》曰："十年……婺州人汪文进、会稽人高智慧、苏州人沈玄懀皆举兵反，自称天子，署置百官。乐安蔡道人、蒋山李棱、饶州吴代华、永嘉沈孝澈、泉州王国庆、余杭杨宝英、交趾李春等皆自称大都督，攻陷州县。诏上柱国、内史令、越国公杨素讨平之。"[1]可见，隋朝江南地区的叛乱发生在开皇十年，而非十一年。对于这场叛乱的动因，《资治通鉴·隋纪一》载："江表自东晋已来，刑法疏缓，世族陵驾寒门；平陈之后，牧民者尽更变之。苏威复作《五教》，使民无长幼悉诵之，士民嗟怨。民间复讹言隋欲徙之入关，远近惊骇。"[2]隋文帝灭陈后，为加强对江南地区的统治，施以高压，推行五教，致使江南豪族乃至平民多有不满，进而引发大规模的持续动乱，史称"五教之乱"。"越公"即越国公杨素，隋文帝知其用兵多权略，治军严整，遣其领军征讨，因此很快平定叛乱。杨素班师回朝后，携贺寿面奏隋文帝，或因贺寿也参与了杨素在吴会地区的平乱。此外，贺氏一族在会稽郡素以儒礼名显，故而贺寿是隋文帝平定江南地区叛乱后推行怀柔政策、拉拢地方豪族的上佳人选。

随后，贺寿凭借杨素的举荐，敕封"豫章王侍读兼掌书记"。"豫章王"即晋王杨广次子杨暕，开皇十三年（593 年）隋文帝封其为豫章王。志文言贺寿所封"侍读兼掌书记"，在《旧唐书·文苑传》及《新唐书·文艺传》中均为"记室参军"，设于亲王府，掌管文疏表奏，为从六品。志文虽未提及贺寿入职豫章王府的具体时间，但当在杨暕获封豫章王（593 年）之后。

杨暕少时深受祖父文帝宠爱。开皇十九年（599 年），隋文帝任杨暕为内史令，仁寿元年（601 年）任杨暕为扬州总管，统领沿淮以南诸军事。仁寿四年（604 年），隋文帝去世，隋炀帝杨广即位。大业二年（606 年），隋炀帝晋封杨暕为齐王，"改封营丘"，贺寿迁为"文学"，为齐王提供文学方面的辅助和服务，仍为从六品，政治影响力较小。

杨暕封齐王不久，太子薨逝。志曰："时元德上宾，震维旷位。王既地居嫡长，朝野宅心，颇有羊诡之谋，非无刘产之客。""元德"即隋炀帝长子杨昭，帝王驾崩谓之"上宾"。《隋书·炀三子》云："元德太子昭，炀帝长子也……大业元年（605 年），帝遣使者立为皇太子。……维大业二年（606 年）七月癸丑朔二十三日，皇太子薨于行宫。"[3]元德太子薨后，杨暕即为长嗣，因此更受炀帝器重。"帝又敕吏部尚书牛弘妙选官属，公卿由是多进子弟。明年，转雍州牧，寻徙河南尹、开府仪同三司。元德太子左右二万余人悉

[1]（唐）魏徵等:《隋书》卷二，中华书局，1973 年，第 35 页。

[2]（北宋）司马光著、胡三省注:《资治通鉴》卷一七七，中华书局，1956 年，第 5529 页。

[3]（唐）魏徵等:《隋书》卷五九，中华书局，1973 年，第 1435、1436 页。

隶于暕，宠遇益隆，自乐平公主及诸戚属竞来致礼，百官称谒，填咽道路。”[1]此时，齐王杨暕可谓众望所归，炀帝也对其寄予厚望。然而，杨暕不仅骄纵不法，私德有亏，还因惧怕兄长杨昭所遗三子暗行厌胜巫蛊之事，招致炀帝的愤怒和不满，最终恩宠日衰，获谴于上，时间约在大业十四年（618 年）之前不久。

齐王获罪后，贺寿虽未被诛责，但也受到牵连，“出为河东郡（今山西西南部）司法参军事”。隋文帝开皇三年（583 年）罢郡，以州统县，州设司法参军事，负责执法理狱、督捕盗贼、追赃查贿等。隋炀帝大业三年（607 年）改州为郡，改司法参军事为司法书佐。直至唐武德初年，复改郡为州，又改司法书佐为司法参军事。

（三）贺寿仕唐

隋朝末年统治崩溃，民怨沸腾，农民起义四起。当时山西局势动荡，李渊任太原留守，不断发展势力，盈积府库，广结豪杰。刘武周兵变引发契机，李渊借机清除内部威胁王威和高君雅。随后正式起兵，设起义堂，分三军。李渊挥兵南下，攻克长安，拥立隋恭帝。这一事件即志文所说“晋阳义举”，又称太原起兵。公元 618 年隋炀帝死，李渊废恭帝自己称帝，建立唐朝。

武德元年（618 年），李建成被立为皇太子，贺寿被封为“中舍人”。太子中舍人，掌侍从令书奏疏通判判事，拟中书侍郎，也称太子中书舍人，唐为正五品下。

武德二年（619 年），贺寿因衰老不习吏事，“转为洗马，加通直散骑侍郎”。“洗马”，亦作先马，太子出行则为前导，故而得名。唐为太子左春坊（门下坊）司经局长官，员二人，从五品下，掌四库图籍缮写、刊缉之事。“通直散骑侍郎”参平尚书奏事，兼掌侍从、讽谏，唐高祖武德七年（624 年）置为从五品上文散官，太宗贞观元年（627 年）废。

武德九年（626 年），太子李建成被杀，史称“玄武门之变”，继而贺寿转任“赵王友”，负责辅佐劝谏，官阶从五品。“赵王”为李渊第六子李元景，武德三年（620 年）封赵王。

贺寿转入赵王府后不久，于“贞观元年（627 年）三月”患病去世，“年七十一”，“其年十月葬于万年县（今陕西西安万年县）。”

三、贺寿的家族世系

贺寿所属山阴贺氏在汉魏六朝时期是会稽地区的世家大族，以擅儒学闻名于世，在当时与同郡的虞、魏、孔三氏并称“会稽四氏”。

关于会稽贺氏起源，志文仅用“岩岩峻兵，肇开姜姓；泱泱□□，□□□族”，简略

[1]（唐）魏徵等：《隋书》卷五九，中华书局，1973 年，第 1442 页。

提及，后半句文字漫漶不清，因此有用信息仅“姜姓”可从。史载最早见于《三国志·贺齐传》注引东晋虞预《晋书》：“贺氏本姓庆氏。齐伯父纯，儒学有重名，汉安帝时为侍中、江夏太守，去官。与江夏黄琼、汉中杨厚俱公车征。避安帝父孝德皇帝讳，改为贺氏。”[1]虞预与晋代名士贺循同郡且有交往，笔者认为所记可信从。此外，《元和姓纂》卷九“贺氏”条记载：“姜姓，齐公族庆父之后，庆克生庆封，以罪奔吴，汉末徙会稽山阴。后汉庆仪为汝阴令，曾孙纯避安帝父讳，始改贺氏。”[2]

汉代，会稽贺氏便以儒学始涉政治，如贺纯，但地位不高。到东吴时期，贺氏家族又以军功闻名，涌现一批武将，如贺齐、贺景等。东吴后期及两晋时期，贺氏又转而以学入仕，出现贺邵、贺循这样的礼学名士，成为当时著名的礼学世家，奠立了贺氏一族在会稽地区的豪族地位。贺循以后，贺氏日渐衰微，直至南梁时贺玚、贺琛等人的出现，才得以复兴，并一直保存较好的名望。

会稽贺氏所出名人甚多，对于其谱系，有学者进行了梳理研究，如清代周嘉猷《南北史世系表》一书载有《会稽山阴贺氏世系》，王伊同《五朝门第》一书载有《会稽山阴贺氏世系婚姻表》，吴从祥《六朝会稽贺氏家族研究》一书载有《贺氏谱系表》，渠晓云《中古会稽士族研究》一书载有《中古会稽山阴贺氏世系》，刘淑芬《六朝的城市与社会》一书载有《山阴贺氏世系表》，等等。[3]

然而，以往学界在研究贺氏家族世系时多依据文献资料的记载，缺少考古发掘材料的支撑。尤其是，志主贺寿身处会稽贺氏不太显达的南朝后期，可考史料较少，难免有误。笔者试将墓志和文献结合起来，重新梳理贺寿这一分支成员的生平，考其世系，正其讹误。

（一）贺寿之父

关于贺寿之父，志文曰：“父朗，中书侍郎、尚书右丞、太子中庶子，属陈文□□命，将宣太伯之风。朗誓死立般，以申季友之节。及卒，诏赠金紫光禄大夫，谥曰贞子。”显然，贺朗的为官经历主要在南陈。“中书侍郎”在南朝时为中书监、令的副职，协助处理公务，四品，虽然事权较此前有所减轻，不再负责拟诏出令，却是宗室子弟起家入仕的途径之一，仍多选用文学之士。“尚书右丞”协助尚书仆射处理政务，同时对兵部、刑部和工部的工作进行监督和稽核，也为四品。“太子中庶子”为太子属官，秦汉已设，魏

[1]（西晋）陈寿：《三国志》卷六〇，中华书局，1962年，第1377页。

[2]（唐）林宝：《元和姓纂》，中华书局，1994年，第1313页。

[3]（清）周嘉猷：《南北史世系表》卷三，《二十五史补编》本，中华书局，1955年；王伊同：《五朝门第》，中华书局，2006年；吴从祥《六朝会稽贺氏家族研究》，中国社会科学出版社，2015年，第247页；渠晓云：《中古会稽士族研究》，中国社会科学出版社，2018年，第347页；刘淑芬：《六朝的城市与社会》，南京大学出版社，2021年。

晋南北朝沿，陈为四品。可见，就志文而言，寿父在南陈入仕时职品并不低，卒后更是被“诏赠金紫光禄大夫”，陈为三品。然而，较为吊诡的是，史书中却鲜有关于寿父贺朗的记载。

现存史籍中，贺朗其人仅在《隋书》和《述书赋》中有所提及，兹引如下：

其一，《隋书》卷二十《刑法志》云：“陈氏承梁季丧乱，刑典疏阔。及武帝即位，思革其弊……于是稍求得梁时明法吏，令与尚书删定郎范泉参定律令。又敕尚书仆射沈钦、吏部尚书徐陵、兼尚书左丞宗元饶、兼尚书左丞贺朗参知其事，制《律》三十卷，《令律》四十卷。”[1]

其二，《述书赋》云：“贺氏曰朗，虽非动人。不事笔力，犹阻学贫。三者若官游旅泊，衣化风尘。（贺朗，会稽人，陈秘书监，今见具姓名行书三纸。）”[2]

《隋书》记载贺朗在南陈立国之初参与律令制定一事，时任尚书左丞，与志文略有差异。《述书赋》是唐代窦臮大历四年（769 年）所撰，对历代书家的品第评价精准扼要，其中南陈选取二十一人，贺朗凭借三纸流传行书榜上有名。书中还提到贺朗曾任南陈秘书监，该职东汉桓帝时置，魏晋南北朝时皆置秘书省，长官称监，掌图书秘记，四品。

依据贺寿墓志铭所提供的信息，贺朗的逝世时间约在太建二年（570 年）。据此，可以作出合理推断，贺朗的主要活动时期应为南梁。贺朗擅书法，并在南梁任官多年，深知法律条文和刑罚制度。因此，在陈朝初期，他参与了法律条文的制定工作。

（二）贺寿祖父

关于贺寿祖父贺盛，史书未见任何记载。尽管史籍未载贺盛之详，志文中记载其官职为“中散大夫、本州别驾”。“中散大夫”一职始于王莽时期，后汉沿袭，齐梁时期其地位与黄门侍郎相当，品级服饰与太中大夫相同，陈朝亦设有此职。在南北朝时期，中散大夫多为养老疾之用，无具体职责。至于“本州别驾”，即别驾从事史，其职责为随刺史巡视部属，因乘坐专车而得名，此制始于汉代，历代皆有设置。最初为州刺史的副官，地位高于其他州吏，辅助刺史处理州务。自魏晋以来，各州均设有别驾、治中，而刺史常兼任将军。若刺史开府，则州与府各自设置僚属，州官负责民政。

据志文，贺盛曾在地方和朝廷均为官，或因其才德兼备，深得朝廷赏识；亦或因会稽贺氏在江南地区背景显赫，得以荫庇。根据贺盛之子贺朗的活动时间进行推算，贺盛应为南齐、南梁时期之人。

（三）贺寿从兄贺德基一支

志文中除了提及贺寿祖父及其父，未见贺氏家族的其他成员。而《旧唐书·文苑传》

---

[1] （唐）魏徵等：《隋书》卷二五，中华书局，1973 年，第 702 页。

[2] （唐）窦臮、（宋）黄伯思：《述书赋·东观余论》，凤凰出版社，2020 年。

中记载贺德仁有一从兄贺德基，《陈书·儒林传》曰："贺德基字承业，世传《礼》学。祖文发，父淹，仕梁俱为祠部郎，并有名当世。德基少游学于京邑，积年不归，衣资罄乏，又耻服故弊，盛冬止衣裌襦袴。尝于白马寺前逢一妇人，容服甚盛，呼德基入寺门，脱白纶巾以赠之。仍谓德基曰：'君方为重器，不久贫寒，故以此相遗耳。'德基问妪姓名，不答而去。德基于《礼记》称为精明，居以传授，累迁尚书祠部郎。德基虽不至大官，而三世儒学，俱为祠部，时论美其不坠焉。"[1]

贺德基父贺淹完全不见史书记载，而有关贺文发的史料也仅有两条。一为《南史·顾越传》："时又有会稽贺文发，学兼经史，与越名相埒，故都下谓之发、越焉。初为南平元襄王伟国右常侍，与文发俱入府，并见礼重。"[2]二为《魏书·岛夷萧衍传》："（兴和）四年（542年）春，又遣散骑常侍袁狎、通直常侍贺文发朝贡。"[3]贺德基祖孙三代皆为尚书祠部郎，官品不高，唯贺德基有传，应是"三世儒学，俱为祠部"的佳话在唐初赫赫有名所致。

以往学者在研究贺寿一支的世系分支时，根据贺寿与贺德基为从兄的关系，认定二人祖父为同一人，贺寿墓志的出现则推翻了该结论。从兄，虽在古代一般指同祖伯叔之子年长于己者，即堂兄，此为从父兄。然而，从兄并不只有这一种情况。还有从祖兄，即祖辈为亲兄弟。当然，还有血缘关系更远的三从兄、四从兄等。笔者认为，《旧唐书》在记载贺德仁时专门提到年少时曾与贺德基同拜周弘正为师，关系应不致过于疏远，因此二人为从祖兄的可能性很大，即贺文发与贺盛为亲兄弟。基于这一认识，贺寿这一支的世系可修订如下：

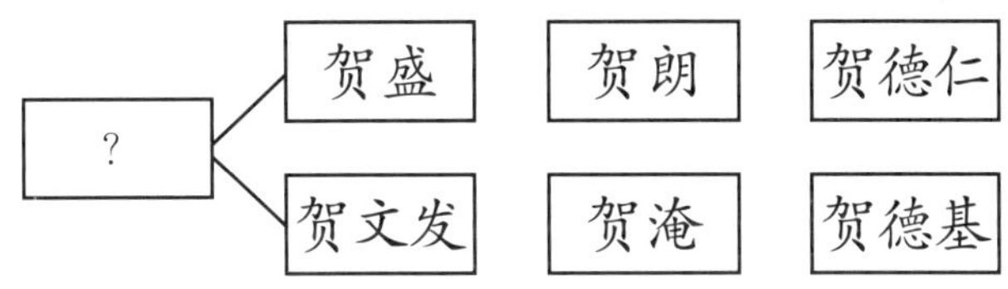

四、贺寿墓志相关问题蠡测

贺寿生于南梁末期，历仕南陈、隋、唐三朝，先后遭遇南陈太子陈胤被废、隋末齐王杨暕获罪、唐初玄武门之变三次官场危机，身陷政治漩涡，最终却都得以保全。笔者认为，贺寿的经历既有会稽贺氏家族背景的支撑，也有个人机遇和生存策略的选择，更有动荡社会环境对统治者选拔人才标准的影响，这些对于研究认识政治动乱中的官员命

[1]（唐）姚思廉：《陈书》卷三三，中华书局，1972年，第442、443页。

[2]（唐）李延寿：《南史》卷七一，中华书局，1975年，第1752页。

[3]（北齐）魏收：《魏书》卷九八，中华书局，1974年，第2178页。

运颇有意义。以下结合相关史料略加说明。

其一，贺寿在太子陈胤被废时，官居尚书祠部侍郎且掌东宫管记，但并没有因为废太子受到过多牵连，只是转为王友继续跟随左右。因为陈胤被废并非是其品有不端，行有逾矩，而是受后宫争斗的影响。陈胤是后主陈叔宝的庶长子，母为姬妾孙氏，难产而死，皇后沈婺华心生怜悯，收养了陈胤，随即陈宣帝就将其视为嫡出，并诏曰："皇孙初诞，国祚方熙，思与群臣，共同斯庆，内外文武赐帛各有差，为父后者赐爵一级。"[1]后主即位，胤立为皇太子。陈胤与沈皇后性情相近，不爱争斗，反而"好学，执经肄业，终日不倦，博通大义，兼善属文。至德三年，躬出太学讲《孝经》，讲毕，又释奠于先圣先师。"[2]陈后主对此并不喜欢，加之与沈皇后多有嫌隙，其宠妃又经常无故构陷，最终导致陈胤被废。废太子德行并未有亏，无端被废本就于理不合，因此并未受到苛待，而是"加侍中、中卫将军"，其随从亲信自然也就幸免了。加之志文也说"以君在宫礼节，复屈君为王友"，可见贺寿在东宫辅佐、教导太子时谨守本分，尽忠尽责。

其二，贺寿在齐王杨暕获罪之后，虽然也受到一些牵连，但并未受到诛责。笔者认为原因有二。一来，贺寿仅为齐王文学，主要职责为雠校典籍、侍从文章，虽为从六品，但很少会参与政事，影响力较小。二来，《隋书》曰："暕颇骄恣，昵近小人，所行多不法，遣乔令则、刘虔安、裴该、皇甫谌、库狄仲锜、陈智伟等求声色狗马。"[3]在齐王私德有亏时，出身儒学世家，以儒礼闻名于世的贺寿不可能没有进行规劝，可能是多次谏言未被采纳，职责已尽。《旧唐书 · 文苑传》也记载，"及齐王获谴，府僚皆被诛责，唯德仁以忠谨免罪"。可见，在齐王府上下骄纵狂妄时，唯有贺寿能认清形势，保持警醒，不失礼节，忠谨勤勉，正是这样的官场生存策略让其幸免于难。

其三，贺寿素与唐隐太子李建成交好，可谓其近臣。然而，在玄武门之变后，唐太宗不仅没有诛责贺寿，反而让其任自己第六子李元景的王友。此举并非太宗仁善不忍，或与唐初统治者对儒家的态度以及贺寿儒学世家的背景密不可分。唐初立时，根基尚未稳固，亟需招揽天下儒士，以此来巩固自己的统治。唐高祖李渊甚重儒臣，即位之始就下令恢复学校，置国子、太学、四门生，合三百余员，郡县学亦各置生员，为儒学的恢复提供了有利条件。唐太宗李世民也极重儒学，曾说："朕今所好者，惟在尧舜之道，周孔之教。以为如鸟有翼，如鱼依水，失之必死，不可暂无耳。"[4]在其即位之后，继续推行为秦王时所制定的重儒政策，尊崇儒学，提倡教化，设弘文殿集四部之书二十余万卷，殿侧开弘文馆，精选天下儒学名士于殿内讲论经义，商讨政事，或至夜分力罢。又诏勋

[1] （唐）姚思廉：《陈书》卷二八，中华书局，1972 年，第 376、377 页。

[2] （唐）姚思廉：《陈书》卷二八，中华书局，1972 年，第 377 页。

[3] （唐）魏徵等：《隋书》卷五九，中华书局，1973 年，第 1442 页。

[4] （唐）吴兢：《贞观政要》，上海古籍出版社，2008 年，第 143 页。

贤二品以上之子孙来弘文馆就学，为弘文馆学生。贞观二年，停以周公为先圣，始立孔子庙堂于国学，以宣父为先圣，颜子为先师。大征天下儒士以为学官。贺寿出身魏晋南朝儒学世家，家族更是有诸如贺循、贺玚、贺琛这般的礼学大师，志文中也提及，“武著《六韬》，儒传《三礼》，蝉连江左。自吴晋以讫陈，奕叶衣缨，可得而□。”在这种局势下，太宗对其宽待拉拢，更能展现自己的大度，也可让天下学子看到其尊儒重儒、招贤纳士的态度。

五、结语

综上，本文对新近考古发现的《贺寿墓志》进行了释读，并结合相关历史文献资料的记载，梳理了志主贺寿自南陈入仕以来，经隋入唐，至唐贞观元年（627 年）三月卒，长达 57 年的官宦生涯。基于此，对贺寿墓志的解读有以下三点意义：

其一，《旧唐书·文苑传》及《新唐书·文艺传》中均有关于志主贺寿的记载，但志文对其生平及仕宦经历的记述更加详细，可补史传之阙。反之，志文部分内容也有所讹误，笔者比照文献予以修正。

其二，志主贺寿所属的会稽贺氏是魏晋南北朝时期江南地区的世家大族，也是有名的儒学世家，常以学入仕，曾出现贺邵、贺循这样的礼学名士，著述颇丰，对后世影响很大。在南朝后期贺氏日渐衰微，关于其家族的记载也减少很多。以往研究根据史书加载，误以为贺寿与其从兄贺德仁的祖父都是贺文发，即从父兄。笔者结合墓志和文献记载，重新梳理了贺寿这一分支的世系，认为贺寿及其从兄为从祖兄，即贺寿祖父贺盛与贺德基祖父贺文发是亲兄弟的堂兄弟关系，并据此修订了贺寿这一分支的谱系。

其三，贺寿在其仕宦生涯中，历经三次重大的官场危机：南陈太子陈胤被废黜、隋末齐王杨暕获罪以及唐初玄武门之变。贺寿最终都能化险为夷，是其个人能力、家族背景与社会环境相互作用的结果，也是中古时期政治文化的一个缩影。这不仅揭示了中古时期政治生态的复杂性，也为深入理解和认识中古时期世家大族的命运变迁提供了宝贵的视角和重要的参考价值。

成都齐梁造像的“非主体形象”与南朝美术

耿　朔（中央美术学院）

一、问题的提出

魏晋南北朝时期，佛教昌盛，流布南北，对中国社会形态的塑造产生深刻影响，也留下诸多实物遗存，但就全国范围内发现的属于这一时期的佛教遗迹和遗物来说，南北方却有很大差异。中原北方地区地表尚有数量庞大的石窟群、摩崖石刻和造像碑，平城、洛阳、邺城及西北新疆等地已发掘多座佛寺遗址，山东、河北、陕西等省区历年来不断发现造像埋藏坑。而南方地区六朝佛教遗存无论从数量还是类型上说，都显得相当稀少和单一，梁人所谓“都下佛寺五百余所，穷极宏丽”[1]，皆缘于建康木构而言，曾经遍布江东的“南朝四百八十寺”早已消隐于烟雨之中，在都城建康的城市考古过程中虽偶有佛寺遗址发现[2]，但所获材料的情况与历史之盛势不可同日而语。南方地区佛教偏重义理不重禅观的风习，致使其缺乏大规模开窟造像的驱动力，迄今为止仅在南京东郊栖霞山和新昌宝相寺还能见到南朝石窟龛像，即当时所称的建康摄山及剡溪石城山[3]。

---

*　本文系国家社科基金青年项目《魏晋南北朝陵墓制度新探》（19CKG011）阶段性成果。

[1]　《南史》卷七十《郭祖深传》，中华书局，2023 年，第 1866 页。

[2]　就南京地区而言，在历年城市考古工作中偶有佛教遗存发现：如南京市博物馆考古部在红土桥发现过一批南朝泥塑造像，据文献记载此地有东晋康帝褚皇后出资营建的延兴寺，2008 年新街口“德基广场”工地发现的南朝水井和灰坑中出土一批南朝金铜佛像，均已残，据报道有部分刻有铭文，时代最早的为刘宋元嘉纪年，还有齐、梁纪年。参见贺云翱：《六朝都城佛寺和佛塔的初步研究》，《东南文化》2010 年第 3 期，第 101—113 页。南京市考古研究院于 2019 年开始对南京西营村一处南朝佛寺遗址进行了发掘，这是六朝都城内首次发现明确的南朝佛寺，发现有佛塔、佛殿遗址，并出土了一批泥塑佛像以及鎏金铜佛足残件、金片菩萨立像。参见龚巨平：《江苏南京西营村南朝佛寺遗址》，《大众考古》2022 年第 3 期，第 14—17 页；费泳：《南京西营村南朝佛教造像遗存的新发现》，《南京艺术学院学报（美术与设计）》2023 年第 5 期，第 153—159 页。

[3]　关于这两处石窟寺的营建背景、风格源流、南北关系等问题，宿白较早进行了系统讨论。宿白：《南朝龛像遗迹初探》，《考古学报》1989 年第 4 期，第 389—412 页。

在这样的情况下，西南一隅的四川地区所出的南朝佛教造像就显得尤为珍贵。成都西门外万佛寺遗址自清末以来多次发现造像，至20世纪50年代共出土四批数量达200余件，推测可能是梁代安浦寺所在，造像应为当时寺院所供养，现存40余件[1]。20世纪90年代成都市区西安路、商业街等地先后发现数批石刻造像[2]，四川大学博物馆等文博单位还藏有少量石刻[3]，据推断都出自成都，彭州、茂县、汶川等成都周边地区也有零星石刻出土[4]，以上材料在2013年出版的《四川出土南朝佛教造像》一书中已全部公布，共收录南朝佛教造像71件，其中21件带有纪年题记，为学者们的进一步研究提供了极大便利[5]。2014年，成都下同仁路又发现一处佛教造像坑，出土大量石刻造像，时代以南北朝为主，或与梁代海安寺存在联系，考古报告已出版[6]。综上可知，四川地区南朝造像集中发现于成都平原，尤其与南朝时期成都城内的一些寺院存在直接联系，一部分造像上刻有发愿文，时间最早的为齐永明元年（483年），最晚的为梁太清五年（551年），近乎完整涵盖南朝齐梁两代历史，因此可以称为“成都齐梁造像”。西魏于553年占领梁之益州后，造像之风未改，万佛寺出土了两件明确带有北周纪年的造像[7]，此类活动一直持续到唐代。

成都齐梁造像很早就引起学者注意，晚清金石学著作中已零星收录一些造像信息。现代考古学出现以后，基于科学的田野工作，研究者得以注意到同出造像组合关系以及与寺院建筑空间的联系，研究成果迭出，迄今不绝。对于以往研究，霍巍在近期的一篇文章里

[1] 冯汉骥:《成都万佛寺石刻造像》,《文物参考资料》1954年第9期，第110—112页；四川省文管会:《成都万佛寺继续发现石刻》,《文物参考资料》1955年第2期，第160页；刘志远、刘廷壁:《成都万佛寺石刻艺术》，中国古典艺术出版社，1958年。

[2] 张肖马、雷玉华:《成都市商业街南朝石刻造像》,《文物》2001年第10期，第4—18页；成都市文物考古工作队、成都文物考古研究所:《成都市西安路南朝石刻造像清理简报》,《文物》1998年第11期，第4—20页。

[3] 霍巍:《四川大学博物馆收藏的两尊南朝石刻造像》,《文物》2001年第10期，第39—44页；袁曙光:《四川省博物馆藏万佛寺石刻造像整理简报》,《文物》2001年第10期，第19—38页。

[4] 彭州市博物馆、成都市文物考古研究所:《四川彭州龙兴寺出土石造像》,《文物》2003年第9期，第74—86页；袁曙光:《四川茂汶南齐永明造像碑及有关问题》,《文物》1992年第2期，第67—71页；雷玉华、李裕群、罗进勇:《四川汶川出土的南朝佛教石造像》,《文物》2007年第6期，第84—93、96页。

[5] 四川博物院、成都文物考古研究所、四川大学博物馆:《四川出土南朝佛教造像》，中华书局，2013年。

[6] 成都文物考古研究院:《成都下同仁路——佛教造像坑及城市生活遗址发掘报告》，文物出版社，2017年。

[7] 分别为北周保定二年至五年（562—565年）益州总管宇文招造圆雕阿育王立像和天和二年（567年）圆雕弥勒菩萨像。

将主要成果归纳为探索风格源流、考古学分期、南朝与北朝服饰关系三大类别[1]。已有研究除部分涉及历史背景的考证外，大体可以看作是在佛教考古和佛教美术内部展开的。

成都齐梁造像的题材、造型、风格和装饰既有地方性特征，也始终与蜀地以外地区的佛教美术存在联系，尤其是5世纪上半叶的梁代造像与建康关系密切，已是学界公论。现存的1937年万佛寺出土的释迦立像题记中有“道猷”“母子”“侍从”“鄱阳世子”“西止”等内容[2]，虽然多位学者认为造像主不是“鄱阳王世子”即萧梁第二代鄱阳王萧范本人，而是萧范的侍从道猷母子，但“侍从”“西止”等语表明他们是随萧范自建康入蜀的，此像为萧范任益州刺史后第三年所造。现已不存，但见于著录的造像中有两件与梁代曾任益州刺史的萧梁王室成员直接相关：史载王朝初建的天监元年（502年），武帝之侄萧渊藻受封西昌县侯，任益州刺史，主持蜀政，20世纪40年代，华西大学在新津收集到一件天监五年（506年）萧渊藻为北征阵亡将士所造的背屏式造像[3]；武陵王萧纪于大同三年（537年）出任益州刺史，《四川历代碑刻》著录有1902年万佛寺出土的梁大同七年（541年）萧纪为亡父母所造的弥勒像[4]。梁时藩王出镇，往往携带大批幕僚、侍从，这些从建康出发的王室成员又多奉佛，僧侣随行，亦为常态，《续高僧传》就记释慧韶随萧纪入蜀事[5]。这些活动在促进佛法传播的同时理应会带来建康佛像的风格样式。

上述材料提供了连接蜀地与建康两地的明确线索，串联起在南朝疆域内佛教美术远距离传播的路径，受此启发，本文想进一步追问：如果突破佛教考古和艺术的研究框架，将成都齐梁造像置于整个南朝美术的范畴内，联系其他美术形式进行讨论，能否产生新

[1] 霍巍：《齐梁之变：成都南朝纪年造像风格与范式源流》，《考古学报》2018年第3期，第313—332页。

[2] 这尊石像现藏于四川博物院，《四川出土南朝佛教造像》定名为“川博1号立佛像”。题记全文为“中大通元年太岁己酉籍/莫姥□道猷与□见景光及/景焕母子侍从鄱阳世子西/止于安浦寺□敬造释迦像一□躯”。四川博物院、成都文物考古研究所、四川大学博物馆：《四川出土南朝佛教造像》，中华书局，2013年，第20—21页。

[3] 转引自四川博物院、成都文物考古研究所、四川大学博物馆：《四川出土南朝佛教造像》，中华书局，2013年，第9页。题记全文为“天监五年太岁在丙戌二月朔丙申益州刺史萧渊藻为削平乱贼上□国永隆，北不幸丧亡群生，愿腾游诸佛之所，永□□因，并现世眷属，敬造石佛神□区，普同供奉。”

[4] 高文、高成刚编：《四川历代碑刻》，四川大学出版社，1990年，第87页。题记全文为“梁大同七年太岁辛酉乙未朔十三日庚辰，武陵王萧纪为亡父母敬造弥勒一躯，供养兴国寺。上为皇帝□下，国土康宁，兵灾永息。为□七世父母乖出六尘，道生□国，早登净境。现在眷属常□善居一切众生，咸同斯福。”

[5] 《续高僧传》记：“释慧韶，……梁武陵王出镇庸蜀，闻彼多参义学，必须硕解弘望，方可开宣，众议荐举，皆不合意。王曰：忆往年法集，有伧僧韶法师者，乃堪此选耳。若得同行，想能振起边服。便邀之至蜀，于诸寺讲论开导如川流。……于时成都法席，恒并置三四，法鼓齐振，竟敞玄门，而韶听徒济济，莫斯为盛”。（唐）道宣撰，郭绍林点校：《续高僧传》卷六中华书局，2014年，第190页。

的话题？

笔者之所以提出这个问题，是基于对成都齐梁造像的造型要素所进行的区分。从基本形态来看，这些造像可以分为单体造像、背屏式造像和造像碑三大类（图一）。现有材料显示单体造像从5世纪初也就是梁代建立以后出现，均为圆雕，题材包括立佛像、坐佛像、立菩萨像、坐菩萨像等，一般体量较大，发现的数量也较多。由于单体造像的制作会受到度量经等的约束，具有较强的制式特征，因此有题记者虽然不多，但通过分析手势、衣饰等特征，它们的身份大多可以得到辨识，也就是说，对于单体造像，创作者自主发挥的空间不大。背屏式造像和造像碑在成都地区出现得要早一些，约在5世纪后期的南齐时代，相比于单体造像，这两类造像的体量虽然普遍要小一些，但造型要素更为丰富。以数量居多的背屏式造像来说，笔者认为可以粗略分为“主体形象”和“非主体形象”，前者包括正面的佛、菩萨、弟子、力士以及莲座下方的狮子和伎乐等，多为高浮雕；后者主要指背屏背面上部的浅浮雕和线刻图像，内容多为说法图、佛教故事、供养人像，也包括一些辅助、装饰性图案，在造像碑背面则有大幅说法图和经变画，两侧面多个连续方格内刻有佛教故事画。如果说“主体形象”创作原则接近单体造像，那么“非主体形象”的内容更为灵活，所受限制较少，从而给创作者——供养人和工匠——留出了较大的自由空间，呈现出较为多样的表现手法。

1　　2　　3

图一　成都齐梁造像的主要类型举例

1.单体造像：万佛寺出土梁中大通元年（529年）道猷母子造释迦立像　2.背屏式造像：西安路出土梁天监十年（511年）李慧女造背屏式造像，正面照片，背面拓本　3.造像碑：万佛寺出土双菩萨造像碑，正面照片，背面及两侧拓本

从另一个角度说，佛教造像作为一种用以被供养和瞻仰的纪念物，具有一定的公众性，尤其背屏式造像普遍尺寸较小，便于搬动，使用场合更为宽泛，会更大程度上受到世俗社会的喜好和审美的影响。由此可见，即便“非主体形象”也不可能凭空产生，应

当会有佛教艺术范畴之外的样式和风格来源，也就是说，势必与同时期其他美术形式发生关联。

以下，将从图像的跨媒介传播和有关画科的初步探索过程这两个方面展开讨论，将成都齐梁造像纳入到更为宽泛的美术品系统中，尝试为分析南朝美术一些关键性问题提供一个思考的角度。

二、图像的跨媒介传播

谢赫的《画品》是现存最早一部绘画理论著述，据考证成书于梁武帝中大通四年（532年）之后，也就是6世纪中期。“六法”是《画品》提出的有关绘画创作和品评的准则，主要针对人物画，即“气韵生动”“骨法用笔”“应物象形”“随类赋彩”“经营位置”与“传移模写”，反映了与成都造像基本同期的美术观念。其中“传移模写”被后人认为“乃画家末事”[1]，大体因为此法包含临摹、复制之意，着重于技巧的学习而非创造新风格。但由于“模写”实现了“传移”，若干种绘画题材和风格得以广为传播，名画也因摹本而传于后世，这已是人所熟知的事实。相对于文献记载来说，传世和考古出土的实物材料使得研究视野可以突破单纯的绘画史，进而观察六朝美术的整体发展状况，成都齐梁造像“非主体形象”中的一些要素和构图，成为理解图像跨时空、跨媒介传播的线索。

成都齐梁背屏式造像背面多刻有“说法图”，一般位于背屏上部中段位置，以佛于树下说法的形象为中心，供养人两侧对向站立，通常一列为男性，一列为女性，也有男女供养人排列在一起的，在个别单体造像的头光背后也雕有供养人（图二）。这些供养人像体量较小，刻画比较简单，拱手而立，一般不会体现人物个性。值得注意的是，供养人的衣饰特征非常统一，男性头戴高冠，穿交领广袖大衣，女性梳高髻，上着广袖短襦，下穿宽松长裙，尤其突出他们所穿的笏头履，衣服上均刻出明显的纵向纹路，尽显华美流畅之感。这类盛装华服既不同于南京、丹阳等地所出拼砌砖画上“竹林七贤”所着的“褒衣博带”，也不同于南方各地出土的单体画像砖上那些部曲鼓吹所穿的裤褶，与背屏式造像的造像主多为比丘或平民这些身份也不太匹配。单就女性供养人的短襦长裙来说，相同的服饰在江苏常州戚家村南朝墓（图三）、河南邓县学庄南朝墓（图四）、湖北襄阳数座南朝墓的画像砖上中都能见到，多为贵族女性及其侍女所穿，襄阳一些画像砖上手持莲花的女性供养人也穿此类服装（图五）[2]。以上情况足以说明这种表现手法没有地域差异，而是展

[1]（唐）张彦远著，秦仲文、黄苗子点校：《历代名画记》卷一，人民美术出版社，2016年，第15页。

[2] 常州市博物馆：《常州南郊戚家村画像砖墓》，《文物》1979年第3期，第32—41页；河南省文化局文物工作队：《邓县彩色画像砖墓》，文物出版社，1958年；襄阳市博物馆、襄阳市文物考古研究所、谷城县博物馆：《天国之享：襄阳南朝画像砖艺术》，科学出版社，2016年。

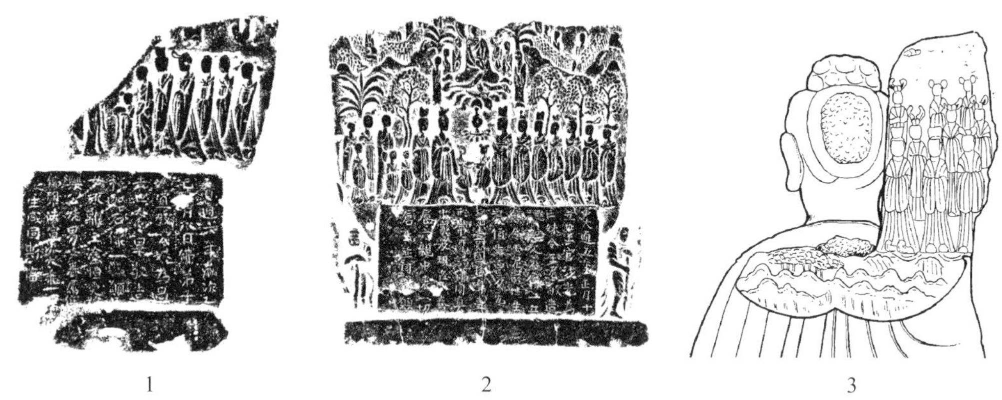

1　　2　　3

图二　“非主体形象”中供养人形象举例

1.梁普通六年（525年）□宜□公姥造释迦造像背面拓本　2.梁中大通五年（533年）上官法光造释迦背造像背面拓本　3.梁太清五年（551年）柱僧逸造阿育王像头光背面线图

1　　2　　3　　4

图三　常州戚家村南朝墓出土画像砖

图四　邓县学庄南朝墓出土画像砖

1

2

图五 襄阳南朝墓出土画像砖

1.清水沟一号墓出土画像砖上的供养人像 2.贾家冲一号出土画像砖端面的供养人像

示了一种较为宽泛的南朝上层社会的人物风貌，具有特定的阶层指向性。有趣的是，贾家冲南朝墓“郭巨埋儿”题材画像砖上已经穷困潦倒的郭巨之妻也穿上了华美的短襦长裙（图六），显然不是表现恰当的真实身份，而是赋予其一个新的象征性身份，在当时的文化语境下，她被视为道德的化身，是精神上的贵族，那也可以合理化身为贵妇。

供养人不具备个性特征，无需像背屏正面的佛、菩萨等“主体形象”那样细致刻画容貌表情以起到直达人心的效用，而注重展示社会上层之群像，郭巨之妻虽属具象人物，但真实性身份已经让位于象征性形象，这都反映出人物画发展到六朝时期呈现出的类型化倾向，和同时期一些高水平画作追求人物相貌的个性化表达，实乃一体两面。顾恺之《论画》云：“《伏羲神农》：虽不似今世人，有奇骨而兼美好，神属冥芒，居然有得一之想。……《嵇轻车诗》作啸人，似人啸，然容悴不似中散。……《陈太丘、二方》：太丘夷素似古贤，二方为尔耳。”[1]由这些评语可知，至晚从东晋开始，画特定身份的人物，要有特定的画法，不只是画出什么，也要重视怎么画。正如后人所谓顾恺之“又有《论画》一篇，皆模写要法”[2]，这些新的绘画法则和技巧，或从实践中来，或能指导实践，使得形式有了符号意义，要素有了专属性。

再来看构图。万佛寺出土的梁普通四年（523年）康胜造释迦像背屏正面雕主尊释迦与菩萨、弟子、天王等，背面雕佛传故事、说法图、供养人，下部刻有发愿文（图七）。

[1]（唐）张彦远著，秦仲文、黄苗子点校：《历代名画记》卷五，人民美术出版社，2016年，第116—117页。

[2]（唐）张彦远著，秦仲文、黄苗子点校：《历代名画记》卷五，人民美术出版社，2016年，第113页。

图六　襄阳贾家冲一号墓出土“郭巨埋儿”画像砖

1　　2　　3

图七　康胜造背屏式造像正面、背面

成都造像背屏背面普遍有说法图和供养人像，但在它们上方雕刻佛教故事画的做法尚不多见，康胜造像背屏最上部已残，现存故事画为一层，画面自右向左展开，依据情节大致可分为三个部分：右侧为帷帐，帐中设有床榻，有一人仰卧其上；中间部分为一群人在树林中自右向左缓步行走；左侧为一人从山林中飞行而来，似与中间的队列进行交流[1]（图八）。

[1] 四川博物院、成都文物考古研究所、四川大学博物馆：《四川出土南朝佛教造像》，中华书局，2013年，第77—81页，定名“川博1号背屏式造像”。

图八 康胜造背屏式造像背面上层佛教故事图

关于这组图像的意义，已有多位学者进行了考证，认为系佛传故事[1]。在题材考辨之外，这组故事画的图式同样值得讨论。其整体构图及部分细节表现与传顾恺之《洛神赋图》卷首部分非常接近，可以与保存较好的故宫博物院藏《洛神赋图》宋摹本（图九）进行比对：

其一，两幅图像的故事情节都是由右向左展开，占据最大画幅的均为在树林中进行的队列，他们步伐轻缓，呈四分之三侧面像。

其二，中心人物形体高大，被侍从搀扶簇拥而行，走在队列最前面都为导引侍从，都有一顶华盖。

其三，《洛神赋图》中，曹植和八名侍从排列较密，而康胜造像故事画中的队列较为疏朗，由两棵树木又分为三组，最前面一人为右肩扛幡的导引，中间一组有五人，均为男性，居中一人形体高大，余为侍从，簇拥主人而行，后方一组有四人，均为女性，居前者形体高大，头上有一顶华盖，身后有三名侍女搀扶，与之更为接近的是山东临朐北齐天保二年（551 年）崔芬墓西壁所绘的墓主出行图壁画（图一〇）。

其四，画面左侧都是单独的人物形象，《洛神赋图》中是回眸的洛神，而康胜造像上则是一人执幡飞行而来，二者均衣袖飘扬，体现运动感，且都与中部的人物队列保持一定的空间距离，象征着双方的“交流”正在发生。

[1] 董华烽认为“背屏的背面上部自左而右浮雕夜梦乘象入胎和婆罗门占梦两个情节。”董华烽：《四川地区的南朝佛教故事与佛教经变浮雕》，四川博物院、成都文物考古研究所、四川大学博物馆：《四川出土南朝佛教造像》，中华书局，2013 年，第 244 页。李静杰结合《修行本起经》的记载，认为“上层左侧睡眠者可能代表天晓时分，推测右侧从天而降者为阿夷，中间出迎者为净饭王夫妇，整体表现了阿夷前来为太子占相情景。”李静杰：《四川南朝浮雕佛传图像考察》，中国古迹遗址保护协会石窟专业委员会、龙门石窟研究院编：《石窟寺研究（第 1 辑）》，文物出版社，2010 年，第 111 页。

图九　《洛神赋图》卷首部分

图一〇　崔芬墓墓室西壁墓主出行图壁画

其五，画面中均有起伏的山岭，与人物不成正比例，体现“人大于山，水不容泛”的特征，树木注重轮廓的勾画，树干和树枝形态婀娜，叶片硕大，康胜造像上的树多为两个树干并生，似连理枝，这一点细节与“竹林七贤”砖画中对于树木的表现完全一致。

通过以上对比可以看出，两幅图像在整体构图上具有高度相似性，一些细节表现更是如出一辙。

从长江中下游画像砖上的贵族男女，到同时期成都齐梁造像上的供养人，他们一致穿上了盛装华服。创作于4世纪后期的江东地区卷轴画、6世纪早期蜀地佛教造像和6世纪中期北朝境内的墓葬壁画，更是被一种固定的图式连接在一起，这种现象在汉代是看不到的。那么如何看待这种跨地域、跨媒介的图像传播呢？

成都与长江中下游交通便利，其中巴蜀与荆襄联系尤其密切，人员流动持续不断，见于史籍的汉末三国“东州兵”“东州士”即为一例，刘备入蜀，也带去大批荆襄人士[1]。但是这些背景条件尚不足以支撑建立成都造像与长江中下游画像砖之间的直接联系，主要原因在于后者属于墓葬美术范畴，中国古代虽然有着极为悠久和丰富的丧葬实践，但墓葬的本质是“藏”，不易见到，关乎丧葬的一整套理论指导和操作方法可以称为“隐秘的知识系统”，因此在涉及墓葬因素的时候，如果没有非常明确的证据，很难建立起物与物的直接联系。

我们可以以“竹林七贤”为代表的树下高士形象为例对这一问题进行讨论。目前能见到的南北朝时期的图像材料都来自墓葬，包括南京、丹阳两地南朝帝王级墓葬所出拼砌砖画（图一一），山东境内崔芬墓[2]（图一二）、济南东八里洼北朝墓[3]（图一三）两座北朝后期墓葬内的彩绘壁画，以及新近从海外购回，原本应出自邺城附近的东魏武定元年（543年）“胡客”翟门生石棺床上的线刻画[4]（图一四），这些材料大体处于同一历史阶段。此前很多学者认为山东树下高士屏风式壁画的题材和画风应受南朝“竹林七贤”砖画的影响，但是考虑到南北方的对峙局面以及上文提及的墓葬美术特性，更大的可能性应是北朝工匠曾见过南方传来的画样，而非直接取之于南方墓葬。

之所以做上述推断，在于“竹林七贤”是南北朝时期最为著名的人物画题材之一。《历代名画记》著录的东晋南朝画家中，顾恺之、戴逵、史道硕、陆探微、毛惠远等名家均画过“七贤”，南齐末期东昏侯萧宝卷在为潘妃所起的玉寿殿中“作飞仙帐，四面绣绮，窗间尽画神仙。又作七贤，皆以美女侍侧”[5]，可见以七贤为代表的先贤人物，在东晋南朝时成为皇室、贵族和文人圈里共同流行的绘画题材，必然在社会上有所流传，那么方便

[1] 《三国志》卷三十一《刘二牧传》裴注引《英雄记》载“先是，南阳、三辅人流入益州数万家，收以为兵，名曰东州兵。”《三国志》，中华书局，1982年，第869页。《华阳国志》载“时南阳、三辅民数万家避地入蜀，焉恣饶之，引为党与，号‘东州士’。”任乃强：《华阳国志校补图注》，上海古籍出版社，1987年，第340页。笔者曾讨论过位于峡江的重庆忠县刘宋泰始五年（469年）神道柱的造型风格来源，认为应是受中原魏晋神道柱影响的结果，但很有可能是以南阳、襄阳地区为传播路线的中介。耿朔：《重庆忠县刘宋泰始五年神道石柱探微》，张剑葳、彭明浩主编：《青阳瑞木：历史考古青年论集（第四辑）》，上海古籍出版社，2023年，第173—189页。

[2] 山东省文物考古研究所、临朐县博物馆：《山东临朐北齐崔芬壁画墓》，《文物》2002年第4期，第4—26页；临朐县博物馆：《北齐崔芬壁画墓》，文物出版社，2002年。

[3] 山东省文物考古研究所：《济南市东八里洼北朝壁画墓》，《文物》1989年第4期，第57—68页。

[4] 赵超：《介绍胡客翟门生墓门志铭及石屏风》，荣新江、罗丰主编：《粟特人在中国：考古发现与出土文献的新印证》，科学出版社，2016年，第673—684页。

[5] 《南史》卷五《齐本纪下》，中华书局，2023年，第172页。

1

2

图一一　南京宫山南朝墓出土“竹林七贤与荣启期”拼砌砖画

图一二　崔芬墓树下高士屏风画

图一三　济南东八里洼北朝墓树下高士屏风画

图一四　翟门生石棺床上线刻画中人物之一

携带的画作传入北朝恐怕不是难事。南北方墓葬的高士图像应该都是直接从日常绘画创作取得灵感，南朝“竹林七贤”砖画虽然形似放大的手卷，但稿本来源可能是屏风画，在刻制木模的环节将屏风边框去掉，原来本身独立成幅的画作，此时同时出现在一个平面，树木就“脱离”出来充当了画面分隔。而北方墓室壁画和葬具线刻仍以屏风画形式出现，说明双方在绘画载体上也有共同的来源。

由于南北方具体的创作者有着各自的理解，使得最后呈现出的七贤面貌既有密切联系又有明显不同[1]，但是目前所知的这几类属于墓葬系统的“竹林七贤”确实来自同一个图式，包括了并列式人物空间关系，呈坐姿并表现经典动作的人物形象，树木位于人物侧后方作为衬景，身体下面都有坐垫等要素。这个图式既然可以北传，应当具有很高的知名度和认可度，著名的南京宫山墓七贤砖画发现后，许多学者将其与某位大艺术家联系起来，顾恺之、戴逵和陆探微均成为候选人，虽然根据现有关于六朝美术史的知识，几乎不可能断言那位大艺术家是谁，但是以上材料证明了宫山墓砖画所依据的那个画稿的权威性，显示了这种图式在历史演进中已成为经典传统。

如果上述推断不至大谬的话，那么成都造像“非主体形象”的一些要素和图式，确实不宜轻易与墓葬美术建立联系，恐怕不是谁影响了谁，而是表明两者有着共同的图像来源。康胜造像和《洛神赋图》的画面相似性最能说明这一点，如果说《洛神赋图》中的树木与山石是为了合理渲染洛水之滨的野趣，那么康胜造像故事画里出现这些自然元素，似乎更具有形式意义，这也暗示后者应是对前者的模仿。

由《历代名画记》等画史文献可知，包括南朝在内的六朝时代，许多大艺术家参与创作佛教艺术。东晋顾恺之、戴逵，梁代张僧繇等画坛名手在建康一带许多寺院里都有创作行为，顾恺之在瓦官寺首创维摩诘像，戴逵在同寺塑五躯佛像，张僧繇在安乐寺“画龙点睛”、在一乘寺画凸凹花，皆为后人熟知的事迹，且在当时已产生广泛影响。谢赫称戴逵“善图贤圣，百工所范。荀卫以后，实称领袖。”[2]唐代道宣在《法苑珠林》也说“自泥洹以来，久逾千祀。西方像制，流式中夏。虽依经镕铸，各务仿佛。名士奇匠，竞心展力，而精分密数，未有殊绝。晋世有谯国戴逵，字安道者……且机思通赡，巧拟造化。思所以

---

[1] 翟门生石葬具上有八幅树下高士图像，从其中七个人各自的形态动作，再加上部分榜题，可以明确判断正是竹林七贤，南朝砖画构图形式上的许多要素依然保留了下来，和砖画上的形象最接近的要数山涛，不仅也作四分之三侧面像，而且左手手指捏住耳杯的样子与丹阳吴家村墓的如出一辙，从宽袖中伸出并微举的右手又与丹阳金家村墓的非常相似。但是两者也有一些差异，如翟门生石葬具每幅画有一个主要人物和一至两名侍者，背景不突出单棵树木而是茂密的树林，人物形象本身也做了较多改动，如刘伶高举的左手所持的酒具由耳杯换成了来通，表明北朝工匠不是简单地模仿，而是进行了本土化改造。

[2] （唐）张彦远著，秦仲文、黄苗子点校：《历代名画记》卷五，人民美术出版社，2016年，第124页。

影响法相，咫尺应身。乃作无量寿挟侍菩萨……覈准度于毫芒，审光色于浓淡。其和墨点采，刻形镂法，虽周人尽策之微，宋客象楮之妙，不能逾也”[1]。正是因为大艺术家的创作成了时尚标杆和素材资源，进而广为摹写，被复制到各种载体上，相似的图像和相近的风格才有可能出现在不同性质的美术作品之中，“传移模写”实际上是六朝文艺创作的普遍现象[2]。值得一提的是，张僧繇曾有入蜀为萧纪作画的经历[3]，那么来自建康的名家画样流入蜀地，进而在兴盛一时的佛教艺术创作中留下痕迹，应当不属于过度猜想吧？

三、画科的初步探索

晚唐至宋，中国绘画分科的说法被正式提出，晚唐朱景玄《唐朝名画录》将绘画分为“人物、禽兽、山水、楼殿屋木”四种，入宋以后，北宋初郭若虚《图画见闻志》依然分为四门，为“人物、山水、花鸟、杂画”，内容略有扩大，此后多部画论、画谱对此皆有自己的分科方法，至元代汤垕《画论》已有“十三科”之多。分科的标准是绘画的题材，注重的是形式。

尚无足够证据表明唐代以前存在明确的画科区分，但顾恺之《论画》有一段广为人知的议论：“凡画人最难，次山水，次狗马，台榭一定器耳，难成而易好，不待迁想妙得也。此以巧历不能差其品也”[4]，表明东晋时已有根据题材对绘画难易程度进行排序的观念。而实物材料表明一些母题至迟在6世纪已成为相对独立的表现对象，郑岩近来通过北朝石质葬具上的画像材料对此问题做了进一步的讨论[5]，受此启发，本文从成都齐梁造像“非主体形象”中的相关图像出发，对“山水”和“台榭”两个方面再略作补充。

前文提到康胜造像上的山岭与人物不成比例，属于“人大于山”的表现手法，《洛神赋图》、南朝墓葬画像砖以及敦煌莫高窟多数北朝经变画里也都是这样处理，这是六朝时期对于绘画中山水题材的普遍理解，只是将其作为人物画的背景或陪衬，起到点缀气氛

[1] （唐）释道世著、周叔迦、苏晋仁校注：《法苑珠林校注 第二册》卷第十六，中华书局，2003年，第542—543页。

[2] 对一种文体写法进行学习，在文学领域广泛存在，是入门必修课。参见林晓光：《作为艺术史的文学史——以中古文学为中心的方法论省思》，《艺术学研究》2022年第4期，第27—40页。

[3] 《南史》卷五十三《萧纪传》载武陵王萧纪主政益州多年，“太清初，帝思之，使善画者张僧繇至蜀图其状。”《南史》，中华书局，2023年，第1451页。《宣和画谱》卷一载：“方梁武帝以诸王居外，每想见其面目，即遣僧繇乘传写之以归，对之如见其人。”俞剑华标点注译：《宣和画谱》，人民美术出版社，2016年，第30—31页。

[4] （唐）张彦远著，秦仲文、黄苗子点校：《历代名画记》卷五，人民美术出版社，2016年，第116页。

[5] 郑岩：《论中国绘画“分科”之原始——以北朝石葬具画像为中心》，中央美术学院人文学院编：《中古中国视觉文化与物质文化国际学术研讨会论文集》，广西师范大学出版社，2024年，第63—83页。

和分隔画面的作用，体量不大，注重装饰性。但是在 6 世纪出现了一些新动向，山水题材进入到了探索的时代：一方面，开始出现独立的山水画，如在北方的北朝晚期墓葬壁画和石葬具上有以独立山水为装饰的屏风形象，南方虽然尚未发现相同的实物材料，但情况应该差不多；另一方面，出现以大幅山水作为画面的主体，据此营建空间，将故事情节置于山水之中的构图形式，这在成都发现的造像碑背面图像中有突出的反映。

川博 1 号造像碑正面为双菩萨像，背面分为上下两个部分，下部应为刻写发愿文的地方，但未刻字，上部浮雕图像又分为上下两层，上层为说法图，下层为佛教故事画，据考证为法华经变[1]。下层佛教故事画的构成相当复杂，连绵的群山占据了画面大部分空间，高低错落，疏密有致，主从得当，使得故事画的情节依据起伏的山势自然分为三层（图一五），赵声良认为包含依据《观世音菩萨普门品》创作的十三个具体画面[2]。虽然受制于造像碑的面积以及必须清楚地表现故事情节的要求，这幅画中的山岭与人物的比例依然不够理想，但毕竟所有的山都比人大，信众在观看时能感受这些情节的发生与山林气氛之间的直接关联，山水在这里不再是简单的背景，而是确定了整个画面的总体结构。

造像碑上雕刻大幅山水，使得画面具备整体性的做法，不排除受到本地技术传统的影响。四川东汉画像砖上就有类似表现，如成都羊子山 10 号墓出土的“盐场”画像砖，采盐、制盐的多个情节也是被层层环绕的群山自然分开（图一六），但是这幅画平面感较强，山的线条也比较概念化，相比之下，南朝造像碑上的群山表现出丰富的层次，注重体积感，既有高耸的山头，也有突兀的岩石，加之不同品种的树木点缀其中，具有真山水的意味。这让人很容易想到顾恺之《画云台山记》中给出的画面设计方案以及刘宋宗炳《画山水序》所揭示的山水画再现自然的重要法则，这些 4 至 5 世纪画论中对于山水画的探索成果，到了 6 世纪大概已经转化为更广泛的创作实践，后世如莫高窟唐代经变画的基本构图，在成都南朝造像碑上已经看得很清楚了。

顾恺之从创作主体性的立场出发，认为“台榭一定器耳，难成而易好，不待迁想妙得也”，他看重的是“气韵生动”，强调形与神的统一，但对于普通工匠来说，这个要求未免过高。这一时期，工匠们在表现“难成”的建筑形象方面已有观念和技巧的变化，比较成都齐梁造像上的几个图像例子，可以看出这样的探索过程。

西安路出土齐永明八年（490 年）比丘释法海与母所造背屏式造像，背面上部雕出一座开敞式建筑，屋脊两端有鸱尾，中间为一幔帐，内坐身着菩萨装的交脚弥勒，两侧各

[1] 四川博物院、成都文物考古研究所、四川大学博物馆：《四川出土南朝佛教造像》，中华书局，2013 年，第 102—107 页，定名“川博 1 号造像碑”。

[2] 赵声良：《成都南朝浮雕弥勒经变与法华经变考论》，《敦煌研究》2001 年第 1 期，第 34—42 页。

图一五　万佛寺出土双菩萨造像碑背后“法华经变”

图一六　成都羊子山10号墓出土“盐场”画像砖

站立一尊胁侍菩萨[1]（图一七），霍巍认为这组图像延续了河西凉州造像的题材，反映这一时期成都造像依然受到西北地区的较多影响[2]。图中建筑形象非常简单，仅雕出屋顶与两根柱子，两个菩萨的头光和身体遮挡了柱子，表明他们站立在建筑的前部，似与幔帐及主尊处在一个平面上，很难想象这是一个真实的场景，表明制作这座造像的工匠只是要表现建筑的存在，并不在意佛像与建筑之间的空间及比例关系是否合理。这种处理方法在汉代画像石、画像砖上已有大量体现，是一个古老的图像传统。

图一七　齐永明八年（490年）比丘释法海与母造背屏式造像背面

下同仁路出土的梁天监十五年（516年）蔡僧和造释迦背屏式造像背面上部浅浮雕弥勒菩萨上生兜率天场景，与上述永明八年造像背面的题材相近，但画面的表现形式大不相同。蔡僧和造像上的画面以一大型建筑为中心，最前方为相对而行的两列供养人，其后为坐落于台基之上的歇山顶开敞式建筑，前出甬道，两侧为莲池，鸱尾高翘，瓦垄等建筑细节也有表现，弥勒菩萨结跏趺坐于建筑内莲台之上，两侧站立有菩萨和罗汉，头

[1] 四川博物院、成都文物考古研究所、四川大学博物馆：《四川出土南朝佛教造像》，中华书局，2013年，第150—153页，定名“成考所西安路1号背屏式造像”。

[2] 霍巍论及这尊造像时说“具体表现在造像背面所雕刻的坐在龛室之中的交脚弥勒像，仍然是凉州造像中流行的母题，这类交脚菩萨像在北凉石塔中有较多发现，属于弥勒像。显然，这一时期的成都南朝造像在风格题材上仍然保持着与西域凉州造像的密切关系。”霍巍：《齐梁之变：成都南朝纪年造像风格与范式源流》，《考古学报》2018年第3期，第318页。

光后环绕众天人，建筑后面雕出群山[1]（图一八）。这组图像具有很强的纵深感，部分树木遮挡了建筑的柱子，柱子又遮挡了部分人物，建筑后方连绵的群山使得空间得以无尽延展。建筑作为构图中心确定整个画面的布局，强调真实的视觉感受。前文提到的双菩萨造像碑背面上部的说法图，更是以多个建筑围合出一个三维空间。

图一八　梁天监十五年（516 年）蔡僧和造背屏式造像背面

学者们普遍认为，入梁以后，蜀地造像受到建康样式越来越多的影响，建筑形象的变化或许也是理解这个问题的一个角度。虽然现有材料还不能推定“台榭”已成为独立的画科，但是重视建筑的真实性再现，重视建筑对于空间营造的意义，已成为这时工匠群体美术创作时一个努力的方向。

四、结语

众所周知，绘画在六朝时逐步走上独立发展的道路，这种趋势从东晋开始加速，至

[1] 成都文物考古研究院：《成都下同仁路——佛教造像坑及城市生活遗址发掘报告》，文物出版社，2017 年，第 53—57 页。

南朝已颇成气候，而整个美术领域在这一时期更是呈现出错综复杂、波澜壮阔的面貌。本文认为，对成都齐梁造像中的“非主体形象”的分析有助于理解南朝美术的新动向：其一，“非主体形象”上的部分要素和图式与南朝境内其他美术形式存在密切联系，尤其受到名家创作的影响，一种画法在不同群体间流动，实现了跨地域和跨媒介传播；其二，进入 5 世纪以后，“非主体形象”中出现了“山水”与“台榭”的新样式，表明画科的探索正在进行之中。地下出土的实物材料对于研究包括南朝在内的六朝美术史具有重要意义，应当引起更多关注。

中国古代墓葬中的长生灯与燃灯图像

周　杨（厦门大学历史与文化遗产学院）

灯具是人们日常生活中最常见的照明器具，它在我国的物质文化史上也有着悠久的历史。《尔雅·释器》："木豆谓之豆，竹豆谓之笾，瓦豆谓之登。"西晋郭璞注曰："登，即膏灯也。"[1]由此可知，最初的"灯"指的是油灯，器型从陶豆而来。不同的灯具有不同的材质、造型与装饰纹样，基于不同的自然环境与文明背景而形成了丰富多彩的面貌。从目前考古发现来看，中国古代灯具的出现不晚于商代，集中出现于战国秦汉时期。这些灯具多为金属或陶质，以动物油脂或植物油为燃料。秦汉以降，灯具的种类与造型蔚然大观，功能也越发多样。伴随着灯具物质形态的多样化，中国古代的照明也形成了三种传统，即祭祀用火、秩序标识与日常照明。[2]

我们今天考古所见的古代灯具，大多发现于墓葬之中，它们从现实的角度为我们呈现出不同时代灯具的具体形象，但它们绝大多数并非用于实用性的日常照明，而是与祭祀礼仪和秩序标识这两个传统有关。除了随葬的灯具外，墓葬壁画中也涉及大量的灯檠或燃灯图像。"灯"不仅是一种实体的器物，也常被视为一种生命的意象，串联起人们对生死的认知和理解。墓葬中的灯具与燃灯图像既为我们呈现出不同时代灯具的具体形象，也勾勒出人们在生死两界徘徊时，内心深处微妙的情感变化与外在生死观念的深刻变革。那么，中国古代墓葬中灯具与相关图像发展变化的线索是怎样的，其背后又反映着怎样的文化意涵与生死观念，则值得我们细致考察。

一、"长生灯"的名称由来与渊源

墓葬中具有礼俗意义的灯具，我们称其为"长生灯"，其名称和使用场合在文献中有其渊源，首先应予以厘清。

[1] 《尔雅》卷五《释器第六》，《十三经注疏》，中华书局，2009 年，第 5652 页。

[2] 周杨：《从灯具看中国古代物质文化中的"工"与"巧"——以汉魏南北朝时期灯具为中心》，《故宫博物院院刊》2024 年第 6 期，第 98—110 页。

《礼记 · 曾子寝疾》云：

> 曾子寝疾，病，乐正子春坐于床下。曾元、曾申坐于足，童子隅坐而执烛。[1]

这句话描绘了曾子临终前众人围坐送别的场景，通过表现曾子临终之时尚且要求子弟正席合礼，表达了儒家传统中所尊奉和实践的礼与义。其中，童子在生死关头“隅坐执烛”的形象让人印象深刻，他手捧的灯烛既是对人的生命映照，也在此后的历史长河中留下了印记。[2]

从战国秦汉直到明清，墓葬随葬品的祭祀组合中常以灯具为中心，其形制虽多有变化，内涵亦不断丰富，但是基本的逻辑和线索却贯穿始终。据《大汉原陵秘葬经》记载：“凡墓堂内安长生灯者，主子孙聪明安定，主子孙不患也。”[3]由此我们知道，墓葬中安置在墓堂内的灯被称作“长生灯”，与保佑墓主人子孙有关，这不只是关乎墓主人灵魂的长生或不朽，更有一种伦理层面的关怀，与曾子临终前童子“隅坐执烛”的场面形成互文。

“长生灯”还可见于比《大汉原陵秘葬经》更早的文献中。东晋王嘉《拾遗记》载：

> （周穆王）三十六年，王东巡大骑之谷，指春宵宫，集诸方士仙术之要，而螭、鹄、龙、蛇之类，奇种凭空而出。时已将夜，王设长生之灯以自照，一名恒辉。又列璠膏之烛，遍于宫内。又有凤脑之灯。又有冰荷者，出冰壑之中，取此花以覆灯七八尺，不欲使光明远也。[4]

此处假托周穆王之名设立的“长生之灯”，在《汉武帝内传》以及《洞冥记》等六朝笔记小说中时有出现，都是基于秦汉时期的神仙思想而来。人们认为灵魂可以长生不朽，灯也成为引导死者通往昆仑仙境的指引之物，秦始皇陵中长明不灭的灯烛便是此类。这里所谓的“长生之灯”，其实是两晋时期道教利用旧有传统和自身仪式发明出的新事物。道教

---

[1] 《礼记正义》卷六《檀弓上第三》，《十三经注疏》，中华书局，2009 年，第 2766 页。

[2] 在汉代以前，“灯”与“烛”并未形成明确的界限。东汉许慎在《说文解字》中所记灯具的称谓，有“镫”与“锭”两种，关于二者的关系，唐代徐松《初学记》引《说文》云“锭谓之灯”，又《初学记》引西晋吕静《韵集》解释说“灯，无足曰灯，有足曰锭”。北宋徐铉对《说文》中“锭”的注释中写道：“锭中置烛，故谓之镫。今俗别作灯，非是。”他一方面强调了“镫”的正体字形，指出汉晋时期的“灯”为俗体，另一方面则明确提出“锭”和“镫”均是对灯具的称谓。由这些记载可知，不管是“锭”“镫”还是“灯”，灯具的称谓从汉晋时期便开始出现明确的所指。

[3] 《大汉原陵秘葬经》，《永乐大典》卷八一九九，中华书局，1959 年，第 23 页。

[4] （东晋）王嘉：《拾遗记》卷三《周穆王》，中华书局，1981 年，第 64—65 页。

灯仪是道教斋醮中一种常规仪式，道士持灯行仪，象征上照诸天，下照地狱。现存《道藏》中的灯仪约有二十种，分属金箓和黄箓两类，二者在四季燃灯时的数量各有差异，其间说法也不尽相同，但灯在其中的作用主要都是照彻幽暗。道教认为行道礼诵，灯烛为急。燃烧的灯烛通过光明驱走黑暗，上映无极福堂，下通九幽地狱，是一种无上的功德。[1]

秦始皇陵墓中的灯烛，今人常称其为“长明灯”。然而，《史记·秦始皇本纪》中仅记载秦始皇陵墓中“以人鱼膏为烛，度不灭者久之”[2]，并未言及灯的称谓。真正所谓“长明灯”者，多指唐宋时期佛寺中昼夜用于供佛的灯台。例如，唐代张读在《宣室志》中云：“唐开元十四年五月二十一日，于佛殿前轩，燃长明灯。”[3]又如唐代韦述在《西京记》中写道：

洛都天宫寺有秀禅师者，俗姓李，汴州陈留人，习禅精苦。初至荆州，后移此寺，深为武太后所敬礼。玄鉴默识，中若符契。长安中入京，住资圣寺。忽戒禅院弟子灭灯烛，弟子留长明灯，亦令灭之。因说：“火灾难测，不可不备。尝有寺家不备火烛，佛殿被灾；又有一寺钟楼遭火，一寺经藏焚爇，殊可痛惜。”[4]

由此可知，至少在唐代以前，“长明灯”与“长生灯”并非同一事物。不过，在北朝时期，墓葬中的“长生灯”与佛教礼俗曾存在一定交织，使得墓葬礼俗与佛教仪轨互相影响。由此，儒家礼俗与佛教、道教灯仪互相融合，在宋元以下则以墓葬中的燃灯图像的形式表现出来。这是我们理解中国古代墓葬随葬灯具礼俗的大致线索，但是，墓葬中以何种形式表现“灯”的主题、灯具的具体形制和内涵，在不同时期又受到工匠传统、知识传统和观念传统的相互影响，以下我们从四个阶段分别对墓葬中“长生灯”的发展和流变进行梳理。

二、战国秦汉至十六国时期的多枝灯

按照造型、材质或内部构造，人们对灯具有不同的分类方式。自战国秦汉至唐代中期，大多数百姓在日常照明时主要使用的是陶质碗碟状的油灯，但宫廷和社会上层使用的灯具，主要以金属灯具为主。屈原在《楚辞》中有“娱酒不废沉日夜，兰膏明烛华铜错”之语，既道出了铜质灯具的华美雕饰，同时也展现了宫廷日常的奢靡，这种文学描述

[1] 李远国：《论道教灯仪的形成与文化功用》，《中国道教》2003年第2期，第34—38页。

[2] 《史记》卷六《秦始皇本纪》，中华书局，1982年，第265页。

[3] （北宋）李昉等：《太平广记》卷一百《释证二》引《宣室志》，中华书局，1961年，第674页。

[4] （北宋）李昉等：《太平广记》卷九七《异僧十一》引《西京记》，中华书局，1961年，第645页。

在考古材料中也得到了印证。从墓葬出土的灯具来看，战国秦汉时期的灯具主要有两种：一种是铜质带烟管的灯具，其灯体上的导烟管可将脂膏燃烧产生的烟炱导入灯腹，灯腹中通过贮水以冷却、吸溶灯烟，从而保持室内的清洁，孙机先生将这种灯具考订为“釭灯”。[1]釭灯在汉唐至北宋时期的诗文中时常出现，而实物则频见于汉代的墓葬中，其中以河北满城中山靖王刘胜之妻窦绾墓出土的“长信宫灯”最为经典。这种灯具往往作为日常器用进入随葬品组合中。另一种则以植物为造型母题，以现实和神话中的各种形象为装饰元素，这便是多枝灯。这种灯在墓葬中具有超越日常的礼仪和象征功能，即具备本文所论“长生灯”之义。

多枝灯又名“百华灯”，取象于树木花草，流行于两汉至魏晋十六国时期，在墓葬祭祀空间中占据重要位置。以树为造型的器物，在中国最早见于商周时期。四川广汉三星堆遗址 2 号祭祀坑曾出土过一件通高近 4 米的青铜神树。这种以树为造型的明器，具有祈求丰产、追求富贵、祈愿升仙、保佑多子等丰富的内涵。[2]以树为造型的灯具，要晚至战国时期才在中原地区出现，但它很快便作为一种时代风尚在社会上层流行开来。关于多枝灯的记载常见于汉晋笔记小说之中。例如，《西京杂记》卷三载：

> 高祖初入咸阳宫，周行库府，金玉珍宝，不可称言。其尤惊异者，有青玉五枝灯，高七尺五寸，作蟠螭，以口衔灯。[3]

同书还记载，西汉时期赵飞燕被成帝册封为皇后时，她的妹妹进献衣物日用共三十五种，其中就包括一件七枝灯。[4]尽管《西京杂记》所言事物多属两晋之时，但考古材料也确实为其所言提供了证据。除了五枝灯与七枝灯之外，考古出土的多枝灯还有九枝、十二枝、十三枝、二十九枝等。像汉代的釭灯一样，多枝灯的使用者多为宫廷皇室和诸侯王，而在当时的墓葬中，作为随葬品的多枝灯甚至可以用来标识等级与身份。

多枝灯的材质有铜质、陶瓷质与木质三类。铜质多枝灯多见于战国至西汉，东汉时期的多枝灯以釉陶和彩绘陶为主，魏晋十六国时期则出现了瓷质的多枝灯。从战国到魏晋，多枝灯的造型也呈现出明显的时代差别。河北平山县中山国君之墓出土过一件鎏金铜质十五枝灯，灯树高达 82.9 厘米，由灯座和七级灯架组成，各部分以榫卯相连。灯座为一只双首衔环的猛虎造型，上托圆盘，盘上站立两位家奴。小鸟栖息于枝头，群猴嬉

[1] 孙机：《水禽衔鱼釭灯》，《从历史中醒来：孙机谈中国古文物》，生活 · 读书 · 新知三联书店，2016 年，第 346—351 页。

[2] 何志国：《汉魏摇钱树初步研究》，科学出版社，2007 年，第 150—166 页。

[3] （晋）葛洪：《西京杂记》卷三《咸阳宫异宝》，三秦出版社，2006 年，第 140 页。

[4] （晋）葛洪：《西京杂记》卷一《赵昭仪遗飞燕书》，三秦出版社，2006 年，第 62—63 页。

戏于灯枝之间，主体灯柱上有一条神龙向上盘旋（图一，3）。相比之下，广西罗泊湾一号墓出土的一件西汉时期的十枝灯，在装饰上则更为简洁洗练。灯树通体鎏金，高 85 厘米。在瓶形底座上有三层树枝，每层三枝，层层交错，枝头托桃形灯盘，盘中有火炷。灯树顶端为一伸展双翅的鸟形灯盘（图一，4）。这件十枝灯造型虽然简单，但却有着更为丰富的意涵。《山海经 · 海外东经》云："汤谷上有扶桑，十日所浴，在黑齿北。居水中，有大木，九日居下枝，一日居上枝。"[1]《玄中记》里则记载："蓬莱之东，岱舆之山，上有扶桑之树，树高万丈。树颠常有天鸡，为巢于上。每夜至子时则天鸡鸣，而日中阳乌应之。阳乌鸣则天下之鸡皆鸣。"[2]位于灯树顶端的鸟自是象征着太阳，剩下的九枝灯火与其合为一处，便是扶桑树的写照。

阴阳观念与神仙思想对汉代的艺术造型产生了深远影响，多枝灯以树象形，华灯与神树构成了一个合而为一的整体。战国以降，昆仑山与蓬莱仙境就被人们认为是分居东西的神仙之所，其中昆仑山作为联结天地之轴，更有通往神仙世界的天门。[3]西汉中期以后，西王母逐渐成为昆仑仙界中掌管长生之术的主神。因此，从这时开始至魏晋时期，墓葬中大量出现西王母与升仙题材的装饰样式。河南济源桐花沟墓地曾发掘清理了一百余座战国秦汉时期的墓葬，其中规模最大的十号墓年代在东汉时期，墓中出土了一座高达 110 厘米的彩绘陶质多枝灯（图一，5）。灯体以红、白、黑、褐等颜色彩绘，共分为三层，自下而上为博山形底座与两个喇叭形承盘。这三部分由擎柄相连，彼此可拆卸组合。博山形底座上还塑有蜿蜒的河流与奔腾的百兽。在第一个承盘上伸出四个鹤形灯枝和四个龙形灯枝，灯盘中的龟座灯柱上又伸出四个鹤形灯枝，每个灯枝的灯盘上均有花形装饰，灯枝之上则各骑有黑髻羽人。第二个承盘的柱顶上是朱雀展翅状的灯盘，灯盘向各方又伸出 13 座花蔓状烛台。在灯树主干的顶端是一只凤鸟装饰的灯盘，凤鸟头戴华冠，口含宝珠。[4]全灯共有 29 个灯枝，是目前发现的多枝灯中灯枝最多的。

东汉至魏晋时期的多枝灯，往往与前文提到的摇钱树在装饰形式上相互融合，这种融合现象常出现于巴蜀地区与中原地区的交界地带，具体表现则为西王母、羽人、方士以及与升仙主题有关的珍禽异兽频繁出现于灯树之上。例如，甘肃武威的雷台张氏墓曾出土一座大型铜质多枝灯，灯体通高达 146 厘米。树干分为三层，每层伸出十字形树枝四条，树枝上是镂空的卷草纹饰片，枝头为灯盘。在树干顶端有一位骑鹿仙人，双手托举灯盘（图一，7）。这座墓葬过去长期被认为是东汉墓，近些年有学者通过墓葬形制、随

[1] （晋）郭璞撰，（清）郝懿行笺疏：《山海经笺疏》第九《海外东经》，齐鲁书社，2010 年，第 4919—4920 页。

[2] （唐）皮日休：《松陵集》卷二《往体诗二十八首》注引《玄中记》，中华书局，2018 年，第 415 页。

[3] 王煜：《汉墓天门图像及相关问题》，《考古》2019 年第 6 期，第 94—104 页。

[4] 河南省文物考古研究所：《河南济源市桐花沟十号汉墓》，《考古》2000 年第 2 期，第 85—88 页。

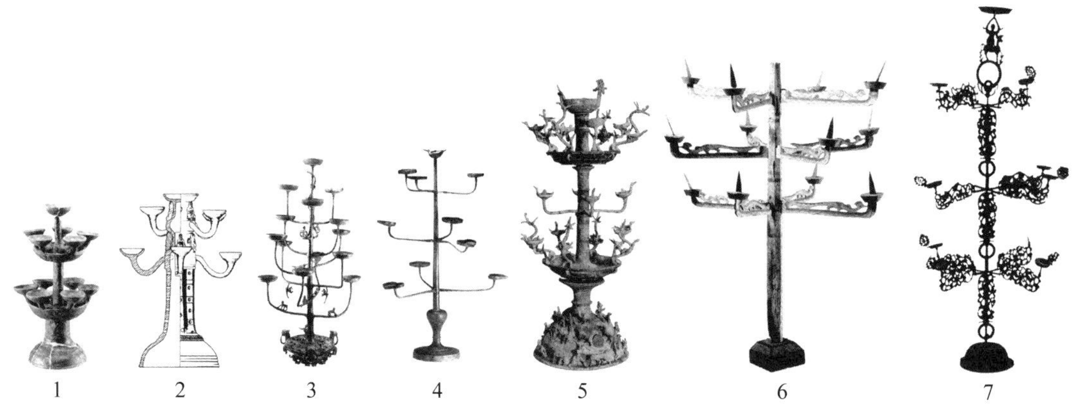

图一 战国秦汉至魏晋十六国时期墓葬中的多枝灯

1.陕西咸阳坡刘村M2出土陶多枝灯 2.陕西咸阳底张村M54出土陶多枝灯 3.河北平山中山王墓出土铜多枝灯 4.广西罗泊湾M1出土鎏金多枝灯 5.河南济源桐花沟墓地M10出土陶多枝灯 6.甘肃武威旱滩坡魏晋墓出土木多枝灯 7.甘肃武威雷台墓出土铜多枝灯

葬品组合以及出土印章考证，认为该墓的年代可能要晚至前凉时期，墓主可能是张轨。[1]无论其具体年代究竟如何，这至少可以说明，东汉时期的神仙信仰及其文化表象在魏晋时期仍有影响。假托班固之名、实则可能成书于魏晋时期的笔记小说《汉武内传》中记载："七月七日，乃扫除宫掖之内，张云锦之帷，燃九微之灯，夜二唱后，西王母驾五色之班龙上殿。"[2]文中的"九光微灯"便是九枝灯，从中可知，多枝灯的使用往往与西王母和昆仑信仰联系在一起。从该书的成书年代看，文中反映的当是魏晋时期人们的认识。不过，西汉武帝时期的司马相如《大人赋》有云："低回阴山翔以纡曲兮，吾乃今目睹西王母矐然白首，戴胜而穴处兮，亦幸有三足乌为之使。必长生若此而不死兮，虽济万世不足以喜。"[3]他在描绘汉武帝追求长生时便提到了西王母和三足乌，可见从两汉至魏晋，神仙思想逐渐从神话故事演变为一种时代风尚，进而影响到多枝灯的装饰样式中。

魏晋时期，连年的战争与频繁的瘟疫，使人们逐渐看到升仙与不死皆为虚妄。曹操在《龟虽寿》中有"神龟虽寿，犹有竟时；腾蛇乘雾，终为土灰"[4]之言，他认识到神龟腾蛇也难逃一死。建安二十二年的一场瘟疫夺取了无数人的生命，曹丕在《与王朗书》中也有"疫疠数起，士人雕落，余独何人，能全其寿"[5]的追问，同样深刻认识到死亡不可避免。曹魏

[1] 王科社：《武威雷台M1出土银印识读及墓主身份探索》，《文博》2020年第2期，第79—86页。

[2] （南朝陈）徐陵编、（清）吴兆宜注：《玉台新咏笺注》卷五《范靖妇·咏灯》注引《汉武内传》，中华书局，1985年，第210页。

[3] 《史记》卷一一七《司马相如列传》，中华书局，1982年，第3060页。

[4] 《曹操集》，中华书局，2013年，第11页。

[5] 《三国志》卷二《魏书·文帝纪》裴松之注引曹丕《与王朗书》，中华书局，1982年，第88页。

名将郝昭在为其子留下遗言时，更讲到“吾数发冢，取其木以为攻战具，又知厚葬无益于死者也”[1]。残酷的现实使人们意识到，汉代的厚葬之风不仅伤风败俗，于死者更无益处，于是曹魏至西晋的统治者自上而下地推行薄葬政策。[2]政策的推行固然考虑到现实的利弊，其背后则是当时人们生死观念的转变。在这种背景之下，墓葬中随葬多枝灯的做法，作为一种丧葬礼俗得到了延续。然而，此时的多枝灯上已然剔除了与升仙主题有关的装饰元素。例如，甘肃武威旱滩坡魏晋墓中曾出土一座高达125厘米的彩绘木质多枝灯，灯体以白粉敷底，其上用红、灰、墨色彩绘。全灯共有十二枝，其上均镂空雕饰凤鸟（图一，6）。尽管灯盘之上的锥形灯炷被着意表现，但这显然是装饰性的，木材的易燃属性与灯火本身存在抵牾，可见这样的多枝灯更多只是表现“长生灯”的符号意义。

永嘉之乱后，晋室南渡，匈奴、鲜卑、羯、氐、羌等胡族政权相继入主中原建立政权。其墓葬礼俗多在斟酌东汉与西晋的过程中有所损益。十六国时期的关中地区，主要是前赵、前秦与后秦的王畿所在，其高等级墓葬承袭了西晋墓葬随葬陶俑的制度。其中，以鞍马、牛车为中心的出行组合与以宴饮、奏乐为中心的宴飨组合分居墓室两侧，位于其间核心位置的则是多枝灯。陕西咸阳坡刘村M2与底张村M54的年代均在前秦至后秦时期，墓中曾分别出土一件陶七枝灯与一件釉陶十二枝灯（图一，1、2），两件多枝灯虽以树为基本造型，但均通体素面，并无更多装饰。这些多枝灯褪去了战国秦汉时期的华丽雕饰，闪烁着其作为礼仪用灯的余光。

两汉时期的墓葬中不仅随葬多枝灯作为“长生灯”，同时也会在墓葬图像中塑造执灯侍者的形象。例如，河南南阳陈棚汉代画像石墓中，在墓葬后室南北过梁的立柱上，分别以浅浮雕的形式刻画了两位持灯侍者。二人身着袍服，梳髻戴帻，单手握灯。灯均为觚形，其中灯焰正在燃烧（图二，1）。类似的主题还出现在南阳麒麟岗汉代画像石墓中。在墓葬主室墓门南北的立柱上，分别刻画了

1

2

图二　汉代墓葬墓门画像石图像中的灯

1.河南南阳陈棚画像石墓后室南北过梁立柱所见持灯侍者形象　2.南阳麒麟岗画像石墓室墓门南北立柱所见多枝灯图像

[1] 《三国志》卷三《魏书·明帝纪》裴松之注引《魏略》，中华书局，1982年，第96页。

[2] 齐东方：《中国古代丧葬中的晋制》，《考古学报》2015年第3期，第345—366页。

一座三枝的灯檠（图二，2）与一位站立燃灯的侍女。这里执烛童子或执烛侍从的形象，无疑让人联想起曾子寝疾中童子“隅坐执烛”的情境，长生之灯与燃灯者的组合形象，使墓葬的幽室内多了一些人间之味。

三、南北朝时期的石质、青瓷长生灯与烛台

战国秦汉时期墓葬中以多枝灯的形式塑造“长生灯”的传统，在十六国时期的关中地区得到了持续的发展。前秦和后秦时期关中地区的高等级墓葬中，墓室中随葬品组合多以多枝灯为中心分为出行与宴乐两个系列。[1]这一时期有的多枝灯上还会贴塑佛像，这并不能说明墓葬中的长生灯中融入佛教的内涵，但揭示出佛教艺术开始对前一阶段的传统有所渗透。事实上，这种装饰形式在东汉的巴蜀地区和吴晋时期的长江中下游已经出现。北魏进入关中后，这一传统中断，与此同时的平城墓葬中，出现了一类新的“长生灯”——石灯。

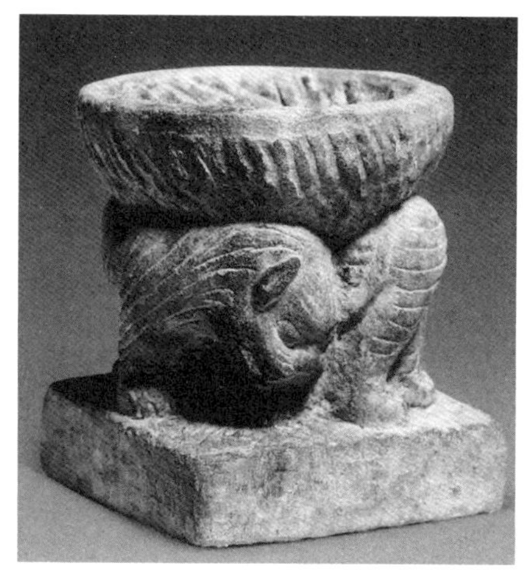

图三　北魏平城墓葬中的虎形石灯

北魏平城时代墓葬中的长生灯多以石雕形式出现，这应与当地的石造工匠传统有关，这在云冈石窟精美绝伦的石窟雕塑中即可反映出来。石灯的造型多种多样，能够反映出不同的文化因素。代北地区在战国秦汉时期便深受北方草原民族特别是匈奴文化的影响，至魏晋时期，鲜卑文化与匈奴文化在这一地区内存在承接转变，但其装饰艺术中塑造猛兽的传统则一脉相承。例如，平城墓葬中曾出土一件虎纹石灯，通高 11 厘米，灯盏直径 10 厘米。灯体由整块砂岩雕刻而成，虎立于方形台座之上，首尾盘桓，背托灯盏（图三）。除了猛兽造型，北魏平城墓葬中的石灯中还可常见伎乐主题。

秦汉以降，丝路胡风逐渐形成了一股自上而下的潮流，为时人所竞逐。《后汉书·五行志》载：“灵帝好胡服、胡帐、胡床、胡坐、胡饭、胡空侯、胡笛、胡舞，京都贵戚皆竞为之。”[2]社会上层所好者，不仅包括日常起居的衣食住行，也包括用以精神享受的音乐和舞蹈。西来之胡乐，起初仅仅是作为舶来之物为人所追慕，但其欢快的节奏与别样的

[1] 周杨：《关中地区十六国墓葬出土坐乐俑的时代与来源——十六国时期墓葬制度重建之管窥》，文化遗产研究与保护技术教育部重点实验室等编：《西部考古（第 14 辑）》，科学出版社，2017 年，第 126 页。

[2] 《后汉书》志第十三，中华书局，1965 年，第 3272 页。

旋律，很快便在社会上层流行开来，进而成为富贵之家的文化符号。这些充满异域风情的音乐舞蹈，在北魏平城时期的石灯上也有所描绘。例如，山西大同北朝艺术博物馆收藏了一件石灯，底座和灯盏皆为方形，在灯盏下有一圈莲瓣纹，灯盏四面共描绘了八名乐伎、两名舞伎与一名侍者。其中，乐伎均呈交脚坐姿，头戴鲜卑帽，身着袍服，分别演奏华夏传统的排箫、筝以及胡乐传统的五弦琵琶、四弦曲项琵琶、腰鼓、横吹、筚篥与铜钹。舞伎则身披帔帛，双手合十于胸前（图四，1）。尽管这件石灯没有明确的出土地点，但是类似以音乐舞蹈为装饰形式的石灯，在近些年的考古发现中还有出现。山西大同北魏贾宝墓中也出土了一件石灯，石灯以黄白色砂岩通体圆雕而成，分为灯座、灯柱和灯盏三部分。灯座分为上下两层，下层为方形，上层为圆鼓形，外雕一层盘龙纹。

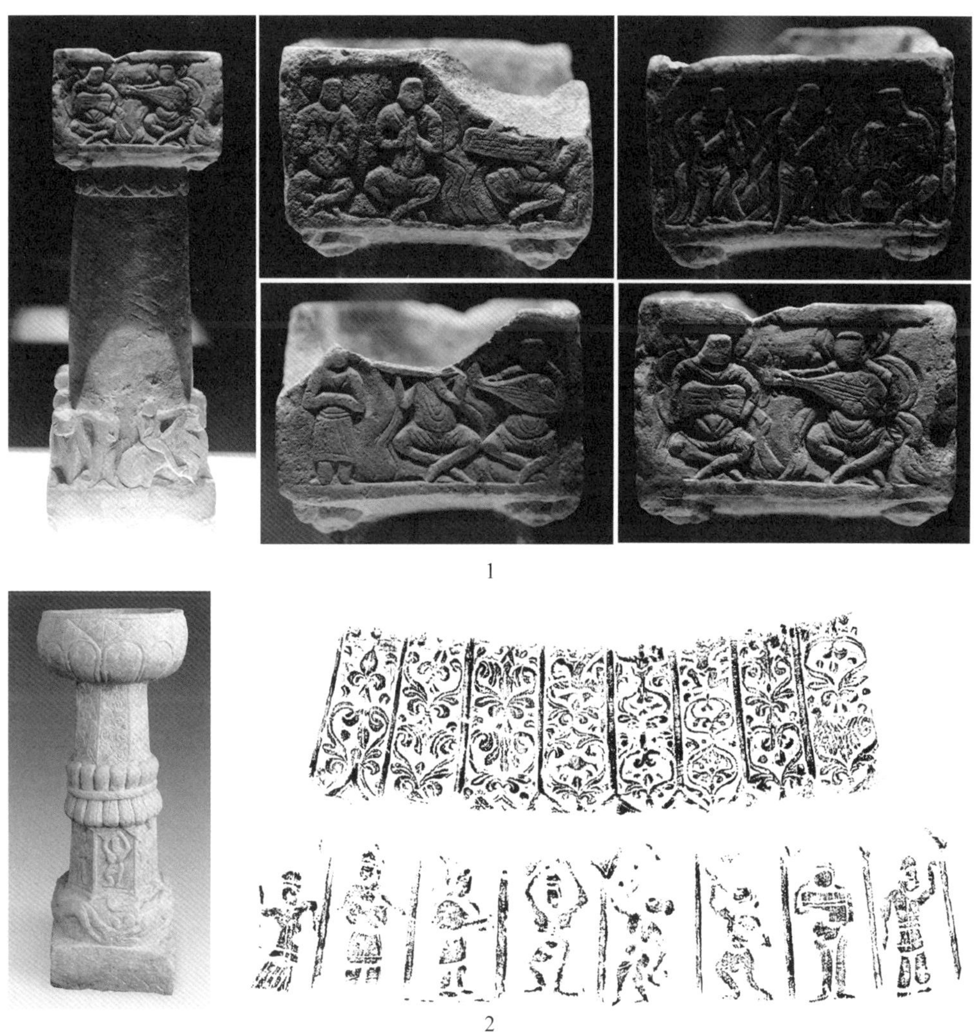

图四　北魏平城墓葬中的伎乐纹莲花石灯

1.山西大同北朝艺术博物馆藏伎乐纹石灯　2.山西大同北魏贾宝墓出土乐舞百戏纹莲花石灯

灯盏为钵形，外雕一圈仰莲纹饰。灯柱为八棱形，其中部为一周绳索捆束的高浮雕莲瓣纹。莲瓣之上每面分刻纵向二方连续的环状忍冬纹，其中三面有跳跃的舞者形象。莲瓣之下则以浅浮雕形式分刻身着鲜卑装的乐舞百戏人物共八人，其中舞伎三人；乐伎三人，分别演奏曲项琵琶、腰鼓、排箫；百戏伎两人，分别表演掷剑、跳丸（图四，2）。类似的乐舞百戏场景，在战国秦汉至北魏时期的墓葬壁画、画像石图像中频繁出现，但具体的音乐组合中则融入了胡乐元素，其中人物的鲜卑装更是体现了北魏平城时代戎华兼采的时代风格。

除了猛兽与伎乐之外，北魏墓葬中的石灯还有一些其他装饰主题，但是这些石灯上有一些时代性的共性，即通常在灯盏和灯座的外壁施加仰莲或覆莲装饰（图五，1）。这些莲花纹的装饰虽不能直接证明是佛教的影响，但确实与当时官方崇信佛教、佛教艺术流行的大背景有关。王云曾归纳了中外莲花意象的多种意涵，包括“不染”“光明”等。其中光明的意涵源自古埃及，经波斯传入印度，其中还包含着死而复生的复活观念。[1]事实上，在佛经文献中，莲花本身也与往生净土的生死观念有关。宋元以降，以荷叶、莲花造型常作为装饰，出现在佛教的位牌之上，即是这种观念的发展和延续。[2]在灯具上塑

1

2

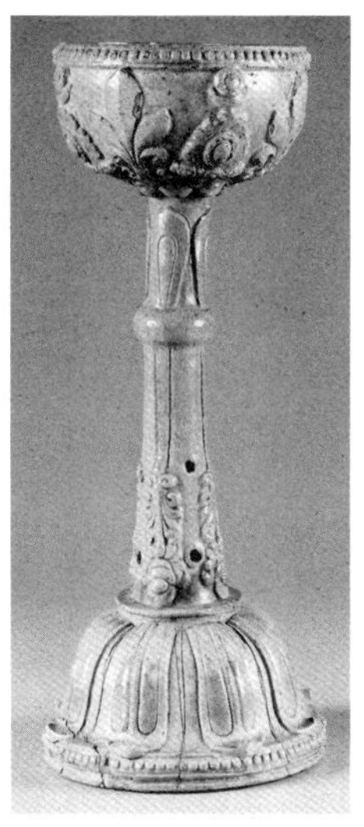
3

图五　北魏至北齐墓葬中的莲花灯

1.山西大同北朝艺术博物馆藏北魏平城墓葬出土莲花纹石灯　2.山西万荣薛怀吉墓出土陶莲花灯　3.山西太原北齐娄叡墓出土青瓷莲花灯

[1] 王云：《照其本也——佛教美术中的莲花意象研究》，《故宫博物院院刊》2023年第2期，第4—21页。

[2] 周杨：《宋元以来的荷叶莲台牌饰及其文化内涵》，《青年史学论坛（第5辑）》，社会科学文献出版社，2025年，第155—172页。

造莲花，将灯火与莲花相关联，体现了其象征光明的意涵，而在墓葬情境下，莲花“死而复生”的观念则又与汉魏多枝灯的意涵指向相契合，恰好实现了一种顺理成章的替换。

相比北魏平城，东南地区在魏晋南北朝时期的灯具主要以青瓷灯具为主。孙吴时期，南方地区的青瓷烧造以会稽为中心。这里不仅有深厚的瓷器烧造传统，同时，秀丽的山水与青瓷叠翠的色泽相得益彰，成为人们超越世俗的精神寄托。宫廷中玉石等奢侈品供应的短缺，在一定程度上刺激了青瓷制品得到上层的青睐，晶莹的质感与如玉石般的色彩，使得青瓷器具备了与玉器等同的审美意义。在此背景下，江南地区社会上层的日常器皿与随葬明器中，青瓷器开始成为主流，其中青瓷灯具也登上了历史舞台。[1]北魏平城形成的莲花造型与东南传统的青瓷材质在北魏的洛阳汇聚合流，由此产生了青瓷莲花灯这一新的长生灯样式，并在北齐时期蔚然大观。例如，山西太原北齐娄叡墓中出土过一件大型青瓷莲花灯，通高达 50.2 厘米。灯的底座和灯柄相连，灯盏则另制。在底座和灯盏上，以贴塑工艺分别塑造一组莲瓣和忍冬纹饰（图五，3）。同样造型的青瓷莲花灯，还可见于邺城地区的湾漳大墓和晋阳地区的徐显秀墓中。而从石质莲花灯向陶瓷质的转变，可以在山西万荣北魏汾州刺史薛怀吉墓中找到线索。墓中的莲花灯放弃了石质而采用陶质，在形制上与娄叡墓所出基本相同，只是底座、灯柱和灯盏更为简约，但底座上的覆莲被精细地刻画出来（图五，2）。

猛兽、胡乐与莲花等装饰形式，反映出北方草原艺术、地方传统、中亚艺术和佛教艺术对墓葬长生灯造型和装饰的影响，以及其背后各种观念的渗透。但是，北朝墓葬中的石灯与青瓷莲花灯，并非是对汉魏多枝灯的简单替代，而是以新的时代风尚融入原有的墓葬传统之中。不仅如此，南北朝墓葬中的灯具还保留了诸多的汉魏遗风与观念传统。两汉时期的金属灯具，在造型和装饰上多塑造动物或人物形象，这些动物和人物大多具有特殊意涵，涉及阴阳与生死等相关主题。在东汉时期，除了金属灯具，釉陶质地动物与人物造型的灯具也频繁出土于墓葬之中。其中既有油灯，也有供插蜡烛的烛台，既有象征生命逝而复生的熊形，也有象征子孙绵延的抱婴形象。西汉时期既体现阴阳观念又包含吉祥之意的羊形釭灯与牛形釭灯，到了两晋时期同样以青瓷工艺塑造。江苏南京老虎山东晋墓出土过一件青瓷羊形烛台，长 18 厘米，高 15.2 厘米。羊呈跪卧姿态，背部有圆形插孔，供插放蜡烛之用（图六，1）。老虎山墓地为颜氏家族葬地，其家族门风谨严，对汉晋遗风多有传承。浙江温州双屿则出土过一件青瓷牛形烛台，灯高 13.4 厘米，灯炷作直立牛形，四肢上下相叠，灯炷顶端和末端后壁均有弧方形孔以作插烛之用（图六，2）。牛在阴阳五行观念中往往与镇水、镇阴有关，以阳承火的设计，同样是汉代阴阳观

[1] 陆帅：《江南的具象：吴都建业的物质图景及其特征》，叶炜主编：《唐研究（第二十六卷）》，北京大学出版社，2021 年，第 73—82 页。

念在南北朝时期的延续。

如果说牛形灯具在墓葬中有镇煞阴宅的意味，那么北魏洛阳时代墓葬中随葬的蟾蜍造型灯具，则有与之相似的考虑。河南偃师北魏染华墓中曾出土一件青瓷蟾蜍形烛台，通高 18.8 厘米，底座为一只三足蟾蜍，其背上负烛插，烛插原有五孔，现残存四孔（图六，3）。蟾蜍在中国古代文化中是一种特殊的意象，由于其生殖周期与月相有关，自新石器时代以来，就被不同文明赋予了沟通天地与生死的意涵。汉晋时期，受阴阳观念影响，蟾蜍作为阴与水的意象，常与月亮相关联。此外，它也常与西王母的神话联系在一起，被赋予长生不死的引喻之义。在墓葬艺术中，无论是墓室壁画、画像石图像还是与丧葬有关的铭旌、非衣之上，都会描绘代表月亮的蟾蜍形象。这一形象也常出现在六朝时期的文房用具中，当时的水滴、笔洗上多以蟾蜍为造型，其使用者往往是家族中信奉天师道的知识精英。作为汉晋时期的主流文化，两汉的阴阳观念依然持续不断地影响着人们的审美意趣。[1]如果说牛形灯具是以阳承火，那么蟾蜍烛台则是以阴负火。作为墓葬祭祀灯具，蟾蜍烛台出现在北魏洛阳时期的墓葬中，揭示出汉晋遗风对北朝文化的浸染。

1　　2　　3

图六　南北朝墓葬中与阴阳观念有关的青瓷烛台

1.江苏南京老虎山东晋墓出土青瓷羊形烛台　2.浙江温州双屿出土青瓷牛形烛插　3.河南偃师北魏染华墓出土青瓷蟾蜍形烛台

从上文可见，在北魏中高等级墓葬中，长生灯通常是以莲花灯的造型表现，东晋、南朝墓葬中的长生灯，则表现为烛台。与油灯不同，世界上目前可知最早的蜡烛出现于古埃及，类似的细状蜡烛，中国要到东汉时期才出现。《礼记 · 曲礼》中孔颖达疏亦言“古者未有蜡烛，唯呼火炬为烛也”[2]。广州东汉晚期的墓葬中出土了陶质烛台，由炷和座

[1]　周杨：《考古所见汉至宋蟾蜍形器物》，《中国国家博物馆馆刊》2019 年第 11 期，第 35—48 页。

[2]　《礼记正义》卷二《曲礼上》，《十三经注疏》，中华书局，第 2685 页。

两部分组成。座为盆形，炷立于盆形座中间，上半中空，用以插放蜡烛，遗憾的是其上并未发现蜡烛实物。具体的蜡烛实物，目前最早见于河南陕县唐代姚懿墓，烛身长 43 厘米，直径 5.5 厘米。蜡烛先由麻皮卷成灯芯，再在熔融的蜡液中反复多次浸染，从而形成数层，最后在表面彩绘黑绿色梅花等装饰图案。[1]上述南北朝时期墓葬中灯具的材质、形制以及类型的多样，也揭示了墓葬中的长生灯在同一墓葬礼俗传统下，受不同地域、观念以及文化传统影响而呈现的多元特点。

四、北齐至五代十国时期墓葬中的长生灯与佛教燃灯礼俗

北魏平城时代墓葬中的石质莲花灯，在造型与器物组合关系上呈现出与佛教艺术的密切关联，亦有研究者进而提出其可能具备礼佛的内涵。[2]至北齐时期，晋阳地区墓葬中不仅出现了青瓷莲花灯，有的墓葬还出现了莲花造型的金银莲花烛台（图七），这些灯烛与香具、花果等作为组合，组成了相对明确的礼佛供具。我们前文提到中国传统灯具中“灯”和“烛”的分野在东汉时期，佛教视域下“灯”与“烛”的分野则是在北齐。除了墓葬中出现的莲花灯与莲花形烛台，在佛教地面寺院的建筑组合中，出现了用于燃灯的建筑。这类建筑至唐宋时期集中出现，它们通常为石质，树立于佛殿之前。其造型通常与后世的经幢类似，因而在文献中存在“炬幢”“石幢”“灯楼”“灯幢”等多种不同的称谓。陈怀宇在对文献和实物题铭系统梳理辨析后，认为这类石灯应称作“灯台”，在唐代初期可与“灯楼”互指，“灯幢”则出现较晚。同时，灯台的出现与燃灯实践密切相关。[3]

图七　山西寿阳北齐厍狄迴洛墓出土金莲烛台

从上可见，佛教视域下的“灯”和“烛”，在北齐时期的佛教实践中开始出现分离。一方面，北魏平城时代墓葬中的石灯继续发展，并逐渐为室内供养的烛台和蜡烛所替代，是为佛教“六供”中的“烛”。另一类石灯则走向地面，以殿前石质建筑的灯台形式出现，是为“六供”中的“灯”。相比烛台而言，地面上经幢造型的灯台则更具时代特点。目前

[1] 河南省文物研究所：《陕县唐代姚懿墓发掘报告》，《华夏考古》1987 年第 1 期，第 127 页。

[2] 邵舒萌：《北朝墓葬出土灯具研究》，北京师范大学硕士学位论文，2024 年。

[3] 陈怀宇：《唐代石灯名义考》，包伟民、刘后滨主编：《唐宋历史评论（第 1 辑）》，社会科学文献出版社，2015 年，第 62 页。

学界多受日本学者常盘大定在《支那佛教史迹踏查记》（1938 年）中的观点影响，认为此类石灯现存最早者是山西太原龙山童子寺的北齐石灯。此后的中国学者罗哲文、陈明达、李裕群、刘淑芬、陈怀宇等人，都对此类石质灯台进行了详细介绍和系统讨论，对此陈怀宇在前揭《唐代石灯名义考》一文中进行了细致梳理，此处不作赘述。这座石灯整体上可分为灯座、灯炷和灯炉三部分，由于风化严重，石灯表面雕刻已经严重侵蚀。灯座可分为三层，自下而上收分明显。灯炉上于一面开小口，可向内安置灯烛。鉴于其造型特点，此类石灯也常被当代研究者称为"燃灯石塔"，它们在寺院中兼具了日常照明与礼佛供养的双重功能。类似的石灯在中、日、韩唐宋时期的佛寺中屡见不鲜。因其光明之义，这类灯台在文献中也常被称作"长明灯"。

无论是灯烛还是灯台，它们都只是燃灯的物质载体，燃灯的仪式则有具体的流程与多重的意涵。佛教仪式中的灯台，道教仪式中的灯烛与祆教仪式中的火坛，都是通过燃烧带来光明以示教法的长明。佛教的燃灯实践，很大程度上受到了东汉以来的道教灯仪的影响[1]。佛教寺院中灯台的创制，将佛教史上原有的燃灯实践纳入中国化的轨道上来，由此形成了多种燃灯的传统。陈怀宇通过宋代僧人志磐《佛祖统纪》卷三三《法门光显志》归纳了中国佛教中和燃灯有关的四种传统：供灯，身灯，无尽灯与放灯[2]。这些传统的具体场景，在敦煌莫高窟壁画中也多有表现（图八）。这些都明确地说明，自北齐以来，墓葬中的长生灯在内涵和实践上，真正开始受到佛教的影响。

1

2

图八　敦煌莫高窟壁画中的燃灯图

1.敦煌莫高窟五代第 146 窟北壁燃灯图　2.敦煌莫高窟中唐第 159 窟西龛燃灯图

另一方面，这种影响也对墓葬礼俗产生了反馈。晚唐钱宽和水丘氏夫妇墓在前室中

[1] 林圣智：《东汉墓葬中的灯具兼论与道教灯仪的可能关联》，中山大学艺术史研究中心编：《艺术史研究（第 14 辑）》，中山大学出版社，2012 年，第 265—297 页。

[2] 作者在 2023 年厦门大学历史与文化遗产学院讲座上发表《中古时期石灯之源流》时提及。

央位置，曾出土一组长生灯：其中一件为石质，由仰莲灯盏、细长灯炷与覆莲灯座组成，形制远承北齐娄叡墓所出青瓷莲花灯；另一件呈带圈足的广口钵，青瓷质地，上施褐彩云纹，出土时灯内还残留有已经凝结成块的油脂（图九，1）。杭州吴越国的康陵是吴越国第二代国君钱元瓘王后马氏的陵墓，墓葬分为前、中、后三室，其中前室出土一件红砂岩制成的石灯。灯盏为覆钵形，外壁刻重瓣仰莲八层，灯座为实心须弥座，上部为圆形托台，外缘刻覆莲一周，中部为束腰八棱柱，其上每面各绘圆形牡丹，下部四层又分别雕刻覆莲或勾绘莲瓣线条（图九，2）。这种造型很容易让人想起北魏平城时代墓葬出土的莲花形石灯。吴越国三代皆崇信佛教，广修寺院佛塔，王室成员带头礼佛、供佛。钱俶更是刻印《宝箧印经》，创制了北宋以后吴越国阿育王塔的经典样式，此节有研究者进行了细致讨论。[1]无论是时代背景、出土情境还是灯具的造型和纹饰来源，都暗示吴越国墓葬中的长生灯，与北齐至唐代的礼佛实践存在某种关联，是北朝墓葬长生灯造型与唐代石灯传统交汇后再出现于墓葬情境的具体实例。

1

2

图九　吴越国陵墓出土莲花石灯

1.杭州钱宽与水丘夫妇墓前室出土莲花石灯及青瓷灯　2.杭州吴越国康陵前室出土莲花石灯

五、辽宋至明代墓葬壁画中的灯檠图

中国古代墓葬中的“长生灯”除了灯具实物之外，图像也是其重要的表现方式。汉代画像石中的执烛侍者或燃灯侍女的形象，在北朝至隋唐时期已不多见。尽管北朝至隋唐墓葬的壁画或石刻图像中并不乏手捧灯烛的侍女或舞者形象，但这些并不像汉墓那样

[1] 吴天跃：《材质、形制、图像与信仰：五代吴越国阿育王塔的综合研究》，中央美术学院博士学位论文，2017 年；魏祝挺：《吴越国塔幢研究》，浙江古籍出版社，2022 年。

绘于墓门两侧的立柱上，更多地只是作为夜宴中的侍从出现。佛教燃灯仪式在中国的本土化实践，催生出了北朝至隋唐时期地面寺院中的灯台，其间的灯烛作为供佛之器，也成为联结现世和来世的桥梁。隋唐五代时期佛寺中的燃灯实践与民间的燃灯供养，客观上为辽宋至元明时期墓葬中的燃灯图像提供了现实来源。

自晚唐至元明时期，墓葬壁画集中出现了“灯檠图”或“燃灯图”这一题材，这些墓葬的空间分布也呈现出一种地域性集中的现象。从晚唐到五代，河北地区都是中央和地方博弈拉锯的焦点所在，此节历史学者早有大量精彩论述，此处无需多言。反映在墓葬营建和装饰设置上，这一时期的墓葬在整体面貌上，也呈现出大量的河北因素。这些装饰形式的背后，是北朝以来关东士族与关陇地区长久文化抗衡过程中所形成的地域传统。

辽代虽为契丹人建立，但内部并非铁板一块。辽设五京，其中西京大同府与南京析津府中有大量的汉人家族定居，壁画中出现灯檠图的墓葬多位于此。例如，北京大兴西杭子村一号辽墓，在墓室南壁西侧绘制了一幅燃灯图。图中侍女身着红色圆领窄袖长袍，正在为灯檠装填灯油。她面前的灯檠与人同高，灯架下面的两个灯碗为绘制，上方中央的灯碗则以影作砖雕形式表现（图一〇，1）。山西大同辽代乾亨四年（982 年）许从赟墓，在墓室西南壁上绘制了一幅灯檠图，与前一幅不同，此处的灯檠整体均为影作砖雕，共三枝，灯盏之上还绘制出了燃烧的灯芯。灯檠右侧的侍女一手捧油碗，另一手持勺子添加灯油（图一〇，2）。这两幅图在内容主题、出现位置以及灯檠的形制上，均可与南阳画像石图像中的燃灯侍女遥相呼应。类似的三枝灯檠还出现于北宋墓葬中，山东济南一座建隆元年（960 年）的北宋墓中，在墓室东南壁靠近墓门一侧壁上绘制了一座灯檠，在灯盏上还有花卉装饰（图一〇，3）。

北宋与金联合灭辽，金人占据辽国故地，其墓葬装饰则延续了辽宋墓葬的特点，在墓室仿木结构砖雕的基本装饰形式之上，会以砖雕和壁画相结合的形式表现燃灯的主题。山东济南昭和塑料有限公司厂区内曾发掘出一座金泰和元年（1201 年）的墓葬，在墓室东壁上以砖雕形式表现出一座灯檠。灯檠一改此前多枝样式，表现为一上一下、灯盏和灯盘相结合的形制，在灯盏和灯盘上下，均雕出了荷叶的造型。以灯檠作为分隔，左右共有三位侍女。其中右侧一位手提油壶，似在填油，左侧两人则分别手捧酒盏食盘前去奉食（图一〇，4）。

元明时期出现此类题材壁画的墓葬，多分布于太行山沿线及其两侧，包括今天的山西、河北、河南和山东等地。其中的灯檠延续此前传统，多以影作砖雕形式雕出，侍女则以壁画形式表现。其中的灯檠也不同于金代以前的多枝形制，而是着重表现巨大的灯柱，山东地区元代墓葬中的灯檠多是此类。在山西地区元代墓葬壁画中，此类灯檠则被表现得更为高大，甚至超出了一般人的身高。例如，山西屯留康庄村一座元大德十年（1306年）的墓葬中，在墓室南壁东侧雕出一座大如椽柱的灯檠，燃灯的侍女踩在板凳上，

图一〇 辽宋至明代墓葬壁画中的灯檠图与燃灯图

1.北京大兴西杭子村M1墓室南壁西侧燃灯砖雕及壁画 2.山西大同辽代许从赟墓墓室西南壁燃灯砖雕及壁画 3.山东济南北宋墓中墓室东南壁灯檠图壁画 4.山东济南昭金墓墓室东壁燃灯砖雕及壁画 5.山西屯留康庄村元墓墓室南壁东侧燃灯砖雕及壁画

小心翼翼地将手高举去挑拨灯捻，仍然尚有不及（图一〇，5）。在山西阳泉的一座元墓中，高大的灯檠直通屋顶，灯盏仅一盘，被装饰为莲花状，头戴幞头、身着长袍的男侍者将一手高高举起，但离灯盏尚有距离。在其对面，有一只蝴蝶正朝灯盏飞去，其下卧着一只猫正回首向蝴蝶飞去的方向望去。猫的左侧壁面上墨书“大元至元二十八年（1291年）”的题记。山东章丘女郎山明代M14中在墓室东壁绘有一幅燃灯图，灯檠一改砖雕形式，而是以壁画形式绘于华丽的帷帐之下，与之对称而立的是高大的花丛。灯檠在整体造型上延续了山东地区金元以来的基本形制，以高大的灯炷为中心，分为底座、灯盘、灯盏三部分，每一层都装饰以藤枝或花卉纹饰。燃灯者一手提着油罐，一手高举至灯盏处填油。与山西地区元墓壁画中的灯檠相似，灯盏高过了侍者的头顶。

从晚唐至辽宋时期墓葬壁画中专门的燃灯侍者形象，到金元时期茶酒备宴时的灯檠砖雕，再到元代山西地区富有画面感的探灯场景，墓葬壁画中的灯檠砖雕与燃灯图像，替代了唐前的实物以表达长生灯的主题，以生动写实又富有想象力的人物形象，让人甚至忘记了死亡的恐怖与亲人离别时的忧伤。但是这些内容也让人想到，从汉至宋虽然相隔北朝与隋唐，但墓室中燃灯图的再度出现也许并非偶然，其背后则涉及礼俗、宗教和生死观等诸多面相。

六、墓葬长生灯背后的礼俗、宗教与生死观

在中国传统文化中，“灯”不仅是一种具有实体的器物，同时也被视为一种生命的意象，串联起人们对生死的认知和理解。中国古代文献中涉及生死观的内容，有不少也与“灯”有关。例如，针对战国秦汉时期社会上流行的神仙思想，东汉的桓谭在《新论》中通过对话的方式予以驳斥：

> 余后与刘伯师夜然脂火坐语，灯中脂索而炷焦秃，将灭息，则以示晓伯师，言人衰老亦如彼秃灯矣。又为言前然麻烛事。伯师曰：“灯烛尽，当益其脂，易其烛；人老衰，亦如彼自蹶续。”[1]

他将人的生命比作灯烛，并认为人的衰老与死亡也如灯脂燃尽一样不可避免。这样清醒而务实的认识在厚葬成风、视死如生的两汉时期是并不多见的，而东汉至魏晋时期也是古代生死观念转变的一个重要节点。这种观念为我们审视两汉时期墓葬中的多枝灯，提供一种相反的参照。物质文化与精英观念的错位，恰恰凸显出礼俗与人性在生死问题上的冲突。魏晋时期生死观的转变，也成为了多枝灯在魏晋十六国时期装饰简化的内在动因。随着佛教艺术和外来因素的影响，墓葬中的多枝灯也进一步失去了外在形式和工匠传统的依托而走向式微。

与生死相关联的另外一些议题涉及鬼魅与灵异，而“灯”也常常在其中扮演着重要角色。《太平广记》引东晋荀氏《灵鬼志》中记载了这样一个故事：

> 嵇康灯下弹琴，忽有一人长丈余，着黑单衣革带，熟视之。乃吹火灭，曰：“耻与魑魅争光。”[2]

[1] （东汉）桓谭：《桓谭新论》祛蔽第八，黄山书社，2017 年，第 67 页。

[2] （南朝宋）刘义庆撰，余嘉锡笺疏：《世说新语》卷中《雅量》刘孝标注引《灵鬼志》，中华书局，2007 年，第 409 页。

嵇康作为“竹林七贤”之首，是魏晋时期的名士。其平生素喜抚琴，并有《琴赋》流传于世，琴也被后世好事者塑造为高雅情操的符号。在这段记载中，灯光是嵇康划清人鬼界线的标识。“耻与魑魅争光”固然是嵇康清高自适的宣言，但也暗示出东晋时期精英阶层观念中灯火与鬼魅不可兼容的微妙之义。“以灯照鬼”的故事在汉魏六朝时期非独于此，东汉应劭在《风俗通》中记载了一个类似的故事：“郅伯夷宿亭，止楼上，燃数灯。夜有魅来，伯夷趣之，以灯照，乃老狸也。”[1]以灯照“鬼”使其显露原型，可见“灯”在时人观念中有祛魅的作用。除此之外，后世笔记小说中，僧道捉鬼常在夜间行事，并要备齐灯烛，亦与时人观念中的人鬼分居明暗两界的观念有关。可见，灯光不仅可以洞见生死，亦可明辨人鬼。正因如此，墓葬中在墓门上描绘长生灯与持灯者，便类似于墓门上的铺首一般，可起到镇煞、祛魅的功能。

魏晋南北朝时期，伴随生死观的转变，宗教对于墓葬中长生灯的影响无疑是深刻的。其中，在物质文化层面影响最大的是佛教，佛教的轮回观念为人们对死亡的理解和处理提供了另一种可能，也在知识传统的层面为墓葬中的长生灯注入了许多新的内涵。与此同时，佛教艺术融入地域性的工匠传统之中，塑造了北朝墓葬中长生灯的全新样式。在墓葬礼俗与佛教礼仪的互动中，墓葬中的石灯也走进了佛寺的场域中。佛教燃灯仪式在中国的本土化实践过程中，催生了北朝至隋唐时期地面寺院中的灯台，其间的灯烛作为供佛之器，也成为联结现世和来世的桥梁。人们赋予灯台与燃灯活动特殊意义的同时，灯台和燃灯活动也反过来塑造了人们的家庭观与生死观。在这种情境下，物质形态的灯具被过程性的仪式所替代，这或许也是在唐代墓葬中，此前几类长生灯并不常见的原因。

文献中的“灯”除了在东汉时期与人的生命存在互指外，在宋元以降也与生死之事多有牵涉。在宋元时期民间笔记小说之中，许多无法解释的离奇死亡，都与灯烛存在着某种莫名的关联。北宋孔平仲在《谈苑》卷三中记述了一个故事：

> 知江州瑞昌县毕从范素健无所苦。一夕会客，客前烛皆明，惟从范前烛数易屡灭。是夕，得暴病卒。盖阴气先有所薄尔。[2]

文中的毕从范平时一向康健，却在面前的灯烛屡次熄灭后暴亡。会客时的灯烛作为生命将尽的谶语，也暗示了时人将灯烛作为生死的具象之物。北宋徐铉在《稽神录》中则记述了另一则故事：

[1]《艺文类聚》卷八〇《火部·灯》引《风俗通》，中华书局，1965年，第1368页。

[2]（宋）孔平仲：《孔氏谈苑》卷三《毕从范前烛屡灭》，中华书局，2012年，第246页。

舒州都虞候孙德遵，其家寝堂中，铁灯擎忽自摇动，如人撼之。至明日，有婢偶至灯擎所，忽尔仆地，遂卒。[1]

如果说点亮的灯烛意味着生命的延续，那么不摇自动的铁灯檠则成了夺人生命的凶器。灯檠的烛火意味着生命的延续，无法控制的灯檠也会引来生命终结的惨剧。

灯烛除了寓意生死之外，还被赋予了沟通生死、化象还形的意涵。元代伊士珍《琅嬛记》中记录了一个更为离奇的故事：

马嵬变后，明皇朝夕思惟，形神憔悴。有道士以少君术求见上，极其宠待，冀得复见，即死不憾。道士出袖中笔墨，索细黄绢，诵呪呵笔，画一女人像，若天师所画将符，仅类人形而已。使上斋戒怀之，凝神定意，想其平日。三日夜不懈，道士曰："得之矣。"上出像观之，乃真贵妃面貌也。上喜甚，道士笑曰："未也。"请具五色帐，结坛壁而供之。索十五六聪慧端正之女二十四人，齐声歌子建《步虚词》。道士复焚符诵呪，吸烟呵像上，次命诸女一一如方呵之。至定昏时，请上自秉烛入帐中。先是道士以五色石示上，谓之衡遥，以少许研极细，和以诸药，令作烛，外画五色花，谓之还形烛。[2]

唐明皇与杨贵妃生离死别的故事，自唐代以来被文学家和民间艺人反复演绎，同时也为市井百姓所津津乐道，围绕这一凄美的爱情主题悲剧展开的文学作品与工艺品不计其数。在这个故事中，道士通过所谓的"还形烛"将平面的画像变得生动可感，这或许只是一个视觉魔术。不过，在现实中以色差和光影的变幻，来实现视觉感官的真实感，未必便是虚妄之事。"还形烛"既是一种艺术创作的道具，同时也寄托着千百年来人们渴望沟通生死的美好愿望。灯烛在人们的生死观念中，不仅是生与死两个世界的边界，同时也是生死两界的媒介，在幽冥之中长生不灭。或许正是因为灯烛在现实中被人们赋予了这种关涉生死的内涵，使得墓葬图像中与燃灯或持灯相关的主题，会在时隔近千年后再次复兴。

事实上，元明时期，人们对死亡的认识相比东汉时期已经更加理性。元末明初的陶宗仪在《南村辍耕录》中记载了这样一件事：

大德间僧胆巴者，一时朝贵咸敬之。德寿太子病斑薨，不鲁罕皇后遣人问曰："我夫妇崇信佛法，以师事汝，止有一子，宁不能延其寿耶？"答曰："佛法譬犹灯笼，风雨

[1] （宋）徐铉：《稽神录》卷四《孙德遵》，中华书局，2006年，第70页。

[2] （元）伊士珍：《琅嬛记》，《唐五代志怪传奇叙录》第二卷《兴盛前期——传奇文兴盛期·长恨歌传》，中华书局，2017年，第358页。

至，乃可蔽，若烛尽，则无如之何矣！”此语即吾儒死生有命之意。异端中得此，亦可谓有口才者矣。[1]

在这段记述中，他借人之口指出，人的生命如灯笼庇佑下的灯烛，风雨将至亦有尽时。即便是贵如太子，纵然是皇后崇信佛法，亦不可避免死亡，即使宗教法力亦无力回天。人们对死亡的态度在宋元以降发生了又一次深刻的转变，对死亡的理性认知，不仅存在于社会上的知识精英群体中，也逐渐渗透于民间。然而，人们的生死观之于物质文化而言，始终受到神仙思想、佛道观念、民间礼俗实践等多方面影响。更重要的是，在死亡这种残酷的现实面前，在墓葬艺术和丧葬礼俗中，美好的愿望常常都会凌驾于现实和理性之上，虚幻的彼岸世界成为人们乐于描绘的主题，对生死的理性认识则往往是通过另一种方式来呈现的。例如，我们可以看到，从战国秦汉经过北朝隋唐，墓葬中长生之灯的形态与装饰由华丽趋向简化，由彰显华丽到具有宗教内涵和符号意义，其物质形态背后的礼俗意义往往比装饰的精工更重要。又如，从宋元至明代，墓葬图像中的灯檠却越来越高，燃灯的过程也愈发不易，图像或砖雕中“灯”的主体造型与装饰已然不是首位，更重要的是灯檠背后的喻义。这也从另一个角度揭示出，生死之间的界线其实并不在于肉身或灵魂是否延续。在长生与长明的另一面，暗示着在生死之外是人们对命运的掌控。伴随着明清时期民间对于生死有了更加理性的认识，墓葬中所谓的“长生灯”与“燃灯”活动，也更多地表现为一种社会化的礼俗符号。

七、结语

中国古代墓葬中的长生灯，在不同时期和不同地域，具体形制和造型装饰各有差别。战国秦汉时期墓葬中的多枝灯以树象形，在阴阳观念与神仙思想的影响下，华灯与神树构成了一个合而为一的整体，在墓葬的祭祀空间中占据核心位置，一直影响到关中地区十六国时期的丧葬礼俗。东汉中后期，随着佛教进入中土，佛教艺术及佛教元素的装饰形式也出现于墓葬中的器物之上。从仙途到佛境，墓葬中的长生灯也开始有了另一种表现形式。同时，草原文化与域外因素也影响到墓葬中长生灯的造型和装饰，集中表现在北魏平城时期的石灯与北齐时期的青瓷莲花灯上。北朝墓葬中的长生灯对地面寺院中灯台的出现产生了影响，佛教中的燃灯实践也反过来丰富了墓葬中长生灯的内涵，这种互动和影响一直持续到晚唐和吴越国时期。墓葬中的燃灯图像最早见于东汉墓葬墓门的画像石上，在宋元至明代黄河中下游地区的墓葬中亦多有表现。前者具有镇煞、祛魅的意

[1] （元）陶宗仪：《南村辍耕录》卷五《僧有口才》，中华书局，1959 年，第 56 页。

义，后者则直接受到隋唐五代时期佛教寺院中燃灯供养的影响，同时还有儒家传统文化中庇佑子孙的内涵，是在宋元以降佛教生死观和儒家家庭观念相结合的产物。

墓葬是人们对于死亡的一种处理方式，寄托人们现实情感的同时，也反映着当时社会的制度、习俗、礼仪与观念。墓葬中的长生之灯，自出现以来便凝聚着人们对于生命的感悟。在历史发展的进程中，它们在传统家族祭祀活动中又融入了佛教和道教的因素，并不断在文化的层累中注入新的意涵，这本身便是超越生死的文化生命所在。山西高平金墓的后室南壁上曾墨书着这样一句话："墓有重开之日，人无再少之颜。"墓葬中的灯火固然不可真正长生、长明，但当墓门重开之时，那些早已流逝的生命依然可以重新焕然。灯光之下虽然没有永驻的生命，但人们对于生死之间的追索却永远未停。

新疆丹丹乌里克遗址佛寺CD4壁画图像新探

何　康（中国美术学院）

丹丹乌里克遗址位于新疆和田地区，是古代于阗王国的一座丝路重镇，也曾是西域佛教文化的中心之一。从1986年斯文·赫定（S. Hedin）发现、斯坦因（M. A. Stein）在19世纪90年代发掘丹丹乌里克佛寺遗址后，陆续有各国人士在此进行调查和发掘。2002年新疆考古所于此首次组织由国内机构主导的正式发掘清理工作，到2004—2006年期间，中日联合考察队对丹丹乌里克遗址进行考古测量和清理，确定当地是以佛教信仰为主的寺庙与居址共存的大遗址[1]。由于古于阗地区地处东西交通要冲的文化过渡区域，本应来源单一的佛寺图像，因文化混合、多族聚居等实际情况变得复杂多变——存在祆教、佛教或印度教的诸多元素，并糅合了当地传说故事。故而，学界诸家尚未对历年来发现的似祆非祆、似佛非佛的图像形成统一认知。

因此，本文拟从图像传播与在地化演变的视角，以丹丹乌里克新发现的佛寺CD4壁画图像为主体，依据佛寺建筑结构与礼拜功能，重新梳理社会背景、文献材料与图像组合，对该遗址出土宗教图像进行重新解构与辨识，展现文化过渡区域图像创新与转化的新面貌。

一、三教并行：出土图像的辨识问题

1900年，斯坦因在当地的发掘就发现了为数不少的木板画和壁画，并刊布了相关资

---

*　本文系2023年度中国美术学院基本科研业务费项目“先秦至唐宋时期屏风与社会艺术史研究”（9000062323015015）阶段性成果。

[1]　新疆考古研究所：《2002年丹丹乌里克遗址佛寺清理简报》，《新疆文物》2005年第3期，第8—19页及封2、3图版；刘国瑞、屈涛、张玉忠：《新疆丹丹乌里克遗址新发现的佛寺壁画》，《西域考古》2005年第4期，第52—60页及封面图版一至五；中国新疆文物考古研究所、日本佛教大学尼雅遗址学术研究机构编：《丹丹乌里克遗址——中日共同考察研究报告》，文物出版社，2009年，第51—157页及书末彩版图片，等等。

料，其中一幅三联神画（即D.X.3）受到广泛关注，正反两面皆有图像[1]（图一）。之后，在 1998 年瑞典人克里斯托福 · 鲍默（Ch. Baumer）再次掘开遗址，另收获了两幅相似的壁画残片（图二，1、2）。两次发现的图像在内容与风格上与遗址整体存在差异，因而引起了学者的广泛关注。斯坦因本人认为其发现的三联神木板画背面是金刚手菩萨、弥勒菩萨和文殊菩萨，而系统研究于阗佛教的英国学者威廉姆斯夫人（J. Williams）认为，D.X.3[2]木板画正面左边的是因陀罗（Indra），右边是梵天（Brahma），中间是释迦的母亲摩耶 · 室利（Maya-Sri）或多产女神[3]。而马库斯 · 穆德（M. Mode）则判断，这些木板画（主要是出自D.X和D.VIII）上绘制的是粟特系统的祆教神谱，从左到右依次绘制的是阿胡拉 · 马兹达（Ohrmazd）、娜娜女神（Nana）和风神（Weshparkar）[4]。鲍默在 1999 年发表《重访丹丹乌里克：一百年后的新发现》对其新发现的三联神木板画进行了详细考订，认为其表现了印度教到佛教金刚乘的发展顺序[5]，后又多次撰文讨论此图像[6]。

此后，国内学者亦逐渐聚焦于这些特殊画像的来源与去向，异见纷呈。早年王嵘发表的《丹丹乌里克出土木板画释疑》一文，对斯文 · 赫定刊布的四幅壁画进行了艺术手法和内容上的解读[7]；荣新江在穆德认识基础上提出了对木板画所处位置的疑虑，认为此画可能属于某个祆祠[8]。姜伯勤《于阗木板画所见粟特祆教美术的影响》一文支持祆教说，并更进一步阐述相关内涵[9]；荣新江后又根据鲍默所发掘的木板画，撰文重新讨论，延续了对类似图像组合祆教和印度教来源的看法，并认为和田巴拉瓦斯特（Balawaste）壁画

[1] A. Stein, *Ancient Khotan, Detailed Report of Archaeological Explorations in Chinese Turkestan,* London: Oxford University Press, 1907, pp.260–261; pl. LXIV.

[2] 案，木板画和壁画编号均使用原作者所采用之编号。另，Baumer发现的两幅三联神画未有明确编号区分，现根据其出土遗址及出土位置编为D13.NW（北墙西侧所出）、D13.WS（西墙南侧所出）；2002 年发掘所得在 2009 年所出报告中重新编号，本文使用后编的新号。

[3] J. Williams, "The Iconography of Khotanese Painting", East and West, new series, XXIII. 1–2, 1973, pp. 140–142, fig.47.

[4] M. Mode, " Sogdian Gods in Exile–Some Iconographic Evidence from Khotan in the Light of Recently Excavated Material from Sogdiana", *Silk Road Art and Archaeology,* 2, 1991/92, pp. 179–214.

[5] Ch. Baumer, "Dandan Oilik Revisited: New Findings a Century Later ", *Oriental Art,* XLV. 2, 1999, pp. 10–14.

[6] Ch. Baumer, " Sogdian or Indian Iconography and Religious Influences in Dandan–Uliq: The Murals of Buddhist temple D13", in *The Art of Central Asia and the Indian Subcontinent,* ed. Anupa Pande (New Delhi: Aryan Book International, 2009), pp. 170–184.

[7] 王嵘：《丹丹乌里克出土木板画释疑》，《新疆艺术》1998 年第 5 期，第 12—21 页。

[8] 荣新江：《粟特祆教美术东传过程中的转化——从粟特到中国》，巫鸿编：《汉唐之间文化艺术的互动与交融》，文物出版社，2001 年，第 58 页及注。

[9] 姜伯勤：《中国祆教艺术史研究》，生活 · 读书 · 新知三联书店，2004 年，第 195—202 页。

图一 丹丹乌里克出土木板画D.X.3 正面图像

1

2

图二 D13出土壁画残块

1.D13.NW 2.D13.WS

禅定佛与摩醯首罗、骑者，同前述木板画中的形象可相比较[1]；林梅村更关注于阗佛画中的婆罗门教因素，修正鲍默观点，认为D13.WS中最右侧兽首神为象头神[2]；霍巍认为，此地木板画和壁画与藏西佛教木板画在内容和形式上具有相似性，后者应受到于阗佛教的强烈影响[3]。

随着完整考古发掘报告的发表[4]，丹丹乌里克寺庙遗址中皆以佛像居于画面主位，壁面存在千佛图样的情况得以揭露，证明诸多宗教建筑根本上是佛寺，图像绘制及组合以辅助弘扬佛法为主旨。由于本地多教派共存以及佛教的外来性，众僧于此宣扬佛法时，不得不借助已经在此扎根的地方故事与信仰形象，引导信徒思维的转变，即如佛教初传中国时的情况、释道伪经典籍中的法统之争等。小型木板画的流行、图像组合的来源多样等特点，正是在提示这种临时性、过渡性的行为并非是佛教图像传播的固定或最终形式。由此，包括和田地区达玛沟托普鲁克墩佛寺、巴拉瓦斯特佛寺等其他遗址的出土资料在内，于阗风格与丹丹乌里克出土图像讨论愈热，荣新江[5]、林梅村[6]、陈凌[7]、梁涛、彭

[1] 荣新江：《佛像还是祆神？——从于阗看丝路宗教的混同现象》，《九州学林》1 卷 2 期，香港城市大学中国文化研究中心、复旦大学出版社，2003 年冬，后收入荣新江：《丝绸之路与东西文化交流》，北京大学出版社，2015 年，第 313—329 页。

[2] 林梅村：《丝绸之路考古十五讲》，北京大学出版社，2006 年，第 207—210 页。

[3] 霍巍：《于阗与藏西：新出考古材料所见两地间的古代文化交流》，四川大学中国藏学研究所主编：《藏学学刊（第 3 辑）》，四川大学出版社，2007 年，第 146—156 页。

[4] 报告后附多篇讨论文章，如安藤佳香：《关于新出土的丹丹乌里克壁画——对西域壁画于阗风格的思考》、古丽比亚：《丹丹乌里克新发现佛寺壁画初探》，参见中国新疆文物考古研究所、日本佛教大学尼雅遗址学术研究机构编：《丹丹乌里克遗址——中日共同考察研究报告》，文物出版社，2009 年，第 209—223、235—250 页。

[5] 荣新江：《再谈丝绸之路上宗教的混同形态——于阗佛寺壁画的新探索》，《新疆文物》2008 年第 1—2 期，第 29—34 页；荣新江：《于阗佛教图像研究：新视角与新问题》，中山大学艺术史研究中心编：《艺术史研究（第十七辑）》，中山大学出版社，2015 年，第 143—151 页。

[6] 林梅村：《于阗花马考—兼论北宋与于阗之间的绢马贸易》，《西域研究》2008 年第 2 期，第 44—54 页。

[7] 陈凌：《中国境内祆教相关遗存考略（之一）》，《欧亚学刊》2015 年第 1 期，第 144—157 页。

杰[1]、张元林[2]、张小刚[3]、李翎[4]、陈粟裕[5]等借此讨论宗教图像的识别及文化交流问题，丹丹乌里克遗址出土图像在辨识与构成问题上仍存在争议。

导致此种境况的原因，还在于此前由外国考察队主导的丹丹乌里克遗址调查，过程中缺少对原址的系统记录，因此出土图像具有零散性与特殊性，不利于后续研究者对图像内容进行合理、完整的解读。2002 年 11 月抢救发现的佛寺CD4 遗址，有科学、完整的发掘记录，呈现了清晰而明确的空间布局、图像内容与组合关系，此次整体性发现的以千佛、骑者、诸天护法、地方神祇构成的信仰空间，结合新疆和田地区已有的其他考古发现，为破解丹丹乌里克出土宗教图像与于阗佛教信仰的关系提供了重要线索。

二、护持眷属：佛寺壁画所见骑者形象

佛寺CD4 是一座内部有双重回廊的长方形佛殿，年代约在 7—8 世纪[6]，残存壁画原先是直接绘制在细草泥壁面上，其中部分属于脱落的顶部壁画，整体以佛教神祇和故事画为主[7]（图三）。这种在廊道墙壁上绘制千佛的寺院结构，李金娟认为和犍陀罗地区佛塔基座上的多佛造像一样，并不是单纯的装饰，应该是与右行环绕礼拜观像的佛教实践活

[1] 梁涛、彭杰：《于阗的地神图像及其流变》，《东南文化》2009 年第 2 期，第 115—120 页；梁涛、彭杰、再帕尔·阿布都瓦依提：《于阗地神图像流变相关问题再探》，《敦煌研究》2009 年第 5 期，第 68—73 页。

[2] 张元林：《观念与图像的交融——莫高窟 285 窟摩醯首罗天图像研究》，《敦煌学辑刊》2007 年第 4 期，251—256 页；张元林：《敦煌、和阗所见摩醯首罗天图像及相关问题》，《敦煌研究》2013 年第 6 期，第 1—12 页及图版 1—20。

[3] 张小刚：《天王与夜叉——试释于阗引雁骑行人物的身份》，中山大学艺术史研究中心编：《艺术史研究（第十七辑）》，中山大学出版社，2015 年，第 183—204 页。

[4] 李翎：《“八天神”图像之误读——关于丹丹乌里克壁画残片的释读》，《西域研究》2011 年第 2 期，第 93—100 页；李翎：《密教双身图像研究——以丹丹乌里克木板画为引子》，《艺术史研究》2013 年第 1 期，第 92—107 页；李翎：《新疆的诃利帝信仰——以〈南海寄归内法传〉和丹丹乌里克相关绘画的释读为中心》，《新疆师范大学学报（哲学社会科学版）》2015 年第 3 期，第 90—98 页。

[5] 陈粟裕：《从于阗到敦煌——以唐宋时期图像的东传为中心》，方志出版社，2014 年，第 1—155 页。

[6] 王征：《古代和田佛教壁画风格与年代研究》，中央美术学院硕士学位论文，2014 年，第 29 页；中国新疆文物考古研究所、日本佛教大学尼雅遗址学术研究机构编：《丹丹乌里克遗址——中日共同考察研究报告》，文物出版社，2009 年，第 145 页。

[7] 中国新疆文物考古研究所、日本佛教大学尼雅遗址学术研究机构编：《丹丹乌里克遗址——中日共同考察研究报告》，文物出版社，2009 年，第 132 页。

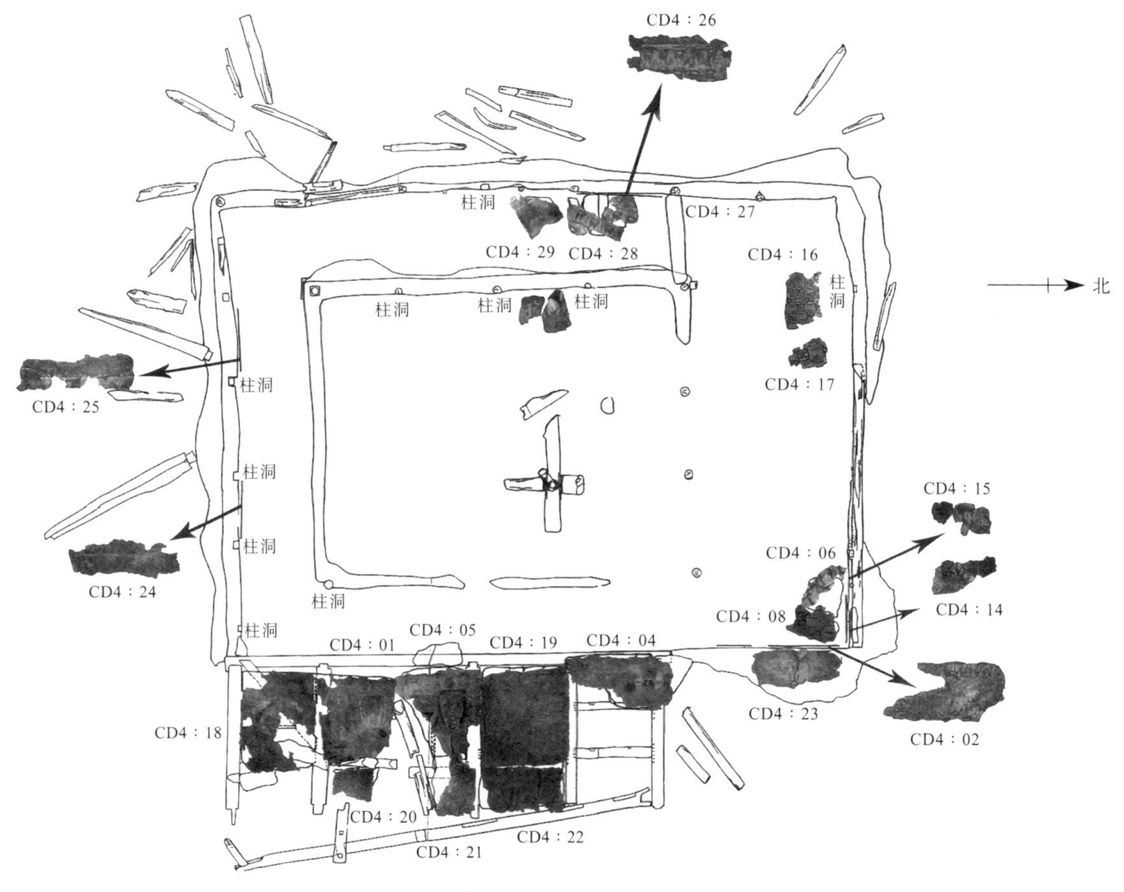

图三　丹丹乌里克CD4出土壁画位置图

动相结合的布局设计[1]。从达玛沟托普鲁克墩2号佛寺现存布局（图四）看，它能够以更晚近而完整的结构来解释佛寺CD4的观礼路线。依据佛教右绕的礼拜观像顺序，以及托普鲁克墩2号佛寺较为庄严恢弘的东入口，礼佛者应是从东入口进入，绕行一圈后从北侧入口离开[2]。佛寺CD4未发现有进寺台阶和门厅等结构，应是北侧进入、西侧离开，千佛皆注视着右绕礼拜的信徒。在出口处则发现了CD4：15译为"此八天神，供养人Budai令绘。愿他们保佑"的于阗文题记[3]，一侧为带头光与披帛的骑者（后文简称"骑者"）。CD4：02和CD4：04等壁画残片上同样也有这种形式的骑者，面容、发式与着装略有不同，但均挎带武器，有玄鸟冲向骑者所持的杯盏（图五）。

[1] 李金娟：《丝绸之路上的贤劫信仰与千佛图像——以〈贤劫经〉的译传为背景》，《敦煌学辑刊》2003年第1期，第148—165页。

[2] 中国社会科学院考古研究所新疆队：《新疆和田地区策勒县达玛沟佛寺遗址发掘报告》，《考古学报》2007年第4期，第501—508页。

[3] 中国新疆文物考古研究所、日本佛教大学尼雅遗址学术研究机构编：《丹丹乌里克遗址——中日共同考察研究报告》，文物出版社，2009年，第138页。

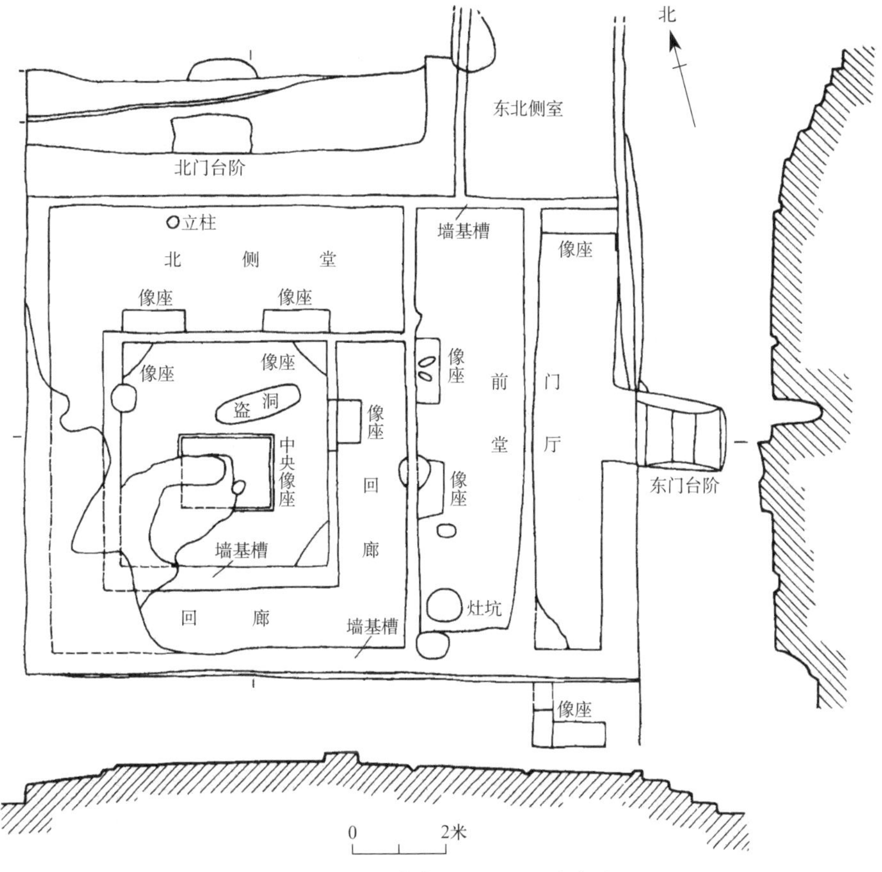

图四 达玛沟托普鲁克墩 2 号佛寺布局图

图五 丹丹乌里克CD4：15（北墙东 2）出土状况

虽然与题记文字相邻，但由于骑者数量众多，且形貌与于阗守护神大相径庭[1]，学者对其身份仍持怀疑态度[2]。除了位于千佛之下、持盏引鸟等特殊性外，他们行进的方向还与礼佛信徒相反，首尾相接，绕过了立佛与莲池，进一步向佛寺入口前进，并可能停止于北侧入口处。托普鲁克墩 2 号佛寺回廊南壁残存壁画中也发现了千佛与骑者上下排列（图六），形象与佛寺CD4 完全相同，骑者行进方向与千佛目光方向一致，也证明了这类骑者与信徒礼拜的绕塔方向相反，且人数应不仅八骑。文献记载汉代佛教传入中原时，汉明帝下令于洛阳佛寺“壁画千乘万骑绕塔三匝”[3]，但若是骑兵仪卫绕塔礼拜，当同样采用右绕的方式，不会出现与礼佛信徒相反的方向。在早期西域至地中海的语境下，头光与披帛当属于帝王、王子与神祇的身份象征，而他们礼佛的方式在文献记载中，也多为下马礼佛，恭敬异常。窟寺中所见供养人图像也多为向内行走，而非向外离开。这种方向性的完全颠倒，不免让人质疑这些骑者的图像功能。

1

2

图六　托普鲁克墩 2 号佛寺回廊南壁千佛壁画及细部图像

张小刚试图以晚期发现的毗沙门天王与八大骑马夜叉曼荼罗图像说明这些骑者的夜叉身份，并注意到其绘图位置与敦煌北朝石窟壁面下部绘夜叉图样的做法相同[4]。而于阗出土、现藏大英博物馆的毗沙门天王与骑马者木版画，绘制一骑者奔赴前方的天王，昭示着天王与骑者之间的主从关系（图七）[5]。托普鲁克墩 1 号佛寺，其南墙西侧则被认为是

[1] 陈粟裕：《再论于阗八大守护神图像源流——以摩诃迦罗神、莎耶摩利神的样式为中心》，《敦煌研究》2022 年第 4 期，第 1—12 页。

[2] 李翎：《“八天神”图像之误读——关于丹丹乌里克壁画残片的释读》，《西域研究》2011 年第 2 期，第 93—100 页。

[3] 《大正新修大藏经》第五十二册《牟子理惑论》，第 5-1 页。

[4] 张小刚：《天王与夜叉——试释于阗引雁骑行人物的身份》，中山大学艺术史研究中心编：《艺术史研究（第十七辑）》，中山大学出版社，2015 年，第 198—200 页。

[5] 笔者按，该木板画左侧的天王造型与新疆地区流行的毗沙门天王像相似，右侧骑者同样具备着头光、持盏、飞鸟相随等特征，因而可认定是与佛寺壁画中的骑者为同一类型。

图七 大英博物馆藏于阗出土毗沙门天与骑马者木板画

散脂天王（夜叉）[1]，东侧则保存有女神图像下半部，有一尊小坐佛与一骑马人物分别位于天女脚下两侧，从五花马的标识来看，图像原本极有可能就是骑者。散脂天王（夜叉）脚下是其坐骑梅花鹿，而女神与小禅定佛、骑者之间应也有隶属关系。形制最为接近的托普鲁克墩2号佛寺，其东入口前堂两侧有四身护法造像，北侧东端因残存白色卧牛底座而被辨识为大自在天或摩醯首罗[2]，尚未形成天王护法的固定配置，该寺回廊中的骑者正是位于这些天王护法身后并朝着他们或外界的方向走来。又以丹丹乌里克出土的D.VII.5木板画为例（图八），该画中有骑乘马、驼的两位骑者，形貌与壁画中骑者相同。这种木板画可能作为寺庙的一类佛牌法物授予信众，作为随身或住家供养的对象[3]。那既然于阗本地已有如散脂天王等守护神的形象出现，为何不在木板画或壁画中直接绘制八大守护神，却另外绘制骑者形象？显然二者之间有一定的区别，不可简单地合二为一地讨论。如此，再思考佛寺CD4北壁于阗文与带头光骑者的关系，前者很可能指向的并非仅仅是一侧的骑者，实际应泛指已形成的于阗“八天神”信仰及图像，而骑者则是以眷属身份代替天神

[1] 中国社会科学院考古研究所新疆队：《新疆和田地区策勒县达玛沟佛寺遗址发掘报告》，《考古学报》2007年第4期，第496—498页；张惠明：《公元六至八世纪于阗佛教护法神系中的夜叉图像——以达玛沟佛寺遗址画迹为中心的讨论》，中山大学艺术史研究中心编：《艺术史研究（第十七辑）》，中山大学出版社，2015年，第205—244页。

[2] 中国社会科学院考古研究所新疆队：《新疆和田地区策勒县达玛沟佛寺遗址发掘报告》，《考古学报》2007年第4期，第518页。

[3] 笔者按，D.VII.5木板画背后有类似用于悬挂的凹槽。

图八 丹丹乌里克出土D.VII.5 木板画

呈现的游行护国属性。

这种符号替代，亦可从传世文献中找到相关线索与例证。以散脂大将为例，6—8 世纪流行的文本中对散脂大将的外观描述，与同时期和田地区发现的散脂大将图像基本可以对应[1]。从托普鲁克墩 1 号佛寺发现的散脂夜叉所处位置来看，他已经开始承担守护者的角色。《月藏经 · 分布阎浮提品第十七》载：

> 尔时，世尊以于填国土，付嘱难胜天子千眷属，散脂夜叉大将十千眷属，羖羊脚大夜叉八千眷属，金华鬘夜叉五百眷属，热舍龙王千眷属，阿那紧首天女十千眷属，他难阇梨天女五千眷属："毗沙门王神力所加，共汝护持于填国土。"[2]

或许毗沙门天与骑马者木板画表达上述文献中的主从关系，散脂夜叉向毗沙门天王借用神力。但放到佛寺壁画中，由于散脂夜叉已经依照经典为其制造了图像，很难想象他还会被置入千篇一律的骑者当中。且实际承担游行护持任务的不仅是以散脂夜叉为代表的大神。又《月藏经 · 毗沙门天王品第十四》载：

[1] 张惠明：《公元六至八世纪于阗佛教护法神系中的夜叉图像——以达玛沟佛寺遗址画迹为中心的讨论》，中山大学艺术史研究中心编：《艺术史研究（第十七辑）》，中山大学出版社，2015 年，第 205—244 页。

[2] 《大正新修大藏经》第十三册《大方等大集经 · 月藏分》，第 368-1 页。

尔时，佛告拘鞞罗毗沙门天王言："妙丈夫，此四天下阎浮提界北方第四分，汝应护持。……并及汝子、大臣眷属、夜叉、毗舍遮皆令护持。汝有九十一子，乐种种行，彼或乘象游行十方，或复乘马、或复乘驼、或乘特牛、或乘羖羊、或乘白羊、或复乘龙、或复乘鸟、或乘男夫、或乘妇女、或乘童男、或乘童女游行十方，汝亦应令得生敬信，共护阎浮提北方第四分。"[1]

依据佛经所言，护持于阗的还有毗沙门天王的后代及其他眷属，并以骑乘游行的方式进行[2]，更以格套化的形式见于同卷文本所描述的东方、西方和南方各天王子眷护持行为中，似与D.VII.5 木板画乘马骑驼形式可以对应。同样的护持行为还见载于宋代法天所翻译的《佛说毗沙门天王经》，其文曰：

复次乾闼婆主。有药叉女众，有乘象者、有乘马者、有乘驼者、有乘水牛者、有乘羊者、有乘蛇者、有乘飞禽者、有乘童男者、有乘童女者。以象前引，于虚空中密诣诸方，种种变化随意自在，亦能守护人不可见。若诸药叉形容丑恶种种差异，亦如飞禽往虚空中，自在游行亦密护人。[3]

虽然有"复次乾闼婆主"指向于东方持国天王，但是参考前后文内容，同卷本前文中说明仅在北方世界有药叉眷属，后文又描述乾闼婆众对世人的迷惑性，因此上引文描述的应仍是属于北方的药叉护持众生，护持方式与《月藏经》的格套式样相同。同时，该经典中出现药叉化身飞禽密护行人的描述，与丹丹乌里克骑者周身有黑鸟盘旋的画面，恐有关联。宋代翻译的佛教典籍《妙法圣念处经》则为此构图提供了一则可作注解的故事，其文载：

时，彼天中有诸飞鸟，或在空中翱翔上下，或集宝池嬉戏水内。有诸天子乐逸纵荡，与诸飞禽同共游行，耽乐欲乐，不怖恶道。[4]

[1] 《大正新修大藏经》第十三册《大方等大集经·月藏分》，第 347-1 页。

[2] 笔者按，骑乘游行以乘象为第一，后文还提到以乘象为队伍前引，这种方式以及顺序是因古印度存在贵族或王室饲养亚洲象为坐骑的情况，佛教发源于此并援引此种带有威仪与等级象征的出行方式，以标识神祇眷属的特殊性。次以乘马骑驼，则是在外传过程中进入中、西亚后，吸收当地最具普遍性的出行方式。再往后又有特牛、羖羊、龙、鸟等，则是与当地传说故事或宗教瑞兽的结合所形成，以突显个体特殊性和佛教护持普及性。

[3] 《大正新修大藏经》第二十一册《佛说毗沙门天王经》，第 217-3 页。

[4] 《大正新修大藏经》第十七册《妙法圣念处经》卷五，第 432-3 页。

带头光的骑者在西亚图像语境中一般为王者之相，与此中“诸天子”可作对应，虽然从文后偈语可知，诸天子“乐逸纵荡”的行为并不值得提倡，甚至可能导致他们堕入地狱，但天子与飞禽同游的情境描述，又恰是反映了一种安逸富足的生活，与诸天眷属护持一方天地所带来的“随意游戏，如受天乐”[1]结果相同。另外，黑鸟还作为一种佛门预警，在唐宋时期已有较为成熟的故事和普遍的认知，如唐代日僧圆仁在开成四年（839年）五月在赤山附近的遭遇：

> 下帆之会，黑鸟飞来，绕舶三回，还居岛上。众人惊怪，皆谓是神灵不交入泊，回舶却出。去山稍远，系居海中。北方有雷声，掣云鸣来。舶上官人惊怕殊甚，犹疑冥神不和之相，同共发愿兼解除。[2]

众人视黑鸟为神祇的信使，并将海上自然现象理解为北方之神的愤怒，鉴于圆仁将密教与天台宗东传日本，这样一则神异故事，或许即是与毗沙门天信仰有关的特别记述。

因此，鉴于骑者的人数众多、向外行进、带头光与披帛的特殊武者装扮、飞鸟相随等特点，依据早晚时期文献信息，可将之视为是对北方毗沙门天等天王眷属游行护持国土的形象描绘。骑者图像在佛寺中广泛出现于壁画下层，与其次于佛、天王、于阗守护神的身份地位有关。信徒礼拜佛寺，一方面是实现在佛寺空间内的内心疏导与信念寄托，另一方面则是希望借助信徒的身份，发愿延请佛、天王及其眷属随身或住家护持，这种做法广泛存在于唐宋至今的佛教信徒礼拜中。因而，骑者以向外出行的方式，及存在于木板画中作为法物流通，这既是将经典中给予的游行护持属性予以发扬，也是满足信徒需求的一种方式。而正是作为天王眷属的骑者具备游行护持的功能，在与八大守护神各自的人物特点结合后，方才形成了后来的曼荼罗图像[3]。同时，早期经典中强调的游行护持属性，带有佛教弘扬教法、广纳信徒的目的性，这也与丹丹乌里克佛寺融合多类神祇，构建早期诸天佛国的信仰空间相适配。

三、诸天佛国：多元融合的信仰空间

与其它千佛图像不同的是，佛寺CD4：05壁画画面中，两尊禅定佛四周绘制有不同形貌特征的特殊神祇（图九），但面容神情的画法已经与周围佛像的形貌相当，而与早年

---

[1]《大正新修大藏经》第二十一册《佛说毗沙门天王经》，第217-3页。

[2]（唐）圆仁撰，顾承甫、何泉达点校：《入唐求法巡礼行记》，上海古籍出版社，1986年，第61页。

[3] 刘永增：《安西东千佛洞第5窟毗沙门天王与八大夜叉曼荼罗解说》，《敦煌研究》2006年第3期，第1—5页。

图九　丹丹乌里克佛寺CD4：05 壁画局部

本地出土的木板画、壁画中的神祇大同小异，呈现了这些非佛陀神祇与佛国世界的关联。

围绕佛陀而坐的构图程式，自然令人联想到典籍描绘的佛界法会，以及参与法会的诸天护法，即佛教从其他教派中吸收并融入经典中所创造的护法神祇群体。据《金光明最胜王经·序品第一》载：

> 护世四王众，及大臣眷属，无量诸药叉，一切皆拥卫。大辩才天女，尼连河水神，诃利底母神，坚牢地神众，梵王帝释主，龙王紧那罗，及金翅鸟王，阿修罗天众，如是天神等，并将其眷属，皆来护是人，昼夜常不离。[1]

北凉昙无谶翻译的《金光明经》是最早呈现佛教中多种神祇名称的经典之一，其主

[1] 《大正新修大藏经》第十六册《金光明最胜王经》卷一，第 404-2 页。

张的护国利民思想，以及于阗文本的发现[1]，皆可证明其在古于阗地区的流行。经中所列举的这些神祇，大部分都进入了晚期形成的二十诸天等形式的佛教诸天信仰，余者也是四大天王的部众之一。“天部护法”一说在丹丹乌里克遗址发掘报告中已有提及[2]，指向佛寺CD4：05 壁画下部四位神祇[3]。吸纳异教神祇图像为佛寺装饰的做法，甚至晚到高昌回鹘时期，在吐峪沟西区中部回鹘佛寺第 66 窟主室门道两侧，仍明确存在以祆教妲厄娲[4]为护法神的做法，妲厄娲图像也始终保留了狼的元素。与妲厄娲相对的另一侧门道南壁，学者认为绘制的是佛教夜叉护法[5]，尽管中原地区自北魏至宋已流行在石窟门道两侧塑绘金刚力士，但边地宗教混杂的情况则引发了信徒或供养人在图像使用上的更多思考。因而，年代更早的佛寺CD4：05 所展现的情境，应是佛经故事中诸天护法聆听佛言场面的一种早期设想，在尚未有粉本定式得以普遍推行的前提下，这种设想出来的情境自然存在因人而异的细节差异，而他们的身份自然也可以从不同教派的典籍来源中寻找。

面对丹丹乌里克遗址出现的宗教图像多元性，既往研究皆引用《旧唐书》载于阗国“俗多机巧，好事祆神，崇佛教”[6]、《新唐书》言“喜事祆神、浮屠法，然貌恭谨，相见皆跪”[7]等文献作为主要证据。而从《太子须大拏经》与伯希和敦煌粟特语第 8 号文书两份晚期佛教典籍中祆教神谱与印度教神谱的对应情况来看，粟特佛徒以梵王（Braham）对应祖尔万（Zurwān），以天王释（Śakra/Indra/帝释天）对应阿胡拉 · 马兹达（Ahura Mazdā）或阿摩（Adh-bagh），以大天（Mahādeva）或湿婆对应风神（Weshparkar）[8]。这份资料所呈现的两教神祇对应关系，恰可以木板画D.VII.6（图一〇）来说明。该木板画的一面为摩醯首罗像，其造型为三头三眼、四臂持日月和木橘、坐下有双白牛、着虎皮裤、男性特征明显，完全符合是典籍中有关摩醯首罗的描述。摩醯首罗即印度教大神湿婆，佛教将之纳入为色界之主，译为大自在，成为佛教诸天护法之一。此木板画另一面

[1] 段晴：《新发现的于阗语〈金光明最胜王经〉》，中国敦煌吐鲁番学会等编：《敦煌吐鲁番研究（第九卷）》，中华书局，2006 年，第 7—22 页。

[2] 中国新疆文物考古研究所、日本佛教大学尼雅遗址学术研究机构编：《丹丹乌里克遗址——中日共同考察研究报告》，文物出版社，2009 年，第 143—144 页。

[3] 该文中指出的佛教诸天护法形象存在纰漏的同时也并未详细论述，下文将回应该说法，并进一步说明诸天护法在于阗佛教传播中图像结构、组合使用和存在问题等。

[4] 刘韬、夏立栋：《佛窟中的祆神——吐峪沟西区中部回鹘佛寺壁画“四臂女神”图像与样式考》，《中国国家博物馆馆刊》2022 年第 3 期，第 34—46 页。

[5] 刘韬：《高昌夜叉图像考——以吐峪沟西区中部回鹘佛寺主室门道南壁画迹为中心》，《美术学报》2021 年第 4 期，第 66—71 页。

[6]《旧唐书》卷一百九十八《西戎传》，中华书局，1975 年，第 5305 页。

[7]《新唐书》卷二百二十一上《西域上》，中华书局，1975 年，第 6235 页。

[8] 张广达：《文本、图像与文化流传》，广西师范大学出版社，2008 年，第 238 页。

1

2

图一〇 木板画D.VII.6双面像

则为波斯王子装束的祆教神祇，手中持钵的传统形象转变为持高脚杯，更符合中亚宴饮传统。同样，在木板画D.X.3正面祆神的背后，也画有4尊神祇，中间两位为佛陀，最左侧可能是诃利帝，最右侧则模糊不清（图一一）。两种不同宗教来源的神祇却能共存于一块木板画的正反两面，若确如前文所推测的木板画作为一种赠予信徒的随身法物，则正是“不辨祆佛”的社会风俗写照。

但是，于阗地区发现的摩醯首罗像并非一成不变，另一幅木板画D.X.8虽然也是摩醯首罗的形象，但所呈现的应是其另一化身，为其妻子乌摩坐在摩醯首罗的腿上为其呈上苏摩酒的“乌摩—大自在天相”（UmāMaheśvara-Mūrti）。由此可见，于阗当地宗教在对包括摩醯首罗等神祇图像予以借用时，也考虑到其原形在本土宗教场域下的多种变体，包括教派内部差异，木板画中的神祇形象可能因使用方式与地点更为私密而呈现自由、多元的风格。包括最为著名的《鼠神图》木板画（图一二），正面中间画一鼠头半身人像，头戴王冠，背有椭圆形光环，用以表达于阗本地的鼠神助军护国的传说[1]。其背面则是几

[1] 《大唐西域记》载：“昔者匈奴，率数十万众，寇掠边城，至鼠坟侧，屯军时，瞿萨旦那王……君臣震恐，莫知图计，苟复设祭，焚香请鼠，冀其有灵……于是杀其将，虏其兵，匈奴震慑，以为神灵所佑也。于是瞿萨旦那王，感鼠厚恩，建祠设祭，奕世遵敬……上自君王，下至黎庶，咸修祀祭，以求福佑。”玄奘、辩机著，季羡林等校注：《〈大唐西域记〉校注》卷十二《瞿萨旦那国》，中华书局，2000年，第1017—1018页。

图一一　丹丹乌里克出土木板画D.X.3 背面图像

1

2

图一二　丹丹乌里克出土的《鼠神图》木板画

身禅定佛形象，亦是将于阗本地传说同佛教信仰之间建立联系[1]，与《大唐西域记》中描

[1] 相同的情况可见于敦煌莫高窟中的说法图中，婆罗门徒被借以显示佛的睿智和伟大。严耀中：《关于敦煌壁画中来自婆罗门教神祇形象的诠释》，《敦煌学辑刊》2012 年第 2 期，后收入严耀中：《晋唐文化史论稿》，上海人民出版社，2013 年，第 241—244 页。

述于阗国佛法初兴[1]时佛教融合于阗本土故事的记载相同。故而，佛教早期在于阗传播时确实糅合了自身与祆教、本地神祇的传说，借助图像故事进行传法，在服务于阗当地最核心的护国信仰的基础上，更广泛地宣扬信仰佛教对居民生活方方面面的帮助。

在外来信仰的图像中，还有一尊神祇的信仰传播迅速并形成较为固定的怀抱孩子的女性神祇，即具有儿童保护作用的诃利帝[2]，也被称为鬼子母神，如木板画D.II两位女神、D13.NW中间神祇、D13.WS中间神祇、CD4：05左侧由上至下的第二身神祇（图一三，1）

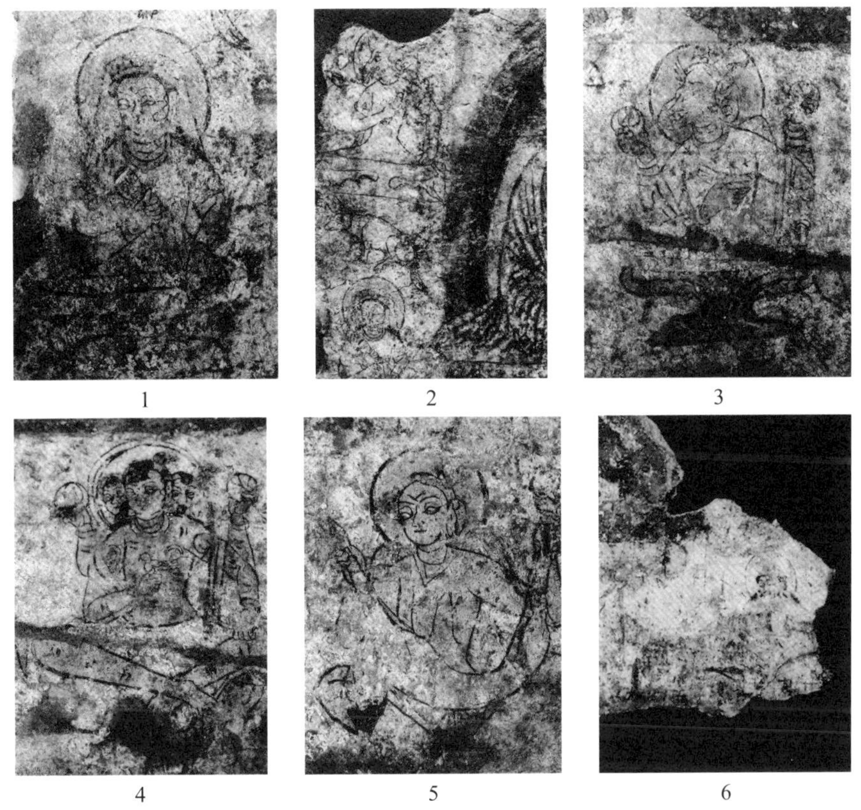

图一三　丹丹乌里克佛寺CD4：05 壁画细节

1.诃利帝　2.毗罗跋陀罗　3.密迹金刚　4.鸠摩罗天　5.瘟神　6.日天

[1] 玄奘、辩机著，季羡林等校注：《〈大唐西域记〉校注》卷十二《瞿萨旦那国》，中华书局，2000 年，第 1009—1010 页。

[2] 李翎：《新疆的诃利帝信仰——以〈南海寄归内法传〉和丹丹乌里克相关绘画的释读为中心》，《新疆师范大学学报（哲学社会科学版）》2015 年第 3 期，第 90—98 页；李翎：《哺乳太子与鬼子母图》，李翎：《佛教与图像论稿》，文物出版社，2011 年，第 206—218 页。李翊：《从鬼子母图像的流变看佛教的东传——以龟兹地区为中心》，新疆龟兹学会编，仲高主编：《龟兹学研究（第三辑）》，新疆大学出版社，2008 年，第 261—272 页。

等。其他图像还见于 1905 年勒柯克（Albert von Le Coq）在吐鲁番发现的诃利帝麻布画、斯坦因在古于阗地区发现的诃利帝题材的蛋彩画、达玛沟三号佛寺遗址出土的诃利帝图像[1]等。图像上的差异可能是年代或人群不同导致，为了适应时代需求或更贴近于供养人群的实际生活，但也可见当地诃利帝信仰的广泛。

而这些其他宗教的主神或大神，在融入佛教图像中时，都变为了诸天或部众护法中的一员，并一起出现在与佛陀有关的说法图或因缘故事中，上述《鼠神图》及其传说故事在流传过程也逐渐加入天王、佛祖的角色。和田巴拉瓦斯特发现的壁画（图一四）呈现了这种法会故事的雏形，其上绘制两部分内容，画面上部是立佛和影塑千佛，佛脚之下分别绘有坚牢地神、摩醯首罗、骑者、禅定佛和女神像[2]，与《金光明最胜王经·序品》所载“人天大众悉皆云集，咸愿拥护无上大乘，读诵受持，书写流布。各于晡时，往诣

图一四　和田巴拉瓦斯特壁画残存佛像及神祇

[1]　李翎：《新疆的诃利帝信仰——以〈南海寄归内法传〉和丹丹乌里克相关绘画的释读为中心》，《新疆师范大学学报（哲学社会科学版）》2015 年第 3 期，第 91 页。

[2]　德国学者格洛普（G · Gropp）所刊布的巴拉瓦斯特遗址中，对该壁画的描述内缺少了右下角的两位女性神祇，有学者提出尼连河神、观音大士、诃利帝等身份。限于篇幅，笔者未作更详尽的考证，以女神像暂定之。参见G. Gropp, *Archäologische Funde aus Khotan, Chinesisch-Ostturkestan: Die Trinkler-Sammlung im Überseemuseum, Bremen,* Bremen, 1974, pp.111–119, p.112, Abb.42 a–f.

佛所，顶礼佛足，右遶三匝，退坐一面”[1]可相契合。而骑者、禅定佛等内容，恰是丹丹乌里克佛寺CD4 和托普鲁克墩 2 号佛寺壁画中所绘图像的缩减形式，将有代表性的符号内容拣选后无序地排布在有限空间内，展现被纳入佛教的神祇的多元性，以及佛陀借由他们延展出对信徒日常生活的影响。此外，鲍默发现的两块壁画残片中，D13WS最左侧、D13.NW最右侧都还能见到第四尊神祇的坐榻及膝足[2]，因而该壁画与佛寺CD4：05的图像布局相当，不应以三联神的方式进行思考，更由于绘画风格的不同，二者分别属于两场更为宏大的多神法会场景，可见佛寺CD4：05 并非孤本。

基于上述讨论，佛寺CD4：05 已可确认为是以法会的形式呈现诸天护法对佛陀的拱卫以及聆听佛法的排列程式，其四周特殊神祇的身份则有迹可循可以进一步考证。壁画左侧由上至下应绘有两位神祇，其中第二位已明确为诃利帝。第一位神祇兽首长舌，头下多毛，耳朝上，右手中持有一圆柱状物体，可能是杵或林迦，其下为一似犬或狼之物，二者应表达的是同一神祇的特征（图一三，2）。祆教中以狼为妲厄娲（Daêva）的坐骑或人死之后的犬视活动，但并不见兽首人身的作法，因此应判定其为印度来源的神祇，而狼或犬常作为湿婆神化身的伴随者，尤以伐罗婆（Bhairava）和毗罗跋陀罗（Vīrabhadra）为典型。其中，伐罗婆是主要受贱民阶层祭祀的毁灭者，而毗罗跋陀罗是能够为人们涤除罪孽和治愈疾病的胜利神[3]，其形貌狰狞，犬齿外露，以杵或三叉戟为法器，因此后者更有可能是图上所绘的神祇护法。

壁画下方左起第一位是兽首神，头戴冠，身着胡服，嘴部前突，上方两手各持日月，下方右手持一物，左手下垂握拳作持物状（图一三，3）。D13.WS壁画右侧的兽首神祇，与此像相似，仅冠帽发饰略有差异，二者位于下方的双手如镜像置换，同样是一手持物于胸前、一手持物放于腿上。参考两尊兽首神祇的造型与法器，判断其原型应为印度教中猪首人身的毗湿奴[4]（Vishnu），纳入佛教诸天信仰中变为那延罗天（Nryana）或密迹金刚。

在其右侧的第二身神祇为童子面，三头四臂，下右手持一鸟，坐前有一孔雀翘头回望（图一三，4）。从这些特征判断其应为鸠摩罗天（韦驮天），即印度教战神室建陀

[1] 《大正新修大藏经》第十六册《金光明最胜王经》卷一，第 404-1 页。

[2] 从发掘报告和荣新江文中提供的黑白图幅可以更清晰地看出这些细节，参见中国新疆文物考古研究所、日本佛教大学尼雅遗址学术研究机构编：《丹丹乌里克遗址——中日共同考察研究报告》，文物出版社，2009 年，第 40 页；荣新江：《丝绸之路与东西文化交流》，北京大学出版社，2015 年，第 321—322 页。

[3] （德）施勒伯格著，范晶晶译：《印度诸神的世界——印度教图像手册》，中西书局，2016 年，第 87—88 页。

[4] 毗湿奴第三个化身为野猪，有多种变体，其中印度南部的毗湿奴像有持莲花的做法，且阿底亚提中的毗湿奴即持莲花骨朵。参见（德）施勒伯格著，范晶晶译：《印度诸神的世界——印度教图像手册》，第 48、202—203 页。

（Skanda），与敦煌石窟第 285 窟西壁正龛中左侧的鸠摩罗天形象相似，与D13.WS壁画左侧神祇也仅在发型、法器上略有区别，后者同样为童颜、擎鸡、骑孔雀，故应同样是鸠摩罗天（韦驮天）。如此，加之CD4：05 壁画左侧的诃利帝（鬼子母神）、下部左起第一尊毗湿奴（密迹金刚），该转角的图像组合和D13.WS如出一辙，仅图像顺序不同。此像还见于CD10 西北壁壁画最右侧，与一群女性供养人一起，同样左手持鸟，但不见骑孔雀[1]。

壁画D13.NW虽然也有诃利帝，两侧则很有可能是不同化身的湿婆。这两位神祇的造型均为三首四臂，腹部垂落，男根凸起，与D.VII.6 湿婆像相似，左侧神祇手上也持有木橘，却骑乘阎摩（Yama）坐骑的黑牛；右侧神祇形貌差异较大，绘出明显的胸部与放置于腿上的三叉戟，是否为另一种乌摩—大自在天相则无法完全确认。形象标准的参差不齐，正表明早期佛教引入诸天时由于缺少固定范本而导致的差异，也为CD4：05 中可能为湿婆和毗湿奴不同化身的出现提供了线索。

壁画下方左起第三位神祇袒双乳，双手上扬抓举一袒体之人，倒悬身前（图一三，5）。李翎考证出该神祇与斯坦因在敦煌藏经洞发现的磨伽畔泥女神像相同[2]，是一种流行在新疆于阗、敦煌一带的瘟神，对其进行祭祀则可以免除疾病。磨伽畔泥女神像及其它与小儿相关的瘟神都呈现兽首，也为兽首神祇在古于阗地区被人们接受并用于宗教仪式提供了证据，转变为人形女相有两种可能：一是为了用一尊神祇代替多位瘟神所做的造型改变，二是表现瘟神因在佛陀教诲下转变为儿童保护神而出现的形貌变化，这一点有诃利帝传说中的形象早晚变化可为旁证。而这类地方保护神出现在诸天护法的群体中，也正说明法会图像程式的初步尝试，尚未完全按照经典所陈述的内容进行绘制，其中还带有一些地方色彩或供养人的要求。

再往右为一位身前黑白二马相向、面部蓄八字胡的男神，衣着不清（图一三，6），黑白二马似可认定为双马童，男性神祇则有可能是日天，即源自太阳神苏利耶（Surya）的形象。

综上所述，以佛教说法图的佛国法会空间构建为基础，可以对佛寺CD4：05 周围特殊神祇以印度教来源的诸天护法为线索一一进行辨识，可辨识出湿婆化身、诃利帝、密迹金刚、鸠摩罗天、日天等，与于阗本地流行的《金光明最胜王经》护持信仰可相对应，包括在画面之外多次出现的坚牢地神。而以坚牢地神为例的本土传说信仰影响佛教构图，在此法会程式中也以于阗本土瘟神加入其中进行了表现。众多神祇四臂托日月的形象，

[1] 中国新疆文物考古研究所、日本佛教大学尼雅遗址学术研究机构编：《丹丹乌里克遗址——中日共同考察研究报告》，文物出版社，2009 年，第 98 页及彩版一九。

[2] 李翎：《新疆的诃利帝信仰——以〈南海寄归内法传〉和丹丹乌里克相关绘画的释读为中心》，《新疆师范大学学报（哲学社会科学版）》2015 年第 3 期，第 96 页及图 8。

有来自祆教图像的重要影响，包括前文讨论的骑者形象中举杯盏和酷似灵光（Khvarenah）的飞鸟，亦是如此。法会所呈现的神圣空间，应是丹丹乌里克佛寺内部的一个重要场景，将众多异教神祇以本地人熟悉的样式呈现其中，更有利于信徒礼拜过程中感知佛教的包容性以及佛陀凌驾于众多教派神祇之上的权威性，与对瘟神等恶神的感化同样是佛教在地化过程的表现。

四、结语

丹丹乌里克佛寺CD4 呈现于阗地区流行的回廊式佛寺结构，为信徒提供右绕礼佛的观礼路线，在佛寺北入口内外或主殿内可能存在于阗八大守护神的图像，供养人责令画师在入口下方壁画中题记“八天神”以求护佑，这一点可从托普鲁克墩2号佛寺获得例证。而在题记内侧绘制的一列带头光、披帛骑者，从佛教典籍中记载的毗沙门天王及其眷属对北方世界的护持故事来看，他们应是天王眷属游行十方、护持信徒的形象描绘，向北门外行进的队列程式正是反映他们即将离开伽蓝圣地，为佑护一方天地中处于风险下的信徒而奔走的样子。佛寺还是一个加深佛法印象的空间，面对古于阗地区教派林立，以及汉传佛教处于早期图像体系尚未完全成熟、佛法初入时需要以当地人熟知的方式进行传播的情况，东壁CD4：05 的说法图广泛接纳了印度教、古于阗本地神祇，参考祆教手托日月的四臂神图式，在参与法会的佛陀及其弟子外，更加入了代表早期诸天信仰的外教神祇形象，可辨识者有湿婆化身、诃利帝、密迹金刚、鸠摩罗天、日天等，从而渲染佛法精深与包容万千，从而达到弘扬佛法、广纳信徒的目的。信徒观礼自北门入、西门出，绕行过程中接受千佛、骑者的注视，念诵千佛名号接受祝福，念诵天王眷属之名获得护持，并观摩说法图以加深对佛法与经典的认同，从而在这一人为缔造的“神圣空间”之中获得信仰的自我升华。在礼拜结束后，可能获得木板画等可以居家或随行供养的法物，其中图像随信徒发愿不同而有所差异，与佛寺内呈现的图像形式略有差异，更为自由而多元。重新解读佛寺CD4 残存的壁画图像，不仅提供了分析于阗木板画的图像形式以及D13 神祇组合图像的新线索，还为探索佛教文化传播过程中的在地性变化提供了重要例证，呈现了由文本向图像的实践创新与转化，为佛教进一步东传与中国化奠定基础。

敦煌石窟涅槃图文化因素探析

李芷一（北京师范大学历史学院）

涅槃图是一种描绘佛陀于树间涅槃、众人举哀的图像，自佛教艺术诞生以来，广泛分布于印度、中亚和中国境内。敦煌石窟涅槃图始见于北周，隋唐时期数量增多，五代至北宋亦有发现，西夏之后未见。笔者根据目前已发表的材料，统计出至少有52铺涅槃图，其中27铺信息清楚、图片清晰，是本文讨论的依据（详见附表一）[1]。另有25铺或漫漶不清，或只有简单信息无图，无法作为分析依据[2]。

对于敦煌石窟的涅槃图，最早的整体研究是贺世哲先生的文章，他按年代顺序分析、考证了图像内容，还指出敦煌石窟涅槃图受到中原和西域的影响[3]。但所据材料有限，仅涉及北周至中唐的15铺涅槃图。个案研究以李玉珉、施萍婷和公维章三位先生的论著为代表[4]，涉及图像内容、源流、内涵以及所受到的外来影响等问题。比较研究横向对比了多地涅槃图，指出它们的异同，但仍有不全面的地方。如贾应逸先生比较的是克孜尔石窟和莫高窟两地的涅槃图，指出后者是在前者基础上的进一步发展[5]。刘永增先生仅将隋

---

[1] 本文主要参考了敦煌文物研究所编著：《中国石窟 · 敦煌莫高窟》第1—5卷，文物出版社，1982—1987年；贺世哲主编：《敦煌石窟全集7法华经画卷》，（香港）商务印书馆，1999年；段文杰主编：《中国敦煌壁画全集3敦煌北周》、《中国敦煌壁画全集4敦煌隋代》、《中国敦煌壁画全集5敦煌初唐》、《中国敦煌壁画全集6敦煌盛唐》、《中国敦煌壁画全集7敦煌中唐》、《中国敦煌壁画全集8敦煌晚唐》，天津人民美术出版社，2006年；敦煌研究院编：《中国石窟 · 安西榆林窟》，文物出版社，1997年；敦煌研究院编：《敦煌石窟内容总录》，文物出版社，1996年。

[2] 这25铺中，隋代有莫高窟第427窟，唐代有莫高窟第12窟、23窟、44窟、85窟、92窟、130窟、138窟、154窟、159窟、185窟、225窟、231窟、232窟、237窟、榆林窟第21窟、25窟。五代有莫高窟第4窟、108窟、261窟，北宋有莫高窟第55窟、431窟、449窟，西夏有东千佛洞第5窟（该窟有两铺涅槃图，仅前室左壁的一铺无图）、五个庙石窟第1窟。

[3] 贺世哲：《敦煌莫高窟的〈涅槃经变〉》，《敦煌研究》1986年第1期，第1—26页。

[4] 李玉珉：《敦煌四二八窟新图像源流考》，《故宫学术季刊》1993年第10卷第5期，第1—34页；施萍婷：《关于莫高窟第428窟的思考》，《敦煌研究》1998年第1期，第1—12页；公维章：《涅槃净土的殿堂——敦煌莫高窟第148窟研究》，民族出版社，2004年。

[5] 贾应逸：《克孜尔与莫高窟的涅槃经变比较研究》，载龟兹石窟研究所主编《龟兹佛教文化论集》，新疆美术摄影出版社，1993年，第229—241页。

代莫高窟涅槃图与古代印度、中亚涅槃图进行对比，认为其基本形式继承自犍陀罗、中亚，但也有自己的特色[1]。日本学者宫治昭对涅槃相关图像进行了长时段、广地域的研究，其中分析了隋代莫高窟涅槃图与巴米扬涅槃图共通的特征[2]。

既有研究大多按照年代顺序分析图像内容，缺乏对涅槃图本身演变特点的梳理，普遍认识到敦煌石窟涅槃图接受了外来文化的影响，但论述较为笼统，仍有进一步研究的空间。因此，本文拟在佛教中国化这一大背景下，考察敦煌石窟涅槃图的图像构成、发展的阶段性特点，再结合其他地区的涅槃图材料，分析其中所蕴含的文化因素。

一、敦煌石窟涅槃图的演变阶段

敦煌石窟涅槃图画面的主要构成元素为：涅槃的佛陀、两侧的树木、周围举哀的众人。根据涅槃图形式的发展变化，将其演变阶段大致分为四期。

第一期，北周时期（557—580年）[3]，均为单独的单铺涅槃图，包括莫高窟第428窟和西千佛洞第8窟，共2铺（附表一，1、2）。428窟涅槃图画面以四棵树为背景，佛陀身着红色通肩袈裟，双臂自然伸直呈半仰卧，背光以火焰纹装饰。身后两排举哀者，表情悲伤。前排者均有头光，后排均穿白衣、无头光。足侧有迦叶跪地、伸手抚摸佛足。西千佛洞第8窟涅槃图，树木在画面两侧，树叶呈团块状向上。佛陀身着红色右袒式佛衣，右手支颐而卧，也有火焰纹背光。身后的举哀众人均穿白衣，足侧有迦叶跪地，胸前还有一站立的老者，已模糊不清。

第二期，隋至中唐时期（581—847年），单铺涅槃图持续存在，涅槃图与经变相结合，新出现大型涅槃经变和法华经变中的涅槃图，包括莫高窟第295窟、280窟、420窟、332窟、148窟、39窟、46窟、120窟、158窟和159窟，共10铺。

单铺涅槃图有3铺，即隋代莫高窟第295窟、280窟和盛唐时期的120窟（附表一，3、4、10）。画面内容相比前一期更加丰富，295窟以树叶为背景，两侧树冠中有飞天散花。佛陀身着通肩袈裟，右胁卧。周围是举哀的弟子、菩萨、他方佛，有的还扑倒在床前、揪扯头发。足侧迦叶跪地、抚摸佛足，身后有一老者站于莲花之上。身前从右到左

[1] 刘永增：《敦煌莫高窟隋代涅槃变相图与古代印度、中亚涅槃图像之比较研究》，《敦煌研究》1995年第1期，第16—35页。

[2] （日）宫治昭著，李萍、张清涛译：《涅槃和弥勒的图像学：从印度到中亚》，文物出版社，2009年，第461—462页。原书出版于1992年，见宫治昭：『涅槃と弥勒の図像学——インドから中央アジアへ』，吉川弘文館，1992年。

[3] 年代参考史苇湘：《关于敦煌莫高窟内容总录》，敦煌研究院编：《敦煌石窟内容总录》，文物出版社，1996年，第227—259页，下同。

有入火界定的须跋、密迹金刚倒地和毒龙吸珠，头侧端坐着摩耶夫人。280窟画面中有三棵树，足侧迦叶跪地，双手合十礼拜。旁边是身穿覆头衣、入灭禅定的须跋陀。120窟涅槃图位于窟门上部，画面无树，佛陀呈“左胁卧”，头向与其他涅槃图相反。举哀者中也有抚摸佛足的迦叶、天龙八部等。

法华经变中的涅槃图有2铺，最早见于隋代莫高窟第420窟，此后见于中唐时期的159窟（附表一，5、12）。420窟涅槃图画面拥挤，佛陀右手支颐而卧，周围的举哀者众多。159窟涅槃图画幅较小，佛陀身边只有寥寥几身举哀者，背后是连成一片的树木。

大型涅槃经变中的涅槃图有5铺，最早见于初唐时期莫高窟第332窟，还包括了盛唐时期148窟、39窟、46窟，中唐时期的158窟（附表一，6—9、11）。332窟的大型涅槃经变不仅包括了涅槃图，还绘制出涅槃前后的完整情节，将众多画面集于一图。该窟同时还塑造有涅槃像、举哀者像，是用绘塑结合的方式表现涅槃。148窟、39窟和46窟也为绘塑结合，涅槃像、举哀者像位于坛上或龛内，龛壁多以树为背景。148窟涅槃经变中的涅槃图以四棵树为背景，树冠上可见有天人形象，正中央还有一宝盖。佛陀右胁卧，足侧有迦叶抚摸佛足。前侧有须跋入火界定和动物，后者代表了众生供养，头侧有密迹金刚倒地。画面右侧他方佛、天龙八部和诸天举哀，左侧有弟子举哀、外道幸灾乐祸。39窟涅槃像龛顶、龛壁画散花飞天、佛母奔丧。158窟全窟围绕涅槃情节展开：主尊为西壁坛上的涅槃大像，长达15.6米，坛下有须跋入火界定等；后壁画天龙八部、弟子等举哀者；北壁塑弥勒坐佛，画各国王子举哀、佛母等；南壁塑立佛，画弟子举哀。

第三期，晚唐至西夏占领敦煌前（848—1036年），单铺涅槃图和大型涅槃经变中的涅槃图消失，涅槃图均出现在法华经变中，包括莫高窟第85窟、144窟、6窟、61窟、98窟、146窟、76窟和454窟，以及榆林窟第36窟，共9铺（附表一，13—21）。这些涅槃图画幅较小，画面内容总体较为简单：背景是连成一片的树木，佛陀右手支颐而卧，周围是举哀弟子。有时也会出现天部众人、须跋陀入火界定、以动物为代表的众生供养等形象，如第85窟、61窟和454窟涅槃图。此外，第6窟涅槃图省去了举哀弟子，第76窟涅槃图则非常简省地描绘树木形象。

第四期，西夏占领敦煌时期（1036—1227年）[1]，均为单铺涅槃图，未见有大型涅槃

[1] 关于西夏占领、统治瓜、沙二州的起止时间，以及敦煌石窟晚期洞窟的分期，目前学界仍存在分歧。本文所论西夏占领敦煌时期的洞窟，主要依据刘玉权先生对西夏洞窟的识别与分期，并结合了沙武田、张宝玺等先生的相关研究。详见刘玉权：《西夏时期的瓜、沙二州》，《敦煌学辑刊》第2集，1981年，第100—110页；张宝玺：《东千佛洞西夏石窟艺术》，《文物》1992年第2期，第81—94页；刘玉权：《敦煌西夏洞窟分期再议》，《敦煌研究》1998年第3期，第1—4页；沙武田：《敦煌西夏石窟分期研究之思考》，《西夏研究》2011年第2期，第23—34页。

经变与法华经变中的涅槃图。西夏占领敦煌之后，莫高窟不再绘制涅槃图[1]，这一时期的涅槃图仅出现在附近的榆林窟和东、西千佛洞中，包括榆林窟第 2 窟、3 窟，东千佛洞第 2 窟、5 窟、7 窟，西千佛洞第 9 窟，共 6 铺（附表一，22—27）。画面内容主要为右手支颐而卧的佛陀、周围的举哀者。榆林窟第 2 窟画幅较小，未见树木。身后有两名着世俗装的女性，脚后有一天王。榆林窟第 3 窟，涅槃佛陀的两侧是相对而立的菩萨、他方佛，背后依稀可见有多棵树木。东千佛洞第 2 窟、5 窟和 7 窟举哀者较多，有弟子、俗众、菩萨、天王等等，床前还有一些动物，表现了众生供养佛涅槃，仅第 7 窟涅槃图依稀可见有树木。在东千佛洞第 2 窟、7 窟涅槃佛陀的足侧，还有一老者和世俗帝王。西千佛洞第 9 窟的涅槃图出自沙州回鹘之手[2]，不见有树木，佛陀身着红色袒右袈裟，举哀者均穿红衣、有头光，但形象雷同，造型生硬。

通过上述梳理，可以总结出敦煌石窟涅槃图的演变阶段：第一期北周时期均为单铺涅槃图，敦煌石窟涅槃图的创作尚处于草创期，发展到第二期隋至中唐时期达到鼎盛。此时单铺涅槃图持续存在，新出现大型涅槃经变和法华经变中的涅槃图，涅槃图的数量增多，图像内容和形式也得到了显著丰富。到第三期晚唐至西夏占领敦煌前，涅槃图走向衰落。单铺涅槃图和大型涅槃经变中涅槃图消失，涅槃图仅出现在法华经变中。数量下降、形式单一，在图像内容上也变得简略、程式化。最后到第四期，西夏占领敦煌时期的涅槃图得到了一定恢复，但未能达到第二期的鼎盛。此时均为单铺涅槃图，大型涅槃经变仍未出现，法华经变中的涅槃图也消失。数量仍然较少，但相比前一期画面内容重新变得丰富。总之，在涅槃图演变的全阶段中，我们看到画面内容的繁简与涅槃图的兴衰基本保持了同步。但无论在哪一期，都能看到“举哀者、涅槃佛陀、树木”这一基本的图像组合。

二、敦煌石窟涅槃图的文化因素构成及渊源

由上述可知，目前最早的敦煌石窟涅槃图出现在北周时期，表现为佛陀于树间涅槃，周围有弟子或俗众举哀。在此后的发展中，无论画面或繁或简，这一基本样式始终未变。这种“举哀者、涅槃佛陀、树木”的组合最早见于犍陀罗涅槃图（图一），是对

[1] 贺世哲主编：《敦煌石窟全集 7 法华经画卷》，（香港）商务印书馆，1999 年，第 173 页。

[2] 需要指出的是，沙州回鹘与归义军、西夏政权在瓜、沙二州的统治存在交错现象，学界对此已多有所论，也有不少研究从西夏时期的洞窟中进一步划分出沙州回鹘洞窟。但与沙州回鹘有关的涅槃图目前仅此一例，本文也无意于涉及相关问题，仅注明其出自沙州回鹘之手。见刘玉权：《关于沙州回鹘洞窟的划分（摘要）》，《敦煌研究》1988 年第 2 期，第 9—11 页。

佛经记载涅槃场景的体现[1]。

1　2　3　4　5　6　7　8　9　10

图一　犍陀罗涅槃图（2—4 世纪）

1.塔克西拉（Taxila）出土　2.塔克特依巴依（Takht-i-Bahi）出土　3、5.罗里延唐盖佛寺遗址（LoriyanTangai）出土　4.大英博物馆藏　6.巴基斯坦某一窣堵波顶部的平头上　7.巴基斯坦/阿富汗出土　8.柏林国立博物馆亚洲艺术馆藏　9.印度博物馆藏　10.拉合尔博物馆藏

（1—6、8 采自星云大师总编修：《世界佛教美术图说大辞典·雕塑 3》，佛光山宗委会，2013 年，第 889、891—894 页；7 采自https://asia.si.edu/education/educator-resources/encountering-religion-in-asian-art/explore-by-object/object/scenes-from-the-life-of-the-buddha/；9—10 采自（日）宫治昭著，李萍、张清涛译：《涅槃和弥勒的图像学：从印度到中亚》，文物出版社，2009 年，第 97、104 页）

犍陀罗涅槃图这一图像组合的雏形可追溯至古印度，尤其是其中树木与佛陀涅槃的密切关系。在佛陀形象出现之前，印度以窣堵波象征佛陀涅槃，由这一时期的礼拜窣堵波图可知，此时的“涅槃图”主要以“窣堵波＋树木＋礼拜者＋飞天”的组合为主（图二、图三），窣堵波建筑也装饰有树下药叉女的雕像（图四），表现出树木与佛陀涅槃的密切

[1]　汉译佛经中提及佛陀涅槃情节的如：（后秦）佛陀耶舍共竺佛念译：《长阿含经》，《大正新修大藏经》（后简称《大正藏》）册一，第 1 号，佛陀教育基金会出版部，1990 年；（东晋）法显译：《大般涅槃经》，《大正藏》册一，第 7 号，佛陀教育基金会出版部，1990 年；（北凉）昙无谶译：《大般涅槃经》，《大正藏》册一二，第 374 号，佛陀教育基金会出版部，1990 年；（唐）若那跋陀罗译：《大般涅槃经后分》，《大正藏》册一二，第 377 号，佛陀教育基金会出版部，1990 年。

关系。犍陀罗地区在吸收这一点的基础上，新加入了涅槃的佛陀，同时也在举哀者中加入了如阿难、迦叶、须跋陀、执金刚神等人物。在树木的表现上，除了单纯描绘写实的树木，还创造出了半身人形的树神形象，后者在中亚和新疆地区涅槃图中流行。

敦煌石窟涅槃图虽然继承了犍陀罗涅槃图以"举哀者、佛陀、树木"为主的图像组合，但未采纳半身树神的形象，而且在涅槃图的表现形式、细节的处理上，又不断加入了新的因素。这些新因素不见于犍陀罗，应有着其他渊源。

（一）第一期（北周时期）

在敦煌石窟涅槃图发展的第一期，便开始出现与犍陀罗涅槃佛陀通肩袈裟不同的袈裟样式——以西千佛洞第8窟为代表的袒右式袈裟（附表一，2、5、7、9、12—26）。虽

1

2

3

图二　巴尔胡特涅槃图（公元前1世纪）

（采自星云大师总编修：《世界佛教美术图说大辞典·雕塑1》，佛光山宗委会，第229、231页）

图三 桑奇大塔涅槃图
（公元前 1 世纪）
（采自（日）宫治昭著，李萍、张清涛译：《涅槃和弥勒的图像学：从印度到中亚》，文物出版社，2009 年，图版 1）

1

2

图四 树下药叉女
1.桑奇大塔（公元前 1 世纪） 2.巴尔胡特（公元前 2 世纪）
（1 采自星云大师总编修：《世界佛教美术图说大辞典 · 雕塑 3》，佛光山宗委会，2013 年，第 884 页；2 采自（印）苏西玛 · K · 巴尔（Sushma K. Bahl）著，张霖源、欧阳帆译：《印度艺术 5000 年》，四川美术出版社，2017 年，第 31 页）

然有学者指出此种袈裟样式同样属于犍陀罗佛教艺术[1]，但未在犍陀罗涅槃图中见到穿袒右袈裟的佛陀。而在如麦积山石窟造像碑和甘肃西魏造像塔的涅槃图中，能找到佛陀身穿袒右袈裟的例证（图五、图六）。因此，从涅槃图的角度考虑，这一变化应与中原北方地区的佛教文化因素更直接相关。

其次是仅在第一期涅槃图中流行的火焰背光（附表一，1、2）。关于这种背光的渊源问题，目前学术界暂未达成共识[2]。但若同样从涅槃图的角度考虑，新疆石窟的涅槃图中，佛陀身后常出现有条状的火焰，如克孜尔石窟涅槃图[3]（图七）。因此，敦煌石窟涅槃图中

[1] 如杨泓：《试论南北朝前期佛像服饰的主要变化》，《考古》1963 年第 6 期，第 330—337 页。

[2] 孙机先生认为火焰背光是在贵霜佛像与焰肩图像的基础上创造、改进而成（孙机：《佛像的火焰肩和火焰背光》，载《中国历史博物馆考古部编纪念文集》，科学出版社，2000 年，第 206—217 页）；宫治昭认为火焰纹头光与肩部火焰不能混为一谈（〔日〕宫治昭著，李萍译：《犍陀罗美术寻踪》，人民美术出版社，2006 年，第 186—188 页）；金建荣认为，敦煌石窟北朝火焰背光盛行应源自炳灵寺石窟，火焰背光的出现与流行符合了禅观的需要，也与世俗墓葬壁画的火焰纹有关（金建荣：《中国南北朝时期佛教造像背光研究》，东南大学出版社，2016 年，第 77—97、231—239 页）

[3] 新疆龟兹石窟研究所编著：《克孜尔石窟内容总录》，新疆美术摄影出版社，2000 年。本文有关克孜尔石窟的内容除特别出注外，均采自该书。

图五　麦积山石窟第133窟第10号造像碑中的涅槃图（北魏）
（采自张宝玺：《甘肃佛教石刻造像中的几处涅槃像》，俄军主编：《庄严妙相——甘肃佛教艺术展》，三秦出版社，2011年，第258页）

图六　西魏造像塔中的涅槃图
（采自张宝玺：《甘肃佛教石刻造像中的几处涅槃像》，俄军主编：《庄严妙相——甘肃佛教艺术展》，三秦出版社，2011年，第259页）

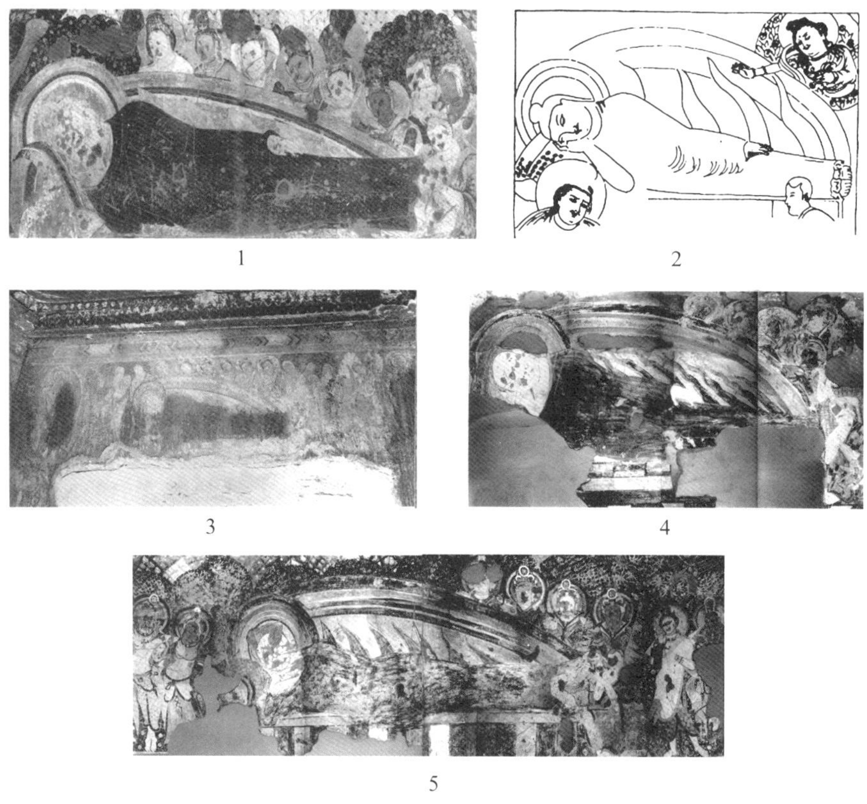

图七　克孜尔石窟涅槃图
1.第38窟（4世纪）2.第76窟（4世纪中—5世纪末）3.第161窟（5世纪）4.第17窟（6世纪）5.第80窟（7世纪）
（1采自段文杰主编：《中国新疆壁画全集1克孜尔》，天津人民美术出版社，1995年，图1074；2采自Grünwedel, Albert. Altbuddhistische Kultstätten in Chinesisch-Turkistan: vol.1, Berlin,1912, pp.89, fig.201；3—5采自段文杰主编：《中国新疆壁画全集2克孜尔》，天津人民美术出版社，1995年，图43、38、176）

佛陀的火焰背光可能与此有一定关联。

第三，在佛陀卧姿的表现上，敦煌石窟涅槃图呈现出多样化的特点。虽然无论是佛经记载还是犍陀罗涅槃图的刻画，佛陀都应是枕手累足的右胁卧[1]。而此时却出现半仰卧（附表一，1）和右手支颐卧（附表一，2）的卧姿。前者是一种不完全仰卧的姿态，其渊源可追溯至中原。由于对佛陀涅槃的含义尚未完全把握，人们常将其视为死亡，因此在卧姿上体现为仰卧（图八，1—6、8）。半仰卧的姿势较仰卧更为成熟，但尚未转变为标准的右胁卧。右手支颐卧可以在新疆地区找到早期的渊源，如克孜尔石窟第38、76窟涅槃图中，佛陀头下有一枕状物，使得头部明显高于身体，故而右手的摆放姿势也变得不自然，与其说是枕手不如说是直接以右手支撑头部（图七，1、2）。

（二）第二期（隋至中唐时期）

这一时期，敦煌石窟涅槃图继续以单铺的形式存在，但新出现了涅槃经变和法华经变中的涅槃图，图像内容和表现形式均得到了显著丰富。

首先是经变画中的涅槃图，敦煌石窟最早的涅槃经变即初唐莫高窟第332窟，一直到中唐时期仍在流行（附表一，6—7、11）。印度早期的礼拜窣堵波图和犍陀罗涅槃图，基本都是作为佛传存在，新疆克孜尔石窟流行画出涅槃前后的其他情节，但仍然属于佛传故事。只有在麦积山石窟中出现了早期的涅槃经变（图九、图一〇）[2]，脱离了佛传，将涅槃经的内容、所宣扬的思想以艺术形式完整呈现。此时需要将多个情节安排进单幅宏大的画面中，对画面的整体布局提出了更高要求，已初见敦煌石窟大型涅槃经变的端倪。

涅槃图不仅出现在涅槃经变中，还作为法华经变的一部分存在，最早见于隋莫高窟第420窟（图一一）。此处法华经变与涅槃图融为一体，画面显得非常拥挤复杂，呈现出二者经义的互通[3]。到中唐159窟（附表一，12），法华经变的整体构图形成了一定的规制，涅槃图一般位于画面中央偏下部的位置。此外，涅槃图也与其他经变紧密结合。如148窟涅槃图旁边有文殊变、普贤变，158窟涅槃像下也有净土变等等。可见在这一时期，涅槃思想已经与其他佛教思想结合，在石窟中共同打造出了一个丰富佛教信仰空间，这无疑体现了敦煌本地的创造。

其次，佛陀涅槃与三世佛的组合也开始出现。如隋莫高窟第427窟，中心柱前部与南北两侧壁分别塑大型塑像而形成三佛形式（图一二），前室窟顶绘涅槃图。该窟涅槃图

[1] 按佛教经典“如来就绳床，北首右胁卧，枕手累双足，犹如狮子王”的规定，涅槃卧姿应只能为右胁卧，见（北凉）昙无谶译，马鸣菩萨造：《佛所行赞》，《大正藏》册四，第192号，佛陀教育基金会出版部，1990年，第46页。

[2] 魏文斌：《麦积山北朝经变画》，《丝绸之路》2003年第7期，第13—14页。

[3] 即“涅槃即法花（华）之异名”，见（隋）吉藏造：《法华游意》，《大正藏》册三四，第1722号，佛陀教育基金会出版部，1990年，第638页。

1　　2　　3　　4

5　　6　　7　　8

图八　中原涅槃图（北魏）

1—3.云冈石窟第 11 窟西壁、38 窟北壁、35 窟西壁　4—5.龙门石窟魏字洞、普泰洞　6.卜氏造像塔　7.炳灵寺石窟第 132 窟　8.麦积山石窟第 133 窟第 10 号造像碑

（1—3 采自京都大学人文科学研究所：《云冈石窟》第十九卷，科学出版社，2018 年，图版 28、第 55 页；4—5 采自温玉成主编：《中国美术全集·雕塑编 11》，人民美术出版社，1988 年，第 80、91 页；6、8 采自张宝玺：《甘肃佛教石刻造像中的几处涅槃像》，俄军主编：《庄严妙相——甘肃佛教艺术展》，三秦出版社，2011 年，第 258、262 页；7 采自张元林：《北朝—隋时期敦煌法华图像研究》，甘肃教育出版社，2017 年，第 134 页）

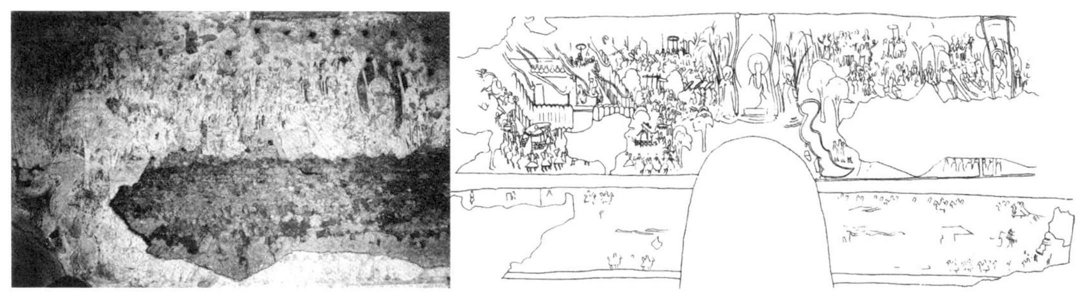

图九　麦积山石窟第 127 窟涅槃经变（西魏）

（采自天水麦积山石窟艺术研究所编：《中国石窟·天水麦积山》，文物出版社，2017 年，图版 159、第 195 页）

图一〇　麦积山石窟第 26 窟涅槃经变（北周）

（采自天水麦积山石窟艺术研究所编：《中国石窟·天水麦积山》，文物出版社，2017 年，图版 252）

图一一 莫高窟第420窟窟顶北披（隋）
（采自敦煌文物研究所编著：《中国石窟·敦煌莫高窟》第二卷，文物出版社，1984年，图版72）

虽然经过了重绘，但原有位置不变。弥勒与佛陀涅槃的组合在中亚、新疆地区较为流行，如中心柱窟前壁有弥勒图像，后壁则以涅槃为主题[1]。虽然有学者研究指出，洞窟前部的三佛形式，是受到了中原三壁三龛窟结构的影响[2]，但涅槃与三世佛的组合，不同于中原单纯表现三佛的形式，仍应看作是受到新疆尤其是龟兹石窟的影响。初唐332窟与之类似，只是在西壁塑涅槃像，南壁绘涅槃经变。到了中唐的158窟，这种组合变得更为凸显：西壁塑涅槃像，南壁为迦叶立佛，北壁为弥勒坐佛（附表一，11）。这一组合沟通了过去、现在和未来三世，表现佛陀灭度以后对往生弥勒的向往，象征着佛法永不断绝。

第三，这一时期的洞窟中也开始塑造涅槃像和举哀者像（图一三、图一四；附表一，8、9、11），即涅槃图的大像化。此举旨在将涅槃的佛陀独立出来进行礼拜，不再仅仅表现一个故事场景。这一做法与新疆地区的大像窟有关，如克孜尔47窟（4世纪），主室正壁塑大礼佛，后室有涅槃像，现已不存，可以参考新1窟的涅槃像（图一五）。47窟体现了早期涅槃题材的突出地位[3]，洞窟空间围绕佛陀涅槃的主题而展开，这一做法也被敦煌石窟吸收[4]。

最后，敦煌石窟在涅槃经变画、涅槃像的基础上，开创了绘塑结合表现涅槃的形式

[1]（日）宫治昭著，李萍、张清涛译：《涅槃和弥勒的图像学：从印度到中亚》，文物出版社，2009年，第389—397、505—515页。

[2] 赵声良：《敦煌隋代中心柱窟的构成》，《敦煌研究》2015年第6期，第13—20页。

[3] 据魏正中的研究，该窟主室部分坍塌后，内室和涅槃像被修缮，并成为窟内仪式活动的中心，主室则被废弃。参看何恩之、魏正中著，王倩译：《龟兹寻幽——考古重建与视觉再现》，上海古籍出版社，2017年，第108—123页。

[4] 各地石窟中均不约而同地塑造涅槃像，如阿旃陀第26窟，年代大致在5世纪至6世纪，以及开凿于唐开元年间的安岳卧佛像等等。一些地面寺院遗址也会有涅槃像，如巴米扬东寺、拘尸那揭罗等，但若探讨石窟中的涅槃像，新疆石窟对敦煌石窟的影响显得更加直接。

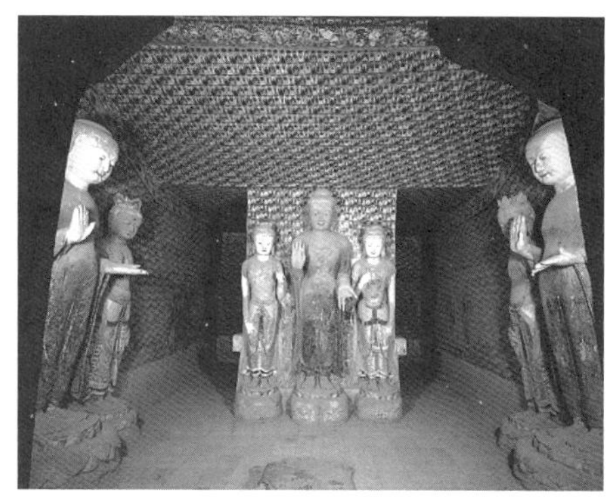

图一二　莫高窟第 427 窟造像（隋）
（采自赵声良：《敦煌隋代中心柱窟的构成》，《敦煌研究》2015 年第 6 期，第 13—20 页）

图一三　莫高窟 332 窟涅槃像（初唐）
（采自https://www.720yun.com/t/28cj5gmuev4?scene_id=11909826）

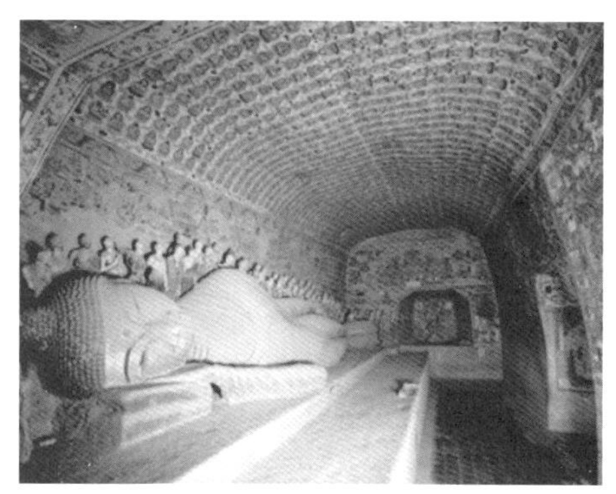

图一四　莫高窟 148 窟涅槃像（盛唐）
（采自https://www.dha.ac.cn/info/1425/3629.htm）

图一五　克孜尔石窟新 1 窟涅槃塑像（7 世纪）
（采自新疆维吾尔自治区文物管理委员会等编：《中国石窟·克孜尔石窟》第三卷，文物出版社，1997 年，图版 175）

（附表一，6—9、11），尤其是中唐莫高窟第 158 窟，全窟内容围绕佛陀涅槃展开，涅槃信仰达到顶峰。如前文所述，涅槃图大像化的做法吸收自新疆石窟，大型涅槃经变的绘制较早见于麦积山石窟，但是将二者有机结合、发扬光大则是敦煌本地的独特创造。这种形式既保留了涅槃大像的礼拜性，又完整呈现了佛陀涅槃的故事情节与经义。

上述是从表现形式上探讨第二期的新变化、新因素。实际上，围绕犍陀罗奠定的“举哀者、涅槃佛陀、树木”这一基本组合，敦煌石窟涅槃图在诸多细节的表现上，也体现出了多元文化因素。例如树木的“天部化”。此时，树木中开始出现飞天、宝珠、宝盖等形象（附表一，3；图一六），尤其是摩耶夫人与天女降临在树间，是努力将树木打造成佛国天宫之所。

这是受到了中原的影响，如北朝时期佛教造像流行以缠绕的树木为背龛，上面装饰

1

2

3

4

图一六　莫高窟涅槃图中的部分树木形象

1.第 332 窟（初唐） 2.第 148 窟（盛唐） 3.第 39 窟（盛唐） 4.第 158 窟（中唐）

（1 采自https://www.720yun.com/t/28cj5gmuev4?scene_id=11909826；2—4 采自贺世哲主编：《敦煌石窟全集 7 法华经画卷》，（香港）商务印书馆，1999 年，第 158、150、179 页）

有龙、飞天、莲花化生和宝盖等形象（图一七、图一八）。树上莲花显然是对印度系芒果树的误解[1]，但却使树木具有了神圣性，加入龙和飞天等亦是如此。山西临猗县大云寺天授二年（691 年）造像碑中的涅槃图，也有飞天从树间降临（图一九）。在南北朝时期净土思想流行的背景下，人们乐于赋予树木祥瑞、净土的属性。如《高僧传》“房中生双梧桐……遂成连奇树理，识者以为娑罗宝树”[2]，北齐《司空公青州刺史临淮王像碑》“双树结影，……乐地在兹，焉须远召”[3]。在此背景下，佛陀涅槃时的娑罗双树不仅具有连理的祥瑞属性，还成为净土乐地之所在。

多棵或“连成一片”的树木也开始出现，如盛唐 46 窟和中唐 159 窟（附表一，9、

[1] 赵声良：《敦煌壁画说法图中的圣树》，中山大学艺术史研究中心编：《艺术史研究》第四辑，中山大学出版社，2002 年，第 223—254 页。

[2] （梁）释慧皎著，朱恒夫、王学钧、赵益注译：《高僧传》卷一二《释僧瑜传》，陕西人民出版社，2009 年，第 711—713 页。

[3] （清）严可均辑，任雪芳审订：《全北齐文》卷十，商务印书馆，1999 年，第 114 页。

图一七　北齐石造透雕树下七尊像

（采自林保尧:《佛教美术全集 1 佛像大观》, 文物出版社, 1997 年, 第 111 页）

图一八　北齐天保三年（552 年）赵元宗等造弥勒及胁侍像

（采自罗世平、如常主编:《世界佛教美术图说大典 雕塑 3》, 湖南美术出版社, 2017 年, 第 1083 页）

图一九　山西临猗大云寺天授二年造像碑中的涅槃图

（笔者自摄）

12）。反映的是汉译佛教经典“娑罗树林四双八只”[1]的记载，在北齐天保十年（559年）龙树思惟像基座浮雕中，不仅刻画出了8棵树木，树冠也近似“连成一片”的状态（图二〇）。

在佛陀的卧姿上，已不见第一期的半仰卧，右手支颐卧仍然存在（附表一，7、12），还新出现了侧卧（附表一，3、4）。侧卧已经属于右胁卧的范畴，是在半仰卧基础上的一种进步。北魏炳灵寺石窟第132窟中，涅槃佛陀所枕的右手并不明显，整体姿势也显得生硬，近似于侧卧的状态（图八，7）。

最后是举哀者的形象，第一期涅槃图大部分继承了犍陀罗因素，出现须跋陀禅定、迦叶礼佛足、密迹金刚倒地等等。而此时的涅槃图则在此基础上，吸收采纳了更多其他地区的因素，丰富了举哀众人的形象。

例如包括天王、天龙八部、他方佛、菩萨等在内的天部众人举哀，在此时十分常见（附表一，7、10；图二一），应是吸收了新疆地区涅槃图的特色，如克孜尔石窟第161窟以阿难、迦叶为弟子代表，梵天、帝释天和四天王等诸神围绕在佛陀涅槃周围（图七，3），类似的画面也见于第38窟。天部众人的出现是为了彰显佛陀涅槃的神性，也有护法的性质。他方佛和菩萨的出现，也说明敦煌石窟涅槃图正朝着大乘化的趋势演进，已不完全等同于犍陀罗的小乘涅槃图。

佛母摩耶夫人也开始出现在举哀者中，表现为在佛头侧坐着哭泣的女性（附表一，3—5）。小乘涅槃经和犍陀罗涅槃图均未提及佛母摩耶夫人，这一形象最早在巴米扬Jd窟涅槃图中出现[2]——有头光，坐于佛陀头侧（图二二），之后的K、Fc窟中也有，可见流行的时间很长[3]。也有学者指出，在新疆克孜尔石窟与佛陀涅槃相关的场景中，同样有摩耶夫人出现[4]，但这些主要表现为空中飞行的样子，是否为摩耶夫人或仅仅是普通的飞天还有待进一步讨论。综合考虑，敦煌石窟涅槃图中的摩耶夫人形象最早渊源自中亚。

摩耶夫人形象的丰富与发展，则是受到中原的影响。如此时常出现佛母与天女自忉利天宫降临举哀、佛陀自启金棺为母说法等情节（图二三、图二四）。这些情节既不见于

---

[1]（唐）若那跋陀罗译：《大般涅槃经后分》卷一《应尽还源品第二》，《大正藏》册一二，第377号，佛陀教育基金会出版部，1990年，第905页。

[2] 关于巴米扬石窟的年代断定，本文参考了宫治昭：『バーミヤーン石窟壁画と年代について』，『第17回名古屋大学タンデトロン加速器质量分析計シンポジウム平成16（2004）年度报告』，名古屋大学，2005年，第13—33页。

[3] 宫治昭指出，涅槃图摩耶夫人的出现可能与中亚（原文包含了新疆地区）的女神信仰有关。见（日）宫治昭著，李萍、张清涛译：《涅槃和弥勒的图像学：从印度到中亚》，文物出版社，2009年，第472页。

[4] 如克孜尔第224、47、48和77窟，见任平山：《佛母图传：克孜尔石窟壁画中的摩耶夫人》，《艺术探索》2021年第35卷第4期，第55—74页。

图二〇　北齐天保十年龙树思惟像基座中的涅槃图
（采自星云大师总编修：《世界佛教美术图说大辞典 · 雕塑 2》，佛光山宗委会，2013 年，第 559 页）

图二一　莫高窟 158 窟天王、天龙八部（中唐）
（采自敦煌文物研究所编著：《中国石窟 · 敦煌莫高窟》第四卷，文物出版社，1987 年，图版 66）

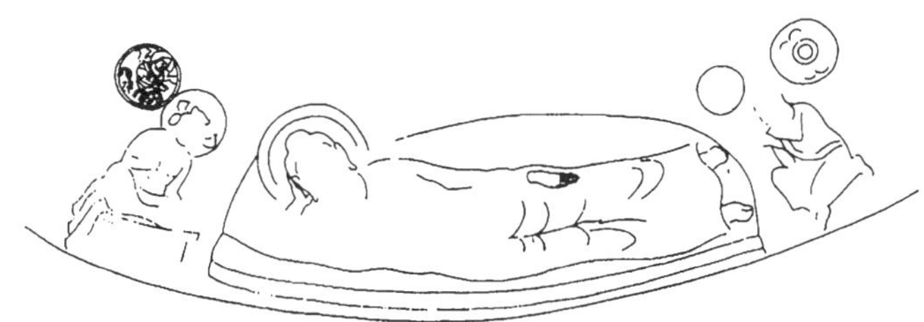

图二二　巴米扬Jd窟涅槃图（5 世纪中叶—6 世纪中叶）
（采自（日）宫治昭著，李萍、张清涛译：《涅槃和弥勒的图像学：从印度到中亚》，文物出版社，2009 年，第 458 页）

犍陀罗，也不见于中亚，但能在汉文疑伪经《摩诃摩耶经》[1]中找到根据。该经是佛教对儒家孝道的宣扬，中原地区的涅槃图中也有相关情节的表现（图二五）。到了吐蕃统治下的敦煌，汉儒传统孝道思想受到冲击，此时的莫高窟第158窟便不再绘制上述与佛母有关的情节了。

举哀者中的须跋陀，在继承犍陀罗须跋问道和禅定形象的基础上，开始出现周身出火即入火界定的新形象，在此后的涅槃图中也较为常见（附表一，3、5、7、13、17、21），如佛经所载“即于佛前，入火界三昧而般涅槃”[2]。这种形象不见于犍陀罗，在中亚、新疆和中原地区也未发现较早的图像源头，可见属于敦煌本地的创造。与犍陀罗的须跋问道和禅定相比，入火界定的须跋形象在敦煌石窟中延续的时间更长。

至于激烈哀悼者的形象，表现为扯头发、扑倒在床前（附表一，3—5），反映“或有宛转于地，或有牵绝衣服、璎珞，或拔头发，捶胸大叫”的场景。更有甚者直接拿刀剑划伤面部、割耳朵、刺胸等等，表达极度哀伤（图二六）。

对于这种激烈哀悼行为，目前能找到较早的图像依据即新疆克孜尔石窟第224窟（图二七）。巴米扬K窟和Fc窟的年代稍晚，但不排除在该地应有更早的图像渊源，因为这种激烈的哀悼与中亚地区民族的世俗葬礼有关[3]。如宫治昭对片治肯特第2遗址壁画内容的研究，其中便有这种伤害自己身体、激烈哀悼的形象[4]。《洛阳伽蓝记》曾记载于阗国葬礼：“居丧者，剪发剺面，以为哀戚”[5]，《隋书》亦记突厥有类似习俗：“有死者，停尸帐中，家人亲属多杀牛马而祭之，绕帐号呼，以刀划面，血泪交下，七度而止”[6]。可见这种激烈的哀悼与西北地区的民族习俗有关。

与之相对，此时也出现了面色平淡的哀悼者。158窟涅槃图中的举哀菩萨不见悲伤，神情淡然，与比丘众人的悲痛欲绝形成鲜明对比（图二八）。这种差别反映了二者对涅槃的理解不同，前者表达的是对涅槃境界的羡慕与憧憬，后者则将涅槃理解为死亡。

平淡举哀者的出现一改犍陀罗涅槃图举哀众人的悲痛氛围，这一表现形式应借鉴了中原涅槃图，如《邵氏闻见后录》记载，吴道子开元三十年于凤翔开元寺画涅槃图：“比

[1]（萧齐）昙景译：《摩诃摩耶经》，《大正藏》册一二，第383号，佛陀教育基金会出版部，1990年。

[2]（东晋）法显译：《大般涅槃经》，《大正藏》册一，佛陀教育基金会出版部，1990年，第7号，第204页。

[3] 蔡鸿生先生曾对粟特九姓胡“剺面截耳”的丧葬习俗进行研究，见蔡鸿生：《唐代九姓胡与突厥文化》，中华书局，1998年，第24—27页。

[4]（日）宫治昭著，李萍、张清涛译：《涅槃和弥勒的图像学：从印度到中亚》，文物出版社，2009年，第467—472页。

[5]（北魏）杨衒之撰，周祖谟校释：《洛阳伽蓝记》卷五，中华书局，2013年，第167页。

[6]（唐）魏徵等撰，马俊民、张玉兴主持校注：《隋书》卷八四《北狄传》，中国社会科学出版社，2020年，第5029页。

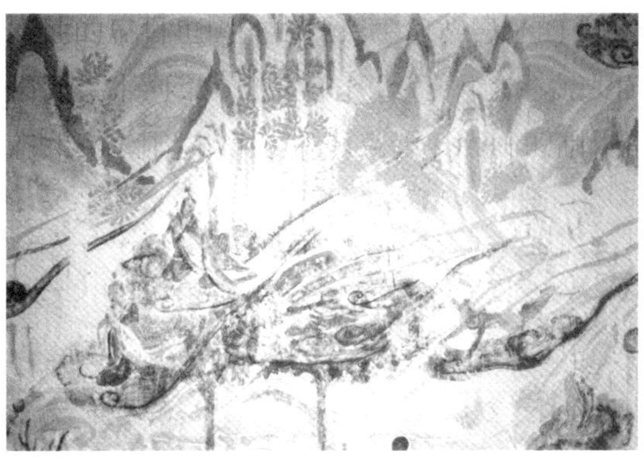

图二三 佛母举哀

1.莫高窟第 332 窟（初唐） 2.莫高窟第 39 窟（盛唐）

（采自贺世哲主编：《敦煌石窟全集 7 法华经画卷》，（香港）商务印书馆，1999 年，第 145、151 页）

图二四 佛陀自启金棺为母说法

1.莫高窟第 332 窟（初唐） 2.莫高窟第 148 窟（盛唐）

（采自贺世哲主编：《敦煌石窟全集 7 法华经画卷》，（香港）商务印书馆，1999 年，第 145、159 页）

图二五 山西临猗大云寺天授二年造像碑

佛母哭棺（上）、为母说法（下）（笔者自摄）

图二六 莫高窟第 158 窟举哀王子图（中唐）

（采自敦煌文物研究所编著：《中国石窟·敦煌莫高窟》第四卷，文物出版社，1987 年，图版 65）

图二七　克孜尔石窟第224窟中的举哀者（7世纪）
（采自Grünwedel, Albert. Altbuddhistische Kultstätten in Chinesisch-Turkistan: vol.1, pp.180, fig.415）

图二八　莫高窟第158窟中的举哀者（中唐）
（采自敦煌文物研究所编著:《中国石窟·敦煌莫高窟》第四卷，文物出版社，1987年，图版64）

丘众躃踊哭泣……独菩萨淡然在旁如平时，略无哀戚之容”[1]。虽然吴道子画的涅槃图已不见，但这种激烈举哀与平静举哀的对比，应受到了中原的影响。这种对比不仅丰富了涅槃图举哀者的表现形式，也反映了对涅槃思想的不同理解与诠释。

（三）第三期（晚唐至西夏占领敦煌前）

这一时期，单铺涅槃图和大型涅槃经变中的涅槃图消失，涅槃图均出现在法华经变中（附表一，13—21）。受画幅所限，这些图像内容并不丰富，佛陀右手支颐而卧，周围是举哀者，背后的树木刻画简略，均呈连成一片的状态，不再有天部化的表现。

晚唐时期莫高窟第 85 窟、五代时期第 146 窟、北宋第 76 窟和 454 窟的涅槃图中，举哀者尚保留有天部众人、须跋陀入火界定等形象（附表一，13、19—21），如 76 窟涅槃图的佛陀身后有两身天人。至于其他的涅槃图，大多以寥寥几身形象雷同的比丘，代替此前数量众多、形象丰富的举哀者。五代时期的第 6 窟涅槃图中，甚至连举哀者形象也消失不见（附表一，16）。可见此时，由于涅槃图并不属于法华经变所展示的重点，画幅也有限，故在绘制上显得随意、敷衍。难以在图像内容中见到多元文化因素的体现，仅存不多的文化因素也基本沿袭自前两期涅槃图，未见有新的因素。

（四）第四期（西夏占领敦煌时期）

到了第四期，未见有大型涅槃经变与法华经变中的涅槃图，涅槃图全部以单铺的形式出现。榆林窟第 2 窟的涅槃图（附表一，22）与其他经变共同出现在同一壁面上，但彼此应是相互独立的。该窟正壁中间是纵长的文殊变，两边是法华经观音普门品，涅槃图便位于文殊变上部[2]。这仍然反映的是不同佛教信仰间的密切关系。

这一时期，画面内容的丰富程度相比前一期而言有所提升，但树木的形象仍不突出，仅在榆林窟第 3 窟和东千佛洞第 7 窟涅槃图中出现了树木，单纯作为背景存在（附表一，23、26）。举哀者的数量增多，不再以寥寥几身人物代表举哀众人。榆林窟第 2 窟涅槃图，佛陀脚后有一天王（附表一，22）；第 3 窟涅槃图的两侧有相向站立的他方佛、菩萨（附表一，23）。东千佛洞第 2 窟、5 窟和 7 窟涅槃图中，也出现了天龙八部、菩萨等天部众人（附表一，24—26）。激烈哀悼的行为未被延续，但面色平淡的举哀者仍能在这一时期看到，如东千佛洞第 2 窟和第 7 窟。至于佛母摩耶夫人的形象，有学者认为，这一时期的榆林窟第 2 窟、东千佛洞第 5 窟的涅槃图中，穿世俗衣裙的女性应为摩耶夫人[3]。但这与此前摩耶夫人的形象均不相同，也未出现围绕摩耶夫人的孝道情节，且不能完全排除为世俗举哀者的可能，可备一说。

值得一提的是，东千佛洞第 2 窟、7 窟涅槃图的佛陀足侧，新出现有老者和世俗帝王

[1] （宋）邵博撰，刘德权、李剑雄点校：《邵氏闻见后录》卷二八，中华书局，1983 年，第 217 页。

[2] 王艳云：《西夏经变画艺术研究》，上海古籍出版社，2019 年，第 116 页。

[3] 王艳云：《西夏经变画艺术研究》，上海古籍出版社，2019 年，第 116—123 页。

组合的形象（附表一，24、26），代替了此前的迦叶礼佛足。对此，赵晓星已有详细研究，认为是大医王耆婆和毗舍离王，其出现可能与北宋之后佛教的社会化有关[1]。

由此可见，第四期涅槃图在图像内容上既延续了此前的一些文化因素，又加入了新的因素，在一定程度上恢复了第三期已衰落的敦煌石窟涅槃图。然而，考虑到这一时期佛教的中国化早已完成，这些旧有文化因素的再现更可能是直接借鉴自前代涅槃图，而非源于外来文化的直接影响。

三、结语

总的来看，敦煌石窟涅槃图主要继承了犍陀罗“举哀者、涅槃佛陀、树木”的基本图像组合。其中，树木与佛陀涅槃的密切关系最早可以追溯到印度。犍陀罗在吸收这一点的基础上，进一步创造出具有特定身份的举哀者和佛陀形象的涅槃图。这种“举哀者、涅槃佛陀、树木”的图像组合，贯穿了敦煌石窟涅槃图发展的整个阶段。在每一期中，敦煌石窟涅槃图又在犍陀罗的基础上吸收、融合了其他文化因素，具体如表一所示：

表一　敦煌石窟涅槃图各期文化因素

因素	图像表征	第一期	第二期	第三期	第四期
印度佛教文化因素	树木与佛陀涅槃	√	√	√	√
犍陀罗佛教文化因素	举哀者+涅槃佛陀+树木	√	√	√	√
中亚地区佛教文化因素	摩耶夫人		√		√
	激烈举哀者		√		
新疆地区佛教文化因素	火焰背光	√			
	右手支颐卧	√	√	√	√
	与三世佛组合		√		
	涅槃像		√		
	天部众人举哀		√	√	√

[1] 赵晓星：《西夏时期敦煌涅槃变中的抚足者——西夏石窟考古与艺术研究之四》，《敦煌研究》2019年第1期，第20—27页。

续表

因素	图像表征	第一期	第二期	第三期	第四期
中原北方地区佛教文化因素	袒右袈裟	√	√	√	√
	半仰卧	√			
	侧卧		√		
	涅槃经变		√		
	天部化的树木		√		
	连成一片的树木		√	√	
	摩耶夫人的孝道情节		√		
	激烈与平淡哀悼的对比		√		√
	老者与世俗帝王礼佛足				√
本地佛教文化因素	法华经变中的涅槃图		√	√	
	与其他经变结合		√	√	√
	绘塑结合		√		
	须跋入火界定	√	√	√	

第一期北周时期，均为单铺涅槃图。除了继承犍陀罗涅槃图的基本图像组合以外，在佛陀卧姿、袈裟和身光的表现上，也融入了来自新疆等其他地区的佛教文化因素，形成了与纯粹犍陀罗因素不同的特征。

第二期隋至中唐时期，涅槃图的发展呈现出新的面貌并达到鼎盛。一方面，单铺涅槃图吸收了更多其他因素，画面内容变得更加丰富。出现了摩耶夫人、天部众人和激烈举哀者等新形象。另一方面则吸收中原北方地区佛教文化因素，发展出了大型涅槃经变，同时也创造出具有本地特色的法华经变中的涅槃图。这一阶段，敦煌石窟涅槃图在图像内容、表现形式、涅槃思想与其他佛教思想的关系等方面均显现出与犍陀罗的明显不同。

第三期晚唐至西夏占领敦煌前，单铺涅槃图和涅槃经变消失，涅槃图均作为法华经变的一部分存在。但受画幅所限，前期许多丰富的文化因素消失。举哀者数量减少，不再见有与摩耶夫人相关的情节，树木均为连成一片的样式。图像内容变得单调、程式化，敦煌石窟涅槃图衰落。

第四期西夏占领敦煌时期，均为单铺涅槃图，不再出现涅槃经变与法华经变中的涅槃图。此时，敦煌石窟的涅槃图得到了一定恢复。相比上一期画面内容有所丰富，举哀者数量增多。出现新的文化因素的同时，一些旧有的文化因素也再次出现。

总之，通过对敦煌石窟涅槃图文化因素的分析，我们看到：其主要以犍陀罗因素为主，同时来自印度、中亚、新疆、中原北方地区的文化因素在不同阶段复杂交织，还涌现出本地因素，它们共同创造了独具一格的敦煌石窟涅槃图艺术。

附表一 敦煌石窟涅槃图

序号	年代	石窟	图像
1	北周	莫高窟第428窟	
2		西千佛洞第8窟	
3	隋	莫高窟第295窟	
4		莫高窟第280窟	
5		莫高窟第420窟	

续表

<table>
<tr><th>序号</th><th>年代</th><th>石窟</th><th>图像</th></tr>
<tr><td>6</td><td>初唐</td><td>莫高窟第 332 窟</td><td> </td></tr>
<tr><td>7</td><td rowspan="4">盛唐</td><td>莫高窟第 148 窟</td><td> </td></tr>
<tr><td>8</td><td>莫高窟第 39 窟</td><td> </td></tr>
<tr><td>9</td><td>莫高窟 46 窟</td><td> </td></tr>
<tr><td>10</td><td>莫高窟第 120 窟</td><td> </td></tr>
</table>

续表

序号	年代	石窟	图像
11	中唐	莫高窟第 158 窟	
12		莫高窟第 159 窟	
13	晚唐	莫高窟第 85 窟	
14		莫高窟第 144 窟	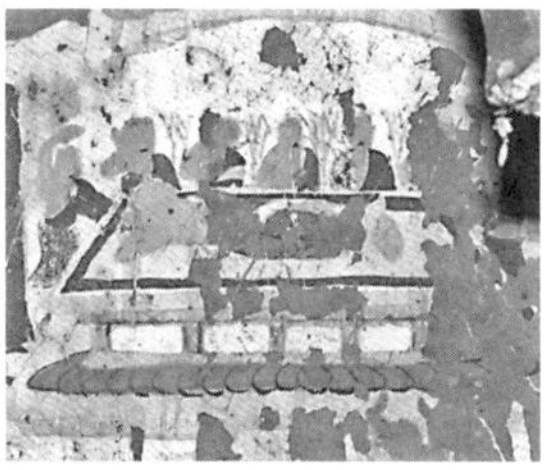
15		榆林窟第 36 窟	

续表

序号	年代	石窟	图像
16	五代	莫高窟第 6 窟	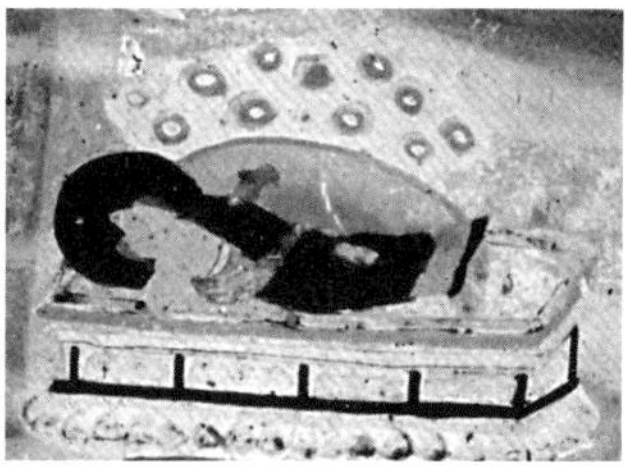
17		莫高窟第 61 窟	
18		莫高窟第 98 窟	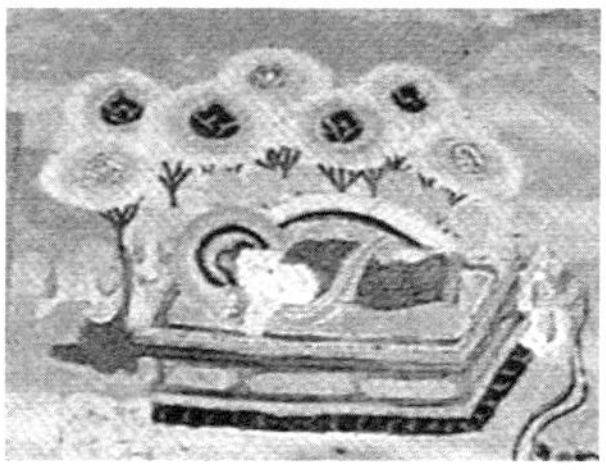
19		莫高窟第 146 窟	
20	北宋	莫高窟第 76 窟	

续表

序号	年代	石窟	图像
21	北宋	莫高窟第454窟	
22	西夏	榆林窟第2窟	
23		榆林窟第3窟	
24		东千佛洞第2窟	
25		东千佛洞第5窟	

续表

序号	年代	石窟	图像
26	西夏	东千佛洞第 7 窟	
27		西千佛洞第 9 窟	

（1 采自段文杰主编:《中国敦煌壁画全集 3 敦煌北周》，天津人民美术出版社，2006 年，第 59 页；2、23、27 采自敦煌研究院编:《中国石窟·安西榆林窟》，文物出版社，1997 年，图版 213、143、240；3—5 采自敦煌文物研究所编著:《中国石窟·敦煌莫高窟》第二卷，文物出版社，1984 年，图版 42、114、76；6—12、22 采自贺世哲主编:《敦煌石窟全集 7 法华经画卷》，（香港）商务印书馆，1999 年，第 143、158、150、152、150、172、96、180 页；13—16、19—21 采自张元林:《敦煌法华经变中的“涅槃”画面研究》，《丝路文化研究》第 5 辑，商务印书馆，2020 年，第 165—185 页；17、18 采自敦煌文物研究所编著:《中国石窟·敦煌莫高窟》第五卷，文物出版社，1987 年，图版 68、3；24—26 采自张宝玺主编:《甘肃石窟艺术壁画编》“前言”，甘肃人民美术出版社，1997 年）

西辽河流域人面岩画研究

朱利峰（北京联合大学艺术学院）

一、引言

西辽河流域是中国人面岩画出现相对较早的地区，同时也是一个重要的转折点与交汇点。该区域的人面岩画以其生态环境复杂、类型齐全、延续时间长、影响范围广等特点而著称。在数量、风格类型及制作方法上，展现出全面性和代表性。同时，西辽河流域在考古文化区域体系内的所有人面岩画分布地点中，是发展较为成熟、完善的区域。基于此，有必要对中国西辽河流域各类人面岩画进行深入的分期研究。

在目前的科技手段和考古学知识框架之下，岩画的准确年代判断还是一个尚未突破的难题。虽然西辽河流域有个别考古挖掘的岩画作为例证，但是只能得到地层关系的下限而仍然无法准确测定岩画的具体制作年代。因此，这里的时期界定只是为了便于更深入地理解和把握图像类型而进行的粗略划分。划分的方法是，把具有准确年代判断的考古学遗存作为首要的参照对象，论证人面岩画图像类型与周围考古学文化的关联性；再结合制作工艺、叠压关系、痕迹判断、风格特征等综合因素，建立起基本的关联序列，得出几个大体的分期。为方便起见，先将考古学界对西辽河流域全新世以来的考古学诸文化及其文化性质的概括转引如下（表一）。

表一　西辽河流域全新世以来考古学文化性质[1]

文化类型	时段	文化性质
小河西文化	距今 10000—8150 年	采集、渔猎
兴隆洼文化	距今 8150—7350 年	采集、渔猎、原始农业并存；定居文化

* 本文系教育部哲学社会科学研究重大课题攻关项目“中国岩画学研究”（22JZD032）以及国家社科基金重大项目“中国西南——东南亚岩画数字化记录与比较研究”（24&ZD313）成果。

[1] 席永杰、王惠德、孙永刚：《西辽河流域早期青铜文明》，内蒙古人民出版社，2007 年，第 25 页。

续表

文化类型	时段	文化性质
赵宝沟文化	距今7150—6150年	进入耜耕农业阶段，驯化、渔猎、采集占重要地位，社会分工开始；定居文化
红山文化	距今6660—4870年	发达的耜耕农业，采集、渔猎成为补充，进一步社会分工；定居文化
小河沿文化	距今4600—4100年	渔猎、农业并重，农业较红山时期明显衰退
夏家店下层文化	距今4100—3300年	史前农业发达，渔猎成为补充，家畜饲养盛行；定居文化，聚落有功能分化
夏家店上层文化	距今3200—2200年	畜牧业占主体，晚期出现农业文化，青铜器发达；聚落遗址发现少

进入全新世（Holocene）以来，西辽河流域史前文化的兴隆洼文化、红山文化和夏家店下层文化阶段，原始农业不断发展壮大，主要是人类自身进步的结果，也与全新世大暖期比较适宜的气候环境相关。而红山文化在极盛时期的突然中断，和夏家店下层发达的农业文化被上层的畜牧业文化所取代等文化断层事件，主要归因于气候的恶化。总体来看，西辽河流域的人面岩画能够与考古学文化相对应的几个明显的发展阶段，涉及史前的三个阶段和历史时期的一个阶段，每个阶段各有其相对独特的风格特征与形成条件，在图像构成特征上具有较为明显的演进过程。

二、兴隆洼—赵宝沟文化时期

全新世早期的气温升高，造成西辽河流域长时间的温湿气候，广泛分布的落叶阔叶林景观，为人类的发展创造了良好的自然条件，适宜原始采集渔猎文化的发展，在此基础上形成了小河西文化。继小河西文化之后的兴隆洼文化，是典型的渔猎、采集和原始农业并存的混合经济。其后的赵宝沟文化阶段，正值全新世大暖期的鼎盛阶段，稳定的暖湿气候促进了农业的发展，为红山农业文化的兴起奠定了基础[1]。

在西辽河流域北部林西县的兴隆洼文化白音长汗遗址，出土有一个石雕人像（图一），面部造型手法极其简练，双眼仅以两个椭圆形凹穴构成。此外，还出土有一个蚌壳人面、一个镶嵌蚌饰的石人面和一个东寨类型双石人面。蚌壳人面（图二，1）为同心圆双目，无眉和鼻，在眉心上方有两个圆点装饰；口部张开，有竖线表示牙齿；口下方有一个椭圆点装饰。嵌蚌石人面（图二，2）眼睛为两条上弯的连弧线，无鼻，口部突出尖锐的上下槽牙。双石人面（图二，3）的眼睛和嘴巴为三个圆凹，眼眉和鼻梁连起来构成一体化

[1] 席永杰、王惠德、孙永刚：《西辽河流域早期青铜文明》，内蒙古人民出版社，2007年，第32页。

的“连眉纵鼻”结构。1982年，在敖汉旗赵宝沟一号遗址出土了一个陶塑人头（图二，4），五官兼具，风格简练、写实，无过多装饰。这时的陶器装饰以几何纹饰为主，对人面像的装饰还没有产生显著的影响。这些人面像的发现，表明早在8000—6000年前的兴隆洼和赵宝沟文化阶段，西辽河流域已经有制作人面像的传统。从图像构成的角度来看，此时的人面雕刻品和塑像对于面部轮廓的形态处理比较随意，总体上以写实的卵圆形为主；眼睛已经具备圆凹、同心圆和扁目三种基本形态，眉弓部分偏重“连弧眉”的写实结构，也有与鼻梁连成一体化的“连眉纵鼻”结构，口部有圆凹、张口露齿和槽线三种形式。

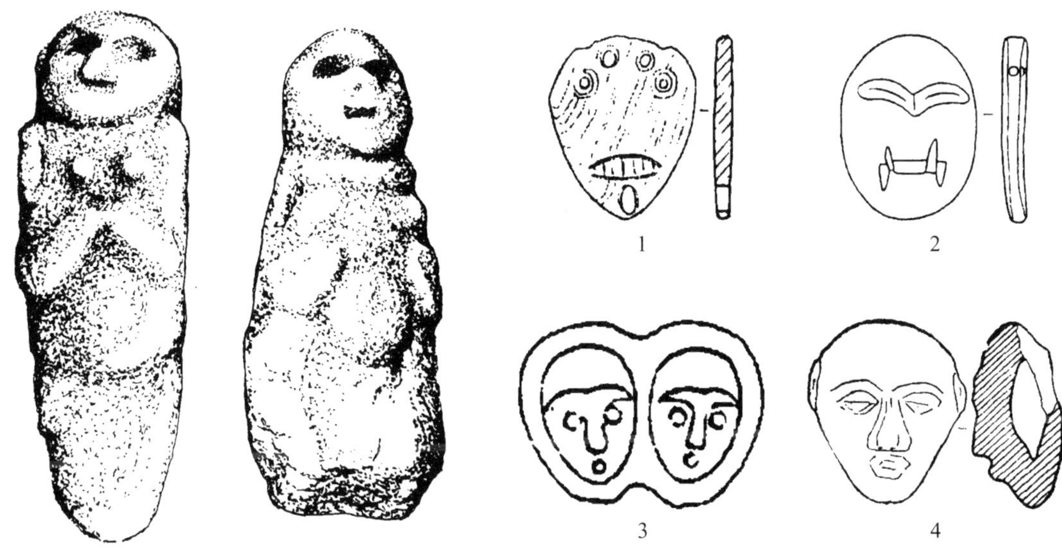

图一　白音长汗出土兴隆洼文化人像[1]

图二　兴隆洼、赵宝沟文化人面像[2]
1.白音长汗蚌人面　2.白音长汗嵌蚌石人面
3.东寨石人面　4.赵宝沟陶塑人头

与图二之1蚌壳人面具有相同结构特征的人面岩画，整个西辽河流域仅发现7例，其中6例在翁牛特旗白庙子山和箭眼山两处集中出现，这类人面岩画的体量均大于其他人面像，明显处于统治地位（图三，1—6）。它们都具有以“同心圆双目”和“张口露齿”这两个基本的表现形式相组合构成面部的结构特征。岩画的造型风格单纯、古拙，制作方法均为磨刻，痕迹十分古老，早已与岩石表面的色调一致，但是沟槽普遍很深，侧光条件下尚能辨认。这些岩画与白音长汗遗址的距离最近的不足一百公里，在考古学范畴中属于同一

[1]　王刚：《从兴隆洼石雕人像看原始崇拜》，《昭乌达蒙族师专学报（北方民族文化）》1998年第3期，第11—13页。

[2]　索秀芬：《燕山南北地区新石器时代文化研究》，吉林大学博士学位论文，2006年。

个新石器时代中期文化系统[1]。图像特征的一致性、空间位置上的一体性以及区域内五官构成方式的唯一性，表明这些人面岩画的创作时间与这些出土的雕刻人面像很可能属于同一时期，是西辽河流域最早期的作品。最远的一例出现在阴河流域的康家湾（图三，7），凿刻在一块密布有 70 个图像的巨石之上，周围人面的装饰性特征明显，已经是相对较晚的作品。这种现象表明，早期的图像特征具有一定范围的延续性和传播性。

图三　张口露齿＋同心圆双目结构人面岩画

1—5.白庙子山　6.箭眼山　7.康家湾

位于中原、北方和山东三大文化区中间地带的河北易县北福地一期遗址中，出土了十多件以直腹盆腹片雕刻而成的陶刻面具（图四），考古学年代与兴隆洼文化相当，造型风格写实，考古人员根据出土数量和摆放位置推测可能是用于祭祀或巫术驱疫时的辅助神器，用来装扮神祇或祖先[2]。赵宝沟晚期的后洼遗址出土了许多滑石雕刻的人面像（图五），形态特征基本上延续了兴隆洼文化的特点，仍然是比较单纯的客观写实性表现，甚

图四　北福地陶刻面具　　图五　赵宝沟文化后洼遗址滑石石雕人面像（赵辉供图）

[1] 田广林：《中国北方西辽河地区的文明起源》，东北师范大学博士学位论文，2003 年，第 38 页。

[2] 段宏振：《河北易县北福地史前遗址的发掘》，《考古》2005 年第 7 期，第 3—9 页。

至1图的张口露齿形态几乎与人面岩画的口部形态无异。唯独4图的面部有几道较深的刻槽，很可能是一种纹面的早期形式，在白庙子山巨薯石的最底部转角处，有一个人面像在脸颊部位具有相同的刻线（图六，5）。

这些在燕山南北大量同时出现的人面像遗存，都是中国目前所见年代较早、保存较为完整的作品，说明在燕山以及西辽河流域很早就发展出了崇尚人面的文化习俗。

在翁牛特旗北部那些眼口兼具的人面岩画周围，还有一些其他形态的人面像，造型各异，但是以同心圆双目的表现最为突出，单圆环和重环双目略少，也有写实的扁目，个别的以圆穴代表眼睛（图六）。

图六　翁牛特旗北部人面岩画

总体上，这一时期的人面岩画形象突出双眼，轮廓的有无和形状没有一定之规，连弧眉和连眉纵鼻一体化的造型结构已经开始形成，点状和线状的纹面装饰开始出现。虽然这些特征都或多或少地采用了夸张、变形的处理手法，但是在五官搭配的关系上还都是遵循着比较写实的规律，表现的是一种相对单纯客观的视觉形态。

三、红山文化时期

红山文化时期，在兴隆洼—赵宝沟文化的基础上，发展出比较发达的粗耕农业，渔猎和采集经济成为补充。社会逐渐进入新石器晚期和铜石并用时代，但是仍以石器为最主要的生产工具[1]。牛河梁遗址女神庙、积石冢群和祭祀广场的发现，表明红山文化已经具有较高级的社会组织形式和发达的宗教信仰体系。岩画分布的主要地点，也随着红山文化重心的改变逐渐向南部转移到英金河—阴河流域。

在内蒙古巴林右旗查干诺尔苏木洪格力图墓葬遗址中，发掘出两个陶制人面像（图七，1），共同特点是椭圆形轮廓，沟槽很深的连弧形眼眉，眼睛和鼻子均以圆凹表现，嘴巴为一条直槽，比较有特点的是在外眼角下方和鼻翼两侧都有两条向外侧延伸的斜线，很像是滑过脸颊的泪痕；二者唯一的不同是略大的一个眼睛外轮廓为核形扁目[2]。这种写

[1]　席永杰、王惠德、孙永刚：《西辽河流域早期青铜文明》，内蒙古人民出版社，2007年，第34页。

[2]　苏布德：《洪格力图红山文化墓葬》，《内蒙古文物考古》2000年第2期，第17—20页。

实性的扁目也同样出现在牛河梁遗址的女神像上[1]（图七，2）。郭大顺先生曾指出，白音长汗、牛河梁等地的人像姿态相仿，在人面部分的处理手法相近，都是与祭司有关的姿态[2]，似乎这些人面像以及人面岩画的制作都是出于原始宗教的需要。

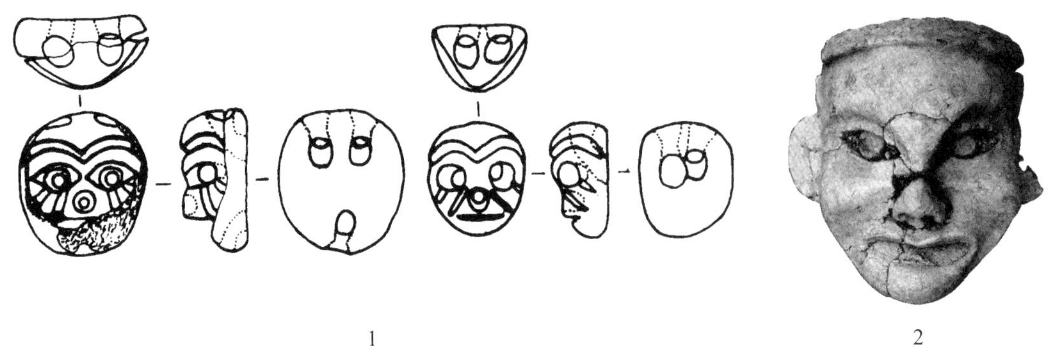

图七　红山文化考古遗存中的人面像

1.洪格力图红山文化陶塑人面像　2.牛河梁女神头像

在克什克腾旗苇塘河有一幅出土岩画（图八，1），连弧眉、三角鼻和口部的形态与洪格力图陶塑人面像的面部构成方式十分相似，是当地农民取黄土时，在距离地表3—4米的黄土层中发现的，通过与相关的考古报告相对照，岩画以南2公里处的一个夏家店下层文化遗址文化层厚度最深不超过1.5米[3]。此外，巴林右旗博物馆收藏的两个红山文化玉

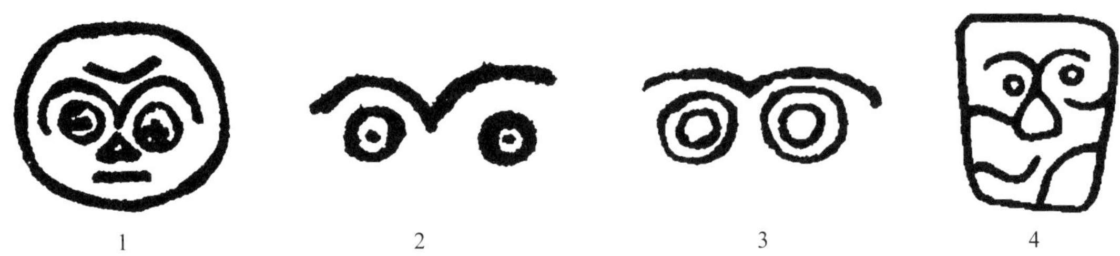

图八　西辽河流域连眉环目类型人面岩画

1.苇塘河　2、3.半支箭　4.康家湾

人面纹饰件也都具有三角鼻的特征（图九，1、2）[4]。因此可以判断其时代下限早于夏家店

[1] 朝阳市文化局、辽宁省文物考古研究所编：《牛河梁遗址》，学苑出版社，2004年。

[2] 郭大顺：《红山文化“玉巫人”的发现与“萨满式文明”的有关问题》，《文物》2008年第10期，第80—87、96页。

[3] 盖山林、盖志浩：《内蒙古岩画的文化解读》，北京图书馆出版社，2002年，第277页。

[4] 乌力吉：《巴林右旗博物馆收藏的玉人面纹饰件》，《北方文物》2000年第1期，第26页。席永杰：《红山文化玉器造型的审美情韵》，《赤峰学院学报（汉文哲学社会科学版）》2008年第5期，第1—8页。

下层文化，应是红山时代的作品。这种连弧眉结构＋三角鼻的人面形象还出现在托克托县出土的一个没有实用功能的大石铲上面（图九，3）[1]，相似的人面岩画在阴河流域以及翁牛特旗也有分布。

1

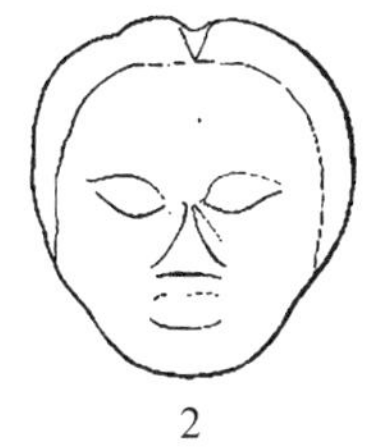

2

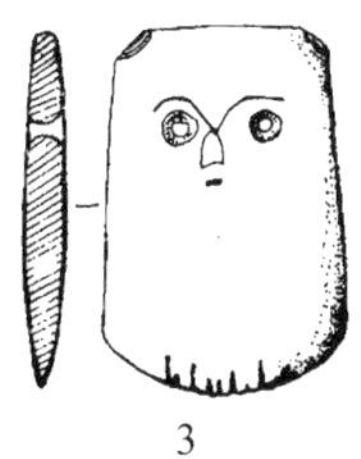

3

图九　红山文化人面形象

1、2.巴林右旗玉人面　3.托克托县大石铲

20世纪70年代以来，在红山文化的几个考古遗存之中出土有一种勾云形玉器[2]（图一〇），其中有几款的纹饰造型独特，以两个对称外旋的涡旋纹表示眼睛，这种造型方法在更早的兴隆洼和赵宝沟文化时期尚未出现。在牛河梁红山文化遗址中出土的陶器上，也出现了这种涡旋纹饰的风格（图一一）。有学者认为，这种涡旋纹饰风格大量出现在庙底沟文化遗存中，红山文化中期与之大体相当。而红山文化的涡旋纹陶器主要出现在第四期，年代为公元前3500—公元前3000年之间[3]。红山文化之前，西辽河流域的陶器纹饰都以“之”字纹为主体。此时彩陶中流行的黑彩弧线纹、涡旋纹和弧边三角纹图案，可能是受到庙底沟文化影响的结果[4]。而在同时期东北方的黑龙江流域这种涡旋纹风格在岩画和其他考古遗存中大量出现，其流行程度远超西辽河流域。因此，也有可能存在东北亚

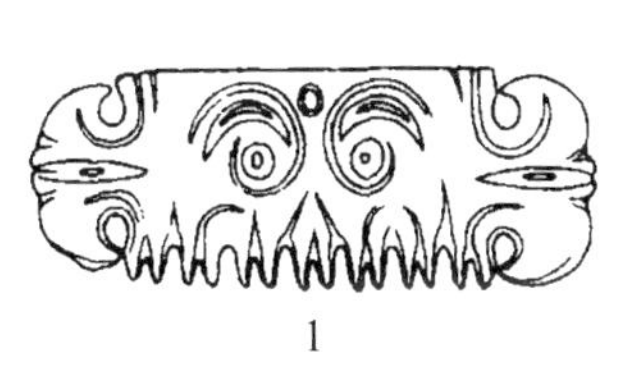

1

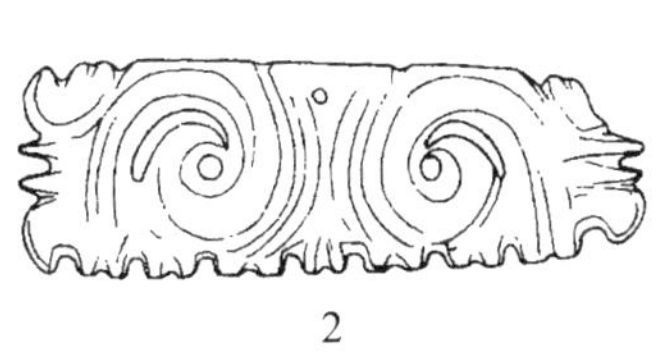

2

图一〇　红山文化勾云形玉器

1

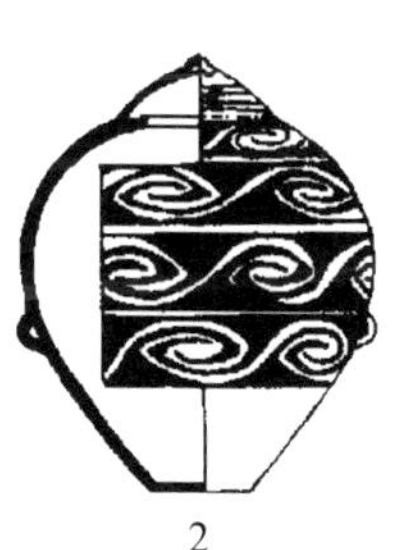

2

图一一　牛河梁出土陶器纹饰

[1]　陈星灿：《内蒙古托克托县发现的几件磨制石器》，《考古》1991年第9期，第859—860页。

[2]　刘国祥：《红山文化勾云形玉器研究》，《考古》1998年第5期，第65—79页。

[3]　索秀芬、李少兵：《红山文化研究》，《考古学报》2011年第3期，第301—326页。

[4]　田广林：《中国北方西辽河地区的文明起源》，东北师范大学博士学位论文，2003年，第39页。

涡旋风格与西辽河红山文化交互影响的可能。总之，多种载体之上出现的涡旋纹风格在距今 5500—5000 年左右成为红山文化中期的典型风格之一。

在英金河—阴河流域，有两幅与勾云形玉器的眼睛表现风格相似的人面岩画，出土于夏家店下层文化的三座店石城遗址中。据内蒙古文物考古研究所报道，其中一个为“双漩涡纹，局部压在夏家店下层文化建筑的石墙之下”；另一幅为“双漩涡纹和折线条组成的颜面纹（图一二，1），刻在通道中央的一块基岩上。”与之同时出土的还有一幅凹穴岩画。这 3 幅岩画系发掘出土，正如考古人员所说，“依据它们在遗址中的埋藏层位，可以确认这些岩画的作画时间至少应与夏家店下层文化同时或更早。”[1]这种岩画与考古文化比较明确的地层对应关系在国内还极其罕见，为判定岩画的年代提供了可供参考的科学依据。另据考古材料显示，英金河—阴河流域孤山子的一个涡旋纹图像被压在厚达 6 米的夏家店下层文化堆积层之下[2]，与三座店岩画互相印证，更确定这种类型岩画早于夏家店下层文化的事实。

三座店这幅涡旋纹和折线纹组合的人面结构，在赤峰市红山上的红山文化遗址一处险要的崖壁上也发现了一个（图一二，2），二者的形态特征几乎完全一致，区别只是三座店岩画的制作方法为深凿磨，红山岩画则为点状敲琢而成。从制作难度上看，红山岩画位于陡峭的山顶崖壁之上，落脚处极窄，难以借力，能够敲琢出完整的图形已属十分不易；三座店的岩画石处于石城的缓坡之上，且靠近水源，以深凿磨工艺制作相对容易得多。这些以涡旋纹为主要表现特征的人面岩画同处于英金河—阴河流域，应为同一阶段的作品。

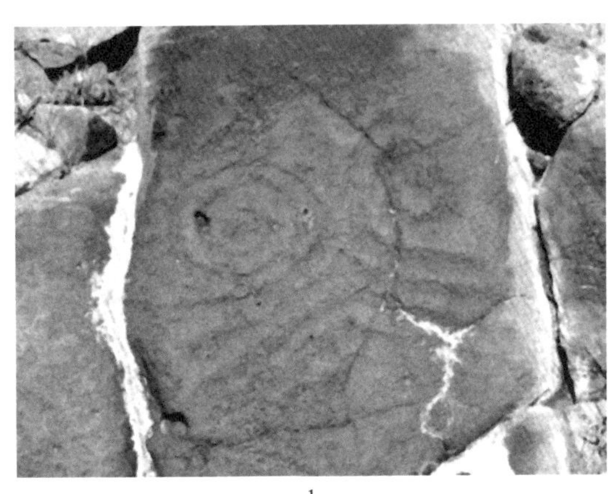
1

2

图一二　阴河—英金河流域的涡旋眼人面岩画（朱利峰摄）

1.三座店岩画　2.红山岩画

[1] 郭治中、胡春柏：《赤峰三座店夏家店下层文化石城址发掘全面结束》，《中国文物报》2006 年 12 月 13 日第 2 版。

[2] 盖山林、盖志浩：《内蒙古岩画的文化解读》，北京图书馆出版社，2002 年，第 280 页。

从制作方法和痕迹判断来看，与涡旋纹属于同一时期的英金河—阴河流域岩画开始出现一些新的造型特征和结构类型（图一三）。主要包括：四角偏圆的方形轮廓（图一三，1—3），额头的多重连弧皱纹装饰（图一三。4），椭圆形轮廓与芒线的组合（图一三，5、6），无轮廓人面的“连弧眉”结构已经模式化（图一三，7—11）等。

图一三　阴河流域红山文化时期人面岩画

总体来看，红山文化时期的人面岩画，眼睛虽然仍是必不可少的要素，但是同心圆双目的突出作用已经明显削弱，扁目、圆点双目增多；眼睛完成了从圆形、同心圆、重环向涡旋纹的转变；涡旋纹双目、有芒轮廓和连眉双目的模式化是新的表现特征；额头开始出现多重皱纹，面部增加泪痕装饰等各种隐喻性更强的装饰性元素；人面各要素的构成形式趋于模式化、规范化、符号化。

四、小河沿—夏家店下层文化时期

继红山文化之后的小河沿文化，是向夏家店下层文化过渡的一个阶段，中原地区的文化北上影响日趋显著，约为铜石并用时期。这一时期与距今5000—4000年左右的全新世暖期中的降温事件重合，科尔沁沙地第一次扩展，繁荣的红山农业文化衰退，遗址减少，渔猎文化重新占据了重要的地位。距今4000年前后，河流下切形成现在的二级阶地和新的河漫滩，为夏家店文化时期提供了更加安全和适合农作的场所[1]。人面岩画的分布范围在此期间进一步向四周扩张，达到最繁盛阶段。

翁牛特旗南部的毛瑙海山和大黑山岩画点有许多带有耳饰和头饰的人面像，是环太平洋范围内所发现的人面像中风格非常独特的一种岩画类型。这些人面岩画有明确的五官和

[1]　席永杰、王惠德、孙永刚：《西辽河流域早期青铜文明》，内蒙古人民出版社，2007年，第36—49页。

轮廓，对菱形或核形面庞存在偏好，似乎在暗示其为某一族群的独特标记；轮廓外各个装饰部位的造型特征也十分明显，主要是十字星形和鱼鳍、鱼尾的具象表现，这种人面与鱼纹相结合的手法在中国新石器时代仰韶文化的彩陶纹中已有先例，二者都有耳饰、腮饰和三角形的尖顶，题材也都是人面纹和鱼纹的组合。但是这里的人面岩画构成方式不像是半坡彩陶器物上人面和鱼纹简单地挨在一起，而是将鱼的身体幻化为人的面庞。

图一四之 2 是大黑山现存最为完整、精细的一幅人面像，突出表现“鱼鳍”“十字星形”以及大三角折线纹，从图像判断，直观上可称之为“鱼纹人面像”。具体的构成方式是在菱形人面的上半部装饰繁密的大三角折线纹，下颌处加上鱼尾，在腮部加上鱼鳍，使鱼纹和人面像合二为一。这种构成方式与翁牛特旗北部的早期人面像差异较大，年代跨度明显，其基本特征为多种造型元素的复合构成，虽沿袭自红山文化时期的“连弧眉＋三角鼻”样式，但造型严谨，讲究固定的模式，更添加了耳部和顶部的装饰物。此类岩画在黑褐色的玄武岩上凿痕颜色比岩石表面的深色调略浅，但已经非常接近，年代也相当久远。制作方法主要为点状敲琢，凿点细密，每个敲凿点直径约为 1—2 毫米。部分线条经敲击之后又磨划加工，宽度多在 5—8 毫米之间，深度在 2 毫米之内。在这种宽度范围内进行加工，使用新石器时期的石质凿磨器具是比较难以实现的，很可能已经动用了金属工具。整个人面像的每一个细节均使用规范、严谨的装饰化手法。对鱼纹细节的形象刻画，可能与当时人们以鱼类为主的生计方式有关。十字星形的直接装饰，使画面增加了几分神秘感。

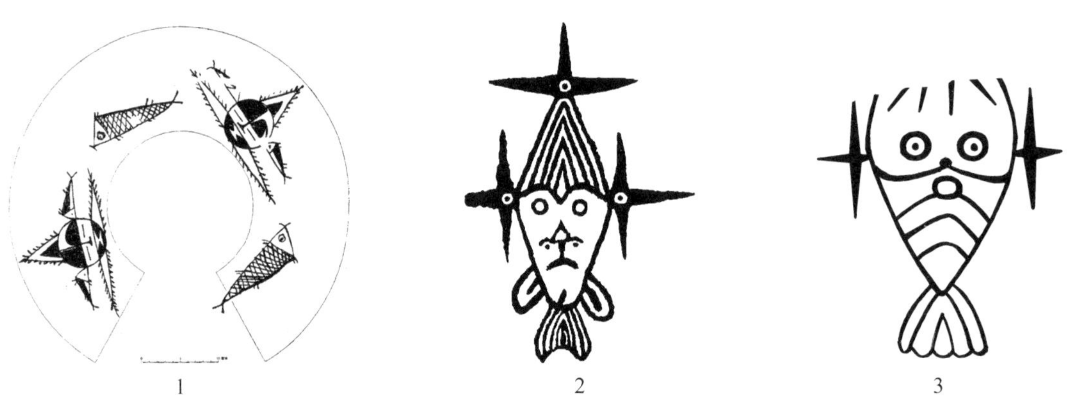

图一四　鱼纹人面遗存

1.半坡彩陶图案　2.大黑山鱼纹人面岩画　3.毛瑙海山鱼纹人面岩画

小河沿文化时期的考古遗存中没有发现与鱼纹人面相对应的材料，但是在石棚山等遗址出土的许多大三角折线纹陶器上，能够看到与鱼纹人面顶部相同的装饰手法，共同之处除了形式一致之外，二者都追求精细、匀称的构图效果（图一五）。

距今4800年左右，西辽河流域开始长达600年的降温[1]。这一期间气候恶化，人口减少，土地由于长期的粗放型农垦活动沙化严重[2]，很有可能在夏家店下层文化兴起之前，这一区域有一个以渔猎采集为主要生计方式的族群，在气候变冷、农业衰退的情况下没有选择向南方温暖的地带迁徙，而是留在又干又冷的贫瘠的生态环境中勇敢地面对困难。从大黑山和毛瑙海山这两个岩画点的直线距离来看，这一支族群的活动范围不大，仅仅在比较小的范围内遗留下了鱼纹人面像[3]。

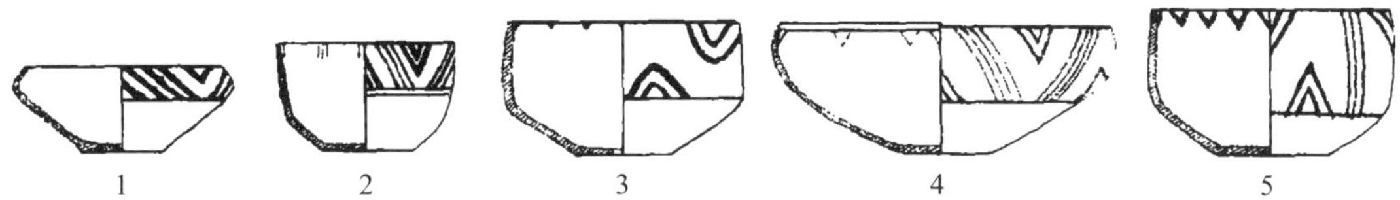

图一五　小河沿文化石棚山遗址陶器纹饰[4]

与鱼纹人面岩画同一时期的还有一些核形或椭圆形人面岩画，同样带有十字星形或鱼鳍形的耳饰（图一六）。此期岩画的面部核心图像以连弧眉、圆目、三角鼻、椭圆口为基本构成规范。这种固定结构在英金河—阴河流域和白岔河流域都有发现，但均不带有十字星形或鱼鳍的附加装饰，很可能属于略早于小河沿文化的红山文化晚期，属于过渡类型。

这批较早的人面岩画之上，又叠压了大量的符号岩画（图一七）。这些符号痕迹较新，制作粗糙，年代显然要晚于鱼纹人面。线条为点状敲击或浅磨划而成，多见有明显的金属利器刮削痕迹，有些像是随意而为，缺乏刻意的修饰。这类岩画显然已经失去了神圣的意义，更像一种记事性质的符号。造型多以简单的圆圈和“人”字形相连接构成奔跑状的类人形，另有一些构成类似星象的符号。

这些由圆圈和连线构成的符号岩画中，也有非常少的人面表现，在翁牛特岩画中是最晚期的作品。这一期间的伴生图像出现了以驯鹿为主的动物，有的动物颈部还系有绳索，透露了这时的生计方式显然是畜牧经济，因此岩画制作的时间上限不会早于距今3000年左右畜牧业兴起的夏家店上层文化。这期间气候变干变冷的趋势明显，旱作农业逐渐被能够适应冷干气候的畜牧业取代，岩画由游牧民族制作的可能性很大。比较大黑

[1] 席永杰、王惠德、孙永刚：《西辽河流域早期青铜文明》，内蒙古人民出版社，2007年，第34—40页。

[2] 宋豫秦等：《中国文明起源的人地关系简论》，科学出版社，2002年，第53页。

[3] Zhu Lifeng, “ Rock Art in Ongniud Banner and Its Creators” , Directed by Emmanuel Anati: *Art As a Source of History,* XXV Valcamonica Symposium, 2013, Italy: Centro Camuno di Studi Preistorici, pp. 145-154.

[4] 索秀芬、李少兵：《小河沿文化分期初探》，《考古与文物》2006年第1期，第32—43页。

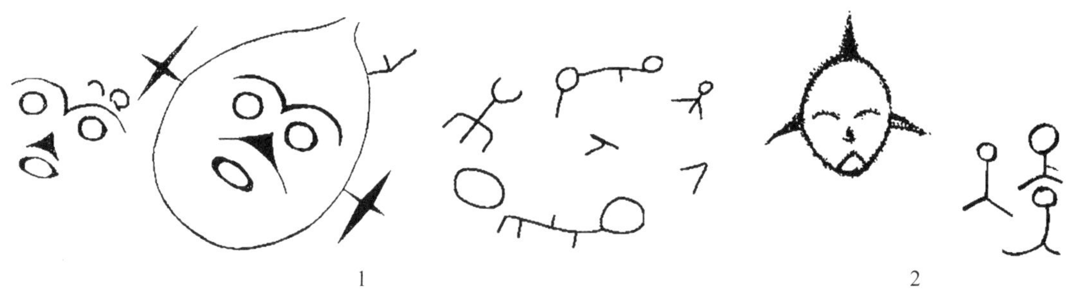

图一六 翁牛特旗南部岩画

1.毛瑙海山 2.大黑山

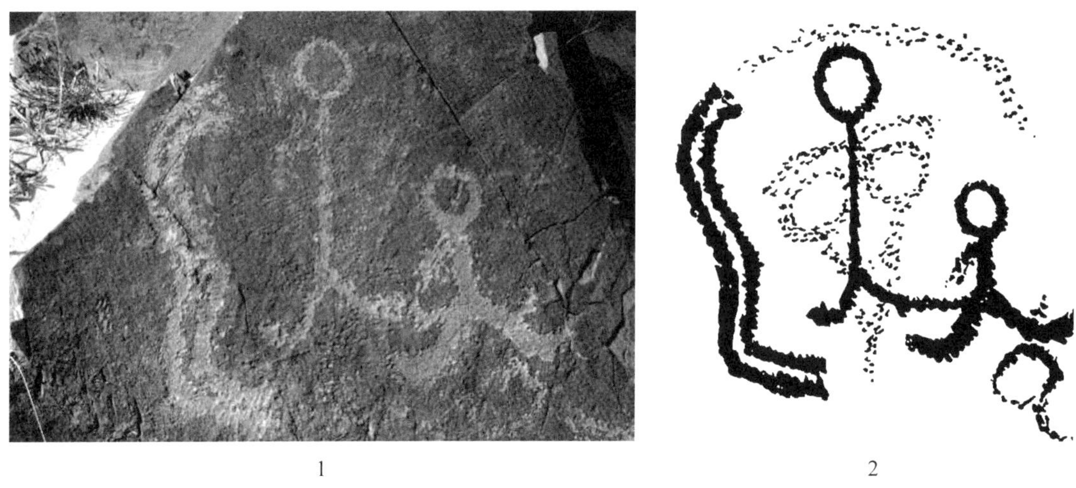

图一七 大黑山岩画叠压关系

1.大黑山叠压关系原图 2.大黑山叠压关系描图

山和毛瑙海山相叠压的两期岩画内容，因风格内容明显不同，制作手法也有别，因此其作者很可能不属于同一族群的延续。

在英金河—阴河流域的半支箭、康家湾等岩画点，有许多方形轮廓人面以及无轮廓的眉、眼、鼻组合结构风格接近，这些组合中“连弧眉”和“三角鼻”的使用比较普遍，风格化明显。同样的形象在扎鲁特旗大里山和围场县潘家店岩画点也都有发现，应为同一阶段的作品。特别值得一提的是康家湾的一块巨石岩画，因为修建三座店水库而迁移到赤峰市内的石博园中保存。在一面20平方米见方的石壁上，密密匝匝布满了70个形态各异的图像，绝大多数是人面像。从U形沟槽的制作痕迹判断，应是由石器制作而成，黄赭色花岗岩上的磨痕颜色已经与石面统一，但痕迹较浅，远看根本不会知道这竟然是古人视为神祇的圣像壁。除了上述特征之外，这里的人面轮廓还有很多以波曲纹和铰链纹构成，出现了三角形和梯形等更随意的形状，充满了装饰意味，与处于相同时代的良渚文化以及石家河文化玉器上的人面风格极其神似（图一八，1），甚至与山东益都苏埠屯商墓出土的兽面纹大钺图像基本一样（图一八，2），很有可能是受到了环太湖文化和海岱文化北上的影响[1]。相似的人面像，在中原地区一直到西周都有发现，可见此类风格的持续时间跨越了一千余年。小河沿—夏家店下层文化时期，已经进入铜石并用和青铜时代，彩陶、玉器、青铜器上出现了繁缛的纹饰，这种风格影响到人面岩画的造型，在康家湾人面岩画上就是具体的表现。

1

2

3

4

图一八　富有装饰风格的考古遗存与人面岩画

1.良渚文化玉版饰　2.山东益都兽面纹大钺　3、4.康家湾岩画

另一个独特之处是，此一阶段的岩画中开始出现植物形态，多数为枝杈状的“树冠”结构，与人面相结合。可能是崇尚人面的族群与崇拜森林树木的族群在这里产生了深度的交流，表现出文化融合的迹象。海岱地区在20世纪60年代于山东莒县大汶口文化遗址出土十余个祭祀用的大口陶尊，其中一个外侧腹壁上几何符号顶部刻有一棵树状植物，有学者认为是祈求丰产的祭祀符号[2]，该符号的出现可能略早于江苏连云港将军崖的植物岩画或约略同时。位于大兴安岭南麓的西辽河流域，自古以来人们就生活在森林草原之间，这里出现的头顶枝杈状头饰的“树冠”类型人面像，除了丰产的祭祀功能之外，更有可能是北方阿尔泰语系民族树葬习俗的一种体现（图一九）。

树葬曾是古代北方许多民族流行的原始葬法，从林木茂盛的大兴安岭走出来的蒙古始祖室韦部、契丹人、女真人，都有树葬的习俗，反映了这些民族“亡灵回归森林”的萨满教观念。如北朝时期的室韦人，“父母死，男女众哭三年，尸则置于林树之上”[3]，直至唐代，室韦人仍保留此习俗；契丹人“父母死而悲哭者，以为不壮。但以其尸置于山树之上，经三年后，乃收其骨而焚之”，辽中期以后树葬已很少见[4]。这种反映树葬习俗的岩画在中国的北方草原具有明显的分布轨迹，从西辽河一直到阿拉善的东西向分布带上都有

[1] 张光直、徐苹芳等：《中国文明的形成》，新世界出版社，2004年。

[2] 刘德增：《祈求丰产的祭祀符号——大汶口文化陶尊符号新解》，《民俗研究》2002年第4期，第59—69页。

[3] 《北史》卷九十四，中华书局，1974年，第3129页。

[4] 《北史》卷九十四，中华书局，1974年，第3128页。

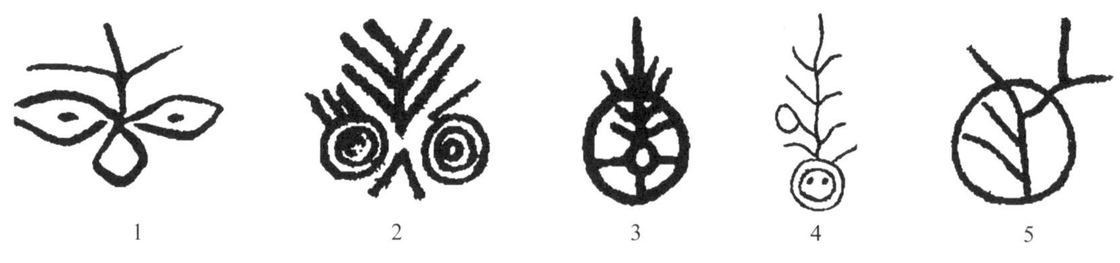

图一九　西辽河流域与植物相结合的人面岩画

发现，而且数量众多。

概括来看，小河沿—夏家店下层文化时期的人面岩画，各种不同的图像元素之间开始广泛融合，制作方法中开始夹杂金属工具的使用，精细化程度明显提高，具体的表现是细节刻画的增加，轮廓的几何化、装饰化以及面部器官组合的程式化愈加明显；相应地随着装饰的增加，制作工具不论是石器还是金属，沟槽的深度反而比前两个时期浅了很多。

五、历史时期

距今 3300 年左右，全新世大暖期结束，畜牧业文化兴起，夏家店下层文化被夏家店上层文化所取代。西辽河流域随着气候的再一次变干变冷，文化发生了转型，夏家店下层的农业文化衰退，开始了畜牧业文化的第一次繁荣[1]。反映畜牧经济的岩画在西辽河流域显著增加，并且发展的中心向白岔河流域移动。作画者的注意力更多地转移到人们赖以生存的动物身上，人面岩画不再是最主要的表现对象，多是夹杂在动物岩画之间的零星发现。

据张松柏和刘志一的调查报告，白岔河流域山前村的一块残石上刻有两个线条细密的椭圆形轮廓纹面岩画和两个无轮廓人面岩画，现已丢失（图二〇，1）。两个无轮廓人面是程式化的连弧眉加重环双目，最有特点的是一大一小两个纹面人面像。五官部分的造型特点有小河沿时期的遗风，连弧眉、同心圆双目、三角鼻、张口露齿等要素皆备，脸颊上有折线纹的刻线，轮廓上布满连弧线装饰。两个形象似乎具有性别的属性，连弧形的轮廓装饰一个在内一个在外，具有扩张和内敛的两极表现。同心圆眼睛上带有芒线的很可能是女性，这一幅脸庞较大，也符合萨满教以女性为主的身份地位。这幅岩画线条刻划精细，石器工具无法实现，应是晚于夏家店下层文化的青铜时代作品。相同风格的岩画在邻近的永兴岩画中也发现了几例，表现出浓厚的装饰意味。

这种线条繁密的装饰手法以及连弧形的轮廓边饰，与扎鲁特旗大里山的一个巨幅

[1]　席永杰、王惠德、孙永刚：《西辽河流域早期青铜文明》，内蒙古人民出版社，2007 年，第 38 页。

1

2

3

4

5

6

图二〇 鲜卑风格人面岩画
1.山前 2、3.永兴 4.大里山 5、6.归德沟

人面像风格一致，在桌子山的苦菜沟、贺兰山的归德沟都有分布，更多见于鄂尔多斯风格和鲜卑风格的金质牌饰。在科左中旗腰林毛都苏木北哈拉吐出土的人面形金饰牌（图二一），是鲜卑贵族用以护身的饰物[1]，其椭圆形头部边缘就是连弧纹装饰。连弧纹在中国的使用，主要流行于战国至汉代的铜镜纹饰，与金饰牌和岩画的时间大体相当。1988年，巴林右旗村民在挖水渠时发现一件汉代铜镜[2]（图二二），表明这种在中原地区广为流传的装饰风格已经影响到西辽河地区。

图二一 科左中旗鲜卑金饰牌

图二二 巴林右旗出土汉代铜镜

西辽河地区在夏家店上层的红山后遗址出土有一个人面铜牌（图二三，1）表明人面形象的面具陪葬习俗至少在3000年前就已经开始；而奈曼旗青龙山镇陈国公主墓覆面的金面具（图二三，2）根据墓志确定的准确纪年为1018年[3]，平房和王家营子有数个人面像的头部特征与此风格相近，应为同一时期作品（图二四）。有学者认为，在信仰萨满教

[1] 徐英：《中国北方游牧民族造型艺术》，内蒙古大学出版社，2006年，第99页。

[2] 苗润华：《内蒙古巴林右旗发现一件汉代铜镜》，《文物》1989年第3期，第82页。

[3] 孙建华：《辽陈国公主驸马合葬墓发掘简报》，《文物》1987年第11期，第4—24页。刘冰：《试论辽代葬俗中的金属面具及相关问题》，《内蒙古文物考古》1994年第1期，第37—39页。

的北方民族中，这种覆面习俗有着特定的表现形式和意义，作为一种陪葬法器，是萨满教灵魂观念的产物[1]。因此，人面岩画晚期作品的持续时间可能长达2000年左右，约为夏家店上层文化到辽代之间。

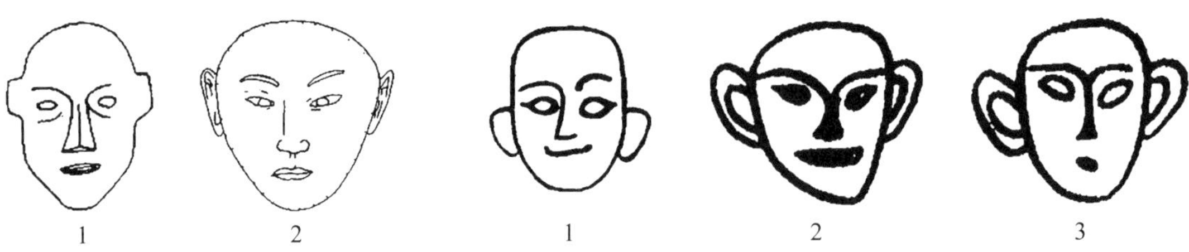

图二三　辽代葬俗中的金属面具
1.红山后人面铜牌　2.陈国公主金面具

图二四　阴河王家营子面具型人面岩画

阴河流域的半支箭、王家营子等岩画点中有一种头顶无发但刻划出弧形发际线的人面岩画（图二五，1—3），似与一种契丹流行的“髡发”形式相关。这种髡发的形象与辽墓壁画契丹人的发式类似（图二五，4）[2]。其整体形象也酷似契丹墓出土的铜质或金、银面具。此类人面岩画很可能是晚到辽代或之前契丹人的作品，具有写实性和世俗化的特点。

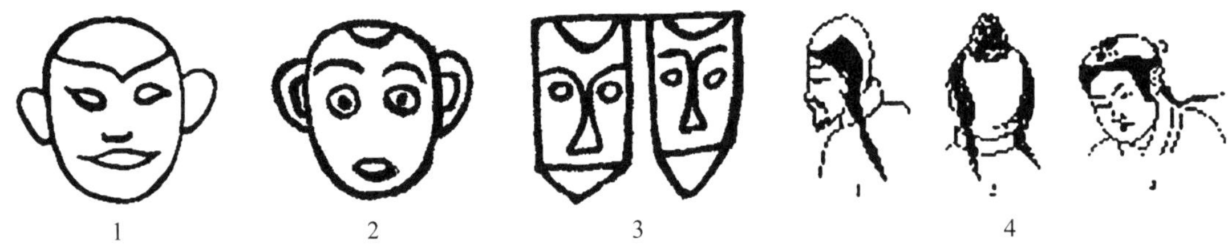

图二五　岩画和墓室壁画中的髡发习俗
1.半支箭　2、3.王家营子　4.辽代契丹髡发样式

在克什克腾旗西拉木伦河中游的河沿村，有几幅造型写实的人面岩画，每个人面的顶部三分之一处都划分出形似平顶帽一样的区域，顶上带髻，其中两个帽檐的正中还镶嵌有圆形装饰物，显得非常精美。面部的表现则相对简单，并不强调眼睛的刻画，有两个人面像甚至将眼睛直接省略（图二六，1）。蒙元和辽金墓葬壁画中常见有相似的帽型，帽檐镶嵌有装饰物的看上去具有较高的社会地位（图二六，2）[3]。契丹男女都有佩戴耳饰

[1]　郭淑云：《北方丧葬面具与萨满教灵魂观念》，《北方文物》2005年第2期，第29—34页。

[2]　李甍：《略论辽代契丹髡发的样式》，《考古与文物》2011年第1期，第86—91页。

[3]　河北省文物研究所：《宣化辽墓：1974～1993年考古发掘报告》，文物出版社，2001年。

1　　2

图二六　岩画和墓室壁画中的辽代帽式

1.克什克腾旗河沿岩画　2.宣化辽墓墓室壁画

和项饰的习俗[1]，人面岩画颈部出现的圆圈状装饰很可能与此习俗有关，判断应为历史时期契丹人的作品。

六、结语

通过上述对西辽河流域考古学文化以及人面岩画的比较分析，可以判断在距今约8000—6500年的兴隆洼—赵宝沟文化阶段，人面岩画具有了强调同心圆双目的典型式样，在较小的范围发展起来，神性的表达单纯而严肃，纹面开始出现，是西辽河流域人面岩画的早期阶段。而距今6500—5000年左右的红山文化得到进一步发展，覆盖区域扩大，并演化出连弧眉、涡旋纹双目、有芒轮廓、多重皱纹等几种比较固定化的造型范式，开始强调多神的原始宗教属性，是人面岩画发展的第二个阶段。到距今约5000—3000年的小河沿文化和夏家店下层文化期间，人面岩画的中心开始向南偏移并向更大的范围扩散开来，出现鱼纹人面、星形耳饰、三角鼻、树冠、方形轮廓、波曲线轮廓等模式化的造型特征，与原始宗教、风俗信仰的关系愈加紧密，不论是数量还是覆盖范围都达到了全盛时期，是人面岩画发展的第三个阶段。距今约3000—1000年，中原地区进入了历史文化时期，西辽河流域的岩画随着畜牧业的发展转为以表现动物为主，人面岩画在东、西方和中原文化的影响下，继续产生了一些新的变化，如轮廓上的连弧纹、精细的纹面、髡发样式、帽饰等，装饰化的意图明显增强，表现出世俗化的倾向；但是数量已经明显减少，直至被其他

[1]　宋德金、史金波：《中国风俗通史·辽金西夏卷》，上海文艺出版社，2001年，第61页。

艺术形式所取代而退出历史舞台，是发展的第四个阶段（表二；图二七）。

表二　西辽河流域人面岩画分期表

分期	时间及考古学文化	分布区域	主要类型
一	距今约 8000—6500 年 兴隆洼文化 赵宝沟文化	翁牛特旗北部	A.同心圆双目＋张口露齿 B.简单纹面
二	距今约 6500—5000 年 红山文化	翁牛特旗北部 苇塘河 白岔河 英金河—阴河	A.连弧眉 B.涡旋纹双目 C.有芒轮廓 D.多重皱纹
三	距今约 5000—3300 年 小河沿文化 夏家店下层文化	翁牛特旗南部 阴河 巴林右旗 扎鲁特旗 围场县	A.鱼纹人面 B.星形耳饰 C.连弧眉＋三角鼻 D.树冠 E.方形轮廓 F.波曲线轮廓
四	距今约 3300—1000 年 历史文化时期	翁牛特旗南部 白岔河 西拉木伦河 阴河 扎鲁特旗	A.轮廓＋连弧纹 B.精细纹面 C.髡发风格 D.帽饰

在前两个发展阶段，人面岩画的出现和兴起恰与西辽河流域全新世暖期的盛期相重合，原始农业文化伴随着渔猎采集和狩猎经济开始在适宜的生态环境中得以发展，并在小河沿和夏家店下层文化时期达到高峰[1]。种种迹象表明，定居农业在复合经济区域的发展是促成人面岩画在西辽河流域产生并达到繁荣的基础，人面岩画的发展、兴盛过程虽然不一定与农业文化的进退、兴衰完全一致，但却是推动人面岩画走向多样化风格的催化剂。

根据分期与风格类型的综合研究，可以初步判定，人面岩画风格类型的多样性是生存环境、生计方式以及民族文化差异性的综合反映。人面岩画分布地点及其民族文化的特殊性，代表着不同的文化内涵，各地自身文化生态的影响对本地独特类型的产生起着决定性作用。人面岩画的面部构成方式在区域分布上具有从写实到抽象、从客观到主观的变化趋势，人面各要素的构成形式逐步呈现模式化、规范化、符号化，到最后阶段轮廓的几何化、装饰化以及面部器官组合的程式化愈加明显，呈现出写实性和世俗化的特点。

---

[1]　席永杰、王惠德、孙永刚：《西辽河流域早期青铜文明》，内蒙古人民出版社，2007 年，第 28—34 页。

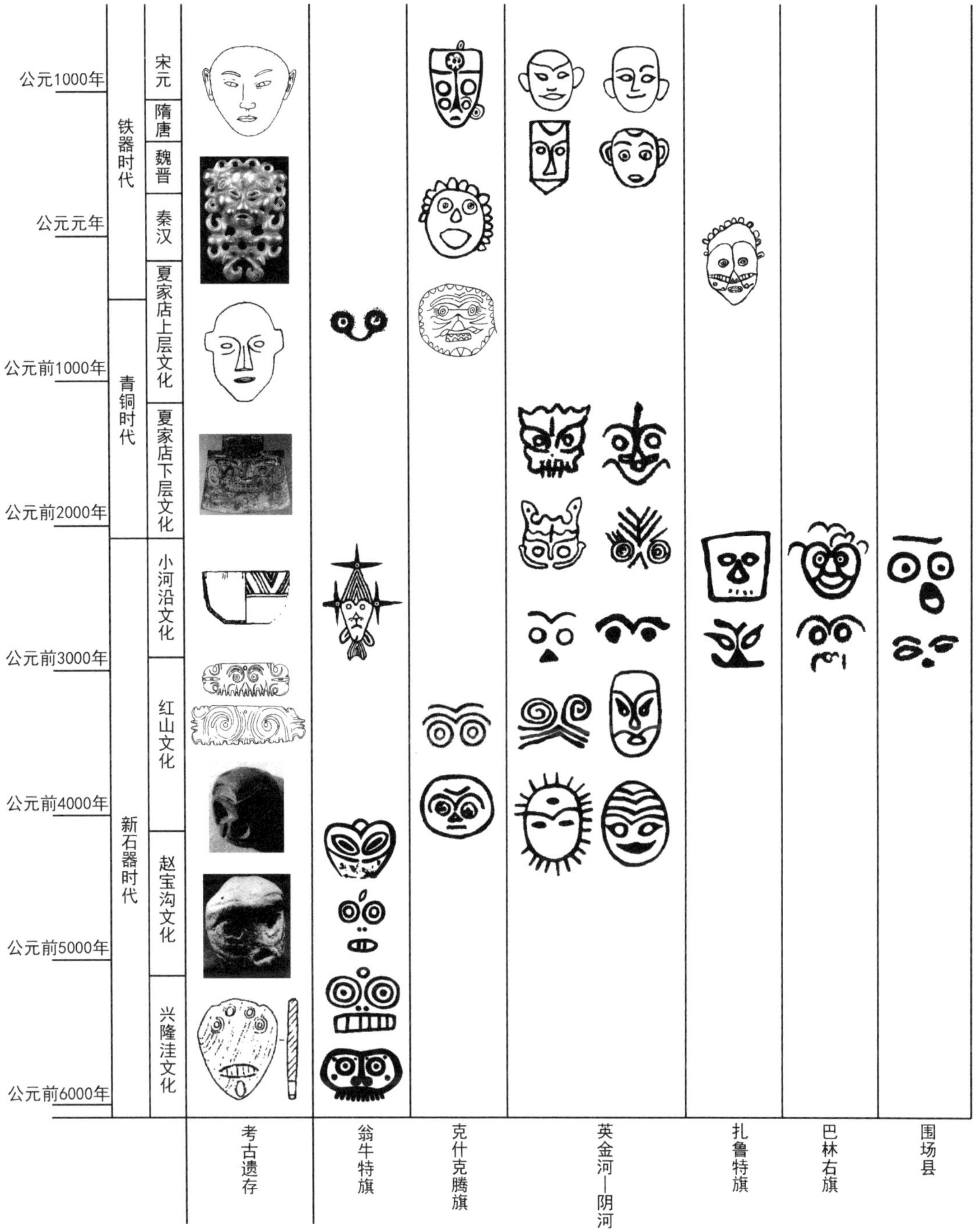

公元1000年
公元元年
公元前1000年
公元前2000年
公元前3000年
公元前4000年
公元前5000年
公元前6000年

铁器时代
青铜时代
新石器时代

宋元
隋唐
魏晋
秦汉
夏家店上层文化
夏家店下层文化
小河沿文化
红山文化
赵宝沟文化
兴隆洼文化

考古遗存
翁牛特旗
克什克腾旗
英金河—阴河
扎鲁特旗
巴林右旗
围场县

图二七　西辽河流域人面岩画与考古学文化的对应关系

齐东方教授主要学术成果

（截至2024年）

一、著作类

（一）独著

1.齐东方：《丝绸之路——通向中亚的历史故道》，中国三峡出版社，1993年。

2.齐东方：《唐代金银器研究》，中国社会科学出版社，1999年。2022年上海古籍出版社新版。

3.齐东方：《走进死亡之海》，新疆人民出版社，2000年。

4.齐东方：《隋唐考古》，文物出版社，2002年。

5.齐东方：《唤醒沉睡的王国——尼雅探秘》，陕西师范大学出版社，2004年。2005年波希米亚文化出版有限公司以《尼雅探秘——唤醒沉睡的王国》为名在中国台湾出版。

6.제동방（齊東方）「지음, 이정은 옮김」,『중국고고학 수·당』(《中国考古学·隋唐》）, 사회평론, 2012.

7.齐东方：《花舞大唐春——解读何家村遗宝》，上海古籍出版社，2018年第一版，2022年第二版。

8.齐东方：《碰撞与交融——考古发现与外来文化》，科学出版社，2021年。

9.齐东方：《我在考古现场——丝绸之路考古十讲》，中华书局，2021年。

10.齐东方：《行走在汉唐之间》，上海古籍出版社，2022年。

（二）合著

1.罗世平、齐东方：《波 斯和伊斯兰美术》，中国人民大学出版社，2004年第一版，2010年第二版。

2.张静、齐东方：《古代金银器》，文物出版社，2008年。

3.齐东方、李雨生：《中国古代物质文化史·玻璃器》，开明出版社，2018年。

4.齐东方、陈灿平：《中国古代物质文化史·金银器》，开明出版社，2019年。

（三）主编著作

1.齐东方、申秦雁主编:《花舞大唐春——何家村遗宝精粹》，文物出版社，2003 年。

2.赵丰、齐东方主编:《锦上胡风——丝绸之路纺织品上的西方影响（4—8 世纪）》，上海古籍出版社，2011 年。

3.葛嶷、齐东方主编:《异宝西来——考古发现的丝绸之路舶来品研究》，上海古籍出版社，2017 年，2018 年第二版。

（四）著作章节

1.齐东方、张静:《序说第二章 考古资料》，白寿彝总主编:《中国通史》第 6 卷《中古时代 · 隋唐时期（上）》，上海人民出版社，1997 年。

2.齐东方:《中华文明史》第二卷第九章第六节，第三卷第二章第一、二节，第十三章第一、二节，袁行霈、严文明、张传玺、楼宇烈主编:《中华文明史（全四卷）》，北京大学出版社，2006 年。

3.齐东方:《丝绸之路美术考古概论》第四章，赵丰主编:《丝绸之路美术考古概论》，文物出版社，2007 年。

4.齐东方:《法门寺地宫：看得见的大唐盛世（1987）》，许宏等著:《考古中国：15 位考古学家说上下五千年》，中信出版社，2022 年。

二、论文类

（一）中文

1.齐东方:《吐鲁番阿斯塔那 225 号墓出土的部分文书的研究——兼论吐谷浑余部》，北京大学中国中古史研究中心编:《敦煌吐鲁番文献研究论集（第 2 辑）》，北京大学出版社，1983 年，第 581—615 页。

2.齐东方:《关于日本藤之木古坟出土马具文化渊源的考察》，《文物》1987 年第 9 期，第 62—68、75 页。

3.齐东方:《尖端科学技术在考古学中的应用》，《中国文物报》1988 年 1 月 22 日。

4.齐东方:《隋唐宋元明考古（上）》，《文史知识》1988 年第 7 期，第 76—80 页。

5.齐东方:《隋唐宋元明考古（下）》，《文史知识》1988 年第 9 期，第 61—64 页。

6.齐东方:《古代人饮食生活研究的新方法》，《中国文物报》1988 年 10 月 28 日。

7.齐东方:《日本最大的环濠聚落——吉野里遗址》，《文物天地》1989 年第 6 期，第 44—47 页。

8.齐东方:《敦煌文书及敦煌石窟题名中所见吐谷浑余部》，北京大学中国中古史研究中心编:《敦煌吐鲁番文献研究论集(第5辑)》，北京大学出版社，1990年，第263—278页。
9.齐东方:《试论西安地区唐代墓葬的等级制度》，北京大学考古系编:《纪念北京大学考古专业三十周年论文集(1952—1982)》，文物出版社，1990年，第286—310页。
10.齐东方:《略论西安地区发现的唐代双室砖墓》，《考古》1990年第9期，第858—862、789页。
11.舒响水(齐东方):《辽宁朝阳韩贞墓出土的母子石狮》，《文物天地》1990年第6期，第39—41页。
12.齐东方:《苏联埃尔米塔日博物馆藏鸟纹金壶》，《文物天地》1991年第2期，第19—20页。
13.齐东方:《唐代的银香囊》，《文物天地》1991年第3期，第41—42页。
14.齐东方:《法门寺地宫的发现与唐代金银器研究》，《文博》1991年第4期，第68—72页。
15.齐东方:《三国两晋南北朝时期的祔葬墓》，《考古》1991年第10期，第938、943—949页。
16.齐东方:《李家营子出土的粟特银器与草原丝绸之路》，《北京大学学报(哲学社会科学版)》1992年第2期，第35—41页。
17.齐东方:《魏晋南北朝至明清时期考古》，中国考古学会编:《中国考古学年鉴1991》，文物出版社，1992年，第71—82页。
18.齐东方:《中国古代的金银器皿与波斯萨珊王朝》，叶奕良编:《伊朗学在中国论文集》，北京大学出版社，1993年，第51—56页。
19.齐东方:《中国早期马镫的有关问题》，《文物》1993年第4期，第71—78、89页。
20.齐东方:《唐代银高足杯研究》，北京大学考古系编:《考古学研究(二)》，北京大学出版社，1994年，第206—218页。
21.齐东方、张静:《唐代金银器皿与西方文化的关系》，《考古学报》1994年第2期，第173—190页。
22.齐东方:《三国至明清考古》，中国考古学会编:《中国考古学年鉴1992》，文物出版社，1994年，第73—86页。
23.齐东方、张静:《唐墓壁画与高松冢古坟壁画的比较研究》，荣新江主编:《唐研究(第一卷)》，北京大学出版社，1995年，第447—472页。
24.齐东方、张静:《中国出土的波斯萨珊凸出圆纹切子装饰玻璃器》，『創大アジア研

究》第十六号』, 創価大学アジア研究所, 1995 年, 第 53—59 页。
25.齐东方:《三国至明清时期考古》, 中国考古学会编:《中国考古学年鉴 1993》, 文物出版社, 1995 年, 第 74—92 页。
26.齐东方:《西安沙坡村出土的粟特鹿纹银碗考》,《文物》1996 年第 2 期, 第 45—50 页。
27.齐东方:《日本"东国渡来系集团的考古学研究"》,《文物天地》1996 年第 6 期, 第 42—43 页。
28.齐东方:《唐代粟特式金银器研究——以金银带把杯为中心》,《考古学报》1998 年第 2 期, 第 153—170、265—266 页。
29.齐东方:《中国早期金银工艺初论》,《文物季刊》1998 年第 2 期, 第 65—71、86 页。
30.齐东方:《华原磬与龙首瓶》,《文物天地》1998 年第 5 期, 第 27—29 页。
31.齐东方、张静:《萨珊式金银多曲长杯在中国的流传与演变》,《考古》1998 年第 6 期, 第 63—73、102 页。
32.齐东方:《丁卯桥和长辛桥唐代金银器窖藏刍议》,《文博》1998 年第 2 期, 第 54—58、61 页。
33.齐东方:《幽宫留得旧香囊》,《故宫文物月刊》第 182 期, 1998 年, 第 26—33 页。
34.齐东方:《中国古代围棋棋具考》,《历史文物》第 8 卷第 8 期, 1998 年, 第 54—65 页。
35.齐东方:《隋代玻璃》,《故宫文物月刊》第 186 期, 1998 年, 第 124—133 页。
36.齐东方:《唐代的蛤形银盒》,《故宫博物院院刊》1998 年第 4 期, 第 31—35 页。
37.齐东方:《西安市文管会藏粟特式银碗考》,《考古与文物》1998 年第 6 期, 第 23—26 页。
38.齐东方:《唐墓壁画中的金银器图像》,《文博》1998 年第 6 期, 第 66—69、82 页。
39.齐东方:《唐代金银器》, 北京大学中国传统文化研究中心编:《中华文化讲座丛书(第三集)》, 北京大学出版社, 1998 年, 第 195—199 页。
40.齐东方:《唐代以前的外来金银器》,《远望集——陕西省考古研究所华诞四十周年纪念文集》, 陕西人民美术出版社, 1998 年, 第 740—748 页。
41.齐东方:《唐代外来金银及其器物》, 吉林大学考古系编:《青果集: 吉林大学考古系建系十周年纪念文集》, 知识出版社, 1998 年, 第 377—383 页。
42.齐东方:《隋唐长安城》, 袁行霈主编:《中华文明之光》第二辑《唐宋元》, 北京大学出版社, 1999 年, 第 38—47 页。
43.齐东方:《玉润莹净话玻璃》,《历史文物》第 9 卷第 1 期, 1999 年, 第 18—22 页。

44.齐东方:《略论中国新出土的罗马、萨珊玻璃器》,《历史文物》第9卷第1期,1999年,第23—29页。

45.齐东方:《唐代考古所见的外来影响》,许倬云、张忠培主编:《中国考古学的跨世纪反思》(下册),(香港)商务印书馆,1999年,第509—528页。

46.齐东方:《唐代银高足杯及其狩猎图》,中山大学艺术学研究中心编:《艺术史研究(第1辑)》,中山大学出版社,1999年,第353—362页。

47.齐东方:《中国早期金银器研究》,《华夏考古》1999年第4期,第68—85页。

48.齐东方:《读丰宁公主与韦圆照合葬墓札记》,《故宫文物月刊》第195期,1999年,第36—44页。

49.齐东方:《三国两晋南北朝时期的金银器》,《北方文物》2000年第1期,第21—26页。

50.齐东方:《瑞典卡尔·凯波收藏品的下落》,《文物天地》2000年第6期,第42—44、49页。

51.齐东方:《中国北方地区唐墓》,北京大学考古文博院、大阪经济法科大学编:《7~8世纪东亚地区的历史与考古国际学术讨论会论文集》,科学出版社,2001年,第8—15页。

52.齐东方:《鲜卑金银器研究》,巫鸿主编:《汉唐之间文化艺术的互动与交融》,文物出版社,2001年,第559—577页。

53.齐东方:《三国两晋南北朝考古十年重大发现》,李文儒主编:《中国十年百大考古新发现1990—1999》,文物出版社,2002年,第556—563页。

54.齐东方:《隋唐考古十年重大发现》,李文儒主编:《中国十年百大考古新发现1990—1999》,文物出版社,2002年,第616—623页。

55.齐东方:《隋唐环岛文化的形成与展开——以朝阳隋唐墓研究为中心》,王小甫主编:《盛唐时代与东北亚政局》,上海辞书出版社,2003年,第133—160页。

56.齐东方:《古代玻璃折射下的文化互动——从丝绸之路上的唐宋辽玻璃谈起》,《科学中国人》2003年第1期,第18—20页。

57.齐东方:《何家村遗宝的埋藏地点和年代》,《考古与文物》2003年第2期,第70—74页。

58.齐东方:《何家村遗宝与丝绸之路》,齐东方、申秦雁主编:《花舞大唐春——何家村遗宝精粹》,文物出版社,2003年,第33—46页。

59.齐东方:《文化的碰撞与交融——丝绸之路上的唐宋辽玻璃》,"北大论坛"论文集编委会编:《走向未来的人类文明:多学科的考察——第二届"北大论坛"论文集》,北京大学出版社,2003年,第61—76页。

60. 齐东方：《浓妆淡抹总相宜——唐俑与妇女生活》，邓小南主编：《唐宋女性与社会》，上海辞书出版社，2003 年，第 322—337 页。
61. 齐东方：《伊斯兰玻璃与丝绸之路》，叶奕良编：《伊朗学在中国论文集（第 3 集）》，北京大学出版社，2003 年，第 114—127 页。
62. 齐东方：《魏晋隋唐城市里坊制度——考古学的印证》，荣新江主编：《唐研究（第九卷）》，北京大学出版社，2003 年，第 53—84 页。
63. 齐东方：《佛寺遗址出土文物的几个问题》，胡素馨主编：《佛教物质文化：寺院财富与世俗供养国际学术研讨会论文集》，上海书画出版社，2003 年，第 81—96 页。
64. 齐东方：《胡姬貌如花，当炉笑春风——唐代的胡姬俑与胡姬》，中山大学艺术史研究中心编：《艺术史研究（第 5 辑）》，中山大学出版社，2003 年，第 265—276 页。
65. 齐东方：《李贤墓和李静训墓》，『新世紀の考古学——大塚初重先生喜寿記念論文集』，纂修堂，2003 年，第 911—919 页。
66. 齐东方：《输入 · 模仿 · 改造 · 创新》，荣新江、张志清主编：《从撒马尔干到长安——粟特人在中国的文化遗迹》，北京图书馆出版社，2004 年，第 27—33 页。
67. 齐东方：《闽国文明的崛起及其延续》，《吉林大学社会科学学报》2004 年第 4 期，第 33—43 页。
68. 齐东方：《丝绸之路的象征符号——骆驼》，《故宫博物院院刊》2004 年第 6 期，第 6—25、156 页。
69. 齐东方：《马背沧桑下的金银器》，内蒙古自治区博物馆、中华世纪坛艺术馆编：《成吉思汗——中国古代北方草原游牧文化》，北京出版社，2004 年，第 28—37 页。
70. 齐东方：《交流的价值——外来器物与中国文化》，《北京论坛（2004）文明的和谐与共同繁荣："东亚古代文化的交流"考古分会论文或提要集》，北京，2004 年 8 月，第 51 页。
71. 齐东方：《何家村遗宝猜想》，《文物天地》2005 年第 1 期，第 65—69 页。
72. 齐东方：《唐代铜器皿简论》，《文博》2005 年第 2 期，第 4—11 页。
73. 齐东方：《唐代铜器皿简论》（续上期），《文博》2005 年第 3 期，第 33—37 页。
74. 齐东方：《唐俑艺术与社会生活》，樊英峰主编：《乾陵文化研究（一）》，三秦出版社，2005 年，第 94—112 页。
75. 齐东方：《"黄金部落"与蒙元金银器》，赵丰、尚刚主编：《丝绸之路与元代艺术——国际学术研讨会论文集》，艺纱堂/服饰出版，2005 年，第 54—64 页。
76. 齐东方：《围棋与中国文化》，北京大学国学研究院中国传统文化研究中心编：《国学研究》第十六卷，北京大学出版社，2005 年，第 233—258 页。

77.齐东方：《何家村遗宝与粟特文化》，《法国汉学》丛书编辑委员会编：《粟特人在中国——历史、考古、语言的新探索》，中华书局，2005 年，第 375—389 页。

78.齐东方：《唐代的狩猎形象》，《中国史研究》（第 35 辑），（韩国）中國史學會，2005 年，第 153—174 页。

79.齐东方：《唐代的丧葬观念习俗与礼仪制度》，《考古学报》2006 年第 1 期，第 59—82 页。

80.齐东方：《考古学的“乡土”意味与洛阳在中国考古学中的突出地位》，《洛阳师范学院学报》2006 年第 3 期，第 5—6 页。

81.齐东方：《难以模仿的神韵——唐代女俑》，《文物天地》2006 年第 8 期，第 100—101 页。

82.齐东方：《虞弘墓人兽搏斗图像及其文化属性》，《文物》2006 年第 8 期，第 78—84 页。

83.齐东方：《祔葬墓与古代家庭》，《故宫博物院院刊》2006 年第 5 期，第 26—51、155 页。

84.齐东方：《汉唐金银器与社会生活》，《内蒙古文物考古》2006 年第 2 期，第 71—74 页。

85.齐东方：《现实家园还是理想家园？——安伽、史君墓的宴饮图》，赵丰主编：《丝绸之路：艺术与生活》，艺纱堂/服饰出版，2007 年，第 25—30 页。

86.齐东方：《贝壳与贝壳形盒》，《华夏考古》2007 年第 3 期，第 83—91 页。

87.齐东方：《唐俑与女性生活》，钱伟长主编：《王宽诚教育基金会学术讲座汇编（第 28 集）》，上海大学出版社，2007 年，第 49—60 页。

88.齐东方：《何家村遗宝的埋藏地点、年代和所有者》，钱伟长主编：《王宽诚教育基金会学术讲座汇编（第 28 集）》，上海大学出版社，2007 年，第 61—71 页。

89.齐东方：《隋唐雕塑》，李丽主编：《考古与文物研究》，中央民族大学出版社，2007 年，第 105—116 页。

90.齐东方：《循珍梦唐——千古遗宝诠析盛唐画卷》，武晓峰主编：《人文日新——清华文新论坛演讲集》，福建教育出版社，2007 年，第 31—64 页。

91.齐东方：《玻璃料与八卦镜——井里汶沉船文物札记》，《故宫博物院院刊》2007 年第 6 期，第 125—135 页。

92.齐东方：《粟特银器与丝绸之路》，包铭新主编：《“丝绸之路——设计与文化”论文集》，东华大学出版社，2008 年，第 47—54 页。

93.齐东方：《走进死亡之海——尼雅考古发掘记》，《嘉模讲谈录——鹤鸣濠江考古文博名家系列讲座二〇〇八至二〇〇九》，澳门特别行政区民政总署文化康体部，2009 年，第 35—46 页。

94. 齐东方：《才子与佳人——唐传奇〈李娃传〉的考古诠释》，《嘉模讲谈录——鹤鸣濠江考古文博名家系列讲座二〇〇八至二〇〇九》，澳门特别行政区民政总署文化康体部，2009 年，第 47—60 页。

95. 齐东方：《西安何家村遗宝中的钱币》，《中国花钱与传统文化国际研讨会论文集》，香港城市大学，2009 年。

96. 齐东方：《碰撞与融合——丝绸之路上的外来金银器》，郑培凯主编：《西域——中外文明交流的中转站》，香港城市大学出版社，2009 年，第 111—132 页。

97. 齐东方：《唐代县令墓研究》，北京大学中国考古学研究中心、北京大学震旦古代文明研究中心编：《古代文明（第 8 卷）》，文物出版社，2010 年，第 220—254 页。

98. 齐东方：《杯觥交错金银器——“以雅为古，超凡入俗”美学海量》，《典藏古美术》第 217 期，2010 年，第 112—119 页。

99. 齐东方：《曹操墓的发现与考古学》，《文汇报》2010 年 2 月 27 日。

100. 齐东方、沈睿文：《三国至明清时期考古》，中国考古学会编：《中国考古学年鉴 2009》，文物出版社，2010 年，第 81—107 页。

101. 齐东方：《文化韵味的转移——金银器的唐宋变革》，澳门民政总署编：《鹤鸣濠江——中国考古名家讲谈录二〇一〇至二〇一一》，澳门民政总署文化康体部，2011 年。

102. 齐东方：《走进青藏高原——吐蕃考古发掘记》，澳门民政总署编：《鹤鸣濠江——中国考古名家讲谈录二〇一〇至二〇一一》，澳门民政总署文化康体部，2011 年。

103. 齐东方：《现实与理想之间——安伽、史君墓石刻图像的思考》，巫鸿、郑岩主编：《古代墓葬美术研究（第一辑）》，文物出版社，2011 年，第 205—218 页。

104. 齐东方：《新安沉船银器与庆元港》，《古丝绸之路》，香港世界科技出版社，2011 年。

105. 齐东方：《以考古材料阐释魏晋南北朝时期的生死观》，《中国文物报》2011 年 7 月 22 日。

106. 齐东方：《血渭草原考古印象》，《中国科学探险》2012 年第 1 期，第 132—135 页。

107. 齐东方、倪润安：《三国至明清时期考古》，中国考古学会编：《中国考古学年鉴 2011》，文物出版社，2012 年。

108. 齐东方：《汉唐长安城》，陈燮君主编：《城市的足迹》，北京大学出版社，2013 年，第 188—197 页。

109. 齐东方：《互信与交流——波斯艺术与中国》，国家图书馆古籍馆、《中国典籍与文化》编辑部编:《中国典籍与文化(第八辑)》,国家图书馆出版社,2013年,第139—176页。

110.齐东方:《丝绸之路与金银玻璃》,国家文物局编:《丝绸之路》,文物出版社,2014年,第36—44页。

111.齐东方:《中国寺院金银器》,《美成在久》2014年第1期,第26—37页。

112.齐东方:《中国古代丧葬中的晋制》,《考古学报》2015年第3期,第345—366页。

113.齐东方:《阴间与阳间——墓葬与建筑》,《世界建筑》2015年第8期,第29—33页。

114.齐东方:《考古"三大杂志"的创办、改名、停刊与复刊》,中国人民大学北方民族考古研究所、中国人民大学历史学院考古文博系编:《北方民族考古(第2辑)》,科学出版社,2015年,第357—362页。

115.齐东方:《"丝绸之路"与中国文化》,《领导科学论坛》2016年第8期,第85—96页。

116.齐东方:《从文物看古代中国与伊朗》,程彤主编:《丝绸之路上的照世杯——"中国与伊朗:丝绸之路上的文化交流"国际研讨会论文集》,中西书局,2016年,第141—172页。

117.齐东方:《"黑石号"沉船出水器物杂考》,《故宫博物院院刊》2017年第3期,第6—19、158页。

118.齐东方:《风帆贸易与文化交流》,南京市博物总馆、宁波博物馆、上海中国航海博物馆编:《CHINA与世界——海上丝绸之路沉船和贸易瓷器》,文物出版社,2017年,第18—25页。

119.齐东方:《生与死——墓葬壁画中的世界》,上海博物馆编:《壁上观——细读山西古代壁画》,北京大学出版社,2017年,第358—373页。

120.齐东方:《李家营子出土的银器与丝绸之路上的粟特人》,罗丰主编:《丝绸之路考古(第1辑)》,科学出版社,2018年,第168—180页。

121.齐东方:《从李贤、李静训到李白——考古发现与李白先祖》,朱玉麒、周珊主编:《明月天山——"李白与丝绸之路国际学术研讨会"论文集》,国家图书馆出版社,2018年,第1—12页。

122.齐东方:《黑石号沉船与扬州商胡》,上海博物馆编:《大唐宝船:黑石号沉船所见9-10世纪的航海、贸易与艺术》,上海书画出版社,2020年,第239—251页。

123.齐东方:《走向盛唐》,《月读》2021年第11期,第87—95页。

124.齐东方:《唐代长安城的空地和墙》,北京大学考古文博学院编:《宿白纪念文集》,文物出版社,2022年,第280—290页。

125.齐东方：《唐代金银器考——以三件龟形器为例》，《装饰》2022 年第 12 期，第 12—14 页。

126.齐东方：《宋代金银器的夹层工艺考》，《装饰》2024 年第 6 期，第 78—81 页。

（二）日文

1.斉東方：「漢代および漢代以前の中国出土西方文物」，『ラーフィダーン』第XV 巻，国士舘大学イラク古代文化研究所，1994 年，第 130—135 页。

2.斉東方：「藤ノ木古墳馬具論」，『明治大学国際交流基金事業招請外国人研究者講演録』，1995 年，第 24—25 页。

3.斉東方：「隋唐環島文化の形成と展開: 朝陽隋唐墓研究を中心として」，『東アジアと「半島空間」:山東半島と遼東半島』，思文閣，2003 年，第 204—236 页。

4.斉東方：「中国古代都城の形態と機能」，『古代都城のかたち』，同成社，2009 年，第 153—174 页。

5.斉東方：「現実と理想の間」，『交響する古代：東アジアの中の日本』，東京堂，2011 年，第 97—117 页。

6.斉東方：「中国文化におけるソグドとその銀器」，『ソグド人の美术と言语』，臨川書店，2011 年，第 145—213 页。

7.斉東方：「中国都城の立地環境:長安から洛陽へ」，『都城制研究（九）』，奈良女子大学古代学学術研究センター，2015 年，第 29—43 页。

（三）韩文

1.제동방,「4~6 세기 북방선비족의 금은기」(《鲜卑金银器研究》),『4~5 세기 동아시아 사회와 가야-제 7 회 가야사 국제학술회의』, 김해시청, 2001.

2.齊東方,「百濟武寧王墓와 南朝梁墓」(《武宁王墓与南朝梁墓》),『武寧王陵과 東亞細亞文化-무령왕릉 발굴 30 주년 기념 국제학술대회』, 국립부여문화재연구소, 2001, 93-133 쪽.

3.齊東方,「거울과 환영-당대 동경을 중심으로」(《唐代铜镜的文化内涵》),『미술사논단』제 24 호, 시공사, 2007, 39-61 쪽.

4.齊東方,「원나라 금은기（金銀器）와 기타 유물 양식」(《元代的金银器与器物时尚》),『신안선 속의 금속공예』, 국립해양유물전시관, 2007, 246-267 쪽.

5.치동팡,「육조시대 남방지역의 금은기」(《南方六朝金银器》),『고대 동아시아상의 백제 금속공예-국립부여박물관 백제금동대향로 발굴 15 주년 기념 국제학술심포지엄』, 국립부여박물관, 2008, 2008, 10-31 쪽.

6.치동팡,「사찰 보물과 세속유물」(《佛寺珍宝与世俗文物》),『백제 불교문화의 寶庫 미륵사-학술심포지엄 논문집』, 국립문화재연구소, 2010, 148-172 쪽.

7.제동방,「해저보물-침몰선 흑석호」(《海底宝藏——黑石号沉船》),『해양실크로드: 각국의 인식과 미래전망-제 1 회 국제학술대회』, 국립해양박물관, 2016, 151-170 쪽.

8.치둥팡,「고대 중국의 금은기와 상장의례」(《金银器与丧葬礼仪》),『고대 동아시아의 금동신발과 금동관』, 국립나주문화재연구소, 2010, 155-187 쪽.

（四）英文

1.Dongfang Qi, "The Burial Location and Dating of the hejia Village Treasures", *Orentations*. pp.20-24, 2003.

2.Qi Dongfang, "Gold and Silver Wares on the Belitung Shipwreck", *Shipwrecked: Tang Treasures and Monsoon Winds,* Arthur M. Sackler Gallery, Smithsonian Institution, Washington, D.c. 2010, pp.221-227.

3.Qi Dongfang, "Grapes mythical birds and beads:cultural absorption and assimilation in ancient Chinese art", *A SILK ROAD SAGA*. ART NSW GALLERY, 2013.

4.Dongfang Qi and Luke Habberstad, "Literati and Poems about Go (Weiqi 圍棋)", *Journal of Chinese Literature and Culture 3,* no. 1 (2016): 85-107.

三、书评、序文类

（一）书评

1.齐东方：《评〈海内外唐代金银器萃编〉》，《考古》1991 年第 2 期，第 170—176、184 页。

2.齐东方：《评〈中华文物鉴赏〉》，《中国文物报》1991 年 3 月 31 日。

3.齐东方：《书评：孙机著〈中国圣火——中国古文物与东西文化交流中的若干问题〉》，荣新江主编：《唐研究》（第三卷），北京大学出版社，1997 年，第 560—564 页。

4.齐东方：《书评：中国社会科学院考古研究所编著〈六顶山与渤海镇〉》，荣新江主编：《唐研究（第五卷）》，北京大学出版社，1999 年，第 545—551 页。

5.齐东方：《书评：尚刚著〈唐代工艺美术史〉》，荣新江主编：《唐研究（第六卷）》，北京大学出版社，2000 年，第 506—511 页。

6.齐东方：《书评：Chinese Gold and Silver》，荣新江主编：《唐研究（第六卷）》，北京大学出版社，2000 年，第 511—515 页。

7.齐东方：《书评：山西省考古研究所编著〈唐代薛儆墓发掘报告〉》，荣新江主编：《唐研究（第八卷）》，北京大学出版社，2002 年，第 539—542 页。

8.齐东方：《书评：王自力、孙福喜编著〈唐金乡县主墓〉》，荣新江主编：《唐研究（第九卷）》，北京大学出版社，2003 年，第 582—588 页。

9.齐东方：《读〈偃师杏园唐墓〉》，《考古》2004 年第 4 期，第 85—90 页。

10.齐东方：《读〈太原隋虞弘墓〉》，《中国文物报》2006 年 5 月 3 日。

11.齐东方：《美在中国——〈中国美术全集〉评介》，《广州日报》2011 年 9 月 2 日。

（二）序文

1.齐东方：《收藏 · 鉴赏 · 探索 · 研究（序）》，韩韩：《中国古玻璃》，艺术家出版社，1998 年。

2.齐东方：《〈洛阳考古集成 · 隋唐五代宋卷〉序二》，洛阳师范学院河洛文化国际研究中心编：《洛阳考古集成 · 隋唐五代宋卷》，北京图书馆出版社，2005 年。

3.齐东方：《〈唐陵的布局：空间与秩序〉序》，沈睿文：《唐陵的布局：空间与秩序》，北京大学出版社，2009 年。

4.齐东方：《〈世界银器概览〉序言》，刘玉平、张英正：《世界银器概览》，东方出版社，2010 年。

5.齐东方：《〈奢华之色——宋元明金银器研究〉卷一序》，扬之水：《奢华之色——宋元明金银器研究》卷一，中华书局，2010 年。

6.齐东方：《〈胡商、胡腾舞与入华中亚人——解读虞弘墓〉序》，张庆捷：《胡商、胡腾舞与入华中亚人——解读虞弘墓》，北岳文艺出版社，2010 年。

7.齐东方：《〈辽代墓葬的考古学研究〉序》，刘未：《辽代墓葬的考古学研究》，科学出版社，2016 年。

8.齐东方：《〈元是无价宝：庆丰泰银锭珍藏〉序》，（台北）“国立”历史博物馆编：《元是无价宝：庆丰泰银锭珍藏》，（台北）“国立”历史博物馆出版，2016 年。

9.齐东方：《〈海外馆藏中国文物精粹〉序》，寇勤主编：《海外馆藏中国文物精粹》，中华书局，2016 年。

10.齐东方：《〈石河子历史遗迹及馆藏文物概览〉序》，刘静：《石河子历史遗迹及馆藏文物概览》，新疆生产建设兵团出版社，2016 年。

11.齐东方：《〈光宅中原：拓跋至北魏的墓葬文化与社会演进〉序》，倪润安：《光宅中原：拓跋至北魏的墓葬文化与社会演进》，上海古籍出版社，2017 年。

12.齐东方：《〈粟特银器〉序》，（俄）鲍里斯 · 艾里克 · 马尔沙克著，李梅田、付承章、吴忧译：《粟特银器》，上海古籍出版社，2019 年。

13.齐东方:《〈环太平洋视域下的中国北方人面岩画〉序》，朱利峰:《环太平洋视域下的中国北方人面岩画》，中国社会科学出版社，2019 年。

14.齐东方:《〈层累的图像：拼砌砖画与南朝艺术〉序》，耿朔:《层累的图像：拼砌砖画与南朝艺术》，人民美术出版社，2020 年。

15.齐东方:《〈寻访山西古庙：晋中、晋北篇〉序》，连达:《寻访山西古庙：晋中、晋北篇》，清华大学出版社，2020 年。

16.齐东方:《〈牧司一方〉序》，周必素、彭万、韦松恒:《牧司一方》，科学出版社，2020 年。

17.齐东方:《〈明清以来蔚县庄堡寺庙调查与研究〉序》，尚珩、程长进、关琪:《明清以来蔚县庄堡寺庙调查与研究》，上海古籍出版社，2023 年。

18.齐东方:《〈无声胜有声：中古中国墓葬音乐文物与礼乐文化〉序》，周杨:《无声胜有声：中古中国墓葬音乐文物与礼乐文化》，上海古籍出版社，2024 年。